COMENTÁRIOS AO NOVO CÓDIGO CIVIL

Edições anteriores

1ª edição – 2003
2ª edição – 2003
3ª edição – 2003
4ª edição – 2004
4ª edição – 2005 – 2ª tiragem

EDUARDO DE OLIVEIRA LEITE

Doutor em Direito Privado pela Faculdade de Direito
da Universidade de Paris; Pós-Doutor em Direito de Família
pelo Centre du Droit de la Famille (Lyon); Professor Titular de Direito Civil – UEM/PR.;
Professor Titular de Metodologia do Trabalho Científico em Direito – UFPr. Pr.;
Professor Adjunto de Direito Civil na Faculdade de Direito da Universidade Tuiuti
do Paraná; Membro do IAP – Instituto dos Advogados do Paraná e da Academia
Paranaense de Letras Jurídicas; Membro do Conselho Executivo da ISFL – International
Society of Family Law; Advogado no Paraná.

COMENTÁRIOS AO NOVO CÓDIGO CIVIL

Do Direito das Sucessões
Volume XXI
(Arts. 1.784 a 2.027)
5ª edição
revista, atualizada e ampliada de acordo com o texto
da Lei nº 11.441/2007.

Coordenador
SÁLVIO DE FIGUEIREDO TEIXEIRA

Rio de Janeiro
2009

1ª edição – 2003
5ª edição – 2009

© *Copyright*
Eduardo de Oliveira Leite

CIP – Brasil. Catalogação-na-fonte.
Sindicato Nacional dos Editores de Livros, RJ.

1551C

Leite, Eduardo de Oliveira, 1949 –
   Comentários ao Novo Código Civil, volume XXI: do direito das sucessões: (Arts. 1.784 a 2.027) / Eduardo de Oliveira Leite. – Rio de Janeiro: Forense, 2009.

   ISBN 978.85.309.2859-9

   1. Brasil (Código civil – 2002). 2. Direito de família. 3. Herança e sucessão. 4. Inventário de bens. 5. Testamentos. 6. Partilha de bens.
   I. Título. II. Título: Do direito das sucessões.

02-1462.   CDU 347

O titular cuja obra seja fraudulentamente reproduzida, divulgada ou de qualquer forma utilizada poderá requerer a apreensão dos exemplares reproduzidos ou a suspensão da divulgação, sem prejuízo da indenização cabível (art. 102 da Lei nº 9.610, de 19.02.1998).

Quem vender, expuser à venda, ocultar, adquirir, distribuir, tiver em depósito ou utilizar obra ou fonograma reproduzidos com fraude, com a finalidade de vender, obter ganho, vantagem, proveito, lucro direto ou indireto, para si ou para outrem, será solidariamente responsável com o contrafator, nos termos dos artigos precedentes, respondendo como contrafatores o importador e o distribuidor em caso de reprodução no exterior (art. 104 da Lei nº 9.610/98).

A EDITORA FORENSE se responsabiliza pelos vícios do produto no que concerne à sua edição, aí compreendidas a impressão e a apresentação, a fim de possibilitar ao consumidor bem manuseá-lo e lê-lo. Os vícios relacionados à atualização da obra, aos conceitos doutrinários, às concepções ideológicas e referências indevidas são de responsabilidade do autor e/ou atualizador.

As reclamações devem ser feitas até noventa dias a partir da compra e venda com nota fiscal (interpretação do art. 26 da Lei nº 8.078, de 11.09.1990).

Reservados os direitos de propriedade desta edição pela
COMPANHIA EDITORA FORENSE
Uma editora integrante do GEN | Grupo Editorial Nacional
Endereço na Internet: http://www.forense.com.br – *e-mail*: forense@grupogen.com.br
Travessa do Ouvidor, 11 – Térreo e 6º andar – 20040-040 – Rio de Janeiro – RJ
Tel.: (0XX21) 3543-0770/(0XX11) 5080-0770 – Fax: (0XX21) 3543-0896

Impresso no Brasil
Printed in Brazil

À Karin,
esposa, companheira, amiga e confidente
de todos os momentos, com amor e gratidão.

ÍNDICE SISTEMÁTICO

Apresentação à 1ª edição XVII

LIVRO V
DO DIREITO DAS SUCESSÕES

TÍTULO I
DA SUCESSÃO EM GERAL

Capítulo I – Disposições Gerais

Art. 1.784.	3
Art. 1.785.	24
Art. 1.786.	30
Art. 1.787.	34
Art. 1.788.	37
Art. 1.789.	41
Art. 1.790.	54

Capítulo II – Da Herança e de sua Administração

Art. 1.791.	80
Art. 1.792.	87
Art. 1.793.	93
Art. 1.794.	104
Art. 1.795.	104
Art. 1.796.	110
Art. 1.797.	116

Capítulo III – Da Vocação Hereditária

Art. 1.798.	124
Art. 1.799.	128
Art. 1.800.	128
Art. 1.801.	143
Art. 1.802.	149

Art. 1.803. 149
Capítulo IV – Da Aceitação e Renúncia da Herança
Art. 1.804. 153
Art. 1.805. 160
Art. 1.806. 165
Art. 1.807. 167
Art. 1.808. 169
Art. 1.809. 174
Art. 1.810. 178
Art. 1.811. 180
Art. 1.812. 183
Art. 1.813. 186
Capítulo V – Dos Excluídos da Sucessão
Art. 1.814. 192
Art. 1.815. 204
Art. 1.816. 210
Art. 1.817. 215
Art. 1.818. 221
Capítulo VI – Da Herança Jacente
Art. 1.819. 226
Art. 1.820. 232
Art. 1.821. 233
Art. 1.822. 234
Art. 1.823. 238
Capítulo VII – Da Petição de Herança
Art. 1.824. 240
Art. 1.825. 248
Art. 1.826. 249
Art. 1.827. 252
Art. 1.828. 254

TÍTULO II – DA SUCESSÃO LEGÍTIMA

Capítulo I – Da Ordem da Vocação Hereditária
Art. 1.829. 257

Art. 1.830.	286
Art. 1.831.	289
Art. 1.832.	295
Art. 1.833.	301
Art. 1.834.	301
Art. 1.835.	301
Art. 1.836.	304
Art. 1.837.	307
Art. 1.838.	309
Art. 1.839.	311
Art. 1.840.	313
Art. 1.841.	315
Art. 1.842.	319
Art. 1.843.	320
Art. 1.844.	323

Capítulo II – Dos Herdeiros Necessários

Art. 1.845.	325
Art. 1.846.	330
Art. 1.847.	334
Art. 1.848.	337
Art. 1.849.	352
Art. 1.850.	353

Capítulo III – Do Direito de Representação

Art. 1.851.	355
Art. 1.852.	362
Art. 1.853.	367
Art. 1.854.	370
Art. 1.855.	372
Art. 1.856.	373

TÍTULO III – DA SUCESSÃO TESTAMENTÁRIA

Capítulo I – Do Testamento em Geral

Art. 1.857.	375
Art. 1.858.	395
Art. 1.859.	397

Capítulo II – Da Capacidade de Testar
Art. 1.860. 401
Art. 1.861. 407
Capítulo III – Das Formas Ordinárias do Testamento
Seção I – Disposições gerais
Art. 1.862. 410
Art. 1.863. 414
Seção II – Do testamento público
Art. 1.864. 418
Art. 1.865. 431
Art. 1.866. 434
Art. 1.867. 437
Seção III – Do testamento cerrado
Art. 1.868. 439
Art. 1.869. 450
Art. 1.870. 452
Art. 1.871. 453
Art. 1.872. 454
Art. 1.873. 456
Art. 1.874. 457
Art. 1.875. 459
Seção IV – Do testamento particular
Art. 1.876. 464
Art. 1.877. 476
Art. 1.878. 478
Art. 1.879. 482
Art. 1.880. 485
Capítulo IV – Dos Codicilos
Art. 1.881. 487
Art. 1.882. 491
Art. 1.883. 492
Art. 1.884. 493
Art. 1.885. 495

Capítulo V – Dos Testamentos Especiais
Seção I – Disposições gerais
Art. 1.886. 497
Art. 1.887. 497
Seção II – Do testamento marítimo e do testamento aeronáutico
Art. 1.888. 500
Art. 1.889. 508
Art. 1.890. 509
Art. 1.891. 511
Art. 1.892. 514
Seção III – Do testamento militar
Art. 1.893. 515
Art. 1.894. 520
Art. 1.895. 522
Art. 1.896. 524
Capítulo VI – Das Disposições Testamentárias
Art. 1.897. 529
Art. 1.898. 534
Art. 1.899. 536
Art. 1.900. 552
Art. 1.901. 558
Art. 1.902. 564
Art. 1.903. 567
Art. 1.904. 572
Art. 1.905. 573
Art. 1.906. 575
Art. 1.907. 576
Art. 1.908. 577
Art. 1.909. 578
Art. 1.910. 584
Art. 1.911. 585
Capítulo VII – Dos Legados
Seção I – Disposições gerais
Art. 1.912. 590
Art. 1.913. 596

Art. 1.914.	599
Art. 1.915.	601
Art. 1.916.	604
Art. 1.917.	606
Art. 1.918.	608
Art. 1.919.	613
Art. 1.920.	617
Art. 1.921.	620
Art. 1.922.	621

Seção II – Dos efeitos do legado e do seu pagamento

Art. 1.923.	624
Art. 1.924.	630
Art. 1.925.	632
Art. 1.926.	633
Art. 1.927.	634
Art. 1.928.	636
Art. 1.929.	637
Art. 1.930.	640
Art. 1.931.	641
Art. 1.932.	643
Art. 1.933.	645
Art. 1.934.	646
Art. 1.935.	648
Art. 1.936.	649
Art. 1.937.	651
Art. 1.938.	654

Seção III – Da caducidade dos legados

Art. 1.939.	655
Art. 1.940.	664

Capítulo VIII – Do Direito de Acrescer entre Herdeiros e Legatários

Art. 1.941.	666
Art. 1.942.	674
Art. 1.943.	676
Art. 1.944.	679
Art. 1.945.	681

Art. 1.946. 686

Capítulo IX – Das Substituições

Seção I – Da substituição vulgar e da recíproca

Art. 1.947. 690
Art. 1.948. 697
Art. 1.949. 701
Art. 1.950. 703

Seção II – Da substituição fideicomissária

Art. 1.951. 707
Art. 1.952. 714
Art. 1.953. 717
Art. 1.954. 720
Art. 1.955. 722
Art. 1.956. 725
Art. 1.957. 726
Art. 1.958. 727
Art. 1.959. 729
Art. 1.960. 731

Capítulo X – Da Deserdação

Art. 1.961. 733
Art. 1.962. 741
Art. 1.963. 745
Art. 1.964. 747
Art. 1.965. 748

Capítulo XI – Da Redução das Disposições Testamentárias

Art. 1.966. 750
Art. 1.967. 753
Art. 1.968. 757

Capítulo XII – Da Revogação do Testamento

Art. 1.969. 763
Art. 1.970. 769
Art. 1.971. 772
Art. 1.972. 776

Capítulo XIII – Do Rompimento do Testamento

Art. 1.973.	779
Art. 1.974.	782
Art. 1.975.	783

Capítulo XIV – Do Testamenteiro

Art. 1.976.	788
Art. 1.977.	796
Art. 1.978.	798
Art. 1.979.	799
Art. 1.980.	800
Art. 1.981.	803
Art. 1.982.	805
Art. 1.983.	806
Art. 1.984.	808
Art. 1.985.	810
Art. 1.986.	813
Art. 1.987.	815
Art. 1.988.	818
Art. 1.989.	819
Art. 1.990.	820

Título IV – DO INVENTÁRIO E DA PARTILHA

Capítulo I – Do Inventário

Art. 1.991.	821

Capítulo II – Dos Sonegados

Art. 1.992.	864
Art. 1.993.	872
Art. 1.994.	874
Art. 1.995.	876
Art. 1.996.	877

Capítulo III – Do Pagamento das Dívidas

Art. 1.997.	880
Art. 1.998.	889
Art. 1.999.	892
Art. 2.000.	894

Art. 2.001. 896
Capítulo IV – Da Colação
Art. 2.002. 899
Art. 2.003. 911
Art. 2.004. 916
Art. 2.005. 924
Art. 2.006. 928
Art. 2.007. 929
Art. 2.008. 933
Art. 2.009. 936
Art. 2.010. 938
Art. 2.011. 941
Art. 2.012. 942
Capítulo V – Da Partilha
Art. 2.013. 944
Art. 2.014. 949
Art. 2.015. 952
Art. 2.016. 956
Art. 2.017. 959
Art. 2.018. 962
Art. 2.019. 966
Art. 2.020. 969
Art. 2.021. 971
Art. 2.022. 971
Capítulo VI – Da Garantia dos Quinhões Hereditários
Art. 2.023. 974
Art. 2.024. 976
Art. 2.025. 979
Art. 2.026. 980
Capítulo VII – Da Anulação da Partilha
Art. 2.027. 983

Índice Onomástico 989
Índice Alfabético-Remissivo... 1003

APRESENTAÇÃO À 1ª EDIÇÃO

O convite que me foi formulado por Sua Excelência, o Ministro Sálvio de Figueiredo Teixeira, para compor o quadro de juristas convocados a preparar os *Comentários ao novo Código Civil*, pela renomada e tradicional Editora Forense, deixou-me duplamente honrado, mas também – é válido confessar – apreensivo, pela tarefa gigantesca que, certamente, implica um projeto desta envergadura, em lapso temporal tão exíguo.

Honrado e privilegiado pela circunstância, porque raríssimas vezes, na vida de um cidadão, se oferece a oportunidade ímpar de vivenciar a promulgação de um novo Código Civil, situação que não costuma ocorrer em séculos de existência de vida jurídica de uma Nação e de um povo. E igualmente sensibilizado pelo fato de o convite ter partido de um dos mais notáveis e brilhantes ministros que este país já teve. A atuação de Sálvio de Figueiredo Teixeira junto ao Superior Tribunal de Justiça é reconhecida em todo o Brasil, pela apurada sensibilidade jurídica, pelo profundo conhecimento, pela força da convicção de seus impecáveis votos e pela serenidade de seus ensinamentos, só encontrável nos homens realmente doutos.

Apreensivo, porque enquanto as tarefas foram divididas (e abrandadas) entre diversos colegas para comentar partes do novo Código Civil, a mim coube os comentários de todo um livro – Do Direito das Sucessões –, ou seja, a análise de 243 (duzentos e quarenta e três artigos) do novo Código Civil, a saber, do artigo 1.784 ao 2.027.

Tarefa hercúlea, repita-se, que exigiu dedicação integral durante estes oito últimos meses, de estudo, de reflexão, de análise do direito nacional e do direito alienígena, de observação e avaliação meticulosa das tendências de nossa jurisprudência mais antiga e atual, de consideração da doutrina especializada, de forma a resgatar não só a vocação impressa no novo sistema codificado, mas, sobretudo, as características do direito sucessório brasileiro, com suas peculiaridades, sua "tolerância e afetividade", como diria Pontes de Miranda, seu conteúdo ético e, por vezes, moralista, determinador de condutas e posturas, sua indisfarçável tendência capitalista, "ingenuamente convencida da sua função de consolidação e justiça social", na expressiva alusão pontiana.

Contrariamente ao que se veiculou, superficial e aleatoriamente na mídia nacional, o Direito das Sucessões sofreu diversas modificações, supressões e novas inserções que resgataram seu papel no ambiente geral do Direito Civil, mantendo seu escopo fundamental de *"direito da mortalidade"*, e, noutra perspectiva, podendo *"ser visualizado como o prolongamento jurídico da vida"*, na significativa referência do Relator final, Deputado Ricardo Fiuza (Relatório final apresentado à Comissão Especial de Reforma do Código Civil). A ele muito se deve pela materialização da antiga proposta, agora transformada em realidade e que a posteridade saberá, em momento oportuno, reconhecer e avaliar a dimensão e grandeza da consolidação do gigantesco trabalho.

Com efeito, e como *"direito da mortalidade"*, o Livro do Direito das Sucessões reveste-se de fundamental importância, na medida em que entre a vida e a morte se decide todo o complexo destino da condição humana. E a morte, como término da efêmera existência do homem, se reveste de transcendental importância porque determina o termo final de todos os sonhos, expectativas e projetos da pessoa, quer no plano fático, quer no jurídico.

Vida e morte. O mero invocar desse abissal limite, gerador de alegria e horror, sempre despertou na humanidade as mais vivas reações exatamente porque neste cenário irremediavelmente temporal e finito se esgota a grandeza e falência do poder humano. E a tão-só consideração desta díade é suficiente para nos fazer compreender a importância do Direito das Sucessões que, em mágica alquimia, procura projetar para além da morte a vontade do sujeito de direito, como se fosse possível estender a imortalidade através do patrimônio e da divisão dos bens.

A sucessão, do latim *succedere* (ou seja, vir ao lugar de alguém), se insere no mundo jurídico como que a afirmar o escoamento inexorável do tempo conduzindo-nos ao desfecho da morte que marca, contraditoriamente, o início da vida do Direito das Sucessões. Inscrito no tempo e vivendo do tempo, o Direito trata do fenômeno da sucessão.

Tudo desaparece. As coisas e os seres. E o que é humano não pode ser eterno porque nasce sob a égide da transitoriedade que procura se manter na projeção da sucessão, que é transmissão, de geração em geração.

Diz o adágio francês: *"Le mort saisit le vif"* (o morto agarra o vivo). E o Direito das Sucessões se esgota exatamente na ideia singela, mas imantada de significações, de continuidade para além da morte, que se mantém e se projeta na pessoa dos herdeiros. Todos nós somos herdeiros da civilização acumulada por nossos ancestrais, da cultura transmitida pelos que nos antecederam, da educação que nos aperfeiçoa, do patrimônio que passa de pai para filho, na continuidade da natureza humana.

E na qualidade de herdeiros procuramos nos perpetuar dando sequência não só ao material, como poder-se-ia imaginar num primeiro momento; mas, no mais profundo recônsito da alma, procuramos projetar nossa fugidia imagem na continuidade interminável e duradoura dos bens.

A mera consideração desses elementos já se revela suficiente a determinar a inquestionável importância das Sucessões no Direito Civil. Porque o homem desaparece mas o bens continuam; porque grande parte das relações humanas "*transmigra para a vida dos que sobrevivem*" (Ricardo Fiuza) dando continuidade, via relação sucessória, do direito dos herdeiros, em infinita e contínua manutenção da imagem e da atuação do morto, em vida, para depois da morte.

Contrariamente ao que se afirmou, o Direito das Sucessões sofreu as alterações que se impunham, em decorrência da mudança dos padrões culturais, das posturas éticas e das escalas de valores que norteiam a nova sociedade brasileira. Se mais não mudou, como alegam os detratores do sistema codificado, é porque nossas mudanças estruturais, apesar do processo de globalização que tudo invade e compromete, não foram tão intensas a legitimar alterações de maior significado. Se mais não se transformou é porque, ainda que o país tenha ingressado, de forma inexorável, em novas tendências universalizantes, próprias da "aldeia global", é porque, no fundo, continuamos apegados às nossas mais autênticas raízes culturais, sociais e antropológicas. E são essas raízes – que a todo custo se procura anular, apagar e descaracterizar – que garantem ao povo brasileiro e à sociedade brasileira um lugar de destaque no cenário mundial, onde ainda há espaço para a sensibilidade, para o intimismo das intensas relações familiares, para a supremacia do espiritual ao material, para a manutenção da presumida vontade do morto independente das disposições legais e dos parâmetros ditados pelo interesse estatal.

A morte é terreno essencialmente privado onde a atuação pública é sempre encarada com desconfiança.

O que impressiona, na nova proposta codificada, é exatamente a adaptação de institutos e tendências seculares aos ditames da nova ordem social, sem ruptura do sistema tradicional, sem quebra de princípios, para nós, fundamentais e que nos guinda à categoria de "modernos", mas sem comprometimento dos nossos mais caros valores, de, ainda que inseridos no contexto mundial, não termos abandonado nossa mais autêntica e veemente identidade.

Como diria Miguel Reale, com sua natural serenidade e profundidade, "*há todo um saber jurídico acumulado ao longo do tempo, que aconselha a manutenção do válido e eficaz, ainda que em novos tempos*" (Projeto do Novo Código Civil). A redação de um novo Código Civil não acarreta a destruição de tudo que existia e, muito menos, a implosão de princípios que, natural, legítima e justificadamente sempre caracterizaram e regeram a sociedade brasileira. Por isso, o novo Código Civil que agora surge, só por isso, já é legítimo e revela-se obra válida, porque, sem anular o saber acumulado, sem desconsiderar o que há de mais autêntico na alma brasileira, projeta as expectativas e propostas da sociedade brasileira nos novos tempos. Se mais não se fez, é porque o ambiente ainda não estava suficientemente maduro para alterações mais radicais e porque, evidentemente, não havia o consenso em matérias que ainda geram perplexidade, dúvida e vacilações.

A cautela, o bom senso e a razoabilidade foram os parâmetros norteadores de todos os envolvidos no processo. O resultado só poderia ser bom, como efetivamente o é.

O que não era mais possível é que o Brasil continuasse perdendo sua identidade num emaranhado de normas dispersas ou conflitantes que começavam a gerar uma sensação de irrecuperável caos. Como agudamente analisou Guy Braibant, a respeito do debate sobre codificação na França, "... *codifica-se nos períodos em que o Direito atingiu um tal grau de dispersão e de proliferação que isto se torna insuportável*" (*Revista Droits*, nº 24/1996: "La codification").

Foi isso que ocorreu no Brasil e que os detratores apressados do sistema de codificação não quiseram enxergar; uma proliferação desorganizada e incoerente de textos legislativos que, paulatinamente, foram destruindo o nosso sistema civil, foram esvaziando nossa inquestionável (e, mundialmente reconhecida, frise-se) importância no cenário jurídico de produção científica e, efeito imediato, foram descaracterizando a identidade nacional, o caráter brasileiro que sempre permeou e dominou soberano o sistema codificado nacional. Não são as propostas ideológicas de segmentos sociais isolados que legitimam as mudanças de um Código Civil; é a pretensão (velada ou expressa) de todo o povo, de toda a Nação, que precisa ser resgatada no Código, e isso, sem dúvida, apesar de todos os percalços e de todas as críticas inoportunas, ficou garantido no novo Código Civil, que não nasceu velho, mas conforme, perfeitamente de acordo com a evolução da sociedade brasileira. Responde tranquilamente às necessidades coletivas, resposta que, certamente não é perfeita (nem jamais ocorreu a veleidade que o fosse), mas representa, como bem afirmou Miguel Reale, "*uma nova sistematização das normas reguladoras de fenômenos e relações que mudaram e estão em transformação*". Nada mais que isso.

A decantada e invocada alegação da criação de novos e inúmeros microssistemas em nada altera a validade e a oportunidade da codificação. E, ao contrário do que se poderia imaginar, é argumento que pode, perfeitamente, ser invocado, como legitimador de, ainda uma vez, se recorrer à codificação.

APRESENTAÇÃO À 1ª EDIÇÃO

No caso brasileiro, a inflação legislativa, em vários ângulos e setores, atingiu níveis de insuportabilidade, porque criou fenômeno de "superposição normativa", que, além de gerar dúvidas, vinha criando (o que é bem mais grave) a proliferação de decisões gritantemente dicotômicas, em manifesta ilegitimidade e comprometimento dos ideais de justiça e equidade. A quebra do sistema era demais perceptível para ser ignorada.

Tal situação não mais poderia perdurar e, por isso mesmo (ao contrário do invocado, com vistas a desnaturar a codificação), nunca o processo de codificação se fez sentir com tanta veemência como no momento presente. A decisão de sistematizar, codificando, é o melhor recurso que o legislador dispõe para organizar o conhecimento jurídico em sistema harmônico, coerente e legítimo; é meio de que dispõe para resgatar a identidade de uma nação e os anseios de seu povo. Ao contrário, pois, do que se poderia imaginar, o advento dos microssistemas não só resgatou, como também valorizou, o sistema codificado, na medida em que possibilita a relação do Código com a legislação especial continuamente produzida. Sem a ocorrência de um elemento catalizador de todas as novas tendências, em pouco espaço de tempo instaurar-se-ia o caos, não só legislativo (o que de certa forma já vinha ocorrendo na realidade nacional) mas de identidade, de crise de valores, de negação de costumes e princípios próprios de nossa realidade, típicos do "ser brasileiro".

Opostamente ao que se tem sistematicamente repetido – como eventual argumento invocado pelos opositores da codificação –, a ocorrência da abundante legislação especial e a priorização do irreversível processo de constitucionalização só reafirmam a validade e necessidade de reforço do sistema codificado, exatamente para se resgatar a fundamental (nenhum país vive sem isso) noção de unidade e coerência do conjunto de leis vigentes.

A constatação dos chamados microssistemas não reduziu o primado do Código, como poder-se-ia imaginar em crítica reducionista; na realidade o que ocorreu, no caso brasileiro, foi um lamentável descompasso entre essa produção legislativa e sua efetiva inserção no sistema codificado, gerando pluralidade de núcleos legislativos, o que não ocorreu, por exemplo, no sistema francês. Ali, como se sabe (e a prova do que se está afirmando é a mais perfeita atualidade de um Código Civil que já se encaminha para dois séculos de existência), a cada nova alteração surgida no ambiente social e guindada à categoria normativa, imediatamente ocorreu a absorção pelo *Code Civil* que, a despeito de seus duzentos anos, continua sempre jovem e atualizado.

Assim, ao ler-se o *Code Civil* francês, tem-se a oportunidade de conhecer a redação inicial, dada pelo legislador de 1804, e a versão atual da matéria, acompanhando, na numeração progressiva (inserida abaixo da redação original) a evolução paulatina sofrida por uma ou outra matéria jurídica.

Como se vê – e não há como negar as evidências –, a salutar produção legislativa em nada comprometeu o sistema codificado. Ao contrário, o mantém perfeitamente atualizado, ao sabor da evolução das mentalidades, sem qualquer comprometimento do sistema codificado, que – ressalte-se – ainda não perdeu sua expressão, significação e potencialidade.

Em matéria de Sucessões, as modificações ocorridas no Direito de Família provocaram efeitos, mais ou menos sensíveis, em terreno tradicionalmente considerado intangível e imutável. A mera consideração de dois artigos da Constituição Federal de 1988, a saber, os arts. 226 e 227, certamente colmataram lacunas e atenderam deficiências do atual Código Civil, que já vinham sendo apontadas tanto pela doutrina quanto pela jurisprudência.

O reconhecimento das uniões estáveis como espécie de entidade familiar, o ingresso da figura dos companheiros em terreno até então reservado exclusivamente aos cônjuges, a substituição do regime legal da comunhão universal pela comunhão parcial, a não mais aceitação da categorização injusta e absurda dos filhos, a substituição da noção de um avassalador individualismo (próprio de uma sociedade escravocrata e monarquista) pela noção personalista , que desconhece a noção de indivíduo e faz ressurgir a noção de pessoa humana, eixo central determinador de todo o Direito, são realidades resgatadas pelo novo texto constitucional e que passam a ser inseridas na proposta estampada no novo Livro de Direito das Sucessões.

Assim, as alterações pontuaram, praticamente, todos os Títulos e Capítulos do Direito das Sucessões. Dos anteriores 233 artigos (do Código Civil de 1916) introduziram-se 30 (trinta) novos artigos (são eles os artigos 1.790, 1.793, 1.794, 1.795, 1.797, 1.798, 1.800, 1.803, 1.804, 1.824, 1.825, 1.826, 1.827, 1.828, 1.832, 1.833, 1.834, 1.837, 1.845, 1.859, 1.879, 1.889, 1.890, 1.909, 1.910, 1.945, 1.952, 1.954, 1.991 e 2.014). Desses, muitos implicaram a criação de novas seções dentro do Direito das Sucessões, como é o caso da "cessão de direitos" (arts. 1.793 a 1.795), de parte da "vocação hereditária" (arts. 1.789 a 1.803), "da petição de herança" (arts. 1.824 a 1.828).

Dos 243 novos artigos, 170 sofreram alteração no seu conteúdo ou na forma; ou seja, praticamente dois terços dos antigos dispositivos constantes no Código Civil de 1916 passam a ter nova redação.

Mas as alterações não se limitam aos meros aspectos formais, como poder-se-ia imaginar num primeiro momento; acarretaram mudanças substanciais em institutos que tradicionalmente apresentavam proposta em direção totalmente oposta.

Dessa forma e à guisa de mero exemplo:

1) Com base no reconhecimento das uniões estáveis, agora, consideradas entidades familiares, passa-se a reconhecer a participação do companheiro ou da companheira na sucessão do outro em concorrência com descendentes e colaterais (art. 1.790).

2) O direito brasileiro não se referia expressamente à matéria da cessão de direitos no Código Civil de 1916, mas, apenas, de forma indireta, no artigo 1.078 daquele Código. Ganha, agora, regramento próprio no Código Civil que trata especificamente da cessão de direitos hereditários, estabelecendo requisitos e condições e encerrando as divergências doutrinárias e jurisprudenciais sobre a necessidade de escritura pública e da anuência dos co-herdeiros.

3) Inseriu os companheiros, ao lado dos cônjuges, como responsáveis pela administração da herança até o compromisso do inventariante.

4) A legitimação para suceder, no tocante aos *nasciturus conceptus* e *nondum conceptus,* estabelecendo-se prazo razoável para consolidação da herança (arts. 1.798 e 1.799).

5) A admissão da deixa testamentária ao filho do concubino, quando também o for do testador (art. 1.803).

6) Melhor precisão na matéria relativa à aceitação da herança (art. 1.804).

7) O tema da petição da herança ganha, agora, o devido espaço e reconhecimento no Capítulo VII do novo Código Civil, estabelecendo a real dimensão temática no ambiente do direito sucessório (arts. 1.824 a 1.828).

8) Alterou a ordem de vocação hereditária, e de forma profunda, porque quebrou tradição secular do direito brasileiro. Agora, em guinada abrupta e ascensão vertiginosa, o cônjuge sobrevivente concorre com os descendentes (em primeiro lugar) e com os ascendentes (em segundo lugar): deixa de ser herdeiro legítimo facultativo e passa a ocupar o *status* de herdeiro legítimo necessário. De terceiro lugar – posição que ocupava no início do século, na ordem de vocação hereditária – passa para o primeiro lugar na ordem de preferência (arts. 1.829 e 1.845); supressão de qualquer diferença entre os filhos "legítimos" e os "ilegítimos", bem como o reconhecimento, sem qualquer restrição, ao direito sucessório dos filhos adotivos, nulificando eventuais distinções decorrentes da adoção simples e da adoção plena.

9) A matéria testamentária ganha em simplicidade e menos formalismo (embora ainda se pudesse ter inserido maiores e mais substanciais reformas), sem perda dos valores de certeza e segurança, superando-se o individualismo que dominava a matéria de direito de testar, restringindo-se a possibilidade da inserção das cláusulas restritivas (inalienabilidade, impenhorabilidade etc.), a partir de agora, submetidas à expressa indicação da justa causa que as legitima (art. 1.848).

10) Melhor sistematização dos dispositivos concernentes ao direito de acrescer entre herdeiros e legatários (arts. 1.941 a 1.946).

11) Reexame e aprofundamento da matéria relativa ao problema da colação e da redução das doações feitas em vida pelo autor da herança, em decorrência do princípio da intangibilidade da legítima dos herdeiros necessários (arts. 2.002, 2.003 e 2.007).

12) Revisão e melhor detalhamento do instituto do fideicomisso, com a previsão de sua conversão em usufruto (art. 1.952).

A mera consideração desses itens é suficiente a resgatar a validade da proposta do Prof. Torquato Castro, estampada na Exposição de Motivos do "Projeto" e que retrata, ainda que sucintamente, a extensão das alterações ocorridas no novo texto codificado, em matéria sucessória. Claro está, nem poderia se esperar o contrário, que há ainda modificações, adequações e ajustes a serem feitos, que certamente ocorrerão via rigorosa contribuição doutrinária e vivificação da norma pelas decisões colacionadas na jurisprudência cotidiana. Esse aporte, porém, em nada compromete a validade da presente proposta, sob todos aspectos, legítima.

Em termos metodológicos é fundamental que se resgate, *tout court* e brevemente, por razões temporais e espaciais, a forma de encaminhamento de nosso trabalho, de modo a justificar o porquê de certas propostas e condutas.

Em matéria de direito comparado optou-se, sem vacilações, pela indicação, artigo por artigo, dos correspondentes dispositivos legais no Código Civil francês e no Código Civil português, sem referência, a não ser em artigos específicos, ao direito alemão (BGB). Conforme já doutrinara Claudia Lima Marques, com a proficiência que lhe é peculiar, *"este livro do CCBr, ... recebeu influências do direito português, e especialmente do direito francês, havendo ainda uma pequena colaboração do direito italiano. A influência alemã nestas regras do CCBr foi pequena..."* (Cem anos de Código Civil alemão: o BGB de 1897 e o Código Civil brasileiro de 1916).

Vale ressaltar que, embora existam diferenças consideráveis entre o CC português e o brasileiro (tão bem assinaladas por A. de Magalhães Fernandes – *Direito das Sucessões – Diferenças fundamentais entre o CC português e o CC brasileiro*), o cotejo dos dispositivos sucessórios entre as duas nações irmãs confirma, passo a passo, nossa mais autêntica origem lusitana. No que se refere ao *Code Civil,* guardadas as diferenças culturais e valores próprios a cada civilização, a influência e a grandeza do pensamento francês se impôs em numerosos institutos do direito sucessório brasileiro, reafirmando, aqui e ali, a presença inconteste da ciência jurídica francesa em território nacional (conforme já apontara Pontes de Miranda, no seu sempre atual *Fontes e Evolução do Direito Civil brasileiro).*

Por isso, abaixo de cada artigo do novo Código Civil, comparado com a legislação anterior, não vacilamos em inserir a proposta da legislação francesa e portuguesa que, em diversas passagens, serviu de paradigma ao sistema nacional. Igualmente, em termos latino-americanos, resgatamos a legislação argentina e uruguaia, países irmãos que, a partir do advento do Mercosul, ficam mais próximos da família jurídica sul-americana.

O cotejo da legislação europeia continental – que sempre serviu de modelo à realidade jurídica brasileira, mesmo porque descendemos da mesma tradição jurídica romano-germânica, é fundamental à compreensão da nossa mais pura estrutura normativa.

Ainda que não seja prática muito comum em trabalhos jurídicos do gênero "Comentários", não vacilamos em inserir vasta jurisprudência, que acompanha, praticamente, todos os artigos analisados, de modo a facilitar a transposição da proposta teórico-dogmática ao terreno fático da realidade vivenciada junto ao pretório nacional.

No limiar de um novo século, em que tantas esperanças renascem e que geram nova crença a dominar o coração dos Homens, na expectativa de dias melhores, tudo indica que a renovada proposta de codificação virá ao encontro dos anseios mais caros da comunidade brasileira. E isso certamente ocorrerá.

O que importa, como bem disse Miguel Reale, *"é ter os olhos atentos ao futuro, sem o temor do futuro, breve ou longo que possa ter a obra realizada. Códigos definitivos e intocáveis não os há, nem haveria vantagem em tê-los, pois a sua imobilidade significaria a perda do que há de mais profundo no ser humano, que é o seu desejo de perfectibilidade.*

Um Código não é, em verdade, algo de estático ou cristalizado, destinado a embaraçar caminhos, a travar iniciativas, a provocar paradas ou retrocessos: põe-se antes como sistema de soluções normativas e de modelos informadores da experiência vivida de uma Nação, a fim de que ela, graças à visão atualizada do conjunto, possa com segurança prosseguir a sua caminhada" (*O Projeto do Novo Código Civil).*

Eduardo de Oliveira Leite
Curitiba, primavera de 2002

LIVRO V

DO DIREITO DAS SUCESSÕES

TÍTULO I
DA SUCESSÃO EM GERAL

CAPÍTULO I
DISPOSIÇÕES GERAIS

Art. 1.784. Aberta a sucessão, a herança transmite-se, desde logo, aos herdeiros legítimos e testamentários.

Direito anterior – Art. 1.572 do Código Civil de 1916.
Art. 1.572. Aberta a sucessão, o domínio e a posse da herança transmitem-se, desde logo, aos herdeiros legítimos e testamentários.

Direito comparado – Tanto o Código Civil francês (art. 724)[1] quanto o português (art. 2.050)[2] referem-se à *saisine* (saisina),[3] como princípio fun-

---

[1] *"Art. 724. Les héritiers légitimes, les héritiers naturels et le conjoint survivant sont saisis de plein droit des biens, droits et actions du défunt, sous l'obligation d'acquitter toutes les charges de la succession. L'État droit se faire envoyer en possession."*

[2] *"Art. 2.050. 1. O domínio e posse dos bens da herança adquirem-se pela aceitação, independentemente de sua apreensão material. 2. Os efeitos da aceitação retrotraem-se ao momento da abertura da sucessão."*
Três são os modos de aquisição sucessória: 1) sistema da aquisição automática (a sucessão é adquirida no próprio momento em que se dá o chamamento do herdeiro, independente da sua manifestação de vontade; 2) sistema da aceitação (a sucessão fica à disposição do herdeiro até que o mesmo manifeste sua vontade em fazê-la sua); 3) sistema da *saisine* (a transferência da sucessão para o patrimônio do herdeiro opera-se através de um ato de autoridade). Segundo José de Oliveira Ascensão, o sistema sucessório português recepcionou o segundo sistema, isto é, da aceitação (*Direito Civil. Sucessões*. Coimbra: Coimbra Editora, 1989, p. 444). Mas é forçoso reconhecer que a segunda parte do art. 2.050 do CC português invoca os princípios da saisina ao fazer retroagir os efeitos da aceitação ao momento da abertura da sucessão.

[3] A transmissão da herança, desde logo, aos herdeiros do *de cujus*, remonta ao direito sucessório francês (*droit de saisine*) e designa "o direito de possuir por imperativo da lei, ou posse que o direito dá, diferente do ato de possuir" (cf. *Dicionário Jurídico*. Academia Brasileira de Letras Jurídicas, p. 762). Embora a expressão "saisina" já constasse no Alvará de 09.11.1754, empregaremos o termo original francês, *saisine*, como sempre constou em toda a doutrina nacional.

damental a reger a matéria de direito sucessório. Os Códigos Civis argentino (arts. 3.279, 3.282. 3.410 e 3.418) e uruguaio (art. 1.039) referem-se ao mesmo princípio.

Leitura complementar:
ABRÃO, Fábio Simões. "Considerações sobre o atual Código Civil – Alguns aspectos patrimoniais e sucessórios na união estável e no regime da separação total de bens". *In: Revista do Advogado*, ano XXIX, n° 75, p. 21. São Paulo: Associação dos Advogados de São Paulo, 2004; ALMADA, Ney de Mello. *Direito das Sucessões*. São Paulo: Brasiliense, 1991; ALMEIDA, Francisco de Paula Lacerda de. *Direito das Sucessões*. Rio de Janeiro, 1915; ALVES, Jones Figueirêdo e DELGADO, Mário Luiz. *Código Civil Anotado – Inovações comentadas artigo por artigo*. São Paulo: Método, 2005; ATTALI, J. *Au propre et au figuré. Une histoire de la propriété*. Paris: Fayard, 1988; AUBRY et RAU. *Droit Civil français*. 7. éd. (Par: Esmein et A. Ponsard). Paris: Librairies Techniques, 1962; AZEVEDO, Álvaro Villaça e VENOSA, Sílvio de Salvo. *Código Civil Anotado e Legislação Complementar*. São Paulo: Atlas, 2004; AZZARITI, Giuseppe. *Le successioni e le donazioni*. Napoli: Jovene, 1990; BARBERO, Omar U. "El proyecto de 1975 de Código Civil para Brasil, en cuanto a família y sucesiones, comparado com el derecho civil argentino". *In: RDC*, 8:43; BARREIRA, Wagner. "Sucessão do estrangeiro no Brasil". *In: RT*, 683:259; BEVILACQUA, Clóvis. *Código Civil dos Estados Unidos do Brasil* (Edição Histórica). Rio de Janeiro: Editora Rio, 1958; BORGHI, Hélio. "Transformações do Estado: as mudanças na área do direito civil (família e sucessões) e a análise de um acórdão do STJ, de 1994". *In: RDC*, 72:70; CATEB, Salomão de Araújo. *Direito das sucessões*. Belo Horizonte: Del Rey, 2000; CHAMPEAUX, E. *Essais sur la vestitura ou saisine et l'introduction des actions possessoires dans l'ancien droit français*. Paris, 1898; CHAVES, Antonio. "Sucessão e herança não são sinônimos". *In: ADV*, p. 3, jan./89; CICCU, Antonio. *Successione legittima e dei legittimari*. Milano: Giuffrè, 1943; CLAUX, P.J. *Le principe de la continuation de la personne du défunt* (Thèse). Paris, 1969; COSTA, Dilvanir José da. "Inovações principais do novo Código Civil". *In: RT*, 796: 39-65: COVIELLO, Nicola. *Successione legittima e necessaria*. 2. ed., Milano, 1938; CUNHA, Paulo. *Do direito das sucessões*. Lisboa, 1939; DIAS, Maria Berenice. *Manual das Sucessões*. São Paulo: Revista dos Tribunais, 2008; DINIZ, Maria Helena. *Código Civil Anotado*. São Paulo: Saraiva, 2002; DINIZ, Maria Helena. *Curso de Direito Civil Brasileiro. 6. Direito das Sucessões*. 21. ed., rev. e atual. São Paulo: Saraiva, 2007; D'ORS, A. *Derecho privado romano*. 4. ed., Pampelune: Eunsa, 1981;

FARIA, Mario Roberto Carvalho de. *Direito das Sucessões. Teoria e Prática.* Rio de Janeiro: Forense, 2001; FERNANDES, A. de Magalhães. "Direito das Sucessões – Diferenças fundamentais entre o CCP – Código Civil português e o CCB – Código Civil brasileiro". *In: RDC*, 9:93; FERREIRA PINTO, Fernando Brandão. *Direito das Sucessões.* Lisboa: E.IU. Editora Internacional, 1995; FONTANELLA, Patrícia e SOUZA, Maria Faria de. "Análise da sucessão entre companheiros no novo código Civil". *In:* Freitas, Douglas Phillips (Coord). *Curso de Direito das Sucessões,* p. 301. Florianópolis: Vox Legem, 2007; GIRARD, P. F. *Manuel élémentaire de droit romain.* Paris, 1901; GOMES, Alexandre Gir. "A desigualdade dos direitos sucessórios de cônjuges e sobreviventes no novo Código Civil: constitucionalidade". *In: RDPriv.*, 11:9; GOZZO, Débora. "A sucessão do companheiro supérstite no novo Código Civil". *In: RMDUnifieo,* ano 3, nº 1, 2003, p. 41; GRIMALDI, M. *Les derniéres volontés (Ecrits em hommage à Gerard Cornu).* Paris: PUF, 1994; KYRIAKOS, Norma. "Do namoro à união estável". *In:* SOUZA, Ivone M. C. Coelho de (Org.) *Casamento: uma escuta além do Judiciário,* p. 119. Florianópolis: Vox Legem, 2006; LEVY, Jean Philippe. *Histoire de la propriété.* Paris: PUF, 1972 (Coleção "Que sais-je?"); LEITE, Eduardo de Oliveira. *Direito Civil Aplicado – vol. 6 – Direito das Sucessões.* São Paulo: Revista dos Tribunais, 2004; LIMONGI FRANÇA, Rubens. "O conceito de morte diante do direito ao transplante e do direito hereditário". *In: RT,* 717:65; MAZEAUD, Henri, Leon et Jean. *Leçons de Droit Civil – Successions – Libéralités.* (Par: André Breton). Paris: Editions Montchrestien, 1982; MELLO, Henrique Ferraz Corrêa de; PRADO, Maria Isabel do; GAGLIANO, Pablo Stolze. *Comentários ao Código Civil Brasileiro – Do Direito das Sucessões* (vol. XVII). Rio de Janeiro: Forense, 2008; NAZO, Georgette N. "Herança de estrangeiro com domicílio permanente no Brasil". *In: RT,* 634: 228; NERY JUNIOR, Nelson e NERY, Rosa Maria de Andrade. "Gewere no direito alemão medieval". *In: Estudos Arruda Alvim,* pp. 285/292; NICOLAU, Gustavo René. "Sucessão legítima no novo CC". *In: RDPriv.*, 21:112; OLIVEIRA, Euclides Benedito de. *União estável: do concubinato ao casamento: antes e depois do novo Código Civil.* 6. ed., São Paulo: Método, 2003; PACHECO, José da Silva. "Da sucessão do companheiro ou companheira no atual sistema jurídico brasileiro". *In: ADV,* ano 27, nº 51, p. 948, dez. 2007; PADOVINI, Fabio. *Rapporto contrattuale e succesione per causa di morte.* Milano: Giuffrè, PELUSO, Cezar (Coord.). *Código Civil Comentado.* Doutrina e Jurisprudência. 2. ed., rev. e atual. São Paulo: Manole, 2008; 1990; PICAZO, Luis Díez. *Lecciones de derecho civil. Derecho de sucesiones.* Universidade de Valencia – Faculdade de Direito, 1967; PORTO, Mário Moacyr. "Dano por ricochete". *In: RT,* 661:7;

ROCHA, Maria Isabel de Matos. "Legitimidade para pedir reparação pelos danos morais da morte". *In: RT*, 684:7; OURLIAC, Paul et MALAFOSSE, J. de. *Histoire du droit prive*. Tome III – *Droit Familial – Successions*. Paris: PUF, 1968; REBORA, Juan Carlos. *Derecho de las sucesiones*. 2. ed. Buenos Aires: Editorial Bibliográfica Argentina, 1952; ROQUE, Sebastião José. *Direito das Sucessões*. São Paulo: Ícone, 1995; SALLES, Paulo Alcides Amaral. "Comoriência – Direito dos herdeiros legais e testamentários à sucessão do *de cujus*". *In: RT*, 768:741; SANTIAGO DANTAS. *Direitos de família e das sucessões* (Rev. e atual. por José Gomes Bezerra Câmara e Jair Barros). Rio de Janeiro: Forense, 1991; SANTOS, Eduardo dos. *O direito das sucessões*. Lisboa: Veja Universidade, 1998; SILVA, Nuno Espinosa Gomes da. *Direito das Sucessões*. 2. ed. Associação Acadêmica da Faculdade de Direito de Lisboa, 1978; SILVA, Regina Beatriz Tavares da (Coord.). *Código Civil Comentado*. 6. ed., rev. e atual. São Paulo: Saraiva, 2008; TERRÉ, François et LEQUETTE, Yves. *Droit Civil. Les successions – Les libéralités*. Paris: Dalloz, 1997; THEODORO JUNIOR, Humberto. *Sucessões – Doutrina e Jurisprudência*. Rio de Janeiro: Aide, 1990;VIALLETON, H. "La place de la saisine dans le système dévolutif français actuel". *In:* Mélanges Roubier, t. 2, p. 238; WALD, Arnoldo. *Curso de direito civil brasileiro – Direito das Sucessões*. 11. ed. São Paulo: Revista dos Tribunais, 1997; WELTER, Belmiro Pedro. *Estatuto da união estável*. 2. ed., Porto Alegre: Síntese, 2003; ZACCARIA, Alessio. *Diritti extra-patrimoniali e successione (Dall'unità al pluralismo nelle transmissioni per causa di morte)*. Padova: Cedam, 1998; ZANONI, Eduardo A. *Derecho de las sucesiones*. 2 vols. Buenos Aires: Astrea, 2000.

COMENTÁRIO

A palavra "sucessão", na técnica jurídica, tem vários significados. No sentido amplo, suceder a uma pessoa significa vir depois dela, tomar o seu lugar, assumindo todo ou parte dos direitos que lhe pertencem. É nesse sentido, por exemplo, que se aplica o vocábulo na sucessão inter *vivos*, por meio da qual o comprador sucede ao vendedor, ou o donatário ao doador.

No sentido restrito, que é o empregado pelo legislador, a palavra sucessão designa a transmissão de bens de uma pessoa em virtude de sua morte. Isto é, transmissão *causa mortis* (ou *successio causa mortis*). A sucessão implica a transmissão do patrimônio de uma pessoa falecida a uma ou outras pessoas. Daí a forma latina *succedere,* ou seja, vir ao lugar de alguém.

Como toda transmissão, a sucessão estabelece um liame entre duas pessoas; entre aquela cujos direitos são transmitidos (o autor) e aquela que os recolhe (o sucessor) e que, na relação sucessória, são designados por termos específicos: o autor, ou defunto, é, usualmente, denominado *de cujus,* expressão originária da fórmula latina *is de cuius successione agiatur* (daquele cuja sucessão se trata),[4] e o sucessor, gênero maior que acolhe as designações específicas de herdeiro (*lato sensu*) ou legatário.

A palavra pode, ainda, ser aplicada em um sentido derivado que designa o patrimônio transmitido. É nesse sentido que se fala em herança, isto é, universalidade de bens herdada em decorrência da morte de outrem.

Itabaiana de Oliveira, com o rigorismo técnico que lhe é peculiar, refere-se ao conceito subjetivo da palavra sucessão – "é o direito por força do qual a herança é devolvida à alguém" – e ao conceito objetivo – "é a universalidade dos bens que ficaram de um defunto com todos os seus encargos".[5]

No sentido restrito, que é o que nos interessa, a sucessão implica a transmissão de patrimônio do *de cujus* aos seus herdeiros. E quando

---

4   Conforme *Vocabulaire Juridique* publicado pela Association Henri Capitant, sob a direção de Gérard Cornu (verbete *Succession*).
5   ITABAIANA DE OLIVEIRA, Arthur Vasco. *Tratado de Direito das Sucessões*. São Paulo: Max Limonad, 1952, vol. I, p. 53.

o art. 1.784 refere-se à "abertura" da sucessão e à transmissão imediata aos herdeiros legítimos e testamentários (legatários) está empregando a palavra sucessão em dois amplos sentidos; a saber, abertura, como surgimento do direito de herança, independente da existência ou não de supérstites, e, igualmente, como devolução (também chamada *delação, devolução sucessória* ou *delação hereditária*) do patrimônio do ex-titular (*de cujus*) aos novos titulares, um ou vários supérstites.

O herdeiro, na expressiva alusão de Azevedo, se caracteriza como continuador das relações jurídicas deixadas pelo sucedido, enquanto o legatário recebe bens circunscritos, não se caracterizando a continuidade patrimonial.[6]

Como a morte do *de cujus* gera ausência definitiva de titularidade, o Direito impõe, através de uma ficção jurídica, a transmissão da herança, garantindo a continuidade na titularidade das relações jurídicas do defunto. Se a propriedade é perpétua, doutrina Demolombe,[7] a perpetuidade do domínio descansa precisamente na sua transmissibilidade *post mortem*.

---

6 AZEVEDO, Antonio Junqueira de. "Considerando-se a longa formação histórica, com origens diversas, vê-se que o Direito das Sucessões é bem mais complexo do que parece usualmente nas lições acadêmicas. Como quer que seja, em síntese, independentemente de se tratar de sucessão legítima ou testamentária, entende-se, no Direito brasileiro, por herdeiro, não propriamente quem continua a pessoa do falecido, como sustentavam antigos autores franceses – o que, hoje, tem conotações surrealistas –, nem exatamente quem é sucessor a título universal – qualificação que se torna ambígua nos casos do herdeiro *ex re* certa e da partilha testamentária e, ainda, no legado de direitos hereditários, mas sim, quem, tomando o lugar do *de cujus* do patrimônio (ativo e passivo) surge como continuador das relações jurídicos deixadas. Essa condição é fixada pelo testador na sucessão testamentária e pelo legislador na sucessão legítima. Lembre-se que há, na herança, força expansiva; ela, conforme a situação dos fatos, passa a incluir bens não previstos e dívidas não conhecidas, eis que, como *universitas*, tem conteúdo oscilante. Diferentemente, o legatário é mero adquirente de bens; não é continuador patrimonial do *de cujus* ("O espírito de compromisso do direito das sucessões perante as exigências individualistas de autonomia da vontade e as supra-individualistas da família. Herdeiro e legatário". In: *Revista da Faculdade de Direito da Universidade de São Paulo*, 2000, vol. 95, pp. 273 e ss.).

7 DEMOLOMBE. *Cours de Code Napoléon*, vol. XIII, n° 79.

Na impossibilidade de se admitir que um patrimônio fique sem titular, o direito sucessório atinge, via transmissão imediata, a permanência da propriedade na pessoa dos herdeiros. A propósito, como bem salientara Pontes de Miranda, o que se transmite não é só a propriedade, mas "transmitem-se todos os direitos, pretensões, ações e exceções",[8] assim como qualquer posse, a imediata e a mediata, a própria e a imprópria, o direito à posse ou à reaquisição da posse.[9] A mera consideração da hipótese é suficiente a justificar a importância do Direito das Sucessões na esfera do Direito Civil.

O novo texto do Código Civil evitou a repetição da equivocada alusão à palavra "domínio" de sentido bem mais restrito que a opção feita pelo legislador atual quando se refere à "herança" subentendendo a noção abrangente de propriedade.

O que o artigo sob comento reafirma, e de forma veemente, é o direito de *saisine* oriundo do direito francês e que confirma a ideia de que a posse da herança se transmite *in continenti* aos herdeiros.[10]

A noção de *saisine* remonta ao tempo dos francos, mas são os documentos dos tempos merovíngeos e carolíngeos que nos permitem

---

8 PONTES DE MIRANDA, Francisco Cavalcanti. *Tratado de Direito Privado*. Rio de Janeiro: Borsoi editor, 1968, vol. 55, p. 18.
9 Não integram porém, a herança, relações jurídicas que, embora de conteúdo econômico, extinguem-se com a morte do titular, por se tratarem de direitos personalíssimos, *intuitu personae*, como, por exemplo, as obrigações de fazer infungíveis (art. 247) (só ao devedor imposta, ou só por ele exequível), assim, a do concertista que se comprometeu a dar um concerto, ou a obrigação do advogado, que se comprometeu a entregar o parecer; o direito de preempção ou preferência (art. 520); o contrato de prestação de serviço (art. 607); empreitada ajustada em consideração às qualidades pessoais do empreiteiro (art. 626); o mandato (art. 682, II); bem como os direitos de usufruto, uso e de habitação (arts. 1.410, II, 1.413 e 1.416). Em todas as hipóteses ressalta, veemente, a pessoalidade da obrigação, impossível de ser transferida a outrem.
10 O princípio da transmissão *ex lege* dos bens hereditários aos sucessores do *de cujus* só foi recepcionado pelo direito português no século XVIII, pelo Alvará de 9 de novembro de 1754. Dali passou para o direito brasileiro, sendo consolidado por Teixeira de Freitas no art. 978 de sua Consolidação das Leis Civis.

avaliar o sentido do termo *saisine* designando, na Idade Média, o poder legítimo de uma pessoa obter e conservar uma coisa que pertencera a um parente. Diversas palavras expressavam o mesmo poder, assim: *vestitura,* ou *investitura, tenura, gewere* e os derivados do verbo *sacire* (de onde vem *saisir,* e, por extensão, *saisine*).

O verbo *tenir* (ter, segurar) gerou o substantivo *tenura*, que remete ao símbolo de se apropriar de algo; é ter em mãos; é ter de alguém; é receber algo das mãos de outrem (de onde, *tenure*, em francês). No mesmo sentido o verbo *saisir* (agarrar, prender, apoderar-se, tomar etc.).

Quanto à *gewere*, a palavra de origem germânica contém a ideia de guarda, de garantia, logo, de uma certa duração durante a qual assegura-se a alguém o direito de ter a coisa em mãos.

Desde a sua mais remota origem a *saisine* aparece como o gozo durável e aceito pela coletividade, logo reconhecido pelo Direito, que uma pessoa tem sobre uma determinada coisa. É uma noção jurídica, mas na qual o elemento de fato, visível, é fundamental. O que conta é o fato de deter um bem, de utilizá-lo, de perceber seus frutos à vista de todos os membros da comunidade da família como os da cidade. A coisa e o direito sobre a coisa são assim protegidos sem que se possa distinguir entre o possessório e o petitório.

A *saisine* nasce de múltiplas maneiras. Alguns autores, como Jacques d'Ableiges, procuram classificá-la em *saisine* de fato e de direito. Na realidade, a *saisine* é considerada justa quando ela é adquirida regularmente, quer por apreensão pública e solene da coisa, quer pela aplicação de regras costumeiras a uma situação dada, quer, enfim, pelo transcorrer temporal.

A *saisine* resulta primeiramente da tomada efetiva da coisa ou como consequência de um ato jurídico – venda ou doação, por exemplo – gerando transferência do objeto. A apreensão se fazia diante de testemunhas e, tratando-se de um imóvel, ela se materializava com o emprego de símbolos (entrega de feixe de palha, ou de um bastão), como ocorria em Roma.

Com a instalação do regime feudal e a partir do momento em que as *tenures* (concessões de terras) se generalizaram, o senhor feudal intervinha, já que o laço que o unia a seus vassalos era pessoal. Era ele quem *saisit* (agarrava) ou *investit* (investia) o novo proprietário. Assim, no século XIV, de acordo com os costumes de Paris, qualquer *saisine* só era adquirida enquanto realizada pela mão do senhor temporal.[11]

Além dos casos citados, a *saisine* podia ser adquirida pelo costume sem que qualquer intervenção simbólica ocorresse. Era o caso da *saisine* em matéria sucessória.

A regra costumeira era expressa por um adágio aceito desde o século XIII em todos os lugares: *"Le mort saisit le vif"* (O morto prende o vivo), ou por uma forma um pouco menos lapidar: *"Le mort saisit le vif, son hoir (héritier) le plus proche, habile à lui succéder"* (O morto prende o vivo, seu herdeiro mais próximo, hábil a lhe suceder). É um dos exemplos mais antigos de norma pertencendo ao direito comum costumeiro.

Conforme Cujas, a máxima "corria as ruas" (*vox illa de via collecta*). Ela significava que o herdeiro *ab intestat*, assim como o herdeiro testamentário, não tinha necessidade de se dirigir ao senhor feudal ou

---

11 Para maiores detalhes sobre a origem e características da *saisine* francesa ver os trabalhos, especialmente, de E. Champeaux. *Essai sur la vestitura ou saisine et l'introduction des actions possessoires dans l'ancien droit français*. Paris, 1898; de G. Chevrier. "Les grands traits de la civilisation juridique dans la Bourgogne mérovengienne". In: *Études Mérovengiennes, Actes des Journées de Poitiers*. Paris, 1953; de A. Dufour. *Notion et division des choses en droit germanique. Les biens et les choses*. Archives de Philosophie du Droit, 1979, t. 24, e o sempre atual trabalho de P. Ourliac e J. De Malafosse. *Droit romain et ancien droit français*, t. II, *Les biens*; e, mais recentemente, o trabalho de J.-Ph. Levy. "Histoire de la proprieté", na coleção *Que sais-je?*. Paris: PUF, 1972.

à Justiça para tomar posse dos bens da sucessão. Eles adquiriam os frutos e as rendas da sucessão desde o momento da morte e a partir do momento dela eles tinham direito à proteção possessória, mesmo que não tivessem tomado posse das coisas deixadas pelo defunto. Em outras palavras, os mortos eram substituídos pelos vivos, independentemente de novo ato de vontade do titular do domínio.

Era a consagração do princípio da *saisine* que se impunha de forma definitiva no direito sucessório francês.

A origem da regra costumeira foi objeto de longas e tormentosas discussões, cada estudioso vinculando-a a fontes diferentes. Tudo indica, porém, que a *saisine* não deva ser procurada nem no direito romano, nem no direito germânico, nem, tampouco, no sistema feudal. Ela certamente se impôs por razões puramente civis.

Com efeito, os mais antigos textos relativos à *saisine* comprovam que ela foi, inicialmente, invocada pelo herdeiro não sujeito ao direito de mão morta (*héritier non mainmortable*)[12] contra a pretensão de um possuidor ou de um detentor dos bens, fazendo parte do patrimônio do defunto, como um legatário.

---

12 A instituição cuja apelação *mainmorte* gerou as interpretações mais fantasistas (mão morta = mão cortada) revestiu-se das mais variadas formas, mas ela sempre provocou incapacidades de ordem patrimonial relativas ao direito de suceder e, em consequência, ao direito de dispor, para deixar ao senhor, sob certas condições, ao menos uma parte dos bens possuídos pelos servos durante sua vida. Os servos, na Idade Média, assim como os escravos no Brasil, não sendo considerados homens livres, não eram senhores de seu patrimônio: por isso dizia-se que eles tinham a mão (*main*) (poder, direito sobre as coisas etc.) *morte* (morta), isto é, sem efeito. Na Idade Média, a *mainmorte* era o direito que tinha o senhor feudal de recolher os bens do servo morto, de preferência aos membros da família que, normalmente, deveriam herdar. O senhor, pois, era o único herdeiro, sendo que os filhos de servo morto não tinham direito a nada e, se pretendessem alguma coisa do pai, deveriam readquirir do senhor que aí encontrava um proveito financeiro importante. A regra rigorosa foi, paulatinamente, sendo abrandada – talvez por imposições de ordem econômica – e o regime primitivo da *mainmorte* foi sendo substituído pela generalidade das regras costumeiras. Assim, os descendentes do *de cujus* podiam recolher seus bens, desde que, no momento da morte, se encontrassem em comunidade de vida e de bens (*au même pot, feu et sel* – no mesmo pote, fogo e sal) com o defunto.

Para evitar a interferência de terceiros, alheios ao núcleo familiar, é que a *saisine* vai lentamente se impondo, em detrimento à noção feudal da *mainmorte*. Assim, passa-se a admitir que, se entre todos os filhos apenas um mora com o pai (e, portanto, é *indivis*) no momento da morte, enquanto os outros abandonaram o lar paterno (considerados *divis*), todos são chamados à sucessão.

Nessas condições o direito de *mainmorte* senhorial só se exerce, ou só é invocado, quando da ausência de descendentes vivendo em comunhão com o defunto, ou quando este só deixa ascendentes e/ou colaterais. Em certos lugares, entretanto, os colaterais vivendo *au même pot, feu et sel* passaram a ser considerados herdeiros e a interpretação inicial, restrita tão-somente aos descendentes, se dilarga em círculos mais amplos que se afastam da proximidade (filhos) e vai atingindo a remoticidade (tios, sobrinhos etc.).

A finalidade da alteração é evidente: fixar à terra ou no local de trabalho dos parentes pessoas capazes de dar continuidade, nas mesmas condições, ao trabalho desenvolvido pela família. Argumento que reforça, certamente, a exegese da influência dos aspectos econômicos como determinante do fundamento do direito sucessório.

Com a morte, pois, transmite-se a herança aos herdeiros que, na ordem de vocação hereditária, pode ser tanto uma pessoa física como o Estado.[13] E a morte à qual se refere o legislador é a morte natural, já

---

13 "*Estado – Direito de* saisine *– capacidade para suceder*. Ao Estado, porque herdeiro, conforme previsto no artigo 1.603, inciso V, do Código Civil, aplica-se o direito de saisine *(artigo 1.572, do mesmo diploma legal), sendo, por isso, desinfluente a data da declaração de vacância. Todos têm direito de* saisine, *inclusive o Estado, e tendo ocorrido o óbito 4 anos antes da entrada em vigor da Lei nº 8.049/90 não pode o Município invocá-la, a seu favor, sob pena de afronta ao artigo 1.577 do ordenamento civilístico. A capacidade para suceder à do tempo da abertura da sucessão*" (*RF*, 332: 316). Ver, ainda: *RT*, 741: 313; *RT*, 752: 144; *RT*, 685: 150; *RT*, 613: 153; *RT*, 608: 155; *RT*, 641: 238-239.

que a morte civil não é mais motivo de abertura da sucessão, embora o *Code Civil* a ela se refira no art. 718.[14] Pouco importa o motivo da morte. Mesmo no caso de suicídio[15] (o que, em princípio, contrariaria a noção de morte "natural") abre-se a sucessão do *de cujus*.

O legislador pátrio preferiu a fórmula abrangente da "abertura da sucessão" sem se referir ao tipo de morte, como fez o legislador francês, de forma que à noção de morte natural ainda se junta a hipótese da ausência como causa determinante da abertura da sucessão, ainda que subordinada à condição do não-aparecimento do ausente.[16] O próprio artigo 6º do novo Código Civil se refere à ausência como morte presumida.[17]

Conforme disposição constante no Código de Processo Civil, desaparecendo alguém de seu domicílio, declarar-se-á a sua ausência (art. 1.159), com arrecadação dos bens do ausente (art. 1.160) e publicação de editais (art. 1.161). Passado um (1) ano da publicação do primeiro edital, podem os interessados requerer que se abra provisoriamente a sucessão (art. 1.163). É a sucessão provisória do ausente.

O processo é bem mais célere quando não paira dúvida sobre a presença do desaparecido no evento, o que é possível se materializar

---

14 Art. 718 do *Code Civil*: "*Les successions s'ouvrent par la mort naturelle et par la mort civile*". A morte civil era uma pena acessória à toda pena criminal perpétua e que tinha por efeito privar o condenado da personalidade jurídica: embora vivo, o condenado via sua sucessão se abrir. A morte civil foi suprimida na França por uma Lei de 31 de maio de 1854. Logo, dos dois casos citados pelo *Code Civil*, apenas subsiste a morte natural, independente da sua causa.

15 Sobre a influência do suicídio em direito sucessório examinar os trabalhos de F. Terré. "Du suicide en droit civil". *In: Études dédiées à A. Weill*, p. 523, e de Michel Grimaldi. "Le suicide en droit privé". *In: Actes du Colloque sur le suicide*, jan. 1989, Paris: PUF, 1992.

16 A matéria da ausência (bem como a relativa à sucessão provisória e sucessão definitiva) vem, no novo Código Civil, regulada nos artigos 22 a 39 (Parte Geral, Livro I, Das Pessoas), contrariamente ao que ocorria no Código Civil de 1916, que, equivocadamente, inseria o tema no Livro dedicado ao Direito de Família.

17 "*Art. 6º A existência da pessoa física termina com a morte. Presume-se esta, quanto aos ausentes, nos casos em que a lei autoriza a abertura de sucessão definitiva.*"

através da declaração judicial de óbito, prevista no artigo 88 da Lei dos Registros Públicos (Lei nº 6.015, de 31.12.1973).[18]

Por meio de Justificação Judicial, "os interessados, utilizando as provas circunstanciais ao caso, requerem ao Juiz que seja declarado o óbito do desaparecido. Observadas as cautelas de praxe e ouvido o Ministério Público, o Juiz proferirá a sentença, determinando a expedição da certidão de óbito do desaparecido, propiciando, assim, aos seus herdeiros a abertura do inventário, processando a sucessão definitiva".[19]

A provisoriedade transformar-se-á em sucessão definitiva, quando houver certeza da morte do ausente, dez (10) anos depois de passada em julgado a sentença da abertura provisória ou quando o ausente contar oitenta (80) anos de idade e houverem decorrido cinco (5) anos das últimas notícias suas (art. 1.167).

Como bem alertou Oliveira Ascensão, "uma coisa são os direitos que o ausente tinha antes de desaparecer, outra os direitos que eventualmente lhe sobrevierem desde que desapareceu sem dele haver notícias. Se estes são dependentes da condição da sua existência, determina o art. 120 (do Código Civil português) que eles passam às pessoas que seriam chamadas à titularidade deles se o ausente fosse falecido".[20]

A possibilidade da ausência nos remete a outro aspecto importante da abertura da sucessão que diz respeito ao momento da morte da pessoa. Ou melhor, em que exato momento se deve ter como certo quais as pessoas hábeis para suceder o *de cujus*.

---

18 *"Art. 88. Poderão os juízes togados admitir justificação para o assento de óbito de pessoas desaparecidas em naufrágio, inundação, incêndio, terremoto ou qualquer outra catástrofe, quando estiver provada a sua presença no local do desastre e não for possível encontrar-se o cadáver para exame."*
19 FARIA, Mario Roberto Carvalho de. *Direito das Sucessões. Teoria e Prática*, p. 62.
20 ASCENSÃO, José de Oliveira. *Direito Civil. Sucessões*, 4. ed., rev., p. 149.

É a questão da comoriência,[21] ou seja, da morte simultânea de duas ou mais pessoas que são herdeiras entre si, sem que se possa averiguar qual precedeu a outra (CC, art. 8º).[22] A questão, tormentosa e complexa no direito romano, foi simplificada pelo princípio da simultaneidade, devido ao direito alemão e segundo o qual, considerados mortos no mesmo instante, nenhum dos comorientes é sucessor do outro,[23] enquanto são chamados à sucessão os herdeiros de um e de outro.

O direito romano bem como o direito intermédio e vários sistemas atuais fixam uma série de presunções de pré-morte, baseadas na maior viabilidade de vida dos mais jovens em detrimento dos mais velhos.[24]

---

21 Ver o artigo de Paulo Alcides Amaral Salles: "Comoriência – Direito dos herdeiros legais e testamentários à sucessão do de cujus". *In: RT*, 768: 741-743. Ver ainda, a respeito da morte e do direito sucessório, o artigo de R. Limongi França, "O conceito de morte, diante do direito ao transplante e do direito hereditário. *In: RT*, 717: 65-74; De Maria Isabel de Matos Rocha, "Legitimidade para pedir reparação pelos danos morais da morte". *In: RT*, 684: 7-15; e o trabalho original de Mario Moacyr Porto, "Dano por ricochete". *In: RT*, 661: 7-10.

22 "*Art. 8º. Se dois ou mais indivíduos falecerem na mesma ocasião, não se podendo averiguar se algum dos comorientes precedeu aos outros, presumir-se-ão simultaneamente mortos*".

23 "Seguro de vida em grupo – Comoriência – Morte do segurado e do primeiro beneficiário em decorrência do mesmo fato – Não constando o horário da morte nos atestados de óbito, e não havendo prova cabal em sentido contrário, presume-se a comoriência – Código Civil, art. 11 – Circunstância que favorece a segunda beneficiária do seguro" (1º TACSP – Apelação Cível nº 472407-0/00, 1ª Câmara, rel. Juiz Oscarlino Moeller, 12.04.1993).
"*Seguro de vida – Comoriência – Falecimento, no mesmo acidente, do segurado e da beneficiária – Transmissão do direito aos sucessores desta – Inadmissibilidade – Presunção de morte simultânea não elidida. Falecendo no mesmo acidente o segurado e o beneficiário e inexistindo prova de que a morte não foi simultânea, não haverá transmissão de direitos entre os dois, sendo inadmissível, portanto, o pagamento do valor do seguro aos sucessores do beneficiário*" (*RT*, 587: 121).
"*Previdência privada – Pecúlio previdenciário – Falecimento do beneficiário juntamente com sua esposa – comoriência reconhecida, não havendo transmissão de direitos entre o casal – Benefício atribuído desde logo aos descendentes ou ascendentes do marido, sem contemplação aos da esposa. Comoriência. Falecimento do marido e da mulher no mesmo desastre. Se marido e mulher falecem no mesmo tempo, não haverá transmissão de direitos entre eles. É que os direitos a serem transmitidos não encontrariam sujeito para os receber. Assim, o pecúlio previdenciário do marido é desde logo atribuído a seus dependentes ou ascendentes, sem contemplação aos da esposa, porque ela não sobreviveu a ele*" (*RT*, 659: 146).

24 É o caso do direito francês atual, que baseado na força da idade e do sexo enumera nos arts. 721 e 722 quatro presunções: 1) se os comorientes tinham ambos menos de 15 anos, é o mais

Na sistemática do direito alemão e na impossibilidade de se determinar quem morreu primeiro, o Código presume o falecimento conjunto.

Assim, se *A*, solteiro, tem um único descendente, *B*, casado com *C*, e um irmão *D*. Se *A* e *B* morrem conjuntamente num acidente, a quem se atribuem os bens de ambos? Nenhuma dúvida se se puder determinar a sequência das mortes. Ou seja, se *A* morreu primeiro, os seus bens passam ao filho *B*, e à morte deste a *C*, cônjuge dele. Pelo contrário, se *B* morreu primeiro, já não pode ser ele o herdeiro. Os bens de *A* passam, pois, segundo as regras da sucessão legítima, ao irmão *D*. Com a presunção da comoriência, porém, ambos (*A* e *B*) terão morrido ao mesmo tempo, não se dando entre eles qualquer sucessão. Isto é: *B* não sucederá a *A* e será somente a *D* que a herança deve ser devolvida.[25]

Vale lembrar, como já ressaltara Washington de Barros Monteiro, não ser necessário que as mortes ocorram no mesmo local. Pode acontecer que duas pessoas sucessíveis entre si faleçam em lugares distintos, embora não seja possível precisar o momento exato do perecimento.[26]

A transmissão imediata da herança, a partir da abertura da sucessão, cria a situação excepcional da indivisão entre todos os herdeiros

---

velho que é considerado ter sobrevivido ao outro (art. 721, al. 2); 2) se ambos tinham mais de 60 anos, é o menos velho que é considerado ter sobrevivido (art. 721, al. 2); 3) se um tinha menos de 15 anos e o outro mais de 60, é o primeiro que se considera ter sobrevivido; 4) se ambos tinham entre 15 e 60 anos, é ainda o mais jovem que é considerado ter sobrevivido, mas, se eles tiverem menos de um ano de diferença, o macho é que é considerado ter sobrevivido (art. 722). De qualquer maneira, no caso do direito brasileiro, em face do princípio constitucional da igualdade de direitos entre homem e mulher (art. 226, § 5º), inadmitido fica qualquer tratamento discriminatório em função do sexo.

25 A hipótese é de Oliveira Ascensão para exemplificar a comoriência prevista no art. 68, al. 2, do Código Civil português (Obra citada, pp. 147-148).
26 MONTEIRO, Washington de Barros. *Curso de Direito Civil*. 30. ed. São Paulo: Saraiva, 1998, vol. VI, p. 18.

(legítimos e testamentários), guindando-os, até a partilha definitiva, à situação de meros condôminos em relação ao monte partilhável. Daí a noção de co-herdeiros (isto é, herdeiros em condomínio). Cada um é proprietário de cotas ideais que vão se concretizando, paulatinamente, do arrolamento até a sentença definitiva de partilhamento dos bens.

Trata-se de ficção, diz a doutrina brasileira, desde a proposta mais clássica de Clovis Bevilacqua até a doutrina recente de Francisco Cahali e Giselda Hironaka.[27] Não há que se falar em *direito condicional*, como pretende Carvalho Santos,[28] vez que a ocorrência de direito líquido certo é real desde a morte do antigo titular, apenas aguardando-se a definição da titularidade no transcurso do processo de inventário. Ou, como bem apreciou San Tiago Dantas, com a simplicidade original que lhe é peculiar: "Homem sem patrimônio é algo que só por uma abstração acadêmica, para necessidade de raciocínio, se pode imaginar. Desde que o homem vive, tem um patrimônio (...) ainda que ele se despoje de tudo aquilo que o cerca e venha a quitar, ao mesmo tempo, todos os seus compromissos, é pouco provável que fique sem um patrimônio, pois as suas necessidades de se alimentar e de ocupar um determinado espaço já o levam a utilizar, de algum modo, os bens exteriores e criam em torno dele, não a substância, mas, pelo menos, a sombra de um patrimônio. Já existe aí um resíduo patrimonial juridicamente apreciável."[29]

---

[27] BEVILACQUA, Clovis. *Código Civil dos Estados Unidos do Brasil* (Edição História). Rio de Janeiro: Editora Rio, 1958, p. 744; Francisco José Cahali e Giselda Maria Fernandes Novaes Hironaka. *Curso Avançado de Direito Civil*. Vol. 6 – Direito das Sucessões. São Paulo: Revista dos Tribunais, 2000, p. 41.

[28] CARVALHO SANTOS, J. M. de. *Código Civil Brasileiro Interpretado*. Rio de Janeiro: Freitas Bastos, 1960, vol. XXII, p. 9.

[29] SAN TIAGO DANTAS. *Direitos de Família e das Sucessões* (Revista e Atualizada por José Gomes Bezerra Câmara e Jair Barros). Rio de Janeiro: Forense, 1991, p. 447.

Na realidade, o legislador, sabiamente, impôs um regime condominial, obrigando, via indivisão,[30] a união de todos herdeiros até solução de todas pendências que, naturalmente, acompanham o longo e complexo processo sucessório. A situação condominial (do lat. con = reunião + *dominium* = propriedade) ou da propriedade comum, na qual cada co-proprietário pode usar a coisa conforme seu destino e exercer todos os direitos compatíveis com a indivisão (reivindicá-la de terceiro, protegê-la etc.), gera extraordinária comunhão entre todos os herdeiros, já que a ação de um ou de todos repercute sempre sobre a totalidade do monte mor.

É a situação condominial que, ao mesmo tempo, protege cada uma das cotas ideais e a totalidade do patrimônio, até posterior partilha, do risco de qualquer eventual perda ou dissipação dos bens que constituem a massa hereditária. Embora a indivisão – como já se repetiu à exaustão – seja fonte de litígio, é esta mesma indivisão que mantém (espontaneamente ou a contragosto) todos os herdeiros unidos até as declarações finais quando, derradeiramente, se passa do terreno da abstração ao da realidade.

Da regra segundo a qual o herdeiro continua a pessoa do defunto numerosas consequências jurídicas são tiradas:

Primeiramente vale ressaltar a consequência imediata da *saisine*, ou seja, a transmissão da propriedade e da posse (da herança, disse o legislador atual) aos herdeiros,[31] sem qualquer manifestação dos mesmos.

---

30 *"Herança. Universalidade. Patrimônio comum. A herança é uma universalidade [CC 89-91], que não se confunde com o direito do co-titular do patrimônio comum. REsp. não conhecido." (STJ, 3ª T., REsp. nº 93.456-PE, rel. Min. Ari Pargendler, v.u., j. em 27.04.2000, 04.09.2000, p. 147).*

31 *"INVENTÁRIO – Representação do espólio em juízo pelo inventariante – Possibilidade, entretanto, de herdeiro defender posse e domínio sobre imóvel arrolado. O fato de o espólio ser representado em juízo pelo inventariante (não dativo) não exclui ao herdeiro a faculdade de*

Ou, como já dissera Pontes de Miranda, de forma lapidar: "Herdeiro não pede imissão de posse, porque posse ele tem."[32] A posse é imediata,[33] desde o momento da abertura da sucessão e se verifica de pleno direito.[34] Mesmo ignorando ser herdeiro verifica-se para sua pessoa a transmissão da herança (posse e propriedade) do *de cujus*.

Em assim sendo, o herdeiro, desde a abertura da sucessão, poderá se socorrer dos interditos possessórios para a defesa da posse dos bens[35]

> *defender, em nome próprio, sua posse e seu domínio sobre bens inventariados (CC, art. 1.572), se não o fizer o representante do espólio, e de agir como litisconsorte, ou ingressar como assistente litisconsorcial, nas ações propostas pelo espólio ou contra o espólio. O herdeiro é, assim, legitimado a propor, em seu próprio nome, as ações que entender convenientes, inclusive cautelares, na tutela do domínio e da posse adquiridos pela saisina*" (*RT*, 587: 181).
> Ver, ainda, *RT*, 734: 346; *RT*, 737: 273; *RT*, 752: 339; *RT*, 637: 74; *RT*, 560: 150; *RT*, 589: 73; *RT*, 572: 216; *RT*, 674: 104; *RT*, 761: 198; *RT*, 716: 223; *RT*, 635: 259; *RT*, 563: 109; *RT*, 560: 161; *RT*, 557: 178; *RT*, 679: 171; *RT*, 743: 170.
> "*DESPEJO – Retomada de imóvel para uso próprio – Pedido por herdeiro – Legitimidade – Formal de partilha não registrado – Irrelevância – Domínio e posse do bem transmitidos com a abertura da sucessão*. *Como proprietário do imóvel do de cujus, o herdeiro pode exercer, com relação a ele, os mesmos direitos que àquele cabiam, inclusive o de pedir o prédio para uso próprio, pois, não obstante ter como título formal de partilha não registrado, o domínio e a posse da herança lhe foram transferidos com a abertura da sucessão, possibilitando a retomada dentro dos casos permitidos em lei*" (*RT*, 616: 144).

32   PONTES DE MIRANDA, F. C. Obra citada, p. 17.
33   "*Aquisição de propriedade imóvel pela abertura da sucessão. O direito hereditário é modalidade de aquisição da propriedade imóvel, que, como a posse, se transfere aos herdeiros com a abertura da sucessão*" *(STJ, 4ª T., REsp. nº 48.199-MG, rel. Min Sálvio de Figueiredo Teixeira, v.un., j. em 30.05.1994, DJU de 27.6.1994, p. 16.990).*
34   RT 752/339: "Investigação de paternidade – Herança – Bens deixados pelo falecido investigado, como também frutos e rendimentos, que devem integrar o quinhão hereditário do filho reconhecido, a partir da data da abertura da sucessão – Aplicação do instituto da *saisine*– Inteligência do art. 1.572 do CC" (Hoje, art. 1.784).
35   "*Ação possessória. Legitimidade passiva. Direito real de habitação*. Dá-se provimento à ação de reintegração de posse em que mãe alega estar sendo esbulhada pelo próprio filho. O titular do direito real de habitação tem legitimidade ativa para utilizar a defesa possessória, pouco relevando que dirigida contra quem é possuidor, por força do CC/1916, art. 1572 (atual 1784). Fosse diferente, seria inútil a garantia assegurada ao cônjuge sobrevivente de exercer o direito real de habitação." REsp conhecido e provido (STJ, 3ª T., REsp. nº 616.027-SC, rel. Min. Carlos Alberto Menezes Direito, v.u., j. em 14.06.2004, DJU de 20.09.2004) (*In:* Nery Junior, N. e Nery, Rosa Maria de Andrade. *Código Civil Comentado*. 6. ed., p. 1.142)."

da herança, e, se os mesmos já haviam sido invocados, o herdeiro continua as ações possessórias intentadas pelo autor da herança, sem solução da continuidade.³⁶ Logo, pode exercer ação de esbulho, ou de turbação, ou qualquer outra ação possessória.³⁷

Por isso, "se o *de cujus* tinha ação a propor, ou se a propusera, o herdeiro insere-se na posição jurídica do falecido, no momento mesmo

---

36 *"Sucessão – Posse exercida pelo autor da herança – Herdeiros que podem somá-la à anterior, mas não usucapir individualmente, uma vez que não está delimitada a posse.* Aberta a sucessão, a posse exercida pelo autor da herança passa aos herdeiros, que podem somá-la à anterior, mas não usucapir individualmente, uma vez que não está delimitada a posse" (*RT*, 776: 368).
*"Usucapião – Postulação entre co-herdeiros – Possibilidade – Imóvel – Ocupação – Mera tolerância dos sucessores e condôminos – Ação improcedente – Apelação não pro*vida. Tal como no condomínio, em que o co-titular pode usar livremente a coisa (CC, art. 623, I), o herdeiro pode localizar sua posse em imóvel da herança, bem assim exercitá-lo sobre certo objeto móvel sem oposição dos co-herdeiros. Admite-se, em tal hipótese, a prescrição aquisitiva da coisa, contanto que a posse seja própria e autônoma" (*RT*, 680: 94).
*"Usucapião – Adquirentes de herança – Imóvel em condomínio – Inocorrência de prescrição aquisitiva – Ação improceden*te. Certo que, "aberta a sucessão, o domínio e a posse da herança transmitem-se, desde logo, aos herdeiros" (art. 1.572 do CC), tem-se que estes não podem, mercê da posse do antecessor comum, valer-se daquele tempo para usucapir contra outros" (*RT*, 593: 237).
"Usucapião – Prescrição aquisitiva – Inocorrência – Posse exercida pelo genitor a título de arrendatário, e posteriormente transferida aos sucessores pela mortis causa. A posse exercida pelo genitor a título de arrendatário e posteriormente transferida aos sucessores pela mortis causa impede a contagem do prazo da prescrição aquisitiva para a usucapião" (*RT*, 750: 431).

37 *"POSSESSÓRIA – Reintegração de posse – Imóvel adquirido por sucessão – Posse do antecessor não comprovada – Fato constitutivo do direito – ônus a cargo do autor – Inteligência do art. 1.572 e aplicação dos arts. 485 do CC e 333, I, e 927, I, do* **CPC** *– Ação improcedente. Ação de reintegração de posse. A regra do art. 11.572 do CC deve ser entendida no sentido de que, aberta a sucessão, o herdeiro adquirirá posse que antes pertencia ao inventariado. Logo, se incomprovada a posse do antecessor, não pode, com êxito, o herdeiro promover ação de reintegração quando o réu demonstra ser, há longos anos, possuidor, e anteriormente à sucessão* mortis causa" (*RT*, 617: 200).
"POSSESSÓRIA – Reintegração de posse – Posse de imóvel pelo *de cujus* e sua concubina – Escritura em nome daquele – Direito do espólio reconhecido – Aplicação do art. 1.572 do CC. Falecido o *de cujus*, a posse que ele desfrutava, em companhia da concubina, passa a ser exercida pelo espólio, não sendo aquela mais do que detentora do imóvel. A simples detenção não gera posse porque não traz em sua origem a cessão desta e de todos os seus efeitos" (*RT*, 596: 138).

em que se dá a morte. Se contra o *de cujus* pendia ação, o herdeiro torna-se parte como o *de cujus* o era".[38]

A posse transmite-se aos herdeiros com as mesmas qualidades que se encontrava na pessoa do *de cujus*. Se justa, assim é devolvida aos herdeiros, mas, se viciada, os herdeiros a continuam com todos os vícios que a caracterizavam originariamente. Se viciada de violência, clandestinidade ou precariedade (*vis, clam* e *precario*, do direito romano), ainda que o herdeiro ignore os vícios originais que a maculavam, a sua posse permanece viciada porque viciada se encontrava nas mãos do *de cujus* (É o que os romanos chamavam *exceptio possessionis*).

O herdeiro que sobreviveu ao *de cujus* transmite, a seu turno, a herança a seus herdeiros, como parte integrante de seu patrimônio, mesmo que ignorasse a devolução da herança a seu favor. É a reafirmação inconteste da intenção do legislador no sentido de que o patrimônio não fique sem titularidade. O que se transmite é o de que o *de cujus* era titular independente de qualquer eventual manifestação de vontade. A devolução é imediata e a manifestação de vontade do novo titular, posterior e alheia a *voluntas* da nova titularidade. Em decorrência do princípio segundo o qual o acessório segue o principal, o herdeiro tem direito, desde o momento da abertura da sucessão, aos frutos e rendas dos bens componentes da herança.

E ainda: se a transmissão do patrimônio do *de cujus* abrange ativo e passivo, os novos titulares da herança respondem também pelas dívidas do mesmo, bem como pelas pretensões e ações contra ele. "Se alguém faz um empréstimo, se alguém admite de outrem que se constitua uma obrigação para com o patrimônio, é, evidentemente, porque se tem a certeza de que o patrimônio poderá contar, em época própria,

---

38   PONTES DE MIRANDA, F. C. *Idem, ibidem.*

com o suprimento que o devedor virá a fazer e seria um absurdo que o patrimônio, depois da morte, continuasse a satisfazer os débitos e não houvesse meios de satisfazer os créditos que compõem a unidade econômica, o equilíbrio que se precisa, para se atender aos pagamentos, ao patrimônio."[39]

Finalmente, a posse que se transmite aos herdeiros, automaticamente, como vimos, não é provisória, é posse própria e definitiva, que pode assumir conotações distintas em decorrência da situação fática no momento da abertura da sucessão.

Assim, em se tratando de cônjuge sobrevivente (podendo, pois, ser inventariante, como veremos mais adiante), se o regime for o da comunhão de bens, tem o mesmo posse própria e, com a morte do cônjuge, passa a ter a posse imprópria, imediata, sobre a parte que era do falecido. Logo, não há que se falar em posse provisória do cônjuge sobrevivente.

Se o cônjuge sobrevivente não tinha a posse dos bens, por serem incomunicáveis, adquire-a o cônjuge ao ser nomeado inventariante. No caso de alguns bens estarem sob a posse de um (ou mais) herdeiro, o cônjuge sobrevivente adquire a posse imprópria mediata.

O inventariante, na qualidade de herdeiro, tem a posse própria e a imediata da parte ideal que lhe caiba, ou dos bens que lhe foram deixados com discriminação, "e a posse imprópria imediata de todos os bens que lhe foram entregues para inventário e partilha".[40]

É o princípio da *saisine*, da investidura legal na herança, produzindo seus efeitos de forma amplíssima, desde a abertura da sucessão.

---

39 SAN TIAGO DANTAS. Obra citada, p. 451.
40 PONTES de MIRANDA, F. C. *Idem, ibidem.*

Art. 1.785. A sucessão abre-se no lugar do último domicílio do falecido.

Direito anterior – Art. 1.578 do Código Civil de 1916.
Art. 1.578. A sucessão abre-se no lugar do último domicílio do falecido.

Direito Comparado – O Código Civil francês (art. 110)[41] e o português (art. 2.031)[42] referem-se ao domicílio. Igualmente o Código Civil argentino (art. 3.284).

COMENTÁRIO

Preliminarmente vale ressaltar o cuidado e coerência do legislador em referir-se ao lugar da abertura da sucessão logo após falar em abertura da sucessão, e não como o fez o legislador de 1916, no art. 1.578, em capítulo relativo à transmissão da herança.

Sabido o momento da abertura da sucessão, interessa, de imediato, determinar o lugar da abertura da mesma. Correto, pois, que o art. 1.785 se reporte ao *lugar*, como sede, "para unificar nela múltiplos actos e operações em que pode desdobrar-se o fenômeno sucessório".[43]

Na sistematização final adotada pelo novo Código prevaleceu o reconhecimento da unidade temática, reconhecendo-se a vantagem que haveria em associar no mesmo capítulo da lei (Cap. I – Disposições Gerais) o momento da *abertura da sucessão* com a questão do *lugar da abertura*.

Diz-se "sede" já que a abertura da sucessão é um puro evento jurídico que não ocorre em lugar algum. Ou como bem precisou Pereira

---

41 "*Art. 110. Le lieu où la succession s'ouvrira sera déterminé par le domicile.*"
42 "*Art. 2.031. A sucessão abre-se no momento da morte do seu autor e no lugar do último domicílio dele.*"
43 SANTOS, Eduardo dos. *O Direito das Sucessões*. Lisboa: Vega Universidade, 1998, p. 68.

Coelho, é um "puro efeito jurídico, pois tem na sua base a morte biológica ou presumida do *de cujus,* ela rigorosamente não ocorre em lugar algum, a verdade é que a lei refere-a ou reporta-a a determinado lugar, assinalando à sucessão como que uma sede".[44]

A lei tem interesse em localizar geograficamente a sucessão *mortis causa.* Em fixar o *locum successionis.* E o faz através da disposição inserta no artigo sob comento. Porque o lugar de abertura não coincide necessariamente com o lugar da morte. A morte pode ocorrer em lugar que nenhuma atinência tenha com o centro de interesses do *de cujus.*

Como transmitir as relações jurídicas do *de cujus?* Onde têm estas a sua sede normal? No domicílio do autor da herança, respondeu sempre a doutrina uníssona.

A questão do lugar da abertura da sucessão reflete dois interesses fundamentais: um de ordem interna e outro de natureza internacional.[45]

O artigo 1.785 firma uma regra de direito interno (como já afirmara Clovis Bevilacqua referindo-se ao art. 1.578 do Código Civil de 1916): "A sucessão dos nacionais e dos estrangeiros domiciliados no Brasil abre-se no seu último domicílio. Pouco importa a situação dos bens; no último domicílio se unificavam, na pessoa desaparecida, as relações jurídicas transmitidas pela sucessão; o juiz competente para presidir à liquidação da herança é o do último domicílio do *de cujus*, porque sob a jurisdição dele se achava o autor da herança, no momento em que esta se transmitiu pela morte; nenhum outro juiz terá melhores elementos

---

44 COELHO, Francisco Manuel Pereira. *Direito das Sucessões.* 4. ed. Coimbra: Unitas, 1970, p. 130.
45 "**COMPETÊNCIA – Abertura de inventário – *De cujus* estrangeiro – Bens situados no exterior – Prevalência do foro da situação**. Com respaldo doutrinário, cabe salientar que os bens do *de cujus* estrangeiro situados em território brasileiro aqui serão objeto de inventário e partilha. Existentes, todavia, em espaço alienígena, este simples fato acarreta a fixação da competência no foro da respectiva situação" (*RT*, 583: 88). Ver, ainda: *RT*, 589: 57; *RT*, 674: 92; *RT*, 713: 224.

para julgar, com acerto, as questões referentes à sucessão, do que o do domicílio do *de cujus*; para os herdeiros e mais interessados na herança, é de grande vantagem a unidade da liquidação da herança, e essa não se pode obter senão no domicílio do falecido."[46]

Na ordem internacional, a lei competente para reger uma sucessão mobiliária é a lei de abertura da sucessão.[47] Conforme prescreve a Lei de Introdução ao Código Civil brasileiro, a sucessão obedece à lei do país em que era domiciliado o defunto, qualquer que seja a situação de seus bens.[48] Dispõe o art. 10, *caput* e § 2º, da LICC, que a capacidade do herdeiro ou legatário para suceder regular-se-á pela lei do seu domicílio. Quanto à sucessão de bens de estrangeiros situados no país,[49] será regulada pela lei brasileira em benefício do cônjuge ou dos filhos brasileiros, ou de quem os represente, sempre que não lhes seja mais favorável a lei pessoal do *de cujus* (§ 1º do art. 10 da LICC, de acordo com a Lei nº 9.047, de 18.05.1995; CF, art. 5º, XXX).[50]

---

46   BEVILACQUA, Clovis. Obra citada, pp. 756-757.
47   LOUSSOUARN, Yvon e BOUREL, P. *Droit International Privé*, nº 430.
48   *"Sucessão de estrangeiro. Tratando-se de sucessão de pessoa de nacionalidade libanesa, domiciliada no Brasil, aplica-se à espécie a LICC 10* caput*, segundo o qual a sucessão por morte ou por ausência obedece à lei do país em que era domiciliado o defunto ou o desaparecido, qualquer que seja a natureza e a situação dos bens"* (STJ, 4ª T., REsp. nº 275.985-SP, rel. Min. Sálvio de Figueiredo Teixeira, j. em 17.06.2003, DJU de 13.10.2003, p. 366) (*In:* Nery Junior, Nelson e Nery, Rosa Maria de Andrade. Obra citada, p. 1.144).
49   *"INVENTÁRIO –* **De cujus** *estrangeiro casado com peruana – Falecimento no Peru – Bem situados no Brasil – Auto de declaração de herdeiros oriundos daquele país – Homologação – Desnecessidade – Aplicação do art. 89, II, do CPC. Se o de cujus era estrangeiro, casado com peruana, sem filhos, mas aqui deixou bens imóveis, incide a regra do art. 89 do CPC. A competência exclusiva é absoluta. Logo, os atos do inventário independem de homologação do 'auto de declaração de herdeiros', oriundo de país estrangeiro"* (*RT*, 560: 83).
50   Ver, nesse sentido, os artigos de Wagner Barreira, "Sucessão do estrangeiro no Brasil". *In: RT*, 683: 259-263 e de Georgette N. Nazo, "Herança de estrangeiro com domicílio permanente no Brasil" (Filhos brasileiros havidos de casamento com brasileira cujo divórcio foi decretado um ano antes do óbito do estrangeiro, também no Brasil – Patrimônio integralmente situado no território nacional – Separação judicial – Relação concubinária com cidadã equatoriana divorciada – Pretendida meação decorrente de supostas segundas núpcias em Guayaquil), *In: RT*, 634: 228-232.

"A sucessão abre-se no lugar do último domicílio do falecido",[51] já alertara Itabaiana de Oliveira, "porque o domicílio civil da pessoa natural é o lugar onde ela estabelece a sua residência com ânimo definitivo".[52]

A solução é razoável. No plano internacional cada pessoa deve estar em condições de prever a lei que regerá sua sucessão mobiliária. Como ninguém pode prever o lugar de sua morte, o domicílio reveste-se de suficiente segurança para determinar a sede de incidência dos direitos sucessórios; no plano da competência judiciária interna, é natural se atribuir o conhecimento dos litígios ao tribunal no âmbito do qual o *de cujus* concentrou seus interesses. Ora, este tribunal não é, certamente, determinado pelo local da morte, que pode ser um lugar passageiro, fortuito e efêmero, mas pelo domicílio, que se define como lugar onde cada um tem seu principal centro de interesses.[53]

Ou, como agudamente dispõe a Acta nº 5 da Comissão Revisora do Anteprojecto de Galvão Telles, à p. 213, a ligação do lugar da abertura da sucessão com o lugar do domicílio do autor "tem a vantagem de o

---

51 *"COMPETÊNCIA – Arrolamento – Demanda ajuizada no foro do último domicílio do* **de cujus**, *segundo a inventariante – Declínio de competência pelo juízo* a quo, *ao argumento de que a* **de cujus** *permaneceu internada em casa de repouso até o seu falecimento, deslocando a competência territorial para outro foro – Inadmissibilidade – Hipótese de competência territorial, que não pode ser declarada de ofício – Inteligência da Súmula 33 do STJ. Ementa Oficial: Competência – Ação de arrolamento – Ação ajuizada no Foro Regional do Ipiranga, último domicílio da* de cujus *segundo a inventariante – Declínio de competência pelo MM. Juízo* a quo, *ao argumento de que a* de cujus *permaneceu internada em casa de repouso até o seu falecimento deslocando a competência territorial para outro foro – Inadmissibilidade – Súm. 33 do STJ – Recurso provido." In: RT*, 861: 206-207.
52 ITABAIANA de OLIVEIRA, A.V. Obra citada, p. 80.
53 *"COMPETÊNCIA – Inventário – Julgamento afeto ao juízo do local onde o autor da herança possuía domicílio. Inteligência do art. 96 do CPC. Conflito de competência – ação de inventário – Erro na remessa de espólio para fora do domicílio. 1. O foro competente para a abertura de inventário deve seguir a regra contida no art. 96 do CPC, que se rege pelo domicílio do autor da herança, da situação dos bens, quando o autor não possuir domicílio certo, ou no lugar da ocorrência do óbito nos casos em que o autor não tiver domicílio certo e existam bens em lugares diversos. 2. No caso presente fixa a competência pela regra contida no* caput *do art. 96 do CPC. Conflito conhecido e provido." In: RT*, 864: 385.

referir a um facto unitário. O *de cujus* é normalmente o único conhecido por todos aqueles que têm interesses ligados à herança e fixar-se a sede da sucessão no domicílio daquele traz para os interessados manifestas vantagens (frequentemente os credores e os próprios serviços de fiscalização dos impostos desconhecem por completo quem são os herdeiros e onde estão domiciliados; fixar a abertura da herança, mesmo que fosse só para afeitos de pagamento de dívidas, no domicílio destes, poderia trazer graves prejuízos àqueles). Por outro lado, a prova é muito mais fácil na área do domicílio do autor cuja personalidade, as circunstâncias da sua vida, os bens que possuía são muito melhor conhecidos aí que noutro sítio qualquer. Finalmente, a solução do Anteprojeto justifica-se ainda se atendermos a que toda instituição-herança é dominada muito mais pela personalidade do seu autor do que pela dos herdeiros".[54]

A pessoa tem o seu domicílio no lugar da sua residência habitual – é a regra geral – e se residir alternadamente em diversos lugares considera-se domiciliada em qualquer deles.[55] Não tendo a pessoa em nenhum lugar residência habitual – situação excepcional, mas possível –, considera-se que está domiciliada no lugar da sua residência ocasional, e, se também esta não puder ser determinada, tem-se por domiciliada no lugar onde for encontrada.

À regra geral – da existência de domicílio – o legislador prevê as situações excepcionais, de modo a não frustrar a invocada unidade.

---

54 FERREIRA PINTO, Fernando Brandão. *Direito das Sucessões*. Lisboa: E.I. Editora Internacional, 1995, p. 54.

55 "*COMPETÊNCIA – Inventário – Duplicidade de domicílio do falecido, havendo concomitância na realização de seus negócios – Processamento afeto ao foro do local em que ocorreu o óbito*. Demonstrada a existência de dois domicílios do falecido, e havendo concomitância destes na realização de seus negócios, considera-se competente o foro para o processamento do inventário o local em que ocorreu o óbito" (*RT*, 786: 435).

O parágrafo único do art. 96 do CPC prevê as exceções nos seus dois incisos.

Assim, o domicílio do autor da herança cede espaço à situação dos bens, se o autor da herança não possuía domicílio certo (art. 96, parágrafo único, I) e o lugar em que ocorreu o óbito, se o autor da herança não tinha domicílio certo e possuía bens em lugares diferentes (art. 96, parágrafo único, II).

Os artigos 32 e 33 do Código Civil preveem, respectivamente, as hipóteses de pluralidade de domicílio[56] e ausência do mesmo, de forma que bipartem-se as noções objetiva e subjetiva de domicílio do art. 31. O critério básico de competência é o do domicílio do *de cujus,* mas o direito brasileiro não impede a pluralidade de domicílio. Tendo o *de cujus* vários centros de ocupações habituais, atender-se-á à localização dos bens a serem partilhados e ao critério da prevenção,[57] sucessivamente. "Assim", informa-nos Arnoldo Wald, "decidiu o Supremo Tribunal Federal em conflito de jurisdição suscitado entre as Justiças da Guanabara e São Paulo quanto à competência para processar o inventário do embaixador Assis Chateaubriand (*RTJ* 51/518)".[58]

---

56 "*Inventário – Abertura – Competência –* **De cujus** *com vários domicílios – Circunstância que torna qualquer das comarcas competente para o processamento da ação.* Possuindo o de cujus *vários domicílios, qualquer das comarcas é competente para a abertura e processamento do inventário dos bens por ele deixados*" (*RT*, 674: 92).

57 "Determina-se a competência, por prevenção, do juiz que primeiro conheceu do inventário, quando, ante a existência de duplo domicílio do autor da herança, com bens em vários municípios de diferentes Estados, com óbito verificado em comarca diversa das dos domicílios e de situação dos bens, se conflitam positivamente os juízes dos dois domicílios do falecido"(STJ – 2ª Seção, CC nº 6.539-9-RO, rel. Min. Dias Trindade, j. em 09.03.94, v.u., *DJU* de 11.04.94, p. 7.584).
Ainda: "Se os juízes em conflito tomaram conhecimento da inicial no mesmo dia, prevalece a competência do juiz onde primeiro foi prestado o compromisso de inventariante" (TFR – 1ª Seção, CC nº 7.487-PA, rel. Min. Milton Luiz Pereira, j. em 27.03.89, v.u., *DJU* de 03.05.89, p. 6.735).

58 WALD, Arnoldo. *Curso de Direito Civil Brasileiro. Direito das Sucessões.* 11. ed. São Paulo: Revista dos Tribunais, 1997, p. 25.

Por derradeiro, dispõe o art. 89, II, do CPC, que "compete à autoridade judiciária brasileira, com exclusão de qualquer outra: II – proceder a inventário e partilha de bens, situados no Brasil, ainda que o autor da herança seja estrangeiro e tenha residido fora do território nacional".[59]

Logo, o fato do *de cujus* falecer em outro país, onde era domiciliado, não obsta a abertura do inventário no Brasil, devendo o magistrado abster-se de partilhar bens situados no estrangeiro (*RT*, 460:132; *RJTJSP*, 40: 111).

Art. 1.786. A sucessão dá-se por lei ou por disposição de última vontade.

Direito anterior – Art. 1.573 do Código Civil de 1916.
Art. 1.573. A sucessão dá-se por disposição de última vontade ou em virtude da lei.

Direito comparado – Não há esta previsão legal no Código Civil francês. Mas o direito francês admite as duas formas de sucessão (art. 723 e 895).[60] No Código Civil português há previsão assemelhada no art. 2.026[61] (que prevê forma não aceita no direito brasileiro, que é a sucessão contratual) e no art.

---

59   A competência é exclusiva e, portanto, absoluta (*RTJ*, 76/41, 78/48, 78/675; STF – *RF* 257/189) Por isso: "Não se pode homologar sentença estrangeira que, em processo relativo à sucessão *mortis causa*, dispõe sobre bem imóvel situado no Brasil" (*RTJ* 121/924). Ainda: "Partilhados os bens deixados em herança no estrangeiro, segundo a lei sucessória da situação, descabe à Justiça brasileira computá-los na cota hereditária a ser partilhada no país, em detrimento do princípio da pluralidade dos juízos sucessórios, consagrada pelo art. 89-II do CPC" (*RTJ* 110/750).

60   "*Art. 723. La loi règle l'ordre de succéder entre les héritiers légitimes, les héritiers naturels et le conjoint survivant. A leur défaut, les biens passent à l'État.*"
"*Art. 895. Le testament est un acte par lequel le testateur dispose, pour le temps où n'existera plus, de tout ou partie de ses biens et qu'il peut révoquer.*"

61   "*Art. 2.026. A sucessão é deferida por lei, testamento ou contrato.*"

2.030.[62] Os Códigos Civis argentino (art. 2.380) e uruguaio (art. 778) repetem o mesmo princípio.

COMENTÁRIO

O artigo 1.786 reproduziu integralmente a fórmula do antigo artigo 1.573 constante no Código Civil de 1916.

Igualmente inserido no capítulo relativo às Disposições Gerais, o artigo indica, de forma objetiva e concisa, as duas hipóteses de sucessão admitidas pelo direito brasileiro, a saber: a sucessão legítima e a testamentária. Ou seja, a sucessão resulta da lei (sucessão legítima) ou da vontade do *de cujus* (sucessão testamentária). Não se admite a sucessão contratual do direito português[63] (conforme disposto no art. 2028 do Código Civil português).

O legislador, ao se referir, primeiramente, à sucessão legítima, realçou a importância desta em detrimento daquela (testamentária), o que corresponde à realidade social nacional. Num país pobre como o nosso, no qual as pessoas morrem sem patrimônio, a sucessão legítima é muito mais comum do que a sucessão testamentária, típica de países de economia rica.

---

62 "Art. 2.030. 1. Os sucessores são herdeiros ou legatários. 2. Diz-se herdeiro o que sucede na totalidade ou numa quota do patrimônio do falecido e legatário o que sucede em bens ou valores determinados."

63 Segundo o disposto no art. 228 do CC português: "*Há sucessão contratual, quando, por contrato, alguém renuncia à sucessão de pessoa viva, ou dispõe da sua própria sucessão ou da sucessão de terceiro ainda não aberta.*" Para Eduardo dos Santos, a sucessão contratual é, como a locução subentende, um ato bilateral. É o negócio jurídico pelo qual o *de cujus* convém com outra ou outras pessoas numa determinada disciplina para a sua sucessão, disciplina que não carece de ser total (Obra citada, p. 40).
Na realidade, no citado art. 2.028 do CC português o legislador está prevendo os pactos renunciativos ("*quando, por contrato, alguém renuncia à sucessão de pessoa viva*"), os pactos confirmativos (*"ou dispõe da sua própria sucessão"*) e os pactos dispositivos ("*ou da sucessão de terceiro ainda não aberta*").

Nosso sistema jurídico, como bem apontado por Almeida,[64] é o resultado de sistemas contraditórios. De um lado, é nítida a influência do Direito Romano, de feição individualista, no qual a liberdade de disposição dos bens para depois da morte prevalecia. Povo essencialmente conquistador, com enorme afluência de estrangeiros ao Império, visualizava na sucessão um meio de manter o patrimônio nas mãos da família, sem interferência alheia. Daí a preferência pela sucessão testamentária.

Mas, igualmente, houve ascendência do direito germânico, de índole comunitária,[65] contrário à autonomia da vontade, própria da vontade ligada à sucessão testamentária. Ganhou ainda colorido emprestado do direito canônico que abrandou o individualismo romano, gerando equilíbrio entre as exigências religiosas de proteção à pessoa humana e à família.

A sucessão legítima é a que se dá em virtude da lei e, pois, obedece a uma ordem – ordem de vocação hereditária (art. 1.829 do CC) – que designa os que serão chamados a suceder, uns na faltas dos outros. A preferência estabelecida é ditada a partir de presunção feita pelo legislador sobre a eventual vontade do *de cujus*. É a proximidade e a remoticidade do parentesco e da afinidade que indica a ordem de preferência. Por isso se diz que a sucessão legítima representa o *testamento tácito* ou *presumido* da pessoa.

A sucessão testamentária, como diz o próprio nome, deriva de testamento, isto é, da manifestação de vontade do testador que, além da

---

64 ALMEIDA, José Luiz Gavião de. *Código Civil Comentado,* vol. XVIII, p. 39.
65 Não esquecer que os romanos só foram conhecer o regime da comunhão universal após a queda do Império Romano, por influência direta dos povos bárbaros. A ideia de comunhão, de divisão e de partilhamento de patrimônio comum, entre marido e mulher, era totalmente desconhecida dos romanos até à queda do Império. Embora a origem deste regime de bens ainda permaneça nebulosa entre os estudiosos, há quase unanimidade em reconhecer a origem germânica da comunhão universal. (A. LEMAIRE. "Les origines de la communauté de biens entre époux dans le droit coutumier français – fin IX début XIII siècle". In: *Revue Historique de droit français*, pp. 584-643, 1928) e, ainda: P. PETOT, *La formation historique du regime de communauté entre époux.* Cours policopié – Université de Paris, 1942-1943).

legítima (quota reservatária), abre espaço à manifestação da intenção soberana do testador, quanto à quota disponível. Aqui é o testador que determina seus herdeiros (além dos legítimos necessários). O poder de dispor integralmente sobre seu patrimônio só existe, na sistemática sucessória brasileira, quando o testador não tem herdeiros necessários. Em todas as demais hipóteses o seu poder de decisão encontra-se limitado às disposições legais que regem a matéria.

A sucessão legítima ocorre sempre que o autor da herança morre sem deixar disposição de última vontade; diz-se sucessão *ab intestato* (art. 1.788), ou – situação excepcional – quando o testamento caducar ou for julgado nulo (arts. 1.939 e 1.900, respectivamente).

Ao contrário da sistemática do direito romano que inadmitia a ocorrência das duas formas de sucessão[66] ao mesmo tempo, o direito brasileiro admite a coexistência das duas formas de sucessão, distribuindo-se a herança entre herdeiros legítimos e herdeiros testamentários (ou legatários). Também pode ocorrer a sucessão legítima, na existência de testamento, quando a disposição testamentária não abarca a totalidade da quota disponível ou quando existirem herdeiros necessários que não podem ser afastados por disposição de última vontade.

A sucessão legítima prevalece em todos os casos e sobre todos os bens, quando não há testamento. Nesse sentido é que se diz que ela é *residual*. Ao menos, em termos técnicos, porque faticamente (especialmente no caso do Brasil, que é um país pobre) ela é a regra, dominando o cenário sucessório nacional.

Não sem razão, o legislador pátrio viu-se compelido a regular minudentemente a sucessão testamentária (Título III) em cento e trinta e

---

66 O direito moderno repeliu a regra supersticiosa do direito romano, segundo a qual o testamento excluía a sucessão legítima: *nemo pro parte testatus et pro parte intestatus decedere potest* (ninguém pode falecer em parte com testamento e em parte intestado).

quatro (134) artigos contra, apenas vinte e oito da sucessão legítima (Título II) em veemente manifestação que esta, e não aquela, é a regra na realidade brasileira.

Art. 1.787. Regula a sucessão e a legitimação para suceder a lei vigente ao tempo da abertura daquela.

Direito anterior – Art. 1.577 do Código Civil de 1916.
Art. 1.577. A capacidade para suceder é a do tempo da abertura da sucessão, que se regulará conforme a lei então em vigor.

Direito comparado – Código Civil francês (sem previsão legal), no Código Civil português (sem previsão legal). No Código Civil argentino (art. 3.287) e no direito uruguaio (art. 845).

COMENTÁRIO

O silêncio das legislações francesas e portuguesa a respeito da lei em vigor, ao tempo da abertura da sucessão, é sugestivo e vem imantado de significação. Com efeito, o dispositivo revela-se dispensável por, no mínimo, duas razões: primeiro, porque há disposição na Lei de Introdução – art. 1º e 2º – que, preambularmente, informa toda a matéria da validade da lei no tempo e no espaço; segundo, porque como o próprio Clovis Bevilacqua reconhecera, "é a lei que determina a capacidade, *e não a poderíamos apreciar por outra lei*, senão por aquela que vigora ao tempo em que se trata de reconhecer a existência da capacidade. É também, necessariamente, a lei vigente que há de regular a abertura da sucessão e disciplinar os interesses, que nesta se agrupam"[67] (grifamos).

---

67 BEVILACQUA, Clovis. Obra citada, p. 755.

Na nova redação constante no artigo sob comento, o legislador tomou a cautela de suprimir as palavras "capacidade para suceder", procurando, talvez, evitar a equivocada redundância já apontada por Bevilacqua, mas nem por isso deixou de incidir no indicado erro. Quando, no artigo 1.784, o legislador fala em abertura da sucessão e transmissão imediata aos herdeiros, é óbvio que está a se referir à lei então em vigor e não, certamente, a outra eventual lei.

A capacidade para suceder e para adquirir a herança é apreciada no momento da abertura da sucessão. Nem antes nem depois. É nesse momento que a propriedade é transferida. É pela lei vigente no tempo da abertura da sucessão que, em geral, se regulam as sucessões.[68]

Da regra do artigo resultam duas consequências: a) o herdeiro capaz ao tempo da feitura do testamento, mas incapaz ao tempo da devolução da herança, não sucederá; b) da mesma forma, o herdeiro incapaz ao tempo da deixa testamentária, mas capaz no tempo da abertura da sucessão, herdará naturalmente.

O elemento temporal produz efeitos distintos, quer se trate da sucessão legítima, quer da testamentária.

Com relação à sucessão legítima, a incidência do princípio não abre espaço a qualquer exegese mais favorável: a lei do tempo da abertura da sucessão é que regula todas as questões pertinentes à herança do *de cujus* (salvo, evidentemente, a ocorrência de alguma condição, materializando-se a capacidade para suceder, no momento em que esta se verifica).

A matéria ganhou especial relevo com o advento da Constituição Federal de 1988 que, igualando os filhos (art. 227, § 6º), garantiu si-

---

68 BATALHA, Wilson de Souza Campos. *Direito Intertemporal,* p. 400 (Rio de Janeiro: Forense, 1980).

tuação mais justa aos filhos adotivos, até então tratados, inexplicavelmente, de forma discriminada. Assim, se num primeiro momento os adotivos eram excluídos da legítima,[69] a partir de 1988 tal tratamento desaparece do Direito de Família brasileiro.[70]

Relativamente à sucessão testamentária prevalece, em regra, o mesmo princípio, mas algumas matérias são regidas pela lei do tempo em que foi feito o testamento. Assim, a eficácia das disposições testamentárias é sempre regulada pela lei do tempo da abertura da sucessão; entretanto, no que concerne à própria feitura do testamento, às suas formalidades ou à capacidade para testar, prevalece a lei do tempo em que é feito o testamento.

A lei vigente na data da feitura do testamento vai regular a capacidade do testador e a forma extrínseca do ato, reafirmando a cisão apontada acima, de que a incapacidade superveniente do testador não invalida o ato testamentário, nem o testamento do incapaz se convalida com a aquisição, por este, de sua capacidade (art. 1.861). É a aplicação do princípio de que o tempo rege o ato (*tempus regit actum*).

---

69 "INVENTÁRIO – Filho Adotivo – Hipótese em que houve exclusão do rol de herdeiros – Inadmissibilidade – Carta Magna que estabelece os mesmos direitos e qualificações em *se por lei vigente à data de sua abertura, não se aplicando a sucessões verificadas antes do seu advento a norma do art. 227, § 6º, da Carta de 1988, que eliminou a distinção até então estabelecida pelo Código Civil (art. 1.605 e § 2º), entre filhos legítimos e filhos adotivos, para esse efeito. Discriminação que, de resto, se assentava em situações desiguais, não afetando, portanto, o princípio da isonomia*" (*RT*, 748: 158). Ver, ainda: *RT*, 577: 100; *RT*, 594: 194; *RT*, 766: 178 e *RT*, 580: 128.

70 "INVENTÁRIO – Filho Adotivo – Hipótese em que houve exclusão do rol de herdeiros – Inadmissibilidade – Carta Magna que estabelece os mesmos direitos e qualificações em relação aos outros filhos, proibidas quaisquer discriminações – Exclusão insubsistente – Inteligência do art. 227, § 6º, da CF – Declaração de voto vencido. Ementa: Sucessão hereditária. Filhos adotivos. Efeitos jurídicos da adoção. Impugnação à qualidade de herdeiros. Exclusão equivocada do rol respectivo. Artigos 377 e 1.065, § 2º, do CC. Perda da eficácia. Recurso provido. Maioria. Além de proibir quaisquer designações discriminatórias relativas à filiação, a Carta Constitucional vigente corrigiu clamorosa injustiça praticada contra os filhos adotivos ao estabelecer os mesmos direitos e qualificações em relação aos outros, resgatando, outrossim, o objetivo maior do instituto" (*RT*, 647: 172). Ver, ainda: *RT*, 597: 250; *RT*, 591: 84.

Art. 1.788. Morrendo a pessoa sem testamento, transmite a herança aos herdeiros legítimos; o mesmo ocorrerá quanto aos bens que não forem compreendidos no testamento; e subsiste a sucessão legítima se o testamento caducar, ou for julgado nulo.

Direito anterior – Art. 1.574 e 1.575 do Código Civil de 1916.

Art. 1.574. Morrendo a pessoa sem testamento, transmite-se a herança a seus herdeiros legítimos. Ocorrerá outro tanto quanto aos bens que não forem compreendidos no testamento.

Art. 1.575. Também subsiste a sucessão legítima se o testamento caducar ou for julgado nulo.

Direito comparado – O direito francês se referiu à matéria (arts. 913 e 914),[71] assim como o direito português faz alusão indireta ao tema, quando se refere às espécies de sucessores no art. 2.030[72] do Código Civil. Os Códigos Civis argentino (art. 3.280) e no direito uruguaio (artigo 1.011).

---

[71] "*Art. 913. Les libéralités, soit par acte entre vifs, soit par testament, ne pourront excéder la moitié des biens du disposant, s'il ne laisse à son décès qu'un enfant; le tiers, s'il laisse deux enfants; le quart, s'il en laisse trois ou un plus grand nombre; sans qu'il y ait lieu de distinguer entre les enfants légitimes et les enfants naturels, hormis le cas de l'article 915.*"
"*Art. 914. Les libéralités, par actes entre vifs ou par testament, ne pourront excéder la moitié des biens, si, à défaut d'enfant, le défunt laisse un ou plusieurs ascendants dans chacune des lignes, paternelle et maternelle, et les trois quarts s'il ne laisse d'ascendants que dans une ligne.*
Les biens ainsi réservés au profit des ascendants seront par eux recueillis dans l'ordre où la loi les appelle à succéder: ils auront seuls droit à cette réserve dans tous les cas où un partage en concurrence avec des collatéraux ne leur donnerait pas la quotité de biens à laquelle elle est fixée."

[72] "*Art. 2.030 do Código Civil português:*
"*1. Os sucessores são herdeiros ou legatários.*
2. Diz-se herdeiro o que sucede na totalidade ou numa quota do patrimônio do falecido e legatário o que sucede em bens ou valores determinados.
3. É havido como herdeiro o que sucede no remanescente dos bens do falecido, não havendo especificação destes.
4. O usufrutuário, ainda que seu direito incida sobre a totalidade do patrimônio, é havido como legatário."
5. A qualificação dada pelo testador aos seus sucessores não lhes confere o título de herdeiro ou legatário em contravenção do disposto nos números anteriores" (*Apud Código Civil Português*. 4. ed. Coimbra: Coimbra Editora, 1996).

COMENTÁRIO

O art. 1.788 realizou uma fusão de dois artigos do Código Civil de 1916, no caso, os artigos 1.574 e 1.575, vinculando duas matérias, a relativa às espécies de sucessão e à mantença da sucessão legítima, quando inocorre (por nulidade ou caducidade) a sucessão testamentária.[73]

Embora o resultado final não seja um primor de redação, a ideia de vincular dois temas em um só dispositivo ficou garantida. Ressalte-se, porém, que a fórmula anterior ganhava em precisão e clareza, mesmo porque a ideia da devolução da legítima aos herdeiros é um assunto e a questão da nulidade ou caducidade, outro.

A primeira parte do dispositivo refere-se à sucessão *ab intestato* e deixa implícita a ideia, a seguir, que bens não incluídos na deixa testamentária retornam a compor a legítima para, finalmente, estabelecer retorno integral de todos os bens (mesmo quando houve testamento) nos casos de nulidade ou caducidade.

Os três momentos do dispositivo reafirmam a prioridade da legítima sobre qualquer outra pretensão. Ou melhor, resgata o princípio da liberdade limitada de testar – como veremos mais adiante – assumido pelo direito brasileiro.

Ao mesmo tempo – e por isso o Código Civil português se referiu às diversas espécies de sucessores – estabelece uma hierarquia de sucessores, com prioridade dos sucessores a título universal em detrimento dos demais, até os sucessores a título singular.

---

[73] "*TESTAMENTO – Ação anulatória – Pretensão de subsistência da sucessão legítima – Inadmissibilidade se existe testamento anterior válido – Interpretação do art. 1.575 do CC*. Ementa: De acordo com o disposto no art. 1.575 do CC, existindo outro testamento que deva prevalecer sobre o qual se pretende a declaração de nulidade, não há que falar em subsistência de sucessão legítima" (*RT*, 754: 252). Ainda: *RT*, 753: 231.

Morrendo sem testamento, diz o art. 1.788, transmite-se a herança aos herdeiros legítimos. Ainda, se houver herdeiros legítimos necessários, o testador só poderá dispor da metade da herança. Isto é, havendo testamento, a metade da herança lhes será transmitida, por força da lei, independente da vontade soberana do testador que encontra aqui limites.

Por isso, Bevilacqua, ao se referir ao dispositivo, disse que o mesmo completa e desdobra o pensamento contido no antecedente artigo. É fato.

Agora, porém, não só completa a disposição anterior mas vai mais além, adentrando no terreno da nulidade e da caducidade testamentária. Assim, mesmo havendo testamento, ou seja, ainda que, inicialmente, a vontade do testador tenha prevalecido, cede à vontade da lei, no caso de nulidade ou caducidade.

É o primado da inquestionável superioridade da sucessão legítima, a qual já nos referíramos, em detrimento da sucessão testamentária.

Sistematicamente, entretanto, a inclusão das noções de caducidade e nulidade em um só artigo não garantem a, talvez, projetada intenção de síntese do legislador, porque, de imediato, questionamos quais seriam os casos geradores da anunciada caducidade ou nulidade, que, certamente, não constam no artigo e, pois, frustram aquela pretensão.

A matéria, como sabemos (e nem poderia ser diferente), foi remetida ao Título III (Da sucessão testamentária) e consta, respectivamente, nos artigos 1.900 (*"É nula a disposição:"*) e 1.939 do novo Código, sem considerar outras hipóteses de caducidade dispersas no Código, tais como caducidade do testamento marítimo (art. 1.891), do testamento militar (art. 1.895), entre outras.

Com efeito, o novo dispositivo incorre no equívoco já materializado no sistema codificado de 1916, quando Bevilacqua já expusera que sua redação era censurável por discrepar da técnica jurídica, não garantindo ao pensamento da lei toda a extensão necessária. Segundo Bevilacqua, o pecado técnico está em usar o vocábulo "nulo" em sentido amplo (abrangendo, pois, as noções de nulo e anulado); a insuficiência da expressão consiste em reduzir a ineficácia do testamento aos casos de caducidade e nulidade, deixando de apreciar as ideias de ruptura e anulação.[74]

Por isso se afirmou, e fica agora demonstrado, que a intenção de sintetizar do legislador atual pode ter sido bem-sucedida nos aspectos formais, mas não atingiu seu escopo em matéria de conteúdo.

O testamento pode ser nulo ou anulável (espécies de invalidade) mas também pode ser ineficaz porque caducou ou em razão de rompimento. A nulidade se materializa quando há falta de elementos essenciais ao ato jurídico; no caso de anulabilidade, há os chamados vícios de consentimento. A caducidade ocorre quando o testamento, embora válido, perdeu sua eficácia em decorrência de fato posterior (como, por exemplo, se o herdeiro nomeado falecer antes do testador). Da mesma forma, rompe-se o testamento quando, por exemplo, sobrevém descendente sucessível ao testador, que não o tinha (ou não o conhecia) quando testou, se esse descendente sobreviver ao testador, ou se o testamento foi feito no desconhecimento de outros herdeiros necessários.

Logo, o *in fine* do artigo sob comento deve ser lido sob ótica extensiva: "... *e subsiste a sucessão legítima se o testamento caducar, romper-se, ou for inválido.*"

Interessante aqui se resgatar a proposta do art. 2.030 do Código Civil português quando distingue e arrola os sucessores em herdeiros ou

---

74 BEVILACQUA, Clóvis. *Código Civil dos Estados Unidos do Brasil*, vol. II, p. 746 (Rio de Janeiro: Editora Rio, 1984).

legatários, daí deduzindo a diferença entre a sucessão a título universal e a título singular.

Diz o legislador português: "Os sucessores são herdeiros ou legatários."

Ou seja, a sucessão *causa mortis*, quanto à destinação dos bens da herança, pode ser: a título universal ou a título singular.

A título universal caracteriza-se pela transmissão do patrimônio do defunto como um todo (*universitas iuris*), sendo típica da sucessão legítima, mas podendo ocorrer também na sucessão testamentária (quando o testador institui herdeiro em fração da herança). É o que o legislador português chama "herdeiro" (Art. 2.030, 2. *Diz-se herdeiro o que sucede na totalidade ou numa quota do patrimônio do falecido*).

A título singular, quando a transferência é de bens determinados, a pessoas determinadas. Ocorre apenas na sucessão testamentária, onde a disposição contempla pessoa certa com bem determinado. O legislador português chama-o "legatário" (Art. 2.030. 2. "*... e legatário o que sucede em bens ou valores determinados*").

Quanto ao remanescente dos bens, não abrangido pela deixa, ou que sequer foi objeto de testamento, o Código Civil português se refere em inciso à parte, e não no próprio *caput* do artigo, como optou o legislador brasileiro. Assim, art. 2.030. 3 do CC português: "*É havido como herdeiro o que sucede no remanescente dos bens do falecido, não havendo especificação destes.*"

Melhor fórmula porque, no *caput*, introduz a ideia geral e nos incisos particulariza as diversas hipóteses que daí decorrem.

Art. 1.789. Havendo herdeiros necessários, o testador só poderá dispor da metade da herança.

Direito anterior – Art. 1.576 do Código Civil de 1916.
Art. 1.576. Havendo herdeiros necessários, o testador só poderá dispor da metade da herança.

Direito comparado – No direito francês (arts. 913 a 919) e no direito português (art. 2.156).[75] Os Códigos Civis argentino (arts. 3.592 a 3.597) e o uruguaio (arts. 885 e 887)[76] também dispõem de forma incisiva sobre a reserva hereditária.

COMENTÁRIO

Os "necessários" a que se refere o artigo são os herdeiros legítimos necessários (em oposição aos facultativos) ou reservatários[77] (porque a eles cabe a "reserva"), assim cognominados porque não podem ser afastados da herança (salvo em situações excepcionais e de acordo com previsão legal). No sistema do Código Civil (art. 1.603) eram os descendentes e ascendentes e, agora, de acordo com a ordem de vocação hereditária, prevista no art. 1.829, são os descendentes, em concorrência com o cônjuge sobrevivente, e os ascendentes, igualmente, em concorrência com o cônjuge. Alargou-se o rol dos herdeiros necessários (para três categorias) restringindo-se o rol dos facultativos (colaterais).

---

75 "*Art. 2.156. Entende-se por legítima a porção de bens de que o testador não pode dispor, por ser legalmente destinada aos herdeiros legitimários.*"

76 O Código Civil uruguaio adotou o sistema chileno, modificando-o. O ascendente natural não é considerado herdeiro legitimário (art. 885). Havendo somente um filho ou descendência com direito de o representar, a porção legítima abrangerá metade dos bens; havendo dois filhos, elevar-se-á a legítima a dois terços; havendo três ou mais, absorverá três quartos da herança (art. 887). Concorrendo descendência legítima e natural, os filhos naturais contam-se como um filho legítimo, e a reserva de cada um será dois terços da de cada filho legítimo. Na falta da descendência legítima, a reserva será sempre da metade dos bens (*Apud*, Clovis Bevilacqua. *Código Civil dos Estados Unidos do Brasil*, vol. VI, p. 750).

77 A doutrina nacional usa, além das expressões citadas, os termos "legitimários" e "forçados", sempre referindo-se aos herdeiros que não podem ser afastados da herança.

No que diz respeito ao descendentes (filhos, netos, bisnetos etc.), a limitação temporal, de ordem biológica, faz com que se restrinja a importância do dispositivo tão-somente aos filhos e, excepcionalmente, aos netos (na medida em que as novas gerações casam cada vez mais tarde, a tendência é de se restringir a ordem dos descendentes aos graus mais próximos).

Se em 1916 – quando a categorização dos filhos era a regra dominante, que não admitia exceções – a ordem dos descendentes limitava-se aos descendentes "legítimos", isto é, oriundos do casamento (ou das justas núpcias), tal exegese fica, desde 1988, negada pela promulgação do novo texto constitucional, que, no artigo 227, § 6º,[78] proibiu tratamento discriminatório aos filhos, independente de sua origem.

Pelo sistema do Código Civil de 1916, os filhos adulterinos e os incestuosos não podiam ser reconhecidos (art. 358) e, pois, não tinham nenhum direito sucessório, enquanto os naturais (concebidos antes do casamento) tinham direito apenas à metade do que cabia aos filhos legítimos.

Em 1949, pela pressão social dos novos tempos e das novas tendências, o legislador brasileiro se viu compelido a promulgar a Lei nº 883 (dispõe sobre o reconhecimento dos filhos ilegítimos) e, no seu artigo 2º, dispunha expressamente: *"Qualquer que seja a natureza da filiação, o direito à herança será reconhecido em igualdade de proporções."* Dúvida nenhuma, pois, pairava sobre a possibilidade de virem a herança os filhos "ilegítimos".

---

78   *"Art. 227, § 6º, da CF: Os filhos havidos ou não da relação do casamento, ou por adoção, terão os mesmos direitos e qualificações, proibidas quaisquer designações discriminatórias relativas à filiação."*

Apesar da clareza do texto legislativo, porção considerável da doutrina nacional interpretava restritivamente o citado artigo, entendendo que o direito à herança só beneficiava os adulterinos. Exegese restritiva com efeitos, notoriamente, restritivos e injustos.

Com o advento da Constituição de 1988 e a disposição expressa do art. 227, § 6º, colocou-se fim às vacilações doutrinárias a respeito dos adulterinos e incestuosos, e mesmo a corrente mais tradicional viu-se obrigada a capitular diante da evidência da norma constitucional.

Ainda assim, porém, a dúvida persistiu em relação aos adotivos (embora o texto constitucional também os abrangesse), graças, talvez, à estranha duplicidade de adoções gerada pela promulgação do ECA (adoção simples, regida pelo Código Civil, e adoção plena, proposta pelo Estatuto da Criança e do Adolescente).

Pelo novo Estatuto instaura-se no país uma só forma de adoção – adoção plena – (ao menos, como regra), que iguala o filho adotivo ao filho "legítimo". E, como o novo texto constitucional refere-se amplamente à adoção, é evidente que ambas as espécies (simples e plena) ficam inseridas no dispositivo constitucional, de forma que tanto ao adotado através de adoção simples quanto ao adotado pleno, via ECA, aplica-se o princípio constitucional, herdando ambos, em igualdade de proporções, com os demais filhos.

Equiparados os adotivos e desvinculados da família biológica,[79] a reciprocidade de direitos sucessórios é integral, não mais vingando qualquer exegese restritiva ou limitadora.

---

79   A intenção do legislador menorista, nesta matéria, é tão clara que chega a considerar, sem vacilar, no ECA o adotado incorporado integralmente à família do adotante, como se fosse seu filho consanguíneo, e ainda: "*O novo registro consignará o nome dos adotantes e seus descendentes, cancelando-se o registro original do adotado*" (art. 47, §§ 1º e 2º).

Nesse sentido, o disposto no art. 41, § 2°, do ECA,[80] é suficientemente claro para admitir interpretação restritiva.

Quanto ao cônjuge sobrevivente, a inovação trazida pelo novo Código (art. 1.829, I) é considerável, na medida em que guinda o supérstite a grau até então impensável, como também o coloca em concorrência com os descendentes, nas hipóteses arroladas no artigo citado.

Com efeito, no sistema antecedente à codificação brasileira, o cônjuge sobrevivente estava subordinado ao quarto grau na escala hereditária, após os colaterais. Ou seja, dificilmente herdava na qualidade de viúva ou viúvo. Em 1907, com o advento da Lei n° 1.839 (chamada Lei Feliciano Pena), o cônjuge supérstite passou a herdar em terceiro lugar. E, agora, com o advento do novo Código, ocupa o primeiro lugar, concorrendo com os descendentes.

Notável evolução, de efeitos imprevisíveis, que examinaremos mais adiante, quando tratarmos da questão referente à ordem de vocação hereditária.

Após priorizar a cota do herdeiro necessário, o legislador indica a "reserva" do mesmo que corresponde à metade da herança. Dividida em duas partes iguais, a lei reforça a divisão entre as duas espécies de sucessão: uma metade constitui a legítima (da sucessão legítima) porção da herança que o testador não pode dispor e a outra metade, a cota disponível (que pode constituir eventual testamento) e sobre a qual o testador tem ampla liberdade de disposição.[81]

---

80 "*É recíproco o direito sucessório entre o adotado, seus descendentes, o adotante, seus ascendentes, descendentes e colaterais até o 4° grau, observada a ordem de vocação hereditária.*"
81 "*INVENTÁRIO – Partilha – Arrolamento de bens – Doação, por termo nos autos, da meação pertencente ao cônjuge supérstite às suas netas – Admissibilidade, independentemente de qualquer documento autorizador – Disposição de vontade do viúvo em relação à sua quota-parte, que não se confunde com a vontade da falecida. Ementa da Redação: Em sede de arrolamento de bens, pode o cônjuge supérstitte promover a doação da meação a ele cabente*

O que a lei anuncia – e por isso consta no capítulo relativo às disposições gerais – é o princípio da liberdade limitada de testar; ou, em outras palavras, em havendo herdeiros necessários, a vontade do testador encontra como limite o interesse daquela categoria de herdeiros.[82] O princípio, que remonta ao direito romano, encontra justificativa na ideia que a vontade do testador não pode prejudicar o interesse daqueles que lhe são próximos, especialmente dos parentes em linha reta.

Por isso, o atual art. 549[83] também condena e limita a doação inoficiosa, resguardando as legítimas dos herdeiros necessários. Tanto este artigo quanto o art. 1.789 têm o mesmo objetivo: a legítima dos herdeiros necessários é defendida tanto contra atos *inter vivos* (doação) como *mortis causa* (testamento). Se a doação extrapolar ao que o doador poderia dispor em testamento, a doação é nula no excesso, ou seja, é nula na parte inoficiosa.[84]

"O direito pátrio", doutrina Bevilacqua, "concilia, convenientemente, os elementos em que se apoia o direito hereditário: a propriedade, elemento individual, e a família, elemento social. Elevou a porção

---

        às suas netas, pois, tratando-se de transmissão inter vivos *em partilha amigável, sua formalização pode ocorrer por termo nos autos independentemente de qualquer documento autorizador. Trata-se, na hipótese, de disposição de vontade do viúvo, em relação à sua quota-parte, não se confundindo com a vontade da falecida, que somente pode incidir sobre a parte disponível da herança." In: RT*, 843: 267.

82   "***DOAÇÃO – Pretendida anulação do ato, formulada por cônjuge supérstite, em nome próprio, sob o fundamento de que a liberalidade excedeu a metade disponível do doador – Ilegitimidade se a pleiteante não é representante dos herdeiros do de cujus***. Ementa: *O cônjuge supérstite não tem legitimidade para, em nome próprio, pleitear a anulação de doação sob o fundamento de que a liberalidade excedeu a metade disponível do doador, se esta não é representante dos herdeiros do* de cujus" (*RT*, 790: 255). Ver, ainda: *RT*, 788: 231 e *RT*, 613: 60.

83   Art. 549. *Nula é também a doação quanto à parte que exceder à de que o doador, no momento da liberalidade, poderia dispor em testamento."*

84   Nesse sentido, a doutrina de Mauro Antonini: *"A previsão legal evita que, por meio de doações, seja esvaziada a proteção conferida aos herdeiros necessários"* (Cezar Peluso (Coord.) *Código Civil Comentado*. São Paulo: Manole, 2007, p. 1.777).

disponível à metade dos bens e permitiu clausular a legítima. Conceder mais ao indivíduo seria sacrificar a família e, com ela, a sociedade, ao egoísmo indisciplinado, absorvente e cruel".[85]

Diferentemente de diversos sistemas estrangeiros (notadamente o inglês)[86] partidários da liberdade ilimitada de testar, o direito francês,[87] que nos serviu de modelo, sempre se manifestou adepto à noção de liberdade limitada de testar, estimando que, em presença de parentes próximos, o dever social do testador transmitir seus bens se impõe, ao menos parcialmente, sobre a liberdade de dispor gratuitamente. E a reserva é o meio encontrado juridicamente para limitar a vontade do *de cujus* garantindo a cota dos herdeiros reservatários.

---

85 BEVILACQUA, Clovis. Obra citada, p. 754.
86 Na Inglaterra, até 1938, a liberdade de dispor, do *de cujus*, era plena. A partir desta data o princípio da liberdade ilimitada foi temperado em proveito dos parentes mais próximos do testador (cônjuge sobrevivente, filhos, ou pessoas que vivem sob os cuidados do testador) pelo *Inheritance Family Provision Act* (em 1938) e pelo *Inheritance Provisions for Family and Dependants Act*, de 1975. Os temperamentos trazidos pelas duas legislações não se materializam na constituição de uma "reserva", representando uma fração da sucessão, como ocorre no direito europeu continental (e no brasileiro). A lei garante aos interessados a possibilidade de ingressar com uma ação tendente a reconhecer os direitos na sucessão do defunto. Na apreciação do pedido o juiz levará em conta as vantagens que o testador poderia ter concedido ao requerente, a situação financeira do mesmo, a atitude que ele teve em relação ao defunto e a importância da sucessão.
    Nos Estados Unidos, todos os Estados concedem às viúvas uma certa proteção contra o testamento que pretende as deserdar. Esta proteção é feita segundo diversos métodos, dote que reveste a forma de um direito vitalício relativo a um terço da sucessão, cota-parte sobre a plena propriedade do patrimônio do cônjuge falecido etc. Em compensação, na maioria dos Estados norte-americanos, os filhos podem ser inteiramente excluídos, salvo aqueles nascidos após a assinatura do testamento. Alguns Estados conhecem a instituição do "bem de família" que fica reservado ao uso da viúva e dos filhos menores, sendo, pois, proibido, legá-lo.
87 Toda a análise da parte histórica do instituto da "reserva" no direito francês foi feita com base nos dados constantes na obra de Jacques Flour e Henri Souleau. *Les Successions*. Paris: Armand Colin, 1991, pp. 319-321, e na obra de Philippe Malaurie e Laurent Aynès. *Droit Civil. Les successions – Les Liberalités*. Paris: Editions Cujas, 1995, pp. 325-327.

Da forma como a reserva está, hoje, inserida nos sistemas romanistas sucessórios, ela provém de uma dupla tradição histórica (direito escrito e direito costumeiro)[88] que os codificadores conciliaram os elementos.

O direito escrito conservou as instituições romanas. Os herdeiros, ao menos os herdeiros em linha direta e, sob certas condições, os irmãos e irmãs, podiam atacar o testamento do autor, quando tivessem sido totalmente deserdados (*querela inofficiosi testamenti*). Quando recebiam uma parte insuficiente, podiam solicitar um "complemento" até concorrência de uma porção de bens, dita "legítima".

Esta ação, em complemento da "legítima", não lhes garantia a qualidade de herdeiro.[89] A ação tinha como fundamento o parentesco e, pois, decorria mais do direito de família do que do direito das sucessões. Daí vem a fórmula segundo a qual a "legítima" era *pars bonorum*, e não *pars hereditatis*. "Expressão de um dever de assistência entre parentes próximos, este direito estava vinculado à qualidade de parente e não à de herdeiro (...) e assumia a forma de um direito de crédito bastante comparável a uma obrigação alimentar. Os parentes (negligenciados) não podiam pretender a uma fração de natureza sucessória, mas dispunham de uma "ação em complemento" contra os favorecidos na totalidade da sucessão".[90]

---

88 Na França, o direito feudal estava dividido em dois grandes grupos jurídicos: a região dominada pelo direito escrito e a região dominada pelo direito costumeiro. Daí vem a apelação, *pays de droit écrit* e *pays de droit coutumier*.

89 De acordo com o princípio romano, segundo o qual o legatário universal é um "herdeiro instituído", absolutamente assimilado ao herdeiro "*ab intestat*", era ele que detinha esta qualidade.

90 *Apud*, François Terré e Yves Lequette. *Droit Civil. Les successions – Les libéralités*. Paris: Dalloz, 1997, p. 496.

Assim começou a se estabelecer a ideia que os beneficiários fossem os parentes mais próximos, garantindo-se-lhes uma fração de todos os bens do defunto e protegidos contra as doações e legados a terceiros.

O direito costumeiro, em oposição ao direito escrito, só conheceu a "reserva costumeira", cujos fundamento e técnica eram diferentes. A "reserva" se legitimava sobre a ideia de que os herdeiros têm um direito em potencial sobre o patrimônio do defunto – vestígio da antiga noção de co-propriedade familiar – e que se devia, por consequência, garantir a conservação dos bens na família.

A "reserva" não traduzia, como a "legítima", um dever de assistência moral; era antes a afirmação de uma ideia política segundo a qual a devolução sucessória não devia se afastar das regras fixadas pelo costume, ou seja, a devolução devia reverter ao grupo familiar.

De lá derivam, tecnicamente, seus traços dominantes: a "reserva" englobava apenas "uma porção dos bens próprios" do defunto; ela era concedida a todos os herdeiros, mesmo os colaterais, e, finalmente (contrariamente à legítima), era concedida aos que recolhiam efetivamente a herança: ela era *pars hereditatis* e não *pars bonorum*.

Para evitar os eventuais excessos do testador, em matéria de liberalidade, ao lado da "reserva" passou-se a introduzir, nas regiões de direito costumeiro, a "legítima romana", limitando tanto a faculdade de doar quanto a de testar. Ela passou a beneficiar apenas os descendentes e, nessa transposição geográfica, perdia seu caráter de *pars bonorum* para se transformar em *pars hereditatis*: era necessário ser herdeiro para ser admitido a reclamar a herança.

O direito francês intermediário, isto é, o período que medeia da queda da monarquia (*ancien régime*) ao advento do *Code Civil* (1804), é hostil à liberdade de testar, o que se explica por razões de ordem política: os revolucionários temiam que os particulares se servissem da liberdade de testar para restabelecer as desigualdades abolidas, especialmente o direito de primogenitura.[91]

A Lei de 17 *nivôse*, ano II do calendário revolucionário, limitava a cota disponível ao décimo quando o *de cujus* tinha herdeiros em linha direta, e ao sexto, na presença de colaterais. Além disso, ela proibia dispor da cota disponível a um dos herdeiros (o que, hoje, é perfeitamente possível) a fim de manter entre os mesmos, a mais absoluta igualdade. A lei de 4 *germinal* do ano VIII atenuou o rigor da lei anterior; a cota disponível, na presença de descendentes, era de um quarto, no máximo.

O *Code Civil* reviu a posição então dominante e, com moderação, decidiu contrariamente dispondo que, na presença de descendentes, a cota disponível seria de um quarto, no mínimo. Do século XIX, pois, se origina o *quantum* da cota disponível, correspondente a um quarto da totalidade da herança.

O que vale ressaltar é a transação que o código francês realizou entre os precedentes históricos. De forma curiosa, o novo sistema codificado – que serviu de parâmetro a todos os sistemas codificados sul-americanos – enxertou, sobre o fundamento da "legítima", a sistemática técnica da reserva costumeira.

Do ponto de vista técnico o *Code Civil* deduziu, com todo rigor, as consequências do princípio segundo o qual a reserva é *pars hereditatis,* ou seja, ela só é concedida àqueles que são herdeiros, e, mais, herdeiros que aceitaram a herança.

---

91 Na Idade Média francesa o direito de primogenitura priorizava consideravelmente o primogênito na sucessão familiar e a monarquia absoluta foi ferrenha defensora do princípio que remontava ao mais antigo sistema feudal.

Depois de muito hesitar, como informa Malaurie e Aynès, o Código Civil francês adotou um regime novo, em relação ao sistema sucessório, e que emprestou suas características aos diferentes regimes que o haviam precedido: direito escrito, direito costumeiro, direito intermediário, mas, sobretudo, os dois últimos.

Toda a distinção entre bens (próprios e adquiridos) foi suprimida: a reserva se refere ao conjunto da sucessão. A preocupação de conservar os bens nas famílias tornou-se menos veemente; só os herdeiros próximos são reservatários. Mas a "reserva" não é um direito concedido contra a sucessão (*pars bonorum*), conferido aos parentes mesmo se eles renunciam à herança; ela é um direito na sucessão (*pars hereditatis*), subordinado ao exercício de seus direitos sucessórios, pelo reservatário.

Além disso, o *Code Civil* resgata duas noções que definitivamente acompanharão a noção de reserva: é um direito absoluto para os reservatários: é impossível deserdar completamente um reservatário, quer por testamento, quer por doação (daí vem a noção de herdeiro legítimo *necessário*), e, sobre a cota disponível, o *de cujus* dispõe de inteira liberdade: ele pode dispor dela em proveito de um terceiro, por testamento ou por doação.

Quanto ao fundamento, a instituição repousa, assim como a "legítima", sobre a noção de dever familiar. Beneficiando apenas os parentes em linha reta há analogia entre a instituição da "reserva" e a obrigação alimentar. E os reservatários tem legitimidade para atacar as liberalidades entre vivos e não apenas as liberalidades testamentárias, consentidas pelo autor. Esse último aspecto é importante: a que serviria limitar a liberdade de testar se uma liberdade ilimitada de dar permitia a cada um despojar, por outra via, os herdeiros legais?

A História demonstra a necessidade desta ligação. É porque a reserva costumeira não se aplicava às doações que se fez necessário introduzir a "legítima" romana nas regiões de costume, como um complemento de proteção. A liberdade de dispor a título gratuito deve ser comum aos dois tipos de liberalidades, ou ser restringida pelos dois.

Posteriormente ao *Code Civil*, o princípio de uma limitação da liberdade de dispor a título gratuito foi muito discutido. A "reserva" era tradicionalmente considerada como um instrumento de defesa da família contra os caprichos individuais de um de seus membros. O exemplo do direito romano – direito individualista e que, portanto, inventara a "legítima" – teria podido criar dúvidas sobre a exatidão desta concepção. Ainda mais, o do direito intermediário que tinha reforçado a "reserva" em um espírito estritamente individualista e igualitário.

A liberdade absoluta de testar não só podia favorecer um dos filhos; ela também permitia privar todos os herdeiros do patrimônio familiar em proveito de um estrangeiro. Se a intenção era, pois, de proteger o patrimônio familiar e os interesses da família, a noção de reserva se impunha em proveito dos descendentes considerados coletivamente, e é somente a repartição dessa reserva global entre eles que poderia tornar-se livre.

A reserva exerce, hoje, uma dupla função: proteger a família contra as liberalidades excessivas feitas a pessoas alheias ao grupo familiar e proteger os filhos, uns contra os outros, limitando as desigualdades que os pais podem estabelecer entre eles.

Pode-se mesmo pensar em suprimi-la na sua função igualitária, mas ela deve ser, certamente, mantida na sua função protetora da família, o que, de resto, a análise jurídica já comprovou nos aspectos técnicos: "que os descendentes devem ser protegidos, que existe um dever do *de cujus* em relação aos seus parentes mais próximos e, acessoriamente, que um mínimo de igualdade deve reinar entre os descendentes."[92]

A legítima a que se refere o art. 1.789 tem, no mínimo, três características marcantes: ela tem um caráter sucessório, na medida em que constitui uma parte da sucessão *ab intestat*: *pars hereditatis* (como diziam os romanos); uma parte, já que a transmissão da legítima se faz a título universal e não a título particular. E sempre *ab intestat*, já que o *de cujus* não pode dela dispor a título gratuito. Consequência: quando um herdeiro reservatário renuncia à sucessão, ele perde todo direito à legítima.

Igualmente a legítima tem um caráter imperativo, no sentido de que ela se impõe imperativamente ao *de cujus* tanto na designação dos reservatários quanto na determinação da parte que lhes tocará.

Finalmente o caráter coletivo decorre da imposição legal de que a legítima é uma parte da sucessão coletivamente consagrada ao conjunto dos herdeiros reservatários. O Código Civil não estabelece uma repartição da legítima coletiva a cada herdeiro necessário. Por isso, refere-se, de forma ampla, à "metade da herança". Tecnicamente, é a cota disponível que é fixada, não a parte reservatária de cada herdeiro, que variará na proporção do número de herdeiros necessários.

O argumento maior determinador da legítima continua sendo a proteção da família, como um todo, mais que a proteção individual de cada um dos seus membros, justificando o princípio (como veremos mais adiante) que a renúncia de um herdeiro acresce a parte dos que aceitaram a herança.

---

[92] MALAURIE, Philippe e AYNÈS, Laurent. Obra citada, p. 328.

Art. 1.790. A companheira ou o companheiro participará da sucessão do outro, quanto aos bens adquiridos onerosamente na vigência da união estável, nas condições seguintes:

I – se concorrer com filhos comuns, terá direito a uma quota equivalente à que por lei for atribuída ao filho;

II – se concorrer com descendentes só do autor da herança, tocar-lhe-á a metade do que couber a cada um daqueles;

III – se concorrer com outros parentes sucessíveis, terá direito a um terço da herança;

IV – não havendo parentes sucessíveis, terá direito à totalidade da herança.

Direito anterior – O Código Civil de 1916 não continha dispositivo de direito sucessório relativamente às uniões estáveis.

Direito comparado – Sem previsão no Código Civil francês[93] e, igualmente, no Código Civil português. Em Portugal, há previsão legal sobre a matéria na Lei nº 135 (Lei da União de Facto), de 28 de agosto de 1999.[94] O Código Civil argentino e o uruguaio não tratam da matéria.

---

[93] Na sistemática do direito francês, os componentes de um casal fora do casamento não herdam um do outro porque, entre *"partenaires"* da união livre, não existe nenhum laço de parentesco. "O casal fora do casamento não cria em direito, uma família, pois não há 'aliança' entre seus membros. Em consequência, salvo disposições testamentárias ou doações, eles não herdarão um do outro porque a lei ignora sua união no direito das sucessões. Daí resulta que, no caso de um dos conviventes morrer sem deixar filhos ou parentes próximos, a sucessão será devolvida eventualmente a um colateral, sem que aquela que foi a companheira de sempre possa reclamar a menor parte" (Christiane Bernet-Gravereaux. *L'union libre – Le couple hors marriage*, p. 81). No mesmo sentido a doutrina atual de Grimaldi: "Salvo entre esposos, a *aliança* não confere nenhum direito de sucessão (...) A concubinagem não cria nenhuma vocação hereditária. Razões do princípio: 1) aqueles que escolheram viver lado a lado, mas juridicamente estrangeiros um do outro, devem, em respeito a sua escolha, ser tratados como tal; 2) não existem direitos sem deveres; ora, a concubinagem é uma área de liberdade: não se saberia justificar uma vocação hereditária sobre uma ligação se, por hora, nenhuma constatação legal séria foi organizada neste sentido" (Michel Grimaldi. *Droit Civil. Successions,* 4ème éd., p. 97).

[94] Segundo monografia pontual sobre a matéria, realizada por França Pitão, a nova lei portuguesa "veio estabelecer os princípios básicos orientadores dos efeitos a atribuir às situações em que um homem e uma mulher vivem em condições análogas às dos cônjuges, sem que contudo tenham contraído casamento entre si. Salvaguardou-se, por um lado, toda a legislação já existente que atribuía efeitos a tais uniões, utilizando-se, por outro lado, um critério remissivo de âmbito

COMENTÁRIO

As inovações introduzidas pelo novo texto constitucional de 1988 produziram efeitos imediatos no terreno do Direito Civil, especialmente na área do direito familiar, onde o conteúdo de apenas dois artigos (no caso, os arts. 226 e 227) repercutiu de forma intensa em institutos e princípios que se tinham por definitivos.

Em matéria de Direito de Família o art. 226 e seus parágrafos provocaram alterações tão profundas que fizeram ruir institutos inteiros do Código Civil; por exemplo, a matéria da filiação que se amparava na clássica díade do legítimo e do ilegítimo. Mas, também, a consagração constitucional das "uniões estáveis" no parágrafo 3º, em uma sociedade e legislação francamente contrárias à aceitação do concubinato, gerou perplexidade e, certamente (ao menos, num primeiro momento), exegeses francamente equivocadas quanto ao inédito reconhecimento – agora constitucional – de matéria social tão antiga quanto a história da humanidade.

O reconhecimento da antiga realidade inverteu, de forma abrupta e veemente – como ocorre nas conquistas jurídicas nacionais –, um sistema centrado em valores e posturas completamente divergentes à tendência resgatada no texto constitucional.

Com efeito, conforme já tivemos oportunidade de afirmar em trabalhos publicados sobre o tema,[95] o país passava de uma fase de total

---

genérico para grandes campos de regulamentação, tais como os de proteção social, adoção e imposto sobre o rendimento das pessoas singulares, equiparando-as ao casamento (...) a nova lei teve o mérito de esclarecer os limites de relevância das uniões de facto perante a lei, ao estipular um prazo mínimo de durabilidade e impor um conjunto de impedimentos ao seu reconhecimento" (Prefácio à obra *União de facto no direito português*. Coimbra: Almedina, 2000).

95 Ver, nesse sentido, nosso artigo "O concubinato frente à nova Constituição: hesitações e certezas". In: *Repertório de Jurisprudência e Doutrina sobre Direito de Família – Aspectos consti-*

negação de atribuição de efeitos jurídicos ao concubinato (fase inicial, que se estende de 1916 a 1988) ao total reconhecimento das uniões estáveis (fase intermediária, que se iniciou com a promulgação da Constituição de 1988, até 1994, ano de publicação do primeiro texto infraconstitucional sobre o tormentoso tema), vivendo, atualmente, uma fase de perplexidade e vacilações, que se inaugurou com a promulgação da Lei nº 8.971, de 29 de dezembro de 1994, e que se estende até nossos dias, em procura constante de rumos mais seguros a nortear a postura definitiva do legislador nacional.

Independente das previsíveis vacilações que, naturalmente, acompanham as grandes mudanças de conduta, a união livre ganhava foros de constitucionalidade, de forma a, no mínimo, não agasalhar mais nenhuma dúvida que o novo instituto era, a partir de então, reconhecido no mundo jurídico brasileiro. União livre que, na objetiva definição de Glanz, é "a união duradoura entre homem e mulher formadora de família sem casamento".[96]

União à margem do casamento, como formação social inquestionável, por isso não mais marginalizada pela Constituição.

A ideia, singela numa primeira abordagem, agiganta-se à medida que a examinamos mais de perto e que inferimos os efeitos que dela, necessariamente, se irradiam. Em outras palavras, uma vez reconhecida a união estável em sede constitucional, todas as leis posteriores que tratarem da matéria, necessariamente, não podem ir de encontro ao preceito constitucional sob risco de inconstitucionalidade.

---

tucionais, civis e processuais. Vol. I, Teresa Arruda Alvim Pinto (Coord.), São Paulo: Revista dos Tribunais, 1993, pp. 94-107; e ainda: *Síntese de Direito Civil – Direito de Família*. 2. ed., Curitiba: JM. Livraria Jurídica, 2000, pp. 89-96.

96   GLANZ, Semy. "União estável". *In: RT* 676/15.

Com efeito, tanto a Lei de 1994 (já citada) quanto a Lei nº 9.278, de 10 de maio de 1996, procuraram, de uma ou outra forma, resgatar o princípio constitucional, adaptando sua normativa à regra maior, inserida na Constituição.

Nem poderia ser o contrário. A legislação infraconstitucional faz eco daquilo que já foi explicitado na Constituição. Silenciar sobre a conquista constitucional, ou negligenciá-la, ou, hipótese menos imaginável, contrariá-la, implicaria flagrante inconstitucionalidade. Ou, o que é bem mais grave, implicaria criticável retrocesso ao *statu quo ante*, não mais possível no estágio atual de evolução no qual nos encontramos.

E recuar ao passado implicaria aquilo que Canotilho chamou de anulação do "núcleo essencial dos direitos sociais". Ouçamos a palavra do consagrado constitucionalista português: "... o núcleo essencial dos direitos sociais já realizado e efetivado através de medidas legislativas deve considerar-se constitucionalmente garantido sendo inconstitucionais quaisquer medidas (...) que, sem a criação de outros esquemas alternativos ou compensatórios, se traduzem na prática, numa 'anulação', 'revogação' ou 'aniquilação' pura e simples desse núcleo essencial."[97]

Por isso, e a partir disso, talvez, é que o legislador pátrio inseriu, nas Disposições Gerais, o artigo 1.790, em manifesto esforço de sintetizar aquilo que já constava na legislação infraconstitucional esparsa e que passa, agora, ao plano do direito codificado, em posição bem mais proeminente e fazendo eco, ainda uma vez, à proposta genérica do constituinte de 1988.

O novo Código pois, frise-se, não retrocedeu, mas endossou e, de certa forma, alargou a proposta constitucional, na medida em que pro-

---

97 CANOTILHO, J. J. Gomes. *Direito Constitucional e Teoria da Constituição*, p. 321.

curou equiparar a união estável ao casamento, quando é sabido, e bem sabido, que em momento algum o constituinte de 1988 pretendeu igualar as duas realidades jurídicas. Para tanto, como também já afirmamos em diversos trabalhos, basta considerar o claríssimo teor do parágrafo 3º do art. 226 da Constituição de 1988. Ali se lê, com todas as letras: "Para efeito da proteção do Estado, é reconhecida a união estável entre o homem e a mulher como entidade familiar, *devendo a lei facilitar a sua conversão em casamento*" (grifamos).

Ora, se a lei (ordinária, diga-se) deve facilitar a conversão da união estável em casamento, evidentemente, o parâmetro perseguido pelo constituinte, apesar do reconhecimento de novas formas de conjugalidade,[98] continua sendo o casamento.

Nesse sentido, a agudíssima e preclara observação do Ministro Barbosa Moreira, permanentemente atual: "A norma do § 3º (do art. 226) de maneira alguma atribui ao homem ou à mulher, em união estável, situação jurídica totalmente equiparada à de homem casado ou à de mulher casada. Ao admitir-se tal equiparação, teria desaparecido por completo a diferença entre união estável não formalizada e o vínculo matrimonial. Isso, porém, é insustentável à luz do próprio texto: se as duas figuras estivessem igualadas, não faria sentido estabelecer que a lei deve facilitar a conversão da união estável em casamento. Não é possível converter uma coisa em outra, a menos que sejam desiguais: se já são iguais, é desnecessário e inconcebível a conversão."[99]

---

98 LEITE, Eduardo de Oliveira. *Tratado de Direito de Família*. Vol. I. *Origem e evolução do casamento*. Curitiba: Editora Juruá, 1991. Parte III, Capítulo I, Seção II, especialmente p. 357 em diante.

99 TJ-RJ, Ac. un. da 5ª CC, de 06.08.1991, Ap. nº 1.123/911, rel. Des. Barbosa Moreira. *In: ADV – Seleções Jurídicas. O Direito de Família nos Tribunais*, vol. IV, Concubinato, p. 16. No mesmo sentido, Ronaldo Frigini: "a atual Constituição ... acabou reconhecendo concretamente o concubinato, elevando-o a uma condição especial – 'entidade familiar' – com uma finalidade

Ou a forma lapidar, objetiva, mas imantada de significação, empregada por Zeno Veloso: "A Constituição de 1988 deu dignidade, mandou proteger, reconheceu a união estável entre o homem e a mulher como entidade familiar, respeitável a todos os títulos, merecedora de amparo, deferência, consideração. **Mas a Carta Magna sinalizou, claramente, a sua preferência pelo modelo de família formalmente constituída**, pelas sociedades matrimonializadas, ao determinar que a lei deve facilitar a conversão da união estável em casamento."[100]

"Estão excluídas, portanto, em princípio e terminantemente", diz Czajkowski, "as relações flagrantemente adulterinas. Além do aspecto moral e lógico de que o Estado não poderia proteger a relação de um cônjuge com terceiro, em adultério, porque estaria acobertando infração ao dever conjugal de fidelidade, há o aspecto de ser inviável o cônjuge adúltero, além de sua família constituída pelo casamento, formar outra, paralelamente, relacionando-se com esposa e concubina concomitantemente (ou, ao contrário, relacionando-se com marido e concubino) e até quem sabe sobreviverem filhos de ambas (ou ambos). É inviável no sentido de ser juridicamente inaceitável."[101]

O novo Código, em manifesto esforço, repita-se, procura guindar a união estável ao patamar do casamento civil (art. 226, § 1º); ao menos nos seus dois grandes efeitos patrimoniais, isto é, no que diz respeito a alimentos e no direito sucessório. E o faz com largueza de espírito no artigo 1.790. Sem incidir, porém, em excessos que só uma doutrina

---

específica – 'sua conversão em casamento', mas de forma alguma se igualou ao último" ("O concubinato e a nova ordem constitucional". *In: RT*, 686/57).

100 VELOSO, Zeno. *União estável – Doutrina, Legislação, Direito Comparado, Jurisprudência*. Belém: Editora Cejup, 1997, p. 109.
101 CZAJKOWSKI, Rainer. *União livre à luz da Lei nº 8.971/94 e da Lei nº 9.278/96*. Curitiba: Juruá, 1996, p. 49.

dominada por excessiva ideologia populista (e ajurídica, ressalte-se) justificaria. Ou, como bem ressaltado por Ulderico dos Santos, "conquanto tenha desejado (o legislador) colocar no campo sucessório o convivente sobrevivo em pé de igualdade com o cônjuge, faltou-lhe coragem para tanto ..."[102] Isto é, os direitos hereditários dos companheiros passam, agora, a ser reconhecidos, mas em concorrência e não com exclusividade.

Da leitura dos incisos do referido artigo ressalta veemente a ideia de concorrência: quota equivalente à dos filhos comuns (inciso I), metade, quando concorre com descendentes do *de cujus* (inciso II), 1/3 da herança, quando concorre com outros parentes sucessíveis (inciso III), e direito à totalidade da herança, quando não há outros parentes sucessíveis (inciso IV).

O novo Código o faz com cuidado, com cautela, com bom senso, qualidades perfeitamente encontráveis na proposta do constituinte de 1988. Não se trata de tudo destruir, como pretendem algumas posturas maniqueístas, mas trata-se, antes, de encontrar a justa medida, o bom termo, que venha de encontro aos anseios da sociedade brasileira, sem aniquilar nossos mais profundos valores e características.

A crítica que se impõe, na análise inicial do citado artigo, certamente refere-se a má técnica legislativa que, equivocadamente, insere a matéria nas "Disposições Gerais", do Livro das Sucessões, quando, na realidade, nada tem a ver o tema com Disposições Gerais, e, muito menos, na abertura de um Livro do Código Civil. O artigo não é uma "Disposição" e muito menos "Geral", bastando para tanto examinar seu conteúdo e o detalhismo excessivo que apresenta no transcorrer de seus quatro incisos. Uma disposição geral, como a própria expressão sugere,

---

102 SANTOS, Ulderico Pires dos. *Sucessão legítima e testamentária*, p. 21 (São Paulo: Juarez de Oliveira, 2008).

esgota-se na apresentação de enunciado amplo, de princípio genérico, aplicável a todas as demais espécies daí decorrentes. Não é o que ocorre no citado artigo 1.790.[103]

A matéria, além disso, encontraria espaço legítimo em momento posterior, por exemplo, quando se trata da ordem de vocação hereditária (como, acertadamente o legislador o fez quando tratou da questão referente ao direito real de habitação, art. 1.831, ou dispôs sobre o quinhão do cônjuge, em concorrência com demais herdeiros, artigo 1.832), nunca, porém, nas Disposições Gerais.

Vencida esta crítica inicial, mais de técnica legislativa do que, propriamente, conteúdo (plenamente sustentável, no caso em tela), examinemos a proposta do novo texto legal, esperada com tanta ansiedade por toda comunidade jurídica.

O *caput* do artigo 1.790 sublinha a diferença, desejada pelo constituinte de 1988, existente entre casamento e união estável, reafirmando que o (a) companheiro (a) participará da sucessão do outro, quanto aos bens **adquiridos onerosamente**[104] na vigência da união estável. Inde-

---

103 No mesmo sentido a crítica de Artur Oscar de Oliveira Deda. "A união estável no Projeto de Código Civil". *In: RT*, 777: 82-83.

104 "*SEPARAÇÃO JUDICIAL – Partilha – União Estável – Entidade familiar constituída anteriormente ao matrimônio – Apartamento adquirido com o esforço comum que deve ser repartido igualitariamente, excluindo-se apenas o valor das chaves, que foram adquiridas pela genitora do cônjuge varão antes da convivência comum – Inteligência do art. 226, § 3º, da CF.* Ementa Oficial: Ação de separação judicial litigiosa – União Estável e posterior casamento sem solução de continuidade – Entidade familiar consituída anteriormente ao matrimônio – Partilha do único bem – Divisão igualitária – Presunção de esforço comum – Exclusão do valor referente a chaves, que pertence somente ao requerente, cujo valor foi doado pela sua genitora antes da formação da entidade familiar. I – Tendo o § 3º do art. 226 (sic) *da CF reconhecido, para efeito da proteção do Estado, a união estável entre o homem e a mulher como entidade familiar, a similitude do que ocorre no casamento civil, não há como separar o período em que as partes conviveram estavelmente e estiveram casadas, para efeito de proceder à divisão do bem havido com esforço comum do casal, ademais quando o regime de bens era o mesmo. II – Comprovando-se que antes da união matrimonial já existia convivência comum estável entre os litigantes, deve ser repartido igualitariamente o apartamento adquirido com*

pendente de qualquer consideração de caráter axiológico sobre o teor da disposição e da intenção do legislador de estabelecer limites entre as duas realidades, o fato é que o mesmo deixou suficientemente claro que a pretensão ao direito sucessório decorre exclusivamente do patrimônio adquirido onerosamente[105] pelos companheiros. Situação inferior a do casamento,[106] onde a regra geral continua sendo a de considerar a mulher como meeira do patrimônio comum do casal. O privilégio da meação, pois, fica ressaltado, ainda uma vez, no texto infraconstitucional, a afastar qualquer exegese equivocada que pretenda visualizar na união estável igualdade ao casamento.

O cônjuge (casado, pois, e submetendo-se a regime legal determinado pela lei civil) é meeiro. O (a) companheiro (a) não o é e só terá direito à sucessão do (a) outro (a) nas condições estabelecidas pela lei, ou em decorrência de testamento, quando houver manifesta intenção do(a) companheiro(a) favorecer o(a) outro(a) companheiro(a).[107] O

---

esforço comum, excluindo-se apenas o valor das chaves, que foram adquiridas pela genitora do cônjuge varão antes da união estável. Apelação cível conhecida e improvida. Decisão unânime." In: *RT*, 859:384-385.

105 *"Em face do que dispõe o novo diploma Civil, um companheiro participa da sucessão do outro. Mas para que isto aconteça é necessário que o sobrevivo prove que o casal manteve vida em comum como se marido e mulher fossem, em perfeita união estável, e que os bens deixados pelo pré-morto tenham sido **adquiridos onerosamente** na sua vigência"* (Ulderico Pires do Santos. Obra citada, p. 17).

106 Nesse sentido a doutrina do casal Nery: *"A sucessão legítima do companheiro se dá de forma distinta e mais desvantajosa do que aquela reservada ao cônjuge sobrevivente (art. 1.829, I a III). Na ordem de vocação hereditária o companheiro sobrevivente não prefere a nenhum parente sucessível, nem mesmo aos colaterais (CC 1.790, III e IV)* (Nelson Nery Junior e Rosa Maria de Andrade Nery. *Código Civil Comentado*, 5. ed., rev., amp. e atual., São Paulo: Revista dos Tribunais, 2007).

107 ***"Herdeiros necessários. Inexistência. Companheiro. Disposição dos bens.*** *Se não houver herdeiros necessários (ascendentes ou descendentes), o companheiro pode, em testamento, dispor livremente de seus bens: a companheira só tem o direito de reclamar a meação, não o direito que resultaria da condição de herdeira* (STJ, 3ª T., REsp. nº 191.393-SP, rel. Min. Ari Pargendler, v.u., j. em 20.08.2001, *DJU* de 29.10.2001, p. 201).

cônjuge, independente de qualquer participação na aquisição de bens (basta considerar as disposições relativas ao regime da comunhão universal de bens, plenamente em vigor), é sempre meeiro. O companheiro não, e sua eventual inserção no mundo sucessório fica na dependência da efetiva participação (que lhe competirá provar em juízo) na aquisição onerosa dos bens.

Sutil nuança que reforça o eco do legislador atual, em impecável releitura do texto constitucional, a repetir a *ratio* que permeia o escopo inquestionável do constituinte de 1988.

Ou, como Silvio Venosa, de forma lapidar, concluiu ao examinar o direito sucessório dos companheiros na legislação infraconstitucional (Leis n°s 8.971/94 e 9.278/96): "Poderia o legislador ter optado em fazer a união estável equivalente ao casamento, mas não o fez. Preferiu estabelecer um sistema sucessório isolado, no qual o companheiro supérstite nem é equiparado ao cônjuge, nem se estabelecem regras claras para a sua sucessão."[108]

Embora corretíssima a conclusão de Venosa, vale a ressalva que, na realidade, o legislador não poderia ter optado em fazer a união estável equivalente ao casamento, uma vez que, jungido à hierarquia legislativa, sua margem de manobra sempre está vinculada ao princípio constitucional que, no caso, não quis estabelecer qualquer equivalência.

Por isso, quando a Lei nº 9.278/96 refere-se à pessoa "solteira, separada judicialmente, divorciada ou viúva", não está se referindo ao

---

Ainda: "***Habitação. Companheira.*** *A companheira tem, por direito próprio e não decorrente do testamento, o direito de habitação sobre o imóvel destinado à moradia da família, nos termos da LUnESt., 7º, par. ún."* (STJ, 4ª T., REsp. nº 175.862-ES, rel. Min. Ruy Rosado de Aguiar, v.u., j. em 16.08.2001, *DJU* de 24.09.2001, p. 308) (*In:* Nery Junior, N. e Nery, Rosa Maria de Andrade. Obra citada, pp. 1.147-1.148).

108 VENOSA, Silvio. *Direito Civil. VI. Direito das Sucessões.* São Paulo: Atlas, 2001, p. 90.

concubinato "puro",[109] mas tão-somente à união estável, ou seja, aquelas pessoas que, via conversão, podem passar de uma situação fática (união estável) a uma situação jurídica (casamento).

O que aquela Lei (n° 9.278/96) protegeu unicamente foi a união estável. Nesse sentido, ainda, a conclusão correta de Venosa: "Se o falecido era casado, pouco importando se separado de fato (logo, impedido para casar), não haverá direito hereditário para o convivente sobrevivente, porque nesse aspecto, ao menos, a lei foi clara."[110]

Na mesma linha de raciocínio o trabalho erudito e coerente de Rainer Czajkowski, quando afirma, sem vacilar: "Se o parceiro falecido for casado, mesmo que consolidadamente separado de fato do antigo cônjuge (...) prevalecem os direitos do antigo cônjuge do *de cujus*, embora de há muito separado de fato, porque ainda não está dissolvida a sociedade conjugal, pelo menos para efeitos sucessórios."[111]

O (a) companheiro (a) nos casos de concubinato terá apenas direito à partilha dos bens adquiridos na constância do concubinato e desde que comprove a aquisição dos mesmos em decorrência do esforço co-

---

109 Não aceitamos, sob nenhuma hipótese, a dicotomia entre concubinato "puro" e "impuro". Todo o concubinato é impuro, isto é, quando a doutrina fala em concubinos está se referindo à situação de pessoas impedidas que vivem como se casados fossem e que, em decorrência do apontado impedimento, não podem casar (ou não podem converter sua união em casamento, para empregar a expressão do constituinte de 1988); enquanto a união estável é a união de duas pessoas (união heterossexual, evidentemente) livres e desimpedidas e que, por isso, podem, a qualquer momento, converter sua união livre (união estável, na ótica do constituinte de 1988) em casamento (art. 226, § 3°, *in fine*, da CF). O novo Código Civil fez questão de ressaltar a diferença entre concubino e companheiro, este último gozando de proteção constitucional, enquanto entidade familiar. Aquele, embora unido de forma não eventual, impedido de casar.
110 VENOSA, Silvio. Obra citada, p. 91.
111 CZAJKOWSKI, Rainer. *União livre*. Curitiba: Juruá, 1996, p. 143.

mum,[112] como muito bem apreciou em monografia, ainda insuplantável sobre o tema, Arnaldo Rizzardo.[113]

Para esses casos, permanece incólume o teor da Súmula 380 do Supremo Tribunal Federal, que dispõe taxativamente: "*Comprovada a existência de sociedade de fato entre os concubinos, é cabível a sua dissolução judicial, com a partilha do patrimônio adquirido pelo esforço comum.*"

Ou, como asseverou a doutrina de Pessoa: "... a possibilidade de partilha de bens por meio da prova de participação na aquisição destes em função da formação da sociedade de fato, de acordo com a Súmula 380 do Supremo Tribunal Federal, subsiste ainda para todas as hipóteses em que não haja a possibilidade de concessão de direitos sucessórios nos termos da Lei nº 8.971/94."[114]

---

112 "***PARTILHA – União estável – Dissolução – Pretensão manifestada antes da vigência do Código Civil de 2002 – Exclusão do imóvel, adquirido na constância do relacionamento, do montante partilhável – Inadmissibilidade, se não há prova expressa de que a aquisição do bem não tenha sido proveniente do esforço comum do casal – Aplicação do art. 5º da Lei nº 9.278/96.*** Ementa Oficial: Apelação cível. Ação de dissolução de sociedade de fato c/c partilha de bem. União estável. Partilha. Bem imóvel adquirido na constância da convivência. Esforço comum do casal na aquisição do bem – Ausência de prova em contrário – Lei nº 9.278/96. Trata-se de união estável dissolvida antes do advento do Código Civil de 2002, o que impõe a aplicação, quanto ao patrimônio, das disposições constantes do art. 5º da Lei nº 9.278/96, e, sob tal contexto, conclui-se que, ante a ausência de prova contundente a corroborar que a aquisição do bem, na constância da união estável, não tenha sido proveniente do esforço comum do casal, não há como excluí-lo da partilha. II – Art. 333, II, do CPC. Cabe à parte requerida, nos termos do art. 333, II, do CPC, demonstrar a existência de fato impeditivo, modificativo ou extintivo do direito do autor; não o fazendo, impõe-se a procedência do pedido. Apelação conhecida e improvida." In: RT, 874: 269.

113 RIZZARDO, Arnaldo. *Concubinato – Efeitos patrimoniais*. Rio de Janeiro: Aide Editora, 1985.

114 PESSOA, Claudia Grieco Tabosa. *Efeitos patrimoniais do concubinato*. São Paulo: Saraiva, 1997, p. 236. E no mesmo sentido: João Roberto Parizatto. *Os direitos e deveres dos concubinos* (de acordo com a Lei nº 9.278, de 10.05.96) São Paulo: LED Editora de Direito, 1996, p. 37; Zeno Veloso. *União estável – Doutrina, Legislação, Direito Comparado, Jurisprudência*. Belém: Cejup, 1997, pp. 37-41; Basílio de Oliveira. *Concubinato – Novos rumos. Direitos e deveres dos conviventes na união estável*. Rio de Janeiro: Freitas Bastos, 1997, p. 90, Ireneu

Fica claro, pois – apesar das naturais vacilações doutrinárias e jurisprudenciais que acompanham as grandes mudanças no mundo do Direito –, que o partilhamento dos bens, em matéria de concubinato, continua regida pela Súmula 380, enquanto a união estável, com as propostas inseridas pelas leis infraconstitucionais, ganha, agora, *status* codificado no artigo sob comento.

Embora o legislador, no novo sistema codificado, tenha evitado determinar o que se entende por companheiro(a), claro está que a ideia resgatada em sede codificada reproduz (e não poderia ser diferente) a intenção manifesta do constituinte de 1988; ou seja, está a se referir a pessoas que vivem em união livre, sem nenhum impedimento matrimonial, e que, por isso mesmo, podem converter sua união (estável) em casamento (art. 226, § 3º, da CF).

Não houve qualquer intenção de proteger o concubinato,[115] como inequivocamente afirmou o constituinte de 1988.

Antonio Pedrotti. *Concubinato – União Estável.* São Paulo: LEUD, 1997, capítulo IX, pp. 253-300; Guilherme Calmon Nogueira da Gama. *O companheirismo. Uma espécie de família.* 2. ed. São Paulo: Revista dos Tribunais, 2001, pp. 297-320. Basílio de Oliveira. *O Concubinato e a Constituição de 1988.* Rio de Janeiro: Lumen Juris, 1992; Antonio Cezar Peluso. "A nova leitura da súmula 380". *In: Revista do Advogado,* nº 41, pp. 28-39, set. 1993; Segismundo Gontijo. *Direito a alimentos e à sucessão entre companheiros. In: RT,* 714: 37-45; Voltaire Marensi. Concubinato (Legado e seguro de vida em face da nova ordem constitucional). *In: RT,* 657: 240-242; Otto Eduardo Vizeu Gil. A união estável e a Lei nº 8.971, de 29 de dezembro de 1994. *In: Rev. de Inf. Leg.,* nº 127, pp. 77-82.

115 Nesse sentido, a precisa lição doutrinária de José Luiz Gavião de Almeida: "Não há direito sucessório no concubinato, embora o legislador, equivocadamente, isso tenha dito em relação à sucessão testamentária, no art. 1.801, III, do novo Código. Fala esse dispositivo que o concubino do testador casado pode vir a receber por disposição testamentária desde que sem culpa sua, esteja separado de fato de seu cônjuge há mais de cinco anos. Ocorre que, o novo Código Civil, no art. 1.723, § 1º, segunda parte, estabelece que os separados de fato podem constituir união estável. Por isso, separados de fato há mais de cinco anos que constituem família sem casamento, não são tratados como concubinos, mas como conviventes. A capacidade testamentária passiva prevista no art. 1.801, III, é do convivente e não do concubino. Errou o legislador na categoria utilizada" (*Código Civil Comentado,* vol. XVIII, p. 59).

Assim sendo, o artigo 1.790 do Código Civil atual está reproduzindo a tão criticada regra do art. 1º da Lei nº 8.971/94.[116] Melhor seria (para evitar as tradicionais exegeses tendenciosas) que tivesse usado a fórmula do artigo 1º da Lei nº 9.278/96 ("... *convivência de um homem e uma mulher, estabelecida com o objetivo de constituição de família*"), ou mesmo a fórmula proposta pelo Projeto de Lei nº 2.686, de 1996 ("... *convivência como se casados fossem, entre um homem e uma mulher, não impedidos, ou separados de direito ou de fato dos respectivos cônjuges*").[117]

Dúvida, pois, inexiste, no sentido resgatado pelo legislador infraconstitucional, que a ocorrência de sucessão entre companheiros depende da segura e incontestável prova da vida em comum e, mais, da prova, igualmente inconteste, que entre ambos não houve impedimento que obstasse o contrair casamento. Isto é, o mero namoro ou a mera mancebia, assim como as uniões homossexuais (parceiros do mesmo sexo), não estão alcançados pelo disposto no artigo sob comento.[118]

---

116 "*Art. 1º A companheira comprovada de um homem **solteiro, separado judicialmente, divorciado ou viúvo**, que com ele viva há mais de 5 (cinco) anos, ou dele tenha prole, poderá valer-se do disposto na Lei nº 5.478, de 25 de julho de 1968, enquanto não constituir nova união e desde que prove necessidade*" (grifamos).

117 Na reprodução do artigo retiramos as passagens "*por período superior a cinco anos*", "*sob o mesmo teto*", porque inconstitucionais, e a passagem "*... de realizar matrimônio*", porque o impedimento se refere exatamente ao casamento, logo não há por que repetir "*impedidos de realizar matrimônio*".

118 Nesse sentido, a postura assumida pela Primeira Câmara de Direito Privado do Tribunal de Justiça de São Paulo, ao julgar embargos infringentes, decidindo que: "*...o reconhecimento da união estável requer cuidado, uma vez que não deve ser aquela confundida com simples romance. Nos dias de hoje e em alguns casos, principalmente em pessoas de idades avançadas, com temor de solidão, se unem a outras, às vezes debaixo do mesmo teto, para usufruir de companhia e preencher o espaço deixado pela morte do marido ou da esposa. Porém, se esse relacionamento for curto, sem intenção de constituir família, ambos com filhos e patrimônios distintos, certamente não se trata de união estável*" (EI nº 129.036-4/302, 1ª CC, rel. Des. Laerti Nordi, *In: RT*, 222:225).

Embora haja tendência atual de inserir as uniões homossexuais no rol do artigo 1.790, o movimento é totalmente improcedente, na medida em que contraria dispositivo constitucional (art. 226, § 3º) e, igualmente, infraconstitucional (art. 1.723 do CC atual).

Prova do que se está afirmando é materializada no art. 226, § 3º, da Constiuição Federal de 1988, que, ao reconhecer a união estável como entidade familiar, ainda prevê a hipótese (escopo final do legislador constitucional) da sua conversão em casamento. Ora, em se tratando de união de homossexuais, é óbvio que tal conversão fica vedada, quer por impossibilidade constitucional (já que o casamento no Brasil só é possível entre heterossexuais), quer por impossibilidade legal de ordem infraconstitucional (na medida em que o art. 1.723 do Código Civil atual reconhece com todas as letras, como entidade familiar, "... *a união estável entre o homem e a mulher...*" (grifo nosso).

Isto é, sob qualquer ótica que se encare a união estável, no ambiente constitucional, ou infraconstitucional, a intenção do legislador é sempre – e coerentemente – a mesma: reconhecer a união estável, apenas entre o homem e a mulher.

A diversidade dos sexos, já doutrinara Pontes de Miranda, é da essência do casamento, o que levou aquele notável jurista a afirmar que união entre pessoas do mesmo sexo nem gera nulidade de casamento, mas pura e total inexistência de casamento. Atualmente, a doutrina detalhada e impecável de José Luiz Gavião de Almeida, que, ao se referir à diversidade de sexos, doutrinou: "Esse requisito é exigido, também, no casamento. Ora, a entidade familiar é a imitação do casamento (...) Se é requisito para o casamento, sendo considerado viciado o matrimônio que infringir essa exigência, não teria cabimento o legislador permitir uniões entre pessoas do mesmo sexo, dando-lhes proteção e direitos. Tal situação mais se acentua quando a legislação veio permitir a conversão da entidade familiar em casamento. Se pudéssemos reconhecer, então, entidade familiar entre pessoas do mesmo sexo, depois poderia ela ser convertida em casamento. Não é crível que a lei pudesse permitir que se atingisse indiretamente o que não se pode alcançar diretamente."[119]

Ao se referir expressamente aos bens *adquiridos onerosamente*, o legislador silenciou sobre os bens adquiridos a título gratuito, provocando dubiedade já ressaltada pelo casal Nery: "É de se indagar se, em face da limitação do CC 1.790 *caput*, o legislador ordinário quis excluir o companheiro da sucessão desses bens fazendo com que a sucessão deles fosse deferida ao poder público. Parece-nos que não, por três motivos: a) o CC 1.844 manda que a herança seja devolvida ao ente público, apenas na hipótese de o *de cujus* não ter deixado cônjuge, companheiro ou parente sucessível; b) quando o companheiro não concorre com parente sucessível, a lei se apressa em mencionar que o companheiro terá direito à *totalidade da herança* (CC 1.790, IV), fugindo do comando do *caput*, ainda que sem muita técnica legislativa; c) a abertura da herança jacente dá-se quando não há herdeiro legítimo (CC 1.819) e, apesar de não constar do rol do CC 1.829, a qualidade sucessória do companheiro é de sucessor legítimo e não de testamentário."[120]

Tudo indica ser esta a melhor exegese do artigo 1.790, em se tratando de bens adquiridos a título gratuito, parecendo-nos oportuno inserir um quarto motivo legitimador (aos três já apontados pelo casal Nery) da interpretação apresentada: não seria justo que o ente público arrecadasse todo o patrimônio do morto, em manifesto desconhecimento da

---

119 ALMEIDA, José Luiz Gavião de. *Código Civil Comentado,* vol. XVIII, p. 61. Álvaro Villaça Azevedo (Coord.), São Paulo: Atlas, 2003.
120 NERY JUNIOR, Nelson e NERY, Rosa Maria de Andrade. Obra citada, p. 1.117.

vida em comum do companheiro sobrevivente com o *de cujus*. É esse interesse de ordem privada e não aquele (de ordem pública) que deve ser priorizado. Além do mais, o artigo sob comento deve ser entendido em consonância com o art. 1.844 do Código Civil, o qual estabelece que a herança será devolvida ao Estado apenas no caso de não sobreviver cônjuge, companheiro, ou parente sucessível. Ou seja, o Estado só tem legitimidade para recolher a herança vacante, quando não existir nenhuma das categorias arroladas no invocado art. 1.844. Em havendo companheiro, nulifica-se a pretensão do ente público.

O inciso I do artigo 1.790 refere-se à "quota" a que fará jus o (a) companheiro (a), equivalente à que por lei for atribuída ao filho. A previsão legal não encontra paradigma nem na Lei nº 8.971/94, nem, tampouco, na Lei nº 9.278/96.

O artigo 1º da Lei nº 8.971/94 referia-se ao *"usufruto de quarta parte dos bens do de cujus, se houver filhos deste ou comuns"*. Era uma sucessão na modalidade de usufruto porque condicionada a que o beneficiário permanecesse viúvo; daí chamar-se usufruto vidual.[121]

Aquela lei não igualou a união estável ao casamento, mas criou, para a união estável, um estatuto jurídico assemelhado ao do casamento, quando se refere ao direito sucessório dos companheiros.

---

[121] Nesse sentido, ver os trabalhos de: Gustavo Tepedino. *Usufruto legal do cônjuge viúvo*. 2. ed. Rio de Janeiro: Forense, 1991; Gil Costa Alvarenga. "Usufruto legal do cônjuge sobrevivente". *In: RF*, 244: 385-387; Adroaldo Furtado Fabrício. "Alguns aspectos atuais do usufruto vidual no direito brasileiro". *In: RF*, 345: 4-13; Dilvanir José da Costa. "A sucessão do cônjuge e do companheiro no Direito Civil vigente e no projetado". *In: Rev. de Inf. Legisl.*, nº 146: 217-227; Antonio Chaves. "O usufruto vidual instituído pela Lei nº 4.121/62". *In: RT*, 470: 55-70; Walter Cruz Swenson. "Usufruto vidual e usufruto legal". *RDC*, 41: 52-61; J. Netto Armando. "Usufruto do cônjuge viúvo (Interpretação do § 1º do art. 1.611 do Código Civil)". *In: RT*, 435: 41-46; João de Oliveira Filho. "Usufruto do cônjuge viúvo (Interpretação do § 1º do art. 1.611 do Código Civil Brasileiro)". *In: RT*, 444: 54-65; Walmir Mattos. "O usufruto vidual". *In: RDC* nº 51: 16-42; José do Vale Ferreira. "Família, regime de bens e relações sucessórias". *In: RF*, 231: 7-14; Guido Antonio Andrade. "Usufruto legal de cônjuge sobrevivente". *In: RDC*, nº 06: 89-92, entre outros.

Agora, o Código Civil omite a noção de usufruto, mesmo o vidual, e se refere apenas à "quota", com base, certamente, na intenção de guindar o (a) companheiro (a) ao mesmo patamar do cônjuge, na ordem de vocação hereditária. Mas é bom que se frise, o art. 1.829 (Da ordem da vocação hereditária) não se refere ao companheiro(a). Nem tampouco nos artigos 1.830 a 1.832. Ali, ao contrário, se lê, taxativamente, que o reconhecimento do direito sucessório é tão-somente ao "cônjuge sobrevivente". Houve silêncio, premeditado ou não, quanto ao companheiro (a).

Como se não bastasse esse questionamento inicial, gerado pela sistemática assumida pelo redator do Código, ainda há que considerar o disposto no art. 1.725 do Código (*"Na união estável, salvo contrato escrito entre os companheiros, aplica-se às relações patrimoniais, no que couber, o regime da comunhão parcial dos bens"*). Ora, se o legislador reconhece que, na união estável, pode ocorrer união de esforços na aquisição de bens, como no casamento, não é possível (ao menos no terreno da lógica) que desconheça a garantia da quarta parte da herança em relação ao companheiro. Se ao cônjuge supérstite é garantido esse montante de quota hereditária, da mesma forma (por força do reconhecimento expresso do art. 1.725) aquele montante deve ser garantido ao companheiro.

Fica o impasse; se o codificador refere-se à "concorrência com filhos comuns" é porque, certamente, estabeleceu como parâmetro a nova tendência da ordem de vocação hereditária, quanto à concorrência do cônjuge sobrevivente com os descendentes (art. 1.829, I). Em assim sendo, a "quota" prevista no art. 1.790, em concorrência com os filhos comuns, é igual ao percentual que caberá a cada filho (ou filhos) no momento da partilha. Nenhum problema.

Mas como o codificador inclui o (a) companheiro (a) no novo direito sucessório, sem a clareza que seria de se esperar em matéria tão relevante[122] e não se referindo ao companheiro (a) na ordem de vocação hereditária, fica a estranha sensação que, aquela "quota" citada (no art. 1.790, I) não é a mesma a que tem direito o cônjuge sobrevivente concorrendo com os filhos (art. 1.829, I).

Como, porém, ao companheiro (a), desde a Lei nº 8.971/94, vem-se reconhecendo o direito sucessório, previsto em lei e admitido, sem vacilações, pela doutrina e pela jurisprudência, tudo indica que a "quota" a que se refere o art. 1.790, I, equivale à mesma proporção a que se refere o art. 1.829, I, quando trata da ordem da vocação hereditária.

É que o codificador, ciente que não poderia equiparar o (a) companheiro (a) ao cônjuge supérstite na ordem de vocação hereditária (por inconstitucionalidade), preferiu silenciar sobre o tema sem, porém, deixar de induzir o intérprete na equiparação, via disposição geral. "Por uma questão de lógica", lembra Venosa[123] (e de coerência, acrescentamos), "e em decorrência do sistema constitucional sobre a família, o concubinato, em princípio, nunca poderá gozar de direitos mais amplos do que o casamento".

A omissão, entretanto, vai gerar dúvidas na exegese dos artigos sob apreciação, que deverão ser oportunamente sanadas por meio da construção conciliadora da doutrina e da jurisprudência.[124]

---

122 Crítica já apontada, com agudeza, por Silvio Venosa, quanto ao direito sucessório previsto na legislação esparsa sobre a união estável (obra citada, p. 92).
123 VENOSA, Silvio. *Idem, ibidem*.
124 Assim, a título de exemplo jurisprudencial, se, antes do advento da Constituição Federal de 1988, a posição dos Tribunais brasileiros, embora vacilante, já tendia ao reconhecimento dos direitos da companheira (*RT*, 579: 78-80; *RT*, 586: 176-178; *RT*, 591: 234; *RT*, 605: 80; *RT*, 605: 79; *RT*, 605: 68; *RT*, 605: 62; *RT*, 615: 139); a partir de 1988 a posição favorável ao reconhe-

Ressalte-se, ainda, que, apesar de referir-se apenas a "filhos" comuns, o inciso I do art. 1.790 deve se aplicar a todas hipóteses nas quais o companheiro sobrevivente concorre com "descendentes" comuns (e não apenas filhos). Tanto isso é verdade que o legislador, no inciso II, referiu-se, acertadamente, a "descendentes", cabendo aqui uma interpretação extensiva e sistemática, sob risco de exegese reducionista inaplicável à espécie. Nesse sentido, a doutrina de Paulo Nader.

Na interpretação extensiva, diz o invocado jurista, "o intérprete constata que o legislador utilizou-se com impropriedade dos termos, dizendo menos do que queria afirmar. Ocorrendo tal hipótese, o intérprete alargará o campo de incidência da norma, em relação aos seus termos. O exemplo anterior é útil ainda: se o legislador, desejando referir-se a descendente, emprega o vocábulo filho".[125] Ver, igualmente, e nesse sentido, o Enunciado nº 266, de autoria de Francisco José Cahali, apro-

---

cimento vai ingressando, lentamente, no terreno da pacificação (*RF*, 320: 93-96; *RF*, 320: 147-148; *RT*, 665: 95-96; *RT*, 694: 167-168; *RT*, 711: 105-106; *RT*, 776: 320-321), entre outras.
Na tendência, agora dominante, vale a transcrição da sentença proferida no recurso de apelação (80.332-1) da 6ª Câm. do Tribunal de Justiça do Paraná, em que foi relator o Des. Accácio Cambi:
"UNIÃO ESTÁVEL – Companheiros, conviventes como se casados fossem por longo período, que formalizaram contrato particular escrito, disciplinando os direitos e deveres da união, em razão da impossibilidade de o companheiro contrair novas núpcias, pelo fato de não estar em vigor a Lei do Divórcio à época do estabelecimento da sociedade conjugal – Cláusula contratual que prevê a comunhão de bem aquesto – Eficácia, ainda que se trate de imóvel adquirido antes da convivência *more uxorio*. Ementa: Se os companheiros que conviveram como se casados fossem por longo período formalizaram contrato particular escrito, disciplinando os direitos e deveres da união, em razão da impossibilidade de o companheiro contrair novas núpcias, pelo fato de não estar em vigor a Lei do Divórcio à época do estabelecimento da sociedade conjugal, deve ser considerada eficaz a cláusula contratual que prevê a comunhão de bem aquesto, reconhecendo-se 'a companheira do *de cujus* o direito à meação sobre imóvel adquirido antes da convivência *more uxorio*" (*RT*, 776: 320-321).

125 NADER, Paulo. *Introdução ao Estudo do Direito,* 21. ed., p. 261. (Rio de Janeiro: Forense, 2001).

vado durante a III Jornada de direito civil, promovida pelo Conselho da Justiça Federal, em 2004.[126]

Quanto ao inciso II, o artigo retoma a dúvida já apontada na matéria e gera tanta perplexidade quanto o primeiro inciso. A concorrência com descendentes só do autor da herança lhe atribui direito apenas à metade do que couber àqueles filhos, partindo-se do pressuposto que a ausência de filiação comum lhe dá direito "pela metade".

Incorre, porém, o inciso, na crítica levantada quanto ao inciso I, porque, novamente, o codificador lança mão do paradigma do cônjuge sobrevivente (do art. 1.829, I) inaplicável à espécie. É que, na ordem de vocação hereditária, há nítida intenção do Código em equiparar (agora) a expectativa do cônjuge sobrevivente ao direito líquido e certo dos descendentes e ascendentes. Mas, quanto ao companheiro, pergunta-se: a equiparação de pretensões é legítima? Em outras palavras, guindando-se o (a) companheiro (a) à posição do cônjuge sobrevivente, não se estaria contrariando o princípio constitucional?

E se o companheiro concorrer com filhos comuns e exclusivos do falecido? Não houve previsão legal para a hipótese, mas tudo indica que a solução pode ser encontrada no inciso II do mesmo art. 1.790. Assim, se os filhos são comuns, recebe o companheiro metade da quota que toca aos filhos. Se, ao contrário, concorre com filho só do falecido (dizse, exclusivo), a parte que tocará ao companheiro será equivalente a um terço do que couber a um filho. Parece ser esta a melhor exegese, na medida em que privilegia o filho antes do cônjuge ou do companheiro.[127]

---

126 Enunciado nº 266: "Aplica-se o inciso I do art. 1.790 também na hipótese de concorrência do companheiro sobrevivente com outros descendentes comuns e não apenas na concorrência com filhos comuns."

127 *"INVENTÁRIO – Partilha – União estável – Impugnação por ex-companheira do de cujus, que tem direito à metdade do que couber a cada um dos descendentes, quanto aos bens one-*

Independente das críticas aqui apontadas, é inegável que ocorreu considerável avanço na matéria, uma vez que o sempre invocado "esforço comum" constante na legislação até então vigente[128] e consubstanciado, nesse aspecto, na Súmula 380, deixa agora de ser pressuposto da pretensão hereditária.

Com efeito, a comprovação do "esforço comum" desaparecendo do texto legislativo põe fim às intermináveis discussões sobre a caracterização do mesmo. Se o "esforço" só é caracterizado quando ocorre trabalho específico numa atividade econômica, com atuação extralar e percepção de remuneração, ou se mero trabalho doméstico, sem atuação profissional lucrativa, mas envolvendo administração da casa, educação dos filhos, apoio moral etc., não entra mais em linha de cogitação para garantir uma porção no monte partilhável.

No inciso III o artigo 1.790 apresenta disposição nova, não encontrável na legislação anterior, ao deferir ao companheiro(a), concorrendo com outros parentes sucessíveis, o direito a um terço da herança.

rosamente adquiridos durante a vida em comum – Ausência de litígio entre os herdeiros, que são maiores e capazes – Partilha dos bens anteriores à união estável que pode ser promovida pelo rito sumário, devendo aquela referente aos bens bloqueados, reservados até o julgamento da ação declaratória de união estável, observar o rito comum – Inteligência do art. 1.790, II, do CC/2002. Ementa Oficial: Inventário. Partilha de bens. Concorrendo a companheira com filhos só do autor da herança, ela terá direito à metade do que couber a cada um destes quanto aos bens onerosamente adquiridos durante a vida em comum, nos termos do art. 1.790, II, do CC. Conforme interpretação dada ao dispositivo, por autores especializados em direito sucessório que se afigura como a mais adequada, deve-se atribuir peso 2 a cada filho e peso 1 à convivente, de modo que esta receba a metade do que os descendentes receberem por cabeça. Tratando-se de herdeiros maiores e capazes, e não havendo litígio, a partilha dos bens anteriores à união estável pode ser promovida pelo rito sumário. A partilha dos bens bloqueados, reservados até o julgamento da ação declaratória de união estável, cujo valor foi impugnado pela sobrevivente, deve observar o rito comum, mantendo-se a reserva na proporção especificada. Recurso parcialmente provido." In: RT, 860: 356-357.

128 *"Quando os bens deixados pelo (a) autor (a) da herança resultarem de atividade em que haja colaboração do (a) companheiro (a), terá o sobrevivente direito à metade dos bens"* (art. 3º da Lei nº 8.971/94).

O inciso é plenamente justificável, na medida em que prioriza a pretensão do (a) companheiro(a) que, na ótica do codificador, contribuiu na aquisição do patrimônio. Causa, porém, espécie, quando se refere ao direito de "um terço da herança" e inquestionável retrocesso, pois, se na união estável, a regra às relações patrimoniais é o regime da comunhão parcial dos bens (art. 1.725), o direito do (a) companheiro(a) no direito sucessório diz respeito à metade do patrimônio e não, certamente, a um terço.

Além do mais, independente de qualquer consideração relativa ao regime de bens na união estável, causa estranheza que o (a) companheiro(a) que viveu toda uma existência ao lado do outro tenha direito a apenas um terço da herança, a favor dos outros "parentes sucessíveis" que, em princípio, em nada contribuíram na aquisição do dito patrimônio. Equivocou-se o legislador, talvez em decorrência do temor de atribuir ao companheiro maiores vantagens que o cônjuge.[129]

Tudo indica que o "terço" indicado no inciso III refere-se aos bens adquiridos na constância da união estável,[130] a título oneroso, e, ainda,

---

129 *"ARROLAMENTO DE BENS – Partilha – União estável – Falecimento do companheiro que não deixou descendentes ou ascendentes – Companheira sobrevivente excluída, por parentes colaterais, da divisão do numerário depositado e dos bens deixados pelo* de cujus *– Inadmissibilidade – Direito assegurado legalmente com o mesmo* status *hereditário do cônjuge supérstite – Prevalência da norma especial sobre a geral – Necessidade, porém, de declaração de existência da união estável e desde quando perdurou, já que o patrimônio preexistente não se comunica.* Ementa Oficial: *Impugnação às primeiras declarações. Falecimento do companheiro que não deixou descendentes ou ascendentes – Pretensão de se afastar a concorrência dos colaterais na sucessão hereditária (art. 1.790, III, do CC) – Aplicação da Lei nº 9.278/96* (sic) *que não revogou o art. 2º da Lei nº 8.791/94, o qual assegurou à companheira sobrevivente o mesmo* status *hereditário do cônjuge supérstite – Prevalência da norma especial sobre a geral. Necessidade, porém, de declaração da existência da união estável, já que o patrimônio preexistente não se comunica, para determinar o levantamento dos bens deixados pelo* de cujus." In: RT, 874:226.

130 *"INVENTÁRIO – União estável – Decisão que deferiu a habilitação da companheira sobrevivente na qualidade de única herdeira em detrimento dos colaterais – Admissibilidade – Inexistência de ascendentes ou descendentes do* de cujus *– Inteligência do art. 2º, III, da Lei nº*

o direito aqui deferido só existe em relação aos bens excluídos do testamento. E, por fim, o terço recolhido diz respeito à herança recolhida pelos outros herdeiros, ou seja, dois terços para os herdeiros legítimos e um terço para o companheiro sobrevivente.

Finalmente, no inciso IV o artigo 1.790 repete regra já constante na Lei nº 8.971/94, art. 2º, inciso III, quando dispõe: *"Na falta de descendentes e de ascendentes, o(a) companheiro(a) sobrevivente terá direito à totalidade da herança."*

De forma mais concisa e objetiva o Código se refere à ausência de herdeiros sucessíveis (*"não havendo parentes sucessíveis ..."*) e repete a fórmula empregada pela Lei nº 8.971/94 à totalidade da herança (*"... terá direito à totalidade da herança"*).

Ou seja, de tudo que se expôs resta a nítida certeza que o codificador, por meio das Disposições Gerais, guindou o (a) companheiro(a) à condição de herdeiro, além da posição que a legislação (art. 1.715) lhe garante, agora, na meação.

Seria meeiro dos bens adquiridos em decorrência do regime que passa, a partir de agora, a viger na constância da união estável (ou seja, regime da comunhão parcial de bens) e é igualmente herdeiro, por força dos bens adquiridos onerosamente, como dispõe o atual art. 1.790 do Código Civil.

8.971/94. *Ementa Oficial: Agravo Inominado. Inventário. Decisão que deferiu a habilitação da companheira sobrevivente na qualidade de única herdeira, nomeando-a inventariante, com base em sentença proferida no juízo de família que reconheceu a união estável havida entre a agravada e o de cujus. Agravantes, irmãos do falecido, alegando que este não deixou descendentes ou ascendentes, sendo que a sentença do juízo de família não reconheceu a 'sociedade de fato' entre a agravada e aquele. Reconhecida a união estável, no período de 1988 até o falecimento do inventariado, em 09.08.1999, e inexistentes descendentes ou ascendentes, deve a companheira ser reconhecida como única herdeira, a teor do art. 2º, III, da Lei nº 8.971/94, em detrimento dos colaterais. Precedentes jurisprudenciais. Agravo inominado desprovido."* In: *RT*, 854: 319.

E, em assim sendo, não resta dúvida que o codificador procurou igualar o companheiro ao cônjuge sobrevivente, na medida em que, assim como este é meeiro e (agora) herdeiro necessário, por força do estatuído no artigo 1.829, da mesma forma, o (a) companheiro (a) é meeiro(a) e herdeiro(a), de acordo com o art. 1.725 combinado com os incisos I a IV do citado artigo 1.790.

Embora possam se levantar dúvidas e questionamentos sobre a extensão e alcance dos dispositivos ali arrolados, não resta dúvida que a ideia de igualdade e equiparação entre as duas realidades ressurge sempre veemente, com a ressalva que o cônjuge sobrevivente é herdeiro necessário e o (a) companheiro(a) é herdeiro facultativo concorrendo com os demais sucessores.

Questão interessante e pertinente foi invocada por Jones Figueirêdo Alves e Mário Luiz Delgado, sobre a extensão (ou limitação?) do inciso IV do art. 1.790, quanto ao lapso temporal de dois anos, previsto no art. 1.830, sem que tenha ocorrido a mesma configuração temporal para a união estável.

Questionam os invocados civilistas: "... o art. 1.830 exclui o direito sucessório do cônjuge sobrevivente se, ao tempo da morte do outro, estava separado judicialmente ou separado de fato há mais de dois anos. Assim, a princípio, o direito sucessório do companheiro excluiria o do cônjuge. O problema é que o Código não fixou prazo para configuração da união estável e pode ocorrer que alguém, separado de fato há menos de dois anos, já estivesse vivendo em união estável quando de sua morte. E, nesse caso, o direito sucessório do cônjuge ainda não estaria afastado. Realmente, tendo se iniciado uma união estável durante o período de separação de fato inferior a dois anos, haveria uma aparente antinomia entre o art. 1.830 e o art. 1.790, inciso IV, que, na ausência de descendentes, ascendentes ou outros parentes sucessíveis, lembrando que o cônjuge não é parente, destina ao companheiro sobrevivente a totalidade da herança, no que se refere aos bens adquiridos onerosamente na vigência da convivência. Na solução dessa antinomia, deve-se concluir pela prevalência, no caso, do disposto no inciso IV do art. 1.790, tido como nome especial em relação ao art. 1.830, assegurando-se, assim, ao companheiro, a totalidade da herança no tocante a esses bens, e excluindo, em consequência, quanto aos mesmos, qualquer direito sucessório do cônjuge. Em suma, deve a participação do companheiro ficar restrita aos bens adquiridos durante a união estável (patrimônio comum), enquanto o direito sucessório do cônjuge só alcançará os bens anteriores, adquiridos antes da data reconhecida judicialmente como de início da união estável."[131]

Com razão a aguda e justa análise dos citados civilistas.

---

131 ALVES, Jones Figueirêdo e DELGADO, Mário Luiz. *Código Civil Anotado – Inovações Comentadas artigo por artigo*, pp. 912-913. São Paulo: Método, 2005.

CAPÍTULO II
Da Herança e de sua Administração

Art. 1.791. A herança defere-se como um todo unitário, ainda que vários sejam os herdeiros.
Parágrafo único. Até a partilha, o direito dos co-herdeiros, quanto à propriedade e posse da herança, será indivisível, e regular-se-á pelas normas relativas ao condomínio.

Direito anterior – Arts. 1.572 e 1.580 do Código Civil de 1916.

Art. 1.572. Aberta a sucessão, o domínio e a posse da herança transmitem-se, desde logo, aos herdeiros legítimos e testamentários.

Art. 1.580. Sendo chamadas simultaneamente, a uma herança duas ou mais pessoas, será indivisível seu direito, quanto à posse e ao domínio, até se ultimar a partilha.

Parágrafo único. Qualquer dos co-herdeiros pode reclamar a universalidade da herança ao terceiro que, indevidamente, a possua, não podendo este opor-lhe, em exceção, o caráter parcial do seu direito nos bens da sucessão.

Direito comparado – No direito francês (art. 724)[132] e no direito português (art. 2.032).[133] No Código Civil argentino (arts. 3.279, 3.282, 3.410 e 3.418) e no direito uruguaio (art. 1.039).

Leitura complementar:
ALVES, José Carlos Moreira. *Direito Romano*. Rio de Janeiro: Borsoi, 1966; ARAUJO, Luciano Viana. "A cessão de direitos hereditários no novo Código Civil". *In: Coad/ADV* – abril/2003, pp. 2-5; AZEVEDO JUNIOR,

---

132 "Art. 724. *Les héritiers légitimes, les héritiers naturels et le conjoint survivant sont saisis de plein droit des biens, droits et actions du défunt, sous l'obligation d'acquitter toutes les charges de la succession.*"
133 "Art. 2.032. 1. Aberta a sucessão, serão chamados à titularidade das relações jurídicas do falecido aqueles que gozam de prioridade na hierarquia dos sucessíveis, desde que tenham a necessária capacidade."

José Osório de. "Cessão de direitos hereditários. Anulação. Erro dos cedentes. Omissão dolosa de cessionário e inventariante. Contrato comutativo" (Parecer). *In: RT*, 862: 95-105; BRITO, Rodrigo Toscano de. "Cessão de direitos hereditários e discussão sobre os novos requisitos presentes no Código Civil de 2002". *In:* DELGADO, Mário Luiz e ALVES, Jones Figueirêdo. *Questões controvertidas no Direito de Família e das Sucessões*. São Paulo: Método, 2005, vol. 3, p. 379; CARDOSO, João Antonio Lopes. *Partilhas judiciais.* Coimbra: Almedina, 1979; CARNEIRO, Paulo Cezar Pinheiro. *Comentários ao Código de Processo Civil,* vol. 9, t. 1 (arts. 982 a 1.045). Rio de Janeiro: Forense, 2001; CESAR, Celso Laet de Toledo. *Herança – Orientações práticas.* São Paulo: Juarez de Oliveira, 2000; FARIAS, Cristiano Chaves de. "Incidentes à transmissão da herança: aceitação, renúncia, cessão de direitos hereditários e petição de herança", p. 41. *In:* HIRONAKA, Giselda e PEREIRA, Rodrigo da Cunha (Coord.). *Direito das Sucessões*. 2. ed. Belo Horizonte: Del Rey, 2007; INOCÊNCIO, Antonio Ferreira. *Inventários e Partilhas*. Curitiba: Juruá, 1980; LEVENHAGEN, Antonio. *Código Civil – Comentários Didáticos*. São Paulo: Atlas, 1980, vol. 6; LOPES, Miguel Maria de Serpa. *Curso de Direito Civil*. 3. ed. Rio de Janeiro: Freitas Bastos, 1964; NOGUEIRA, Cláudia de Almeida. *Direito das Sucessões. Comentários à Parte Geral e à Sucessão Legítima*. 2. ed. Rio de Janeiro: Lumens Juris, 2007; PACHECO, José da Silva. *Inventários e Partilhas na sucessão legítima e testamentária*. Rio de Janeiro: Forense, 1995; PIRES DE LIMA, ANTUNES VARELA. *Código Civil Anotado*. Vol. 6 (*arts. 2.024 a 2.334*).Coimbra: Coimbra Editora, 1998; QUEIROGA, Antonio Elias de. *Curso de Direito Civil – Direito das Sucessões*. Rio de Janeiro: Renovar, 2005; SARMENTO FILHO, Eduardo Sócrates Castanheira. "A cessão de direitos hereditários no novo Código Civil". *In: Revista de Direito do TJ/RJ*. Rio de Janeiro, nº 66, p. 83; VIANA, Marco Aurélio de Sá. *Teoria e Prática do Direito das Sucessões*. São Paulo: Saraiva, 1987; VIEIRA, Iacyr de Aguilar. "Cessão de direitos e cessão de pretensões no direito brasileiro". *In: RT*, 784:29; ZINNY, Mario Antonio. *Cesión de herencia*. Buenos Aires: Librarius, 1992.

COMENTÁRIO

O artigo 1.791 e seu parágrafo único resgatam duas ideias fundamentais do direito sucessório: a da devolução unitária da herança aos herdeiros e, igualmente, a noção da indivisibilidade do monte hereditário, no momento da abertura da sucessão até o partilhamento final da herança. Ou, conforme já examinamos anteriormente,[134] o condomínio[135] sucessório, querido, desejado, pelo legislador, com vistas à manutenção da unidade, no momento da abertura da sucessão até a concretização das cotas ideais, via processo de partilha.

A Emenda nº 301[136] (do senador Jutahy Magalhães) previa a modificação do texto original do Projeto quanto às expressões "um todo unitário", por "uma totalidade" e, ainda, no parágrafo único, a supressão da palavra "posse", que ficaria englobada no termo abrangente de "propriedade".

Ou seja, em vez de o artigo se referir ao "direito dos co-herdeiros, quanto à propriedade e posse da herança", passaria a se subsumir na expressão abrangente da palavra "propriedade", justificando-se a emenda a partir da ideia que, embora a posse também se caracterize "como direta e indireta, ou natural e civil, não parece incorreto afirmar que, no nosso sistema, e até a partilha, só o inventariante tem a posse dos bens deixados pelo *de cujus*".

A emenda foi rejeitada, opinando o relator parcial que, quanto ao *caput* do artigo, a expressão *"uma totalidade"* não se diferencia da expressão

---

134 Vide *supra* os comentários ao artigo 1.784, quando nos referimos à situação condominial que, ao mesmo tempo, protege cada uma das cotas ideais e a totalidade do patrimônio, até posterior partilha, do risco de qualquer eventual perda ou dissipação dos bens que constituem a massa hereditária.

135 *"Legitimação ativa do herdeiro para demandar, em nome próprio, indenização pelo uso de bem do espólio. Incidência das normas relativas ao condomínio. Arts. 1.791 c/c art. 1.314, CCB/2002. Princípio da universalidade da herança. Direitos dos co-herdeiros que se regulam pelas normas relativas ao condomínio. Art. 1.791, parágrafo único, do CC/2002"* (TJRS, Ap. nº 70.016.551.970, rel. Des. Carlos Rafael dos Santos Junior, j. em 27.02.2007).

136 Todas as Emendas, assim como o Resumo da Justificativa e Parecer do relator, foram citadas de acordo com o texto constante no Relatório final do relator, deputado Ricardo Fiuza, apresentado à Comissão Especial de Reforma do Código Civil. Brasília, Centro de Documentação e Informação. Coordenação de Publicações, 2000.

"um todo unitário". Efetivamente não existe identidade de significados. Quando se fala em totalidade, tanto na linguagem comum quanto na linguagem técnica, a imagem que nos vem ao espírito é de uma só coisa, uma só realidade concreta e tangível. Ora, na sucessão, o monte hereditário não é constituído por uma só realidade, como se se tratasse de um só bem, mas, ao contrário, de um conjunto de realidades (coisas, direitos, ações etc.) que, a partir da abertura da sucessão, passa a constituir um todo unitário. Não o é, mas por expressa determinação legal passa a ser "um todo" e, mais, "unitário".

Quanto ao parágrafo único, a supressão da expressão *"posse"* seria incompatível com o entrelaçamento dos conceitos de propriedade e posse. Com razão a posição do relator, uma vez que numa comunhão *pro indiviso* não é aconselhável atribuir autonomia aos direitos possessórios, em tomando o lugar da composse, que se coloca em estreita correspondência com o instituto do condomínio.[137] Na realidade – como já afirmáramos – com a abertura da sucessão estabelece-se um regime de condomínio sucessório no qual os herdeiros passam a ser co-herdeiros da herança (até a partilha).[138] Logo, vale ressaltar, qualquer alienação da quota-parte ideal de um herdeiro deve se submeter à anterior oferta aos demais herdeiros, ou

---

137 *"**Condomínio entre herdeiros**. Com a abertura da sucessão transmitem-se, desde logo, domínio e posse aos herdeiros do de cujus, estabelecendo-se o condomínio, se muitos são eles. Destarte, aplicam-se a este condomínio os mesmos princípios aplicáveis a todo condomínio (CC/1916, 634 e 633) [v. CC 1314]* (STJ, Ag. 29057-2, PR., rel. Min. Sálvio de Figueiredo Teixeira, j. em 30.06.1994, *DJU* de 02.08.1994, p. 18.851)" (*In:* Nery Junior, N. e Nery, Rosa Maria de Andrade. Obra citada, p. 1.150).

138 *"INVENTÁRIO – Uso exclusivo de imóvel inventariado por herdeiros – Perdas e danos assumidos mediante acordo – Negócio jurídico lícito. É certo que cada condômino (e o são os co-herdeiros) tem a plena disponibilidade da coisa comum. Nada impede, porém, que ajustem entre si que aquele que usar exclusivamente da coisa pague aos demais uma certa compensação. Não há qualquer ilicitude no objeto de um ajuste de tal natureza entre pessoas capazes"* (RT, 593: 183).

co-herdeiros, materializando o direito de preferência que domina soberano a matéria condominial.

Tanto isso é verdade que a "jurisprudência e a doutrina nacionais têm admitido a aquisição de bens do espólio por um só dos herdeiros mediante posse localizada, mansa e pacífica, exercida *cum animo domini,* e portanto usucapiente. Admitindo, nesses casos, a usucapião entre co-herdeiros, pronunciam-se, dentre outros, Pontes de Miranda (*Código de Processo Civil*. Rio de Janeiro: Forense, 1997, tomo XIII, p. 160), Pedro Nunes (*Do Usucapião*. Rio de Janeiro: Freitas Bastos, 1964, p. 79), Lourenço Mario Prunes (*Usucapião de imóveis*. São Paulo: Sugestões Literárias, s/d, p. 69) e Adroaldo Furtado Fabrício (*Comentários ao Código de Processo Civil*. Rio de Janeiro: Forense, 1980, vol. VIII, tomo III, p. 658)".[139]

Manteve-se, pois, por mais segura, a regra genérica da indivisibilidade possessória, que, de resto, já constava na proposta correta do artigo 1.580 do Código Civil de 1916.

A "posse" a que se refere o dispositivo não é a direta, decorrente de situação fática, de poder sobre o bem, mas tão-somente a posse indireta, garantidora aos co-herdeiros da proteção do direito. O próprio Código, em diversos dispositivos, reafirma a ideia da transferência da posse indireta. Assim, a título de exemplo, o art. 1.797 refere-se à administração da herança ao cônjuge sobrevivente ou ao inventariante; da mesma forma, o art. 1.831 confere ao cônjuge sobrevivente direito real de habitação relativamente à residência familiar; o art. 2.020 afirma que, após a abertura da sucessão, a posse pode continuar com alguns herdeiros, ou com o cônjuge sobrevivente (ou seja, embora eles detenham a posse direta, a indireta já foi transferida a todos os herdeiros); o art. 1.977 admite que o testador entre-

---

139 Código Civil. Relatório final ..., p. 297.

gue a posse dos bens hereditários ao testamenteiro (ainda, se a posse direta é transmitida ao testamenteiro é porque a indireta já foi transmitida a todos os herdeiros). Sob qualquer ângulo que se examinem os artigos invocados, a noção de desdobramento da relação possessória ressurge veemente.

Conforme Clovis Bevilacqua, do princípio da indivisibilidade tira-se a "consequência de que qualquer dos herdeiros pode reclamar de terceiro, estranho à herança, a totalidade dos bens. Um herdeiro não pode pedir de outro a entrega da totalidade da herança, porque ambos têm direito igual (...) O inventariante (...) tem a faculdade de usar das ações possessórias contra estranhos, ou contra herdeiros (...) assim como o herdeiro pode acionar o estranho à herança pela totalidade dela, na sua qualidade de condômino".[140]

Assim, o que o legislador persegue é a ideia de indivisibilidade imposta, compelindo todos os co-herdeiros à comunhão *pro indivisa,* que só se extinguirá com o advento da partilha.[141] Do estado de indivisibilidade

---

140 BEVILACQUA, Clovis. Obra citada, p. 760.
"Despejo – Legitimidade – Viúva meeira – Autora que adquiriu a metade ideal do imóvel pelo casamento sob o regime da comunhão de bens, não importando a inexistência de seu nome no registro imobiliário, uma vez que a comunicação se deu por força do art. 262 do CC – Irrelevância do fato de após a morte do marido não ter providenciado a abertura do inventário. Circunstância que não lhe tira a legitimidade para a propositura da ação, sendo que, como meeira, está ela investida de todos os direitos inerentes à comunhão, nos termos do art. 263 do CC – Impossibilidade de se falar em indivisibilidade da herança, de que trata o art. 1.580 do CC, pois trata-se de meeira e não de herdeira – Carência da ação afastada.
A viúva meeira, que tenha adquirido a metade ideal de um imóvel pelo casamento sob o regime de comunhão de bens, tem legitimidade para a propositura da ação de despejo, pouco importando que o seu nome não conste no registro imobiliário ou que ele não tenha providenciado a abertura do inventário, pois é meeira e não herdeira, investida de todos os direitos inerentes à comunhão, não se podendo falar também na indivisibilidade da herança, de que trata o art. 1.580 do CC, considerando-se que não se confunde a meação com a herança" (*RT*, 647: 155).
141 *"DESAPROPRIAÇÃO – Reforma agrária – Suspensão do processo administrativo – Inadmissibilidade – Falecimento do proprietário – Abertura de sucessão – Pluralidade de herdeiros – Imóvel que se mantém uno para fins expropriatórios – Inaplicabilidade do art. 46, § 6º, da Lei nº 4.504/64, visto que este dispositivo se restringe à orientação de cálculos tributários – Inteligência dos arts. 2º, § 4º, da Lei nº 8.629/93, e 1.791, par. ún., do CC/2002 – Pros-*

decorre também a noção de solidariedade garantindo a cada um dos co-herdeiros legitimidade para reivindicar o espólio do poder de quem o estiver detendo injustamente, por inteiro ou em parte.[142]

A data da abertura da sucessão (art. 1.785) reveste-se de fundamental importância no direito sucessório, por diversas razões. É essa data que determina a devolução da sucessão e é, igualmente, nessa data, que se verifica a ocorrência da qualidade de herdeiro, isto é, que se aprecia se este ou aquele pretendente preenche as condições exigidas para suceder. É também nessa data que se verifica a existência da personalidade jurídica.

Mas – e é isso que o artigo resgata – é a abertura da sucessão que produz seu efeito translativo. Deferindo-se como "um todo unitário", a transmissão dos direitos do *de cujus* se opera *de plano*. É nesse momento que

---

*seguimento do processo expropriatório que se impõe. Ementa Oficial: Mandado de Segurança. Desapropriação agrária. Abertura de sucessão. Transmissão imediata dos bens. Pluralidade de herdeiros. Alteração jurisprudencial do STF. Manutenção de unicidade da área sob procedimento administrartivo expropriatório. Prosseguimento do processo administrativo. ....
4. Também não se justifica a suspensão do processo expropriatório pela aplicação do princípio da* saisine, *considerando que a titularidade do imóvel rural apenas se torna múltipla, permanecendo uma única propriedade até que sobrevenha a partilha, nos termos do art. 1.791, par. ún., do vigente CC." In:* RT, 865: 354.

142 **"Co-herdeiro que demanda pela universalidade da herança. Possibilidade. Mandado tácito.** *Os descendentes co-herdeiros que, com base no disposto no CC/1916, 1.580, par. ún. [v. CC, 1791], demandam em prol da herança agem como mandatários tácitos dos demais co-herdeiros aos quais aproveita o eventual reingresso do bem na* universitas rerum, *em defesa também dos direitos destes. Um dos herdeiros, ainda que sem a interveniência dos demais, pode ajuizar demanda visando à defesa da herança, seja o seu todo, que vai assim permanecer até a efetiva partilha, seja o quinhão que lhe couber posteriormente (STJ, 4ª T., REsp. nº 36.700-SP, rel. Min. Sálvio de Figueiredo Teixeira, v.u., j. em 14.10.1996, DJU de 11.11.1996, p. 43.713)". No mesmo sentido, decisão do STJ, de 1994, com a ressalva: "Atuam, destarte, na qualidade de substitutos processuais dos co-herdeiros prejudicados que, embora legitimados, não inintegrem a relação processual como litisconsortes ou como assistentes litisconsorciais, impondo-se a estes, substituídos, sujeição à* autoritas rei iudicatae *(STJ, 4ª T., REsp. nº 36.700-SP, rel. Min. Sálvio de Figueiredo Teixeira, v.u., j. em 14.10.1996, DJU de 11.11.1996, p. 43.713)" (In:* Nery Junior, N. e Nery, Rosa Maria de Andrade. Obra citada, p. 1.150).

nasce a indivisão no caso de pluralidade de herdeiros.[143] E quando ocorrer a divisão, com seu efeito declarativo (na partilha), é a essa data que remontarão os direitos privativos dos herdeiros sobre os bens correspondentes a suas cotas respectivas.

Art. 1.792. O herdeiro não responde por encargos superiores às forças do monte; incumbe-lhe, porém, a prova do excesso, salvo se houver inventário que a escuse, demonstrando o valor dos bens herdados.

Direito anterior – Art. 1.587 do Código Civil de 1916.

Art. 1.587. O herdeiro não responde por encargos superiores às forças da herança; incumbe-lhe, porém, a prova do excesso, salvo se existir inventário, que a escuse, demonstrando o valor dos bens herdados.

Direito comparado – No Código Civil francês (arts. 724, 802 e 870)[144] e no Código Civil português (arts. 2.068 e 2.071).[145] O direito argentino prevê

---

143 "*INVENTÁRIO – Automóvel na posse de herdeiro – entrega a inventariante – Agravo provido – Aplicação do art. 1.580 do CC.* Se entre os bens do espólio há um automóvel, não pode o juiz permitir fique o veículo na posse de um herdeiro, a pretexto de sua futura adjudicação ao mesmo" (*RT*, 532: 94).

144 "*Art. 724. Les héritiers légitimes, les héritiers naturels et le conjoint survivant sont saisis de plein droit des biens, droits e actions du défunt, sous l'obligation d'acquitter toutes les charges de la succession.*"
"*Art. 802. L'effet du bénéfice d'inventaire est de donner à l'héritier l'avantage: 1º De n'être tenu du payement des dettes de la succession que jusqu'à concurrence de la valeur des biens qu'il a recueillis, même de pouvoir se décharger du payement des dettes en abandonnant tous les biens de la succession aux créanciers et aux légataires; 2º De ne pas confondre ses biens personnels avec ceux de la succession, et de conserver contre elle le droit de réclamer le payement de ses créances.*"
"*Art. 870. Les cohéritiers contribuent entre eux au payement des dettes et charges de la succession, chacun dans la proportion de ce qu'il y prend.*"

145 "*Art. 2.068. A herança responde pelas despesas com o funeral e sufrágios do autor, pelos encargos com a testamentária, administração e liquidação do patrimônio hereditário, pelo pagamento das dívidas do falecido e pelo cumprimento dos legados.*"
"*Art. 2.071. 1. Sendo a herança aceita a benefício de inventário, só respondem pelos encargos respectivos os bens inventariados, salvo se os credores ou legatários provarem a existência de outros bens.*"

o mesmo princípio (arts. 3.342, 3.343 e 3.371), bem como o direito uruguaio (arts. 1.069 e 1.092).

COMENTÁRIO

O artigo sob comento reproduz, de forma praticamente igual, o disposto no antigo artigo 1.587 do Código Civil de 1916 e refere-se ao princípio de que o herdeiro não responde pelos encargos do monte hereditário além das forças do mesmo.

No direito romano vigorava a regra que o herdeiro era, pessoalmente, obrigado pelas dívidas da herança, independente de seu montante (D. 29, 2, fr. 8). Adquirida a herança, ocorria a *successio,* isto é, o herdeiro passava a ocupar a posição jurídica do *de cujus,* daí resultando que o patrimônio do herdeiro se confundia com o do *de cujus* e, em virtude disso, podiam ser prejudicados os credores do mesmo, ou "o herdeiro, porque, com relação aos débitos do *de cujus*, respondia *ultra vires hereditares* (além das forças da herança)".[146]

À regra dominante abriu-se exceção em favor, primeiramente, dos soldados e, mais tarde, criou-se o benefício do inventário para limitar a responsabilidade às forças da herança. E essa tendência foi assimilada pelo direito português, daquele país passando para o nosso sistema sucessório.

II. Sendo a herança aceita pura e simplesmente, a responsabilidade pelos encargos também não excede o valor dos bens herdados, mas incumbe, neste caso, ao herdeiro provar que na herança não existem valores suficientes para cumprimento dos encargos."

146 ALVES, José Carlos Moreira. *Direito Romano*, Rio de Janeiro: Editora Borsoi, 1966, p. 534.

Com efeito, como nos informa Eduardo dos Santos,[147] se o herdeiro aceita a herança *a benefício de inventário*,[148] só respondem pelos encargos os bens inventariados, a menos que os credores ou legatários provem a existência de outros bens (art. 2.071).

Se aceita a herança *pura e simplesmente,* a responsabilidade pelos encargos também não excede o valor dos bens hereditários, mas incumbe, nesse caso, ao herdeiro provar que na herança não existem valores suficientes para a satisfação dos encargos.

Quer dizer, se a herança é aceita a benefício de inventário, o ônus da prova recai sobre os credores ou legatários; se ela é aceita pura e simplesmente, esse ônus recai sobre o herdeiro. O herdeiro nunca responde *ultra vires hereditatis.*

É a sistemática do direito sucessório brasileiro.

Com a redação do artigo 1.792 (antigo 1.587) tornou-se inútil tal expediente, uma vez que cada patrimônio, o do herdeiro e o do hereditando, suporta os próprios encargos e, se os da herança excederem à capacidade liberatória desta, poder-se-á abrir concurso de credores.

Cabe, porém, ao herdeiro provar que as dívidas são superiores ao monte mor já que os credores não poderiam submeter-se a uma simples afirmação de que o herdeiro nada lucrou com a sucessão.

O direito francês admite duas formas de aceitação da herança: a pura e simples e a aceitação a benefício de inventário. A aceitação pura e simples não acrescenta nada ao direito do herdeiro; ao contrário, su-

---

147 SANTOS, Eduardo dos. Obra citada, p. 224.
148 Para fugir às consequências da aceitação de uma herança onerada de dívidas, o herdeiro podia, certamente, renunciar; mas, nas situações duvidosas, ignorando o valor exato do ativo e o passivo da massa hereditária, recorria o herdeiro ao *benefício de inventário*, em virtude do qual os encargos da herança seriam satisfeitos somente pelos bens dela.

prime-lhe o acesso a dois outros direitos sucessórios: o direito de renunciar à herança e o direito de a aceitar a benefício de inventário.

Essa forma de aceitação produz dois efeitos: a consolidação do título de herdeiro quer em relação ao ativo, quer em relação ao passivo, e a confusão entre o patrimônio sucessório e o do herdeiro. Quanto ao ativo, o herdeiro passa a ser titular de todos os direitos e passa, igualmente, a ser responsável por todas as obrigações atribuídas à qualidade de herdeiro.

Quanto ao passivo – e aqui a diferença entre o sistema francês e o brasileiro é gritante –, o herdeiro é considerado responsável *ultra vires* de todas as dívidas do defunto, como o era o *de cujus* ele próprio (art. 724 – "*sous l'obligation d'acquitter toutes les charges de la succession*"), salvo aquelas que apresentam um caráter vitalício e pessoal.

Ou seja, a aceitação pura e simples gera o risco de arruinar os herdeiros, que serão compelidos a pagar o passivo sucessório com seu bens pessoais.

A aceitação a benefício de inventário produz três grandes efeitos: 1) limitação das obrigações do passivo sucessório; 2) restrição aos poderes de gestão do herdeiro; 3) liquidação do passivo sucessório.

O efeito principal da aceitação a benefício de inventário é de limitar *intra vires* a obrigação que pesa sobre o herdeiro de pagar o passivo sucessório (art. 802, I): o herdeiro não responde com seus bens pessoais, mas somente com os bens sucessórios identificados no inventário. Ela provoca uma separação de patrimônios que mantém o *stato quo ante mortem*.

De forma objetiva, precisa e bem mais simples, o legislador nacional optou pela regra *intra vires hereditatis*, colocando fim às infinitas discussões que daí poderiam surgir. A responsabilidade da herança pelas dívidas do defunto limita-se às suas forças.[149] A doutrina nacional unânime pende neste sentido: "Conquanto se confundam o patrimônio do *de cujus* e o dos herdeiros, não respondem estes pelos encargos da sucessão *ultra vires hereditatis*. Toda a aceitação da herança é, entre nós, *a benefício de inventário*. Nestas condições, se o passivo do acervo hereditário for superior ao ativo, forma-se o concurso de credores, regendo-se as preferências e privilégios pelas regras próprias (Do concurso de credores). Instaura-se no próprio inventário."[150]

Daí decorrem diversos efeitos, como já ressaltado por Carvalho Santos, e que merecem transcrição.

Assim, diz o clássico civilista: "a) o herdeiro beneficiário é sempre um herdeiro, proprietário como tal dos bens hereditários, mas seu direito comporta reservas e modificações, dentre as quais se destaca a que impede a confusão dos patrimônios, conservando o herdeiro o seu patrimônio distinto dos bens da herança; b) a herança continua a ser representada pelo herdeiro encarregado de administrá-la; c) podem os

---

149 *"Concubinato – Ação contra o espólio do concubino, para reconhecimento de direito vertente da relação concubinária – Partilha de bens, no inventário, no curso da ação – Substituição processual.* O direito subjetivo de meação ou indenização por serviços prestados não é personalíssimo (art. 928 do CC). Julgada a partilha, no inventário, cada herdeiro passa a responder tão-só na força de seu quinhão hereditário (arts. 1.587 e 1.796 do CC). A limitação da responsabilidade do herdeiro intra vires hereditatis é geral. Substituição processual, do espólio, pela viúva meeira e herdeiros, na relação processual passiva, que decorre naturalmente desse postulado" (RJTJRGS, 134: 258).
"Morte do fiador – Extinção – Ação contra a mulher que assinou como meeira – Descabimento. A responsabilidade do fiador passa para os herdeiros, mas a da fiança se limita ao tempo decorrido até a morte do fiador e não pode ultrapassar as forças da herança" (ATA, 26: 207).
150 GOMES, Orlando. *Sucessões*, p. 290. (Rio de Janeiro: Forense, 2004). No mesmo sentido: Silvio Rodrigues. *Direito Civil. Direito das Sucessões*. São Paulo: Saraiva, 2002; Maria Helena Diniz. *Curso de Direito Civil Brasileiro. Direito das Sucessões*. São Paulo: Saraiva, 2008; Washington de Barros Monteiro. *Curso de Direito Civil. Direito das Sucessões*. São Paulo: Saraiva, 2003; Marco Aurélio Sá Viana. *Teoria e Prática do Direito das Sucessões*. São Paulo: Saraiva, 1987; Carlos Roberto Gonçalves. *Direito Civil Brasileiro*. São Paulo: Saraiva, 2007, entre outros.

credores fazer penhorar os bens da herança; d) o herdeiro pode ficar com todos os bens da herança, pagando, em dinheiro, aos credores, sem que estes possam exigir que seu pagamento seja feito com os próprios bens da herança; e) não pode o credor da herança, para cobrança da dívida, fazer penhorar bens particulares do herdeiro; f) o herdeiro conserva o direito de excluir da herança o pagamento de seus créditos. Pouco importa a natureza do crédito: mesmo que seja uma doação que, em vida, lhe tivesse feito o *de cujus*, é incontestável o seu direito, por isso que, para todos esses efeitos, deve ele ser equiparado a um credor estranho. Conserva mesmo as preferências que um credor estranho poderia pleitear, como, por exemplo, a referente às despesas feitas com o funeral etc. (...) O herdeiro conserva não somente os seus direitos pessoais, mas também os direitos reais, como, por exemplo, suas hipotecas, os seus direitos de servidão. (...) Assim como seus direitos, o herdeiro beneficiário conserva contra a herança todas as suas ações. Assim, pode cobrar a fiança que o *de cujus* tivesse firmado; pode reivindicar a coisa que o *de cujus* tivesse vendido como sua etc."[151]

Assim como os herdeiros, também não respondem pelas dívidas do *de cujus* os legatários, e por razões óbvias, visto que esta classe de sucessores, além de não ser continuadora das relações jurídicas do falecido, encontra-se em situação inferior à dos herdeiros, com a procedente ressalva feita por Almeida que, "se não (responde) por suas próprias forças, isso não significa que o legado está alforriado de responder pelas obrigações do autor da herança. O art. 1.997 do novo Código diz que a herança, como um todo, responde pelo pagamento das dívidas do falecido. E o art. 1.967 mostra que, entre os beneficiários pela morte

---

151   SANTOS, J. M. de Carvalho. *Código Civil brasileiro interpretado*, vol. XXII, pp. 160-161 (Rio de Janeiro: Freitas Bastos, 1981).

do autor da herança, a preferência de recebimento faz-se ao herdeiro necessário, no montante da legítima. Depois, salvo vontade diversa manifestada no testamento, devem receber os legatários e, por fim, os herdeiros instituídos".[152]

Na realidade, o legislador estabelece uma ordem de prioridade na responsabilidade pelas obrigações do autor da herança: primeiro o pagamento dos credores faz-se com os bens não distribuídos; depois, com os bens que tocariam aos herdeiros instituídos; após, com os deferidos aos legatários e, finalmente, com aqueles que comporiam a legítima dos herdeiros reservatários.

Art. 1.793. O direito à sucessão aberta, bem como o quinhão de que disponha o co-herdeiro, pode ser objeto de cessão por escritura pública.

§ 1º Os direitos, conferidos ao herdeiro em consequência de substituição ou de direito de acrescer, presumem-se não abrangidos pela cessão feita anteriormente.

§ 2º É ineficaz a cessão, pelo co-herdeiro, de seu direito hereditário sobre qualquer bem da herança considerado singularmente.

§ 3º Ineficaz é a disposição, sem prévia autorização do juiz da sucessão, por qualquer herdeiro, de bem componente do acervo hereditário, pendente a indivisibilidade.

Direito anterior – Não havia disposição expressa a respeito da matéria, aplicando-se, por analogia à cessão de outros direitos, o disposto no art. 1.078 do Código Civil, que assim dispõe: "As disposições deste título aplicam-se à

---

152 ALMEIDA, José Luiz Gavião de. Obra citada, p. 81.

cessão de outros direitos para os quais não haja modo especial de transferência."[153]

Direito comparado – No Código Civil francês não há disposição expressa sobre a matéria, mas, indiretamente, refere-se à cessão, como meio de aceitação da herança no artigo 780.[154] O Código Civil português prevê a cessão de direitos sucessórios nos artigos 2.124[155] (Disposições aplicáveis); art. 2.125 (Objecto); art. 2.126 (Forma); art. 2.127 (Alienação de coisa alheia); art. 2.128 (Sucessão nos encargos); art. 2.129 (Indenizações); art. 2.130 (Direito de preferência).

COMENTÁRIO

A possibilidade de cessão dos direitos sucessórios remonta ao direito romano, mas a regularização da matéria ganhou especial relevo a partir do Código napoleônico, que previu dispositivo expresso sobre a possibilidade de doação ou venda da herança, no artigo 780.

Na sistemática francesa a cessão dos direitos sucessórios se praticava em duas hipóteses e, conforme nos informam Malaurie e Aynès,[156] mais na campanha do que nas cidades. Ou bem um co-herdeiro quer ra-

---

153 Nesse sentido: Silvio de Salvo Venosa. Obra citada, p. 35; José Maria de Serpa Lopes. *Curso de Direito Civil,* vol. 2, pp. 462-466; Clovis Bevilacqua. Obra citada, p. 191; Orlando Gomes. *Obrigações,* pp. 256-258; Washington de Barros Monteiro. Obra citada, vol. 4, pp. 348-350; Caio Mario da Silva Pereira. *Instituições de Direito Civil,* vol. 2, pp. 319-324; Silvio Rodrigues. Obra citada, vol. 2, pp. 354-359; Maria Helena Diniz. Obra citada, vol. 2, pp. 348-351; Antonio Levenhagen, *Curso,* vol. 4, pp. 195-205, entre outros.

154 "*Art. 780. La donation, vente ou transfert que fait de ses droits successifs un des cohéritiers, soit à un étranger, soit à tous ses cohéritiers, soit à quelques-uns d'eux, emporte de sa part acceptation de la succesion.*
Il en est de même: 1º De la renonciation, même gratuite, que fait un des héritiers au profit d'un ou de plusieurs de ses cohéritiers;
2º De la renonciation qu'il fait au profit de tous ses cohéritiers indistinctement, lorsqu'il reçoit le prix de sa renonciation."

155 "*Art. 2.124. A alienação de herança ou de quinhão hereditário está sujeita às disposições reguladoras do negócio jurídico que lhe der causa, salvo o preceituado nos artigos seguintes.*"

156 MALAURIE, Philippe et AYNÈS, Laurent. Obra citada, p. 522.

pidamente pôr fim à indivisão: cede seus direitos indivisos contra uma soma de dinheiro; ou bem a operação de liquidação se torna mais difícil: o co-herdeiro, para sair do estado de indivisão, cede seus direitos, a título oneroso, a alguém que se contenta com o estado de indivisão.

Nesta segunda hipótese, a jurisprudência exigia quatro condições: 1) a cessão tinha de ser feita a um co-herdeiro; 2) a cessão devia ser feita a título oneroso; 3) a cessão feita devia fazer desaparecer completamente o estado de indivisão; 4) e com a concordância de todos os demais co-herdeiros (daí se originou, certamente, a noção de preferência, na cessão). Das quatro condições só restaram duas, sendo que a Lei de 1976 abandonou as duas últimas exigências.

O legislador português, seguindo a orientação do BGB (§§ 2.033 e seguintes), concretizou a hipótese da cessão no Código Civil português, admitindo a figura da alienação da herança (que é um fenômeno inteiramente distinto da aquisição do direito de suceder a outrem) e regulou, em termos orgânicos ou institucionais, o negócio da transmissão (alienação ou cessão) da herança.[157]

Fenômeno "acidental da alienação da herança", na ótica de Pires de Lima e Antunes Varela,[158] a cessão de direitos sucessórios, em Portugal, era recurso de que se serviam os herdeiros para operacionalizar e abreviar os processos de inventário. "Num país de famílias numerosas e numa época em que os processos de inventário, muitos deles obrigatórios, se arrastavam anos e anos pelos tribunais", doutrinam os autores

---

157 Código Civil Português, art. 2.126 – (forma), assim dispõe:
"1. *A alienação da herança ou de quinhão hereditário será feita por escritura pública, se existirem bens, cuja alienação deva ser fei ta por essa forma.*
2. *Fora do caso previsto no número anterior, a alienação deve constar de documento particular.*"
158 PIRES DE LIMA e ANTUNES VARELA. *Código civil Anotado*, vol. VI, pp. 202-203.

citados, "a alienação das quotas hereditárias, por[159] ato entre vivos, antes de o inventário findar, era para muitos interessados o único meio de, *em vida*, receberem algum proveito material à custa da herança a que, por força da lei ou da vontade do finado, eram chamados".[160]

O direito brasileiro não se referira expressamente à matéria no Código Civil de 1916, mas, apenas, de forma indireta, no já citado artigo 1.078 daquele Código. Agora, a matéria ganha regramento próprio no novo Código Civil, que trata especificamente da cessão de direitos hereditários, "estabelecendo as suas condições e requisitos, encerrando a divergência doutrinária e jurisprudencial hoje existente especialmente a respeito, (...) da necessidade de escritura pública e de anuência dos co-herdeiros".[161]

A proposta do "Projeto" encontra-se, pois, definitivamente inserida no novo Código Civil, ganhando-se em segurança e precisão, já encontráveis no Código Civil português. Ainda que as normas expressas contrariem a tendência dos tribunais e a postura dos doutos, coloca-se fim a intermináveis discussões em torno de questões polêmicas, imprimindo-se rumo seguro e definitivo à questão da cessão de direitos sucessórios.[162]

---

159 "*ADJUDICAÇÃO COMPULSÓRIA – Cessão de direitos hereditários – Bem imóvel – Ausência de certeza de que é o único bem a partilhar – Cessionário que deverá habilitar-se nos autos de inventário para se submeter ao que vier a ser decidido na partilha. Ementa Oficial:* Adjudicação compulsória. Cessão de direitos hereditários sobre imóvel. A herança constitui uma universalidade, cujas quotas somente se individualizam na partilha, caso em que o cessionário ficará submetido ao que vier a ser decidido na partilha. Como não há certeza de que o imóvel é o único a partilhar, o cessionário deverá habilitar-se nos autos de inventário para se submeter aos efeitos da partilha, deduzindo lá o seu pedido de adjudicação. Portanto, na obsta o pedido de adjudicação de um único imóvel individualizado objeto de cessão de direitos hereditários, porém, não em vara cível, devendo o mesmo ser deduzido nos autos de inventário." In: *RT*, 869: 353.
160 PIRES DE LIMA e ANTUNES VARELA. Obra citada, p. 203.
161 CAHALI, Francisco José e HIRONAKA, Giselda Maria F. N. Obra citada, p. 82.
162 Ver, nesse sentido, o artigo de Iacyr de Aguilar Vieira, "Cessão de direitos e cessão de pretensões no direito brasileiro". In: *RT*, 784: 29-54.

No *caput* do artigo 1.793, o legislador nacional assumiu duas posições claras e definitivas sobre o tema: a) admitiu cessão do "direito à sucessão" bem como do "quinhão de que disponha o co-herdeiro" e b) via "escritura pública".[163]

É a posição de há muito assumida pelo direito português e que tem como corolário direto a própria noção de abertura da sucessão e, evidentemente, da *saisine*.

Se, como vimos, a sucessão transmite-se, desde logo, aos herdeiros legítimos e testamentários (art. 1.784), a partir da abertura da sucessão (art. 1.785) o monte hereditário é devolvido de forma unitária e indivisível (art. 1.791) aos herdeiros até o partilhamento final da herança. Instaura-se o condomínio sucessório, com vistas à manutenção da unidade (no momento da abertura da sucessão) até a concretização das cotas ideais, via processo de partilha. É a regra geral e, diríamos nós, a tendência desejada pelo legislador.

A cessão, ao contrário, quer a divisão desde a abertura da sucessão, independente da posterior partilha. É situação excepcional que, por isso mesmo, exige regramento próprio.

Com efeito, se não foi feita nenhuma restrição pelo *de cujus* (por exemplo, cláusula de inalienabilidade) desde a abertura da sucessão, já existe para o herdeiro a possibilidade de promover a transferência

---

163 "*SUCESSÃO – Cessão de direitos hereditários – Efetivação que se dá mediante escritura pública – Possibilidade também de que o ato se concretize por termo nos próprios autos, com a presença pessoal dos cedentes ou de procurador munido de instrumento público de mandato com poderes especiais e específicos – Inteligência do art. 44, III, do CC/1916*. Ementa Oficial: *A cessão de direitos hereditários necessita, por determinação legal (art. 44, III, do CC/1916), sua efetivação mediante escritura pública. Ou, ainda, efetivá-la por termo nos próprios autos, com a presença pessoal dos cedentes, ou que seu procurador esteja munido de instrumento público de mandato com poderes especiais e específicos para que a cessão seja concretizada*" (*In: RT*, 835: 370).

de seus direitos ou quinhão, através da cessão de direitos hereditários.[164]

Ou, como quer Maria Helena Diniz, "transferência que o herdeiro, legítimo ou testamentário, faz a outrem de todo o quinhão hereditário ou de parte dele, que lhe compete após a abertura da sucessão".[165]

Aberta a sucessão, o herdeiro não está impedido de dispor dela até a partilha. Pode, pois, via cessão da herança, passar para outra pessoa, transmitir, a título oneroso (através, por exemplo, de uma venda) ou gratuito (através, por exemplo, de uma doação), a herança indivisa, ou uma sua quota-parte. Na cessão, pois, pressupõe-se o risco do adquirente, isto é, do cessionário. Ou, como afirmado por Gozzo e Venosa, "trata-se de negócio jurídico aleatório, posto o cessionário desconhecer ao certo o que está adquirindo".[166] Em decorrência do caráter aleatório da cessão, não responde o cedente pela evicção.[167]

"O condômino", diz Silvio Rodrigues, "pode alienar a terceiro sua parte indivisa, ou seja, a fração ideal de que é titular; pode mesmo alienar uma parte alíquota de seu quinhão, mas não pode, jamais, alienar um bem que componha o acervo patrimonial ou hereditário, pois este bem é insuscetível de ser alienado por um dos condôminos sem o assentimento dos demais. Na hipótese de todos os co-proprietários desejarem

---

164 *"INVENTÁRIO – Cessão de direitos hereditários – Negócio que reclama escritura pública – Realização por instrumento particular – Inadmissibilidade. A cessão de direitos hereditários é negócio jurídico que reclama forma própria e única – a escritura pública – sendo, portanto, impróprio o instrumento particular"* (RT, 627: 110). Ver, ainda: RT, 606: 108; RT, 711: 103; RT, 711: 208; RT, 561: 100; RT, 576: 187; RT, 576: 102; RT, 574: 78; RT, 574: 132; RT, 624: 176; RT, 569: 92: RT, 568: 164; RT, 613: 76; RT, 735: 224.
165 DINIZ, Maria Helena. Obra citada, p. 64.
166 GOZZO, Débora e VENOSA, Silvio de Salvo. *Comentários ao Código Civil Brasileiro – vol. XVI – Do Direito das Sucessões*, p. 63. Arruda Alvim e Thereza Alvim (Coords.) Rio de Janeiro: Forense, 2004.
167 GONÇALVES, Carlos Roberto. *Direito Civil Brasileiro*, vol. VII. *Direito das Sucessões*, p. 39, e Caio Mário da Silva Pereira. *Instituições de Direito Civil*, vol. VI, pp. 70-71.

fazer a venda de um bem, é a comunidade que procede à alienação, e o preço recebido, até ser dividido entre os interessados, se sub-roga no lugar da coisa vendida, pelo princípio da sub-rogação real".[168]

Quanto à forma, uma vez que a herança é considerada imóvel (CC, art. 80, II), tem-se exigido escritura pública para a validade da cessão com outorga uxória ou autorização marital.[169]

"Para os casos de alienação e pleitos judiciais a legislação considera o direito à sucessão aberta como bem imóvel, ainda que a herança só seja formada por bens móveis ou abranja apenas direitos pessoais (...) seus herdeiros poderão ceder seus direitos hereditários, que são tidos como imóveis. Logo, para aquela cessão, será imprescindível a escritura pública".[170]

Para evitar dúvidas quanto à forma, o Código Civil português explicitou de maneira clara e precisa, no artigo 2.126, que: "1. A alienação de herança ou quinhão hereditário será feita por escritura pública, se existirem bens cuja alienação deva ser feita por essa forma. 2. Fora do caso previsto no número anterior, a alienação deve constar de documento particular."

---

168 RODRIGUES, Silvio. Obra citada, pp. 26-27.
169 *"Aberta a sucessão, o domínio é transmitido de imediato aos herdeiros e os direitos são indivisíveis, até a partilha, de sorte que é vedado ao viúvo meeiro, da mesma forma que em vida não poderia fazê-lo sem a outorga uxória, gravar imóvel objeto do inventário já aberto com ônus hipotecário, resultando, ao depois, na execução e penhora do bem ainda comum a todos, posto que o ato é viciado em sua origem"* (STJ, REsp. nº 304.800, rel. Min. Aldir Passarinho Junior, j. em 19.04.2007).
Ainda:
"A ausência de outorga uxória na cessão de direitos hereditários de bem imóvel inventariado acarreta a invalidade do ato em relação à alienação da parte dos esposos e a ineficácia quanto à meação de suas esposas, casadas pelo regime de comunhão universal (...) Vício, contudo, que não atinge a mesma cessão feita pela viúva meeira, cujo patrimônio é apartado dos demais herdeiros" (STJ, REsp. nº 274.432, rel. Min. Aldir Passarinho Junior, j. em 07.12.2006).
170 DINIZ, Maria Helena. *Código Civil Anotado.* São Paulo: Saraiva, 1995, p. 60.

Ou seja, em se tratando de bens imóveis, a escritura é da essência da alienação, sendo que outros bens podem ser alienados via documento particular.

Essa precisão inexistia no direito brasileiro até o advento do novo Código, embora a tão-só consideração de que a herança é imóvel já conduzia boa parte da doutrina nacional a visualizar a necessidade da escritura pública. Mas a questão nunca foi pacífica nem na doutrina[171] nem, tampouco, na jurisprudência.[172]

O *in fine* do artigo 1.793 pôs fim ao interminável questionamento sobre a necessidade ou não da escritura pública, e de forma coerente, bastando para tal considerarmos o disposto no atual artigo 80, II (antigo art. 44, III), que confirmou a escritura pública como meio de cessão dos direitos sucessórios.

Tudo indica, porém, que a opção feita pelo legislador não se pautou só pela questão de coerência, mas também pela segurança que se revestem os negócios submetidos à escritura pública. Este requisito formal, ao mesmo tempo que garante publicidade à transação, funciona como um empecilho às medidas precipitadas a que se prestam as puras convenções verbais.

Na Alemanha, a exigência de documento autêntico (*des notarielen Beurkundung*), formulada no § 2.371 do BGB, se estende a todos os ca-

---

171 OLIVEIRA, Euclides Benedito de e AMORIM, Luiz Sebastião. *Inventários e Partilhas. Direito das Sucessões. Teoria e Prática.* 14. ed. São Paulo: LEUD, 2001, p. 242: "A cessão pode ser feita através de escritura pública, ou através de instrumento particular, ou, ainda, por termo nos autos", complementando os autores a diferenciação entre cessão da herança da venda de bens hereditários: "... se tem em vista parte ideal (metade, um quarto etc.), trata-se de cessão de herança; se faz menção a certos bens determinados, trata-se de venda de bens hereditários". *Idem*, p. 243.

172 "*INVENTÁRIO – Cessão de direitos hereditários – Negócio que reclama escritura pública – Realização por instrumento particular – Inadmissibilidade (TJSP)*. Também do TJSP, Ap. Civ. nº 59.016-4, rel. Des. Silva Rico, 29.06.1999. Apud: *RT*, 627/110.

sos de compra da herança (*Erbschaftskauf*), por sugestão da 2ª Comissão da Revisão do Código Civil alemão, e justifica-se na doutrina (Lange-Kuchinke. *Erbrechte*, § 47, II, p. 805) pela necessidade de prevenir (*zu warnen*) o alienante e de fixar bem (*fest-legen*) o momento da conclusão do contrato.[173] Posição igualmente assumida pelo direito espanhol.[174]

Através da cessão transfere-se do cedente para o cessionário o direito sobre a herança indivisa ou sobre um seu quinhão, consoante for aquela ou este o objeto mediato do negócio em causa. Ou seja, é transferida do herdeiro para o adquirente a titularidade do quinhão ou legado e não, certamente, a qualidade de herdeiro, pessoal e intransmissível.

Por isso, o parágrafo 1º ressalva que os direitos, conferidos ao herdeiro em consequência de substituição ou de direito de acrescer, não estão abrangidos pela cessão feita anteriormente.

Uma coisa é a cessão de bens (quinhão ou legado), outra é o direito que o herdeiro continua tendo, no caso de substituição ou acréscimo, situações eventuais, posteriores à cessão. Porque a substituição, enquanto mera troca de titulares de forma a impedir que o testamento se esvazie por falta de titular, pode ou não ocorrer. É eminentemente eventual e, pois, pode não vir a se concretizar. Logo, não há por que fazer depender a cessão de uma eventualidade. Lacerda de Almeida e Itabaiana de Oliveira já sustentavam não estar incluída da cessão de direitos hereditários anterior os bens havidos posteriormente pela substituição.[175]

Igualmente o direito de acrescer quando o testador distribui seu patrimônio entre vários herdeiros ou legatários e um deles não che-

---

173 PIRES DE LIMA e ANTUNES VARELA. Obra citada, p. 207.
174 Código Civil espanhol, art. 1.280: *"Deberán constar em documento publico: 4º La cessión, repudiación y renuncia de los derechos hereditários o de los de la sociedad conyugal."*
175 LACERDA DE ALMEIDA. *Sucessões*, pp. 184-185 e OLIVEIRA, Itabaiana de. *Tratado de Direito das Sucessões*. São Paulo: Max Limonad, 1952, vol. I, p. 102.

ga a adquirir sua parte por premoriência, incapacidade ou renúncia. A eventualidade se faz, aqui, novamente presente. O direito de acrescer se materializará quando, sendo vários os herdeiros ou legatários nomeados pelo testador, a falta de um deles acarretará o acréscimo do seu quinhão no dos outros.

No mesmo sentido a disposição constante no artigo 2.125, 2, do Código Civil português: "*A parte hereditária devolvida ao alienante, em consequência de fideicomisso **ou do direito de acrescer**, presume-se excluída da disposição*" (grifamos).

Quanto ao parágrafo 2º, o legislador reafirma com veemência a ideia da impossibilidade de alienação de bem da herança considerado "singularmente". Isto é, se o co-herdeiro pode alienar parte indivisa, ou fração ideal, jamais pode alienar um bem (singular) que componha o acervo hereditário, já que a situação condominial, estabelecida pela abertura da sucessão, o impede de dispor do bem sem o assentimento dos demais.[176]

No mesmo sentido, a doutrina de Maria Helena Diniz: "A cessão tem por objeto uma universalidade de direito, ou melhor, um conjunto de bens que forma uma só massa, e não bens individualizadamente determinados; logo, só pode ser efetivada antes da partilha, pois, se for levada a efeito em momento posterior, ter-se-á uma alienação de coisa certa e determinada."[177]

---

[176] "***HERANÇA – Imóvel rural – Condomínio – Cessão de direitos hereditários – Ação para exercer preferência – Prazo de decadência ocorrido – Apelação improvida***. Não pode um co-herdeiro, por ser condômino em coisa indivisível, vender sua parte a estranho se outro co-herdeiro, que é consorte, a quiser tanto por tanto. A este deve ser dado conhecimento do negócio e o prazo para exercer a preferência e depositar o preço é de seis meses" (*RT*, 545: 131). Ver ainda, no mesmo sentido, ou em sentido contrário, *RT,* 550: 168; *RT,* 538: 81; *RT,* 611: 130; *RT,* 613: 333; *RF*, 298: 185; *RT,* 753: 174.

[177] DINIZ, Maria Helena. *Curso de Direito Civil Brasileiro*. São Paulo: Saraiva, 2008, vol. 6, p. 83.

O objeto da cessão da herança é a universalidade que foi transferida ao herdeiro, desde o momento da abertura da sucessão, de modo que o mesmo não pode individualizar bens dentro da universalidade. "Na prática", como ressaltou Luciano Araújo, "a fim de conciliar o rigor técnico e os seus interesses comerciais, os herdeiros celebram, por escritura pública, a cessão de direitos hereditários (quota ideal da herança), obrigando-se e comprometendo-se a, no momento da deliberação da partilha (art. 1.022 do CPC), atribuir ao cessionário o bem específico que ele pretende haver na herança".[178]

A regra inserta no parágrafo 3º só encontra justificativa no exacerbado controle do Judiciário quanto à disponibilidade de bens componentes do acervo hereditário, enquanto perdura o estado de indivisibilidade. Mas é de inquestionável valia, na medida em que garante ao juiz o conhecimento do procedimento sucessório até a partilha definitiva.

Além do mais, como resgatado por Almeida, "pode ocorrer de ser necessária a venda, por precisão ou interesse dos herdeiros, para custeio do inventário, para evitar perecimento do bem, para permitir a divisão, se o bem é indivisível e ninguém quer adjudicá-lo, e ele não cabe na quota de nenhum. Nesses casos, a alienação é possível, mas há exigência da autorização judicial, ou seja, do juiz da sucessão como diz a lei; do juiz que estiver responsável pelo processamento do inventário."[179]

Ou seja, a compra e venda de bem hereditário opera-se mediante alvará judicial, requerido e deferido no processo de inventário e partilha dos bens.

---

178 ARAUJO, Luciano Vianna. "A cessão de direitos hereditários no novo Código Civil". *In: ADV – Advocacia Dinâmica – Seleções Jurídicas*, p. 3, abril 2003.
179 ALMEIDA, José Luiz Gavião de. Obra citada, p. 88.

Art. 1.794. O co-herdeiro não poderá ceder a sua quota hereditária a pessoa estranha à sucessão, se outro co-herdeiro a quiser, tanto por tanto.

Art. 1.795. O co-herdeiro, a quem não se der conhecimento da cessão, poderá, depositado o preço, haver para si a quota cedida a estranho, se o requerer até cento e oitenta dias após a transmissão.
Parágrafo único. Sendo vários os co-herdeiros a exercer a preferência, entre eles se distribuirá o quinhão cedido, na proporção das respectivas quotas hereditárias.

Direito anterior – Não havia previsão do direito de preferência, no caso de cessão de direitos hereditários, mas sim na venda de coisa indivisa, no condomínio.

Art. 1.139. Não pode um condômino em coisa indivisível vender a sua parte a estranhos, se outro consorte a quiser, tanto por tanto. O condômino, a quem se der conhecimento da venda, poderá, depositando o preço, haver para si a parte vendida a estranho, se o requerer no prazo de 6 (seis) meses.

Parágrafo único. Sendo muitos os condôminos, preferirá o que tiver benfeitorias de maior valor e, na falta de benfeitorias, o de quinhão maior. Se os quinhões forem iguais haverão a parte vendida os co-proprietários, que a quiserem, depositando previamente o preço.

Direito comparado – Sem previsão legal no Código Civil francês. No Código Civil português (artigo 2.130).[180]

---

180 "*Art.2.130 (Direito de Preferência)*
1. Quando seja vendido ou dado em cumprimento a estranhos um quinhão hereditário, os co-herdeiros gozam do direito de preferência nos termos em que esse direito assiste aos co-proprietários.
2. O prazo, porém, para o exercício do direito, havendo comunicação para a preferência, é de dois meses."

COMENTÁRIO

As disposições contidas nos artigos sob comento são preceitos novos, sem antecedente na legislação anterior, e delas depreende-se facilmente qual o pressuposto de que partem: o impedir a entrada na comunhão, à revelia dos demais condôminos, de pessoas a ela estranhas. E se justifica, ainda, pelo simples fato de que, se entre parentes (no caso de sucessão legítima), o inventário, quase sempre, gera dúvidas e querelas, com muito mais razão há que se temer a entrada de um estranho na unidade sucessória.

O condomínio não é modalidade natural da propriedade; é um estado anormal, como queria Clovis Bevilacqua, e, muito frequentemente, gerador de rixas e desavenças, fomentador de litígios e discórdias. Por isso, o legislador, em matéria condominial, prevê sempre a total possibilidade de sua dissolução (CC, art. 1.320),[181] considerando-se um estado transitório, destinado a cessar a todo tempo.

Assim como qualquer condômino tem o direito de pôr termo ao condomínio, igualmente, em matéria sucessória, a indivisão cede espaço à divisão através da cessão. E, em caso de venda a estranho, aplicam-se as disposições sobre condomínio. Isto é, "se o herdeiro não oferece aos co-herdeiros a sua parte, para que exerçam o seu direito de preferência, tanto por tanto, qualquer um deles está legitimado a depositar a quantia, no prazo de seis meses, e haver, assim, a herança cedida. E, se mais de um herdeiro a quiser, a preferência é de quem tiver benfeitorias mais valiosas, e, na falta de benfeitorias, o de quinhão maior; e se forem

---

[181] *"Art. 1.320. A todo tempo será lícito ao condômino exigir a divisão da coisa comum, respondendo o quinhão de cada um pela sua parte nas despesas da divisão."*

iguais os quinhões a parte cedida irá para os herdeiros que tiverem depositado o preço (CC, art. 1.139 e seu parágrafo único).[182]

A analogia estabelecida pelo jurista mineiro, entre o artigo 1.139 e a cessão de direito hereditário, deixa evidente a vinculação das duas matérias, agora repetida, com impressionante semelhança nos artigos 1.794 e 1.795.[183]

Qualificando-se a herança como imóvel indivisível, decorrente de condomínio forçado sobre a universalidade dos bens, muito se discutiu sobre a existência ou não do direito de preferência dos demais co-proprietários, para a aquisição do quinhão de um deles.

Se a herança é unitária e indivisa, conforme vimos, e os vários herdeiros são condôminos do monte hereditário, em decorrência dos princípios do condomínio, não pode um co-herdeiro vender sua parte a terceiros estranhos à herança, sem dar preferência aos demais herdeiros, por força do artigo 504. Nesse sentido já se manifestou a jurisprudência.[184]

---

182   VIANA, Marco Aurélio S. *Teoria e Prática do Direito das Sucessões.* São Paulo: Saraiva, 1987, p. 27.

183   *"HERANÇA – Cessão de direitos hereditários – direito de preferência dos consortes – Hipótese em que, aberta a sucessão, os herdeiros são considerados condôminos até que sejam os bens partilhados – Inteligência e aplicação do art. 1.139 do CC – Declarações de votos vencedores e vencidos. Ementa: A vedação do art. 1.139 do CC se estende, também, à cessão de direitos hereditários, uma vez que todos os herdeiros têm, aberta a sucessão, domínio sobre toda a herança, sendo considerados condôminos, enquanto não for ela partilhada. Destarte, considerando-se a* res, *ou o direito a ela relativo, pouco importa, sempre estará o respectivo titular impedido de alienar sem consulta aos seus consortes, os quais são preferentes, tanto por tanto"* (*RT*, 699: 144); *Ver ainda*: *RT,* 726: 188; *RT,* 737: 192; *RT,* 575: 86; *RT,* 686: 105; *RT,* 567: 91; *RT,* 575: 229; *RT,* 568: 135.

184   *"Cessão de direitos hereditários. Direito de prelação. Aplicabilidade do disposto no art. 1.139, CC. Precedentes (REsp. n°s 4.180-SP e 9.934-SP). Recurso provido.*
I – Os co-herdeiros, antes de ultimada a partilha, exercem co-propriedade sobre os bens que integram o acervo hereditário pro indiviso, *sendo exigível, daquele que pretenda ceder ou alhear seu quinhão, conferir aos demais oportunidade para o exercício de preferência, na aquisição, nos moldes do que preceitua o art. 1.139, CC.*
II – Tal exigência é de inafastável aplicabilidade a todos os casos de cessão de direitos hereditários, de alienação de fração, ou cota ideal da herança indivisa, não se havendo que

Mesmo assim, esse entendimento não é o que predominou no Supremo Tribunal Federal, firmado na tese de que a herança só é indivisível quando constituída de bens indivisíveis, embora tendo o caráter de universalidade. Na ótica do STF o que é indivisível é o direito do herdeiro, enquanto não efetuada a partilha, de forma que o co-herdeiro pode dispor de sua cota, sem anuência dos demais.[185]

Com o advento da Constituição Federal de 1988, coube ao Superior Tribunal de Justiça julgar a matéria, inclinando-se a jurisprudência, a partir de então, pelo reconhecimento do direito de preferência. A Quarta Turma do STJ sempre votou no sentido de se reconhecer o direito de preferência em decorrência da indivisibilidade do direito à

---

excepcionar situações casuísticas (como, por exemplo, a de serem divisíveis os bens que a integrem), tendo em vista as vicissitudes próprias do processo de inventário, que podem conduzir a imprevisíveis perplexidades e inconvenientes.

III – Em que pese a controvérsia existente no tema, merece ser prestigiado o entendimento segundo o qual a venda e a cessão de direitos hereditários, em se tratando de bem indivisível, se subordinam à regra do art. 1.139 do Código Civil, que reclama seja dada preferência ao condômino co-herdeiro.

IV – Em linha de princípio, a orientação legal é no sentido de evitar o ingresso de estranho no condomínio, preservando-o de futuros litígios e inconvenientes.

V – A interpretação meramente literal deve ceder passo quando colidente com outros métodos exegéticos de maior robustez e cientificidade" (STJ Ac. REsp. n° 50.226/BA, 9400185219, 4ª T., rel. Des. Sálvio de Figueiredo Teixeira, DJ de 19.09.1994, p. 24.700 – Ver STJ: REsp. n° 9.934; REsp. n° 4.180).

185 Assim decidiu o STF em sessão plenária, assinalada em ementa: *"A herança é uma universalidade. Não é indivisível. O co-herdeiro pode ceder seu direito na herança sem consentimento dos demais."* Serviu de relator o Min. Hermes Lima, firmando-se em voto do Min. Cândido Mota Filho, para deixar claro que *"a indivisibilidade da herança, a que alude o art. 1.580 do Código Civil (hoje, art. 1.791) não é a de que cogita o artigo 53, inciso II, do mesmo Código (hoje, art. 88), mas sim a indivisibilidade da posse e do domínio no sentido de que cada herdeiro poderá defender toda a herança não partilhada ainda, como se esta lhe pertencesse na sua integridade"* (Embargos no RE n° 57.478-MG, 03.06.1965, RTJ, 33/840; na mesma linha: Embargos no RE n° 92.919-BA, STF, Pleno, rel. Min. Décio Miranda, 03.09.1981, RTJ, 99/1301; RE n° 92.919, STF, 1ª Turma, rel. Min. Cunha Peixoto, 19.08.1980, RTJ, 100/789; REsp. n° 60.656-SP, STJ, 2ª Turma, rel. Min Eduardo Ribeiro, 06.08.1996, RT 737/192. Em sentido contrário: REsp. n° 9.934-SP, STJ, rel. Min. Sálvio de Figueiredo, 02.03.1993, RF, 329/223) (Apud: Sebastião Amorim e Euclides de Oliveira. Obra citada, p. 244).

herança, com base no art. 1.139 c/c 1.580 (CC/1916), pouco importando se o bem objeto da cessão era divisível.[186]

No entendimento de Sebastião Amorim e Euclides de Oliveira, há que se distinguir, porém, "a cessão de direitos sobre coisa certa, que, por atingir a universalidade da herança e depender do resultado de futura partilha, exige a expressa concordância de todos os interessados. Da mesma forma, se a herança se constituir de coisa substancialmente indivisível (exemplo, uma casa), haverá necessidade de consulta aos demais herdeiros, para o exercício do direito de preferência, por incidência da norma prevista no artigo 1.139 do Código Civil"[187] (atual artigo 504).[188]

A alienação de quinhão hereditário supõe uma indivisão e respeita a pluralidade de herdeiros. Nos termos dos artigos 1.794 e 1.795, em

---

186 *"Em que pese a controvérsia existente no tema, merece ser prestigiado o entendimento segundo o qual a venda e a cessão de direitos hereditários, em se tratando de bem indivisível, se subordinam à regra do art. 1.139 do Código Civil que reclama seja dada preferência ao condômino co-herdeiro"* (REsp. nº 4.180-SP, por unanimidade, votaram os Ministros Sálvio de Figueiredo Teixeira, Barros Monteiro, Athos Carneiro e Fontes de Alencar, em 15 de abril de 1991). Ainda: *"Os co-herdeiros, antes de ultimada a partilha, exercem compropriedade sobre os bens que integram o acervo hereditário* pro indiviso, *sendo exigível, daquele que pretenda ceder ou alhear seu(s) quinhão(ões), conferir aos demais oportunidade para o exercício de preferência na aquisição, nos moldes do artigo 1.139 do CC. Tal exigência é de inafastável aplicabilidade a todos os casos de cessão de direitos hereditários, de alienação de fração ou quota ideal da herança indivisa, não se havendo que excepcionar situações casuísticas (como, por exemplo, a de serem divisíveis os bens que a integrem), tendo em vista as vicissitudes próprias do processo de inventário, que podem conduzir a imprevisíveis perplexidades e inconvenientes"* (REsp. 50.226-8-BA, por unanimidade, Sálvio de Figueiredo Teixeira, Barros Monteiro, Ruy Rosado de Aguiar e Fontes de Alencar, em 23 de agosto de 1994). (*Apud*: Luciano Vianna de Araújo. Artigo citado, p. 3).
187 AMORIM, Sebastião e OLIVEIRA, Euclides de. *Idem, ibidem.*
188 *"Art. 504. Não pode um condômino em coisa indivisível vender a sua parte a estranhos, se outro consorte a quiser, tanto por tanto.*
 § 1º O condômino, a quem não se der conhecimento da venda, poderá, depositado o valor correspondente ao preço, haver para si a parte vendida a estranhos, se o requerer no prazo de cento e oitenta dias, sob pena de decadência.
 § 2º Sendo muitos os condôminos, preferirá o que tiver benfeitorias de maior valor e, na falta de benfeitorias, o de quinhão maior; se os quinhões forem iguais, haverão a parte vendida os co-proprietários, que a quiserem, depositando o valor correspondente ao preço."

caso de cessão, em cumprimento a estranhos de um quinhão hereditário, os co-herdeiros gozam do direito de preferência. Resulta do artigo que, para efeitos de direito de preferência, os co-herdeiros são equiparados aos co-proprietários, em caso de alienação de quinhão hereditário a estranhos, isto é, a pessoas que não sejam co-herdeiras, pois se aqueles negócios forem celebrados com co-herdeiros, já, por interpretação *a contrario sensu*, não há lugar ao direito de preferência.

O direito de preferência[189] dos co-herdeiros tem de ser exercido, depositado o preço, no prazo de cento e oitenta dias, após a transmissão. Existe aqui uma preferência[190] legal e real. Ou, como bem precisou Ascensão, "... a preferência do co-proprietário é uma preferência real, por o direito recair sobre uma coisa corpórea. Não assim esta preferência que recai sobre uma situação jurídica, a herança. A aplicação das regras da compropriedade só se poderá assim fazer na medida em que a analogia das situações o permita".[191]

---

189 *HERANÇA – Cessão – Anuência de co-herdeiros – Desnecessidade – Direito de preferência pleiteado por herdeiro – Inteligência dos arts. 530 e 1.139 do CC. Ementa: Cessão de direitos. Partilha. Registro. Condomínio. Preferência. Valor da coisa. Despesas. Os direitos hereditários podem ser cedidos independentemente de consulta aos demais co-herdeiros, ainda que tenha havido partilha, porém, não havendo registro, não se pode falar em condomínio. Para o efetivo exercício de preferência não deve o pretendente limitar-se ao depósito do valor atribuído à cota ideal, mas deve completar dita quantia com a sisa e despesas de escrituras desembolsadas*" (RT, *586: 206-207*). *Ver ainda:* RT, *580: 204-205*; RT, *620: 214*).

190 "*SUCESSÃO – Cessão de direitos hereditários – Cessionário que pleiteia o direito de preferência e a anulação da escritura de cessão de herança feita por um dos herdeiros a terceiro – Inadmissibilidade – direito inerente à qualidade de herdeiro, não se transferindo ao cessionário – Inteligência dos arts. 1.794 e 1.795 do CC/2002. Ementa Oficial: Apelação Cível. Sucessão. Cessionário de direitos hereditários. Direito de Preferência (arts. 1.794 e 1.795 do CC). Inocorrência. O direito de preferência disciplinado nos arts. 1.794 e 1.795 é inerente à qualidade de herdeiro, que não se transfere ao cessionário. De consequência, este não tem legitimidade ativa* ad causam *para pleitear a anulação de cessão de direitos hereditários feita por um dos herdeiros a terceiro.*" In: RT, *857: 294*.

191 ASCENSÃO, José de Oliveira. Obra citada, p. 539.

"Apesar da redação literal, dispondo que o termo inicial do prazo é a data da cessão", doutrina Mauro Antonini, "a interpretação adequada é a de que o prazo não inicia enquanto os co-herdeiros não tomarem ciência dela. Ainda que feita por escritura pública, os co-herdeiros podem desconhecê-la. Por essa razão se entende, apesar da redação literal, por questão de lógica, o prazo só se iniciar quando for inequívoco que os co-herdeiros tomaram ciência da cessão."[192]

O citado prazo de seis meses, concedido para a opção do condômino que não foi notificado da venda, é para a caducidade do direito e não para a prescrição. É um prazo extintivo, cujo curso não se interrompe.[193]

Art. 1.796. No prazo de trinta dias, a contar da abertura da sucessão, instaurar-se-á inventário do patrimônio hereditário, perante o juízo competente no lugar da sucessão, para fins de liquidação e, quando for o caso, de partilha da herança.

Direito anterior – Art. 1.770. Proceder-se-á ao inventário e partilha judiciais na forma das leis em vigor no domicílio do falecido, observado o que se dispõe no art. 1.603, começando-se dentro em 1 (um) mês, a contar da abertura da sucessão, e ultimando-se nos 3 (três) meses subsequentes, prazo este que o juiz poderá dilatar, a requerimento do inventariante, por motivo justo.

Direito comparado – No Código Civil francês (art. 795);[194] no Código de Processo Civil português (arts. 1326 e seguintes). No Código Civil uruguaio (art. 1.134).

---

192 ANTONINI, Mauro. "Da sucessão em geral". PELUSO, Cezar (Coord.) *Código Civil Comentado*. São Paulo: Manole, 2008, p. 1.953.
193 BEVILACQUIA, Clovis. Obra citada, p. 250.
194 "*Art. 795. L'héritier a trois mois pour faire inventaire, à compter du jour de l'ouverture de la succession. Il a de plus, pour délibérer sur son acceptation ou sur sa renonciation, un délai de quarante jours, qui commencent à courir du jour de l'expiration des trois mois donnés pour l'inventaire, ou du jour de la clôture de l'inventaire s'il a été terminé avant les trois mois.*"

COMENTÁRIO

A provisoriedade do estado de indivisão, estabelecida pelo condomínio e imposta legalmente, quando da abertura da sucessão, tende a desaparecer via inventário, que deve ser minucioso e exato, para que se conheça o complexo de bens que o *de cujus* transmite aos herdeiros. É ele, como se viu, que prepara a partilha e garante a igualdade dos quinhões hereditários atendendo à manifestação de vontade estampada no testamento, quando houver.

O Código de Processo Civil estabelece prazo de 30 (trinta) dias a contar da abertura da sucessão (art. 983)[195] para quem estiver na posse e administração do espólio (art. 987)[196] requerer o inventário e a partilha. Com o advento da *Lei nº 11.441, de 04 de janeiro de 2007*, os prazos foram alterados, respectivamente, para 60 (sessenta) dias e 12 (doze) meses.

O texto do novo Código Civil repete a fixação do prazo para a abertura do inventário (dois meses, agora) e não mais silencia sobre o seu respectivo término (no texto anterior, artigo 1.770, três meses), a partir de 2007, 12 (doze) meses. A omissão, porém, não implica desaparecimento do prazo para término do inventário, já que o artigo 983 do CPC continua se referindo ao prazo de encerramento do inventário.

---

195 "*Art. 983. O inventário e a partilha devem ser requeridos dentro de 30 (trinta) dias a contar da abertura da sucessão, ultimando-se nos 6 meses subsequentes. Parágrafo único. O juiz poderá, a requerimento do inventariante, dilatar este último prazo por motivo justo.*"
De acordo com o disposto na **Lei nº 11.441, de 4 de janeiro de 2007**, o dispositivo legal passa a ter a seguinte redação: "*Art. 983. O processo de inventário e partilha deve ser aberto dentro de* 60 (sessenta) dias *a contar da abertura da sucessão, ultimando-se nos* 12 (doze) meses *subsequentes, podendo o juiz prorrogar tais prazos, de ofício ou a requerimento da parte*" (destacamos).

196 "*Art. 987. A quem estiver na posse e administração do espólio incumbe, no prazo estabelecido no art. 983, requerer o inventário e a partilha.*
Parágrafo único. O requerimento será instruído com a certidão de óbito do autor da herança."

Ainda, pela redação do *caput* do artigo 983 do CPC, o prazo para conclusão do inventário poderá ser prorrogado pelo juiz, de ofício ou a requerimento da parte.

Sabe-se que, no caso brasileiro – tendência perfeitamente constatável na realidade jurídica portuguesa –, o processo de inventário tende a extrapolar os limites temporais estabelecidos pela lei. Talvez, por isso, o Código de Processo Civil não previa qualquer sanção quer para o retardamento da abertura do inventário,[197] quer em relação ao descumprimento do prazo para o término do inventário.[198]

Refere-se o artigo 1.796 ao "juízo competente no lugar da sucessão". Ou seja, a competência para proceder a inventário e partilha, nos termos do artigo 89, II, do CPC, compete à autoridade judiciária brasileira, com exclusão de qualquer outra, em relação aos bens situados no Brasil, ainda que o autor da herança seja estrangeiro e tenha residido no exterior.

É a localização dos bens em território nacional que garante a supremacia da autoridade judiciária brasileira para o processo de inventário de bens localizados no país. Bens situados no estrangeiro devem ser inventariados no local onde se encontrarem.

De acordo com o artigo 96 do CPC, o foro do domicílio do autor da herança, no Brasil, é o competente para o inventário e a partilha. Não tendo o autor da herança domicílio certo, será competente o foro da situação dos bens (art. 96, I, parágrafo único), aplicando-se esta mesma regra, por analogia no caso de o autor da herança ter domicílio no estrangeiro.

---

197 Embora alguns Estados fixem uma multa pelo descumprimento de tal prazo, segundo entendimento do STF, na Súmula nº 542 (*não é inconstitucional a multa instituída pelo Estado-membro, como sanção pelo retardamento do início ou da ultimação do inventário*), a multa aplicada pelos Estados pelo descumprimento do prazo para abertura do inventário não é inconstitucional.

198 Pode, entretanto, aplicar-se ao descumprimento do prazo, a teoria geral no que toca à litigância de má-fé, conforme prevista nos artigos 14 a 18 do Código de Processo Civil.

Não tendo o *de cujus* domicílio certo e possuindo bens em lugares diferentes, será competente o foro do lugar onde ocorreu o óbito (art. 96, II, parágrafo único).

O artigo 988[199] do Código de Processo Civil arrola outras pessoas que têm legitimação concorrente para requerer o inventário. Isto é, além de "quem estiver na posse e administração do espólio", como dispõe o artigo 983 do CPC, "todas as pessoas indicadas no corpo do artigo (988) têm legitimidade para requerer a abertura do inventário, sendo irrelevante o fato de estarem ou não na posse ou administração de bens do espólio".[200]

No art. 990 do Código de Processo Civil, o legislador estabelece a ordem preferencial das pessoas que podem ser nomeadas para o cargo de inventariante. Assim:

I – o cônjuge sobrevivente casado sob o regime da comunhão, desde que estivesse convivendo com o outro ao tempo da morte deste;

II – o herdeiro que se achar na posse e administração do espólio, se não houver cônjuge supérstite ou este não puder ser nomeado;

III – qualquer herdeiro, nenhum estando na posse e administração do espólio;

---

199 *"Art. 988. Tem, contudo, legitimidade concorrente:*
I – o cônjuge supérstite
II – o herdeiro;
III – o legatário;
IV – o testamenteiro;
V – o cessionário do herdeiro ou do legatário;
VI – o credor do herdeiro, do legatário ou do autor da herança;
VII – o síndico da falência do herdeiro, do legatário, do autor da herança ou do cônjuge supérstite;
VIII – o Ministério Público, havendo herdeiros incapazes;
IX – a Fazenda Pública, quando tiver interesse."
200 CARNEIRO, Paulo Cezar Pinheiro. *Comentários ao Código de Processo Civil.* Volume IX – Tomo I – Arts. 982 a 1.045 – Inventário e Partilha. Rio de Janeiro: Forense, 2001, p. 43.

IV – o testamenteiro, se lhe foi confiada a administração do espólio ou toda a herança estiver distribuída em legados;

V – o inventariante judicial, se houver;

VI – pessoa estranha idônea, onde não houver inventariante judicial.

A ordem preferencial deve ser respeitada pelo juiz; porém, a ocorrência de razões relevantes, devidamente explicitadas, pode alterar a ordem estabelecida no artigo 990. Nesse sentido, a jurisprudência nacional.[201]

Caso vários dos legitimados requeiram o inventário, o processo será um só. Se mais de um inventário tiver início, terá andamento apenas o ajuizado em primeiro lugar, aplicando-se à espécie as regras da prevenção.

Nesse sentido a doutrina de Carneiro, "naquelas hipóteses, nas quais existe mais de um foro competente para processar o inventário, como, por exemplo, a existência de duplo domicílio do autor da herança, a regra é a de que a competência será determinada pela prevenção. Assim, se os inventários forem distribuídos em comarcas diversas, a prevenção ocorrerá em favor do local em que primeiro se deu a citação na forma do artigo 219, combinado com o artigo 999, ambos do Código de Processo Civil".[202]

O prazo de 30 (trinta) dias previsto no artigo sob comento é demais exíguo se levarmos em consideração que os sentimentos das pessoas,

---

201 "*A ordem prevista pelo art. 990 do CPC pode ser desobedecida quando, dadas as circunstâncias de fato, nenhum dos herdeiros está em condições de exercer o múnus*" (RTJ, 101/667). A posição do STJ: "*A ordem de nomeação de inventariante insculpida no art. 990 do CPC deve ser rigorosamente observada, excetuando-se as hipóteses em que o magistrado tenha fundadas razões para desconsiderá-la, com o fim de evitar tumultos processuais desnecessários ou mesmo a sonegação de bens, como no caso, em face da patente litigiosidade existente entre as partes*" (REsp. nº 283.994-SP, 4ª T., rel. Min César Asfor Rocha, *DJU* de 07.05.2001, p. 150).

202 CARNEIRO, Paulo Cezar Pinheiro. Obra citada, p. 24.

despertados pela morte do *de cujus* e pelas disposições de última vontade (quando ocorrerem), ainda são muito recentes para se exigir das mesmas medidas de ordem administrativa em relação ao espólio. Com razão o legislador francês que, no artigo 795 do *Code Civil*, prevê o prazo mais razoável de 90 (noventa) dias para a abertura do inventário. Na realidade, o prazo final é de 130 (cento e trinta dias), já que a segunda parte do artigo 795 ainda prevê um prazo de 40 (quarenta) dias, após o término dos 90 (noventa) dias, para o herdeiro deliberar sobre a aceitação ou renúncia da herança.

"A inobservância do prazo para o início do inventário", nos informa Carlos Roberto Gonçalves, "pode acarretar sanção de natureza fiscal, com a imposição de multa sobre o imposto a recolher. Proclama a Súmula 542 do Supremo Tribunal Federal que ´não é incostitucional a multa instituída pelo Estado-membro, como sanção pela retardamento do início ou da ultimação do inventário".[203]

Caso não ocorrer manifestação, no prazo legal, de nenhuma das partes legítimas para requerer o inventário, o juiz poderá instaurá-lo por portaria do juízo.

Ainda que se reconheça a raridade do procedimento na prática, vale a sua citação para reafirmar a ideia de que a abertura do inventário visa a pôr fim ao estado de indivisão tornando reais as quotas originariamente ideais que compõem o espólio, na abertura da sucessão.

Da mesma forma, o administrador provisório também tem legitimidade para instaurar o inventário, nos estritos termos dos artigos 985

---

[203] GONÇALVES, Carlos Roberto. Obra citada, p. 42. Informa, ainda, o civilista que, no Estado de São Paulo, o imposto é calculado com acréscimo da multa de 10%, nos inventários não requeridos dentro do prazo de sessenta dias da abertura da sucessão, e de 20%, se o atraso for superior a cento e oitenta dias (Lei nº 10.705, de 28.12.2000). O atraso não implica indeferimento de sua abertura pelo juiz (*Idem, ibidem*).

e 986 do CPC,[204] dispositivos que oficializaram a sua atuação com o específico escopo de agilizar o processo sucessório.

"O Código de Processo Civil" diz Carneiro, "ao criar oficialmente a figura do administrador provisório resolveu o problema processual relativo à representação judicial do espólio (ativa e passiva), enquanto não nomeado o inventariante".[205] E igualmente, acrescentamos nós, enquanto possuidor dos bens da herança, também tem legitimidade para instaurar o competente inventário do *de cujus*.

Art. 1.797. Até o compromisso do inventariante, a administração da herança caberá, sucessivamente:
I – ao cônjuge ou companheiro, se com o outro convivia ao tempo da abertura da sucessão;
II – ao herdeiro que estiver na posse e administração dos bens, e, se houver mais de um nessas condições, ao mais velho;
III – ao testamenteiro;
IV – a pessoa de confiança do juiz, na falta ou escusa das indicadas nos incisos antecedentes, ou quando tiverem de ser afastadas por motivo grave levado ao conhecimento do juiz.

Direito anterior – Sem previsão legal no Código Civil, mas no Código de Processo Civil, artigo 988[206] (chamada, legitimidade concorrente).

---

204 "*Art. 985. Até que o inventariante preste compromisso (art. 990, parágrafo único), continuará o espólio na posse do administrador provisório.*"
"*Art. 986. O administrador provisório representa ativa e passivamente o espólio, é obrigado a trazer ao acervo os frutos que desde a abertura da sucessão percebeu, tem direito ao reembolso das despesas necessárias e úteis que fez e responde pelo dano a que, por dolo ou culpa, der causa.*"
205 CARNEIRO, Paulo Cezar Pinheiro. Obra citada, p. 38.
206 Vide *supra* nota de rodapé nº 139.

Direito comparado – Não há previsão legal no Código Civil francês e no Código Civil português (arts. 2.079 e 2.080).[207]

COMENTÁRIO

É evidente a legitimidade do cônjuge (inciso I), do herdeiro (inciso II) e do testamenteiro (inciso III) para administrar a herança até a abertura do inventário, sendo despiciendas maiores considerações a respeito.

A legitimidade do cônjuge decorre, naturalmente, da posição que ocupa na sociedade conjugal, partindo-se da premissa que, vivendo ao lado do *de cujus*, tem total conhecimento de todas suas atividades profissionais e financeiras.[208]

Andou bem o legislador ao não se referir ao regime de bens do cônjuge sobrevivente, levando em consideração tão-somente a posição especial que ocupa junto ao finado e que lhe garante lugar de destaque na administração do espólio, quando da abertura da sucessão.

---

207 "*Art. 2.079. A administração da herança, até à sua liquidação e partilha, pertence ao cabeça-de-casal.*"
"*Art. 2.080.*
1. O cargo de cabeça-de-casal defere-se pela ordem seguinte:
a) Ao cônjuge sobrevivo, não separado judicialmente de pessoas e bens, se for herdeiro ou tiver meação nos bens do casal;
b) Ao testamenteiro, salvo declaração do testador em contrário;
c) Aos parentes que sejam herdeiros legais;
d) Aos herdeiros testamentários.
2. De entre os parentes que sejam herdeiros legais, preferem os mais próximos em grau
3. De entre os herdeiros legais do mesmo grau de parentesco, ou de entre os herdeiros testamentários, preferem os que viviam com o falecido há pelo menos um ano à data da morte.
4. Em igualdade de circunstâncias, prefere o herdeiro mais velho."

208 "INVENTÁRIO – Inventariante – Herdeiro na posse e administração do espólio – Preferência – Aplicação do art. 990, II, do CPC – Acórdão que deixa de se manifestar sobre o regime de bens – Questão irrelevante – Inexistência de omissão – Embargos de declaração rejeitados. Ementa: A herdeira instituída, que se acha na posse e administração dos bens do espólio, prefere aos outros herdeiros, inclusive aos necessários, para o exercício da inventariança" (*RT*, 605: 149)
Ver ainda: *RT*, 579: 84-85; *RT*, 596: 87; *RT*, 670: 176; *RT*, 789: 323.

Assim, mesmo que casado sob o regime de separação total de bens, haverá sempre interesse do cônjuge supérstite em precisar quais os bens que pertenciam ao seu falecido consorte, assim como os seus próprios, para evitar eventuais dúvidas futuras.

Nesse sentido a doutrina é unânime, quanto à posição preferencial do cônjuge supérstite na abertura da sucessão. É que, na qualidade de cabeça de casal, o cônjuge sobrevivente é a pessoa que se encontra na posse e administração da herança até a partilha dos bens. Antes mesmo da abertura da sucessão já lhe cabia a posse dos bens, e nela continua sem solução de continuidade, como representante do grupo familiar e como a pessoa mais indicada para conhecer o patrimônio que se vai descrever e, posteriormente, partilhar.

O cabeça-de-casal é, portanto, a pessoa que, "falecido o autor da sucessão, passa a substituí-lo na administração dos bens hereditários até que pela liquidação e partilha tais bens passem para a titularidade dos herdeiros e legatários".[209]

Ou, como quer Lopes Cardoso: "Por assim dizer, o *cabeça-de-casal* tem existência jurídica desde a morte do autor da herança, e isto independentemente de ter havido inventário para a respectiva partilha. Nem de outro jeito podia ser, uma vez que o falecimento e a abertura da herança implicam o cumprimento de obrigação cuja falta a lei pune com severidade, e não se coadunam com o tempo que medeia entre aquela data e a nomeação em eventual. E diz-se eventual porque, sendo os herdeiros todos maiores e *sui iuris*, bem pode suceder que o arrumo das partilhas se arraste entre eles e as dissídias só venham a surgir em momento muito ulterior àquele em que a herança se abriu."[210]

---

[209] PINTO, Fernando Brandão Ferreira. *Direito das Sucessões*. Lisboa: Editora Internacional, 1995, p. 197.
[210] CARDOSO, João Antonio Lopes. *Partilhas judiciais*. Coimbra: Livraria Almedina, 1979, p. 243.

A redação atual do artigo 1.797 vence, pois, as restrições constantes no Código Civil de 1916 que limitavam a atuação do cônjuge supérstite quando o casamento fosse celebrado sob o regime de comunhão universal de bens (art. 1.579)[211] e que só se justificava pela indisfarçável preferência do legislador de 1916, em relação ao regime da comunhão universal, então, o regime legal dominante no país.

Com as modificações oriundas da Lei do Divórcio, que alterou o regime legal, da comunhão universal para a parcial e a natural evolução dos costumes, que redundou no reconhecimento constitucional das entidades familiares (art. 226 da Constituição Federal de 1988), não há mais que vingar aquele privilégio reconhecido pelo artigo 1.579 do Código Civil de 1916.

Ao lado do cônjuge, o artigo sob comento inova substancialmente o direito anterior, ao inserir no rol a figura do companheiro sobrevivente,[212] mantendo, para ambas as figuras, a exigência de que tanto um quanto o

---

211 *"Art. 1.579. Ao cônjuge sobrevivente, no casamento celebrado sob o regime da comunhão de bens, cabe continuar até a partilha na posse da herança com o cargo de cabeça do casal."*

212 *"**INVENTÁRIO** – **Legitimidade ad causam** – **Abertura por companheira do de cujus** – **Admissibilidade** – **Herdeiros legítimos que, ultrapassando o prazo de sessenta dias contado da abertura da sucessão, não se pronunciaram** – **Comprovação da união estável em ação autônoma que é desnecessária quando a parte interessada traz aos autos provas documentais convincentes e verossimilhantes de suas alegações** – **Inteligência dos arts. 988 do CPC e 1.829 do CC/2002. Ementa Oficial:***

....

2. Na inércia dos herdeiros legítimos (CC, art. 1.829), a companheira do de cujus está legitimada a tanto, como herdeira concorrente (CPC, art. 988, II, e CC. Art. 1.790).

3. Sendo desnecessária a comprovação da união estável em ação autônoma quando a parte interessada traz aos autos provas documentais suficientemente convincentes e verossimilhantes de suas alegações, forçoso é anular a sentença de extinção do processo sem julgamento do mérito por ilegitimidade ad causam *da companheira do* de cujus, *com remessa da parte às vias ordinárias, pois as questões de direito, mesmo intrincadas, e questão de fato documentadas devem ser resolvidas no juízo do inventário e não nas vias ordinárias (STJ, 4ª T., REsp. nº 114.524-RJ, rel. Min. Sálvio de Figueiredo Teixeira, DJU de 23.06.2003, p. 371). Quer pela legitimidade da apelante como companheira do* de cujus *para propositura do inventário, quer pela possibilidade de regularização do processo pelo juízo* a quo, *razão não há para se cogitar de extinção do processo sem julgamento de mérito." In: RT, 868: 333-334.*

outro estivessem convivendo com o falecido ao tempo da abertura da sucessão, com os abrandamentos – na exigência final – introduzidos pela jurisprudência nacional.[213]

Quanto ao herdeiro "que estiver na posse e administração dos bens",[214] também a evidência da indicação se impõe desmerecendo maiores comentários. O critério de preferência do herdeiro mais velho só encontra justificativa na presunção genérica da maior sabedoria e conhecimento da vida que traz a experiência da idade. Esse critério de desempate, sempre que

---

213 *"INVENTÁRIO – Atribuição da inventariança à viúva meeira que não convivia com o de cujus ao tempo do óbito – Admissibilidade – Hipótese em que a sua indicação atende aos interesses da grande maioria dos herdeiros, inclusive da ex-companheira do extinto – Interpretação do art. 990, I, do CPC.* Ementa Oficial: A regra do art. 990, I, do CPC, que atribui à viúva meeira a inventariança dos bens deixados pelo de cujus, *tendo como pressuposto a convivência ao tempo do óbito, pode ser temperada se o Tribunal Estadual, no exame da prova, conclui que a sua indicação atende aos interesses da grande maioria dos herdeiros e sucessores, porquanto, à exceção de uma única filha, todos os demais e até a ex-companheira do extinto concordam que seja àquela atribuído o encargo"* (*In: RT*, 832: 182).

214 *"INVENTÁRIO – Nomeação de inventariante – Herdeira na posse e administração do bem – Ex-cônjuge que requer a sua habilitação como inventariante – Inadmissibilidade – Juiz que não pode decidir discricionariamente, devendo a ordem legal do art. 990 do CPC ser obedecida.* Ementa Oficial: Agravo de Instrumento. Procedimento de inventário. Nomeação de ex-cônjuge. Ordem legal preterida. Herdeiros na posse e administração do bem. Recurso conhecido e provido. Resta patente a ilegitimidade da agravada para figurar como inventariante. Não pode o juiz decidir discricionariamente a respeito da nomeação do inventariante, devendo se ater à ordem do art. 990 do CPC, corrigindo, inclusive, eventuais equívocos por acaso existentes quando da nomeação. No caso em tela, o que se infere é a inventariança de um único bem, cuja administração e posse encontram-se com os herdeiros da primeira relação marital do de cujus, *sendo preterido em face de ex-cônjuge. A simples iniciativa prematura de quem não tem legitimidade para requerer a habilitação como inventariante não tem o poder de macular e subverter a regra contida no art. 990 do CPC. Não se trata de apelo às regras de fixação de competência para fins de solução desta controvérsia, mas sim de atendimento obsequioso ao comando inserto na Lei de Ritos. O Código de Processo Civil em seu art. 990 dispõe uma ordem de preferência que deve ser seguida pelo juiz ao nomear o inventariante. Esta ordem preestabelecida foi elaborada com o intuito de garantir da melhor forma possível os interesses do espólio. Assim, se em posse de C.R.S.F., herdeira mais velha, está o bem que compõe o acervo hereditário, entendo que deva cair sobre essa sucessora os encargos da inventariança, observando-se que o descumprimento de seus deveres, quanto ao devido andamento processual do inventário, poderá culminar com a sua remoção, até de ofício, nos termos do art. 995 do CPC." In: RT*, 856: 248.

houver mais de um herdeiro na posse direta e administração dos bens, é outra novidade do art. 1.797. Abandonou o legislador o antigo critério da idoneidade (de forte conteúdo subjetivo) optando pelo fator etário (exclusivamente objetivo). Ressalte-se, porém, que a preferência não pode ser considerada absoluta.[215]

O testamenteiro, que já constava no parágrafo 3º do artigo 1.579 do Código Civil de 1916, volta a constar no rol dos eventuais administradores da herança até o compromisso do inventariante.

Ainda uma vez, dentro do fenômeno sucessório, sua atuação não se limita ao apertado papel de agente da execução, total ou parcial, do testamento, mas se dilarga no expressivo terceiro lugar que continua a ocupar no artigo 1.797, dentro da lista dos possíveis cabeça-de-casal, logo a seguir ao herdeiro que estiver na posse e administração dos bens. O testamenteiro pode continuar na administração, se nomeado inventariante, o que daria continuidade ao exercício dessa atividade de tomar conta dos bens do falecido.

A grande novidade introduzida pelo artigo em questão são as figuras do companheiro, ao lado do cônjuge (inciso I), bem como a pessoa de confiança do juiz (inciso IV), não contempladas no texto do Código anterior.

Por força do preceito constitucional – artigo 226, § 3º – não pode haver discriminação entre o cônjuge e o companheiro, na medida em que ambos são espécies do gênero maior, entidade familiar. E se a união estável (art. 226, § 3º) recebeu consagração constitucional, como entidade familiar, equiparável ao casamento, não havia por que afastar o companheiro da administração da herança.

---

215 Nesse sentido, a doutrina de José Luiz Gavião de Almeida: "Pode o mais velho, face a essa situação, não reunir condições de exercer o encargo. Por isso, a regra há de ser entendida sempre como aplicável toda vez que isso melhor consulte os interesses do inventário" (Obra citada, p. 101).

Foi o que fez o legislador no novo texto do artigo 1.797.

Se o companheiro pode promover a abertura do inventário (quer por força do texto constitucional, quer por força da legislação infraconstitucional, Lei nº 9.278/96), não há por que se deixar de reconhecer o mesmo direito em matéria da administração da herança. Embora a matéria tenha suscitado viva reação nos debates parlamentares, com nítida tendência contrária a tal aceitação, prevaleceu o bom senso e a razoabilidade: se companheiro, isto é, se vivendo ao lado de alguém com verdadeira e inquestionável *affectio maritalis*, em convivência pública, contínua e duradoura; se, agora, é herdeiro necessário privilegiado, concorrendo com descendentes e ascendentes do falecido (art. 1.829), como não poderia administrar a herança até o compromisso do inventariante?

Não reconhecer tal prerrogativa acarretaria flagrante contradição e, o que é bem mais grave, geraria frontal oposição ao estatuído no próprio Código Civil (arts. 1.790 e 1.829), em manifesta e criticável quebra do sistema que passa a dominar a nova filosofia do atual Código Civil.

Da mesma forma poderá promover a abertura do inventário, porque, estando na posse e administração dos bens do espólio, é a pessoa que reúne as melhores condições para dar rápido andamento no processo. Nesse sentido a doutrina, sempre elucidativa, precisa e objetiva de Czajkowski, se "o parceiro sobrevivente está na posse e administração dos bens do espólio, incumbe-lhe requerer a abertura do inventário (art. 987 do Código de Processo Civil). Como presumivelmente possui bens em comum, que podem estar em nome do falecido (art. 5º da Lei nº 9.278), e pelo menos potencialmente pode ser herdeiro do falecido, o parceiro sobrevivente também tem esta legitimidade por força do art. 988, II e VI, do Estatuto Processual. Principalmente a legitimidade advém do fato de ter formado, com o(a) falecido(a), uma entidade familiar, o que, pelo menos para este efeito, o habilita também pelo inciso I do mesmo dispositivo. Por iguais fundamentos pode ser nomeado inventariante (art. 990 do Código de Processo Civil)".[216]

Finalmente, não havendo nenhuma das pessoas indicadas nos incisos I a III do citado artigo, cabe ao juiz designar para o cargo pessoa de sua confiança. A lei está a se referir, aqui, ao inventariante dativo,[217] que não se encontra juridicamente em situação de igualdade com as demais pessoas arroladas no art. 1.797. Nesse sentido, a doutrina de Orlando Gomes, que já se manifestara sobre as "limitações" da atuação do inventariante dativo. Assim, o mesmo não representa o espólio em juízo, devendo ser citados todos os herdeiros e sucessores do falecido nas ações em que o espólio for parte. Ou seja, a exclusão do inventariante dativo prova que "tal representação é antes atribuída ao *cabeça de casal lato sensu.*"[218]

---

216 CJAJKOWSKI, Rainer. *União Livre* – À luz da Lei nº 8.971/94 e da Lei nº 9.278/96. Curitiba: Juruá, 1996, p. 149.
217 *"A ordem de nomeação insculpida no art. 990 do CPC deve ser rigorosamente observada. Contudo não é absoluta, podendo ser designado um inventariante dativo se as circunstâncias do caso assim aconselharem, visando a evitar maiores conflitos e a proteção do próprio acervo de bens do espólio"* (STJ, REsp. nº 283.994-SP, rel. Min. César Asfor Rocha).
218 GOMES, Orlando. *Sucessões* (Atual.: Humberto Theodoro Junior), p. 257.

CAPÍTULO III
DA VOCAÇÃO HEREDITÁRIA

Art. 1.798. Legitimam-se a suceder as pessoas nascidas ou já concebidas no momento da abertura da sucessão.

Direito anterior – Não há previsão legal quanto à legitimidade para suceder na sucessão legítima, mas apenas para a sucessão testamentária (arts. 1.717 e 1.718).

Direito comparado – No direito francês há disposição expressa no Code Civil (arts. 725 e 906),[219] assim como no Código Civil português (art. 2.033).[220] No mesmo sentido, o direito argentino (art. 3.287) e no direito uruguaio (art. 1.038).

Leitura complementar:
ALBUQUERQUE FILHO, Carlos Cavalcanti. "Fecundação artificial *post mortem* e o direito sucessório". *In:* PEREIRA, Rodrigo da Cunha (Coord.). *Anais do V Congresso Brasileiro de Direito de Família. Família e dignidade*

---

[219] Art. 725. *Pour succéder, il faut nécessairement exister à l'instant de l'ouverture de la succession. Ainsi, sont incapables de succéder:*
1º Celui qui n'est pas encore conçu;
2º L'enfant qui n'est pas né viable."
"*Art. 906. Pour être capable de recevoir entre vifs, il suffit d'être conçu au moment de la donation. Pour être capable de recevoir par testament, il suffit d'être conçu à l'époque du décès du testateur. Néanmoins la donation ou le testament n'auront leur effet qu'autant que l'enfant sera né viable.*"
Na doutrina, ver os artigos de Salvage, *Viabilité de l'enfant nouveau-né* (*In:* RTDcivil 1976: 725) e de Mémeteau. *Situation juridique de l'enfant conçu* (*In:* RTDcivil 1990: 611).

[220] Art. 2.033. 1. Tem capacidade sucessória, além do Estado, todas as pessoas nascidas ou concebidas ao tempo da abertura da sucessão, não exceptuadas por lei.
3. Na sucessão testamentária ou contratual têm ainda capacidade:
a) Os nascituros não concebidos, que sejam filhos de pessoa determinada, viva ao tempo da abertura da sucessão;
b) As pessoas coletivas e as sociedades."

humana. São Paulo: IOB/Thomson, 2006, p. 169; ALMEIDA, Silmara Juny de Abreu Chinelato e. "Direitos da personalidade do nascituro". *In Revista do Advogado*. São Paulo: AASP, n° 38; ALMEIDA, Silmara Juny de Abreu Chinelato e. *Tutela civil do nascituro*. São Paulo: Saraiva, 2000; BARBOZA, Heloisa Helena. *A filiação em face da inseminação artificial e da fertilização in vitro*. Rio de Janeiro: Renovar, 1993; CARDOSO, João Lopes. *Partilhas Judiciais*. Coimbra, 1990; CARVALHO, Luis Paulo Vieira de. *Direito Civil – Questões fundamentais e controvérsias na parte geral, no direito de família e no direito das sucessões*. Rio de Janeiro: Lumen Juris, 2007; COELHO, F. M. Pereira. *Direito das Sucessões*. 4. ed. Coimbra: Unitas, 1970; CORTE-REAL, Carlos Pamplona. *Direito das Sucessões*. Lisboa, 1993; FARIAS, Cristiano Chaves de e ROSENVALD, Nelson. "O tratamento jurídico do nascituro e a questão do embrião in vitro". *In:* FARIAS, C. C. de e ROSENVALD, N. *Direito Civil – Teoria Geral*. 6. ed., Rio de Janeiro: Lumen Juris, 2007, p. 199; GAMA, Guilherme Calmon Nogueira da. *Direito Civil – Sucessões*. 2. ed., São Paulo: Atlas, 2007; LEITE, Eduardo de Oliveira Leite. *Procriações artificiais e o Direito*. São Paulo: Revista dos Tribunais, 1995; LEITE, Eduardo de Oliveira. "Bioética e presunção de paternidade (Considerações em torno do art. 1.597 do Código Civil)". *In:* LEITE, Eduardo de Oliveira (Coord.). *Col. Grandes Temas da Atualidade*. Rio de Janeiro: Forense, 2004, pp. 17-40; LEITE, Eduardo de Oliveira. "O direito do embrião humano: mito ou realidade?" *In: Revista de Direito Civil, Imobiliário, Agrário e Empresarial*. São Paulo: Revista dos Tribunais, 1996, pp. 22-40; MÉMETEAU. "Situation juridique de l'enfant conçu". *In: RTDC*, 1990: 611; OPPO, Giorgio. "Note sull'instituzione di non concepiti". *In: Rivista Trimestrale di Diritto e Procedura Civile*, 1984, pp. 66 e ss.; RODRIGUES JUNIOR, Walsir Edson e BORGES, Janice Silveira. "Alteração da vontade na utilização das técnicas de reprodução humana assistida". *In:* Ana Carolina Brochado Teixeira e Gustavo Pereira Leite Ribeiro (Coords.). *Manual de Direito das Famílias e das Sucessões,* pp. 227-249. Belo Horizonte: Del Rey, 2008; SALVAGE, J. "Viabilité de l'enfant nouveau-né". *In: RTDcivil*, 1976, p. 725; SOUZA, Rabindranath Capelo de. *Lições de Direito das Sucessões*. Coimbra: Coimbra Editora, 2000; TAVARES, José. *Sucessões e direito sucessório*. Coimbra: F. Amado, 1903; TELLES, Inocêncio Galvão. *Direito das sucessões – Noções fundamentais*. 6. ed. Coimbra: Coimbra Editora, 1996; VIGNEAU, V. D. *L'enfant à naître* (Thèse). Toulouse, 1988.

COMENTÁRIO

A grande novidade do artigo sob comento é que o assunto, anteriormente cantonado à matéria da sucessão testamentária, ganha, agora, dimensão ampla, abrangendo tanto a sucessão legítima quanto a testamentária.

O legislador seguiu a orientação do direito europeu, que, ao se referir à capacidade sucessória, engloba as duas realidades. Nesse sentido a disposição do direito francês ao se referir à doação e ao testamento (art. 906), fazendo depender a validade das duas situações ao nascimento viável.

Na mesma esteira, o direito português que se refere amplamente à capacidade sucessória (*caput* do artigo 2.033) e, no número 2, à sucessão testamentária (ou contratual), condicionadas ao nascimento com vida.

Andou acertado o legislador ao deslocar o princípio geral ao capítulo da vocação hereditária e não mais à sucessão testamentária, como se as "pessoas nascidas ou já concebidas" fossem apenas titulares de direito hereditário na sucessão testamentária.

O princípio geral, de que são capazes de herdar as pessoas nascidas ou já concebidas no momento da abertura da sucessão, passa, assim, a reger toda a matéria sucessória, acompanhado, de perto, pelo segundo princípio a reger a matéria (regra geral que admite exceção, como veremos), ou seja, que a condição para herdar é a existência do herdeiro ao tempo da morte do *de cujus*.

Ao se referir às *"pessoas já concebidas"*, o legislador está se reportando aos nascituros,[221] isto é, sempre que houver concepção decorrente

---

[221] *"O nascituro, porque provido de personalidade jurídica desde o momento da concepção, também é sujeito da cobertura conferida pelo seguro DPVAT, sendo devido o pagamento da indenização em caso de a interrupção da gestação decorrente de acidente de trânsito. Negaram pro-*

de gravidez, "seja ela resultado de fecundação *in anima nobile* (obtida naturalmente ou por inseminação artificial),[222] seja de fecundação *in vitro.*"[223] Como o nosso Código Civil, na segunda parte do art. 2º, prevê que *"a lei põe a salvo, desde a concepção, os direitos do nascituro"*, a previsão legal vai produzir efeitos igualmente no terreno sucessório.

Assim, desde a concepção e durante a gestação, o nascituro já é titular de uma expectativa de direito em relação à posse e à propriedade dos bens da herança.

Em artigos subsequentes (arts. 1.799 e 1.800) o legislador aprecia a exceção àquela regra geral, complementando a matéria relativa à sucessão testamentária.

A nova disposição não abre espaço a qualquer dúvida: os nascituros e os nascidos no momento da abertura da sucessão podem ser chamados a ambas as espécies de sucessão: legítima e testamentária, ficando a eficácia da vocação dependente do seu nascimento (art. 1.800, § 3º).[224]

---

vimento ao recurso" (TJRS, 1ª T.Rec., AC 700114045371, rel. Des. Heleno Tregnano Saraiva, j. em 12.04.2007).

222 Ver, nesse sentido, Eduardo de Oliveira Leite. *Procriações artificiais e o Direito* – Aspectos médicos, religiosos, psicológicos, éticos e jurídicos. São Paulo: Revista do Tribunais, 1995; Domingos Sávio Brandão Lima. "Inseminação Artificial (Direito Civil)". *In: Enciclopédia Saraiva de Direito.* São Paulo: Saraiva, 1980, vol. 44; Oswaldo Pataro. "Inseminação artificial (Medicina Legal)". *In: Enciclopédia Saraiva de Direito.* São Paulo: Saraiva, 1980, vol. 44; Roger Nerson. "L'influence de la biologie et de la médecine modernes sur le Droit Civil". *In: Revue Trimestrielle de Droit Civil.* Paris: Sirey, 1970, t. 68; entre outros.
223 ALMEIDA, Silmara Juny de Abreu Chinelato e. *Tutela civil do nascituro* São Paulo: Saraiva, 2000, p. 11.
224 *"Investigação de Paternidade – Nascituro – Capacidade para ser parte. Ao nascituro assiste, no plano do direito processual, capacidade para ser parte, como autor ou como réu. Representando o nascituro, pode a mãe propor ação investigatória, e o nascimento com vida investe o infante na titularidade da pretensão de direito material, até então apenas uma expectativa resguardada. Ação personalíssima, a investigatória somente pode ser proposta pelo próprio investigante, representado ou assistido, se for o caso; mas, uma vez iniciada, falecendo o autor, seu sucessores têm direito de, habilitando-se, prosseguir na demanda"* (RF, 292: 298).

No mesmo sentido a legislação portuguesa: "Os direitos que a lei reconhece aos nascituros dependem do seu nascimento" (art. 66, nº 2), e o direito francês: "... a doação ou o testamento só terão efeito se a criança nascer viável" (art. 906 do *Code Civil*).

A possibilidade de o nascituro (art. 1.798) e de o não concebido (art. 1.800, § 3º) serem admitidos como herdeiros provoca, irremediavelmente, duas outras questões paralelas que mantêm manifesta conexão com o direito sucessório: a aquisição da personalidade jurídica e a admissibilidade da existência de direitos sem sujeito.

É o que examinaremos a seguir.

Art. 1.799. Na sucessão testamentária podem ainda ser chamados a suceder:
I – os filhos, ainda não concebidos, de pessoas indicadas pelo testador, desde que vivas estas ao abrir-se a sucessão;
II – as pessoas jurídicas;
III – as pessoas jurídicas, cuja organização for determinada pelo testador sob a forma de fundação.

Art. 1.800. No caso do inciso I do artigo antecedente, os bens da herança serão confiados, após a liquidação ou partilha, a curador nomeado pelo juiz.
§ 1º Salvo disposição testamentária em contrário, a curatela caberá à pessoa cujo filho o testador esperava ter por herdeiro, e, sucessivamente, às pessoas indicadas no art. 1.775.

"Registro de Imóveis – Registo – Formal de partilha – Nascituro entre os herdeiros – Contemplação na folha de pagamentos – Identificação por ocasião do registro imobiliário – Admissibilidade – Concordância dos interessados. Se o nascituro foi contemplado na folha de pagamentos, sua identificação pode ser feita por ocasião do registro imobiliário, concordes todos os interessados" (RT, 542: 103).

§ 2º Os poderes, deveres e responsabilidades do curador, assim nomeado, regem-se pelas disposições concernentes à curatela dos incapazes, no que couber.

§ 3º Nascendo com vida o herdeiro esperado, ser-lhe-á deferida a sucessão, com os frutos e rendimentos relativos à deixa, a partir da morte do testador.

§ 4º Se, decorridos dois anos após a abertura da sucessão, não for concebido o herdeiro esperado, os bens reservados, salvo disposição em contrário do testador, caberão aos herdeiros legítimos.

Direito anterior – Art. 1.718 do Código Civil de 1916.

Art. 1.718. São absolutamente incapazes de adquirir por testamento os indivíduos não concebidos até a morte do testador, salvo se a disposição deste se referir à prole eventual de pessoas por ele designadas e existentes ao abrir-se a sucessão.

Direito comparado – No Código Civil francês, além do já citado art. 906, o art. 1.082 refere-se, também, à matéria, ainda que indiretamente (Doações feitas por contrato de casamento aos cônjuges e à prole eventual),[225] como também há disposição no Código Civil português (artigo 2.32) Igualmente no Código Civil argentino (art. 3.290).

COMENTÁRIO

Os artigos sob análise vieram, sobremaneira, enriquecidos na nova proposta legislativa, que não só detalha melhor a situação da pes-

---

[225] *"Art. 1.082. Les pères et mères, les autres ascendants, les parents collatéraux des époux, et même les étrangers, pourront, par contrat de mariage, disposer de tout ou partie des biens, qu'ils laisseront au jour de leur décès, tant au profit desdits époux, qu'au profit des enfants à naître de leur mariage, dans le cas où le donateur survivrait à l'époux donataire.*
Pareille donation, quoique faite au profit seulement des époux ou de l'un d'eux sera toujours, dans le dit cas de survie du donateur, présumée faite au profit des enfants et descendants à naître du mariage."

soa física, nascituro, como também se refere, expressamente, às pessoas jurídicas, em geral, e às fundações. A capacidade sucessória aqui presente nada mais é do que a personalidade jurídica, ou a capacidade de gozo de adquirir o direito de suceder *mortis causa* a outrem. O que, em última análise, o legislador quer é determinar essa capacidade de gozo no domínio da sucessão legítima (art. 1.798) e na esfera da sucessão testamentária (arts. 1.799 e 1.800).

Uma coisa é a capacidade sucessória decorrente da sucessão legítima, onde independe a vontade do herdeiro, e outra é a capacidade de testar ou para fazer o testamento.

Sabe-se que a personalidade jurídica se adquire no momento do nascimento com vida (art. 2º do novo Código Civil).[226] O Código Civil brasileiro, ao contrário da tendência francesa, não contemplou os requisitos da viabilidade, ou seja, permanência da vida no recém-nascido, e forma humana para o início da personalidade natural, afirmando que a personalidade jurídica começa com o nascimento com vida, ainda que o recém-nascido venha a falecer instantes depois.

No Brasil a matéria foi estudada com profundidade por Silmara J. A. Chinelato e Almeida, adepta da teoria concepcionista, sustentando que a personalidade começa da concepção e não do nascimento com vida, considerando que muitos dos direitos e *status* do nascituro não dependem desse evento final, embora a falta do nascimento com vida atue como condição resolutiva daqueles direitos.[227]

---

226 "Art. 2º A personalidade civil da pessoa começa do nascimento com vida; mas a lei põe a salvo, desde a concepção, os direitos do nascituro."

227 ALMEIDA, Silmara J. A. Chinelato e. *Tutela civil do nascituro*. São Paulo: Saraiva, 2000. Exposição das teorias nas páginas 145 a 161 e justificação da sua posição nas páginas 161 a 175. Ainda: "Direitos da personalidade do nascituro". *In: Revista do Advogado, AASP*. São Paulo, nº 38, p. 21. "Direito do nascituro a alimentos". *In: Revista de Direito Civil*, nº 54, p. 52; "O nascituro no Código Civil e no direito constituendo do Brasil". *In: Revista de Informação Legislativa do Senado Federal*, nº 97, p. 181.

Quanto às pessoas jurídicas, adquirem personalidade jurídica normativamente (associações, sociedades etc.), ou por reconhecimento, ou determinação (fundações).

A regra geral (do art. 1.798) continua sendo a mesma: há na área das duas modalidades ou variantes da sucessão uma ampla regra comum: em ambas, têm capacidade para adquirir o direito de suceder, além do Estado (pessoa jurídica, portanto), as pessoas físicas vivas ao tempo da abertura da sucessão.[228]

No caso dos nascituros a vocação hereditária causa espécie, num primeiro momento, exatamente porque, no momento da abertura da sucessão, não têm personalidade. Trata-se, pois, da ocorrência da figura do direito sem sujeito. Sua existência física é evidente (porquanto, já concebido). Quanto à sua existência jurídica, é admitida pela lei civil desde que nasça com vida: *infans conceptus pro nato habetur quoties de commodis ejus agitur.*

Ou seja, o nascituro já concebido tem existência jurídica, mas não personalidade jurídica, a qual só se adquire com o nascimento (art. 2º do Código Civil). Ou, como bem apreciou Carvalho Fernandes, em erudita observação, "a título temporário, o direito subjectivo subsiste sem estar efectivamente atribuído a qualquer pessoa".[229] Doutrina o autor português: "Convém partir da concepção de direito subjectivo que temos por correcta, segundo a qual este é um poder jurídico, ou seja, um conjunto

---

[228] É a doutrina de Pires de Lima e Antunes Varela. Obra já citada, p. 33, seguida, de perto, por Eduardo dos Santos. Obra citada, pp. 84-92; Luís A. Carvalho Fernandes. *Lições de Direito das Sucessões*, pp. 142-150; Pereira Coelho. *Direito das Sucessões*, pp. 186 e segs.; Espinosa Gomes da Silva. *Direito das Sucessões*, pp. 185 e segs.; Pamplona Corte Real. *Curso*, vol. II, pp. 37 e segs.; Rabindranath Capelo de Souza. *Lições de Direito das sucessões*. Vol. I, pp. 242 e segs., entre outros, no que diz respeito à doutrina portuguesa. Na doutrina francesa, especialmente as obras de Philippe Malaurie. Obra citada, pp. 51-54; François Terré e Yves Lequette. Obra citada, pp. 40-44; Michel Grimaldi. Obra citada, pp. 81-87, entre outros.

[229] FERNANDES, Luís A. Carvalho. Obra citada, p. 143.

de meios de actuação jurídica que permitem a satisfação de interesses individuais, legítimos, mediante o aproveitamento de utilidades de um bem a eles afecto. Nesta construção, a vontade individual e a pessoa dela portadora perdem a relevância que não poderia deixar de lhes ser reconhecida segundo a concepção voluntarista clássica ou, mesmo, segundo a teoria de Jhering (interesse juridicamente protegido)."[230]

Nessa hipótese e de acordo com o atual artigo 1.597 (ex-artigo 338) a lei admite ação judicial para fixar a data provável da concepção dentro do período legal de concepção ou para provar, ao contrário, que a gestação foi inferior a 180 dias, ou superior a 300 dias (art. 1.597).

Ou seja, se o sucessível nascer dentro dos 300 dias subsequentes à data da morte do autor da sucessão, goza da presunção do artigo 1.597, e, pois, herda naturalmente.

Nada impede, porém, que os outros interessados intentem ação destinada a provar que a concepção ocorreu posteriormente à data da abertura da sucessão. Como, igualmente, pode um herdeiro, nascido depois dos 300 dias subsequentes à data da abertura da sucessão, propor ação destinada a provar que foi concebido antes ou no momento da morte do *de cujus*.

O que o Código estabeleceu, e de forma incontestável, é que as pessoas nascidas ou já concebidas, no momento da abertura da sucessão, podem herdar em ambas as espécies de sucessão: legítima e testamentária. Enquanto os "ainda não concebidos" (prole eventual, pois, e que o legislador atual vacilou em assim nomear) podem herdar na sucessão testamentária (art. 1.799, inciso I). Por isso, o legislador disse: podem "ainda" ser chamados a suceder. Isto é, além da hipótese geral

---

[230] FERNANDES, L. A. C. *Idem, ibidem.*

inserta no artigo 1.798, ainda podem ser herdeiros os filhos ainda não concebidos. Logo, quem ainda não foi concebido só pode ser titular de direito sucessório, na sucessão testamentária.

O disposto no art. 1.798 é suficientemente claro a evitar qualquer dificuldade de exegese: somente estão legitimadas a suceder as pessoas nascidas ou já concebidas, no momento da abertura da sucessão.

Dispõe, ainda, em caráter complementar, o art. 1.799, inciso I, que, *na sucessão testamentária, podem ainda ser chamados a suceder os filhos, ainda não concebidos, de pessoas indicadas pelo testador, desde que vivas estas ao abrir-se a sucessão.*

E o legislador referiu-se a "filhos" ainda não concebidos, o que nos conduz a uma irremediável exegese restritiva: é preciso que os nascituros sejam *filhos,* e não netos ou bisnetos de pessoas indicadas pelo testador.[231]

Confirmando a disposição legislativa anterior, o legislador atual reafirma a ideia de que as pessoas indicadas pelo testador estejam "vivas" ao abrir-se a sucessão. Logo, se o testador privilegiou a prole eventual (preferimos esta expressão por ser mais clara e precisa) de uma sua filha e se esta, ao abrir-se a sucessão, já morreu, caduca a disposição testamentária.

Para evitar qualquer dúvida que possa pairar sobre a legitimidade para herdar, o legislador ainda acrescentou o parágrafo 4º ao art. 1.800, dispondo que, se decorridos dois anos após a abertura da sucessão, não

---

231 "**TESTAMENTO – FIDEICOMISSO.** Estabelecido pelo testador que determinados bens, com sua morte, passem a pertencer aos filhos legítimos de seu neto, inclusive aos que venham a nascer, deve aquela primeira expressão ser entendida não conforme o contido no art. 377 do Código Civil, mas diversa da filiação adotiva, além do que, de resto, atualmente, é vedada qualquer designação discriminatória a respeito, alcançando a segunda também a prole não existente quando da abertura da sucessão" (cf. CF, art. 227, § 6º; Código Civil, arts. 1.718 e 1.733; *RF,* 330; 368-374).

for concebido o herdeiro esperado, a legítima, salvo disposição em contrário do testador, caberá aos herdeiros legítimos.

Com o advento do novo Código Civil estabelece-se, porém, um impasse de dimensões inimagináveis, pois, se só estão legitimados a herdar as pessoas nascidas, as já concebidas e as ainda não concebidas (até dois anos após a abertura da sucessão), como poder-se-ia falar em direito sucessório dos filhos havidos por inseminação (homóloga ou heteróloga) ou dos havidos, a qualquer tempo, quando se tratar de embriões excedentários?[232]

Evidente que, em todas as hipóteses arroladas nos três derradeiros incisos do art. 1.597,[233] trata-se de pessoas que não se incluem em nenhuma das três hipóteses visualizadas pelos artigos 1.798 ou 1.800.

De imediato assalta-nos o questionamento crucial: estariam os filhos, concebidos por meio de procriações artificiais, fora do rol dos legitimamente habilitados para receber a reserva? Certamente que não.

Tal resposta negativa viria de encontro ao princípio geral norteador de todo nosso direito sucessório, que afirma taxativamente pertencer aos herdeiros necessários, de pleno direito, a metade dos bens da herança constituindo a legítima (art. 1.846).

---

232 A matéria foi exaustivamente por nós trabalhada no artigo "Bioética e presunção de paternidade (Considerações em torno do art. 1.597 do Código Civil), inserto na obra: *Bioética e Biodireito – Aspectos jurídicos e metajurídicos* (Coleção: Grandes Temas da Atualidade, vol. 3, pp. 17-40 (Rio de Janeiro: Forense, 2004).

233 Art. 1.597 do Código Civil:
"*Presumem-se concebidos na constância do casamento os filhos:*
I – ....
III – havidos por fecundação artificial homóloga, mesmo que falecido o marido;
IV – havidos, a qualquer tempo, quando se tratar de embriões excedentários, decorrentes de concepção artificial homóloga;
V – havidos por inseminação artificial heteróloga, desde que tenha prévia autorização do marido."

Por outro lado, o invocar do inquestionável e secular princípio cria novas ordens de indagações e dúvidas: como conciliar as ideias anteriormente invocadas, de determinação de cotas legitimarias e limitação da situação condominial infinita, com as hipóteses previstas nos incisos III, IV e V do art. 1.597, que se reportam à inseminação artificial homóloga *"mesmo que falecido o marido"* (isto é, mesmo que ocorra a inseminação anos após a sua morte), à inseminação artificial heteróloga, desde que tenha *"prévia autorização do marido"* (mas que, igualmente, pode se materializar, como sabemos, anos após sua morte) e, finalmente, no caso de embriões excedentários, *"a qualquer tempo"* (isto é, mesmo anos após a morte do marido)?

As três hipóteses perfeitamente factíveis no mundo da bioética encontram aqui óbice praticamente intransponível, mesmo porque o novo texto codificado procura evitar, ou minorar, de todas as formas, a situação de indefinição do partilhamento da legítima, quer no caso do art. 1.798, quer no do art. 1.800.

Duas hipóteses de exegese conciliadora viriam ao nosso espírito: a primeira, mais radical (embora respeitando a coerência do sistema brasileiro), seria desconsiderar os incisos constantes no citado art. 1.597; ou seja, embora filhos do casal (já que o *caput* estabelece presunção de concepção na constância do casamento), não herdariam porque estariam fora do alcance do disposto, quer no art. 1.798, quer no art. 1.800.

A segunda hipótese, conciliadora e tentando resgatar a noção de sistema, penderia no sentido de considerar esses filhos, havidos via procriações assistidas, como herdeiros legítimos, desde que o testador assim tivesse disposto em testamento específico, com vistas a favorecê-los. A hipótese é plenamente possível se considerarmos a ressalva feita pelo próprio legislador – "... *salvo disposição em contrário do testador"* – inserta no parágrafo 4º do art. 1.800. Ou seja, se decorridos dois anos após a aberura do sucessão, não for concebido o herdeiro esperado, os bens reservados caberão aos herdeiros legítimos. Esse prazo poderia ser dilargado, via disposição em contrário, do testador, por mais anos, embora estabelecendo-se a situação de indefinição que o legislador procurou evitar por meio dos novos dispositivos sucessórios.

Uma terceira e intermediária hipótese poderia ser invocada, no sentido de releitura do art. 1.800, que passaria a ter a seguinte redação:

"Art. 1.798. Legitimam-se a suceder as pessoas nascidas, as já concebidas no momento da abertura da sucessão, ou as que nascerem por concepção artificial, até dois anos após a abertura da sucessão."

Todas as hipóteses previstas estariam alcançadas pelo dispositivo legal que, além de garantir a sistemática do direito sucessório brasileiro, evitaria (via lapso temporal de dois anos) a precariedade das situações indefinidas.

A consideração da problemática, em sede sucessória, é suficiente a nos revelar a complexidade da inserção da bioética em terreno, tradicionalmente, contrário à sua apreciação. "Os problemas suscitados pelas procriações artificiais (especialmente aqueles decorrentes da inseminação artificial e da fecundação *in vitro*) obrigam o mundo jurídico a encarar a verdade social aproximando a regra jurídica da realidade. A evolução médico-científica comprovou que a verdadeira paternidade não mais pode se reduzir apenas à autoria genética da descendência."[234]

O inciso III do art. 1.597 não gera maiores problemas de ordem jurídica, na medida em que o material genético provém do marido ou companheiro. O recurso é empregado nos casos em que, apesar de am-

---

234 LEITE, Eduardo de Oliveira. *Procriações artificiais e o Direito*, p. 363.

bos os genitores serem férteis, a fecundação se inviabiliza por meio do ato sexual em decorrência das mais diversas etiologias.

A parte final do inciso III, ao se referir expressamente à hipótese de *"mesmo que falecido o marido"* cria, porém, a dúvida de ordem sucessória, que já apontáramos como geradora de problemas incontornáveis de ordem jurídica. Se o legislador não delimitar um prazo de possibilidade de acesso ao recurso, certamente a técnica poderá gerar embaraços cada vez maiores na esfera jurídica.

Assim como, no parágrafo 4º do art. 1.800, o legislador tomou a cautela de estabelecer um prazo, a partir do qual os bens reservatários (a legítima) retornarão aos herdeiros legítimos, de forma a se evitar a duração não desejada de um estado condominial, igualmente a matéria das inseminações artificiais homólogas precisa se submeter a lapso temporal definido, sob risco de se fomentarem situações indesejadas de indefinição.

Se o beneficiário da disposição estiver já concebido, a administração cabe a quem administraria o seu patrimônio se ele já tivesse nascido (art. 1.800, § 1º). Ou seja, a curatela caberá à pessoa cujo filho o testador esperava ter por herdeiro. É a regra geral da tutela (de Direito de Família) transposta ao terreno do direito sucessório. Ou, diz o legislador, às pessoas indicadas no artigo 1.775 (cônjuge ou companheiro, pai ou mãe, descendente ou curador indicado pelo juiz).

Quer dizer, "a herança é posta sob administração, assim permanecendo até que a condição se cumpra ou haja a certeza de que não pode cumprir-se. (...) condição suspensiva que se verificará com o nascimento do concepturo".[235]

---

235 SANTOS, Eduardo dos. Obra citada, p. 88.

A norma tem caráter dispositivo na medida em que poderá ser administrador quem o testador indicar (*"Salvo disposição testamentária em contrário..."*). Dependendo de uma condição (nascimento), como se viu, a administração mantém-se até o nascimento do nascituro ou até o momento em que haja a certeza de que esse nascimento jamais ocorrerá.

E a certeza de que o nascimento não poderá ocorrer se dá quando morrer o progenitor, indicado pelo testador do nascituro instituído, ou quando ele for declarado impotente (v.g., numa ação de anulação de casamento) ou em ação de impugnação de paternidade presumida, ou, no caso previsto no parágrafo 4º do artigo 1.800, ou seja, se, decorridos dois anos após a abertura da sucessão, não for concebido o herdeiro esperado.

O parágrafo é novo e a previsão legal inexistia no texto codificado de 1916. Certamente se justifica na medida em que limita a reserva dos bens hereditários, colocando fim ao prazo infinito da prole eventual, como ocorria no sistema anterior e que, certamente, colocava os demais herdeiros em situação de absoluta precariedade na pretensão até a partilha definitiva.

Como bem ressalvaram Amorim e Oliveira, essa "estipulação de prazo para a reserva da herança à prole eventual supera omissão da lei vigente, que causa dificuldades ao intérprete no caso de perpetuar-se a situação de espera do almejado sucessor por nascer".[236]

O problema, como bem aventou Eduardo dos Santos, não se coloca quando todos os herdeiros correspondem à prole eventual. Mas, quando o testador instituiu herdeiros já existentes e prole eventual, como e quando fazer a partilha da herança?

---
236 AMORIM, Sebastião e OLIVEIRA, Euclides de. Obra citada, p. 365.

A doutrina vem propondo três soluções: comunhão temporária obrigatória, partilha sob condição resolutiva e partilha judicial aproximativa.[237]

No caso de comunhão temporária obrigatória, a partilha não pode fazer-se porque não se sabe o número dos ainda não concebidos. E não pode fazer-se entre os nascidos porque os últimos (não concebidos) poderiam não obter o seu quinhão hereditário, caso algum dos outros herdeiros se tornasse insolvente. Por isso, devem os bens ficar em comunhão indivisa até o transcurso do lapso temporal. Nesse sentido, o prazo máximo de dois anos estabelece, *ab initio,* o término do estado de indivisão.

A segunda solução, a da partilha sob condição resolutiva, foi defendida na Itália por Ricci[238] e, em Portugal, por José Tavares, Pereira Coelho e outros.[239]

Faz-se provisoriamente a partilha entre os herdeiros já existentes, com a obrigação de recomporem sucessivamente o respectivo quinhão aos herdeiros que de futuro forem nascendo. A partilha fica sujeita à condição resolutiva de posteriormente nascerem mais herdeiros. Os herdeiros nascidos recebem os bens em propriedade resolúvel.

Finalmente, na terceira solução, da partilha judicial aproximativa, a divisão dos bens é feita entre todos os herdeiros, os já existentes e a prole eventual. Para tal, o juiz deve levar em conta todas as circuns-

---

237 SANTOS, Eduardo. *Idem*, pp. 89-90.
238 RICCI. *Corso teorico-pratico*. Cit. por José Tavares, *Apud* Eduardo dos Santos, obra citada, p. 89.
239 TAVARES, José. *Revista de Legislação e Jurisprudência*, ano 61, p. 70, *Apud* Eduardo dos Santos, Obra citada, *ibidem*; F. M. Pereira Coelho. *Direito das Sucessões*. 4. ed. Coimbra: Unitas, p. 169; J. A. Lopes Cardoso. *Partilhas judiciais*, vol. I, p. 60; e Santos Martins. *Processos sucessórios*, vol. I, p. 69. Todos os autores portugueses conforme informação de Eduardo dos Santos, na obra citada, notas de rodapé n°s 38-40.

tâncias e elementos de probabilidade, nomeadamente, a idade do progenitor, a fim de determinar, aproximadamente, o número eventual de herdeiros que possam vir a nascer. Falhando o juízo de probabilidade do juiz, ou seja, se nascerem mais ou menos instituídos que o previsto, faz-se, então, a necessária correção ou procede-se à partilha suplementar, quando houver a certeza de que não nascerão mais herdeiros.

A primeira e terceira solução não procedem pela incerteza que geram no mundo jurídico: a primeira, porque contraria o disposto no artigo 1.320 do Código Civil brasileiro, já que qualquer condômino pode pedir a divisão da coisa comum; quanto à terceira, é igualmente inaceitável por razões óbvias: o juiz não pode prever a prole eventual de quem quer que seja. Resta, pois, a segunda construção: fazendo-se a partilha sob condição resolutiva, os herdeiros ficam apenas proprietários resolúveis dos bens. E a todo tempo os instituídos que vierem a nascer poderão reivindicar a sua parte.

Nascendo com vida o herdeiro esperado, dispõe o parágrafo 3º do artigo 1.800, ser-lhe-á deferida a sucessão, com os frutos e rendimentos relativos à deixa. Ou seja, adquirida a personalidade, os efeitos da vocação retrotraem à data da abertura da sucessão.

Finalmente, o parágrafo 4º do citado artigo reafirma a ideia da figura dos direitos sem sujeito, já que a não-concepção do herdeiro esperado acarreta devolução do seu quinhão aos herdeiros legítimos.

Na verdade, com a morte do *de cujus*, "deixa de existir o titular desses direitos e não se vê *qualquer outra pessoa* a quem, imediatamente, possam ser atribuídos. Contudo, esta situação é temporária, resolvendo-se num de dois sentidos possíveis: ou o nascituro vem a adquirir personalidade e se torna titular dos direitos sobre esses direitos; ou o nascituro não chega a ser pessoa jurídica e os bens serão atribuídos a outra pessoa (herdeiros legítimos, reza o dispositivo legal brasileiro), aquela a quem, segundo as regras da sucessão, devam caber".[240]

"Quer isto praticamente significar", lecionam Pires de Lima e Antunes Varela, "que o nascituro a quem a lei reconhece a capacidade sucessória (...) não adquire nenhum direito subjectivo à herança, logo à morte do *de cujus*, mas uma simples expectativa de futuro chamamento, que o verdadeiro zelador dessa expectativa, enquanto ela se não converte em direito ao chamamento, é a pessoa a que se refere o artigo 2.240 (do CC português), o cabeça-de-casal ou o testamenteiro, consoante as circunstâncias, e não o seu representante legal, e a expectativa do nascituro (como verdadeira *spes hominis*) só se converterá em autêntico direito ao chamamento quando ele nascer com vida e adquirir personalidade jurídica".[241]

Questão tormentosa e que, certamente, vai se colocar à argúcia dos magistrados diz respeito aos filhos decorrentes das procriações artificiais,[242] ou, como querem alguns juristas, dos filhos engendrados com assistência médica.

Embora os artigos sob comento silenciem sobre a hipótese, a evolução da biomedicina e do biodireito deverá, de imediato, apresentar respostas às situações concretas que já vêm desafiando a postura jurisdicional.

Em se tratando de criança concebida *in vitro* (sem recurso a um terceiro doador) e cujo pai faleceu antes da implantação do embrião, a hipótese é cientificamente plausível, já que a congelação do embrião permite sua conservação. A criança herdaria de seu pai porque con-

---

240 FERNANDES, Luis A. Carvalho. Obra citada, p. 144.
241 PIRES DE LIMA e ANTUNES VARELA. Obra citada, p. 34.
242 Por tudo, nesse sentido, ver nossa obra *Procriações artificiais e o Direito*. São Paulo: Revista dos Tribunais, 1995.

cebida na data da abertura da sucessão. No caso de criança simplesmente concebida, a máxima *infans conceptus pro nato habetur quoties de commodis ejus agitur* confere a aptidão a herdar sob a condição de nascer com vida.

Quanto à criança concebida por inseminação *post mortem,* ou seja, criança gerada depois do falecimento dos progenitores biológicos, pela utilização de sêmen congelado, é situação anômala, quer no plano do estabelecimento da filiação, quer no do direito das sucessões. Nessa hipótese a criança não herdará de seu pai porque não estava concebida no momento da abertura da sucessão.

Solução favorável à criança ocorreria se houvesse disposição legislativa favorecendo o fruto de inseminação *post mortem*.[243] Sem aquela previsão não há que se cogitar a possibilidade de eventuais direitos sucessórios.

Ao lado das pessoas físicas o legislador atual reconhece a possibilidade de herdar às pessoas jurídicas (*lato sensu*) e às pessoas jurídicas instituídas sob a forma de fundação. Quanto às fundações, a nova lei não apresenta nenhuma novidade. Já eram passíveis de atribuição hereditária.

A novidade fica por conta do inciso II, que se refere especificamente às pessoas jurídicas que passam a ter capacidade sucessória em face do patrimônio do *de cujus*.

Assim, poderá por testamento qualquer testador chamar uma pessoa jurídica, v.g., pessoas coletivas de direito público, quanto pessoas

---

243 Na França, uma proposição de lei (dita Palmero) preconiza completar o artigo 725 do *Code Civil* a fim de reconhecer a capacidade sucessória da criança concebida *post mortem*, nos seguintes termos: "*Para suceder, é necessário existir no momento da abertura da sucessão, salvo nos casos de inseminação* post mortem *quando o marido defunto expressou inequivocamente a sua vontade, por ato notarial e sob condição que a inseminação tenha sido feita nos 180 dias após sua morte.*" Ver, nesse sentido, a tese de V. D. Vigneau. *L'enfant à naître*. Toulouse, 1988.

jurídicas de direito privado (associações, sociedades, fundações), instituindo-as nos termos gerais, herdeira em face da totalidade, a quota-parte ou o remanescente de seus bens ou nomeando-a legatária de bens certos e determinados.

A questão que pode surgir é se as pessoas jurídicas ainda não foram reconhecidas, isto é, se não adquiriram personalidade jurídica.

Quanto às fundações, elas podem ser constituídas quer por ato entre vivos, quer por testamento, valendo como aceitação dos bens, em ambos os casos, o respectivo reconhecimento.

Quanto às associações sem personalidade jurídica, a deixa em seu favor é considerada feita aos respectivos associados, salvo se o testador a tiver condicionado à aquisição da personalidade jurídica.

No tocante às sociedades sem personalidade jurídica, igualmente a deixa considera-se feita aos seus sócios, nessa qualidade, e acresce ao patrimônio coletivo. Assim, e só com este alcance, a vocação é dirigida à sociedade, cabendo o exercício do direito de suceder a quem legalmente a represente.

Art. 1.801. Não podem ser nomeados herdeiros nem legatários:

I – a pessoa que, a rogo, escreveu o testamento, nem o seu cônjuge ou companheiro, ou os seus descendentes e irmão;

II – as testemunhas do testamento;

III – o concubino do testador casado, salvo se este, sem culpa sua, estiver separado de fato do cônjuge há mais de cinco anos;

IV – o tabelião, civil ou militar, ou o comandante ou escrivão, perante quem se fizer, assim como o que fizer ou aprovar o testamento.

Direito anterior – Art. 1.719 do Código Civil de 1916.

Art. 1.719. Não podem, também, ser nomeados herdeiros, nem legatários:

I – a pessoa que, a rogo, escreveu o testamento (arts. 1.638, I, 1.656 e 1.657) nem o seu cônjuge, ou os seus ascendentes, descendentes, e irmãos;

II – as testemunhas do testamento;

III – a concubina do testador casado;

IV – o oficial público, civil ou militar, nem o comandante, ou escrivão, perante quem se fizer, assim como o que fizer, ou aprovar o testamento.

Direito comparado – Há disposição semelhante tanto no Código Civil francês (art. 909)[244] bem como no Código Civil português (arts. 2.194, 2.195, 2.196 e 2.197).[245] No direito argentino (arts. 3.739 e 3.740) e no uruguaio (art. 840).

---

244 *"Art. 909. Les docteurs en médécine ou en chirurgie, les officiers de santé et les pharmaciens qui auront traité une personne pendant la maladie dont elle meurt, ne pourront profiter des dispositions entre vifs ou testamentaires qu'elle aurait faites en leur faveur pendant le cours de cette maladie. Sont exceptées:*
1° Les dispositions rémunératoires faites à titre particulier, eu égard aux facultés du disposant et aux services rendus;
2° Les dipositions universelles, dans le cas de parenté jusqu'au quatrième degré inclusivement, pourvu toutefois que le décédé n'ait pas d'héritiers en ligne directe; à moins que celui au profit de qui la disposition a été faite, ne soit lui-même du nombre de ces héritiers.
Les mêmes règles seront observées à l'egard du ministre du culte."

245 "Art. 2.194. É nula a disposição a favor do médico ou enfermeiro que tratar do testador, ou do sacerdote que lhe prestar assistência espiritual, se o testamento for feito durante a doença e o seu autor vier a falecer dela."
"Art. 2.195. A nulidade estabelecida no artigo anterior não abrange:
a) Os legados remuneratórios de serviços recebidos pelo doente;
b) As disposições a favor das pessoas designadas no nº 3 do artigo 2.192."
"Art. 2.196. É nula a disposição a favor da pessoa com quem o testador cometeu adultério.
Não se aplica o preceito do número anterior:
a) Se o casamento já estava dissolvido, ou os cônjuges estavam separados judicialmente de pessoas e bens ou separados de fato há mais de seis anos, à data da abertura da sucessão;
b) Se a disposição se limitar a assegurar alimentos ao beneficiário."
"Art. 2.197. É nula a disposição a favor do notário ou entidade com funções notariais que lavrou o testamento público ou aprovou o testamento cerrado, ou a favor da pessoa que escreveu este, ou das testemunhas, abonadores ou intérpretes que intervierem no testamento ou na sua aprovação."

COMENTÁRIO

O artigo refere-se à incapacidade testamentária passiva de pessoas – quer sejam herdeiros, quer legatários – que não podem adquirir por testamento, por serem consideradas suspeitas.

A nova redação manteve, em princípio, a disposição do Código Civil de 1916 com as alterações que se impunham, dada a natural evolução de mentalidades e o aprimoramento da ciência jurídica. Assim, à guisa de exemplo, o inciso I recebeu o acréscimo referente ao "companheiro", em decorrência do reconhecimento do mesmo, pelo constituinte, quanto às entidades familiares.

Da mesma forma, o inciso III, que se referia tão-somente à concubina, alterou-se, com a ressalva final, "salvo se este, sem culpa sua, estiver separado de fato do cônjuge há mais de cinco anos", a exemplo do disposto no artigo 2.196, letra *a*, do Código Civil português. É que o legislador não mais podia desconhecer a realidade brasileira no que tange às separações de fato e aos efeitos que daí decorrem, com direta e imediata incidência na ordem jurídica nacional.

Ainda, e igualmente, o inciso IV substituiu a expressão "oficial público" pela de "tabelião", mais consentânea à realidade atual.

Sob qualquer ângulo que se aprecie o artigo sob exame, a ideia de suspeição ressurge veemente: no inciso primeiro, porque o escritor do testamento de outrem, ou aquele que, a rogo do testador, lhe redigiu as disposições, é pessoa suspeita "que pode abusar da confiança nela depositada pelo testador, ou induzi-lo a dispor, quer em seu benefício, quer em benefício de seu cônjuge, ascendente ou irmão",[246] pessoas que o Código considera interpostas.

---

246 BEVILACQUA, Clovis. Obra citada, p. 913.

No mesmo sentido o inciso II; as testemunhas, embora aparentemente desinteressadas, podem ter sido forjadoras do testamento, alterando a vontade do testador. "A verdade e a segurança das disposições *causa mortis* melhor se asseguram pelo testemunho de pessoas que nenhum interesse tenham, realmente, nas liberalidades do testador."[247]

O inciso III confirma postura clássica da civilística brasileira, contrária à atuação do concubino nas relações de família. O(a) concubino(a) não pode ser nomeado (a) herdeiro (a) nem legatário (a) do testador casado. Diz-se concubino, no masculino, para não incidir no *discrimen*, em detrimento da concubina, hoje, inaceitável, em face do princípio constitucional da igualdade de gêneros. Não há que vingar, agora, qualquer discriminação em favor do homem ou da mulher.

Em segundo lugar, há que se distinguir entre companheiro e concubino,[248] situações diferentes, como já se teve oportunidade de apreciar no exame do artigo 1.790.[249] Com efeito, o constituinte de 1988 equipara a união estável ao casamento. Nada mais que isso. Logo, a proibição em matéria sucessória atinge o concubino,[250] não, certamente, o(a) companheiro(a).

---

247 BEVILACQUA, Clovis. *Idem*, p. 914.
248 "Direito Civil – Sucessão – Legado – Validade de instituição de legado à companheira – Distinção entre companheira e concubina – Inteligência do art. 1.719 do Código Civil. Refletindo as transformações vividas pela sociedade dos nossos dias, impõe-se construção jurisprudencial a distinguir a companheira da simples concubina, ampliando, inclusive com suporte na nova ordem constitucional, a proteção à primeira, afastando a sua incapacidade para receber legado em disposição de última vontade, em exegese restritiva do art. 1.719, III, do Código Civil. Impende dar à lei, especialmente em alguns campos do Direito, interpretação construtiva, teleológica e atualizada" (*RF*, 306: 180). Ver ainda: *RT*, 543: 199; *RF*, 317: 237; *RF*, 295: 248; *RF*, 275: 246-250; *RT*, 608: 249-250; *RT*, 685: 63-65; *RT*, 751: 385; *RT*, 651: 170.
249 Vide *supra* comentários ao artigo 1.790.
250 "*I – A concubina se distingue da companheira, pois esta última tem com o homem união estável, em caráter duradouro, convivendo como o mesmo como se casados fossem. II – A proibição inserta no art. 1.719, III do Código Civil não se estende à companheira de homem casado, mas separado de fato*" (STJ, REsp. nº 192.976, rel. Min. César Asfor Rocha, j. em 26.09.2000, v.u.).

Já era essa a tendência da jurisprudência nacional consubstanciada na Súmula 447 do Supremo Tribunal Federal, quando afirmou: "É válida a disposição testamentária em favor de filho adulterino do testador e de sua concubina."

O superior Tribunal de Justiça seguiu a mesma orientação da dicotomia constitucional entre concubinato e união estável, ao decidir: "Refletindo as transformações vividas pela sociedade dos nossos dias, impõe-se construção jurisprudencial a distinguir a companheira da simples concubina, ampliando, inclusive com suporte na nova ordem constitucional, a proteção à primeira, afastando a sua incapacidade para receber legado em disposição de última vontade, em exegese restritiva do artigo 1.719, III, do Código Civil. Impende dar à lei, especialmente em alguns campos do direito, interpretação construtiva, teleológica e atualizada."[251]

O inciso sob comento alude ao concubino[252] do testador casado. Logo, deverão estar presentes dois requisitos: que o(a) testador(a)

Ainda:
"*A vedação do CC/1916, 1.719, III [CC/2002, 1.801, III], não abrange a companheira de homem casado, mas separado de fato. E como tal se considera a mulher que com ele mantém união estável, convivendo como se casados fossem*" (STJ, 3ª T., REsp. nº 73.234-RJ, rel. Min. Eduardo Ribeiro, v.u., j. em 15.12.1995, *DJU* de 06.05.1996, p. 14.413; *RT*, 731: 236).

251 STJ, Ac. REsp. nº 196-RS, 4ª T., rel. Min Sálvio de Figueiredo Teixeira – *DJ* de 18.09.1989, p. 14.664; *RSTJ*, vol. 3, p. 1.075; *RT* 651/170.

252 "***TESTAMENTO – ação anulatória – Demanda fundada na existência de concubinato impuro, que impossibilita a nomeação como herdeira ou legatária da concubina do testador casado – Inadmissibilidade – Testador já separado judicialmente e absolutamente lúcido, não revelando qualquer deficiência que pudesse comprometer sua capacidade intelectiva e impedi-lo de entender a natureza do ato – Inaplicabilidade do art. 1.801, III, do CC/2002.*** Ementa Oficial: *Apelação cível – ação de anulação de testamneto – Sentença de improcedência – Preliminar de nulidade da sentença por falso testemunho – Inadmissibilidade – Depoimento do qual os apelantes não ofereceram qualquer recurso e em nenhum momento suscitaram o falso testemunho, sequer nas alegações finais – Arguição da nulidade de um ato realizado em época distante da sentença, suscitando questão atingida pela preclusão – Testador separado judicialmente, não havendo, assim, motivo impeditivo para testar – Testador absolutamente lúcido, em nada revelando padecer qualquer deficiência que pudesse, de alguma forma, comprometer sua capacidade intelectiva e impedi-lo de entender o ato que realizava de sorte a induzir à almejada anulação*

seja casado(a) com outra pessoa, quando da liberalidade, e que exista concubinato entre ele(a) e o(a) herdeiro(a) ou legatário(a). Logo, o(a) separado(a) judicialmente e o(a) divorciado(a) não estão inibidos(as).

Claro está que a separação de fato, por isso que alheia ao mundo jurídico, não rompe os laços matrimoniais. Em assim sendo, o(a) separado(a) de fato continua casado(a). Mas a lei abre exceção à separação de fato, com ausência de culpa, e por mais de cinco anos. É exceção que vai de encontro à realidade social brasileira, onde a maioria dos casais, por dificuldade econômica, limita a dissolução da sociedade conjugal à mera ruptura (fática, pois), sem o aval da lei. Assim, informam Amorim e Oliveira, entendeu a 4ª Câmara Civil do Tribunal de Justiça, em acórdão majoritário na Ap. Cível nº 220.295, sendo relator o Des. Carlos A. Ortiz, j. em 13.09.1973. "Era caso de ação anulatória de testamento a favor da concubina, por testador casado mas separado da esposa há cerca de 40 anos. Deu-se pela subsistência da disposição testamentária, ante os contornos da situação fática, para fazer justiça à antiga companheira de tantos anos de luta, evitando que tivesse de socorrer-se de nova e inútil demanda para a prova do seu direito à participação nos bens do falecido."[253]

É que as situações fáticas decorrentes do relacionamento humano são pautadas pela mais profunda (e, por vezes, inexplicável) complexidade, exigindo que o concubinato seja apreciado caso a caso, resgatando o justo e evitando decisões gritantemente iníquas, ainda que atreladas à pura letra da lei.[254]

---

testamentária – Relação concubinária não pode ser considerada impura, porque o testador estava separado de sua mulher – Preliminar rejeitada e recurso não provido." In: RT, 851: 218.

253 AMORIM, Sebastião e Oliveira, Euclides de. Obra citada, p. 76.
254 "A vedação do art. 1.801, inciso III, do CC, não se aplica à união estável, independentemente do período de separação de fato (art. 1. 723, § 1º)" (Enunciado nº 269, aprovado durante a *III Jornada de Direito Civil,* promovida pelo CNJ, no período de 1º a 3 de dezembro de 2004).

Finalmente no inciso IV, ao arrolar aquela categoria de profissionais, o legislador visa também a coibir abusos e distorções, comprometedoras da autenticidade da manifestação de vontade do testador.

Art. 1.802. São nulas as disposições testamentárias em favor de pessoas não legitimadas a suceder, ainda quando simuladas sob a forma de contrato oneroso, ou feitas mediante interposta pessoa.

Parágrafo único. Presumem-se pessoas interpostas os ascendentes, os descendentes, os irmãos e o cônjuge ou companheiro do não legitimado a suceder.

Art. 1.803. É lícita a deixa ao filho do concubino, quando também o for do testador.

Direito anterior – Art. 1.720 do Código Civil de 1916.

Art. 1.720. São nulas as disposições em favor de incapazes (arts 1.718 e 1.719), ainda quando simulem a forma de contrato oneroso, ou os beneficiem por interposta pessoa.

Reputam-se pessoas interpostas o pai, a mãe, os descendentes e o cônjuge do incapaz.

Direito comparado – No Código Civil francês (art. 911)[255] e no Código Civil português (art. 2.200),[256] assim como na legislação argentina (art. 3.741) e no direito uruguaio (art. 841).

---

255 *"Art. 911. Toute disposition au profit d'un incapable sera nulle, soit qu'on la déguise sous la forme d'un contrat onéreux, soit qu'on la fasse sous le nom de personnes interposées.*
Seront réputées personnes interposées les père et mère, les enfants et descendants, et l'époux de la personne incapable."
256 *"É anulável a disposição feita aparentemente a favor de pessoa designada no testamento, mas que, na realidade, e por acordo com essa pessoa, vise a beneficiar outra."*

COMENTÁRIO

O artigo 1.802 reproduz a fórmula empregada pelo legislador de 1916 no artigo 1.720, com o acréscimo dos "irmãos" e "companheiro", como pessoas interpostas, que a disposição originária não previa.

A nulidade da disposição testamentária pode se revestir de duas formas: simulação sob a forma de contrato oneroso ou mediante interposta pessoa.

Contrariamente ao direito francês, onde a simulação de atos ou contratos onerosos deve ser provada, porque a fraude não se presume, no direito brasileiro é a lei que a presume, não necessitando ser provada. A presunção, segundo posição pacífica da doutrina nacional, é *iuris et de iure*. Desde a proposta tradicional de Clovis Bevilacqua ("A interposição dispensa prova. Resulta de uma presunção legal, que não admite prova em contrário")[257] até à doutrina atual ("Trata-se, segundo a doutrina, de uma presunção *juris et de jure*, conforme o reconhecem Pontes de Miranda, Eduardo Espínola, Clovis Bevilacqua e Orosimbo Nonato"),[258] a ideia de que a presunção do citado artigo é *iuris et de iure* sempre se manteve incólume no direito sucessório brasileiro. Mas Arnoldo Wald prefere encará-la como uma simples presunção *juris tantum*, que admitiria prova em contrário.

Com efeito, há exceções à aplicação da presunção prevista no artigo sob comento e que já se encontra sumulada: é a referente ao caso em que o descendente da concubina é filho de testador, situação em que,

---

[257] BEVILACQUA, Clovis. Obra citada, p. 917.
[258] WALD, Arnoldo. *Curso de Direito Civil Brasileiro. Direito das Sucessões*. 11. ed., rev., amp., e atualizada com a colaboração de Roberto Rosas, São Paulo: Revista dos Tribunais, 1997, p. 115. No mesmo sentido, *AJ*, 70:229; *RF*, 212:86).

evidentemente, não se aplica a presunção.[259] É que o filho sendo de ambos, do testador e de sua concubina, a intenção de favorecer a genitora cede espaço em face do beneficiamento da prole comum. Quando, porém, se trata tão-só de filho de concubina, a conclusão simulada não permite exclusão da nulidade, pois aqui ressurge a intenção de favorecer a progenitora.[260]

Em face do novo dispositivo constitucional – art. 227, § 6º – todos os filhos são iguais e têm os mesmos direitos. "O filho do testador", doutrina o casal Nery, "nascido de relacionamento concubinário é, como os outros, igualmente filho e herdeiro, podendo ser agraciado com disposições testamentárias e reconhecido por testamento. Se, entretanto, o testador quer beneficiar o filho daquele(a) com quem manteve relações concubinárias, durante a constância do casamento (CC, 1727), não poderá fazê-lo, se filho seu, também não o for. Ou seja: não sendo também seu o filho daquele com que se manteve relações concubinárias não está legitimado a suceder. Evidentemente se ressalva a hipótese final do CC, 1801, III."[261]

Na realidade, o dispositivo constante no atual artigo 1.803 apenas "normatiza" matéria que já se encontrava sumulada, como acabamos de examinar.

---

259 Súmula 447: "É válida a disposição testamentária em favor de filho adulterino do testador com sua concubina."

260 "*Filha da concubina – Benefício por interposta pessoa*. Concubinato por reduzido período nos três últimos anos de vida do testador não pode autorizar pretendida validade do testamento, em prejuízo da esposa legítima. A instituição de filha da concubina como herdeira única dos bens do de cujus caracteriza o benefício por interposta pessoa, previsto no art. 1.720 do CC. Testamento anulado" (*RJTJ-RGS* 126: 406).

261 NERY JUNIOR, Nelson e ANDRADE NERY, Rosa Maria. *Código Civil Comentado*, p. 1.128.

Por outro lado, ainda preleciona Wald, as pessoas presumidas interpostas podem adquirir em seu próprio favor se a beneficiária já faleceu.[262]

O Código considera interpostas pessoas os ascendentes (e não pai e mãe, como afirmava a equivocada redação de 1916), os descendentes, os irmãos (aos quais não se referia o legislador de 1916), o cônjuge, o companheiro (ao qual, igualmente, não se fazia alusão).

A nulidade aqui é objetiva. Se, porém, a pessoa interposta for estranha a essa relação, a situação dependerá de prova, já que a questão se situa no plano da simulação.[263]

O que o artigo prevê é a hipótese de o testador visar a beneficiar outra pessoa mediante acordo com a pessoa designada no testamento, beneficiária aparente. E a lei, certamente, quer castigar diretamente o conluio arquitetado pelo testador com o beneficiário aparente da disposição testamentária.

---

262 WALD, Arnoldo. *Idem*, p. 116.
263 "*Legado indireto. Concubina.* Ofensa ao CC/1916, 1.720 [CC/2002, 1.802]. Adoção por homem casado do filho havido pela concubina com outro homem. Sua anulação por se tratar de ato simulado que teve por objetivo beneficiar, por via indireta, a concubina. Acórdão que, apreciando a prova, assim concluiu. Irrevisibilidade, neste particular, da decisão recorrida." (STF, 2ª T., RE nº 79.801/SP, rel. Min. Leitão de Abreu, 1977). (*Apud*: NERY JUNIOR, N. e NERY, R. M. de A. Obra citada, p. 1.158).

CAPÍTULO IV
DA ACEITAÇÃO E RENÚNCIA DA HERANÇA

Art. 1.804. Aceita a herança, torna-se definitiva a sua transmissão ao herdeiro, desde a abertura da sucessão.

Parágrafo único. A transmissão tem-se por não verificada quando o herdeiro renuncia à herança.

Direito anterior – Sem dispositivo correspondente no Código Civil de 1916.

Direito comparado – No Código Civil francês (art. 777)[264] e no Código Civil português (art. 2.050).[265]

Leitura complementar:
ANDRADE, Herondes João. "Renúncia da herança". *In: Revista do Curso de Direito da Universidade Federal de Uberlândia/MG*, 1982, vol. 11, pp. 231-233; BORGHI, Hélio. "Aspectos controvertidos da renúncia e da herança". *In: Revista de Estudos Jurídicos da Unesp*, vol. 5, pp. 37-52; BORGHI, Hélio. *Da renúncia e da ausência no direito sucessório*. São Paulo: LEUD, 1997; CARVALHO NETO, Ignácio de e FUGIE, Erica Harumi. *Novo Código Civil em direito das sucessões*. Curitiba: Juruá, 2002; DREIFUSS-NETTER, Frédérique. *Les manifestations de volonté abdicatives*. Paris: LGDJ. 1985; FALCÃO, Alcino Pinto. "Da inexistência do direito de acrescer entre herdeiros e legatários. Proposta de alteração legislativa". *In: RJTJRJ*, vol. 47, p. 5, RDC, vol. 25, p. 22; FRANÇA, Rubens Limongi. "Aceitação da herança". *In: Enciclopédia Saraiva de Direito*. São Paulo: Saraiva, 1975, vol. 4, pp. 24-25; GAMA, Ricardo Rodrigues. *Direito das Sucessões*. São Paulo: Edipro, 1996;

---

264 "*Art. 777. L'effet de l'acceptation remonte au jour de l'ouverture de la succession.*"
265 "*Art. 2.050.1. O domínio e a posse dos bens da herança adquirem-se pela aceitação, independentemente da sua apreensão material. 2. Os efeitos da aceitação retrotraem-se ao momento da abertura da sucessão.*"

GUAGLIANONE, Aquiles. *El derecho renunciante y su acreedor.* Buenos Aires: Abeledo-Perrot, 1966; JUNQUEIRA, Gabriel J. P. *Herança – Teoria e Prática.* São Paulo: Ed. Angelotti, 1992; MAGALHÃES, Rui Ribeiro de. *Direito das Sucessões no novo Código Civil brasileiro.* 2. ed. rev. e atual. São Paulo: Juarez de Oliveira, 2004; MARTINS, Olívio A. O. "A substituição testamentária em razão de renúncia". *In: Revista Jurídica*, vol. 92, p. 136; MERLO, Fábio Bauab. "Apontamentos sobre um aspecto polêmico da renúncia à herança". *In:* Maria Helena Diniz (Coord.). *Atualidades Jurídicas*, vol. 2, 2000, pp. 143-155; OUFELLA, Jociane Machiavelli. "Aceitação e renúncia da herança". *In:* FREITAS, Douglas Phillips (Coord.). *Curso de Direito das Sucessões.* Florianópolis: Vox Legem, 2007, pp. 57-64.

COMENTÁRIO

Aceitação da herança é o ato voluntário pelo qual o chamado responde afirmativamente à vocação sucessória, ao chamamento à sucessão feito pela lei ou pelo *de cujus*. É, como quer Endemann, o ato jurídico pelo qual a pessoa chamada a suceder declara que quer ser herdeiro.

Como a herança se transmite ao herdeiro, independentemente de qualquer ato seu, a aceitação da herança funciona como a confirmação da transferência dos direitos operada em virtude da lei. "Por outro lado", já advertia Bevilacqua, "como ninguém pode ser forçado a assumir a posição de herdeiro de outrem, como acontecia no direito romano, com os herdeiros necessários, a aceitação da herança é a afirmação de que a pessoa manifesta a sua vontade de adir à herança".[266]

Três eram os sistemas adotados pela tradição romana: a aquisição de pleno direito ocorria com os herdeiros necessários (*sui et necessari*) que adquiriam a herança sem necessidade de uma declaração especial

---

266 BEVILACQUA, Clovis. Obra citada, p. 762.

de vontade. Estes, que englobavam todas as pessoas que se encontravam sob o domínio do *pater familias,* eram forçosamente herdeiros desde a morte do autor da herança e, por norma, nem sequer a essa qualidade podiam repudiar – (é o sistema adotado pelo ordenamento jurídico alemão, com a atenuante da possibilidade de repúdio); o sistema de aceitação, adição da herança (*aditio*), era aplicado a quem não fosse herdeiro necessário. Aquelas que por lei ou pela vontade manifestada pelo *de cujus* eram herdeiras já não eram herdeiras forçadas, pois só adquiriam a herança através da *cretio* – aceitação formal – ou da *pro herede gestio* – aceitação pela prática de certos fatos – (é o sistema adotado pelos ordenamentos jurídicos português, espanhol, italiano e brasileiro, este último com as nuanças que examinaremos a seguir); e, finalmente, o sistema do deferimento judicial aplicado aos casos não considerados do *ius civile,* mas de direito pretoriano, no qual ocorria a apreensão dos bens – *bonorum possessio.* Também chamado sistema de *saisine* ou investidura. Só depois da ocorrência de um ato de autoridade opera-se a transferência da sucessão para o patrimônio do herdeiro.

Como afirma Silvio Rodrigues, a questão "da aceitação ou da renúncia da herança, se bem que ainda hoje relevante, apresentava-se mais importante no direito anterior, onde a regra de não responder o herdeiro por encargos superiores à força do monte era desconhecida".[267]

Com efeito, pela regra antiga de direito sucessório, quando o herdeiro sucedia o *de cujus,* tomava-lhe o lugar, substituindo-o em todas as suas relações jurídicas, isto é, quer em seus créditos, quer em seus débitos. Assim, se o passivo excedesse o ativo, o herdeiro continuava responsável pelo saldo devedor. Para se eximir dessa responsabilidade, o mesmo devia, ao manifestar seu assentimento em adir à herança,

---

267 RODRIGUES, Silvio. Obra citada. 21. ed., pp. 29-30.

declarar que a aceitava sob benefício de inventário, ou seja, que a sua aceitação era condicional, só tendo eficácia se o ativo superasse o passivo. Com a ressalva, a responsabilidade da herança ficava circunscrita às forças da herança.

Hoje, com a disposição expressa do artigo 1.792 (*O herdeiro não responde por encargos superiores às forças da herança...*), decresceu a importância da aceitação, mas, como o herdeiro assume diversos ônus (pagamento de legados, cumprimento de encargos etc.), a questão ainda se reveste de interesse.

A aceitação e o repúdio apresentam, na sua estrutura e regime, semelhanças suficientes que justificam seu estudo em conjunto; o que legitima o tratamento dado pelo legislador em capítulo único (Capítulo IV – Da aceitação e renúncia da herança).

Ambas as figuras são, na ótica de Ascensão,[268] negócios jurídicos; para Capelo de Souza,[269] atos jurídicos em sentido estrito e, para Pinto,[270] ato jurídico unilateral e não receptício, "dado que é suficiente a emissão da declaração de vontade do seu titular, sem haver necessidade tanto de concordância de quem quer que seja como de comunicação a qualquer pessoa".

São negócios jurídicos unilaterais e, igualmente, singulares: ou, pelo menos, negócios em que há uma independência entre as posições de vários sujeitos.

Diz ainda, Ascensão, que os negócios em causa devem ser pessoais, já que realizados pelo próprio herdeiro, e não por intermédio de representante.

---

268   ASCENSÃO, José de Oliveira. Obra citada, p. 431.
269   SOUZA, Rabindranath Capelo de. Obra citada, vol. II, p. 17.
270   FERREIRA PINTO, Fernando Brandão. Obra citada, p. 159.

Como dispõe a própria lei (art. 1.812), de forma peremptória e sem abrir espaço a eventuais exceções, são irrevogáveis e indivisíveis, no sentido de que não se pode aceitar só parte e repudiar outra parte. Este último princípio consagrado no art. 1.808 e seus parágrafos.

A ideia estampada no *caput* do artigo sob comento retrata duas ideias que, numa primeira abordagem, geram perplexidade. Fala-se, *ab initio*, em "aceitação", dando a impressão que o legislador brasileiro aderiu integralmente ao sistema da *aditio* (ou da aceitação), mas, em seguida, dispõe o artigo sobre a "definitiva transmissão, desde a abertura da sucessão", o que nos indica a opção por um segundo sistema da aquisição automática da herança.

Diante dos três sistemas que conduzem à aquisição sucessória: a) o da aquisição automática (que ocorreria no momento da abertura da sucessão, independente da manifestação de vontade do herdeiro); b) o da *aditio* ou aceitação (que depende da manifestação de vontade do herdeiro); e c) da *saisine* ou investidura (no qual a transferência só se operaria após um ato de autoridade), qual a posição do direito brasileiro?

Aparentemente, a leitura inicial e parcial do artigo 1.804 leva-nos à conclusão que o legislador brasileiro optou pelo segundo sistema, ou seja, o da aceitação. Mas a leitura mais cuidadosa do artigo nos conduz a outra interpretação da proposta legal, na medida em que o dispositivo se reporta à transmissão definitiva desde a abertura da sucessão. E que induziu Ascensão[271] a afirmar que o sistema vigorante no Brasil é o da aquisição automática.

É que, como reconheceu o erudito jurista português, é necessário distinguir os dois momentos dessa aquisição: um momento *jurídico* e outro *de fato*.

---

271 ASCENSÃO, José de Oliveira. *Idem*, p. 447.

"Através do mecanismo da retroactividade, a lei faz referir ao momento da abertura da sucessão todo o fenômeno jurídico sucessório. Isto tem consequências muito importantes, nomeadamente por garantir uma continuidade na titularidade dos bens. Mas a retroação é um fenômeno meramente jurídico. No plano de fato, a aquisição não se pode ter dado no momento da abertura da sucessão (basta pensar que a sucessão pode estar destinada a pessoas não existentes nesse momento, que portanto de fato nunca poderiam ter adquirido então)."[272]

Quando se entra, pois, de fato, na titularidade das situações jurídicas hereditárias, excluindo o momento da abertura da sucessão, há duas possibilidades:

a) ou se considera que a aquisição é automática, e se dá portanto com a vocação;

b) ou se considera que é potestativa e depende, pois, da aceitação.

À luz da lei brasileira a aquisição se dá pela aceitação, é o que expressamente estabelece o artigo 1.804 (*"Aceita a herança ..."*) e de forma automática, desde a abertura da sucessão ("*... torna-se definitiva a sua transmissão, desde a abertura da sucessão*"). É um sistema híbrido (ou eclético) o escolhido pela nova fórmula do artigo 1.804, uma vez que a aceitação é o momento de fato da aquisição que, desde a abertura da sucessão (momento jurídico), já ocorreu *automaticamente* com a vocação. A vontade manifestada pelo herdeiro – via aceitação – está apenas a confirmar uma "vontade" legal implícita, desde a morte do *de cujus* e consequente abertura da sucessão.

A aceitação, em verdade, teria o sentido de uma confirmação da aquisição já existente desde o momento da abertura da sucessão.

É essa a ordem natural das coisas. Ou, como bem asseverou Ascensão, é o sistema da aquisição automática que corresponde "à norma-

---

[272] ASCENSÃO, José de Oliveira. *Idem*, p. 445.

lidade da vida, pois é muito mais natural que uma herança seja aceita do que repudiada. A aceitação teria, então, o sentido duma confirmação da aquisição já realizada, eliminando a pendência que sobre ela recairia; e o repúdio implicaria a resolução da aquisição, considerando-se que o repudiante nunca fora herdeiro".[273]

Por isso, a imediata ressalva do parágrafo único afirmando que a renúncia à herança acarreta a não-ocorrência da transmissão. Em impecável lógica, no citado parágrafo, o legislador faz eco ao *caput* do artigo; ou seja, a transmissão ocorre desde a abertura da sucessão, confirma-se na aceitação e inexiste na renúncia.

Ou, como quer Ferreira Pinto, "do mesmo modo que a aceitação, também o repúdio é sempre necessário, mas agora para não se operar a aquisição da herança ou do legado e, tal como aquela, não é um ato livre, pois o sucessível pode sempre repudiar a herança, como também os seus efeitos se retrotraem ao momento da abertura da sucessão".[274] O herdeiro pode preferir não aceitar a herança, renunciando-a. A consequência é a não-transmissão mencionada no art. 1.784. Nesse sentido, o disposto no art. 785 do *Code Civil*: *"L'héritier qui renonce esta censé n'avoir jamais été héritier"* ("O herdeiro que renuncia é considerado nunca ter sido herdeiro"), e, igualmente, o art. 1.953, I, do BGB, sobre a eficácia da renúncia (*Wirkung der Ausschlagung*), prevê: "Se a herança é renunciada, a transmissão ao renunciante considera-se não ocorrida."

O efeito da renúncia é retroativo; o herdeiro que renuncia é considerado como se não tivesse existido. Nesse sentido, a expressiva doutrina portuguesa: "O que a lei prescreve é que, quando o sucessível chamado repudia a herança, a destruição retroactiva de efeitos operada pelo repúdio faz com que tudo se passe *como se* o sucessível não tivesse sido chamado

---

273 ASCENSÃO, José de Oliveira. *Idem*, p. 447.
274 FERREIRA PINTO, Fernando Brandão. Obra citada, p. 171.

– e chamados passassem a ser, *como se* o fossem *ab initio,* aqueles que a lei teria chamado, no caso de o repudiante não ter chegado a existir."[275]

Art. 1.805. A aceitação da herança, quando expressa, faz-se por declaração escrita: quando tácita, há de resultar tão-somente de atos próprios da qualidade de herdeiro.

§ 1º Não exprimem aceitação da herança os atos oficiosos, como o funeral do finado, os meramente conservatórios, ou os de administração e guarda provisória.

§ 2º Não importa igualmente aceitação a cessão gratuita, pura e simples, da herança, aos demais co-herdeiros.

Direito anterior – Art. 1.581 do Código Civil de 1916.

Art. 1.581. A aceitação da herança pode ser expressa ou tácita; a renúncia, porém, deverá constar, expressamente, de escritura pública ou termo judicial.

§ 1º É expressa a aceitação, quando se faz por declaração escrita; tácita, quando resulta de atos compatíveis somente com o caráter de herdeiros.

§ 2º Não exprimem aceitação da herança os atos oficiosos, como o funeral do finado, os meramente conservatórios, ou os de administração e guarda interina.

Direito comparado – Há disposição expressa no Código Civil francês (arts. 778 e 779),[276] como, igualmente, no Código Civil português (art. 2.056).[277] No direito argentino (art. 3.319) e no direito uruguaio (art. 1.062).

---

275 PIRES DE LIMA e ANTUNES VARELA. *Código Civil Anotado*, vol. VI, p. 105.
276 "*Art. 778. L'acceptation peut être expresse ou tacite: elle est expresse, quando on prend le titre ou la qualité d'héritier, dans un acte authentique ou privé; elle est tacite, quand l'héritier fait un acte qui suppose nécessairement son intention d'accepter, et qu'il n'aurait droit de faire qu'en sa qualité d'héritier.*"
"*Art. 779. Les actes purement conservatoires, de surveillance et d'admnistration provisoire, ne sont pas des actes d'adition d'hérédité, si l'on n'y a pas pris le titre ou la qualité d'héritiers.*"
277 "*Art. 2.056. 1. A aceitação pode ser expressa ou tácita.*
2. A aceitação é havida como expressa quando nalgum documento escrito o sucessível chamado à herança declara aceitá-la ou assume o título de herdeiro com a intenção de a adquirir.
3. Os atos de administração praticados pelo sucessível não implicam aceitação tácita da herança."

COMENTÁRIO

O artigo em questão se refere às duas formas distintas (expressa e tácita) que a aceitação pode revestir. É expressa, diz a lei, quando feita por declaração escrita, ou seja, quando o herdeiro assume inequivocamente o seu título ou qualificação mediante manifestação escrita. Por isso, e com razão, o Código Civil português refere-se a "algum documento escrito", no qual o sucessível declara a herança assumindo "o título de herdeiro com a intenção de a adquirir". No mesmo sentido o direito francês: a aceitação expressa resulta de uma declaração formal onde se assume o título ou a qualidade de herdeiro (*"où l'on prend le titre ou la qualité d'héritier"*).

Quer isto dizer que, "não obstante os largos séculos passados sobre o formalismo negocial do primitivo direito romano, o ato singelo de aceitação da herança ainda passava, neste diploma legal da segunda metade do século passado (os autores referem-se ao Código de 1867), pela assunção declarada de um título (concretamente o título de herdeiro) em qualquer ato público ou privado do chamado".[278]

Declaração formal, não solene, diz o *Code Civil* (o ato pode ser *authentique ou privé).* Declaração "escrita", diz o legislador brasileiro. Não é necessário que este escrito tenha sido especialmente redigido para comprovar a aceitação: uma carta pode ser suficiente quando seus termos não são duvidosos quanto à aceitação. A exigência do escrito se explica por razões de prova e de forma; a vontade escrita é mais refletida que uma mera vontade expressa verbalmente.

Estamos perante uma formalidade *ad substantiam*. "A lei, para ter a garantia de que houve uma maior reflexão e uma vontade mais deter-

---

278 PIRES DE LIMA, e ANTUNES VARELA. Obra citada, p. 92.

minante e determinada, exigiu, para a perfeição do ato, que a declaração da aceitação ou a assunção da qualidade de herdeiro (ou de legatário) com a intenção de adquirir a herança (ou o legado) conste de um documento escrito."[279]

Quanto à aceitação tácita, o legislador nacional não empregou o mesmo cuidado na determinação de seus elementos caracterizadores, limitando-se, de forma suscinta, a referir-se aos "atos próprios da qualidade de herdeiro", em manifesta reprodução do *in fine* do artigo 778 do *Code Civil* ("... *et qu'il n'aurait droit de faire qu'en sa qualité d'héritier*").

A aceitação tácita resulta de qualquer ato pelo qual o herdeiro revela sua intenção de se comportar como herdeiro aceitante. Podemos afirmar que estamos diante de uma aceitação tácita quando o sucessor pratica atos que vão para além de simples atos de conservação e administração da herança e que implicam necessariamente a intenção de aceitar e que só poderia praticar na qualidade de herdeiro.

É o que sucede quando o herdeiro, por exemplo, constitui advogado e se faz representar como tal no inventário; quando paga dívida do *de cujus* com numerário proveniente do espólio; quando doa bens da herança; quando entrega legados, entre outros atos.

Igualmente o silêncio do herdeiro, quando notificado para se manifestar (art. 1.807), caracteriza caso típico de declaração tácita de aceitação (embora a doutrina classifique a hipótese de aceitação como presumida ou ficta). Se o herdeiro nada disser no prazo fixado pelo juiz, ter-se-á por aceita a herança.

No parágrafo 1º o legislador afasta da presunção de aceitação os atos oficiosos, os meramente conservatórios e os de administração e guarda provisória.

---

[279] FERREIRA PINTO, Fernando Brandão. Obra citada, p. 166.

Referindo-se aos oficiosos, toma a precaução de exemplificá-los "como o funeral do finado". Desnecessária explicação, bem mais adequada na doutrina do que em sede legal. Já dissera Bevilacqua, com sua espontânea clareza e precisão, que atos oficiosos são "os que se praticam desinteressadamente, no intuito de prestar um favor, de ser agradável, de satisfazer sentimentos piedosos ou humanitários".[280]

São meramente conservatórios os atos de salvaguarda, necessários e urgentes, e que se propõem a impedir a deterioração ou a ruína dos bens da herança.

Segundo Hermenegildo de Barros, são "todos aqueles que, por ocasião da abertura desta (herança), têm por fim determinar as forças da sucessão e evitar desvios que a diminuiriam, como a colocação e levantamento de selos, o inventário dos móveis, a interrupção da prescrição na iminência de realizar-se, a inscrição da hipoteca, o arresto contra o devedor, as reparações consideradas de conservação ou de caráter urgente, além de outros, sobre cuja natureza não se pode levantar dúvida".[281]

São atos de administração e de guarda interina "os que se praticam para atender a uma necessidade urgente, e com o ânimo de entregar, sem demora, os bens a quem os deva guardar e conservar".[282] No direito francês os atos de administração supõem a qualidade de herdeiro e implicam uma aceitação tácita. Para escapar da presunção de aceitação o administrador precisa obter uma autorização judiciária.

E o parágrafo 2º, na mesma linha de raciocínio, arrola a cessão gratuita, pura e simples, da herança, como não importando, igualmente, em aceitação da herança.

---

280 BEVILACQUA, Clovis. Obra citada, p. 763.
281 BARROS, Hermenegildo de. *Direito das Sucessões*, pp. 161-162.
282 BEVILACQUA, Clovis. *Idem, ibidem*.

Na realidade, embora o legislador, equivocadamente, refira-se à "cessão", que implica a ideia de transferência de um direito que se acha em nosso patrimônio, está a se referir à renúncia, que indica abstenção, recusa da herança.[283]

Estamos diante de um caso típico de repúdio tácito.[284]

O dispositivo é claro: não basta que a cessão[285] seja feita gratuitamente e em benefício de todos os herdeiros indistintamente (feita em favor de um ou alguns herdeiros, é doação). É necessário, ainda, que seja pura e simples. Logo, cessão feita gratuitamente a todos aqueles a quem caberia se o repudiante a alienasse, não representa aceitação.

A previsão tem um alcance prático inquestionável: "Verifica-se que a sua intenção era verdadeiramente não aceitar, e por isso se afasta a figura da dupla transmissão, com todos os inconvenientes, inclusivamente fiscais, que ela acarreta. (...) Já não é assim se o chamado declara renunciar à herança, mas em benefício de algum ou alguns dos sucessores subsequentes, apenas. O alienante já não está aqui a desligar-se do fenômeno sucessório, está antes a imprimir à herança uma direção que ela não tomaria sem a sua vontade. Isso pressupõe uma aceitação, e a consequente disposição a favor dos beneficiários."[286]

---

283 *Cessão da herança. Nulidade.* Nula é a cessão e renúncia de herança, quando o acervo recebido em testamento clausulado de indisponibilidade vitalícia, se disfarçado de cessão e renúncia, na verdade, dissimula verdadeira doação, ilegítima, porque o doador estava impedido de fazê-la" (STJ, 3ª T., Resp. nº 57.217-SO, rel. Min Waldemar Zveiter, v.u., em 06.08.1998, *DJU* de 03.05.1999, p. 141).

284 Ver, nesse sentido, a doutrina de José de Oliveira Ascensão. Obra citada, p. 442.

285 *"Cessão da herança. Nulidade.* Nula é a cessão e renúncia de herança, quanto o acervo recebido em testamento clausulado de indisponibilidade vitalícia, se disfarçado de cessão e renúncia, na verdade, dissimula verdadeira doação, ilegítima porque o doador estava impedido de fazê-la" (STJ, 3ª T., REsp. nº 57.217, rel. Min. Waldemar Zveiter, v.u., j. em 06.08.1998, *DJU* de 03.05.1999, p. 141).

286 ASCENSÃO, José de Oliveira. Obra citada, p. 442.

Art. 1.806. A renúncia da herança deve constar expressamente de instrumento público ou termo judicial.

Direito anterior – Art. 1.581 (*caput*) do Código Civil de 1916.
Art. 1.581. A aceitação da herança pode ser expressa ou tácita; a renúncia, porém, deverá constar, expressamente, de escritura pública ou termo judicial.
Direito comparado – No Código Civil francês (art. 784)[287] e no Código Civil português (arts. 2.063 e 2.064).[288] No Código Civil argentino (arts. 3.319 e 3.345) e no direito uruguaio (arts. 1.062, 1.053, 1.070, 1.074 e 1.075).

COMENTÁRIO

A aceitação pode ser expressa ou tácita. A renúncia é sempre expressa. A renúncia é o ato voluntário pelo qual o herdeiro responde negativamente à vocação sucessória, ao chamamento à sucessão, recusando aceitá-la.

Ao contrário do que sucede com a aceitação que pode ser tácita, a renúncia tem de ser sempre expressa e só pode ter lugar através de um documento escrito constitutivo (escritura pública), que incorpore uma declaração de vontade ou termo nos autos de inventário (termo judicial).[289]

---

287 "*Art. 784. La renonciation à une succession ne se présume pas; elle ne peut plus être faite qu'au greffe du tribunal de grande instance dans l'arrondissement duquel la succession s'est ouverte, sur un registre particulier tenu à cet effet.*"
288 "*Art. 2.063. O repúdio está sujeito à forma exigida para a alienação da herança.*" "*Art. 2.064. 1. A herança não pode ser repudiada sob condição nem a termo. 2. A herança também não pode ser repudiada só em parte salvo o disposto no artigo 2.055.*"
289 "*Sucessão – Renúncia à herança – Natureza jurídica e forma. A renúncia da herança, demitindo alguém da qualidade de herdeiro, não pode ser considerada transmissão de propriedade ou liberalidade e deve constar expressamente de escritura pública ou de termo nos autos de inventário homologado pelo Juiz*" (*In*: RDTJRJ, 7/111). Ver, ainda: *JC*, 54:313; *RTJ*, 93: 253; *RT*, 768: 216; *RT*, 759: 222; *RT*, 675: 91; *RT*, 541: 200; *RT*, 544: 282; *RT*, 537: 107; *RF*, 323:

A escritura (pública)[290] deve ser levada aos autos de inventário e o termo é feito perante o juízo do inventário.[291] Embora a lei silencie sobre a homologação judicial da renúncia, é "de toda conveniência a homologação, já que, para a renúncia, há necessidade de capacidade especial de alienar e essa capacidade deve ser aferida pelo juiz".[292]

O formalismo exigido pelo legislador é mais que justificável na matéria sob apreço, pois, enquanto a aceitação da herança é ato que, em princípio, "só pode acarretar benefícios para o autor, o repúdio importa quase sempre num ato de perda, mais ou menos volumosa, para o patrimônio do repudiante. E o meio mais eficaz de proteger o sucessível contra as reações precipitadas que o chamamento à herança, fosse por que razão fosse, despertasse no seu ânimo, era obrigá-lo a ir a juízo para declarar perante o tribunal e para documentar em juízo a sua intenção de repudiar".[293] Daí a opção do legislador pátrio, pelo instrumento público ou termo judicial.

No caso do direito português, como o artigo 2.063 sujeita o repúdio "à forma exigida para a alienação da herança", deixou de obrigar-se a redação da declaração de renúncia a termo judicial, como, também,

---

210; *RT,* 570: 248; *RT,* 597: 186; *RT,* 682: 183; *RT,* 736: 201; *RT,* 756: 177; *RT,* 750: 264-265; *RT,* 611: 195; *RT,* 613: 95; *RT,* 696: 94; *RT,* 576: 146; *RT,* 561: 208; *RT,* 558: 188; *RT,* 601: 63.

290 "*A renúncia à herança depende de ato solene, a saber, escritura pública ou termo nos autos de inventário; petição manifestando a renúncia, com a promessa de assinatura do termo judicial, não produz efeitos sem que essa formalidade seja ultimada*" (STJ, REsp. nº 431.695, rel. Min. Ari Pargendler, j. em 21.05.2002).

291 "***Petição de renúncia nos autos do inventário.*** *A renúncia deve ser expressa de forma solene, isto é, por escritura pública ou por termo constantes dos autos. Petição manifestando a renúncia, com a promessa de assinatura do termo judicial, não produz efeitos sem que essa formalidade seja ultimada*" (STJ, 3ª T., REsp. nº 431.695-SP, rel. Min. Ari Pergendler, v.u., j. em 21.05.2002, *DJU* de 05.08.2002, p. 339) (*In*: NERY JUNIOR, N. e NERY, Rosa Maria de Andrade. Obra citada, p. 1.161).

292 VENOSA, Silvio de Salvo. Obra citada, p. 31.

293 PIRES DE LIMA e ANTUNES VARELA. Obra citada, p. 107.

não se exige a celebração de escritura pública para a renúncia, independente do objeto da herança.

Não foi essa a orientação do direito brasileiro. Preferiu-se um constrangimento formal mais apertado, em decorrência dos interesses que precisam ser acautelados. Assim, em se tratando de marido e mulher, a posição tradicional do direito brasileiro sempre pendeu a favor da necessidade de outorga uxória,[294] embora a tendência dominante admita exceções na própria jurisprudência.[295] Nesse sentido, a doutrina de Itabaiana de Oliveira: "Decorrendo do ato da renúncia importantes direitos, segue-se que somente podem renunciar as pessoas que, validamente, podem aceitar. Assim, não podem renunciar: a) a mulher casada, qualquer que seja o regime de bens no matrimônio, sem a autorização, que deverá constar de instrumento público ou particular, previamente autorizado; b) o marido, qualquer que seja o regime de bens, no casamento, sem a outorga uxória, porque a renúncia produz para o renunciante o mesmo resultado de uma alienação e o direito à sucessão aberta é considerado imóvel para efeitos legais."[296]

Art. 1.807. O interessado em que o herdeiro declare se aceita, ou não, a herança poderá, vinte dias após aberta a sucessão, requerer ao juiz prazo razoável, não maior de trinta dias, para, nele, se pronunciar o herdeiro, sob pena de se haver a herança por aceita.

---

294 *"HERANÇA – Renúncia – Fato ocorrido na vigência do Estatuto da Mulher Casada – Inadmissibilidade – Revogação do nº IV do art. 242 do CC – Recurso extraordinário não conhecido.* Ementa: Herança. Renúncia pela mulher. Com a revogação da primitiva redação do nº IV do art. 242 do CC, a herança ou o legado passaram a integrar, desde o momento do óbito, o patrimônio da mulher casada, que a ela não podia renunciar sem o concurso do marido" (*RT*, 595: 290). Ainda: *RT*, 557: 176; *RT*, 675: 102.
295 *RF*, 284: 265; *RT*, 605: 38; *RT*, 538: 92.
296 ITABAIANA de OLIVEIRA. *Elementos de Direito das Sucessões*, p. 78.

Direito anterior – Art. 1.584. O interessado em que o herdeiro declare se aceita, ou não, a herança poderá, 20 (vinte) dias depois de aberta a sucessão, requerer ao juiz prazo razoável não maior de 30 (trinta) dias, para, dentro nele, se pronunciar o herdeiro, sob pena de se haver a herança por aceita.

Direito comparado – No Código Civil francês (art. 795)[297] e no Código Civil português (arts. 2.050, 2.056, 2.057 e 2.058). No direito argentino (arts. 3.314 e 3.315) e no direito uruguaio (arts. 760 e 761).

COMENTÁRIO

O dispositivo sob comento reproduziu *ipsis litteris* a fórmula empregada pelo legislador de 1916, no artigo 1.584, que versava sobre a aceitação presumida, ou "provocada", como pretendem alguns juristas.

O interessado em saber se o herdeiro aceita ou não a herança poderá provocar a sua manifestação, requerendo ao juiz, mediante interpelação judicial (CPC, art. 867),[298] após vinte dias da abertura da sucessão, que dê ao herdeiro o prazo de trinta dias para pronunciar-se. Se, no prazo designado em lei, o herdeiro não se manifestar, seu silêncio será interpretado como aceitação da herança.

Presume-se (daí vem o nome aceitação presumida) que, se outra fosse sua intenção, o herdeiro manifestar-se-ia.

O credor, os co-herdeiros ou o eventual sucessor que têm interesse na manifestação do herdeiro silente não podem se submeter aos seus eventuais capricho; por isso, a lei prevê a possibilidade de provocá-lo,

---

[297] *"Art. 795. L'héritier a trois mois pour faire inventaire, à compter du jour de l'ouverture de la succession. Il a de plus, pour délibérer sur son acceptation ou sur sa renonciation, un délai de quarante jours, qui commencent à courir du jour de l'expiration de trois mois donnés pour l'inventaire, ou du jour de la clôture de l'inventaire s'il a été terminé avant les trois mois."*

[298] *"Art. 867. Todo aquele que desejar prevenir responsabilidade, prover a conservação e ressalva de seus direitos ou manifestar qualquer intenção de modo formal poderá fazer por escrito o seu protesto, em petição dirigida ao juiz, e requerer que do mesmo se intime a quem de direito."*

via notificação judicial, reclamando seu pronunciamento, dentro de prazo razoável, não superior a trinta dias.

Não se manifestando no prazo legal, considerar-se-á a herança aceita, uma vez que a renúncia, conforme se viu, não se presume, mas a aceitação sim, pela expressa previsão nesse sentido.

O dispositivo cuida do "conhecido prazo para deliberar, sobre o qual tanto se discutiu no Direito anterior – por vezes, o herdeiro, incerto quanto ao valor da herança, deixava de manifestar-se, de pronto, sobre se aceitava ou não a herança. Isso podia trazer inconvenientes aos interessados, tais como outros herdeiros, que seriam chamados à sucessão na hipótese de renúncia. Para remediar dito inconveniente, a lei concedeu aos interessados a faculdade de cominar um prazo para deliberar, findo o qual, se silente o herdeiro, muitos entendiam ter ocorrido aceitação, outros, renúncia. O problema está, de certo modo, superado no direito moderno, porque apenas em raras hipóteses o herdeiro hesitará em aceitar a herança, visto que de tal aceitação somente excepcionalmente lhe resultará prejuízo".[299]

Art. 1.808. Não se pode aceitar ou renunciar a herança em parte, sob condição ou a termo.

§ 1º O herdeiro, a quem se testarem legados, pode aceitá-los, renunciando a herança; ou, aceitando-a, repudiá-los.

§ 2º O herdeiro, chamado, na mesma sucessão, a mais de um quinhão hereditário, sob títulos sucessórios diversos, pode livremente deliberar quanto aos quinhões que aceita e aos que renuncia.

---

299 RODRIGUES, Silvio. Obra citada, p. 31.

Direito anterior – Art. 1.583 do Código Civil de 1916.

Art. 1.583. Não se pode aceitar ou renunciar a herança em parte, sob condição, ou a termo; mas o herdeiro, a quem se testarem legados, pode aceitá-los, renunciando a herança, ou, aceitando-a, repudiá-los.

Direito comparado – Sem previsão no Código Civil francês, a matéria é aludida no Código Civil português nos arts. 2.054,[300] 2.055[301] e 2.064.[302] No direito argentino (art. 3.317) e no direito uruguaio (art. 1.052).

COMENTÁRIO

O artigo sob comento agasalha dois grandes princípios que dominam a matéria da aceitação e da renúncia: 1º) que não se admite a aceitação ou a renúncia, em parte, sob condição ou a termo. Ressurge aqui veemente o princípio do direito romano que inadmitia a aceitação condicional ou em parte, porque a *aditio* era ato legítimo. Quanto à hipótese de renúncia em parte, ou sob condição, não era sequer prevista no ordenamento romano, tal a inadmissibilidade da hipótese.

O direito moderno repete o mesmo princípio antigo, fundado na ideia de que o herdeiro é o continuador da pessoa do *de cujus*, razão também herdada do direito romano: *heres personam defuncti sustinet*. A parcialidade, condição ou termo da aceitação tornariam as relações jurídicas vacilantes, confusas, gerando indefinição banida pela ordem sucessória.

---

300 "*Art. 2.054. 1. A herança não pode ser aceita sob condição nem a termo.*
2. A herança também não pode ser aceita só em parte salvo o disposto no artigo seguinte."
301 "*Art. 2055. 1. Se alguém é chamado à herança, simultânea ou sucessivamente, por testamento e por lei, e a aceita ou repudia por um dos títulos, entende-se que a aceita ou repudia igualmente pelo outro; mas não pode aceitá-la ou repudiá-la pelo primeiro, não obstante ter repudiado ou aceitado pelo segundo, se ao tempo ignorava a existência do testamento.*
2. O sucessível legitimário que também é chamado à herança por testamento pode repudiá-la quanto à quota disponível e aceitá-la quanto à legítima."
302 "*Art. 2.064. 1. A herança não pode ser repudiada sob condição nem a termo.*
2. A herança também não pode ser repudiada só em parte salvo o disposto no artigo 2.055."

Em segundo lugar, o princípio faz distinção entre os dois grandes títulos a que pode ser chamado o sucessor no momento da abertura da sucessão; a título universal (na qualidade de herdeiro legítimo) e a título singular (na qualidade de legatário).

Se, pois, a herança é deferida por dois títulos, se o herdeiro é também legatário, tem a faculdade de aceitar por um dos títulos e repudiar pelo outro.

O que a lei esclarece, e de forma taxativa, é que a aceitação e a renúncia da herança não podem ser subordinadas à condição, nem ser limitadas por termo, e nem de forma parcial. Veda-se, assim, num só dispositivo (que no direito português é tratado em três artigos distintos) qualquer possibilidade de manutenção de qualquer situação de indefinição.

Como bem doutrinou Pereira Coelho,[303] a aceitação e a renúncia da herança são negócios jurídicos unilaterais destinados a pôr fim à situação de incerteza criada pela vocação, até se obter resposta do chamado. O fim visado com a resposta ao chamado não se compadece por conseguinte com a indefinição, a alternativa ou a reserva proveniente da condição, do termo, ou de qualquer outra limitação à vontade do declarante.

Vale ressaltar, como fizeram Pires de Lima e Antunes Varela,[304] que "a aceitação sob condição ou a termo, que o artigo (1.808, no CCB) condena sem apelo nem agravo, pela situação de incerteza ou de interrupção da devolução que provocaria, sem nenhum apoio na vontade do *de cujus*, não se confunde com as disposições testamentárias *sob condição, a termo* ou *sub modo*, previstas e reguladas no (artigo 1.897)[305] e seguintes.

---

303 COELHO, Francisco Manuel Pereira. *Direito das Sucessões*. Coimbra, 1992, p. 230.
304 PIRES DE LIMA e ANTUNES VARELA. Obra citada, p. 87.
305 "*Art. 1.897. A nomeação de herdeiro, ou legatário, pode fazer-se pura e simplesmente, sob condição, para certo fim ou modo, ou por certo motivo.*"

No caso das disposições condicionais ou a termo, é o próprio testador quem cria a situação de incerteza ou de sucessão escalonada no tempo sobre um patrimônio de que ele pode dispor livremente, enquanto na aceitação condicional ou temporária seria uma pessoa que não é ainda titular da herança quem surja a condicionar os termos em que um patrimônio alheio haveria de ser transmitido (*mortis causa*), sem nenhum apoio na lei, nem na vontade de quem teria tido poder para dispor desse patrimônio".

O *caput* do artigo 1.808 inibe, pois, qualquer tentativa de fragmentação da herança, já que a herança é considerada, como o patrimônio, coisa universal ou uma universalidade e, como tal, subsiste.

Se a renúncia é modal, condicional ou com encargos, deixa de ser renúncia e, certamente, adentra no terreno da aceitação. A distinção entre as duas categorias é fundamental devido à incidência dos tributos decorrentes da transmissão da propriedade *mortis causa*.[306]

A verdadeira renúncia é abdicativa, isto é, o herdeiro renunciante deve renunciar indistinta, pura e simplesmente em favor de todos os co-herdeiros.[307]

A renúncia translativa (*in favorem*) não é propriamente renúncia. É negócio jurídico de alienação, pelo qual o renunciante abre mão de sua quota-parte na herança em favor de alguém devidamente individualiza-

---

[306] Súmula 112 do STF: "O Imposto de Transmissão *causa mortis* é devido pela alícota vigente ao tempo da abertura da sucessão."

[307] "*Renúncia à herança. Aceitação tácita antecedente. Inocorrência. Se todos os filhos do autor da herança renunciam a seus respectivos quinhões beneficiando a viúva, que era herdeira subsequente, é incorreto dizer que a renúncia foi antecedida por aceitação tácita da herança*" (STJ, 1ª T., REsp. nº 20.183- RJ, rel. Min Humberto Gomes de Barros, m.v., j. em 1º.12.1993, *DJU* de 07.02.1994, p. 1.131). Pelo exame do teor do acórdão, têm-se que os três filhos renunciaram à herança (renúncia *abdicativa*) (*In:* NERY JUNIOR, N. e NERY, Rosa Maria de Andrade. Obra citada, p. 1.129).

do (pessoa física ou jurídica). Logo, este negócio jurídico se inicia pela aceitação da herança e se finaliza com a posterior alienação do quinhão hereditário ao favorecido. Assim, a manifestação: *"Renuncio em favor de minha mãe"* materializa, primeiro, uma aceitação em conjunto com uma alienação posterior, ocorrendo duas declarações de vontade que gerarão dois impostos, o *causa mortis* e o *inter vivos*.[308]

No parágrafo 1º o legislador retoma integralmente a ideia anteriormente exposta no artigo 1.583 do Código Civil de 1916 afirmando não se poder aceitar ou renunciar a herança em parte, sob condição ou a termo, devendo ser feita na sua totalidade e sem restrição alguma; mas o herdeiro, a quem se testarem legados, pode aceitá-los (de forma integral, evidentemente), renunciando a herança, ou aceitando-a (integralmente, repete-se) repudiá-los.

O que o parágrafo prevê são os casos de dupla vocação sucessória, ou seja, as heranças em que uma pessoa é chamada a participar nela, como herdeiro, a mais de um título: por força da lei e por chamamento testamentário.

Nada impede, pois, que o sucessor aceite a herança e repudie o legado, ou, ao contrário, aceite o legado e repudie a herança. São duas situações jurídicas distintas e, portanto, o que o parágrafo permite é o exercício em separado do direito de aceitação pelo sucessor quando possui concomitantemente dupla qualidade: aceita como herdeiro (legítimo ou testamentário) ou renuncia como legatário, e vice-versa.

---

[308] *"Renúncia translativa. Equiparação à doação. Cônjuge meeiro. Incidência do ITC. Renúncia translativa, diferentemente da abdicativa, é aquele pela qual o herdeiro renuncia a sua quota hereditária em favor de alguém, sendo, portanto, tributada por se equiparar a uma doação, incidindo o ITCD, imposto de transmissão causa mortis e doação de quaisquer bens e direitos"* (TJPE, AC nº 63.761-8, rel. Des. José Fernandes, v.u., j. em 10.10.2002).

Inova o Código atual ao dispor no parágrafo 2º do mesmo dispositivo sobre situação fática que já gerava perplexidade no mundo jurídico e que ganha, agora, a segurança da norma jurídica, quando se trata de herdeiro chamado à sucessão, sob títulos sucessórios diversos.

Assim, exemplificadamente, se o mesmo sucessor possuir dupla qualidade de herdeiro, isto é, for herdeiro legítimo e herdeiro testamentário, poderá rejeitar o quinhão a maior que lhe foi deixado por testamento, sem prejuízo da aceitação do quinhão a ele destinado como herdeiro legítimo que, acrescentam Cahali e Hironaka,[309] "seria também acrescido proporcionalmente, a exemplo dos demais co-herdeiros, com o retorno ao acervo da parcela objeto de renúncia. O critério deve ser a verificação de sucessor com dupla qualidade, chamado a suceder sob dois títulos sucessórios distintos".

Ou seja, o Código atual, mantendo a indivisibilidade da aceitação e da renúncia, abre exceção não apenas à situação de sucessor chamado como herdeiro e como legatário (parágrafo 1º) mas também do convocado como herdeiro sob títulos diversos.

> **Art. 1.809. Falecendo o herdeiro antes de declarar se aceita a herança, o poder de aceitar passa-lhe aos herdeiros, a menos que se trate de vocação adstrita a uma condição suspensiva, ainda não verificada.**
>
> **Parágrafo único. Os chamados à sucessão do herdeiro falecido antes da aceitação, desde que concordem em receber a segunda herança, poderão aceitar ou renunciar a primeira.**

---

[309] CAHALI, Francisco José e HIRONAKA, Giselda M. F. N. Obra citada, p. 98.

Direito anterior – Art. 1.585 do Código Civil de 1916.
Art. 1.585. Falecendo o herdeiro, antes de declarar se aceita a herança, o direito de aceitar passa-lhe aos herdeiros, a menos que se trate de instituição adstrita a uma condição suspensiva, ainda não verificada.

Direito comparado – No Código Civil francês (art. 781)[310] e no Código Civil português (art. 2.058).[311] No direito argentino (art. 3.316).

COMENTÁRIO

A hipótese aventada no artigo 1.809 já havia sido prevista no artigo 1.586 do Código Civil anterior, sem, porém, o parágrafo único, agora acrescentado ao dispositivo sob comentário. Não se trata de um qualquer ato de transmissão, mas de uma transmissão desejada pela lei, em consequência da morte, *ante aditionem* do chamado. Ou, como Bevilacqua se referira à hipótese, sucessão *jure transmissionis*.

A regra geral a dominar o cenário do direito sucessório brasileiro é, aqui, ainda uma vez, repetida: o herdeiro que morre, antes de manifestar sua vontade sobre a aceitação da herança, ou eventual renúncia, transmite-a, integralmente, aos seus próprios herdeiros. E com a transmissão do espólio transmite-se, igualmente, o direito de deliberar. Ou, em outras palavras, morrendo o herdeiro depois de deferida a herança, transmite-a, desde o momento de sua morte, aos seus herdeiros porque, independente de uma sua manifestação, ela já entrara no patrimônio.

---

310 *"Art. 781. Lorsque celui à qui une succession est échue est décédé sans l'avoir répudiée ou sans l'avoir acceptée expréssement ou tacitement, ses héritiers peuvent l'accepter ou la répudier de son chef."*

311 *"Art. 2.058. 1. Se o sucessível chamado à herança falecer sem a haver aceitado ou repudiado, transmite-se aos seus herdeiros o direito de a aceitar ou repudiar. 2. A transmissão só se verifica se os herdeiros aceitarem a herança do falecido, o que os não impede de repudiar, querendo, a herança a que este fora chamado."*

Neste sentido a doutrina de José Luiz Gavião de Almeida: "Aqui os bens não se confundem. Há duas heranças, ambas dependendo de aceitação distinta. Uma, a dos bens próprios do herdeiro falecido, deve ser aceita ou renunciada. Mas a outra, da mesma forma, exige manifestação dos herdeiros do herdeiro falecido, que lhes legou a oportunidade de aderir ou não à herança, que a ele deveria caber. Neste caso, podem os herdeiros do herdeiro falecido aceitar a herança por este deixada e renunciar àquela que ele ainda não havia manifestado aceitação, além de recolher ou repudiar as duas."[312]

Claro está que a hipótese da transmissão do direito de suceder não se confunde com o chamamento decorrente do direito de representação. "O chamamento por direito de representação (...) dá-se quando o representado não pode (e portanto não foi sequer chamado) (...) receber a herança ou o legado e funciona apenas a favor dos descendentes do herdeiro ou legatário testamentário (...) A transmissão do direito de suceder dá-se, pelo contrário, a favor dos herdeiros (e não apenas dos descendentes) daquele que podia suceder ao *de cujus* e que não chegou a repudiar, embora também não tenha aceitado a herança. (...) O representante é chamado à herança porque o representado não pôde aceitar o chamamento; o transmissário (ou adquirente) do direito de suceder é, por seu turno, chamado quando o transmitente podia ser, e foi efetivamente chamado a suceder mas não chegou a aceitar nem a repudiar."[313]

Mas, conforme dispõe a segunda parte do artigo 1.809, a transmissão do direito de aceitação encontra limites. Isto é, os sucessores do herdeiro falecido não poderão aceitar, por ele, se esta estiver vinculada a uma condição suspensiva ainda não verificada.

---
312 ALMEIDA, José Luiz Gavião de. Obra citada, p. 140.
313 PIRES DE LIMA e ANTUNES VARELA. Obra citada, p. 98.

Assim, exemplifica Maria Helena Diniz, se "o testador instituiu A seu legatário, sob a condição de colar grau em ensino superior; se este herdeiro singular vier a morrer antes de terminar seus estudos, seus herdeiros não o sucederão no direito de aceitar o legado".[314] É que o não-implemento da condição suspensiva pelo herdeiro impede a aquisição do direito sucessório – art. 125 –,[315] perdendo o direito eventual toda sua força originária, devido à inocorrência da condição.

No parágrafo único o legislador prevê a hipótese excepcional, mas não impossível, da aceitação e renúncia em acervos patrimoniais distintos (por isso se refere à primeira e segunda heranças), admitindo a manifestação positiva (aceitação) numa e negativa (renúncia) noutra, sem quebra do princípio da indivisibilidade da aceitação.

Assim, exemplificando, é possível que o herdeiro pós-morto que morreu sem ter exercido seu direito de aceitação tenha sido também titular de outros bens que adquiriu em vida. Dois patrimônios, pois. A lei dispõe que aquele direito de manifestação transmite-se aos seus sucessores, aceitando ou renunciando à herança, de acordo com sua conveniência. Caso decidam renunciar, cabe saber se estão renunciando apenas à herança que não houvera sido aceita pelo herdeiro pós-morto; a renúncia não alcançará o acervo patrimonial amealhado pelo herdeiro morto, do qual estes são, agora, os herdeiros.

E o raciocínio só pode pender nessa direção já que, quando da morte daquele herdeiro que não aceitara a primeira herança, dois acervos patrimoniais diferentes se apresentavam: um, que é o seu próprio patrimônio, isto é, do que ele é o autor; e outro que lhe foi deferido, mas a respeito do qual não chegou a se pronunciar, morrendo antes de aceitá-lo.

---

314 DINIZ, Maria Helena. Obra citada, p. 97.
315 *"Art. 125. Subordinando-se a eficácia do negócio jurídico à condição suspensiva, enquanto esta se não verificar, não se terá adquirido o direito, a que ela visa."*

São patrimônios distintos e, pois, heranças diferentes, em razão do direito hereditário, que não podem se confundir e, por isso mesmo, produzem efeitos dicotômicos, razão pela qual é possível afirmar – como dispõe o parágrafo sob comento – que os herdeiros deste falecido podem renunciar a uma das heranças, aceitando a outra, sem estar assim ferindo o princípio da indivisibilidade da herança.

Nesse sentido a doutrina esclarecedora e conclusiva de Arnoldo Wald: "Se, antes de ter aceito a herança, mas depois de aberta a sucessão, o herdeiro falece, transmite-se o direito de aceitar aos seus herdeiros. Evidentemente, os herdeiros do herdeiro só se poderão manifestar sobre a aceitação ou renúncia da herança em que ele era sucessor após aceitarem a sua herança, ou seja, a herança em que ele é sucedido. Assim, por exemplo, falecendo o pai e sendo herdeiro um de seus filhos, que morre depois da abertura do inventário sem ter aceito a herança, transmitindo os seus bens para os seus filhos, estes últimos não poderão aceitar a herança do avô em nome do pai, sem terem previamente aceito a herança paterna. Pode até ser considerada a aceitação da herança do avô como aceitação tácita da herança do pai."[316]

Art. 1.810. Na sucessão legítima, a parte do renunciante acresce à dos outros herdeiros da mesma classe e, sendo ele o único desta, devolve-se aos da subsequente.

Direito anterior – Art. 1.589 do Código Civil de 1916.

Art. 1.589. Na sucessão legítima, a parte do renunciante acresce à dos outros herdeiros da mesma classe, e, sendo ele o único desta, devolve-se aos da subsequente.

---

316 WALD, Arnoldo. Obra citada, p. 39.

Direito comparado – No direito francês (art. 786);³¹⁷ sem previsão legal do Código Civil português. No direito argentino (art. 3.810) e no direito uruguaio (artigo 1.044).

COMENTÁRIO

O dispositivo em questão é decorrência natural do estatuído no artigo anterior, ou seja, do princípio que o renunciante se considera nunca ter sido herdeiro.³¹⁸ A parte do renunciante acresce à dos outros herdeiros da mesma classe.

Assim, exemplifica Bevilacqua, se o *de cujus* tiver deixado filhos, e um deles renunciar, a parte do renunciante acrescerá aos outros; os netos e filhos do renunciante serão excluídos. Se concorrerem filhos e netos, a parte do filho renunciante aumenta o monte, que se há de repartir entre uns e outros, atendendo-se ao direito de representação, quanto aos netos. Se o renunciante for neto, a sua parte será devolvida aos seus irmãos e, na falta destes, aos outros herdeiros.³¹⁹

Sendo o único herdeiro da classe, ou se todos os demais também renunciarem, serão chamados à sucessão os sucessores da classe seguinte, recebendo por direito próprio e por cabeça, dividindo-se a herança em tantas partes quantos sejam eles.³²⁰

---

317 *"Art. 786. La part du renonçant accroît à ses cohéritiers; s'il est seul, elle est dévolue au degréee subséquent."*
318 *"**Renúncia da herança – Direito da Sucessões – Ato formal que se confunde com a desistência, para a qual a lei não prescreve forma especial**. Quem renuncia não aceita a herança e é como se não tivesse herdado. Quem desiste aceita-a e depois transfere sua cota, por liberalidade, a terceiro. Na renúncia, a lei dá destino à parte do renunciante (arts. 1.588 e 1.589 do CC); na desistência este destino é dado por quem desiste"* (JC, 54: 313).
319 BEVILACQUA, Clovis. Obra citada, p. 774.
320 *"**Renúncia à herança. Aceitação tácita antecedente. Inocorrência**. Se todos os filhos do autor da herança renunciam a seus respectivos quinhões, beneficiando a viúva, que era a herdeira subsequente, é incorreto dizer que a renúncia foi antecedida por aceitação tácita da herança* (STJ, 1ª T., REsp. nº 20.183-RJ, rel. Min. Humberto Gomes de Barros, m.v., j. em 1º.12.1993, *DJU* de 07.02.1994, p. 1.131).

Art. 1.811. Ninguém pode suceder, representando herdeiro renunciante. Se, porém, ele for o único legítimo da sua classe, ou se todos os outros da mesma classe renunciarem a herança, poderão os filhos vir à sucessão, por direito próprio, e por cabeça.

Direito anterior – Art. 1.588 do Código Civil de 1916.

Art. 1.588. Ninguém pode suceder, representando herdeiro renunciante. Se, porém, ele for o único legítimo de sua classe, ou se todos os outros da mesma classe renunciarem a herança, poderão os filhos vir à sucessão, por direito próprio e por cabeça.

Direito comparado – No Código Civil francês (art. 787)[321] e no Código Civil português (art. 2.042).[322]

COMENTÁRIO

O artigo em questão reproduziu integralmente o conteúdo do dispositivo constante no artigo 1.588 do Código Civil de 1916 e contém

---

E o comentário do casal Nery: "Havendo renúncia, o direito dela objeto acresce ao quinhão dos demais herdeiros da mesma classe (CC/ 1916, 1589; CC/1810). Sendo herdeiro único ou havendo renúncia de todos os herdeiros da mesma classe, como no caso do acórdão analisado, devolve-se aos herdeiros da classe subsequente (CC/1916, 1589 *in fine*; CC/1810). Como o falecido só tinha três filhos (renunciantes) e não possuía ascendentes (classe subsequente), o terceiro na vocação hereditária (classe subsequente à dos ascendentes) era o cônjuge (CC/1916, 1603, III; CC, 1829, III), de modo que o produto da herança foi destinado a ele, cônjuge, que é o herdeiro seguinte. A renúncia abdicativa, ou cessão gratuita em favor dos demais co-herdeiros, não importa aceitação da herança (CC/1916, 1582; CC 1805, § 2º). O ponto central do acórdão era a existência ou não do fato gerador do imposto de transmissão de propriedade por ato *inter vivos*. Decidiu o STJ que não era devido o imposto porque não houve transferência da propriedade dos bens do falecido à viúva, porque a renúncia à herança implicou a inexistência da aquisição, pelos filhos renunciantes, da propriedade da herança. Não se pode transferir o que não se tem. Correta a decisão do STJ" (*In:* NERY JUNIOR, N. e NERY, Rosa Maria de Andrade. Obra citada, p. 1.130).

---

321 "*Art. 787. On ne vient jamais par representation d'un héritier qui a renoncé: si le renonçant est seul héritier de son degrée, ou si tous ses cohéritiers renoncent, les enfants viennent de leur chef et succèdent part tête.*"

322 "*Art. 2.042. Na sucessão legal, a representação tem sempre lugar, na linha recta, em benefício dos descendentes de filho do autor da sucessão e, na linha colateral, em benefício dos descendentes de irmão do falecido, qualquer que seja, num caso ou noutro, o grau de parentesco.*"

dois princípios fundamentais: a) ninguém sucede herdeiro renunciante (regra geral que comporta exceções); e b) as exceções ao princípio geral quando se trata do único herdeiro de sua classe ou quando todos os outros da mesma classe renunciarem.[323]

A regra geral decorre do princípio segundo o qual o renunciante é estranho à sucessão e que encontra consagração máxima na máxima formulada pelo legislador francês no artigo 785 – *"L'héritier qui renonce est censé n'avoir jamais été héritier"* (O herdeiro que renuncia é considerado não ter jamais sido herdeiro). A renúncia, pois, provoca consequências quer em relação ao próprio renunciante, quer em relação aos demais herdeiros. E é nestas duas ordens de consideração que se esgota o conteúdo do artigo sob comento.

Relativamente ao próprio renunciante, a renúncia gera efeitos imediatos sobre o patrimônio do renunciante. Assim, o renunciante não tem mais nenhum direito sobre o espólio do *de cujus*: a transmissão de direito que se operara *de plano* pela morte se encontra retroativamente apagada. Da mesma forma, ele não está mais vinculado ao passivo. Ele deve, pois, se abster de qualquer manifestação sobre os bens hereditários.

Da mesma forma o seu patrimônio torna-se completamente autônomo em relação ao do *de cujus*. Daí decorre um renascer dos direitos pessoais e dos direitos reais que poderiam ter desaparecido quando da morte do *de cujus*, por confusão ou consolidação. Dessa forma, o renunciante pode exigir o pagamento de créditos que ele tinha junto

---

323 "***TESTAMENTO** – Irmãos instituídos herdeiros na falta de necessários – Renúncia da herança pela mãe da testadora – ação de filhos da renunciante – Improcedência – Interpretação e inteligência dos arts. 1.588 e 1.589 do CC – Caso de sucessão mista, legítima e testamentária ao mesmo tempo – Apelação não provida – Embargos infringentes rejeitados*. Prevalece a cláusula testamentária instituindo herdeiros universais na falta de herdeiro necessário e, se este renuncia, não há direito próprio de seu descendente" (*RT*, 555: 107). Ver, ainda: *RT,* 693: 131; *RT,* 575: 89.

ao *de cujus*, assim como está obrigado a saldar eventuais débitos em face do espólio.

E ainda, não mais pertencendo ao grupo de co-herdeiros, o princípio da igualdade não lhe é mais oponível, de sorte que ele não mais responde pelas liberalidades eventualmente recebidas como adiantamento da legítima (desde que, evidentemente, o valor da mesma não ultrapasse o montante da sua cota hereditária).[324]

Por isso, no *caput* do artigo comentado, o legislador afirma de forma peremptória que ninguém pode suceder representando herdeiro renunciante. Porque ele é considerado como se jamais tivesse sido herdeiro; logo, não há que se falar em representação de quem, por abstração jurídica, *jamais* herdou. Não tendo existência jurídica no mundo sucessório, não há que se falar em sua representação.

Mas a segunda parte abre aparente exceção ao princípio quando visualiza a hipótese de representação aparente, disse-se, porque, sendo o renunciante reputado não ter nunca herdado, não é dele, mas do *de cujus* diretamente, que os outros sucessores herdarão.[325] A devolução, nesse caso, se faz conforme a distinção que indica o artigo 1.811: ou bem o renunciante era o único chamado ("... *o único legítimo de sua classe*") e é aos herdeiros do grau ou da ordem subsequente que sua parte será devolvida, ou bem todos os herdeiros renunciam ("... *todos*

---

[324] Nesse sentido, o disposto no artigo 845 do *Code Civil*: "*L'héritier qui renonce à la succession, peut cependant retenir le don entre vifs, ou réclamer le legs à lui fait, jusqu'à concurrence de la portion disponible.*"

[325] "*A renúncia de todos os herdeiros da mesma classe, em favor do monte, não impede seus filhos de sucederem por direito próprio ou por cabeça. Homologada a renúncia, a herança não passa à viúva, e sim aos herdeiros remanescentes. Esta renúncia não configura doação ou alienação à viúva, não caracterizando o fato gerador do ITBI, que é a transmissão da propriedade ou do domínio útil de bens imóveis*" (STJ, REsp. nº 36.076, rel. Min. Garcia Vieira, j. em 03.12.1998).

os outros da mesma classe...") devolvendo a herança inteira à classe subsequente.

Se o renunciante é o único herdeiro de sua classe, a renúncia acarreta desaparecimento de toda uma categoria de herdeiros. Em desaparecendo todo um grau de herdeiros (filho único em relação ao pai morto), devolve-se a sucessão ao grau imediatamente subsequente. No exemplo citado, se renuncia o filho único em relação à sucessão do pai, são chamados à sucessão os netos do *de cujus*. Ou seja, os netos não estão representando o herdeiro renunciante mas, na realidade, estão herdando diretamente do *de cujus*.

Igualmente, se todos os herdeiros de uma classe renunciarem (todos os filhos do *de cujus*), desaparece toda uma categoria de herdeiros, e é chamada a classe subsequente que herdará por direito próprio e por cabeça.

Os sucessores do *de cujus*, em decorrência da renúncia, repita-se, e não sucessores do renunciante, herdam não por causa do renunciante, mas em decorrência da lei que assim quer. Daí resulta, igualmente, que pode ocorrer um acréscimo forçado, na medida em que os herdeiros que já aceitaram a herança não podem recusar o suplemento que lhes advém por força da renúncia. É o efeito da indivisibilidade da herança que, ainda uma vez, se impõe.

Art. 1.812. São irrevogáveis os atos de aceitação ou de renúncia da herança.

    Direito anterior – Art. 1.590 do Código Civil de 1916.
    Art. 1.590. É retratável a renúncia, quando proveniente de violência, erro ou dolo, ouvidos os interessados. A aceitação pode retratar-se, se não resultar prejuízo a credores, sendo lícito a estes, no caso contrário, reclamar a providência referida no art. 1.586.

Direito comparado – No Código Civil francês (art. 783)[326] e no Código Civil português (arts. 2.061 e 2.066).[327] No direito uruguaio (art. 1.060).

COMENTÁRIO

Enquanto a disposição constante no Código de 1916 permitia a retratação da renúncia (quando decorrente de violência, erro ou dolo)[328] e da aceitação (desde que não acarretasse prejuízo aos credores), o novo Código não abre folgas ao, agora, princípio dominante, declarando categoricamente que tanto a aceitação quanto a renúncia são atos irrevogáveis.

Resgata-se, assim, tendência que já se afirmava – ao menos doutrinariamente – no direito sucessório brasileiro: os atos são irrevogáveis, dado que a firmeza e a seriedade das relações jurídicas oriundas da sucessão assim o exigem. Imagine-se a insegurança e a permanente dúvida geradas por situações que podem ser, a qualquer momento, revogáveis.

O direito não poderia agasalhar situação de tal fragilidade se levarmos em consideração o interesse de terceiros em face do espólio.

---

326 "*Art. 783. Le majeur ne peut attaquer l'acceptation expresse ou tacite qu'il a faite d'une succession, que dans le cas où cette acceptation aurait été la suite d'un dol pratiqué envers lui: il ne peut jamais réclamer sous prétexte de lésion, excepté seulement dans le cas où la succession se trouverait absorbé ou diminuée de plus de la moitié, par la découverte d'un testament inconnu au moment de l'acceptation.*"

327 "*Art. 2.061. A aceitação é irrevogável.*"
"*Art. 2.066. O repúdio é irrevogável.*"

328 "*Herança – Renúncia – Retratação – Vias ordinárias – Agravo não provido. Somente pelas vias ordinárias é possível a retratação de renúncia de herança por motivo de erro*" (*RF*, 268: 221). Ver, ainda: *RF*, 266: 192; *RT*, 513: 124; *RT*, 333: 194; *RT*, 427: 237.
Resgate-se, como apontaram Jones Figueirêdo Alves e Mário Luiz Delgado (Obra citada) que: "É claro que havendo violência, erro, dolo, ou qualquer outro vício de consentimento, tanto a aceitação como a renúncia poderão ser invalidadas. Mas, nessa hipótese, já não estaremos falando em retratação e sim em invalidação do ato por sua anulabilidade" (Obra citada, p. 928).

"O que o novo dispositivo afirma – e sem nenhuma concessão a qualquer exceção – é que a aceitação e a renúncia fixam, definitivamente, sobre a pessoa do autor, a qualidade de herdeiro ou legatário, a qual é indivisível e incompatível com a situação de aceitante em relação a uns e de renunciante em relação a outros, bem como a propriedade de sua cota na herança, ou nas coisas legadas, cuja transmissão não pode, desde então, se operar através de acréscimo ou de devolução. Daí se conclui que a aceitação é irrevogável em relação a todos e que uma renúncia posterior – simples ato de abandono que não pode provocar nenhum direito a terceiros – é sem valor.

Vinculando os dois atos, aceitação e renúncia, num só dispositivo, o legislador não só garantiu – via irrevogabilidade – a repercussão de efeitos de um ato sobre o outro, como também colocou no mesmo patamar a ocorrência da manifestação de vontade do titular de direitos sucessórios, cerceando-lhe qualquer possibilidade de arrependimento, inadmissível nessas matérias.[329]

Por isso, o legislador português, nos pré-citados artigos, refere-se indiferentemente às duas espécies de atos, gravando-os, "com a maior secura possível",[330] com o princípio da irrevogabilidade da aceitação e da renúncia.

A lei garante aos herdeiros ampla possibilidade de posicionamento do herdeiro em face da aceitação da herança, quando da abertura da sucessão. E, da mesma forma, garante-lhe a possibilidade de renunciá-la.

---

329 *"Agravo de Instrumento. Renúncia à herança. Retratação da aceitação. Descabimento. Penhora nos autos por crédito trabalhista. Tendo o agravante realizado atos próprios da qualidade de herdeiro, é irrevogável a aceitação da herança (art. 1.812 do CC), sendo nula a renúncia posterior, mesmo que homologada judicialmente, mormente se resulta prejuízo a credores"* (TJRS, AI nº 70.006.881.312, rel. Des. José Ataides Siqueira Trindade, j. em 04.12.2003).
330 PIRES DE LIMA e ANTUNES VARELA. Obra citada, p. 103.

Mas, uma vez tomada a decisão, a lei quer, do herdeiro, coerência na manutenção da opção com vistas à segurança fundamental no comércio jurídico.

Ao que a lei visa, persegue e pretende é, acima de tudo, "conceder a maior liberdade de opção aos sucessíveis chamados, sem exceção da sucessão legitimária, para *aceitarem* ou *repudiarem* a herança.

Simplesmente, uma vez *aceita* ou *repudiada* a herança, dentro desse clima de plena liberdade concedida ao chamado, entende-se que este já não deve poder voltar atrás, já não deve retroceder na decisão tomada. É que o sucessível chamado dispõe sempre do período de tempo necessário a um perfeito esclarecimento sobre o real conteúdo da herança e uma ponderada reflexão sobre os efeitos da sua resposta ao chamamento que lhe é feito.

Por outro lado, são *evidentes* os graves inconvenientes, sobretudo de ordem prática, que teria o comércio jurídico e os frequentes protestos que suscitaria a cada passo um regime diferente do que foi expressamente consagrado, quer neste artigo 2.066, para o repúdio, quer no artigo 2.061, para a aceitação".[331]

Art. 1.813. Quando o herdeiro prejudicar os seus credores, renunciando à herança, poderão eles, com autorização do juiz, aceitá-la em nome do renunciante.

§ 1º A habilitação dos credores se fará no prazo de trinta dias seguintes ao conhecimento do fato.

§ 2º Pagas as dívidas do renunciante, prevalece a renúncia quanto ao remanescente, que será devolvido aos demais herdeiros.

---

[331] PIRES DE LIMA e ANTUNES VARELA. *Idem*, p. 112.

Direito anterior – Art. 1.586 do Código Civil de 1916.

Art. 1.586. Quando o herdeiro prejudicar os seus credores, renunciando a herança, poderão eles, com autorização do juiz, aceitá-la em nome do renunciante.

Nesse caso, e depois de pagas as dívidas do renunciante, o remanescente será devolvido aos outros herdeiros.

Direito comparado – No Código Civil francês (art. 788)[332] e no Código Civil português (art. 2067).[333] No direito argentino (arts. 3.351 e 3.352) e no direito uruguaio (art. 1.066).

COMENTÁRIO

O artigo 1.813 materializa a situação excepcional da aceitação da herança (na realidade, trata-se de pedido de declaração de ineficácia)[334] pelos credores do repudiante como simples meio de tutela do direito comum de garantia dos credores sobre o patrimônio do devedor.[335] A

---

[332] *"Art. 788. Les créanciers de celui qui renonce au prejudice de leurs droits, peuvent se faire autoriser en justice à accepter la succession du chef de leur débiteur, en son lieu et place.*
Dans ce cas, la renonciation n'est annulée qu'en faveur des créanciers, et jusqu'à concurrence seulement de leurs créances: elle ne l'est pas au profit de l'héritier qui a renoncé."

[333] *"Art. 2.067. 1. Os credores do repudiante podem aceitar a herança em nome dele, nos termos dos artigos 606 e seguintes.*
2. A aceitação deve efectuar-se no prazo de seis meses, a contar do conhecimento do repúdio.
3. Pagos os credores do repudiante, o remanescente da herança não aproveita a este, mas aos herdeiros imediatos."

[334] "A esse instituto a lei, no *caput* do CC/1813, chama impropriamente de 'aceitação' da herança pelo credor, o que é na verdade pedido de declaração de ineficácia. Isto porque a renúncia se opera entre o renunciante e os demais herdeiros, apenas não produzindo efeitos contra o credor prejudicado que assim o requerer. Este não pode ´aceitar` o que já foi objeto de renúncia. O *direito* (aceitar ou repudiar) já foi exercido pelo herdeiro." Nelson Nery Junior e Rosa Maria de Andrade Nery. Obra citada, p. 1.133.

[335] *"Inventário. Habilitação de crédito e aceitação de herança em nome do herdeiro renunciante. Ausência de concordância dos demais herdeiros. Remessa do pedido às vias ordinárias. Regra expressa no art. 1.018, CPC. Reserva de bens em nome do credor. Cabimento. Crédito documentalmente demonstrado. Quitação não alegada. Recurso parcialmente provido"* (TJSP, AI nº 497.388-4/5, rel. Des. Galdino Toledo Junior, j. em 10.04.2007).

sub-rogação dos credores, referida no artigo sob comento, pode ser encarada como uma "exceção à pessoalidade".[336]

O repúdio à herança, como vimos, provoca o afastamento de certos bens, que, se aceita a herança, integrariam o patrimônio do sucessível. Ora, o repúdio pode acarretar prejuízo para os credores do repudiante que veem frustrada sua expectativa de realizar seu crédito na herança. E exatamente para contornar essa situação injusta é que o dispositivo em questão minora os efeitos negativos decorrente da renúncia.[337]

O que o artigo prevê é a atribuição aos credores de meios de reação contra a renúncia, que materializa um comprometimento de sua garantia. Através da sub-rogação os credores do repudiante não ficam inibidos de se fazer pagar pelos bens da herança.

Nesse sentido, o preciso exemplo citado pelos juristas portugueses: "*A* falece, com um patrimônio avultadíssimo de muitos milhares de contos, deixando como sucessíveis mais próximos três filhos (*B*, *C* e *D*).

C e *D* aceitam prontamente a herança, ao contrário de *B*, que a repudia, pela simples razão de que, não possuindo bens penhoráveis e sendo devedor de um vultosíssimo empréstimo que *E* lhe fez, sabe de antemão que o seu quinhão na herança paterna seria absorvido pelo crédito de *E*.

---

336 ASCENSÃO, José de Oliveira. Obra citada, p. 432.
337 "*HERANÇA – Renúncia – Aceitação por credor em nome do herdeiro renunciante – Inadmissibilidade – Pedido formulado após o julgamento da partilha sem interposição de recurso como terceiro prejudicado – Trânsito em julgado operado – Nulidade fundada em eventual fraude contratual dos credores a ser postulada em ação própria – Inteligência do art. 1.586 e aplicação dos arts. 106 e 1.805 do CC*. O pedido de aceitação da herança por credor de herdeiro renunciante formulado após o julgamento da partilha não pode ser concedido se não interposto recurso na qualidade de terceiro prejudicado, deixando ocorrer o trânsito em julgado. Eventual nulidade da partilha homologada fundada em fraude contra credores somente poderá ser pleiteada em ação própria" (RT, 639: 85).

E entre a satisfação do crédito de *E,* consequência inevitável da sua aceitação, e a devolução de toda a herança aos seus irmãos, resultante do seu repúdio, prefere decididamente esta solução.

A ação sub-rogatória concedida ao credor *E* é, incontestavelmente, um meio justo de proteção dos legítimos interesses do credor prejudicado pelo repúdio de *B*.

Simplesmente, uma vez pago o crédito de *E* (um terceiro, estranho à família de *A* e ao núcleo dos seus sucessíveis), na sequência da ação que a lei lhe concedia (era a regra constante no Código português de 1867), nada justificaria que o remanescente da herança ficasse nas mãos do credor, nem sequer que ele regressasse ao poder do repudiante, como se ele, depois do ato censurável que praticou, merecesse o prêmio excepcional da revogabilidade do seu ato".[338]

O Código Civil ocupa-se da matéria no artigo 1.813 (como já o fizera no artigo 1.586 do Código de 1916) identificando a faculdade nele concedida aos credores pessoais do sucessível como um fenômeno de sub-rogação. A renúncia, pois, acarreta o desaparecimento de um sucessível e gera, subsequentemente, o surgimento de dois novos atores, os credores e os herdeiros subsequentes. É em torno desses novos atores que vão se desenrolar as hipóteses previstas nos parágrafos 1º e 2º do artigo sob análise.

O artigo 1.813 resgata a ocorrência de dois traços fundamentais que merecem reflexão: a) não é preciso que o herdeiro renuncie de má-fé, com intenção de fraudar; basta que a renúncia cause prejuízo aos seus credores; logo, afastamento do recurso à ação pauliana e admissão direta da aceitação da herança pelos credores, mas em nome do chama-

---

338 PIRES DE LIMA e ANTUNES VARELA. Obra citada, pp. 113-114.

do, embora ao arrepio da vontade declarada nele e sem esquecer mesmo a declaração de renúncia por ele emitida. "Para anular a renúncia", já dissera Bevilacqua, "não exige o Código Civil que o credor proponha ação pauliana ou revocatória".[339]

É que o credor do herdeiro não vai acatar a herança (por isso não há que se falar em ação pauliana) mas é admitido (excepcionalmente, frisou-se) a aceitar a sucessão, em nome do renunciante, apesar de já ter ocorrido a renúncia. É o que se diz expressamente no parágrafo 1º do artigo 1.813 e se ajusta à ideia de substituição do credor ao devedor que preside à sub-rogação, embora o legislador, cautelosamente, tenha empregado o termo "habilitação" dos credores (contra "aceitação" do nº 2 do artigo 2.067 do Código Civil português).

b) a coerência com que os efeitos da aceitação – facultada aos credores estranhos à sucessão, mas em exclusiva tutela do seu crédito – são fixados no parágrafo 2º do artigo 1.813, mantendo reverter o remanescente da herança, depois de pagos os credores aceitantes, não ao sucessível chamado, em nome de quem a herança foi aceita (porque ele *repudiou* e o ato de *repúdio*, longe de ter sido anulado, foi apenas ladeado ou contornado pela aceitação dos credores), mas em proveito dos herdeiros imediatos, se eles aceitarem o chamamento que lhes é feito.[340]

É que, uma vez obtido o pagamento dos credores sub-rogantes, o que restar da herança não cabe ao repudiante, mas aos sucessíveis, a quem, por efeito do repúdio, a herança seja deferida. Assim dispõe o §

---

339 BEVILACQUA, Clovis. Obra citada, p. 769.
340 Nesse segundo traço fundamental utilizou-se o argumento de Pires de Lima e Antunes Varela (obra citada, p. 115) quando examinam o conteúdo do nº 3 do artigo 2.067 do Código Civil português.

2º do artigo 1.813. Ou seja, a renúncia não é afetada, pois o renunciante não recebe o remanescente da herança, o que implica, por outro lado, que subsiste a aceitação do sucessível subsequente.

Ainda que a doutrina unânime se refira à sub-rogação dos credores, na realidade, a faculdade atribuída pelo artigo 1.813 configura-se como uma figura situada a meio caminho da sub-rogação e da ação pauliana.[341]

Ao que o legislador visou foi "assegurar aos credores do repudiante um meio de ver concretizada a sua razoável *esperança* de, à custa do patrimônio hereditário que ao seu devedor viesse a caber, satisfazerem, em tempo oportuno, os seus direitos.

O repúdio do devedor frustra tal esperança. Por isso, os credores do repudiante, através deste meio que a lei qualifica de sub-rogação, são admitidos a pagar-se por tais bens, como se eles tivessem entrado no patrimônio do seu devedor.

---

341 Nesse sentido a doutrina de Luis A. Carvalho Fernandes, obra citada, p. 255.

CAPÍTULO V
DOS EXCLUÍDOS DA SUCESSÃO

Art. 1.814. São excluídos da sucessão os herdeiros ou legatários:

I – que houverem sido autores, co-autores ou partícipes de homicídio doloso, ou tentativa deste, contra a pessoa de cuja sucessão se tratar, seu cônjuge, companheiro, ascendente ou descendente;

II – que houverem acusado caluniosamente em juízo o autor da herança ou incorrerem em crime contra a sua honra, ou de seu cônjuge ou companheiro;

III – que, por violência ou meios fraudulentos, inibirem ou obstarem o autor da herança de dispor livremente de seus bens por ato de última vontade.

Direito anterior – Art. 1.595 do Código Civil de 1916.

Art. 1.595. São excluídos da sucessão (arts. 1.708, IV, e 1.741 a 1.745) os herdeiros ou legatários:

I – que houverem sido cúmplices em crime de homicídio voluntário, ou tentativa deste, contra a pessoa de cuja sucessão se tratar;

II – que a acusaram caluniosamente em juízo, ou incorreram em crime contra a sua honra;

III – que, por violência ou fraude, a inibiram de livremente dispor dos seus bens em testamento ou codicilo, ou lhe obstaram a execução dos atos de última vontade.

Direito comparado – No Código Civil francês (art. 727)[342] e no Código Civil português, onde o tema vem inserido na seção intitulada "Capacidade

---

342 *"Art. 727. Sont indignes de succéder, et, comme tells, exclus des successions:*
1º Celui qui sera condamné pour avoir donné ou tenté de donner la mort au défunt;

Sucessória" (art. 2.034).[343] No direito argentino (art. 3.291) e no direito uruguaio (art. 842).

Leitura complementar:
AMORÓS, Cirilo Genovês. "Desheredación y las reservas". *In: Revista de Derecho Privado*, 1947; ASCENSÃO, José de Oliveira. *As actuais coordenadas do instituto da indignidade sucessória.* Lisboa, 2000; BARBOSA FILHO, Marcelo Fortes. *A indignidade no direito sucessório brasileiro.* São Paulo: Malheiros, 1996; BARROS, Flávio Augusto Monteiro de. *Manual de Direito Civil: Família e Sucessões.* 2. ed., São Paulo: Método, 2006; CATEB, Salomão de Araújo. *Deserdação e indignidade no direito sucessório brasileiro.* Belo Horizonte: Del Rey, 2004; CRUZ, Branca Martins da. *Reflexões críticas sobre indignidade e deserdação.* Coimbra, 1986; ESCOBAR, Maria José Mena-Bernal. *La indignidad para suceder como figura de exclusionde herencia em el Código Civil español.* Valencia: Tirant lo Blanch, 1995; ESCOBAR, Maria José Mena-Bernal. "Sentido histórico de la indignidad para suceder". *In: Revista Critica de Derecho Imobiliário.* Madrid, n° 623, pp. 1.085-1.090; FERNANDEZ, Luis Valterra. "Estúdio critico de la desheredación: su relación com otras figuras jurídicas". *In: Información jurídica*, n° 125; GARCIA, Marco Túlio Murano. "Herdeiro aparente". *In: RT*, 767: 725; GATTI, Hugo E. "La indignidad para suceder. Estúdios de derecho sucessório". Montevideo: *Revista de la Facultad de Derecho*, 1950; GIL, Félix Hernández. "La rahabilitación del indigno". *In: Revista de Derecho Privado*, XLVI, 1962, pp. 285-307; GIL, Félix Hernández. "La indignidad sucesoria: naturaleza jurídica, declaración judicial y efectos". *In: Revista de Derecho Privado*, XLV, 1961;

2° *Celui qui a porté contre le défunt une accusation capital jugée calomnieuse;*
3° *L'héritier majeur qui instruit du meurtre du défunt, ne l'aura pas dénoncé à la justice."*

343 *"Art. 2.034. Carecem de capacidade sucessória, por motivo de indignidade:*
a) O condenado como autor ou cúmplice de homicídio doloso, ainda não consumado, contra o autor da sucessão ou contra o seu cônjuge, descendente, ascendente, adoptante ou adoptado;
b) O condenado por denúncia caluniosa ou falso testemunho contra as mesmas pessoas, relativamente a crime a que corresponda pena de prisão superior a dois anos, qualquer que seja a sua natureza;
c) O que por meio de dolo ou coação induziu o autor da sucessão a fazer, revogar ou modificar o testamento, ou disso o impediu;
d) O que dolosamente subtraiu, ocultou, inutilizou, falsificou ou suprimiu o testamento, antes ou depois da morte do autor da sucessão, ou se aproveitou de algum desses fatos."

JOSSERAND, Louis. *Derecho Civil – Les sucesiones legales*. Buenos Aires: Boch y Cia. Editores, 1951; LAPUENTE, Sergio Cámar. *La exclusion testamentária de los herederos legales*. Madrid: Civitas, 2000; MORAES, Walter. *Programa de Direito das Sucessões. Teoria geral e sucessão legítima*. 2. ed., São Paulo: Revista dos Tribunais, 1980; PONSARD, André. *Quelques remarques sur les clauses d'éxhérédation. Mélanges offertes à Voirin*. Paris: Dalloz, 1987; PORTO, Mário Moacyr. *Teoria da aparência e herdeiro aparente. Ação de responsabilidade civil e outros estudos*. São Paulo: Revista dos Tribunais, 1966; RIZZARDO, Arnaldo. *Teoria da aparência*. AJ 248:223; SALVESTRONI, Umberto. *IL problema dell`indegnità di succedere*. Padova: Cedam, 1970; SALIS, Lino. "L'indegnità a succedere". *In: Rivista trimestrale di diritto e proccesso civile*, 1957; SCHIEFLER, Rui Carlos Kolb. "Dos excluídos da sucessão'. *In:* FREITAS, Douglas Phillips (Coord.). *Curso de Direito das Sucessões*. Florianópolis: Vox Legem, 2007, pp. 65-85.

COMENTÁRIO

Comparando-se o disposto no artigo 1.595 do Código Civil de 1916 com o disposto no artigo 1.814 do atual Código Civil constata-se que nenhuma inovação substancial ocorreu entre os dois Códigos (salvo, evidentemente, o acréscimo da palavra *companheiro*, no *caput* do artigo e seus incisos). Em ambos se encontra a nítida intenção da reação que na lei desperta a prática de certos atos contra o autor da herança ou seus parentes mais próximos.

A indignidade, aqui tratada pelo legislador, é a destituição do direito de suceder ao herdeiro que se conduziu mal em relação ao *de cujus*. A origem do instituto remonta ao direito romano imperial que arrolava como causas de indignidade (*indignitas*) capazes de afastar o herdeiro da herança, por exemplo: ter morto o *de cujus*; não perseguir judicialmente os assassinos do *de cujus*; alienar em vida do *de cujus*, e sem que este saiba, a herança, ou parte dela; falsificar, em benefício próprio, disposição testamentária; ou agir dolosamente ou com violência, para impedir que o *de cujus* faça testamento, ou modifique o já elaborado.[344]

O que caracterizava a *indignitas* no direito romano, ao contrário do que ocorre no direito moderno, é que, outrora, era promovida a declaração oficialmente e da pena aproveitava o fisco, de onde resultava a erepção, a confiscação da herança, além da morte civil do infrator. O fisco se apoderava (*eripere*) dos bens hereditários (daí se dando a denominação de *ereptorium* aos bens assim adquiridos).

Modernamente, o Estado só pode intervir quando é herdeiro (na ordem de vocação hereditária), pois só ao interessado direto na sucessão cabe a faculdade de acionar.

A indignidade não se baseia numa razão objetiva, mas numa circunstância eminentemente subjetiva, traduzida numa atitude de repúdio da lei pelos fatos graves cometidos pelo herdeiro contra o autor da herança. E, contrariamente, à incapacidade, é uma pecha, uma pena, uma sanção civil, enquanto aquela é um fato, um obstáculo. A incapacidade é a falta de aptidão para adquirir direitos, enquanto a indignidade é a perda desta aptidão por culpa do beneficiado.

Sua natureza jurídica é muito controvertida. A maioria da doutrina entende tratar-se de uma pena privada, mas há quem a visualiza como uma incapacidade de gozo, relativa e de sanção. Na realidade, é uma sanção civil e não há como confundir com a incapacidade.

São realidades distintas.[345]

---

344 ALVES, José Carlos Moreira. Obra citada, p. 529.
345 *"HERANÇA – Deserdação e exclusão por indignidade – Distinções – Inteligência do art. 1.595 do CC – Ação para excluir o pai do* de cujus *– Improcedência – Apelação improvida. Deserdação e exclusão por indignidade são institutos que não se confundem. A deserdação depende de ato da vontade do autor da herança. A exclusão da sucessão por indignidade é disciplinada no art. 1.595 do CC"* (*RT*, 532: 199-200). Ver, ainda: *RT*, 620: 154; *RT*, 630: 85; *RT*, 630: 86.

Incorrem em indignidade tanto os herdeiros legítimos como os sucessores irregulares ou ilegítimos, os universais e os singulares, os que herdam por força da lei e os favorecidos em testamento. É o que declara o artigo 1.814 do Código Civil quando, no seu *caput*, declara, explicitamente, *"são excluídos da sucessão os herdeiros ou legatários"*.

Não satisfeito com a amplitude do artigo abrangendo todos os que adquirem *causa mortis,* o legislador pátrio ainda retorna à matéria no artigo 1.939, IV (esclarece caducar o legado se o legatário for excluído da sucessão, nos termos do art. 1.814), e os artigos 1.962 e 1.963 acrescentam que podem ser privados de sua legítima, ou deserdados, todos os que praticarem os atos de que resulta em geral a indignidade.

A indignidade não se confunde com a deserdação, embora ambos os institutos tenham a mesma finalidade: punir quem agiu contra o *de cujus.*

Diversos são os pontos distintos entre as duas figuras afins (quanto ao seu escopo) mas não se confundem, já que a) a indignidade, cominada na lei, independe da vontade do *de cujus,* aplicando-se a todos os herdeiros na sucessão legítima, enquanto a deserdação é ato de vontade do testador atingindo os herdeiros necessários (descendentes, ascendentes e cônjuge sobrevivente), facultativos e os testamentários; b) a indignidade é peculiar à sucessão legítima, embora possa também alcançar o legatário (art. 1.814); enquanto a deserdação, como manifestação da vontade do *de cujus*, só se verifica na sucessão testamentária, na qual constam o motivo e o fundamento da exclusão (arts. 1.962 e 1.963); c) a indignidade repousa na vontade presumida do *de cujus*, que, certamente, não gostaria que sua herança fosse recolhida por herdeiro que agiu indignamente; enquanto a deserdação corresponde à efetiva vontade do *de cujus,* que, através de motivo fundamentado (arts. 1.962 e 1.963), exclui o herdeiro; d) na indignidade, nem sempre os motivos determinantes da exclusão são anteriores à morte do *de cujus*; na deserdação, os motivos determinadores da exclusão são anteriores à morte do *de cujus*, por isso vêm indicados no testamento; e) os motivos da indignidade são válidos para a deserdação, mas nem todos os motivos da deserdação configuram a indignidade.

O artigo 1.814 enumera três casos de indignidade: autoria ou co-autoria em homicídio doloso; acusação caluniosa ou crime contra a honra do *de cujus*; emprego da violência ou meios fraudulentos na manifestação de vontade do *de cujus*. E somente os casos indicados autorizam a exclusão por indignidade.[346] Logo, trata-se de enumeração taxativa, hipóteses *numerus clausus*.[347]

Com efeito, o artigo se refere a três motivos:

– *Atentado contra a vida:* crime de homicídio ou tentativa deste;

– *Fama:* acusação caluniosa ou crime contra a honra;

– *Liberdade:* inibição na livre manifestação de vontade.

Ao inciso primeiro corresponde a mais grave de todas as causas: homicídio doloso (tentado ou consumado) contra a pessoa do *de cujus*, mas, agora, igualmente, ao cônjuge, companheiro, ascendente ou descendente.[348] "Crucial mudança se verifica na ampliação dada pelo legis-

---

346 Ver, nesse sentido: *RT*, 630: 86; *RT*, 683: 216.
347 "*Declaração de indignidade de herdeiro. Carência de ação por impossibilidade jurídica do pedido.* As causas que autorizam a exclusão de herdeiro ou legatário da sucessão estão taxativamente enumeradas no art. 1.595 do CCB (1.814), constituindo numerus clausus, e não admitem interpretação extensiva. Nelas não se enquadra o pretenso abandono material que o réu teria praticado em relação ao autor da herança. Negaram provimento" (TJRS – Apelação Cível nº 70003186897, 7ª CC, Tribunal de Justiça do RS, rel. Des. Luiz Felipe Brasil Santos, j. em 27.02.2002).
348 "*Ação Ordinária – Declaração de indignidade e exclusão da sucessão. Esposa que é denunciada como partícipe mandante do assassinato do marido.* Filhos menores que são representados pelo avô paterno a quem se deferiu judicialmente a tutela dos netos. Legitimidade de parte. Carência da ação repelida. Procedência do pedido. Apelação. Suspensão do curso do processo

lador aos tipos de ofendidos pelos atos de indignidade, não se limitando mais a ofensa determinativa da indignidade apenas ao autor da herança, mas, ao revés, passa a alcançar também, como ofendidos, seu **cônjuge, companheiro, ascendente** ou **descendente**."[349]

Não tem importância o móvel do crime; pouco importa se cometido por excesso de cobiça ou com o intuito de precipitar o gozo do espólio: a pena é cominada para o assassínio em geral.[350]

---

determinada em segunda instância. Julgamento da ação penal. Condenação da ré na instância criminal a 18 anos de reclusão. Retomada do curso do Processo Cível. Recursos improvidos.
1. Os filhos menores devidamente representados por tutor, órfãos do pai, assassinado a mando e participação de sua esposa, são parte legítima para promover ação ordinária visando a excluir da sucessão, com declaração de indignidade, a mãe que, de forma insensível e condenável, participa do assassinato do pater-famílias.
2. Morto o progenitor e presa a mãe co-autora do homicídio, incensurável conduta do Dr. Juiz que, em sentença fundamentada, confere o encargo de tutor provisório dos menores impúberes ao avô paterno.
3. A indignidade, que na acepção técnico-jurídica é uma pecha e consequente pena civil que sobre si atrai a pessoa que olvidando os sentimentos de afeição, respeito, acatamento, amor e amizade participa do homicídio ou sua tentativa contra aquele de quem é herdeiro – justifica a sua exclusão da cadeia sucessória.
4. A condição de esposa não isenta a apelante da sua exclusão nos direitos sucessórios do marido. Incorrem em indignidade tanto os herdeiros legítimos como os sucessores irregulares ou ilegítimos, os universais e os singulares, os que recebem por força da lei e os aquinhoados em testamento, vale dizer, todos os que possam adquirir causa mortis.
5. Comprovado nos autos, inclusive pela decisão do tribunal do júri, que a esposa do de cujus participou ativamente do homicídio do seu marido, para se proclamar judicialmente a indignidade, desnecessária a indagação de seus motivos, sendo despiciendo provar que o fato típico, antijurídico e culpável não tenha sido cometido por excesso de cobiça ou com o intuito de precipitar o uso e gozo do patrimônio do espólio.
6. Como o destacado por Carlos Maximiliano, a pena civil da indignidade é cominada para o homicídio em geral. É simplesmente o caso a que se aplica o provérbio jurídico alemão 'blutige hand nimmt kein erbe' (mão ensanguentada não apanha herança), ou a apóstrofe recolhida pelos expositores do direito francês e posta pelo escritor Corneille na boca de Simeão, orador do tribunato: 'On n'hérite pas de ceux qu'on assassine' (Ninguém herda dos que assassina). Recursos improvidos. Decisão: não especificado." (TJPR – Ap. Cível nº 4.781, Londrina, 1ª Câmara Cível, rel. Otto Sponholz, DJ de 17.06.1987).

349 FRANÇA, Adiel da Silva. "Dos excluídos da sucessão". *In:* Regina Ghiaroni (Coord.) *Direito das Sucessões*, p. 44 (Rio de Janeiro: Freitas Bastos, 2004).
350 "***SUCESSÃO – Exclusão de herdeiro por indignidade – Cônjuge supérstite – Admissibilidade – Mulher que participa, como mandante, do homicídio do marido – Comprovação nos autos***

Nesse sentido, os provérbios colhidos no direito alienígena e que refletem com intensidade a gravidade da sanção: o provérbio jurídico alemão – *"blutige Hand nimmt kein Erbe"* ("mão ensanguentada não apanha herança") ou a apóstrofe recolhida pelos redatores do Código Civil francês e posta, pelo escritor Corneille, na boca de Simeão, orador do Tribunato – *"on n'hérite pas de ceux qu'on assassine"* ("não se herda daqueles que se assassina").

A lei se refere a homicídio doloso. Reportando-se ao crime voluntário (doloso), não se pune aí o homicídio culposo.

A prova do fato e da culpabilidade faz-se no decurso da ação, no foro comum, e, contrariamente ao sistema sucessório francês, não é fundamental que o indigno haja sido condenado no juízo criminal: mas, se ali foi absolvido, não mais pode ser declarado indigno.[351] Indigno, como quer Pereira,[352] é o que comete o fato e não quem sofre a condenação penal.

---

inclusive por decisão da instância criminal – Desnecessidade de indagação dos motivos do crime – Inteligência e aplicação dos arts. 1.525, I, e 1.611,
§ 1º do CC – Ação proposta por filho menor devidamente representado por avô e tutor judicial por se encontrar em situação irregular – Legitimidade ad causa. Ação ordinária. Declaração de indignidade e exclusão da sucessão. Esposa que é denunciada como partícipe mandante do assassinato do marido. Filhos menores que são representados pelo avô paterno, a quem se deferiu judicialmente a tutela dos netos. Legitimidade de parte. Carência da ação repelida. Procedência do pedido. Apelação. Suspensão do curso do processo determinada em segunda instância. Julgamento da ação penal. Condenação da ré na instância criminal a dezoito anos de reclusão. Retomada do curso do processo cível. Recursos improvidos" (Wilson Bussada. *Direito sucessório interpretado pelos Tribunais*, vol. 2, p. 1.245). Ver, ainda, do mesmo autor: vol. 2, p. 703; vol. 4, p. 2.452; vol. 4, p. 2.642; e, na *RTJE*, vol. 5, 1978, p. 349.

351 "**Sucessão – Exclusão de herdeiro por indignidade** – Ação proposta contra o filho do falecido sob a alegação de ter sido o mandante do assassinato do pai – Réu, porém, absolvido criminalmente – Impossibilidade de rediscussão no Cível quanto à existência do fato ou quem seja seu autor – Improcedência mantida – Aplicação do art. 1.525 do CC" (TJSP – *RT*, 630:85).
352 PEREIRA, Caio Mário da Silva. Obra citada, p. 30.

Da mesma forma, a extinção da pena no juízo criminal não elide a exclusão por indignidade. É que vigora em nosso direito o princípio da independência da responsabilidade civil em relação à penal, de forma que não mais se poderá questionar sobre a existência do fato (isto é, do crime e suas consequências) ou quem seja o seu autor, quando estas questões se encontrarem decididas no crime.[353] É o que dispunha o artigo 1.525 do Código Civil de 1916, atual artigo 935: *"A responsabilidade civil é independente da criminal, não se podendo questionar mais sobre a existência de fato, ou sobre quem seja o seu autor, quando estas questões se acharem decididas no juízo criminal."*

Em assim sendo, enquanto o juízo criminal não tiver formado convicção sobre tais questões, os processos correrão independente e autonomamente, e ambas as responsabilidades (civil e penal) poderão ser investigadas. Sendo dispensada a condenação no juízo criminal, pode a prova da indignidade ser levada a efeito na ação própria para tal finalidade.[354]

---

353 *"Sucessão. Exclusão de herdeiro. Indignidade. Homicídio. Sentença condenatória trânsita.* A decisão do tribunal do júri condenando o filho pelo homicídio cometido contra seus pais, devidamente trânsita, faz coisa julgada no juízo cível. Neste caso, coberta a discussão sobre a existência do fato ou de sua autoria, o juízo de reprovação cível é mero consectário para declarar a indignidade já proclamada. A alegação de eventual incapacidade do requerido não tem respaldo para a discussão, pois tal matéria se restringe ao exame da inimputabilidade penal, com fito de aplicação da pena. Apelo provido (TJRS – Apelação Cível nº 599204930, 7ª CC, Tribunal de Justiça do RS, rel. Des. José Carlos Teixeira Giorgis, j. em 09.06.1999).

354 *"Ação Ordinária. Declaração de indignidade. Não suspensão para verificação de fato delituoso.* É inaplicável, na espécie, o art. 110 do CPC, já que o conhecimento da ação ordinária de declaração de indignidade, movida contra o ora agravado, não depende, necessariamente, da verificação de existência de fato delituoso. Não há a chamada prejudicialidade externa. Agravo de Instrumento provido, para desconstituir a decisão que suspendeu o andamento da ação declaratória" (TJRS – Agravo de Instrumento nº 597180702, 7ª CC, Tribunal de Justiça do RS, rel. Des. Eliseu Gomes Torres, j. em 15.04.1998).

Mas, se a responsabilidade já foi apurada em sede penal, inclina-se ante esse veredicto o magistrado civil; não abre novo debate sobre o ato delituoso e sua autoria ou cumplicidade.[355]

E ainda: se o processo penal foi iniciado antes ou durante o curso do civil, este suspende-se e aguarda-se, quanto ao fato, a decisão da justiça penal.

Como já ressaltara Carlos Maximiliano,[356] em alentada e detalhada doutrina sobre o assunto, na ausência de dolo, não há que se invocar a indignidade do citado artigo, já que a involuntariedade descaracteriza a sanção civil.

Assim, "não se macula com a pecha da indignidade o que age sem dolo, o matador involuntário, não só na hipótese, mais compreensível, de homicídio casual, mas também na de culposo, isto é, fruto da negligência, imprudência ou imperícia", da mesma forma "o que, por necessidade, obediência à lei, fez morrer o *de cujus*", ou "o que auxiliou o suicídio do *de cujus*, ou, a pedido deste, lhe apressou a morte, para lhe minorar os sofrimentos, desaparecendo, nessa hipótese, a razão da lei; pois, longe de revelar o beneficiado falta de carinho, demonstrou excesso, a ponto de se expor a processo e condenação criminal, para servir a um afeiçoado seu". No mesmo sentido Dolor Barreira[357] e, em sentido contrário, Silvio de Salvo Venosa.[358]

---

355 Ver, nesse sentido, *RF*, 251: 286.
356 MAXIMILIANO, Carlos. *Direito das Sucessões*, 4. ed., vol. I, Rio de Janeiro: Livraria Freitas Bastos, 1958, pp. 90-92.
357 "... não deve ser excluído da sucessão o que auxiliou o suicídio do *de cujus*, ou, a pedido deste, lhe apressou a morte, para minorar-lhe os sofrimentos. É que, em tal hipótese, desaparece a razão da lei. Pois, ao invés de revelar o agente do auxílio que lhe faltava amizade ao morto, demonstrou tê-la em excesso, a ponto de se expor a um processo e uma condenação criminal". *Apud* Dolor Barreira. *Sucessão legítima*. Rio de Janeiro: Borsoi, 1970, p. 96.
358 VENOSA, Silvio de Salvo. Obra citada, p. 67: "Não cremos que essa seja a melhor orientação, abrindo perigosas válvulas no inciso legal. Enquanto a morte piedosa for considerada crime,

No inciso segundo, o dispositivo trata do crime de calúnia ou crime contra a honra, reportando-se, inquestionavelmente, aos artigos 339 (denunciação caluniosa), 138 (calúnia), 139 (difamação) e 140 (injúria) do Código Penal. Aqui a condenação criminal é necessária, visto que a lei se refere aos herdeiros que *incorreram* em crime contra honra.

O Código Penal trata, na Parte Especial, dos crimes contra a honra,[359] e entre estes enumera: calúnia, injúria e difamação. Logo, a pena civil abrange todos os casos destas espécies delituosas, arroladas pelos arts. 138 a 145. E, como o inciso em questão diz, expressamente *"em juízo"*, não tem importância a modalidade ou a forma da queixa ou denúncia; "basta ficar provado que o beneficiado levou o falso delito ao conhecimento das autoridades judiciárias, dolosamente, com o objetivo de provocar uma ação contra o inocente,[360] para ser atingido pela indignidade prevista no artigo 1.814.

---

não há como excluí-la do caso de indignidade em estudo." Ver, ainda, para aprofundar o tema, os trabalhos de Leo PESSINI. *Morrer com dignidade: Até quando manter a vida artificialmente?* 4. ed. Aparecida: Santuário, 1994; *Distanásia: Até quando investir sem agredir?* Bioética, vol. E, nº 1, pp. 31-43, 1996; "O idoso e a dignidade no processo de morrer". *In*: Carvalho Filho, Eurico Thomaz, Papaléo Neto, Matheus. *Geriatria: fundamentos clínica e terapêutica*. São Paulo: Atheneu, 1996, pp. 427-435; e a notável monografia, recentemente publicada, *Distanásia: até quando prolongar a vida?* São Paulo: Edições Loyola, 2001.

359 "*Sucessão – Ação de indignidade – Netas que, nos autos do processo de interdição, prestam declarações contra sua avó* – *Depoimentos que não caracterizaram prática de crime contra a honra da progenitora – Relacionamento conturbado entre as partes insuficiente para penalizar as herdeiras por indignidade – Inaplicabilidade do art. 1.595, II, do CC/1916 [art. 1.814, II, do CC/2002]. Ementa Oficial: Indignidade. Declarações prestadas pelas apeladas perante o Ministério Público que não se caracterizam como prática de crime contra a honra da avó. Ausência de enquadramento na hipótese prevista no art. 1.595, II, do CC/1916 (então vigente) cujo rol é taxativo. A ação de interdição em face da avó foi intentada porquanto o Ministério Público concluiu pela sua inaptidão para gerir sua vida e seu patrimônio. Falecimento no curso do processo e que impossibilitou a realização de perícia. Relacionamento distante e conturbado entre avó e netas não reúne o condão de penalizar as últimas por indignidade.*" In: *RT*, 848: 191.

360 MAXIMILIANO, Carlos. Obra citada, p. 95.

É necessário ser o culpado condenado, antes, no foro criminal, por denúncia, calúnia ou injúria? A resposta afirmativa se impõe bastando para tanto levar-se em consideração o cotejo dos dois parágrafos sob exame; no primeiro caso, de indignidade, crime de homicídio, o Código se refere à tentativa ou a consumação do crime; no segundo, atentado contra a honra, só se refere ao crime, excluindo-se na hipótese sob apreço, a mera tentativa.

Finalmente, no inciso terceiro, o legislador refere-se aos atos inibitórios – violência ou fraude – que interferem na livre disposição do autor da herança quanto a seus bens em testamento ou codicilo, obstaculizando a execução dos atos de última vontade.

A liberdade é a tônica da disposição do patrimônio *causa mortis* e, por isso, a lei pune "o que atenta contra ela, por violência ou dolo, coação ou artifício; não só quando impede a feitura do instrumento, ou consegue alterar o que estava pronto, como abusar da confiança do testador, exercer pressão sobre ele, iludi-lo, fazer maliciosamente, crer em fatos não reais; mas, também, quando oculta, vicia, inutiliza ou falsifica o escrito revelador das disposições derradeiras do *de cujus*, ou embaraça o cumprimento das mesmas".[361]

Em decorrência do já citado artigo 935 (princípio da independência da responsabilidade civil relativamente à criminal) e do silêncio do inciso, quanto à exigência de veredicto penal anterior, como exceção que é, pode-se prescindir do processo penal, no caso do inciso III. Deve-se, sim, provar no foro civil, a relação de causa e efeito entre os atos, ou omissões do indigno e a alteração, inutilização ou não-realização do testamento.

---

361 MAXIMILIANO, Carlos. Obra citada, p. 97.

Incorre na mesma sanção civil, "o que vai até à coação, o que emprega a força ou ameaça para levar o hereditando a dispor de seus bens a favor de determinada pessoa, alterar ou romper o instrumento já feito, abster-se de redigir, escrever, assinar ou modificar um ato de última vontade (assim como também é indigno o que vicia ou dilacera o testamento de modo que não possa ler-se ou aproveitar-se a primitiva disposição), esconde, manda esconder, ou desencaminha o ato de última vontade, salvo se extravia o documento sem má-fé, sem intuito de lucro para si ou para outrem".[362]

A lei quer defender a liberdade de disposição dos bens ao indivíduo, já dissera Bevilacqua, por isso pune, com a exclusão da herança, o que tenta contra ela, por qualquer ato inibitório da livre manifestação de vontade, e que impede a redação do testamento, ou que consegue a alteração do que já se achava feito, abusando da confiança do *de cujus*.

Art. 1.815. A exclusão do herdeiro ou legatário, em qualquer desses casos de indignidade, será declarada por sentença.

Parágrafo único. O direito de demandar a exclusão do herdeiro ou legatário extingue-se em quatro anos, contados da abertura da sucessão.

Direito anterior – Art. 1.596 do Código Civil de 1916.
Art. 1.596. A exclusão do herdeiro, ou legatário, em qualquer desses casos de indignidade, será declarada por sentença, em ação ordinária, movida por quem tenha interesse na sucessão.

Direito comparado – Sem disposição no Código Civil francês. Igualmente, sem dispositivo correspondente no Código Civil português. No direito uruguaio (art. 850).

---

362 MAXIMILIANO, Carlos. *Idem*, p. 98.

COMENTÁRIO

O artigo sob comento apresenta a inserção do parágrafo único, inexistente na proposta original de 1916 (art. 1.596). Não acarretou, entretanto, nenhuma novidade, já que o prazo de 4 (quatro) anos para a propositura da ação de exclusão do herdeiro, por indignidade, ou por deserdação, já constava no art. 178, § 9º, IV, do Código Civil de 1916 (*"a ação do interessado em pleitear a exclusão do herdeiro (arts. 1.595 e 1.596), ou provar a causa da sua deserdação (arts. 1.741 a 1.745), e bem assim a ação do deserdado para a impugnar; contado o prazo da abertura da sucessão"*), não mais havendo a previsão legal na atual Seção IV (Dos Prazos de Prescrição), arts. 205 e 207.

Sem dúvida, é a ausência da previsão legal no setor relativo aos prazos prescricionais que levou o legislador a inserir a disposição no parágrafo único do art. 1.815.

O prazo para iniciar o processo e, pois, para prescrever a ação conta-se da data em que a herança incumbe ao indigno, "o que pode ser tarde", na ótica de Maximiliano, "por ser possível provir, o seu acesso, de renúncia ou morte de herdeiro anterior a ele na escala sucessória".[363]

Melhor a fórmula empregada pelo legislador português que, no art. 2.036, fixa dois prazos distintos para a instauração da ação, *"dois anos a contar da data da abertura da sucessão"*, ou "um ano, a contar, quer pela condenação dos crimes que a determinam, quer do conhecimento das causas de indignidade previstas nas alíneas *c* e *d* do artigo 2.034".

É que as causas da indignidade podem ser ou não do conhecimento dos demais herdeiros, assim como a condenação pelos crimes que a determinam pode ser bem posterior à abertura da sucessão.

---

363 MAXIMILIANO, Carlos. Obra citada, pp. 106-107.

Por isso, a fixação, no direito português, de dois prazos distintos para a instauração da ação, sendo um deles desdobrado em duas variantes, uma das quais (que tem por base os fatos de mais fácil ocultação: os previstos nas alíneas *c* e *d* do artigo 2.034) dotada da flexibilidade necessária para se adaptar à peculiaridade das suas circunstâncias. "Esta dualidade de prazos deve ser interpretada e aplicada sempre no sentido mais favorável aos interessados com a legitimidade para instaurarem a ação de declaração de indignidade.

Assim, imaginemos que o autor da sucessão morre em janeiro de 1994 e que o chamado como herdeiro legítimo vem a ser condenado só em outubro de 1996, pelo crime de homicídio frustrado que cometeu em dezembro de 1993 contra um descendente do *de cujus*. Se este descendente quiser entrar com a ação de declaração de indignidade só em janeiro ou fevereiro de 1997, estará em condições de fazê-lo, porquanto, apesar de ser instaurada *mais de dois anos* após a abertura da sucessão, a ação declaratória da indignidade foi proposta afinal antes de decorrido o ano posterior à condenação do chamado pelo crime cometido".[364]

Ao que o artigo visa é, via sentença, afastar a hipótese de supressão da pretensão do herdeiro sem que haja garantia total de apuração dos fatos assacados contra a pessoa do indigno e sua defesa no Judiciário. Somente por sentença se pode dar a exclusão da sucessão por indignidade. *Indignus potest capere, sed non potest retinere*.

Com a eficácia sentencial o indigno deixa de ser herdeiro, *ex tunc*: foi, porém não é mais. Por isso, todos os atos praticados no transcorrer do processo, até a confirmação da indignidade, são válidos (art. 1.817), como se verá em seguida.

---

[364] PIRES DE LIMA e ANTUNES VARELA. Obra citada, p. 41.

Não há ação de exclusão por indignidade se ainda não ocorreu a abertura da sucessão. É neste momento que nasce a possibilidade da ação de exclusão da sucessão por indignidade. E, se foi o indigno que requereu a abertura da sucessão provisória (o que, na prática, poderia gerar a impossibilidade da ação), pode o interessado (*"por quem tenha interesse na sucessão..."*, dizia o texto anterior do art. 1.596) propor a ação, devendo o juiz processá-la em apartado.

O novo dispositivo legal silenciou, inexplicavelmente, sobre quem *"tenha interesse na sucessão"*, mas, certamente, aquele princípio continua implícito a reger a matéria. Por razões óbvias. Interessado na sucessão é quem quer que, no caso de ser favorável a sentença em ação de exclusão por indignidade, ou de serem favoráveis as sentenças em duas ou mais ações, tenha direito de herdeiro ou de legatário.

Para alguns doutrinadores, entre eles Caio Mario da Silva Pereira, somente podem intentar a ação aqueles a quem a exclusão do indigno beneficiará, ou seja, por aquele a quem a herança deva deferir-se como efeito da declaração de indignidade. Não a têm os credores daqueles que se beneficiariam, se fosse o herdeiro declarado indigno e como tal excluído.[365]

Em sentido mais amplo, a doutrina de Orlando Gomes, para quem estão legitimadas para invocar a exclusão não somente as pessoas que seriam convocadas para substituir o indigno, estendendo tal legitimação a qualquer interessado (moral) na sucessão, ainda que não venha auferir qualquer benefício patrimonial com a exclusão, pois, segundo aquele civilista, "do contrário, limitaria a legitimação ativa aos descendentes

---

365 PEREIRA, Caio Mario da Silva. *Instituições de Direito Civil*, vol. VI – *Direito das Sucessões*, p. 40 (Rio de Janeiro: Forense, 2005).

do herdeiro excluído, na sucessão legítima, e ao substituto, na sucessão testamentária".[366]

Concordamos com Adiel França ao concluir que, "tendo em conta o caráter nitidamente ético da indignidade, afigura-se mais acertada essa última visão focalizada, ampliando o rol dos legitimados a qualquer herdeiro ou outro interessado que desejar trazer a juízo a vontade presumida do hereditando e a moralidade pública, excluindo da sucessão o que praticou ato incompatível com sua condição de sucessor do *de cujus*".[367]

Questão derradeira, que merece análise, seria a de saber se o Ministério Público teria legitimação necessária para intentar a ação de exclusão por indignidade. A matéria foi amplamente debatida quando noticiado o caso paulista "Von Richtofen".

Na ótica de França, o Ministério Público não deteria "legitimidade para ajuizar a presente demanda à míngua de legitimação extraordinária ou ordinária expressa para tanto (art. 6º, CPC) ou adequação do objeto da ação às finalidades constitucionais do *Parquet*, consistentes na defesa dos valores sociais ou individuais indisponíveis".[368]

Não parece ter razão o citado autor, vez que a autoria do crime (caso "Von Richtofen") extrapolou, em muito, o interesse meramente patrimonial (direito à herança) e o eventualmente moral dos herdeiros (direito à sucessão de quem praticou crime de homicídio doloso), mas

---

366 GOMES, Orlando. Obra citada, p. 31.
367 FRANÇA, Adiel da Silva. Obra citada, p. 51.
368 FRANÇA, Adiel da Silva. Obra citada, p. 52. No mesmo sentido a doutrina de Gisele Leite, ao afirmar que: "Se o sucessor imediato do herdeiro ou legatário indigno, por livre opção, não provoca a exclusão, ninguém mais terá legitimidade para fazê-lo, nem mesmo o Ministério Público, ainda que tal indignidade constitua crime" ("A capacidade sucessória no Direito Brasileiro", artigo publicado no *site* Universo Jurídico – www.uj.com.br. *Apud*: Adiel da Silva França. Obra citada, p. 53).

desaguou, e de forma veemente, na comunidade brasileira, revelando matéria de interesse público, exigindo a atuação do MP na defesa dos valores sociais. A omissão do Ministério Público teria, certamente, garantido a sucessão da autora do crime, o que redundaria em péssimo exemplo à sociedade brasileira. No mesmo sentido, a doutrina de Maria Helena Diniz[369] e a de Silvio Salvo Venosa[370] e a de Mauro Antonini.[371]

Com razão o Enunciado nº 116, aprovado na Jornada de Direito Civil promovida pela CNJ, em 2002, sob a coordenação do Ministro Ruy Rosado, *in verbis:* "Art. 1.815: O Ministério Público, por força do art. 1.815 do novo Código Civil, desde que presente o interesse público, tem legitimidade para promover ação visando à declaração da indignidade de herdeiro ou legatário."

Ainda que a prática criminosa tenha nascido no terreno estritamente privado da família Von Richtofen, os efeitos do ilícito geraram reper-

---

[369] "... como o novo Código Civil foi omisso a respeito, o Ministério Público poderia também propô-la, por ser o guardião da ordem jurídica (CF, art. 127) e pelo fato de haver interesse social e público de evitar que o herdeiro ou legatário desnaturado receba vantagem, beneficiando-se da fortuna deixada pela sua vítima" (Maria Helena Diniz. *Curso de Direito Civil Brasileiro*, vol. 6. *Direito das Sucessões*, 21. ed., p. 55) (São Paulo: Saraiva, 2007).

[370] "... Este Código de 2002 prima, no repetido dizer de seu coordenador Miguel Reale, por ser um ordenamento Ético. Há que se romper, portanto, com o exacerbado individualismo do Código revogado e, principalmente, com princípios programáticos ligados ao pretérito ordenamento que não mais devem ser aplicados. E, talvez, ir mais em frente nessa matéria, para permitir que o Ministério Público tenha legitimidade para pleitear a exclusão da sucessão do homicida, quando os demais herdeiros, se existentes, se omitem" (Silvio de Salvo Venosa. *Direito Civil – Direito das Sucessões*, 8. ed., p. 55) (São Paulo: Atlas, 2008).

[371] "*Ministério Público:* ressalte-se, ainda quanto à legitimidade para a ação, o teor do Enunciado nº 116 da Jornada de Direito Civil, promovida pelo Centro de Estudos Judiciários do Conselho da Justiça Federal (...) A solução mais adequada parece ser a de conferir legitimidade ao Ministério Público, concorrente com a dos legitimados do parágrafo único do art. 12. Não parece ser razoável permitir, por falta de iniciativa de parentes próximos, prevalecer a solução moralmente abjeta do indigno se locupletar com a indignidade praticada. Há interesse público incontestável em desestimular a prática de homicídio contra o autor da herança, visando à herança" (ANTONINI, Mauro. Obra citada, pp. 1.975-1.976).

cussão pública a legitimar a atuação do MP na invocação da exclusão por indignidade.

Art. 1.816. São pessoais os efeitos da exclusão; os descendentes do herdeiro excluído sucedem, como se ele morto fosse antes da abertura da sucessão.
Parágrafo único. O excluído da sucessão não terá direito ao usufruto ou à administração dos bens que a seus sucessores couberem na herança, nem à sucessão eventual desses bens.

Direito anterior – Arts. 1.599 e 1.602 do Código Civil de 1916.
Art. 1.599. São pessoais os efeitos da exclusão. Os descendentes do herdeiro excluído sucedem, como se ele morto fosse.
Art. 1.602. O excluído da sucessão não terá direito ao usufruto e à administração dos bens, que a seus filhos couberem na herança (art.1.599), ou à sucessão eventual desses bens.

Direito comparado – No Código Civil francês (art. 730)[372] e no Código Civil português (art. 2.037).[373] No direito argentino (art. 3.783) e no uruguaio (art. 864).

COMENTÁRIO

A leitura inicial (e superficial) do artigo 1.816 gera perplexidade exatamente porque nega princípios que dominam soberanos no sistema

---

[372] *"Art. 730. Les enfants de l'indigne, venant à la succession de leur chef, et sans le recour de la réprésentation, ne sont pas exclus pour la faute de leur père; mais celui-ci ne peut, en aucun cas, réclamer sur le biens de cette succession, l'usufruit que la loi accorde aux pères et mères sur les biens de leurs enfants."*

[373] *"Art. 2.037. 1. Declarada a indignidade, a devolução da sucessão ao indigno é havida como inexistente, sendo ele considerado, para todos os efeitos, possuidor de má-fé dos respectivos bens.*
2. Na sucessão legal, a capacidade do indigno não prejudica o direito de representação dos seus descendentes."

do direito sucessório brasileiro; assim, admite representação sucessória de pessoa viva, que não é herdeira e considera morto ("... *como se morto fosse...*") quem está vivo.

As duas exceções são demais veementes para não causar a citada perplexidade inicial. É que, com a sentença declaratória de indignidade, considera-se o indigno como *pré-morto* do *de cujus* (o legislador português, em fórmula bem mais branda, preferiu considerá-lo "possuidor de má-fé" vivo, pois de mais fácil aceitação a ideia de representação).

Ato contínuo, se pré-morto ao *de cujus*, consequentemente, os descendentes do pré-morto (na realidade, excluído) sucedem-no, por representação, como se ele morto fosse.

Quer dizer que a declaração de indignidade apaga a vocação sucessória, não reconhecendo, em qualquer caso, a pretensão do herdeiro ao espólio, seja de bens da instituição de herdeiro, seja da nomeação de legatário. É o caso da morte civil do direito inglês, que, aqui, ressuscita veemente.

O segundo aspecto a ser considerado, derivado da declaração de indignidade, é que, em virtude de seu caráter pessoal, essa incapacidade sucessória não afasta a vocação dos descendentes do indigno, como também não elimina o direito de representação destes no fenômeno sucessório.

Os efeitos da exclusão são pessoais. Isto é, o legislador reafirma a condição personalíssima da indignidade, os efeitos atingindo apenas a pessoa do excluído, sem contaminar os demais herdeiros.[374] E nem

---

374 "*Exclusão de herdeiro – Sentença – Efeitos – Filho nascido após o ajuizamento da ação – Impossibilidade.* A sentença proferida em ação de exclusão de herdeiro julgada procedente não produz efeitos em relação a terceiro, nascido após o seu ajuizamento e que não está representado nos autos. Provimento negado" (TJMG, Apel. Civ nº 000.174.094-3/0, rel. Des. José Antonio Baia Borges, j. em 05.10.2000).

poderia ser diferente, já que sendo a exclusão uma pena (embora civil) não pode passar da pessoa do indigno. Daí decorre que os descendentes do excluído não ficam prejudicados pela sentença de indignidade e o sucedem, por representação, "*como se ele morto fosse*". Ou, como quer Washington de Barros Monteiro, "a indignidade é assim equiparada à premoriência, sendo o indigno substituído pelos seus descendentes".

Esse direito de representação, porém, só é reconhecido nos casos de sucessão legal. Se o indigno era simplesmente herdeiro testamentário ou legatário, não há que se falar em representação; nada recebem os seus filhos, em virtude daquela consideração que figura a morte do indigno antes do autor da herança: é sem efeito o legado se o legatário *morre* antes do testador. Caduca, pois, o legado (art. 1.939, V).

Dilui-se, aos poucos, a impressão inicial de incoerência e de ausência de lógica jurídica.

O efeito principal da indignidade é de excluir, *tout court,* o indigno da sucessão.

Mas outros efeitos decorrem da indignidade.

Em primeiro lugar, ela só se aplica à sucessão do *de cujus* contra o qual foi cometida a falta prevista em lei e não a qualquer outra sucessão que pudesse se abrir, posteriormente, na mesma família.[375]

---

375 Nesse sentido, a memorável decisão do Tribunal de Justiça do Estado do Paraná, de lavra do Des. Oto Sponholz:
"*Ação Ordinária – Declaração de Indignidade e Exclusão da sucessão. Esposa que é denunciada como partícipe mandante do assassinato do marido. Filhos menores que são representados pelo avô paterno a quem se deferiu judicialmente a tutela dos netos. Legitimidade de parte. Carência da ação repelida. Procedência do pedido. Apelação. Suspensão do curso do processo determinada em segunda instância. Julgamento da ação penal. Condenação da ré na instância criminal a 18 anos de reclusão. Retomada do curso do processo cível. Recursos improvidos. 1. Os filhos menores devidamente representados por tutor, órfãos do pai, assassinado a mando e participação da sua esposa, são parte legítima para promover ação ordinária visando a excluir da sucessão, com declaração de indignidade, a mãe que, de forma insensível e condenável, participa do assassinato do* pater-familias. *2. Morto o progenitor e presa a mãe co-*

Daí pode decorrer um efeito estranhamente contrário àquele desejado pelo legislador, no citado artigo: o indigno pode vir a receber os bens dos quais estava, inicialmente, privado. No caso de um pai, com dois filhos, morto por um deles. O homicida não herda deste pai, seu irmão recolhe toda a sucessão. Mas, se este irmão morre, mais tarde, sem filhos, toda sua fortuna, inclusive a originária do pai, é devolvida ao indigno. Ou como já doutrinara Orlando Gomes (criticando o exagero do CC em proibir que o indigno venha a suceder nos bens ereptícios): "... a incapacidade do indigno existe, por definição, unicamente em relação ao *de cujus*."[376]

Em segundo lugar, e na mesma ordem de ideias, o indigno não está privado de representar o *de cujus* em outras sucessões, isto é, não está impedido de herdar de um outro parente no lugar do *de cujus* pré-morto. Assim, novamente, filho excluído da sucessão de seu pai, por indigni-

---

autora, incensurável conduta do Dr. Juiz que, sem sentença fundamentada, confere o encargo de tutor provisório dos menores impúberes ao avô paterno. 3. A indignidade, que na acepção técnico-jurídica é uma pecha e consequente pena civil que sobre si atrai a pessoa que olvidando os sentimentos de afeição, respeito, acatamento, amor e amizade participa do homicídio ou sua tentativa contra aquele de quem é herdeiro – justifica a sua exclusão da cadeia sucessória. 4. A condição de esposa não isenta a apelante da sua exclusão nos direitos sucessórios do marido. Incorrem em indignidade tanto os herdeiros legítimos como os sucessores irregulares ou ilegítimos, os universais e os singulares, os que recebem por força da lei e os aquinhoados em testamento, vale dizer, todos os que possam adquirir causa mortis. *5. Comprovado nos autos, inclusive pela decisão do tribunal do júri, que a esposa do* de cujus *participou ativamente do homicídio de seu marido, para se proclamar judicialmente a indignidade, desnecessária a indagação de seus motivos, sendo despiciendo provar que o fato típico, antijurídico e culpável não tenha sido cometido por excesso de cobiça ou com o intuito de precipitar o uso e gozo do patrimônio do espólio. Como o destacado por Carlos Maximiliano, a pena civil da indignidade é cominada para o homicídio em geral. É simplesmente o caso a que se aplica o provérbio jurídico alemão –* 'blutige hand nimmt Kein erbe' *('mão ensanguentada não apanha a herança'); ou a apóstrofe recolhida pelos expositores do direito francês e posto pelo escritor Corneille na boca de Simeão, orador do Tribunato:* 'On n'hérite pas de ceux qu'on assassine' *('ninguém herda dos que assassina'). Recursos improvidos* (TJPR – Processo n° 000001483, número do acórdão 5.781, Órgão Julgador – 1ª Câmara Cível, rel. Des. Otpo Sponholz, j. em 26.05.1987).

376 GOMES, Orlando. Obra citada, p. 31.

dade. O avô morre. Na sucessão deste avô o indigno assume – concorrentemente com os outros interessados (tios ou primos) – a parte que retornaria a seu pai se este fosse ainda vivo.

O invocar destas hipóteses revela a incoerência que, por vezes, se instala no mais perfeito sistema jurídico, e nada mais são do que resultado da complexidade das situações fáticas, nem sempre enquadráveis nos *standards* jurídicos.

O parágrafo único, acertadamente, resgata o antigo artigo 1.602 inserindo-o no artigo 1.816. São matérias conexas e, pois, devem ser tratadas no mesmo dispositivo.

Se o indigno é considerado um morto civil, para efeitos sucessórios, é natural que se lhe retire a administração e o usufruto dos bens. O preceito, constante no *caput* do artigo, tornar-se-ia sem sentido, sem a ressalva do parágrafo único, pois, na qualidade de usufrutuário dos bens dos filhos – decorrente do poder parental (que o novo Código, equivocadamente, chamou "Poder Familiar") previsto, amplamente, no artigo 1.634 –,[377] o pai indigno poderia contornar a proibição legal, decorrente da indignidade, via exercício do poder parental.

Seria inócua a sanção a ele infligida se, declarado indigno, conservasse esses direitos. "A lei, pois, impede, pelo dispositivo em exame, que ele aufira, ainda que indiretamente, qualquer proveito da sucessão em relação à qual foi declarado indigno: quem se tornou indigno de ser proprietário tornou-se, também, indigno de ser usufrutuário e administrador dos bens que couberem a seus filhos."[378]

---

377 O artigo 389 do Código Civil de 1916 assim dispunha: "*O usufruto dos bens dos filhos é inerente ao exercício do pátrio poder salvo a disposição do art. 225.*"
378 SANTOS, J. M. Carvalho. Obra citada, p. 244.

Art. 1.817. São válidas as alienações onerosas de bens hereditários a terceiros de boa-fé, e os atos de administração legalmente praticados pelo herdeiro, antes da sentença de exclusão; mas aos herdeiros subsiste, quando prejudicados, o direito de demandar-lhes perdas e danos.

Parágrafo único. O excluído da sucessão é obrigado a restituir os frutos e rendimentos que dos bens da herança houver percebido, mas tem direito a ser indenizado das despesas com a conservação deles.

Direito anterior – Arts. 1.600 e 1.598 do Código Civil de 1916.

Art. 1.600. São válidas as alienações de bens hereditários, e os atos de administração legalmente praticados pelo herdeiro excluído, antes da sentença de exclusão; mas aos co-herdeiros subsiste, quando prejudicados, o direito a demandar-lhes perdas e danos.

Art. 1.598. O excluído da sucessão é obrigado a restituir os frutos e rendimentos que dos bens da herança houver percebido.

Direito comparado – No Código Civil francês (art. 729)[379] e sem disposição no Código Civil português. No direito argentino (arts. 3.305 e 3.309) e no direito uruguaio (arts. 847 e 852).

COMENTÁRIO

Ainda aqui o legislador vinculou duas disposições (as dos artigos 1.598 e 1.600 do anterior Código Civil) em uma só disposição, sendo que o *caput* do art. 1.817 refere-se, de forma ampla, aos atos praticados pelo herdeiro (aparente), antes da sentença de exclusão (antigo art. 1.600), e o parágrafo único o complementa, reportando-se aos acessó-

---

379 *"Art. 729. L'héritier exclu de la succession pour cause d'indignité, est tenu de rendre tous les fruits et les revenues dont il a eu jouissance depuis l'ouverture de la succession."*

rios (frutos e rendimentos), compelindo o herdeiro excluído à restituição com o respectivo direito à indenização.

O artigo em questão encerra, na sua abrangência, quatro hipóteses distintas:

1) valida as alienações onerosas praticadas pelo herdeiro (aparente)[380] antes da sentença de exclusão;

2) reconhece aos co-herdeiros o direito de demandar perdas e danos;

3) obriga o excluído a restituir frutos e rendimentos percebidos;

4) reconhece ao excluído direito à indenização pela conservação dos bens, evitando enriquecimento ilícito.

A disposição, como se vê, vem imantada de significação e tem gerado ampla gama exegética em decorrência dos aspectos que agasalha.

Vale ressaltar, preliminarmente, aspectos anteriormente tangenciados e que aqui ressurgem veementes. O herdeiro, antes da sentença de exclusão, é titular do patrimônio, já que atua frente ao espólio como se se tratasse de real herdeiro, de efetivo herdeiro. Quando da ocorrência da sentença, aquela segurança originária, de verdadeiro proprietário (direito absoluto, universal etc.) fragiliza-se diante da situação (agora, concretamente, apurada pelas vias judiciais), isto é, continua sendo titular do patrimônio, mas sob condição resolutiva, pois, após a exclusão, perde o direito de propriedade ficando obrigado a restituir frutos e rendimentos eventualmente percebidos.

---

380 "*Herdeiro aparente – Venda de bem imóvel – Ação anterior contra o vendedor – Comprador de má-fé – Nulidade do negócio – Inteligência do art. 1.600 do CC.* Ementa: Herdeiro aparente. Alienação por ele feita não pode subsistir quando anulado o seu título em virtude de ação anterior e não comprovada a boa-fé do adquirente. Dissídio jurisprudencial não comprovado (Súmula 291). Recurso extraordinário não conhecido" (*RT*, 575: 279). Ver ainda: *RT,* 557: 225; *RF*, 250: 285; *RF*, 249: 237; *RT,* 557: 225; *RT,* 575: 279.

É a decorrência natural da propriedade resolúvel (art. 1.359), com a diferença que naquela figura original o domínio se resolve pelo implemento da condição, ou pelo advento do termo, enquanto, aqui, a resolução decorre da sentença.

Não se trata só de propriedade resolúvel (que induz à ideia de duração limitada, provisória) mas, ainda, a situação do herdeiro aparente assemelha-se à situação de um possuidor de má-fé, na medida em que o autor de uma das causas elencadas no pré-citado art. 1.814 tem plena consciência de que o ato de ingratidão praticado o privará da herança.

Com efeito, o *caput* do artigo sob comento prevê duas hipóteses, a validade das onerações a terceiros de boa-fé, porque enquanto herdeiro aparente,[381] e na qualidade de titular da herança, age frente ao espólio como verdadeiro herdeiro, e, pois, tem livre disposição sobre os bens herdados. Herdeiro aparente, na ótica de seu profundo estudioso, Mário Moacyr Porto, "é o que, não sendo titular dos direitos sucessórios, é tido, entretanto, como legítimo proprietário da herança, em consequência de erro invencível e comum".[382]

Mas, se posteriormente, a esta aparente titularidade (porque nada mais é do que "aparente") for privado do patrimônio alienado, por força da sentença, nulos seriam todos os atos praticados, já que ninguém pode dispor do que não é seu.

Ou, como doutrinou Rodrigues, com sua natural proficiência, "em rigor todos os atos de disposição e administração praticados pelo herdeiro excluído não deviam valer (...) pois, se a sentença de exclusão

---

381 Ver os artigos de: Mario Moacyr Porto. "Teoria da aparência e herdeiro aparente". *In*: *RT* 267/14; Marco Tulio Murano Garcia. "Herdeiro aparente". *In*: *RT* 767/725; Arnaldo Rizzardo. "Teoria da aparência". *In*: *AJ* 248/223.
382 PORTO, Mário Moacyr. *Teoria da aparência e herdeiro aparente*. Ação de responsabilidade civil e outros estudos, p. 132 (São Paulo: Revista dos Tribunais, 1966).

retroage à data da abertura da sucessão (...) não podem valer os atos de disposição por ele praticados, pois é óbvio que não pode dispor daquilo que não é seu. *Nemo ad allium transfere potest quam ipse habet*".[383]

A concepção, entretanto, a despeito de sua lógica irretorquível, poderia conduzir a situações injustas (embora legais), já que ocorreria inquestionável prejuízo a terceiros de boa-fé que, adquirindo bens do herdeiro aparente e acreditando na aparência de herdeiro legitimamente apresentado pelo excluído, veriam frustradas suas expectativas, após a decretação da sentença excluindo o aparente herdeiro.

Por isso, para resgatar a responsabilidade de quem age com dolo, mantendo, ao mesmo tempo, a expectativa de quem age de boa-fé (os terceiros) na segunda parte do artigo, o legislador resguarda suas pretensões, via perdas e danos. É o caminho correto e a solução juridicamente sustentável.

E na primeira parte confere validade "às alienações onerosas de bens hereditários a terceiros de boa-fé" e aos "atos de administração legalmente praticados pelo herdeiro, antes da sentença de exclusão". Logo, a *contrario sensu*, o novo Código resguarda a possibilidade de, após declarada a exclusão, os demais herdeiros reclamarem do herdeiro aparente as perdas e danos decorrentes do prejuízo sofrido com a administração dos bens.

A lei resolve, assim, as duas questões num só dispositivo; o indigno é considerado como herdeiro aparente, mas, para não prejudicar os demais co-herdeiros, confere-lhes ação objetivando o ressarcimento das perdas e danos.

---

[383] RODRIGUES, Silvio. Obra citada, p. 53.

É que os terceiros, que negociaram de boa-fé com o falso herdeiro não podem ser prejudicados. Se "as alienações feitas pelo excluído nesse período fossem acoimadas de nulas, o adquirente seria burlado em sua boa-fé e sofreria um prejuízo de que não seria, de modo nenhum, merecedor. Ademais, a adoção de um tal entendimento não constitui apenas um atentado ao interesse individual, como se apresenta inconveniente também sob o ângulo social, pois o risco de se anularem os atos de disposição levados a efeito pelo herdeiro excluído representaria séria ameaça à estabilidade das relações jurídicas, visto que, enquanto não houvesse transcorrido o prazo de prescrição, não estariam os adquirentes a salvo de verem seus direitos infirmados. Poderia mesmo ocorrer que bens havidos por sucessão hereditária fossem recusados por eventuais compradores, no justo receio de a compra e venda vir a ser rescindida por força de uma sentença posterior, de exclusão por indignidade".[384]

E na proteção da boa-fé o legislador acaba atribuindo efeitos à aparência.

Herdeiro aparente, diz-nos Porto, "é o que, não sendo titular dos direitos sucessórios, é tido, entretanto, como legítimo proprietário da herança, em consequência de erro invencível e comum".[385]

O artigo prestigia o herdeiro de boa-fé e atribui validade às alienações onerosas feitas a adquirente de boa-fé.[386] Nesse sentido, já dis-

---

384 RODRIGUES, Silvio. *Idem*, p. 54.
385 PORTO, Mario Moacyr. *Teoria da aparência e herdeiro aparente*. Ação de responsabilidade civil e outros estudos. São Paulo: Revista dos Tribunais, 1966, p. 132.
386 *"Recurso extraordinário – Ação de petição de herança e de nulidade de escrituras de cessão de direitos hereditários, de inventário, partilha e adjudicação do único imóvel constitutivo do espólio – Alegação de exclusão de herdeiro. Procedência parcial da ação, condenadas as duas co-herdeiras, cedentes dos direitos hereditários sobre o único bem inventariado, a 'entregarem ao autor o que este deixou de receber, acrescido de juros legais e alugueres' auferidos até à cessão, 'sem correção monetária nem perdas e danos'. O acórdão reconheceu a condição de herdeiro do autor, afirmando, entretanto, que desse herdeiro retardatário não havia notícia.*

punha o Projeto do Código Civil de 1975, no parágrafo único do art. 1.850: "*São eficazes as alienações feitas a título oneroso, pelo herdeiro aparente a terceiro de boa-fé.*"

A contrario sensu, provada a má-fé do terceiro, não se convalida o negócio, vez que assumiu o risco natural decorrente de pessoa que não podia lhe transmitir o que não lhe pertencia. Igualmente – dispõe a lei – se a alienação for gratuita, não se aproveita o ato, já que o terceiro não terá prejuízo, mas apenas fica privado de um ganho.

Claro está que o legislador nacional assumiu postura contrária à lógica, mas bem mais próxima do interesse social.

Num terceiro momento o artigo refere-se à restituição dos frutos e rendimentos dos bens percebidos. É que, na qualidade de titular de patrimônio resolúvel e assemelhando-se ao possuidor de má-fé, fica obrigado a restituir os frutos e rendimentos do que desfrutou, mas que, efetivamente, não lhe pertencia.

"O indigno sabe, melhor que qualquer outro, da sua falta; logo, ele tem consciência de que não deve herdar; é, com justiça, tratado como possuidor de má-fé. Por esse motivo, e também por ser a pecha anterior à sentença, que apenas o certifica e sujeita às consequências legais, o veredicto retrotrai, *contra o indigno só*; fica este obrigado a restituir os frutos e rendimentos do espólio, contados desde a abertura da sucessão."[387]

Finalmente, reconhece ao herdeiro aparente o direito de ser indenizado das despesas com a conservação dos bens. Já havia previsão,

---

Quanto aos cessionários, o aresto concluiu 'que se tratava de caso típico de aplicação da teoria da aparência', não existindo qualquer indício de má-fé no negócio jurídico" (STF – Recurso Extraordinário nº 90.706, 1ª T., rel. José Néri da Silveira, j. em 12.08.1988, RTJ, vol. 137-01, p. 321).

---

387 MAXIMILIANO, Carlos. Obra citada, p. 111.

nesse sentido, no Código de 1916, no artigo 1.601, que assim dispunha: *"O herdeiro excluído terá direito a reclamar indenização por quaisquer despesas feitas com a conservação dos bens hereditários, e cobrar os créditos que lhe assistam contra a herança."*

Considerado como possuidor de má-fé, ao indigno se aplicam os princípios dela, e, se ao possuidor de má-fé são ressarcidas as despesas necessárias (o art. 1.219 fala em "benfeitorias necessárias"; no Código anterior, art. 517), é porque ninguém pode locupletar-se à custa de bens alheios.

Art. 1.818. Aquele que incorreu em atos que determinem a exclusão da herança será admitido a suceder se o ofendido o tiver expressamente reabilitado em testamento, ou em outro ato autêntico.

Parágrafo único. Não havendo reabilitação expressa, o indigno, contemplado em testamento do ofendido, quando o testador, ao testar, já conhecia a causa da indignidade, pode suceder no limite da disposição testamentária.

Direito anterior – Art. 1.597. O indivíduo incurso em atos que determinem a exclusão da herança (art. 1.595) a ela será, não obstante, admitido, se a pessoa ofendida, cujo herdeiro ele for, assim o resolveu por ato autêntico, ou testamento.

Direito comparado – Sem previsão no Código Civil francês. No Código Civil português há previsão da reabilitação do indigno no art. 2.038;[388] no direito argentino (omisso) e no direito uruguaio (art. 844).

---

388 *"Art. 2.038. 1. O que tiver incorrido em indignidade, mesmo que esta já tenha sido judicialmente declarada, readquire a capacidade sucessória, se o autor da sucessão expressamente o reabilitar em testamento ou escritura pública.*

COMENTÁRIO

O direito brasileiro admite, em oposição ao direito francês que silenciou sobre a hipótese, o perdão que habilita o indigno; mas exige que a remissão conste de testamento ou outro ato autêntico.

E, no parágrafo único, em manifesta reprodução do número 2 do artigo 2.038 do Código Civil português, passa a admitir a reabilitação tácita do indigno, via disposição testamentária, mesmo o autor estando ciente da causa de indignidade. É uma novidade que, certamente, colocará fim aos intermináveis questionamentos oriundos do mundo fático.

Em uma população acentuadamente católica, como é o caso brasileiro, causaria estranheza a desconsideração deste mandamento religioso incorporado como princípio à vida e ao grupo familiar. Lembre-se, neste sentido, a eterna parábola do filho pródigo que resgata, com duradoura permanência, o perdão paterno e a reinserção no ambiente familiar da figura filial, pelo simples fato de ser "filho".

"Nada mais nobre e mais legítimo do que esta faculdade concedida à pessoa, de cuja herança se trata, diz Mazzoni. Em verdade, a pena de indignidade, mantida estritamente nos limites do direito civil, como fez o nosso legislador, tem por base precípua a vontade do *de cujus*, presumida da ofensa que recebeu, e quando, pois, este, ou pelo impulso da própria generosidade, ou por efeito do sincero arrependimento do sucessível, perdoa a ofensa, a lei não pode aplicar a pena de indignidade. Não se argumente que esta é inflingida por motivos de ordem pública, visto como estes só concorrem para legitimá-la de um modo

---

2. Não havendo reabilitação expressa, mas sendo o indigno contemplado em testamento quando o testador já conhecia a causa da indignidade, pode ele suceder dentro dos limites da disposição testamentária."

todo secundário e sempre subordinado à última vontade do *de cujus,* que aquela pena se destina a proteger."[389]

O artigo sob comento inova em dois pontos fundamentais: a) passa a admitir o perdão tácito, através de disposição testamentária, e b) reduz o formalismo do Código Civil de 1916 admitindo, agora, a disposição testamentária como meio de manifestar a vontade inequívoca de o *de cujus* reabilitar o indigno.

Embora a lei reprove os atos arrolados em dispositivo legal (art. 1.814), como merecedores de repúdio pela ordem jurídica, a mesma lei submete-se à vontade soberana do *de cujus,* quando do perdão do indigno, por se tratar de matéria de foro íntimo. Cede a lei em face do interesse individual do autor da herança. "Se o próprio autor da herança, porque no seu ânimo falam mais alto do que a reprovabilidade objectiva da conduta do agente os laços familiares, ou os sentimentos afectivos subjacentes à vocação, (...) chama ou reafirma o chamamento do autor dos fatos indignos, depois de conhecer a conduta dele, a lei (...) tende a respeitar a vontade do *de cujus.*"[390]

Mesmo no caso de suma gravidade – homicídio – sempre foi entendimento da doutrina unânime que o autor da herança pode estender sua clemência até o hereditando. E no antigo Código Civil português, de 1867, o parágrafo único do artigo 1.782 já determinava que: *"No caso, porém, de tentativa contra a vida do testador, sobrevivendo este, será válida a disposição posterior ao crime, se o testador teve conhecimento dele, bem como a disposição anterior poderá surtir efeito, se o testador declarar, por modo autêntico, que persiste nela."*

---

389 SANTOS, J. M. de Caravalho. *Código Civil Brasileiro Interpretado*, vol. XXII, p. 14.
390 PIRES DE LIMA e ANTUNES VARELA. Obra citada, p. 45.

Ou seja, o foro íntimo do autor da herança é o único árbitro da delicada, difícil e complexa decisão.

A lei, no entanto, cerca a reabilitação de alguma cautela, ou formalismo, de forma a evitar eventuais interpretações contrárias à vontade do testador. Assim, admite a reabilitação expressa do indigno – *caput* do artigo – em testamento ou outro ato autêntico.

Quanto ao testamento, nenhuma dúvida suscita o artigo. Ou ele é público, e se reveste de absoluto formalismo, afastador de possíveis fraudes, ou é particular, e, apesar da simplicidade, é documento hábil a concretizar a intenção do testador, porque se considera, para todos os efeitos, com o mesmo valor da escritura pública; é, portanto, ato autêntico. A lei não distinguiu, referindo-se, de forma ampla, ao "testamento".

O ato autêntico, referido no *in fine* do artigo sob comento, é o lavrado por oficial público, com fé pública e revestido das formalidades legais, bem como qualquer testamento, conforme se deduz da acepção tecnológica dos vocábulos. Não tem valor, para a reabilitação, escritura particular; declarações verbais ou de próprio punho, embora corroboradas por testemunhas; cartas, ou quaisquer outros atos que revelem a intenção de perdoar.

Ajunta ainda, Maximiliano, não ser "necessário que o ato seja lavrado exclusivamente para reabilitar o indigno: em qualquer escritura pública, embora com objetivo muito diverso (doação, contrato antenupcial etc.), e até em ato de casamento, pode o hereditando, inserir o seu perdão".[391]

A grande novidade, porém, do novo dispositivo é manifesta no parágrafo único, que prevê a reabilitação tácita que resulta de disposição testamentária lavrada pelo testador, depois de este já ter tido conhecimento do fato gerador da indignidade e da identidade do seu autor.

---

391 MAXIMILIANO, Carlos. Obra citada, p. 108.

DA SUCESSÃO EM GERAL

Não havendo reabilitação expressa, mas havendo disposição testamentária que chame o indigno à sucessão, depois de o testador conhecer a causa da indignidade, respeita a lei plenamente a vontade do testador ("*no limite da disposição testamentária*").

"Não é difícil de descortinar a verdadeira *ratio legis* da distinção feita nos n⁰ˢ 1 e 2 do artigo 2.038 (do Código Civil português) entre a reabilitação *expressa* (com eficácia plena e que apaga retroactivamente a mancha da indignidade sucessória) e a reabilitação *limitada* (*tácita ou indirecta*), em que ao respeito pelo perdão que o testador manifesta em face do indigno se associa, ainda, de algum modo, a reprovação da lei pela conduta objectiva do chamado".[392]

A mesma *ratio* detectada por Gomes da Silva, em relação aos dois números do artigo 2.038 do Código Civil português, é perfeitamente aplicável ao *caput* e parágrafo único do artigo 1.818 inserto no novo Código Civil brasileiro.

---

392 SILVA, Espinosa Gomes da. *Direito das Sucessões,* 1978, pp. 216 e segs. *Apud* Pires de Lima e Antunes Varela. Obra citada, p. 46.

CAPÍTULO VI
Da Herança Jacente

Art. 1.819. Falecendo alguém sem deixar testamento nem herdeiro legítimo notoriamente conhecido, os bens da herança, depois de arrecadados, ficarão sob a guarda e administração de um curador, até a sua entrega ao sucessor devidamente habilitado ou à declaração de sua vacância.

Direito anterior – Art. 1.591 do Código Civil de 1916.
Art. 1.591. Não havendo testamento, a herança é jacente, e ficará sob a guarda, conservação e administração de um curador:
I – se o falecido não deixar cônjuge, nem herdeiros, descendente ou ascendente, nem colateral sucessível, notoriamente conhecido;
II – se os herdeiros, descendentes ou ascendentes, renunciarem à herança, e não houver cônjuge, ou colateral sucessível, notoriamente conhecido.

Direito comparado – No Código Civil francês (art. 811)[393] e no Código Civil português (art. 2.046).[394] No direito argentino (omisso) e no uruguaio (omisso).

Leitura complementar:
AMORIM, Sebastião Luiz e OLIVEIRA, Euclides Benedito de. "Aspectos da herança jacente e da herança vacante". *In: RDC*, 38: 76-81; AMORIM, Sebastião Luiz e OLIVEIRA, Euclides Benedito de. "Destinação da herança vacante". *In: RT*, 689: 84-92; AUBERTIN, J. *L'État héritier* (Thèse). Paris,

---

393 "*Art. 811. Lorsqu'après l'expiration des délais pour faire l'inventaire et pour délibérer, il ne se présente personne qui réclame une succession, qu'il n'y a pas d'héritiers connus, ou que les héritiers connus y ont renoncé, cette succession est réputée vacante.*"

394 "*Art. 2.046. Diz-se jacente a herança aberta, mas ainda não aceita nem declarada vaga pelo Estado.*"

1929; BALMASEDA, O. *Monje. La herencia yacente*. Barcelona: Bosch, 2001; BARREIRA, Wagner. "Herança jacente". *In: Enciclopédia Saraiva do Direito*. São Paulo: Saraiva, 1977, vol. 41, pp. 36-47; BARROS, Mauricio F. *Considerações sobre herança jacente*. Rio de Janeiro, 1958; CASTRO FILHO, José Olympio de. *Comentários ao Código de Processo Civil*. Rio de Janeiro: Forense, 1980; CHAVES, Antonio. "Sucessão e herança não são sinônimos". *In: ADV*, p. 3, jan. 1989; CHEVALIER, J. *L'évolution des droits de l'État dans les successions* (Thèse). Grenobe, 1925; COSTA, Déborah R. Lambach Ferreira da. *Do município na ordem de vocação sucessória* (Dissertação de mestrado). São Paulo: PUC/São Paulo, 1995; DUSI. *Eredità giacente nel diritto romano moderno*. Torino, 1891; GANTILLON, P. *L'État successeur*. (Thèse), Lyon, 1910; LIMA, Leopoldo César de Miranda. "Da herança jacente no direito brasileiro atual". *In: RT*, 131:437; SAENZ, E. Castro. *La herencia yacente em relación com la personalidad jurídica*. Barcelona: Bosch, 1998; SARAIVA, Gastão Grosse. "A lei que dispõe sobre herança jacente e as modificações por ela operadas em artigos do Código Civil". *In: RT*, 125:435; VILLELA, Ana Maria. *La transmission d'hérédité en droit brésilien et en droit français*. Paris: Librairies Techniques, 1971; VIOLANTE, Carlos Alberto. *Herança jacente e herança vacante* (*de acordo com o Código Civil de 2002*). São Paulo: Juarez de Oliveira, 2003.

COMENTÁRIO

Neste capítulo, consagrado à herança jacente, a lei cuida das providências destinadas a permitir a conservação e a gestão dos bens que compõem a herança, durante o período crítico que medeia entre a morte do *de cujus* e a consequente devolução de seus bens aos herdeiros.[395]

É comum, após a morte de alguém, a instauração de uma situação de crise entre os familiares, amigos, companherios, enfim, entre as pes-

---

395 Ver, nesse sentido, os trabalhos de: Sebastião Luiz Amorim e Euclides Benedito de Oliveira. "Aspectos da herança jacente e da herança vacante" (*Rev. de Dir. Civil*, nº 38, pp. 76-81), dos mesmos autores, "Destinação da herança vacante" (*RT*, 605: 249-252 e *RT*, 689: 84-92); João Augusto Fleury da Rocha. "A herança vacante" (*Revista do IAP*, nº 16, pp. 103-108).

soas que pertenciam ao grupo mais próximo das relações familiares, sociais e profissionais do defunto. Daí que, com a morte da pessoa, se crie "uma situação generalizada, embora temporária, de direitos e de obrigações *decapitados,* porque praticamente destituídos de sujeito".[396]

Enquanto não se supera tal crise, a lei procura minorar os efeitos de perplexidade decorrentes da morte e, em atenção ao interesse geral (sociedade) e particular (família) da continuidade da ordem jurídica, enumera e regula neste capítulo as providências especiais "de que é possível lançar mão para, enquanto se não normaliza a situação com a aceitação dos chamados (ou, pelo menos, com a declaração judicial de que a herança se encontra vaga para o Estado...),[397] se possibilitar a conservação e a gestão dos bens hereditários e se estimular ao mesmo tempo o processamento da sucessão".[398]

O que o capítulo trata é, ao mesmo tempo, de duas situações distintas, mas subsequentes: a jacência da herança e, momento posterior, a

---

396 PIRES DE LIMA e ANTUNES VARELA. Obra citada, p. 69.
397 "*AÇÃO DE USUCAPIÃO – Herança jacente. O Estado não adquire a propriedade dos bens que integram a herança jacente, até que seja declarada a vacância. Recurso especial não conhecido* (STJ – Ac. unân. da 3ª T., publ. em 28.05.2001) (*In: Boletim COAD – ADV* nº 37/2001, em nº 98.605).
Em sentido contrário:
"*HERANÇA JACENTE – Inexistência de sentença declarando a vacância dos bens – Irrelevância – Aplicação do princípio da* saisine *– Transmissão de domínio e posse dos bens ao ente público que se dá a partir da data da abertura da sucessão, ou seja, com a morte do* de cujus *– Inteligência do art. 1.603 do CC. Ementa: Na herança jacente a transmissão de domínio e posse dos bens ao ente público se dá a partir da data da abertura da sucessão, ou seja, com a morte do* de cujus, *considerando o princípio da* saisine, *que incide na espécie, pois é o ente público herdeiro, como os demais descritos no art. 1.603 do CC. Desnecessidade, portanto, de sentença declarando a vacância dos bens para que estes passem a integrar o patrimônio da entidade pública"* (RT, 792: 249). Ver, ainda: RT, 787: 207; RF, 340: 288; RT, 605: 64; RT, 691: 153; RT, 641: 119; (RT, 710: 178; RT, 721: 285; RT, 709: 56; RT, 782: 202; RT, 727: 131; RT, 726: 197; RT, 692: 66; RT, 738: 236; RT, 735: 238; RT, 755: 201; RT, 753: 212; RT, 778: 233-234; RT, 615: 62; RT, 557: 62.
398 PIRES DE LIMA e ANTUNES VARELA. *Idem*, p. 70.

sua vacância. A jacência, que aguarda o conhecimento inequívoco dos herdeiros e a posterior vacância, que, declarando vagos os bens, faz chamamento do Estado para assumir a titularidade do espólio.

Daí o termo, vacante, do latim *vaco, are* = estar vazio.

Herança jacente é a herança cujos beneficiários ainda não são conhecidos.

O que justifica a fórmula simplificada optada pelo legislador atual ao se referir, no artigo 1.819, à ausência de herdeiro "notoriamente conhecido".

Em Roma, de onde se origina o instituto, a jacência correspondia ao *vácuo* que se abria entre a morte do *de cujus* e a aceitação da herança. Durante esse período ninguém era titular do domínio e da posse do espólio; nem subjetiva, nem objetivamente o sucessor estava investido da plenitude do seu direito. Inexistia a ideia, moderna, de transmissão imediata do espólio aos herdeiros do morto.

Quem adquiria a herança *ipso iure* (automaticamente) era o Estado, mas se ele deixasse transcorrer quatro anos sem intentar a *hereditas petitio*[399] contra os possuidores dos bens hereditários, esta ação prescrevia.

Na concepção moderna de direito sucessório, não mais existe a jacência generalizada e prolongada até a *aditio*; os direitos são transmitidos automaticamente, em decorrência da morte e independentemente de um ato do herdeiro. Mas, quando não se sabe quem são os herdeiros, ou quais os destinatários definitivos do benefício, a jacência atua como elemento garantidor da permanência do espólio até efetiva devolução.

---

399 A *hereditas petitio* era a ação através da qual o sucessor discutia sua qualidade de herdeiro. O autor, na *hereditas petitio*, é o herdeiro (de toda a herança, ou de parte dela), que aja nesse qualidade. *Apud*, José Carlos Moreira Alves, obra citada, pp. 545-546.

Contrariamente à enumeração exaustiva constante nos artigos 1.591 e 1.592 do Código Civil de 1916, o novo Código limita-se ao reconhecimento do falecimento de alguém, "sem deixar testamento nem herdeiro legítimo notoriamente conhecido".

As minúcias dos dispositivos antigos tinham as vantagens e desvantagens das enumerações tão ao gosto do legislador de 1916: esclareciam dúvidas e geravam dúvidas, quanto a se aplicar, ou não, a lei aos casos não enumerados.

A definição, agora, resolve as dúvidas: desde que se não conhece a quem cabe o espólio (pela ausência de herdeiro legítimo conhecido – art. 1.591, ou pela ausência de testamento – art. 1.592) declara-se jacente a herança.[400]

Fórmula bem mais simplificada do que aquela constante no antigo Código, e que garante o mesmo resultado, por via objetiva e precisa.

Não se conhecendo o herdeiro, arrecadam-se os bens que ficarão sob a guarda e administração de um curador, até a sua entrega ao sucessor devidamente habilitado ou à declaração de sua vacância.

A segunda parte do artigo sob comento não só resolve a questão da guarda e da administração do espólio (pelo curador), como, igualmente,

---

[400] *"Usucapião. Herança jacente. O Estado não adquire a propriedade dos bens que integram a herança jacente, até que seja declarada a vacância, de modo que, nesse interregno, estão sujeitos à usucapião. Recurso especial não conhecido. Decisão: Vistos, relatados e discutidos os autos em que são partes as acima indicadas, acordam os Ministros da Terceira Turma do Superior Tribunal de Justiça, por unanimidade, não conhecer do recurso especial* (STJ – Acórdão REsp. nº 36.959-SP (199300199919), RE nº 392.492, 24.04.2001, rel. Ari Pargendler, *DJ* de 11.06.2001, p. 196).

"*Herança jacente e concubino. Tratando-se de herança jacente, o inventário dos bens* de cujus *deve aguardar o julgamento final da ação de dissolução de sociedade de fato proposta pela companheira*" (STJ, 3ª T., REsp. nº 94.449-SP, rel. Min. Ari Pargendler, v.u., j. em 11.04.2000, *DJU* de 08.05.2000, p. 88) (*In:* NERY JUNIOR, N. e NERY, Rosa Maria de Andrade. Obra citada, p. 1.165).

resolve a hipótese da atribuição do espólio ao herdeiro (se o sucessor devidamente habilitado surgir) ou ao Estado, como sucessor definitivo (após a declaração da vacância).

Ao curador, pois, compete guardar e administrar o espólio, até definitiva partilha.

Mas, para que não se aguarde, infinitamente, a indicação do curador, se estas providências não foram ordenadas *ex officio,* têm direito de requerer as medidas de conservação e acautelamento e a consequente investidura de alguém nas funções de curador: a) o cônjuge supérstite; b) os legatários; c) o testamenteiro; d) o cessionário do herdeiro ou do legatário; e) o síndico da falência do herdeiro, do legatário, do autor da herança ou do cônjuge supérstite; f) os que têm ação contra o espólio; g) o Ministério Público; h) a Fazendo Pública, quando tiver interesse.

Instaurado o inventário (arts. 987 a 989 do CPC), o Código de Processo Civil, nos artigos 1.142 e seguintes, estabelece o procedimento para a arrecadação dos bens, promovido pelo próprio juiz, entregando o patrimônio ao curador ou, se este ainda não tiver sido nomeado, a um depositário, mediante termo nos autos, depois de compromissado.

O novo Código limita-se a prescrever, em síntese, que o curador *guarde* e *administre* os bens da herança. A palavra *conservação* foi suprimida no texto atual, sem, porém, alteração do conteúdo, já que aquele que guarda está, implicitamente, conservando a coisa.

Nas palavras "guarda" e "administração" se enquadram perfeitamente as seguintes especificações: a) arrecadar, guardar e conservar os bens relacionados como pertencentes ao espólio, exercendo e fazendo valer todos os direitos compreendidos no mesmo; b) proceder à cobrança das dívidas ativas do falecido; c) dar partilha aos herdeiros que se habilitarem na forma legal, se a mesma não se fizer amigavelmente; d) promover o cumprimento das disposições testamentárias; e) requerer a venda, em hasta pública, dos bens móveis, títulos, valores, assim como o arrendamento dos imóveis em geral e a venda dos que não possam ser conservados; f) prestar contas da sua administração, entre outros.

São funções que se assemelham a de um administrador que só intervém no que é urgente, contínuo, de administração necessária.

Art. 1.820. Praticadas as diligências de arrecadação e ultimado o inventário, serão expedidos editais na forma da lei processual, e, decorrido um ano de sua primeira publicação, sem que haja herdeiro habilitado, ou penda habilitação, será a herança declarada vacante.

Direito anterior – Art. 1.593 e parágrafo único do Código Civil de 1916.

Art. 1.593. Serão declarados vacantes os bens da herança jacente, se, praticadas todas as diligências legais, não aparecerem herdeiros.

Parágrafo único. Esta declaração não se fará senão 1 (um) ano depois de concluído o inventário.

Direito comparado – Sem correspondência, tanto no Código Civil francês quanto no Código Civil português.

COMENTÁRIO

Vencida a etapa anterior, inicia-se nova fase da herança jacente com vistas à localização dos eventuais herdeiros. Por isso, diz-se que a herança *jaz* (daí, herança jacente) à espera de possíveis sucessores (herdeiros legítimos ou testamentários).

O juiz ouvirá moradores da casa e vizinhos para o paradeiro de seus sucessores (art. 1.150 do CPC) e, verificada a existência de eventuais sucessores, fará sua citação para demonstrar sua qualidade no processo (art. 1.152 e §§ do CPC).[401]

Vencida a fase de investigação e habilitação de herdeiros, sem resultado positivo, a herança jacente tem seu fim com a declaração de vacância, que nada mais é do que o reconhecimento judicial de que a herança não tem titular conhecido, ou, como quer Rodrigues, "pode-se dizer que a herança vacante é a que não foi disputada, com êxito, por qualquer herdeiro e que, juridicamente, foi proclamada de ninguém".[402]

De *jacente* (no aguardo de sucessor conhecido) torna-se *vacante* (vaga, pela ausência de efetivo titular).

A fórmula equivocada constante no parágrafo único do antigo artigo 1.593 (*"um ano depois de concluído o inventário"*) fica substituída, no novo preceito legal (art. 1.820), pelo recurso, mais técnico, introduzido pelo Código de Processo Civil, segundo o qual a decisão apenas se dará passado um ano da primeira publicação do edital de convocação de herdeiros.

Com o pronunciamento judicial da vacância encerra-se a herança jacente, transferindo-se a titularidade do patrimônio do *de cujus* ao Estado, herdeiro definitivo, por imposição da ordem de vocação hereditária (art. 1.844).

Art. 1.821. É assegurado aos credores o direito de pedir o pagamento das dívidas reconhecidas, nos limites das forças da herança.

---

401 *"HERANÇA JACENTE – Arrecadação – Conversão em inventário requerida por credora do de cujus – Inadmissibilidade – Inteligência do art. 1.151 do CPC. De acordo com o disposto no art. 1.151 do CPC, a arrecadação da herança jacente, quando iniciada, suspende-se se o cônjuge, herdeiro, ou testamenteiro notoriamente conhecido se apresentar para reclamar os bens e não houver oposição motivada do curador"* (*RT*, 580: 93).

402 RODRIGUES, Silvio. Obra citada, p. 43.

Direito anterior – Sem previsão legal no Código anterior.

Direito comparado – Sem correspondência no direito francês, no direito português e nos direitos argentino e uruguaio.

COMENTÁRIO

A inovação inserida no novo Código Civil causa espécie, uma vez que o princípio das forças do monte já domina a matéria sucessória, desde o início do século, enunciado no artigo 1.792 do novo Código Civil (antigo art. 1.587), ao menos, no que concerne à responsabilidade do herdeiro que não responde pelos encargos do monte hereditário além das forças do mesmo.

Conforme se examinou, quando da análise do art. 1.792, o legislador nacional optou pela regra *intra vires hereditatis*, colocando fim às infinitas discussões que daí surgiam. Da mesma forma, como a responsabilidade da herança pelas dívidas do defunto limita-se às suas forças, igualmente aos credores fica assegurado o direito de pedir o pagamento das dívidas reconhecidas, nos limites da força da herança.

Os credores podem habilitar-se no inventário, antes da partilha, desde que tenham dívidas vencidas e exigíveis. Mesmo não vencida a dívida é possível proceder-se à habilitação (art. 1.019 do CPC).[403]

Art. 1.822. A declaração de vacância da herança não prejudicará os herdeiros que legalmente se habilitarem; mas, decorridos cinco anos da abertura da sucessão, os bens arrecada-

---

[403] "Art. 1.019. *O credor de dívida líquida e certa, ainda não vencida, pode requerer habilitação no inventário. Concordando as partes com o pedido, o juiz, ao julgar habilitado o crédito, mandará que se faça separação de bens para o futuro pagamento.*"

dos passarão do domínio do Município ou do Distrito Federal, se localizados nas respectivas circunscrições, incorporando-se ao domínio da União quando situados em território federal.

Parágrafo único. Não se habilitando até a declaração de vacância, os colaterais ficarão excluídos da sucessão.

Direito anterior – Art. 1.594. A declaração da vacância da herança não prejudicará os herdeiros que legalmente se habilitarem; mas, decorridos 5 (cinco) anos da abertura da sucessão, os bens arrecadados passarão ao domínio do Município ou do Distrito Federal, se localizados nas respectivas circunscrições, incorporando-se ao domínio da União, quando situados em território federal.

Parágrafo único. Se não forem notoriamente conhecidos, os colaterais ficarão excluídos da sucessão legítima após a declaração de vacância.

Direito comparado – No Código Civil francês (arts. 723 e 768),[404] no Código Civil português (art. 2.155).[405] No direito argentino (art. 3.588) e no direito uruguaio (art. 1.034).

COMENTÁRIO

O texto original do Projeto, artigo 1.845, assim dispunha sobre a matéria: "A declaração da vacância da herança não prejudicará os herdeiros que legalmente se habilitarem; mas, decorridos cinco anos da abertura da sucessão, os bens arrecadados passarão ao domínio dos municípios da situação dos bens, e, ao Distrito Federal, se aí estiverem situados."

---

404 "*Art. 723. La loi règle l'ordre de succcéder entre les héritiers légitimes, les héritiers naturels et le conjointsurvivant. A leur défaut, les biens passent à l'État.*"
"*Art. 768. A défaut d'héritiers, la succession est acquise à l'État.*"

405 "*Art. 2.155. Reconhecida judicialmente a inexistência de outros sucessíveis legítimos, a herança é declarada vaga para o Estado nos termos das leis de processo.*"

A Emenda nº 306, alterando aquela proposta inicial, deu nova redação ao dispositivo legal, como consta, agora, no artigo 1.822 do novo Código Civil, deixando o texto mais claro e a linguagem mais escorreita.

A aquisição da herança pelo Estado, como sucessor legítimo, se opera *ipsa vi iuris*, sem necessidade de aceitação. Ao que a lei visa proteger é o eventual abandono do espólio que, sem titular conhecido, poderia ficar à disposição de qualquer pessoa.

Para saber se há ou não há parentes sucessíveis do *de cujus* é que, inicialmente, se tomam providências para assegurar a conservação dos bens, e, ato posterior, se os convoca, via publicação de editais, e, finalmente, na hipótese de ninguém aparecer ou habilitar-se, é a herança declarada vaga para o Estado. O próprio Estado tem a *saisine*.

Entretanto, a declaração de vacância, embora transmitindo logo a titularidade do acervo hereditário ao Estado, não tem o condão de incorporar definitivamente a herança ao patrimônio público, sendo, ainda, provisória a adjudicação.

O prazo de 5 (cinco) anos a que se refere o artigo (cinco anos seguintes à abertura da sucessão) é previsto como forma de favorecer a efetiva manifestação dos herdeiros habilitados que, silentes, perdem o direito à herança.[406] Findo o prazo, os bens passam automaticamente ao domínio público; Município, Distrito Federal ou União na direta vinculação espacial onde se encontram.[407] Este é um dos efeitos da sentença

---

406 *"Herança vacante. Comparecimento tardio de herdeiro justificado. O estado de guerra que existiu entre o Brasil e a Alemanha constitui motivo de força maior que justifica o comparecimento tardio de um herdeiro para colher a herança vacante"* (STF, REsp. nº 20.682, rel. Min Mário Guimarães, j. em 29.09.52).

407 *"HERANÇA JACENTE – Recolhimento dos bens pelo Município – Legitimidade somente após a declaração judicial de vacância – Momento da ocorrência da vacância que é inconfundível com o da abertura da sucessão ou da morte do* **de cujus** *– Inaplicabilidade ao ente*

de vacância: fixar o termo inicial do prazo de cinco anos, findo o qual os bens vagos passam definitivamente para o domínio público.[408]

Pelo Código Civil de 1916 os bens vacantes eram destinados aos Estados onde eles estavam localizados. A Lei nº 8.049, de 20.06.1990, alterou os beneficiários da herança vacante e o critério de determinação dos mesmos. Pela nova lei esses bens passam a ser destinados aos Municípios ou Distrito Federal, se localizados nas respectivas circunscrições, ou incorporados ao domínio da União, quando situados em território federal.[409]

Com efeito, entre o período que medeia da sentença de vacância e os cinco anos do falecimento do *de cujus*, o espólio se identifica com a propriedade resolúvel do Estado sobre os bens arrecadados, já que, a qualquer momento, pode surgir o herdeiro sucessível desconhecido. Após o transcurso temporal quinquenal, a propriedade dos bens passa a ser plena, incorporando-se, definitivamente, o espólio ao Estado, cessando para qualquer herdeiro o direito de pleitear a herança.

---

público do princípio da saisine. Ementa: *Somente após a declaração judicial de vacância, momento em que o domínio dos bens jacentes se transfere ao patrimônio público, após a vigência da Lei nº 8.049/90, o Município tem legitimidade para o recolhimento dos bens, visto que o momento da ocorrência da vacância é inconfundível com o momento da abertura da sucessão ou da morte do* de cujus, *não se aplicando ao ente público o princípio da* saisine" (RT, *773: 194*). Ver, ainda: RF, *329: 267-268.*

408 "*Usucapião. Posse vintenária com intuito de dono devidamente comprovada. Herança jacente. Se a sentença de declaração de vacância foi proferida depois de completado o prazo de prescrição aquisitiva em favor do autor da ação de usucapião, não procede a alegação de que o bem não poderia ser usucapido porque do domínio público, uma vez que deste somente se poderia cogitar depois da sentença que declarou vagos os bens jacentes*" (TJSP, Ap. nº 479.823-4/0, rel. Des. Maia da Cunha, j. em 15.02.2007).

409 "***Herança jacente. Preferência do município à sucessão.*** *Aplicação da Lei nº 8.049, de 1990, ainda que o óbito do* de cujus *tenha ocorrido antes de sua publicação. Tema que se resolve à base da interpretação dos artigos 1.572, V, e 1.594 do Código Civil, e não de eventual direito adquirido (CF, art. 5º, XXXVI). Embargos de declaração rejeitados* (STJ – EDRESP. nº 89.978 – (199600148007), 3ª Turma, rel. Min Ari Pargendler, j. em 02.05.2000).

O Estado, porém, não pode dispor do acervo como bem lhe aprouver, devendo aplicar os recursos em fundações destinadas ao desenvolvimento do ensino universitário, sob a fiscalização do Ministério Público,[410] e, quando insuficientes para constituírem fundação, conversão dos bens em títulos da dívida pública, até que, aumentados com os rendimentos ou novas arrecadações, perfaçam capital bastante.

A grande novidade apresentada na nova redação dada ao antigo parágrafo único do artigo 1.594 reside no tratamento dos colaterais, gerador de tanta divergência doutrinária e que, agora, de forma precisa e direta, ganha perspectiva mais consentânea às expectativas do direito sucessório.

Evitando a possibilidade de exegeses extensivas, geradoras de situações inseguras, contrárias ao mundo jurídico – e, especialmente, em matéria de direito sucessório –, o novo parágrafo único do artigo 1.822 confirma expressamente a exclusão ao direito sucessório dos colaterais que não se habilitarem até a declaração de vacância, pondo fim à divergência doutrinária a respeito.

Art. 1.823. Quando todos os chamados a suceder renunciarem à herança, será esta desde logo declarada vacante.

Direito anterior – Art. 1.591, II, e 1.592, IV, do Código Civil de 1916.

Art. 1.591, II – se os herdeiros, descendentes ou ascendentes, renunciarem à herança, e não houver cônjuge ou colateral sussessível, notoriamente conhecido.

Art. 1.592, IV – se, verificada alguma das hipóteses dos três números anteriores, não houver testamenteiro nomeado, o nomeado não existir, ou não aceitar a testamentária.

---

410 Dec.-Lei nº 8.207/45 – Altera a redação dos arts. 1.594 e 1.612 do Código Civil, revoga o Dec.-Lei nº 1.907, de 26 de dezembro de 1939, e dá outras providências.

Direito comparado – No Código Civil francês (art. 811)[411] e no Código Civil português (art. 2.049, 3).[412] No direito argentino (omisso) e no uruguaio (omisso).

COMENTÁRIO

Duas são as hipóteses de ocorrência de jacência: a primeira, quando desconhecidos os herdeiros sucessíveis, e a segunda, quando conhecidos renunciarem à herança.

Quando todos os herdeiros chamados a suceder renunciarem à herança, dispõe o texto legal, será esta desde logo declarada vacante. É que a renúncia em bloco põe termo à expectativa de alguma eventual aceitação. Em outras palavras, finaliza a espera da habilitação de herdeiros desconhecidos. Sendo todos conhecidos e tendo todos renunciado, vence-se uma etapa e passa-se de imediato à vacância.

O que o legislador está pressupondo é a ocorrência de herdeiros conhecidos que renunciaram à herança e, por isso mesmo, *ipso fato* e *ipso iure*, estão a devolver o acervo ao Estado, na qualidade de herdeiro legítimo definitivo.

A ocorrência da hipótese não prejudica os credores, já que, até o transcurso do lapso temporal quinquenal (mesmo que já tenha sido declarada a vacância), podem eles buscar a satisfação de seus créditos junto ao juízo que arrecadou os bens do falecido.

---

411 Vide *supra* nota de rodapé nº 286.
412 "*Art. 2.049. 3. Se o notificado repudiar a herança, serão notificados, sem prejuízo do disposto no artigo 2.067, os herdeiros imediatos, e assim sucessivamente até não haver quem prefira a sucessão do Estado.*"

CAPÍTULO VII
DA PETIÇÃO DE HERANÇA

Art. 1.824. O herdeiro pode, em ação de petição de herança, demandar o reconhecimento de seu direito sucessório, para obter a restituição da herança, ou de parte dela, contra quem, na qualidade de herdeiro, ou mesmo sem título, a possua.

Direito anterior – Parágrafo único do art. 1.580 do Código Civil de 1.916.

Art. 1.580

Parágrafo único. Qualquer dos co-herdeiros pode reclamar a universalidade da herança ao terceiro que, indevidamente, a possua, não podendo este opor-lhe, em exceção, o caráter parcial do seu direito nos bens da sucessão.

Direito comparado – Sem previsão legal no Código Civil francês,[413] a matéria vem detalhadamente prevista no direito português (arts. 2.075 a 2.078). No direito argentino (art. 3.421)[414] e no direito uruguaio (omisso).

Leitura complementar:
ALMADA, Ney de Mello. "Petição de herança no novo Código Civil". *In: Revista Literária de Direito*, vol. 42, p. 14, jun.-jul/2002; ALVES, José Carlos Moreira. *Direito Romano*. 6. ed. Rio de Janeiro: Forense, 2000; AZEVEDO, Álvaro Villaça. "Investigação de paternidade e petição de herança". *In: RDC*, 25: 183: BARREIRA, Wagner. "Ação de petição de herança". *In: RT*,

---

413   Presente no direito romano, onde a *petitio hereditatis* era conhecida desde longa data, desapareceu no Código Civil francês. Foi a jurisprudência que precisou seu regime, os modos de prova que as partes devem fornecer e o resultado ao qual ela pode chegar. *Apud*, Michel Grimaldi, obra citada, p. 480.

414   "Art. 3.421. *O herdeiro pode fazer valer os direitos que lhe competem por uma ação de petição de herança, a fim de que se lhe entreguem todos os objetos que a compõem, ou por meio de uma ação possessória para ser manutenido ou reintegrado na posse da herança, ou por meio de ações possessórias ou petitórias que corresponderiam a seu autor se estivesse vivo."

659:24; BONFANTI, Pietro. *Instituzioni di Diritto Romano*. Firenze: Barbera, 1896; CRÉMIEUX. "Dela validité des actes accomplis par l'héritier apparent". *In: RTDciv.*, 1910: 39; GOZZO, Débora e VENOSA, Silvio. *Comentários ao Código Civil Brasileiro*. Vol. XVI. Do direito das Sucessões (arts. 1.784 a 1.911). *In*: ALVIM, Arruda e ALVIM, Thereza (Coords.). Rio de Janeiro: Forense, 2004. LEROUX, E. "Recherche sur l'évolution de la propriété apparente dans la jurisprudence depuis 1945". *In: RTDciv*. 1974: 509; MORAES, Walter. *Teoria Geral e Sucessão Legítima*. São Paulo: RT, 1980; PEREIRA, Caio Mário da Silva. *Instituições de Direito Civil*. Vol. 6 – Direito das Sucessões, 15. ed., Rio de Janeiro: Forense, 2005; PORTO, Mário Moacyr. "Ações de investigação de paternidade ilegítima e petição de herança". *In: RT*, 645: 7; RIZZARDO, Arnaldo. *Direito das Sucessões*. Rio de Janeiro: Aide, 1996; TEIXEIRA, Sálvio de Figueiredo. "Herdeiros reconhecidos após a morte do pai recebem herança a partir da citação". *In Jornal do Comércio*, 15.02.2002; TELLES, Inocêncio Galvão. "Direito das Sucessões. Anteprojecto de uma parte do futuro Código Civil Português" (Sep. do Bol. Min. Just., nº 54); THEODORO JUNIOR, Humberto. "A petição de herança encarada principalmente dentro do prisma do direito processual civil". *In: RT*, 581: 9; THEODORO JUNIOR, Humberto. "Aspectos processuais da ação de petição de herança". *In: Revista da AJURIS*, ano XI, nº 30, mar. 1984, pp. 113-140; VIANA, Marco Aurélio Sá. *Da ação de petição de herança*. São Paulo: Saraiva, 1986.

COMENTÁRIO

Silente o Código Civil sobre a matéria relevante da petição de herança, o Código de Processo Civil a ela se referiu, indireta e paralelamente, no inciso III do art. 1.000.[415] No Código Civil, a exemplo do que ocorreu no Código Civil francês, não houve disposição expressa sobre o tema.

---

415 *"Art. 1.000. Concluídas as citações, abrir-se-á vistas às partes, em cartório e pelo prazo comum de dez (10) dias, para dizerem sobre as primeiras declarações. Cabe a parte:*

. ...

III – contestar a qualidade de quem foi incluído no título de herdeiro."

Ganha, agora, a matéria, o devido espaço e reconhecimento no Capítulo VII do novo Código Civil brasileiro.

No parágrafo único do artigo 1.580 do Código Civil de 1916, fazia-se referência ao direito de petição de herança, mais predominantemente vinculado à hipótese da devolução unitária, em bloco (*universalidade da herança*), dos bens indevidamente possuídos por terceiro, do que, propriamente, o reconhecimento judicial da qualidade ou condição de herdeiro.

Ora, é sabido que a petição de herança tem um duplo objetivo: a) a proclamação do princípio de que, sendo vários os herdeiros, qualquer deles tem legitimidade para reclamar a totalidade da herança a que é conjuntamente chamado com outros, sem que o demandado possa opor-lhe a exceção de que a herança não lhe pertence por inteiro (é nesse sentido que consta no parágrafo único do antigo art. 1.580, atual 1.791); e b) o reconhecimento judicial da qualidade ou condição de herdeiro.

Aceita a herança, conforme vimos, o herdeiro, em decorrência do disposto no artigo 1.784 do Código Civil, adquire-a independentemente da sua apreensão material, retrotraindo-se tais efeitos ao momento da abertura da sucessão (art. 1.804). Pode, porém, acontecer que os bens da herança indivisa se encontrem na posse de terceiros, que se arroguem o título de herdeiros ou qualquer outro título, ou mesmo sem invocarem título algum.

Quando isso ocorre, o legislador faculta aos herdeiros a chamada "ação de petição de herança", para pedirem que, através dela, seja reconhecida a sua qualidade sucessória e, uma vez reconhecida esta, que sejam restituídos todos os bens à herança, se todos estiverem na posse de terceiros, ou só uma parte desses mesmos bens, se só uma parte estiver na posse de terceiros.

O artigo 1.824 não só resgata a ideia, singelamente expressa no parágrafo único do artigo 1.580, mas, o que é mais importante, estabelece a real dimensão temática no ambiente do direito sucessório. Mas não se esgota aí sua nova feição. Caracteriza, ainda, a rigorosa fisionomia jurídica da petição de herança (que não se confunde com a simples ação de reivindicação[416] circunscrita ao reconhecimento da qualidade de proprietário, nem com a ação destinada a obter o simples chamamento à sucessão), mas resgata, como se disse, o duplo objetivo da petição de herança: o reconhecimento judicial da qualidade sucessória do requerente, em primeiro lugar, e a consequente restituição de todos os bens da herança, ou de parte deles, indevidamente retidos pelo demandado.

É da natureza da petição de herança, como resulta do texto e do espírito da lei, o duplo fim a que ela visa: por um lado, o reconhecimento judicial da qualidade de herdeiro que o autor se arroga ("*O herdeiro pode ... demandar o reconhecimento do seu direito sucessório...*"); por outro, a integração dos bens que o demandado possui no ativo da herança ou da fração hereditária pertencente ao herdeiro e, temporariamente, em poder de outrem. O resultado jurídico que o autor visa a alcançar com a ação é "múltiplo ou cumulativo", diz Ferreira Pinto,[417] "por um lado, é o reconhecimento da qualidade sucessória do herdeiro demandante e, por outro lado, é a condenação do demandado na restituição de todos os bens que compõem a herança ou de parte deles, conforme o caso".

A esta altura já é possível se afirmar, sem risco de erro, que a petição de herança é a ação pela qual o herdeiro procura o reconhecimento

---

416 A petição da herança tem em comum com a ação de reivindicação o caráter absoluto – eficácia *erga omnes* – mas distingue-se da reivindicação, em virtude do seu caráter universal, visto visar, não a uma coisa determinada, mas ao *universum jus defuncti*.
417 FERREIRA PINTO, Fernando Brandão. Obra citada, p. 192.

judicial de sua qualidade, com vistas a recuperar o todo ou parte do patrimônio sucessório, indevidamente em poder de outrem.[418]

Ou, como pretende Wagner Barreira, "... é ela ação com que a pessoa que se sabe convocada na sua qualidade de sucessora a título universal a uma sucessão hereditária pede, contra quem tomou posse de todos ou de parte dos bens que a integram e que se comporta como sucessora do morto ou como seu cessionário, o reconhecimento de seu direito hereditário e a entrega de tudo que faz parte da sucessão questionada".[419]

A *hereditas petitio*, conforme se examinou,[420] se deferia ao herdeiro civil e constituía uma *vindicatio hereditatis*, pela qual se obtinha a entrega da herança ou dos objetos pertencentes a ela, por parte do possuidor. O demandado tinha de provar o direito sobre a coisa, se não obtivesse êxito, o herdeiro o interpelava com o *interdictum quam hereditatem*, pelo qual o pretor constrangia o possuidor a restituir os bens hereditários.

Hoje, as duas hipóteses se fundiram numa só ação. O herdeiro pede a herança e ganha o pleito, "a sentença já tem carga de executividade suficiente para não ser preciso o *interdictum quam hereditatem*. A ação de petição de herança tem a força executiva e as eficácias condenatória e declaratória, imediata àquela e mediata a essa".[421]

O sistema do direito brasileiro se filiou à concepção da herança encarada como universalidade de direito (art. 1.791), portanto, necessaria-

---

418 Ver, nesse sentido, os trabalhos de Sálvio de Figueiredo Teixeira, "Herdeiros reconhecidos após a morte do pai recebem herança a partir da citação" (*Jornal do Commercio*, 15/02/2002); de Wagner Barreira, "A ação de petição de herança" (*RT*, 659: 24-28); de Humberto Theodoro Junior, "A petição de herança encarada principalmente dentro do prisma do direito processual civil" (*RT*, 581: 9-24); e de Mário Moacyr Porto, "Ações de investigação de paternidade ilegítima e petição de herança" (*RT*, 645: 7-12).
419 BARREIRA, Wagner. *A ação de petição de herança. In:* RT, 659: 26.
420 Vide, *supra*, comentário ao artigo 1.819.
421 PONTES DE MIRANDA, F. C. *Tratado*, vol. 55, tomo LV, p. 141.

mente, a da pretensão unitária à herança. Há, pois, a pretensão unitária à herança, a que corresponde a prescrição, igualmente, unitária.[422]

"O herdeiro pode", diz a lei, ou seja, quem quer que herde, legítima ou testamentariamente, pode pedir a herança se outrem a possui, com ofensa ao direito do herdeiro. Qualquer co-herdeiro pode exercer a ação de petição de herança, porque se trata de *universitatis vindicatio*.

"O herdeiro pode" diz a lei; melhor fórmula a empregada pelo legislador de 1916 no parágrafo único do artigo 1.580: *"Qualquer dos co-herdeiros pode reclamar a universalidade da herança..."*, porque se trata de uma universalidade, porque o pedido reverte sobre a unidade, sobre toda a herança; logo, todos estão habilitados para propor a ação.

---

422 Segundo Pontes de Miranda, no direito brasileiro, não se previu prazo especial para a ação de petição da herança (cf. Código Civil alemão, § 2.026). O prazo é o do art. 177 (atual art. 205); portanto, hoje, dez anos. Mesmo porque, a ação é real: "A obrigação do legitimado passivo, quanto à restituição dos bens e do que foi adquirido com o valor dos bens, é *real;* não se trata de obrigação pessoal, de transferir ao possuidor da herança ao herdeiro os bens ou aquilo que com o valor dos bens adquiriu: o direito é real; real o dever; real a pretensão e real a ação do herdeiro." Obra citada, pp. 150-151.
No mesmo sentido a jurisprudência:
"Acordam os desembargadores integrantes do III grupo de Câmaras Cíveis do Tribunal de Justiça do Estado do Paraná, por unanimidade de votos, em julgar improcedente a presente ação, condenando-se os autores nas custas processuais e na verba honorária, que fica arbitrada em R$ 2.000,00, atendidas as norma do art. 20, parágrafo único, do C.P. Civil, com reversão da quantia depositada pelos autores em favor da ré (art. 494, do C. P. Civil)." Ementa: Rescisória – Alegação de violação de literal dispositivo de lei – Sentença declaratória, negativa de nulidade de ato jurídico (doação) – **Prescrição da ação de petição de herança – Improcedência.** *1. Dever de o autor cumular o pedido de rescisão com o de novo julgamento, se, no caso de a ação rescisória vir a ser julgada procedente, a simples anulação da sentença não for o suficiente para garantir-lhe a tutela jurisdicional, e se o tribunal for o órgão novo competente para proferir, em lugar da sentença rescindida, o novo julgamento. 2. E, estando prescrita a ação de petição de herança, fica prejudicada a análise da situação jurídica gerada com a doação de bens, por parte do pai dos autores, que integravam a legítima dos herdeiros, em razão da sucessão do patrimônio de sua genitora. 3.* ***A ação de petição de herança, por ser uma ação real, prescreve em dez anos entre os presentes, contados a partir da abertura da sucessão (morte do titular do patrimônio), desde que extinto o pátrio poder pela maioridade*** (grifamos). Ação Rescisória 0056951100, III Grupo de Câmaras Cíveis do TJ-PR, rel. Des. Accacio Cambi, j. em 15.10.1998.

Quem são as partes legítimas para constar nos polos ativo e passivo da petição de herança?

Como autor, "só tem legitimidade *ad causam* ativa para a ação de petição de herança quem nela se apresente com a qualidade de herdeiro, ou de sucessor, sub-rogado em direitos hereditários".[423]

E no polo passivo? A ação de petição de herança só tem cabimento quando possui o réu *pro herede* – ou seja, na qualidade ou posição de herdeiro – as coisas ou os bens que o autor dele reclama. "É esta uma afirmativa na qual insistem todos os doutrinadores que se ocuparam até hoje do assunto e que se acha sempre fundamente sustentada pelas decisões judiciais alusivas à matéria."[424]

Além do herdeiro, *stricto sensu*, têm legitimidade processual ativa o inventariante, o síndico da falência do morto ou do herdeiro, o administrador no concurso de credores e o testamenteiro, bem como o curador da herança do morto ou do herdeiro (no caso de herança jacente), e, após o advento da Constituição de 1988 e a publicação das Leis n°s 8.971/94 e 9.278/96, também pode habilitar-se no inventário o(a) companheiro(a) do inventariado, para recebimento da herança, caso não haja descendentes ou ascendentes, ou de usufruto e habitação, bem como da meação. É que o reconhecimento da união estável como entidade familiar (art. 226, § 3º) gera ao sobrevivo direitos sucessórios, com alteração da ordem de vocação hereditária, já endossada pelo novo Código Civil, no artigo 1.829.

Quanto à legitimação passiva na ação de petição de herança, são pressupostos: a) o de ter a pessoa algo da herança de que se trata; e b) o de não provir de direito de herança à aquisição. Assim, a ação de

---

[423] BARREIRA, Wagner. Obra citada, p. 27.
[424] BARREIRA, Wagner. *Idem*, p. 26.

petição de herança pode dirigir-se contra terceiro estranho à sucessão *causa mortis*, que possua os bens como herdeiro (*possessor pro herede*); contra herdeiro que possua os bens por outro título *(possessor pro emptore, per occupationem* etc.); contra herdeiro aparente, que sucedeu ao *de cujus*, sem ter real direito à herança, como também "pode referir-se a apenas uma parte da herança possuída por quem, realmente, devia suceder ao *de cujus*, mas o fez em excesso, ou seja, com exclusão do autor da petição de herança".[425]

Com relação aos bens que podem ser objeto da ação de petição de herança, a mesma pode ser proposta "ainda que os bens do falecido somente consistam em posses ou direitos de crédito. A herança é bem imóvel. Não é preciso que fosse proprietário o *de cujus*. Se o devedor da herança se diz herdeiro do crédito, contra ele pode ir a ação".

A legitimação ativa para propositura da ação é restrita ao herdeiro, cujo acesso à herança se encontra impedido por uma ou outra razão. Nada impede, porém, que o ajuizamento ocorra por iniciativa de outros interessados (inventariante, síndico da massa falida etc.), conforme acima indicado, que atuam como representantes de entes personalizados e, pois, capacitados *ad causam*.

Cabe ressaltar, por definitivo, que é possível a cumulação de ações (por exemplo, petição de herança cumulada com investigação de paternidade,[426] ou com declaratória da condição de companheiro etc.), desde

---

425 AMORIM, Sebastião e OLIVEIRA, Euclides de. Obra citada, p. 185.
426 "*Acordam os desembargadores integrantes do Segundo Grupo de Câmaras Cíveis do Tribunal de Justiça do Estado do Paraná, por unanimidade de votos, em julgar extinto o processo, sem adentrar-se no mérito, nos termos do art. 276, inciso VI, do CPC, arcando as autoras com o pagamento das custas processuais e honorários advocatícios, estes fixados em R$ 1.000,00 (hum mil reais), revertendo o* quantum *relativo ao depósito em favor das rés. Ementa: Ação rescisória – Sentença homologatória de partilha – Alegação de ocorrência de dolo e erro essencial e de preterição de herdeiro necessário. 1. Partilha feita por acordo das partes e homologada*

que compatíveis os pedidos, adequado o rito processual e observada a competência jurisdicional.

Art. 1.825. A ação de petição de herança, ainda que exercida por um só dos herdeiros, poderá compreender todos os bens hereditários.

Direito anterior – O já citado parágrafo único do artigo 1.580 do Código Civil de 1916.

Direito comparado – Sem previsão legal no Código Civil francês e no Código Civil português (art. 2.078).[427]

---

judicialmente não se anula por rescisória – se contiver vícios e defeitos que invalidam os atos jurídicos em geral, é cabível o ajuizamento da ação de nulidade de partilha, conforme art. 1.805 c/c o art. 147, ambos do Código Civil. A autora, aliás, já lançou mão desta ação, tendo sido decretada a prescrição do seu direito em face do ajuizamento serôdio do pleito. 2. A via adequada para a proteção do direito de herdeiro excluído do inventário é a ação de petição de herança (art. 1.030, inciso III, do CPC) ou a ação anulatória dos atos jurídicos em geral (art. 486 do CPC) – O herdeiro excluído não tem contra si o efeito da coisa julgada em primeiro grau, sendo inviável o reconhecimento do seu direito, através da rescisória, sob pena de ocorrer a supressão de uma instância. **Carência de interesse processual das autoras – Extinção do processo, sem julgamento do mérito, nos termos do art. 267, inciso IV, do CPC**" (Ação Rescisória – 0039336000, II Grupo de Câmaras Cíveis do TJ-PR, rel. Des. Angelo Zattar, j. em 14.11.1996).
Ver, ainda: *RT*, 785: 216; *RT*, 537: 58; *RT*, 555: 105; *RT*, 790: 375; *RT*, 792: 261; *RT*, 775: 233; *RT*, 546: 80; *RT*, 633: 47; *RT*, 753: 200; *RT*, 766: 366; *RT*, 604: 201; *RT*, 581: 59; *RT*, 579: 83; *RT*, 593: 283; *RT*, 605: 144-145.
Em matéria de ação de investigação de paternidade c/c petição de herança, merece reflexão a doutrina de Mario Moacyr Porto, para quem: "... antes do julgamento favorável da ação de investigação de paternidade ilegítima, o filho natural não reconhecido pelo pai jamais poderá propor ação de petição de herança para o fim de lhe ser reconhecida a qualidade de herdeiro, com direito à herança de seu indigitado pai. A ação de investigação de paternidade, na hipótese em causa, é um inafastável pressuposto, uma prejudicial incontornável, para que o filho possa intentar a ação de petição de herança" (Mario Moacyr Porto. "Ações de investigação de paternidade ilegítima e petição de herança". *In: RT*, 645: 10).

---

427 *"Art. 2.078. 1. Sendo vários os herdeiros, qualquer deles tem legitimidade para pedir separadamente a totalidade dos bens em poder do demandado, sem que este possa opor-lhe que tais bens lhe não pertencem por inteiro."*

COMENTÁRIO

Conforme anteriormente afirmado e analisado, a despeito da multiplicidade dos objetos que a compõem, a herança é universalidade, e a pretensão a ela é pretensão unitária. O adquirente da herança adquire o todo, ou cota-parte: a ação do comprador da herança ou da cota-parte é ação unitária, ou seja, para haver a herança ou a cota prometida.

O dispositivo retoma o princípio já estampado no artigo 1.791 do Código Civil, isto é, mesmo sendo vários os herdeiros aceitantes, reconhece-se a qualquer deles o poder de reivindicar para si só – sem necessidade de chamar todos os demais – a totalidade dos bens em poder do demandado, sem que este possa opor-lhe a exceção de que tais bens não lhe pertencem por inteiro.

A vindicação, reafirma Pontes de Miranda, é no todo, e não de bens especificados. Restituindo-se o todo, ou cota da herança, restituem-se bens objeto de direitos reais e de direitos pessoais, corpóreos e incorpóreos, *et omnia iura et actiones* (direitos, pretensões, ações a exceções).[428]

Uma coisa é a relação de co-titularidade entre os diferentes co-herdeiros; e outra é a relação singular de cada um deles com terceiros possuidores, ou meros detentores dos bens hereditários, em que a lide confere legitimidade, através da petição de herança, para cada um deles agir em nome ou no interesse de todos os demais.

Art. 1.826. O possuidor da herança está obrigado à restituição dos bens do acervo, fixando-se-lhe a responsabilidade segundo a sua posse, observado o disposto nos arts. 1.214 a 1.222.

---

[428] PONTES DE MIRANDA, F. C. Obra citada, p. 141.

Parágrafo único. A partir da citação, a responsabilidade do possuidor se há de aferir pelas regras concernentes à posse de má-fé e à mora.

Direito anterior – Sem previsão legal no Código Civil de 1916.

Direito comparado – Sem previsão legal no Código Civil francês. No Código Civil português (artigo 2.076.1).[429]

COMENTÁRIO

O artigo sob análise, que é preceito novo em relação ao Código de 1916, regula a hipótese de os bens da herança haverem sido alienados pelo possuidor (não herdeiro) a terceiro.

A regra é que a petição de herança pode ser demandada quer contra o herdeiro (seja qual for o título a que a possua, como decorre da leitura do *in fine* do artigo 1.824), quer contra o possuidor da herança (é a hipótese sob comento, supondo-se que o mesmo agiu lícita ou ilicitamente – boa ou má-fé – em decorrência da referência aos arts. 1.214 a 1.222).

A qualidade do possuidor (se de boa ou má-fé) não é invocada pelo legislador, ou seja, em qualquer hipótese, ressurge sempre a possibilidade de o herdeiro obter o resgate dos bens do acervo, devendo o possuidor restituí-los. Ou, como já doutrinara Pontes de Miranda, de forma lapidar e sem vacilar: "O possuidor da herança tem de restituir tudo que obteve da herança. Provado que algo obteve, cabe-lhe o ônus de alegar e provar por que não pode restituir e por que razão não tem de restituir (...) Se o possuidor da herança, que tem de restituir, não mais o

---

[429] "*Art. 2.076. 1. Se o possuidor de bens da herança tiver disposto deles, no todo ou em parte, a favor de terceiro, a ação de petição pode ser também proposta contra o adquirente, sem prejuízo da responsabilidade do disponente pelo valor dos bens alienados.*"

pode, tudo se passa à semelhança da reivindicação (...) a discussão entre incidirem as regras jurídicas sobre reivindicação ou as regras jurídicas sobre enriquecimento injustificado perde parte do interesse que tem noutros sistemas jurídicos devido ao Código Civil (remeter aos arts. 1.214 a 1.222); mas é assaz relevante por se não ter de apurar, no sistema jurídico brasileiro, se houve, ou não, enriquecimento."[430]

É quanto à responsabilidade que o novo texto legal dá tratamento discriminado com base nos efeitos da posse (Capítulo III do Livro III – Direito das Coisas) aqui aplicados em bloco.

Assim, se o possuidor for de boa-fé, tem direito aos frutos percebidos (art. 1.214), devendo restituir os pendentes e os colhidos com antecipação, ao tempo em que cessar a boa-fé (art. 1.214, parágrafo único, e art. 1.215). Os frutos naturais e industriais reputam-se colhidos e percebidos (art. 1.215). Não responde pela perda ou deterioração da coisa, a que não der causa (art. 1.217); e tem direito à indenização das benfeitorias necessárias e úteis, podendo levantar as voluptuárias, se não lhe forem pagas, bem como levantá-las, quando o puder, sem detrimento da coisa (art. 1.219).

Quanto ao possuidor de má-fé, responde por todos os frutos colhidos e percebidos, bem como – com culpa – pelos que deixou de perceber (art. 1.216); responde pela perda e deterioração da coisa, a que não der causa (art. 1.218); só lhe serão ressarcidas as benfeitorias necessárias, não lhe assistindo o direito de retenção pela importância destas, nem o de levantar as voluptuárias (art. 1.220); e, na indenização das benfeitorias, o reivindicante tem o direito de optar entre o seu valor atual e o seu custo (art. 1.222).

---

430   PONTES DE MIRANDA, F. C. Obra citada, p. 150.

Reporta-se, ainda, o parágrafo único, à regras concernentes à mora. Tudo indica, embora o texto legal tenha silenciado sobre a enumeração legal, que se aplicam à espécie os dispositivos constantes nos artigos 394 a 401 do Capítulo II (Da mora), do Título IV (Inadimplemento das Obrigações) do Código Civil atual.

Art. 1.827. O herdeiro pode demandar os bens da herança, mesmo em poder de terceiros, sem prejuízo da responsabilidade do possuidor originário pelo valor dos bens alienados.
Parágrafo único. São eficazes as alienações feitas, a título oneroso, pelo herdeiro aparente a terceiro de boa-fé.

Direito anterior – Sem previsão legal no Código Civil de 1916.

Direito comparado – Sem previsão legal no Código Civil francês. No Código Civil português (artigo 2.076.2 e 3).[431]

COMENTÁRIO

Enquanto a hipótese do artigo antecedente faz crer que o possuidor, obrigado a restituir o bem do acervo, não o negociou com terceiro, o disposto no artigo 1.827 vai além daquela hipótese e prevê a possibilidade de o bem já não mais se encontrar nas mãos do possuidor, mas em poder de terceiros.

É a primeira hipótese do citado artigo.

---

431 "Art. 2.076. 2. A ação não procede, porém, contra terceiro que haja adquirido de herdeiro aparente, por título oneroso e de boa-fé, bens determinados ou quaisquer direitos sobre eles; neste caso, estando também de boa-fé, o alienante é apenas responsável segundo as regras do enriquecimento sem causa. 3. Diz-se herdeiro aparente aquele que é reputado herdeiro por força de erro comum ou geral."

Ainda assim, diz a lei, a pretensão dos herdeiros na retomada do bem continua existindo, sem prejuízo da responsabilidade do possuidor originário pelo valor dos bens alienados. Isto é, se após a retomada daquele acervo tiver ocorrido qualquer depreciação no valor da coisa, o possuidor continua responsável pela reposição do valor até integralização do valor do bem alienado.

Ao terceiro só restará, depois de devolver o bem (ou pagar o valor correspondente ao negócio), intentar ação regressiva contra o possuidor alienante.

A situação, porém, transmuda-se, se a alienação foi feita pelo herdeiro aparente, a título oneroso e a terceiro de boa-fé.[432]

Nesse sentido a doutrina portuguesa, com referência ao nº 2 do artigo 2.076, que dispõe sobre matéria semelhante à disposição do parágrafo único do artigo 1.827 do Código Civil brasileiro: "Se, porém, quem alienou os bens for herdeiro aparente (...) e o terceiro houver adquirido dele a título oneroso e de boa-fé, a ação *excepcionalmente* não procederá contra o *adquirente* (que, pagando o que adquiriu, na compreensível convicção de que a coisa ou o direito pertencia ao alienante, fica numa situação intocável perante a lei)."[433]

Ou, como sugestivamente se referiu Ascensão, à hipótese do citado artigo português, o dispositivo "nos traz um dos casos mais significativos de relevância da aparência na nossa ordem jurídica".[434]

---

432 "*Os efeitos da ação de petição de herança não poderão prejudicar àquele que, de boa-fé, adquiriu do herdeiro aparente qualquer bem do espólio. Cuidando-se, na espécie, de herdeiro retardatário, que o acórdão afirmou não ser conhecido dos cessionários e mesmo dos outros herdeiros, certo está que, ao cederem as rés os direitos hereditários sobre todo o imóvel, procederam de boa-fé, como expressamente reconheceu o aresto. O negócio jurídico assim celebrado era efetivamente insuscetível de desfazimento, em virtude da petição de herança do herdeiro desconhecido julgada procedente*" (STF-RT 681/250).
433 PIRES DE LIMA e ANTUNES VARELA. Obra citada, p. 133.
434 ASCENSÃO, José de Oliveira. Obra citada, p. 485.

Art. 1.828. O herdeiro aparente, que de boa-fé houver pago um legado, não está obrigado a prestar o equivalente ao verdadeiro sucessor, ressalvado a este o direito de proceder contra quem o recebeu.

Direito anterior – Sem previsão legal no Código Civil de 1916.

Direito comparado – Sem previsão legal no Código Civil francês. No Código Civil português (art. 2.077).[435]

COMENTÁRIO

O artigo agasalha, na sua abrangência, duas hipóteses; a primeira, ainda, em manifesto reconhecimento à teoria da aparência, confirma a atuação do mesmo quanto ao pagamento (cumprimento) de um legado, uma vez que o legado, independente de quem o cumpre (herdeiro aparente ou verdadeiro sucessor), está fadado a sair do acervo para cair nas mãos do legatário. Se o herdeiro aparente o pagou, não há que se falar em prestação equivalente ao verdadeiro sucessor, o que redundaria num *bis in idem*.

É que o herdeiro aparente, que se encontra na posse da herança como se esta lhe pertencesse (de boa-fé, pois), tem seus atos protegidos por lei em benefício de terceiros de boa-fé que venham com ele a contratar. Na expressiva alusão de Hironaka, o herdeiro aparente é "aquele que nunca foi herdeiro pela essência, mas o foi pela aparência".[436]

---

435 "*Art. 2.077. 1. Se o testamento for declarado nulo ou anulado depois do cumprimento de legados feitos em boa-fé, fica o suposto herdeiro quite para com o verdadeiro herdeiro entregando-lhe o remanescente da herança, sem prejuízo do direito deste último contra o legatário.*
2. A precedente disposição é extensiva aos legados com encargos."
436 HIRONAKA, Giselda Maria F. N. *Estudos de Direito Civil*. Belo Horizonte: Del Rey, 2000, p. 253. A autora faz aprofundada análise da controvertida matéria e aponta como exemplos

Se o suposto herdeiro (aparente), agindo de boa-fé, se limitou a cumprir os legados constantes do testamento, está isento de qualquer responsabilidade, já que cumpriu o escopo do testador, limitando-se a entregar ao verdadeiro herdeiro o remanescente dos bens hereditários, que ficou em seu poder.

Caberá, naturalmente, ao verdadeiro herdeiro a tarefa de reagir contra o legatário (é a segunda hipótese) para a restituição daquilo que ele indevidamente recebeu.

"O verdadeiro herdeiro só poderá agir contra o suposto herdeiro que tenha actuado de má-fé, entregando o legado ao legatário, depois de saber que o testamento sofria de nulidade ou de causa de anulação. Nesse caso, o suposto herdeiro poderá vir a responder perante o verdadeiro sucessor, na hipótese de, por qualquer circunstância não imputável a este, ele não poder obter do suposto legatário o que indevidamente recebeu à custa da herança."[437]

É situação nova – ao menos em sede legislativa, já que na doutrina já era objeto de indagação científica – que gera, por vezes, perplexidade, mas sempre legitimada pelo reconhecimento da teoria da aparência em matéria jurídica.

Por derradeiro resta saber se a ação de petição de herança é imprescritível. A confusão, ou a dúvida(?), se deveu ao caráter imprescritível da ação de investigação de paternidade muito invocada pelos herdeiros aparentes.

---

de herdeiro aparente a pessoa que entra na posse de determinados bens, havidos por herança, sem saber da existência de outros herdeiros de grau mais próximo; aquele que recebe bens por força de sucessão testamentária, mas vem a perder essa posição em virtude de ser nulo ou falso o testamento; ou, ainda, na comum hipótese de transmissão de bens a certos herdeiros quando venha a surgir um outro filho do falecido, reconhecido por investigação *post mortem.*

437   PIRES DE LIMA e ANTUNES VARELA. Obra citada, p. 134.

O assunto mereceu de nossos civilistas exaustivos estudos e, hoje, se tranquilizou, no sentido de que, entre nós, as ações de estado, e, particularmente, a ação de investigação de paternidade, são imprescritíveis. Já o dissera Caio Mário da Silva Pereira, ao distinguir a ação de investigação de paternidade e os efeitos do reconhecimento. "Aquela, como ação de estado", diz o jurista, "é imprescritível, vale dizer: o filho pode, em qualquer tempo, propô-la, porque em nenhum caso é lícito recusar ao filho a proclamação judicial do seu *status;* os seus efeitos patrimoniais, todavia, prescrevem, quer dizer: ocorrida a prescrição destes o filho pode intentar a ação, para se fazer reconhecer, mas não tem direito à herança."[438]

A matéria se encontra, hoje, pacificada pela Súmula nº 149 do STF que assim dispôs: "*É imprescritível a ação de investigação de paternidade, mas não o é a de petição de herança.*" Ou seja, a súmula homologou o entendimento da doutrina dominante.

A ação de petição de herança deverá se submeter ao lapso temporal prescricional previsto no art. 205 do atual Código Civil, ou seja, ao prazo de 10 (dez) anos, contado da abertura da sucessão.

---

438   PEREIRA, Caio Mário da Silva. Obra citada, pp. 361-362.

TÍTULO II
DA SUCESSÃO LEGÍTIMA

CAPÍTULO I
Da Ordem da Vocação Hereditária

Art. 1.829. A sucessão legítima defere-se na ordem seguinte:

I – Aos descendentes em concorrência com o cônjuge sobrevivente, salvo se casado este com o falecido no regime da comunhão universal, ou no da separação obrigatória de bens (art. 1.640, parágrafo único); ou se, no regime da comunhão parcial, o autor da herança não houver deixado bens particulares;

II – aos ascendentes, em concorrência com o cônjuge;

III – ao cônjuge sobrevivente;

IV – aos colaterais.

Direito anterior – Art. 1.603 do Código Civil de 1916.

Art. 1.603. A sucessão legítima defere-se na ordem seguinte:

I – aos descendentes;

II – aos ascendentes;

III – ao cônjuge sobrevivente;

IV – aos colaterais;

V – aos Municípios, ao Distrito Federal ou à União.

Direito comparado – No Código civil francês (art. 731)[439] e no Código Civil português (arts. 2.132 e 2.133).[440] No direito argentino (arts. 3.565-3.589) e no uruguaio (arts. 1.025-1.034).

---

439 *"Art. 731. Les successions sont déférées aux enfants et descendants du défunt, à ses ascendants, à ses parents collatéraux et à son conjoint survivant, dans l'ordre et suivant les règles ci-après déterminées."*

440 *"Art. 2.132. São herdeiros legítimos o cônjuge, os parentes e o Estado, pela ordem e segundo as regras constantes do presente título".*

Leitura complementar:
ALENCAR, Ana Valderez A. N. de. "Os filhos nascidos fora do casamento". *In: Rev. de Inf. Leg.*, 39:187-212; AZEVEDO, Antonio Junqueira de. "A Constituição de 88 e a situação especial, em adoção simples, da sucessão do adotante que já tinha filho ilegítimo ou reconhecido no momento do ato. Adoção simples e respeito ao ato jurídico perfeito e à autonomia privada". *In: RTDC*, 2:231-238; AZEVEDO FILHO, Ferry de. "Adoção e Sucessão". *In: RT*, 614:38-44; BARBOSA, Águida Arruda e GROENINGA, Giselle Câmara. "A concorrência sucessória e a ampliação dos conflitos familiares". *In: Rev. do IBDFAM.* Porto Alegre: Síntese, pp. 152-172, abr.-maio/2005; BARBOZA, Heloisa Helena. "Direito sucessório dos companheiros: reflexões sobre o art. 1.790 do Código Civil". *In:* Flávio Tartuce e Ricardo Castilho (Coords.). *Direito Civil: direito patrimonial e direito existencial.* São Paulo: Método, 2006; BITTAR, Carlos Alberto. *Direito das Sucessões.* Rio de Janeiro: Forense (Forense Universitária), 1992; BORGHI, Hélio. "A situação dos filhos havidos fora do casamento e a nova Constituição". *In: RT*, 643:239-241; CARVALHO, Luiz Paulo Vieira de. *Questões fundamentais e controvérsias na parte geral, no direito de família e no direito das sucessões.* Rio de Janeiro: Lumen Juris, 2007; CONCEIÇÃO, Antonio Henrique Santos. "O acervo patrimonial, divisão à luz da confusa redação do art. 1.790 do Código Civil que não estabeleceu regras para o caso da existência de filhos comuns aos conviventes e exclusivos do *de cujus*". *In:* Sérgio Couto, Rolf Madaleno e Mariângela Guerreiro Milhoranza (Coords.). *Família Notadez.* Sapucaia do Sul, Notadez, 2007, pp. 31-52; COSTALUNGA, Karine. "A separação extrajudicial e o cônjuge como herdeiro necessário". *In:* Antonio Carlos Mathias Coltro e Mário Luiz Delgado

---

"Art. 2.133.1. A ordem por que são chamados os herdeiros, sem prejuízo do disposto no título da adopção é a seguinte:
a) Cônjuge e descendentes;
b) Cônjuge e ascendentes;
c) Irmãos e seus descendentes;
d) Outros colaterais até o quarto grau;
e) Estado.
2. O cônjuge sobrevivo integra a primeira classe de sucessíveis, salvo se o autor da sucessão falecer sem descendentes e deixar ascendentes, caso em que integra a segunda classe.
3. O cônjuge não é chamado à herança se à data da morte do autor da sucessão se encontrar divorciado ou separado judicialmente de pessoas e bens, por sentença que já tenha transitado ou venha a transitar em julgado, ou, ainda, se a sentença de divórcio ou separação vier a ser proferida posteriormente àquela data, nos termos do nº 3 do artigo 1785."

(Coords.). *Separação, divórcio, partilhas e inventários extrajudiciais: questionamentos sobre a Lei nº 11.441/2007*. São Paulo: Método, 2007, pp. 157-170; FALAVIGNA, Maria Clara Osuna Diaz. "Os fundamentos do direito sucessório como parâmetro a conferir ao companheiro os mesmos direitos sucessórios do cônjuge supérstite". *In:* Mauro Nicolau Junior. *Novos Direitos*. Curitiba: Juruá, 2007, pp. 355-379; FONSECA, Sérgio Roxa da. "A vocação do filho adotivo à sucessão do adotante". *In: Justitia*, 102:49-52; GAMA, Guilherme Calmon Nogueira da. *O companheirismo – uma espécie de família*. 2. ed., São Paulo: RT, 2001; GAMA, Guilherme Calmon Nogueira da. *O biodireito e as relações parentais*. Rio de Janeiro: Renovar, 2003; GANDINI, João Agnaldo Donizeti e JACOB, Cristiane Bassi. "A vocação hereditária e a concorrência do cônjuge com os descendentes do falecido". *In: RT*: 834: 12-33; GARCIA, Denise Schmitt Siqueira. "Herdeiros necessários". *In:* FREITAS, Douglas Phillips (Coord.). *Curso de Direito das Sucessões*. Florianópolis: Vox Legem, 2007, pp. 135-143; GONÇALVES, Carlos Roberto. *Sinopses Jurídicas – Direito das Sucessões*. São Paulo: Saraiva, 2002; GOZZO, Débora. "Nova ordem de vocação hereditária". *In:* José Carlos Moreira Alves e Miguel Reale (Coords.). *Principais controvérsias no novo Código Civil*. São Paulo: Saraiva, 2006, pp. 73-98; LEITE, Eduardo de Oliveira. "A nova ordem de vocação hereditária e a sucessão do cônjuges". *In:* Mário Luiz Delgado e Jones Figueirêdo Alves (Coords.). *Novo Código Civil: Questões controvertidas*. São Paulo: Método, 2003, pp. 445-460; LEITE, Eduardo de Oliveira. "O art. 1.829, I, do Código Civil, e o regime de separação convencional de bens" (Parecer). *In: RT*, 863: 99-111; LEITE, Eduardo de Oliveira. "Reparação do dano moral na ruptura da sociedade conjugal". *In:* Eduardo de Oliveira Leite (Coord.). *Coleção Grandes Temas da Atualidade*, vol. 2. Dano Moral – Aspectos constitucionais, civis, penais e trabalhistas. Rio de Janeiro: Forense, 2002, pp. 127-164; LIMA, Alcides de Mendonça. "Do quinhão hereditário do filho adulterino". *In: RT*, 324: 11-26; LUNARDI, Fabrício Castagna. "A concorrência do cônjuge com os descendentes na sucessão legítima: em busca da melhor interpretação". *In: Rev. do IBDFAM*. Porto Alegre: Síntese, 2007, pp. 17-30; MALHEIROS FILHO, Fernando. "O regime da separação de bens". *In: Boletim COAD-ADV*, maio 2000, pp. 13-22; MARQUES, Mário Gomes. "Direitos sucessórios do filho adulterino". *In: RDC*, 3: 29-34; MAZZILLI, Hugo Nigro. *Notas sobre a adoção*. *In:* RT, 662: 31-37; MIGUEL, Frederico de Ávila. "A sucessão do cônjuge sobrevivente no novo Código Civil". *Juris Plenum*. Caxias do Sul:

Plenum, ano IV, nº 19, pp. 21-34; NAVARES, Ana Luiza Maia. *A tutela sucessória do cônjuge e do companheiro na legalidade constitucional.* Rio de Janeiro: Renovar, 2004; NERY, Rosa Maria B. B. de Andrade. "Aspectos da sucessão legítima". *In:* Estudos em homenagem a Miguel Reale (coordenados pelos Mins. Gilmar Ferreira Mendes e Ives Gandra da Silva Martins Filho). 2. ed. São Paulo: LTr, 2006, p. 1.415; NICOLAU, Gustavo René. "Concorrência sucessória do convivente com descendência híbrida". *In:* Giselda Hironaka (Coord.). *A outra face do Poder Judiciário. Decisões inovadoras e mudanças de paradigmas.* Belo Horizonte: Del Rey, 2005; OLIVEIRA, Euclides Benedito de. *Direito de herança: A nova ordem da sucessão.* São Paulo: Saraiva, 2005; QUEIROGA, Antonio Elias. *Curso de Direito Civil – Direito das Sucessões.* Rio de Janeiro: Renovar, 2005; REALE, Miguel. *O Projeto do novo Código Civil.* São Paulo: Saraiva, 1999; RODRIGUES, Lia Pallazzo. "Direito sucessório do cônjuge sobrevivente". *In:* Ivone Maria Candido Coelho de Souza (Org.). *Direito de família, diversidade e multidisciplinariedade.* Porto Alegre: Síntese, 2007, pp. 121-135; SAMPAIO, José Celso de Camargo. "A sucessão do filho adotivo". *In: RT*, 605: 9-11; SIMÃO, José Fernando. "Sucessão legítima: o cônjuge como herdeiro necessário e a questão da concorrência". *In:* Giselda Hironaka (Coord.). *A outra face do Poder Judiciário: decisões inovadoras e mudanças de paradigma.* Belo Horizonte: Del Rey, 2007, pp. 297-312; TEPEDINO, Gustavo. *Usufruto legal do cônjuge viúvo.* Rio de Janeiro: Forense, 1980; TUSA, Gabriele. "Sucessão do companheiro e as divergências na interpretação dos dispositivos referentes ao tema". *In:* Giselda Hironaka (Coord.). *A outra face do Poder Judiciário. Decisões inovadoras e mudanças de paradigmas.* Belo Horizonte: Del Rey, 2007, vol. 2, pp. 313-341; VELOSO, Zeno. "Direito sucessório do filho adotivo". *In: RT*, 575:18-23; VIEGAS, João Francisco Moreira. "Lei nº 6.515/77 – Reflexos no direito sucessório". *In: RT*, 627:268-270; WALD, Arnoldo. "Consequências da Lei nº 6.515 no direito sucessório". *In: Rev. de Inf. Leg.*, 60: 149-158.

COMENTÁRIO

Sucessão legítima é a que, na falta de disposição testamentária do *de cujus*, a lei defere aos seus parentes, reforçando o vínculo familiar e atendendo à vontade presumida do defunto. O seu fundamento maior continua sendo a preocupação social com a unidade e a solidariedade da família. E o parentesco atingido pela sucessão legítima abrange tanto as pessoas descendentes do mesmo tronco ancestral (parentesco por consanguinidade) quanto a relação adotiva (parentesco civil) e o vínculo que se estabelece por derivação do casamento, entre marido e mulher e do marido com os parentes da mulher, e dessa com os parentes daquele ("parentesco" por afinidade, ou, simplesmente, afinidade).

A sucessão legítima baseia-se, pois, no vínculo de família, de sangue e da afinidade. E verifica-se quando existem herdeiros legítimos (necessários ou facultativos); quando não há disposição testamentária.

A ordem da vocação hereditária é aquela determinada por lei e segundo uma hierarquia que coloca os sucessores em graus de preferência em relação ao sucessível e conforme a classe a que pertencem. É determinada pelo parentesco (*lato sensu*, como se viu) ou pela afinidade. Na sucessão legítima convocam-se os herdeiros segundo a ordem legal, de forma que uma classe só será chamada quando faltarem herdeiros da classe precedente.

A origem da ordem de vocação hereditária como hoje a conhecemos remonta ao antigo direito romano e, certamente, não tinha as características como hoje se revela no mundo jurídico. Mas, e por isso a digressão é válida, a ordem remonta à estrutura organizada pelo direito romano e que foi paulatinamente se alterando, embora mantendo-se (como se verá), quase intacta, a preferência a certas ordens de sucessores (filhos, por exemplo).

A sucessão legítima era devolvida, pelo código decenviral das XII Tábuas, a três classes de herdeiros: os *sui heredes*, *os agnados* e os *gentiles*.

Os *sui heredes* eram os que se achavam sob a *patria potestas* do *de cujus*, no momento da morte deste, e incluíam a mulher *in manu*. Os *ag-*

nados eram chamados na falta dos *sui heredes*, e se referia aos parentes do sexo masculino. Finalmente, os *gentiles* eram os membros da mesma *gens* (agregados, clientes, libertos, filhos – manutenidos e emancipados – e a mulher casada) e pertenciam à terceira classe dos sucessíveis.

Com o advento do direito pretoriano criou-se sistema novo, chamando à sucessão tanto os agnados como os cognados, sem colocá-los na mesma linha. O direito pretoriano admitiu quatro ordens de sucessíveis: os *liberi*, os *legitimi*, os *cognati* e o cônjuge sobrevivente (*vir et uxor*).

Os *liberi* compreendia a classe dos *sui heredes* (do direito antigo) e os *emancipati* (filhos fora do pátrio poder do ato voluntário do pai); os *legitimi* correspondiam à antiga classe dos *sui heredes* e compreendiam não só os *consaguinei* como também os *agnati*; os *cognati* compreendiam todos os parentes até o 6º grau, independente do sexo. Os mais próximos excluíam os mais remotos e, em igualdade de grau, recebiam a *portione viriles*, isto é, sucediam por cabeça. Não aparecendo os parentes das outras classes, ou não existindo, a sucessão cabia, então, ao cônjuge sobrevivente (desde que tivesse ocorrido *justum matrimonium*).

Nessa fase afirmava-se um princípio que dominará todo o direito sucessório subsequente no mundo ocidental: a herança defere-se, primeiro, aos parentes consanguíneos e, num segundo momento, ao cônjuge sobrevivente. Ou seja, a herança cabe, primeiro, àqueles que, descendendo de um tronco comum, herdam, uns dos outros e, ato contínuo, às pessoas vinculadas pela afinidade, decorrente do vínculo matrimonial. Mas sempre é na família que se esgota a ordem de vocação sucessória.

Com o advento das reformas imperiais a ordem de vocação sucessória se submete a novas alterações. O *senatusconsultum Tertullianum*, do reinado de Adriano, estabeleceu a inserção de duas novas ordens até então desconhecidas: a hereditariedade civil da mãe (ascendente, pois) em relação aos bens dos filhos legítimos (ou ilegítimos) depois do pai e dos irmãos consanguíneos daquele, e a dos colaterais (irmãs consanguíneas) que passaram a concorrer com a mãe, recebendo, então, esta, a metade dos bens dos filhos.

Os *senatusconsultum orphitianum*, dos reinados de Marco Aurélio e Cômodo, criaram a sucessão recíproca em proveito dos filhos legítimos e ilegítimos, chamando-os à sucessão materna com exclusão completa de todos os agnados.

É, porém, através da *Novela* 118, completada quatro anos mais tarde pela 127, que Justiniano pôs o remate à evolução jurídica relativa à sucessão: chamava-se à sucessão, todos os parentes, indistintamente. As *Novelas* citadas firmaram a classe dos herdeiros regulares e dos irregulares.

A classe dos herdeiros regulares compreendia quatro ordens de sucessíveis: os descendentes, os ascendentes conjuntamente com os irmãos bilaterais, unilaterais e os outros colaterais.

Os herdeiros irregulares eram: o cônjuge sobrevivente, os filhos naturais, a concubina, o pai natural, a cúria e o fisco. Na falta de herdeiros regulares e demais herdeiros irregulares nascia a vocação do Estado (*fiscus*), segundo prescrevia a *Lex Julia et Papia Poppea*.

Estava estruturada a "ordem" que, hoje, rege a maioria dos direitos sucessórios do direito europeu continental.

A primeira notícia que se conhece do direito sucessório brasileiro remonta ao sistema das capitanias hereditárias (1532-1548), que eram, no dizer de César Tripoli,[441] inalienáveis e indivisíveis e só se transmitiam por sucessão. "A sucessão era exclusiva, por não ser admitida qualquer partilha entre mais herdeiros e obedecia, de um lado, aos critérios da le-

---

441 TRIPOLI, César. *História do Direito Brasileiro*, pp. 86-87 (São Paulo, Revista dos Tribunais, 1936).

gitimidade e proximidade do parentesco e, de outro, aos do sexo e idade. Com efeito, os *filhos legítimos* sucediam em primeiro lugar, os homens de preferência às mulheres, independentemente da idade; na falta de descendentes legítimos, sucediam os *filhos bastardos*, não sendo porém de danado coito, com primazia dos homens sobre mulheres; todavia, o último possuidor da capitania podia deixá-la antes a um parente transversal legítimo (atual colateral) do que aos descendentes bastardos; na falta de filhos bastardos, sucediam os ascendentes, os homens de preferência às mulheres; na falta de ascendentes, sucediam os transversais, mais próximos em parentesco, os homens preferindo às mulheres, e ficando o último possuidor da capitania com a faculdade de deixá-la, neste último caso, a um transversal legítimo do que a outro bastardo."

Embora inicial, a proposta de "ordem" de vocação hereditária estava lançada, de forma, praticamente, definitiva. Primeiro, os herdeiros na linha reta (descendentes e ascendentes) com primazia dos herdeiros do gênero masculino (situação que será abandonada pelo sistema codificado de 1916, ao menos no que tange ao direito sucessório), e, em segundo lugar, a linha colateral.

No Brasil, o direito sucessório, regulado primitivamente pelo Código Filipino, não seguiu a ordem estabelecida por Justiniano. A ordem de vocação hereditária que vigorou até 1907, quando foi promulgada a Lei nº 1.839, era a seguinte:

a) descendentes, até o infinito;

b) ascendentes, até o infinito;

c) colaterais (até o 10º de consanguinidade);

d) cônjuge *sobrevivente*; e

e) fisco (Estado).

Com a promulgação da Lei nº 1.839, de 31 de dezembro de 1907, alterou-se a ordem então vigente, passando o cônjuge sobrevivente para a terceira classe, então ocupada pelos colaterais, que passaram a fazer parte da quarta classe, já reduzindo a sucessão destes ao 6º grau, quando, anteriormente, ia até o 10º grau.

A promulgação do Código Civil, pela Lei nº 3.071, de 1º de janeiro de 1916, manteve a ordem de vocação hereditária estabelecida pela lei anterior, introduzindo outras modificações a respeito da legítima dos herdeiros necessários. Assim: o aumento da quota disponível, que passou a ser a metade dos bens, quando, antes, era a terça parte; a conversão da legítima em outras espécies diferentes das deixadas pelo *de cujus*; a incomunicabilidade da legítima; a inalienabilidade temporária ou vitalícia da legítima de qualquer herdeiro necessário.

A proposta agora estampada no artigo 1.829 do novo Código Civil altera – e de forma substancial – uma tradição secular que não se revelara válida no terreno sucessório, como, igualmente, distinguia-se "pela simplicidade (correspondendo), com a possível exatidão, ao conceito de família na sociedade, para a qual se organizou: descendentes, ascendentes, cônjuge e colaterais".[442]

Descendentes, em primeiro lugar, porque os filhos,[443] pela juventude e inexperiência de vida, são os que mais precisam do auxílio finan-

---

442 BEVILACQUA, Clovis. Obra citada, p. 794.
443 A expressão é aqui empregada de acordo com a proposta constitucional de 1988 (art. 227, § 6º) que veda o tratamento discriminatório entre a filiação legítima e a ilegítima, bem como o discrímen até então invocado quando a situação fática envolvia interesse de filhos adotivos na sucessão. Quanto à sucessão dos filhos adotivos, examinar a seguinte jurisprudência: *RT*, 308: 170; *RT*, 684: 156; *RT*, 728: 234; *RT*, 608: 97; *RT*, 600: 247; *RT*, 787: 228; *RT*, 555: 77; *RT*, 558: 93; *RT*, 557: 165; *RT*, 670: 147; *RT*, 608: 56; Quanto à sucessão dos então considerados "ilegítimos", ver: *RT*, 559: 207-208; *RT*, 563: 254; *RT*, 562: 184; *RT*, 589: 194; *RT*, 773: 339. Na doutrina, examinar os artigos de: Alcides de Mendonça Lima, "Do quinhão hereditário do filho adulterino" (*RT*, 324: 11-26); Mario Gomes Marques, "Direitos sucessórios do filho adulterino" (*Rev. de Dir. Civ.*, nº 3, pp. 29-34); Hélio Borghi, "A situação dos filhos havidos fora do casamento e a nova Constituição" (*RT*, 643, pp. 239-241); Ana Valderez A. N. de Alencar, "Os filhos nascidos fora do casamento" (*Rev. de Inf. Leg.*, nº 39, pp. 187-312); Arnoldo Wald, "Consequências da Lei nº 6.515 no direito sucessório" (*Rev. de Inf. Leg.*, nº 60, pp. 149-158); João Francisco Moreira Viegas, "Lei nº 6.515/77 – Reflexos no Direito Sucessório" (*RT*, 627, pp. 268-270). Quanto à sucessão da com-

ceiro para se encaminhar na vida. Herdeiros "privilegiados", na ótica de Bevilacqua, "em virtude do imperioso dever que a todos se impõe, de cuidar da prole, e de facilitar-lhes os meios de vida".[444]

Em segundo lugar, os ascendentes, partindo-se da premissa que, em sendo mais velhos, já tiveram oportunidade de organizar sua vida econômica de modo que estão habilitados a enfrentar as eventuais dificuldades decorrentes da velhice. O cônjuge supérstite, agora sobrevivente, em terceiro lugar, porque, na qualidade de meeiro (em 1916 o regime legal de bens no Brasil era a comunhão universal, de sorte que, aberta a sucessão, o sobrevivente já tinha, *ab initio,* garantida a sua meação), estava plenamente garantido em relação ao patrimônio amealhado no transcorrer da sociedade conjugal; e, finalmente, os colaterais (hoje, até o quarto grau), porque é raro que o sentimento de unidade da família se alargue além do quarto grau de parentesco. O Estado, evidentemente, encerra a ordem de vocação hereditária porque, na qualidade de herdeiro derradeiro (que não pode renunciar), devolve-se a herança a um ente público, como forma final de legitimidade desejada pela lei.

Agora, em guinada abrupta e ascensão vertiginosa, o cônjuge sobrevivente concorre com os descendentes (em primeiro lugar) e com os

---

panheira e da concubina: *RF,* 352: 381; *RT,* 772: 305; *RT,* 610: 104. Quanto à ordem de vocação hereditária (aspectos gerais): *RT,* 680: 87; *RT,* 559: 112; *RT,* 591: 67; *RT,* 712: 152; *RT,* 556: 105; *RT,* 535: 204; *RT,* 607: 120; *Boletim da AASP* nº 2229 (2001), p. 1.961; *RT,* 565: 60; *RT,* 565: 82; *RT,* 573: 124; *RT,* 638: 174; *RT,* 614: 82; *RT,* 739: 252; *RT,* 572: 80.

Na doutrina, em relação à sucessão do filho adotado, examinar os artigos de: José Celso de Camargo Sampaio, "A sucessão do filho adotivo" (*RT*, 605: 9-11); Sérgio Roxo da Fonseca, "A vocação do filho adotivo à sucessão do adotante" (*Justitia* 102: 49-52); Antonio Junqueira de Azevedo, "A Constituição de 1988 e a situação especial, em adoção simples, da sucessão do adotante que já tinha filho legítimo ou reconhecido no momento do ato. Adoção simples e respeito ao ato jurídico perfeito e à autonomia privada" (*RTDC*, vol. 2 (2000): 231-238; Hugo Nigro Mazzilli, "Notas sobre a adoção" (*RT*, 662: 31-37); Ferry de Azevedo Filho, "Adoção e Sucessão" (*RT*, 614: 38-44); e Zeno Veloso, "Direito sucessório do filho adotivo" (*RT*, 575: 18-23).

444 BEVILACQUA, Clovis. *Idem,* p. 795.

ascendentes (em segundo lugar): deixa de ser herdeiro legítimo facultativo e passa a ocupar o *status* de herdeiro legítimo necessário.[445] De terceiro lugar – posição que ocupava no início do século, na ordem de vocação hereditária – passa, agora, para o primeiro lugar na ordem de preferência.

É realmente a nova posição do cônjuge sobrevivente, na primeira e na segunda classes dos sucessíveis legítimos necessários, ao lado dos descendentes e dos ascendentes do *de cujus*, e a consequente eliminação da sua colocação na terceira classe dos sucessíveis que marcam, decisivamente, o novo perfil do artigo 1.829.

Talvez, como pretende Miguel Reale, a razão primeira de tal mudança remonte à alteração radical no tocante ao regime de bens, antes prevalecendo o da comunhão universal, de tal maneira que cada cônjuge era meeiro, não havendo razão alguma para ser herdeiro. "Tendo já a metade do patrimônio, ficava excluída a ideia de herança. Mas, desde o momento em que passamos do regime da comunhão universal para o regime parcial de bens, sem comunhão de aquestos, a situação mudou completamente. Seria injusto que o cônjuge somente participasse daquilo que é produto comum do trabalho, quando outros bens podem vir a integrar o patrimônio a ser objeto da sucessão. Nesse caso, o cônjuge, quando casado no regime da separação parcial de bens (note-se), concorre com os descendentes e com os ascendentes até a quarta parte da herança. De maneira que são duas as razões que justificam esse en-

---

445 A tendência da ampliação dos direitos sucessórios do cônjuge já era nítida tanto no Projeto de Código Civil de Orlando Gomes quanto no do grupo de juristas liderados por Miguel Reale. No de Orlando Gomes admitiu-se que o cônjuge se tornasse herdeiro necessário quando não fossem seus os filhos deixados pelo *de cujus* ou quando este só tivesse ascendentes vivos. Em ambos os casos atribuía-se 1/4 da propriedade dos bens do *de cujus* (fórmula repetida pelo texto do novo Código Civil, no art. 1.832) ao cônjuge, invocando a necessidade de encontrar um justo equilíbrio entre os interesses em conflito. O Anteprojeto de Miguel Reale também reconheceu o cônjuge como herdeiro necessário.

tendimento: de um lado, uma razão de ordem jurídica, que é a mudança do regime de bens do casamento; e, a outra, a absoluta equiparação do homem e da mulher, pois a grande beneficiada com tal dispositivo é, no fundo, mais a mulher do que o homem."[446]

O cônjuge sobrevivente aparece, como no direito português (art. 2.133.1, letras *a* e *b*), ao lado dos descendentes e ascendentes, na primeira e segunda classes dos sucessíveis chamados por lei. A inovação só se justifica pela irresistível intenção de favorecer o cônjuge sobrevivente, partícipe inconteste da comunhão de vida e de interesses que caracterizam a sociedade conjugal e que, certamente, não desaparece com a dissolução do casamento. "Este grande esforço da posição sucessória do cônjuge surge paradoxalmente ao mesmo tempo que se torna o vínculo conjugal cada vez mais facilmente dissolúvel. A posição do cônjuge é concebida como uma posição infinitamente mutável. Aquele, porém, a quem calhe ocupar a posição de cônjuge, na altura da morte, é que vai ter uma muito privilegiada proteção sucessória. Por outras palavras, a lei só se preocupa em favorecer o vínculo conjugal, depois de ele estar dissolvido. A lei tende a conceber o casamento como um instituto *mortis causa*."[447]

Enquanto, no regime anterior, o cônjuge sobrevivente, na qualidade de herdeiro facultativo, poderia ser afastado da sucessão (através, por exemplo, de disposição testamentária a favor de terceiros, ou pela destinação da cota disponível ao pagamento de dívidas deixadas pelo *de cujus*), agora, corretamente, o cônjuge sobrevivente é guindado à categoria de herdeiro necessário, sem possibilidade de ser excluído da sucessão. Ainda que o *de cujus* comprometa toda a sua cota disponível, o cônjuge sobrevivente tem direito à sua cota na legítima.

---

446 REALE, Miguel. *O Projeto do Novo Código Civil.* São Paulo: Saraiva, 1999, p. 18.
447 ASCENSÃO, José de Oliveira. Obra citada, p. 353.

"A posição do cônjuge" concluiu Ascensão, "não é mais de usufrutuário: é de herdeiro real. Ele vai ficar verdadeiramente titular de quota da herança".[448]

Se "a duração, a permanência, a construção de projetos, planos e metas caraterizam a sociedade conjugal (...) se as pessoas, a partir do amor e da afinidade, com companheirismo e da vida a dois se vinculam, é porque têm um projeto em comum que encontra no casamento sua expressão mais natural", como tivemos oportunidade de afirmar,[449] é a regra, em matéria matrimonial, é natural que a mesma duração se estenda, após a morte do outro cônjuge, no direito sucessório. E a regra sob comento reafirma, sob qualquer ângulo que se a visualize, a ideia de duração no terreno do direito das sucessões.

1ª exceção: *"salvo se casado com o falecido no regime da comunhão universal."*

Abre, entretanto, o legislador, as exceções decorrentes do regime de bens, na segunda parte do referido artigo. E nem poderia ser diversa a postura legislativa, já que, nos casos arrolados (regime de comunhão universal e parcial de bens), não há que se falar em concorrência do cônjuge sobrevivente, uma vez que, já meeiro (em decorrência do regime de comunhão), está economicamente amparado. Nem justo seria que, além da meação, concorresse com aquela classe de herdeiros. Tal *bis in idem* fica negado, peremptoriamente, pela sistemática abraçada pelo legislador nacional.

Exemplificativamente: em patrimônio correspondente a R$ 100.000,00, no regime da comunhão universal de bens, biparte-se o acervo em duas partes: R$ 50.000,00 correspondentes à meação e os outros

---

448 ASCENSÃO, José de Oliveira. Obra citada, p. 352.
449 LEITE, Eduardo de Oliveira. "Reparação do dano moral na ruptura da sociedade conjugal". *In*: *Dano Moral – Aspectos constitucionais, civis, penais e trabalhistas*. Série Grandes Temas da Atualidade, vol. 2. Eduardo de Oliveira Leite (Coord.). Rio de Janeiro: Forense, 2002, p. 128.

R$ 50.000,00 correspondentes à cota do *de cujus* (isto é, R$ 25.000,00 relativos à legítima + R$ 25.000,00 relativos à cota disponível).

Não é justificável que ao cônjuge sobrevivente, casado nesse regime, revertesse a meação (R$ 50.000,00) mais parte da legítima (R$ 12.500,00 – se concorrendo com apenas um filho), ou seja, um total de R$ 62.500,00, porque a lei é clara na exceção aberta em relação ao regime de comunhão universal de bens.

Graficamente:

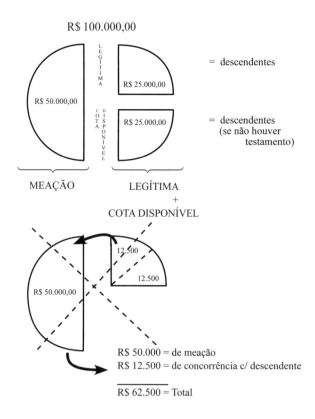

Por isso, o legislador, através da exceção, limita a pretensão do cônjuge sobrevivente, no que diz respeito à concorrência, quando já é meeiro. Devolve-se-lhe apenas a meação.[450]

Ressalte-se, porém, que, se o cônjuge concorrer com descendentes e estes não puderem ou não quiserem aceitar, o cônjuge sobrevivente recebe, por acrescer, a totalidade. José de Oliveira Ascensão já se referira à hipótese em relação ao direito português. E a solução é, certamente, insuficiente. Se não houvesse descendentes, o cônjuge teria de partilhar com os ascendentes, assim recebe tudo. "Para além da complexidade do esquema, que representará o paraíso dos advogados", diz Ascensão,[451] "imagine-se diante das circunstâncias, que só a realidade fática é capaz de criar, as situações concretas que a pretensão sucessória vai, certamente, gerar a partir da nova sistemática".

---

450 *"SUCESSÃO – Partilha – Meação da viúva – Comunicação dos frutos do trabalho do cônjuge inventariado, recebidos em razão dos serviços de advocacia prestados – Admissibilidade – Proventos percebidos e vencidos na constância do casamento, sob o regime de comunhão universal de bens, que ingressam no patrimônio comum do casal – Montante que não se inclui na herança.* Ementa Oficial: Direito Civil e processual civil. Família e sucessões. Inventário. Bens frutos do trabalho do cônjuge inventariados integram a meação da viúva inventariante. No regime de comunhão universal de bens, os honorários advocatícios, provenientes do trabalho do cônjuge inventariado, percebidos no decorrer do casamento, ingressam no patrimônio comum do casal, porquanto lhes guarneceram do necessário para seu sustento, devendo, portanto, integrar a meação da viúva inventariante. – Muito embora as relações intrafamiliares tenham adquirido matizes diversos, com as mais inusitadas roupagens, há de se ressaltar a peculiaridade que se reproduz infindavelmente nos lares mais tradicionais, não só brasileiros, como no mundo todo, em que o marido exerce profissão, dela auferindo renda, e a mulher, mesmo que outrora inserida no mercado de trabalho, abandonou a profissão que exercia antes do casamento, por opção ou até mesmo por imposição das circunstâncias, para se dedicar de corpo e alma à criação dos filhos do casal e à administração do lar, sem que o falecido não teria a tranquilidade e serenidade necessárias para ascender profissionalmente e, consequentemente, acrescer o patrimônio, fruto, portanto, do trabalho e empenho de ambos. Recurso especial conhecido e provido." In: RT, 874: 166-167.*
451 ASCENSÃO, José de Oliveira. Idem, p. 353.

2ª exceção: *"ou (salvo) se casado no regime da separação obrigatória de bens."*

Em se tratando de regime de separação obrigatória de bens – segunda hipótese excetuada pelo legislador –, cada cônjuge mantém o seu próprio acervo patrimonial – já que na separação não há que se falar em patrimônio comum. Na abertura da sucessão o cônjuge sobrevivente não tem direito à meação do outro, porque o regime repudia divisão do que nunca foi comum.

O que ocorre é a mantença dos bens particulares (anteriores ao casamento) e também dos bens particulares (posteriores ao casamento). Massas distintas, patrimônios individuais, que não se comunicam no regime da separação obrigatória de bens. Logo, diante da ressalva da lei, o cônjuge sobrevivente não concorrerá com a classe dos descendentes.

Relativamente ao regime da separação obrigatória de bens, a exceção arguida pelo legislador é procedente, uma vez que, tratando-se de separação legal (imposta, pois, pela lei), não há que se falar em concorrência. O que é vedado por lei não pode ser contornado pela própria lei e em manifesta contradição ao espírito da separação.

Equivocou-se, porém, o legislador ao invocar o art. 1.640, parágrafo único, logo após referir-se à separação obrigatória de bens, induzindo o leitor desavisado a inferir que o artigo citado refere-se ao regime de separação obrigatória de bens quando, na realidade, o artigo invocado refere-se ao regime da comunhão parcial de bens. Melhor seria que o texto não invocasse qualquer artigo, limitando-se a arrolar os regimes de bens geradores da quebra da regra geral.

O art. 1.641 do novo Código Civil impõe o regime da separação obrigatória de bens às pessoas que contraírem o casamento sem observar as causas suspensivas da sua celebração (art. 1.523 do novo Código

Civil); à pessoa maior de sessenta anos e a todos que dependerem, para casar, de suprimento judicial.

Muito se discutiu – no regime do Código Civil de 1916 – se os bens aquestos se comunicariam ou não no regime da separação obrigatória de bens. As opiniões divergiram em duas nítidas posturas antagônicas; uns respondendo negativamente, outros, afirmativamente. A segunda posição foi se impondo e se tornou pacificada com o advento da Súmula 377 do Supremo Tribunal Federal que dispôs taxativamente: *"No regime da separação legal de bens, comunicam-se os adquiridos na constância do casamento."* A prevalecer esse entendimento, na nova ordem civil, ao cônjuge sobrevivente competirá metade dos bens adquiridos na constância do casamento. Logo, desnecessário seria atribuir-lhe, em concorrrência com os descendentes, mais alguma cota da herança.

E isso porque a tônica da nova ordem sucessória repousa tranquila sobre o corolário tantas vezes invocado por Miguel Reale[452] de que *"quem é meeiro não deve ser herdeiro"*.

De igual forma, se as partes tomaram a cautela de estabelecer regime de separação convencional de bens, mediante pacto antenupcial,[453] com referência à total exclusão de qualquer comunhão de aquestos, não há que se falar em comunicabilidade daquela categoria de bens. "Se

---

452   REALE. Miguel. *Projeto do novo Código Civil.* São Paulo, p. 18.
453   *"Apelação Cível – Pedido de providências – Averbação de pacto antenupcial no registro civil – Varão maior de 60 anos – Regime obrigatório de separação de bens – Pacto antenupcial que estabelece a separação total e absoluta, sem incidência da Súmula 377 do STF – Sentença que indeferiu o pedido – Pretensão que apenas amplia a restrição constante no parágrafo único do artigo 258 do CC – Vontade das partes que não prejudica os direitos conjugais e não viola a lei – Sentença reformada – Recurso de apelação provido.*
    1) O regime de separação obrigatória é o mínimo estabelecido por lei, podendo ser ampliado por convenção das partes; 2) O que a lei proíbe é a pactuação do regime de comunhão universal em caso de separação obrigatória, porque restringe a abrangência da norma"(Ap. cível nº 122.425-3, Curitiba-PR, 7ª CC do TJPR, rel. Des. Mario Rau, j. em 24.03.2003).

assim agiram é porque, de comum acordo, entenderam que a sua união, física e espiritual, não deveria, sob qualquer hipótese, adentrar no terreno econômico, financeiro, atingindo e concretizando, desta forma, a *mens legis* prevista no art. 1.687, que quer e persegue a separação total de patrimônios dos nubentes."[454]

Nesse sentido a jurisprudência dominante.[455]

Como se vê, se o regime é o da absoluta separação de bens, não há que se falar em eventual comunicação de bens, nem os anteriormente, nem os posteriormente adquiridos ao casamento. Ademais, a ocorrência de pacto antenupcial deixa clara e inequívoca a absoluta intenção de separarem os patrimônios, afastando qualquer possibilidade de ocorrência de patrimônio comum.

Em outras palavras, se os cônjuges optaram pelo regime da absoluta separação de bens, é porque quiseram deixar transparecer, com toda veemência do pacto antenupcial, que não foram conduzidos ao

---

454   Ver, nesse sentido, nosso Parecer – "O art. 1.829, I, do Código Civil, e o regime da Separação Convencional de Bens" – inserto na *Revista dos Tribunais*, vol. 863, pp. 99-111.
455   *"Arrolamento de bens. Regime da separação total de bens adotado por pacto antenupcial. Incomunicabilidade dos bens adquiridos pelos cônjuges isoladamente, antes e depois do casamento. Art. 1.687 do Código Civil de 2002. Liminar estendida ao imóvel adquirido pelo agravante que contraria o texto legal e a jurisprudência deste E. Tribunal de Justiça e C. Superior Tribunal de Justiça. Recurso provido para afastar o arrolamento do imóvel adquirido exclusivamente pelo agravante no regime de separação total de bens.*
O art. 1.687 do Código Civil de 2002 dispõe que: 'Estipulada a separação de bens, estes permanecerão sob a administração exclusiva de cada um dos cônjuges, que os poderá livremente alienar ou gravar de ônus real.' Isso significa de modo claro e simples que, se adotado esse regime, como adotaram os litigantes, cada cônjuge conserva os bens que já possuía ao tempo do casamento, tal como, do mesmo modo, não se comunicam os que cada um deles adquiriu na constância do casamento. O regime adotado pelos cônjuges é de completa separação de patrimônio, de modo a inexistir qualquer comunicação entre os acervos.
A escritura de pacto antenupcial pela qual determinaram os litigantes que o regime seria o da separação total não deixa dúvida sobre a exclusiva propriedade de cada um em relação aos bens adquiridos antes e depois do casamento..." (AgIn. 443.111-4/2, TJSP, Rel. Maia da Cunha, 18.05.2006).

casamento pela atração que a fortuna do *de cujus* poderia ter exercido. Quando o legislador previu a possibilidade da separação convencional (art. 1.687), assim dispôs para impedir que o interesse material viesse a constituir o elemento principal a mover a vontade do outro consorte. Por meio desse regime elimina-se essa espécie de interesse.

"Nesse tipo de regime", adverte Alexandre Assunção,[456] "cada cônjuge pode dispor de seu patrimônio como melhor lhe aprouver. Os bens imóveis adquiridos na constância do casamento serão exclusivos de quem os comprou e registrou. *Não existirá bem comum em virtude da disposição desse regime*, podendo, entretanto, existir bens comuns, adquiridos mediante condomínio, de natureza estritamente contratual" (grifamos).

A separação total dos bens (daí decorrendo o cognome "separação absoluta") abrange tanto os bens presentes quanto os futuros. Nesse sentido, a doutrina especializada de Maria Helena Daneluzzi: "O regime de separação de bens expresso no Código Civil, artigo 1.687, vem a ser aquele em que cada consorte conserva, com exclusividade, o domínio, a posse e a administração de seus bens presentes e futuros e a responsabilidade pelos débitos anteriores e posteriores ao casamento."[457]

---

456 ASSUNÇÃO, Alexandre Guedes Alcoforado ("Comentário ao artigo 1.687") *In:* Ricardo Fiúza (Coord.) *Novo Código Civil comentado,* p. 1.543.

457 DANELUZZI, Maria Helena Marques Braceiro. *Aspectos polêmicos na sucessão do cônjuge sobrevivente* (De acordo com a Lei nº 10.406, de 10 de janeiro de 2002), p. 90.
E a jurisprudência, no mesmo sentido:
"*Casamento – Regime de separação absoluta dos bens – Pacto antenupcial – Incomunicabilidade dos bens adquiridos depois do matrimônio – Superveniência de uma sociedade de fato entre os cônjuges dentro do lar – Inadmissibilidade – Inteligência dos arts. 256 e 259 do CC.* ... O enunciado do dispositivo conduz à compreensão de que é total a incomunicabilidade dos bens presentes e futuros, ou seja, de todos os bens havidos ou adquiridos antes e depois do casamento quando os nubentes assim estabelecem expressamente em convenção antenupcial" (*RT*, 715: 269).

O crucial e polêmico questionamento, sempre invocado, é o de se a previsão do art. 1.829, I, do Código Civil, exclui da concorrência o cônjuge sobrevivente com os descendentes na herança, apenas e tão-somente se casado com o falecido no regime da separação obrigatória, isto é, refere-se apenas à situação matrimonial imposta por lei, ou abrange, indistintamente, todo e qualquer regime de separação de bens, tanto o legal quanto o convencional (ou consensual).

Tudo aponta para uma exegese finalista (ou teleológica) que guarda coerência com o sistema civil brasileiro encarado como um todo e, portanto, tendente a interpretar a nova norma codificada de forma ampla, abrangendo, indistintamente, tanto o regime da separação legal de bens quanto o convencional.

Nesse sentido já se manifestara Miguel Reale, para quem uma interpretação isolada do dispositivo (art. 1.829, I, do CC) poderia levar a uma conclusão errônea, ou seja, o da concorrência do cônjuge sobrevivente no regime de separação de bens comuns, ou pré-nupcialmente pactuado.

Para ele, "se o cônjuge casado no regime de separação de bens fosse considerado herdeiro necessário do autor da herança, estaríamos ferindo o disposto no art. 1.687, sem o qual desapareceria todo o regime de separação de bens (convencional) em razão de conflito inadmissível entre esse artigo e o de nº 1.829, fato que jamais poderá ocorrer numa codificação à qual é inerente o princípio da unidade sistemática".[458]

Com efeito – e sempre de acordo com o pensamento do jusfilósofo – a obrigatoriedade da separação de bens é uma "consequência neces-

---

458   REALE, Miguel. Artigo publicado em *O Estado de São Paulo,* em 12.04.2003, p. A2, reproduzido nos *Estudos Preliminares do Código Civil.* São Paulo: Revista dos Tribunais, 2005, p. 844.

sária" do pacto concluído pelos nubentes; logo, a expressão "separação obrigatória" (inserta no inciso I do art. 1.829) não se restringiria aos casos do art. 1.641 do atual Código Civil.

Por isso, Miguel Reale propunha, acertada e coerentemente, a supressão do adjetivo "obrigatória" para que a exclusão da concorrência do cônjuge sobrevivente se desse, indistintamente, no regime da separação de bens.

No mesmo sentido concluíram Nelson Nery Junior e Rosa Maria de Andrade Nery em sugestão de *lege ferenda:* "De fato, a solução do CC 1.829, I, não se coaduna com a finalidade institucional do regime jurídico da separação de bens no casamento. Manifestações da doutrina e do público em geral evidenciam, entretanto, que a vontade da lei não corresponde à vontade geral com relação, principalmente, à condição de herdeiro dos casados sob o regime da separação convencional de bens. Destarte, fazemos sugestão para que a norma possa ser reformada no sentido de excluir-se do CC 1.829, I, a expressão 'obrigatória', bem como a remissão equivocada ao CC 1.640 parágrafo único. Com isso, não concorreria com o herdeiro descendente do morto o casado sob o regime de separação de bens, em qualquer de suas duas modalidades (separação obrigatória e separação convencional)."[459]

E, ainda, a doutrina de Débora Gozzo e Silvio Venosa: "Na hipótese do regime de separação absoluta, o legislador exclui a possibilidade de concorrência, por entender que dar esse direito ao cônjuge sobrevivente seria desvirtuar o regime imposto por lei."[460]

A coerência e cintificidade de Reale mais uma vez se impõe: desconsiderar os efeitos decorrentes do regime de separação convencional

---

459 NERY JUNIOR, Nelson e NERY, Rosa Maria de Andrade. *Código Civil comentado,* p. 1.141.
460 GOZZO, Débora e VENOSA, Silvio de Salvo. Obra citada, p. 185.

revela-se, senão difícil, impossível, e desconsiderar a vontade manifesta das partes materializada no pacto antenupcial implicaria invalidar um ato jurídico formal que produziu todos os efeitos durante a vida em comum do casal e, pois, não poderia deixar de valer após a morte de um de seus subscritores.

Desconsiderar o escopo da separação convencional, devidamente materializada no formalismo do pacto antenupcial, acarretaria uma insegurança jurídica que fica negada veementemente, pelas mais elementares noções de Direito. Ou,[461] como agudamente concluiu Daneluzzi, "os titulares dos bens tinham certeza que eles permaneceriam no âmbito de determinada família; o que veio a causar espécie é que essas pessoas não terão mais a mesma certeza, o que poderá provocar insegurança jurídica, em que pesem as justificativas para tal mudança coadunarem com o anseio de transformação familiar, privilegiando a afetividade, em detrimento da consanguinidade".

Da mesma forma, afirmaram Siqueira e Araujo Junior: "Caso o regime seja o da separação total de bens, não (vislumbramos) correta a inserção do cônjuge nos herdeiros necessários, pois, de forma expressa e manifesta, os cônjuges demonstraram sua insatisfação em conjugar e unificar os patrimônios (...) Entendemos haver uma incompatibilidade entre a lei e a vontade dos cônjuges que, nesse caso, deve prevalecer como exceção no direito de família e sucessório, pois ambos protegem a família e evitam possíveis fraudes ao sistema sucessório e à estrutura familiar."[462]

E exatamente por não se admitir qualquer tipo de comunicação patrimonial por vontade dos cônjuges é que se afasta o direito de concorrência com os descendentes, a fim de se evitar qualquer burla à imposição legal.

---

461 DANELUZZI, M. H. M. B. Obra citada, p. 188.
462 Disponível em http://jus2.uol.com.br/doutrina/texto.asp?id=3516, acessado em 14.09.2006.

Se a *ratio essendi* da separação convencional foi exatamente afastar a possibilidade de qualquer confusão patrimonial, durante e após o casamento, a concorrência com os descendentes feriria frontalmente à própria *mens legis*. O intérprete que assim procede despreza a vontade do legislador, a qual, independentemente da eterna polêmica entre *mens legis* e *mens legislatoris,* sempre constituirá critério válido para se penetrar no sentido e alcance de qualquer norma jurídica.

Ainda, no mesmo sentido, a erudita e justíssima postura do rel. Des. Cunha Ribas, do Tribunal de Justiça do Paraná, em memorável decisão prolatada no Agravo de Instrumento nº 316.946-4, em 14 de fevereiro de 2007.[463] No mesmo sentido, Parecer de minha lavra inserto na Revista dos Tribunais.[464]

Lê-se, à fl. 45 do impecável Acórdão nº 5237 da 11ª Câmara Cível:

"Anoto, ainda, que também já há projeto de lei (nº 4.775/2005) em trâmite no Congresso Nacional em que, para dirimir qualquer controvérsia e interpretação equivocada, procura incluir o termo 'convencional', como regime também excludente da concorrência do cônjuge com os descendentes, sobretudo tendo em vista o benefício do instituto da família.

---

463 *"Agravo de Instrumento – Inventário – Insurgência contra a decisão que incluiu a cônjuge sobrevivente do* de cujus *– Regime de separação convencional de bens – art. 1.829, I, do Código Civil de 2002 – Interpretação sistemática de textos e princípios jurídicos – Abrangência dos arts. 1.513, 1.639, 1.641 e incisos, 1.647 e 1.687 do mesmo Código Civil, e arts. 1º e 5º da Constituição Federal – Efeitos e relevância da vontade manifestada pelos cônjuges quando do casamento – Exercício da liberdade lhes assegurada pela legislação civil e pela Carta Magna – Princípios da boa-fé e isonomia – Recurso provido.*

Ainda que o objetivo vetor das alterações introduzidas pelo Novo Código Civil de 2002 (art. 1.829, I) possa ter sido o de proteger o cônjuge sobrevivente, por certo, não há que se interpretar esse dispositivo legal, de forma isolada e a qualquer custo e em todos os casos, senão

464 LEITE, Eduardo de Oliveira. "O art. 1.829, I, do Código Civil, e o regime de separação convencional de bens" (Parecer), *In: RT*, 863: 99-111.

Diante de tal quadro, certo é que incumbe agora a este Colegiado, assumindo a tarefa de adequar o texto legal em busca da *norma de direito justo,* mediante *interpretação sistêmica,* concluir que não há por que a cônjuge sobrevivente, casada sob o regime da separação convencional de bens, ser 'premiada', com a concorrência na herança do *de cujus* com os descendentes deste, quando, por *livre manifestação de sua vontade,* optou por reger na sua vida matrimonial a separação total do patrimônio. Situação diversa poderia ter sido manifestada em testamento, mas não o foi."

Continuação da nota 463

---

de forma sistemática. Não existe, pois, justificativa plausível para aquinhoar àquele que por vontade própria se submeteu a um determinado regime que, quando obrigatório, exclui a participação na herança deixada pelo cônjuge pré-morto. Interpretação diversa viria em confronto aos princípios da boa-fé e da isonomia dos próprios cônjuges e das suas proles, posto que se privilegiaria sempre, de consequência, o cônjuge sobrevivente e sua prole, e estaria em desarmonia com diversos dispositivos legais e constitucionais, inclusive negaria os efeitos do exercício do primado da liberdade 'alma da democracia', na anotação de Aristóteles (Cf., Política, IV, 4, 1292ª), irmã genuína e inseparável da dignidade da pessoa humana (CF, arts. 1º, III e 5º caput). Quando determinado dispositivo legal confronta-se com o ordenamento jurídico, sua compreensão há de se fazer pela hermenêutica (sistemática), eis que 'o meio sistemático, que implica não só pressuposto da racionalidade do legislador como também no pressuposto de que a vontade do legislador seja unitária e coerente. Com base em tal pressuposto, podemos procurar esclarece o conteúdo de uma norma, considerando-a em relação a todas as outras' (Norberto Bobbio, O Positivismo Jurídico – Lições de Filosofia do Direito. *São Paulo: Ícone, 1995, p. 214). Desde que a interpretação pelos processos tradicionais conduz à injustiça flagrante, incoerência do legislador, contradição consigo mesmo, impossibilidade ou absurdos, deve-se presumir que foram usadas expressões impróprias, inadequadas, e buscar um sentido equitativo, lógico e acorde com o sentir geral e o bem presente e futuro da comunidade. (Carlos Maximiliano.* Hermenêutica e Aplicação do Direito. *Rio de Janeiro: Forense, 1988, p. 166). Tal caminho interpretativo mais se impõe ao caso em exame, quando se verifica que os próprios elaboradores do vigente Código Civil insurgem-se contra a literalidade do disposto no seu art. 1.829, I. Texto que, ademais, encontra o repúdio das maiores eminências do pensamento jurídico nacional e da sociedade em geral, a indicar a sua indigência de legitimidade de origem, que deve ser sempre a expectativa geral dos seus destinatários"* (AgIn. nº 316.946-4, Andirá/Pr, 4ª Vara Cível e Anexos, 11ª CC do TJPR., rel. Des. Cunha Ribas, v.u., j. em 14.02.2007). Ver, ainda: *RT,* 864: 129-148. (Íntegra do voto proferido).

Graficamente:

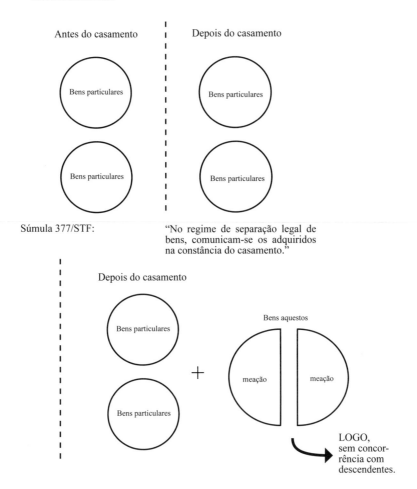

3ª exceção. *"...ou se, no regime da comunhão parcial, o autor da herança não houver deixado bens particulares."*

Finalmente, na terceira exceção invocada pelo novo texto legal, o legislador refere-se ao regime da comunhão parcial de bens criando duas hipóteses de incidência da regra de concorrrência.

Primeira – regra geral – dispõe que o cônjuge sobrevivente não concorre com os demais descendentes, porque já meeiro (nos aquestos, certamente) quando o autor da herança não houver deixado bens particulares. Como os aquestos são divisíveis neste regime de bens (art. 1.660, I, do novo Código Civil), o cônjuge sobrevivente não concorre com os descendentes porque já garantido via meação.

Segunda – se o autor da herança houver deixado bens particulares, a *contrario sensu* da regra geral, conclui-se que o cônjuge sobrevivente concorre com os descendentes.[465]

Assim, exemplificativamente: num acervo de R$ 100.000,00, o cônjuge sobrevivente (do autor da herança que houver deixado bens particulares) herdará em igualdade de proporções (por direito próprio), v.g., com três descendentes, o equivalente a R$ 25.000,00 (ou seja, R$ 25.000,00 para cada um dos filhos), mais a cota que lhe compete na qualidade de cônjuge sobrevivente.

Isto é: (três) filhos x R$ 25.000,00	= R$ 75.000,00
+ R$ 25.000,00 (do cônjuge)	= R$ 25.000,00
Total	= R$ 100.000,00

---

[465] "*SUCESSÃO – Vocação hereditária – Regime de bens – Comunhão parcial – Autor da herança que deixou bens particulares – Cônjuge supérstite que, além de sua meação, concorre com os descendentes, participando da totalidade do acervo hereditário – Inteligência do art. 1.829, I, do CC/2002.* Ementa Oficial: O cônjuge supérstitte casado no regime da comunhão parcial com o falecido, tendo este deixado bens particulares, além de sua meação, concorre com os descendentes, na sucessão legítima, participando da totalidade do acervo da herança, consoante a ordem de vocação hereditária estabelecida no art. 1.829, I, do CC/2002." In: RT, 851: 269.

Graficamente:

1ª Hipótese)   O autor da herança não deixou bens particulares

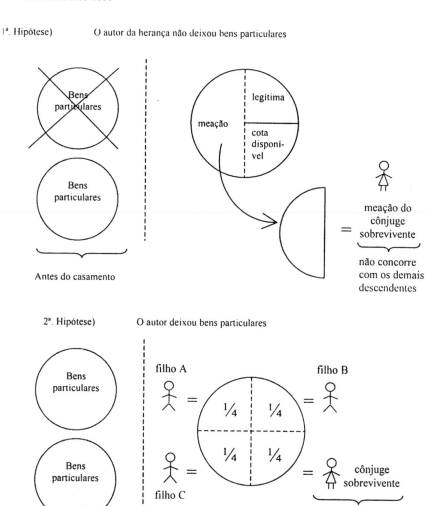

2ª Hipótese)   O autor deixou bens particulares

Na realidade, ao excetuar os três regimes de bens (comunhão universal de bens, comunhão parcial de bens e separação – obrigatória e/ou convencional – de bens), o legislador só abriu a possibilidade, efetivamente, de o cônjuge sobrevivente concorrer com o herdeiro necessário (com os descendentes), quando o autor da herança houver deixado bens particulares, no regime da comunhão parcial de bens, pois, nos demais casos, o cônjuge será meeiro ou simplesmente retomará a sua massa de bens particulares.

Invoca, ainda, o legislador, como pressuposto para a participação do cônjuge sobrevivente na herança do falecido, a existência de casamento. É o que se depreende da leitura do art. 1.830, que assim dispõe:

"Somente é reconhecido direito sucessório ao cônjuge sobrevivente se, ao tempo da morte do outro, não estavam separados judicialmente, nem separados de fato há mais de 2 (dois) anos, salvo prova, neste caso, de que essa convivência se tornará impossível sem culpa do sobrevivente."

Em 1916 a dissolução da sociedade conjugal ocorria pelo desquite, e após o advento da Lei nº 6.515 (Lei do Divórcio), pelo divórcio. Assim, pelo sistema antigo, se, antes de formalizar-se a coisa julgada no processo, qualquer dos cônjuges viesse a morrer, subsistia ao outro potencial direito hereditário.

Separados de fato – e esta era a questão crucial no regime anterior – mantinha-se o direito sucessório recíproco entre os cônjuges, já que era imprescindível o trânsito em julgado da decisão quanto à dissolução do casamento.

A nova redação dada à antiga problemática ganha em precisão e em justiça, evitando a manutenção (no mundo jurídico) de soluções há muito resolvidas, no mundo fático.

Ou, como afirmou Ascensão, com sua natural proficiência: "Este grande esforço da posição sucessória do cônjuge vai obrigar a atender com redobrado rigor ao estado do vínculo conjugal. A fragilidade crescente deste vínculo vai obrigar a distinguir melhor os casos em que já não há base para a intervenção sucessória."[466]

Uma classe só será chamada quando faltarem herdeiros da classe precedente, afirmou-se.

Assim sendo, se o autor da herança deixa descendentes e ascendentes, só os primeiros herdarão, pois a existência de descendentes retira da sucessão os ascendentes. Só se convocam os ascendentes se não houver descendentes.

É o que dispõe o inciso II do artigo sob comento.

Igualmente – e na mesma esteira do Código Civil português – o legislador pátrio coloca o cônjuge sobrevivente em concorrência com os ascendentes. Se o cônjuge e os descendentes faltarem, dá-se o acrescer em benefício dos remanescentes. Se não houver descendentes, sucedem os ascendentes.

Os parentes mais próximos excluem os mais remotos (uma vez que não há direito de representação entre ascendentes). Estando no mesmo grau, ascendentes maternos e paternos, por exemplo, divide-se a herança nessas duas linhas, em partes iguais. Se concorrendo, porém, um ascendente (de grau mais próximo) com outros dois de grau mais remoto, aquele herda excluindo estes.

Em outras palavras: o pai e a mãe são chamados a suceder em partes iguais. Se viver só um deles, é chamado a herdar na totalidade. Faltando os pais, e porque não há direito de representação, são chamados os ascendentes do 2º grau; em não os havendo, passa-se ao grau subsequente, em decorrência da regra segundo a qual preferem sempre os mais próximos aos mais remotos. A divisão faz-se por cabeça. É princípio geral da vocação legítima que aqui se repete com toda veemência.

---
466 ASCENSÃO, José de Oliveira. Obra citada, p. 351.

Se houver cônjuge – é o que dispõe o novo texto legal –, este concorre com os ascendentes em proporções determinadas pelo novo texto legal, ou seja, ao cônjuge tocará um terço da herança (se concorrer com ascendentes em primeiro grau), ou a metade da herança (se concorrer com um só ascendente). Isto é, concorrendo com dois ascendentes, só terá direito a um terço porque se divide o acervo em três partes, duas aos ascendentes e uma ao cônjuge sobrevivente. Mas, concorrendo com um só ascendente, divide-se o acervo em duas partes (é o que dispõe o artigo 1.837, que examinaremos a seguir).

Na falta de ascendentes e descendentes, o cônjuge sobrevivente é chamado à totalidade da herança (art. 1.838).

Art. 1.830. Somente é reconhecido direito sucessório ao cônjuge sobrevivente se, ao tempo da morte do outro, não estavam separados judicialmente, nem separados de fato há mais de dois anos, salvo prova, neste caso, de que essa convivência se tornara impossível sem culpa do sobrevivente.

Direito anterior – Art. 1.611 do Código Civil de 1916.

Art. 1.611. À falta de descendentes ou ascendentes será deferida a sucessão ao cônjuge sobrevivente, se, ao tempo da morte do outro, não estava dissolvida a sociedade conjugal.

Direito comparado – No Código Civil francês (art. 767)[467] e no Código Civil português (art. 2.133), já citado.[468] No direito argentino (arts. 3.570 a 3.576) e no uruguaio (arts. 1.025, 1.026, 1.029 e 1.031).

---

467 "*Art.767. Le conjoint survivant non divorcé, qui ne succède pas à la pleine proprieté et contre lequel n'existe pas de jugement de séparation de corps passé en force de chose jugée a, sur la succession du prédécédé, un droit d'usufruit qui est:*
D'un quart, si le défunt laisse un ou plusieurs enfants soit légitimes, soit issus ou non du mariage, soit naturels.
De moitié, si le défunt laisse des frères et soeurs, des descendants des frères et soeurs, des ascendants ou des enfants naturels conçus pendant le mariage."

468 Vide *supra*, nota de rodapé nº 323.

COMENTÁRIO

Desaparece a pretensão ao direito sucessório do cônjuge sobrevivente se, ao tempo da abertura da sucessão, não mais era casado com o *de cujus*. Se o direito à sucessão do cônjuge sobrevivente decorre do casamento, a inocorrência do mesmo faz ruir o direito dele decorrente. Não mais subsistindo a sociedade conjugal, não há como justificar a sucessão de alguém que não é mais cônjuge.

A vocação do cônjuge pressupõe a subsistência do vínculo conjugal e, por isso mesmo, não há como invocar o direito se já ocorreu separação judicial (com o aval do Judiciário) ou mera separação fática (sem aquele aval, mas com iguais efeitos quanto à ruptura do vínculo). Excepciona, ainda, no *in fine* do artigo, a hipótese da ruptura sem culpa do sobrevivente.[469] Situação que, conquanto menos comum, poderá ocorrer, liberando a vítima do ônus da ruptura. Herda, pois, nesse caso, apesar da ruptura decorrente de fator alheio à sua vontade.

Em 1916 a dissolução da sociedade conjugal ocorria pelo desquite, agora, com o advento da Lei nº 6.515, pelo divórcio. Logo, na previsão original do Código anterior, tinha de ser contemplado também o divórcio. E como a lei falava em "dissolução da sociedade conjugal" não bastava a mera separação fática, nem tampouco a medida judicial preparatória da separação de corpos.[470] "É necessária a separação. E há de

---

469 *"Reconhecimento de direito de meação do cônjuge sobrevivente sobre imóvel adquirido somente pela falecida, que se declarou como separada de fato naquela ocasião. Matéria de alta indagação que deve ser objeto pelas vias próprias. Prova documental trazida aos autos que confirma a separação de fato do casal. Imóvel adquirido exclusivamente em nome da de cujus há mais de dois anos do óbito. Inteligência do art. 1.830 do Código Civil, que afasta o direito de meação do cônjuge supérstite nessa hipótese"* (TJSP, Ap. nº 514.618.4/8-OO, rel. Des. Salles Rossi, j. em 08.11.2007).

470 Ver, nesse sentido, o artigo de Fernando Malheiros Filho: "O regime da separação de bens". *Boletim COAD – ADV*, pp. 13-22, maio 2000.

estar homologada regularmente, se por mútuo consentimento, ou passada em julgado a sentença, se litigiosa. Só assim se consideram, no caso, legalmente separados os cônjuges (...) No direito francês, o divórcio definitivamente julgado faz cessar o direito hereditário entre cônjuges. Mas no direito alemão é bastante para este efeito (BGB, § 1.933) o fato de o cônjuge defunto ter iniciado a ação de divórcio."[471]

Assim, pelo sistema antigo, se antes de formalizar-se a coisa julgada no processo (quer separação, quer divórcio) qualquer dos cônjuges viesse a falecer, subsistia ao outro potencial direito hereditário. Consumada a dissolução da sociedade conjugal, desaparecia o direito sucessório entre eles.

Separados de fato – e esta era a questão crucial no regime anterior – mantinha-se o direito sucessório recíproco entre os cônjuges, já que era imprescindível o trânsito em julgado da decisão quanto à dissolução do casamento.[472] A nova redação dada à antiga problemática ganha em precisão e em justiça, evitando a manutenção (no mundo jurídico) de soluções há muito resolvidas, no mundo fático.

"Este grande esforço da posição sucessória do cônjuge vai obrigar a atender com redobrado rigor ao estado do vínculo conjugal. A fragili-

---

471 PEREIRA, Caio Mario da Silva. Obra citada, pp. 97-98.
472 Nesse sentido, a doutrina de Silvio Rodrigues: "A lei exige, para afastar o cônjuge da sucessão, esteja o casal desquitado ou divorciado. Assim, a despeito de separados de fato, cada qual vivendo em concubinato com terceiro, a mulher herda do marido e este dela se morrerem sem testamento e sem deixarem herdeiros necessários. (...) A solução é má e, se o legislador a consagra, decerto o fez na persuasão de que, se o marido separado de sua mulher quiser afastá-la de sua sucessão e vice-versa, basta-lhes testar em favor de terceiro. No campo teórico, tal concepção é verdadeira, mas na prática, em país como o nosso, em que não há o hábito de testar, ela apresenta inconvenientes sérios, principalmente com o enriquecimento da população, com a difusão de facilidades para a aquisição de casa própria etc., pois não raro será chamado à sucessão um cônjuge de há muito separado do falecido." Obra citada, p. 77.

dade crescente deste vínculo obriga a distinguir melhor os casos em que já não há base para a intervenção sucessória."[473]

Na realidade, resgatando o direito sucessório do cônjuge sobrevivente, o legislador não só atribui maiores e melhores efeitos àqueles que se encontram no estado de casados, no momento da abertura da sucessão,[474] como também e indiretamente reforça os efeitos decorrentes do casamento, em oposição a outras eventuais vantagens conferidas pelas entidades familiares.

Art. 1.831. Ao cônjuge sobrevivente, qualquer que seja o regime de bens, será assegurado, sem prejuízo da participação que lhe caiba na herança, o direito real de habitação relativamente ao imóvel destinado à residência da família, desde que seja o único daquela natureza a inventariar.

Direito anterior – Art. 1.611, § 2º, do Código Civil de 1916.

Art. 1.611, § 2º Ao cônjuge sobrevivente, casado sob regime de comunhão universal, enquanto viver e permanecer viúvo, será assegurado, sem prejuízo da participação que lhe caiba na herança, o direito real de habitação relativamente ao imóvel destinado à residência da família, desde que seja o único bem daquela natureza a inventariar.

Direito comparado – Sem previsão legal no Código Civil francês e no Código Civil português.

---

473 ASCENSÃO, José de Oliveira. Obra citada, p. 351.
474 *"Vocação hereditária – Viúvo. Inexistência de descendentes ou ascendentes – Preferência sobre os colaterais – Irrelevância do regime de bens na ordem de vocação – Aplicação do art. 1.611 do CC. O regime de casamento bem como a existência de cláusula de incomunicabilidade no pacto antenupcial não interferem na ordem de vocação hereditária. Na falta de descendentes ou ascendentes a sucessão se defere ao cônjuge sobrevivente, não estando dissolvida a sociedade conjugal. O cônjuge prefere aos colaterais"* (*RT*, 565: 82). Ver, ainda: *RF*, 306: 192; *RT*, 525: 57; *RF*, 320: 84; *RT*, 642: 117; *RT*, 713: 219; *RT*, 707: 93; *RT*, 606: 218; *RT*, 661: 78; *RT*, 642: 117-118; *RT*, 566: 63; *RT*, 570: 84; *RT*, 565: 95; *RT*, 590: 200; *RT*, 561: 90.

COMENTÁRIO

O artigo sob comento é recente na legislação brasileira. Não constava na redação original do artigo 1.611 do Código Civil de 1916. Os dois parágrafos foram introduzidos por força da Lei nº 4.121, de 1962 (Estatuto Jurídico de Mulher Casada), que procurava, assim, minorar os efeitos nefastos da inferioridade feminina decorrentes das discriminações de gênero. Ainda que se considere tímida a proposta de 1962, foi extremamente útil na apontada melhoria da posição do cônjuge, resgatando o usufruto vidual e o direito real de habitação, quando o regime de bens fosse o da comunhão universal.

Mantém a nova proposta, independente do regime de bens, as vantagens decorrentes do direito real de habitação,[475] quando se tratar de imóvel destinado à residência da família, desde que "o único daquela natureza a inventariar". Quanto à restrição injustificável ao tão-só regime da comunhão universal de bens,[476] já se manifestara Orlando Gomes: "A restrição ao regime da comunhão universal é injustificável. Quando se não quisesse estender o favor ao cônjuge casado pelo regime da separação, caberia, pela mesma razão, no caso de comunhão parcial,

---

[475] *"Segundo o art. 1.831 do Código Civil de 2002, o cônjuge sobrevivente tem direito real de habitação sobre o imóvel em que residia o casal, desde que seja o único dessa natureza que integre o patrimônio comum ou particular do cônjuge falecido"* (STJ, REsp. nº 826.838, rel. Min. Castro Filho, j. em 25.09.2006).

[476] Ressalte-se a posição jurisprudencial assumida pelo Tribunal de São Paulo (rel. Des. Ênio Santarelli Zuliani) a respeito da meação da viúva em face do regime de separação de bens por conta da idade do *de cujus*:
"***PARTILHA** – Meação da viúva – Separação de bens por conta da idade do* **de cujus** *– Comunicabilidade dos bens adquiridos na constância do casamento se inexiste disposição em contrário no contrato antenupcial – Inadmissibilidade de se presumir, contra o princípio da justiça familiar, má-fé do cônjuge supérstite – Inteligência da Súmula 377 do STF*. Ementa: Em face do disposto na Súm. 377 do STF, inexistindo disposição em contrário no contrato antenupcial, comunicam-se à meação da viúva os bens adquiridos na constância do casamento, ainda que o regime adotado tenha sido o da separação de bens em razão da idade do *de cujus, pois inadmite-se presumir, contra o princípio da justiça familiar, má-fé da cônjuge supérstite*" (*RT*, 783: 280).

ao menos quando o imóvel fosse adquirido na constância do matrimônio e, portanto se houvesse comunicado, tornando-se bem comum."⁴⁷⁷ E, no mesmo sentido, em notável monografia sobre a união estável (*O companheirismo*), Guilherme Calmon Nogueira da Gama.⁴⁷⁸

Sensível melhoria ocorreu, se considerarmos a ausência da limitação (presente no Código anterior), relativamente ao regime de bens (não mais necessária à caracterização desse direito), bem como o igual silêncio quanto à permanência na viuvez. É que a intenção manifesta do legislador – via direito real de habitação – não é punir, ou suprimir direitos do cônjuge sobrevivente (como ocorria anteriormente, fazendo depender o benefício da manutenção da viuvez), mas, sim, proteger os membros da família, assegurando-lhes o direito de habitação, quando ele é o único imóvel daquela natureza a inventariar.⁴⁷⁹ Como direito personalíssimo e resolúvel que é, extingue-se com a morte do titular. Os titulares da herança serão condôminos do viúvo, que também tem a propriedade em razão da meação e não, evidentemente, em decorrência do direito sucessório.

---

477 GOMES, Orlando. Obra citada, p. 68.
478 GAMA Guilherme Calmon Nogueira da. *O Companheirismo – Uma espécie de família*. São Paulo: RT, 1998, p. 406, assim se refere ao problema: "Consequentemente, para evitar a inconstitucionalidade do dispositivo legal, pois estaria criando mais direitos aos companheiros se comparados aos casados sob regime da comunhão universal de bens, deve ser considerada a cláusula de maior favorecimento, no sentido de alargar o direito real de habitação, entre casados, para todo e qualquer regime, aliás como já ocorre com o direito real de propriedade. Assim, o art. 1.611, § 2º, do Código Civil, deve sofrer uma modificação em seu alcance, para estender o benefício a todo e qualquer regime matrimonial e não somente ao da comunhão universal." A proposta de Gama se concretiza, de forma veemente, na redação do novo artigo 1.831 do novo Código Civil.
479 "*INVENTÁRIO – Partilha – Imóvel residencial comum – Uso por viúva meeira – Direito real de habitação invocado – Inadmissibilidade – Existência de outros bens da mesma natureza a ela atribuídos – Aluguel devido aos demais sucessores a título de indenização – Aplicação do § 2º do art. 1.611 do CC*. Ementa: O art. 1.611, § 2º, do CC, exige, para reconhecimento do direito real de habitação, que o imóvel destinado à residência da família seja o único bem dessa natureza a inventariar. Na existência de outro imóvel nessa condição e perfeitamente utilizável para sua moradia, não há como reconhecer tal escusa legal à viúva meeira para eximir-se da indenização pela ocupação do imóvel comum, que deve ser satisfeita na forma de aluguel incidente desde o formal de partilha" (*RT*, 616: 83).

Não podem reclamar a posse direta, nem tampouco cobrar o aluguel proporcional do imóvel, em razão do direito real de habitação.

Na expressiva alusão de Cahali e Hironaka, "o direito real de habitação terá como pressuposto a comunhão sobre o imóvel destinado à residência da família, e não o regime de bens de participação universal. Para tanto, deve ser interpretada a norma como se referindo ao regime legal de bens (antes, da comunhão universal, agora, da comunhão parcial), não obstante não ter se adaptado a regra quando da modificação introduzida pela Lei do Divórcio".[480]

Predominou, pois, a orientação doutrinária[481] que já admitia a cumulação dos benefícios (meação + usufruto vidual) por mais favorável que seja a situação criada em favor do viúvo e em detrimento dos herdeiros necessários, por se entender essa exegese mais harmônica com os textos legais.

O problema maior do artigo sob comento é ter silenciado sobre o reconhecimento de iguais direitos ao companheiro. E o silêncio causa espécie tanto se analisado em âmbito constitucional quanto infraconstitucional, pois, na Constituição Federal, há expresso reconhecimento das uniões estáveis (como entidades familiares), e na Lei nº 9.278/96 (legislação infraconstitucional) há expressa menção sobre o direito real de habitação, quando do falecimento de um dos conviventes.

Fica a indagação: o legislador não quis reconhecer tal direito aos companheiros? Por óbvio a resposta negativa se impõe. No estágio atual em que nos encontramos, em matéria de reconhecimento da união estável, seria um retrocesso sustentar tal hipótese. Além do mais, se aos cônjuges reconhece-se a incidência desse direito, de igual modo deve

---

480 CAHALI, F. J. e HIRONAKA, G. M. F. N. Obra citada, pp. 235-236.
481 Nesse sentido, a monografia sempre atual de Gustavo Tepedino, *Usufruto legal do cônjuge viúvo*. Rio de Janeiro: Forense, 1980, especialmente pp. 78 e segs.

ser reconhecido ao companheiro sobrevivente, não em decorrência da união (como poderia argumentar setor mais refratário da doutrina nacional) mas, pura e simplesmente, em razão da proteção aos membros da família. São estes os membros da entidade familiar (no caso) e não a ocorrência (ou não) de formalismo que resgatam a necessidade de se estender o benefício também ao companheiro, e que redundaria em alargamento do artigo.

Claro está que a inserção do companheiro sobrevivente, no *caput* do artigo, gerará, como se sabe, problemas da maior complexidade, mas nem por isso se justifica a omissão, pura e simples, daquela possibilidade, em manifesto retrocesso das conquistas sociais já reconhecidas e recepcionadas pela ordem constitucional.

Quanto ao direito sucessório, a polêmica sempre invocada gira em torno da eventual subsistência formal de casamento do companheiro falecido. Existe aí um conflito entre normas, já que duas pessoas seriam titulares da mesma herança: a ex-mulher (ainda com legítima expectativa sucessória, uma vez que, em decorrência do artigo 1.611, mesmo separado de fato, o cônjuge sobrevivente permanece com a titularidade do direito sucessório do cônjuge falecido) e a companheira (com igual expectativa, em decorrência do disposto no art. 2º da Lei nº 8.971/94).[482]

Não se trata de "prestigiar o companheiro viúvo, em detrimento do cônjuge, integrante formal de matrimônio falido, apenas subsistente no registro civil", como pretendem Cahali e Hironaka.[483] A prosperar tal

---

[482] "*Art. 2º As pessoas referidas no artigo anterior participarão da sucessão do(a) companheiro(a) nas seguintes condições: I – o(a) companheiro(a) sobrevivente terá direito, enquanto não constituir nova união, ao usufruto de quarta parte dos bens do* de cujus, *se houver filhos deste ou comuns; II – o(a) companheiro(a) sobrevivente terá direito, enquanto não constituir nova união, ao usufruto da metade dos bens do* de cujus, *se não houver filhos, embora sobrevivam ascendentes; III – na falta de descendentes e de ascendentes, o(a) companheiro(a) sobrevivente terá direito à totalidade da herança.*"

[483] CAHALI, F. J. e HIRONAKA, G. M. F. N. Obra citada, p. 241.

argumento, estar-se-ia privilegiando, de forma unilateral, uma das partes, em detrimento da outra. Aquele "matrimônio falido", um dia, não o foi, e todas as expectativas de realização, construção de vida a dois e felicidade dele emanaram, legitimamente, perspectivas de vida comum que não podem (e também não devem) ser nulificadas pela simples troca de parceiros. Aquele casamento foi, certamente, realizado dentro da maior boa-fé e, só por isso, seus efeitos ficam resgatados no mundo do Direito, sob risco de se inverter a ordem normal do ordenamento jurídico, gerando o caos, a insegurança e os consequentes abusos que daí decorrem. Trata-se, sim, de, através de exegese conciliadora, atender às expectativas legítimas de ambas as partes interessadas na mantença de suas dignidades pessoais, num primeiro momento, e, indiretamente, dos efeitos decorrentes do direito sucessório.

Assim, a solução "será a de considerar, nesta hipótese excepcional, que companheiro e cônjuge sobreviventes herdam conjuntamente a herança deixada pelo falecido, devendo-se considerar a conjunção aditiva "e" no inciso III do art. 1.603 do Código Civil, para o fim de se deferir a sucessão legítima, desde que, é claro, não haja testamento (ou o testamento não se refira a todo o patrimônio), descendente, ou ascendente".[484]

Evidentemente, o cônjuge sobrevivente não ficará privado de sua eventual meação sobre o patrimônio adquirido na constância do casamento. E o companheiro, da mesma forma e pela mesma razão, não terá direito à comunhão, já que bens adquiridos anteriormente à união estável. "Separam-se as meações, de acordo com a época da aquisição dos bens", doutrina Gonçalves;[485] "se incorporado ao patrimônio durante a constância do casamento, o cônjuge é meeiro, e quando adquirido na

---

484 GAMA, G. C. N. da. Obra citada, p. 385.
485 GONÇALVES, Carlos Roberto. *Sinopses Jurídicas. Direito das Sucessões*. São Paulo: Saraiva, 1997, vol. 4, p. 23.

vigência da união estável, defere-se o condomínio em favor exclusivamente do companheiro."

As soluções são dignas de análise, pois, sem cair no perigoso radicalismo dos excessos, do tipo tudo para o cônjuge, nada ao companheiro, ou vice-versa, evitam medidas extremas, quase sempre injustas e, o que é mais grave, desencadeadoras de posturas doutrinárias extremadas que, além de não conduzirem a nada, dificultam o bom encaminhamento das questões que estão a aguardar soluções equânimes do mundo jurídico.

Poder-se-ia, certamente, questionar a impossibilidade dessa solução à questão do direito real de habitação, já que, nesta hipótese, só há um imóvel e, por isso mesmo, impossível de divisão equânime. Mas, ainda aqui, a solução possível é viável, desde que pautada pelo bom senso e razoabilidade. Se o único imóvel fora adquirido na constância do casamento, não há dúvida que a habitação deferir-se-ia ao cônjuge sobrevivente, independente da eventual meação; se, ao contrário, fosse resultado da união estável, competiria ao companheiro sobrevivente (igualmente, sem prejuízo das demais vantagens já asseguradas pela legislação infraconstitucional).

A dinâmica da vida humana é demais complexa para que se possa engessá-la em modelos predeterminados por uma ordem jurídica nem sempre sensível à fugidia natureza humana. Por isso, cabe ao legislador, através de fórmulas abrangentes, criar *standards* jurídicos suficientemente maleáveis e capazes de atender às expectativas do grupo social.

Art. 1.832. Em concorrência com os descendentes (art. 1.829, inciso I) caberá ao cônjuge quinhão igual ao dos que sucedem por cabeça, não podendo a sua quota ser inferior à quarta parte da herança, se for ascendente dos herdeiros com que concorrer.

Direito anterior – Sem previsão legal no Código Civil de 1916.

Direito comparado – No direito francês há previsão de "um quarto" do direito de usufruto,[486] e no Código Civil português (art. 2.139).[487]

COMENTÁRIO

Conforme já afirmáramos, em comentário ao artigo 1.829, a ascensão do cônjuge sobrevivente na escala sucessória é uma das mais significativas alterações introduzidas no Direito Civil pelo novo Código Civil. Esta "posição de supremacia atribuída ao cônjuge sobrevivo na arrecadação da própria herança do cônjuge falecido – traduzida na prioridade da sua designação na escala dos sucessíveis (sucessão do cônjuge e dos descendentes – e não sucessão dos descendentes e do cônjuge)[488] e estendida à defesa intransigente da sua quota (art. 2.139, nº 1, *in fine*) – representa, *de facto*, o expoente mais elevado da conversão da *família patriarcal* assente sobre o polígono da *parentela* na família *celular* ou *conjugal*, apoiada no casamento".[489]

Confrontando, porém, a "associação jurídica"[490] do cônjuge e dos descendentes do *de cujus* com a realidade das situações criadas pela vida, importa naturalmente distinguir as diversas situações que daí decorrem.

---

486 O art. 767 do *Code Civil* fala em "um quarto" do direito de usufruto, "se o defunto deixa um ou vários filhos, sejam legítimos, oriundos ou não do casamento, sejam naturais" (cf. segunda parte do art. 767).

487 "*Art. 2.139. 1. A partilha entre o cônjuge e os filhos faz-se por cabeça, dividindo-se a herança em tantas partes quantos forem os herdeiros; a quota do cônjuge, porém, não pode ser inferior a uma quarta parte da herança.*

2. Se o autor da sucessão não deixar cônjuge sobrevivo, a herança divide-se pelos filhos em partes iguais."

488 O Código Civil português, contrariamente à sistemática do Código Civil brasileiro, não insere a nova sistemática em título genérico (no Brasil, Título II, Capítulo I – Da ordem da vocação hereditária), mas em títulos menores, trabalhando as diversas hipóteses da devolução às classes em capítulos isolados. Assim: sucessão do cônjuge e dos descendentes; sucessão do cônjuge e dos ascendentes; sucessão dos irmãos e seus descendentes, e assim por diante.

489 PIRES DE LIMA e ANTUNES VARELA. Obra citada, pp. 229-230.

490 A expressão é de Pires de Lima e Antunes Varela. Obra citada, p. 230.

A hipótese básica e fundamental continua sendo a da concorrência do cônjuge sobrevivente com os descendentes (*"Em concorrência com os descendentes caberá ao cônjuge quinhão..."*, diz a lei) e a ela se aplicam as duas regras constantes no artigo analisado. A primeira, consignada na primeira parte do artigo 1.832, é a de que, no concurso entre o cônjuge sobrevivo e os descendentes (filhos), a partilha se faz por cabeça, dividindo-se a herança em tantas partes quantos forem os herdeiros. É este o princípio da divisão "por cabeça" e que o legislador aqui resgata, reafirmando a ideia de divisão igualitária entre o cônjuge sobrevivente e os descendentes.

Graficamente:

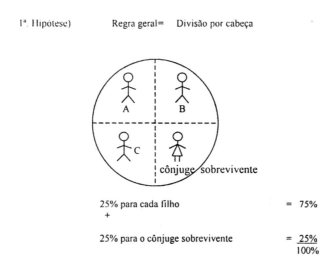

Como exemplificam Pires de Lima e Antunes Varela, socorrendo-se do direito espanhol, a participação dos filhos dá-se, como diria o artigo 931 do Código espanhol,[491] "sem distinção de sexo, de idade ou de filiação". Sem distinção de filiação, para significar que deste chamamento conjunto com o cônjuge do finado beneficiam tanto os filhos nascidos de ambos os cônjuges como os provenientes de outro casamento anterior do finado, como os filhos dele (finado) nascidos fora do casamento, como os próprios filhos adotivos (do mesmo finado), contanto que seja plena a adoção.[492]

É a aplicação do princípio constitucional da igualdade de direitos na filiação (art. 227, § 6º, da Constituição Federal) em matéria de direito sucessório.

A segunda regra a ser levada em consideração é a que consta da parte final do artigo 1.832 e que não permite que a quota do cônjuge seja inferior a uma *quarta parte* da herança. Novamente a dúvida se instaura, porque, inicialmente, o artigo reporta-se à "divisão por cabeça", fazendo crer que se trata de divisão igualitária, entre cônjuge sobrevivente e descendentes, e, ato contínuo, estabelece "limites" (de uma quarta parte) àquele direito que, naturalmente, só encontra limitação na noção de divisão igualitária.

Isto quer dizer que, no caso de o *de cujus* ter quatro ou mais filhos, a regra da divisão *per capita* já não mais se aplica à espécie. Concorrendo, pois, cônjuge e descendentes, verifica-se um desvio à regra da sucessão por cabeça. Esta só vale se houver até três descendentes. Se o *de cujus* tiver, por exemplo, quatro filhos, já terá de reservar-se um quarto da herança para o cônjuge sobrevivente, e o remanescente (3/4) é que será dividido pelos filhos em partes iguais. Assim, se *A* morre *ab*

---

491 "*Art. 931. Los hijos y sus descendientes suceden a sus padres y demás ascendientes sin distinción de sexo, edad o filiación.*"
492 PIRES DE LIMA e ANTUNES VARELA. *Idem, ibidem.*

intestato, deixando cinco filhos e cônjuge, o cônjuge receberá 1/4, e os restantes 3/4 é que serão distribuídos em partes iguais pelos filhos.

Graficamente:

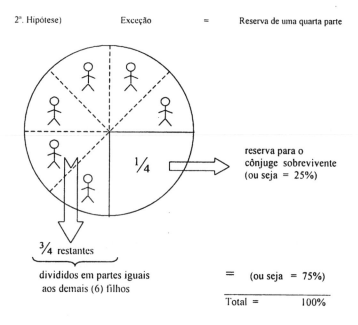

Nesse sentido já se posicionara Silvio Venosa, com sua natural proficiência. Diz o civilista: "... se concorre com um filho, a herança será dividida ao meio; se concorre com dois filhos comuns, o cônjuge receberá um terço da herança. Se concorrer com três ou mais filhos, ser-lhe-á assegurada sempre a quarta parte da herança, sendo o restante dividido pelos demais".[493]

---

493 VENOSA, Silvio de Salvo. *Direito Civil. Direito das Sucessões*, 3. ed., p. 109.

O mesmo princípio – da reserva de 1/4 para o cônjuge sobrevivente – domina o direito sucessório português e levou à crítica contundente de José de Oliveira Ascensão: "Dizendo-se que a parte do cônjuge não pode ser inferior ao 1/4 da herança, parece ter-se em vista a totalidade desta, portanto, mesmo o que foi atribuído a título de vocação voluntária (ou até legitimária). Mas trata-se evidentemente de uma infelicidade da lei. O que está em causa é a parte atribuída a título de sucessão legítima, que só em certos casos abrangerá a totalidade da herança."[494] Na ótica daquele civilista, o cônjuge sobrevivente deixa de ser usufrutuário e passa a ser herdeiro real.

A solução seria plenamente sustentável se, à data da morte de um dos cônjuges, o outro tivesse apenas direito à sua cota hereditária. Entretanto, se considerarmos que, além dessa cota, ele tem o direito de levantar a sua meação nos bens do casal, "esta posição de supremacia do cônjuge sobre os próprios filhos não pode deixar de considerar-se *injusta*, sobretudo, atenta a facilidade com que hoje em dia o cônjuge sobrevivo parte para a realização de *novas núpcias*".[495]

Nesse sentido, as propostas, quer do direito francês, quer do direito espanhol, parecem mais de acordo com a realidade social que se procura resgatar e proteger.

No direito francês, a redação dada ao artigo 767, pela Lei de 03 de janeiro de 1972, afirma que a posição sucessória do cônjuge sobrevivo, em concurso com os filhos, com ascendentes e até com irmãos ou irmãs do *de cujus*, continua a limitar-se ao direito de usufruto sobre uma quota da herança, que será de um quarto, no caso de concurso com os filhos ("... *a un droit d'usufruit qui est d'un quart, si le défunt laisse un ou plu-*

---

494 ASCENSÃO, José de Oliveira. Obra citada, p. 352.
495 ASCENSÃO, José de Oliveira. *Idem, ibidem.*

sieurs enfants soit légitimes, issus ou non du mariage, soit naturels"), e de metade, no concurso com ascendentes, irmãos ou irmãs e seus descendentes (*"... De moitié, si le défunt laisse des frères et soeurs, des descendants des frères et soeurs, des ascendants ou des enfants naturels conçus pendant le mariage"*).

E no direito espanhol a Lei de 13 de maio de 1981, que continuou, no artigo 944[496] do Código Civil espanhol, a chamar o cônjuge sobrevivente a recolher a herança do *de cujus* só na falta de descendentes e ascendentes.

No caso de o *de cujus* não deixar cônjuge sobrevivente, mas apenas descendentes, a herança é repartida pelos filhos em partes iguais. Aplicação integral, e na sua exata dimensão, do princípio decorrente da partilha por cabeça. Todos os filhos herdam em igualdade de proporção.

Art. 1.833. Entre os descendentes, os em grau mais próximo excluem os mais remotos, salvo o direito de representação.

Art. 1.834. Os descendentes da mesma classe têm os mesmos direitos à sucessão de seus ascendentes.

Art. 1.835. Na linha descendente, os filhos sucedem por cabeça, e os outros descendentes, por cabeça ou por estirpe, conforme se achem ou não no mesmo grau.

Direito anterior – Art. 1.604 do Código Civil de 1916.

Art. 1.604. Na linha descendente, os filhos sucedem por cabeça, e os outros descendentes, por cabeça ou por estirpe, conforme se achem ou não no mesmo grau.

---

496 *"Art. 944. En defecto de ascendientes y descendientes, y antes que los colaterales, sucederá en todos los bienes del defunto el cónyuge sobreviviente."*

Direito comparado – No Código civil francês (art. 745)[497] e no Código Civil português (arts. 2.140 e 2.042).[498] No direito argentino (arts. 3.557, 3.565 e 3.566) e no direito uruguaio (art. 1.019).

COMENTÁRIO

O artigo 2.138 fixa a extensão do direito de representação – traduzido no chamamento de uma pessoa, em lugar de uma outra, para ocupar na sucessão o *de cujus* a posição jurídica que competiria ao representado – no âmbito da sucessão legal.

A versão aprovada na redação definitiva do novo Código ressalta a extensão do direito de representação, nesta área da sucessão legal, a todos os descendentes, quer "legítimos", quer "ilegítimos", e mantendo-se fiel ao ditame constitucional da igualdade de filiação (art. 227, § 6º) traduzido na condenação do tratamento discriminatório entre filhos nascidos ou concebidos dentro e fora do casamento, eliminou a referência especificada a descendentes (legítimos ou ilegítimos); lamentavelmente, porém (como se verá em crítica posterior ao artigo 1.841), não pôs termo à preferência concedida no artigo 1.841 aos irmãos bilaterais em detrimento aos unilaterais.

---

[497] *"Art. 745. Les enfants ou leurs descendants succèdent à leurs père et mère, aïeuls, aïeules, ou autres ascendants sans distinction de sexe ni de progéniture, et encore qu'ils soient issus de différents mariages. Ils succèdent par égales portions et par tête, quand ils sont tous au premier degrée et appellés de leur chef: ils succèdent par souche, lorsqu'ils viennent tous ou en partie par representation."*

[498] *"Art. 2.140. Os descendentes dos filhos que não puderem ou não quiserem aceitar a herança são chamados à sucessão nos termos do artigo 2.042."*
"Art. 2.042 (Representação na sucessão legal). Na sucessão legal, a representação tem sempre lugar, na linha recta, em benefício dos descendentes de filhos do autor da sucessão e, na linha colateral, em benefício dos descendentes de irmão do falecido, qualquer que seja, num caso ou noutro, o grau de parentesco."

Embora, num primeiro momento, o artigo se reporte à exclusão dos descendentes em grau mais remoto, privilegiando os em grau mais próximo, tudo aqui se reduz à verificação de que os descendentes dos filhos sucedem sempre representativamente, independente da proximidade ou da remoticidade do parentesco. É esta noção que ressalta veementemente do texto legal.

Assim, a título de exemplo: o pai **A** tem três filhos (**B, C e D**) e morreu em 2000, mas antes dele faleceram os filhos **B** (em 1990) e **C** (em 1995). Do filho **B** sobrevieram a **A**, em 1991, um filho **E** (neto de **A**) e um neto **F** (bisneto de **A** e filho de **E**). Do filho **C**, pré-morto, ficou também um filho, **G** (também neto de **A**, vivo em 2000, quando o avô (**A**) morreu.

Graficamente a situação seria a seguinte:

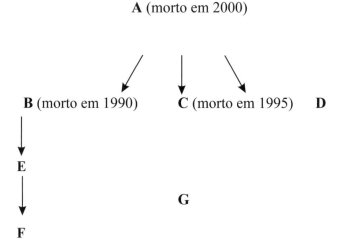

Nessa situação, à morte de **A**, ocorrida em 2000, serão chamados à sua herança o filho **D** (encabeçando uma estirpe), o neto **E** (representando uma segunda estirpe, a de **B**, pré-morto) e o neto **G** (em representação de uma terceira estirpe, a de **C**, igualmente pré-morto). É o princípio da representação que aqui se materializa em toda sua excelência: a finalidade do instituto é corrigir a eventual injustiça que poderia se verificar com o falecimento precoce de um descendente, privando os seus filhos e netos da sucessão a que teria direito o falecido se vivesse, certamente contrariando a expectativa e mesmo a vontade do autor da herança.

Na medida em que a esta sucessão podem assim concorrer um filho (**D**) e dois netos do *de cujus* (**E** e **G**), pode-se afirmar, com incontestável acerto, que o chamamento dos sucessíveis, por via da representação, pode ocorrer qualquer que seja o grau de parentesco.

Todavia, na estirpe de **B**, o chamado à herança de **A** (juntamente com o seu tio **D** e o seu primo **G**) é o neto **E** (e não o bisneto **F**), ao abrigo da preferência baseada no grau de parentesco. O bisneto **F** só seria chamado, representativamente, à herança do bisavô, se o seu pai (**E**, neto de **A**) fosse prevalecido.

Art. 1.836. Na falta de descendentes, são chamados à sucessão os ascendentes, em concorrência com o cônjuge sobrevivente.

§ 1º Na classe dos ascendentes, o grau mais próximo exclui o mais remoto, sem distinção de linhas.

§ 2º Havendo igualdade em grau e diversidade em linha, os ascendentes da linha paterna herdam a metade, cabendo a outra aos da linha materna.

Direito anterior – Art. 1.606 do Código Civil de 1916 (sem a ressalva da concorrência com o cônjuge sobrevivente); 1.607 e 1.608.

Art. 1.606. Não havendo herdeiros da classe dos descendentes, são chamados à sucessão os ascendentes.

Art. 1.607. Na classe dos ascendentes, o grau mais próximo exclui o mais remoto, sem distinção de linhas.

Art. 1.608. Havendo igualdade em grau e diversidade em linha, a herança partir-se-á entre as duas linhas meio pelo meio.

Direito comparado – No Código Civil francês (arts. 741 e 746)[499] e no Código Civil português (arts. 2.142, 2.134, 2.135 e 2.136).[500] No direito argentino (arts. 3.567, 3.568 e 3.569) e no uruguaio (arts. 1.020 e 1.026).

COMENTÁRIO

Ainda uma vez o legislador se refere à preferência sucessória em linha reta; na falta de descendentes do autor da herança são chamados à sucessão os ascendentes *ad infinitum* do *de cujus* (art. 1.836), ou seja, pais, avós, bisavós etc. E o cônjuge sobrevivente, situação nova, totalmente desconhecida do antigo direito sucessório (art. 1.606 do Código Civil de 1916).

---

[499] *"Art. 741. La représentation n'a pas lieu en faveur des ascendants; le plus proche, dans chacune des deux lignes, exclut toujours le plus éloigné."*
"Art. 746. Si le défunt n'a laissé ni postérité, ni frère, ni soeur, ni descendants d'eux, la succession se divise par moitié entre les ascendants de la ligne paternelle et les ascendants de la ligne maternelle. L'ascendant qui se trouve au degré le plus proche recueille la moitié affectée à sa ligne, à l'exclusion de tous autres. Les ascendants au même degré succèdent par tête."

[500] *"Art. 2.142. 1. Se não houver descendentes e o autor da sucessão deixar cônjuge e ascendentes, ao cônjuge pertencerão duas terças partes e aos ascendentes uma terça parte da herança.*
2. Na falta de cônjuge, os ascendentes são chamados à totalidade da herança.
3. A partilha entre os ascendentes, nos casos previstos nos números anteriores, faz-se segundo as regras dos artigos 2.135 e 2.136."
"Art. 2.134. Os herdeiros de cada uma das classes de sucessíveis preferem aos das classes imediatas."
"Art. 2.135. Dentro de cada classe os parentes de grau mais próximo preferem aos de grau mais afastado."
"Art. 2.136. Os parentes de cada classe sucedem por cabeça ou em partes iguais, salvas as exceções previstas neste código."

Só que, enquanto o direito de representação é regra, na sucessão dos ascendentes, aqui inexiste, por força de disposição legal que veda a representação dos ascendentes (art. 1.852), aplicando-se o princípio geral que norteia a matéria, no sentido de que os mais próximos excluem os mais remotos, independentemente de ser o herdeiro preferencial da linha paterna ou da linha materna.

Assim, havendo concorrência com pai e mãe vivos (mesmo grau e mesma classe de herdeiros), a herança do filho a eles será destinada, em partes iguais, sejam ou não casados entre si. Faltando um deles, o remanescente recolhe integralmente o acervo hereditário privando eventuais ascendentes do outro, pela impossibilidade de representação.

O pai e a mãe são chamados à sucessão em partes iguais. Se viver só um deles, é chamado na totalidade. Faltando os pais, e porque não há direito de representação, são chamados os ascendentes de 2º grau (avós) e, não havendo avós, passa-se aos bisavós (ascendentes em 3º grau), porque preferem sempre os parentes mais próximos aos mais remotos (é o que dispõe o parágrafo 1º do artigo sob comento).

No parágrafo 2º o legislador retoma a disposição constante no artigo 1.608 do Código Civil de 1916.

A partilha na sucessão dos ascendentes faz-se, pois, por linha e não por cabeça, reafirmando-se o princípio que só os integrantes do mesmo grau podem concorrer à herança. Por isso o parágrafo 2º refere-se à linha paterna e à materna.[501] Ou seja, separam-se os parentes da linha paterna (ascendentes do pai) dos parentes da linha materna (ascenden-

---

501 ***INVENTÁRIO – Herdeiros – Colaterais – Tios e primos – Aplicação do art. 1.608 do CC.*** *A regra do art. 1.608 do CC. aplica-se quando concorrem à herança herdeiros com o mesmo grau de parentesco, parentes de linhas diversas – paterna ou materna – quer se cuide de ascendentes, quer se trate de concorrência entre colaterais"* (RT, 569:213).

tes da mãe) e divide-se o acervo pela metade, uma destinada aos avós paternos e outra aos avós maternos.

Exemplificativamente: se o autor da herança deixa vivos todos seus avós, na ausência dos pais, cada um receberá um quarto do acervo (25%). Da mesma forma, existindo apenas um avô de cada lado, a cada um tocará o equivalente a 50% (metade, pois) do acervo hereditário.

Entretanto, se sobreviver apenas um avô do lado materno, mas os dois do lado paterno, três pessoas, pois, a partilha por linha implica distribuição diferenciada do acervo entre eles: divide-se a herança pela "metade"; metade será destinada à linha materna, na qual recebe, com exclusividade, o avô existente; a outra metade tocará aos dois avós da linha paterna, rateando-se de forma igualitária entre eles. Ou seja, o avô materno recebe 50% da herança e os avós paternos receberão, cada um, 25% do acervo.

Art. 1.837. Concorrendo com ascendente em primeiro grau, ao cônjuge tocará um terço da herança; caber-lhe-á a metade desta se houver um só ascendente, ou se maior for aquele grau.

Direito anterior – Sem previsão no Código Civil de 1916.

Direito comparado – Sem previsão legal no Código Civil francês. No Código Civil português (arts. 2.142[502] e 2143).[503]

COMENTÁRIO

O artigo 1.837, que regula a sucessão legítima relativamente aos ascendentes, assim como o artigo 1.832 (com relação aos descenden-

---

502 Vide *supra* nota de rodapé nº 359.
503 *"Art. 2.143. Se algum ou alguns dos ascendentes não puderem ou não quiserem aceitar, no caso previsto no nº 1 do artigo anterior, a sua parte acresce à dos outros ascendentes que concorrem à sucessão; se estes não existirem, acrescerá à do cônjuge sobrevivo."*

tes), é um preceito novo, estreitamente ligado à ascensão do cônjuge sobrevivo na escala dos sucessíveis legítimos.

Não basta mais, como ocorria no direito sucessório antigo, a falta de descendentes do *de cujus* para que, morrendo este *ab intestato,* os seus ascendentes sejam chamados *ex vi legis*, a recolher toda a herança. Com a inserção do art. 1.837 no novo Código Civil, a segunda classe de sucessíveis deixou de ser constituída apenas pelos ascendentes do *de cujus* e passou a ser constituída pelos ascendentes e cônjuge, de forma que, se não houver descendentes, mas houver cônjuge sobrevivente, os ascendentes já não podem mais chamar a si toda a herança.

Além disso, como bem ressaltaram Pires de Lima e Antunes Varela, "estes dois componentes da 2ª classe dos sucessíveis têm uma posição sucessória distinta, logo desde o início do seu chamamento, ao contrário do que sucede com os membros da 1ª classe – o cônjuge e os descendentes – que têm, à partida, uma posição equivalente: a partilha entre o cônjuge e os filhos faz-se por cabeça".[504] Com efeito, em matéria de ascendentes em concorrência com o cônjuge, ocorre, novamente, uma regra de partilha irregular. O cônjuge tem direito a 1/3 e os ascendentes, apenas a 2/3 da herança.

A primeira hipótese contemplada no artigo sob comento é a de o *de cujus*, intestado, ter deixado simultaneamente cônjuge sobrevivente e ascendentes. Nesse caso, duas situações curiosas podem ocorrer: aos sucessíveis são deferidas quotas desiguais e, estranhamente, a igualdade (metade para cada um) só é resgatada se a concorrência for com "*um só ascendente, ou se maior for aquele grau*".

Prescreve, efetivamente, o *caput* do artigo sob análise que, deixando o autor da sucessão cônjuge e ascendentes ("*Concorrendo com*

---

[504] PIRES DE LIMA e ANTUNES VARELA. Obra citada, p. 237.

ascendente em primeiro grau, ao cônjuge tocará..."), tocará ao cônjuge um *terço da herança*, enquanto os ascendentes (que podem ser dois: pai e mãe; ou quatro: dois avós paternos e dois avós maternos) terão os 2/3 restantes da herança (ao contrário do direito português que, equivocadamente, não beneficia a categoria que pode abranger mais pessoas).

Aqui, assim como em matéria de concorrência com os descendentes, os parentes de grau mais próximo preferem aos de grau mais remoto.

Assim, exemplificadamente, se o *de cujus* deixa, além do cônjuge, o pai e dois avós maternos, por força do dispositivo legal serão chamados à herança o cônjuge sobrevivente e o pai, recebendo o cônjuge sobrevivente uma terça parte da herança e arrecadando o pai do *de cujus* as duas terças partes restantes da herança.

No caso, porém, de o *de cujus* ter deixado, ao lado do cônjuge sobrevivente, dois avós paternos e uma avó materna, a cada um dos três avós caberá – em decorrência da regra geral que manda repartir a herança por cabeça –, na hipótese de concorrência com o cônjuge, o correspondente a um terço da metade, sem qualquer distinção de linhas, porque não há na linha reta ascendente lugar para o direito de representação.

No caso, finalmente, de o *de cujus* ter morrido intestado, solteiro ou viúvo, mas deixando ascendentes, estes (independente de seu número) serão chamados a receber a totalidade da herança.

Art. 1.838. Em falta de descendentes e ascendentes, será deferida a sucessão por inteiro ao cônjuge sobrevivente.

Direito anterior – Art. 1.603, inciso III, do Código Civil de 1916.
Art. 1.603. A sucessão legítima defere-se na ordem seguinte:
III – ao cônjuge sobrevivente.

Direito comparado – No Código Civil francês (art. 731)[505] e no Código Civil português (arts. 2.132, 2.133[506] e 2.144).[507]

COMENTÁRIO

O artigo em questão nada mais faz que repetir a fórmula empregada pelo legislador de 1916, no artigo 1.603, inciso III, ou seja, dispõe que, na falta de descendentes e ascendentes, o cônjuge sobrevivente é chamado à totalidade da herança.

Mas, enquanto no Código de 1916 o cônjuge ocupa uma posição unitária na ordem de vocação hereditária (e facultativa, podendo ser afastado da sucessão), no novo Código passa a ocupar uma posição híbrida ou heterogênea; é herdeiro concorrente com descendentes e ascendentes (necessário, pois) e é também herdeiro exclusivo (e, igualmente, necessário) quando não há descendentes nem ascendentes.[508]

---

[505] *"Art. 731. Les successions sont déférées aux enfants et descendants du défunt, à ses ascendants, à ses parents collatéraux et à son conjoint survivant, dans l'ordre et suivant les règles ci-après déterminées."*

[506] *"Art. 2.133. A ordem por que são chamados os herdeiros, sem prejuízo do disposto no título da adopção, é a seguinte:*
a) Cônjuge e descendentes;
b) Cônjuge e ascendentes;
c) Irmãos e seus descendentes;
d) Outros colaterais até o quarto grau;
e) Estado."

[507] *"Art. 2.144. Na falta de descendentes e ascendentes, o cônjuge é chamado à totalidade da herança."*

[508] *"**CASAMENTO – Regime de bens – Estrangeiros – Consórcio celebrado no Brasil**, adotado no silêncio das partes o regime de separação de bens, vigorante no país de origem, conforme permitido pela antiga Lei de Introdução ao Código Civil brasileiro, vigente à época – Impossibilidade de no inventário de bens do marido se invocar o regime domiciliar (da comunhão), que só passou a prevalecer para a espécie com a reforma da referida lei – Imutabilidade do regime de bens, que começa a vigorar desde a data do matrimônio, conforme o art. 230 do CC – Abrandamento, porém, da regra pela jurisprudência, admitida a comunhão dos aquestos se existente sociedade de fato entre os cônjuges na constituição do patrimônio a ser provada em ação própria e em processo contraditório – Declaração de votos. Celebrado no Brasil o casa-*

Como vimos, é curiosa a trajetória percorrida pelo cônjuge sobrevivente na escala sucessória legítima, ao longo do último século.

Art. 1.839. Se não houver cônjuge sobrevivente, nas condições estabelecidas no art. 1.830, serão chamados a suceder os colaterais até o quarto grau.

Direito anterior – Art. 1.612 do Código Civil de 1916.

Art. 1.612. Se não houver cônjuge sobrevivente, ou ele incorrer na incapacidade do art. 1.611, serão chamados a suceder os colaterais até o quarto grau.

Direito comparado – No Código Civil francês (art. 755)[509] e no Código Civil português (arts. 2.145 e 2.147).[510] No direito argentino (art. 3.585) e no direito uruguaio (art. 1.028).

---

mento de estrangeiros e, no silêncio das partes, adotado o regime de separação de bens, vigorante no país de origem, conforme permitido pela antiga Lei de Introdução ao Código Civil brasileiro, vigente à época, impossível no inventário de bens do marido se invocar o regime domiciliar (da comunhão, que só passou a prevalecer para a espécie com a reforma da referida lei).
O regime de bens do casamento é imutável e começa a vigorar desde a data do matrimônio, conforme o art. 230 do CC.
A jurisprudência, é certo, tem admitido em casos de casamento de estrangeiros que vieram morar no Brasil e aqui construíram fortuna um abrandamento dessa regra, para impedir injustiças e o enriquecimento dos herdeiros do de cujus em detrimento do cônjuge supérstite com cujo esforço e colaboração o patrimônio do casal foi construído. Em tais circunstâncias tem sido admitida a comunhão dos aquestos quando provada a existência de verdadeira sociedade de fato entre os cônjuges, cujo patrimônio foi construído com o esforço e o trabalho de ambos. Todavia, a existência dessa sociedade de fato não pode ser presumida, pondo-se de lado a lei vigorante à época em que o consórcio ocorreu. Tem que ser provada em ação própria e em processo contraditório" (RT, 648: 80). Ver, ainda: *RT,* 770: 345; *RT,* 647: 100-101; *RF,* 297: 218; *RT,* 794: 233; *RT,* 538: 107.

509 *"Art. 755. Les parents collatéraux au delà du sixième degrée ne succèdent pas, à l'exception, toutefois, des descendants des frères et soeurs du défunt.*
Toutefois, les parents collatéraux succèdent jusqu'au douzième degrée lorsque le défunt n'était pas capable de tester et n'était pas frappé d'interdiction légale."
510 *"Art. 2.145. Na falta de cônjuge, descendentes e ascendentes, são chamados à sucessão os irmãos e, representativamente, os descendentes destes."*
"Art. 2.147. Na falta de herdeiros das classes anteriores, são chamados à sucessão os restantes colaterais até ao quarto grau, preferindo sempre os mais próximos."

COMENTÁRIO

A principal diferença existente entre o artigo 1.612 da primitiva versão do Código Civil de 1916 e o texto atual do artigo 1.839 está em que aquela estendia até o 6º grau o limite do parentesco relevante para o chamamento dos colaterais à sucessão legítima, enquanto, na versão atual, o chamamento do parentesco, na linha colateral, vai apenas até o 4º grau.

Essa classe de herdeiros, desde a Lei nº 1.839, de 31 de dezembro de 1907, sofreu uma profunda modificação, que foi mantida pelo Código Civil, por ter sido transferida da classe dos sucessíveis para a quarta, quando, anteriormente, tinha lugar até o sexto grau.[511]

Com relação ao grau de inserção dos colaterais na ordem de vocação hereditária, houve quem entendesse que o chamamento dos mesmos não deveria exceder o limite do 4º grau, por cessarem, aí, na sociedade atual, os laços de afeição pessoal que justificam o chamamento sucessório. Outros, ao contrário, entenderam que o chamamento deveria ultrapassar o 4º grau, argumentando que a obrigação de amparar financeiramente os parentes vai além deste grau e se estende a todos os que pertencem ao agregado familiar e, pois, não pode se restringir até o quarto grau.

Preponderou a primeira linha de argumentação e, certamente, a retração do grupo familiar ao tão-só núcleo familiar (família nuclear em substituição à família patriarcal)[512] desempenhou papel decisivo na limitação do parentesco – para efeitos sucessórios – ao quarto grau.

---

511 Atualmente, a sucessão dos colaterais vai somente até ao quarto grau, de acordo com o Decreto-Lei nº 9.461, de 15 de junho de 1946.

512 Ver, nesse sentido, o trabalho de Jean Carbonnier, *Flexible Droit* (pp. 187-209), onde o sensível jurista francês examina os seis resumos de modificação da organização familiar e, em especial, a ideia de família nuclear.

Com o advento da Lei nº 9.461, de 1946, firmou-se a tendência de fixar o parentesco, para efeitos sucessórios, no quarto grau, enquanto o novo direito italiano (art. 572) mantém, ainda, o 6º grau e o Código Civil francês limita ao 6º grau (regra geral) e mantém o 12º grau quando o *de cujus* não era capaz de testar (2ª parte do art. 755).

São colaterais, pois, conforme dispõe o artigo 1.839 do novo Código Civil, os parentes que descendem de um só tronco, sem descenderem uns dos outros (art. 1.592), e até o quarto grau, para efeitos sucessórios, o seguintes parentes:

Primeiro, os irmãos (parentes em segundo grau), depois, tios e sobrinhos (parentes em terceiro grau) e, finalmente, primos e tios-avós e sobrinhos-netos (parente colaterais em quarto grau).

Art. 1.840. Na classe dos colaterais, os mais próximos excluem os mais remotos, salvo o direito de representação concedido aos filhos de irmãos.

Direito anterior – Art. 1.613 do Código Civil de 1916.

Art. 1.613. Na classe dos colaterais, os mais próximos excluem os mais remotos, salvo o direito de representação concedido aos filhos de irmãos.

Direito comparado – No Código Civil francês (art. 755) e no Código Civil português (art. 2.145). No direito argentino (art. 3.585) e no direito uruguaio (art. 1.028).

COMENTÁRIO

O novo Código Civil não só repetiu a fórmula empregada pelo legislador de 1916, no artigo 1.613, como manteve dois dos princípios básicos que regem a sucessão dos colaterais que integram a quarta classe dos sucessíveis.

O primeiro é o de que, não havendo direito de representação (regra geral) nesta classe de sucessíveis, é sempre aplicável o princípio básico de que o parente colateral de grau mais próximo prefere ao colateral de grau de parentesco mais remoto (é o que dispõe a primeira parte do artigo sob comento).[513]

Em assim sendo, se o *de cujus* morre solteiro, sem parentes sucessíveis das três primeiras classes, deixa como parentes sucessíveis mais próximos um tio (parente em 3º grau) e um primo, filho de outro tio (parente em 4º grau), herda o tio (parente mais próximo) em detrimento do primo (parente mais remoto).

O segundo, e que funciona como exceção à regra geral enunciada no *caput* do artigo, prevê a possibilidade da aplicação do direito de representação, quando os colaterais concorrem com filhos de irmãos. Assim, concorrendo um irmão (parente em 2º grau) e filhos de um irmão, sobrinhos do *de cujus* (parentes em 3º grau), herdam estes, por direito de representação, conjuntamente com aquele (irmão), embora estes sejam herdeiros mais remotos.

O dispositivo em questão abre, pois, exceção à regra geral, segundo a qual, na classe dos colaterais, os mais próximos excluem os mais remotos. No exemplo citado, os sobrinhos, representando o pai prémorto (irmão do *de cujus*), o representarão na sucessão do tio falecido, por estirpe, recebendo a cota que se devolveria, por inteiro, ao irmão do *de cujus*, se vivo fosse.

---

513 "*Ilegitimidade ativa* **ad causam – Direito de representação na linha colateral – Sobrinhos-Netos – Litisconsorte facultativo – Inocorrência**. *O direito de representação, nos termos do art. 1.613, in fine, do Código civil, somente é concedido aos filhos de irmãos. Assim, para os filhos de sobrinhos não defere, a lei, tal direito. Deixando o* de cujus *apenas sobrinhos e se um destes é também falecido, não herdam os filhos respectivos, ou seja, os sobrinhos-netos. É que inexiste, nessa hipótese, direito de representação, devendo a herança ser deferida, por inteiro, aos únicos sobrinhos sobreviventes*" (JC, 11-12/170). Ver, ainda: *RJTJESP* 124/384; *RF*, 260: 288; *RT*, 305: 632; *RT*, 284: 691.

Ou seja, os irmãos sucedem por direito próprio, enquanto os descendentes deles sucedem por direito de representação.

Isso implica reconhecer que: a) em decorrência do direito de representação, pode haver sacrifício do princípio geral de que o parente mais próximo afasta da sucessão o parente, da mesma classe de sucessíveis, de grau mais remoto; e b) em decorrência, igualmente, do direito de representação, o espólio não é necessariamente distribuído em partes iguais pelos sobrinhos do autor da herança que se encontrem no mesmo grau, porque a herança não é mais dividida por cabeça – como vimos no exemplo dado – mas sim por estirpe.

Art. 1.841. Concorrendo à herança do falecido irmãos bilaterais com irmãos unilaterais, cada um destes herdará metade do que cada um daqueles herdar.

Direito anterior – Art. 1.614 do Código Civil de 1916.

Art. 1.614. Concorrendo à herança do falecido irmãos bilaterais com irmãos unilaterais, cada um destes herdará a metade do que cada um daqueles herdar.

Direito comparado – No Código Civil francês (art. 752)[514] e no Código Civil português (art. 2.146).[515] No direito argentino (art. 3.586) e no direito uruguaio (art. 1.028, 4ª regra).

---

514 *"Art. 752. Le partage de la moitié ou des trois quarts dévolus aux frères ou soeurs, aux termes de l'article précédent, s'opère entre eux par égales portions, s'ils sont tous de même lit: s'ils sont des lits différents, la divison se fait par moitié entre les deux lignes paternelle et maternelle du défun: les germains prennent part dans les deux lignes, et le uérins ou consaguins chacun dans leur ligne seulement: s'il n'y de frères ou soeurs que d'um côté ils succèdent à la totalité, à l'exclusion de tous autres parents de l'autre ligne."*

515 *"Art. 2.146. Concorrendo à sucessão irmãos germanos e irmãos consanguíneos ou uterinos, o quinhão de cada um dos irmãos germanos, ou dos descendentes que os representem, é igual ao dobro do quinhão de cada um dos outros."*

COMENTÁRIO

A regra do artigo 1.841, inexplicavelmente, repete a regra e o princípio estampado no anterior artigo 1.614, não mais sustentável na atual evolução social, nem tampouco em face do princípio constitucional (art. 227, § 6º, da CF de 1988) que proíbe o tratamento discriminatório entre os filhos de qualquer origem. Na realidade baniu-se o sistema da categorização dos filhos, inadmissível no atual estágio de evolução das mentalidades.

Atenta a uma realidade social inescondível, a lei passou a agasalhar princípios tendentes a minimizar a situação de inferioridade e a distinção quanto à origem da prole. O texto constitucional, em sua evidente simplicidade, não mais admite qualquer tratamento discriminatório aos filhos. "As expressões *ilegítimo, adulterino, espúrio, incestuoso* ficam definitivamente banidas da categoria *filhos*. Logo, todos os dispositivos legais estruturados em função daquelas diferenças são inconstitucionais, restando, portanto, sem sentido e esvaziados."[516]

E assim como não há mais espaço para tratamento discriminatório entre filhos, porque contrário à expectativa da sociedade brasileira, e, também, por inconstitucional (em decorrência de expressa previsão constitucional nesse sentido), da mesma forma, não há que vingar qualquer discriminação em relação aos irmãos, sejam germanos ou unilaterais. Todos, independentes da origem, devem herdar em igualdade de proporções.

Perdeu o legislador oportunidade ímpar de resgatar o princípio da igualdade constitucional também no terreno sucessório e, inexplicavelmente, como se disse, retoma literalmente a fórmula antiga – e, agora,

---

516 LEITE, Eduardo de Oliveira. *Temas de Direito de Família*. São Paulo: Revista dos Tribunais, 1994, p. 100.

inconstitucional – de devolução desigual, em decorrência da origem da prole.

Independente do inadmissível descuido, em flagrante inconstitucionalidade, certamente o trabalho renovador e corajoso da jurisprudência nacional vai resgatar o princípio da igualdade de filiação projetando-o devida e justamente no terreno sucessório, promovendo a releitura do artigo sob análise nos seguintes termos:

"*Concorrendo à sucessão irmãos germanos e irmãos consanguíneos ou uterinos, tocará a todos quinhão igual, bem como àqueles que os representam.*"

Em relação à matéria, como nos informa Bevilacqua,[517] há quatro sistemas: a) o sistema do tratamento discriminatório entre irmãos bilaterais (germanos) e unilaterais, do direito francês (art. 752); italiano (art. 741, 2ª alínea); português (art. 2.146); espanhol (art. 949); mexicano (art. 1.631) e o atual argentino (art. 3.586)[518] ao qual se filiou o sistema brasileiro (no antigo art. 1.614), atual artigo 1.841; b) o sistema que distingue a origem dos bens, devolvendo aos irmãos uterinos os bens de procedência materna e aos consanguíneos os de procedência paterna: o boliviano (art. 628); c) o que afasta os irmãos unilaterais, quando existem bilaterais. É o sistema do direito romano que vigorava entre nós antes do Código Civil e nas antigas legislações da Itália e da Alemanha; d) o sistema da completa igualdade entre irmãos de vínculo simples e duplo, seguido pelo Código Civil chileno (art. 992, 3ª regra); venezuelano (art. 8.818, 3ª regra) e uruguaio (art. 1.028, 4ª regra).[519]

---

517 BEVILACQUA, Clovis. Obra citada, p. 808.
518 "*Art. 3.586. El medio hermano en concurrencia com hermanos de padre y madre, hereda la mitad de lo que corresponde a éstos.*"
519 "*Art. 1.028. A falta de descendientes, ascendientes y hermanos, de cónyuge sobreviviente y de hijos adoptivos, son llamados a la sucesión, el padre o madre adoptante y los colaterales legítimos del difunto fuera del segundo grado (artículo 1.021), según las reglas siguientes:*

Se o sistema adotado pelo Código Civil era o mais de acordo com o sistema dominante na legislação civil, em matéria de filiação, no início do século (dominado pela ideia de categorização dos filhos) deixou de sê-lo, após a promulgação da Constituição Federal de 1988.

O modo, então dominante de partilhamento da herança, e ainda constante no artigo 1.841, implica cálculo complicado que leva a dividir a herança pelo número de irmãos, aumentando de tantas unidades mais quantos forem os bilaterais: esse quociente dará o quinhão de cada unilateral e, dobrado, será o de cada bilateral.

Assim, exemplificativamente:

Quando concorrem irmãos unilaterais com bilaterais, para se calcularem os quinhões contam-se os últimos cada um por dois; o quociente é a parte do unilateral; o dobro será do germano. Exemplo: *A* tem 3 irmãos bilaterais e 5 unilaterais; divide-se o valor global do espólio, excluídas as dívidas, por 3 + 3 + 5, isto é, por 11; cada unilateral recebe 1/11 do monte partível e o bilateral 2/11. Ou, sendo o acervo de R$ 33.000,00, o unilateral recolhe R$ 33.000,00: 11 = R$ 3.000,00; o germano receberá o dobro = R$ 6.000,00.[520]

Ou, então, como pretende Itabaiana de Oliveira:

Figure-se cada irmão bilateral representado pelo algarismo 2 e cada irmão unilateral representado pelo algarismo 1; dividida a herança pela soma destes algarismos, o quociente encontrado, multiplicado pelos respectivos algarismos representativos dos bilaterais e unilaterais, será a quota hereditária de cada um. Exemplo: concorrem à herança de

---

4ª *Los colaterales de simple conjunción, esto es, los que solo son parientes del difunto por parte de padre o por parte de madre, gozarán de los mismos derechos que los colaterales de doble connunción, esto es, los que a la vez son parientes del difunto por parte de padre y por parte de madre.*"

520 É o exemplo fornecido por Carlos Maximiliano. Obra citada, p. 175.

A cinco irmãos, sendo **B** e **C** bilaterais, **D**, **E** e **F** unilaterais. A herança é de R$ 28.000,00. Aplicando-se a regra que estabelecemos, teremos: **B** = 2, **C** = 2, **D** = 1, **E** = 1, **F** = 1. A soma destes algarismos é 7. Dividida a herança de R$ 28.000,00 por 7 (que é a soma dos algarismos), o quociente é de R$ 4.000,00. Multiplicando esse quociente encontrado pelos respectivos algarismos representativos dos irmãos bilaterais e unilaterais, teremos: **B** = 2 x R$ 4.000,00 = R$ 8.000,00; **C** = 2 x R$ 4.000,00 = R$ 8.000,00; **D** = 1 x R$ 4.000,00 = R$ 4.000,00; **E** = 1 x R$ 4.000,00 = R$ 4.000,00; **F** = 1 x R$ 4.00,00 = R$ 4.000,00. De fato, R$ 4.000,00, quota hereditária de cada irmão unilateral, são, justamente, a metade de R$ 8.000,00, quota hereditária de cada irmão bilateral.[521]

Não é preciso muito esforço para se concluir pela inaplicabilidade de tanto cálculo e tanto esforço mental com vistas a minorar e desigualar expectativas de irmãos. Meros irmãos. Nada mais que isso.

Art. 1.842. Não concorrendo à herança irmão bilateral, herdarão, em partes iguais, os unilaterais.

Direito anterior – Sem equivalência no Código Civil de 1916.

Direito comparado – No Código Civil francês (art. 752, 1ª parte) e no Código Civil português (art. 2.145).[522] Sem disposição equivalente nos Códigos Civis argentino e uruguaio, pelas razões anteriormente expostas.

COMENTÁRIO

Sem razão a inserção do respectivo dispositivo e, igualmente, redundante, se levarmos em consideração o disposto nos artigos antece-

---

521 É o exemplo dado por Itabaiana de Oliveira. Obra citada, pp. 212-213.
522 Vide *supra* nota de rodapé nº 373.

dentes. Se herdeiros (quer na linha reta, quer na colateral), herdam em igualdade de proporções; desnecessário repetir que os irmãos unilaterais herdarão em partes iguais.

Se a desigualdade, decorrente da existência de bilaterais, é inconstitucional, como vimos, só existe quando concorrem à sucessão irmãos de categorias diferentes (unilaterais com bilaterais); a inocorrência destas classes faz desaparecer o tratamento discriminatório. Ou seja, se só há irmãos bilaterais, herdam em partes iguais; e, se só há irmãos unilaterais, herdam também em partes iguais.

A inserção do presente dispositivo só encontra justificativa no imenso esforço do legislador de suavizar a impressão negativa deixada pela leitura do artigo antecedente. Mas, reafirme-se, nem por isso melhora aquela imagem, anteriormente criticada.

Art. 1.843. Na falta de irmãos, herdarão os filhos destes e, não os havendo, os tios.

§ 1º Se concorrerem à herança somente filhos de irmãos falecidos, herdarão por cabeça.

§ 2º Se concorrem filhos de irmãos bilaterais com filhos de irmãos unilaterais, cada um destes herdará a metade do que herdar cada um daqueles.

§ 3º Se todos forem filhos de irmãos bilaterais, ou todos de irmãos unilaterais, herdarão por igual.

Direito anterior – Arts. 1.615, 1.616 e 1.617 do Código Civil de 1916.

Art. 1.615. Se com tio ou tios concorrerem filhos de irmão unilateral ou bilateral, terão eles, por direito de representação, a parte que caberia ao pai ou à mãe, se vivessem.

Art. 1.616. Não concorrendo à herança irmão germano, herdarão, em partes iguais entre si, os unilaterais.

Art. 1.617. Em falta de irmãos, herdarão os filhos destes.

§ 1º Se só concorrerem à herança filhos de irmãos falecidos, herdarão por cabeça.

§ 2º Se concorrerem filhos de irmãos bilaterais, com filhos de irmãos unilaterais, cada um destes herdará a metade do que herdar cada um daqueles.

§ 3º Se todos forem filhos de irmãos germanos, ou todos de irmãos unilaterais, herdarão todos por igual.

Direito comparado – Os já citados artigos insertos nos Código Civil francês e português. No direito argentino e uruguaio os pré-citados artigos já arrolados.

COMENTÁRIO

O artigo sob comento apresenta a vantagem de, em esforço louvável, procurar compactar disposições excessivas (dos antigos artigos 1.615 a 1.617) e, por vezes, redundantes, em um só artigo (correto, se encararmos a boa técnica legislativa) com seus correspondentes parágrafos. Toda a matéria diz respeito à sucessão dos colaterais de segundo grau (irmãos) e terceiro grau (tios).

Incorre, porém, nos já citados tropeços de inconstitucionalidade (apontados na análise do artigo anterior) sem considerar os equívocos de redação da língua pátria que, sem razão, emprega o verbo "concorrer" em tempos verbais distintos nos parágrafos primeiro e segundo. Por que "concorrerem" (parágrafo primeiro) e "concorrem" (parágrafo segundo) se as situações são absolutamente iguais?

O *caput* do artigo se reporta à devolução da herança confirmando a regra estampada no artigo 1.840, segundo a qual, na classe dos colaterais, os mais próximos excluem os mais remotos, salvo o direito de representação em favor dos filhos de irmãos.

Assim, faltando irmãos, herdarão os filhos destes. Ou seja, é o direito de representação em favor dos sobrinhos, em toda sua excelência, aqui resgatado (anterior artigo 1.617 do Código de 1916). O princípio abre, a favor dos sobrinhos, uma exceção à regra de que os colaterais do mesmo grau herdam igualmente. Os sobrinhos, ainda quando não beneficiados pelo direito de representação, preferem aos tios do *de cujus*, não obstante se acharem todos no terceiro grau da linha colateral.

Por que os sobrinhos (3º grau) prefeririam aos tios (igualmente 3º grau)? A regra só encontra justificativa na irresistível intenção do legislador, ainda uma vez (assim como já fizera em relação aos descendentes em detrimento dos ascendentes), de proteger a categoria de herdeiros mais jovens e, por isso mesmo, com mais necessidade de auxílio econômico.

Na falta dos sobrinhos, devolve-se, então, a herança para os tios, igualmente colaterais de 3º grau.

No parágrafo 1º o legislador repete a fórmula singela do parágrafo 1º do anterior artigo 1.617. Nenhuma novidade. Como se encontram todos na mesma classe e no mesmo grau, a herança devolve-se por cabeça e por direito próprio. Dividir-se-á o acervo em tantas cotas quantos forem os herdeiros.

No parágrafo 2º o dispositivo repete (no mínimo, com coerência, reconheça-se) a fórmula de partilhamento desigual, já constante no artigo 1.841, anteriormente criticado. O dispositivo peca por inconstitucionalidade se atentarmos ao disposto no artigo 227, § 6º, da Constituição Federal de 1988. Se a Lei Maior proíbe tratamento discriminatório entre filhos, de qualquer origem, não é possível que se invoque o discrímen para tratar desigualmente irmãos "bilaterais" e "unilaterais". Em posterior revisão do novo Código Civil, certamente desaparecerá a criticada fórmula.

Finalmente no parágrafo 3º o legislador repete ociosamente princípio já constante em dispositivo anterior.

Art. 1.844. Não sobrevivendo cônjuge, ou companheiro, nem parente algum sucessível, ou tendo eles renunciado a herança, esta se devolve ao Município ou ao Distrito Federal, se localizada nas respectivas circunscrições, ou à União, quando situada em território federal.

Direito anterior – Art. 1.619 do Código Civil de 1916.
Art. 1.619. Não sobrevivendo cônjuge, nem parente algum sucessível, ou tendo eles renunciado à herança, esta se devolve ao Município ou ao Distrito Federal, se localizada nas respectivas circunscrições, ou à União, quando situada em território federal.

Direito comparado – No Código Civil francês (arts. 723 e 768)[523] e no Código Civil português (art. 2.152).[524] No direito argentino (art. 3.588) e no direito uruguaio (art. 1.034).

COMENTÁRIO

Na falta de todos os parentes sucessíveis, diz a lei portuguesa, será chamado à sucessão o Poder Público (Município, Distrito Federal ou a União), assim especificando o artigo 1.844 do novo Código, em reprodução do já constante no anterior artigo 1.619 do Código de 1916.

Claro está que se trata de uma ficção jurídica, uma vez que o Poder Público não é propriamente herdeiro, pois não existe qualquer vínculo entre o Estado e o *de cujus*. Mas o Poder Público é guindado à categoria de herdeiro de forma a se garantir um destinatário final do acervo

---

[523] "*Art. 723. La loi règle l'ordre de succéder entre les héritiers légitimes, les héritiers naturels et le conjoint survivant. A leur défaut, les biens passent à l'État.*"
"*Art. 768. A défaut d'héritiers, la succession est acquise à l'État.*"

[524] "*Art. 2.152. Na falta de cônjuge e de todos os parentes sucessíveis, é chamado à herança o Estado.*"

hereditário. Como ao Estado não é concedido o poder de renunciar à herança, a titularidade da mesma fica garantida na esfera estatal.

Na expressiva alusão de Maria Helena Diniz, o fundamento da titularidade do Estado, como último herdeiro, na ordem de vocação hereditária, "é político-social, em reconhecimento do fato de a ordem jurídico-econômica estatal ter possibilitado ao *auctor successionis* o acúmulo patrimonial transmitido".[525]

Nem *jus occupationis*, nem *jus imperii*, diz Monteiro, mas simplesmente *jus successionis:* na falta de outras pessoas sucessíveis, por lei ou por testamento, herda o Estado.[526]

---

525 DINIZ, Maria Helena. Obra citada, p. 107.
526 MONTEIRO, Washington de Barros. Obra citada, p. 87.

CAPÍTULO II
DOS HERDEIROS NECESSÁRIOS

Art. 1.845. São herdeiros necessários os descendentes, os ascendentes e o cônjuge.

Direito anterior – Sem previsão legal no Código Civil de 1916.

Direito comparado – Sem previsão legal no Código Civil francês, a matéria vem regulamentada no art. 2.157 do Código Civil português.[527]

Leitura complementar:
ARANGIO-RUIZ, Vincenzo. *Instituciones de derecho romano*. Buenos Aires: Depalma, 1973; CARVALHO JUNIOR, Pedro Lino de. "Das cláusulas restritivas da legítima". *In:* Cristiano Chaves de Farias (Coord.). *Temas atuais de direito e processo de família*. Rio de Janeiro: Lumen Juris, 2004, pp. 615-646; CHAVES, Antonio. *Tratado de Direito Civil. Direito das Sucessões*. São Paulo: Revista dos Tribunais, 1984; COSTA e SILVA, Martha Heloisa Winkler da. "Das cláusulas restritivas de inalienabilidade, impenhorabilidade e incomunicabilidade". *In: RT*, 660:70; DAGOT, V.M. *Le conjoint survivant, héritier réservataire? Paris:* Daloz. 1974, chron. 39; FACHIN, Luiz Edson. *Estatuto jurídico do patrimônio mínimo*. Rio de Janeiro: Renovar, 2001; FARIAS, Cristiano Chaves de. "Disposições testamentárias e clausulação da legítima". *In*: Giselda Hironaka e Rodrigo da C. Pereira (Coords.). *Direito das sucessões e o novo Código Civil*. Belo Horizonte: Del Rey, 2004; FIDA, Orlando: CARDOSO, Edson Ferreira e ALBUQUERQUE, J. B. Torres de. *Jurisprudência do Código Civil – Ementário – Direito das Sucessões*. vol. 6. São Paulo: Editora Universitária de Direito, 1983; GIORGIS, José Carlos Teixeira. "A justa causa no novo testamento". *In*: Mário Luiz Delgado e Jones Figueirêdo Alves.

---

527 *"Art. 2.157. São herdeiros legitimários o cônjuge, os descendentes e os ascendentes, pela ordem e segundo as regras estabelecidas para a sucessão legítima."*

Questões controvertidas no direito da família e das sucessões. São Paulo: Método, 2004, vol. 2, pp. 225-238; GUILHERME, Luiz Fernando do Vale de Almeida. "Cláusulas testamentárias limitativas da legítima e seus problemas jurídicos". *In:* Maria Helena Diniz (Coord.). *Atualidades Jurídicas*. São Paulo: Saraiva, 2004, vol. 5, pp. 199-225; GUINCHARD, S. *L'affectation des biens em droit privé français*. Paris: LGDJ, 1976; JEANTET, Ch. F. *Le droit à la réserve em nature* (Thèse). Paris, 1939; MADALENO, Rolf. "A disregard na sucessão legítima". *In*: *RT*, 753: 741-752; MALUF, Carlos Alberto Dabus. *Das cláusulas de inalienabilidade, incomunicabilidade e impenhorabilidade*. São Paulo: Saraiva, 1981; MAXIMILIANO, Carlos. *Direito das Sucessões*. Rio de Janeiro: Freitas Bastos, 1937; OLIVEIRA, Euclides Benedito de e AMORIM, Sebastião Luiz. "Herdeiros e concubinos no Projeto do Código Civil". *In*: *RT*, 596: 282-284; PERNEY. *La nature juridique de la resèrve héréditaire* (Thèse). Nice, 1976; PINTO, Fernando Brandão Ferreira. *Direito das Sucessões*. Lisboa: E. I. Ed. Internacional, 1995; PINTO FERREIRA. *Tratado das heranças e dos testamentos*. São Paulo: Saraiva, 1983; PITÃO, J. França. *A posição do cônjuge sobrevivo no actual direito sucessório português*. Coimbra, 1978; PRATS, Celso Afonso Garreta. *Sucessão hereditária: vocação dos colaterais*. São Paulo: Atlas, 1983; PRATES, Lincoln. "Aspectos do art. 1.723 do C/C 1916". *In*: *RF*, 361: 363; PROENÇA, José João Gonçalves de. *Natureza jurídica da " legítima"*. Suplemento ao vol. IX do BFDC, 1951: 243; SOUZA, José Ulpiano Pinto de. *Das cláusulas restritivas da propriedade* (Comentário ao art. 3º da Lei Sucessória nº 1839, de 31 de dezembro de 1907). São Paulo, 1910; REALE, Miguel. "Da cláusula de inalienabilidade". *In*: *RT*, 290: 49; STEFANO, Zulema Anacleto de. "Cláusulas restritivas: de inalienabilidade, de incomunicabilidade e de impenhorabilidade". *In*: *RDC*, 62: 47; VAREILLE, B. *Volonté, rapport et réduction*. Paris: PUF, 1988.

COMENTÁRIO

O artigo 1.845, que enumera os herdeiros necessários (ou legitimários) e indica a ordem segundo a qual são chamados a recolher a legítima, reflete na sua atual redação a profunda modificação que sofreu a matéria, com o advento do novo Código Civil.

O cônjuge sobrevivente, que na escala dos herdeiros necessários foi colocado concorrendo com os descendentes e os ascendentes, sugere no artigo 1.845, pela primeira vez na história de nossa legislação, sua inserção no núcleo dos herdeiros necessários. E, dentro deste grupo, à semelhança do que acontece no quadro dos herdeiros legítimos, a justificada participação ao lado dos já reconhecidamente herdeiros necessários, desde a proposta inicial do Código Civil de 1916.

Talvez tal novidade se deva ao especial relevo reconhecido pelo legislador ao cônjuge no grupo familiar. É, ao menos, o que se depreende das palavras de Torquato Castro na exposição de Motivos do anteprojeto do Código Civil: "O anteprojeto traz, como matéria nova e principal, o tratamento que dá ao cônjuge, como figura precípua do grupo econômico familiar, conferindo-lhe a posição de herdeiro necessário, chamado à herança ao lado dos descendentes ou ascendentes, ou, isoladamente, quando com descendentes ou ascendentes não concorra."

A questão que nos assalta, de imediato, ao ler o referido artigo, é a de saber por que o legislador não incluiu o(a) companheiro(a) supérstite no referido dispositivo. Ou melhor, estaria o(a) companheiro(a) abrangido(a) pela disposição do art. 1.845?

As posições doutrinárias são vacilantes, uns entendendo que sim, e outros negando tal abrangência do artigo sob comento.

Na ótica de Alves e Delgado, "em que pese a redação do art. 1.832, entendemos que o companheiro sobrevivo deve ser considerado herdeiro necessário, pelo menos no tocante aos bens adquiridos onerosamente na vigência da união estável. É o que se deflui da análise conjunta dos arts. 1.845 e 1.790. Inexistindo bens adquiridos onerosamente na vigência da união estável, não possui o companheiro sobrevivo qualquer direito à sucessão do falecido. Por outro lado, havendo tais bens, quanto a eles, não pode o autor da herança dispor integralmente em testamento, sem contemplar o companheiro, no mínimo com a quota-parte que lhe for legalmente devida, de acordo com o art. 1.790, cujos incs. I, III e IV são expressos ao estatuir que o companheiro 'terá direito' à herança (...) por hora, esta é a leitura que mais se coaduna com a intenção da nova codificação, generosa na salvaguarda dos direitos decorrentes da união estável."[528]

Em sentido oposto a doutrina de Francisco José Cahali, para quem "a inferioridade a que foi reduzido o direito sucessório decorrente da união estável mais reluz ao ser comparada à previsão com o novo *status* do cônjuge na condição de herdeiro. Houve um reprovável retrocesso, privando os partícipes da união estável de várias conquistas alcançadas com muito esforço da sociedade".[529] E, mais adiante: "De qualquer forma, inexistindo a sua inclusão como herdeiro necessário, tal condição não lhe pode ser estendida, diante da sua ausência no art. 1.845."[530]

Esta a melhor doutrina, já que, de acordo com a *mens legislatoris*, sempre tendente a diferenciar o casamento da união estável, o que, de resto, é plenamente visível na disposição do novo texto constitucional (art. 226, § 3º). Além do mais, a tendência não é só constitucional, uma vez que toda a legislação infraconstitucional pendeu neste senti-

---

528 ALVES, Jones Figueirêdo e DELGADO, Mário Luiz. Obra citada, p. 958.
529 CAHALI, Francisco José. *Curso Avançado de Direito Civil*, vol. 6. *Direito das Sucessões*, p. 228 (embora o livro indicado tenha sido escrito a quatro mãos, o capítulo citado é de lavra exclusiva de Francisco José Cahali).
530 CAHALI, Francisco José. Obra citada, p. 229. No mesmo sentido, a doutrina por nós esposada, desde a publicação da primeira edição dos *Comentários,* p. 64, sem vacilação reafirmada nas edições posteriores; ainda, Maria Helena Diniz. *Curso de Direito Civil brasileiro,* vol. 6, p. 106, entre outros.

do. Assim, à guisa de exemplo, a Lei nº 8.971/94 quando se refere ao companheiro e, mais especificamente, ao direito do mesmo à totalidade da herança, não encarou o companheiro como herdeiro necessário (art. 2º, III), podendo o mesmo ser privado da qualidade de sucessor por disposição testamentária feita pelo autor da herança (como ocorria com o cônjuge, CC/1916), logo, na condição de herdeiro facultativo. Além do mais – conforme já apontáramos ao examinar o teor do art. 1.790 do atual Código Civil – quando a Constituição prevê a necessidade de, através de legislação infraconstitucional, facilitar a conversão da união estável em casamento (art. 226, § 3º), está claramente sinalizando os limites de atuação do legislador ordinário de outorgar aos companheiros mais benefícios à união estável. Tais vantagens só poderão advir após a conversão desejada pelo constituinte.

O artigo 1.845, apesar da extrema concisão do seu texto, a exemplo do que ocorre com a mesma disposição sobre a matéria no direito português, não se limita a enumerar os membros (descendentes, ascendentes e cônjuge) da categoria dos herdeiros legitimários.

Pela sistemática anterior, materializada no Código Civil de 1916, herdeiros necessários eram tão-somente os descendentes e ascendentes; com a nova redação do artigo 1.845, a enumeração se engrandece incluindo na mesma categoria o cônjuge sobrevivente, em perfeita consonância com o estabelecido no artigo 1.829, já examinado.

Com efeito, pela sistemática antiga, a categoria dos herdeiros se subdividia em duas subcategorias: herdeiros legítimos e herdeiros testamentários.

Herdeiros legítimos, como se depreende da própria palavra, são os sucessores eleitos pela lei, através da ordem de vocação hereditária (arts. 1.829 e seguintes). Na qualidade de legítimos concorrem na herança, se no mesmo grau de preferência, e excluem os demais, se em ordem anterior de preferência.

Herdeiros testamentários são os instituídos como beneficiários da herança por disposição de última vontade.

Os herdeiros legítimos (porque têm direito à legítima) se subdividem em necessários e facultativos. São necessários os herdeiros com direito a uma parcela mínima de 50% (cinquenta por cento) do acervo, da qual não podem ser privados por disposição de última vontade.

Enquanto pelo Código de 1916, apenas descendentes e ascendentes compunham a categoria dos herdeiros necessários, acresce, agora, a categoria, com a inserção do cônjuge sobrevivente.

Herdeiros facultativos são aqueles que podem ser privados da herança, bastando ao testador não os contemplar nas disposições de última vontade. Enquanto essa categoria abrangia, até o presente momento, o cônjuge sobrevivente e os colaterais, reduz-se, a partir do novo Código Civil, apenas aos colaterais.

A parte da herança que é reservada exclusivamente aos herdeiros necessários equivale à metade do acervo (art. 1.846), denominada *legítima* ou *reserva*.

É o que veremos a seguir.

Art. 1.846. Pertence aos herdeiros necessários, de pleno direito, a metade dos bens da herança, constituindo a legítima.

Direito anterior – Art. 1.721 do Código Civil de 1916.

Art. 1.721. O testador que tiver descendente ou ascendente sucessível não poderá dispor de mais da metade de seus bens; a outra pertencerá de pleno direito ao descendente e, em sua falta, ao ascendente, dos quais constitui a legítima, segundo o disposto neste Código.

Direito comparado – No Código Civil francês (art. 913)[531] e no Código Civil português (art. 2.158).[532] No direito argentino (arts. 3.592-3.597) e no uruguaio (arts. 885-887).

COMENTÁRIO

O artigo sob análise, apesar de sua aparente simplicidade, engloba uma série de noções fundamentais à sucessão legítima e, por extensão, à sucessão testamentária. Para tanto, basta considerarmos que, ao se reportar aos direitos dos "herdeiros necessários", o artigo está reafirmando o princípio já constante no artigo 1.789 que declara, com toda a clareza que merece a matéria, que, "havendo herdeiros necessários, o testador só poderá dispor da metade da herança".

Ou seja, o artigo 1.846 também dispõe, por extensão, sobre a liberdade de testar. E quer dizer, sem vacilações, que a ocorrência de herdeiros necessários limita a margem de liberdade do testador. E a limitação dessa margem fica garantida através da *"legítima"*. Para atender aos interesses da família, já justificara Bevilacqua, o Código limitou essa liberdade à metade dos bens do testador, quando houver herdeiros necessários (descendentes, ascendentes e cônjuge sobrevivente), isto é, "que não sejam excluídos da herança por disposição de lei (indignos) ou por ato do sucedendo (deserdação).[533]

Muito se discutiu, no direito europeu, sobre a possibilidade de limitar o direito de o testador dispor de seu bens, como bem entender.

---

531 *"Art. 913. Les libéralités, soit par actes entre vifs, soit par testament, ne pourront excéder la moitié des biens du disposant, s'il ne laisse à son décès qu'un enfant; le tiers, s'il laisse deux enfants; le quart, s'il en laisse trios ou un plus grande nombre; sans qu'il y ait lieu de distinguer entre les enfants légitimes et les enfants naturels, hormis le cas de l'article 915."*

532 "Art. 2.158. A legítima do cônjuge, se não concorrer com descendentes nem ascendentes, é de metade da herança."

533 BEVILACQUA, Clovis. Obra citada, p. 918.

Num primeiro momento dominou a ideia, oriunda do direito romano, que o testador teria disponibilidade ilimitada de disposição do seu patrimônio. Evidentemente, o reconhecimento do poder absoluto do *pater familias* em muito favoreceu a disseminação do princípio, assim como legitimou a sustentação da ideia do poder absoluto de testar. Mas, reconheça-se, raramente o princípio foi concretizado de modo absoluto.

Junto ao sistema do poder ilimitado de dispor do seu patrimônio coexistiu o sistema da legítima, ou da reserva, ou mesmo sistemas análogos, pelos quais certos familiares mais próximos não poderiam ser excluídos pelo *de cujus* de sucederem num quinhão da herança.

Assim, manteve-se a polêmica entre a reserva e a liberdade de testar, ao menos para delimitar o campo de cada uma. Ambas as posições se encastelam em argumentos radicais e não abrem exceção a qualquer hipótese, que porventura minimize a proposta inicial em uma ou outra direção. Os que defendem o princípio da legítima argumentam invocando o arbítrio que poderia representar a exclusão dos familiares e invocam a proteção da família; já os que defendem o princípio da liberdade de testar preferem ao arbítrio de uma escolha feita pela lei, a escolha feita pelo próprio testador.

Não há dúvida nenhuma que a proteção da família se impôs, tendendo a balança a favor da prioridade da legítima, em detrimento à liberdade de testar.[534]

---

534 "*AÇÃO ANULATÓRIA DE TESTAMENTO – Porção disponível – Legítima – Deserção e intempestividade do recurso. A deserção pode ser examinada de ofício pelo Tribunal. O prazo do preparo não se conta da data da publicação oficial, se não constarem os nomes da parte, do seu procurador e o valor das custas. Sendo vários os herdeiros necessários e consistindo o patrimônio do* de cujus *em um único bem, não pode o testador contemplar apenas um, preterindo e prejudicando a legítima dos demais*" (RF, 294: 267).
Ver, na doutrina, os seguintes artigos: José de Oliveira Ascensão. "Problemas jurídicos da procriação assistida" (*RF*, 328: 69-80); Euclides Benedito de Oliveira e Sebastião Luiz Amorim,

Três são os objetivos perseguidos pela política sucessória dominante: a) o dever familiar, isto é, a legítima é destinada aos consanguíneos; ela constitui uma fração de bens, *pars bonorum*; b) a conservação dos bens nas famílias; a legítima é destinada aos herdeiros necessários; ela constitui uma fração da herança, *pars hereditatis*; c) uma certa igualdade entre os herdeiros necessários, na medida em que os herdeiros são descendentes, ascendentes e cônjuge sobrevivente; a legítima impõe um mínimo de igualdade.

O direito romano havia estruturado a transmissão *causa mortis* sobre o testamento, o que implicava a liberdade testamentária e a possibilidade de deserdação. Na ótica romana, o testador que despojava sua família, sem justa causa, faltava com seu dever de solidariedade (*officium pietatis*: dever de piedade) e o testamento podia ser anulado, como se se tratasse da obra de um louco, através da *querela inofficiosi testamenti*: contestação do testamento que faltou com seus deveres. A nulidade podia ser evitada se o legatário liberasse ao herdeiro, parente próximo do defunto, o quarto daquilo que herdaria *ab intestat* e que se passou a chamar "*quarta legítima*" (também chamada, "*legítima*" ou a *quarta Falcídia,* nome decorrente de uma lei Falcídia). A *legítima* traduzia o dever moral *post mortem* que pesava sobre um parente em relação aos mais próximos.

Daí surgiu a noção de *legítima*, ou *reserva*, como conhecemos atualmente no direito sucessório de origem europeia.

É preciso, porém, compreender que, "num sistema individual-capitalista como o nosso, o autor da herança pode em vida fazer honestamente dos seus bens o que quiser e, teoricamente, nada deixar de heran-

---

"Herdeiros e concubinos no Projeto do Código Civil" (*RT,* 596: 282-284); Rolf Madaleno, "A disregard na sucessão legítima" (*RT,* 753: 741-752).

ça ou de legítima. É o caso de ele alienar onerosamente todos os seus bens e gastar os produtos das alienações".[535]

Logo, a adoção do sistema da liberdade limitada de testar não garante aos herdeiros necessários a certeza de que, efetivamente, herdarão uma quota-parte do acervo do defunto.

A legítima só se fixa à abertura da sucessão, com a determinação dos sucessíveis prioritários, e o seu objeto não consiste numa porção de bens, mas numa dada cota (metade, conforme diz o legislador).

Como doutrina Ascensão, os herdeiros não têm um direito líquido e certo, mas, antes, uma segura expectativa jurídica logo que designados. Ou seja, "para a generalidade dos efeitos (...) a proteção é diferida, o que não quer dizer que não haja um direito actual. Como "direito ao direito de suceder", como diz Paula Cunha, não é eventual, embora no essencial só seja eficaz depois. Anote-se que tanto faz falar num direito nestes termos concebido como numa expectativa jurídica".[536]

Legítima é, pois, a porção (metade) que a lei reserva aos herdeiros necessários, sobre o acervo existente, quando da abertura da sucessão. E os herdeiros que a ela têm direito denominam-se necessários (reservatários ou forçados) em virtude da segurança legal de seus interesses contra o arbítrio do testador.

Art. 1.847. Calcula-se a legítima sobre o valor dos bens existentes na abertura da sucessão, abatidas as dívidas e as despesas do funeral, adicionando-se, em seguida, os bens sujeitos à colação.

Direito anterior – Art. 1.722 do Código Civil de 1916.

---

535 SOUZA, R. C. de. Obra citada, p. 161.
536 ASCENSÃO, J. de O. Obra citada, p. 370.

Art. 1.722. Calcula-se a metade disponível (art. 1.721) sobre o total dos bens existentes ao falecer o testador, abatidas as dívidas e as despesas do funeral.

Parágrafo único. Calculam-se as legítimas sobre a soma que resultar, adicionando-se à metade dos bens que então possuía o testador a importância das doações por ele feitas aos seus descendentes (art. 1.785).

Direito comparado – No Código Civil francês (art. 913), já citado, e no Código Civil português (art. 2.162).[537] No direito argentino (art. 3.602) e no direito uruguaio (art. 889).

COMENTÁRIO

O cálculo da legítima é feito sobre o ativo da herança; sobre a herança líquida e não sobre a herança bruta. É o que se depreende da leitura do artigo 1.847 quando se reporta ao abatimento das dívidas do *de cujus*, despesas de funeral e valor dos bens sujeitos à colação.

O anterior dispositivo sobre o tema dispunha, no parágrafo único, sobre o desconto do valor das doações (*"adicionando-se a importância das doações..."*), suprimido, agora, pela expressão ampla e genérica sugerida pela palavra "colação". Com efeito, na colação (arts. 2.002 a 2.012) há referência expressa às doações (art. 2.002), de modo que a expressão empregada pretende englobar aquela categoria de bens anteriormente invocada.

Independente da tentativa de "enxugar" a proposta escolhida pelo legislador de 1916, não resta dúvida que aquela fórmula empregada era

---

[537] *"Art. 2.162. Para o cálculo da legítima, deve-se atender ao valor dos bens existentes no patrimônio do autor da sucessão à data da sua morte, ao valor dos bens doados, às despesas sujeitas à colação e às dívidas da herança.*
2. Não é atendido para o cálculo da legítima o valor dos bens que, nos termos do artigo 2.112, não são objeto de colação."

mais precisa que a atual, bastando para tanto considerar que o *donatum* (o valor do bens doados, a restituição fictícia dos bens doados) não se confunde com a colação, porque a colação só abrange as liberalidades feitas aos legitimários; porque a colação tem por fim a igualdade da partilha (art. 2.002), enquanto a reunião fictícia dos bens doados visa apenas ao cálculo da legítima e, consequentemente, da cota disponível e, finalmente, porque a colação abrange liberalidades que não revestem a forma estrutural típica da doação.

Se o legislador tinha a intenção de inserir as colações no dispositivo, melhor seria que se tivesse referido às doações (mantendo a fórmula do Código de 1916) e às colações (como o fez agora). Assim – ao menos para resgatar a cientificidade que a matéria exige – poderia ter dito "... *adicionando-se, em seguida, o montante das doações e o valor dos bens sujeitos à colação*".

Se o legislador se refere aos abatimentos de praxe, é evidente que o montante da legítima não se conhece no momento da abertura da sucessão mas, tão-somente, no curso do inventário, quando será feita a avaliação definitiva do efetivo ativo da herança.

As dívidas devem ser abatidas porque são quantidades negativas; depois desta operação, abatem-se, ainda, as despesas do funeral (por motivos de solidariedade e razões de ordem social).[538]

---

538 "*IMPOSTO DE TRASMISSÃO* CAUSA MORTIS – *Dívidas do* de cujus – *Despesas funerárias*. *Se o pedido de reconsideração da decisão acatada integra o agravo de instrumento, correspondendo a uma súplica de reforma em plano de juízo de retratação, ínsito ao recurso, não há falar-se em inviabilidade do apelo. As dívidas do* de cujus, *bem como as despesas com seu sepultamento, devem ser apuradas, impondo-se a dedução das mesmas do monte da herança, para efeito de pagamento do Imposto de Transmissão* Causa Mortis" (*RF*, 293: 252).
Sobre Imposto de Transmissão Causa Mortis, *ver, ainda: RT,* 576: 112; *RT,* 793: 234; *RT,* 685: 145; *RT,* 539: 224; *RT,* 540: 204; *RT,* 694: 904; *RT,* 694: 98; *RT,* 764: 220; *RT,* 601: 92; *RT,* 566: 83; *RT,* 567: 92-93; *RT,* 572: 260; *RT,* 573: 297; *RT,* 689: 164; *RT,* 654: 91; *RT,* 747: 238; *RT,* 689: 151; *RT,* 769: 163; *RT,* 604: 82; *RT,* 584: 234.

A primeira parcela do ativo, como querem Pires de Lima e Antunes Varela, nesse cálculo "continua a ser o valor de todos os bens existentes no patrimônio do autor da herança à data da sua morte (davam os romanos o nome expressivo de *relictum*),[539] ficando bem explicitado que este momento destacado na disposição legal (data da morte do *de cujus*) marca, como ponto decisivo de referência, não só a pertinência dos bens à titularidade do falecido (...) mas também a fixação do valor dos bens".[540]

Aparentemente, o patrimônio é constituído pela herança – o *relictum* –, o que foi deixado pelo autor da herança. Mas não é assim. O cálculo da legítima exige operações mais complexas. Na realidade, o artigo 1.847 manda considerar para o cálculo da legítima: 1º) os bens existentes no patrimônio do autor da sucessão à data da sua morte; 2º) o valor dos bens doados (que o legislador englobou na noção de colação); 3º) as dívidas da herança; 4º) as despesas do funeral e 5º) o valor dos bens sujeitos à colação.

> **Art. 1.848.** Salvo se houver justa causa, declarada no testamento, não pode o testador estabelecer cláusula de inalienabilidade, impenhorabilidade, e de incomunicabilidade, sobre os bens da legítima.
>
> § 1º Não é permitido ao testador estabelecer a conversão dos bens da legítima em outras de espécie diversa.
>
> § 2º Mediante autorização judicial e havendo justa causa, podem ser alienados os bens gravados, convertendo-se o produto em outros bens, que ficarão sub-rogados nos ônus dos primeiros.

---

539 *Relictum*, ou seja, o que foi deixado pelo autor da herança.
540 PIRES DE LIMA e ANTUNES VARELA. Obra citada, p. 262.

Direito anterior – Art. 1.723 do Código Civil de 1916.

Art. 1.723. Não obstante o direito reconhecido aos descendentes e ascendentes no art. 1.721, pode o testador determinar a conversão dos bens da legítima em outras espécies, prescrever-lhes a incomunicabilidade, confiá-los à livre administração da mulher herdeira e estabelecer-lhes condições de inalienabilidade temporária ou vitalícia. A cláusula de inalienabilidade, entretanto, não obstará a livre disposição dos bens por testamento e, em falta deste, à sua transmissão, desembaraçados de qualquer ônus, aos herdeiros legítimos.

Direito comparado – No Código Civil francês – previsão parcial (art. 900-1) e no Código Civil português (art. 2.295, 1). No direito argentino (art. 3.598) e no direito uruguaio (art. 894).

COMENTÁRIO

A proposta de Orlando Gomes, no sentido de que "necessário se torna abolir a prerrogativa de clausular os bens com a inalienabilidade, ao menos os da legítima (já que) constitui uma aberração jurídica",[541] concretizou-se na redação do artigo 1.848 do novo Código Civil. Com efeito, como reconhece o próprio Orlando Gomes, se a legítima pertence "de pleno direito aos herdeiros necessários, a eles devendo passar nas condições em que se encontram no poder do autor da herança; da circunstância de que constituem reserva inalterável, os bens da legítima devem transmitir-se tal como se achavam no patrimônio do defunto".[542]

Logo, não há que se admitir a ocorrência de cláusulas restritivas sobre direito, vocacionadamente absoluto. Ou é absoluto e não admite restrições, ou é relativo e aceita a incidência da inalienabilidade, inco-

---

[541] GOMES, Orlando. Obra citada, p. 175.
[542] GOMES, O. Obra citada, pp. 158-159.

municabilidade e impenhorabilidade. Por óbvio é direito absoluto que gera perplexidade pelo reconhecimento legal das restrições (em boa técnica jurídica, inadmissíveis) arroladas na lei.

Por isso, "parece incongruente e discrepante a conjugação da ideia de inalterabilidade da quota legalmente reservada aos herdeiros necessários (...) com a ideia de imposição de restrições ao direito transferido em razão da morte".[543]

"Tantas são as dificuldades e inconveniências dessas cláusulas, não só sobre a legítima, como também em qualquer disposição, que não merecem estar mais presentes na legislação. Talvez seja a cláusula de inalienabilidade o instituto que no Direito privado tenha originado, no curso de nossa vida jurídica, as mais veementes imprecações e os mais ardentes impropérios. Poucos institutos como esse aguçam a imaginação criadora dos aduladores da fraude."[544]

Resta saber se o legislador reformulou integralmente um instituto anacrônico e inadequado à sociedade.

Em outras palavras, a clausulação da legítima foi abolida atingindo-se uma antiga prerrogativa da (unânime) doutrina nacional? Ou o artigo 1.848 apenas abrandou os efeitos da clausulação sem extirpar definitivamente aquela possibilidade tão geradora de crítica no ambiente civil? Tudo indica que a segunda hipótese ocorreu, mantendo-se a hipótese de clausulação, embora dependente, agora, da existência de uma "*justa causa*".

Salvo se houver justa causa, reza o novo texto legal, não pode o testador estabelecer cláusula de inalienabilidade. Ou seja, a cláusula de

---

543 CAHALI, F. J. e HIRONAKA, G. M. F. N. Obra citada, p. 354.
544 VENOSA, S. de S. Obra citada, p. 168.

inalienabilidade da legítima só pode ser imposta em testamento.[545] A *contrario sensu,* havendo justa causa, pode o testador estabelecer cláusula de inalienabilidade. Ou seja, mantém-se a possibilidade da clausulação apenas vinculando-se a ocorrência à existência da justa causa.

Resumindo: a hipótese de clausulação permanece inconteste no novo Código Civil, *malgré* a torrencial e unânime crítica da doutrina nacional contra a hipótese.

A respeito da hipótese assim se manifestou a doutrina de José Carlos Teixeira Giorgis; a clausulação da legítima "atenta contra o princípio da dignidade da pessoa humana, valor fundante do Estado brasileiro (art. 1º, III, CF), que é afirmação da integridade física e espiritual do homem com dimensão irrenunciável de sua individualidade autonomamente responsável, garantia da identidade através do livre desenvolvimento da personalidade, libertação da angústia da existência da pessoa mediante mecanismos de socialidade, dentre os quais se inclui a possibilidade de trabalho e condições existenciais mínimas (...) Acrescente-se que a clausulação ofende o dever do Estado em assegurar à criança e ao adolescente o direito à vida, à saúde, à alimentação, à educação e ao lazer (art. 227, CF) (...) A inalienabilidade e a impenhorabilidade atingem também os princípios da igualdade e da liberdade, esta última limitada pelas necessidades superiores da ordem social e pelas leis naturais que governam as instituições jurídicas e sociais".[546]

No mesmo diapasão a crítica contundente de Zeno Veloso ao questionar: "Por que impor ao testador o constrangimento de afirmar, jus-

---

545 MORAES, Antão. "Doação. Reserva de usufruto e cláusula de inalienabilidade". (Parecer). *In: RT,* 799: 755-763).
546 GIORGIS, José Carlos Teixeira. "A justa causa no novo testamento". *In:* Mário Luiz Delgado e Jones Figueirêdo Alves (Coord.) *Série Grandes Temas de Direito Privado,* vol. II, pp. 156-157 (São Paulo: Método, 2004).

tamente no ato de disposição de sua última vontade, que estabelece a inalienabilidade porque seu filho é um gastador, um perdulário e que, provavelmente, vai arruinar ou dilapidar o patrimônio que receberá, ficando na miséria? Ou que ordena a impenhorabilidade porque o herdeiro é viciado no jogo, em bebidas, ou em tóxicos, e vai assumir dívidas, comprometendo os bens de sua legítima? Ou que determina a incomunicabilidade porque seu filho casou-se com uma aventureira, que só do marido apaixonado e lerdo consegue esconder o objetivo de enriquecer, dando o golpe do baú?"[547]

Ainda a agravar a problemática socorre-se, agora, o novo dispositivo legal de um recurso eminentemente subjetivo (o que é uma *justa causa*?) que, certamente, será definido pelo Judiciário, alargando-se, novamente, mais um ponto de dissídio, embora (reconheça-se) limitando o excessivo arbítrio do testador. Antes (sob a égide do Código Civil de 1916) o poder discricionário do testador era ilimitado; agora, encontra limites na indicação, ou determinação, da *justa causa*.

Silvio Rodrigues já se referira à dificuldade de contornar a noção de "justa" como determinante da causa invocada pelo testador. Diz o mestre: "... não basta que o testador aponte a causa. Ela precisa ser justa, podendo-se imaginar a pletora de questões que essa exigência vai gerar, tumultuando os processos de inventário, dado o subjetivismo da questão..." concluindo que "... será constrangedor e, não raro, impossível concluir se a causa apontada é justa ou injusta".[548]

Não houve pois – é forçoso reconhecer – a evolução esperada em instituto que, de há muito, aguardava simples, pura e corajosa supres-

---

[547] VELOSO, Zeno. *In: Código Civil Comentado*, p. 2.034. (Regina Beatriz Tavares da Silva – Coord. da 6. ed.) (São Paulo: Saraiva, 2008).
[548] RODRIGUES, Silvio. Obra citada, p. 127.

são. São vacilações dessa natureza que levam os detratores do novo Código Civil a visualizá-lo como obra ainda antiga e defasada, com roupagem nova.

A ideia da admissão da cláusula proibitiva pelo testador parece encontrar justificativa na excessiva "preponderância do círculo de família, ainda patriarcal",[549] de um pai e marido que tudo quem e tudo podem, de um sentimentalismo e "rotina sensível ao romanismo dos direitos do pai e a mentalidade reacionária que vê nos parentes os únicos resolvedores das promoções de interdições e aberturas de inventários".[550] Mas os tempos mudaram e as mentalidades evoluíram, não sendo mais possível a manutenção de esquemas ancorados em passado carente de legitimidade e autoridade.

E dentro daquele "romanismo paterno", a que alude Pontes de Miranda, a inalienabilidade se justificava na pressuposição de intenções;[551] "boas" intenções do testador que receava a má administração do herdeiro ou o risco de dilapidação do acervo hereditário; que o herdeiro ficasse privado de moradia e sustento; que um mau casamento comprometesse a administração do patrimônio do casal, e assim por diante. A partir das suposições tudo justificava a atuação irrestrita do testador sobre o patrimônio dos sucessores. Esquecia-se, porém, de considerar os eventuais efeitos negativos desse poder irrestrito e que, também, pode levar o testador aos mais absurdos excessos, desde a dificuldade da utilização da herança até o emprego da clausulação como meio de vingança contra os herdeiros necessários.

---

549 PONTES DE MIRANDA, F. C. *Fontes e evolução do Direito Civil brasileiro*, p. 443.
550 PONTES DE MIRANDA, F. C. Obra citada, p. 444.
551 Nunca esquecer a célebre frase de Sartre: "*L'enfer est pavé de bonnes intentions*" (O inferno está pavimentado de boas intenções).

Se a inalienabilidade, por si só, é geradora de toda sorte de críticas no mundo jurídico, imagine-se quando imposta à disponibilidade da legítima. Dependendo da amplitude que se dê à disposição, a legítima pode ficar esvaziada de seu total sentido, tornando-se inútil.

Por isso, o legislador francês admitiu em termos a possibilidade da inalienabilidade – art. 900-1 do *Code Civil* –,[552] reconhecendo-a válida desde que temporária e justificada por um interesse sério e legítimo.

Mais branda a proposta do legislador português que encara – no art. 2295, 1, *a*) –[553] tais disposições como se se tratasse de um fideicomisso. Assim, na ótica de Pires de Lima e Antunes Varela, "o artigo 2.295 do novo Código encarou a questão com o espírito que na legislação vigente dominava a matéria das substituições fideciomissárias, com perfeita consciência portanto dos prejuízos econômicos resultantes da imobilização da propriedade em geral e com a real convicção das vantagens da conservação do patrimônio familiar no seio da família onde ele se formou".[554]

Ainda assim, e por tudo mais que se possa acrescentar em sentido negativo às cláusulas restritivas, manteve-se o princípio (com as atenuantes já citadas) da inserção da cláusula de inalienabilidade, impenhorabilidade e incomunicabilidade sobre os bens da legítima.

---

552 "Art. 900-1. *Les clauses d'inaliénabilité affectant um bien donné ou legue ne sont valables que si elles sont temporaires et justifiées par un intérêt sérieux et legitime. Même dans ce cas, le donataire ou le légataire peut être judiciairement autorisé à disposer du bien si l'intérêt qui avait justifié la clause a disparu ou s`il advient qu'un intérêt plus important l'exige*" (Com a redação dada pela Lei nº 71-526, de 03 de julho de 1971) (*Apud: Code Civil*. 103 édition. Paris: Dalloz, 2004).
553 "Art. 2295. (Fideicomissos irregulares) 1. *São havidas como fideicomissárias:* a) *As disposições pelas quais o testador proíba o herdeiro de dispor dos bens hereditários, seja por acto entre vivos, seja por acto de última vontade.*"
554 PIRES DE LIMA e ANTUNES VARELA. Obra citada, p. 465.

A inalienabilidade, com todas suas formas e efeitos, só pode ser encarada como expressão do arbítrio e da prepotência do testador. É a mais ampla das cláusulas, compreendendo as duas outras, já que se trata de cláusula genérica. Sendo inalienáveis os bens, ficam indisponíveis, não podendo ser alienados nem a título oneroso, nem a título gratuito. Na realidade ingressam na categoria de bens, fora do comércio. Não havendo especificação de que bens comporão a inalienabilidade, a mesma só se corporifica na partilha, gerando maior dúvida, perplexidade e indefinição no período que permeia da abertura da sucessão até a definitiva partilha. Se todos herdeiros forem maiores, caberá a eles a escolha dos inalienáveis, mas, se não chegarem a um consenso, novamente se instaura a insegurança, cabendo ao juiz fixar os bens que comporão o quinhão inalienável.

Mas o regime de insegurança não se esgota aí. "A inalienabilidade cria um ônus real sobre a coisa. Esse ônus paralisa temporariamente a possibilidade de transferência do bem e pesa sobre o titular do domínio. Não há, no entanto, um direito real. O que ocorre é uma mutilação ao direito de propriedade, que perde o poder de dispor."[555] Mutilação que não só paralisa a ação do herdeiro, como, igualmente, a dos terceiros que pretendam com ele negociar.

Em relação à legítima, a inalienabilidade pode ser total ou parcial (conforme se estenda ou não a todos os bens que comporão a reserva), assim como pode ser absoluta (quando a impossibilidade de alienação atinge todos os herdeiros) ou relativa (quando o testador proíbe a alienação sob determinadas formas, ou a determinadas pessoas). Pode, ainda, estender-se indefinidamente, terminando com a morte do titular

---

555   VENOSA, S. de S. Obra citada, p. 160.

(inalienabilidade vitalícia), ou pode limitar-se a um termo predefinido pelo testador (inalienabilidade temporária).[556]

A consideração de todas essas possibilidades dá bem a dimensão do recurso incomensurável reconhecido pela lei ao testador e que transforma a cláusula em instrumento de poder de efeitos inimagináveis. Se acrescentarmos a isso a desnecessidade (do sistema codificado anterior) da justificação do motivo (*justa causa*) que não precisava ser arguido pelo testador, pode-se imaginar a margem de manipulação legitimada pela ordem civil a favor do testador e em detrimento do sucessor.

Com efeito, estando o acervo hereditário gravado de inalienabilidade, fica o herdeiro impedido de vender, doar, permutar ou doar em pagamento.[557] É a paralisação integral do bem. Por isso se disse que adentra na categoria dos bens fora de comércio e que, por isso mesmo, também não admite usucapião. É o efeito dominó decorrente da clausulação que vai, aos saltos, paralisando o bem até sua mais absoluta estaticidade.

---

556 "*TESTAMENTO – Cláusulas restritivas – Incidência sobre a legítima e a herança – Legitimidade – Ação anulatória improcedente – Aplicação do art. 1.723 do CC. Usufruto sucessivo. Inocorrência na espécie – Instituição a favor da esposa enquanto viva for – Extensão do benefício sobre a legítima e sobre a herança. Improcedência de ação de anulação de testamento. É lícito ao testador impor as cláusulas restritivas tanto sobre a legítima como sobre a herança – Não ocorre o usufruto sucessivo quando o testador o institui a favor da esposa, para vigorar enquanto ela viva for, extensivo o mesmo tanto sobre a legítima como sobre a herança*" (RT, 539: 167).

557 "*TESTAMENTO – Ato que grava os imóveis com cláusulas de inalienabilidade e impenhorabilidade – Existência de dívidas do falecido – Fato que torna possível a penhora em execução movida por credor do de cujus – Dívidas dos herdeiros que não serão pagas com os bens que lhes foram transmitidos em herança, respondendo, no entanto, tais bens, quando a dívida é contraída pelo autor da herança.* Ementa Oficial: *1 – Os bens deixados em herança, ainda que gravados com cláusula de inalienabilidade ou de impenhorabilidade, respondem pelas dívidas do morto. 2 – Por força do art. 1.676 do CC de 1916, as dívidas dos herdeiros não serão pagas com os bens que lhes foram transmitidos em herança, quando gravados com cláusulas de inalienabilidade e impenhorabilidade, por disposição de última vontade. Tais bens respondem, entretanto, pelas dívidas contraídas pelo autor da herança. 3 – A cláusula testamentária de inalienabilidade não impede a penhora em execução contra o espólio*" (*In*: RT, 871: 207-208).

Mas o testador pode socorrer-se, ainda, da incomunicabilidade, agindo diretamente no regime de bens do casal e produzindo efeitos consideráveis na esfera patrimonial de marido e mulher. Com a incomunicabilidade os bens gravados não se comunicam ao cônjuge do herdeiro, independente do regime de bens adotado no casamento, mas não impede a sua alienação para terceiro, ou mesmo sua penhora em eventual execução. Mas, como bem ressaltado por Andréa Rodrigues Amin, "a restrição, contudo, alcança também os bens que se sub-rogarem no lugar dos onerados que vierem a ser alienados, para que não se frustre a vontade do autor da herança".[558]

A incomunicabilidade, em manifesto descaso dos princípios que regem, por exemplo, o regime de comunhão de bens, gera a nulificação da categoria dos bens comuns e dos aquestos. Na ruptura da sociedade conjugal, independente da causa, os bens incomunicáveis não concorrerão para a apuração da meação.

Claro está que a imposição isolada dessa cláusula não impede a alienação, obtendo-se, indiretamente, resultado diverso daquele perseguido pelo testador (ambos os cônjuges usufruirão o resultado da venda); mas, se o testador impuser a inalienabilidade, desaparece aquela possibilidade, ressurgindo a possibilidade de engessamento do bem clausulado.[559]

---

[558] AMIN, Andréa Rodrigues. "Dos herdeiros necessários". *In:* Regina Ghiaroni (Coord.). *Direito das Sucessões*. Rio de Janeiro: Freitas Bastos, 2004, p. 131.

[559] É bom que se diga, porém, que a inalienabilidade implica, necessariamente, a incomunicabilidade; caso contrário, comunicando-se os bens inalienáveis, eles adeririam à meação, no momento da ruptura da sociedade conjugal, e os bens gravados se comunicariam ao outro cônjuge, livres e desembaraçados. Nesse sentido a Súmula 49 do STF: "A cláusula de inalienabilidade inclui a incomunicabilidade dos bens."

Pode, ainda, o testador impor a cláusula de impenhorabilidade a toda legítima, suprimindo esses bens da penhora por dívidas contraídas pelo herdeiro.

Aqui, novamente, impõe-se o princípio da inalienabilidade abrangendo a impenhorabilidade; caso contrário, facilmente se fraudaria a impossibilidade de alienar. "Basta que um credor, em crédito e execução simulados, levasse o bem à penhora, à praça e à consequente alienação a terceiros. Na inalienabilidade, há indisponibilidade do bem e a possibilidade de penhora já é potencialmente um princípio de disposição."[560]

No parágrafo 1º o legislador se posiciona, com firmeza, sobre a conversão dos bens da legítima em outros de espécie diversa.

A restrição "altamente inconveniente (e) um gravame sumamente canhestro dentro do Código Civil"[561] desaparece definitivamente da ordem civil nacional. E com ela suprime-se a possibilidade da conversão de bens móveis em imóveis, ou vice-versa, de dinheiro em bens, de imóveis urbanos em rurais ou vice-versa, de ações nominativas em preferenciais, e assim por diante.

Desaparecem as vacilações doutrinárias a respeito do momento oportuno em que devia ser feita a conversão; se depois da partilha ("A conversão dos bens da legítima em outras espécies deve ser realizada depois da partilha, e respeitada a igualdade..."),[562] ou antes da partilha ("A conversão em outras espécies somente pode ser efetuada antes da partilha, porque, pelo julgamento desta, decorrem os seguintes efei-

---

560 VENOSA, S. de S. Obra citada, p. 164.
561 VENOSA, S. de S. *Idem*, p. 165.
562 BEVILACQUA, Clovis. Obra citada, p. 923. No mesmo sentido Orlando Gomes, obra citada, p. 184.

tos..."),[563] imprimindo-se maior garantia à legítima, como já era prerrogativa antiga da doutrina nacional.

No parágrafo 2º do artigo sob comento fica resgatado o princípio estampado nos artigos 1.676 e 1.677 do Código Civil de 1916 (atual artigo 1.911),[564] admitindo-se a alienação dos bens gravados, convertendo-se o produto em outros bens que ficarão sub-rogados nos ônus dos primeiros.

A ideia não é novidade na ordem civil nacional que já previa a hipótese de sub-rogação do vínculo de inalienabilidade, no caso de expropriação ou execução de dívida tributária sobre o imóvel clausulado, determinando a lei que o produto se convertesse em outros bens com a mesma cláusula (é o que dispunha o art. 1.677), enquanto o artigo 1.676 proibia expressamente o levantamento do vínculo por qualquer ato judicial.

Embora a regra fosse rigorosa, proibindo terminantemente ("... *não poderá em caso algum...*") o levantamento do vínculo por qualquer ato judicial, a realidade prática se manifestava bem menos veemente que o dispositivo legal, passando os Tribunais a admitir, mediante prova de necessidade, a sub-rogação da cláusula de um bem para outro.[565] "O alto custo para manter o bem gravado, problemas de

---

563 ITABAIANA DE OLIVEIRA, A. V. Obra citada, vol. 2, p. 643.
564 "*Art. 1.911. A cláusula de inalienabilidade, imposta aos bens por ato de liberalidade, implica impenhorabilidade e incomunicabilidade.*
    Parágrafo único. No caso de desapropriação de bens clausulados, ou de sua alienação, por conveniência econômica do donatário ou do herdeiro, mediante autorização judicial, o produto da venda converter-se-á em outros bens, sobre os quais incidirão as restrições apostas aos primeiros."
565 "*Sub-rogação de vínculo. Alienação de imóvel gravado com cláusula de inalienabilidade e impenhorabilidade mediante autorização judicial. Transferência da restrição para imóvel de menor valor, com depósito da diferença, gravado pelas mesmas cláusulas. Pleito de levantamento do valor cabente ao agravante. Admissibilidade tendo em vista as peculiaridades do caso. Restrições à propriedade que devem ser interpretadas com temperamento. Decisão reformada. Recurso provido*" (TJSP, AgIn 505.747.4/5, rel. Des. Salles Rossi, j. em 10.05.2007).

saúde do herdeiro que precisa se submeter a tratamento custoso, ou mesmo falta de recursos para subsistência, sempre foram motivadores de pedidos de suspensão do gravame."[566] E o alvará[567] é o recurso de que lança mão a parte interessada para minorar os efeitos do gravame que pesa sobre o bem.

Mesmo na doutrina o rigorismo legal cedeu espaço a uma exegese mais democrática: "Para que a sub-rogação tenha lugar, é preciso que o interessado prove a necessidade do ato e que os novos bens ou títulos, para os quais é transferida a cláusula de inalienabilidade, tenham valor igual ou maior que os gravados. Ora, esta avaliação deve ser feita por peritos e na presença do juiz. Cumpram os juízes o seu dever e os abusos cessarão."[568]

Em 1944, o Decreto-Lei nº 6.777 determinou que, na sub-rogação de imóveis gravados ou inalienáveis, estes serão sempre substituídos por outros imóveis ou apólices da dívida pública. Era o reconhecimento em legislação suplementar da possibilidade inserta na redação original do Código Civil. A sub-rogação já era tecnicamente possível.

É que as necessidades decorrentes da vida cotidiana e as dificuldades econômicas foram pressionando a exegese dos Tribunais

---

566 AMIN, Andréa Rodrigues. Obra citada, p. 133.
567 *"Venda mediante alvará. Sub-rogação não providenciada. Teoria dos atos próprios. A parte que requer o alvará e aliena o bem gravado, recebendo o preço, tem o dever de providenciar a sub-rogação, ainda possível, assim como previsto na lei e determinado na sentença. É inadmissível que a parte beneficiada com o processo instaurado a seu pedido e descumpridora do seu dever de efetivar a sub-rogação obtenha, com a violação da teoria dos atos próprios e em prejuízo do terceiro adquirente de boa-fé, a anulação da alienação, porque, passados anos, arrependeu-se do negócio. Situação que decorreu do equívoco inicial de autorizar a venda sem que se efetivasse, simultaneamente, a aquisição de outro, com sub-rogação"* (STJ, 4ª T., REsp. nº 37.859/PR., rel. Min. Ruy Rosado de Aguiar Jr., j. em 11.03.1997, *DJU* de 28.04.1997, *RT*: 743:217).
568 ITABAIANA DE OLIVEIRA, A. V. *Idem*, pp. 664-665.

em direções menos radicais e mais próximas das necessidades humanas.[569]

A pressão salutar do grupo social foi provocando as adequações do rigorismo legal às expectativas da natureza humana e a proibição do testador que se faça a sub-rogação foi-se tornando ineficaz.[570]

"A necessidade do herdeiro não pode ir a ponto, por exemplo, de obrigá-lo a residir em um imóvel em ruínas, se pode trocá-lo por outro. Também tem sido permitida a sub-rogação de um bem recebido por um dos cônjuges, para outro em comum do casal."[571]

A possibilidade agora reconhecida depende da ocorrência de dois fatores: a autorização judicial e a justa causa. Quanto à segunda, já vimos que é elemento subjetivo e que, por isso mesmo, dependerá do exame criterioso do Judiciário. Ao interessado (donatário ou herdeiro) competirá justificar em juízo a conveniência econômica da alienação e consequente sub-rogação. Quanto à autorização judicial, prevista tanto no artigo sob análise quanto no artigo 1.911, é medida assecuratória da

---

569 *"Embora as regras de proibição do estatuto civil mereçam temperamento, devendo ser lidas na ótica de princípios constitucionais fundamentais, a relativização somente encontra abono em casos de exceção, em que os gravames representam palpável prejuízo para o proprietário, inserindo-se o cancelamento como única saída para o obstáculo posto. Inteligência do art. 1.848 do CC/2002. Apelação desprovida"* (TJRS, Ap. nº 70.005.810.338, rel. Des. José Carlos Teixeira Giorgis, j. em 18.06.2003).

570 Nesse sentido o excelente exemplo arguido por Andréa Rodrigues Amin: "O parágrafo 2º do artigo 1.848, contudo, determina o destino do produto da alienação do bem gravado: conversão em outros bens que ficarão sub-rogados nos ônus dos primeiros. Neste aspecto, o legislador deixou de avançar, engessando a atuação judicial. Em alguns casos, a solução legal será de extrema injustiça diante das circunstâncias do caso concreto. Por exemplo, se o herdeiro, portador de doença de cura improvável e com custoso tratamento, como a AIDS, requerer autorização legal para a venda de imóvel herdado e onerado com cláusula de inalienabilidade, o produto da venda, necessariamente, será destinado à compra de outro bem que se sub-rogará ao anterior. Ora, o que motivou o pedido de venda do bem originário foi a necessidade de utilizar o produto da alienação no custeio do tratamento, sob pena de perda do bem maior vida. Necessariamente o julgador terá que se distanciar do texto legal, pois não é razoável garantir a última vontade do testador à custa da vida do herdeiro" (Obra citada, p. 133)

571 VENOSA, S. de S. Obra citada, p. 168.

transação, certamente mantida pelo atual texto legal, com vistas à minoração de eventuais fraudes, simulações, falsos motivos ou avaliações tendenciosas.

Através da sub-rogação minimizam-se os eventuais males praticados pelo testador (que podem se estender por décadas e até por gerações) e resgata-se a supremacia do herdeiro em face da legítima.

Questão derradeira que, certamente, vai gerar dúvidas e perplexidades entre os tabeliães e demais profissionais do Direito é como ficará a situação das pessoas que já testaram com a inserção de cláusulas restritivas sobre os bens da legítima.

Para os testadores que se encontram nessa situação o novo Código Civil estabeleceu, no artigo 2.042, o prazo de 1 (um) ano, após a entrada em vigor do novo Código, para que o testador edite o testamento declinando a justa causa da cláusula inserta no testamento, sob pena de, não o fazendo no prazo estipulado, não subsistir a restrição quando da abertura da sucessão.

Até aí, nenhuma novidade. O legislador estabelece prazo para adaptar a nova disposição normativa à situação fática.

Mas o aditamento previsto gera outra questão de cunho formal.

A regra geral que sempre dominou o direito sucessório brasileiro é no sentido de que qualquer modificação em testamento só pode ocorrer através de outro. Ora, tudo indica que o aditamento da justa causa não foge à regra, já que, para a preservação da forma do ato, é fundamental a realização de outro testamento para alterar o anterior.

O que quer isto dizer? Que os testadores que clausularam a legítima dos herdeiros necessários deverão, a partir de janeiro de 2003 (data da entrada em vigor do novo Código Civil), ajustar-se à imposição legal, sob risco de não serem respeitadas as disposições testamentárias no que se refere às condições impostas. A *contrario sensu*, se não for feito o aditamento no lapso temporal aprazado pelo artigo 2.042, a clausulação cai por terra e, pois, fica sem efeito.

Art. 1.849. O herdeiro necessário, a quem o testador deixar a sua parte disponível, ou algum legado, não perderá o direito à legítima.

Direito anterior – Art. 1.724 do Código Civil de 1916.
Art. 1.724. O herdeiro necessário, a quem o testador deixar a sua metade disponível, ou algum legado, não perderá o direito à legítima.

Direito comparado – No Código Civil francês (art. 919)[572] e sem disposição no Código Civil português.

COMENTÁRIO

O artigo 1.849 reproduziu integralmente a fórmula empregada pelo legislador no artigo 1.724, reafirmando a ideia da divisão entre legítima e quota disponível.

A legítima, como vimos, consiste na metade dos bens do testador, ao tempo de sua morte, enquanto a quota disponível é a porção da herança, constituída da metade dos bens do testador, ao tempo de sua morte, e sobre a qual ele tem ampla liberdade de disposição.

---

572 "*Art. 919. La quotité disponible pourra être donnée en tout ou en partie, soit par acte entre vifs, soit par testament, aux enfants ou autres successibles du donateur, sans être sujette au rapport par le donataire ou le légataire venant à la succession, pourvu qu'en ce qui touche les dons la disposition ai été faite expressément à titre de préciput et hors part.*
La déclaration que le don est à titre de préciput et hors pars pourra être faite, soit par l'acte qui contiendra la disposition, soit postérieurement dans la forme des dispositions entre vifs ou testamentaires."

Aos herdeiros necessários a lei assegura a legítima; nada impede, porém, que o testador deixe sua quota disponível ao herdeiro necessário. Com efeito, a porção disponível, como se depreende da própria palavra, o testador deixa a quem bem entender, seja estranho, seja herdeiro.

Se o beneficiado com a quota disponível for herdeiro necessário, a liberalidade que o beneficia não compromete o direito dos outros da mesma classe, pois o seu direito se circunscreve à legítima. A hipótese sob apreciação admite que o herdeiro necessário ganhe duas vezes; primeiro, a sua porção na legítima (concorrendo com outros eventuais herdeiros necessários) e, segundo, a integralidade (ou parte) da quota disponível.

Como o testador dispõe da sua quota como bem entender, é óbvio que pode auxiliar, via transmissão da sua quota, um filho mais necessitado que outro. E, enquanto a quota não ultrapassar as forças da metade disponível, é plenamente válida, não precisando ser colacionada no inventário, contrariamente às doações que se adicionam ao valor dos bens deixados, para o cálculo da legítima (art. 1.847).

Estabelece-se uma diferença entre as doações e as liberalidades no testamento, quanto ao cálculo da legítima, partindo da consideração que as primeiras – se outra coisa não a determinar o testador – correspondem a adiantamentos da legítima, enquanto as liberalidades, provenientes da quota disponível, não têm esse caráter.

Art. 1.850. Para excluir da sucessão os herdeiros colaterais, basta que o testador disponha de seu patrimônio sem os contemplar.

Direito anterior – Art. 1.725 do Código Civil de 1916.
Art. 1.725. Para excluir da sucessão o cônjuge, ou os parentes colaterais, basta que o testador disponha do seu patrimônio.

Direito comparado – No Código Civil francês (art. 916).[573]
Sem previsão no Código Civil português.

COMENTÁRIO

O disposto no artigo 1.850 reafirma a supremacia dos herdeiros necessários sobre os facultativos (colaterais).

Reafirma assim a possibilidade de o testador excluir os herdeiros facultativos através da disposição de todo seu patrimônio, a saber, do comprometimento integral da legítima (se houver herdeiros necessários) e da quota disponível, via disposição testamentária correspondente ao valor integral da mesma.

Basta, pois, que não contemple os colaterais para que fiquem excluídos da herança.[574]

---

573 "*Art. 916. A défaut d'ascendants et de descendants, les liberalaités par actes entre vifs ou testamentaires pourront épuiser la totalité des biens.*"
574 "***Testamento – Testador sem herdeiros necessários – Patrimônio deixado para instituições de caridade. Ação anulatória ajuizada por colaterais – Carência – Apelação improvida – Aplicação do art. 1.725 do CC.*** *Para excluir da sucessão seus parentes colaterais, basta que o testador disponha de seu patrimônio sem os contemplar*" (*RT*, 541: 131).

CAPÍTULO III
DO DIREITO DE REPRESENTAÇÃO

Art. 1.851. Dá-se o direito de representação, quando a lei chama certos parentes do falecido a suceder em todos os direitos, em que ele sucederia, se vivo fosse.

Direito anterior – Art. 1.620 do Código Civil de 1916.

Art. 1.620. Dá-se o direito de representação, quando a lei chama certos parentes do falecido a suceder em todos os direitos, em que ele sucederia, se vivesse.

Direito comparado – No Código Civil francês (art. 739)[575] e no Código Civil português (art. 2.039).[576] No direito argentino (art. 3.549) e no direito uruguaio (art. 1.018).

Leitura complementar:
ALVIM, Agostinho. "Do sobrinho em face da sucessão legítima". *In*: *RT*, 128:9; ASCOLI. "La rappresentazione nel nuovo diritto ereditatis". *In*: *Rev. Dir. Priva.*, vol. 1, 1941; BARREIRA, Dolor Uchoa. *Sucessão legítima*. Rio de Janeiro: Borsoi, 1970; BARROS, Hermenegildo de. *Manual do Código Civil brasileiro. Direito das Sucessões*. Rio de Janeiro: Livraria Jacinto, 1929; BESNIER, Roberto. *La représentation successorale en droit normand* (Thèse). Paris, 1929; CORTE-REAL, Pamplona. *Direito das Sucessões*. Lisboa, 1993; CICU, Antonio. *Successioni per causa di morte*. Milano: Giuffrè, 1961; FERNANDES, Luis A. Carvalho. *Lições de Direito das Sucessões*. Lisboa: Quid Juris, 1999; HIRONAKA, Giselda. "Herdeiros necessários e direito de representação". *In*: Giselda Hironaka e Rodrigo da Cunha Pereira (Coords.).

---

575   "*Art. 739. La représentation est une fiction de la loi, dont l'effet est de faire entrer les représentants dans la place, dans le degré et dans les droits du représenté.*"

576   "*Art. 2.039. Dá-se a representação sucessória, quando a lei chama os descendentes de um herdeiro ou legatário a ocupar a posição daquele que não pôde ou não quis aceitar a herança ou o legado.*"

Direito das Sucessões. Belo Horizonte: Del Rey, 2007; MENDES, João Castro. *Alterações no Livro V do Código Civil. Direito das Sucessões*. Reforma do Código Civil. Lisboa, 1981; MORAES, Walter. Teoria Geral e Sucessão Legítima. São Paulo: Revista dos Tribunais, 1980; NONATO, Orosimbo. *Estudos sobre sucessão civil testamentária*. Rio de Janeiro: Forense, 1957; OUFELLA, Jociane Machiavelli. "Direito de representação". *In*: FREITAS, Douglas Phillips (Coord.). *Curso de Direito das Sucessões*. Florianópolis: Vox Legem, 2007, pp. 145-149; PACIFICI-MAZZONI. *Tratato di successione*, 1946, vol. 1; PEREIRA COELHO, F. M. *Direito das Sucessões*. Coimbra: Ed. da Fac. de Direito de Coimbra, 1992; PINTO, Antonio Joaquim Gouvêa. *Testamento e Sucessões*. Rio de Janeiro: B. L. Garnier – Livreiro e Editor, 1991; TELLES, Inocêncio Galvão. *Direito de representação, substituição vulgar e direito de acrescer.* Lisboa: Ed. do Autor, 1943; TRABUCHI. *Esclusione ereditaria e diritto di rappresentazione*. Giur. Ital. 1:2, 1955.

COMENTÁRIO

A igualdade dos indivíduos de mesma ordem e grau e seu corolário – a divisão por cabeça – são, na sucessão dos descendentes, substituídas por um outro tipo de igualdade, a da estirpe. E o instrumento é a teoria da representação.

A representação, como dispõe o artigo 739 do *Code Civil*, é uma ficção cujo efeito é fazer entrar os representantes no lugar, no grau e nos direitos do representado. O legislador francês não poderia ser mais feliz na forma concisa como conseguiu apreender em toda sua extensão o conteúdo da representação. É ficção, embora a própria doutrina francesa encontre dificuldade em aceitar a ideia de ficção, alegando que "o recurso à ficção não é jamais suficiente"[577] ou que se trata de uma "explicação inútil: quando o legislador quer editar uma regra, ele não

---

577 MALAURIE, P. e AYNÉS, L. Obra citada, p. 71.

tem necessidade de inventar uma ficção".[578] No Brasil, Pontes de Miranda já se referira à situação difícil para explicação científica do que se passa: "Quando se dá a 'direito próprio' significado tão restrito que se pode falar de herdar por direito próprio e herdar por direito de representação cria-se a situação difícil para explicação científica do que se passa. Quem herda em lugar de outro não herda por herdar dessoutro. A sucessão é legal, como seria a do representado. Ambos entram na classe dos sucessores legítimos. Apenas há algo de diferente em herdar como neto e herdar como quem representa o pai, ou a mãe, na sucessão do avô ou da avó. O representante põe-se no lugar do representado. Não sucede a ele. Sucede ao *de cujus* como o representado sucederia."[579]

É ficção porque, morrendo o presumido herdeiro antes da abertura da sucessão em seu favor, são chamados os seus descendentes, em concorrência com os outros descendentes mais próximos do autor da herança, a ocupar o lugar do presumido herdeiro, substituindo-o. "O representante não exerce, rigorosamente, direitos do representado. Põe-se no lugar e no grau dele, porém, o direito que exerce é seu. Do representado há completa abstração."[580]

Os descendentes do herdeiro pré-morto substituem-no em todos os direitos que ele teria, se vivo fosse. Assim, os netos representam o pai pré-morto, na sucessão do avô, e concorrem, em desigualdade de graus com os tios, isto é, com os irmãos de seu pai.

A partilha é por cabeça quando a herança é dividida em tantas partes iguais quantos são os herdeiros que concorrerem a ela, em igualdade de grau de parentesco, desde o momento da abertura da sucessão.

---

578 FLOUR, J. e SOULEAU, H. Obra citada, p. 38.
579 PONTES DE MIRANDA, F. C. Obra citada, p. 254.
580 PONTES DE MIRANDA, F. C. *Idem*, pp. 254-255.

Assim, a sucessão tem lugar por direito próprio e a herança é partilhada por cabeça.

O que ocorre na representação é exatamente o oposto. É a desigualdade de grau de parentesco que a desencadeia. Os sucessores do herdeiro pré-morto adquirem a herança, não do autor dela, mas do herdeiro pré-morto, que transmite aos seus sucessores o direito de aceitá-la. Assim, quer os netos concorram só à herança do avô, por haverem falecido seus pais após a abertura da sucessão e achando-se, neste caso, em igualdade de grau para com o avô; quer concorram com seus tios (irmãos de seus pais), e achando-se, então, em desigualdade de grau para com o avô, a partilha sempre se faz por estirpe, porque, na hipótese, há duas transmissões: a do avô para os pais e a destes para os netos.

A representação produz dois efeitos: a) os parentes em grau mais próximo excluem os mais remotos que descendem do *de cujus*, mas não excluem os mais remotos descendentes de outra pessoa falecida; b) os descendentes, que são chamados pelo direito de representação, sucedem sempre por estirpe, quando concorrem com os outros descendentes em grau mais próximo para com o autor da herança.

Por força do direito de representação, a partilha dar-se-á por estirpe.

Ao direito romano antigo se deve o instituto da representação. A representação sucessória é uma representação da pessoa, não da vontade. Ela permite a um herdeiro tomar o lugar de um herdeiro mais próximo, mas falecido, com o fim de substituí-lo na sucessão de um de seus parentes. Assim sucede-se quer por autoridade própria, quer por representação.

Em Roma a representação era admitida na linha reta descendente, daí estendendo-se aos sobrinhos por imposição do Imperador Justiniano (por meio da famosa *Novela* 118). A sucessão era por *stirpes* (*in locum parentis ou fratris*). Enquanto, entre irmãos, a divisão era *per capita*, nas espécies de sucessão de descendentes *praedefuncti parentis* ou *praedefuncti fratris,* a herança era dividida conforme a estirpe dos descendentes, e não em tantas quotas quantos eram os sucessores.

Não a conheciam os germanos. Só o possível herdeiro mais próximo pelo sangue herdava os bens do *de cujus*. Na Alemanha foi introduzida pelo Rei Oton I, em 938.

No século XVI vingou fixar-se a prerrogativa nos *Costumes* de Orleães e Paris, inserta em 1509. Na França a representação foi admitida pelo Antigo Direito, tanto nos países de costume quanto no costume de Paris, estendendo-se a representação aos colaterais. Com a Revolução Francesa, tudo mudou na lei, em todas as linhas e graus, mas o Código Civil francês – arts. 739-744 – acabou recepcionando o instituto com alterações.

Não há que se confundir a representação (também chamada substituição "legal") com a conversão dos negócios jurídicos. São realidades distintas: "Não há conversão da sucessão que teria ocorrido em sucessão que ocorre, porque não se tem de *escolher* em dois negócios jurídicos para se salvar a manifestação de vontade."[581] A representação não depende de escolha: não houve outra sucessão, só há uma.

Por isso, a representação também é chamada de substituição legal. Como quer Pontes, com sua inigualável riqueza de imagens jurídicas: "Em verdade, não se representa: substituído foi, *pela lei*, quem teria herdado. O herdeiro não se *substitui*; está substituído legalmente. A substituição é *ex lege*."[582]

---

581 PONTES DE MIRANDA, F. C. Obra citada, p. 256.
582 PONTES DE MIRANDA, F. C. *Idem*, pp. 256-257.

A localização sistemática do preceito e o seu texto permitem afirmar alguns pontos relevantes na caracterização desta modalidade de vocação indireta. Assim, situando o artigo 1.851 nas disposições relativas à sucessão legítima, logo se deixa ver que estamos perante um instituto que vale para a modalidade de sucessão legal, não abrangendo a sucessão voluntária. Não há representação em se tratando de herança testamentária. Uma coisa é o instituto da representação, outra, a substituição testamentária, onde ocorre a manifestação de vontade do testador (explícita ou implícita). Naquela, como já se afirmara, não há vontade pessoal, mas imposição legal e, pois, indefinição de sujeitos que só se conhecerão no momento da abertura da sucessão; nesta, a manifestação pessoal é soberana *ab initio* e, mesmo antes de aberta a sucessão, já se conhece a titularidade do substituto.

Confundir, pois, as duas realidades é erro grave.

Nesse sentido, ainda e sempre, a precisão impecável de Pontes de Miranda, partindo de quatro argumentos elucidativos:

a) A representação em caso de pré-morte do herdeiro testamentário, ou do legatário, de modo nenhum seria de admitir-se, porque toda a matéria concernente à representação foi inserida no Capítulo III (Do direito de representação, arts. 1.851 a 1.856) do Título II (Da sucessão legítima);

b) Em caso de decisão de indignidade do herdeiro, ou do legatário, a eficácia é limitada à pessoa do indigno, de modo que os seus descendentes podem suceder, se disso cogitou o testador no art. 1.816 (ex-artigo 1.599). "São pessoais os efeitos da exclusão; os descendentes do herdeiro excluído sucedem, como se ele morto fosse antes da abertura da sucessão"; porém não haveria aí *representação*.

c) Os artigos 1.851 a 1.856 estão inseridos no Título II (Da sucessão legítima) reafirmando que a representação é instituto relativo à sucessão legítima e não à testamentária;

d) Ninguém sucede *iure repraesentationis*, se houve renúncia do herdeiro, seja legítimo ou testamentário, porque é o que dispõe o artigo 1.811 (ex-artigo 1.588), primeira parte, salvo se o renunciante é o único herdeiro legítimo da sua classe, ou se todos os outros da mesma classe renunciarem à herança (art. 1.811, 2ª parte). Ora, o art. 1.811 está no Título I, relativo à sucessão em geral, mas o artigo 1.811, *in fine*, só abre exceção à insucessibilidade em caso de herdeiro legítimo pelo descendente do herdeiro testamentário. Nada tem o artigo 1.881 com o artigo 1.856 ("O renunciante à herança de uma pessoa poderá representá-la na sucessão de outra"). "A redação do artigo 1.588, 2ª parte (agora, art. 1.811)", critica Pontes de Miranda, "não foi boa, porque o 'porém' perturba a interpretação da regra jurídica do art. 1.588, 2ª parte, que, na verdade, nada tem a ver com o art. 1.588, 1ª parte, relativo à pré-eliminação do *ius repraesentationis* em caso de renúncia. A 2ª parte é apenas explicitação do art. 1.604 (atual art. 1.835), na espécie particular."[583]

Claro está que na sucessão testamentária não há representação, "que não é admitida mesmo em se tratando de indignidade do representado, porque a irradiação do chamado *ius repraesentationis* depende de ter havido manifestação de vontade do testador. A substituição, aí, supõe vontade presumida do *de cujus*. O testador pode afastar a representabilidade pelo herdeiro legítimo não-necessário se prevê a substituição em ser *ex lege*. O sistema brasileiro não tem a representação pela renúncia do herdeiro, mesmo na espécie excepcional do art. 1.811, 2ª parte, do Código Civil; nem, sem qualquer exceção, em se tratando de sucessão testamentária, se o testador disse que outra pessoa herdaria, ou outras pessoas herdariam se o herdeiro renunciasse, tem-se de entender que também queria que isso ocorresse se o herdeiro instituído não pudesse

---

583 PONTES DE MIRANDA, F. C. Obra citada, pp. 257-258.

herdar (pré-morresse ou fosse julgado indigno). Porém não haveria, de modo nenhum, substituição legal".[584]

Art. 1.852. O direito de representação dá-se na linha reta descendente, mas nunca na ascendente.

Direito anterior – Art. 1.621 do Código Civil de 1916.
Art. 1.621. O direito de representação dá-se na linha reta descendente, mas nunca na ascendente.

Direito comparado – No Código Civil francês (arts. 740 e 741)[585] e no Código Civil português (artigo 2.042).[586] No direito argentino (artigos 3.557 e 3.559) e no direito uruguaio (arts. 1.019 e 1.020).

COMENTÁRIO

A sucessão legítima não é suficiente para desencadear a representação. É preciso que se trate de sucessão legítima na qual os herdeiros do *de cujus* indicados como representantes sejam descendentes do representado e do *de cujus*, ou seja, todos os três na linha reta descendente.

Na linha descendente, a representação é sem limites.[587] Ou, como doutrinara Bevilacqua, a representação dá-se ilimitadamente. No mes-

---

584 PONTES DE MIRANDA, F. C. *Idem*, p. 259.
585 "*Art. 740. La représentation a lieu à l'infini dans la ligne directe descendante.*
   Elle est admise dans tous les cas, soit que les enfants du défunt concourent avec les descendants d'un enfant prédécédé, soit que tous les enfants du défunt étant morts avant lui, les descendants desdits enfants se trouvent entre eux en degrés égaux ou inégaux."
   "*Art. 741. La représentation n'a pas lieu en faveur des ascendants; le plus proche, dans chacune des deux lignes, exclut toujours le plus éloigné.*"
586 "*Art. 2.042. Na sucessão legal, a representação tem sempre lugar, na linha recta, em benefício dos descendentes de filho do autor da sucessão e, na linha colateral, em benefício dos descendentes de irmão do falecido, qualquer que seja, num caso ou noutro, o grau de parentesco.*"
587 "*INVESTIGAÇÃO DE PATERNIDADE – Criança falecida após três dias de vida – Habilitação da mãe em inventário do indigitado pai – Prosseguimento da ação iniciada – Hipótese em*

mo sentido a expressão empregada pelo legislador francês: "*La représentation a lieu à l'infini dans la ligne directe descendante*" (grifamos). Por isso, a herança é *in stirpes*, em tronco, e não por cabeça, *in capite*.

Assim sendo, o filho não exclui o neto filho do irmão pré-morto, nem o bisneto, nem o trineto, porque, ainda que mais remoto seja, se põe no lugar do filho do *de cujus*, como se tal filho fosse vivo. Se morreram o filho do falecido e o neto, o bisneto herda o que o filho do falecido herdaria, isto é, tanto quanto o filho vivo do *de cujus*.

Se todos os descendentes, herdeiros legítimos, se acham no mesmo grau, a sucessão se dá por cabeça. Assim, se *A* tem dois filhos, *B* e *C,* que morreram antes de *A*, deixando aquele dois filhos e esse três, todos os herdeiros são do mesmo grau e herdam por cabeça. Mas, se *B* não deixou filhos, mas *C* e *D* deixaram, há representação.

Considerando as profundas alterações inseridas no texto constitucional de 1988, no que diz respeito ao princípio da igualdade da filiação, condenando o tratamento discriminatório entre filhos nascidos ou concebidos dentro e fora do casamento, é evidente que os descendentes, a que se refere o artigo 1.852, são todos os filhos, inclusive os adotivos, embora parte da doutrina, sem nenhuma razão, ainda pretenda sustentar argumento discriminatório em relação aos adotivos.

---

que não tem aplicação o art. 1.621 do CC. *Ementa: Investigação de paternidade. Nascituro. Capacidade para ser parte. Ao nascituro assiste, no plano do direito processual, capacidade para ser parte, como autor ou como réu. Representando o nascituro, pode a mãe propor a ação investigatória, e o nascimento com vida investe o infante na titularidade da pretensão de direito material, até então apenas uma expectativa resguardada. Ação personalíssima, a investigatória somente pode ser proposta pelo próprio investigante, representado ou assistido, se for o caso. Mas, uma vez iniciada, falecendo o autor, seus sucessores têm direito de, habilitando-se, prosseguir na demanda. Inaplicabilidade da regra do art. 1.621 do CC" (*RT, 587: 182-183*). Ver, ainda: RT, 594: 178; RF, 297: 195; RF, 290: 259.*

A matéria, inexplicavelmente, ainda não atingiu a unanimidade decorrente da nova e inequívoca tendência do texto constitucional de 1988 e tem sido uma das mais tormentosas em nosso Direito, em razão da regra do art. 227, § 6º, da Constituição Federal, e do art. 41 do Estatuto da Criança e do Adolescente.[588] Encontram-se decisões e manifestações doutrinárias nos mais diversos sentidos, todas com fortes argumentos persuasivos, seja de que a Constituição Federal e o Estatuto da Criança e do Adolescente revogaram as normas pertinentes ao Código Civil, ou de que não a revogaram.

Sem razão as discussões, vacilações e eventuais exegeses no sentido de limitar o direito sucessório do adotado. Tanto o princípio constitucional (contrário à discriminação na filiação) quanto a legislação infraconstitucional (*"A adoção atribui ... ao adotado ... os mesmos direitos e deveres, inclusive sucessórios..."*) são suficientemente claros para afastar qualquer dúvida exegética. A vacilação na atribuição de direitos sucessórios iguais ao filho adotivo só encontra justificativa na arraigada tradição ao tratamento discriminatório e categorizado entre os filhos, inadmissível e iníquo no estágio atual da evolução das mentalidades e da ciência jurídica.

Não resta a menor dúvida que o artigo 227, § 6º, da Constituição Federal, revogou o artigo 377 do Código Civil (*"Quando o adotante tiver filhos legítimos, legitimados ou reconhecidos, a relação de adoção não envolve a de sucessão hereditária"*). Logo, seja para adoções anteriores ao preceito constitucional, seja para as posteriores, não há se falar em discriminação entre os filhos, havidos ou não, da relação do casamento, ou por adoção.

---

588 *"Art. 41. A adoção atribui a condição de filho ao adotado, com os mesmos direitos e deveres, inclusive sucessórios, desligando-o de qualquer vínculo com pais e parentes, salvo os impedimentos matrimoniais."*

Muito antes do advento da Constituição de 1988, Pontes de Miranda já se manifestava favorável à solução de sucessibilidade, por direito de representação, quanto aos descendentes do filho adotivo, invocando argumentos básicos, que resistiram à passagem do tempo e mantêm-se de extrema atualidade, porque calcados no mais elevado sentimento de justiça. Assim, entre outros, invoca Pontes, "o vínculo da adoção é vínculo familiar e supõe a consideração especial do adotante ao adotado e o seu interesse pela felicidade desse, como filho, que se tornou"; "quem tem interesse paternal por alguém obviamente o tem pelos descendentes da pessoa que se estima" e "o laço entre o adotante e o adotado não vincula os parentes daquele ou desse, mas é inapagável a suposição de que os descendentes do adotado se têm de considerar no lugar desse, em caso de morte do adotante".[589] E, no mesmo sentido, a proposta corajosa de Arnold Wald, assumindo, "desde os nossos primeiros trabalhos, posição no sentido de reconhecer esse direito negado por parte da doutrina e por alguns acórdãos".[590]

É fundamental, entretanto, que se resgate a dualidade da adoção (simples e plena) estranhamente mantida no direito civil brasileiro, após o advento do ECA. "Presentemente, encontram-se no direito brasileiro duas formas de adoção, com fisionomia, requisitos e disciplinas distintos: a) a adoção de criança e adolescente até os dezoito anos de idade, regulada pela Lei nº 8.069, de 13 de julho de 1990 (ECA); b) e a adoção do Código Civil aplicável aos maiores de dezoito anos."[591]

Com efeito, a regra do artigo 41 do Estatuto da Criança e do Adolescente só se aplica aos menores de 18 (dezoito) anos (adoção simples)

---

589 PONTES DE MIRANDA, F. C. Obra citada, p. 269.
590 WALD, Arnoldo. *Curso*, vol. 5, p. 74.
591 MONTEIRO, Washington de Barros. *Curso de Direito Civil*, vol. 2, *Direito de Família*. São Paulo: Saraiva, 1995, p. 275.

à data da adoção (art. 40 do ECA). E mesmo que se admita sua aplicação aos casos, quando da lei, já existentes, só pode atingir aqueles que, quando da vigência do ECA, contassem com 18 anos, exclusive.

É que o advento da nova lei criou a questão tormentosa de direito intertemporal (ter-se-á como base, para aplicação da nova regra, a data do falecimento ou a data da adoção?) agudamente apreciada por Cahali e Hironaka. Questionam os autores citados: "Se o filho foi adotado no sistema anterior (adoção simples, do Código Civil), prevalece a restrição ao direito sucessório, nas situações então previstas, mesmo que o falecimento tenha sido na vigência da atual legislação, ou a ele se estende o benefício da igualdade existente na abertura da sucessão quando posterior ao texto constitucional?"[592]

E a posição dos civilistas paulistas: "Temos para nós que em razão da aplicação imediata da norma ao *facta pendentia*, ou seja, à situações jurídicas em curso (LICC, art. 6º), conjugada com a verificação da capacidade no momento da abertura da sucessão (CC, art. 1.577 – atual art. 1.787), não importa o regime jurídico existente no momento da adoção, prevalecerão as disposições vigentes quando do falecimento, beneficiando o adotivo. Será obedecida a legislação anterior apenas quando vigentes na data do óbito."[593]

Sem dúvida, o preceito constitucional não alterou os casos pretéritos, isto é, em que, quando da vigência do Estatuto da Criança e do Adolescente, os adotados já possuíam mais de 21 (vinte e um) anos, ou mais de 18 (dezoito) anos, não estando entre a faixa de 3 (três) anos para a maioridade sob a guarda ou tutela do adotante, os vínculos da fi-

---

[592] CAHALI, F. J. e HIRONAKA, G. M. F. N. Obra citada, p. 207.
[593] CAHALI, F. J. e HIRONAKA, G. M. F. N. *Idem, ibidem*.

liação biológica, permanecendo, portanto, vigentes, com relação a eles, as regras do art. 378 do Código Civil.[594]

Quanto aos ascendentes, o legislador é taxativo ao excluir a possibilidade de representação. Tudo indica que a afeição que domina as relações paterno-filiais não seja a mesma que vincula os netos aos avós. Nesse sentido, a doutrina elucidativa de Carvalho Santos: "A representação é, como se sabe, legitimada pela afeição presumida do *de cujus*. Ora, a sucessibilidade dos ascendentes é contrária ao curso natural dos acontecimentos porque, de ordinário, os filhos são mais afeiçoados aos pais que aos avós, ou como se costuma dizer, a afeição é como os rios: desce sempre e não sobe nunca. A velhice, sentenciaram Mourlon e Laurent, se liga à infância, como se pretendesse fazer originar daí uma nova fonte de vida. Mas o avô não preenche no coração do filho o pai ou a mãe que ele teve a infelicidade de perder."[595]

Art. 1.853. Na linha transversal, somente se dá o direito de representação em favor dos filhos de irmãos do falecido, quando com irmãos deste concorrerem.

Direito anterior – Art. 1.622 do Código Civil de 1916.

Art. 1.622. Na linha transversal, só se dá o direito de representação, em favor dos filhos de irmãos do falecido, quando com irmão deste concorrerem.

---

594 Nesse sentido recente jurisprudência do Tribunal de Justiça de São Paulo: "*Arrolamento – Abertura. Legitimidade da parte ativa. Filho adotado – Falecimento de sua mãe biológica posterior à Constituição Federal – Admissibilidade – Aplicação do artigo 378 do Código Civil, ainda em vigor – Regra do artigo 41 do Estatuto da Criança e do Adolescente, que só se aplica aos menores de 18 (dezoito) anos da data da adoção – Recurso provido* (TJ-SP, 5ª Câm. de Direito Privado; AC nº 97.584.4/3, São Bernardo do Campo – SP; rel. Des. Rodrigues de Carvalho, j. em 25.05.2000; v.u.). *In*: Boletim do I.A.S.P. – Jurisprudência, 17 a 23.09.2001, nº 2.229, p. 1.961.

595 CARVALHO SANTOS, J. M. de. Obra citada, vol. XXII, p. 356.

Direito comparado – No Código Civil francês (arts. 742, 743 e 750)[596] e no Código Civil português (art. 2.042).[597] No direito argentino (arts. 3.560 e 3.561) e no direito uruguaio (art. 1.021).

COMENTÁRIO

Pelo direito romano, a representação na linha colateral favorecia somente os filhos de irmãos, que herdavam *in stirpes*, segundo a opinião mais geralmente seguida (Nov. 119, cap. 3). Segundo Gaio, a herança se distribuiria *in capita*, quando concorressem somente sobrinhos.

Enquanto na linha dos descendentes o direito de representação é ilimitado, conforme se viu, na linha colateral só existe representação para os filhos de irmãos do falecido, quando com estes concorrerem. Assim, exemplificativamente: "Se *A* não tinha descendentes, nem ascendentes, nem cônjuge, mas tivera quatro irmãos, um dos quais fora julgado indigno, outro pré-morrera e o terceiro renunciara à herança, herdam o filho sobrevivente, os filhos do irmão julgado indigno e os filhos do irmão pré-morto, todos *iure repraesentationis,* e o irmão sobrevivente: não os filhos do irmão renunciante. Se todos os irmãos re-

---

596 "Art. 742. *En ligne collatérale, la représentation est admise en faveur des enfants et descendants de frères ou soeurs du défunt, soit qu'ils viennent à sa succession concurremment avec des oncles ou tantes, soit que tous les frères et soeurs du défunt étant prédécédés, la succession se trouve dévolue à leurs ascendants en degrés égaux ou inégaux.*"
"Art. 743. *Dans tous les cas où la représentation est admise, le partage s'opère par souche: si une même souche a produit plusieurs branches, la subdivision se fait aussi par souche dans chaque branche, et les members de la même branche partagent entre eux par tête.*"
"Art. 750. *En cas de prédécès des père et mère d'une personne morte sans postérité, ses frères, soeurs ou leurs descendants sont appelés à la succession, à l'exclusion des ascendants et des autres collatéraux. Ils succèdent, ou de leur chef, ou par représentation, ainsi qu'il a été réglé dans la section II du présent chapitre.*"
597 Vide *supra* nota de rodapé n° 432.

nunciaram, herdam os filhos dos irmãos, porém, por cabeça. Não há, aí, representação. Se um dos irmãos não renunciara, só ele herda.

Na linha transversal só há representação para filhos de irmãos.[598] Netos de irmãos somente herdam se é o único herdeiro ou se todos são do mesmo grau. Por isso, se *A* tem irmãos, um dos quais vive, e há filhos e netos de irmãos, só herdam o irmão e os filhos de irmãos."[599]

Havia, no direito anterior, controvérsia a respeito do modo de suceder, quando se verificava a representação na linha colateral, em benefício dos filhos de irmãos. Para parte da doutrina, os sobrinhos herdavam *in capita*, quando vinham sós à sucessão, e herdavam *in stirpes*, quando concorriam com os tios. Para corrente doutrinária minoritária, a sucessão dos sobrinhos se efetuava sempre por estirpe. O Código Civil de 1916 resolveu a dúvida acompanhando a posição da primeira corrente: na linha colateral, somente há representação quando sobrinho concorre com tio;[600] se todos herdeiros são sobrinhos, herdam por cabe-

---

[598] *"Sucessão colateral. Direito de representação conferido somente aos sobrinhos filhos de irmão(s) do* de cujus, *quando em concorrência com estes. Exegese do art. 1.853 do CC. Tratando a hipótese de sucessão transversal, em que não há concorrência entre tios do falecido e sobrinhos-filhos de irmãos deste, mas sim entre os tios (3º grau) e sobrinhos-netos (4º grau), os tios preferem aos sobrinhos, herdando por cabeça, prevalecendo a regra contida no art. 1.840, de que o grau mais próximo exclui o mais remoto. Recurso desprovido"* (TJRS, 7ª C.Cív., AI 70013671920, rel. Des. Ricardo Raupp Ruschel, j. em 15.03.2006).

[599] PONTES DE MIRANDA. Obra citada, p. 274.

[600] *"Sucessão hereditária. Disputa de herança entre colaterais.Parente mais próximo exclui mais remoto. Pais falecidos antes da abertura da sucessão. Direito de representação. Inexistência. Direito Civil. Sucessão. Disputa de herança entre primos e tio do* de cujus. *Pretensão de habilitação daquelas por representação. Inexistência. O direito de representação dos pais pré-mortos no momento da abertura da sucessão só é possível aos sobrinhos do autor da herança, se concorrer com irmãos deste. Sendo as recorrentes primas do autor da herança, e tendo os respectivos pais falecidos antes da abertura da sucessão, não há que se falar em direito de representação. Na sucessão entre colaterais, os mais próximos excluem os mais remotos, assim, os tios (3º grau) excluem da sucessão os primos (4º grau). Recurso manifestamente improcedente. Seguimento negado"* (TJRJ, 16ª C.Cív., AI 2007.002.29193, rel. Des. Lindolpho Morais Marinho, j. em 19.10.2007).

ça. E quando não houver irmão vivo do *de cujus* os sobrinhos herdarão, igualmente, por cabeça.[601]

Art. 1.854. Os representantes só podem herdar, como tais, o que herdaria o representado, se vivo fosse.

Direito anterior – Art. 1.613 do Código Civil de 1916.
Art. 1.623. Os representantes só podem herdar, como tais, o que herdaria o representado, se vivo fosse.

Direito comparado – No Código Civil francês (art. 739)[602] e no Código Civil português (art. 2.044).[603] No direito argentino (omisso) e no uruguaio (omisso).

COMENTÁRIO

A disposição do artigo 1.854 é perfeitamente ociosa se levarmos em consideração o disposto no artigo 1.851, anteriormente examinado. Se, conforme dispõe aquele artigo, o representante sucede o representado *"em todos os direitos, em que ele sucederia, se vivo fosse"*, não há por que se repetir aquela noção, novamente, no artigo sob comento. É um *bis in idem* só justificável pelo descuido do revisor do novo Código Civil.

---

601 "*Sucessão testamentária – Legatário pré-morto – Legado deixado a sobrinho – Direito pretendido por seus filhos ao recebimento, em dinheiro, do quinhão que a ele devia caber – Inadmissibilidade – Inexistência, no caso, de representação – Ação improcedente – Erro grosseiro. Condenação em honorários de advogado – Aplicação dos arts. 1.622, 1.708, nº V, e 1.717 do CC. Caduca o legado se o herdeiro ou legatário falecer antes do testador. Para filhos de sobrinhos não se dá direito de representação*" (*RT*, 202: 207).
602 Vide *supra* nota de rodapé nº 422.
603 "Art. 2.044. 1. Havendo representação, cabe a cada estirpe aquilo em que sucederia o ascendente respectivo. 2. Do mesmo modo se processará para o efeito da subdivisão, quando a estirpe compreenda vários ramos."

Se, no artigo 1.623 do Código Civil de 1916, a disposição já soava redundante e dispensável ("do próprio conceito do direito de representação emerge a consequência expressa no texto acima, cujo dispositivo, assim, era perfeitamente dispensável"),[604] com muito mais razão a crítica, de agora, pela reincidência em equívoco já anteriormente apontado. No mesmo sentido a crítica de Hermenegildo de Barros: "... tal artigo era, de fato, desnecessário, uma vez que, na definição da representação, está determinado um dos seus efeitos que é, precisamente, elevar o representante ao grau do representado, em cujo direito sucede, como se este sucederia, se vivesse".[605]

O que o artigo reafirma é a igualdade de direitos e obrigações entre representante e representado. Ou, como dissera Carlos Maximiliano: "Tem o representante, para com o espólio, os mesmos direitos e deveres do representado. Cumpre-lhe trazer à colação as doações e adiantamentos de legítima feitos ao representado, bem como responder às ações contra a sucessão, e pelas dívidas de representados – pai, avô, bisavô etc., só até onde alcança a quota que houve de cada um deles diretamente, não incluído o que percebeu, como representante de qualquer ascendente, na sucessão de terceiro: a regra é que – o representante não responde pelas dívidas do representado;[606] a exceção – salvo quando e na medida em que do mesmo herda pessoalmente. Em rigor nem exceção existe, porque no caso figurado há transmissão; paga o herdeiro imediato, não o representante."[607]

---

604 CARVALHO SANTOS, J. M. de. Obra citada, p. 359.
605 BARROS, Hermenegildo de. *Curso de Direito Civil*, nº 384. *Apud* J. M. de Carvalho Santos. Obra citada, p. 359.
606 *"Sucessão – Representação – Dívidas do representado – Se por elas responde o herdeiro – Inteligência dos arts. 1.620, 1.621, 1.623 e 1.796 do Código Civil. Os quinhões hereditários dos que herdam por direito de representação não respondem pelas dívidas do representado, mas apenas pelas do falecido"* (*RT*, 182: 943).
607 MAXIMILIANO, Carlos. Obra citada, p. 156.

Art. 1.855. O quinhão do representado partir-se-á por igual entre os representantes.

Direito anterior – Art. 1.624 do Código Civil de 1916.
Art. 1.624. O quinhão do representado partir-se-á por igual entre os representantes.

Direito comparado – No Código Civil francês (art. 743)[608] e no Código Civil português (art. 2.044).[609] No direito argentino (arts. 3.562 e 3.563) e no direito uruguaio (art. 1.023).

COMENTÁRIO

O representante, em decorrência do direito de representação, é guindado à categoria do representado, e passa a sucedê-lo nos seus direitos, como se ele próprio fosse. O que o artigo quer ressaltar é que, independente do número de representantes, estão no mesmo grau e não haveria justificativa para eventual desigualdade na partilha do acervo, que é dividida por cabeça.

Se o representante assume a posição do representado, "é intuitivo que o quinhão deste há de ser dividido entre os representantes que, por mais elevado que seja o seu número, não poderão pretender que aquele quinhão seja ampliado em benefício deles e em prejuízo dos herdeiros, que sucedem, sem o auxílio da representação".[610]

Nem sempre, porém, poderá o quinhão do representado ser partido por igual entre os representantes. O que o dispositivo legal está a afirmar é que, quando o Código fala em repartir o quinhão do representado

---

608 Vide *supra* nota de rodapé nº 441.
609 Vide *supra* nota de rodapé nº 446.
610 BARROS, Hermenegildo de. Obra citada, nº 387.

por igual, está partindo da premissa que os herdeiros pertencem a cada estirpe, ou, embora pertencendo a estirpes diferentes, sejam do mesmo grau e de igual número.

Art. 1.856. O renunciante à herança de uma pessoa poderá representá-la na sucessão de outra.

Direito anterior – Art. 1.625 do Código Civil de 1916.
Art. 1.625. O renunciante à herança de uma pessoa poderá representá-la na sucessão de outra.

Direito comparado – No Código Civil francês (art. 744)[611] e sem disposição equivalente no Código Civil português. No direito argentino (art. 3.552) e no direito uruguaio (art. 1.024).

COMENTÁRIO

O renunciante à herança de uma pessoa não está impedido de representá-la na sucessão de outra. Os efeitos da renúncia não passam da herança à qual houve manifestação de repúdio. Em outras palavras, a renúncia é estritamente interpretada e só se entende referente à herança sobre que incide precisamente, não se podendo ampliá-la a uma sucessão a que não fez alusão expressa.

A renúncia é sempre interpretada restritivamente. A não-aceitação da herança do pai não acarreta presunção de renúncia à herança do avô, ou do tio-avô, falecido posteriormente. Ou, como já manifestara a dou-

---

611 *"Art. 744. On ne représente pas les personnes vivantes, mais seulement celles qui sont mortes. On peut représenter celui à la succession duquel on a renoncé.*
La loi ne distingue pas, pour l'exercice de la représentation, entre la filiation légitime et la filiation naturelle."

trina precisa e objetiva de Hermenegildo de Barros, "... porque a renúncia é estritamente interpretada e só se entende referente à herança sobre que incide precisamente, não se podendo ampliá-la a uma sucessão a que não fez alusão expressa e que, além do mais, como sucessão futura, não era renunciável".[612]

---

612   BARROS, Hermenegildo de. Obra citada, nº 338.

TÍTULO III
DA SUCESSÃO TESTAMENTÁRIA

CAPÍTULO I
Do Testamento em Geral

Art. 1.857. Toda pessoa capaz pode dispor, por testamento, da totalidade dos seus bens, ou de parte deles, para depois de sua morte.

§ 1º A legítima dos herdeiros necessários não poderá ser incluída no testamento.

§ 2º São válidas as disposições testamentárias de caráter não patrimonial, ainda que o testador somente a elas se tenha limitado.

Direito anterior – Art. 1.626 do Código Civil de 1916.

Art. 1.626. Considera-se testamento o ato revogável, pelo qual alguém, de conformidade com a lei, dispõe, no todo ou em parte, do seu patrimônio, para depois da sua morte.

Direito comparado – No Código Civil francês (art. 895)[613] e no Código Civil português (art. 2.179).[614]

No direito argentino (art. 3.606) e no direito uruguaio (art. 779).

---

613 *"Art. 895. Le testament est un acte par lequel le testateur dispose, pour le temps où il n'existera plus, de tout ou partie de ses biens et qu'il peut révoquer."*

614 *"Art. 2.179. 1. Diz-se testamento o acto unilateral e revogável pelo qual uma pessoa dispõe, para depois da morte, de todos os seus bens ou de parte deles.*
2. As disposições de carácter não patrimonial que a lei permite inserir no testamento são válidas se fizerem parte de um acto revestido de forma testamentária, ainda que nele não figurem disposições de carácter patrimonial."

Leitura complementar:
ALVES, Joaquim Augusto Ferreira. *Manual do Código Civil brasileiro.* Rio de Janeiro, 1928; ASSUMPÇÃO, Luiz Roberto de. "Cláusulas testamentárias e seus problemas hermenêuticos". *In*: Maria Helena Diniz (Coord.). *Atualidades Jurídicas*, vol. 2, pp. 187-200, São Paulo: Saraiva, 2000; BARREIRA, Wagner. "Testamento e captação dolosa". *In*: *Rev.de Dir. Civ.*, n° 6, pp. 13-24; BEGALLI, Paulo Antonio. "Capacidade ativa para testar: todos os casos". *In*: *RT*, 791:65; BERMUDES, Sergio. "Interpretação de cláusula testamentária". *In*: *RDC*, 9:241; BIONDI, Biondo. *Sucésion testamentaria y donación.* 1960; CANNIZZO, Marco. *Successioni testamentari.* Roma, 1996; CRISCUOLI, Giovanni. *Il testamento.* Milano, 1991; DOWER, Nelson G. Bassil. *Curso renovado de Direito Civil.* São Paulo: Nelpa, 1970; DRUMOND, Marcia Paes Barreto Pizarro. "Testamento: conceituações e questões jurídicas interpretativas". *In*: *RDTJRJ*, 15:52; FASSI. *Tratado de los testamentos.* Buenos Aires: Depalma, 1970; FARIA, Sheila de Castro. *A colônia em movimento. Fortuna e família no cotidiano colonial.* São Paulo: Nova Fronteira, 1998; FERRER, Francisco A. M. *Como se interpretan los testamentos.* Buenos Aires: Abeledo Perrot, 1994; FONSECA, Tito Prates da. *Sucessão testamentária.* São Paulo, 1928; FRANÇA, Rubens Limongi. "Direito de representação em herança testamentária". *In*: *RT*, 625: 27-32; FRANÇA, Rubens Limongi. "Interpretação de testamento e de contrato social. Nulidade de partilha e cessação do mandato". *In*: *RDC*, 38: 186; GANGI. *La successione testamentária.* Milano: Giuffrè, 1938; JOSSERAND, L. *La désolennisation du testament.* Recueil Dalloz, 1932, Chr., p. 73; MARCHI. Eduardo César Silveira e Vita. "Interpretação dos negócios jurídicos: a 'causa curiana' e o art. 85 do Código Civil brasileiro". *In*: *RT*, 648: 21; NAZZARI, Muriel. *O desaparecimento do dote. Mulheres, família e mudança social em São Paulo, Brasil 1600-1900.* São Paulo: Companhia das Letras, 1991; RAMOS, Glauco Gumerato. "Sucessão testamentária. Testamento público. Pré-morte. Herdeira testamentária. Inteligência dos arts. 1.846 e 1.857, § 1°, do Código Civil Brasileiro" (Parecer). *In*: *RT*, 858: 133-147; RECHSTEINER, Beat Walter. "Algumas questões jurídicas relacionadas à sucessão testamentária com conexão internacional". *In*: *RT*, 786: 99-107; SAMARA, Eni de Mesquita. *A família brasileira.* 3. ed., São Paulo: Brasiliense, 1986; SILVA, Maria Beatriz Nizza da. *Vida privada e quotidiano no Brasil* (na época de D. Maria e D. João VI). São Paulo: Referência/Editorial Estampa, 1993; SURGIK, Aloísio. "A influência da história na sucessão testamentária".

In: *Rev. de Dir. Civ*, nº 4, pp. 68-91; TASCH, Arno Gaspar. "Anotações quanto ao testamento". *In*: *RF*, 802:69-82; VELOSO, Zeno. "Testamentos: o direito vigente e o projetado". *In*: *RTDC*, nº 3, pp. 111-122; VENOSA, Silvio de Salvo. "O testamento e o Projeto do Código Civil". *In*: *Rev. de Dir. Civ.*, nº 28, pp. 91-111.

COMENTÁRIO

No Brasil, ressalte-se, a preponderância da sucessão legítima sobre a testamentária é um fenômeno recente. Ou melhor, começou a impor-se após o advento do Código Civil, em 1916, que, regulando detalhadamente a matéria da sucessão legítima, "substituiu" a tendência da manifestação de vontade pessoal pela vontade da lei.

A regra, desde o século XVIII (Brasil colonial), era a utilização do testamento, o que justifica, de certa forma, a permanência desse instituto no nosso sistema codificado. E a exceção era a morte *ab intestato*.

Segundo estudo detalhado realizado por Maria Beatriz Nizza da Silva, historiadora da USP e profunda conhecedora da realidade familiar brasileira, "homens e mulheres, no fim do período colonial, temendo uma morte inesperada, tomavam as suas precauções antecipadamente e procuravam um tabelião para registrar as suas decisões quanto à recompensa daqueles que os tinham ajudado nas suas enfermidades e velhice".[615]

Vivia-se numa época de, praticamente, nenhuma vida pública e de acanhada organização judiciária, de modo que a ausência de cartórios na vastidão do território nacional obrigava as pessoas a recorrerem aos tabeliães, quando existiam. "... A prática de redigir testamentos estava muito espalhada nessa época. Nas localidades em que havia tabelião, e não se

---

615 SILVA, Maria Beatriz Nizza da. *Vida privada e quotidiano no Brasil* (na época de D. Maria I e D. João VI). São Paulo: Referência/Editorial Estampa, 1993, p. 127.

tratando de pessoas tão miseráveis que não pudessem pagar a feitura do testamento, era prática comum chamar o tabelião para redigir as últimas vontades daqueles se achavam acamados e temendo-se da morte."[616]

A inexistência de um sistema codificado e a dificuldade de acesso aos recursos formais oferecidos pela metrópole devem ter interferido em muito na difusão do uso do testamento, como meio de dispor para depois da morte.

Afirma ainda, Silva, que, ao contrário do que poder-se-ia imaginar, o testamento não era um instrumento somente manejado pelas elites da terra, mas também largamente disseminado entre os segmentos sociais menos favorecidos, atingindo também a população negra. "... A gente de cor também se preocupava em declarar as suas últimas vontades em tabelião, mesmo que os seus bens não fossem muito valiosos. Isto explica-se pelo fato de ser o testamento muito importante, não apenas para a instituição dos herdeiros e distribuição dos legados, mas também para as disposições quanto ao funeral e cuidados com a alma mediante a celebração de missas."[617]

O resgate dessa realidade quotidiana é fundamental para ressaltar que o testamento, opostamente ao que ocorreu no sistema codificado de 1916, não se referia apenas às questões patrimoniais, mas também e igualmente à disposições de caráter não-patrimonial.

Nesse sentido, a preciosa informação histórica, de efeitos jurídicos, prestada pela historiadora paulista: "Nestas disposições testamentárias encontramos duas classes de preocupações: em primeiro lugar, a expressão de uma religiosidade forte que coloca acima de tudo os

---

616 SILVA, M. B. N. da. Obra citada, *ibidem*.
617 SILVA, M. B. N. da. *Idem*, p. 128.

cuidados com a alma, não só da testadora, mas de todos aqueles a quem ela estava ligada, inclusive os próprios escravos; em segundo lugar, o desejo de proteger os elementos mais desprotegidos da família, ou seja, os membros do sexo feminino, filhas, netas, sobrinhas.

Contrair dívidas constituía uma das características da vida no Brasil colonial e, como a ética então vigente sublinhava a necessidade de um ajuste de contas antes de entregar a alma ao Criador, em todos os testamentos se faz referência às dívidas a pagar e às dívidas a cobrar de estranhos ou dos próprios familiares."[618]

Como se depreende da leitura do texto de Silva, a regra, no Brasil, colonial e imperial, não era morrer *ab intestato*. O testamento fazia parte do quotidiano nacional e todos os segmentos nacionais, desde os mais singelos aos mais abastados, encaravam o testamento como meio de perpetuar sua vontade para depois da morte.

"Quando as dívidas eram de um valor superior aos bens deixados pelo defunto", nos esclarece a historiadora paulista, "muitas vezes a sua viúva e os filhos desistiam da meação e da herança. Procedia-se então a um inventário judicial e os credores do morto rematavam os bens para serem compensados do dinheiro que se lhes devia".[619]

E, finalmente, através da análise da sistemática das heranças, a autora traça um panorama real da situação de inferioridade da mulher, na sociedade então reinante: "Na sociedade colonial as mulheres viam-se não raro prejudicadas nos seus bens patrimoniais, quando não tinham algum homem na família que defendesse os seus interesses. Era preciso conhecer os meandros das leis testamentárias, ter um procurador

---

618   SILVA, M. B. N. da. *Idem*, p. 130.
619   SILVA, M. B. N. da. *Idem*, p. 131.

capaz ou contratar um advogado, para poder enfrentar os poderosos locais."[620]

Dúvida, pois, não há em se afirmar, sem margem de equívoco, que o cenário brasileiro, em matéria de sucessões, sempre foi dominado pela figura do testamento – o que justifica e explica a transposição do instituto para o sistema codificado –, sendo que, a partir de aproximadamente 1920 (menos de um século), quando, então, a detalhada regulamentação da sucessão legítima substituiu a prática arraigada de testar do povo brasileiro, a nova proposta (da sucessão legítima) começou a se divulgar entre todos.

O papel da República e a divulgação de novas tendências, até então desconhecidas pelo povo brasileiro, foram decisivos na determinação de uma nova postura da família brasileira em relação à matéria sucessória.

---

620 SILVA, M. B. N. da. *Idem*, p. 132. E a autora narra a seguinte situação fática, que dá bem ideia da estrutura da sociedade brasileira da época: "Falecendo Manuel Antonio da Cunha, morador e casado na vila de Santo Antonio de Alcântara, ficou uma única filha menor, chamada Maria Ciríaca. Por esta razão procedeu-se a inventário pelo juiz dos órfãos daquela vila, tendo sido nomeado um curador para zelar pelos bens da órfã. Desse inventário constavam umas casas de sobrado na cidade do Maranhão e, por ocasião das partilhas, metade do seu valor ficou para a meação da viúva e a outra metade para a filha menor. Ora, aquelas casas estavam situadas ao lado das do capitão José Vieira da Silva, pessoa poderosa e amigo dos ministros, e este quis comprá-las. Como não conseguiu o seu intento junto do juiz dos órfãos e da viúva, encaminhou petição ao ouvidor para que lhas fizesse vender na sua qualidade de corregedor da comarca. Entretanto, a filha casou e logo o marido tomou a seu cargo a questão, movendo uma causa contra o capitão José Vieira da Silva em que eram apontadas as irregularidades daquela venda. Mas, apesar da intervenção deste elemento masculino da família, transcorreram cerca de dois anos sem que a causa fosse sentenciada, pois o poderoso capitão pedia sempre tempo, procurando dilatar a sentença. Foi preciso recorrer a Lisboa para que o novo ouvidor que ia assumir o cargo a sentenciasse rapidamente. Vemos assim que, antes do casamento da filha, a viúva não fora capaz de lutar sozinha pelos seus direitos" (*Apud* Maria Beatriz Nizza da Silva, obra citada, p. 132).
Apesar de sua defasagem no tempo e no espaço, a situação fática dá bem a ideia das mazelas que caracterizavam a vida judiciária nacional, ainda encontráveis, na época atual: morosidade da prestação juridicional, predominância da vida masculina sobre a condição feminina e o irresistível tráfico de influências, a maior praga, transposta do mundo português para o novo mundo.

A estratégia do legislador nacional também em muito contribuiu à substituição de um sistema (centrado na vontade individual) por outro (agora, predominantemente legal, da vontade presumida), em detrimento do testamento. A sucessão legítima passou a ser regulada levando-se em consideração aquelas pessoas próximas à família do autor da herança, que este, certamente, contemplaria se testasse. A eficácia do recurso revelou-se incontestável. Lentamente o testamento foi sendo abandonado em favor da forma mais simples (e mais segura) da sucessão legítima.

A analogia entre as duas categorias é real, o que levou Planiol a encarar na sucessão legítima um testamento tácito ou presumido: "A sucessão *ab intestato* francesa é o testamento tácito ou o testamento presumido do defunto."[621]

Ao contrário do direito romano, onde a faculdade de testar era ilimitada, podendo o testador comprometer todo o seu patrimônio em legados (o que o testador quisesse e dissesse era lei: *uti legassit suae rei ita jus esto*), o direito brasileiro optou pela liberdade limitada de testar. Se o testador possui herdeiros necessários, só poderá dispor da metade de seu patrimônio; a outra corresponde à legítima dos herdeiros legitimários, que são os descendentes, ascendentes e o cônjuge sobrevivente (cf. art. 1.789, acima analisado).

Por isso, já é possível adiantar-se que a inclusão do parágrafo primeiro no artigo sob comento é totalmente desnecessária e ociosa. A matéria ali estampada já fora objeto do artigo 1.789, conforme se examinou anteriormente.

O fundamento da faculdade de testar encontra-se na liberdade que cada pessoa física deve ter de dispor livremente de seu patrimônio, como de tomar outras decisões de caráter não-patrimonial destinadas a

---

621 PLANIOL. *Traité Elémentaire de droit civil*, tomo 3, p. 518.

produzir efeitos para depois da sua morte. É o princípio da autonomia da vontade que aqui domina soberano e que, para alguns sistemas, era absoluto (o testador pode dispor livremente de todos seus bens), e para outros devia ser relativo (na concepção germânica os bens pertencem à família, e o chefe apenas detém sua posse).

O sistema brasileiro se alinhou à concepção germânica reafirmando o princípio que somente após respeitada a legítima vigora em toda sua plenitude o princípio da autonomia da vontade.

Etimologicamente, a palavra *testamento* deriva de *testatio mentis*, isto é, atestação da vontade. Nas *Institutas* (L. II, T. X., princ.) Justiniano consignou: *testamentum ex eo appellatur quod testatio mentis est.*"

Além da noção de absoluta autonomia da vontade que dominou o sistema romano,[622] o direito romano antigo difere do direito moderno em outro aspecto: em Roma a sucessão era legítima ou testamentária, não se admitindo a conjugação das duas espécies, segundo a regra: *nemo partim testatus partim intestatus, decedere potest.* Sob esta ótica era imprescindível que o testamento contivesse a *heredis institutio* (instituição do herdeiro) e abrangesse a totalidade dos bens do *de cujus*. Não se admitia o testamento sobre uma parte dos bens do *de cujus* (como hoje é plenamente possível; daí o caráter supletório da sucessão legítima em face da sucessão testamentária), deixando que a lei regulasse a sucessão na outra parte.[623]

---

622 A bem da verdade, em Roma, a publicação da *Lex Falcidia* proibiu o legado sobre mais de três quartos da herança para o herdeiro instituído, quer se tratasse de um só, ou de vários.

623 Examinar, nesse sentido, o artigo de Aloisio Surgik, "A influência da história na sucessão testamentária". In: *Rev. de Dir. Civ.*, nº 4, pp. 68-91. Em termos gerais, examinar ainda: Arno Gaspar Tatsch, "Anotações quanto ao testamento". *RF*, 802:69-82; Beat Walter Rechsteiner, "Algumas questões jurídicas relacionadas à sucessão testamentária com conexão internacional". *RT*, 786: 99-107; Rubens Limongi França, "Direito de representação em herança testamentária". *RT*, 625: 27-32.

A ausência de documentos escritos e a pobreza das fontes antigas do direito romano não tornam inequívoca a origem do instituto do testamento, tudo girando em torno de meras hipóteses.

Alguns dados, entretanto, podem ser apontados com margem de segurança. Assim, é possível afirmar que os primeiros testamentos da velha Roma, realizados *in calatis comitiis*, eram próprios dos patrícios, pois os comícios eram das cúrias, *comitia curiata*, como assembleias patrícias. Assim os plebeus estavam privados de participação ativa no testamento.[624]

Por volta do século II, a.C., surgiu a primeira forma de testamento (comum à classe dos patrícios e plebeus) que se tem conhecimento, o testamento *per aes et libram* (por dinheiro e peso), que nada mais era do que aplicação da *mancipatio* (transmissão da propriedade, sobretudo pessoas *alieni iuris*, que se fazia mediante a formalidade *aes et libra*) no terreno do direito sucessório. O declarante alienava, pela *mancipatio*, o seu patrimônio a um terceiro, pessoa amiga, sob fidúcia, *familiae emptor*, que, por sua vez, comprometia-se a transferir os bens, depois da morte do testador, a quem ele tivesse indicado.

Depois de Cristo se tem conhecimento de uma nova forma de testamento, surgida no ano 439, e criada pelo Imperador Teodósio II. Era o testamento *tripertitum* (cujo nome decorria da fusão do *jus civile*, do direito pretoriano e das Constituições imperiais).

Além destas formas ordinárias, o direito romano conheceu outras formas de testamento especiais, que eram aplicadas a situações especiais, como o testamento militar *(testamentum militum)*, o testamento aplicado em situações de catástrofe ou epidemias (*testamentum pestis tempore*), o testamento rural (*testamentum ruri conditum*), o testamento

---

624 PINTO FERREIRA. *Tratado das Heranças e dos Testamentos*, p. 191.

de pais para filhos (*parentum inter liberos*), o testamento do cego (que exigia a presença de testemunhas e do *tabularis*).⁶²⁵ Algumas dessas formas se mantiveram com o passar dos séculos e são encontráveis, com as devidas adaptações, no direito sucessório moderno.

O direito antigo nos legou as definições mais célebres de testamento. A de Modestino resgata a ideia fundamental da disposição para depois da morte: *Testamentum est voluntatis nostrae justa sententia, de eo, quod quis post mortem suam fieri velit*" (testamento é a justa manifestação de nossa vontade sobre aquilo que queremos que se faça depois da morte). A outra é devida a Ulpiano: "*Testamentum est mentis nostrae justa contestatio, in id solemniter facta, ut post mortem nostram valeat*" (testamento é a manifestação de última vontade feita de forma solene, para valer depois da morte).

Ambas as tentativas de definições são valiosas porque resgatam em seus elementos aspectos fundamentais do testamento (solenidade, liberdade, manifestação de vontade etc.) que serão retomadas nas definições utilizadas pelos sistemas codificados, a partir do século XIX. Nesse sentido, no caso sul-americano, os Códigos Civis brasileiro, argentino e uruguaio.⁶²⁶

O equívoco dos citados Códigos é restringir o campo de atuação do testamento limitando-se a invocar a vontade do testador com o fito

---

625 Oficial público que redigia as declarações.
626 Nenhuma das legislações dos três países conseguiu escapar da influência irresistível da definição de testamento. O Código Civil brasileiro o definiu nos seguintes termos: "Art. 1.626. Considera-se testamento o ato revogável pelo qual alguém, de conformidade com a lei, dispõe, no todo ou em parte, do seu patrimônio, para depois da sua morte." No mesmo sentido, o Código Civil argentino: "Art. 3.607. *El testamento es un acto escrito, celebrado con las solemnidades de la ley, por el cual una persona dispone del todo o parte de sus bienes para después de du muerte*. E o Código Civil uruguaio: "*Art. 779. El testamento es un acto esencialmente revocable, por el cual una persona dispone, conforme a las leys, del todo o parte de sus bienes, para después de su muerte.*"

específico de dispor de seus bens, como se o testamento se esgotasse no mero e único terreno patrimonial, o que não corresponde à verdade.

Para tanto basta que se examinem as diversas funções do testamento previstas pela ordem civil nacional. Assim, através de testamento pode-se nomear tutor (art. 1.729, parágrafo único), pode-se reconhecer filho havido fora do casamento (art. 1.609, III, e art. 26 do ECA).[627]

A proposta originária de Bevilacqua sobre a definição de testamento (art. 1.796 do seu Projeto) era bem mais correta, ao afirmar de forma ampla: "O testador pode dispor de todo o seu patrimônio ou de parte dele. Pode também fazer outras declarações de última vontade." Não foi, porém, a proposta que vingou.

Melhor a redação do Código Civil italiano, de 1941, que, no artigo 587, dispõe: "*Testamento. Il testamento è un atto revocabile con il quale taluno dispone, pel il tempo in cui avrè cessato di viere, di tutte le proprie sostanze o di parte di esse. Le disposizioni di carattere non patrimoniale, che la legge consente siano contenute in un testamento, hanno efficacia, se contenute in un atto che ha la forma del testamento, anche se manchino disposizioni di carattere patrimoniale.*" Ou seja, além de se referir à disposição dos bens, ressalva que também é válido e eficaz o testamento que contenha disposições não-patrimoniais.

No mesmo sentido, o Código Civil português, que no artigo 2.179 refere-se tanto aos bens quanto às disposições de caráter não-patrimo-

---

627 Dispõe o art. 1.609 e inciso III do Código Civil atual:
"*Art. 1.609. O reconhecimento dos filhos havidos fora do casamento é irrevogável e será feito:*
....
III – por testamento, ainda que incidentalmente manifestado."
E o art. 26 do Estatuto da Criança e do Adolescente:
"*Art. 26. Os filhos havidos fora do casamento poderão ser reconhecidos pelos pais, conjunta ou separadamente, no próprio termo de nascimento, por testamento, mediante escritura pública ou outro documento público, qualquer que seja a origem da filiação.*"

nial, assim dispondo: "1. Diz-se testamento o acto unilateral e revogável pelo qual uma pessoa dispõe, para depois da morte, de todos os seus bens ou de parte deles. 2. As disposições de carácter não patrimonial que a lei permite inserir no testamento são válidas se fizerem parte de um acto revestido de forma testamentária, ainda que nele não figurem disposições de carácter patrimonial."

Isto é, "enquanto aquele nº 1 se refere tão-só ao conteúdo *típico* do testamento – a *disposições de carácter patrimonial* –, já no nº 2 se prevê a existência de cláusulas *atípicas* – de *disposições de carácter não patrimonial* – com uma autonomia tão vincada que bastam elas para dar existência e eficácia ao próprio testamento".[628]

O texto do novo Código Civil[629] não incidiu no erro anteriormente apontado e omitiu-se de qualquer tentativa de definição de testamento, limitando a se referir à disposição de bens (no *caput* do artigo) e ressaltando a hipótese de incidência testamentária em relação às disposições testamentárias de caráter não-patrimonial – § 2º do art. 1.857 –, no que está tecnicamente correto.

Embora o artigo 1.857 tenha silenciado sobre as características do testamento, é válido, para melhor se conhecer o conteúdo do instituto, examinar de perto suas características essenciais, que se resumem, no mínimo, em cinco fundamentais aspectos: o testamento é negócio jurídico personalíssimo, unilateral, formal (ou solene), gratuito e revogável.

É um negócio jurídico porque estamos perante um fato praticado pelo *de cujus* cujos efeitos jurídicos são os que previu e quis, de acordo com a lei. E trata-se de negócio jurídico *personalíssimo* porque é o pró-

---

[628] PINTO, F. B. F. Obra citada, p. 299.
[629] Examinar a doutrina de Zeno Veloso, "Testamentos: o direito vigente e o projetado". *In*: *RTDC*, nº 3, pp. 111-122; Silvio de Salvo Venosa, "O testamento e o Projeto do Código Civil". *In*: *Rev. de Dir. Civ.*, nº 28, pp. 91-111.

prio disponente quem emite a declaração de vontade com vistas a exprimir de forma absoluta sua vontade pessoal. Daí por que não pode ser feito por meio de representante, nem pode ficar dependente do arbítrio de outrem.[630] Nesse sentido o artigo 2.182 do Código Civil português é de uma precisão absoluta, não admitindo brechas na noção de negócio pessoal, ou personalíssimo: *"O testamento é acto pessoal, insusceptível de ser feito por meio de representante ou de ficar dependente do arbítrio de outrem, quer pelo que toca à instituição de herdeiros ou nomeação de legatários, quer pelo que respeita ao objeto da herança ou do legado, quer pelo que pertence ao cumprimento ou não cumprimento das suas disposições."* Ou seja, o dispositivo português caracteriza a natureza genuinamente ou intrinsicamente pessoal do testamento, por meio do qual alguém dispõe do uso e fruição do próprio patrimônio para além do termo da vida do disponente.

Na mesma esteira de conduta a disposição constante no artigo 3.619 do Código Civil argentino, quando dispõe: *"Las disposiciones testamentarias deben ser la expresión directa de la voluntad del testador. Este no puede delegarlas ni dar poder a otro para testar, ni dejar ninguna de sus disposiciones al arbitrio de un tercero."*

A irrepresentabilidade é princípio rigoroso que nos foi legado pelo direito português. Por isso, o novo Código Civil (assim como já previa o texto anterior, artigos 1.667 e 1.668) fulmina de nulidade a disposição do testamento que favoreça a pessoa incerta, cometendo a determinação de sua identidade a terceiro, e a que deixe a arbítrio do herdeiro, ou de outrem, fixar o valor do legado (art. 1.900, incisos III e IV), embora o artigo 1.901, I, atenue o rigorismo da sanção prevista no artigo anterior.

---

630 Ver, nesse sentido, o artigo de Wagner Barreira, "Testamento e captação dolosa". *In*: *Rev. de Dir. Civ.*, n° 6, pp. 13-24.

A noção de ato personalíssimo, porém, não deve ser interpretada com excessivo rigorismo, já que pode admitir exceções que não comprometem a regra geral. Em seus notáveis *Estudos,* Orosimbo Nonato já afirmara que a regra deve ser entendida *cum grano salis:* "No tocante à preparação, à elaboração, à ideação do testamento nem sempre se torna inadmissível a interferência normal de terceiros. Podem estes propor ao interessado a necessidade de fazer testamento, traçar-lhe o esboço e até elaborá-lo (permite a lei que ... outrem o faça a rogo do testador). Pode, de seu turno, o testador pedir e receber auxílio, assistência, conselhos, inspirações de terceiros."[631]

O testamento é ato *unilateral.* Dentre os negócios jurídicos pertence à categoria dos negócios jurídicos, aqueles que se tornam perfeitos com uma única declaração de vontade. O testamento se aperfeiçoa com a manifestação de vontade soberana e livre, bastante para a validade do ato. Na expressiva alusão de Nonato: "Não há, pois, no testamento, simples aparência de unilateralidade. Esta é real: com a só vontade, solitária e independente do testador, o ato se completa e se integra e se aperfeiçoa."[632]

E como ato jurídico unilateral pertence à categoria dos não-receptícios, aqueles em que é suficiente para a sua perfeição a emissão da declaração de vontade, e não a comunicação desta a quem quer que seja. Ou, como já dissera Pontes de Miranda, "... não existe qualquer aceitante ou recebedor da declaração de última vontade. Ninguém é comparte, ou destinatário".[633]

Não há necessidade de aceitação, acordo ou assentimento para se materializar o testamento. Se algum herdeiro instituído ou legatário

---

[631] NONATO, Orosimbo. *Estudos sobre Sucessão Testamentária.* Rio de Janeiro: Forense, 1957, vol. I, p. 105.
[632] NONATO, O. Obra citada, p. 110.
[633] PONTES de MIRANDA, F. C. Obra citada, vol. 56, p. 71.

aceitasse a deixa testamentária, concretizar-se-ia a hipótese vedada dos pactos sucessórios, proibidos pelo artigo 426 do Código Civil ("*Não pode ser objeto de contrato a herança de pessoa viva*").

A vedação da hipótese é suficiente a afastar qualquer tentativa de visualizar no testamento natureza contratual, como pretendia o jurista italiano Cimbali, para quem o testamento era um negócio jurídico bilateral, um verdadeiro e legítimo contrato *mortis causa*, cuja contratualidade se exteriorizaria na necessidade de sua aceitação pelo herdeiro, devendo existir duplo consentimento, acordo recíproco do testador e do herdeiro.

Sem razão o jurista italiano. A validade do testamento independe de qualquer aceitação, seja de quem for, aperfeiçoando-se exclusivamente a partir da só vontade do testador. Ou, como doutrina Ascensão, de forma lapidar: "Há uma única parte no testamento, um único centro de interesses. O testamento não tem pois estrutura contratual, e por isso se distingue facilmente dos pactos sucessórios."[634] Ou, ainda, corroborando a afirmação do civilista português, a doutrina clássica de Antonio Cicu: "O testamento é negócio jurídico absolutamente unilateral, sendo suficiente para a sua perfeição a declaração de vontade do testador, e esta não pode ser manifestada juntamente com outra declaração de vontade", finalizando em síntese lapidar: "*Testamento e accepttazione quindi due distinti, autonomi negozi.*"[635]

Na realidade, se examinarmos mais de perto a corporiedade do testamento, só podemos concluir que há uma superposição de vontades: o ato unilateral inicial do testador, que, por si só, já gera a existência do testamento e a aceitação do beneficiário, depois da morte do testador,

---

634 ASCENSÃO, J. de O. Obra citada, p. 64.
635 CICU, Antonio. *Il Testamento*. Milão: Giuffrè, 1945, p. 24.

outro ato unilateral. Dois atos unilaterais, pois. Distintos, independentes, autônomos.

O testamento é igualmente negócio *gratuito*. Os beneficiários contemplados recebem o bem sem ônus correspondente, sem reciprocidade patrimonial. O fato de a deixa testamentária vir acompanhada de ônus para o beneficiário, onerada com legados que esgotem por completo o seu acervo, em nada esvazia a noção de gratuidade do testamento.

"As modalidades ou encargos vinculados a legados ou a própria herança não afastam este caráter gratuito, do mesmo modo que gratuita é considerada a doação mesmo quando gravada por encargo, atendendo-se, no caso, à sua finalidade."[636]

O testamento é negócio *formal e solene*. Desde a mais alta Antiguidade o testamento sempre se revestiu de forma solene com o fim de garantir a real vontade do testador. A interpretação dos testamentos consiste em procurar a vontade real do testador; é uma questão que se repete frequentemente e é de difícil solução: o testador está morto e não pode mais se explicar; além disso, é perigoso fazer falar os mortos, pois os vivos que falam em seus nomes são, quase sempre, mais movidos por seus próprios interesses do que pelo respeito da vontade do defunto. Em decorrência do seu caráter unilateral, que já apreciamos, as disposições testamentárias podem se revelar imprecisas, equívocas e, às vezes, podem até trair a intenção do *de cujus*.

Para minorar esses riscos é que o legislador cerca a manifestação de vontade da máxima solenidade e formalismo condicionando a sua validade a formas e tipos prescritos minuciosamente na lei. Isso quer dizer que o descumprimento das formalidades legais acarreta nulidade

---

[636] WALD, Arnoldo. Obra citada, p. 103.

insanável. É que, no testamento, a vontade (individual) e a forma (legal) se fundem num só ato.

Cunha Gonçalves justifica as formalidades do testamento a partir de uma visão tripartida: função preventiva (evitando-se que o testador seja vítima de captações, dolo, fraude, violências); função probatória (de forma a melhor assegurar-se a demonstração da última vontade do testador) e função executiva (fornecendo-se a todos interessados, herdeiros, legatários e terceiros, um instrumento eficaz para o exercício dos respectivos direitos).[637]

A multiplicidade de formalidades aliada à necessidade de todas serem rigorosamente observadas visam a cercar de maiores garantias, autenticidade e segurança a manifestação de vontade do testador.

Apesar da tendência ao formalismo, os Tribunais tentam, cada vez mais, uma simplificação do testamento,[638] movimento que se iniciou na França, com os trabalhos de Josserand;[639] mas, é forçoso reconhecer, no âmago da questão o testamento é um ato sagrado na medida em que ele é formalista: não existe ato sagrado sem liturgia, não existe testamento sem forma.

---

637 CUNHA GONÇALVES, Luis da. *Tratado de Direito Civil*, vol. IX, p. 658.
638 "***Testamento. Formalidades. Extensão.*** *O testamento é um ato solene que deve submeter-se a numerosas formalidades que não podem ser descuradas ou postergadas, sob pena de nulidade. Mas todas essas formalidades não podem ser consagradas de modo exacerbado, pois a sua exigibilidade deve ser acentuada ou minorada em razão da preservação dos dois valores a que elas se destinam – razão mesma de ser do testamento –, na seguinte ordem de importância: o primeiro, para assegurar a vontade do testador, que já não poderá mais, após o seu falecimento, por óbvio, conformar a sua vontade ou corrigir distorções, nem explicar o seu querer, que possa ter sido expresso de forma obscura ou confusa; o segundo, para proteger o direito dos herdeiros do testador, sobretudo dos seus filhos* (STJ, 4ª T., Resp. nº 302.767, rel. Min. César Asfor Rocha, v.u., j. em 05.06.2001, *DJU* de 24.09.2001, p. 313) (*In*: NERY JUNIOR, N. e NERY, Rosa Maria de Andrade. *Código Civil Comentado*, 3. ed., 856).
639 JOSSERAND, L. "La désolennisation du testament". *In*: *Reccueil Dalloz*, 1932, Chronique, p. 73.

Anos após a manifestação de Josserand, em 1942, o STF, através de sua 1ª Turma, já se posicionara de forma mais branda em relação ao formalismo testamentário, decidindo que "as nulidades das declarações de última vontade só devem ser decretadas em face de evidentes provas de postergação da lei; simples defeitos de forma não podem valer para invalidar a vontade clara e expressa do testador".[640]

Era a consagração, em sede recursal, do *favor testamenti*,[641] conhecido dos romanos, mas aplicado com excessiva e injustificável cautela pelas gerações mais atuais.

O testamento é um negócio jurídico *revogável*. Se o testamento exterioriza e soleniza uma disposição de última vontade, está até o fim na dependência da vontade do testador e, pois, pode mudar até na hora da morte do testador. O testador pode "voltar sempre atrás e destruir o que determinara antes, até a morte. Por isso o testamento é um ato de última vontade, não porque seja psicologicamente a última vontade a que nele se exprime, ou porque se ficcione que assim se passa, e não só porque representa historicamente a última vontade expressa pelo testador, mas também porque, até ao fim, o seu autor pode discricionariamente revogá-lo".[642]

No mesmo sentido a doutrina clássica francesa: "As disposições testamentárias são essencialmente revogáveis até a morte do testador e não conferem, antes deste evento, nenhuma espécie de direitos às pessoas em favor das quais foram feitas."[643]

---

640 *In*: *RT*, 143/330.
641 Para Biondo Biondi, o *favor testamenti* era a tendência contínua e permanente da jurisprudência romana, de fazer o possível para salvar o testamento, com os mais sutis argumentos e mesmo construções excessivas, socorrendo-se, mesmo da ficção, com vistas a garantir a vontade do testador. *Sucésion Testamentaria y Donación*, 2. ed., 1960, p. 7.
642 ASCENSÃO. J. de O. Obra citada, p. 87.
643 AUBRY e RAU. *Cours de Droit Civil français*, 5ème éd., tome X, p. 457.

No Brasil, não há norma explícita proibindo que o testador imprima o caráter de irrevogabilidade ao seu testamento, mas é evidente que tal proibição está integrada no direito sucessório brasileiro. O Código Civil de 1916, ao definir testamento, declarou ser ele um ato revogável. O Código atual silenciou sobre a hipótese de definição de testamento, mas todo o sistema do Código Civil atual, assim como o anterior, se estrutura sobre a ideia de revogabilidade. Logo, está implícita a não-admissibilidade de cláusula na qual o testador renuncia à faculdade de revogar, no todo ou em parte, suas disposições.

Questão de transcedental importância decorrente da noção de revogabilidade do testamento é a referente ao reconhecimento de filiação em testamento. Em outras palavras, se uma perfilhação for feita em testamento público, sendo este, posteriormente revogado, revoga-se, automaticamente, aquela perfilhação, constante no testamento revogado, ou permanece válida, apesar da revogação?

O Código Civil português dispôs especificamente sobre a matéria, no artigo 1.858, que assim se manifesta sobre a matéria: *"A perfilhação é irrevogável e, quando feita em testamento, não é prejudicada pela revogação deste."* Posição acompanhada de perto pela doutrina portuguesa mais abalisada. "Enquanto a generalidade das disposições se destina a produzir efeito depois da morte, outras, como o reconhecimento de uma dívida ou a perfilhação, são retroactivas, mesmo sendo só dadas a conhecer com a abertura da sucessão."[644] E, ainda, a doutrina de Guilherme de Oliveira: "A circunstância de se ressalvar a perfilhação contida no testamento revogado não obriga a que ela seja registrada e eficaz no momento da revogação; com efeito, a utilização, pelo perfilhante, do

---

644 ASCENSÃO, J. de O. Obra citada, pp. 302-303.

meio formal, que é o testamento – negócio *mortis causa* –, leva a diferir a eficácia da perfilhação para a data da morte do testador."[645]

Também o Código Civil italiano se posiciona expressamente sobre a matéria: "*Il riconoscimento è irrevocabile. Quando è contenuto in un testamento ha affeto dal giorno della morte desl testatore, anche se il testamento è stato revocato*" (CC, art. 741).

É que, se a disposição de última vontade vige a partir da morte do testador, o reconhecimento só poderá ter eficácia após a morte do perfilhante, aproveitando-se o testamento revogado, nesta parte.

A tendência dominante encontrável na doutrina e na legislação é de considerar irrevogável o reconhecimento de filiação, mesmo o feito em testamento. E se a ulterior revogação não prejudica a perfilhação é porque, como bem ressaltou Cunha Gonçalves, se no testamento o testador faz o reconhecimento de um filho, existem nele dois atos jurídicos distintos: um revogável, o testamento, e outro irrevogável, o reconhecimento; concluindo o civilista, "a revogação do testamento quanto à instituição dos herdeiros e à disposição dos bens não poderá prejudicar o reconhecimento do filho ilegítimo,[646] embora este fosse também instituído herdeiro".[647]

---

645 OLIVEIRA, Guilherme de. *Estabelcimento de filiação*. Coimbra, 1979, p. 130.
646 **"Declaração de vontade do testador. Ordem pública.** *Testador que declarou deixar como herdeiros, apenas, os 'filhos ilegítimos' de seu neto. Interpretação de sua vontade. Expressão que, tomada em sentido empírico, significaria não serem herdeiros os filhos havidos pelo neto fora do casamento. Impossibilidade de validade e de eficácia dessa disposição por ofensa ao preceito de ordem pública, constante da CF 227, § 6º, que confere aos flhos, havidos ou não da relação de casamento, os mesmos direitos e proíbe discriminação de designação relativa à filiação. Não se trata de questão relativa à interpretação de testamento, mas de impossibilidade de aplicar interpretação de declaração do testador, quando esta ofenda matéria de ordem pública, pois a declaração do testador é inválida, porque discrimina onde a CF não distingue.*" Neste sentido: STJ, 4ª T., REsp. nº 203.137-PR, rel. Min Sálvio de Figueiredo Teixeira, m.v., j. em 26.02.2002, *DJU* 12.08.2002, p. 214, voto vencedor do Min. Ruy Rosado de Aguiar (*In*: NERY JUNIOR, N. e NERY, Rosa Maria de Andrade. *Código Civil Comentado*, 6. ed., 1185).
647 GONÇALVES, L. da C. Obra citada, vol. II, t. I, p. 316.

Não bastasse essa consideração a sustentar a ideia da manutenção da perfilhação após a revogação do testamento, é manifesto o caráter declaratório da perfilhação e, enquanto importa em confissão, é irretratável.

A discussão doutrinária sobre a controvertida matéria perde, agora, sua razão de ser diante da manifestação inequívoca do legislador, que, no artigo 1.610, dispôs taxativamente: *"O reconhecimento não pode ser revogado, nem mesmo quando feito em testamento."*

O autor da proposta, Clóvis do Couto e Silva, observou na sua Exposição Complementar de Motivos que houve arguições contra a regra do artigo 1.610, que, entretanto, traduz a melhor doutrina: "Reconhecido o filho em testamento, a revogação deste não pode atingir ato de reconhecimento que, por sua natureza, é irrevogável."

Finalmente, o testamento é negócio jurídico *mortis causa.*

É negócio jurídico de última vontade porque só produz efeitos depois da morte do testador, funcionando a morte como uma *conditio iuris* do próprio negócio. Antes da morte do testador não produz nenhum efeito, não vincula o próprio testador ao negócio, pois ele pode revogá-lo livremente e não cria nenhuma expectativa jurídica aos possíveis herdeiros instituídos ou legatários.

Art. 1.858. O testamento é ato personalíssimo, podendo ser mudado a qualquer tempo.

Direito anterior – O já citado artigo 1.626 do Código Civil de 1.916.

Art. 1.626. Considera-se testamento o ato revogável pelo qual alguém, de conformidade com a lei dispõe, no todo ou em parte, do seu patrimônio, para depois da sua morte.

Direito comparado – No Código Civil francês (art. 895) e no Código Civil português (art. 2.179). No Direito argentino (art. 3.606) e no direito uruguaio (art. 779).

COMENTÁRIO

A inserção do artigo 1.858 no Capítulo I – Do testamento em geral, da parte referente à sucessão Testamentária (Título III) – só encontra justificativa na irresistível tendência do legislador nacional em procurar definir o negócio jurídico testamento. E isto é palpável nos termos constantes no referido artigo.

Repetindo a fórmula do antigo artigo 1.626, embora socorrendo-se de outras palavras, o legislador não conseguiu fugir das ideias ali estampadas. Assim, substitui a expressão "ato revogável" por "podendo ser mudado a qualquer tempo". A expressão antiga era mais correta e dentro de impecável concisão revelava uma das características fundamentais do testamento. Também se reporta à noção de "ato personalíssimo", em nova tentativa, insuficiente reconheça-se, de definir o instituto, já que a complexidade do testamento não se esgota na mera noção de ato personalíssimo. "O testador é, na verdade, um solitário."[648] O instituto, como vimos, apresenta uma série de aspectos, e dizer que o testamento é ato personalíssimo, além de nada acrescentar à realidade maior do negócio jurídico, gera uma ideia equivocada do instituto, porque reducionista.

São ocorrências dessa natureza que nos fazem concordar com a crítica procedente dos doutos,[649] como ocorreu na Crítica ao Anteproje-

---

648 GHIARONI, Regina. "Da sucessão testamentária". *In*: Regina Ghiaroni (Coord.). *Direito das Sucessões*. Rio de Janeiro: Freitas Bastos, 2004, p. 152.
649 Não estou me referindo, evidentemente, à crítica acientífica e irresponsável veiculada pela mídia, em jornais (sensacionalistas) e revistas (não-jurídicas), quase sempre (com raríssimas exceções) da mais absoluta nulidade.

to publicada na Revista do Instituto dos Advogados Brasileiros (nº 20) e na qual Caio Mário da Silva Pereira enfatizou que, "no direito das sucessões, o Anteprojeto permaneceu mais fiel às linhas estruturais do Código de 1916, cujas disposições repetiu, posto que em alguns casos com visível prejuízo de forma..." É fato, e o artigo 1.858 é prova manifesta do que afirmou Pereira.

E mais adiante: "De um modo geral, as modificações trazidas ao direito vigente representam pequenas alterações de superfície, sem mudança de conteúdo." Novamente, a crítica que se faz ao artigo 1.858 adapta-se como luva à mão, no caso em tela, pois, alterando as palavras "ato revogável" (de 1916) por "podendo ser mudado a qualquer tempo" (Código de 2002), superfície, pois, o conteúdo (da ideia de revogabilidade) permaneceu intangível.

Art. 1.859 – Extingue-se em cinco anos o direito de impugnar a validade do testamento, contado o prazo da data do seu registro.

Direito anterior – Não há artigo correspondente no Código Civil de 1916.

Direito comparado – Sem previsão legal no Código Civil francês e no Código Civil português. Também não se referem à hipótese os Códigos Civis argentino e o uruguaio.

COMENTÁRIO

O artigo se refere expressamente à impugnação da validade do testamento quebrando a regra geral expressa no artigo 169 do Código Civil, onde se lê: *"O negócio jurídico nulo não é suscetível de confirmação, nem convalesce pelo decurso do tempo."*

A invalidade, como é sabido, admite graus: nulidade (art. 166 do CC) e anulabilidade (art. 171 do CC). Impugnar a validade é pedir a declaração de nulidade ou requerer a anulação do testamento.

O que o novo dispositivo prevê é exatamente a determinação de lapso temporal quinquenal para ataque da disposição de última vontade: se se tratar de nulidade de testamento, o mesmo não mais pode ser atacado se a ação não for intentada em cinco anos, contados da data em que o testamento foi registrado. Segundo disposições constantes no Código de Processo Civil (arts. 1.125 a 1.127), o registro do testamento após a morte do testador será feito por ordem do juiz, observados os requisitos processuais arrolados nos artigos invocados.

O artigo sob comento estabelece prazo de caducidade (logo, prazo de decadência) para que seja impugnada a validade do testamento. Como a lei não distingue, não cabe ao intérprete estabelecer diferenças entre nulidade ou anulabilidade. A caducidade atinge ambas as hipóteses. A invalidade, conforme visto acima, é gênero que admite as duas espécies (arts. 166 e 171), não se confundindo com a revogação (arts. 1.969 a 1.972), a caducidade (art. 1.971) e o rompimento do testamento.

Cotejando as regras gerais e as especiais sobre a matéria, Regina Ghiaroni[650] listou as seguintes conclusões que merecem transcrição:

a) que o testamento nulo de pleno direito não convalescerá jamais (art. 169 CC), ainda que ultrapassado o prazo de cinco anos.[651]

---

650 GHIARONI, Regina. Obra citada, p. 159.
651 "O Professor Caio Mário da Silva Pereira adota posição no sentido de que embora nulo o ato pode convalescer com o decurso do tempo. (*Instituições de Direito Civil,* vol. I, p. 406). A doutrina tradicional tem sustentado que, além de insanável, a nulidade é imprescritível, o que daria em que, por maior que fosse o tempo decorrido, sempre seria possível atacar o negócio jurídico: *quod nullum est nullo lapsu temporis convalesare potest.* É frequente a sustentação deste princípio, tanto em doutrina estrangeira quanto nacional. Os modernos, entretanto, depois de assentarem que a prescritibilidade é a regra e a imprescritibilidade a exceção, admitem que

Tal nulidade pode ser alegada por qualquer pessoa ou pelo Ministério Público.

b) os testamentos anuláveis, na forma do art. 171 do Código Civil, deverão ser atacados pelos interessados (art. 177 do CC). O artigo 1.859 estabelece prazo decadencial de cinco anos para que os interessados proponham a ação de anulação do testamento ou de cláusula testamentária, dando como prazo inicial a data do Registro do Cumprimento do Testamento.

Interessante e procedente questão foi invocada por Zeno Veloso a respeito dos prazos de anulabilidade, na ótica do civilista, prazos elásticos, sem termo inicial rígido que atendem, antes, "ao interesse puramente individual, não conveniente à sociedade, pois introduz um fator de insegurança jurídica".[652]

Segundo Veloso, pode "ocorrer, inclusive, em muitos casos, que o prazo para anular a mera disposição testamentária – portanto, para anular parcialmente o testamento – seja maior, e muito maior do que o prazo para arguir a anulação ou para declarar a nulidade do testamento inteiro. A nulidade pode ser total ou parcial, fulminar todo o testamento, ou parte dele, ocorrendo o mesmo com a anulabilidade (art. 184). Pode ser nula ou anulável, apenas uma cláusula, somente uma disposição do testamento".[653]

Com razão as observações do civilista que aliam ao profundo conhecimento da matéria, notável vivência e experiência profissionais.

---

entre o interesse social do resguardo da ordem legal, contido na vulnerabilidade do negócio jurídico, constituído com infração de norma de ordem pública, e a paz social, também procurada pelo ordenamento jurídico, sobreleva esta última e deve dar-se como suscetível de prescrição a faculdade de atingir o ato nulo" (Regina Ghiaroni. *Idem, ibidem*).

652 VELOSO, Zeno. Obra citada, p. 2.046.
653 VELOSO, Zeno. *Idem, ibidem*.

Diz, ainda, Veloso: "Como está posto, a anulação da disposição testamentária, cuja ação é cabível a partir do momento em que o interessado tiver conhecimento do vício, pode ocorrer num prazo variável, algumas vezes extremamente longo, ocorrendo, eventualmente, muito depois da própria execução da disposição testamentária. Isso gera instabilidade e não é bom ... A solução não é lógica, não é razoável. O tema carece de reforma, precisa ser ordenado sistematicamente."[654]

---

654 VELOSO, Zeno. *Idem*, pp. 2.046-2.047. O civilista propôs ao deputado Ricardo Fiúza que o art. 1.859 ficasse com a seguinte redação:
"Art. 1.859. *Extingue-se em cinco anos o direito de requerer a declaração de nulidade do testamento ou de disposição testamentária, e, em quatro anos, o de pleitear a anulação do testamento ou de disposição testamentária, contado o prazo da data do registro do testamento.*"

CAPÍTULO II
Da Capacidade de Testar

Art. 1.860. Além dos incapazes, não podem testar os que, no ato de fazê-lo, não tiverem pleno discernimento.
Parágrafo único. Podem testar os maiores de dezesseis anos.

Direito anterior – Art. 1.627 do Código Civil de 1916.
Art. 1.627. São incapazes de testar:
I – Os menores de dezesseis anos;
II – Os loucos de todo o gênero;
III – Os que, ao testar, não estejam em seu perfeito juízo;
IV – Os surdos-mudos, que não puderem manifestar a sua vontade.

Direito comparado – No Código Civil francês (arts. 901 a 904)[655] e no Código Civil português (arts. 2.188 a 2.191).[656] No Código Civil argentino (art. 3.606) e no direito uruguaio (art. 831).

---

655 *"Art. 901. Pour faire une donation entre vifs ou un testament, il faut être sain d'esprit."*
"Art. 902. Toutes personnes peuvent disposer et recevoir, soit par donation entre vifs, soit par testament, excepté celles que la loi en déclare incapables."
"Art. 903. Le mineur âgé de moins de seize ans ne pourra aucunement disposer, sauf ce qui est réglé au chapitre IV du présent titre."
"Art. 904. Le mineur, parvenu à l'âge de seize ans et non émancipé, ne pourra disposer que par testament, et jusqu'à concurrence seulement de la moitié des biens dont la loi permet au majeur de disposer."

656 *"Art. 2.188. (Princípio geral).*
Podem testar todos os indivíduos que a lei não declare incapazes de o fazer."
"Art. 2.189 (Incapacidade)
São incapazes de testar:
a) Os menores não emancipados;
b) Os interditos por anomalia psíquica."
"Art. 2.190 (Sanção)
O testamento feito por incapazes é nulo."
"Art. 2.191 (Momento da determinação da capacidade)
A capacidade do testador determina-se pela data do testamento."

Leitura complementar:
BAPTISTA, Silvio Neves. *Ensaios de Direito Civil*. São Paulo: Método, 2006; CAHALI, Francisco José. "Sujeitos da sucessão: capacidade e legitimidade". *In*: Giselda Hironaka e Rodrigo da Cunha Pereira (Coords.). *Direito das Sucessões*. 2. ed., Belo Horizonte: Del Rey, 2007; FERREIRA, Sérgio de Andréa. "Revogação de testamento por pessoa interditada". *In*: *RF*, 301: 287-291; GEFFRIAND. *De l'incapacité du testateur survenue entre la confection du testamente et le décès* (Thèse). Rennes, 1938; GUIMARÃES, M. N. Lobato. *Testamento e autonomia*. Sep. da Rev. de Dir. e Est. Soc. 1972; OLIVEIRA, Guilherme de. *O testamento* (Apontamentos). Coimbra: Reproset, 1994; SÁ, F. A. Cunha. "Indisponibilidade relativa em sucessão testamentária". *In*: *RT*, Porto, 1976; SIMLER, P. *La nullité partielle des actes juridiques* (Thèse). Strasbourg, 1969; SIMON. "Nullité des actes juridiques pour trouble mental". *In*: *RTDCiv.*, 1974:707; VENOSA, Silvio de Salvo. "Capacidade de testar e de adquirir por testamento". *In*: FREITAS, Douglas Philipps (Coord.). *Curso de Direito das Sucessões*. Florianópolis: Vox Legem, 2007, pp. 167-186.

COMENTÁRIO

A fórmula empregada pelo texto atual, mais clara e objetiva que a anterior, se aproxima da proposta francesa quando, no artigo 901, afirma sinteticamente que, para fazer um testamento, é necessário ser "são de espírito". Nada mais que isso.

A enumeração exaustiva dos casos de incapacidade e o emprego sempre criticado da expressão equivocada de "loucos de todo o gênero" passa a ser, agora, substituída por recurso enxuto que retrata aquelas mesmas situações: só podem testar as pessoas que tiverem pleno discernimento[657] e, igualmente, os maiores de dezesseis anos (parágrafo único).

---

657 "*TESTAMENTO – Nulidade – Inocorrência – alegada incapacidade absoluta para testar – Inadmissibilidade – Depoimentos do tabelião e médicos que afirmaram acerca da capacidade de discernimento do testador – Hipótese em que deve ser presumida a capacidade testamentária para efeito de se cumprir a respectiva disposição de última vontade. Ementa Oficial:*..
Testamento – Nulidade – Incapacidade absoluta – Inadmissibilidade – Perícia indireta e alguns documentos que, em princípio, autorizariam se reconhecesse incapacidade para testar – Relevância, no entanto, de depoimentos do tabelião e médicos que afirmaram acerca da capacidade

Nesse sentido, a fórmula igualmente sucinta do Código Civil português, ao referir-se à capacidade ativa nos termos do artigo 2.188. Galvão Telles, no *Anteprojecto* (art. 191), propusera o seguinte preceito: *"Podem testar todos os indivíduos que a lei não declara expressamente incapazes de o fazer"*, no que seguiu, parcialmente, a disposição da primeira parte do artigo 591 do Código Civil italiano: *"Possono disporre per testamento tutti coloro che non sone dichiarati incapaci dalla legge."*

O Código Civil português optou pela referência à capacidade ativa, não às pessoas (tendência seguida, em parte, pelo nosso Código Civil), nem nos termos indefinidos (*tutti coloro*) do Código italiano de 1942, mas aos indivíduos.

O segundo aspecto do Código Civil português, retomado pelo legislador nacional, diz respeito ao modo como é consagrada a regra da capacidade de testar. Existe capacidade de testar para todo o indivíduo que não seja abrangido por qualquer norma de incapacidade decretada na lei.

O pleno discernimento já vem previsto na Parte Geral do Código Civil (art. 5°) quando dispõe que *a menoridade cessa aos dezoito anos completos, quando a pessoa fica habilitada à prática de todos os atos da vida civil*; como, porém, os maiores de dezesseis e menores de dezoito são incapazes, relativamente a certos atos, ou à maneira de os exercer (art. 4°), o legislador atual viu-se na contingência de ressalvar a situação dos maiores de dezesseis anos, como habilitados para testar. E o fez em parágrafo único, de forma a afastar qualquer dúvida quanto à possibilidade de testar dessas pessoas.

---

de discernimento do testador – Facultativos que se avistaram com o respectivo paciente em datas próximas, antes e depois do testamento – Hipótese na qual, ademais, se deve presumir a capacidade testamentária para efeito de se cumprir a respectiva disposição de última vontade – Presunção, por sinal, deslustrada tão-somente se a incapacidade ficar veementemente provada, quadro distinto do apreensível no caso ora sob exame" (*In: RT*, 867: 187-188).

É que o texto constitucional de 1988 já ressalvara o direito ao voto dos maiores de dezesseis anos (art. 14, § 1º, inciso II, alínea *c*), e, certamente, aquela possibilidade serviu de parâmetro ao legislador, em matéria de sucessão testamentária.

Vale lembrar, entretanto, que aquela inexplicável redução só encontra justificativa na irresistível preocupação de aumentar o contingente de eleitores, o que, em um país dominado pelo analfabetismo, baixíssimo poder aquisitivo e quase nulo acesso à cultura, torna-se extremamente perigoso e criticável. Ora, as mesmas razões que nos conduzem a uma postura, no mínimo, cautelosa, quanto ao excessivo liberalismo do constituinte em matéria eleitoral, nos conduz a encarar com reticência a conduta em relação ao direito sucessório. É óbvio que um jovem de dezesseis anos – com as raríssimas exceções encontráveis em toda regra geral – não tem discernimento vivencial ou maturidade suficiente para dispor de seu patrimônio (que patrimônio? – pergunta-se) em testamento.

Já nos manifestáramos, oportunamente, sobre a questão da idade ao tratarmos da idade núbil[658] no casamento, e, naquela ocasião, a crítica se direcionava à preponderância da mera idade cronológica em desconsideração à maturidade espiritual, que deveria, em primeiro lugar, ser considerada e seriamente avaliada.

Antonio Chaves, ao apreciar o Projeto Orlando Gomes (que pretendeu reduzir, no art. 91, a capacidade matrimonial dos homens aos dezesseis anos, e das mulheres aos quatorze), não pôde concordar com a proposta. Apreciando a doutrina de Orlando Gomes, Antonio Chaves considera uma vantagem, e não objeção, o princípio segundo o qual "somente os maiores teriam aptidão para casar", vantagem porque, "do estrito ponto de vista jurídico, o ideal seria essa coincidência".[659]

---

658 LEITE, Eduardo de Oliveira. *Temas de Direito de Família*. São Paulo: RT, 1994, pp. 43-45.
659 CHAVES, Antonio. "Notas sobre a idade nupcial". *In*: *RT*, 364/15-23.

A maioria das manifestações doutrinárias aconselham a fixação de uma idade núbil mais próxima da estabelecida para a plena capacidade civil (então, 21 anos, agora, inexplicavelmente, 18 anos) e não distante da mesma. Nesse sentido, em relação aos homens, a equiparação foi perfeita na Alemanha e na Suíça. Um ato de extraordinária importância, como o casamento, ou o testamento, de decisiva e inevitável influência sobre o destino e a sorte dos principais interessados, requer deliberação mais amadurecida do que podem fornecer os espíritos fantasistas e inexperientes de indivíduos em idade muito baixa.

"Reduzir-se a idade é involução", afirmava Antonio Chaves, "e não evolução, uma vez que o direito só pode ir, gradativamente, exigindo maior maturidade, não menor para a prática dos atos essenciais da vida".

A consideração da plena capacidade civil (agora, 18 anos) poderia ser o parâmetro usado quer na capacidade matrimonial, quer na sucessória, nunca antes, encarando o casamento não como um interesse egoístico, pessoal, de caráter meramente privado, mas, como frisou Antonio Chaves, sob uma ótica também política, social, ética e educacional.

O mesmo argumento pode ser transposto ao terreno sucessório, sem risco de erro. O ideal seria aumentar a capacidade sucessória, nunca diminuí-la, garantindo maior responsabilidade, seriedade, maturidade a um ato que pode comprometer todo o futuro econômico do disponente que, ainda jovem, não pode aquilatar a extensão do ato praticado e os efeitos que daí podem ocorrer.

Quanto ao *caput* do artigo sob comento, o legislador limitou-se a reproduzir – agora de forma mais sucinta, como se depreende da leitura daquele dispositivo – a ideia que todo o ato jurídico pressupõe, para ser válido, a capacidade do agente (art. 104),[660] e o testamento não faz

---

660 Ver o artigo de Paulo Antonio Begalli, "Capacidade ativa para testar: todos os casos". *In: RT*, 791: 65-90.

exceção à regra; "antes por sua importância, por produzir efeitos depois da morte do disponente, pelos interesses de ordem econômica e moral, que a ele se prendem, mais apurado deve ser esse requisito da validade do ato jurídico em geral."[661]

A velhice, embora avançada, não torna o indivíduo incapaz de testar. A idade avançada não exclui o exercício da faculdade de testar: *Senium quidem aetatis agritudinem corpotis, sinceritatem mentis tenentium factionem certum est non auferre* (Cód., L. 3, liv. VI, tít. XXII).

Segundo Nonato, "é comum guardar-se ainda em idade provecta, certo equilíbrio de faculdades, posto enfraquecidas. Esse enfraquecimento não lhes tira, aos velhos, ainda no crepúsculo da vida, a faculdade de testar".[662] E, mais adiante: "Se a velhice deixou de suscitar alterações notáveis no testador, se não lhe causou demência, desconstitui, de si só, causa de incapacidade de testar."[663] O autor segue o princípio então dominante na doutrina francesa: *"La vieillesse n'est pas, certainement, un obstacle au droit de tester"* (A velhice não é, certamente, um obstáculo ao direito de testar).[664]

Bem mais cautelosa revela-se a postura de Maximiliano, a respeito do mesmo tema, segundo o qual cabe ao juiz que examina testamentos feitos na velhice extrema "cautela, vizinha da desconfiança", pois "pessoas de mais de 75 anos equilibradas e resistentes à insídia e à sedução constituem casos excepcionais".[665]

Estranho raciocínio já que faz depender o discernimento humano de mero limite temporal.

---

661 BEVILACQUA, Clovis. Obra citada, p. 823.
662 NONATO, Orosimbo. Obra citada, p. 370.
663 NONATO, O. *Idem*, p. 372.
664 *"TESTAMENTO – Anulação – Males físicos do testador – Hipertensão arterial – Arteriosclerose generalizada – Inexistência de incapacidade mental. A incapacidade mental do testador não pode simplesmente ser deduzida de sua saúde física."* RT, 563: 75.
665 MAXIMILIANO, Carlos. Obra citada, vol. I, p. 397.

Com razão, ainda uma vez, quando afirmavam que a proximidade da morte não determina incapacidade testamentária ativa, se a moléstia de que padece o testador não produz delírio ou perturbação da mente.

Não é, pois, a idade mais ou menos avançada nem tampouco a proximidade da morte que determinam a ocorrência ou não de capacidade, que será examinada caso a caso, levando-se em consideração as características manifestadas por cada testador.

Art. 1.861. A incapacidade superveniente do testador não invalida o testamento, nem o testamento do incapaz se valida com a superveniência da capacidade.

Direito anterior – Art. 1.628 do Código Civil de 1916.
Art. 1.628. A incapacidade superveniente não invalida o testamento eficaz. Nem o testamento do incapaz se valida com a superveniência da capacidade.

Direito comparado – Sem previsão no Código Civil francês.
No Código Civil português (art. 2.191).[666]
No Código Civil argentino (art. 3.611) e no Código Civil uruguaio (art. 832).

COMENTÁRIO

O artigo 1.861 reproduziu integralmente a fórmula utilizada pelo legislador de 1916 no artigo 1.628. O que o artigo afirma é a necessidade da ocorrência de capacidade no momento da feitura do testamento, independente das eventuais alterações que possam ocorrer no estado físico, emocional e psíquico do testador, após a manifestação de vontade.[667]

---

666 *"Art. 2.191. A capacidade do testador determina-se pela data do testamento."*
667 Ver, nesse sentido, o artigo de Sérgio de Andréa Ferreira, "Revogação de testamento por pessoa interditada". *RF*, 301: 287-291.

O direito romano exigia a capacidade do testador em três momentos – quando da feitura do negócio jurídico, quando da morte e no espaço intermediário – que cobriam, praticamente, toda sua vida.

O direito moderno, em posição oposta, exige a existência de capacidade quando o testamento é elaborado, porque é neste momento, em que o ato é praticado, que se exige capacidade do agente, embora tenha de produzir efeito futuro.

Afirmando que a eficácia do testamento é determinada pela capacidade do agente no momento da manifestação de vontade do mesmo (*contrario sensu* do *caput* do artigo), o texto quer, implicitamente, significar que ela não se mede pela situação existente ao tempo da abertura do testamento, mas, sim, ao tempo em que foi feito. Ou, como quer Dias Ferreira, a capacidade do testador "é regulada pelo estado em que estiver, não no momento da abertura da herança, mas sim no acto da feitura do testamento..."[668] É nesse momento que se vai avaliar, caso a caso, se o testador tinha entendimento ou compreensão suficiente para saber o que estava fazendo no momento em que outorgou a disposição de última vontade.

A proposta teórica reforça as hipóteses acima examinadas. Ou seja, se o testamento foi lavrado em período no qual o testador não sofria de nenhuma perturbação mental, por exemplo, o testamento não perderá a sua validade, pelo simples fato de o testador vir, posteriormente, a ser interditado por anomalia psíquica e assim morrer.

Esse é "um lado da medalha", como se referem à hipótese Pires de Lima e Antunes Varela.[669] Mas, dizem os mesmo autores citados, há

---

668 FERREIRA, José Dias. *Código Civil Português anotado*. Coimbra: Imprensa da Universidade de Coimbra, 1905, vol. III, p. 313.
669 PIRES DE LIMA e ANTUNES VARELA. Obra citada, p. 312.

o "reverso da medalha". E apresentam a seguinte hipótese: "Imaginemos que o testamento é lavrado quando o testador era ainda menor não emancipado, mas que este falece e o testamento só é aberto bastantes anos mais tarde, tendo o autor atingido, entretanto, a maioridade. Nesse caso o testamento será nulo. Dir-se-á, para justificar a solução do ponto de vista da lei, que, aos olhos desta, o testamento foi lavrado por quem ainda não possuía maturidade bastante de espírito para dispor de seus bens, e que, depois de a ter alcançado, não há documento a provar que ele, já com idade necessária, quis manter as mesmas disposições."

A hipótese reafirma o princípio dominante na matéria, isto é, a capacidade do testador será regulada pelo estado em que se achar, ao tempo em que o testamento foi feito.[670]

---

[670] *"Testamento – Ação anulatória – Incapacidade mental da testadora e ignorância do idioma nacional. Fatos não comprovados – Legado da metade disponível a um dos filhos – Desnecessidade de qualificar todos os bens – Doença mental superveniente da falecida que também não invalida o testamento – Improcedência – CCB, art. 1.628.* Ementa: Sucessão. Testamento público. Ação anulatória. Testadora com 80 anos de idade. Alegação de incapacidade mental; de ignorância do idioma nacional e não identificação da qualidade e da quantidade dos bens legados. Art. 1.627 do Código Civil. Improcedência do pedido. Art. 1.628 do Código Civil.

A incapacidade superveniente não invalida o testamento eficaz (art. 1.628 do Código Civil), eis que o nosso direito revela contentar-se com a verificação da capacidade no momento em que é feito o testamento, não sendo necessário que o testador conserve a capacidade durante o tempo que mediar entre a confecção das disposições e a abertura da sucessão – media tempora non nocet.

Se os autos comprovam, pela própria confissão do Autor, filho da testadora, que ela 'falava bem o português' e se os bens legados referem-se à meação disponível, respeitados os quinhões reservados aos herdeiros necessários, não há como macular as declarações de última vontade.

Não é requisito essencial do testamento público, e nem particular ou cerrado, a identificação da qualidade e quantidade dos bens legados, bastando a nomeação de bens, desde que não atinja a meação legítima. Apelo improvido" (PRj, 37: 70).

CAPÍTULO III
DAS FORMAS ORDINÁRIAS DO TESTAMENTO

Seção I
Disposições Gerais

Art. 1.862. São testamentos ordinários:
I – o público;
II – o cerrado;
III – o particular.

Direito anterior – Art. 1.629 do Código Civil de 1916.
Art. 1.629. Este Código reconhece como testamentos ordinários:
I – O público;
II – O cerrado;
III – O particular.

Direito comparado – No Código Civil francês (art. 969)[671] e no Código Civil português (art. 2.204).[672]
No Código Civil argentino (art. 3.622) e no Código Civil uruguaio (art. 791).

Leitura complementar:
ANCEL, B. *Les conflits de qualification à l'épreuve de la donation entre époux*. Paris: Dalloz, Bibl. de DIP, t. XXII, 1977; ANTPACK, Eduardo. "Requisitos essenciais do testamento público". *In*: *Revista da AJURIS*. Porto Alegre: Ajuris, nº 17, pp. 93-127, nov/1979; ARIES, Philippe. *L'homme devant la mort*. Paris: Seuil, 1977; AZZARITI, Giuseppe. *Le sucessioni e le donazioni: libro secondo del Códice Civile*. Padova: CEDAM, 1982; AZEVEDO, Ma-

---

671 *"Art. 969. Un testament pourra être olographe, ou fait par acte public ou dans la forme mystique."*
672 *"Art. 2.204 (Indicação).*
As formas comuns do testamento são o testamento público e o testamento cerrado."

noel Ulbadino de. *Teoria e prática dos testamentos.* 1965; BOECKEL, Fabrício Dani. *Testamento particular.* Porto Alegre: Fabris Editor, 2004; BORDA, Guillermo. *Tratado de Derecho Civil – Successiones.* 4. ed., Buenos Aires: Abeledo-Perrot, 1987; BRANDELLI, Leonardo. "Testamento (Vocabulário Jurídico)", *In*: RT, 846: 721-733; CLOSTRE, A. *Les Trusts: comparaison avec le régime français des libéralités et des successions* (Thèse). Paris I, 1972; CARBONNIER, Jean. *Sociologie du droit des successions.* Cours de sociologia juridique. 1963-1964; COELHO DA ROCHA. *Instituições de Direito Civil português.* 1907; COLOMER, A. "La révocation tacite d´um testament olographe". *In*: R. Défrenois, 1985, art. 33507; DUPEYROUX, J. J. *Contribution à la théorie générale de l´acte à titre gratuity.* Paris, 1955; ENNECERUS, KIPP e WOLF. *Tratado de derecho civil.* Derecho de Sucesiones, t. V, vol. 1., 1960; GAMA, Afonso Dyonisio. *Tratado teórico e prático dos testamentos.* 1920; GIORGIS, José Carlos Teixeira. "Notas sobre o testamento particular excepcional". *In*: *Revista do IBDFAM*, vol. 9. nº 43, ago/set. 2007, pp. 5-12; GUINCHARD, S. *L´affectation de biens em droit prive français.* Paris: LGDJ, 1976; GODBOUT, J. et CAILLÉ, A. *L´esprit du don.* Paris: Editions de la Découverte, 1992;GONDIM, Regina Bottentuit. *Invalidade do testamento.* Rio de Janeiro: Renovar, 2001; GRELON, V. B. "L´erreur dans les libéralités". *In*: *RTDCiv.*, 1979: 261; GUYENOT, V. J. "La suggestion et la captation em matière des libéralités dans leur rapport avec la notion de dol". *In*: *RTDCiv.*, 1964:199; HAMEL. *La notion de cause dans les libéralités* (Thèse). Paris, 1920; HÉRON, J. *Recheches sur le morcellement des successions internationales* (Thèse). Caen, 1982; KNIGHT, Derek. "Do testamento público em videocassete". *In*: *Rev. Inf. Leg.*, nº 73, p. 175-178; LÉGIER, V. G. "La prohibition du legs avec faculté d´élire". *In*: *JCP*, nº 1, p. 87, 1978; LIMA JR., Bruno de Mendonça. "Nulidade de testamento (bens deixados a entidade com sede no estrangeiro – condição impossível e ilícita – Ação dos herdeiros)". *RT*, 621: 62-65; MEAU-LATOUR, H. *La donation déguisée em droit civil français. Contribution à la théorie générale de la donation.* Paris: LGDJ, 1985; MELLO, Marcos Bernardo de. *Teoria do fato jurídico.* 6. ed., São Paulo: Saraiva, 2004; PETITJEAN, H. *Fondement et mécanismes de la transmission successorale em droit français et em droit anglais.* Paris: LGDJ, 1959; PONSARD, A. *Sur quelques difficultés relatives à l´interprtétation des testaments.* "Le rôle du juge dans la détermination du légataire ou du bénéficiaire d´une charge". *In*: *JCP*, vol. 1, p. 1385, 1957; RAMON, Francisco Bonet. *Compendio de Derecho Civil,* 1965, t. V; RIPERT, G. *Étude critique de la notion de libéralité*. Paris (*Cours de doctorat*), 1931; RODRIGUES, Paulo Pereira e BENJÓ, Simão Isaac. "Nulidade de testamento". (Parecer). *In*: *Rev. da Proc. Geral da Justiça do Rio de Janeiro*, vol. 15, nº 15, pp. 140-146; TEIXEIRA, Silvia Maria Benedetti. "Planejamento sucessório: uma questão de reflexão". *In*: *Revista do IBDFAM*. Porto Alegre: Síntese, vol. 7, nº 31, pp. 5-18, ago/set. 2005; TIMBAL, P. *Des donations rémunératoires* (Thèse). Toulouse, 1924; VAN-MAU. V. "La prohibition de la donation à cause de mort. Contribution à l'étude des successions contractuelles". *In*: *RTDCiv*. 1953:247; WALD, Arnoldo. "Considerações sobre o testamento cerrado". *In*: *Rev. de Dir. Civ.*, nº 15, pp. 27-33; WALD, Arnoldo. "Nulidade de testamento na deserdação e seus efeitos" (Parecer). *In*: *RT*, 540: 3-48.

COMENTÁRIO

Nos testamentos, negócio jurídico formal, como vimos, há a ocorrência de dois elementos, um interno (ou de fundo) e outro externo (ou formal). Todo ato jurídico tem um elemento extrínseco, isto é, a sua expressão objetiva e exterior, o invólucro respectivo, o sinal sensível de sua existência.

Por ora, nos interessa a determinação do elemento externo. A forma externa, ou o elemento extrínseco ou formal, compreende três ordens de considerações: 1) testemunhas; 2) espécies de testamentos e 3) pessoas encarregadas de cumpri-los.

O número de testemunhas, a sua rogação e capacidade, pela qual se verifica se são, ou não, hábeis para o ato, reveste-se de fundamental importância se considerarmos a solenidade do negócio jurídico testamento.

As espécies de testamento, isto é, o modo especial, oral ou escrito de como o testador deve exprimir a sua vontade, para que as suas disposições tenham eficácia jurídica, é o segundo elemento a ser levado em consideração em matéria testamentária.

Finalmente, diz Itabaiana de Oliveira,[673] as pessoas encarregadas de cumprir as disposições testamentárias, que são os testamenteiros.

E quanto à forma externa, ou, propriamente, quanto às suas espécies, os testamentos se classificam em: ordinários e especiais.

Ordinários são os facultados a todas as pessoas capazes, e compreendem: a) o testamento público; b) o testamento cerrado; e c) o testamento particular.

Especiais, que somente se permitem a certas e determinadas pessoas e compreendem: a) o testamento marítimo; b) o testamento aeronáutico; e c) o testamento militar.

A origem das formas hoje conhecidas remonta ao mais antigo direito romano, que, segundo Carlos Maximiliano,[674] era exigentíssimo quanto aos requisitos externos.

No direito romano o testamento se chamava público, por ser feito perante o povo reunido, ou perante o Chefe do Estado. O privado (ou particular) era escrito e assinado pelo disponente, ou realizado na presença de testemunhas.

A noção de materialização do ato de última vontade, simplesmente escrito e assinado pelo hereditando, foi adotado no ano 446 por Valentiniano III, Imperador romano do Ocidente. No século XVI o Imperador Maximiliano introduziu na legislação germânica o direito de Justiniano sobre testamento privado. Esta forma liberal entrou na França com a *Ordennance* de 1629. Transplantou-se para o Código Civil na época napoleônica, dali se irradiando para os Códigos europeus.

O testamento hológrafo ou privado não estava incluído no Projeto Alemão; penetrou no sistema de normas germânicas depois do caloroso debate no *Reichstag*.

---

673 ITABAIANA DE OLIVEIRA, A. V. Obra citada, p. 431.
674 MAXIMILIANO, Carlos. Obra citada, pp. 383-385.

No Brasil-Império havia o testamento nuncupativo: perante seis testemunhas, uma pessoa *in extremis vitae momentis* declarava a sua última vontade; dava-se, depois do óbito, a redução, isto é, perante o juiz, com a citação prévia dos herdeiros legítimos, as testemunhas deveriam reproduzir uniformemente as disposições, que eram afinal homologadas por sentença, ainda sujeita aos recursos legais.

O codicilo vinha a ser um testamento sem direta instituição de herdeiro e com um número menor de testemunhas e de outros requisitos externos. Aceitava-se também o testamento público, feito por notário; o cerrado, escrito por qualquer indivíduo e aprovado pelo tabelião, e o particular ou aberto, escrito pelo disponente ou por outra pessoa a rogo, lido perante as testemunhas e pelas mesmas assinado, e publicado, depois da morte do hereditando, isto é, confirmado em juízo, após deporem as testemunhas na presença dos sucessores legítimos.

Art. 1.863. É proibido o testamento conjuntivo, seja simultâneo, recíproco ou correspectivo.

Direito anterior – Art. 1.630 do Código Civil de 1916.
Art. 1.630. É proibido o testamento conjuntivo, seja simultâneo, recíproco ou correspectivo.
Direito comparado – No Código Civil francês (art. 968)[675] e no Código Civil português (art. 2.181).[676] No direito argentino (art. 3.618) e no direito uruguaio (art. 781).

---

675 *"Art. 968. Un testament ne pourra être fait dans le même acte par deux ou plusieurs personnes, soit au profit d'un tiers, soit à titre de disposition réciproque et mutuelle."*
676 *"Art. 2.181 (Testamento de mão comum).*
Não podem testar no mesmo acto duas ou mais pessoas, quer em proveito recíproco, quer em favor de terceiro."

COMENTÁRIO

Entre nós, como igualmente nos informa Carlos Maximiliano, havia também o testamento de *mão comum*, que não constituía propriamente uma forma especial: era um ato de última vontade, com os requisitos ordinários (portanto, público, cerrado ou aberto), por meio do qual marido e mulher dispunham do respectivo patrimônio, um a favor do outro, os dois em prol de terceira pessoa. E era verdadeiro contrato, tanto que não se permitia ao sobrevivente revogar ou substituir o que estipulara; perdia, em tal caso, as vantagens auferidas com a liberdade do cônjuge pré-morto.

O Projeto de Código Civil, de Clovis Bevilacqua, vedava explicitamente, no artigo 1.791, o testamento conjuntivo ou de *mão comum*, sob todas as suas formas, ou seja, quer fosse simultâneo, recíproco ou correspectivo. A providência razoável vingou e prevaleceu no artigo 1.630 do Código Civil de 1916, hoje, artigo 1.863.

A manutenção da proibição no novo Código deixa transparecer nitidamente a repugnância do legislador atual contra a possibilidade de mais de uma pessoa colaborar na realização de um ato jurídico por sua natureza essencialmente livre e unilateral, revogável e modificável até o momento da morte. Ora, a participação conjunta na manifestação de vontade, por certo, interfere naquelas características que, como vimos, são essenciais ao testamento.

É a violação do princípio do caráter unipessoal do testamento, globalmente contida no testamento conjuntivo, mais do que o perigo de violentação real ou concreta da vontade de um dos autores em alguma das cláusulas, que a lei pretende combater, por isso, o veda sob todas as formas; ou seja, quer simultâneo (quando os testadores dispõem, conjuntamente, em benefício de terceiro), quer recíproco[677] (no qual os testadores se instituem um ao outro, devendo ser herdeiro o que sobreviver), quer correspectivo (cujas disposições são feitas em retribuição de outras correspondentes).[678]

A questão que maior polêmica e maiores dificuldades levantava o regime dos testamentos de mão comum era a da sua revogação. Segundo doutrina de Terré Lequette, na França, a tradição romana, longamente acompanhada pela tradição do *Ancien droit*, não era desfavorável ao testamento conjuntivo. Mas, porque a incerteza reinava sobre o destino desta forma de testamento, após a morte de um de seus autores e sobre a possibilidade, para o sobrevivente, de revogar então os legados atribuídos a um terceiro, a *Ordonnance* de 1735, devida ao chanceler Daguesseau, proibiu o testamento conjuntivo. A extensão da reforma

---

[677] *"Trata-se de dois testamentos, um do falecido para a ex-sócia e concubina, deixando cotas de duas empresas de comércio de jóias, e outro, dela para ele, nas mesmas condições. Como são atos distintos, em que cada qual espontaneamente deixou expressa sua vontade, não se aplica a proibição do art. 1.630 do CC. Outrossim, o fato de a ré, após um ano ter revogado o testamento anteriormente feito, ao argumento de que decidira vender suas cotas, não invalida o testamento remanescente que restou inalterado"* (STJ, REsp. n° 88.388/SP, 4ª T., rel. Min. Aldir Passarinho Junior, j. em 05.10.2000).

[678] *"TESTAMENTO – Ato personalíssimo de manifestação de vontade – Testamento conjuntivo – Inocorrência – Ato do de cujus, deixando suas cotas para sua ex-sócia e concubina, e outro por ela feito – Manifestações de vontade distintas em que cada um compareceu individualmente para expressar seu desejo sucessório – Inaplicabilidade do art. 1.630 do CC. Ementa: O testamento é consubstanciado por ato personalíssimo de manifestação de vontade quanto à disponibilização do patrimônio do testador, pelo que pressupõe, para sua validade, a espontaneidade, em que titular dos bens, em solenidade cartorária, unilateral, livremente se predispõe a destiná-los a outrem, sem interferência, aos menos sob o aspecto formal, de terceiros. O art. 1.630 do Lei Substantiva Civil veda o testamento conjuntivo, em que há, no mesmo ato, a participação de mais alguém além do testador, a indicar que o ato, necessariamente unilateral na sua realização, assim não o foi, pela presença direta de outro testador, a descaracterizá-lo com o vício da nulidade. Não se configurando, na espécie, a última hipótese, já que o testamento do de cujus, deixando suas cotas para sua ex-sócia e concubina, e o outro por ela feito, constituíram atos distintos, em que cada um compareceu individualmente, para expressar seu desejo necessário, inaplicável, à espécie, a cominação prevista no referenciado dispositivo legal, corretamente interpretado pelo Tribunal a quo". RT, 787: 189.*

ultrapassava a razão que havia inspirado esta, já que não era somente o testamento conjuntivo em proveito de um terceiro que passava a ser proibido, mas também o testamento conjuntivo mútuo.

Foram considerações dessa natureza que levaram o legislador francês a proibir a hipótese no artigo 968 do *Code Civil*. Bigot de Préameneu, um dos redatores convocados por Napoleão, assim se expressou sobre o testamento conjuntivo: "Permitir sua revogação corresponde a violar o princípio da reciprocidade; declará-lo irrevogável é mudar a natureza do testamento que, neste caso, deixa de ser realmente um ato de última vontade. Era necessário proibir uma forma incompatível, quer com a boa-fé, quer com a natureza dos testamentos."[679]

Preservando-se o caráter revogável, que é da essência do testamento, impede-se, proibindo o testamento conjuntivo, que a boa-fé de um dos testadores seja burlada pela revogação posterior do testamento, sem que a outra parte tenha tomado conhecimento do ato. Em outras palavras, evita-se um acordo infrajurídico mais ou menos difuso que seria demais difícil evitar.

Assente a premissa inconteste da proibição dos testamentos de mão comum, dizem Pires de Lima e Antunes Varela, "não pode, entretanto, na sua aplicação prática, ignorar-se a relativa frequência com que, ainda hoje, os testamentos de marido e mulher são concertados entre os cônjuges. (...) em numerosos destes casos, é notória a ligação psicológica, essencial entre certas cláusulas de um dos testamentos e determinadas disposições de outro. (...) Nestes casos, ou de casos semelhantes, não haverá nulidade por violação do dispositivo legal, desde que, formalmente, não haja um só testamento, apesar de ser visível a

---

[679] TERRÉ, F. e LEQUETTE, Y. Obra citada, p. 297.

simultaneidade dos dois atos de testar, ou seja, porventura manifesta a ligação psicológica existente entre as cláusulas de um e outro".[680]

Seção II
Do Testamento Público

Art. 1.864. São requisitos essenciais do testamento público:
I – ser escrito por tabelião ou seu substituto legal em seu livro de notas, de acordo com as declarações do testador, podendo este servir-se de minuta, notas ou apontamentos;
II – lavrado o instrumento, ser lido em voz alta pelo tabelião ao testador e a duas testemunhas, a um só tempo; ou pelo testador, se o quiser, na presença destas e do oficial;
III – ser o instrumento, em seguida à leitura, assinado pelo testador, pelas testemunhas e pelo tabelião.
Parágrafo único. O testamento público pode ser escrito manualmente ou mecanicamente, bem como ser feito pela inserção da declaração de vontade em partes impressas de livro de notas, desde que rubricadas todas as páginas pelo testador, se mais de uma.

Direito anterior – Art. 1.632 do Código Civil de 1916.
Art. 1.632. São requisitos essenciais do testamento público:
I – Que seja escrito por oficial público em seu livro de notas, de acordo com o ditado ou as declarações do testador, em presença de cinco testemunhas;
II – Que as testemunhas assistam a todo o ato;
III – Que, depois de escrito, seja lido pelo oficial, na presença do testador e das testemunhas, ou pelo testador, se o quiser, na presença destas e do oficial;
IV – Que, em seguida à leitura, seja o ato assinado pelo testador, pelas testemunhas e pelo oficial;

---

680 PIRES DE LIMA e ANTUNES VARELA. Obra citada, p. 291.

Parágrafo único. As declarações do testador serão feitas em língua nacional.

Direito comparado – No Código Civil francês (arts. 971 a 974)[681] e no Código Civil português (art. 2.205).[682] No direito argentino (arts. 3.651 a 3.654) e no direito uruguaio (arts. 793-800).

COMENTÁRIO

A leitura do novo dispositivo legal nos indica, de imediato, as principais alterações ocorridas no rigorismo excessivo do testamento público de 1916 e que ganha, agora, uma maior flexibilidade e operacionalidade tendente à sua maior utilização e aplicação.

Assim, relativamente ao testamento público, admite-se que possa utilizar-se o testador de "minutas, notas ou apontamentos"; a substituição de cinco testemunhas por "duas testemunhas", a possibilidade do testamento ser escrito manualmente, ou "mecanicamente", bem como ser feito "pela inserção da declaração de vontade em partes impressas de livro de notas, desde que rubricadas todas as páginas pelo testador, se mais de uma." No eixo, diminuição do número de testemunhas e a

---

[681] *"Art. 971. Le testament par acte public est reçu par deux notaires ou par un notaire assisté de deux témoins."*
"Art. 972. Si le testament est reçu par deux notaires, il leur est dicté par le testateur; l'un de ces notaires l'écrit lui-même ou le fait écrire à la main ou mécaniquement.
S'il n'y a qu'un notaire, il doit également être dicté par le testateur; le notaire l'écrit lui-même ou le fait écrire à la main ou mécaniquement.
Dans l'un et l'autre cas, il doit en être donné lecture au testateur.
Il est fait du tout mention expresse."
"Art. 973. Ce testament doit être signé par le testateur en présence des témoins et du notaire; si le testateur déclare qu'il ne sait ou ne peut signer, il sera fait dans l'acte mention expresse de sa déclaration, ainsi que de la cause qui l'empêche de signer."
"Art. 974. Le testament devra être signé par les témoins et par le notaire."

[682] *"Art. 2.205. É público o testamento escrito por notário no seu livro de notas."*

lavratura por meios eletrônicos, se esgota, em princípio, as principais alterações do novo texto.

No inciso primeiro, as principais alterações se encontram na substituição da expressão "escrito por oficial público"[683] (redação do Código de 1916) por "escrito por tabelião ou seu substituto legal", na primeira parte do inciso, e, logo depois, a substituição da expressão "ditado" (também do Código de 1916) e que gerava enormes e infinitas discussões em sede doutrinária e jurisprudencial, pela nova possibilidade do uso de "minutas, notas ou apontamentos".

A expressão "oficial público" designativo genérico, mais amplo e extenso (porque abrange escrivães, oficiais de registro de imóveis, de protesto de letras, contadores, leiloeiros etc.), passa a ser, acertadamente, substituída por "tabelião." Já era a expressão empregada por Bevilácqua, no Projeto primitivo.

Tabelião é o oficial público que exerce, em caráter privado e por delegação do Poder Público, a função de redigir, fiscalizar e instrumentar atos e negócios jurídicos, atribuindo-lhes autenticidade e fé pública.

O tabelião é também chamado notário (*notaire*, no direito francês), expressão empregada pelo direito canônico e que se espalhou no direito europeu continental (França, Alemanha, Bélgica, Suíça, Portugal, Espanha, Itália), daí se popularizando a partir do sistema codificado.

Em matéria de testamento, a expressão tabelião é mais correta, já que, dentre os oficiais públicos, apenas o tabelião tem "livro de notas". No Brasil, os Códigos de Organização Judiciária dos Estados estabeleceram que a lavratura do testamento público é de competência do tabelião, do titular do cartório.

---

683 Ver, nesse sentido, o artigo de Simão Isaac Benjó, "O significado da expressão 'oficial público' no artigo 1.632, I, do Código Civil." In: *Rev. de Dir. da Proc. Geral da Justiça do Rio de Janeiro*, nº 15, pp. 69-73.

Mais precisa, pois, a aplicação da terminologia apropriada – tabelião – para situação específica – testamento. Mas, como nos Cartórios há também a figura do tabelião substituto (para atender a eventuais emergências), o legislador houve por bem admitir a possibilidade de interferência do seu substituto legal ("tabelião titular, ou tabelião substituto") evitando as infinitas polêmicas que a hipótese de atuação ensejava. Claro está – e a precedência do inciso deixa clara a prevalência de um sobre o outro – que, se num cartório há o tabelião titular, no pleno exercício da serventia, não está autorizado o substituto a lavrar o testamento, e a ocorrência da hipótese gera a nulidade irremediável do testamento, não só ante o rigorismo do texto, mas ante o formalismo e solenidade, anteriormente vistos, que dominam toda a matéria testamentária.

O Código Civil francês dispõe no artigo 971 que "*o testamento por ato público é recebido por dois notários ou por um notário assistido por duas testemunhas*" (com a redação dada pela Lei de 08 de dezembro de 1950). E o artigo 972 complementa que: "*se o testamento é recebido por dois notários, ele lhes é **ditado** pelo testador; um dos quais escreverá ele mesmo ou o fará escrever à mão ou mecanicamente*" (grifamos). Ou seja, o direito francês permite que o testamento público, embora recebido pelo notário, seja escrito por este, pessoalmente (primeira hipótese) ou por outra pessoa, sob sua fiscalização (segunda hipótese).

Além do tabelião, são competentes para lavrar testamento público: as autoridades diplomáticas, conforme prevê o art. 18 da Lei de Introdução (sendo então chamado testamento consular), os escrivães distritais e escrivães de paz, ambos exercendo a função notarial em decorrência de atribuição legal, e, ainda, o oficial maior do tabelionato e o escrevente legalmente investido em tais funções tabelionais.

A atual redação do inciso I do artigo 1.864 tem sua origem no Anteprojeto de Código Civil, revisto e elaborado pela comissão supervisionada por Miguel Reale e tendo sido publicado em 1973. Ali estabeleceu-se como requisito essencial[684] do testamento público ser escrito por oficial público em seu livro de notas, de acordo com as declarações do testador, podendo servir-se de minuta, notas ou apontamentos. Na Câmara, porém, o Projeto de Código Civil, ao regular o assunto no então artigo 1.892, I, previa como requisito essencial do testamento público ser escrito por tabelião ou seu substituto legal, de acordo com as declarações do testador, podendo este servir-se de minuta, notas ou apontamentos. Foi essa versão a que predominou em manifesta vantagem à operacionalização do testamento público.

Ao tabelião compete reproduzir fidedignamente a vontade manifestada pelo testador, guardando, tanto quanto possível, fidelidade com o querer do testador. Mas, certamente, como se trata de reproduzir o pensamento e a vontade alheios, o ato pode vir acompanhado de imperfeições, esquecimentos e até enganos, cabendo ao tabelião ressalvá-los ao fim da escritura e antes das assinaturas das testemunhas. Logo, eventuais rasuras, borrões ou outros pequenos detalhes que não comprometem a essência do ato não viciam nem invalidam todo o testamento.

---

684 *"Testamento público – Requisitos formais e solenes*. O testamento público reveste-se de requisitos formais e solenes que devem ser obedecidos plenamente, elencados nos arts. 1.632 a 1.635 do Código Civil, sendo que ausência de um deles acarreta a nulidade deste. A declaração de viva voz *pelo testador é um dos pressupostos necessários e indispensáveis para a validade do testamento público"* Boletim COAD – ADV, n° 21 (2002), p. 330, Em. n° 101.641. Ver, ainda: *RT*, 603: 227; *RT*, 790: 378; *RT*, 787: 223; *RF*, 280: 226; *RDP*, 7: 257; *RT*, 590: 272; *RT*, 575: 202; *RT*, 569: 52; *RT*, 569: 214; *RT*, 609: 206; *RT*, 625: 59; *RT*, 697: 157; *RT*, 687: 71; *RT*, 687: 80; *RT*, 716: 255; *RT*, 681: 93; *RT*, 617: 238.
*"Testamento público – **Ausência de assinatura de uma das testemunhas instrumentárias** – **Nulidade** – **Inocorrência** – Vício que autoriza o impedimento do seu registro, mas não a declaração de sua invalidade. Questão que não pode ser discutida no procedimento de registro, por ser este de jurisdição voluntária, sedo necessário remetê-la pata a via contenciosa – Inteligência do art. 1.632, IV, do CC* (TJSP, Ap. n° 226.662-4/3, 3ª Câm., j. em 19.03.2002, rel. Des. Waldemar Nogueira Filho, *In*: *RT*, 802:2115).

Nesse sentido já se manifestara a voz autorizada de Orosimbo Nonato observando "ser desinfluente o vício em parte insubstancial do instrumento e que não altere enunciações ou cláusulas testamentárias, nem suscite suspeitas".[685] E, ainda, em relação às partes substanciais: "Ainda em parte substancial, às vezes, os vícios extrínsecos assinalados não devem levar à nulidade do ato."[686]

No inciso II do citado artigo o legislador insere novidade que há muito se fazia sentir em matéria testamentária, isto é, a redução do número excessivo de testemunhas, agora, em número de apenas duas, contra as cinco anteriormente previstas.

Por que duas e não três? É a questão que se impõe *ab initio*. Tudo indica que o número de duas testemunhas tenha sido fixado com base em tradição histórica que nos foi legada pelo direito português. Com efeito, as Ordenações Filipinas (L. 1, T. 8, § 6º) dispunham que, se os tabeliães não conheciam alguma das partes que queriam formar contratos, as escrituras não deveriam se concretizar, salvo se as partes apresentassem duas testemunhas dignas de fé, que as identificasse. Teixeira de Freitas, na Consolidação das Leis Civis, já retomara a tradição portuguesa ao afirmar, no artigo 386, § 3º, que, para a validade e solenidade das escrituras, as mesmas deviam conter a declaração de conhecer o tabelião as partes, ou de serem estas conhecidas de duas testemunhas,

---

685 Sobre a nulidade dos testamentos ver os artigos de: Bruno de Mendonça Lima Junior, "Nulidade de testamento (Bens deixados a entidade com sede no estrangeiro – Condição impossível e ilícita – Ação dos herdeiros)". *RT*, 621: 62-65; Paulo Ferreira Rodrigues e Simão Isaac Benjó, "Nulidade de Testamento. Acolhimento" (Parecer). *Rev. de Dir. da Proc. Geral da Justiça do Rio de Janeiro*, vol. 15, nº 15, pp. 140-146; Arnoldo Wald. "Nulidade de testamento na deserdação e seus efeitos" (Parecer), *RT*, 540: 3-48).

686 NONATO, Orosimbo. Obra citada, p. 224.

dignas de fé. Resgatava-se uma praxe portuguesa que faria escola no direito brasileiro.[687]

Silenciou, sem razão, o legislador pátrio, quanto à matéria da aposição da data e local da lavratura do testamento, persistindo a dúvida sobre a natureza dos requisitos elencados no artigo 1.864 do novo Código Civil. Em outras palavras, não são requisitos únicos ou exclusivos, devendo ser observados também os requisitos gerais da escritura pública, tal como determina o artigo 215, § 1º, quando elenca que tal documento público deve conter certos requisitos, além de outros previstos em lei especial?

A inserção da data é da maior relevância e põe fim à tormentosa dúvida de se determinar qual testamento é anterior e qual é posterior. Além disso, a data é fundamental para se resgatar a efetiva capacidade do testador no momento da lavratura do ato. Sendo ato formal e solene, qualquer modalidade de testamento deveria se submeter à determinação da data. Lamentavelmente, em oposição ao que ocorre no direito estrangeiro, não foi a linha seguida pelo legislador nacional.

Assim, só a título de exemplo, o Código Civil italiano exige que no testamento conste, além do local, a data e a hora em que foi assinado,

---

687 "*TESTAMENTO – Nulidade – Vícios formais – Inocorrência – Ato realizado na presença de cinco testemunhas – Possibilidade, ademais, de a disposição de última vontade ser realizada fora das dependências do tabelionato – Inteligência do art. 1.632 do CC/1916 [art. l.864 do CC/2002].*
Ementa Oficial: Testamento público – Pleito anulatório fundado na alegação de vícios formais – Reconhecimento da legitimidade ativa e de falta de interesse processual – Extinção do processo sem julgamento do mérito – Julgamento antecipado da lide – Ausência de cerceamento defensório – Preliminar de nulidade da sentença afastada – Inocorrência de infração aos requisitos do art. 1.632 do CC/1916, vigente à época – Presença das cinco testemunhas na leitura do testamento – Possibilidade de o ato testamentário ser realizado fora das dependências do Tabelionato – Manutenção da decisão – Recurso adesivo quanto à verba honorária – Acolhimento parcial para sua majoração com aplicação, nessa parte, do art. 509 do CPC – Recurso de apelação improvido, provido parcialmente o recurso adesivo" (*In*: RT, 870:211-212).

conforme dispõe o artigo 603 (*"Il testamenti deve indicare il luogo, la data del ricevimento e l'ora della sottoscrizione, ed essere sottoscrito dal testatore, dai testimoni e dal notario"*). No mesmo sentido o Código Civil alemão (BGB), que, no § 2.241, 1, também se reporta à exigibilidade da indicação da data da lavratura.

No Brasil, entretanto, a doutrina se dividiu sobre a exigibilidade da inserção da data, entendendo uns que ela é dispensável e outros, ao contrário, que é fundamental.

Favorável à necessidade da inserção da data no testamento, a doutrina de Gama,[688] para quem a data é uma formalidade indispensável; de Ferreira Alves,[689] segundo o qual a falta da data nos testamentos acarreta nulidade do ato, e Azevedo,[690] entendendo que a indicação da data é da substância do ato.

Em posição oposta, a doutrina de Orlando Gomes,[691] para quem a omissão da data não prejudica a validade do testamento público; Pereira,[692] que desvincula dos elementos essenciais a inserção da data; Orosimbo Nonato,[693] que reconhece a importância da data, mas acaba concluindo pela inexistência de nulidade do ato; Arnoldo Wald,[694] que, num primeiro momento, parece se inclinar pela necessidade da inserção, concluindo, depois, que a ausência de menção da data e do lugar em que foi lavrado o testamento não importa em nulidade do mesmo; e, finalmente, Pontes de Miranda, reconhecendo que a aceitação de nu-

---

688 GAMA, Affonso Dyonisio. *Tratado Teórico e Prático dos Testamentos*, 1920, p. 42.
689 FERREIRA ALVES. "Da sucessão testamentária." *In*: *Manual do Código Civil brasileiro*. Rio de Janeiro, 1917, vol. XIX, p. 104.
690 AZEVEDO, Manoel Ubaldino de. *Teoria e Prática dos Testamentos*, 1965, p. 77.
691 GOMES, Orlando. Obra citada, p. 130.
692 PEREIRA, Caio Mário da Silva. Obra citada, p. 157.
693 NONATO, Orosimbo. Obra citada, p. 216.
694 WALD, Arnoldo. Obra citada, p. 101.

lidade, decorrente da ausência da data, importaria criação de nulidades onde a lei não as aponta.

Se, no entanto, o Código Civil, no artigo 215, § 1º, dispõe textualmente que: *"Salvo quando exigidos por lei outros requisitos, a escritura pública deve conter"*, tratando-se de testamento público, há de se atender tanto os pressupostos legais destinados ao negócio jurídico do testamento como os requisitos gerais exigidos para as escrituras públicas. É o entendimento de Zeno Veloso, que, em alentada e erudita monografia, assim se manifesta: "Sendo o testamento público um ato notarial, um instrumento público, uma espécie de escritura pública, além dos requisitos específicos que o Código enumera para a validade do mesmo, devem ser observados, também, os requisitos para as escrituras públicas em geral, apontados nos parágrafos do art. 134 (hoje, art. 215) do Código Civil brasileiro (...). Nossa opinião é a de que devem ser observados os requisitos gerais das escrituras públicas, e, obviamente, os requisitos especiais relativos ao negócio jurídico do testamento."[695] Conclui, ainda o civilista paraense, propondo redação mais de acordo com o sistema nacional, nos seguintes termos: "Salvo quando exigidos por lei outros requisitos, a escritura pública deve conter os que ele discrimina como essenciais."[696]

O parágrafo único do artigo sob comento também silenciou sobre a necessidade do testamento ser redigido "em língua nacional" (como constava, originariamente, no parágrafo único do artigo 1.632). A omissão, porém, não abre margem à exegese mais ampla: no Brasil não se pode outorgar testamento público em idioma estrangeiro, vez que os atos públicos só se admitem em língua portuguesa. Até os escritos de

---

695 VELOSO, Zeno. *Testamentos de acordo com a Constituição de 1988*. Belém do Pará: Cejup, 1993, p. 137.
696 VELOSO, Zeno. *Idem*, 139.

obrigação redigidos em língua estrangeira serão, para ter efeitos legais no país, vertidos em português (art. 224).

Isso não quer dizer, como bem ressaltou Veloso, que só podem fazer testamento público os que conseguem se expressar em português escorreito, perfeito. Independente de eventuais defeitos, equívocos e dificuldades, o fundamental é que o testador consiga exprimir em língua portuguesa sua vontade ao tabelião.[697]

O inciso II do artigo 1.864 reafirma a necessidade do testamento ser feito *uno contextu,* isto é, o ato testamentário deve ser pautado pela unidade, com a reunião e a presença simultânea do tabelião, do testador e das testemunhas, do início ao fim da solenidade, sem interrupções e lacunas. Por isso o inciso se refere à leitura em voz alta pelo tabelião ao testador e a duas testemunhas, *a um só tempo.*

O rigorismo legal não deve, porém, ser levado ao pé da letra, admitindo exceções sempre que não comprometerem a essência do ato e a fiel vontade manifestada pelo testador.[698] Assim, interrupções decor-

---

697 Nesse sentido, *RF*, 94/303; *RF*, 248/209; *RT*, 171/191, *RT*, 267/533.
698 "*Civil. Sucessão. Testamento. Formalidade. Extensão.* O testamento é um ato solene que deve submeter-se a numerosas formalidades que não podem ser descuradas ou postergadas, sob pena de nulidade. Mas todas essas formalidades não podem ser consagradas de modo exacerbado, pois sua exigibilidade deve ser acentuada ou minorada em razão da preservação dos dois valores a que elas se destinam – razão mesma de ser do testamento –, na seguinte ordem de importância: o primeiro, para assegurar a vontade do testador, que já não poderá mais, após o seu falecimento, por óbvio, confirmar a sua vontade ou corrigir distorções, nem explicitar o seu querer que possa ter sido expresso de forma obscura ou confusa; o segundo, para proteger o direito dos herdeiros do testador, sobretudo dos seus filhos. Recurso não conhecido (STJ – REsp. nº 302.767, 4ª Turma, rel. César Asfor Rocha, *DJ* de 24.09.2001, p. 313)."
Ainda:
"*Anulação de testamento.* Reconhecimento da debilidade do testador portador de mal de Alzheimer e arteriosclerose por ocasião da lavratura do testamento: o eloquente laudo de exame médico mostra o avançado grau da doença degenerativa atingida depois de inexorável e triste evolução, observada a participação de outros médicos na construção do diagnóstico. *Recurso não provido*" (TJSP, Ap. nº 511.172-4/0-00, rel. Des. Gilberto de Souza Moreira, j. em 12.09.2007).

rentes de falta de energia elétrica, ou da necessidade de se afastar para atender ligação telefônica, ou mesmo para atender a uma necessidade corporal do tabelião, não comprometem o ato.[699]

Embora a lei seja clara quanto aos requisitos essenciais, a jurisprudência tem-se manifestado vacilante quanto à exigibilidade dos mesmos, revelando-se ora liberal e benevolente,[700] ora rigorosa e extrema.[701]

Nem uma nem outra tendência parece deter a razão na controvertida matéria, devendo se examinar as circunstâncias de cada caso, apreciando faticamente cada situação, dominados pelo bom senso e pela razoabilidade. "Louvamos a doutrina e jurisprudência que não fulminam de nulidade o testamento em que ocorreram breves e passageiras ausências das testemunhas, observadas, é claro, as circunstâncias de cada caso. Mas não vemos como aceitar a tese em prol da validade de um testamento em que as testemunhas não assistiram à redução a escrito (e já não tinham presenciado as declarações orais do testador) sem que isto importe em flagrante desrespeito à expressa norma legal."[702]

---

[699] "*TESTAMENTO – Ação de anulação – Declaração do testador – Lavratura por tabelião – Leitura perante cinco testemunhas – Ausência ligeira de algumas delas – Irrelevância – Cumprimento das formalidades legais – Nulidade afastada.* Válido é o testamento público escrito por tabelião com base nas declarações do testador e lido em voz alta na presença de cinco testemunhas. Tendo as testemunhas permanecido, durante a realização do ato, o tempo suficiente para atestar a autenticidade e validade das declarações, irrelevante se torna a ausência ligeira de algumas delas. Ementa oficial: Testamento. Nulidade. Não é nulo o testamento escrito por tabelião com base nas declarações do testador, em presença de cinco testemunhas e lido em voz alta, sendo irrelevante o grau de atenção que ditas testemunhas tenham dispensado ao ato, desde que o tenham compreendido." (RT, 596: 169).

[700] "*Não há falar em nulidade do ato simplesmente porque se registraram rápidas ausências, quando da feitura material do testamento, ora de uma, ora de outra testemunha, desde que todas elas ouviram as declarações do testador, certificando-se, depois, presentes também à leitura do ato, de que fielmente respeitada foi a vontade manifestada*" (RF, 143/363).

[701] "É nulo o testamento público se todas as testemunhas não acompanharam todo o ato, ausentando-se algumas delas, ainda que ligeiramente" (RE nº 106.890-PR, rel. Min. Oscar Corrêa, 1ª Turma do STF, pub. no DJ de 04.09.87, p. 18.288).

[702] VELOSO, Z. Obra citada, p. 147.

Novidade cuja ausência de há muito se fazia sentir em matéria testamentária diz respeito à possibilidade de o testador se servir de minuta, notas ou apontamentos. Sempre foi a praxe na realidade brasileira, ainda que não reconhecida no texto legal, ganhando, agora, especial relevo no *in fine* do inciso primeiro do artigo 1.864. Se o tabelião recebe o *ditado* (assim se referia o texto do Código Civil de 1916) ou *as declarações do testador* (expressão constante tanto no Código de 1916 como no atual) e a doutrina já era acorde no sentido de que ao enunciar sua vontade podia o testador recorrer a anotações (minuta, notas ou apontamentos) ou ler o que trazia escrito, o novo texto apenas endossou uma tendência que já vinha se manifestando com frequência no direito brasileiro.

Nada mais fez o novo texto senão legitimar uso corrente em nossa realidade nacional. E andou próximo da realidade porque é praticamente impossível o outorgante lembrar-se de todos os detalhes de sua vontade, sem lançar mão de anotações que lhe facilitam o direcionamento das ideias e o resgate integral de sua vontade.

Evidente que a ocorrência de anotações não libera o testador da obrigatoriedade da leitura. Pode entregar a minuta, ou as notas ou os apontamentos, mas é essencial que ele leia o documento declarando o que nele se contém em linhas gerais. Ou, como já ressaltara Veloso, "o testador pode levar a minuta, mas tem de lê-la para o tabelião, ante as testemunhas, ou, ao menos, declarar de viva voz o que nela se contém (ainda que sem minúcias), e não apenas que o que ela contém é a sua última vontade".[703]

A leitura do artigo 1.864 do Código Civil não deixa margem para a mais leve dúvida: são requisitos essenciais do testamento público que seja escrito pelo tabelião em seu livro de notas, de acordo com as de-

---

703 VELOSO, Z. Obra citada, p. 153.

clarações do testador (art. 1.864, I), em presença de duas testemunhas, a um só tempo (art. 1.864, II).

A presença das testemunhas, que assistem a todo o ato, é fundamental, bastando para tanto considerar que as disposições (ou seja, a vontade do testador) são transmitidas oralmente ao tabelião, passando pela redação da escritura, leitura e assinatura do testamento (art. 1.864, III).

O requisito da leitura, anteriormente referido no artigo 1.632, III, do Código de 1916 revela-se mais explícito no atual Código, prevendo que, lavrado o instrumento, deve ele ser lido em voz alta pelo tabelião ao testador e às duas testemunhas, *a um só tempo*, ou pelo testador, se o quiser na presença destas e do tabelião (art. 1.864, II).

Ainda o novo Código faz referência expressa à possibilidade de escrito manual ou mecânico (parágrafo único do art. 1.864), adaptando-se à natural evolução e conquista científica que dominou, praticamente, todos os setores da atividade humana. Seria impensável que se não admitisse a digitação de um testamento em época na qual o uso do computador se vulgarizou a tal ponto que é aparelho encontrável na maioria dos lares brasileiros.[704] Não se referiu, porém, ao uso de videocassete nos testamentos públicos, matéria já incontroversa no sistema norte-americano de sucessão.

Exige ainda, o novo dispositivo legal, que, em se tratando de inserção da declaração de vontade em partes impressas de livros de notas, sejam todas as páginas rubricadas pelo testador. É mais um recurso de que lança mão o legislador para garantir a fidedigna manifestação de vontade do testador, sem possibilidade de alteração de sua intenção original.

Por sugestão do então Dep. Ricardo Fiúza foi apresentado à Câmara dos Deputados Projeto de lei propondo o acréscimo de mais um

---

[704] Ver, nesse sentido, o artigo de Derek Knight, "Do testamento público em videocassete." *R. Inf. Leg.*, nº 73, pp. 175-178.

parágrafo ao art. 1.864, com a seguinte redação: "*A certidão do testamento público, enquanto vivo o testador, só poderá ser fornecida a requerimento deste ou por ordem judicial.*" Segundo Fiúza, o escopo do parágrafo sugerido busca "evitar que terceiros tenham acesso a um ato que, embora válido desde a data de sua confecção, só terá eficácia após a morte do testador. Não deve, pois, só porque chamado de 'público', ficar aberto, permitindo-se o seu acesso a qualquer pessoa.

No mesmo sentido, a doutrina portuguesa: "Note-se que a qualificação como público de um testamento não significa que ele esteja aberto desde logo ao conhecimento de todos: a publicidade, aqui, refere-se antes à oficialidade na sua autoria material. Enquanto o testador vive, o testamento é mantido secreto e só após a morte dele se poderá dar conhecimento a outras pessoas."[705]

1.865. Se o testador não souber, ou não puder assinar, o tabelião ou o seu substituto legal assim o declarará, assinando, neste caso, pelo testador, e, a seu rogo, uma das testemunhas instrumentárias.

Direito anterior – Art. 1.633 do Código Civil de 1916.
Art. 1.633. Se o testador não souber, ou não puder assinar, o oficial assim o declarará, assinando, neste caso, pelo testador, e a seu rogo, uma das testemunhas instrumentárias.

Direito comparado – No Código Civil francês (art. 973)[706] e no Código Civil português (arts. 2.206.2 e 2.208).[707] No direito argentino (arts. 3.660 a 3.662) e no direito uruguaio (art. 795).

---

705 ASCENSÃO, José de Oliveira. Obra citada, p. 63.
706 Vide *supra* nota de rodapé nº 512.
707 "*Art. 2.206.2. O testador só pode deixar de assinar o testamento cerrado quando não saiba ou não possa fazê-lo, ficando consignada no instrumento de aprovação a razão por que não o assina.*"

COMENTÁRIO

O artigo em questão repete o texto do artigo 1.633 do Código Civil de 1916 e engloba duas hipóteses distintas: ou o testador não sabe assinar (em decorrência de analfabetismo), ou o testador sabe assinar mas não pode assinar por qualquer motivo alheio à sua vontade (por doença, por impossibilidade instrumental, paralisia, tremores decorrentes do mal de Parkinson[708] etc.). Nesse caso, diz a lei, o tabelião (ou seu substituto legal) declarará a circunstância, assinando pelo testador, a seu rogo, juntamente com uma das testemunhas instrumentárias.

A "declaração" do tabelião, a que se refere a lei, não implica especificação da razão pela qual o testador deixa de assinar, mas é conveniente e prudente que assim se faça, para evitar eventuais problemas futuros. A razão expressa pode facilitar enormemente a solução de dúvidas, por vezes, insolúveis. Por isso, o Código Civil italiano se refere expressamente à razão no artigo 603 (*"Se il testatore non può sottoscrivere, o può farlo solo con grave difficoltà, deve dichiararne la causa, e il notario deve menzionare questa dichiarazione prima della lettura dell'atto"*). No mesmo sentido o disposto no artigo 3.662 (*in fine*) do

---

"*Art. 2.208. Os que não sabem ou não podem ler são inábeis para dispor em testamento cerrado.*"
O Código Civil português de 1867 referia-se expressamente sobre a matéria, no artigo 1916, que assim dispunha: "*Se o testador não souber, ou não puder escrever, o tabelião assim o declarará; devendo, neste caso, assistir à disposição seis testemunhas, qualquer das quais assinará a rogo do mesmo testador.*" Não há regra correspondente no atual Código, sendo a matéria apenas versada em relação ao testamento cerrado, nos artigos 2.206 e 2.208.

708 "*Testamento. Pedido de confirmação. Testadora analfabeta e com mal de Parkinson. Dúvidas quanto à elaboração do documento e imprecisão das testemunhas, Necessidade de testamento público. Inobservância, ademais, dos § 1º e § 2º do art. 1.876 do Código Civil. Sentença de improcedência mantida. Recurso improvido*" (TJSP, Ap. nº 512.319.4/9-00, rel. Des. Caetano Lagrasta, j. em 05.09.2007).

Código Civil argentino (*"El escribano deve expressar la causa porque no puede firmar el testador"*).

Quem assina a rogo do testador não é uma terceira pessoa, convocada para esse fim específico, mas sim uma das testemunhas instrumentárias, ou seja, uma testemunha que, com os demais, esteve presente a todo o ato. Vale ressaltar, entretanto, "a existência de julgados estabelecendo que não determina a nulidade do testamento o ter ele sido assinado, a rogo do testador, por pessoa que não estava incluída entre as (...) testemunhas instrumentárias, exigindo-se, todavia, que tal pessoa, que assinou a rogo, tenha estado presente e assistido a todo o ato".[709]

Embora a lei não se refira à hipótese, é regra comum ao mundo notarial – informa-nos Veloso – apor à margem do texto a impressão digital do testador analfabeto ou que não pode assinar. É medida cautelosa e de concretização singela que pode se manifestar preciosa em questionamentos futuros sobre a autenticidade do ato. Quem firma a rogo assina "por mão de outrem"; por isso, a aposição da digital cerca de maior segurança a autenticidade do ato e fidedignidade da vontade do testador.

A assinatura a rogo é feita uma só vez, bastando escrever antes de assinar: *"Por mim e a rogo do testador."* Se, porém a assinatura não se fizer acompanhar daquela forma sacramental, o ato não perde a validade, já que todas as circunstâncias já haviam sido referidas pelo tabelião, sob sua fé pública.[710]

---

709 VELOSO, Z. *Idem*, p. 172.
710 "***TESTAMENTO PÚBLICO. Ação de anulação – Incapacidade do testador não comprovada – Possibilidade de testemunha instrumentária assinar a rogo – Nulidade afastada. Sentença mantida – Recurso improvido – Inteligência do art. 1.633 do CC.*** *A falta de lucidez não se comprovou. Apenas os autores lançaram mão de fatores que não induzem a testar a incapacidade do doador. Os vícios destruidores de um ato jurídico precisam estar claros, patentes, marcadamente comprovados. Quanto às assinaturas, o Código Civil, art. 1.633, ordena que, não*

Embora haja uma nítida tendência para a abolição da assinatura a rogo nos testamentos, o novo Código Civil reproduziu a hipótese repetindo servilmente a disposição constante no Código de 1916. Mesmo as alterações que se impunham, quer por força das circunstâncias, quer por pressão doutrinária, como é o caso da declaração da *causa*, não foi agasalhada no novo texto. O silêncio legislativo causa estranheza, já que tanto o Anteprojeto Orlando Gomes (art. 813, parágrafo único) como o Projeto de 1965 (Orlando Gomes, Orosimbo Nonato e Caio Mário da Silva Pereira), no art. 725, parágrafo único, se referiam expressamente à formalidade que o oficial declararia a *causa* que impossibilitava o testador de assinar.

"Na verdade", salienta Veloso em crítica à hipótese repetida no novo Código Civil, "a assinatura a rogo nada acrescenta em favor da autenticidade e segurança do ato. Presentes o testador, o tabelião e as testemunhas, deveria certificar o notário, na escritura, que a mesma não será assinada pelo disponente, porque este não sabe ou não pode subscrever. Bastaria isso. Cumpridos, ademais, todos os requisitos legais, feita a leitura do ato, assinariam, normalmente, as testemunhas, confirmando todas as circunstâncias".[711]

Art. 1.866. O indivíduo inteiramente surdo, sabendo ler, lerá o seu testamento, e, se não o souber, designará quem o leia em seu lugar, presentes as testemunhas.

sabendo ou não podendo o testador assinar, uma das testemunhas fá-lo-á a rogo. Isto foi feito, de sorte que a nulidade não existiu. Não é necessária a intervenção de testemunha suplementar para assinar a rogo do testador" (RT, 687:71).

---

711 VELOSO, Z. *Idem*, p. 176.

Direito anterior – Art. 1.636 do Código Civil de 1916.

Art. 1.636. O indivíduo inteiramente surdo, sabendo ler, lerá o seu testamento, e, se não o souber, designará quem o leia em seu lugar, presentes as testemunhas.

Direito comparado – No Código Civil francês (art. 973) e no Código Civil português (art. 2.208). No direito argentino (art. 3.651), em sentido contrário; e no direito uruguaio (art. 797).

COMENTÁRIO

O novo Código Civil repete, no artigo 1.866, a redação do artigo 1.636 (do Código de 1916), permitindo o testamento do surdo.

A hipótese não foi aceita sem vacilações, durante a discussão doutrinária que precedeu a redação final do atual Código. Tanto o Anteprojeto Orlando Gomes (art. 814, 2º) quanto o Projeto de 1965 (art. 7.270) se posicionaram restritivamente em relação à possibilidade: entendiam ambos que a pessoa inteiramente surda só poderia testar em instrumento público se soubesse ler, sendo necessária a leitura do testamento, pelo testador, com o aval do tabelião.

Sem razão as propostas ali estampadas, uma vez que a tendência do direito atual é facilitar o acesso de todos à testamentificação, desde que o outorgante possa, de alguma maneira, exprimir a sua vontade. O surdo, mesmo não sabendo ler, fala, expressa-se oralmente, podendo, pois, servir-se, sem problemas, do testamento público.

A regra, em matéria de testamento público, continua sendo a de que está habilitado a testar publicamente aquele que puder, de viva voz, fazer as suas declarações e verificar, pela leitura, se as mesmas foram integralmente cumpridas. No caso da surdez, a deficiência física em nada atinge a manifestação de viva voz. O que já não ocorre no caso do surdo-mudo, que não pode, absolutamente, fazer testamento público.

O Código Civil permite, pois, que o surdo faça testamento público; ele mesmo, de viva voz, ditará ou declarará a sua manifestação de vontade ao tabelião, na presença das duas testemunhas. Se o surdo souber ler, ele mesmo fará a leitura de seu testamento. Se não souber ler, a leitura será feita por outra pessoa especialmente designada pelo testador.

O Código silenciou se esta pessoa deve ser uma testemunha instrumentária (portanto, alguém que presenciou todo o ato, desde o começo) ou se pode ser uma terceira pessoa que, não necessariamente, acompanhou a lavratura do testamento.

Para Itabaiana de Oliveira, a leitura deve ser feita por uma testemunha suplementar: "... A pessoa designada para proceder à leitura do testamento ao surdo não pode ser uma testemunha instrumentária. Há de ser uma testemunha suplementar, que procederá à leitura na presença das instrumentárias."[712] Em sentido oposto a doutrina de Bevilacqua, segundo a qual "não é necessário que a pessoa designada para ler seja uma testemunha suplementar. Poderá ser uma das intrumentárias, que devem estar reunidas para ouvir a leitura".[713]

Estranha a postura doutrinária de Bevilacqua se atentarmos à noção maior de sistema; o Código Civil, em todos os casos em que a testemunha instrumentária deve executar uma tarefa pelo testador, declarou, expressamente, que ela é que o faria. Assim, no artigo 1.865, se o testador não sabe ou não pode assinar, assinará a rogo uma das testemunhas instrumentárias.

No caso, entretanto, do surdo e do cego (respectivamente, arts. 1.866 e 1.867), o legislador, ao empregar o verbo *designar*, deixa clara a intenção de que o testador indique a pessoa que fará a leitura. E

---

712 OLIVEIRA, Itabaiana de. Obra citada, p. 56.
713 BEVILACQUA, Clovis. *Comentários ao Código Civil*, p. 97.

é evidente que a designação acarreta participação de uma testemunha suplementar e não instrumentária.

Já era esta a posição de Pontes de Miranda, em plena vigência do Código Civil de 1916: "Estamos, por bem dizer, no âmago do nosso assunto: a *unitas actus*. Não que a unidade do ato só se refira à co-presença das testemunhas. A co-presença é de todos os figurantes: testador, oficial público, testemunhas. Se o testador é surdo, e não sabe ler o testamento, aquele que, designado por ele, o lê não precisa ter estado presente a todo o ato. Note-se a diferença entre os arts. 1.636 e 1.637."[714]

Se o surdo sabe ler, ele mesmo lerá o seu testamento.

Se o surdo não sabe ler, designará alguém para ler seu testamento.

Ainda, o surdo, em qualquer das duas hipóteses, deverá assinar o testamento, já que requisito essencial à validade do instrumento. Se, porém, não sabe ou não pode assinar, alguém deverá assinar por ele. É a regra geral do artigo 1.865 que aqui ressurge veemente. Certamente, não a pessoa que tenha, em seu lugar, feito a leitura, mas uma das testemunhas instrumentárias, conforme previsto no artigo 1.865, onde se regula exatamente a hipótese de o testador não saber ou não puder assinar. É a ideia de sistema que se impõe novamente, resgatando a coerência que deve pautar a boa exegese.

Art. 1.867. Ao cego só se permite o testamento público, que lhe será lido, em voz alta, duas vezes, uma pelo tabelião ou por seu substituto legal, e a outra por uma das testemunhas, designada pelo testador, fazendo-se de tudo circunstanciada menção no testamento.

---

714   PONTES DE MIRANDA, F. C. Obra citada, vol. 59, pp. 325-326.

Direito anterior – Art. 1.637 do Código Civil de 1916.

Art. 1.637. Ao cego só se permite o testamento público, que lhe será lido em alta voz, duas vezes, uma pelo oficial, e a outra por uma das testemunhas, designada pelo testador; fazendo-se de tudo circunstanciada menção no testamento.

Direito comparado – No Código Civil francês (art. 973) e no Código Civil português (art. 2.208). No direito argentino (art. 3.652) e no direito uruguaio (art. 798).

COMENTÁRIO

No direito brasileiro, o cego não pode fazer testamento cerrado nem particular, devendo socorrer-se do público, pela maior segurança que reveste esta forma de testar. Manifestada a vontade do cego e redigido o ato pelo tabelião, será a escritura lida, em voz alta, duas vezes, uma pelo tabelião e a outra por uma das testemunhas designada pelo cego. A dupla leitura do testamento público do cego tem finalidade específica: dar oportunidade ao cego de avaliar se o texto do testamento corresponde exatamente à sua manifestação de vontade. Como é sabido que a cegueira desenvolve enormemente outras faculdades do cego, especialmente a audição e o tato, a leitura dupla é meio do cego, em ouvindo, avaliar precisamente o conteúdo do documento. É, pois, formalidade especial e indeclinável. De sua preterição resulta nulidade do ato.

Quanto à assinatura do testamento, se o cego não souber assinar, firmará por ele uma das testemunhas instrumentárias, em decorrência do disposto no artigo 1.865, pré-citado, e que se refere, especificamente, à hipótese de impossibilidade de assinatura.

Questiona-se se o cego que sabe assinar está obrigado a fazê-lo. Responde afirmativamente Pontes de Miranda: "O cego que sabe assinar deve lançar no testamento a sua assinatura. Porque o art. 1.637 do Código Civil (atual art. 1.837) cogita de outras formalidades, e não se dispensa a forma que pode ser observada. Dispensar, só se deve, onde a necessidade evidentemente o obriga, ou se os princípios superiores prementemente o aconselham."[715]

Outros entendem que o cego não deve assinar, argumentando que a assinatura exige plena consciência do lugar onde se põe o pleno conhecimento do que se assina, o que inocorreria, na espécie da cegueira.

Melhor razão a doutrina razoável de Veloso que, sem pender radicalmente para uma ou outra direção, afirma: "No testamento do cego, objeto, inclusive, de formalidade a mais – a dupla leitura – se o testador sabe assinar, poderá fazê-lo. Porém, se a sua cecidade é alegada como grave dificuldade para opor a sua firma, isto equivale a não poder assinar, e aplicar-se-á à hipótese o previsto no art. 1.633 (atual 1.865), subscrevendo pelo testador cego uma das testemunhas, fazendo o tabelião de todos os fatos circunstanciados menção, até porque seria invocável, ao caso, a *impossibilia nemo tenetur*."[716]

Seção III
Do Testamento Cerrado

Art. 1.868. O testamento escrito pelo testador, ou por outra pessoa, a seu rogo, e por aquele assinado, será válido se aprovado pelo tabelião ou seu substituto legal, observadas as seguintes formalidades:

I – que o testador o entregue ao tabelião em presença de duas testemunhas;

---

715 PONTES DE MIRANDA, F. C. Obra citada, vol. 59, p. 29.
716 VELOSO, Z. Obra citada, p. 203.

II – que o testador declare que aquele é o seu testamento e quer que seja aprovado;

III – que o tabelião lavre, desde logo, o auto de aprovação, na presença de duas testemunhas, e o leia, em seguida, ao testador e testemunhas;

IV – que o auto de aprovação seja assinado pelo tabelião, pelas testemunhas e pelo testador.

Parágrafo único. O testamento cerrado pode ser escrito mecanicamente, desde que seu subscritor numere e autentique, com a sua assinatura, todas as páginas.

Direito anterior – Art. 1.638 do Código Civil de 1916.
Art. 1.638. São requisitos essenciais do testamento cerrado:
I – que seja escrito pelo testador, ou por outra pessoa, a seu rogo;
II – que seja assinado pelo testador;
III – que não sabendo, ou não podendo o testador assinar, seja assinado pela pessoa que lho escreveu;
IV – que o testador o entregue ao oficial em presença, quando menos, de cinco testemunhas;
V – que o oficial, perante as testemunhas, pergunte ao testador se aquele é o seu testamento, e quer que seja aprovado, quando o testador não se tenha antecipado em declará-lo;
VI – que para logo, em presença das testemunhas, o oficial exare o auto de aprovação, declarando nele que o testador lhe entregou o testamento e o tinha por seu, bom, firme e valioso;
VII – que imediatamente depois da sua última palavra comece o instrumento de aprovação;
VIII – que, não sendo isto possível, por falta absoluta de espaço na última folha escrita, o oficial ponha nele o seu sinal público e assim o declare no instrumento;
IX – que o instrumento ou auto de aprovação seja lido pelo oficial, assinando ele, as testemunhas e o testador, se souber e puder;
X – que, não sabendo, ou não podendo o testador assinar, assine por ele uma das testemunhas, declarando, ao pé da assinatura, que o faz a rogo do testador, por não saber ou não poder assinar;

XI – que o tabelião o cerre e cosa, depois de concluído o instrumento de aprovação.

Direito comparado – No Código Civil francês (art. 976)[717] e no Código Civil português (art. 2206).[718]

No direito argentino (arts. 3.666 e 3.667) e no direito uruguaio (arts. 801 a 803).

COMENTÁRIO[719]

O testamento cerrado, também conhecido como secreto ou místico, é de origem romana. Místico significa secreto. Portanto, o testamen-

---

717 *"Art. 976. Lorsque le testateur voudra faire un testament mystique, le papier qui contiendra les dispositions ou le papier qui servira d'enveloppe, s'il y en a une, sera clos, cacheté et scellé.*

Le testateur le présentera ainsi clos, cacheté et scellé au notaire et à deux témoins, ou il fera clore, cacheter et sceller en leur presence, et il déclarera que le contenu de ce papier est son testament, signé de lui, et écrit par lui ou par un autre, en affirmant, dans ce dernier cas, qu'il en a personnellement vérifié le libellé; il indiquera, dans tous les cas, le mode d'écriture employé (à la main ou mécanique).

Le notaire em dressera, en brevet, l'acte de suscription qu'il écrira ou fera écrire à la main ou mécaniquement sur ce papier ou sur la feuille qui servira d'enveloppe et portera la date et l'indication du lieu où il a été passé, la description du pli et de l'empreinte du sceau, et mention de toutes les formalités ci-dessus; cet acte sera signé tant par le testateur que par le notaire et les témoins. Tout ce que dessus sera fait de suite et sans divertir à autres actes.

En cas que le testateur, par un empêchement survenu depuis la signature di testament, ne puisse signer l'acte de suscription, il sera fait mention de la déclaration qu'il en aura fait et du motif qu'il en aura donné."

718 *"Art. 2.206 (Testamento cerrado).*

1. O testamento diz-se cerrado, quando é escrito e assinado pelo testador ou por outra pessoa a seu rogo, ou escrito por outra pessoa a rogo do testador e por este assinado.

2. O testador só pode deixar de assinar o testamento cerrado quando não saiba ou não possa fazê-lo, ficando consignada no instrumento de aprovação a razão por que o não assina.

3. A pessoa que assina o testamento deve rubricar as folhas que não contenham a sua assinatura.

1. O testamento cerrado deve ser aprovado por notário, nos termos da lei do notariado.

2. A violação do disposto nos números anteriores importa nulidade do testamento."

719 Ver os artigos de Arnoldo Wald: "Considerações sobre o testamento cerrado". *In*: *RDC*, 15:27; de Raul Floriano: "A capacidade para testemunharem o testamento cerrado os membros da administração da instituição ou fábrica legatária". *In*: *RF*, 607-608: 519, e, ainda, do mesmo autor: "A qualificação das testemunhas no testamento cerrado". *In*: *RF*, 539-540: 368.

to cerrado ou místico não é completamente secreto: ele o é mais que um testamento público porque seu conteúdo só é conhecido do testador; mas ele é menos secreto que um testamento hológrafo, já que sua existência é constatada por um ato notarial.

Surgido e desenvolvido em Roma, o testamento cerrado entrou na Espanha com a Lei das Sete Partidas, que a Lei de Toro atingira em complementos. Em Portugal está presente nas Ordenações Manuelinas e também nas Ordenações Afonsinas. Apareceu na França, nas regiões de direito escrito, onde o testamento hológrafo era desconhecido, como um meio oferecido aos testadores, de conservar secretas suas últimas vontades. Depois, a *Ordonnance* de 1735 o introduziu nas regiões de direito costumeiro, embora aí o testamento hológrafo já fosse conhecido e de uso corrente. Em 1804, o *Code Civil* o inseriu no sistema codificado, ao lado do testamento hológrafo.

O objetivo fundamental do testamento cerrado (secreto ou místico, na França) é exatamente manter em segredo a declaração de vontade do testador. No testamento cerrado, diz Pontes, "há oportunidade, discreta, para a deserdação, ou perdão a indigno, clausulação de inalienabilidade ou de incomunicabilidade dos bens *ab intestato* ou *intestato*, nomeação de tutor ou curador, reconhecimento de filhos, medidas sobre funerais, esmolas e recomendações mais ou menos veladas".[720]

Para atingir esse objetivo, o testamento cerrado empresta algumas de suas características do testamento hológrafo e outras do testamento público: num primeiro momento essa forma de testamento é feita pelo testador (ou sob sua direção); e num segundo momento – do aperfeiçoamento do testamento cerrado – o documento é apresentado fechado a um tabelião que o aprova.

---

720   PONTES DE MIRANDA, F. C. Obra citada, vol. 59, p. 77.

O testamento cerrado oferece as vantagens do testamento público e do testamento hológrafo sem apresentar os inconvenientes daquelas formas de testar. À vantagem do segredo se junta a participação do tabelião, que é inerente ao testamento público. Mas ao lado das vantagens avultam os inconvenientes: aos riscos de nulidade decorrente da redação privada do conteúdo das declarações de vontade do testador se juntam os perigos de anulação decorrentes da existência de um formalismo minucioso.

Não há como negar que em relação a certas pessoas o testamento cerrado apresenta um interesse particular: para aqueles que não sabem ou não podem escrever, mas só pretendem revelar sua vontade a uma só pessoa livremente escolhida, ou para aqueles que não sabem ou não podem falar mas desejam conferir uma certa solenidade à sua declaração de última vontade, encontram no testamento cerrado uma forma apropriada de manifestação de vontade definitiva.

O grande inconveniente do testamento cerrado, porém, continua sendo o excesso de detalhes, minúcias e formalidades que, inatendidas, acarretam sua nulidade. O não-atendimento de seus requisitos e solenidades gera, inevitavelmente, imediata nulidade, o que explica o seu abandono em diversos países.

Na França, onde teve grande voga e serviu de modelo à legislação nacional, o testamento cerrado é raramente utilizado. A doutrina praticamente unânime[721] reconhece a sua inferioridade decorrente da excessiva complicação de suas formalidades, o que multiplica as pro-

---

721 Ver, nesse sentido, Philippe Malaurie e Laurent Aynès, obra citada, p. 279 ("O testamento místico está em quase total desuso"); François Terré e Yves Lequette, obra citada, p. 319 ("... a raridade da prática do testamento místico..."); Michel Grimaldi, obra citada, vol. II, p. 292 ("O testamento místico se revela de uma grande vulnerabilidade, exposto às causas de ineficácia e de um formalismo minucioso..."), entre outros civilistas.

babilidades de nulidade, desmotivando seus eventuais usuários, sendo, por isso, o seu emprego muito raro.

Na Suíça e na Alemanha deixou definitivamente de ser empregado, não mais tendo assento nos Código Civis daqueles países.

Na Espanha, o testamento cerrado "*es poco usado en la práctica, debido al gran número de formalidades exigidas para la perfección de este acto y a los correspondientes gastos que ocasiona*".[722]

Na Argentina, Borda afirma que o testamento cerrado está morto nos costumes do país. "*Es razonable pues, que en el Proyecto de 1936 y en el Anteproyecto de 1954 se lo haya eliminado, desde que no responde a ninguna necesidad práctica. También lo han eliminado el Código alemàn y el suizo. En los demás se mantiene, más que nada por una razón de tradicion juridica.*"[723]

No Brasil também o testamento cerrado é muito pouco utilizado, o que legitima o questionamento sobre a legitimidade de sua manutenção no novo Código Civil.[724] Segundo informações prestadas por Veloso, embora "seja mais frequente do que o testamento particular, porque o legislador brasileiro complicou de tal maneira o testamento hológrafo, exigindo o cumprimento de solenidades até depois da morte do testador, que esta forma, praticamente, não se usa. De nossa experiência, podemos informar que, de cada dez testamentos outorgados em nosso país, sete são públicos, dois cerrados, e um, apenas, hológrafo".[725]

O testamento cerrado, assevera Pontes,[726] é a segunda forma dos testamentos notariais. No público, o tabelião figura como instrumento

---

[722] RAMON, Francisco Bonet. *Compendio de Derecho Civil*. 1965, t. V, p. 148.
[723] BORDA, Guillermo. *Tratado de Derecho Civil – Successiones*, 4. ed., vol. II, p. 269.
[724] Ver a seguinte jurisprudência: *RT*, 589: 110; *RT*, 780: 204.
[725] VELOSO, Zeno. Obra citada, p. 257.
[726] PONTES DE MIRANDA, F. C. Obra citada, vol. 59, p. 71.

de feitura, escreve-o. No cerrado, atribui-lhe apenas o caráter de autenticidade exterior, que lhe advém de ser aprovado, fechado e cosido pelo tabelião. Todo o testamento público é ato do tabelião. No testamento cerrado, só o ato de aprovação,[727] seguido do fechamento e da costura.

A cédula do testamento cerrado admite diversas hipóteses de feitura não encontráveis em outras formas de testamentaria. Assim, a cédula pode ser escrita pelo testador e por ele assinada; pode ser escrita por outrem, a seu rogo,[728] e assinada por ele; pode, ainda, ser escrita por outrem e assinada pela pessoa que, a seu rogo, escreveu. O encarregado de escrever pode ser o próprio tabelião que o vai aprovar.

A diversidade de hipóteses é suficiente para que se possa avaliar a dimensão de formalidades e minúcias que, necessariamente, acompanham cada uma das possibilidades.

Além dos requisitos de capacidade para testar (art. 1.860), a lei exige ao que deseja fazer testamento cerrado que saiba e possa ler. Portanto, ao analfabeto fica vedada essa possibilidade de testamento.

Do testamento cerrado também não pode valer-se o cego, porque não lê. A lei civil já dispõe expressamente sobre o assunto no artigo 1.867 (*"Ao cego só se permite o testamento público..."*).

---

727 *"Auto de aprovação. Falta de assinatura do testador. Inexistindo qualquer impugnação à manifestação da vontade, com a efetiva entrega do documento ao oficial, tudo confirmado na presença das testemunhas numerárias, a falta de assinatura do testador no ato de aprovação é irregularidade insuficiente para, na espécie, causar a invalidade do ato"* (STJ, 4ª T., REsp. nº 223.799-SP, rel. Min. Ruy Rosado de Aguiar, v. u., j. em 18.11.1999, *DJU* de 17.12.1999, p. 379; *JSTJ* 129/158) (*In*: NERY JUNIOR, N. e NERY, Rosa Maria de Andrade. Obra citada, p. 1.191).

728 *"Ajuda na redação do testamento. Validade. A ajuda na redação manuscrita de testamento cerrado, ainda que amparando a mão do testador, se é trêmula, não é crime. Essa forma de testar pode manifestar-se escrita por outrem e a rogo, e sua validade depende de que o testador o entregue ao tabelião, de que este lhe pergunte se aquele é seu testamento, para ser aprovado e, principalmente, depende de que, ligado ao texto do testamento, o tabelião lavre o termo de aprovação, tudo perante cinco testemunhas* (CC/1916, 1638) [CC/2002, 1.868] (*RTJ* 99/149) (*In*: NERY JUNIOR, N. e NERY, Rosa Maria de Andrade. Obra citada, p. 1.191).

Igualmente, quem sabe ler, mas se encontra em situação física ou psíquica de não poder ler, não pode fazer testamento cerrado, razão por que deverá se socorrer do testamento público. Quem não sabe, ou não pode ler, não pode testar por testamento particular, nem por testamento cerrado.

O testamento cerrado se compõe de duas partes: a cédula, ou carta testamentária, com a manifestação de vontade, escrita pelo testador (ou por outra pessoa, a seu rogo), e o auto de aprovação (ou instrumento de aprovação) exarado depois e redigido, necessariamente, pelo tabelião.

Aí é já visível a extrema complexidade, acima apontada; o testamento cerrado é ato complexo, abrangendo duas solenidades: o escrito particular (a cédula) e o instrumento público de aprovação (o auto de aprovação). Escrito particular é o documento redigido pelo testador, ou por outrem, a seu rogo,[729] a carta sigilada; instrumento público é o auto de aprovação, lavrado pelo tabelião.

Sem dúvida, a grande vantagem da forma cerrada é a garantia do sigilo, a certeza que sua vontade permanecerá ignorada até que ele morra e o testamento seja aberto. Em princípio (salvo se o tabelião redigir a cédula, hipótese possível, como veremos) nem o tabelião nem as testemunhas conhecem o conteúdo do documento e a vontade materializada na cédula testamentária.

A meio caminho do testamento público e do testamento particular, o testamento cerrado não apresenta os riscos e perigos das duas formas pré-citadas, mas apresenta o inconveniente de poder ser lacerado, inutilizado e extraviado, já que no sistema brasileiro carecemos de um registro central, à guisa do que ocorre em outros países, e a praxe comum

---

729 Ver, nesse sentido, o artigo de Arnoldo Wald, "Considerações sobre o testamento cerrado." *In: Rev. de Dir. Civ.*, nº 15, pp. 27-33.

na realidade nacional é a de os testadores não deixarem o testamento cerrado depositado no cartório onde foi aprovado.

Em Portugal, o Código Civil prevê a hipótese de o testador conservar o testamento cerrado em seu poder, cometê-lo à guarda de terceiro ou depositá-lo em qualquer repartição notarial (art. 2.209, 1). Na Itália, o Código Civil dispõe expressamente no artigo 608: *"Il testamento segreto e il testamento olografo che è stato depositato possono dal testatore essere ritirati in ogni tempo dalle mani del notaio presso il quale si trovano. (...) Quando il testamento è depositato in un pubblico archivo, il verbale è redatto dall'archivista e sottoscritto dal testatore, dai testimoni e dall'archivista medesimo."*

Igualmente o Código Civil espanhol autoriza o depósito do testamento cerrado no arquivo do cartório. Dispõe o artigo 711 do Código Civil espanhol: *"El testador podrá conservar en su poder el testamento cerrado, o encomendar su guarda a persona de su confianza, o depositarlo en poder del Notario autorizante para que lo guarde en su archivo. En este último caso el Notario dará recibo al testador y ahrá constar en su protocolo corriente, al margen o a continuación de la copia del acta de otorgamiento, que quieda el testamento en su poder. Si lo retirare después el testador, firmará un recibo a continuación de dicha nota."*

O artigo 1.868 *caput* permite que o testador escreva o seu testamento ou mande a outrem, que lho escreva. O Código não exige circunstâncias subjetivas do testador; deixa a seu arbítrio escrever ou dar a outrem que, a seu rogo, o escreva. Mas a assinatura do testador constitui formalidade essencial.

O que a lei confere ao testador é uma dupla faculdade: escrever, ou não, a cédula testamentária. Pode o testador escrever o documento, mas pode preferir que o testamento seja escrito por outrem. Assinar, todavia, não é facultativo, mas obrigatório.

"Se a cédula testamentária não tem a assinatura do testador, ou de alguém a seu rogo, não é cédula testamentária, não entrou no mundo jurídico. (...) Se alguém assina a rogo e não cabia a assinatura por outrem, então é nula a cédula. A assinatura do testador, ou de outrem, a seu rogo, no auto de aprovação, nem juridiciza a célula em que não havia assinatura; nem torna válida a cédula em que a assinatura a rogo não era de admitir-se."[730]

Muito se discutiu na doutrina brasileira se a cédula testamentária precisava ser escrita do próprio punho do testador, manuscrita, pois, ou se era permitida a utilização de alguma forma mecânica de escrituração (datilografia, digitação em computador etc.).

A matéria, hoje, está vencida, pela disposição do parágrafo único do artigo 1.868, que, expressamente, reconhece a possibilidade da escrita mecânica, *"desde que seu subscritor numere e autentique, com a sua assinatura, todas as páginas"*.

Na França, após a alteração decorrente da Lei de 10 de dezembro de 1950, o texto do artigo 976 que, originariamente, dispunha sobre a necessidade de o testamento místico ser *escrito* passou a reconhecer expressamente a possibilidade do emprego mecânico. Diz o novo texto que o testador ao apresentar o documento ao tabelião indicará o modo de escrita empregado: *à la main ou mécanique* (à mão ou mecânico).

No Brasil, o STF já se manifestara em sentido favorável ao emprego dos meios mecânicos na feitura do testamento cerrado. Assim: "Embora o rigorismo formal que deve ter a feitura dos testamentos, é

---

[730] PONTES DE MIRANDA, F. C. Obra citada, vol. 59, p. 79.

regra que se impõe na fase atual da mecanização dos sistemas de transmissão do pensamento: não é admissível a fulminação de nulidade da cédula pelo fato de haver sido datilografada, já que a lei não exige que seja necessariamente escrita pelo testador."[731]

Seguindo a tendência já manifestada no testamento público, de reduzir o número de testemunhas, o inciso I do artigo sob comento reporta-se à entrega do documento ao tabelião, *"em presença de duas testemunhas"*. O que o Código quer é que o testador entregue, pessoalmente, o seu testamento ao tabelião, na presença das duas testemunhas, que hão de assinar o auto de aprovação.

A presença das testemunhas é fundamental na formalização do testamento cerrado: devem assistir à entrega do documento ao tabelião, devem ver o testador entregar a cédula e ouvir a sua declaração. Por isso, o inciso II refere-se à declaração do testador (*"... que aquele é o seu testamento e quer que seja aprovado"*). São as testemunhas que confirmam ter sido o auto de aprovação lavrado em seguida à apresentação do testamento, evidenciando-se a ligação entre os dois instrumentos.

Após a entrega do documento, dispõe o inciso III, e prestada a declaração pelo testador, o tabelião, *desde logo*, ou seja, imediatamente, em presença das testemunhas, exarará o auto de aprovação, declarando nele que o testador lhe entregou o testamento.

Ato contínuo, o ato de aprovação será *"assinado pelo tabelião, pelas testemunhas e pelo testador"* (inciso IV). Como o instrumento de aprovação é um escrito público, é lido pelo tabelião perante as testemunhas e o testador, e todos o assinarão. No caso de não saber ou não poder o testador assinar, uma das testemunhas, a seu rogo, assinará por

---

731   *RT*, 264: 863.

ele, declarando junto à assinatura a razão por que assim o fez. Nesse sentido, o Código Civil português, que, no artigo 2.206, II, dispõe que o testador só pode deixar de assinar o testamento cerrado quando não saiba ou não possa fazê-lo, ficando consignada, no instrumento de aprovação, a razão por que não o assina.

Art. 1.869. O tabelião deve começar o auto de aprovação imediatamente depois da última palavra do testador, declarando, sob sua fé, que o testador lhe entregou para ser aprovado na presença das testemunhas; passando a cerrar e coser o instrumento aprovado.

Parágrafo único. Se não houver espaço na última folha do testamento, para início da aprovação, o tabelião aporá nele o seu sinal público, mencionando a circunstância no auto.

Direito anterior – Art. 1.638, incisos VII, XI e VIII.

Direito comparado – No Código Civil francês (art. 976). Sem previsão legal no Código Civil português. No direito argentino (arts. 3.666 a 3.667) e no direito uruguaio (arts. 801 a 803).

COMENTÁRIO

O legislador enfatiza aqui a necessidade da aprovação *imediata, depois da última palavra do testador*. E o parágrafo único dispõe sobre a eventualidade de não se poder iniciar a redação do auto de aprovação[732]

---

[732] *"Auto de aprovação. Falta de assinatura do testador. Inexistindo qualquer impugnação à manifestação da vontade, com a efetiva entrega do documento ao oficial, tudo confirmado na presença das testemunhas numerárias, a falta de assinatura do testador no auto de aprovação é irregularidade insuficiente para, na espécie, causar a invalidade do ato.* (STJ, 4ª T., REsp. nº 223.799-SP, rel. Min. Ruy Rosado de Aguiar, v.u., j. em 18.11.1999, *DJU* de 17.12.1999, p. 379)."

imediatamente depois da última palavra escrita pelo testador na cédula testamentária, informando que, *"se não houver espaço na última folha do testamento, para início da aprovação, o tabelião aporá nele o seu sinal público, mencionando a circunstância no auto"*.

Informa Veloso que os tabeliães costumam colar a folha apartada em que lavram o auto de aprovação à cédula testamentária. "Mas não há exigência legal para isto. Fundamental e essencial, neste caso, é que conste na cédula o sinal público do tabelião."[733]

Quando o legislador se refere à aprovação *imediata* do auto de aprovação, logo após a última palavra escrita pelo testador,[734] está procurando garantir a certeza de que aquilo que se está aprovando é, exatamente, a vontade concretizada no documento apresentado pelo outorgante.

Aqui, igualmente, vigora o princípio da unidade do ato. "Todas as formalidades devem ser cumpridas ininterruptamente. Os co-participantes devem estar presentes, simultaneamente, do começo ao fim da solenidade, desde que o testador entrega ao oficial público a cédula testamentária, até que o notário a cerre e cosa, depois de concluído o instrumento de aprovação. Todos os episódios e formalidades do auto de aprovação do testamento cerrado deverão ser praticados em ato contínuo."[735]

Redigido o auto de aprovação, lido o escrito, assinado por todos (tabelião, testemunhas e testador), concluído o instrumento, o tabelião deverá cerrar e coser o instrumento aprovado. Ao contrário do que ocor-

---

733 VELOSO, Z. Obra citada, p. 227.
734 *"Auto de aprovação. Requisitos essenciais. Somente pode ser declarado nulo o testamento, por defeito ou omissão de formalidade legais na formação do contexto e do auto de aprovação, quando efetivamente não observadas ou infringidas formalidades determinadas pela lei como sendo requisitos essenciais. A finalidade de a aprovação vir em seguida à última linha do testamento é para que haja certeza de que se aprova exatamente o testamento apresentado pelo testador* (TJRJ, Ap. n° 7451, rel. Des. Rebelo Horta, j. em 02.05.1961. *In: RF*, 202: 168).
735 VELOSO, Z. Obra citada, p. 228.

re na França, onde o documento que contém as disposições de última vontade do testador será apresentado ao tabelião *clos, cacheté et scellé* (fechado, cerrado e selado) – art. 976 do *Code Civil* –, o Código Civil brasileiro não exige que a cédula testamentária seja entregue cerrada e cosida ao tabelião, para que este a aprove. Mas não proíbe que isto ocorra. "Em nosso direito, nada impede que a cédula testamentária seja entregue pelo testador ao tabelião, já cerrada e cosida."[736]

Art. 1.870. Se o tabelião tiver escrito o testamento a rogo do testador, poderá, não obstante, aprová-lo.

Direito anterior – Art. 1.639 do Código Civil de 1916.
Art. 1.639. Se o oficial tiver escrito o testamento a rogo do testador, podê-lo-á, não obstante, aprovar.

Direito comparado – Sem previsão legal nos Códigos Civis francês e no português. Igualmente, sem correspondência no direito argentino e no direito uruguaio.

COMENTÁRIO

O dispositivo legal é claríssimo e afasta qualquer exegese restritiva: o próprio tabelião pode escrever a cédula testamentária a rogo do testador e, não obstante, aprová-la depois. A hipótese já era prevista pelas Ordenações Filipinas (L. IV, T. LXXX, § 1º) e o Assento de 23 de julho de 1811 declarava textualmente que os testamentos escritos pelo tabelião a rogo do testador e aprovados pelo tabelião são válidos porque a lei não proíbe o uso simultâneo desses atos.

---

736 VELOSO, Z. Obra citada, p. 231.

Na doutrina portuguesa, Coelho da Rocha já se manifestara no mesmo sentido: "Nada obsta a que o tabelião tenha escrito o testamento e o aprove depois como pessoa pública."[737]

O novo Código Civil repetiu a regra permissiva do Código Civil de 1916.

Vale ressaltar que, se o tabelião escreveu a cédula, a rogo do testador, e não sabendo ou não podendo este assinar, deverá assinar o testamento o próprio tabelião que o escreveu. Somente pode assinar a cédula testamentária, a rogo do testador, a mesma pessoa que a redigiu.

Art. 1.871. O testamento pode ser escrito em língua nacional ou estrangeira, pelo próprio testador, ou por outrem, a seu rogo.

Direito anterior – Art. 1.640 do Código Civil de 1916.

Art. 1.640. O testamento pode ser escrito, em língua nacional ou estrangeira, pelo próprio testador, ou por outrem, a seu rogo. A assinatura será sempre do próprio testador, ou de quem lhe escreveu o testamento.

Direito comparado – Sem previsão legal nos Códigos Civis francês e no português. Igualmente, sem correspondência no direito argentino e no direito uruguaio.

COMENTÁRIO

A segunda parte do antigo artigo 1.640 do Código Civil de 1916 foi corretamente suprimida na atual versão do artigo 1.871. Era redundante, uma vez que repetia a previsão do artigo 1.638, incisos II e III

---

737 COELHO DA ROCHA. *Instituições de Direito Civil Português*. 7. ed., 1907, t. II, p. 542.

(atual *caput* do artigo 1.868, que se refere à questão das assinaturas, pelo próprio testador, ou por outra pessoa, a seu rogo).

A primeira parte do anterior artigo (1.640) é, agora, reproduzida, mantendo-se a utilidade da possibilidade de manifestação da vontade, quer em língua nacional, quer em língua estrangeira. Se a cédula testamentária é um documento particular e secreto, é evidente que a vontade deve retratar integralmente essa vontade. Não havia razão, como já reconhecera Bevilacqua, para se impor, nesse caso, o uso da língua do país. Aos estrangeiros, que não sabem exprimir-se em outra língua, a não ser a materna, será vantajosa a faculdade que este dispositivo lhes confere.

Pontes de Miranda já apreciara a questão entendendo válida e possível a manifestação da vontade em língua estrangeira: "A escolha de língua estranha, desusada pelo testador, faz presumir-se a simples troça ou pilhéria. Não assim, quando se trata de estrangeiro, pessoa mais afeiçoada a outro idioma, bilíngue, ou quando, em viagem, tenha empregado a língua do lugar. A vontade de ocultar o que escreve justifica o emprego de outra língua que a própria. (...) Pode usar qualquer língua, viva, ou morta."[738]

O fundamental é que o testador entenda a língua em que seu testamento foi escrito. "Quer seja cerrado, quer particular, é preciso que o testador entenda a língua que escolheu, entenda e por ela possa exprimir-se."[739]

Art. 1.872. Não podem dispor de seus bens em testamento cerrado quem não saiba ou não possa ler.

---

738 PONTES DE MIRANDA, F. C. Obra citada, vol. 59, p. 116.
739 PONTES DE MIRANDA, F. C. *Idem, ibidem.*

Direito anterior – Art. 1.641 do Código Civil de 1916.

Art. 1.641. Não poderá dispor de seus bens em testamento cerrado quem não saiba, ou não possa ler.

Direito comparado – No Código Civil francês (art. 978)[740] e no Código Civil português (art. 2.208).[741]

No Código Civil argentino (art. 3.665) e no direito uruguaio (art. 804).

COMENTÁRIO

Se o testador não souber ou não puder assinar, assinará por ele a pessoa que escreveu, a seu rogo, o testamento. Isto não quer dizer que um analfabeto pode fazer testamento cerrado. O testador pode não saber ou não poder escrever; pode, mesmo, não saber ou não poder assinar, mas deverá saber e poder ler. Determina o artigo 1.872 que "não pode dispor de seus bens em testamento cerrado quem não saiba ou não possa ler". Ou seja, analfabetos (porque não sabem ler) e cegos (porque não podem ler) estão proibidos de outorgar testamento cerrado.

Isso quer dizer que, em nosso sistema, mesmo que o testador não saiba ou não possa assinar, para outorgar, validamente, testamento cerrado, terá que saber e poder ler. Porque é através da leitura do escrito que o testador poderá verificar, por si próprio, se o documento retrata exatamente a sua manifestação de vontade; se está, textualmente, de acordo com seu desejo; se a sua vontade, afinal, foi transmitida para a cédula testamentária, fiel e autenticamente.

Por isso, repetindo a fórmula do artigo 1.867, ao cego o testamento cerrado é vedado.

---

[740] *"Art. 978. Ceux qui ne savent ou ne peuvent lire, ne pourront faire de dispositions dans la forma du testament mytique."*
[741] *"Art. 2.208 (Inabilidade para fazer testamento cerrado).*
Os que não sabem ou não podem ler são inábeis para dispor em testamento cerrado."

Art. 1.873. Pode fazer testamento cerrado o surdo-mudo, contanto que o escreva todo, e o assine de sua mão, e que, ao entregá-lo ao oficial público, ante as duas testemunhas, escreva, na face externa do papel ou do envoltório, que aquele é o seu testamento, cuja aprovação lhe pede.

Direito anterior – Art. 1.642 do Código Civil de 1916.
Art. 1.642. Pode fazer testamento cerrado o surdo-mudo, contanto que o escreva todo, e o assine de sua mão, e que, ao entregá-lo ao oficial público, ante as cinco testemunhas, escreva na face externa do papel, ou do envoltório, que aquele é o seu testamento, cuja aprovação lhe pede.

Direito comparado – No Código Civil francês (art. 979).[742]
Sem correspondência no Código Civil português. No direito argentino (art. 3.668) e no direito uruguaio (art. 805).

COMENTÁRIO

O surdo-mudo, desde que saiba e possa ler, pode fazer testamento cerrado.

Terá de escrevê-lo todo e assiná-lo de sua mão. O surdo-mudo não pode ter a cédula testamentária redigida por outrem. Ele próprio terá de escrever inteiramente o testamento e assiná-lo. Também não se admite a assinatura a rogo.

---

742 *"Art. 979. En cas que le testateur ne puisse parler, mais qu'il puisse écrire, il pourra faire un testament mystique, à la charge expresse que le testament sera signé de lui et écrit par lui ou par un autre, qu'il le présentera au notaire et aux témoins, et qu'en haut de l'acte de suscription il écrira, en leur présence, que le papier qu'il présente est son testament et il signera. Il sera fait mention dans l'acte de suscription que le testateur a écrit et signé ces mots en présence du notaire et des témoins et sera, au surplus, observé tout ce qui est prescrit par l'article 976 et n'est pas contraire au présent article.*
Dans tous les cas prévus au présent article ou aux articles précédents, les testament mystique dans lequels n'auront point été observés les formalités légales, et qui sera nul comme tel, vaudra cependant comme testament olographe, si toutes les conditions requises pour sa validité comme testament olographe sont remplis, même s'il a été qualifié de testament mystique."

Como a mudez impede a manifestação oral do testador, o surdo-mudo deverá escrever, "*na face externa do papel, ou do envoltório, que aquele é o seu testamento, cuja aprovação lhe pede*". O somente surdo fará, verbalmente, a declaração exigida pelo artigo 1.868, inciso II.

O auto de aprovação do testamento cerrado terá, sempre, que ser lido, porque a leitura é o complemento natural e indispensável dos atos notariais. Se o testador for surdo-mudo, o auto será lido pelo tabelião, presentes o testador e as testemunhas. Da mesma forma, se o testador for apenas surdo.

Art. 1.874. Depois de aprovado e cerrado, será o testamento entregue ao testador, e o tabelião lançará, no seu livro, nota do lugar, dia, mês e ano em que o testamento foi aprovado e entregue.

Direito anterior – Art. 1.643 do Código Civil de 1916.

Art. 1.643. Depois de aprovado e cerrado, será o testamento entregue ao testador, e o oficial lançará, no seu livro, nota do lugar, dia, mês e ano, em que o testamento for aprovado e entregue.

Direito comparado – Sem disposição equivalente no Código Civil francês. No Código Civil português (art. 2.207).[743] Sem previsão legal nos Códigos Civis argentino e uruguaio.

COMENTÁRIO

Depois de aprovado, cerrado e cosido, o tabelião entregará o testamento ao testador e lançará no seu livro (livro próprio de registro de

---

743 "*Art. 2.207 (Data do testamento cerrado).*
"*A data da aprovação do testamento cerrado é havida como data do testamento para todos os efeitos legais.*"

testamentos cerrados) nota do lugar, dia, mês e ano em que o testamento foi aprovado e entregue.

É da maior importância e conveniência que o auto de aprovação do testamento seja datado porque uma coisa é a eventual data lançada pelo testador com a indicação do dia em que acabou de redigi-lo, e outra, a data da aprovação do testamento. A data de aprovação do testamento cerrado é que fixa o momento jurídico da testamentificação. Por isso, o Código Civil português (no art. 2.207) edita, expressamente, que a data de aprovação do testamento cerrado é havida como data do testamento para todos os efeitos legais.

"Assim, todas as questões envolvendo capacidade do testador, das testemunhas, competência do tabelião, revogação de testamento anterior etc. tomarão por base não a data lançada na cédula testamentária, se houver, mas a data da aprovação do testamento."[744]

É que, entre o dia em que acaba de ser redigido o testamento e aquele em que o testamento cerrado é levado pelo testador ao notário para ser aprovado, pode se escoar um lapso temporal de horas, dias, meses e até anos e, certamente, algumas alterações podem ter ocorrido na capacidade e até no conteúdo da vontade do testador.

Exemplificativamente, o testador podia ser menor não emancipado quando redigiu o testamento, e ser já maior, quando levou o documento ao tabelião para aprovação. Ou, ao contrário, podia ser plenamente capaz no momento em que redigiu o documento e encontrar-se numa fase de notória privação de suas faculdades mentais quando levou a cédula testamentária para aprovação pelo tabelião, sem que este ou as testemunhas intervenientes se apercebessem da mudança do estado psíquico.

---

744 VELOSO, Z. Obra citada, p. 240.

Diante do impasse que tal situação fática geraria é que o legislador, acertadamente, prevê a fixação de uma data na qual o tabelião lança no seu livro de notas a aprovação e entrega do testamento. Nesse sentido a doutrina de Ascensão: "Se há um intervalo entre a feitura do testamento e a sua aprovação, qual a data que se considera relevante, por exemplo, para determinação da capacidade do testador? O art. 2.207 não deixa lugar a dúvidas: a data da aprovação do testamento cerrado é havida como data do testamento para todos os efeitos legais."[745]

Igualmente a doutrina italiana de Azzariti: "O escrito, finalmente, não deve conter também a data, pois, como vimos, o testamento secreto completa-se com o ato de recebimento, e toma, em qualquer caso, como data, a data deste ato e não aquela que eventualmente seja aposta no instrumento testamentário."[746]

Se há qualquer diferença relevante, no tocante à situação pessoal e à própria vontade do declarante, doutrinam Lima e Varela, entre o momento da redação do testamento e o da sua aprovação notarial, não restam dúvidas de que é no preciso momento em que passa o documento para as mãos do notário que o testador faz solene e realmente suas as declarações contidas no escrito.

Art. 1.875. Falecido o testador, o testamento será apresentado ao juiz, que o abrirá e o fará registrar, ordenando seja cumprido, se não achar vício externo que o torne eivado de nulidade ou suspeito de falsidade.

---

745 ASCENSÃO, J. de O. Obra citada, pp. 84-85.
746 AZZARITI. Est. Cit., no *Novíssimo Digesto Italiano*, nº 25, pp. 831 e seguintes. *Apud* Pires de Lima e Antunes Varela. Obra citada, p. 339.

Direito anterior – Art. 1.644 do Código Civil de 1916.

Art. 1.644. O testamento será aberto pelo juiz, que o fará registrar e arquivar no cartório a que tocar, ordenando que seja cumprido, se lhe não achar vício externo, que o torne suspeito de nulidade ou falsidade.

Direito comparado – No Código Civil francês (art. 1.007).[747]

Sem previsão correspondente no Código Civil português. No direito argentino (arts. 3.691 a 3.695) e no direito uruguaio (art. 807).

COMENTÁRIO

Como derradeira disposição a respeito do testamento cerrado, edita o Código Civil, artigo 1.875, que ele será aberto pelo juiz, que o fará registrar, ordenando que seja cumprido, se não achar vício externo que o torne eivado de nulidade ou suspeito de falsidade.

O Código de Processo Civil, nos artigos 1.125 a 1.127, regula a abertura, o registro e o cumprimento do testamento cerrado.[748]

---

[747] *"Art. 1.007. Tout testament olographe ou mystique sera, avant d'être mis à éxecution, déposé entre les mains d'un notaire. Le testament sera ouvert, s'il est cacheté. Le notaire dressera sur-le-camp procès-verbal de l'ouverture et de l'état du testament, en précisant les circonstances du dépôt. Le testament ainsi que le procès-verbal seront conservés au rang des minutes du dépositaire.*

Dans le mois qui suivra la date du procès-verbal, le notaire adressera une expédition de celui-ci et une copie figurée du testament au greffier du tribunal de grande instance du lieu d'ouverture de la succession, qui lui accusera réception de ces documents et les conservera au rang de ses minutes."

[748] *"Art. 1.125. Ao receber o testamento cerrado, o juiz, após verificar se está intacto, o abrirá e mandará que o escrivão o leia em presença de quem o entregou.*

Parágrafo único. Lavrar-se-á em seguida o ato de abertura que, rubricado pelo juiz e assinado pelo apresentante, mencionará:

I – a data e o lugar em que o testamento foi aberto;

II – o nome do apresentante e como houve ele o testamento;

III – a data e o lugar do falecimento do testador;

IV – qualquer circunstância digna de nota, encontrada no invólucro ou no interior do testamento".

"Art. 1.126. Conclusos os autos, o juiz, ouvido o órgão do Ministério Público, mandará registrar, arquivar e cumprir o testamento, se lhe não achar vício externo, que o torne suspeito de nulidade ou falsidade."

Se o documento não estiver incólume, se a forma estiver claramente viciada, se a falsidade ou nulidade for visível, indisfarçável ou indiscutível, não deve o juiz apor o "cumpra-se" no testamento. Se não ocorrer nenhuma irregularidade, o despacho do juiz, mandando cumprir o testamento, é o reconhecimento de que ele não apresenta sinais externos de falsidade nem contém nulidade visível que se manifeste independente de prova. É a declaração judicial de que o testamento se acha regularmente feito e em condições de ser executado.

Pode, entretanto, o testamento cerrado estar aberto ou dilacerado. Nesse caso, dispõe o artigo 1.972 do Código Civil, ter-se-á como revogado (*"O testamento cerrado que o testador abrir ou dilacerar, ou for aberto ou dilacerado com o seu consentimento, haver-se-á como revogado"*).

Se a abertura ou dilaceração foi voluntária, estamos diante de caso de revogação tácita de testamento. A voluntariedade pode ser decorrente do próprio testador, ou por outrem, com o consentimento do testador visando àquele fim.

Mas, afirma a doutrina unânime, não ocorre aquela revogação se o próprio testador abriu-o ou dilacerou-o acidentalmente, sem a intenção de revogar o ato. Da mesma forma, se abertura ou dilaceração foi feita por outrem, à revelia do testador. Nesse sentido o magistério de Bevilacqua: "Não se inutiliza o testamento cerrado, por ter sido aberto por particular, ou por autoridade incompetente, desde que, em juízo, se

---

Parágrafo único. O testamento será registrado e arquivado no cartório a que tocar, dele remetendo o escrivão uma cópia, no prazo de 8 (oito) dias, à repartição fiscal."
"Art. 1.127. Feito o registro, o escrivão intimará o testamenteiro nomeado a assinar, no prazo de 5 (cinco) dias, o termo da testamentaria; se não houver testamenteiro nomeado, estiver ele ausente ou não aceitar o encargo, o escrivão certificará a ocorrência e fará os autos conclusos; caso em que o juiz nomeará testamenteiro dativo, observando-se a preferência legal."

justifique o fato, com citações dos interessados, e fique certo que não foi o testador que o rasgou, na intenção de o revogar."[749]

Questão derradeira, invocada por Veloso[750] e que merece apreciação nesta altura de abordagem final do testamento cerrado, "é saber-se se um testamento cerrado, nulo por erro insuperável no auto de aprovação, pode ser, todavia, aproveitado como testamento particular, se estiverem preenchidas todas as formalidades exigidas para este último". Em outras palavras: haveria guarida, no direito brasileiro, para a cláusula codicilar, permitida pelos romanos, em que o testador declarava no seu testamento: "Quero que este meu testamento, se não valer como tal, valha, ao menos, como codicilo?" Ou, então: "Quero que o meu testamento valha por qualquer modo que possa valer?"

Orlando Gomes[751] responde negativamente, invocando a rigidez das normas testamentárias que inadmitem associação ou conversão. Carlos Maximiliano[752] também responde negativamente mas abre exceção quando a cédula preenche os requisitos do testamento particular, prevalecendo como tal.

Pontes de Miranda[753] não radicaliza a situação e apresenta proposta conciliadora calcada em postura branda decorrente das circunstâncias fáticas, concluindo pela não-nulidade, e afirmando que não se trata de conversão, como se daria em direito que possuísse a cláusula codicilar, mas de superposição de um ato nulo ou, quiçá, ineficaz, a outro eficaz.

É a conclusão a que adere Veloso, em sua notável monografia: "Ficamos com a lição de Pontes de Miranda. Até pagando tributo ao *favor*

---

749 BEVILACQUA, C. Obra citada, vol. VI, p. 106.
750 VELOSO, Z. Obra citada, pp. 250-253.
751 GOMES, O. Obra citada, p. 144.
752 MAXIMILIANO, C. Obra citada, p. 488.
753 PONTES de MIRANDA. F. C. Obra citada, vol. 59, p. 127.

testamenti, perfeitamente invocável, na espécie. A nulidade do auto de aprovação do testamento cerrado não se estende à cédula testamentária, se esta preenchia os requisitos necessários ou os elementos substanciais do testamento particular. Como negócio jurídico unilateral, de última vontade, é e continua válido, não sendo contaminado pela nulidade que fulmina a outra forma empregada (*una forma omissa alteram non consumit*)."[754]

No direito europeu a matéria recebeu consagração doutrinária e legislativa. O *Code Civil*, no artigo 979, *in fine,* com a redação atual da lei de 8 de dezembro de 1950, reconhece que "*... le testament mystique dans lequel n'auront point été observés les formalités légales, et qui sera nul comme tel, vaudra cependant comme testament olographe, si toutes les conditions requises pour sa validité comme testament olographe sont remplies, même s'il a été qualifié de testament mystique*".

Na Itália, o Código Civil estabelece, expressamente, que o testamento cerrado valerá como particular, dispondo o artigo 607: "*Il testamento segreto, che manca di qualche requisito suo proprio, ha affetto come testamento olografo, qualora di questo abbia i requisiti.*"

Na Argentina, o Código Civil, no artigo 3.670, dispõe que: "*El testamento cerrado que no pudiesse valer como tal por falta de alguna de las solemnidades que debe tener, valdrá como testamento ológrafo, si estuviere todo él escrito y firmado por el testador.*"

No Brasil, perdeu-se a oportunidade de inserir no novo Código disposição expressa sobre a importante e questionável matéria. De qualquer maneira, a redação do novo artigo 170 supre esta lacuna, dispondo que: "*Se, porém, o negócio jurídico nulo contiver os requisitos*

---

754 VELOSO, Z. Obra citada, p. 251.

de outro, subsistirá este quando o fim, a que visavam as partes, permitir supor que o teriam querido, se houvessem previsto a nulidade."

Não há, pois, se falar em inexistência da figura da conversão em nosso país. Embora o Código atual não tenha previsto regra específica sobre a matéria, quando tratou dos testamentos, a conversão de um testamento em outro é possível via aplicação analógica de dispositivo legal referente à invalidade do negócio jurídico que consagrou o instituto da conversão.

Seção IV
Do Testamento Particular

Art. 1.876. O testamento particular pode ser escrito de próprio punho ou mediante processo mecânico.

§ 1º Se escrito de próprio punho, são requisitos essenciais à sua validade seja lido e assinado por quem o escreveu, na presença de pelo menos três testemunhas, que o devem subscrever.

§ 2º Se elaborado por processo mecânico, não pode conter rasuras ou espaços em branco, devendo ser assinado pelo testador, depois de o ter lido na presença de pelo menos três testemunhas, que o subscreverão.

Direito anterior – Art. 1.645 do Código Civil de 1916.

Art. 1.645. São requisitos essenciais do testamento particular:

I – que seja escrito e assinado pelo testador;

II – que nele intervenham cinco testemunhas, além do testador;

III – que seja lido perante as testemunhas, e, depois de lido, por elas assinado.

Direito comparado. No Código Civil francês (art. 970).[755]

---

755 *"Art. 970. Le testament olographe ne sera point valable, s'il n'est écrit en entier, daté et signé de la main du testateur: il n'est assujetti à aucune autre forme."*

O Código Civil português não admite a forma hológrafa.[756] No direito argentino (art. 3.639) e no direito uruguaio (art. 811).

COMENTÁRIO

Testamento particular é o ato de disposição de última vontade, escrito e assinado pelo testador e lido a três testemunhas que também o assinam. Contrariamente ao que ocorre no Brasil, o testamento particular é redigido pelo testador sem a interferência de qualquer pessoa. Por isso, no mundo europeu é considerado um ato privado.

O testamento particular é também conhecido como "privado", "aberto", "de próprio punho" (*eigenhändiges Testament*, no direito alemão), hológrafo ou ológrafo.

Hológrafo é a expressão correta, já que, etimologicamente, a expressão deriva do grego *holos* – inteiro ou completo, e *graphein* – escrever. Ou seja, inteiramente escrito.

O testamento particular surgiu em Roma, através de Valentino III, que o criou (Novela 21, 2) em 446, daí se espalhando pelo continente europeu. Com as características como hoje é conhecido, a origem desta forma de testar remonta ao direito francês. Empregado nas regiões de *droit coutumier*, foi recepcionado pela *Ordennance* de 1629 (*code Michaud*), promulgada pelo Rei Luís XIII, destas regiões passando, sem maior sucesso, às regiões de *droit écrit*.

---

756 Segundo informa José de Oliveira Ascensão, o testamento deve obedecer à forma solene; a lei regula com precisão esta matéria, de molde a corresponder à importância do ato. Estão assim banidas da ordem jurídica portuguesa formas históricas de testamento, que por vezes ainda surgem em ordens jurídicas estrangeiras. É o caso do testamento nuncupativo, ou seja, o testamento verbal, e, ainda, e sobretudo, o caso do testamento hológrafo, ou seja, do testamento escrito, e porventura datado e assinado, pelo testador, sem observância de qualquer outra formalidade. Obra citada, p. 80.

No reinado de Luiz XV foi regulado pela *Ordonnance* de 1735, e, finalmente, foi introduzido no sistema codificado, via legislação napoleônica (*Code Civil* de 1804).

O Código Civil brasileiro, no artigo 1.876 indica os requisitos essenciais do testamento particular. O testamento particular simplificado, isto é, apenas escrito, datado e assinado pelo testador, sem necessidade de testemunhas e quaisquer outras formalidades, como ocorre na maioria das legislações europeias, foi proposto, durante a discussão do Projeto do Código Civil, mas a comissão revisora não aceitou a inovação e, no Senado, vingou a redação que hoje vigora.

Como consta hoje, no Código Civil, nos artigos 1.876 a 1.880, repete, praticamente, todas as disposições dos artigos 1.645 a 1.649 do Código Civil de 1916.[757]

Na ótica de Veloso, um de seus melhores críticos e profundo conhecedor da matéria, a fórmula do então Projeto, agora novo Código Civil, é tímida, deixando de atentar para os reclamos da melhor doutrina. "Perdeu-se a oportunidade de tornar viável o testamento particular, no Brasil. Foram esquecidas as inovações e reformas que o instituto está pedindo, há muito, em nosso país."[758]

Com efeito, muitas das propostas e críticas apresentadas pelo civilista paraense foram negligenciadas no novo Código, mas, é forçoso reconhecer, algumas alterações foram de tal monta que resgataram a simplicidade de há muito exigida pela doutrina mais especializada, como veremos a seguir.

---

757 Ver a seguinte jurisprudência: *RF*, 334: 351; *RT*, 540: 92; *RT*, 540: 89; *RT*, 571: 67; *RT*, 574: 240; *RT*, 570: 61; *RT*, 636: 158; *RT*, 696: 106; *RT*, 606: 83; *RT*, 736: 236-237; *RT*, 724: 289; *RT*, 703: 133; *RT*, 709: 197; *RT*, 673: 167;

758 VELOSO, Z. Obra citada, p. 308.

Na versão do legislador de 1916 e, ainda na atual, o testamento particular, no Brasil, está regulado com muita solenidade, excesso de requisitos e abundância de cautelas.

Assim, se faltarem as testemunhas[759] (três, na versão agora dominante), o testamento não poderá ser confirmado. Perde seu valor, e a sucessão, que nasceu no terreno da testamentaria, volta a ser legítima, em manifesta desconsideração da vontade do testador, como se o testador jamais tivesse feito o testamento.

São excessos desta natureza que conduziram Pontes de Miranda a encarar o testamento particular com redobrado rigorismo crítico: "A lei brasileira cercou de tais cautelas, ameaçou de vida tão precária o testamento particular, que em verdade quase o proibiu. Raro se vê. Exigiu-lhe holografia e assinatura autógrafa, exigiu-lhe cinco testemunhas, exigiu-lhe leitura perante elas e assinaturas por todas elas. Tudo isso era razoável e bastava. Mas o legislador, que tão obstinado fora com o testamento cerrado, continuou em obstinado exigir, num como sonambulismo de perseguição; se morrerem três testemunhas, fica o dito pelo não dito, o testado pelo não testado. Lei absurda, lei inconsequente, lei má, lei que devolveria a herança a pessoa de quem o testador não cogitou, porque num desastre morreram ele e três testemunhas."[760]

Contrariamente à nossa tendência, excessivamente formalista e solene, a fórmula simplificada adotada pelo legislador francês se impõe de tal forma naquele país que é, hoje, a forma mais praticada na França. Di-lo Malaurie e Aynès, sem vacilação: "O testamento holó-

---

759 *"Testamento. Instrumento particular. Oitiva de duas testemunhas do ato, já que falecidas as outras três.* Hipótese em que aquelas comprovaram a autenticidade do documento. Testemunhas falecidas, ademais, que sobreviveram à testadora. Eficácia reconhecida" (RT, 696: 106).
760 PONTES de MIRANDA, F. C. Obra citada, vol. 59, p. 144.

grafo é hoje a forma testamentária quase exclusivamente praticada na França."[761]

Assim, dizem os citados autores franceses, ele apresenta vantagens evidentes: para quem sabe ler e escrever, o testamento particular é de uma extrema simplicidade. Permanece secreto e não custa um centavo; o testador pode facilmente modificar ou revogar suas disposições. O que o caracteriza é sua comodidade, rapidez, economia e simplicidade. Mas o sigilo, nos sistemas (como o francês) que o admitem simplificado, sem testemunhas, deixa de ser elencado entre nós, porque no Brasil o testamento particular tem de ser assinado pelas testemunhas que, pela sua leitura, ficam conhecendo o seu conteúdo.

Como desvantagens poderíamos arrolar o risco de nulidade (por mais simples que sejam as formas, elas devem ser respeitadas); de ambiguidade (muitos testadores diante da solidão em face da morte empregam uma originalidade desconcertante, na determinação de sua última vontade);[762] de falsificação e de destruição.

Ainda assim, no caso brasileiro, o testamento particular é o mais simples, cômodo e econômico para o testador. E o que tem limitado seu maior emprego são as exigências complementares que a legislação nacional prevê para a sua execução após a morte do testador.

Dispõe o *caput* do artigo 1.876 que o testamento particular deve ser *escrito* de próprio punho ou mediante processo mecânico.[763] Mas escrito sempre. Inteiramente escrito (holografia) pelo testador (autografia).

---

761 MALAURIE, P. e AYNÈS, L. Obra citada, p. 270.
762 Ver, nesse sentido, o Parecer de Athos Gusmão Carneiro "Testamento – Condição juridicamente impossível." *In*: *RF*, 332: 211-221.
763 Ver, nesse sentido, o artigo de Carlos Eduardo Thompson Flores Lenz, "*Considerações sobre o testamento particular datilografado*". In *RT*, 620: 33-37.
E a jurisprudência:
"*Testamento particular. O legislador civil, com sabedoria, permitiu que o testamento particular fosse escrito de próprio punho ou por processo mecânico (CCB, art. 1.876). No caso de*

A holografia, o ser escrito pelo testador, é da própria essência do ato e por isso manifesta-se em toda a extensão do artigo citado, como um requisito essencial. A redação do testamento particular é atividade personalíssima do disponente. Ato privado, dizem os franceses, em oposição a ato público, como ocorre no testamento público.

O testador tem de agir sozinho, ficando vedada a possibilidade, encontrável no testamento cerrado, de escrever a rogo.

Todos os sistemas que adotam a forma particular de testamentaria reforçam a noção da holografia.

Na Alemanha, o testamento particular é chamado *Eigenhändiges Testament,* dispondo o § 2.247, I, do BGB: "*Der Erblasser kann ein Testament durch eine eigenhändig geschriebene und unterschriebene Erklärung errichten*" (O testador pode elaborar um testamento, através de uma declaração elaborada e assinada de próprio punho). No testamento "de mão própria", doutrinam Ennecerus, Kipp e Wolff,[764] seus traços são escritos, desde o começo até o fim, do punho e letra do testador.

Na França, a doutrina unânime, com base no dispositivo legal (art. 970 do *Code Civil*), exige que o testamento particular seja escrito pela mão do testador. Assim, Malaurie e Aynès: "A exigência da escritura à mão do testador é uma solenidade mantida (...) o testamento hológrafo deve ser da mão do testador";[765] Michel Grimaldi: "Se o artigo 970 exige que o testamento seja *escrito por inteiro* pela mão do testador, é por

---

testamento escrito de próprio punho, não há dúvida de que o 'escrito de próprio punho' é da essência do ato. Todavia, se 'elaborado por processo mecânico', o que é da essência do ato é a assinatura do testador, depois de o ter lido na presença de pelo menos três testemunhas, que o subscreverão. Apelo improvido" (TJMG, Proc. n° 1.0105.04.113180-3/001, rel. Des. Nilson Reis, j. em 11.11.2005).

---

764 ENNECCERUS, KIPP e WOLFF. *Tratado de Derecho Civil. Derecho de Sucesiones,* t. V, vol. I, p. 83.
765 MALAURIE, P. e AYNÈS, L. Obra citada, p. 271.

três razões, que se reportam à vontade expressa: – prevenir o risco de falsificações, pois uma escrita manuscrita é difícil de imitar; – prevenir o risco de erro na redação, pois o equívoco é mais raro entre os que escrevem sua própria vontade do que entre aqueles que transcrevem a vontade alheia; – assegurar uma reflexão profunda, submetendo a intenção liberal à prova do rito da escrita";[766] e, finalmente, Terré e Lequette: "O testamento hológrafo só é válido, conforme o artigo 970 do *Code Civil*, quando é escrito inteiro pela mão do testador. Dessa maneira a lei entende combater as falsificações possíveis e assegurar a expressão exata e fiel das últimas vontades."[767]

No Brasil, Orlando Gomes já se manifestara sobre a essencialidade da escritura de próprio punho, afirmando: "Intervindo outrem na escrituração da cédula, até em trechos irrelevantes, não vale o testamento. Entretanto, prestigiosa corrente doutrinária entende aplicável a regra *utile per inutile non vitiatur*.[768] O que importa é que o testador tenha o *animus testandi*. Pouco importa, diz a doutrina francesa, que o testador tenha a mão guiada (*main guidée*): o testamento à mão guiada é válido se o testador estava livre e não suportava qualquer forma de captação: o testamento hológrafo de um iletrado é, pois, válido, salvo se ficar provado que ele não compreendia o que escrevia.

Contrariamente ao texto de 1916, o Código atual admite duas formas de *escrito*: de próprio punho ou mediante processo mecânico. Como o texto de 1916 era omisso à forma mecânica de manifestação, as interpretações sobre a extensão do *escrito* eram ora restritivas, ora extensivas, embora a doutrina nacional esmagadora opinasse no sentido

---

766   GRIMALDI, M. Obra citada, vol. 2, p. 272.
767   TERRÉ, F. e LEQUETTE, Y. Obra citada, p. 299.
768   GOMES, O. Obra citada, p. 148.

de que o testamento particular não pudesse ser datilografado; ou seja, sob pena de nulidade ele deveria ser escrito, totalmente, pela própria mão, com a letra do testador.[769]

A doutrina brasileira seguia uníssona a tendência encontrável na legislação e doutrina europeias. Na Espanha, os autores são unânimes e excluem a possibilidade de meios mecânicos na escrituração do testamento particular.

Na Itália os doutrinadores afirmam, sem discordância, que o testamento hológrafo datilografado é sem validade. Vittorio Pollaco sintetiza: *"Tutti sono d'acordo nell'escludere l'impiego di mezzi meccanici"* (Todos estão de acordo no excluir o emprego de meio mecânico).[770] Na mesma linha de pensamento os autores franceses: *"Le testament dactylographié est nul même si son auteur atteste, par une mention manuscrite signée de lui, qu'il en est bien l'auteur"* (O testamento datilografado é nulo mesmo se seu autor atesta, através de menção manuscrita assinada por ele, que é o autor do testamento);[771] Michel Grimaldi: *"Ainsi, le testament mécanographié ou tapuscrit est nul: on ne peut être certain que c'est le testateur qui l'a tapé"* (Assim, o testamento mecanografado ou datilografado é nulo: não se pode estar certo que foi o testador que o datilografou)[772] e Malaurie e Aynès: *"Le testament olographe doit être de la main du testateur; il est nul s'il est dactylographié"* (O testamento hológrafo deve ser da mão do testador, ele é nulo se datilografado).[773]

---

769 Nesse sentido, Itabaiana de Oliveira. Obra citada, p. 72; Carvalho Santos, J. M. Obra citada, vol. XXIII, p. 158; Carlos Maximiliano. Obra citada, vol. I, p. 501; Pontes de Miranda, F. C. Obra citada, vol. 59, p. 164; Orlando Gomes. Obra citada, p. 148; Caio Mario da Silva Pereira. Obra citada, pp. 158 e 163; Marco Aurélio S. Vianna. Obra citada, p. 88; entre outros.
770 POLACCO, Vittorio. Obra citada, p. 188, *Apud*, Zeno Veloso, obra citada, p. 276.
771 TERRÉ, F. e LEQUETTE, Y. Obra citada, p. 300.
772 GRIMALDI, M. Obra citada, p. 274.
773 MALAURIE, P. e AYNÉS, L. Obra citada, p. 271.

Na Suíça, igualmente, o testamento hológrafo tem de ser escrito à mão, garantindo Rossel e Mentha: "*mais non pas en se servant de la machine à écrire ou de quelque autre procédé artificiel*" (... mas não se servindo nele da máquina de escrever ou de qualquer outro procedimento artificial).[774]

Na Alemanha, conforme vimos, o parágrafo 2.247 batizou o testamento particular de *Eigenhändiges Testament* (testamento de mão própria), assegurando a doutrina que somente é observada a forma do testamento hológrafo se os traços são escritos desde o começo até o fim, de punho e letra do testador, não podendo ele se utilizar de máquina de escrever.

Em posição diversa da maioria da doutrina nacional e, da mesma forma, em oposição à doutrina dominante no direito europeu, Veloso, em proposta inédita e corajosa, sempre defendeu a ideia da possibilidade do uso da mecanografia na manifestação da vontade no testamento particular: "A nosso nível, e para justificar a posição que adotamos quanto ao tema em análise, basta registrar os fatos, e concluir que, no tempo em que vivemos, a escrita à mão, na atividade da pessoa, tornou-se exceção raríssima, e a utilização de meios mecânicos de escrita, a regra. Aliás, falar em datilografia, máquina de escrever, parece até ultrapassado, se já surgiram e estão sendo utilizados, fartamente, engenhos muito mais aperfeiçoados e sofisticados, como os gravadores de som, os aparelhos eletrônicos, os videoteipes, os computadores etc. A realidade palpável, da qual ninguém pode fugir, é de que em qualquer campo de atuação, em qualquer setor profissional, e mesmo na vida

---

774   ROSSEL e MENTHA. *Manuel de Droit Civil Suisse*. 2. ed., t. II, p. 91. *Apud* Zeno Veloso, obra citada, p. 276.

particular e doméstica, os meios mecânicos de escrita são utilizados, francamente."[775]

A favor da aceitação dos meios mecânicos de escrita já haviam se manifestado algumas vozes na doutrina brasileira; Washington de Barros Monteiro,[776] Silvio Rodrigues[777] e Maria Helena Diniz.[778] A jurisprudência brasileira, em proposta avançada, vinha admitindo a validade do testamento particular datilografado,[779] ficando, porém, tal reconhecimento condicionado à circunstância de que o respectivo instrumento fosse mecanizado pelo próprio testador.[780]

Venceu a proposta sugerida e sustentada com convicção por Zeno Veloso e não de forma restrita, como poderia ter ocorrido (ou seja, só se referindo à datilografia), mas de forma ampla, reportando-se o texto legal ao "processo mecânico." Os autores do Projeto foram sensíveis à expectativa dos ambientes eruditos e especializados, "enfrentando diretamente a questão, tomando partido nela, despindo o assunto de quaisquer dúvidas e não dando margem para questões e discussões."[781]

A proposta de Veloso, no sentido de que *"pode, também, ser redigido com a utilização de meios mecânicos, desde que o testador enumere e autentique, com a sua assinatura, todas as folhas"*, se impôs e, de mera sugestão, tornou-se dispositivo legal, adentrando no terreno da realidade normativa.

---

775 VELOSO, Z. Obra citada, p. 280.
776 MONTEIRO, W. de B. Obra citada, p. 120.
777 RODRIGUES, S. Obra citada, p. 120, nota 73-A.
778 DINIZ, Maria Helena. Obra citada, p. 131.
779 Ver, nesse sentido, o artigo de Carlos Eduardo Thompson Flores Lenz. *Considerações sobre o testamento particular datilografado.* In: *RT*, 620:33 e *AJURIS*, 40:248).
780 Ver, nesse sentido, os seguintes acórdãos: *RF* 247/210; *RT* 264/236; 390; 157; 502/81; 509/83; 522/217; 574/240; 606/83.
781 VELOSO, Z. Obra citada, p. 284.

A fórmula deixou de ser tímida e ganhou colorido vivaz e vibrante.

O parágrafo primeiro do artigo 1.876 retoma a noção de ato contínuo anteriormente citada, a respeito do testamento cerrado. No momento da leitura do testamento particular, devem estar conjunta e simultaneamente presentes o testador e as testemunhas, que assinarão, a seguir.

O que o parágrafo reafirma é a ideia já estampada no *caput* do artigo: se o testador é quem escreve (de próprio punho ou mediante processo mecânico), é requisito essencial que, além daquela escrita, *seja lido e assinado por quem o escreveu* (o testador no caso) e na presença das três testemunhas (contra cinco, do Código de 1916). Ou seja, se o testador escreve e assinam as testemunhas, sem que lhes tenha sido dada a leitura do testamento, este é nulo e não vale nada. Nesse sentido a doutrina incontestável de Clovis Bevilacqua ("As testemunhas ouvem, do próprio testador, a leitura do testamento privado e o assinam com ele"),[782] de Caio Mário da Silva Pereira ("O testamento particular será lido pelo testador a cinco testemunhas, que com ele assinam")[783] e de Maria Helena Diniz ("Leitura do testamento, pelo testador, perante todas as testemunhas").[784]

Se o parágrafo se refere à assinatura de *"quem o escreveu"* e se, como sabido, quem escreve é o testador, a leitura é feita pelo testador na presença de (agora) pelo menos três testemunhas. Sem razão Veloso, ao afirmar que em nenhum momento o Código especifica que a leitura do testamento deve ser feita pelo testador, pessoalmente. A inserção do parágrafo primeiro deixa claro a ocorrência daquela necessidade, sem a qual o testamento é nulo.

---

782 BEVILACQUA, C. Obra citada, p. 109.
783 PEREIRA, C. M. da. Obra citada, p. 184.
784 DINIZ, M. H. Obra citada, p. 131.

Ainda, a referência feita por Veloso, de forma analógica, ao testamento público (invocando o artigo 1.632, III, do Código Civil de 1916) é inaplicável à espécie, porque, lá, a leitura *pelo testador se o quiser* é uma opção (a leitura é feita pelo oficial ou pelo testador), enquanto aqui há determinação implícita de que a leitura seja feita por quem o escreveu e, sendo o testador que o faz, é ele próprio que o lê.

Se elaborado por processo mecânico – dispõe o parágrafo segundo – o cuidado deve ser redobrado, para evitar o risco de falsidade comprometedora da validade do documento. Por isso, *"não pode conter rasuras ou espaços em branco, devendo ser assinado pelo testador, depois de o ter lido na presença de pelo menos três testemunhas, que o subscreverão"*.

A adições, emendas, cancelamentos e borrões não podem ser aceitos no processo mecânico porque o risco de fraude se agigantaria de modo inaceitável nesta forma de testamentária. Além disso, se tais circunstâncias podem ocorrer em processo manual (escrito de próprio punho), tornam-se inadmissíveis em processo mecânico, onde a possibilidade de preenchimento de vazios, aproximação de orações, alteração de letras e palavras é feita de forma rápida, breve e facílima (estamos a pensar na aplicação do computador, já que a máquina de escrever se tornou objeto obsoleto), não justificando a manutenção das rasuras e espaços em branco.

Estamos nos referindo a rasuras ou espaços em branco, adições e emendas feitas pelo próprio testador porque, qualquer alteração realizada por um terceiro, em parte substancial no testamento, com ou sem assentimento do testador, anula o ato inteiro. Aqui, mais que em qualquer outra forma de testamento, a privacidade da manifestação de vontade deve ser acompanhada de redobrado cuidado para evitar a ocorrência de falsidade.

Art. 1.877. Morto o testador, publicar-se-á em juízo o testamento, com citação dos herdeiros legítimos.

Direito anterior – Art. 1.646 do Código Civil de 1916.
Art. 1.646. Morto o testador, publicar-se-á em juízo o testamento, com citação dos herdeiros legítimos.
Direito comparado – No Código Civil francês (art. 1.007).[785]
No direito argentino (arts. 3.691 e 3.692)

COMENTÁRIO

Vencidas as formalidades de formação do ato, o legislador, no artigo 1.877, passa a apreciar aquilo que Orlando Gomes[786] chamou de requisitos de validade. Portanto, na avaliação do testamento particular devem ser considerados dois momentos: a ocorrência dos requisitos essenciais quando da formação do ato como, também, quando de sua execução, após o falecimento do disponente.

A fase de execução do testamento particular se materializa com a publicação em juízo e a citação dos herdeiros legítimos. A publicação tem como escopo o dar-se autenticidade ao testamento particular e constitui-se numa medida preliminar de sua execução.

---

[785] *"Art. 1.007. Tout testament olographe ou mystique sera, avant d'être mis à exécution, déposé entre les mains d'un notaire. Le testament sera ouvert, s'il est cacheté. Le notaire dressera sur-le-champ procès-verbal de l'ouverture et de l'état du testament, en précisant les circonstances du dépôt. Le testament ainsi que le procès-verbal seront conservés au rang des minutes du dépositaire.*
Dans le moi qui suivra la date du procès-verbal, le notaire adressera une expédition de celui-ci et une copie figurée du testament au greffier du tribunal de grande instance du lieu d'ouverture de la succession, qui lui accusera réception de ces documents et les conservera au rang de ses minutes."

[786] GOMES, O. Obra citada, p. 148: "No exame das formalidades do testamento particular, impõe-se a distinção metodológica entre os requisitos de validade e os de eficácia. Demandam-se em momentos diversos. Os requisitos de validade apuram-se na formação do ato. Os requisitos de eficácia, em sua execução."

A publicação, depois da morte do testador, pode ser requerida por qualquer interessado, isto é, pelo herdeiro, pelo legatário ou pelo testamenteiro, inquirindo-se as testemunhas que ouviram a leitura e assinaram o testamento, devendo a petição ser instruída com a cédula do testamento particular.

Se a questão diz respeito a todos os herdeiros interessados, causa espécie que a citação, a que se refere o artigo sob comento, restrinja-se tão-somente aos herdeiros legítimos. Em nosso direito anterior já era este o entendimento dominante: que qualquer interessado devia ser citado e não apenas os herdeiros legítimos. Nas Ordenações Filipinas há disposição expressa no sentido de que o testamento particular deve "ser publicado depois da morte do testador, por autoridade de Justiça, citando as partes, a que pertencer, segundo forma de Direito" (L. IV, T. 80, § 3º). Razão não há para se alterar aquela regra, sob todos aspectos, sustentável, mesmo porque a mudança do Código Civil de 1916 ocorreu sem nenhum motivo plausível a justificar aquela tendência já pacificada.

Há casos em que outros interessados – além dos herdeiros legítimos – se impõem, como é o caso do cônjuge sobrevivente quando meeiro (embora não sendo herdeiro) ou os interessados num testamento anterior (havendo dúvida de sua revogação) e que, não arrolados no artigo 1.877, perdem a oportunidade de, via citação, tomarem ciência do que está ocorrendo.

Como criticou, com razão, Veloso, "o atual Projeto de Código Civil (agora Código) não foi fiel ao nosso direito caduco, nem sensível às críticas ao art. 1.646 (atual 1.876) do Código vigente, repetindo-o literalmente. Teria sido melhor se previsse a citação dos interessados".[787]

---

[787] VELOSO, Z. Obra citada, p. 294.

Art. 1.878. Se as testemunhas forem contestes sobre o fato da disposição, ou, ao menos, sobre a sua leitura perante elas, e se reconhecerem as próprias assinaturas, assim como a do testador, o testamento será confirmado.

Parágrafo único. Se faltarem testemunhas, por morte ou ausência, e se pelo menos uma delas o reconhecer, o testamento poderá ser confirmado, se, a critério do juiz, houver prova suficiente de sua veracidade.

Direito anterior – Art. 1.647 do Código Civil de 1916.

Art. 1.647. Se as testemunhas forem contestes sobre o fato da disposição, ou, ao menos, sobre a sua leitura perante elas, e se reconhecerem as próprias assinaturas, assim como a do testador, será confirmado o testamento.

Direito comparado – No Código Civil francês (art. 1.007), já citado. No direito argentino (art. 3.692).

COMENTÁRIO

A inquirição das testemunhas, no procedimento de confirmação do testamento particular, é feita pelo juiz. Se as testemunhas não contestarem a disposição, isto é, se forem acordes sobre o fato da disposição, o testamento será confirmado. Conforme já ressaltara Bevilacqua, não há necessidade que as mesmas retenham na memória todas as cláusulas testamentárias, cuja leitura ouviram. Nem isto seria possível exigir, por ser humanamente impossível. Basta, pois, que afirmem que, em verdade, o testamento foi feito, ou, *ao menos*, foi lido perante elas.[788]

---

[788] "*Testemunhas não reunidas. Não havendo dúvida quanto à autenticidade do documento de última vontade e conhecida, induvidosamente, no próprio, a vontade do testador, deve prevalecer o testamento particular, que as testemunhas ouviram ler e assinaram uma a uma, na presença do testador, mesmo sem que estivessem elas reunidas, todas, simultaneamente, para aquele fim. Não se deve alimentar a superstição do formalismo obsoleto, que prejudica mais do que ajuda. Embora as formas testamentárias operem como* ius cogens, *entretanto a lei da forma está sujei-*

A inserção da expressão "*ao menos*" provoca perplexidade e gera confusão no espírito do intérprete; o legislador quis se referir a uma hipótese (conteste sobre o fato da disposição) ou a outra (ou sobre a leitura perante elas)? O que o dispositivo afirma é que as testemunhas devem, ao menos, declarar, coincidentemente, que a leitura do instrumento foi feita perante elas e que reconhecem as suas próprias assinaturas e a do testador.

As testemunhas ouvem, do próprio testador, a leitura do testamento particular e assinam com ele. O que vão, mais tarde, afirmar é precisamente isso. Outra coisa não é o fato da disposição.

O valor do testemunho, porém, não pode se revestir de caráter absoluto. "Absurdez jurídica e moral seria admitir-se que o testamento é nenhum pelo fato de uma testemunha, contrariando a realidade que salta aos olhos com toda a certeza, a evidência que exsurge de sua própria assinatura, negar, simplesmente, o que tudo demonstra que existiu."[789]

Por isso, a convocação das testemunhas após o falecimento do testador pode se revelar um dos maiores inconvenientes, "um risco flagrante do testamento hológrafo, residindo, aí, a razão principal de sua quase nenhuma utilização em nosso país".[790] Mesmo porque, acrescenta Veloso, "pode ocorrer contradição substancial por parte de uma testemunha que até esteja de boa-fé, esquecida do fato, deslembrada do acontecimento, mormente se o testamento é antigo, velho de muitos anos".

A forma simplificada se impõe ainda uma vez e a proposta legislativa de Veloso se revela da maior oportunidade ao sugerir a abolição da

---

ta à *interpretação e construção apropriadas às circunstâncias* (STJ, 3ª T., REsp. nº 1.422-RS, rel. Min. Gueiros Leite, j. em 02.10.1990, *DJU* de 04.02.1991, p. 1.938, *In*: *RT*, 673:168).

789 VELOSO, Z. Obra citada, p. 295.
790 VELOSO, R. *Idem, ibidem.*

necessidade de confirmação testemunhal nos seguintes termos: "Morto o testador, apresentar-se-á o testamento em juízo, determinando-se a citação dos interessados, e, se for verificada a inexistência de vício externo que o torne eivado de nulidade, ou suspeito de falsidade, será publicado, registrado e cumprido."[791]

Inquiridas as testemunhas, sendo as mesmas acordes sobre o fato da disposição, seguidas todas as formalidades do artigo 1.878, reconhecida, afinal, a autenticidade do testamento, o juiz confirmará e mandará cumprir, ouvido o órgão do Ministério Público (CPC, arts. 1.132, 1.133, 1.126 e 1.127).[792]

Dispõe, ainda e de forma inédita, o parágrafo único do artigo sob comento, que a presença de, no mínimo, uma testemunha garante a confirmação do testamento se, *a critério do juiz, houver prova suficiente de sua veracidade*.

Na realidade, o parágrafo único se biparte em duas nítidas hipóteses; na primeira, o que se depreende é que até duas testemunhas (das três previstas no artigo 1.876) poderão faltar no procedimento de confirmação, *por morte ou ausência*; na segunda, o processo de convencimento judicial com base em *prova suficiente* da veracidade do testamento.

---

791 VELOSO, Z. *Idem*, p. 311.
792 "*Testamento – Instrumento particular – Oitiva de duas testemunhas do ato, já que falecidas as outras três – Hipótese em que aquelas comprovaram a autenticidade do documento – Testemunhas falecidas, ademais, que sobreviveram à testadora – Eficácia reconhecida*. O rigor *de interpretação dos preceitos relativos à confirmação do testamento particular não se justifica. Cumpre ao intérprete atentar para a finalidade da exigência legal, admitindo a eficácia do ato toda vez que a sua autenticidade possa confirmar-se por outros meios probatórios e não seja estorvada por outro princípio de direito. No caso as duas testemunhas ouvidas comprovaram a autenticidade do documento efetivamente e externando a última vontade da autora da herança, tendo ela mesmo datilografado o testamento. De outra parte, as testemunhas falecidas sobreviveram à testadora e todas a assinaturas lançadas tiveram as respectivas firmas reconhecidas*" (*RT*, 69: 106).

A nova versão do artigo 1.878 diminui o excesso de formalismo do testamento particular e aumenta o poder discricionário do juiz, minorando os inconvenientes anteriormente apontados. É que o *critério do juiz* preenche o eventual vazio aberto pela ausência das outras testemunhas. Com efeito, na versão atual – não há como fugir das evidências – o testamento particular pode ser confirmado pela tão-só presença de uma única testemunha. Substancial redução se considerarmos que o Código Civil de 1916 exigia a confirmação de 5 (cinco) testemunhas.

Permanece, inexplicavelmente, sem previsão, a questão da data que, devidamente considerada, teria facilitado e muito a prova da veracidade do testamento particular. "É uma lacuna grave", já apontara Bevilacqua, "que a previdência do testador cabe suprir, mas, não estando enumerado este requisito, como essencial, a sua falta não anulará o testamento".[793]

No direito francês, que serviu de paradigma à proposta nacional, a aposição da data é elemento essencial cuja inobservância gera nulidade do testamento.

"A menção da data sobre o testamento é igualmente uma solenidade necessária. Este formalismo pode se justificar por diversas razões. Permite verificar se o testador era capaz; permite também – se há diversos testamentos sucessivos – saber qual é o mais recente, o que se revela útil em caso de incompatibilidade entre as disposições."[794]

Além disso, a inserção da data traduz também um *animus testandi,* na medida em que permite conhecer as circunstâncias nas quais o testamento foi escrito, o que pode ser útil, quer como meio de prova, quer como meio de interpretação, em caso de dúvida. No caso fran-

---

793 BEVILACQUA. C. Obra citada, p. 108.
794 MALAURIE, P. e AYNÉS, L. Obra citada, p. 272.

cês, informam os autores pré-citados, "apesar do abrandamento que a jurisprudência tem trazido ao testamento particular, o formalismo em matéria de data permanece rígido e provoca a nulidade de numerosos testamentos hológrafos".[795]

"Porém", conclui Veloso, "é aconselhável o testamento particular conter a data, sendo válida a observação de Bevilacqua de que à previdência do testador cabe cumprir tal referência, cuja falta, note-se, não prejudica, por si só, o ato; não o torna nulo, à luz de nosso ordenamento".[796]

Art. 1.879. Em circunstâncias excepcionais declaradas na cédula, o testamento particular de próprio punho e assinado pelo testador, sem testemunhas poderá ser confirmado, a critério do juiz.

Direito anterior – Sem previsão legal no Código Civil de 1916.

Direito comparado – Sem previsão legal correspondente no Código Civil francês. Igualmente no direito argentino e no direito uruguaio.

COMENTÁRIO

Preliminarmente vale ressaltar a perplexidade que, naturalmente, assalta o leitor do presente dispositivo, por razões óbvias. Se a presença das testemunhas (embora, agora, reduzida) é da essência do testamento particular, a hipótese de confirmação, ainda que *em circunstâncias excepcionais,* deixa atônito o intérprete porque aquela ausência, no mínimo, esvazia a própria essência do testamento particular.

---

[795] MALAURIE, P. e AYNÉS, L. *Idem, ibidem.*
[796] VELOSO, Z. Obra citada, p. 289.

E tal proposta só pode encontrar justificativa na irresistível tendência do legislador em simplificar o processo da testamentaria privada. O raciocínio dominante deve ter sido muito simples: se a confirmação testemunhal era o maior óbice que se levantava contra a operacionalidade do testamento particular, *em circunstâncias excepcionais* (situação de risco iminente e/ou em lugar em que não haja possibilidade do concurso de testemunhas) *e a critério do juiz,* a ausência de testemunhas poderá ser suprida pela apreciação judicial.

Num primeiro momento de abordagem a proposta legislativa parece se legitimar, a partir de consideração meramente intencional: resgatar a vontade do outorgante, custe o que custar. Em sede meramente científica, entretanto, a lógica daquele raciocínio parece se chocar com o sistema brasileiro de testamentaria e não encontra guarida na ordem civil reinante. Não se trata de saudosismo, nem de apego ao passado, pautado pelo mais absoluto formalismo, como se viu, mas antes de resgatar a coerência e logicidade que garantem a sobrevivência de um sistema. E a omissão das testemunhas compromete a própria existência do testamento particular.

De qualquer maneira, como bem ressaltou a doutrina de Regina Ghiaroni, "para lançar mão desta forma de testar, indispensável analisar-se se o autor do testamento estava em situação imprevisível, na qual não lhe restasse outro recurso senão lançar de próprio punho suas disposições de última vontade. A circunstância em si e o meio utilizado serão avaliados pelo magistrado, que poderá determinar, ou não, o registro do título. Não é, portanto, uma regra geral para o testamento particular, É, a toda evidência, para o testador comum, um meio especial de dispor".[797]

---

[797] GHIARONI, Regina. Obra citada, p. 189.

Melhor seria que, em vez de inverter totalmente a ordem dominante, com inquestionável comprometimento da validade do instituto, o legislador tivesse optado por fórmula mais branda. Aquela, por exemplo, sugerida correta e logicamente por Veloso,[798] quando, em artigo imaginário, dispõe: "*Art. ... – São requisitos essenciais do testamento particular: II – Que o testador apresente o escrito a duas testemunhas, que, também, o assinam*", ou seja, garante-se a presença das testemunhas na manifestação de vontade do testador, mas não se faz depender o fato da disposição de posterior confirmação testemunhal: "*Art. ... – Morto o testador, apresentar-se-á o testamento em juízo, determinando-se a citação dos interessados, e, se for verificada a inexistência de vício externo que o torne eivado de nulidade, ou suspeito de falsidade, será publicado, registrado e cumprido.*"

Estar-se-ia resgatando a validade e escopo do testamento particular, como ocorre no direito europeu, sem incidência em excesso de formalismo e desmedida observância de requisitos que tornam o instituto obsoleto de impraticável aplicação.

A par destas considerações, a aceitação do testamento particular, *sem testemunhas*, atinge frontalmente a sistemática empregada no capítulo III do direito sucessório nacional; ou bem, em respeito à coerência, mantém-se um sistema formalista; ou bem abandona-se o excessivo formalismo, e, em atitude coerente, resgata-se a forma simplificada de testar privadamente.[799] As duas hipóteses disputando espaço num mes-

---

798 VELOSO, Z. Obra citada, pp. 310-311.
799 "*Apelação. Registro de Testamento. Ausência dos requisitos previstos no art. 1.879 do Código Civil, que impedem o reconhecimento de situação excepcional, sequer mencionada no documento. Existência de anterior testamento público. 1 – Ausentes no documento os requisitos previstos no art. 1.879 do CC, impossível o reconhecimento da situação excepcional que autoriza a confirmação do testamento pelo magistrado, eis que sequer mencionada no documento. 2 – Não se pode alegar desconhecimento da lei para pretender sejam mitigadas as formalidades*

mo capítulo só podem gerar contradição e, o que é mais grave, inaplicabilidade da fórmula, por impossibilidade material.

Art. 1.880 – O testamento particular pode ser escrito em língua estrangeira, contanto que as testemunhas a compreendam.

Direito anterior – Art. 1.649 do Código Civil de 1916.
Art. 1.649. O testamento particular pode ser escrito em língua estrangeira, contanto que as testemunhas a compreendam.

Direito comparado – Sem previsão legal no Código Civil francês. No direito argentino (art. 3.641).

COMENTÁRIO

O testamento particular pode ser redigido em língua nacional ou em língua estrangeira. Com a disposição expressa do artigo 1.880 nada impede que o testador escreva o seu testamento particular em língua estrangeira.

Em se tratando de documento privado, a regra é a da mais absoluta liberdade de se expressar em língua que expresse fidedignamente a vontade do testador. Enquanto no testamento público é inadmissível o emprego de língua estrangeira, porque o testamento é lavrado por um tabelião e também porque a tradução instantânea, no momento de serem ditadas as disposições, poderia alterar a substância da vontade do outorgante, em matéria de testamento particular esses inconvenientes

exigidas em lei para confecção do testamento particular, mormente quando evidenciado que a falecida, em oportunidade anterior, buscou a formalidade do testamento público para manifestar sua última vontade" (TJRS, Ap. nº 70.015.032.816, rel. Des. Luiz Felipe Brasil Santos, j. em 02.08.2006).

não se verificam porque o instrumento é escrito pelo próprio testador e lido perante pessoas que lhe compreendem bem os dizeres, de modo a poderem certificar ao juiz o que se passou, no momento da feitura do testamento.

Por isso, a ressalva do artigo quando afirma *"contanto que as testemunhas a compreendam"*.

Ao referir-se às testemunhas, no plural, o dispositivo legal é claríssimo em salientar a necessidade de que todas as testemunhas entendam a língua em que está redigido o testamento, sob pena de nulidade, por vício de forma.

No mesmo sentido a doutrina francesa: *"Peu importe la langue, française ou étrangère ou conventionnele même en langage secret..."* (Pouco importa a língua, francesa ou estrangeira ou convencional, mesmo em linguagem secreta...) dizem Malaurie e Aynès.[800] No mesmo sentido Grimaldi: *"Peu importent les signes utilisés. La langue (vivante ou morte; française ou étrangère)"* (Pouco importam os sinais utilizados. A língua, viva ou morta, francesa ou estrangeira)[801] e Terré e Lequette: *"Le testament peut être écrit dans une langue morte ou dans une langue vivante, en français ou dans une autre langue, nationale ou locale, voire dans un idiome"* (O testamento pode ser escrito em uma língua morta ou viva, em francês ou em uma outra língua nacional ou local, até mesmo em um idioma).[802]

---

800 MALAURIE, P. e AYNÉS, L. Obra citada, p. 271.
801 GRIMALDI, M. Obra citada, vol. 2, p. 272.
802 TERRÉ, F. e LEQUETTE, Y. Obra citada, p. 300.

CAPÍTULO IV
Dos Codicilos

Art. 1.881. Toda pessoa capaz de testar poderá, mediante escrito particular seu, datado e assinado, fazer disposições especiais sobre o seu enterro, sobre esmolas de pouca monta a certas e determinadas pessoas, ou, indeterminadamente, aos pobres de certo lugar, assim como legar móveis, roupas ou jóias, de pouco valor, de seu uso pessoal.

Direito anterior – Art. 1.651 do Código Civil de 1916.
Art. 1.651. Toda pessoa capaz de testar poderá, mediante escrito particular seu, datado e assinado, fazer disposições especiais sobre o seu enterro, sobre esmolas de pouca monta a certas e determinadas pessoas, ou, indeterminadamente, aos pobres de certo lugar, assim como legar móveis, roupas ou jóias, não mui valiosas, de seu uso pessoal.

Direito comparado – Sem previsão legal nos Códigos Civis francês e português. Igualmente, no direito argentino e uruguaio. As legislações modernas, em geral, não se ocupam com este instituto.

Leitura complementar:
FRANÇA, Rubens Limongi. "Codicilo". *In*: *Enciclopédia Saraiva do Direito*, vol. 15, p. 92; THOMAZ JR. Dimas Borelli. "Dos codicilos". *In*: *RT*, 748: 755-763; VELOSO, Zeno. "Codicilo". *In*: FREITAS, Douglas Philipps (Coord.). *Curso de Direito das Sucessões*. Florianópolis: Vox Legem, 2007, pp. 197-208.

COMENTÁRIO

O termo codicilo é de origem romana e decorre do diminutivo da palavra *codex*, significando pequeno rolo, pequeno escrito. Daí vem a ideia de que o codicilo é um pequeno testamento, ou um testamento menor, ou, como queria Bevilacqua, é um *memorandum* de última vontade, escrito, datado e assinado por pessoa capaz de testar, que somente conterá disposições expressas no texto legal.[803]

Em Roma, os codicilos representavam a forma jurídica de ato de última vontade que não instituíssem herdeiros. Passaram a ter força obrigatória a partir de Augusto, quando se discutiu se deveriam ser cumpridos os legados ordenados, em instrumento à parte do testamento, pelo procônsul Cornélio Lêntulo, tendo os jurisconsultos romanos admitido a validade de tais legados feitos através de codicilo.

Pelas Ordenações Filipinas (L. IV, T. 86) o codicilo, repetindo a fórmula romana, representava um testamento em que não havia instituição de herdeiro e para sua confirmação exigia-se a presença de quatro testemunhas, ou apenas de três, em lugares menos povoados.

Codicilo, na ótica do direito brasileiro, é ato de disposição de última vontade em que o outorgante determina providências sobre seu enterro, faz esmolas e lega bens de pequeno valor. Excepcionalmente nomeia ou substitui testamenteiros. Além dessas disposições, o codicilo ordena também despesas de sufrágio por alma do codicilante (art. 1.998). Costume que nos vem do Brasil-colônia e que vai acompanhar todo o Brasil imperial até, praticamente, o advento da República.

Segundo Silva, o testamento era muito importante, não apenas para a instituição de herdeiros e distribuição de legados, "mas também para as disposições quanto ao funeral e cuidados com a alma mediante a celebração de missas".[804]

---

803 Ver o artigo de Dimas Borelli Thomaz Junior. "Dos codicilos". *RT*, 748: 755-763.
804 SILVA, M. B. N. da. Obra citada, p. 128.

No mesmo sentido as conclusões da historiadora Sheila de Castro Faria quando, examinando as finalidades do testamento, no Brasil colonial, conclui: "Nitidamente, a forma geral dos testamentos é igual. Todos começam com: 'em nome da Santíssima Trindade' etc.(...) Segue a informação, que varia na forma, sobre o estado de saúde do testador. Depois, praticamente sem variação, vem a 'encomenda da alma' e o pedido para que os santos intercedam junto ao Senhor Jesus Cristo."[805]

E, mais adiante: "Essa fórmula geral antecede e ultrapassa o século XVIII, mas tudo leva a crer que testadores estavam imbuídos da crença na intercessão dos santos para a salvação da alma, principalmente no século XVII e início do XVIII, já que determinavam expressamente o número de missas, os santos beneficiados e, muitas vezes, quem as rezariam."[806]

O codicilo, fórmula singela e privada, se prestava como luva para atender às expectativas do outorgante, e tudo indica, como nos informam os estudos pontuais dos historiadores brasileiros, que foi expediente de largo uso no Brasil durante, no mínimo, dois séculos, o que explica, em termos, a sua permanência no sistema sucessório nacional, apesar de ser figura em extinção.

A forma do codicilo é hológrafa simplificada.[807] O documento é escrito, datado e assinado pelo testador. Logo, somente quem sabe es-

---

[805] FARIA, Sheila de Castro. *A Colônia em movimento. Fortuna e Família no cotidiano colonial.* São Paulo: Nova Fronteira, 3. ed., p. 266.

[806] FARIA, S. de C. Obra citada, p. 267.

[807] *"Codicilo – Desrespeito à forma hológrafa. Feitura por instrumento particular, datilografado em cartório com firma do autor reconhecida – Pretendida nulidade por vício formal – Inocorrência – Recurso provido. Permitiu-se,* in casu, *a forma mais liberal, eis que há um inter-relacionamento entre o codicilo e o testamento, sendo que este foi inclusive citado quando da feitura da última declaração. Trata-se de um* múnus *a complementar a declaração de vontade do testador. Além disso, as nulidades das declarações de última vontade, só devem ser decretadas em face de evidente prova de postergação da lei. Simples defeitos de forma não podem invalidar a vontade clara e expressa do testador* (TJSP, Ap. Cível nº 151.838-1, rel. Silvério Ribeiro, j. em 08.10.1991).

crever e assinar pode utilizá-lo. Se escrever, datar e assinar são elementos essenciais, como se depreende da leitura do artigo 1.881, a falta de qualquer um deles torna nulo o ato.

Embora o legislador não tenha se referido à questão do processo mecânico, entendemos que o codicilo pode ser escrito com o emprego dos meios mecânicos, pelas mesmas razões, anteriormente examinadas, quanto ao testamento particular. A jurisprudência tem se firmado nesse sentido.[808]

Contrariamente às outras formas de testamentaria, nas quais a data foi omitida pelo legislador, em manifesta desvantagem, como vimos, no codicilo a data é requisito essencial. Sem data o ato não vale. A exigência legal é explícita e inquestionável: *datado*, diz a lei.

A assinatura é, igualmente, formalidade capital cuja ausência acarreta nulidade.

O conteúdo do codicilo é limitado. A lei indica para que serve, não se podendo lançar mão do mesmo para instituir ou deserdar herdeiros, reconhecer filhos ou fazer legados de valor considerável.[809]

As disposições patrimoniais devem ser de *pouca monta* e *de pouco valor,* elementos subjetivos que, certamente, podem gerar perplexidade, embora a tendência nacional sempre foi a de se determinar tais percentuais com base em comparação ao patrimônio total (montante dos bens) deixado pelo outorgante.

---

[808] Ver, nesse sentido: *RT*, 46:351; *RT*, 164:287; *RF*, 229: 157; *RT*, 400: 183; *RT*, 164: 287; *RT*, 327: 240; *RT,* 303: 272; *RT*, 197: 149; *RT*, 97: 424; *JB* (Jurisprudência Brasileira) nº 81: 62; *RDTJRJ*, 30:249; *RF*, 336: 292.

[809] "*Anulatória de codicilo. Meio hábil para legar bens móveis de reduzido valor. Redução das disposições. Excluem-se do codicilo jóias e relógios, 'bens de alto valor', por serem incompatíveis com a natureza da disposição de vontade, restrita a bens móveis de reduzido valor. Negaram provimento a ambos os apelos. Unânime"* (TJRS, 7ª C. Civ., AC nº 70015923808, rel. Des. Luiz Felipe Brasil dos Santos, j. em 29.11.2006).

Pontes de Miranda já criticara o emprego de fórmula subjetiva em matéria que deveria ser pautada por maior precisão: "Que há de se entender por esmola de pouca monta? Em vez de se inserir expediente quantitativo, que aí seria processo técnico assaz útil, como no *Preussisches Allgemeines Landrecht*, I, Tit. 12, art. 161 (a vigésima parte da sucessão para todos os legados), entendeu o Código Civil brasileiro deixar à apreciação do juiz o quanto concretamente possível, assim das esmolas como de todas as outras disposições. Tratando-se , como se trata, de requisito essencial intrínseco dos codicilos, compreende-se a impropriedade de tal solução imprecisa. Certo, podem os juízes apreciar, mas, na espécie, o que se havia de querer era a lei que previamente dissesse até quanto se podia estender a liberalidade codicilar, ou dizer qual o critério de fixação. Não se disse, e os inconvenientes são graves."[810]

Na jurisprudência nacional, porém, observa-se uma tendência de se fixar como disposição codicilar que não extrapola os limites legais aquela cujo valor da liberalidade não ultrapassa a dez por cento do acervo.[811]

Art. 1.882. Os atos a que se refere o artigo antecedente, salvo direito de terceiro, valerão como codicilos, deixe ou não testamento o autor.

Direito anterior – Art. 1.652 do Código Civil de 1916.
Art. 1.652. Esses atos, salvo direito de terceiro, valerão como codicilos, deixe, ou não, testamento o autor.

Direito comparado – Sem equivalente.

---

810 PONTES DE MIRANDA, F. C. Obra citada, vol. 59, p. 255.
811 É a conclusão de Zeno Veloso que indica os acórdãos (*RT*, 303:272 e 327: 240).

COMENTÁRIO

Na sistemática do direito pátrio, pode alguém fazer codicilo, quer tenha feito, ou não, testamento. São documentos independentes. Ou melhor, o "codicilo conviverá com ele, integrando-o, completando-o, nos assuntos que for possível regular através desse ato. Se o outorgante não tiver testamento, o codicilo terá vida isolada, respeitando-se quanto ao resto as regras da sucessão legítima. Se alguém morre deixando, apenas, codicilo, embora este represente um ato de disposição de última vontade, a sucessão é *ab intestato* e não testamentária".[812]

O legislador cria, no artigo sob comento, duas hipóteses de incidência do codicilo: vinculação (se há testamento, o codicilo conviverá com ele, integrando-ou ou complementando-o) e de autonomia (se o *de cujus* não tiver feito testamento, o codicilo terá vida isolada). Nesta segunda hipóteses, respeitar-se-ão, quanto ao resto, as disposições da sucessão legítima.

Art. 1.883. Pelo modo estabelecido no art. 1.881, poder-se-ão nomear ou substituir testamenteiros.

Direito anterior – Art. 1.653 do Código Civil de 1916.
Art. 1.653. Pelo modo estabelecido no art. 1.651, se poderão nomear ou substituir testamenteiros.

Direito comparado – Sem equivalente.

COMENTÁRIO

Além das hipóteses arroladas no artigo 1.881, o codicilo pode conter, ainda, a nomeação ou substituição de testamenteiros.

---

[812] VELOSO, Z. Obra citada, p. 315.

Pontes de Miranda, em seus comentários ao texto, indica o alcance do dispositivo: "Pode-se nomear testamenteiros e dar-lhes funções? Sim, quanto ao objeto restrito do codicilo ou para a execução do testamento que acaso exista. Mas se o testador, além disso, diz que o testamenteiro grave de inalienabilidade as legítimas? O art. 1.651 é exemplificativo? No art. 1.723 só se fala em testador. No art. 1.171, permitiu-se o adiantamento da legítima. Nele não se disse que o doador podia impor, desde logo, a inalienabilidade, mas isto, se o art. 1.676 não bastasse, teria de admitir-se, porque o adiantamento emprega ficção e esta tem de operar no caso ficto, como operaria no verdadeiro (...) Ora, aquela doação pode ser feita por escritura pública ou por instrumento particular, somente assinado e com duas testemunhas.

O codicilo não as tem. Pode, a despeito disso, conter doações. Será o caso de se raciocinar para ele como se raciocinou para as doações *inter vivos*. Não há nenhum inconveniente em se cumprir a vontade do testador – holograficamente declarada, datada e assinada – para este efeito, fundamentalmente destacado – amparar os herdeiros legítimos."[813]

Art. 1.884. Os atos previstos nos artigos antecedentes revogam-se por atos iguais, e consideram-se revogados, se, havendo testamento posterior, de qualquer natureza, este os não confirmar ou modificar.

Direito anterior – Art. 1.654 do Código Civil de 1916.

Art. 1.654. Os atos dessa espécie revogam-se por atos iguais, e consideram-se revogados, se, havendo testamento posterior, de qualquer natureza, este os não confirmar, ou modificar.

Direito comparado – Sem equivalente.

---

813   PONTES de MIRANDA, F. C. Obra citada, vol. 59, pp. 259-260.

COMENTÁRIO

O dispositivo sob exame prevê a possibilidade de revogação do codicilo, que pode ser revogado por outro codicilo, ou por um testamento posterior. Nem sempre, entretanto, o codicilo posterior revoga o anterior. Tudo dependerá da natureza das disposições constantes no novo instrumento. Podem os dois instrumentos integrar-se, de forma que um completa o outro. O novo codicilo só revoga o velho quando contém cláusula expressa nesse sentido, ou se as disposições forem incompatíveis com as deste. Se as manifestações de vontade são antagônicas, ou excludentes, é evidente que valem as últimas declarações do outorgante.

Se o testador falece com mais de um codicilo e se não há incompatibilidade nas declarações constantes nos documentos, cumprem-se todos por serem compatíveis.

Se o testamento posterior ao codicilo revogá-lo expressamente, não há dúvida, vale o testamento em detrimento da vontade anteriormente manifestada.

Se, porém, o testamento posterior silenciar (... *se este os não confirmar ou modificar*), consideram-se os codicilos revogados. Para que se mantenha a disposição codicilar é fundamental que o testamento faça alguma referência ao codicilo (confirmando-o ou modificando-o). Se o testamento nada dispõe, entende-se que o codicilo está revogado. Não é este o entendimento de Pontes de Miranda,[814] que visualiza a possibilidade de uma exegese conciliadora entre os dois documentos.

Sem razão, porém, o requintado civilista. A lei é clara e não abre margem a interpretações.

---

814 PONTES de MIRANDA, F. C. Obra citada, vol. 59, p. 261.

Se o testamento não modifica ou confirma o codicilo, este fica revogado.

Ante o rigor do texto, "mesmo que o testamento posterior trate de assunto diverso do regulado no codicilo, ainda que se refira à matéria completamente estranha à que foi nele versada, mesmo que as disposições do codicilo e do testamento sejam compatíveis, não se referindo o testamento ao anterior codicilo, este fica revogado".[815]

Desde a doutrina clássica de Carlos Maximiliano, este é o princípio dominante: "O codicilo não revoga testamento; porém, é por ele revogado."[816]

Art. 1.885. Se estiver fechado o codicilo, abrir-se-á do mesmo modo que o testamento cerrado.

Direito anterior – Art. 1.655 do Código Civil de 1916.

Art. 1.655. Se estiver fechado o codicilo, abrir-se-á do mesmo modo que o testamento cerrado.

Direito comparado – Sem equivalente.

COMENTÁRIO

Da mesma forma como o testamento cerrado, e para manter secretas as suas determinações, pode ser fechado, pelo seu autor. O codicilo pode se apresentar cerrado e cosido.

Falecendo o autor do codicilo, a abertura do documento far-se-á como a do testamento cerrado: será aberto pelo juiz, que o fará registrar e arqui-

---
815 VELOSO. Z. Obra citada, p. 320.
816 MAXIMILIANO, C. Obra citada, p. 524.

var no cartório, a que tocar, ordenando que seja cumprido, se não lhe achar vício externo que o torne suspeito de nulidade ou falsidade (CPC, arts. 1.125 a 1.127).

No antigo direito sucessório ocorriam outras determinações secretas que se assemelhavam aos codicilos: as cartas de consciência, que nada mais eram senão disposições de última vontade, transmitidas, em segredo, ao testamenteiro, para que fossem executadas como se estivessem constando, expressamente, no testamento. Nosso Código não faz referência às cartas de consciência e, pois, não valem, como disposição de última vontade.

CAPÍTULO V
Dos Testamentos Especiais

Seção I
Disposições Gerais

Art. 1.886. São testamentos especiais:
I – o marítimo;
II – o aeronáutico;
III – o militar.
Art. 1.887. Não se admitem outros testamentos especiais além dos contemplados neste Código.

Direito anterior – Sem disposição legal no Código Civil de 1916.

Direito comparado – Sem equivalente.

Leitura complementar:
CAMPOS, Antonio Macedo de. *Direito das Sucessões*. 2. ed., Bauru: Editora Jalovi, 1977; COPELLO, Héctor Roberto Goyena. *Procedimiento sucesorio*. 5. ed., Buenos Aires: Editorial Astrea, 1987; SILVA, Carlos Alberto da. "Testamentos especiais". *In*: FREITAS, Douglas Phillips (Coord.). *Curso de Direito das Sucessões*. Florainópolis: Vox Legem, 2007, pp. 209-214; SOUZA, Orlando de. *Prática dos Testamentos*. 4. ed., Rio de Janeiro: Forense, 1981.

COMENTÁRIO

Contrariamente ao Código Civil anterior, o novo Código arrolou em artigo próprio as formas especiais de testamento, seguindo a tendência (da enumeração) já manifestada no artigo 1.862, quanto às formas ordinárias de testamento.

Os testamentos especiais não são, como os ordinários, da livre escolha do disponente e outorgados por qualquer pessoa. Só circunstâncias extraordinárias, particulares eventos e situações excepcionais em que se encontra o que pretende manifestar a sua última vontade é que autorizam o recurso a essas formas, que importam diminuição de formalidades e abstração de exigências legais e que só são permitidos em oportunidades que são indicadas pela lei como justificadoras da exceção.

"Circunstâncias extraordinárias", diz Maximiliano, "impõem abrandamento de rigor, diminuição de formalidades, não só porque não há tempo nem meios de fazer vir oficial público, mas também porque o local não comporta a presença de juristas experimentados e as complicadas exigências legais não se acham ao alcance de qualquer leigo em Direito. Por esses motivos as legislações de todos os países cultos admitem os testamentos especiais, muito fáceis de elaborar, porém só permitidos como exceção, em condições restritas e determinadas. Têm ainda outra característica, a efemeridade: a sua eficiência é limitada no tempo".[817]

Porque são feitos em situações excepcionais e particulares, os testamentos especiais são também cognominados testamentos excepcionais, acidentais, privilegiados e extraordinários.

O novo Código Civil regula três formas de testamentos especiais: o marítimo, o aeronáutico e o militar. E resgata no artigo subsequente a não-admissão de outros testamentos especiais além daqueles arrolados no artigo 1.886.

Dois aspectos são, aqui, dignos de consideração. O primeiro é a inserção de uma nova forma de testamento especial, o aeronáutico, não previsto na legislação de 1916.

---

817 MAXIMILIANO, C. Obra citada, vol. II, p. 17.

O Anteprojeto Orlando Gomes, art. 832, já o previa, dispondo: *"Quem estiver em viagem, a bordo de aeronave militar ou comercial, pode testar perante pessoa designada pelo comandante, em presença de duas testemunhas, observada a forma admitida para o testamento marítimo."*

A redação foi mantida no Projeto de 1965 (Orlando Gomes, Orosimbo Nonato e Caio Mário da Silva Pereira), daí sendo repetido no Projeto de Código Civil (art. 1.915) e, finalmente, reconhecido no novo Código Civil (art. 1.886).

A aplicação das disposições acerca do testamento marítimo ao testamento aeronáutico já era sistemática aplicada pelo Código Civil italiano (art. 616)[818] e também pelo Código Civil português (art. 2.219).[819]

"Levando em conta que para o mesmo motivo deve prevalecer a mesma lei, estando regulado, no Brasil, o testamento marítimo, justifica-se, *de jure condendo*, o testamento aeronáutico."[820]

O segundo aspecto é a vedação de aceitação de qualquer outra forma de testamento especial, senão aquelas citadas no artigo 1.886, que, certamente, reveste-se, agora, da característica de *numerus clausus*. Em assim sendo, não se admite, na ordem sucessória brasileira, o testamento *tempore pestis* (em tempo de peste), que é previsto no BGB (art. 2.250), no Código Civil francês (art. 985), no Código Civil argentino (art. 3.689) e no Código Civil uruguaio (art. 811). Igualmente não

---

[818] *"Art. 616. Testamento a bordo di aeromobile. Al testamento fatto a bordo di un aeromobile durante viaggio si applicano le disposizioni degli articoli 611 a 615. Il testamento è ricevuto dal comandante, in presenza di uno o, quando è possibile, di due testimoni. Le attribuzioni delle autorità marittime a norme degli articoli 613 a 614 spettano alle autorità aeronautiche. Il testamento è annotato sul giornale di rotta."*

[819] *"Art. 2.219 (Testamento feito a bordo de aeronave).*
O disposto nos artigos 2.214 a 2.218 é aplicável, com as necessárias adaptações, ao testamento feito em viagem a bordo de aeronave."

[820] VELOSO, Z. Obra citada, p. 329.

se admite o testamento feito em caso de calamidade pública, previsto no artigo 2.220 do Código Civil português.

A regra do artigo 1.887 é taxativa: só se admitem as formas de testamentos especiais contempladas no Código Civil.

O traço característico dos testamentos especiais é a facilidade de sua elaboração, a diminuição das formalidades, a redução de requisitos e a subtração de exigências que pontuam os testamentos comuns.

Isso não quer dizer que os testamentos especiais derroguem os princípios do direito comum, mas, tão-somente e em decorrência da excepcionalidade, diminuição do formalismo e das solenidades. O que o testamento especial persegue é o acesso do testador, em situações excepcionais, viabilizando a sua manifestação de vontade em situação anormal.

Assim, além das regras específicas que orientam a realização dos testamentos especiais, a eles se aplicam todos os princípios que determinam a capacidade testamentária ativa (arts. 1.860 e 1.861), a proibição do testamento conjuntivo (art. 1.863), os preceitos referentes às disposições testamentárias em geral (arts. 1.897 a 1.900), os que tratam da capacidade para adquirir por testamento (arts. 1.799 a 1.801), o *jus cogens* da sucessão legítima, a ordem de vocação hereditária, o respeito à quota dos herdeiros necessários, os preceitos referentes aos defeitos da vontade etc.

As vantagens e as exceções dos testamentos especiais, como veremos a seguir, restringem-se à forma.

Seção II
Do Testamento Marítimo e do Testamento Aeronáutico

Art. 1.888. Quem estiver em viagem, a bordo de navio nacional, de guerra ou mercante, pode testar perante o coman-

dante, em presença de duas testemunhas, por forma que corresponda ao testamento público ou ao cerrado.
Parágrafo único. O registro do testamento será feito no diário de bordo.

Direito anterior – Art. 1.656 do Código Civil de 1916.
Art. 1.656. O testamento, nos navios nacionais, de guerra, ou mercantes, em viagem de alto-mar, será lavrado pelo comandante, ou pelo escrivão de bordo, que redigirá as declarações do testador, ou as escreverá, por ele ditadas, ante duas testemunhas idôneas, de preferência escolhidas entre os passageiros, e presentes a todo o ato, cujo instrumento assinarão depois do testador.

Direito comparado – No Código Civil francês (art. 988)[821] e no Código Civil português (art. 2.214).[822]
No direito argentino (arts. 3.679, 3.683 e 3.685) e no direito uruguaio (art. 817).

COMENTÁRIO

A redação do artigo 1.888, sobre testamento marítimo, apresenta alterações profundas que, por um lado, melhoram o dispositivo anterior, quando estamos nos referindo ao parágrafo único inserido no novo Código, mas gera enorme perplexidade, e o que é bem mais grave, gera dúvidas, quando lemos o *in fine* do artigo sob comento, ao se reportar

---

[821] *"Art. 988. Au cours d'un voyage maritime, soit un route, soit pendant un arrêt dans unn port, lorsqu'il y aura impossibilité de communiquer avec la terre ou lorsqu'il n'existera pas dans le port, si l'on est à l'étranger, d'agent diplomatique ou consulaire français investi des fonctions de notaire, les testaments des personnes présentes à bord seront reçus, en présence de deux témoins: sur les bâtiments de L'État, par l'officier d'administration ou, à son défaut, par le commandant ou celui qui en remplit les fonctions, et sur les autres bâtiments, par le capitain, maître ou patron, assité du second du navire, ou, à leur défaut, par ceux qui les remplacent."*

[822] *"Art. 2.214 (Testamento feito a bordo de navio).*
Qualquer pessoa pode fazer testamento a abordo de navio de guerra ou de navio mercante, em viagem por mar, nos termos declarados nos artigos seguintes."

à forma do testamento público ou ao cerrado, que são testamentos comuns e, por isso mesmo, não poderiam ter sido invocados em matéria de testamentos especiais.

Preliminares. Faculta-se o testamento marítimo a qualquer pessoa, tripulante ou passageiro, que se encontre a bordo de *navio nacional, de guerra ou mercante*. A expressão *"em viagem de alto-mar"*, empregada no antigo artigo 1.656, foi suprimida na nova redação, colocando fim às indagações se o testamento marítimo só poderia ser utilizado por pessoas que se encontrassem em alto-mar. Não mais, já que a lei refere-se, tão-somente, à situação de pessoa que estiver *a bordo de navio nacional*.

Logo, quer se trate de viagem marítima ou fluvial, mas sempre a bordo de navio, poderá ser utilizado o testamento marítimo. Nesse sentido já se manifestara Caio Mário da Silva Pereira, ao afirmar que, embora o Código fale em "viagem de alto-mar, não destoa dos princípios se for o percurso ao longo do rio ou através do lago, o que para nós é relevante, em face dos habituais e prolongados percursos fluviais e lacustres".[823]

Num país como o Brasil, de dimensões continentais e que apresenta a maior bacia hidrográfica do planeta, seria estranho que o testamento a bordo de navio se resumisse somente às viagens marítimas, quando é sabido que o povo brasileiro se serve de navios e barcos para viagens fluviais.

O ato é lavrado pelo comandante do navio, que redigirá as declarações do testador, ou as escreverá, por ele ditadas, em presença de

---

[823] PEREIRA, C. M. da S. Obra citada, p. 167.

duas testemunhas que, certamente, assinarão o instrumento depois do testador.

Desnecessário salientar que, para caracterização da hipótese legal, o testador, em decorrência das circunstâncias fáticas, não pode se socorrer das vias ordinárias. É a excepcionalidade da situação que legitima o recurso à forma especial.

Quando realizado perante o comandante, o testamento marítimo assemelha-se ao testamento público, uma vez que o ato será lavrado pelo comandante a quem é atribuída uma autêntica função notarial. As testemunhas assistirão ao ato e assinarão o documento.

Se o testador não souber escrever, por ser analfabeto, ainda assim poderá se utilizar do testamento marítimo, bastando que o comandante concretize sua manifestação de vontade. Alguém escreverá a rogo do testador, assumindo o testamento marítimo forma semelhante ao testamento cerrado.

Se o próprio testador escrever o testamento, a cédula será por ele assinada. Se escrito por outra pessoa, esta é que assinará o documento, com a declaração que o subscreve a rogo do testador. Ou, como resumiu Pontes de Miranda, "... assina quem sabe e pode assinar; assinatura a rogo só se permite (e isso é princípio superior de direito) a quem *não sabe* ou *não pode assinar*".[824]

A noção de *unidade do contexto* é, ainda uma vez, resgatada, de forma que todos os comparecentes (testador, comandante e testemunhas) devem estar reunidos, simultaneamente presentes, do início ao fim da solenidade.

---

824 PONTES de MIRANDA. Obra citada, vol. 59, p. 292.

O dispositivo anterior (art. 1.656) silenciava sobre o registro do testamento no diário de bordo, que faz as vezes do livro de notas do tabelião. O parágrafo único, inserido no artigo sob comento, dispõe expressamente sobre a matéria, reproduzindo a sistemática do direito português, que, no artigo 2.216,[825] dispõe sobre a necessidade do registro nos documentos de bordo.

Sobre esse cuidado do Código Civil português assim se manifestaram os doutrinadores: "Estes cuidados particulares com a guarda e conservação do testamento marítimo, essencialmente destinados a prevenir o extravio do documento, atentos aos perigos constantes e imprevisíveis do mar, não têm correspondente no testamento militar. Além de serem específicos os riscos da viagem por mar, também a relativa estabilidade da organização da vida a bordo da embarcação marítima não encontra paralelo na situação de campanha ou de aquartelamento improvisado que rodeia a realização e guarda do testamento militar."[826]

Aplicam-se ao testamento marítimo as proibições do artigo 1.801 do Código Civil. Não podem ser nomeados herdeiros, nem legatários, a pessoa que a rogo escreveu o testamento, nem o seu cônjuge ou companheiro, ou os seus ascendentes e irmãos; nem as testemunhas do testamento; nem o concubino do testador casado, salvo se este, sem culpa sua, estiver separado de fato do cônjuge há mais de cinco anos; nem o tabelião civil, ou o comandante ou escrivão, perante quem se fizer, assim como o que fizer ou aprovar o testamento.

---

825 "*Art. 2.216 (Duplicado, registro e guarda do testamento).*
 O testamento marítimo é feito em duplicado, registrado no diário de navegação e guardado entre os documentos de bordo."
826 PIRES de LIMA e ANTUNES VARELA. Obra citada, p. 349.

O escopo do dispositivo é claro: evitar o benefício de pessoas que, direta ou indiretamente, possam exercer pressão ou influência sobre a vontade do testador.

A grande crítica, porém, que necessariamente se impõe decorre do *in fine* do artigo 1.888, quando se reporta à forma que corresponda ao testamento público ou ao cerrado.

Conforme vimos, o testamento marítimo admitiu a sua feitura de duas maneiras: uma semelhante ao testamento público e outra correspondente ao testamento cerrado, o que já é, por si só, motivo de perplexidade, se considerarmos que aquelas formas dizem respeito aos testamentos comuns e, pois, vêm cercadas de formalidades e solenidade, não compatível com os testamentos especiais, feitos em situações excepcionais e, por isso mesmo, de forma singela e despida de solenidade.

Como, pois, conciliar regras que, naturalmente, são excludentes e não convergentes? Ou melhor, é possível, reportando-se ao testamento público, por exemplo, o testamento marítimo abster-se de suas formalidades? Em outras palavras, se o formalismo é regra e princípio nas formas ordinárias, como superá-las, no testamento marítimo, sem comprometimento de sua validade? A desconsideração do formalismo não geraria nulidade do documento?

Assim, só a título de exemplo do que se está questionando, o artigo 1.888 não mencionou a leitura do ato pelo comandante, nem tornou obrigatória a especificação por parte deste das formalidades, ou que portasse por fé haverem sido todas observadas, quando é sabido que, no testamento público, são essenciais.

Se encararmos pelo ângulo do testamento cerrado, o mesmo questionamento permanece legítimo; também aqui não se referiu o artigo 1.888 à leitura da certificação que, no auto de aprovação do testamento cerrado, é capital.

A crítica, perfeitamente procedente, feita por Veloso quanto à disposição legal do testamento marítimo, no Projeto do Código Civil, permanece atual no, agora, Código Civil, que, não enumerando os requisitos do testamento marítimo, mas se reportando à forma correspondente ao testamento público ou cerrado, gera antinomia e dúvida insanáveis, além de parificação inadmissível à espécie (exatamente porque testamentos comuns e especiais têm características e feições próprias e inconfundíveis).

"Como está", argúi Veloso, com sua natural proficiência, "pode-se entender que existirá parificação total e tratar-se-á o testamento marítimo não de um testamento especial, apesar de estar assim denominado e considerado (...) mas de um testamento comum, ordinário, com todos os seus requisitos e solenidades, apenas com nome diferente. (...) Essa posição subverte o multissecular entendimento, sufragado contemporaneamente, de que circunstâncias excepcionais justificam a existência de formas especiais de testamento, caracterizadas pela maior simplicidade, economia de ritos e abstração de formalidades, visando, precipuamente, a favorecer a faculdade de testar. Ora, permitir um testamento especial, atendendo àqueles pressupostos, mas regulá-lo como estão tratadas as formas ordinárias, parece-nos um contra-senso, uma contradição. A fórmula do Projeto não deve prosperar".[827]

Mas prosperou. E se a *ratio* de tal conduta foi o entendimento que o testamento a bordo de navio não se reveste de suficiente excepcionalidade a justificar o emprego de forma especial de testar bastaria que o novo Código Civil estendesse a aplicação do testamento público e cerrado aos testamentos feitos a bordo de navios, atuando o comandante como tabelião.

---

[827] VELOSO, Z. Obra citada, p. 344.

Não o fez e estabelecendo "correspondência" entre os dois mundos, dos testamentos ordinários e dos especiais, criou confusão em matéria, que, pela sua gravidade e importância, merecia regulamentação firme, rígida e segura.

Como agudamente apreciou Veloso, se a lei "não faz distinção substancial, e se está a exigir, com a mencionada 'correspondência', o cumprimento dos mesmos requisitos, de iguais solenidades externas dos tipos ordinários, não se constituindo, o testamento marítimo a rigor, uma forma privilegiada, não haveria razão para declarar, como faz, que o testamento marítimo caducará se o testador não morrer na viagem, nem nos três meses subsequentes ao desembarque em terra, onde possa fazer, na forma ordinária, outro testamento (art. 1.891, simétrico ao artigo 1.658 do antigo Código revogado). (...) É fácil imaginar o disparate que daria a indefinição que estaria implantada, se fosse dado o poder e a competência a cada comandante de navio, de decidir, no caso concreto, quais são as formalidades que correspondem ao testamento público ou ao cerrado".[828]

Nesse sentido, o Código Civil francês, estabelecendo detalhadamente os requisitos do testamento marítimo, não incidiu no equívoco da legislação brasileira, através da equivocada "correspondência".

Dispõe o artigo 996: *"Il sera donné lecture ao testateur, en présence des témoins, des dispositions de l'article 984, 987 ou 994, suivant les cas, et mention de cette lecture sera faite dans le testament";*[829] artigo 997: *"Les testaments compris dans les articles ci-dessus de la présente section seront signés par le testateur, par ceux qui les auront reçus et*

---

828 VELOSO, Z. Obra citada, p. 345.
829 *"Art. 996. Será feita leitura ao testador, na presença de testemunhas, das disposições do artigo 984, 987 ou 994, conforme o caso e a menção desta leitura será feita no testamento."*

par des témoins";[830] e o artigo 998: *"Si le testateur déclare qu'il ne peut ou ne sait signer, il sera fait mention de sa déclaration, ainsi que de la cause qui l'empêche de signer. Dans le cas où la présence de deux témoins est requise, le testament sera signé au moins par l'un d'eux, et il sera fait mention de la cause pour laquelle l'autre n'aura pas signé."*[831]

Como se vê, o legislador francês não se reportou às formas ordinárias, preferindo repetir as formalidades daquela espécie aplicáveis às formas especiais de testar.

Art. 1.889. Quem estiver em viagem, a bordo de aeronave militar ou comercial, pode testar perante pessoa designada pelo comandante, observado o disposto no artigo antecedente.

Direito anterior – Não há artigo correspondente no Código Civil de 1916.

Direito comparado – Sem previsão legal no Código Civil francês. No Código Civil português (artigo 2.219).[832] Sem dispositivo correspondente no direito argentino e no direito uruguaio.

COMENTÁRIO

O artigo 1.889, que trata do testamento feito a bordo de aeronave, é um preceito novo, mas que não traduz nenhuma variante nova das for-

---

830 *"Art. 997. Os testamentos compreendidos nos artigos acima da presente seção serão assinados pelo testador, por aqueles que os receberam e pelas testemunhas."*
831 *"Art. 998. Se o testador declara que ele não pode ou não sabe assinar, será feita menção de sua declaração, assim como da causa que o impede de assinar. No caso em que a presença de duas testemunhas é exigida, o testamento será assinado, pelo menos, por uma delas e será feita menção da causa pela qual a outra testemunha não assinou."*
832 Art. 2.219 (Testamento feito a bordo de aeronave).
    O disposto nos artigos 2.214 a 2.218 (testamento marítimo) é aplicável, com as necessárias adaptações, ao testamento feito em viagem a bordo de aeronave."

mas especiais de testamento. A necessidade que o artigo visa a satisfazer é que é nova, já que a aviação comercial é um dos resultados visíveis da Primeira Guerra Mundial e que se banalizou a partir desta época.

Apesar da extrema velocidade das modernas aeronaves, há rotas, nos voos transcontinentais, que consomem longas horas de voo, e, nessas viagens de extenso curso, é natural que, mercê de doença ou indisposição súbita, um passageiro sinta necessidade de dispor de seus bens, na iminência de morte próxima.

O artigo 1.889 permite, a quem está em viagem aérea, fazer efetivamente nessa situação excepcional as suas disposições de última vontade em qualquer das duas formas (testamento público ou cerrado) previstas para o testamento marítimo (... *observado o disposto no artigo antecedente*), com as adaptações impostas pelas diferenças existentes entre a organização complexa de um navio e o ligeiro e improvisado equipamento de uma aeronave, onde o comandante não goza da liberdade de movimentos, e da disponibilidade de tempo que pode ter o comandante de um navio.

Por isso, como dispõe o artigo sob comento, em vez de o testamento ser feito perante o comandante (cf. dispõe o artigo 1.888) em viagem aérea, o testamento é feito perante pessoa designada pelo comandante.

Art. 1.890. O testamento marítimo ou aeronáutico ficará sob a guarda do comandante, que o entregará às autoridades administrativas do primeiro porto ou aeroporto nacional, contra recibo averbado no diário de bordo.

Direito anterior – Não há artigo correspondente no Código Civil de 1916.

Direito comparado – No Código Civil francês (art. 992)[833] e no Código Civil português (art. 2.217).[834]
No direito argentino (art. 3.681) e no direito uruguaio (art. 819).

COMENTÁRIO

Disposição não encontrável no Código Civil de 1916, o artigo 1.890 trata da entrega do testamento marítimo ou aeronáutico, no primeiro porto ou aeroporto nacional, contra recibo averbado no diário de bordo. Não se referiu – a exemplo do Código Civil português e francês – aos portos (e aeroportos) estrangeiros, onde haja autoridade consular nacional.

"A presteza com que a lei (...) trata da entrega do documento às autoridades (...) em terra, assim que a embarcação onde o testamento foi lavrado chegue ao porto onde haja autoridade (...), revela de modo bem expressivo como é o risco próprio da viagem por mar que o legislador pretende especialmente acautelar."[835]

---

[833] *"Art. 992. A l'arrivée du bâtiment dans un port de France, les deux originaux du testament, ou l'original et son expedition, ou l'original qui reste, en cas de transmission ou de remise effectuée pendant le cours du voyage, seront deposés, sous pli clos et cacheté, pour les bâtiments de l'État, au bureau des armements, et pour les autres bâtiments, au bureau de l'inscription maritime. Chacune de ces pièces sera adressée, séparément et par courriers différents, au ministre de la marine, qui en opérera la transmission comme il est dit à l'article 983."*

[834] *"Art. 2.217 (Entrega do testamento).*
1. Se o navio entrar em algum porto estrangeiro onde exista autoridade consular portuguesa, deve o comandante entregar a essa autoridade um dos exemplares do testamento e cópia do registro feito no diário de navegação.
2. Aportando o navio a território português, entregará o comandante à autoridade marítima do lugar o outro exemplar do testamento, ou fará entrega de ambos, se nenhum foi depositado nos termos do número anterior, além de cópia do registro.
3. Em qualquer dos casos declarados no presente artigo, o comandante cobrará recibo da entrega e averba-lo-á no diário de navegação, à margem do registro do testamento."

[835] PIRES de LIMA e ANTUNES VARELA. Obra citada, p. 350.

O comandante, do navio ou da aeronave, é o responsável pela integridade do documento até a chegada ao porto ou ao aeroporto, a partir daí ficando o documento sob responsabilidade das autoridades administrativas do porto ou aeroporto. O contrarrecibo averbado no diário de bordo é a garantia de entrega para o comandante.

Art. 1.891. Caducará o testamento marítimo, ou aeronáutico, se o testador não morrer na viagem, nem nos noventa dias subsequentes ao seu desembarque em terra, onde possa fazer, na forma ordinária, outro testamento.

Direito anterior – Art. 1.658 do Código Civil de 1916.
Art. 1.658. O testamento marítimo caducará, se o testador não morrer na viagem, nem nos três meses subsequentes ao seu desembarque em terra, onde possa fazer, na forma ordinária, outro testamento.

Direito comparado – No Código Civil francês (art. 994)[836] e no Código Civil português (art. 2.222).[837] No direito argentino (art. 3.684) e no direito uruguaio (art. 824).

---

836 "*Art. 994. Le testament fait au cours d'un voyage maritime, en la forme prescrite part les articles 988 et suivants, ne sera valable qu'autant que le testateur mourra à bord où dans les six mois après qu'il sera débarqué dans un lieu où il aura pu le refaire dans les formes ordinaries.*
Toutefois, si le testateur entreprend un nouveau voyage maritime avant l'expiration de ce délai, le testament sera valable pendant la durée de ce voyage et pendant un nouveau délai de six mois après que le testateur sera de nouveau débarqué."

837 "*Art. 2.222 (Prazo de eficácia).*
1. O testamento celebrado por alguma das formas especiais previstas na presente secção fica sem efeito decorridos dois meses sobre a cessação da causa que impedia o testador de testar segundo as formas comuns.
2. Se no decurso deste prazo o testador for colocado de novo em circunstâncias impeditivas, o prazo é interrompido, devendo começar a contar-se por inteiro a partir da cessação das novas circunstâncias.
3. A entidade perante quem for feito o testamento deve esclarecer o testador acerca do disposto no nº 1, fazendo menção do facto no próprio testamento; a falta de cumprimento deste preceito não determina a nulidade do acto."

COMENTÁRIO

O artigo 1.891 estabelece um termo resolutivo para as formas especiais de testamento – marítimo e aeronáutico – reguladas na presente seção. Os testamentos marítimo e aeronáutico são formas excepcionais de testar que a lei só permite em virtude de a pessoa desejar dispor de seus bens ante o espectro da morte e diante de circunstância que a impede de utilizar a forma ordinária.

Se o testador falece durante esta situação, claro que o testamento feito em condições excepcionais tem de valer como se fosse lavrado em termos de perfeita regularidade. Entretanto, se o testador sobrevive a essas situações de impossibilidade de testar em condições normais, é compreensível que a lei exija dessa pessoa, persistindo a sua intenção de testar, que o faça de novo, a partir de certo prazo, sob pena de se sujeitar ao esquema comum da sucessão legal.

Exemplificativamente, se o testador faz testamento marítimo pelo fato de estar embarcado, mas não morre na viagem nem nos noventa dias subsequentes ao seu desembarque em terra, onde puder fazer outro testamento na forma normal, procede a norma legal que determina a caducidade do testamento especial. Cessado o motivo que justificava o emprego da forma especial e deixando de morrer o testador e nem fazendo este novo testamento, pela forma ordinária, não mais se legitima o emprego da forma especial.

O princípio inserto no artigo sob comento corresponde a um verdadeiro *jus receptum,* que encontra similitude em outras legislações, apesar da variação do prazo de caducidade: dois meses, pelo Código Civil português (art. 2.222, 1); três meses, como no Brasil, pelo Código Civil italiano (art. 615), alemão (§ 2.252) e argentino (art. 3.684); e quatro meses, pelo Código Civil espanhol (art. 730) e uruguaio (art. 824).

O prazo de noventa dias (três meses) a que se refere o artigo 1.891 começa a ser contado após o último desembarque, no fim da viagem. No derradeiro dia dos três meses, o testamento marítimo ou aeronáutico perde a eficácia.

Por isso, no número 2 do artigo 2.222, o Código Civil português fez questão de ressalvar que, se antes de decorrido esse prazo, o testador se vir, novamente, em situação análoga à anterior (viajando em alto-mar, a bordo de navio, ou em aeronave, em local assolado por epidemia ou calamidade pública), só depois de findo o prazo *ad agendum* subsequente à cessação da nova situação excepcional, a cominação imposta ao testador funciona contra ele.

Igualmente, se, apesar de ter desembarcado, o testador fica impedido de fazer novo testamento ordinário, por qualquer situação circunstancial, o testamento marítimo não caducará. Claro está que não se trata de qualquer circunstância, mas de um obstáculo invencível. A impossibilidade intransponível é o que a regra pressupõe, convalidando, então, o testamento marítimo.

O Código Civil francês prevê a hipótese na segunda parte do artigo 994, nos seguintes termos: "*Toutefois, si le testateur entreprend un nouveau voyage maritime avant l'expiration de ce délai, le testament sera valable pendant la durée de ce voyage et pendant un nouveau délai de six mois après que le testateur sera de nouveau débarqué.*"[838]

O Código Civil alemão (§ 2.252) e o Código Civil português (art. 2.222, 2) preveem a mesma solução.

---

838 "*Entretanto, se o testador retoma uma nova viagem marítima antes da expiração deste prazo, o testamento será válido durante a duração da viagem e durante um novo prazo de seis meses depois que o testador tiver novamente desembarcado.*"

O Código Civil brasileiro não tratou expressamente do caso, mas tudo indica que, se o testador inicia outra viagem marítima antes de expirado o prazo de noventa dias, aquele prazo é interrompido e o testamento continuará válido enquanto durar a nova viagem, começando a contar o novo prazo de três meses após o desembarque em terra, nos termos do artigo 1.891.

Art. 1.892. Não valerá o testamento marítimo, ainda que feito no curso de uma viagem, se, ao tempo em que se fez, o navio estava em porto onde o testador pudesse desembarcar e testar na forma ordinária.

Direito anterior – Art. 1.659 do Código Civil de 1916.
Art. 1.659. Não valerá o testamento marítimo, nem que feito no curso de uma viagem, se ao tempo em que se fez, o navio estava em porto, onde o testador pudesse desembarcar, e testar na forma ordinária.

Direito comparado – Sem previsão legal no Código Civil francês e no Código Civil português. No Código Civil uruguaio (art. 822) e no Código Civil argentino (artigo 3.685).

COMENTÁRIO

O disposto no artigo 1.892 é dispensável e, de certa forma, redundante, se considerarmos o disposto no *caput* do artigo 1.888, quando se refere à viagem a bordo de navio ou a bordo de aeronave. Se o testamento especial é admitido dada a circunstância excepcional, isto é, a impossibilidade de recorrer, em terra, às formas ordinárias de testamento, despiciendo se revela reafirmar a impossibilidade de tal recurso, quando o testador se encontra em porto (ou em aeroporto), já que, nesses locais, é possível recorrer ao tabelião para manifestar sua última vontade.

De qualquer maneira, a provável justificativa daquela reafirmação decorre da intenção inequívoca, do legislador, de afastar qualquer tentativa do emprego daquele recurso excepcional, em terra. Os testamentos marítimo e aeronáutico visam, facilitar a faculdade de testar para os que se encontram em viagem e, pois, em situação que os impede de utilizar as formas comuns de testamento. Se o navio ou aeronave se encontram em porto ou aeroporto onde é possível desembarcar e testar na forma ordinária, não poderá se utilizar da forma especial, sob pena de esta não valer, sendo nulo o ato.

Seção III
Do Testamento Militar

Art. 1.893. O testamento dos militares e demais pessoas a serviço das Forças Armadas em campanha, dentro do país ou fora dele, assim como em praça sitiada, ou que esteja de comunicações interrompidas, poderá fazer-se, não havendo tabelião ou seu substituto legal, ante duas, ou três testemunhas, se o testador não puder, ou não souber assinar, caso em que assinará por ele uma delas.

§ 1º Se o testador pertencer a corpo ou seção de corpo destacado, o testamento será escrito pelo respectivo comandante, ainda que de graduação ou posto inferior.

§ 2º Se o testador estiver em tratamento em hospital, o testamento será escrito pelo respectivo oficial de saúde, ou pelo diretor do estabelecimento.

§ 3º Se o testador for o oficial mais graduado, o testamento será escrito por aquele que o substituir.

Direito anterior – Art. 1.660 do Código Civil de 1916.
Art. 1.660. O testamento dos militares e mais pessoas ao serviço do Exército em campanha, dentro ou fora do país, assim como em praça sitiada,

ou que esteja de comunicações cortadas, poderá fazer-se, não havendo oficial público, ante duas testemunhas, ou três, se o testador não puder, ou não souber assinar, caso em que assinará por ele a terceira.

§ 1º Se o testador pertencer a corpo ou seção de corpo destacado, o testamento será escrito pelo respectivo comandante, ainda que oficial inferior.

§ 2º Se o testador estiver em tratamento no hospital, o testamento será escrito pelo respectivo oficial de saúde, ou pelo diretor do estabelecimento.

§ 3º Se o testador for o oficial mais graduado, o testamento será escrito por aquele que o substituir.

Direito comparado – No Código Civil francês (art. 981)[839] e no Código Civil português (art. 2.210).[840]

No direito argentino (arts. 3.672 a 3.675) e no direito uruguaio (arts. 813 a 815).

COMENTÁRIO

A origem do testamento militar é remotíssima. Na primitiva Roma, nos informa Maximiliano,[841] facultavam a quem não podia esperar pelos *comícios*, que eram convocados apenas duas vezes por ano.

---

[839] "*Art. 981. Les testaments des militaires, des marins de l'État et des personnes employées à la suite des armées pourront être reçus, dans les cas et conditions prévus à l'article 93, soit par un officier supérieur ou médecin militaire d'un grade correspondant, en présence de deux témoins; soit par deux fonctionnaires de l'intendance ou officiers du commissariat; soit par un de ces fonctionnaires ou officiers, en présence de deux témoins; soit, enfin, dans un détachement isolé, par l'officier supérieur ou médicin militaire d'un grade correspondant, de fonctionnaire de l'intendance ou d'officier du commissariat.*
Le testament de l'officier commandant un détachement isolé pourra être reçu par l'officier qui vient après lui dans l'ordre du service.
La faculté de tester dans les conditions prévues au présent article s'étendra aux prisonniers chez l'ennemi."

[840] "*Art. 2.210 (Testamento de militares e pessoas equiparadas)*
Os militares, bem como os civis a serviço das forças armadas, podem testar pela forma declarada nos artigos seguintes, quando se encontrem em campanha ou aquartelados fora do País, ou ainda dentro do País, mas em lugares com os quais estejam interrompidas as comunicações e onde não exista notário, e também quando se encontrem prisioneiros do inimigo."

[841] MAXIMILIANO, C. Obra citada, pp. 19-21.

O testamento militar, como hoje conhecemos, surgiu no Lácio, quando o serviço das armas se tornou mais ou menos profissional. Sob a República, não existia exército permanente; não podia haver, portanto, privilégios militares.

Julio Cesar, que devia sua fortuna à tropa, foi o primeiro que concedeu franquias aos soldados para a confecção dos testamentos, favores confirmados por Tito, Domiciano e Trajano. Competiam ao militar durante toda a duração do serviço. Justiniano reduziu-as ao tempo em que se achasse em campanha – *in expeditionibus occupatus*.

Justificavam o privilégio, a princípio, "com a excessiva ignorância e simplicidade dos homens de armas" – *propter nimiam imperitiam eorum* –; depois, com a necessidade, principalmente. Por isso, davam ampla liberdade de formas e disposições; bastava declarar a sua vontade, de modo firme e certo; isto é, era indispensável – *Faciante igitur testamenta quomodo volent; faciant quomodo poterint: sufficiatque ad bonorum susorum divisionem faciendam nuda voluntas testatoris* – (Façam, portanto, os testamentos como quiserem e puderem: basta a vontade resoluta do testador para se efetuar a divisão dos seus bens).

Gozavam do privilégio os militares da terra, os da marinha de guerra e os civis adidos ao exército em campanha.

A excepcionalidade da circunstância, assim como o testamento marítimo, justificava sua aceitação: no ardor da refrega e na iminência da morte, testavam até oralmente, ou escrevendo – com sangue no escudo ou na bainha – com a espada, no chão, na terra, na areia.

Em Portugal, as Ordenações Filipinas mantiveram, em suas linhas gerais, os preceitos do Direito romano, "não pela imperícia dos militares, mas pelos perigos a que se acham expostos"; nenhuma formalidade; bastava a firme vontade de dispor do patrimônio. Em casos extremos, podiam escrever onde e como quisessem, até mesmo a sangue, ou com a ponta da espada, no escudo, ou no solo, como em Roma.

Tolerava-se, também, a forma oral, nuncupativa. Era suficiente a presença de duas testemunhas, de qualquer sexo.

Na França, o testamento militar foi admitido pelo artigo 51 da *Ordennance* de 1735, inspirado pelo chanceler D'Aguesseau e consolidada pelo *Code Civil*, no artigo 981.

No Brasil, podem fazer testamento militar, segundo a lei vigente, militares e demais pessoas a serviço das Forças Armadas, em campanha, dentro ou fora do país, assim como em praça sitiada, ou que esteja de comunicações interrompidas (art. 1.893).

O Código Civil francês diz que o testamento militar é pertinente aos *"militaires et personnes employées à la suite des armées"* (art. 981). O Código Civil espanhol, no artigo 716, declara que o testamento militar é próprio, em tempo de guerra, aos *"militares en campaña, voluntarios, rehenes, prisioneros y demás individuos empleados en el ejército, o que sigan a éste"*. Da mesma forma, o Código Civil italiano (art. 617) fala de testamento dos militares, dizendo que pode ser utilizado pelos militares *"e delle persone al seguito delle forze armate dello Stato"*.

A expressão "militares" deve ser entendida, aqui, na sua forma mais ampla. Assim, por militares, deve-se entender "os integrantes das Forças Armadas, do exército propriamente, da marinha e da aviação, como das polícias militares e outras forças auxiliares".[842]

A lei é clara, o testamento militar é utilizável não apenas pelos militares (soldados, praças, oficiais) como, também, por todos que se acham a serviço das Forças Armadas. O que a lei reafirma, para evitar

---

842 VELOSO, Z. Obra citada, p. 347.

qualquer exegese tendenciósa, é que o exército deve estar mobilizado, tanto para a guerra externa quanto para a interna, isto é, em campanha, dentro ou fora do país, assim como em praça sitiada, ou que esteja com as comunicações cortadas.

A Seção III – Do testamento militar – prevê três maneiras de feitura do testamento militar: o testamento militar semelhante ao testamento público (prevista no art. 1.893), o testamento militar semelhante ao testamento cerrado (art. 1.894) e a forma semelhante ao testamento nuncupativo (art. 1.896).

O testamento militar deve atender às prescrições do artigo 1.893: será lavrado por uma autoridade militar, ante duas testemunhas – se o testador souber e puder assinar – ou perante três testemunhas – se o testador não puder, ou não souber assinar, e, nesse caso, assinará por ele a terceira testemunha.

Nos três parágrafos que se seguem, o legislador dispõe minudentemente sobre a atuação da autoridade militar, que varia, conforme a situação do testador na tropa, diante do fato de estar ele hospitalizado, ou ante a circunstância de ser o disponente o oficial mais graduado, em impecável (e estranha) hierarquia, que se repete, mesmo diante da excepcionalidade da situação.

Assim, se o testador pertence a corpo ou seção de corpo destacado, o testamento será escrito pelo respectivo comandante, ainda que de graduação ou posto inferior (§ 1º).

Se o testador estiver em tratamento em hospital, o testamento será escrito pelo respectivo oficial de saúde, ou pelo diretor do estabelecimento (§ 2º).

Se o testador for o oficial mais graduado, o testamento será escrito por aquele que o substituir (§ 3º).

A leitura das hipóteses e a rigorosa interferência de pessoas, de acordo com postos, superiores ou inferiores, e graduações, mais ou menos importantes, soa estranha em matéria que deveria, certamente, ser pautada pela simplicidade e não pela superposição de graus, patentes e hierarquias, só justificáveis no exército, mas não no ambiente sucessório.

Comentando o antigo artigo 1.660 (atual art. 1.893), Bevilacqua critica a falta de cuidado na sua redação, concluindo: "Este artigo não foi redigido com o necessário cuidado. Diz por quem há de ser escrito o testamento, em casos particulares, mas não o diz para o caso geral. Pelo que se lê no artigo seguinte, e para dar certa uniformidade a esta matéria, entendo que se deve atribuir essa função, em geral, ao auditor ou oficial que neste mister o substitua. E, nos casos especiais considerados nos três parágrafos, as pessoas nele designadas."[843]

Art. 1.894. Se o testador souber escrever, poderá fazer o testamento de seu punho, contanto que o date e assine por extenso, e o apresente aberto ou cerrado, na presença de duas testemunhas ao auditor, ou ao oficial de patente, que lhe faça as vezes neste mister.

Parágrafo único. O auditor, ou o oficial a quem o testamento se apresente, notará, em qualquer parte dele, lugar, dia, mês e ano, em que lhe for apresentado, nota esta que será assinada por ele e pelas testemunhas.

Direito anterior – Art. 1.661 do Código Civil de 1916.

Art. 1.661. Se o testador souber escrever, poderá fazer o testamento de seu punho, contanto que o date e assine por extenso, e o apresente aberto ou cerrado, na presença de duas testemunhas ao auditor, ou ao oficial de patente, que lhe faça as vezes neste mister.

---

843 BEVILACQUA, C. Obra citada, p. 857.

Parágrafo único. O auditor, ou oficial, a quem o testamento se apresente, notará, em qualquer parte dele, o lugar, dia, mês e ano, em que lhe for apresentado. Esta nota será assinada por ele e pelas ditas testemunhas.
Direito comparado – No Código Civil português (art. 2.212).[844]

COMENTÁRIO

O artigo 1.894 regula o testamento militar correspondente ao testamento cerrado, mas com evidente simplificação de seus requisitos e formalidades. Para que o militar se utilize dessa forma de testamento é fundamental que saiba e possa escrever. Por isso a lei dispõe, expressamente, que o documento seja escrito *de seu punho,* e, ainda, que seja datado e assinado por extenso, pelo testador. Logo, não é só hológrafo como autógrafo o testamento militar dessa espécie.

Se o testamento tem de ser escrito *de seu punho,* fica afastada a hipótese do emprego de meios mecânicos na sua feitura; o documento deve ser escrito e assinado do próprio punho do testador.

Depois de escrito, datado e assinado, o testador apresenta o documento – aberto ou fechado – e na presença de duas testemunhas, diz a lei, ao auditor, ou ao oficial de patente. Recebido o testamento, o auditor, ou seu substituto, o autenticará, escrevendo, *em qualquer parte dele,* lugar, dia, mês e ano em que lhe foi apresentado o testamento.

---

844 "*Art. 2.212 (Testamento militar cerrado).*
 1. Se o militar, ou o civil a ele equiparado, souber e puder escrever, pode fazer o testamento por seu próprio punho.
 2. Escrito e assinado o testamento pelo testador, este apresenta-lo-á ao comandante, na presença de duas testemunhas, declarando que exprime a sua última vontade; o comandante, sem o ler, escreverá no testamento a declaração datada de que ele lhe foi apresentado, sendo essa declaração assinada tanto pelas testemunhas como pelo comandante.
 3. Se o testador o solicitar, o comandante, ainda na presença das testemunhas, coserá e lacrará o testamento, exarando na face exterior da folha que servir de invólucro uma nota com a designação da pessoa a quem pertence o testamento ali contido.
 4. É aplicável a esta espécie de testamento o que fica disposto no nº 2 do artigo antecedente."

Não obstante a lei indicar aos militares a forma especial de testamento, nada os impede de se socorrerem do testamento particular, cumprindo os requisitos do artigo 1.876.

Da mesma forma como ocorreu na regulamentação do testamento marítimo, o legislador silenciou quanto às formalidades complementares para o testamento militar. No Código Civil português as formalidades complementares para o testamento militar vêm minudentemente estabelecidas no artigo 2.213.

Ali se lê, entre outras formalidades, que o testamento será *"depositado pelas autoridades militares na repartição ou em alguma das repartições notariais do lugar do domicílio ou da última residência do testador"* e que a *"morte do testador será anunciada no jornal oficial, com designação da repartição notarial onde o testamento se encontra depositado"*.

O Anteprojeto Orlando Gomes (art. 828) e o Projeto de Código Civil de 1965 (art. 74) previam formalidades complementares para o testamento militar que, inexplicavelmente, não foram mantidas (ou adaptadas) na redação do novo Código Civil.

Art. 1.895. Caduca o testamento militar, desde que, depois dele, o testador esteja, noventa dias seguidos, em lugar onde possa testar na forma ordinária, salvo se esse testamento apresentar as solenidades prescritas no parágrafo único do artigo antecedente.

Direito anterior – Art. 1.662 do Código Civil de 1916.
Art. 1.662. Caduca o testamento militar, desde que, depois dele, o testador esteja, três meses seguidos em lugar, onde possa testar na forma ordinária, salvo se esse testamento apresentar as solenidades prescritas no parágrafo único do artigo antecedente.

Direito comparado – No Código Civil francês (art. 984)[845] e no Código Civil português (art. 2.222).[846]

No direito argentino (art. 3.676) e no direito uruguaio (art. 816).

COMENTÁRIO

Assim como o testamento marítimo caduca, da mesma forma caduca o testamento militar. E tudo que falamos sobre o artigo 1.891 se aplica, igualmente, à caducidade do testamento militar.

O prazo de três meses (noventa dias) a que se refere o artigo sob comento é seguido, isto é, é contado ininterruptamente, ou se interrompe? Sobre a matéria já se manifestara Oliveira Filho, posicionando-se, em interpretação literal, pela sequência temporal: "Se, pois, o testador, depois da facção do testamento especial, estiver 15 dias numa cidade em que possa testar pela forma ordinária, 5 a 10 dias noutra, um mês noutra, esses prazos fracionados não se contam. São necessários os três meses *seguidos* ou *ininterruptos*; o tempo decorrido anteriormente fica perdido."[847]

Veloso não acompanha essa doutrina e entende que, embora o prazo do artigo 1.895 seja seguido, "ele é contado, sem interrupção, ainda que o testador passe algum tempo em diversos lugares, desde que, em cada um deles, pudesse ter feito outro testamento, na forma ordinária. Senão, jamais caducaria o testamento militar do que voltou de guerra

---

845 "*Art. 984. Le testament fait dans la forma ci-dessus établie sera nul six mois après que le testateur sera venu dans un lieu où il aura la liberté d'employer les formes ordinaires, à moins que, avant l'expiration de ce délai, il n'ait été de nouveau placé dans une des situations spéciales prévues à l'article 93. Le testament sera alors valable pendant la durée de cette situation spéciale et pendant un nouveau délai de six mois après son expiration.*"
846 Vide *supra* nota de rodapé nº 650.
847 OLIVEIRA FILHO, Cândido. *Prática Civil*, vol. XI. *Direito das Sucessões*, 1935, p. 545.

e se ocupa em viagens, sem jamais passar três meses seguidos num só e único lugar. É princípio elementar de hermenêutica que deve ser desprezada a interpretação que leva ao absurdo – *interpretatio illa summenda quo evitetur absurdum*".[848]

Com razão a doutrina de Veloso, já que, independente de outros argumentos, a aceitação da exegese de Oliveira Filho conduziria à impossibilidade de caducidade do testamento militar, quando não é esse o escopo do dispositivo legal.

O mesmo artigo, entretanto, prevê hipótese de testamento militar que não caduca, reportando-se ao parágrafo único do artigo antecedente. É o caso do testamento militar cerrado, que, sendo escrito do próprio punho, datado e assinado pelo testador e demais solenidades previstas naquele artigo, entendeu o legislador que ele se reveste de suficiente segurança e definitividade. Não terá prazo de eficácia e, pois, não caducará.

Art. 1.896. As pessoas designadas no art. 1.893, estando empenhadas em combate, ou feridas, podem testar oralmente, confiando a sua última vontade a duas testemunhas.

Parágrafo único. Não terá efeito o testamento se o testador não morrer ou convalescer do ferimento.

Direito anterior – Art. 1.663 do Código Civil de 1916.

Art. 1.663. As pessoas designadas no artigo 1.660, estando empenhadas em combate, ou feridas, podem testar nuncupativamente, confiando a sua última vontade a duas testemunhas.

Parágrafo único. Não terá, porém, efeito esse testamento, se o testador não morrer na guerra, e convalescer do ferimento.

Direito comparado – Sem previsão legal no Código Civil francês e no português. Igualmente no direito argentino e no direito uruguaio.

---

848   VELOSO, Z. Obra citada, p. 361.

COMENTÁRIO

No artigo 1.896 o legislador pátrio admite a terceira espécie de testamento militar, o nuncupativo. Assim como em matéria de testamento marítimo o Código Civil espanhol (art. 731)[849] prevê a possibilidade de testamento nuncupativo, aplicável à hipótese de testamento militar (art. 720), da mesma forma o legislador de 1916 admitiu a forma nuncupativa no caso de testamento militar.

Na ótica de Bevilacqua, "um romanismo perigoso",[850] o testamento militar nuncupativo é a única exceção à regra de que os testamentos devem ser celebrados por escrito. Isto é, fora o caso previsto no artigo 1.896, o testamento feito de viva voz não foi admitido pelo nosso Código Civil. As razões de tal postura são óbvias; o testamento nuncupativo não oferece garantias suficientes, facilita a simulação e a fraude, promove demandas e favorece o dolo das testemunhas, que podem alterar a manifestação de última vontade do testador.

A origem remonta ao direito romano, onde a pessoa podia, em qualquer situação, testar nuncupativamente. A expressão é latina: *nuncupatum testamentum* = testamento de viva voz, testamento oral.

Previsto pelas Ordenações Filipinas,[851] foi inserido, no sistema codificado brasileiro, em 1916, para os militares que estivessem empenha-

---

849 *"Art. 731. Si hubiere peligro de naufragio, será aplicable a las tripulaciones y pasajeros de los buques de guerra o mercantes lo dispuesto en el artículo 720."*
"Art. 720. Durante una batalla, asalto, combate, y generalmente en todo peligro próximo de acción de guerra, podrá otorgarse testamento militar de palabra ante dos testigos."
850 BEVILACQUA, C. Obra citada, p. 859.
851 (L. IV, T. 80, § 4º): *"E poderá o testador, ao tempo de sua morte, fazer testamento por palavra, ou ordenar de seus bens, por alguma maneira, não fazendo disso escritura alguma. E neste caso mandamos que valha o testamento, com seis testemunhas; no qual serão contadas assim as mulheres como os homens, por ser feito ao tempo da morte. Porém, convalescendo o testador da dita doença, o tal testamento será nulo e de efeito nenhum."*

dos em combates, ou feridos. Trata-se de testamento *in articulo mortis* utilizável pelas pessoas na circunstância especialíssima de estarem em batalha ou feridas. Pressupõe-se o risco de vida e a impossibilidade de utilizar outra forma de testamentaria. O que a lei deixa claro é a ocorrência do risco de vida.

E é porque está em combate, ou ferido, correndo risco de vida, que pode testar oralmente diante de duas testemunhas. A inexigibilidade de solenidade é decorrência da excepcional situação em que se encontra o militar.

Como o artigo refere-se às pessoas designadas no artigo 1.893 (... *militares e demais pessoas a serviço das Forças Armadas em campanha)*, a admissão da nuncupatividade não se reduz aos militares em terra, como poder-se-ia imaginar, de forma reducionista, mas também engloba tripulante ou passageiro de avião militar que está em *campanha*, ou que foi atingido, fazendo todos correrem risco de vida.

Assim como nas formas já examinadas, a lei civil não prescreveu nenhuma formalidade complementar para o testamento nuncupativo. Mas, como a regra secular informa que as palavras voam e o escrito permanece (*verba volant, scripta manent*), é curial que as testemunhas devem reduzir a escrito o que ouviram do testador *in extremis vitae momentis*. Mesmo porque é tendência humana esquecer os detalhes de depoimento, especialmente em situações de extrema gravidade.

As Ordenações Filipinas foram omissas quanto à redução a escrito do testamento nuncupativo.

O novo Código também silenciou sobre a manifestação das testemunhas, embora a doutrina mais especializada se referisse à necessidade da redução a escrito das circunstâncias em que se deu o fato e da reprodução fidedigna da vontade do moribundo.

Itabaiana de Oliveira já doutrinava, no início do século: "O Código Civil não traça as regras a respeito do modo pelo qual devem proceder as testemunhas. As testemunhas, logo que possam, devem reduzir a escrito as declarações do testador e apresentá-las, depois de por elas assinadas, ao auditor. Morto o testador, será reduzido à pública forma o testamento nuncupativo-militar, perante o juiz competente, com o depoimento das testemunhas e citação dos interessados."[852]

No mesmo sentido, Maximiliano: "Este processo nuncupativo obriga a uma formalidade complementar: falecido o disponente, um dos beneficiados requer a citação dos demais (...) para assistirem ao depoimento das testemunhas, obrigadas a comparecer, sob pena de desobediência, em lugar, dia e hora pelo juiz designados. Estas reproduzem, então, o que ouviram, e o escrivão da Provedoria exaura em autos os depoimentos (...) O testamento fica sem efeito, desde que as testemunhas não são contestes, falta uma, ou as declarações não foram feitas às duas, simultaneamente..."[853]

Mas o silêncio do Código Civil fica plenamente compensado – quanto às formalidades complementares – pelo Código de Processo Civil que, no art. 1.134, III, determina que as disposições de seus artigos 1.130 a 1.133, relativas ao testamento particular, se apliquem ao testamento nuncupativo.

Logo, ele deve ser apresentado em juízo, após a morte do testador, para ser publicado, inquerindo-se as testemunhas às quais foi confiada a última vontade do testador, sendo intimados para a inquirição aqueles a quem caberia a sucessão legítima, o testamenteiro, os herdeiros e legatários que não tiverem requerido a publicação e o Ministério Público.

---

852 ITABAIANA DE OLIVEIRA. Obra citada, vol. II, p. 80.
853 MAXIMILIANO, C. Obra citada, vol. II, p. 23.

Inquiridas as testemunhas, poderão os interessados, no prazo comum de cinco dias, manifestar-se sobre o testamento. Se as testemunhas forem contestes e não restando dúvidas sobre a autenticidade do ato, sentenciará o juiz, mandando cumprir o testamento.

No parágrafo único o legislador prevê a caducidade do testamento nuncupativo-militar, se o testador *não morrer na guerra ou convalescer do ferimento*. Em outras palavras, finda a guerra ou convalescendo o testador, cessaram as razões e acabaram os motivos que a lei prevê para o testamento especial. A partir daí, como bem ressalta Veloso, "mesmo que continue a guerra, o testador tem todas as condições, toda a possibilidade de renovar e ratificar as suas disposições de última vontade por uma forma escrita, utilizando uma das outras espécies de testamento militar (arts. 1.893 e 1.894), ou até mesmo do testamento hológrafo, e, se a guerra acabou, de qualquer forma ordinária".[854]

E como o Código Civil vigente não se manifestou sobre o prazo, para que o testador venha a fazer o seu testamento por escrito, Veloso sugere, *de lege ferenda*, o seguinte dispositivo: "Não terá efeito o testamento nuncupativo se o testador não morrer no combate, ou não morrer do ferimento, depois de quinze dias contados do momento em que poderia ter se utilizado de uma forma escrita para renovar o testamento."[855]

---

854 VELOSO, Z. Obra citada, p. 359.
855 VELOSO, Z. Obra citada, p. 359.

CAPÍTULO VI
Das Disposições Testamentárias

Art. 1.897. A nomeação de herdeiro, ou legatário, pode fazer-se pura e simplesmente, sob condição, para certo fim ou modo, ou por certo motivo.

Direito anterior – Art. 1.664 do Código Civil de 1916.
Art. 1.664. A nomeação do herdeiro, ou legatário, pode fazer-se pura e simplesmente, sob condição, para certo fim ou modo, ou por certa causa.

Direito comparado – Sem dispositivo equivalente na legislação estrangeira.

Leitura complementar:
ANDRADE, Manuel de. *Teoria geral da relação jurídica.* II, 1960; BAREA, Juan B. Bordano. *Interpretación del testamento.* Barcelona: Bosch, 1958; BETTI, Emilio. *La interpretación de la ley y actos jurídicos.* Barcelona, 1975; CALLIOLI, Eugenio Carlos. "Cláusulas restritivas: inalienabilidade, impenhorabilidade e incomunicabilidade". *In*: *RT*, 627: 69-82; DEL MORAL, Dominguez F. *Autonomia privada y testamento em derecho común.* Contribución al estúdio de las disposiciones testamentárias atípicas. Barcelona: Bosch, 1997; DINIZ, Maria Helena. "A interpretação de cláusula testamentária duvidosa". *In*: *Revista AMB* 2: 1.916, 1997; FERRE, Francisco. *Como se interpretan los testamentos.* Buenos Aires: Abeledo-Perrot, 1994; FURTADO, Marcos Medeiros. "Extinção da cláusula de inalienabilidade em se tratando de desapropriação de bens móveis – Arts. 1.676 e 1.677 do CC". *In*: *RT*, 718: 29-32; GIAMPICCOLO. *Il contenuto atípico del testamento.* Milano: Giuffrè, 1954; LEGROS. *Des clauses d'inalienabilité dans les actes à titre gratuit.* Paris: Rousseau, 1907; MENGONI, Luigi. *Successioni per causa di morte. Trattato di diritto civile e commerciale.* 1984, vol. XLIII, t. I e II; MODESTO, Paulo Eduardo G. "Hermenêutica do testamento". *In*: *RT*, 676: 72-78; MOTA PINTO. *Teoria geral do Direito Civil.* Coimbra, 1985; ROQUEBERT, Pierre.

De la clause d'inalienabilité et d'insaisissabilité. Paris, 1905;VERWILGEN, Michel. *Regimes matrimoniaux, successions et libéralités.* Neuchâtel, Baconière, 1979; VIANNA, Martha Heloisa Winkler da Costa e Silva. "Das cláusulas restritivas de inalienabilidade, impenhorabilidade e incomunicabilidade". *In*: *RT*, 660, 70-82; VILLA, Ana Paula. "Das disposições testamentárias". *In*: Regina Ghiaroni (Coord.). *Direito das Sucessões.* Rio de Janeiro: Freitas Bastos, 2004, pp. 202-237.

COMENTÁRIO

A regra do artigo 1.897 diz respeito às disposições do testador e não ao testamento. Concerne aos efeitos particulares e não ao ato de testar. O testamento é negócio jurídico unilateral, já tínhamos visto, não suscetível de condição ou de exigência de causa; condições ou causas existem as da herança e dos legados. O ato do testamento não é suscetível de termo ou condição; as disposições é que podem ser afetadas de termos e de condições.

Inadmissível, pois, condicionalidade, na manifestação da última vontade. Assim, expressões do tipo: *"este é o meu testamento, para o caso de morrer da operação que vou fazer"*, ou então, *"assim, disponho se não voltar de minha viagem"*, ou *"este testamento só é para atender-se se morrer antes de 2000"*, não são condições ou termos, são motivos de testar no momento em que se testa, e sem efeito jurídico.

E assim como não há condicionalidade também não há representabilidade. Isto é, não pode o genitor, ou o tutor, ou o curador, dispor dos bens do descendente, ou do tutelado, ou do curatelado, a favor de outrem. Nem pode a pessoa que deseja testar outorgar poderes a alguém, para que em nome dela teste. A lição de Pontes de Miranda,[856] nesse sentido, é claríssima.

---

[856] PONTES DE MIRANDA, F. C. Obra citada, vol. 56, p. 233.

Diz ainda o civilista que os atos jurídicos ou são puros e simples, isto é, operam imediatamente e para sempre, ou são ligados a determinações relativas a circunstâncias, ou ao conteúdo do próprio ato, ou a autônomas determinações inexas. Donde: condições, termos e *modus*.

A nomeação de herdeiro ou legatário, diz a lei, *pode fazer-se pura e simplesmente*. Puro é o ato que não tem condição suspensiva. Simples é o que não tem condição resolutiva, nem *modus*.[857]

Mas assim como o herdeiro e o legatário podem ser nomeados dessa forma (pura e simplesmente), também podem ser nomeados com condições e termos. E as regras legais intervêm exatamente para regular os casos em que não ocorre a pureza e simplicidade do querer: "Em que o testador diz, por exemplo, 'lego a *B* o prédio x sob a condição de acabar com o prédio que está construindo', 'lego a *A*, passando por sua morte a *B*', 'lego a *A*, que sustentará *B* até os 21 anos'".[858]

No direito testamentário, encontram-se atos que não admitem condição, nem termo: a) a aceitação da herança ou do legado; b) a aceitação da testamentaria etc. Mas a lei, aqui, expressamente admite a ocorrência das duas hipóteses, manifestação de vontade pura, sem nenhuma espécie de limitação, e com condição e termo.

Se a determinação consiste em tornar os efeitos do ato jurídico dependentes de acontecimento futuro e incerto, temos a condição; se de

---

857 "*Na sucessão testamentária, como na legítima, a 'disposição pura e simples torna o herdeiro como tal na abertura da sucessão'; portanto, inexistindo condição para que a herdeira testamentária sucedesse, com a morte da testadora, operou-se a aludida sucessão. Se depois de aberta a sucessão testamentária vem a falecer a herdeira, é por força da sucessão legítima dos patrimônios daquela* de cujus, *que os herdeiros por estirpe herdam os direitos recebidos,* in casu, *pela falecida avó paterna, por força do disposto no testamento*" (TJMG, Proc. n° 1.0701.05.118761-8/001 (1), rel. Des. Dorival Guimarães Pereira, j. em 18.01.2207).

858 PONTES DE MIRANDA, F. C. *Idem*, p. 235.

acontecimento futuro certo, ou quanto ao tempo em que vai se dar, ou quanto à sua inevitabilidade, tem-se o termo.

A nomeação pura e simples ocorre quando é feita sem qualquer alusão a limites ou obrigações particulares, produzindo seus efeitos desde o momento do falecimento do testador. A nomeação condicional subordina-se a evento futuro e incerto, conforme disposição constante no art. 121 do CC.[859] A condição só produzirá seus efeitos após a sua ocorrência.

A condição pode ser suspensiva ou resolutiva. Como o Código Civil não faz distinção da condição, abrange as duas formas referidas. Assim, tanto a condição suspensiva (se a nomeação estiver ligada a acontecimento, futuro, mas incerto) quanto a resolutiva (se a condição deixar de se produzir pela ocorrência do evento determinado inicialmente).

Dispõe, ainda, o Código Civil, no art. 122,[860] que lícitas são todas as condições não contrárias à lei, à ordem pública ou aos bons costumes. *"Invalidam os negócios jurídicos que lhe são subordinados"*, dispõe o art. 123 do CC., *"as condições física ou juridicamente impossíveis, quando suspensivas; as condições ilícitas ou de fazer coisa ilícita e as condições incompreensíveis ou contraditórias"*.

Os exemplos indicados por Maria Helena Diniz elucidam a matéria. "Exemplo de condição ilícita: instituo Maria como herdeira, se não casar, se mudar de religião ou se se divorciar; de condição imoral: nomeio Paulo meu herdeiro, se viver na ociosidade; de condição

---

[859] "Art. 121. Considera-se condição a cláusula que, derivando exclusivamente da vontade das partes, subordina o efeito do negócio jurídico a evento futuro e incerto."
[860] "Art. 122. São lícitas, em geral, todas as condições não contrárias à lei, à ordem pública ou aos bons costumes; entre as condições defesas se incluem as que privarem de todo efeito o negócio jurídico, ou o sujeitarem ao puro arbítrio de uma das partes."

fisicamente impossível: instituo José meu legatário, se ele tocar o céu com o dedo; de condição juridicamente impossível: nomeio João meu herdeiro, se ele contrair matrimônio antes da idade legal; de condição potestativa: Antônio será meu herdeiro, se minha mulher concordar, por estar sujeita ao mero arbítrio de outrem."[861]

O *modus* ou encargo é a determinação anexa, pela qual se restringe a vantagem criada pelo negócio jurídico (doação, verba testamentária), obrigando o beneficiado pelo ato, ou omissão, quer seja de conteúdo patrimonial, quer não o seja.[862]

O que o artigo 1.897 prevê é que heranças e legados podem ser condicionais; ou seja, a disposição testamentária pode conter determinação concernente à circunstância que lhe suspenda a eficácia, ou a possa resolver. Por isso que a condição aparece, frequentemente, nos atos de última vontade, é que é um só a dispor e a precisar o que tende e quer.

A lei fala ainda em heranças e legados para certo fim ou modo, ou por certo motivo.

Quando a lei se refere ao *fim ou modo*, está se reportando, como doutrina Pontes de Miranda, a determinações objetivas. Mas essas não são *modus*. O *modus* é subjetivo, incumbe a alguém; a determinação objetiva pertence às limitações do poder.

O *modus* ou encargo não se confunde com a condição. Enquanto a condição é suspensiva e não coercitiva, o modo é coercitivo e não suspensivo. Ninguém poderá obrigar o herdeiro ao adimplemento de

---

[861] DINIZ, Maria Helena. Obra citada, p. 232, nota nº 165.
[862] "TESTAMENTO – Legado de meação disponível com o encargo de satisfação precípua de 'dívidas e obrigações particulares' do testador – Inteligência da expressão – Cálculo feito sem dedução desses valores – Reforma da decisão que o homologou. Dívidas particulares são as resultantes de empréstimos que o testador conseguiu, não no exercício de sua profissão, mas, particularmente, em virtude de amizade e parentesco" (*RT*, 183: 297).

uma condição, embora potestativa; mas qualquer interessado poderá constrangê-lo à execução do encargo.

O objeto do encargo pode ser patrimonial ou não-patrimonial. E exemplifica Pontes de Miranda: "Um dar, um fazer, uma ação, ou uma omissão. Não precisa sair do próprio objeto deixado: educar o filho do testador, ou de outrem, ou do próprio herdeiro ou legatário; continuar a pregar; fazer visitas, aos sábados, à mãe ou ao amigo do disponente; fazer as pazes com algum membro da família do morto ou do herdeiro, ou com alguém; educar-se em determinado colégio a beneficiada; o de a pessoa designada alienar um bem próprio; alimentar alguém. A favor do próprio onerado, cultivar os campos legados, seguir carreira intelectual, descansar nas férias."[863]

Ou por certo motivo, dispõe, finalmente, o artigo sob comento. Dizia o artigo 1.664, *por certa causa*, ou seja, o motivo que induziu o testador a dispor de seus bens a favor da pessoa que instituiu herdeira ou legatária. O motivo pode ser determinante ou incidente. Mas, como o motivo suficiente para a validade da disposição é o ato de liberalidade, não está ele obrigado a declinar o motivo ou a razão da disposição.

Art. 1.898. A designação do tempo em que deva começar ou cessar o direito do herdeiro, salvo nas disposições fideicomissárias, ter-se-á por não escrita.

Direito anterior – Art. 1.665 do Código Civil de 1916.
Art. 1.665. A designação do tempo em que deva começar ou cessar o direito do herdeiro, salvo nas disposições fideicomissárias, ter-se-á por não escrita.

Direito comparado – Sem dispositivo equivalente na legislação estrangeira.

---

[863] PONTES DE MIRANDA. Obra citada, vol. 56, pp. 295-296.

COMENTÁRIO

Na realidade, o artigo 1.898 está confirmando e reafirmando o princípio fundamental de direito sucessório brasileiro, inserido no artigo 1.784 do Código Civil, segundo o qual, aberta a sucessão, a herança transmite-se, desde logo, aos herdeiros legítimos e testamentários.[864]

A designação do tempo tem-se por não escrita, porque só é permitida a aposição de condição (suspensiva ou resolutiva). Aberta a sucessão, o herdeiro nada tem que aguardar; transmite-se a ele, imediatamente, o direito sucessório. Desde logo (diz o artigo 1.784) é havido por herdeiro. Pouco importa, portanto, que a nomeação do herdeiro tenha sido feita para determinado dia depois da morte do *de cujus*, ou de um determinado evento: a nomeação opera, desde logo, como se pura fosse.

O escopo do dispositivo é óbvio: representando a pessoa do defunto, o herdeiro deve continuar a posse, e a propriedade de seu patrimônio deve, por uma abstração jurídica, continuar com ele, uma só pessoa, de modo que qualquer interrupção na titularidade daquele patrimônio é contrária à própria natureza da instituição do herdeiro.

Se ocorrer designação do tempo, ter-se-á por não escrita, reza o dispositivo legal, sobrepondo-se à própria vontade do testador e reafirmando a ideia da continuidade do direito para depois da morte do *de cujus*. A morte não interrompe a permanência do patrimônio que, apenas, passa de um titular (*de cujus*), desde logo, para outro (o herdeiro instituído). O tempo, eventualmente designado pelo testador, não anula a disposição, porque esta é a substância da sua vontade, que o termo não pode alterar, de forma alguma.

---

864   Vide *supra* comentários ao artigo 1.784.

Em outras palavras, o que o legislador reafirma é que, mesmo na ocorrência de tempo, a instituição será havida como pura e simples.

Salvo, e aí entra a ressalva, no caso específico de disposição fideicomissária (arts. 1.951 e seguintes), perfeitamente cabível na espécie. Não se pode nomear herdeiro *ex die* (isto é, a partir de certo tempo), nem *ad diem* (até certo tempo). Ou seja, se apesar da proibição legal, o testador designa o tempo em que deve começar a fluir ou cessar o direito do herdeiro, a cláusula tem-se por não escrita.

Mas o artigo admite a designação do termo ("*... salvo nas disposições fideicomissárias*") nas hipóteses de substituição fideicomissária, porque o fideicomissário é herdeiro *ex die* (termo inicial ou suspensivo) e o fiduciário é herdeiro *ad diem* (termo final ou resolutivo). Isto é, com o advento do termo, o fideicomissário investe-se no domínio e posse da herança, resolvendo-se o direito do fiduciário.

Art. 1.899. Quando a cláusula testamentária for suscetível de interpretações diferentes, prevalecerá a que melhor assegure a observância da vontade do testador.

Direito anterior – Art. 1.666 do Código Civil de 1916.

Art. 1.666. Quando a cláusula testamentária for suscetível de interpretações diferentes, prevalecerá a que melhor assegure a observância da vontade do testador.

Direito comparado – Sem disposição equivalente no Código Civil francês. No Código Civil português (art. 2.187).[865] No direito argentino (art. 3.619).

---

865 *"Art. 2.187 (Interpretação dos testamentos).*
1. Na interpretação das disposições testamentárias observar-se-á o que parecer mais ajustado com a vontade do testador, conforme o contexto do testamento.
2. É admitida prova complementar, mas não surtirá qualquer efeito a vontade do testador que não tenha no contexto um mínimo de correspondência, ainda que imperfeitamente expressa."

COMENTÁRIO

O artigo 1.899 resgata, de forma aparentemente singela, o princípio da soberania da vontade do testador em matéria testamentária. É a vontade do testador que o testamento exprime e o direito quer que se cumpra. No testamento, "cuja função é incorporar disposições de última vontade, o fim da interpretação deve encontrar-se na determinação da vontade do testador".[866]

Disse-se aparentemente porque, na realidade, o artigo 1.899 agasalha uma das questões mais complexas e difíceis do direito sucessório. A forma singela empregada pelo legislador é ilusória e a problemática daí derivada ainda não pacificou as posições doutrinárias a respeito das inúmeras questões suscitadas pelo dispositivo sob comento.

Com efeito, referindo-se à vontade do testador e o meio de interpretá-la, o texto legal envolve dois problemas de considerável complexidade.[867]

Ou há consonância entre o pensamento e a palavra, entre o enunciado e o conteúdo, ou não há. E quando não há desencadeia-se a observância da vontade do testador. E, por isso, o legislador espanhol, no artigo 675 do Código Civil espanhol, dispõe que:

"Toda disposición testamentaria deberá entenderse en el sentido literal de sus palabras, a no ser que aparezca claramente que fue otra la voluntad del testador. En caso de duda se observará lo que aparezca más conforme a la intención del testador según el tenor del mismo testamento."

---

866 ASCENSÃO, J. de O. Obra citada, p. 303.
867 Ver, nesse sentido, o artigo de Paulo Modesto, "Hermenêutica do testamento", *in RT*, 676: 72-78.

O dispositivo, perfeitamente dividido em três momentos, prioriza, *prima facie*, o sentido literal das palavras, *a no ser que,* diz o texto espanhol, se conclua que foi outra a vontade do testador, segundo momento. E, finalmente (terceiro aspecto, ou momento), em caso de dúvida, procurar-se-á intenção do testador, mas a partir da manifestação do mesmo de acordo com o teor do testamento.

O legislador espanhol estabeleceu uma gradação: sendo claras as palavras e evidente o sentido da disposição, a compreensão tem de ser literal e a interpretação é gramatical; se, ao contrário, o enunciado não é claro, gerando dúvidas, ressurge a necessidade de se perquirir sobre a real intenção do testador, tornando-se a interpretação lógica.

O caminho interpretativo, que nasce no terreno gramatical e se esgota no lógico, não é compartimentalizado, como poder-se-ia imaginar, mas é unitário. Com efeito, as diversas fases de interpretação se complementam aparecendo como fases integrativas de um mesmo processo interpretativo.

O método gramatical ou filológico ainda é o pressuposto básico da interpretação aplicado aos atos *causa mortis* porque é através das palavras empregadas pelo testador que se pode avaliar e determinar a sua real vontade, ou intenção. Ou, como já previra Maximiliano, as palavras empregadas "devem traduzir, implícita ou explicitamente, a intenção. Em tais instrumentos a letra adquire importância considerável, porque se deve nos mesmos designar, em forma suficientemente nítida, não só o intuito dadivoso do testador, mas também o objeto da liberalidade e o respectivo beneficiário".[868]

---

868 MAXIMILIANO, C. Obra citada, vol. II, p. 78.

O que a lei espanhola resgata é o antigo brocardo de Paulo inserido no *Digesto* (L. 32, T. 3, frag. 25, § 1º): *Cum in verbis nulla ambiguitas est, non debet admitti voluntas quaestio* (Quando não houver ambiguidade nas palavras, não se deve admitir pesquisa da vontade).

Não se está aqui reforçando o velho adágio latino *in claris cessat interpretatio* (na clareza cessa a interpretação), porque o simples fato de considerar algo claro já acarreta interpretação. Ou seja, a interpretação existe sempre, já que o juízo de valor sobre a clareza (ou não) do texto representou uma ação interpretativa.

O que o legislador brasileiro edita no artigo sob análise é uma regra sobre a interpretação dos testamentos. Em outras palavras, se a palavra escrita não for clara e houver necessidade de várias interpretações, prevalecerá a que melhor assegure a observância da vontade do testador.[869]

Novamente três momentos, como no dispositivo espanhol.

No Projeto primitivo (art. 1.836) estava escrito: "Para a interpretação das disposições testamentárias atende-se à vontade expressa ou presumida do testador."

A proposta de Bevilacqua era mais abrangente e tecnicamente correta porque resgatava o princípio inquestionável de que a vontade do testador é decisiva, devendo, apenas, a interpretação do ato revelar essa vontade.

A nuança é mínima, mas o resultado não. Na proposta original é a vontade do testador que plana soberana. Na redação definitiva é a

---

869 *"TESTAMENTO – INTERPRETAÇÃO DA VONTADE DO TESTADOR – Código Civil, art. 1.666. Testamento. Interpretação. Deve prevalecer "a que melhor assegura a observância da vontade do testador (art. 1.666 do Código Civil), até porque, como ato jurídico, deve ser atendido, mais à sua intenção que ao sentido literal da linguagem (art. 85 do Código Civil). Recurso provido. Paraná Judiciário*, 9: 118. Ver, ainda: *RT*, 630: 171; *RT*, 559: 200; *RT*, 608: 150; *RT*, 582: 143; *RT*, 603: 69; *RT*, 106: 644.

interpretação que se prioriza. A fórmula que o Código de 1916 adotou, no artigo 1.666, proveio da Comissão Revisora, criticando Bevilacqua que esta regra atende, tão-somente, a um caso particular de ambiguidade. Com efeito, o artigo 1.666 manda que prevaleça a interpretação que melhor assegure a observância da vontade do testador, quando a cláusula testamentária for suscetível de interpretações diferentes. Ora, é evidente que a interpretação não se reduz exclusivamente àquela hipótese, mas a todas hipóteses decorrentes da disposição testamentária.

Claro está que, na ótica do artigo 1.666, a interpretação não é só cabível havendo dúvida ou ocorrendo ambiguidade. Pontes de Miranda, em crítica ao artigo 1.666, já alertara para o risco de uma exegese restritiva: "Ora, para se saber qual a interpretação que mais atende à observância da vontade do testador, seria de mister conhecer a *vontade do testador*. Se há mais de uma interpretação, é *porque não se conhece*, inteira e suficientemente, *essa vontade*. Com a forma que lhe deu o Projeto revisto, e lhe dá, afinal, o Código, é supérfluo o art. 1.666: já no-lo disse o art. 85. Porém só se trata de má tradução. Devemos dar ao art. 1.666 entendimento útil: dada a plurissignificação da verba, buscar a objetiva apreciação da melhor e mais real consequência da disposição; procurar o que objetivamente é melhor, mais eficaz, e essa eficácia não será só *econômica*, e sim, por igual, a *jurídica*, a *prática*.[870]

Supérfluo, na perspectiva de Pontes de Miranda, porque é exigência do sistema civil brasileiro, que se aplica aos atos jurídicos em geral, a regra inserta no artigo 85 (atual art. 112) que assim dispõe: "*Nas declarações de vontade se atenderá mais à sua intenção que ao sentido literal da linguagem.*" Ora, o artigo 1.666 é mera especialização

---

[870] PONTES DE MIRANDA, F. C. Obra citada, p. 341.

do disposto no artigo 112 (*"Nas declarações de vontade se atenderá mais à intenção nelas consubstanciadas do que ao sentido literal da linguagem"*). É uma transposição – guardadas as proporções – daquela regra geral aplicável aos fatos jurídicos – para o terreno dos atos *mortis causa*.

O Código Civil alemão afirma, no parágrafo 284, que se a disposição testamentária possibilitar diversas interpretações será preferível, na dúvida, aquela pela qual a disposição possa ter efeito.

Comparando as duas propostas: "Enquanto para a mesma hipótese – possibilidade de interpretação múltipla da mesma verba – o Código brasileiro manda observar a que melhor assegure a observância da vontade do testador, o Código alemão ordena que seja seguida aquela pela qual a disposição possa ter efeito. A lei alemã é melhor que a nacional: basta apontar a contradição que Pontes de Miranda detectou no dispositivo de nosso Código."[871]

A análise comparada da legislação estrangeira nos aponta o dispositivo do Código Civil português – artigo 2.187 – como aquele que melhor se expressou sobre o tema.

Consagrando abertamente a posição subjetivista (intenção do declarante) em matéria de interpretação das disposições testamentárias, o artigo 2.187 manteve a linha de orientação que já procedia do artigo 1.761 do Código Civil português de 1867.

"Na interpretação das disposições testamentárias observar-se-á o que parecer mais ajustado com a vontade do testador, conforme o contexto do testamento", dispõe a lei portuguesa. Ou seja, se refere à interpretação das disposições testamentárias não limitando a atuação do

---

871 VELOSO, Z. Obra citada, p. 578.

intérprete aos casos duvidosos mas mandando que ele observe o que lhe parece mais próximo da vontade do testador, *conforme o contexto do testamento*. Na ótica de Ana Paula Villa, esta é a solução mais adequada, que consagra a tese subjetivista, "considerando que os princípios aplicáveis à interpretação dos contratos são insuficientes para a matéria sucessória".[872]

Na fixação da efetiva vontade do testador, o intérprete deve circunscrever sua atuação ao texto, ao contexto do testamento, ao conteúdo do testamento.

A prioridade do contexto sobre qualquer outra consideração foi bem ressaltada por Ascensão quando se referiu ao artigo 2.187 do Código Civil português: "Se se interpreta a declaração, o texto do testamento é necessariamente objecto da interpretação, embora não exclusivo. Mas, como o testamento é um negócio formal, o texto tem ainda outra função: é um *limite* de busca da intenção do testador. De facto, quando se procede à interpretação, o testador já morreu e seria perigoso permitir uma reconstituição da sua vontade por todos os meios. A sua vontade deve estar expressa no testamento. Por isso se restringe a regra, determinando-se que o que pareça mais ajustado com a vontade do testador deve ser ainda – *conforme o contexto do testamento*. É desse contexto que a vontade deve resultar."[873]

Ou, como bem avaliou Veloso, a respeito da primeira parte do artigo sob análise, o que "se deve perquirir e revelar não é (a vontade) que o intérprete conclui que *poderia ter sido* a do testador, mas a vontade que *deve ter sido*, conforme a declaração constante no próprio testamento, e

---

[872] VILLA, Ana Paula. "Das disposições testamentárias". *In*: Regina Ghiaroni (Coord.). *Direito das Sucessões*, p. 210.
[873] ASCENSÃO. J. de O. Obra citada, p. 304.

foi para isso mesmo, presume-se, que o testador outorgou, em vida, um instrumento formal e solene com as suas disposições mortuárias".[874]

E se o testamento existe é em torno deste eixo central que devem girar todas as perspectivas de esforço exegético na determinação da vontade do testador. Por isso, e somente por isso, o contexto do testamento é a premissa fundamental que legitima qualquer hipótese de interpretação.

A interpretação das disposições testamentárias, conforme o contexto do testamento, é feita com vistas à determinação do verdadeiro querer do *de cujus*. Não é qualquer vontade, "mas a vontade que está manifestada no instrumento; nem algum querer, mas o que o falecido deixou consignado no ato testamentário".[875] É o documento escrito que permanece sempre o elemento central de qualquer busca da vontade real. "A intenção que se busca", evidencia Pontes de Miranda, "de que se inquire e que, sutilmente, se pode colher, é a que, bem ou mal, se exprimiu no testamento, ainda que tacitamente; não, porém, a que se sabe ter *sido* a do testador, *antes*, *por ocasião* ou *depois* do testamento".[876]

Se a intenção, como quer Pontes de Miranda, é a que se exprimiu no testamento, a atividade interpretativa tem limite, como agudamente percebeu Ascensão, porque, se no testamento, existe similitude ou igualdade, entre a declaração expressa no documento e a vontade; se a intenção do *de cujus* é perceptível; se o significado da verba é claro, escorreito e unívoco, impõe-se limites à atuação do intérprete que, certamente, não pode ir além da verba, imaginando outros efeitos, deduzindo outras conclusões ou impondo outros conteúdos à inequívoca declaração do testador.

---

874 VELOSO, Z. Obra citada, p. 579.
875 VELOSO, Z. *Idem*, p. 580.
876 PONTES de MIRANDA, F. C. Obra citada, p. 335.

Mas o legislador português não se limitou exclusivamente ao *contexto do testamento*, como poder-se-ia imaginar numa primeira leitura do citado dispositivo. Porque ciente das dificuldades que a exegese gera e das próprias limitações do testador ao procurar materializar sua vontade, nem sempre possível de determinação, no número 2 do mesmo artigo, admite a prova complementar, subordinando-a, ainda e coerentemente, a um mínimo de correspondência ao contexto do testamento.

À medida que se consolidou a tese da interpretação subjetivista dos testamentos no direito sucessório português, foi ganhando terreno entre os tratadistas portugueses a ideia de que a utilização dos meios estranhos ao texto do testamento, mas capazes de auxiliar a descoberta da vontade do testador, deve ser livremente permitida em toda a área da interpretação das disposições de última vontade.

Daí resulta ainda mais, diz Ascensão, que o formalismo testamentário não é incompatível com o recurso a elementos externos ao testamento. "Simplesmente, esse recurso não se faz para buscar novas disposições, mas para apurar o sentido das disposições testamentárias."[877]

Assim, cartas, manuscritos, anotações, bilhetes, papéis do testador, gravações em fita ou em vídeo, um contrato ou um testamento anterior, testemunhas, presunções, enfim, tudo que possa ser indício da intenção, ou da vontade do testador, pode ser utilizado como meio suplementar da determinação da vontade, desde que guarde um *mínimo* de correspondência com o contexto do testamento.

Dentro da ideia de vínculo entre a prova complementar e o contexto mínimo do testamento, se "o legado, por exemplo, do *de cujus* destinou ao sobrinho, de nome Márcio, verificando-se, após a abertura

---

[877] ASCENSÃO, J. de O. Obra citada, p. 305.

da sucessão, que o testador tinha dois sobrinhos com esse nome, não se podendo concluir, pelos termos do testamento, a qual dos parentes se referira, o recurso a elemento extratestamentário é permitido, e, até, necessário. Uma carta do testador, mencionando o legado, esclarecendo a qual sobrinho quis beneficiar, serve como meio de prova. Uma prova extrínseca, porém, que é utilizável para tornar certa a declaração constante no testamento. Aproveitando o mesmo exemplo, não se poderia, com o auxílio do elemento externo, da prova extrínseca, concluir que o legatário era o primo João, e, portanto, nenhum dos sobrinhos. O intérprete estaria indo além da marca e criando uma vontade que não encontra supedâneo no testamento".[878]

Na nova redação do artigo 2.187, sobre a questão da interpretação do testamento, o legislador português fixou quatro posturas[879] fundamentais na solução adotada:

1) fixou-se a descoberta da *intenção* do testador (tese subjetivista) como o alvo da interpretação da disposição de última vontade, em vez da tese aceita para a interpretação dos contratos, insuficiente à espécie;

2) é no conjunto das disposições lavradas pelo autor da herança, considerando o testamento não só como um negócio formal, mas também tendencialmente como um ato de disposição global da herança, que há de mover-se a atividade própria do intérprete;

3) na pesquisa da vontade do testador pode utilizar-se toda a prova complementar que seja possível coligir, recorrendo-se a todos os elementos estranhos ao testamento que possam esclarecer o sentido e alcance do que escreveu o testador.

---

878 VELOSO, Z. Obra citada, p. 583.
879 Ver, nesse sentido, a doutrina de Pires de Lima e Antunes Varela. Obra citada, pp. 304-305.

4) a limitação na aplicação das provas complementares na determinação da vontade real do testador: para valer como sentido relevante da disposição, há de ter, no contexto desta, um mínimo de correspondência, posto que imperfeitamente expressa.

São, assim, quatro as coordenadas fundamentais através das quais a lei portuguesa define a interpretação da disposição testamentária.

Em primeiro lugar, o intérprete deve procurar o sentido mais ajustado à vontade do testador. Enquanto nos negócios entre vivos a interpretação se norteia pelo sentido mais acessível ao declaratório, nos negócios *mortis causa* há que procurar não o sentido mais conforme à expectativa de cada chamado, mas a mais próxima da vontade aparente do *de cujus*.

Em segundo lugar, manda-se atender, na interpretação de cada disposição, ao contexto do testamento.[880]

"É no testamento, e não nas conversas ou comentários com familiares ou amigos, acerca dele, que o testador exprime, ou pelo menos tenta em regra exprimir a sua verdadeira vontade. E sabe-se também que a cada caso só se consegue decifrar com segurança o sentido de uma cláusula, mediante o confronto ponderado com outras cláusulas do

---

880 "*Inventário. Testamento. Interpretação de cláusula. Vontade do testador.* 1 – *Se o autor da herança era viúvo, não tinha herdeiros necessários e dispôs da totalidade dos seus bens em testamento, ressalvando inclusive a hipótese de estar viúvo na data da abertura da sucessão, não havia razão para que fosse reduzida a participação patrimonial dos legatários pela metade, devendo ser cumprida a vontade do testador.* 2 – *Parece claro que o testador, ao dispor sobre a metade dos seus bens em favor dos legatários, estava se referindo à totalidade do que lhe pertencia, já que meeiro do patrimônio comum do casal, tendo o cuidado de enfatizar que não tinha herdeiros necessários. Assim, ele deixava a sua parte para os legatários e, se sua esposa morresse antes, ele, por igual, mantinha a disposição testamentária.* 3 – *Não fosse essa a vontade do falecido a ressalva seria vazia, devendo ser interpretada a cláusula testamentária de forma a buscar aquela que melhor assegure a observância da vontade do testador. Interpretação do art. 1.899 do Código Civil. Recurso provido*" (TJRS, Ap. nº 70.015.026.446, rel. Des. Sérgio Fernando de Vasconcellos Chaves, j. em 16.08.2006).

mesmo testamento, porque este é, muitas vezes, na ignorância do que a lei dispõe nas regras da sucessão legal, o instrumento único através do qual a pessoa dispõe de tudo quanto lhe pertence para além de sua morte."[881]

Por isso o artigo 2.187, expressamente, manda considerar, na interpretação de cada disposição, não apenas o texto da respectiva cláusula, mas *todo o contexto do testamento*.

Em terceiro lugar, o novo artigo aceita expressamente (no nº 2) a prova complementar, ou seja, os elementos exteriores à declaração testamentária capazes de auxiliar a determinação da vontade real do testador.

O recurso a esses elementos exteriores de prova é inúmeras vezes indispensável na interpretação dos testamentos, pelas mais diversas razões: ou porque o testador se socorre do auxílio de terceiros (advogados, peritos, consultores jurídicos etc.); ou porque a proximidade da morte e a perda do total domínio das capacidades intelectuais fazem com que muitas disposições testamentárias se tornem verdadeiramente indecifráveis; ou porque a existência de manifestação de vontade do testador em outros documentos serve de elemento suplementar à confirmação da vontade tenuamente expressa na verba testamentária.

De igual modo, o recurso franco e aberto à prova complementar, na interpretação dos testamentos, afasta o espectro da ideia absurda e obsoleta que os autores antigos exprimiam no velho brocardo *in claris cessat interpretatio*.

Em quarto lugar, a parte final do nº 2 do artigo sob comento estabelece o limite de que o caráter formal do testamento não prescinde para a relevância da última vontade do testador; ou seja, a vontade real do testador, para valer como sentido relevante da disposição, há de ter

---

881   PIRES DE LIMA e ANTUNES VARELA. Obra citada, pp. 304-305.

no contexto desta um *mínimo de correspondência*, posto que imperfeitamente expressa.

O limite assim imposto à validade e eficácia da vontade real do testador em nome do caráter formal do testamento é, afinal, idêntico ao tributo cobrado pelo artigo 112 da vontade real do declarante na interpretação dos negócios formais, em geral.

Nosso Código Civil, de 1916, não tem qualquer disposição direta, nesse sentido, ou seja, não estatui regra sobre a admissibilidade da prova complementar, na interpretação dos testamentos. E o novo Código Civil perdeu a oportunidade de inseri-la no atual artigo 1.889. De qualquer maneira, em outros dispositivos, o legislador admite – ainda que indiretamente – a ocorrência da prova complementar, como ocorre, por exemplo, no artigo 1.903, quando declara: *"O erro na designação da pessoa do herdeiro, do legatário, ou da coisa legada, anula a disposição, salvo se, pelo contexto do testamento, por outros documentos, ou por fatos inequívocos, se puder identificar a pessoa ou coisa a que o testador queria referir-se."*

Da leitura do artigo depreende-se que não se anula a disposição, apesar do erro na designação, se a identificação da pessoa ou da coisa puder ser alcançada pelo *contexto do testamento* (elemento intrínseco), por *outros documentos*, ou *por fatos inequívocos* (elementos extrínsecos).

Ora, embora o artigo 1.903 se refira à hipótese particular, "a admissibilidade que ele confere à prova extratestamentária pode ser generalizada a todos os casos de interpretação dos testamentos, com as restrições e ressalvas (cabíveis à espécie)".[882]

---

882 VELOSO, Z. Obra citada, p. 583.

Na realidade – é bom que se reconheça que – embora o artigo 1.889 seja a única regra geral de interpretação dos testamentos (assim, como o artigo 2.187, no Código Civil português), o Código Civil brasileiro se referiu, em outros artigos, a outras regras de interpretação, visando a solucionar casos especiais, "situações particulares, que são, também, normas de interpretação, embora de caráter subsidiário, supletivo, funcionando como a vontade presumida do testador, e valendo na medida em que o próprio disponente não tenha regulado a situação, de outro modo".[883]

Assim, a título de exemplo, e para confirmar o que se afirmou sobre a subsidiariedade de outras normas de interpretação, previstas pelo legislador brasileiro, em matéria de direito sucessório, poderíamos apontar:

O artigo 1.902, estabelecendo que a disposição geral em favor dos pobres, dos estabelecimentos particulares de caridade ou de assistência pública *"entender-se-á relativa aos pobres do lugar do domicílio do testador ao tempo de sua morte, ou dos estabelecimentos aí sitos"*.

O artigo 1.904 determinando que, no caso de o testamento nomear dois ou mais herdeiros, sem discriminar a parte de cada um, *"partilhar-se-á por igual, entre todos, a porção disponível do testador"*.

O artigo 1.905, determinando que *"a herança seja dividida em tantas cotas quantos forem os indivíduos e os grupos designados"*, se o testador nomear certos herdeiros individualmente, e outros coletivamente.

O artigo 1.906, prevendo que se forem determinadas as cotas de cada herdeiro, e não absorverem toda a herança, *"o remanescente pertencerá aos herdeiros legítimos"*.

O artigo 1.907, dizendo que se forem determinados os quinhões de uns e não os de outros herdeiros, *"quinhoar-se-á, distribuidamente,*

---

883 VELOSO, Z. *Idem*, p. 584.

por igual, a estes últimos o que restar, depois de completas as porções hereditárias dos primeiros".

O artigo 1.920 afirmando que o legado de alimentos *"abrange o sustento, a cura, o vestuário e a casa, enquanto o legatário viver, além da educação, se ele for menor".*

O artigo 1.921 resolvendo que o legado de usufruto, sem fixação de tempo, *"entende-se deixado ao legatário por toda a sua vida".*

O artigo 1.932 esclarecendo que, no legado alternativo, *"presume-se deixado ao herdeiro a opção"*, entre outros artigos, sem que se considerem esgotados os casos, mas reafirmando a ideia de que o legislador pátrio dispôs expressa e diretamente, sobre a interpretação dos testamentos, no artigo 1.889, sem porém esgotar a matéria naquele artigo, referindo-se, indiretamente, sobre o tema em outros artigos do Código Civil.

A doutrina e a jurisprudência também fornecem regras de interpretação dos testamentos, que podem servir como valioso auxílio, nos casos concretos. Na obra de Itabaiana de Oliveira[884] estão reproduzidas trinta regras de interpretação, das muitas que se encontram nos tratados. Assim, a título de exemplo:

"I – A vontade do testador deve ser interpretada de modo mais amplo;

II – Nas condições do testamento convém que seja considerada antes a vontade do que as palavras;

IV – Deve-se procurar o sentido mais cômodo ao objeto de que se trata, e à natureza do ato;

VIII – Quando uma cláusula é suscetível de dois sentidos, deve-se entender aquele em que pode ter efeito e não no em que nenhum efeito teria;

---

884   ITABAIANA DE OLIVEIRA. Obra citada, vol. II, pp. 520-526.

XIII – Na dúvida, é melhor atender às palavras da lei;
XVI – Deve-se preferir a proposição mais benigna à mais rigorosa;
XX – A denominação de filhos se estende também aos netos;
XXVIII – O gênero masculino compreende o feminino, mas este não compreende àquele."

Concluindo Itabaiana de Oliveira que, "nos casos duvidosos, que se não possam resolver segundo as regras estabelecidas, decidir-se-á em favor da sucessão legítima".[885]

O que o legislador persegue, e todo o esforço do intérprete deve se direcionar nesse sentido, é descobrir a vontade real do testador, custe o que custar. E os dispositivos legais são estabelecidos na busca incessante dessa vontade. Por isso, a interpretação pode conduzir a diversos resultados, positivos, ou, situação mais grave, negativos.

Na ótica de Ascensão,[886] quatro são as hipóteses às quais o trabalho de exegese pode conduzir:

1) Se se apura uma intenção do testador que não tem no contexto nenhum ponto de apoio, essa intenção tem de ser considerada irrelevante para a ordem jurídica;

2) Se se não apura nenhuma intenção do testador, o que frequentemente será a realidade, pois o testamento pode ter sido feito há muitos anos, prevalecerá a interpretação do contexto que parecer mais razoável;

3) Se se não apura nenhum sentido, mesmo considerando a prova complementar, o texto é inaproveitável;

4) Se o texto tem um sentido categórico, mas que se demonstra ser contrário à intenção do testador, criam-se problemas graves (aqui não se trata de fazer valer uma intenção sem apoio textual, mas de tirar valor a um texto sem apoio na vontade).

---

885 ITABAIANA DE OLIVEIRA. *Idem*, p. 527.
886 ASCENSÃO, J. de O. Obra citada, pp. 305-306.

Se tirarmos à disposição qualquer efeito, concluímos que a vontade tem aqui uma nova função, que é a de ser limite à validade das disposições testamentárias. Matéria que refoge à análise do artigo sob comento e que, por isso, não será aqui examinada.

Art. 1.900. É nula a disposição:
I – **que institua herdeiro ou legatário sob a condição captatória de que este disponha, também por testamento, em benefício do testador, ou de terceiro;**
II – **que se refira a pessoa incerta, cuja identidade não se possa averiguar;**
III – **que favoreça a pessoa incerta, cometendo a determinação de sua a identidade a terceiro;**
IV – **que deixe a arbítrio do herdeiro, ou de outrem, fixar o valor do legado;**
V – **que favoreça as pessoas a que se referem os artigos 1.801 e 1.802.**

Direito anterior – Art. 1.667 do Código Civil de 1916.
Art. 1.667. É nula a disposição:
I – que institua herdeiro, ou legatário, sob a condição captatória de que esta disponha, também por testamento, em benefício do testador, ou de terceiro;
II – que se refira a pessoa incerta, cuja identidade se não possa averiguar;
III – que favoreça a pessoa incerta, cometendo a determinação de sua identidade a terceiro;
IV – que deixe a arbítrio do herdeiro, ou de outrem fixar o valor do legado.
Direito comparado – No Código Civil português (artigo 2.185).[887] No direito argentino (arts. 3.619 e 3.711).

---

[887] *"Art. 2.185. É igualmente nula a disposição feita a favor de pessoa incerta que por algum modo se não possa tornar certa."*

COMENTÁRIO

Os cinco incisos arrolados no artigo 1.900 se presentes na manifestação de vontade nulificam o testamento porque contrariam, frontalmente, no mínimo, duas características fundamentais da validade da testamentaria, a de que o testamento é ato personalíssimo (art. 1.858) e unilateral (art. 1.863). Qualquer das hipóteses aí previstas vicia a instituição e a lei fulmina de nulidade, porque contraria a liberdade essencial às disposições de última vontade, e transforma em convenção o que a lei quer que seja espontânea manifestação unilateral.

No inciso primeiro o legislador se refere à condição captatória, repetindo parcialmente o disposto no artigo 1.863 que proíbe o testamento conjuntivo, seja simultâneo, recíproco ou correspectivo. Condição captatória é a disposição em que o testador assina uma parte de sua herança ou toda a alguém, sob condição de ser aquinhoado no testamento daquele a quem pretender beneficiar. As disposições captatórias não têm valor porque importam em pactos sucessórios. A captação vicia o testamento.[888]

A condição captatória nulifica o testamento porque importa em suprimir a liberdade da vontade do testador. E a proibição se justifica na medida em que a ocorrência daquela condição não só prejudica a liberdade do testador como também desvirtua o testamento, que passaria a ser um instrumento de um ato imoral que, sob a aparência de uma liberalidade, visaria apenas a captar em benefício próprio, ou de outrem, uma herança, ou legado.[889]

---

888 BEVILACQUA, C. *Direito das Sucessões*. São Paulo: Red Livros, 2000, p. 291.
889 *"TESTAMENTO – Anulação – Captação dolosa da vontade do testador. Ementa: Testamento. Anulação por força da condição captatória. Não pode prevalecer legado em que é instituído o captador como usufrutuário"* (RDTJRJ, 2:259). Ver, ainda: *RT*, 579: 170; *RT*, 308: 208; *RT*, 390: 138.

Para que se configure a nulidade é essencial se verifique a condição de que outrem teste em benefício do testador ou de terceiro. Vale dizer: só existe nulidade quando um dos testamentos for condição suspensiva do outro, isto é, fato futuro e incerto de que dependa a eficácia da disposição testamentária.

Daí as consequências que Pontes de Miranda enumera:[890]

"a) se o testador dispôs, depois de outrem ter disposto a seu favor, em benefício desse, então não houve a dependência. Demais, a reciprocidade das disposições é fato que ordinariamente acontece, pela qualidade do caráter recíproco das afeições. Por isso mesmo, não se há de presumir a reciprocidade intencional;

b) se está evidente que não houve *animus captandi*, o artigo 1.667, I (atual 1.900, I), não pode incidir. Trata-se, talvez, de laço afetivo, ou de modo deliberativo dos bens do grupo familiar. Exemplo: "deixo duas casas a *B*, se o pai de *B* tiver continuado no propósito de deserdá-lo." Não há captação;

c) a regra jurídica do art. 1.900, I, é de caráter unilateral: por lei não se proíbem as *convenções* de sucessão, matéria de outro lugar. O que se proíbe é a disposição que tem por fim sugerir, vedar, seduzir – numa palavra, *captar* – a vontade testamentária de outrem. Por isso, dada a infração, toda a disposição cai. Porém o que cai é a disposição captante. Não a captada;

d) quanto à disposição captada tem-se de apurar: a) se a fez, pelo só motivo da captação, o disponente, porque, se a causa foi afetiva, ou de gratidão, não cabe qualquer alegação de invalidade; b) se feita com o só fundamento de tê-lo contemplado o testador, devemos decidir que é

---

890 PONTES DE MIRANDA. Obra citada, vol. 57, pp. 7-9.

anulável pelo erro, se o testador não perseverou no intuito de lhe deixar o que dispusera, ou, ainda, se não mudou de opinião, quando se prove o *error iuris* do segundo testador, mas, evidenciada a reciprocidade intencional, pode ser decretada a nulidade, com fundamento no artigo 1.863 do Código Civil, proibitivo dos testamentos recíprocos e correspectivos, ainda mesmo não simultâneos;

e) o artigo 1.900, I, é sanção contra condições expressas, quer dizer: que constem, ainda implicitamente, da cédula testamentária. Se não constam, ter-se-á de recorrer ao artigo 1.863 e provar-se ter havido reciprocidade intencional.

f) quando o testador tiver disposto que **A** será o herdeiro, se **B** deixar a fortuna a **C** ou ao próprio testador, não se há de presumir a captação. Quem por acaso a alegar, deve dar prova da dependência entre **A** e **B**. Porque, se **A**, por exemplo, havia de ser herdeiro de **B** e o testador quer prever o caso de não ser contemplado, tem inteiro direito de fazê-lo. Na captação há dolo, o dolo não se presume."

No inciso II o legislador se refere à pessoa incerta que, no direito romano, era aquela de que o testador não poderia fazer uma ideia clara. Hoje, pessoa incerta é a indeterminada, porque, se o beneficiado pelo testamento não pode ser determinado, a disposição é irrealizável.

Certa é a pessoa que pode ser identificada, de forma a se concretizar a deixa testamentária. Em regra, a pessoa é certa quando está bem individuada, pela menção do seu nome, sobrenome, profissão, domicílio etc.[891]

---

891 *"FIDEICOMISSO. Substituição compendiosa. Inadmissibilidade. Disposição testamentária nula por se referir à pessoa incerta, nos termos do art. 1.667, II, do CC. Pessoa incerta, por direito romano, era aquela de que o testador não podia fazer uma ideia clara. Hoje devemos considerar pessoas incertas as indeterminadas, porque, se o beneficiado pelo testamento não pode ser determinado, a disposição é irrealizável".* RJTJESP, 8: 192. Ver, ainda: *RT*, 330: 242.

O Código Civil não exige que a pessoa seja determinada ao tempo da feitura do testamento. Basta que o possa ser no futuro, ao tempo da abertura da sucessão. Nesse sentido, o disposto nos artigos 1.798 e 1.799 que se referem às pessoas já concebidas e às ainda não concebidas, mas vivas ao abrir-se a sucessão.

No inciso III a lei faz referência à pessoa incerta, cometendo a determinação de sua identidade a terceiro. Transferir a terceiro a determinação da pessoa a ser beneficiada importaria em delegar ao terceiro o direito de testar, o que é impossível, por não ser delegável tal direito, sendo, ao contrário, essencialmente pessoal e incomunicável. Ao examinarmos as características do testamento, afirmamos que é ato personalíssimo, porque é o próprio disponente quem emite a declaração de vontade com vistas a exprimir de forma absoluta sua vontade pessoal; e é também ato unilateral, na medida em que pertence à categoria dos não-receptícios, àqueles em que é suficiente para sua perfeição a emissão da declaração de vontade, e a não-comunicação desta a quem quer que seja.

A regra, porém, admite várias exceções, dentre as quais as mencionadas nos artigos 1.901 e 1.902. Por outro lado, a regra que se traduz numa proibição não impede, como ressalta Pontes de Miranda,[892] que:

a) o testador seja nomeado por terceiro, designado pelo testador, porque aí não há violação do princípio da personalidade da disposição testamentária;

b) terceiro decida se foi cumprida, ou não, uma condição. Nesse caso, não se substitui alguém ao testador; só se deu a certa pessoa o fazer as vezes de juiz – juiz arbitral, digamos, constituído por disposição de última vontade;

---

[892] PONTES DE MIRANDA. Obra citada, vol. 57, pp. 11-12.

c) o testador pode deixar a outrem a determinação do tempo em que deva efetuar-se o pagamento do legado ou a execução da cláusula;

d) o testador institua, em testamento, concurso ou promessa de recompensa, porque a incerteza desaparece: o testador quis tudo; prometeu, e far-se-á a determinação, segundo o que ele quis.

Quando a determinação do instituto é deixada, em absoluto, ao arbítrio de terceiro, a liberalidade perde o caráter de ato personalíssimo do testador, que lhe é essencial, e passará a ser ato de terceiro.

No inciso IV o legislador nulifica a disposição que deixa a arbítrio do herdeiro, ou de outrem, fixar o valor do legado. O testador assim agindo não gratifica o legatário; indica um nome ao terceiro e o autoriza a dispor do bem da herança em favor do legatário, segundo lhe parecer.

O objeto da liberalidade deve ser certo.

Quando se diz certo, entretanto, não se exige que seja matematicamente determinado o objeto. Basta que seja fixável, determinável com os elementos constantes no próprio testamento.

Assim, como informa Maximiliano,[893] não é somente certo o legado de um prédio determinado pela sua situação e característica, mas também em qualquer destas outras hipóteses: a) deixo o necessário para se concluir tal obra; b) deixo o que se fizer preciso para fulano terminar o seu curso médico; c) deixo a fulano a quantia cuja renda dê para viver com decência; d) a fazenda em que morei na infância; e) o que me deve tocar em virtude do testamento e inventário de meu irmão X; f) a importância da nota promissória ou hipoteca, firmada por Y, e assim por diante.

---

893 MAXIMILIANO, C. Obra citada, vol. II, p. 67.

Informa, ainda, Maximiliano, que se o testador deixa para determinar depois o legado e se esquece de fazê-lo, em regra, a sua vontade, por incompreensível, indefinida, não se cumpre nessa parte.

O que o inciso resgata é a necessidade da determinação do legado pelo próprio testador, precisamente porque o testamento é ato personalíssimo e, pois, indelegável a quem quer que seja. Deixar a outrem a incumbência de fixar o legado importaria, sem dúvida, em consentir que ele testasse em lugar do testador, o que é inadmissível por ser contrário à essência do testamento.

Finalmente, no inciso V, que não encontra correspondência no Código Civil de 1916, o legislador se reporta aos artigos 1.801 e 1.802 do Código Civil. Isto é, às pessoas que não podem ser nomeadas herdeiras nem legatárias (art. 1.801) e às disposições testamentárias em favor de pessoas não legitimadas a suceder, ainda quando simuladas sob a forma de contrato oneroso, ou feitas mediante interposta pessoa.

Desnecessária e redundante a inserção das duas categorias de pessoas no *in fine* do artigo sob comento, pois, se não podem ser nomeadas herdeiras, nem legatárias e são atingidas de nulidade, como dispõe o artigo 1.802, é evidente que também não podem ser favorecidas por disposição testamentária.

Art. 1.901. Valerá a disposição:
I – em favor de pessoa incerta que deva ser determinada por terceiro, dentre duas ou mais pessoas mencionadas pelo testador, ou pertencentes a uma família, ou a um corpo coletivo, ou a um estabelecimento por ele designado;
II – em remuneração de serviços prestados ao testador, por ocasião da moléstia de que faleceu, ainda que fique ao arbítrio do herdeiro ou de outrem determinar o valor do legado.

Direito anterior – Art. 1.668 do Código Civil de 1916.

Art. 1.668. Valerá, porém, a disposição:

I – em favor de pessoa incerta que deva ser determinada por terceiro, dentre duas ou mais pessoas mencionadas pelo testador, ou pertencentes a uma família, ou a um corpo coletivo, ou a um estabelecimento por ele designado;

II – em remuneração de serviços prestados ao testador por ocasião da moléstia de que faleceu, ainda que fique ao arbítrio do herdeiro, ou de outrem, determinar o valor do legado.

Direito comparado – No Código Civil português (arts. 2.182, n°s 1 e 2, e 2.195).[894]

COMENTÁRIO

Quando examinamos as características do testamento afirmamos ser um ato personalíssimo e que, por isso mesmo, inadmite a entrega do ato ao arbítrio de outrem e a impossibilidade de realização do ato por meio de representante ou procurador.

Ou seja, quando se fala em ato personalíssimo o legislador concretiza os três aspectos fundamentais em que a nota da pessoalidade do atos se reflete: a) a escolha do sucessor; b) a fixação do objeto do chamamento sucessório e c) a determinação do cumprimento da disposição.

---

[894] *"Art. 2.182 (Carácter pessoal do testamento).*
1. O testamento é acto pessoal insusceptível de ser feito por meio de representante ou de ficar dependente do arbítrio de outrem, quer pelo que toca à instituição de herdeiros ou nomeção de legatários, quer pelo que respeita ao objecto da herança ou do legado, quer pelo que pertence ao cumprimento ou não cumprimento das suas disposições.
2. O testador pode, todavia, cometer a terceiro:
a) A repartição da herança ou do legado, quando institua ou nomeie uma generalidade de pessoas;
b) A nomeação do legatário entre pessoas por aquele determinadas."
"Art. 2.195 (Excepções).
A nulidade estabelecida no artigo anterior não abrange:
a) Os legados remuneratórios de serviços recebidos pelo doente;
b) As disposições a favor das pessoas designadas no n° 3 do artigo 2.192."

É a regra geral que sempre direcionou a matéria testamentária.

Nesse sentido – a disposição lapidar do Código Civil alemão: *"der Erblasser ein Testament nur persönlich errichten"* (O testador não pode escrever um testamento sem pessoa).

Mas a exceção segundo a qual o testador pode validamente cometer a terceiro a repartição da herança ou do legado, quando institua ou nomeie uma generalidade de pessoas, já havia sido aceita, em caráter excepcional, pelo Código Civil austríaco, que, no artigo 651, assim dispõe: *"O testador pode delegar a seu herdeiro ou a um terceiro a repartição de um legado feito a toda uma classe de pessoas, como, por exemplo: aos parentes, aos domésticos e aos pobres. Em caso de indeterminação é o herdeiro que se ocupa da repartição."*

É essa disposição austríaca que serviu de modelo ao anterior artigo 1.740 do Código Civil português de 1867, que, por sua vez, foi retomada, na atual Codificação portuguesa, no artigo 2.182. São as fontes mediatas do nosso artigo 1.668, atual artigo 1.901.

O artigo 1.901 aplica-se tanto aos herdeiros quanto aos legatários, embora parte da doutrina sustente só ser possível a aplicação da regra legal no caso da instituição de legatários.

Sem razão a doutrina dissidente. A um, porque o dispositivo não estabelece qualquer distinção entre herdeiros e legatários, referindo-se, de forma genérica, à determinação "por terceiro". A dois, porque o parâmetro do Código Civil austríaco prevê especificamente a atuação do herdeiro. Logo, a disposição é válida para ambas as categorias. E, ainda, o argumento colacionado por Maximiliano: "Como a lei brasileira não distingue entre herdeiro e legatário, aplica-se a regra, assim, tanto a este como àquele."[895]

---

[895] MAXIMILIANO, Carlos. Obra citada, vol. II, p. 70.

A aparente perplexidade gerada pela leitura do artigo sob comento decorre do porquê de o testador delegar a escolha a um terceiro, quando ele próprio pode (e deve) se manifestar sobre o cometimento do bem ao herdeiro ou legatário.

As razões podem ser as mais variadas e, certamente, dependendo de considerações de ordem subjetiva, podem tomar os mais distintos rumos e versões. Uma coisa é, porém, certa: a pessoa instituída é indicada no testamento, cabendo ao terceiro, apenas, o arbítrio, a escolha criteriosa entre as pessoas determinadas.

E o terceiro, sem nenhuma restrição, já que a lei não criou nenhum limite pessoal à categoria, pode ser o herdeiro. Nada impede que ao próprio herdeiro seja delegada a incumbência de fazer a escolha. Até, com mais razão, já que, sendo pessoa próxima do testador, em melhores condições se encontra de fazer a determinação pressupondo-se que melhor conhece a intenção do testador.

Se, porém, o terceiro, que for designado, não quiser, por qualquer razão, fazer a escolha, a quem competirá a determinação? Pelo juiz, responde parte da doutrina, entendendo que há, mesmo, previsão nesse sentido no próprio corpo do Código Civil, como é o caso dos artigos 1.929 e 1.930.[896]

É argumento plausível, mas que encontra oposição no próprio sistema do Código Civil, não se podendo ampliar a função de árbitro, ao magistrado, que é excepcional e, pois, restrita aos casos taxativamente enumerados na lei.

---

896 *"Art. 1.929. Se o legado consiste em coisa determinada pelo gênero, ao herdeiro tocará escolhê-la, guardando o meio-termo entre as congêneres da melhor e pior qualidade."*
"Art. 1.930. O estabelecido no artigo antecedente será observado, quando a escolha for deixada a arbítrio de terceiro; e, se este não a quiser ou não a puder exercer, ao juiz competirá fazê-la, guardado o disposto na última parte do artigo antecedente."

E a sempre procedente doutrina ponteana: "A função, no caso do art. 1.698 (atual 1.930), é de juízo *objetivo*, em que só se apreciam qualidades, *pelo meio-termo*, ao passo que, no caso do art. 1.668, I (atual 1.901, I), o encarregado merece a confiança afetiva, vai proceder a juízo *subjetivo*, como intérprete que é, da vontade do defunto. Não cabe buscar ao art. 1.698 a norma *iuri singularis*, que ele contém e é só sua."[897]

O direito alemão adota a seguinte solução: os beneficiados transformam-se em credores solidários. No caso de dúvida, porém, o que recebe não é obrigado a partilhar (§ 1.151, alíneas 3 e 4).

Não é a melhor solução, bastando considerar que, se a lei refere-se à pessoa incerta, que deve ser determinada pelo terceiro, não há que se falar em solidariedade e, muito menos, em credores solidários. Uma só pessoa será beneficiada e não um conjunto.

Também a solução preconizada por Pontes, no sentido de que aquele que primeiro pediu recebe, pois a lei, em momento algum, sugeriu qualquer ordem de preferência no pedido.

A melhor solução ainda é de encontrar-se o terceiro que cumpra a vontade do testador e, na inocorrência de terceiro, ou de herdeiro, competirá ao testamenteiro o cometimento do bem, através da determinação.

Feita a escolha, competirá ao terceiro comunicá-la, por meio de petição ao juiz, para que mande notificá-la ao gravado.

Além das duas ou mais pessoas mencionadas pelo testador, a lei ainda se refere a pessoas *"pertencentes a uma família"*, ou *"a um corpo coletivo"*, ou *"a um estabelecimento por ele designado"*.[898]

---

897 PONTES DE MIRANDA, F. C. Obra citada, vol. 57, p. 39.
898 "*TESTAMENTO – Nulidades alegadas – Pretendidas inobservâncias de formalidades essenciais e insanidade mental do testador. TESTAMENTO PÚBLICO – Quebra de unidade do*

No caso de pessoa pertencente a uma família, é válida a disposição que assim dispuser: "Lego o prédio **X** a um dos filhos de meu amigo **Y**, que o meu irmão **Z** eleger". O terceiro intervém para completar a disposição.

Quanto ao corpo coletivo ou estabelecimento por ele designado, é igualmente válida a disposição assim redigida: "Lego o prédio **X** à irmandade da cidade de Curitiba, que meu irmão indicar." Vale ressaltar que, para a disposição viger, é fundamental que já existisse ao tempo da abertura da sucessão.

ato, lavaratura deste fora das vistas do testador em sala contígua e segundo notas apanhadas pelo tabelião, ausência temporária das testemunhas instrumentárias, não mencionadas no preâmbulo da escritura e obrigadas a guardarem segredo profissional – Ação improcedente – Aplicação dos arts. 1.632, n^{os} I e II, e 1.635 do Código Civil. TESTEMUNHAS – Pessoa obrigada a guardar segredo profissional – Médicos chamados para assistir à lavratura de testamento e pessoa doente – Intervenção não proibida e até recomendável. LEGADO – Haveres existentes em firma de que faz parte o testador – Montante da quantia legada à disposição ou arbítrio do outro sócio, mandatário geral do testador e marido da legatária – Nulidade à vista do disposto no art. 1.667, nº IV, do Código Civil. LEGATÁRIO – Pessoa relativamente indeterminada – Obras pias e instituições de caridade do Estado – Designação à escolha do testamenteiro – Deixa considerada válida – Aplicação dos arts. 1.668 e 1.669 do Código Civil.

A incapacidade mental do testador não pode ser deduzida através de estudos de sua saúde física, embora precária, para se contrapor ao testemunho de médicos que assistiram ao ato e atestaram a integridade mental do disponente. Para que se verifique a unidade do ato não é necessário que as testemunhas tenham assistido à lavratura do testamento, de momento a momento, ininterruptamente, bastando que estejam presentes os tempos de solenidades indispensáveis, como a de manifestação da vontade, a sua comunicação direta ao tabelião, leitura, aprovação e assinatura do instrumento. A ausência temporária das testemunhas durante a escrita do testamento não interrompe o ato, porque a sua presença só é exigida, pela lei, para que vejam, ouçam, compreendam ao testador, certificando-se de que a escritura encerra a vontade manifestada. Pessoa obrigada a guardar segredo profissional não está impedida de servir de testemunha instrumentária de ato cuja validade pode ser sustentada em juízo sem quebra do dever de guardar silêncio, como seja a referência à sanidade mental do testador. É nulo o legado cujo montante, por se referir a haveres do disponente em firma de que é sócio único e gerente o testamenteiro, mandatário geral do testador e marido da legatária, ficou ao arbítrio de terceiro, interessado direto na deixa, material e potencialmente capaz de alterá-la como bem entendesse. Não se considera legado feito a pessoa incerta, cuja determinação tenha ficado a cargo de terceiro, o que é feito a obras pias e instituições de caridade do Estado, à escolha do testamenteiro" (RT, 149: 153-154).

Finalmente, o dispositivo em questão se refere à remuneração de serviços prestados ao testador, por ocasião da moléstia de que faleceu, ainda que fique a arbítrio do herdeiro, ou de outrem, determinar o valor do legado.

A lei é clara: só valerá a disposição quanto aos serviços prestados por ocasião da moléstia de que faleceu o testador. Nem poderia ser outra a interpretação em razão mesmo dos motivos que justificam a disposição: se o testador se curar da moléstia última que o vitimou, não há razão para não poder ele mesmo fixar a remuneração dos serviços daqueles que o apoiaram durante a doença.

O pressuposto do texto legal é inquestionável: que a moléstia seja a causa da morte do testador, ou que perdurasse por essa ocasião, de modo a obstar-lhe poder calcular o valor dos serviços.

Art. 1.902. A disposição geral em favor dos pobres, dos estabelecimentos particulares de caridade, ou dos de assistência pública, entender-se-á relativa aos pobres do lugar do domicílio do testador ao tempo de sua morte, ou dos estabelecimentos aí sitos, salvo se manifestamente constar que tinha em mente beneficiar os de outra localidade.

Parágrafo único. Nos casos deste artigo, as instituições particulares preferirão sempre às públicas.

Direito anterior – Art. 1.669 do Código Civil de 1916.

Art. 1.669. A disposição geral em favor dos pobres, dos estabelecimentos particulares de caridade, ou de assistência pública, entender-se-á relativa aos pobres do lugar do domicílio do testador ao tempo de sua morte, ou dos estabelecimentos aí sitos, salvo se manifestamente constar que tinha em mente beneficiar os de outra localidade.

Parágrafo único. Nestes casos, as instituições particulares preferirão sempre às públicas.

Direito comparado – No Código Civil argentino (art. 3.722) e no Código Civil uruguaio (arts. 836 e 838).

COMENTÁRIO

A origem da regra jurídica remonta à Igreja. Segundo Pontes de Miranda: "Deve-se à Igreja ainda maior respeito da vontade última do que o que nos sugeriu o direito romano. *Ultima voluntas, modis omnibus conservari debet.* Assumindo a defesa dos miseráveis e dos frágeis, sustentou a Igreja que lhe pertencia *multo magis defensionem et executionem voluntatis defunctorum, qui penitus sunt destituti defensoribus.* Daí proteger-lhes a vontade última. Por outro lado, amparava as deixas *ad pias causas.* Quer facilitando a validade formal, quer abrandando o rigor da indelegabilidade à vontade última."[899]

É condição essencial para a validade do testamento a determinação da pessoa beneficiada. Entretanto, o direito, em atenção à necessidade de dar eficácia aos movimentos de beneficência, permite que os estabelecimentos de caridade, ainda quando não personificados, possam recolher a herança destinada em testamento. Logo, o artigo materializa uma exceção à regra geral (a pessoa beneficiada deve ser determinada ou, ao menos, possível a sua determinação), optando por garantir a validade do testamento, apesar da indeterminação dos beneficiados, em prol dos mais carentes.

Os pobres, embora pessoas indeterminadas, podem ser favorecidos por disposição testamentária e a lei assegura a validade da deixa. A indeterminação é relativa e, pois, não prejudica a liberalidade.

---

899 PONTES DE MIRANDA, F. C. Obra citada, vol. 57, p. 42.

É relativa, na medida em que o benefício é havido como sendo em favor dos pobres do lugar do domicílio do testador ao tempo de sua morte, ou dos estabelecimentos aí sitos. Há, portanto, certeza quanto à pessoa beneficiada pelo testamento. E quando o legislador refere-se ao domicílio do testador "ao tempo de sua morte" está a se reportar ao último domicílio, não sendo aplicável ao caso o artigo 73.

E no caso de testador com duplo domicílio (art. 71)?

Pontes de Miranda entende que "domicílio será qualquer deles. A solução melhor será chamarem-se à herança ou legado os beneficiados de todos os domicílios (...) Claro que, se um dos domicílios for o do lugar da execução do testamento, devem ser preferidos os pobres ou estabelecimentos deste lugar".[900]

Divergindo de Pontes entende Carvalho Santos que "se a lei manda que se entenda a disposição como relativa aos pobres do lugar do domicílio do testador, se muitos domicílios ele tinha, não há razão para que não se cumpra a lei, dividindo-se o legado entre os pobres dos diversos domicílios do referido testador. Pois todos eles são, em realidade, beneficiados. A preferência do domicílio da execução do testamento é arbitrária, contrariando a presumida vontade do testador, por isso que, sabendo que tinha diversos domicílios, deveria saber que os pobres de todos eles seriam beneficiados. O mesmo digamos quanto aos estabelecimentos particulares de caridade, ou de assistência pública".[901]

Questão derradeira que merece reflexão é a de se saber, se a disposição sendo feita aos pobres de um determinado asilo, como dever-se-á entender o benefício; feito a favor dos próprios indivíduos asilados ou em favor do asilo? A resposta dependerá diretamente da expressão

---

900 PONTES DE MIRANDA, F. C. Obra citada, vol. 57, p. 45.
901 CARVALHO SANTOS, J. M. *Código Civil Brasileiro Interpretado*, vol. 23, p. 301.

empregada pelo testador; assim, se ele dispuser *"em favor dos pobres do asilo X"*, não há dúvida que a intenção do disponente é favorecer, individualmente, os asilados de um determinado estabelecimento de caridade ou de assistência pública. Se, ao contrário, a disposição for *"em favor do estabelecimento X"*, claro está que a intenção do testador é de favorecer a entidade, de forma que a disposição propicia uma renda direta ao asilo e, indiretamente, está favorecendo todos os asilados. Ainda é possível que o testador disponha simultaneamente a ambos, asilados e asilo.

Como derradeira observação sobre o artigo 1.902 vale a ressalva do estranho conteúdo do parágrafo único. Ali se estabelece uma ordem de preferência das instituições particulares em relação às públicas. Considerando, porém, que na realidade nacional as instituições públicas são as que mais necessitam de aporte financeiro, por se encontrarem quase sempre em dificuldade, fica difícil aceitar a ordem de preferência ali estampada. Talvez o ideal seria exatamente se dispor exatamente o contrário: *"Nos casos deste artigo, as instituições públicas preferirão sempre às particulares."*

Art. 1.903. O erro na designação da pessoa do herdeiro, do legatário, ou da coisa legada anula a disposição, salvo se, pelo contexto do testamento, por outros documentos, ou por fatos inequívocos, se puder identificar a pessoa ou coisa a que o testador queria referir-se.

Direito anterior – Art. 1.670 do Código Civil de 1916.
Art. 1.670. O erro na designação da pessoa do herdeiro, do legatário, ou da coisa legada anula a disposição, salvo se, pelo contexto do testamento, por outros documentos, ou por fatos inequívocos, se puder identificar a pessoa ou coisa, a que o testador queria referir-se.

Direito comparado – No Código Civil português (art. 2.203).[902]

COMENTÁRIO

O testamento, conforme já examinamos, deve ser isento, para ter validade, de todo e qualquer vício de consentimento. Logo, a ocorrência de erro, sendo substancial, anula o ato, nos termos do artigo 138.[903] Não é o que dispõe o artigo sob comento. O erro aqui designado refere-se, de forma cantonada, à designação da pessoa ou coisa.[904] Na realidade, o artigo reproduz, no terreno sucessório, a disposição particular do artigo 142 (*"O erro de indicação da pessoa ou da coisa, a que se referir a declaração de vontade, não viciará o negócio, quando, por seu contexto e pelas circunstâncias, se puder identificar a coisa ou pessoa cogitada"*).

Assim o erro sempre anula a disposição, desde que seja substancial. Não o sendo e, pois, aproximando-se do equívoco, poderá deixar de ser causa de anulação do ato, se for possível identificar a pessoa ou coisa, a que o testador queira referir-se.

Reveste-se de substancialidade quando o testador não apenas se equivoca, mas erra sobre a qualidade, ou sobre a própria pessoa. Da

---

902   "*Art. 2.203 (Erro na indicação da pessoa ou dos bens)*
      Se o testador tiver indicado erroneamente a pessoa do herdeiro ou do legatário, ou dos bens que são objecto da disposição, mas da interpretação do testamento for possível concluir a que pessoa ou bens ele pretendia referir-se, a disposição vale relativamente a esta pessoa ou a estes bens."
903   "*Art. 138. São anuláveis os negócios jurídicos, quando as declarações de vontade emanarem de erro substancial que poderia ser percebido por pessoa de diligência normal, em face das circunstâncias do negócio.*"
904   "*LEGADO – Deixa a favor de instituição de caridade – Falta de personalidade jurídica da beneficiária – Circunstância que não a impede de recolher o benefício – Apelação não provida – Inteligência e aplicação dos arts. 1.666 e 1.670 do Código Civil. Os estabelecimentos de caridade, ainda quando não sejam pessoa jurídica, podem recolher herança ou legado*" (*RT*, 272: 211).

mesma forma, quanto à coisa legada, o erro importa em nulidade, quando for impossível a retificação, ou quando, pelo contexto do testamento, se verifica que o testador não legaria tal coisa se soubesse a exata natureza dela.

O que o legislador resgata, num primeiro momento, é que o mero equívoco não é causa de nulidade, desde que possa ser desfeito, não só pelo próprio contexto do testamento, mas também por outros documentos, ou por fatos inequívocos.

Contrariando a regra geral, segundo a qual a vontade real do testador deve ser procurada no testamento, o disposto no artigo 1.903 admite, ainda uma vez, o recurso à prova complementar, como subsídio à determinação da última vontade lavrada pelo disponente.

Na mesma linha do legislador italiano (art. 625),[905] que não só abarca o erro sobre a pessoa do legatário como o relativo à pessoa do herdeiro, o legislador pátrio admite, para a superação do erro, o recurso às outras cláusulas do testamento e também à prova exterior ou complementar.

A redação atual do artigo 2.203 do Código Civil português (antigo artigo 1.837), ao referir-se à *"interpretação do testamento"*, tem a grande vantagem , dizem Pires de Lima e Antunes Varela, "de não deixar margem para duas dúvidas que, de outro modo, poderiam ser levantadas pelo julgador. A primeira é a de ficar bem certo que, na pesquisa da vontade real do testador acerca da pessoa do sucessor ou dos bens objecto da disposição, o julgador pode e terá normalmente de recorrer

---

905 *"Art. 625. Se la persona dell'erede o del legatario è stata erroneamente indicta, al disposizione ha effeto, quando dal contesto del testamento o altrimenti risulta in modo non equivoco quale persona il testatore vleva nominare.*
La disposizione ha effeto anche quando la cosa che forma oggetto della disposizione è stata erroneamente indicata o descritta, ma è certo a quale cosa il testatore intendeva riferirsi."

à prova complementar, isto é, aos subsídios fornecidos por elementos exteriores à declaração de última vontade lavrada pelo disponente".[906]

É a posição inequívoca assumida pelo legislador nacional ao referir-se, expressamente, ao *"contexto do testamento, por outros documentos, ou por fatos inequívocos"*, ou seja, embora socorrendo-se de detalhamento exaustivo de diversos recursos exteriores, a lei está, sinteticamente, referindo-se à inequívoca prova complementar.

A segunda, continuam a doutrinar os civilistas portugueses, "é a de que a intenção real do testador acerca da pessoa chamada ou dos bens legados, para valer efectivamente, na execução do testamento, apesar do erro por ele cometido, necessita de encontrar um mínimo de correspondência, '*ainda que imperfeitamente expresso*', no texto do testamento, a que alude o nº 2 do artigo 2.187".[907]

E que encontra eco no dispositivo brasileiro quando dispõe especificamente sobre o *"contexto do testamento"*.

É possível afirmar, parafraseando a proposta do dispositivo português,[908] que três foram os pensamentos fundamentais que o legislador pretendeu exprimir nesse preceito

O primeiro, decorrente do princípio de que *"nas disposições testamentárias só fala o testador e não fala mais ninguém"*, reforça a ideia de que as expectativas do leitor nada interessam porque o único elemento que neste caso interessa à atividade do intérprete é a descoberta da vontade real do declarante, encontrável no *"contexto do testamento"*, ou em elementos exteriores ao testamento (*"outros documentos, ou os fatos inequívocos"*).

---

906 PIRES DE LIMA e ANTUNES VARELA. Obra citada, p. 333.
907 PIRES DE LIMA e ANTUNES VARELA. *Idem, ibidem.*
908 PIRES DE LIMA e ANTUNES VARELA. *Idem,* p. 332.

O segundo pensamento, contido na exigência de que o equívoco do testador só não anula a disposição quando puder mostrar-se claramente qual era a real intenção do testador, destaca o caráter formal do testamento.

O terceiro intento do legislador foi o de ressaltar dois tipos de situações mais importantes (equívoco do testador a respeito da *pessoa* do legatário ou do *objeto* legado), que com maior frequência levantam na prática questões de interpretação dos testamentos.

A possibilidade de identificar a pessoa ou a coisa, por conseguinte, salva a disposição, não ficando a mesma prejudicada pelo equívoco do testador ao designá-la.

"A lei brasileira fez mal em reformular a regra jurídica da anulabilidade por erro. Deveria entrar logo na de permissão da prova do equívoco. Esse era o problema técnico, que lhe cabia; e não o outro, já resolvido. Como está parece que pode haver casos em que o erro substancial não opere o efeito anulatório. E não é verdade: o equívoco só não opera quando não houve erro sobre a pessoa ou a coisa, quando o testador só se equivocou quanto à designação, e não quanto à pessoa ou à coisa.

Assim, o testador legou o prédio ao seu criado Antônio, e documentos provam que o criado não se chama Antônio, mas José. Não houve erro sobre a pessoa, mas equívoco de designação, ou, na espécie, designação imprópria. Mas, se legou ao criado Antônio, 'que serviu, dedicadamente, à minha filha, em Petrópolis', e houve erro, porque o criado, que ele mandou, lá não chegou, entrando noutra casa, – há erro. Não é de designação. Se lá está José, que ele não sabia – não foi contemplado."[909]

---

909 PONTES DE MIRANDA, F. C. Obra citada, p. 59.

Art. 1.904. Se o testamento nomear dois ou mais herdeiros sem discriminar a parte de cada um, partilhar-se-á por igual, entre todos, a porção disponível do testador.

Direito anterior – Art. 1.671 do Código Civil de 1916.
Art. 1.671. Se o testamento nomear dois ou mais herdeiros, sem discriminar a parte de cada um, partilhar-se-á por igual, entre todos, a porção disponível do testador.

Direito comparado – No direito argentino (art. 3.721) e no direito uruguaio (art. 885).

COMENTÁRIO

A origem do dispositivo remonta ao direito romano, que assim dispunha sobre a matéria: *"Heredes iuris successores sunt, et, si plures instituantur, dividi inter eos a testatore ius oportet; quod si non fiat, omnes aequaliter heredes sunt"* (D. 28, 5, fr. 9, § 12).

O testador pode nomear só um herdeiro, ou vários. E tanto a este quanto àqueles pode deixar a universalidade ou uma cota de seus bens. Se nomeia vários, pode entre eles distribuir a totalidade ou uma cota dos seus bens, em partes iguais ou desiguais. E quando não faz a designação da parte de cada um é que presume a lei terem sido todos herdeiros instituídos em partes iguais.[910]

---

[910] *"SUCESSÃO – Interpretação de testamento – Bem atribuído a diversos legatários sem especificação da parte de cada um – Aplicação do art. 1.671 do Código Civil. Podem ser gravados em testamento as quotas de uma sociedade por quotas. A vontade do testador, fazendo-as inalienáveis e impenhoráveis, deve ser respeitada tão-somente para impedir que os quotistas alienem as quotas a eles atribuídas, não podendo comprometer a finalidade jurídica e econômica da sociedade. A limitação do direito do quotista não restringe as relações da sociedade, nem afeta o patrimônio social. O princípio do art. 1.671 do Código Civil sobre a igualdade dos legados, quando o testador não discrimina a parte de cada legatário, se aplica também quando o legado a diversos legatários se refere a determinado bem, sem discriminação do valor de cada legado"* (*RT*, 99: 233).

O preceito é pois, dispositivo e nada tem de interpretativo. Se, porém, existe qualquer indício de vontade do testador, a presunção da divisão igual cede espaço à vontade do disponente, sempre soberana, conforme vem se afirmando.

A regra é invariável: tendo ocorrido nomeação de vários herdeiros, sem discriminação da parte de cada um, importa em igualdade na deixa testamentária.

Art. 1.905. Se o testador nomear certos herdeiros individualmente e outros coletivamente, a herança será dividida em tantas quotas quantos forem os indivíduos e os grupos designados.

Direito anterior – Art. 1.672 do Código Civil de 1916.
Art. 1.672. Se o testador nomear certos herdeiros individualmente, e outros coletivamente, a herança será dividida em tantas cotas quantos forem os indivíduos e os grupos designados.
Direito comparado – No Código Civil português (art. 2.227).[911]

COMENTÁRIO

O artigo sob comento estabelece uma regra de interpretação da vontade do testador na instituição coletiva, visualizando nessa forma de vocação conjunta, ao lado da individual, a clara intenção do testador de equiparar todos os herdeiros nomeados coletivamente a cada um dos herdeiros individualmente indicados. Ou seja, a cota que couber aos

---

911 *"Art. 2.227 (Designação individual e colectiva dos sucessores).*
Se o testador designar certos sucessores individualmente e outros colectivamente, são estes havidos por individualmente designados."

herdeiros instituídos coletivamente deverá ser dividida entre eles, em partes iguais.

Assim, se o testador instituir como herdeiros seus irmãos, Mário e Paulo, e os filhos de um terceiro irmão, João, a herança será dividida em três partes; uma delas tocará a Mário, a outra, a Paulo e a terceira se subdividirá, em partes iguais, aos filhos de João. Esse é o escopo perseguido pelo artigo 1.905.

Não é, porém, o entendimento da legislação portuguesa que adota solução diversa, considerando como havidos por individualmente nomeados os que o foram coletivamente. Reportando-se ao artigo 1.797 do anterior Código Civil português de 1867, e que serviu de parâmetro ao vigente artigo 2.227, doutrinam Pires de Lima e Antunes Varela que aquele artigo "determinava, de facto, com meridiana clareza, que se o testador nomear certos herdeiros *individualmente* e outros *colectivamente* (e, por ex., disser instituo por meus herdeiros Pedro e Paulo e os filhos de Francisco) serão havidos por individualmente nomeados os que o foram colectivamente".[912]

Sobre a matéria, no direito português, assim doutrinou Ascensão: "Em hipóteses desta ordem, poderia entender-se que, a todos os que fossem designados colectivamente, caberia uma parte idêntica à que caberia a cada um dos designados individualmente. Se os filhos de Francisco fossem dois, poderia entender-se que Pedro e Paulo teriam um terço, e os filhos de Francisco um sexto cada. Como poderia entender-se (sobretudo nas hipóteses em que se designa certa pessoa e seus filhos) que a instituição era sucessiva, de modo que os filhos só seriam chamados quando o pai falecesse, em posição pelo menos análoga à do

---

[912] PIRES DE LIMA e ANTUNES VARELA. Obra citada, p. 361.

fideicomissário. A lei veio afastar estes entendimentos. A regra interpretativa vai no sentido do chamamento individual e simultâneo".[913]

Art. 1.906. Se forem determinadas as quotas de cada herdeiro, e não absorverem toda a herança, o remanescente pertencerá aos herdeiros legítimos, segundo a ordem de vocação hereditária.

Direito anterior – Art. 1.673 do Código Civil de 1916.
Art. 1.673. Se forem determinadas as quotas de cada herdeiro, e não absorverem toda a herança, o remanescente pertencerá aos herdeiros legítimos, segundo a ordem de sucessão hereditária.

Direito comparado – Sem previsão legal nos Códigos Civis francês e português. Igualmente sem correspondência no direito argentino e no direito uruguaio.

COMENTÁRIO

O dispositivo legal reafirma a regra dominante no direito pátrio, segundo a qual a sucessão legítima prefere à testamentária; prevalece sempre que esta falha ou é deficiente.

A regra pressupõe tenha o testador determinado a cota de cada um dos herdeiros nomeados. Entretanto, se vários forem os herdeiros instituídos para uma cota determinada, deverá ela ser distribuída em partes iguais a cada um deles. E, no caso de as cotas não absorverem toda a herança, o remanescente é devolvido aos herdeiros legítimos, recompondo a legítima e distribuindo-se segundo a preferência estabelecida na ordem da sucessão hereditária.

---

913 ASCENSÃO, J. de O. Obra citada, p. 313.

O dispositivo é ocioso e, igualmente, redundante, uma vez que o artigo 1.788 já se referira à hipótese ao dispor que transmite-se a herança aos herdeiros legítimos, *"quanto aos bens que não forem compreendidos no testamento"*. Esta a ideia dominante no direito sucessório brasileiro: tudo que não for absorvido pelo testamento retorna a recompor a legítima.

Ao mandar incorporar o remanescente aos herdeiros legítimos, o Código procura resgatar a intenção do testador que, se outra fosse, seria devidamente materializando o próprio testamento.

Art. 1.907. Se forem determinados os quinhões de uns e não os de outros herdeiros, distribuir-se-á por igual a estes últimos o que restar, depois de completas as porções hereditárias dos primeiros.

Direito anterior – Art. 1.674 do Código Civil de 1916.
Art. 1.674. Se forem determinados os quinhões de uns e não os de outros herdeiros, quinhoar-se-á, distribuidamente, por igual, a estes últimos o que restar, depois de completas as porções hereditárias dos primeiros.

Direito comparado – Sem previsão legal nos Códigos Civis francês e português. Igualmente sem correspondência no direito argentino e no direito uruguaio.

COMENTÁRIO

Ainda uma vez o legislador procura determinar e interpretar a intenção do testador. Assim, se a determinados herdeiros designou quinhões e a outros não, deduz-se que a sua intenção foi deixar aos últimos o remanescente. E, resgatando os princípios que norteiam o sistema sucessório brasileiro, a regra do artigo 1.904 passa a incidir sobre a espécie, isto é, entre os últimos se distribuirá a parte residuária, *quantum residuum mansit*.

A hipótese prevista pelo texto legal é diversa da anterior: aqui o testador nomeia herdeiros diversos, a uns determinando cotas ou quinhões, enquanto para outros não determina as cotas. As cotas determinadas serão, primeiramente, atendidas, não podendo ser desfalcadas sob pretexto de haver outros herdeiros instituídos, sem cota determinada. A presunção legal é a de que a instituição destes últimos é para o que sobrar, sem prejuízo dos legados de coisa certa ou quantia certa. Se nada sobra, os herdeiros instituídos sem cota determinada nada podem reclamar, porque a sua expectativa jurídica era, *ab initio*, residual.

Como bem apreciou Carvalho Santos, "se o Código manda completar, em primeiro lugar, as porções hereditárias determinadas, para que depois se reparta, entre os herdeiros instituídos sem quinhões determinados, o que restar, claro que não havendo resto, nada há a repartir".[914]

Art. 1.908. Dispondo o testador que não caiba ao herdeiro instituído certo e determinado objeto, dentre os da herança, tocará ele aos herdeiros legítimos.

Direito anterior – Art. 1.675 do Código Civil brasileiro.
Art. 1.675. Dispondo o testador que não caiba ao herdeiro instituído certo e determinado objeto, dentre os da herança, tocará ele aos herdeiros legítimos.

Direito comparado – Sem previsão legal nos Códigos Civis francês e português. Igualmente, sem correspondência no direito argentino e no direito uruguaio.

---

914 CARVALHO SANTOS, J. M. Obra citada, p. 316.

COMENTÁRIO

O artigo prevê a hipótese da *excepta re certa* que o Código procura solucionar. O testador institui determinado ou determinados herdeiros, mas esclarece que não quer que a ele ou a eles caiba certo e determinado objeto, dentre os da herança. Em sendo bem remanescente, incide a regra do artigo 1.906, isto é, o bem pertencerá aos herdeiros legítimos, segundo a ordem de vocação hereditária.

Trata-se de um preceito *dispositivo*, e não *interpretativo,* à regra jurídica. Não estando claro a quem vai, pertence aos herdeiros legítimos.

Em algumas hipóteses, porém, não terá ele aplicação, o que se verificará sempre que o testador tiver manifestado vontade em contrário: a) "se o testador diz a quem deve ir: 'ao legatário **A**'; b) no caso de reservar para ulterior deliberação testamentária a designação de quem deve ficar com a *certa res* e não ter usado da ressalva, porque, então, a presunção é valer como está, e não tem de ir ao herdeiro legítimo."[915]

Art. 1.909. São anuláveis as disposições testamentárias inquinadas de erro, dolo ou coação.

Parágrafo único. Extingue-se em quatro anos o direito de anular a disposição, contados de quando o interessado tiver conhecimento do vício.

Direito anterior – Sem disposição correspondente no Código Civil de 1916.

Direito comparado – No Código Civil português (art. 2.201).[916]

---

[915] PONTES DE MIRANDA, F. C. Obra citada, p. 80.
[916] *"Art. 2.201 (Erro, dolo e coacção).*
É também anulável a disposição testamentária determinada por erro, dolo ou coacção."

COMENTÁRIO

O artigo em questão, que fixa o regime aplicável à disposição testamentária determinada por erro, dolo ou coação, encontra no Código Civil português (artigo 2.201) a sua mais direta fonte de inspiração. Já tinha previsão legal na Codificação portuguesa de 1867 (artigo 1.748) e igual previsão no Código Civil italiano (art. 624)[917] e no Código Civil espanhol.[918]

O anterior dispositivo do Código português – art. 1.748 – prescrevia a *nulidade* do testamento conseguido por violência, ou captado por dolo ou fraude, ao passo que o atual artigo 2.201 adota a solução mais branda da simples anulabilidade. É esta, igualmente, a tendência seguida pelo Código Civil brasileiro que seguiu a orientação da Codificação portuguesa, quando se refere à anulabilidade das disposições testamentárias inquinadas de erro, dolo ou coação.

Por outro lado, o artigo 1.748 – abrangia apenas o testamento extorquido por violência ou captado por dolo ou fraude, enquanto o artigo 2.201, agora, refere-se também ao erro.

Quanto ao erro, o legislador pátrio seguiu a orientação já manifestada na Parte Geral, ao tratar dos "Defeitos dos negócios jurídicos", especificamente no artigo 138 (*"São anuláveis os negócios jurídicos, quando as declarações de vontade emanarem de erro substancial que*

---

917 "*Art.624. Violenza, dolo, errore. La disposizione testamentaria può essere impugnata da chiunque via abbia interesse quando è l'effetto di errore, di violenza o di dolo.*
L'errore sul motivo, sia esso di fatto o di diritto, à causa di annullamento della disposizione testamentaria, quando il motivo risulta dal testamento ed è il solo che há determinato il testatore a disporre.
L'azione si prescrive in cinque anni dal giono in cui si à avuta notizia della violenza, del dolo o dell'errore."

918 "*Art. 673. Será nullo el testamento otorgado con violencia, dolo o fraude.*"

poderia ser percebido por pessoa de diligência normal, em face das circunstâncias do negócio").

"O erro que influi na manifestação de vontade", assevera Pontes, "nem sempre invalida a disposição testamentária. O que a fere, sempre, é o erro que influi na determinação do querer".[919] No primeiro caso – erro que influi na manifestação de vontade – se é possível restaurar a vontade do testador, cabe ao intérprete fazê-lo. O que importa, conforme, víramos, é a vontade real do testador; pode errar na linguagem e nos efeitos jurídicos, mas será cumprido o que ele quis. "Desde que se possa revelar o querer do disponente, tudo se recompõe e observa. A vontade do testador é o que mais deve merecer: nela está o principal objeto da pesquisa."[920]

Se o erro, porém, influiu na determinação do querer criando óbice a qualquer propósito de se reconstruir o pensamento do testador, então a disposição testamentária se considera nula e não simplesmente anulável por erro.

O exemplo de Pontes é sugestivo: "Se o testador, erradamente, lega a **B** a casa da rua Áurea, crendo que foi **B** quem o salvou do mar, ou que conheceu em Poços de Caldas, *errou* propriamente: não é a expressão da vontade, mas o conteúdo dela que falhou."[921]

Se o erro recai no objeto, por exemplo, "se o testador tem filhos e, sabendo ter tirado a sorte grande, lega valor de prêmio a um afilhado e deixa aos filhos a sua fortuna, mas foi falsa a notícia do bilhete de loteria, ainda que o legado não diga ser do prêmio, se houve erro quanto ao objeto, é anulável a disposição de última vontade".[922]

---

919 PONTES DE MIRANDA, F. C. Obra citada, vol. 56, p. 139.
920 PONTES DE MIRANDA, F. C. *Idem*, p. 142.
921 PONTES DE MIRANDA, F. C. *Idem, ibidem*.
922 PONTES DE MIRANDA, F. C. *Idem*, p. 140.

Questionou-se se pode determinar a anulabilidade da disposição testamentária o erro essencial de direito, máxime sobre a causa. A doutrina tradicional afirmava não ter cogitado o Código Civil do erro de direito, porque só o erro de fato influiria na eficácia da vontade: "O erro de direito poderá referir-se à capacidade do agente, à proibição do ato, ou à sua forma: não à essência mesma dele, ao seu conteúdo."[923]

É a postura correta, conclui Pontes de Miranda: "Se o erro referiu-se à capacidade do agente, o ato é nulo (art. 166) e não anulável por erro. Se proibido o ato também há nulidade (art. 166, VII). Se o erro consiste em violação da forma prescrita em lei, quando a lei exija a observância do que estabeleceu, ou tenha por essencial a validade de algum requisito (art. 166, IV, V) há nulidade e não anulabilidade por erro."

Assim como os negócios jurídicos são anuláveis por dolo, quando esse foi a sua causa (art. 145) também há anulabilidade no terreno da sucessão testamentária. Se a manifestação livre da vontade é da essência da disposição testamentária, qualquer elemento que a viciar implica anulação daquela vontade em decorrência da representação errônea das circunstâncias que lhe determinam a vontade, ou pelo induzimento em erro.

Para que o dolo vicie a disposição de última vontade, é preciso: "a) que haja intenção de induzir o testador a testar, a deixar em herança ou em legado ou em *modus* a beneficiar, em suma, ou deixar de beneficiar alguém; b) que os artifícios fraudulentos sejam graves: o direito não pode pretender a pureza da vida, a perfeita correção moral das relações humanas; c) que seja a causa da declaração da vontade.

---

[923] BEVILACQUA, Clovis. *Código Civil comentado*, vol. I, p. 354.

No dolo há intuito de prejudicar: ou pelo fazer herdeiro, alguém em vez de outrem; ou pelo deserdar; ou pela insinuação de disposições que sejam nulas. Exige-se vontade direta, não de prejudicar, como querem alguns, mas *dos efeitos jurídicos*. O que se faz passar por sobrinho, para ser beneficiado, não tem direito de lesar alguém se o testador não tem herdeiros necessários, nem cogita de alguém para ser instituído herdeiro, ou legatário. Mas o dolo existe."[924]

O dolo não se presume; precisa ser provado, servindo para as provas todos os meios que a lei admite, inclusive as presunções.

Finalmente refere-se o novo dispositivo, que não encontra similitude no texto do Código Civil de 1916, à coação. Quer o dolo ou a coação provenham do beneficiário da disposição testamentária, quer de pessoa estranha, bastará que a disposição tenha sido captada por dolo ou extorquida por coação para provocar a sua anulabilidade.

A coação, dispõe o artigo 151 do Código Civil, para viciar a declaração da vontade, "*há de ser tal que incuta ao paciente fundado temor de dano iminente e considerável à sua pessoa, à sua família, ou aos seus bens*", iminente e igual, pelo menos, ao receável do ato extorquido. É a *fuerza* do Código Civil argentino e do chileno, a *violence* do *Code Civil*, a *violenza* do Código Civil italiano, a *Drohung* (ameaça) do alemão, a *gegründete Furcht* (fundado temor) do Código Civil suíço.

Para que a coação faça anulável o testamento, ou a disposição, é preciso: "a) que seja a causa determinante do ato ou verba testamentária; b) que seja justificado o temor, – ameaças, que não podiam intimidar, não bastam; c) que o temor seja de dano, referente à pessoa do paciente, à família dele, ou aos seus bens. Não seria suficiente poder

---

924 PONTES DE MIRANDA, F. C. *Idem*, p. 147.

ligar-se a disposição à violência, remota, ou, se contemporânea do ato, não inquinável de ser-lhe a causa. Exemplo: se o testador, antes dela, havia pensado dispor, ou fizera esboço, ou iniciara o testamento tal como foi feito."925

Há meios materiais e morais de coagir. Qualquer uma das formas tem o condão de tornar anulável a disposição de última vontade. "A coação pode ter sido exercida pelo interessado (herdeiro, legatário, beneficiado), ou por outrem. A ação coatora pode ser com ameaça direta (males físicos, lei, execução de títulos), ou velada (a do médio que põe em quarentena, para não poder dispor, o paciente). A coação pode consistir em ameaça, dano ao próprio coator que tenta suicidar-se (por exemplo). Trata-se, em verdade, aí, de coação exercida sobre os sentimentos afetivos do paciente. Tudo o que exerce pressão no querer pode constituir coação, no sentido da lei, e torna anulável o ato."926

A forma ampla em que o artigo 1.909 se refere à anulabilidade da disposição testamentária determinada por erro, dolo ou coação, aliada ao caráter unilateral da disposição testamentária, leva o observador a acreditar que a lei aceita a tese da anulabilidade das disposições testamentárias que tenham sido essencialmente determinadas por qualquer vício da vontade do testador, independentemente da verificação de qualquer dos requisitos que condicionam a sua relevância na área dos negócios entre vivos.

O parágrafo único dispõe sobre a extinção – em quatro anos – do direito de anular a disposição em que houve ocorrência de vício, contados da data em que o interessado tiver conhecimento do vício. Cinco anos (*L'azione si prescrive in cinque anni...*) reza o dispositivo italia-

---

925   PONTES DE MIRANDA, F. C. *Idem*, p. 152.
926   PONTES DE MIRANDA, F. C. *Idem*, p. 158.

no, do dia em que tomou conhecimento da violência, do dolo ou do erro (... *dal giorno in cui si à avuta notizia della violenza, del dolo o dell'errore*).

Art. 1.910. A ineficácia de uma disposição testamentária importa a das outras que, sem aquela, não teriam sido determinadas pelo testador.

Direito anterior – Sem disposição correspondente no Código Civil de 1916.

Direito comparado – Sem correspondência na legislação francesa e portuguesa. No direito argentino (omisso) e no direito uruguaio (omisso).

COMENTÁRIO

O princípio que domina a matéria sucessória é o de que a ineficácia de uma disposição testamentária não prejudica o testamento inteiro, na medida em que se procura resgatar a vontade do testador no contexto do testamento. Ou seja, resgata-se, salva-se a parte válida, se esta for separável, sem comprometimento do todo, conforme se deduz do disposto no art. 184 do Código Civil (*"Respeitada a intenção das partes, a invalidade parcial de um negócio jurídico não o prejudicará na parte válida, se esta for separável;..."*). O legislador resgatou aqui o brocardo *utile per inutile non vitiatur.*

Porém, diz o novo texto legal, se ocorre ineficácia de uma disposição testamentária, a mesma repercute nas outras que, sem aquele, não teriam sido determinadas pelo testador. Isto é, o dispositivo estabelece uma relação de dependência entre as disposições testamentárias. A ineficácia de uma atinge a validade da outra.

Art. 1.911. A cláusula de inalienabilidade, imposta aos bens por ato de liberalidade, implica impenhorabilidade e incomunicabilidade.

Parágrafo único. No caso de desapropriação de bens clausulados, ou de sua alienação, por conveniência econômica do donatário ou do herdeiro, mediante autorização judicial, o produto da venda converter-se-á em outros bens, sobre os quais incidirão as restrições apostas aos primeiros.

Direito anterior – Art. 1.676 do Código Civil de 1916.

Art. 1.676. A cláusula de inalienabilidade temporária, ou vitalícia, imposta aos bens pelos testadores ou doadores, não poderá, em caso algum, salvo os de expropriação por necessidade ou utilidade pública, e de execução por dívidas provenientes de impostos relativos aos respectivos imóveis, ser invalidada ou dispensada por atos judiciais de qualquer espécie, sob pena de nulidade.

Direito comparado – Sem previsão legal nos Códigos Civis francês e português. E, igualmente, sem correspondência no direito argentino e no direito uruguaio.

COMENTÁRIO

O artigo 1.911 reproduz (e resgata, no ambiente da sucessão testamentária) a hipótese de clausulação da legítima (art. 1.848) através da inalienabilidade, implicando impenhorabilidade e incomunicabilidade.

Em assim sendo, os comentários que lá fizemos aplicam-se à hipótese sob comento, guardadas as devidas diferenças entre as duas sucessões. O artigo 1.848, conforme vimos, não extinguiu a possibilidade de clausulação; manteve-a, apenas restringindo-a à existência da *justa causa*. Por isso, no comentário àquele artigo, afirmamos que não houve a evolução esperada em instituto que, de há muito, aguardava corajosa supressão.[927]

Um dos elementos constitutivos do direito de propriedade é exatamente a faculdade de alienar. Ora, a inalienabilidade é contrária à natureza da propriedade porque gera a indisponibilidade do bem que não mais pode ser alienado nem a título oneroso, nem a título gratuito. Na realidade, o bem ingressa na categoria de bens fora do comércio. Com efeito, estando o bem gravado de inalienabilidade, fica o herdeiro impedido de vender, doar, permutar ou doar em pagamento. É a paralisação integral do bem que, no caso em tela, acarreta também a impenhorabilidade e a incomunicabilidade.[928]

---

[927] A respeito da controvertida matéria, examinar os artigos de: Eugenio Carlos Callioli, "Cláusulas restritivas: inalienabilidade, impenhorabilidade e incomunicabilidade", *RT*, 627: 69-82; Martha Heloisa Winkler da Costa e Silva Vianna, "Das cláusulas restritivas de inalienabilidade, impenhorabilidade e incomunicabilidade", *RT*, 660: 70-82; Marcio Medeiros Furtado, "Extinção da cláusula de inalienabiliade em se tratando de desapropriação de bens móveis – arts. 1.676 e 1.677 do CC", *RT*, 718:29-32.

[928] "*TESTAMENTO – Cláusulas de inalienabilidade, impenhorabilidade e incomunicabilidade – Pretendido cancelamento – Falta de especificação das condições da primeira constrição – Irrelevância – Alegações de perda da função social da propriedade e de revogação do art. 1.676 do CC – Improcedência – Testamento válido – Inteligência dos arts. 1.676 e 1.723 do CC.*
Improcede pedido de cancelamento de cláusulas de inalienabilidade, impenhorabilidade e incomunicabilidade impostas em testamento válido e por quem estava em condições de legar sob o fundamento de que não foram declinadas as condições da primeira restrição.
A locução "estabelecer-lhes condições", contida no art. 1.723 do CC, não significa que o testador seja obrigado a justificar os motivos de sua determinação. As condições referidas pelo Código são as de inalienabilidade temporária ou vitalícia, significando situação jurídica imposta aos bens, não podendo ser consideradas como interdição dos herdeiros, que continuam em pleno gozo de sua capacidade civil.
Os gravames legais não impedem que a função social da propriedade, imposta pela Constituição Federal e leis posteriores ao Código Civil, seja exercida, eis que inexiste conflito entre aquelas disposições e as normas desta codificação, a qual, por sua vez, não exclui a legítima da incidência daquelas restrições" *RT*, 597: 212. Ver, ainda: *RT*, 578: 110; *RT, RT,* 549: 180; *RF,* 321: 190; *RT,* 539: 167; *RT,* 614: 156; *RF,* 766: 235; *RF,* 284: 263; *RF,* 102: 79; *Jurisp. Bras.* nº 95: 242-243.

Por isso, quando tratamos da clausulação da legítima (art. 1.848), referimo-nos ao efeito dominó decorrente da clausulação que vai, aos saltos, paralisando o bem até a sua mais absoluta estaticidade.

Aqui, em manifesta manutenção do princípio ainda dominante em matéria de sucessão legítima, admite-se a clausulação imposta pelos testadores ou doadores, ficando excluídos os contratos onerosos dentre as causas geradoras de inalienabilidade. Os pactos de retrovenda e de preferência adjetos à venda não geram inalienabilidade.

A inalienabilidade pode ser temporária ou vitalícia, dispunha o artigo 1.676 do Código Civil de 1916. O atual dispositivo silenciou sobre a duração da inalienabilidade, sem, porém, restringir a ocorrência de ambas as hipóteses. "Se a cláusula de inalienabilidade não se refere à duração, é de entender-se vitalícia", já afirmara Pontes de Miranda.[929] E, na mesma linha do disposto no artigo 1.848, estende o efeito da inalienabilidade à impenhorabilidade e à incomunicabilidade. Mantém-se, assim, o mesmo rigorismo na clausulação prevista à legítima.

A inserção da hipótese – além de todas as críticas que já fizéramos em relação à clausulação da legítima – causa espécie porque não encontra nem legitimidade histórica a sustentar sua permanente presença no direito sucessório brasileiro. No direito romano, a inserção de tal cláusula era sem eficácia jurídica. "Quando se dizia a quem passaria o direito, e se acrescentava que a si se proibia a alienação, em verdade havia cláusula supérflua, porque não se pode dispor do que tem de ir a outrem."[930]

Da inalienabilidade resulta, necessariamente, a nulidade da alienação. Mas, como já ressaltara Pontes, a "cláusula de inalienabilidade

---

929 PONTES DE MIRANDA, F. C. Obra citada, vol. 57, p. 84.
930 PONTES DE MIRANDA, F. C. Obra citada, vol. 57, p. 85.

não cria obstáculo absoluto à função circulatória da propriedade. Certamente, seria nociva a inalienabilidade em qualquer circunstância e sem limite de tempo; não, porém, a que não afasta a apreciação de necessidade acima daquela que é a *ratio legis* do princípio vedativo".[931]

Com efeito, a própria lei abre exceção à sanção da inalienabilidade quando, no parágrafo único, se refere à desapropriação e à sub-rogação (*"produto da venda..."*) autorizadas pelo juiz.[932] A primeira exceção é determinada pelo interesse público, e a segunda atende à conveniência daquele que possui o bem clausulado. Por isso – e com razão – Pontes afirma que, mesmo a inalienabilidade vitalícia, "temporária é", já que encontra limite no próprio texto legal.

Na mesma linha do rigorismo já apontado em matéria de clausulação da legítima, na sucessão testamentária o legislador controla as exceções apontadas, limitando o *"produto da venda"* ou a indenização da desapropriação, quer quanto à alienação por conveniência econômica do donatário, quer em relação à desapropriação, à conversão em outros bens, *"sobre os quais incidirão as restrições apostas aos primeiros"*.

A posição do legislador mantém-se, pois, inflexível; em uma ou outra hipótese, o resultado da alienação é convertido em outro bem, com as restrições (inalienabilidade, impenhorabilidade e incomunicabilidade) apostas aos primeiros.

Assim, o *preço* recebido pela indenização, ou pela venda, é inalienável, desde logo, afirma Pontes. "A praxe é designar o juiz da clausulação a pessoa que deva receber e depositar, se se trata de pedido de sub-rogação, ou mandar depositar-se o preço antes de se efetuar a

---

931 PONTES DE MIRANDA, F. C. *Idem*, vol. 56, p. 307.
932 Relativamente ao cancelamento das cláusulas restritivas examinar: *RT*, 565: 57: *RT*, 650: 168; *RT*, 781: 216; *RT*, 581: 188; *RT*, 724: 417; *RT*, 614: 165; *RT*, 637:\161; *RT*, 541: 79.

desapropriação, para que a converta e grave, ou já se haver decidido a conversão e gravame antes do ato de translação. Cumpre, porém, notar que o preço, depositado, ou não, é *inalienável,* desde logo, porque o era o *valor.*"[933]

Em outras palavras: se o bem é desapropriado, cumpre receber o preço, que substitui o bem, e a sub-rogação entre eles será perfeita.

No caso de alienação, por conveniência econômica do donatário ou do herdeiro, mediante autorização judicial, o produto da venda também é atingido pelas restrições apostas ao bem originariamente clausulado. A cláusula que onerava o bem primitivo passa a onerar os adquiridos em substituição; e nisto, precisamente, consiste a sub-rogação permitida do ônus ou gravame consignado no testamento ou doação.

Na opinião de Maximiliano, "a única hipótese relativamente defensável de sub-rogação autorizada é a de se acharem em ruína os bens, não haver quem os arrende obrigando-se a repará-los, e não ter o herdeiro ou legatário meios para custear as obras necessárias".[934]

Mas, como já ressaltara Carvalho Santos,[935] tal posição importa "em restringir por demais, e infundadamente, o conceito de necessidade indeclinável e da conveniência real (na lei, "conveniência econômica"). A noção de "conveniência" é subjetiva e, certamente, pode revestir as mais variadas hipóteses, que não se limitam ao *numerus clausus* arrolado por Carlos Maximiliano.

---

933 PONTES DE MIRANDA, F. C. *Idem*, p. 86.
934 MAXIMILIANO, C. *Obra citada*, pp. 164-165.
935 CARVALHO SANTOS, J. M. *Obra citada*, vol. 23, p. 324.

CAPÍTULO VII
Dos Legados

Seção I
Disposições Gerais

Art. 1.912. É ineficaz o legado de coisa certa que não pertença ao testador no momento da abertura da sucessão.

Direito anterior – Art. 1.678 do Código Civil de 1916.
Art. 1.678. É nulo o legado de coisa alheia. Mas, se a coisa legada, não pertencendo ao testador, quando testou, se houver depois tornado sua, por qualquer título, terá efeito a disposição, como se sua fosse a coisa, ao tempo em que ele fez o testamento.

Direito comparado – No Código Civil francês (art. 1.021)[936] e no Código Civil português (art. 2.251).[937]
No direito argentino (art. 3.752) e no direito uruguaio (art. 908).

---

936 "Art. 1.021. Lorsque le testateur aura légué la chose d'autrui, le legs sera nul, soit que le testateur ait connu ou non qu'elle ne lui appartenait pas."
937 "Art. 2.251 (Legado de coisa pertencente ao onerado ou a terceiro).
1. É nulo o legado de coisa pertencente ao sucessor onerado com o encargo ou a terceiro, salvo se do testamento se depreender que o testador sabia que não lhe pertencia a coisa legada.
2. Neste último caso, o sucessor que tenha aceitado a disposição feita em seu benefício é obrigado a adquirir a coisa e a transmiti-la ao legatário ou a proporcionar-lhe por outro modo a sua aquisição, ou, não sendo isso possível, a pagar-lhe o valor dela; e é igualmente obrigado a transmitir-lhe a coisa, se ela lhe pertencer.
3. Se a coisa legada, que não pertencia ao testador no momento da feitura do testamento, se tiver depois tornado sua por qualquer título, tem efeito a disposição relativa a ela, como se ao tempo do testamento pertencesse ao testador.
4. Se o legado recair sobre coisa de algum dos co-herdeiros, são os outros obrigados a satisfazer-lhe, em dinheiro ou em bens da herança, a parte que lhes toca no valor dela, proporcionalmente aos seus quinhões hereditários, salvo diversa declaração do testador."

Leitura complementar:
ANDRADE, Manuel A. D. "Sobre o legado de coisa alheia no direito português e no direito brasileiro". *Sep. da Rev. de Leg. e Jur.* Coimbra, ano 89, n°s 3.092 e 3.093, 1957; AUDOUIN, N. E. *Des dispositions em faveur de personnes incertaines* (Thèse). Paris, 1890; BARRÈRE, J. *L´exhérédation. Le fondement du droit successoral français* (Thèse). Toulouse, 1949; COVIELLO, Nicola. *Corso completo del diritto delle successioni.* Napoli, 1914; DINIZ, Maria Helena. *Dicionário Jurídico.* São Paulo: Saraiva, 1998. Na citada obra ver os seguintes verbetes: verbete "prelegado", vol. 3, p. 690; verbete "legado puro e simples", vol. 3, p. 73; verbete "legado condicional", vol. 3, p. 71; verbete "legado a termo", vol. 3. p. 71; verbete "legado com encargo", vol. 3, p. 71; verbete " legado por certa causa", vol. 3. p. 73; verbete "legado de coisa alheia", vol. 3. p. 71; verbete "legado de coisa comum", vol. 3. p. 71, verbete "legado de coisa incerta", vol. 3, pp. 71-72; verbete "legado de coisa singularizada", vol. 3, p. 72; verbete "legado de universalidade", vol. 3. p. 73; verbete "legado de crédito", vol. 3. p. 72; verbete "legado de dívida", vol. 3. p. 72, verbete "legado de quitação de dívida", vol. 3. p. 73; verbete "legado de prestação periódica", vol. 3, p. 72, verbete "legado de alimentos", vol. 3, p. 73, verbete "legado de imóvel", vol. 3, p. 73; DUBARLE, R. *De la faculte d´élire dans les testaments français* (Thèse). Paris, 1908; FRANÇA, Rubens Limongi. "Legado". *In*: *Enciclopédia Saraiva do Direito*, vol. 48, pp. 150-151; GANGI. *Il legatti nel diritto civile italiano.* Roma, 1908; GIULIANI, Giuseppe. *Manuale delle sucessioni e delle donazzioni.* Milano: Giuffrè, 1980; GUIHO. P. "Les actes de disposition sur la chose d´autrui". *In*: *RTDCiv.*, n° 36, 1954; JEREZ, L. J. Gutierrez. *El legado de usufructo em el derecho civil comum.* Barcelona: Bosch, 1999; LAMBERT, E. *De l´éxhérédation et des legs faits au profit d´ héritiers présomptifs* (Thèse), 1895; LEGROS, P. *Du legs de la chose d´autrui* (Thèse). Rennes, 1933; LIMA, Domingos Sávio Brandão. "Legado de alimentos". *In: Enciclopédia Saraiva do Direito*, vol. 48, pp. 179-182; MONTEIRO, Gisele Aparecida. "Dos legados". *In*: Regina Ghiaroni (Coord.). *Direito das Sucessões.* Rio de Janeiro: Freitas Bastos, 2004, pp. 238-269; MUNIZ, M. C. Nuñez. *El legado de parte alícouta. Su regímen juridico.* Barcelona: Bosch, 2001; PEDRONI, Ana Lúcia. "Dos legados". *In*: FREITAS, Douglas Phillips (Coord.). *Curso de Direito das Sucessões.* Florianópolis: Vox Legem, 2007, pp. 215-228; PORTO, Sérgio Gilberto. *Doutrina e prática dos alimentos.* 3. ed., São Paulo: Revista dos Tribunais, 2003; SION. *Des charges*

secretes dans les dispositions de dernière volonté (Thèse). Paris, 1909; SOUM, H. *La transmission de la succession testamentaire* (Thèse). Toulouse: L. G. D. J, 1957; VIVÈS, H. *De la faculte d'élire dans l'Ancien droit et sous le Code Civil* (Thèse). Paris, 1908.

COMENTÁRIO

O legado, como a instituição de herdeiro, está sujeito a todos os princípios que se aplicam em geral às disposições de última vontade: requisito da pessoalidade das disposições, princípio da autonomia (cada liberalidade deve ser tratada como negócio jurídico diferente), sujeição aos requisitos gerais de validade dos atos jurídicos, entre outros.

O legado é negócio jurídico. É a disposição testamentária a título particular, destinada a conceder a alguém uma determinada vantagem econômica. Três são as pessoas que figuram no legado: o testador (legante), que precisa ter a capacidade de testar, o legatário, a quem o legado beneficia, e precisa ser capaz de herdar, e o onerado, a quem incumbe, seja o herdeiro testamentário, seja o legítimo, seja o testamenteiro, cumprir o legado. No direito romano, qualquer beneficiado podia ser o incumbido, inclusive o titular do pátrio poder cujo filho foi beneficiado.

Quando se fala em legado a primeira ideia que nos vem ao espírito é a de "liberalidade". Com efeito, é na concessão de uma vantagem que se afirma a noção de legado. Mas, como bem ressaltou Orlando Gomes, nem sempre o legado se esgota no ato de liberalidade. "Enxergam-nos alguns tratadistas, fiéis às fontes romanas, no cunho de *liberalidade,* que seria de sua essência. Tornou-se corrente a definição de Modestino: *"legatum est donatio testamento relicta."* O legado seria a atribuição patrimonial em favor do legatário, cujo patrimônio aumenta em consequência de respectiva diminuição no acervo hereditário. De regra, configura *ato de liberalidade*, mas nem sempre o é. Inadmissível considerar substancial ao conceito de legado esse caráter, porque pode ele constituir um ônus, ou ser absorvido por encargos a vantagem patrimonial. Ademais, falta, em alguns, a própria atribuição patrimonial. Destarte, posto continua a ser definido por muitos escritores como um ato de liberalidade *mortis causa*, o legado é mais do que isso, na variedade de suas figuras e finalidades."[938]

No direito romano havia dois tipos de legados: o legado *per vindicationem,* que atribuía ao legatário direito real sobre o objeto legado, de forma que o legatário tinha a *vindicação*, pela discriminação objetiva dos bens; e o legado *per damnationem*, pelo qual apenas se outorgava direito pessoal, com a condenabilidade do herdeiro a prestar o objeto legado.

Não importa a forma de chamamento empregada pelo testador no ato de liberalidade; se o testador chamou herdeiro ao legatário, ou legatário ao herdeiro. O que importa é o ato de liberalidade e a pessoa a quem se destina.

Toda a herança pode ser legada (se não há herdeiros necessários, conforme vimos) e então é herança sem herdeiros. Se houver herdeiros necessários (legítimos), o testador só pode dispor da sua quota disponível a favor dos legatários.[939]

---

938   GOMES, Orlando. Obra citada, p. 168.
939   Se o testador for casado pelo regime de comunhão universal de bens, não está impedido de fazer legado em sua parte disponível dos bens comuns. Assim já decidiu a jurisprudência: "*O art. 1.680 do Código Civil é inaplicável ao testador que assim procede, posto que na comunhão o casal não é proprietário das coisas individualizadas que a integram, mas do conjunto desses bens, tanto é patrimônio de um como de outro, pelo que não há falar em metade, ideal e aritmética, a constituir coisa alheia com relação a um dos componentes do casal. Assim sendo, o cônjuge testador lega o que tem de disponível no conjunto desses bens*" (TJ-MG, Ap. nº 4.451-1, Rel. Des. Bernardino Godinho, ac. 22.12.1992, *In:* Jurisprudência Mineira, 121:188).

A palavra "legado" está empregada, no Direito das Sucessões, em sentido estrito e próprio, que é o da declaração testamentária, que contém determinada disposição a título particular. Por isso, Bevilacqua sempre insistiu em considerar legado "a disposição a título particular".[940]

Diz-se, em geral, que é legado tudo que se deixa por testamento, se não é herdeiro o beneficiado.

Relativamente ao legado de coisa alheia, a que se refere o artigo 1.912 do Código Civil, duas soluções dividem o direito ocidental: a romana, em que está presente a concepção religiosa-política do herdeiro romano, que mais continua a pessoa que sucede nos bens (seguida pelo direito português), e a dominante no Código Civil francês (art. 1.021), à qual se filiou o direito brasileiro, e onde se tratou a questão à luz de critério econômico-jurídico.

Na sistemática romana cabe perquirir se a coisa legada é propriedade de terceiro, distinguindo aquele direito o caso de sabê-lo, e o de não sabê-lo, o disponente. Se o sabia, o onerado era obrigado a adquiri-la do terceiro; se não o sabia, o legatário somente podia reclamar a posse que está com o onerado.

"Ao direito romano não repugnava o legado de coisa alheia, porque levava às últimas consequências a ideia de representação da pessoa falecida, pelo herdeiro, sobre quem muitas vezes se atiravam pesadíssimas obrigações. Uma delas podia ser a de obter a coisa alheia legada, para entregá-la ao legatário."[941]

A regra do artigo 1.021 do *Code Civil* é uma verdadeira "regra-bomba",[942] que explode no direito testamentário, como dura aplicação de princípio fundamental: *só se pode legar o que é seu.*

---

940 BEVILACQUA, C. *Direito das Sucessões*, p. 354.
941 BEVILACQUA, C. *Código Civil dos Estados Unidos do Brasil*, vol. II, p. 875.
942 A expressão é de Pontes Miranda, obra citada, vol. 57, p. 152.

Diante da dificuldade, por vezes insuperável, de se determinar se o testador conhecia ou ignorava a falta do seu direito de propriedade, o legislador optou por fórmula objetiva. Cortou-se rente a questão e o legado passou a ser nulo ("... *le legs sera nul...*") ainda quando nenhuma dúvida houvesse quanto à ciência do testador.

O velho Código Civil português (art. 1.801) inverteu a solução romana e o resultado foi de consequências assaz graves (basta considerar o detalhamento a que se viu compelido o legislador português no atual artigo 2.251). A leitura do artigo deixa clara a posição da questão no direito sucessório português: se o testador ignorava, quis beneficiar, e por isso se procura o bem legado; se sabia, irrisoriamente dispôs. É evidente a falta de razão de tal regra jurídica.

O legislador brasileiro (de 1916) não seguiu o sistema francês (uma vez que a segunda parte do art. 1.678 faz ressalva não prevista na lei francesa). A ressalva encontra correspondência no Código Civil alemão (§ 2.169). Na realidade, o sistema adotado pelo Código Civil brasileiro é um sistema híbrido.[943]

O novo Código Civil, evitando o equívoco da nulidade (nulo, disse a lei, e não é isso que deveria dizer), refere-se à *ineficácia* e, sem se perder no detalhamento das hipóteses previstas no antigo artigo 1.678, refere-se exclusivamente à ineficácia do legado de coisa certa que não pertença ao testador no momento da abertura da sucessão.

A ineficácia, pois, independe, hoje, de ter havido ou não o conhecimento pelo testador, porque se afastou, com isso, a dificuldade de se verificar se sabia, ou se não sabia, que o bem não lhe pertencia.

---

943   Ver: *RT*, 366: 149; *RT*, 545: 191; *RT*, 177: 220; *RT*, 382: 126; *RT*, 207: 172; *RT*, 126: 137; *RT*, 294: 241; *RT*, 307: 394; *RT*, 131: 326; *RF*, 198: 137; *RF*, 87: 723; *RF*, 181: 188; *RF*, 147: 234; *RT*, 209: 144.

Para que se aplique o artigo 1.912, ou seja, para que seja *ineficaz* o legado, doutrina Pontes, é preciso:

"a) que o testador nenhum direito tenha sobre a coisa legada. Se ele tem qualquer direito, inclusive a posse e os direitos que são situações jurídicas dependentes de condições ou termos, é eficaz o legado;

b) que o legado seja de coisa determinada. Se o testador legou quantidade de coisas determinadas *in genere* (mobiliário, enxoval, uma casa etc.), não há sucessão em nenhum objeto designado, que seja de outrem, mas de um, dentre muitos, que o onerado pode adquirir para o legatário; e

c) que o legado tenha por objeto a transferência da propriedade. Se é o usufruto da coisa de outrem, só se deve entender que foi incumbido o onerado de obter, para o herdeiro, o usufruto da coisa de outrem, ou de outro, que valha o mesmo."

O novo Código Civil brasileiro, através da fórmula concisa e objetiva empregada, se aproximou mais da fórmula francesa do artigo 1.021 e declarou ineficaz o legado de coisa certa que não pertença ao testador no momento da abertura da sucessão.[944]

Art. 1.913. Se o testador ordenar que o herdeiro ou legatário entregue coisa de sua propriedade a outrem, não o cumprindo ele, entender-se-á que renunciou à herança ou ao legado.

Direito anterior – Art. 1.679 do Código Civil de 1916.

Art. 1.679. Se o testador ordenar que o herdeiro, ou legatário, entregue coisa de sua propriedade a outrem, não o cumprindo ele, entender-se-á que renunciou a herança, ou o legado (art. 1.704).

Direito comparado – No código Civil português (art. 2.251) já citado.

---

944 *"Venda do bem legado em vida. Anulação de testamento. Venda do único bem antes da morte do testador. Caducidade do legado* (STF, 2ª T., RE 61503-CE, Rel. Min. Themistocles Cavalcanti, j. 17.9.1968).

COMENTÁRIO

O legado previsto pelo artigo 1.913 corresponde a um encargo imposto pelo testador ao legatário. Quanto aos pressupostos do artigo sob comento, são eles os seguintes: "a) ser do herdeiro a coisa; b) sabê-lo o testador (= 'ordenar')."[945]

Quanto ao primeiro pressuposto, embora Pontes de Miranda restrinja a propriedade somente ao herdeiro, o dispositivo refere-se tanto ao herdeiro quanto ao legatário. Quanto ao segundo pressuposto, "sabê-lo", na ótica de Pontes, deve ser do conhecimento do testador, pois se ele "ordena" que o herdeiro ou legatário entregue a coisa de sua propriedade a outrem é porque sabe que a coisa não lhe pertence, mas sim ao herdeiro, ou legatário.

A hipótese do artigo coloca o herdeiro, ou legatário, em um dilema: ou aceita a herança, ou legado, entregando a coisa, nos termos ordenados pelo testador, ou conserva a coisa em sua propriedade, e nesse caso, implicitamente, renuncia à herança, ou ao legado. É uma opção que se abre ao herdeiro ou legatário, na qual a possibilidade de ficar com ambas as vantagens (a coisa + a herança ou o legado) é, desde logo, vedada pelo testador.

Trata-se de encargo, como afirmado inicialmente, porque a instituição do herdeiro ou legatário, quando o testador obriga-os a entregar a outrem coisa de sua propriedade, é feita sob encargo ou condição (de, ou, se entregar a sua coisa a outrem), sem cujo implemento não pode adquirir a herança ou legado.

---

945   PONTES DE MIRANDA. Obra citada, vol. 57, p. 168.

No revogado Código Civil português, estatuía, semelhantemente, o art. 1803 (atual art. 2.251): "Se o testador ordenar que o herdeiro ou legatário entregue a outrem coisa que pertença a qualquer deles, serão obrigados a cumprir o disposto pelo dito testador ou a entregar o valor da coisa, se não preferirem renunciar a herança ou o legado." Ou, como precisou Ascensão em análise ao artigo 2.251 do Código Civil português, se o testador lega coisa alheia sabendo que é alheia surge uma modalidade particular de atribuição à qual se aplicam regras distintas, consoante a coisa pertence a terceiro ou ao sucessível onerado com o encargo.

"Se pertence a terceiro, o sucessível onerado, uma vez aceite a disposição, é obrigado a adquirir a coisa e a transmiti-la ao legatário ou a proporcionar-lhe por outro modo a sua aquisição. Não sendo isso possível, deve pagar ao legatário o valor dela (art. 2.251, nº 2).

Se a coisa pertence ao próprio sucessível onerado e este aceitar a disposição é obrigado a entregá-la ao legatário (art. 2.251, nº 2). Sendo esse sucessível onerado um co-herdeiro, os outros são, todavia, obrigados a satisfazer-lhe a parte do valor da coisa que corresponderia aos quinhões hereditários (art. 2.251, nº 4)."[946]

No mesmo sentido o artigo 651 do Código Civil italiano.[947]

---

[946] ASCENSÃO, J. de O. Obra citada, pp. 319-320.
[947] *"Art. 651. Legato di cosa dell'onerato o di un terzo.*
Il legato di cosa dell'onerato o di un terzo è nullo, salvo che dal testamento o da altra dichiarizone scritta dal testatore risulti che questi sapeva che la cosa legata apparteneva all'onerato o al terzo. In quest'ultimo caso l'onerato è obbligato ad acquistare la proprietà della cosa dal terzo e a transferirla al legatario, ma è in sua facoltà di pagarne al legatario il giusto prezzo.
Se però la cosa legata, pur appartenendo ad altri al tempo del testamento, si trova in proprietà del testatore al momento della sua morte, il legato è valido."

Art. 1.914. Se tão-somente em parte a coisa legada pertencer ao testador, ou, no caso do artigo antecedente, ao herdeiro ou ao legatário, só quanto a essa parte valerá o legado."

Direito anterior – Art. 1.680 do Código Civil de 1916.
Art. 1.680. Se tão-somente em parte pertencer ao testador, ou, no caso do artigo antecedente, ao herdeiro, ou ao legatário, a coisa legada, só quanto a essa parte valerá o legado.
Direito comparado – No Código Civil português (art. 2.252).[948]

COMENTÁRIO

A regra geral, em matéria de legados, continua presente no artigo sob análise: a parte da coisa legada que não pertence ao testador, nem ao legatário, será de coisa alheia, e, pois, o legado é nulo.

Quanto à parte pertencente ao herdeiro, ou legatário, aplicar-se-á a regra do artigo 1.913 ("... *ou, no caso do artigo antecedente*"). Aqui, não importa indagar se o testador sabia ou ignorava a circunstância a que alude o texto. Mas, se da disposição resultar que a intenção do testador foi que o herdeiro, ou legatário, adquirisse o que faltasse da coisa legada, para completá-la, cumprir-se-á o legado.[949]

---

948 "*Art. 2.252 (Legado de coisa pertencente só em parte ao testador).*
1. Se o testador legar uma coisa que não lhe pertença por inteiro, o legado vale apenas em relação à parte que lhe pertencer, salvo se do testamento resultar que o testador sabia não lhe pertencer a totalidade da coisa, pois, nesse caso, observar-se-á, quanto ao restante, o preceituado no artigo anterior.
2. As regras do número anterior não prejudicam o disposto no artigo 1.685 quanto à deixa de coisa certa e determinada do patrimônio comum dos cônjuges."
949 "***TESTAMENTO** – Excesso de legado – Bens que integram a comunhão – Inteligência do art. 1.680 do CC – Ausência de nulidade processual – Intervenção do Ministério Público. Embora obrigatória a intervenção do Ministério Público em causas concernentes a disposições de última vontade, se o mesmo foi intimado para a audiência de instrução e julgamento, o seu não-comparecimento não é causa de nulidade do processo, especialmente se inexistiu reclamação de sua parte quanto a qualquer prejuízo à sua função, não competindo ao juiz exigir que*

O artigo 1.914 referiu-se à compropriedade, que corresponde à primeira hipótese do artigo sob comento: o testador lega a coisa em condomínio a qual só em parte lhe pertencia, o remanescente pertencendo a outro ou outros. Mas há uma segunda hipótese: o testador ordena que o herdeiro ou legatário entregue a outrem uma coisa, que só em parte a qualquer deles pertencia.

A solução às hipóteses é apontada pelo próprio Código Civil: "*Só quanto a essa parte valerá o legado.*" Nem precisava dizê-lo porque quanto ao mais seria legado de coisa alheia, que é ineficaz.

Vale, porém, distinguir: "Se o testador mostra saber que a coisa legada lhe pertence apenas em parte, e não obstante a lega por inteiro, o legado vale para o todo, ficando, por isso mesmo, o onerado obrigado a adquirir a parte pertencente a outrem, para entregá-la ao legatário, ou a entregar-lhe o justo preço. Do mesmo modo, válido por inteiro será o legado se a parte que não lhe pertencia, por ocasião da feitura do testamento, foi pelo testador adquirida posteriormente, fazendo parte do seu patrimônio por ocasião de seu falecimento."[950]

Se, entretanto, a parte que não pertence ao testador pertence ao herdeiro ou legatário, aplica-se, quanto a esta última, o artigo 1.913. Entende-se que o testador quis obrigar o herdeiro ou legatário a entregar a outrem a parte que lhe pertencia.

---

aquele órgão cumpra com o seu dever, não podendo arguir tal nulidade a parte que lhe deu causa. O testador que lega bem que caiba em sua parte disponível pratica ato não vedado por lei, porque a lei nada dispõe, no caso, além disso. O art. 1.680 do CC é inaplicável ao testador que assim procede, posto que na comunhão o casal não é proprietário das coisas individualizadas que a integram, mas do conjunto desses bens, tanto é patrimônio de um como de outro, pelo que não há falar em metade ideal ou aritmética, a constituir coisa alheia com relação a um dos componentes do casal. Assim sendo, o cônjuge testador lega no que tem de disponível no conjunto desses bens" (Wilson Bussada, Dir. Suc. Int. pelos Tribunais, vol. II, pp. 695). Ver, ainda: RF, 294:241.

950 CARVALHO SANTOS, J. M. Obra citada, vol. 23, p. 363.

Art. 1.915. Se o legado for de coisa que se determine pelo gênero, será o mesmo cumprido, ainda que tal coisa não exista entre os bens deixados pelo testador.

Direito anterior – Art. 1.681 do Código Civil de 1916.
Art. 1.681. Se o legado for de coisa móvel, que se determine pelo gênero, ou pela espécie, será cumprido, ainda que tal coisa não exista entre os bens deixados pelo testador.

Direito comparado – No Código Civil português (art. 2.253).[951]
No direito argentino (art. 3.756) e no direito uruguaio (art. 925).

COMENTÁRIO

Na mesma esteira do direito português, que substituiu o artigo 1.805 do Código Civil português, de 1867, pelo atual artigo 2.253, a nova redação do artigo 1.915 do Código Civil brasileiro alterou a redação do antigo artigo 1.681, em dois pontos fundamentais: em primeiro lugar, o antigo artigo 1.681 se referia apenas às coisas *móveis,* que se determinem pelo gênero, sem qualquer discriminação entre *móveis* e *imóveis,* enquanto o artigo 1.915 alude intencionalmente ao *"legado de coisa que se determine pelo gênero".* Ou seja, pela nova redação o dispositivo abrange tanto as coisas móveis quanto as imóveis.[952]

---

951 *"Art. 2.253 (Legado de coisa genérica).*
É válido o legado de coisa indeterminada de certo gênero, ainda que nenhuma coisa deste gênero se encontrasse no patrimônio do testador à data do testamento e nenhuma aí se encontre à data da sua morte, salvo se o testador fizer a declaração prevista no artigo seguinte."
952 *"MULHER CASADA – TESTAMENTO. Permite o nosso direito à mulher casada, independentemente de autorização do marido, fazer testamento ou disposição de última vontade. Deve ser cumprido o legado de coisa móvel que se determine pelo gênero ou pela espécie, ainda que tal coisa não exista entre os bens deixados pelo testador"* (*RF*, 147: 234). Ver, ainda: *RT*, 126: 137; *RT*, 131: 326.

Em segundo lugar, o artigo 1.681 do Código Civil de 1916 referia-se, indistintamente, a coisas determinadas "pelo *gênero,* ou pela *espécie*", quase como se gênero e espécie fossem categorias jurídicas da mesma ou próxima dimensão, ao passo que o atual artigo 1.915 menciona apenas a coisa que se determine pelo gênero.

Ora, dizem Pires de Lima e Antunes Varela em comentário ao atual artigo 2.253 do Código Civil português, em vigor, "a este propósito, todos sabem que, na linguagem jurídica, se usa a distinção entre *gênero* e *espécie* quando, dentro da mesma categoria de coisas (de cereais, por exemplo), se pretende separar o *conjunto* mais vasto de objetos (o trigo, o vinho, o milho, a lã, o linho, o algodão, o dinheiro – o gênero –, e os núcleos mais *restritos* ou *limitados*, caracterizados por certas qualidades importantes inexistentes nos demais núcleos, que são *espécies* distinguidas dentro do mesmo *gênero*".[953]

Dúvida, pois, não há que a redação do novo artigo 1.915 ganhou em precisão científica e melhor técnica legislativa. Não é, porém, a simples substituição da expressão usada no artigo 1.681 do Código de 1916 – *pelo gênero, ou pela espécie* – pela expressão empregada no atual artigo 1.915 do novo Código Civil – *coisa que se determine pelo gênero* – que resolve todas as dúvidas sobre a delimitação do campo de aplicação do preceito.

Nesse sentido, preciosa a transcrição da doutrina dos civilistas portugueses, referentemente aos artigos portugueses (antigo 1.805, em face do novo 2.253). As razões seriam as seguintes:

Primeiro , "porque as expressões *gênero* e *espécie* não constituem, nem na área do direito, nem fora dela, categorias *absolutas*, rigidamente demarcadas na sua dimensão. A expressão *vinho tinto*, por ex., cons-

---

[953] PIRES DE LIMA e ANTUNES VARELA. Obra citada, p. 404.

tituirá uma *espécie* do *gênero* vinho, mas representa ao mesmo tempo um *gênero*, perante as numerosíssimas *espécies* (*marcas* ou *colheitas*), que é possível distinguir dentro da categoria *vinho tinto*.

Depois, por não ser nessa classificação – como *genérica* ou *específica* – da coisa legada que reside a chave da distinção entre os legados de coisa genérica *válidos* e os legados de coisa genérica nulos, segundo os critérios destes artigos 2.253 e 2.254. De acordo com os critério destas normas, o que interessa, para tal efeito, é saber se, ao elaborar a disposição sobre a coisa (seja esta coisa *determinada*, seja coisa genérica) o testador declara ou não ter concretamente em vista *coisas existentes* no seu patrimônio a essa data".[954]

Assim, se o testador dispuser que deixa ao seu afilhado um cavalo (determinação pelo gênero), ou o seu cavalo "Corisco." No primeiro caso, mesmo que não se ache entre os bens do testador tal animal, cumprir-se-á o legado, cabendo ao testamenteiro ou herdeiro comprá-lo com os recursos do espólio,[955] para executar a disposição de última vontade, atendendo-se à regra do art. 244[956] do Código Civil, pela qual, ante o princípio de direito obrigacional, cabe a escolha ao devedor, isto é, ao herdeiro, se o contrário não resultar do testamento, que não poderá dar coisa pior, nem será obrigado a prestar a melhor. O mesmo dispositivo é encontrável no Código Civil francês, artigo 1.022.[957]

---

954 PIRES de LIMA e ANTUNES VARELA. *Idem*, p. 405
955 "*LEGADO – Apólices – Existência de menor número do que as referidas no testamento – Se é caso de rateio ou de compra de outros títulos em substituição dos que faltam – Aplicação dos arts. 1.681 e 1.682*, **in fine**, *do Código Civil. Desde que, ao testar, o testador tinha um número de apólices maior do que as quem foram encontradas ao falecer, os legados de apólices são feitos mediante rateio, não podendo, portanto, ser vendidos bens do espólio para com o produto serem adquiridas apólices a fim de completar as que faltam*" ("*RT*, 131: 326").
956 "*Art. 244. Nas coisas determinadas pelo gênero e pela quantidade, a escolha pertence ao devedor, se o contrário não resultar do título da obrigação; mas não poderá dar a coisa pior, nem será obrigado a prestar a melhor.*"
957 "*Art. 1.022. Lorsque le legs sera d'une chose indéterminée, l'héritier ne sera pas obligé de la donner de la meilleure qualité, et il ne pourra l'offrir de la plus mauvaise.*"

Se a escolha for deixada ao arbítrio de terceiro, este deverá guardar o meio-termo entre as congêneres de melhor e pior qualidade. E, se não quiser ou não puder fazer a escolha, o juiz deverá fazê-la, entregando objeto de valor médio (art. 1.930 do Código Civil).

Se, porém, a escolha for deixada ao legatário, este poderá optar, do gênero determinado, pela melhor coisa que houver na herança (art. 1.931 do Código Civil).

Na segunda hipótese, de não mais existir o cavalo "Corisco", no momento da abertura da sucessão, configurar-se-á caducidade do legado (art. 1.939, III, do Código Civil).

Art. 1.916. Se o testador legar coisa sua, singularizando-a, só terá eficácia o legado se, ao tempo do seu falecimento, ela se achava entre os bens da herança; se a coisa legada existir entre os bens do testador, mas em quantidade inferior à do legado, este será eficaz apenas quanto à existente.

Direito anterior – Art. 1.682 do Código Civil de 1916.
Art. 1.682. Se o testador legar coisa sua, singularizando-a, só valerá o legado se, ao tempo do seu falecimento, ela se achava entre os bens da herança. Se, porém, a coisa legada existir entre os bens do testador, mas em quantidade inferior à do legado, este só valerá quanto à existente.

Direito comparado – No Código Civil português (art. 2.254).[958]

---

958 "*Art. 2.254 (Legado de coisa não existente no espólio do testador).*
1. Se o testador legar coisa determinada, ou coisa indeterminada de certo gênero, com a declaração de que aquela coisa ou este gênero existe no seu patrimônio, mas se assim não suceder ao tempo da sua morte, é nulo o legado.
2. Se a coisa ou gênero mencionado na disposição se encontrar no patrimônio do testador ao tempo da sua morte, mas não na quantidade legada, haverá o legatário o que existir."

COMENTÁRIO

Deixando o testador um legado nestas condições, diz Bevilacqua, "declarando o objeto ou sequer a sua espécie, e dando a entender que deve ser tirado do espólio, e, no entanto, aí não se o encontra, o legado é ineficaz, ou somente eficaz na porção encontrada".[959]

Trata-se ainda, e sempre, da aplicação da regra maiormente desnecessária, segundo a qual ninguém pode dispor de mais do que tem. Na hipótese sob comento, o legado reduz-se ao existente e possível. Se o testador deixa 20 alqueires de terra e se só tem, efetivamente, 10 alqueires, nisto se constituirá o legado.

O pressuposto, aqui, é o de que o testador tenha legado coisa singularizada (bem determinado) que lhe pertencia ao tempo da feitura do testamento. Singularizada, diz a lei, ou seja, coisa que o testador distinguiu das demais imprimindo-lhe característica própria capaz de diferenciá-la das demais: lego meu cavalo manga-larga, preto, de sela, encontrável na fazenda *X*; ou lego meu anel de formatura, com tantas pedras preciosas, contendo, no interior, minha identificação, com meu nome etc.

Só terá eficácia o legado, diz a lei, se ao tempo do falecimento a coisa se achava entre os bens da herança. O preceito só vem confirmar disposição precedente, segundo a qual fica sem efeito o legado se o testador alienar ou transformar radicalmente a coisa legada. Pouco importa a causa da alienação do bem, ou a natureza do ato de disposição, em virtude do qual a coisa legada saiu do patrimônio do testador, nele não

---

959 BEVILACQUA, C. *Direito das Sucessões*, p. 357.

mais existindo por ocasião da morte do testador. Quer a título gratuito, quer a título oneroso, a alienação produzirá a ineficácia do legado.

Mas a segunda parte do dispositivo tempera o rigorismo inicial da regra ao prever a manutenção da vontade do testador, quanto ao remanescente da coisa ("... *se a coisa legada existir entre os bens do testador, mas em quantidade inferior à do legado, este será eficaz apenas quanto à existente*").

A *ratio* do dispositivo é óbvia: dispondo apenas de parte e conservando outra parte do bem legado, manifesta o testador a intenção inequívoca de que só na parte correspondente ao que alienou não quis que prevalecesse o legado. Ou seja, o beneficiário só receberá (o legado só terá eficácia) o restante da coisa legada. E, certamente, não poderá exigir que o herdeiro complete o que falta, nem tampouco este poderá, a qualquer pretexto, entregar-lhe menos do que na realidade existe.

Art. 1.917. O legado de coisa que deve encontrar-se em determinado lugar só terá eficácia se nele for achada, salvo se removida a título transitório.

Direito anterior – Art. 1.683 do Código Civil de 1916.
Art. 1.683. O legado de coisa, ou quantidade, que deva tirar-se de certo lugar, só valerá se nele for achada, e até à quantidade, que ali se achar.

Direito comparado – No Código Civil português (art. 2.255).[960]
No direito argentino (art. 3.760) e no direito uruguaio (art. 923).

---

960 "*Art. 2.255 (Legado de coisa existente em lugar determinado).*
O legado de coisa existente em lugar determinado só pode ter efeito até onde chegue a quantidade que aí se achar à data da abertura da sucessão, excepto se a coisa, habitualmente guardada nesse lugar, tiver sido de lá removida, no todo ou em parte, a título transitório."

COMENTÁRIO

O artigo se refere a legado de coisas que devem estar, habitual ou permanentemente, no lugar designado no testamento, porque assim o quer a natureza delas, ou o uso comum, ou o do testador, em particular.

A redação do novo artigo 1.917 está mais de acordo com a intenção do testador no legado de coisa que deva encontrar-se em determinado lugar. A parte final do artigo 1.683 do Código Civil de 1916, que se referia à quantidade *"que ali se achar"*, passa, agora, a ser substituída pela ideia de remoção a título provisório. Com efeito considerou-se no novo texto, à guisa do que ocorreu no artigo 2.255 do Código português, "possibilidade de serem retiradas, ocasional ou acidentalmente, do lugar que serve de ponto de referência ao legado deste tipo, coisas principais ou acessórias, que normalmente lá se encontravam, sem que a deslocação transitória delas tenha envolvido qualquer intenção, por parte do testador, de alterar o conteúdo da disposição".[961]

O que o dispositivo quer ressaltar é que a validade do legado não depende da situação material da coisa ao tempo da morte do testador; em outra palavras, se a coisa se encontrar ou não no lugar designado pelo testador, o legado continua vigendo. É este o entendimento pacificado da doutrina aceita universalmente.

O dispositivo estabelece uma presunção que deixa de vigorar em face da vontade do testador, manifestada de qualquer modo, ou diante da acidentalidade que, de forma alguma, poderá influir na validade do legado.

Nesse sentido, a doutrina elucidativa e precisa de Carvalho Santos, ao afirmar que, quando o testador ao referir-se a um certo lugar para

---

961 PIRES DE LIMA e ANTUNES VARELA. Obra citada, p. 407.

determinar o conteúdo do legado, "limita-se a fixar o montante da liberalidade que quer fazer, de acordo com os impulsos de seu espírito de liberalidade e a força de suas possibilidades. Ele, por conseguinte, pode não ter em vista senão um estado de coisas estável, constante, e nas condições passageiras ou acidentais; a liberalidade é, assim, certa em qualquer tempo, e, ao estipulá-la com precisão, pode o testador prever as variações a que está sujeita: de modo que, desde o dia em que testa, conhece aproximadamente o valor do seu legado. Em suma: a intenção do testador é legar a coisa ou o dinheiro que espera ter, e não o que tem em certo lugar. Por isso mesmo, o verdadeiro, o único critério que deve orientar a interpretação é a destinação permanente que o proprietário testador dá às suas coisas, a respeito do lugar certo determinando o conteúdo do legado".[962]

Assim, por exemplo: se o testador legou toda *a mobília da casa de campo* a uma afilhada e tendo falecido precisamente na altura em que, por virtude do casamento de uma outra afilhada, ele autorizou a saída transitória dessa casa de campo de algumas peças mais valiosas de seu mobiliário, para decorarem a casa onde ia se realizar a festa de noivado, o legado continua valendo, embora o mobiliário não se encontre temporariamente na casa indicada, ou – para resgatar os termos empregados no artigo 1.917 – embora o mobiliário *tenha sido removido a título transitório.*

Art. 1.918. O legado de crédito, ou de quitação de dívida, terá eficácia somente até a importância desta, ou daquele, ao tempo da morte do testador.

---

962 CARVALHO SANTOS, J. M. Obra citada, p. 373.

§ 1º **Cumpre-se o legado, entregando o herdeiro ao legatário o título respectivo.**
§ 2º **Este legado não compreende as dívidas posteriores à data do testamento.**

Direito anterior – Art. 1.685 do Código Civil de 1916.
Art. 1.685. O legado de crédito, ou de quitação de dívida, valerá tão-somente até a importância desta, ou daquele, ao tempo da morte do testador.
§ 1º Cumpre-se este legado, entregando o herdeiro ao legatário o título respectivo.
§ 2º Este legado não compreende as dívidas posteriores à data do testamento.

Direito comparado – No Código Civil português (arts. 2.259 e 2.261).[963] No direito argentino (art. 3.786) e no direito uruguaio (arts. 916 e 917).

COMENTÁRIO

O artigo sob comento reproduziu a redação do artigo 1.685 do Código Civil de 1916. O Código Civil português trata da matéria em artigos distintos porque, assim como no Código Civil brasileiro, o dispositivo em questão aborda dois tipos de legados distintos; o de crédito – *legatum nominis* – e o legado de quitação de dívida – *legatum liberationis*.

---

963 "*Art. 2.259 (Legado para pagamento de dívida)*.
1. Se o testador legar certa coisa ou certa soma como por ele devida ao legatário, é válido o legado, ainda que a soma ou coisa não fosse realmente devida, salvo sendo o legatário incapaz de a haver por sucessão.
2. O legado fica, todavia, sem efeito, se o testador, sendo devedor ao tempo da feitura do testamento, cumprir a obrigação posteriormente."
"*Art. 2.261 (Legado de crédito)*.
1. O legado de um crédito só produz efeito em relação à parte que subsista ao tempo da morte do testador.
2. O herdeiro satisfará a disposição entregando ao legatário os títulos respeitantes ao crédito."

O primeiro, de crédito, como já afirmara Bevilacqua,[964] é o legado daquilo que é devido ao testador. O herdeiro desobriga-se com a entrega dos títulos que se acham no espólio (cf. § 1º do artigo 1.917). Ou o legatário se substitui ao primitivo credor. Subsiste essa liberalidade somente se, ao tempo da morte do testador o crédito não estava extinto, e subsiste somente na parte não extinta. Se, porém, o testador tendo recebido a quantia devida, a tiver conservado em separado, indica a intenção de guardá-la para o legatário. Os juros são devidos desde o momento da morte do testador.

As dívidas posteriores à data do testamento não se compreendem nesse legado (cf. § 2º do artigo citado) Ou seja, os créditos legados e as dívidas remitidas são as existentes ao tempo da realização do testamento; a importância legada é a que se apurar ao tempo da abertura da sucessão. Para a inserção de créditos ou remissões de dívidas posteriores à data do testamento, é necessário que assim o declare expressamente o testador.

O legado de quitação de dívida é a remissão da dívida do legatário ao testador, e não a outrem, porque o testador não pode legar coisa alheia. Poderá, porém, impor ao herdeiro, ou a outro legatário, o encargo da remissão da dívida da pessoa que deseja gratificar.

No legado de crédito materializa-se uma verdadeira transferência: o testador transfere ao legatário o produto de um crédito, do qual é devedor terceiro ou o próprio onerado. Aí reside a distinção com o legado de quitação de dívida, no qual deve figurar como devedor o próprio legatário beneficiado. É da essência do legado de crédito que o mesmo constitua o próprio objeto do legado, de modo que a este tenha direito o legatário.

---

964 BEVILACQUA, C. *Direito das Sucessões*, p. 358.

Podem ser objeto desta espécie de legado um único crédito ou vários singularmente considerados, ou ainda uma universalidade de créditos, ou uma cota desta universalidade. Ainda: o legado de crédito, quer se trate de um só, ou de uma universalidade, compreende não só a obrigação principal, mas também os seus acessórios, inclusive as garantias pessoais ou reais, como a fiança, a hipoteca, o penhor etc. Assim sendo, o legatário terá direito não somente a exigir o pagamento do crédito do próprio devedor, mas também a executar o penhor ou a hipoteca, ou a cobrar a dívida do fiador.

Quanto à revogação ou extinção do legado de crédito, não há mais discussão em sede doutrinária: assim como a alienação da coisa legada, assim, também, a cessão de crédito feita pelo testador importa revogação do legado.

Nesse sentido determina o artigo 2.261, nº 1, do Código Civil português, que o legado apenas subsiste em relação à parte do crédito que subsista à morte do testador. Isto significa que o recebimento, total ou parcial, de crédito legado, equivale, praticamente, à revogação total ou parcial da disposição, qualquer que seja a causa da extinção do crédito. De igual modo, a ampliação do objeto do crédito, por efeito de juros, dividendos ou outros acessórios que acresçam ao principal, acabará por aumentar naturalmente o objeto do legado.[965]

O legado de quitação de dívida (ou liberação de dívida) pressupõe como credor o próprio testador, figurando como devedor o legatário. Nada impede, porém, que o testador imponha ao herdeiro ou a outro legatário o encargo da remissão da dívida da pessoa que deseja gratificar. Esse é o ensinamento de Bevilacqua.

---

965 Ver, nesse sentido, Pires de Lima e Antunes Varela, obra citada, os comentários ao artigo 2.261 do Código Civil português, p. 414.

Para os efeitos do legado de quitação de dívida não há limitação de origem da dívida: pode ser civil ou comercial, contratual ou extracontratual, e mesmo uma obrigação natural, assim como pode ser legada a liberação de uma obrigação de fazer, ou de dar, assim como de não fazer.

O legado de quitação de dívida pode consistir na liberação de um ou mais débitos determinados, assim como nada obsta que consista também na liberação genericamente feita de quanto o legatário deve ao testador, ou de todos os débitos que ele tenha para com o testador.

O essencial, para a validade do legado de liberação de débito, é que o débito exista realmente. Não existindo, o legado será nulo, e, se existe apenas em parte, só quanto à parte existente ele terá eficácia.

Dispõe, ainda, o dispositivo sob comento que tanto o legado de crédito quanto o de quitação de dívida se referem ao crédito que tinha o testador ao fazer o testamento, não abrangendo o que posteriormente adquiriu, ainda que contra o legatário, salvo expressa declaração do testador em contrário, o que lhe é lícito fazer, de acordo com sua soberana e autônoma vontade.

Se, porém, o crédito existente ao tempo do testamento, objeto do legado, foi pago posteriormente, antes da abertura da sucessão, não subsiste o legado, por ser de coisa que já não existe. Essa é a regra geral que, evidentemente, comporta exceções.

Resumindo: se a dívida não existe, ou nunca existiu, se é legado como devido o que não deve, a disposição fica sem efeito, ainda mesmo que o testador declare a importância do débito e a taxa de juros.[966] Se na data do óbito a dívida existia, porém o legatário a resgatou depois, por ignorar o dom a ele feito, obtém a devolução do que pagou.[967]

---

966 Ver, nesse sentido, Carlos Maximiliano, obra citada, pp. 339-340.
967 MAXIMILIANO, C. Obra citada, p. 340.

Art. 1.919. Não o declarando expressamente o testador, não se reputará compensação da sua dívida o legado que ele faça ao credor.

Parágrafo único. Subsistirá integralmente o legado, se a dívida lhe foi posterior, e o testador a solveu antes de morrer.

Direito anterior – Art. 1.686 do Código Civil de 1916.
Art. 1.686. Não o declarando expressamente o testador, não se reputará compensação de sua dívida o legado que ele faça ao credor. Subsistirá do mesmo modo integralmente esse legado, se a dívida lhe foi posterior, e o testador a solveu antes de morrer.

Direito comparado – No Código Civil francês (art. 1.023)[968] e no Código Civil português (art. 1.820).[969]
No direito argentino (art. 3.787) e no direito uruguaio (art. 916).

COMENTÁRIO

Se o testador declara expressamente que o legado foi feito em compensação da dívida – *legatum debiti* –, haverá vantagem para o legatário se a liberalidade for maior do que a dívida – *si plus est in legato quam in debito* – ou se o testador reconhece a dívida sobre a qual havia dúvida. Se o testador mandar pagar dívida inexistente, interpretar-se-á que o fez por engano, e que, pois, o legado é sem validade.

A fórmula sucinta, mas imantada de significação, empregada pelo legislador português, repetiu, praticamente, o artigo 1.820 do Código Civil português, de 1867, ou seja, o legado feito a um credor, sem que

---

[968] "*Art. 1.023. Le legs fait au créancier ne sera pas censé en compensation de sa créance, ni le legs fai au domestique en compensation de ses gages.*"
[969] "*Art. 1.820 (Legado a favor do credor).*
O legado feito a favor de um credor, mas sem que o testador refira a sua dívida, não se considera destinado a satisfazer essa dívida."

se refira à dívida do testador, não é considerado como compensação da mesma dívida. Isto é, "se o testador faz, efectivamente, qualquer deixa a favor de um dos seus credores, mas sem fazer qualquer alusão à intenção de pagar a dívida com essa deixa, o que é normal é que o testador não queira pagá-la com o legado efectuado, mas sim fazer-lhe uma *liberalidade,* à margem do débito, que há de ser cobrado nos termos normais, como o comum das dívidas da herança".[970]

Por isso, o artigo 1.919 dispõe que não o declarando expressamente o testador não se considerará compensação da sua dívida o legado que ele fizer ao credor. A razão da regra é muito simples: toda disposição testamentária presume-se feita pelo testador com a intenção de favorecer alguém. Logo, não se pode presumir qualquer compensação com o débito que, em vida, tivesse contraído com o legatário.

Da regra geral decorrem dois princípios fundamentais que dominam a sistemática do Código Civil brasileiro: a) a compensação de um legado não se presume; e b) é essencial que no testamento se faça menção do débito, entendendo-se por menção a declaração expressa do testador no sentido de que tinha o ânimo de compensar.

No caso de ocorrer compensação – em decorrência da menção expressa do testador e pelo fato de o legatário ter aceitado a proposta –, só se concretizará o legado naquilo em que a coisa legada exceder ao valor da dívida. Até à concorrente quantia, não há realmente liberalidade, mas apenas pagamento daquilo que o legatário tinha o direito de exigir.

Se era intenção do testador estipular a compensação, não lhe compete esclarecer o quanto é devido, cabendo ao credor provar qual seja a quantia devida.

---

[970] PIRES DE LIMA e ANTUNES VARELA. Obra citada, p. 413.

É a postura doutrinária assumida por Pontes de Miranda ao afirmar que: "No legado ao credor, para compensar a dívida, pode o credor fazer a prova do *quantum* devido. Discutem se é nulo, ou não, o legado, pois lhe falta a determinação quantitativa. Mas é sem cabida a controvérsia: se é *compensatório,* supõe em si mesmo o crédito do legatário, e este se prova como crédito, extra testamentariamente. Não se diga que será dar à verba determinação que ela não tem: se há a vontade de compensar, quem compensa sabe o que vai compensar, e o valor compensado é *fato*, que não precisa estar no testamento. Ainda nos legados não compensatórios, o testador pode dizer: 'lego o mesmo que **A** pagou para salvar meu filho', 'lego a **A** quantia que o remunere dos serviços que gratuitamente me prestou como advogado na causa **X**. Se o testador *quis compensar*, então o que, na quantia deixada, excede ao crédito, entende-se *legado*."[971]

Estranhável que o parágrafo único do artigo 1.919 (ex-segunda parte do artigo 1.686) volte a repetir a fórmula defeituosa empregada pelo legislador de 1916. Em se tratando de novo Código, certamente, os equívocos já apontados ao texto anterior do Código vigente poderiam ter sido, minimamente, alterados para redação mais condizente com a realidade técnica exigível em nova proposta legislativa. Não foi, porém, o que aconteceu com o citado parágrafo único.

Com efeito, da forma como está redigido o parágrafo sob comento, poder-se-ia concluir que o legislador quisesse dizer que se a dívida é posterior ao testamento e o testador não a solveu o legado deveria ser considerado compensação da dívida.

Não é isso o que o texto quer dizer.

---

[971] PONTES DE MIRANDA. Obra citada, vol. 57, p. 201.

Nesse sentido a pertinente exegese de Alves: "Na verdade, diz o texto que subsiste o legado, se a dívida for posterior ao testamento e o testador *a solveu antes de morrer;* a *contrario sensu,* se o testador morre antes de solver a dívida, posterior ao testamento, não subsiste integralmente o legado. Será este o pensamento do legislador? Não pode ser. A dívida posterior ao testamento não altera o legado, desde que o testador não modificou ou revogou o testamento, como não o altera a dívida anterior. Em um e outro caso, o legatário pode cobrar a dívida e exigir o legado (...) O que o texto quis dizer, na alínea 2 (atual parágrafo único), foi que não altera o legado a própria dívida posterior ao testamento e ainda que o testador a tenha solvido."[972]

Com razão Pontes de Miranda ao afirmar que o legislador poderia ter sido muito mais conciso e seguro se tivesse dito: se a dívida for posterior, entender-se-á que não houve legado de débito, sendo inútil a segunda parte da alínea (atual parágrafo único) "porque se o legado é de coisa ou quantidade (e não *debiti*), e o testador solver a dívida, nada tem isso com aquilo – ex *hypothesi,* a dívida nada tinha com o legado, e é de pasmosa inutilidade a regra do art. 1.686, 2ª alínea, *in fine;* se *legatum debiti*, o legado está visceralmente prejudicado, pela impossibilidade da prestação, como querem os doutrinadores, (...) ou pela analogia com o art. 1.685"[973] (atual art. 1.918).

Resumindo: válido será o legado, a) quando for legado de coisa, ou quantidade, e o próprio testador solveu (porque não se trata de um *legatum debiti*), não havendo razão para perder sua eficácia, ou caducar; b) quando a dívida for posterior, porque aí ainda não houve, certamente,

---

972 ALVES, João Luíz. *Código Civil anotado*, Comentários ao art. 1.686.
973 PONTES DE MIRANDA, F. C. *Idem, ibidem.*

legado de débito, não existindo, em qualquer hipótese, em rigor, razão alguma que justifique a insubsistência da liberalidade.

Art. 1.920. O legado de alimentos abrange o sustento, a cura, o vestuário e a casa, enquanto o legatário viver, além da educação, se ele for menor.

Direito anterior – Art. 1.687 do Código Civil de 1916.
Art. 1.687. O legado de alimentos abrange o sustento, a cura, o vestuário e a casa, enquanto o legatário viver, além da educação, se ele for menor.

Direito comparado – No Código Civil português (art. 2.273).[974]
No direito argentino (art. 3.79).

COMENTÁRIO

O legado pode ser de rendas ou de alimentos pagos pelo que se separar do monte para isso, ou pelo que se tirar do quinhão do herdeiro onerado. Por isso, o legislador português, na nova versão dada ao artigo 2.273, regulou conjuntamente os legados de prestação periódica e de alimentos num só dispositivo legal, espécies que tinham como antecedentes na legislação anterior os artigos 1.831 (relativo ao legado de alimentos) e 1.841 (aplicável ao legado de qualquer prestação periódica em geral) do Código de 1867.

---

974 "*Art. 2.273 (Legado de prestação periódica).*
1. Se o testador legar qualquer prestação periódica, o primeiro período corre desde a sua morte, tendo o legatário direito a toda a prestação respeitante a cada período, ainda que faleça no seu decurso.
2. O disposto no número anterior é aplicável ao legado de alimentos, mesmo que estes só venham a ser fixados depois da morte do testador.
3. O legado só é exigível no termo do período correspondente, salvo se for a título de alimentos, pois, nesse caso, é devido a partir do início de cada período."

De acordo com o primeiro, o legado de alimentos, na acepção lata que desde o direito romano veio a fazer carreira, abrangia o sustento, vestuário, habitação e, sendo o legatário menor, compreendia ainda os cuidados de educação e assistência médica. Nos termos do segundo, se o testador legasse a alguém qualquer prestação periódica, correria o primeiro período desde a morte dele, e teria o legatário o direito a essa prestação, apenas recomeçasse novo período, ainda que falecesse antes do termo dele.

Agora, como se verifica pela sua epígrafe, o artigo 2.273 do novo Código Civil português trata, em princípio, do legado de *prestação periódica*, aparecendo o *legado de alimentos*, apesar de sua relativa importância prática, apenas como uma espécie particular desse gênero de legados.

O legado de alimento, conforme dispõe o artigo 1.920 do Código Civil brasileiro, abrange o sustento, o vestuário e a casa, *enquanto o legatário viver*, e, no caso de menor, ainda alcança a educação. É um enunciado dispositivo que lhe confere especial força.

O legado de alimentos tem como parâmetro o costume do testador e as necessidades e nível do legatário. É o vínculo existente entre testador e legatário que funciona como paradigma determinador do "padrão" do ônus. Ou seja, aquilo que o testador dava ao beneficiado antes e depois de fazer o testamento, ou só depois, é um dos elementos a ser levado em consideração para se saber até que ponto vai a deixa testamentária. A cota para atendimento do legado pode ser fixada pelo testador, mas, se não determinada por ele, tem de ser estabelecida pelo juiz, que levará em conta a produtividade dos bens recebidos pelo onerado e as necessidades do legatário.

Uma vez fixado o *quantum* da prestação semanal, ou mensal (ou de qualquer outra prestação periódica), o juiz não pode diminuí-la nem aumentá-la, mesmo que haja deficiência ou excessividade. Ao contrário dos alimentos *ex lege*, a regra do artigo 1.699 (antigo art. 401 do CC de 1916) não encontra aqui qualquer legitimidade.

Quanto à fonte do pagamento do legado, o testador ou o juízo pode designar o bem imóvel do qual se tirará o aluguel para se satisfazer o legado de alimentos. Assim como o beneficiado, os seus sucessores tem direito a receber o que teria de ser prestado ao alimentando, como prestação vencida. Se não houve disposição expressa quanto ao período que abrange o legado de alimentos, entende-se que são vitalícios.

"Se as prestações de alimentos são pagas por um dos herdeiros ou por alguns ou todos os co-herdeiros obrigados, os seus sucessores têm o mesmo dever.

As prestações com dever de educação e de instrução têm a duração necessária para que se eduque e instrua o beneficiado, tendo-se em vista a profissão escolhida."[975] Dispunha o nº 1 do antigo artigo 1.831 do CC português: *"Esta obrigação de subsídio para a educação dura até que o alimentando haja adquirido a perícia, ou a habilitação regular, no ofício ou profissão que tiver adotado."* Como o nosso Código silenciou sobre a matéria, entende-se que a obrigação de educação estende-se até o término da faculdade. Esse tem sido o entendimento da jurisprudência brasileira quanto ao término da obrigação alimentar em relação aos filhos, não mais se aceitando a ideia que a prestação alimentícia termina invariavelmente com a maioridade, quer porque mesmo antes da maioridade o menor pode já prescindir do legado, se já está habilitado para o exercício da profissão que escolheu, quer, porque, mesmo tendo atingido a maioridade, ainda se encontra em pleno processo de

---

975 PONTES DE MIRANDA, F. C. Obra citada, p. 204.

formação cultural, sem ter atingido a desejável habilitação profissional e consequente autonomia econômica.

O legado de alimentos é irrenunciável e intransferível a qualquer título. É igualmente impenhorável, inarrestável e insequestrável. "Não os apanha a venda de toda a herança, ou dos legados. O herdeiro, que há de cumprir a disposição testamentária, não pode reter prestações, nem alegar compensação, com a afirmativa de ser credor do legatário."[976]

Art. 1.921. O legado de usufruto, sem fixação de tempo, entende-se deixado ao legatário por toda a sua vida.

Direito anterior – Art. 1.688 do Código Civil de 1916.
Art. 1.688. O legado de usufruto, sem fixação de tempo, entende-se deixado ao legatário por toda a sua vida.

Direito comparado – No Código Civil português (art. 2.258).[977]

COMENTÁRIO

Todos os direitos reais podem ser objeto de legado. Assim, o domínio direto, uma servidão real, o uso, a habitação, a hipoteca, o penhor o usufruto podem ser legados. Em se tratando de legado de usufruto, a nua-propriedade, da qual o testador não tenha disposto, passará ao herdeiro: se, ao contrário, for legada a nua-propriedade, o usufruto passará a ser gozado pelo herdeiro, a não ser que a outrem tenha sido legado.

---

976 PONTES DE MIRANDA. *Idem, ibidem.*
977 "*Art. 2.258 (Legado de usufruto).*
A deixa de usufruto, na falta de indicação em contrário, considera-se feita vitaliciamente; se o beneficiário for uma pessoa colectiva, terá a duração de trinta anos."

O prazo de duração do usufruto é fixado pelo testador. Se não o faz, entende-se ter sido deixado ao legatário por toda a vida (vitalício).[978]

Se o usufruto for legado a termos periódicos, contínuos ao alternativos, a disposição reveste-se da natureza de legado periódico, compondo-se de tantos legados quantos os períodos.

Hoje já não há mais dúvida quanto à possibilidade de poder ser legado o usufruto tanto de coisas particulares como de uma universalidade jurídica, ou mesmo de parte desta. Se o legado é da universalidade, como a herança, recai sobre todo o líquido apurado; se é sobre parte do patrimônio, pode o onerado dá-lo sobre a soma de dinheiro correspondente a esta parte.[979]

A conservação do bem legado em usufruto é de exclusiva responsabilidade do legatário: "A pessoa favorecida com um legado de usufruto fica obrigada a não alienar o bem recebido e a tomar, à sua custa, as providências assecuratórias da conservação do mesmo, sob pena de lhe ser, por sentença, retirado o direito ao benefício.

É diuturna e boa praxe a de pedir ao juiz do inventário que julgue extinto o usufruto, ao ocorrer alguma das causas de cessação do mesmo."[980]

Art. 1.922. Se aquele que legar um imóvel lhe ajuntar depois novas aquisições, estas, ainda que contíguas, não se compreendem no legado, salvo expressa declaração em contrário do testador.

---

978 "*REGISTRO DE IMÓVEIS – Usufruto sucessivo – Irrregistrabilidade. O usufruto sucessivo instituído em favor de uma pessoa para, com sua morte, ser transferido a outra é vedado pelo Código Civil*" (*RT*, 569: 86). Ver, ainda: *RT*, 637: 71.
979 PONTES DE MIRANDA, F. C. Obra citada, p. 211.
980 MAXIMILIANO, C. Obra citada, p. 360.

Parágrafo único. Não se aplica o disposto neste artigo a benfeitorias necessárias, úteis ou voluptuárias feitas no prédio legado.

Direito anterior – Art. 1.689 do Código Civil de 1916.

Art. 1.689. Se aquele que, legando alguma propriedade, lhe ajuntar depois novas aquisições, estas, ainda contíguas, não se compreendem no imóvel legado, salvo expressa declaração em contrário do testador.

Parágrafo único. Não se aplica o disposto neste artigo às benfeitorias necessárias, úteis ou voluptuárias, feitas no prédio legado.

Direito comparado – No Código Civil francês (art. 1.019)[981] e no Código Civil português (art. 2.269).[982]

No direito argentino (art. 3.762) e no direito uruguaio (art. 929).

COMENTÁRIO

As *"novas aquisições"*, a que se refere o artigo e que não se compreendem no legado, são ampliações ou acréscimos externos ao imóvel. Os acréscimos internos são melhoramentos que entram na classe das benfeitorias necessárias, úteis ou voluptuárias. O princípio adotado é que o legado abrange a coisa com os acessórios.[983]

---

981 "*Art. 1.019. Lorsque celui qui a légué la propriété d'un immeuble, l'a ensuite augmentée par des acquisitions, ces acquisitions fussent-elles contigües, ne seront pas censés, sans une nouvelle disposition, faire partie du legs.*
Il en sera autrement des embellissements, ou des constructions nouvelles faites sur le fonds légué, ou d'un enclos dont le testateur aurait augmenté l'enceinte."

982 "*Art. 2.269 (Extensão do legado).*
1. Na falta de declaração do testador sobre a extensão do legado, entende-se que ele abrange as benfeitorias e partes integrantes.
2. O legado de prédio rústico ou urbano, ou do conjunto de prédios rústicos ou urbanos que constituem uma unidade econômica, abrange, no silêncio do testador, as construções nele feitas, anteriores ou posteriores ao testamento, e bem assim as aquisições posteriores que se tenham integrado na mesma unidade, sem prejuízo do disposto no n° 2 do artigo 2.316."

983 Ver: Wilson Bussada. *Dir. Suc. Int. pelos Tribunais*, vol. I, p. 19.

Assim, se no terreno legado, o testador, depois de fazer o seu testamento, erguer um edifício, sua intenção foi a de beneficiar o legatário. Nesse sentido o exemplo elucidativo de Pontes de Miranda: "Lego a meus filhos **A** e **B** as casas *a* e *b,* e a meu filho **C** o terreno *c*, onde poderá construir. Se o testador construir a casa, havemos de entender que teve tempo de fazê-lo por si, e juntar o edifício ao terreno."[984]

"O que importa", ainda segundo Pontes, "é a destinação do objeto legado. Se era fazenda de gado e essa se estendeu por outros terrenos, que já eram do testador ou foram adquiridos depois do ato de testamento, a liberalidade é do todo. Se o testador disse que legava a chácara **C**, ou o apartamento do quinto andar da rua **R**, ou a casa da rua **S**, o que é conjunto ao legado não se integra nele. *Idem*, se só se referiu ao número dos bens legados, ou à extensão dos terrenos. O que se construiu no terreno legado é incluído na disposição testamentária."[985]

A regra a dominar a matéria continua sendo a de que a coisa se entrega ao legatário no estado em que se achava ao tempo da morte do testador (art. 1.937).[986]

Logo, se houve melhora, ou deterioração, não importa. A coisa transmite-se, como está, ou vai, a termo, ou sob condição, ao herdeiro, para que se entregue. Se o testador individualizou, ao legatário passam até os gravames, como a servidão.

O simples fato da contiguidade não exclui a aplicação da regra geral, que, porém, será excluída se o objeto, pela vontade do testador, atraiu, definitivamente, a si, o novo terreno, ou edificação.

---

984 PONTES DE MIRANDA, F. C. Obra citada, p. 216.
985 PONTES DE MIRANDA, F. C. *Idem*, pp. 213-214.
986 "*Art. 1.937. A coisa legada entregar-se-á, com seus acessórios, no lugar e estado em que se achava ao falecer o testador, passando ao legatário com todos os encargos que a onerarem.*"

E se o testador legou o terreno e nele construiu depois do testamento? O que importa, afirma Pontes, é indagar a *voluntas testatoris*. E três podem ser as soluções: "a) a coisa legada se modificou, a ponto de não ter a forma, nem lhe caber a denominação que tinha. O testador legou campo de futebol e, depois, no terreno, construiu avenida para aluguel. Caducou o legado; b) a coisa legada aumentou-se de construção (...) Se o testador construir a casa, havemos de entender que teve tempo de fazê-lo por si, e juntar o edifício ao terreno; c) a coisa legada é o que se individualizou. Aí tem de haver vontade contrária do testador, porque o art. 59[987] (atual art. 92) é dispositivo, bem assim o art. 1.706 (atual art. 1.937).

Dispõe, ainda, o *in fine* do artigo 1.922: "... *salvo expressa declaração em contrário do testador.*" Ou seja, por se tratar de disposição de última vontade, o contrário querer do testador, o ordenar que não se aplique o art. 1.689, deve constar do testamento.

Finalmente, o parágrafo único dispõe não se aplicar o disposto deste artigo à benfeitorias. Nem podia deixar de ser assim, porque as benfeitorias são acessórias da coisa que, incorporando-se a esta, naturalmente fazem parte do legado. A disposição é, pois, desnecessária.

Seção II
Dos Efeitos do Legado e do seu Pagamento

Art. 1.923. Desde a abertura da sucessão, pertence ao legatário a coisa certa, existente no acervo, salvo se o legado estiver sob condição suspensiva.

---

987 "*Salvo disposição especial em contrário, a coisa acessória segue a principal.*"

§ 1º **Não se defere de imediato a posse da coisa, nem nela pode o legatário entrar por autoridade própria.**

§ 2º **O legado de coisa certa existente na herança transfere também ao legatário os frutos que produzir, desde a morte do testador, exceto se dependente de condição suspensiva, ou de termo inicial.**

Direito anterior – Art. 1.690 do Código Civil de 1916.

Art. 1.690. O legado puro e simples confere, desde a morte do testador, ao legatário o direito, transmissível aos seus sucessores, de pedir aos herdeiros instituídos a coisa legada.

Parágrafo único. Não pode, porém, o legatário entrar, por autoridade própria, na posse da coisa legada.

Direito comparado – No Código Civil francês (art. 1.014).[988] No direito argentino (art. 3.766) e no direito uruguaio (arts. 936 e 938).

Leitura complementar:
BARASSI, Lodovico. *Le successioni per causa di morte.* Milano: Giuffrè, 1944; BASTOS, Jacinto Fernandes Rodrigues. *Direito das Sucessões.* 1981; CAMPOS, Diogo Leite de. *Lições de Direito de família e das sucessões.* Belo Horizonte: Del Rey, 1997; CAZELLES. *De l'idée de continuation de la personne* (Thèse). Paris, 1905; CLAUX, P. J. *La continuation de la personne du défunt par l'héritier* (Thèse). Paris, 1969; DURNERIN. *Le passif successoral* (Thèse). Paris II, 1992; FERRARA, Luigi Cariota. *Le successioni per causa di morte.* Merano (*sine data*); JÖLD, Carlos. *Manual practico de sucesiones.* Buenos Aires: Abeledo-Perrot, 1981; POTHIER. *Traité des donations testamentaires.* Paris: Dalloz, 1935; SOUZA, Rabindranath Capelo de. *Direito de Família e das Sucessões.* Coimbra, 1999.

---

988 "*Art. 1.014. Tous legs pur et simple donnera au légataire, du jour du décès du testateur, un droit à la chose léguée, droit transmissible à ses héritiers ou ayant cause.*
Néanmoins le légatire particulier ne pourra se mettre en possession de la chose léguée, ni en prétendre les fruits ou intérêts, quà compter du jour de da demande en délivrance, formée suivant l'ordre établi par l'article 1.011, ou du jour auquel cette délivrance lui aurait été volontairement consentie."

COMENTÁRIO

A fonte do artigo 1.923 está no *Code Civil*, artigo 1.014, que deixa claro que a propriedade dos bens legados passa ao legatário, se puro e simples o legado, no momento em que morre o testador. Morto o legatário depois do testador, os herdeiros recebem o direito que se atribuiu à sua pessoa, isto é, a propriedade dos bens legados ao que morreu.[989]

O legado pode ser puro e simples, condicional ou a termo. Se puro e simples, confere ao legatário a propriedade da coisa legada, desde a abertura da sucessão; não adquire, porém, a posse do legado. Terá de recebê-la do herdeiro ou testamenteiro inventariante.

A redação do anterior artigo 1.690, quando se referia ao *direito de pedir* o legado aos herdeiros instituídos, era mais clara do que a atual redação do artigo 1.923, que omitiu o "direito de pedir", embora mantendo a noção fundamental de que o legatário não pode "entrar por autoridade própria", resgatando, assim, a ideia que, ao contrário dos herdeiros legítimos, o domínio e a posse dos bens (art. 1.784) não se transmitem *ipso iure* ao legatário.

Talvez, para evitar a indefinição do Código anterior quanto ao *direito de pedir*, se ação pessoal, ou real, o novo Código omitiu a expressão,

---

[989] "***DESPEJO – LEGATÁRIO – USO PRÓPRIO.*** *Não pode o legatário do imóvel pedi-lo ao locatário para uso próprio sem provar que já entrou em sua posse e se tornou seu legítimo proprietário*" (*RF*, 120: 468).
"***TESTAMENTO** – Legado – Domínio da coisa legada que se incorpora ao patrimônio do legatário desde o dia da morte do testador – Deixa de ações de sociedade comercial que, operando efeitos naquela data, implica pagamento dos respectivos dividendos – Aplicação do art. 1.692 do CC. Nos termos do art. 1.692 do CC, 'desde o dia da morte do testador, pertence ao legatário a coisa legada, com os frutos que produzir'. Assim, recaindo o legado em ações de sociedade comercial e sendo o dividendo a parcela do lucro que corresponde a cada ação, uma vez resolvida sua distribuição, integra o patrimônio do legatário*" (Wilson Bussada, *Dir. Suc. Int. pelos Tribunais*, vol. II, p. 933). Ver, também, no vol. IV, p. 2.516, Ementa nº 1.538; *RT*, 659: 75; *RT*, 682: 152; *RT*, 621: 85; *RT*, 194: 802; *RF*, 105: 322; *RT*, 307: 394.

mas, nem por isso, solucionou o problema. Há os dois sistemas e o novo Código Civil deveria ter sido decisivo na escolha. Não o foi. O *direito de pedir* admite larga interpretação, e na fórmula empregada pelo legislador de 1916, direito de *pedir aos herdeiros instituídos*, limita este direito: a reivindicação exerce-se não só contra eles, mas contra todos.

O que está em causa é saber se o artigo 1.923, por si só, põe o legatário na posição em que o artigo 1.784 pôs os herdeiros: a transmissão *ipso iure*.

Na ótica de Bevilacqua, a influência do direito romano, relativamente aos legados de vindicação e de danação, foi aqui decisiva. Por isso, reconheceu ao legatário a ação de reivindicação, quando o legado consiste em corpo certo ou direito real e a ação pessoal, *ex testamento*, consiste em quantidade.

O legado de bem determinado vai ao legatário no momento da abertura da sucessão, de forma que acréscimos, frutos e rendimentos pertencem ao legatário.

A transmissão ocorre independente da vontade do legatário, que pode mesmo ignorar a existência da disposição testamentária. Ele ou seus sucessores podem exigir a entrega da posse ou dos documentos, na própria data do óbito. As pretensões e ações do testador também se transmitem, de modo que o legatário ou seu sucessor podem propor as ações de reivindicação ou de indenização.

Ressalva o *in fine* do artigo sob comento: *salvo se o legado estiver sob condição suspensiva*. Se há condição ou termo, só ao implemento da condição ou ao advento do termo há a transferência.

Se há condição suspensiva, existe direito ao legado, mas resta saber se há propriedade. Tudo vai depender da condição que, na espécie, consta do testamento. Aqui, a vontade do testador é soberana: pode estabelecer condição suspensiva só da execução; e condição suspensiva da propriedade (resolutiva para alguém), mas, nesse caso, será fideicomisso. O Código Civil não estabeleceu regras gerais. Vale lembrar que a regra do artigo 1.923 não é cogente, mas dispositiva; a própria transmissão da propriedade, no caso de legado puro e simples, é dispositiva.

Em sendo o legado de quantidade ou de gênero ou de espécie, ou de bem que é titular o herdeiro ou legatário, não há transmissão automática.

O legatário não tem, de regra, a posse imediata. É possível que o testador já haja entregue ao legatário a posse imediata.

Caso o objeto suscetível de posse ainda esteja com o herdeiro ou legatário onerado, isso não obsta a que o legatário exerça o direito a medidas cautelares e conservatórias para a garantia da coisa legada.

Enquanto não entrega o legado, o herdeiro ou legatário onerado são responsáveis pela conservação e administração do legado. Caso o bem legado se deteriore ou pereça, o onerado responde conforme os princípios da gestão de negócios alheios.

Se o perecimento do bem foi quando o herdeiro onerado ou o legatário não incorrera em mora, cabe-lhe indenizar ao legatário pelo prejuízo ocorrido, salvo se alega e prova que o mal teria ocorrido mesmo se não tivesse havido o retardamento na entrega do legado.

No parágrafo 1º o legislador atual resgata a ideia fundamental aos efeitos do legado, no sentido de que não se defere de imediato a posse da coisa, nem nela pode o legatário entrar por autoridade própria. De forma expressa, o dispositivo realça a dependência do legatário ao herdeiro que intermedeia a transferência do objeto legado, do patrimônio do testador para o do legatário.

O sistema jurídico brasileiro estabelece nitidamente a dicotomia de tratamento existente em relação ao herdeiro e ao legatário. Enquanto aos herdeiros legítimos e testamentários transmitem-se o domínio e a posse, com a morte do *de cujus*, aos legatários a lei não dispôs da mesma forma: a posse não vai do testador ao legatário, mas do testador ao herdeiro, quiçá ao testamenteiro, e daquele ou desse ao legatário.

"Que posse é essa", indaga Pontes de Miranda,[990] "a) a imediata somente? Então, o legatário, com a morte recebe a mediata; b) nenhuma, dir-se-á. A falta de técnica do Código Civil suscita a questão, que é de alta relevância teórica e prática. Se nenhuma lhe passa, não pode o legatário usar de qualquer ação possessória antes de o herdeiro ou onerado entregar-lhe o legado. Se só a imediata não se lhe transmite, então ele é possuidor (arts. 1.196 e 1.197) e pode usar das ações próprias da sua posse".

O legado de coisa certa existente na herança transfere também ao legatário os frutos que produzir, desde a morte do testador, salvo, dispõe o § 2º, *in fine*, se dependente de condição suspensiva, ou de termo inicial.

O direito à percepção dos frutos da coisa legada foi melhor tratado pela legislação portuguesa, que, no seu artigo 2.271,[991] refere-se aos frutos relativos aos legados de coisa determinada e ao legados que tem por objeto não coisas determinadas na herança, mas dinheiro ou coisas não pertencentes à herança.

É a consagração da regra herdada do *Code Civil* que, reconhecendo a transmissão do direito de propriedade da coisa legada para o legatário no momento da morte do testador, desde que de coisa determinada se

---

990 PONTES DE MIRANDA. F. C. Obra citada, vol. 57, p. 231.
991 "*Art. 2.271 (Frutos).*
Não havendo declaração do testador sobre os frutos da coisa legada, o legatário tem direito aos frutos desde a morte do testador, com excepção dos percebidos adiantadamente pelo autor da sucessão; se, todavia, o legado consistir em dinheiro ou em coisa não pertencente à herança, os frutos só são devidos a partir da mora de quem deva satisfazê-lo."

tratasse, também logicamente confere ao legatário o direito aos frutos produzidos pela coisa a partir desse momento.

"A primeira e mais importante das normas aplicáveis, proveniente da tradição criada pelo direito francês (arts. 1.014 e 1.015) (...) atribui ao legatário o direito aos frutos (quer naturais, quer civis), desde o momento da morte do testador.

Esta atribuição imediata do direito aos frutos da coisa legada, sempre que se trate de coisa determinada, reveste grande interesse prático, como uma espécie de relativo travão à tentação que o herdeiro onerado possa ter no sentido de retardar a entrega da coisa, aproveitando sem necessidade todo o prazo de um ano, que o artigo anterior lhe concede, em princípio, para cumprir o legado, qualquer que seja o seu objeto.

A excepção a essa regra refere-se aos casos em que o próprio testador tenha recebido antecipadamente ou adiantadamente alguns dos frutos da coisa."[992]

Art. 1.924. O direito de pedir o legado não se exercerá, enquanto se litigue sobre a validade do testamento, e, nos legados condicionais, ou a prazo, enquanto esteja pendente a condição ou o prazo não se vença.

Direito anterior – Art. 1.691 do Código Civil de 1916.
Art. 1.691. O direito de pedir o legado não se exercerá, enquanto se litigue sobre a validade do testamento, e, nos legados condicionais, ou a prazo, enquanto penda a condição, ou o prazo se não vença.

Direito comparado – Sem disposição correspondente na legislação comparada.

---

992 PIRES DE LIMA e ANTUNES VARELA. Obra citada, pp. 427-428.

COMENTÁRIO

O artigo 1.924 cogita de duas hipóteses nas quais o legado fica sobrestado: no caso de se litigar sobre a validade do testamento e na hipótese de legado condicional ou a prazo.

Em ocorrendo ação pleiteando a nulidade do testamento, não mais pode o legatário exercer o direito de pedir o legado. Para que o legatário volte a ter o direito de pedir o legado é essencial que a ação de nulidade do testamento tenha sido julgada improcedente, esgotados todos os recursos, de forma que a sentença definitiva tenha passado em julgado.

Nos caso de legados condicionais ou a prazo, enquanto penda a condição ou o prazo não se vença, não se deve entender, como faz supor a redação da lei, que não se possa transferir, desde logo, a propriedade do legado. Tudo dependerá da vontade do testador que, conforme vimos, tem absoluta liberdade de ação.[993]

Nesse sentido, a doutrina de Pontes de Miranda: "Seria gravíssimo erro dizer que o art. 1.691 (atual 1.924) postulou não se transferir, desde logo, nos legados condicionais ou a termo, a propriedade do legado. É matéria de autonomia do testador. Ele disporá o que quiser. Fará condicional, com transmissão, ou sem transmissão: naquele caso, teremos o fideicomisso; neste, o legado de condição suspensiva do direito de propriedade. Fará a termo, com transmissão, e será o ordinário, pela

---

[993] *"LEGADO – Bem imóvel – entrega ao legatário, antes de julgada a partilha nos autos do respectivo inventário – Admissibilidade, independentemente de caução ou anuência dos demais interessados.* É agravável de instrumento a decisão que, sem caução idônea ou, independentemente de sentença anterior, autoriza o recebimento, pelo legatário, dos bens que lhe foram deixados. A regra, segundo o art. 501 do Código Civil, é que o legatário deverá aguardar a partilha para receber o objeto do legado. Sua entrega antecipada, porém, poderá ser deferida tratando-se de bem imóvel, isso porque a transcrição do mesmo em nome do beneficiário tão-só se dará após a do formal de partilha, donde salvaguardados de todo e qualquer risco os demais interessados" (*RT*, 366: 149). Ver, ainda: *RT*, 119: 200; *RT*, 305: 199; *RT*, 366: 149; *RF*, 109: 411.

regra do art. 123 (atual art. 131),[994] constituindo legado a termo: ou sem transmissão no legatário, e será fideicomisso."[995]

O legatário é titular desse direito desde a morte do testador, mas o que fica "pendente" é a sua prerrogativa de pedir o legado, que não será exercida enquanto durar a condição ou o termo. Embora não possa exercer o direito de pedir a entrega do legado, pode exercer todos os atos conservatórios que julgar imprescindíveis para assegurar o recebimento do legado, no devido tempo.

Tanto a primeira quanto a segunda parte do referido artigo parecem ociosas porque o direito do legatário se funda no testamento e, se este é contestado e a contestação foi vitoriosa, atinge diretamente o direito do legatário.

A segunda parte também se revela despicienda na medida em que o princípio já se encontra regulado nos artigos 125 e 131. Diz o primeiro que, subordinando-se a eficácia do negócio jurídico à condição suspensiva, enquanto esta se não verificar, não se terá adquirido o direito, a que ele visa. Ora, se o legatário ainda não adquiriu o direito, não pode exercê-lo. Estatui o artigo 131 que o termo inicial suspende o exercício, mas não a aquisição do direito.

É o que o artigo 1.924 dispõe quanto ao legado condicional e a prazo.

Art. 1.925. O legado em dinheiro só vence juros desde o dia em que se constituir em mora a pessoa obrigada a prestá-lo.

Direito anterior – Art. 1.693 do Código Civil de 1916.

Art. 1.693. O legado em dinheiro só vence juros, desde o dia em que se constituir em mora a pessoa obrigada a prestá-lo.

---

994 *"Art. 131. O termo inicial suspende o exercício, mas não a aquisição do direito."*
995 PONTES de MIRANDA. F. C. Obra citada, p. 237.

Direito comparado – No Código Civil francês (art. 1.015).[996]

COMENTÁRIO

O artigo sob comento se refere tão-somente ao legado em dinheiro, não se aplicando a regra, por exemplo, ao legado de uma dívida de terceiro, consistente em dinheiro, com juros estipulados que, nesse caso, continuam a correr até integral pagamento, pertencendo ao legatário, como frutos da coisa legada.[997]

Para que vença juros o legado, dispõe o texto legal, é necessário que seja constituída em mora a pessoa obrigada a prestá-lo, ou seja, é fundamental que o legatário interpele judicialmente a pessoa obrigada a entregar o legado, para que se materialize a mora.

Art. 1.926. Se o legado consistir em renda vitalícia ou pensão periódica, esta ou aquela correrá da morte do testador.

Direito anterior – Art. 1.694 do Código Civil de 1916.

Art. 1.694. Se o legado consistir em renda vitalícia, ou pensão periódica, esta, ou aquela, correrá da morte do testador.

Direito comparado – No Código Civil português (art. 2.273).[998]

---

[996] "*Art. 1.015. Les intérêts ou les fruits de la chose leguée courront au profit du légataire, dès le jour du décès, et sans qu'il ait formé sa demande en justice:*
1º Lorsque le testateur aura expressément déclaré sa volonté, à cet égard, dans le testament;
2º Lorsqu'une rente viagère ou une pension aura été léguée à titre d'aliments."

[997] "*INVENTÁRIO – Legado em dinheiro – Pagamento, todavia, em apólices – Pretendido recebimento dos juros por elas produzidos – Inadmissibilidade – Questão regulada pelo art. 1.693 do Código Civil – Inexistência de constituição em mora do inventariante – Ação improcedente – Inteligência do dispositivo.* Julga-se improcedente ação para cobrança de juros de legado em dinheiro, se não houve constituição em mora do inventariante, segundo determina o art. 1.693 do Código Civil" (*RT*, 217: 477). Ver, ainda: *RT*, 217: 477; *RT*, 217: 211; Wilson Bussada. *Dir. Suc. Int. pelos Trib.*, vol. II, p. 731.

[998] "*Art. 2.273 (Legado de prestação periódica).*
1. Se o testador legar qualquer prestação periódica, o primeiro período corre desde a sua morte, tendo o legatário direito a toda a prestação respeitante a cada período, ainda que faleça no seu decurso.

COMENTÁRIO

A determinação de que a renda vitalícia ou a pensão periódica correm *desde a morte do testador* reafirma ideia soberana em matéria de legados, que a vontade do testador presume-se ter sido esta, dada a natureza da coisa legada, que não consiste em um capital, mas na prestação em dinheiro, ou em mercadoria.

"Determinando que o primeiro período da prestação corre desde a morte do testador", doutrinam os civilistas portugueses, "isto quer significar que o legatário dos dividendos de certo lote de ações ou dos rendimentos de certa adega terá direito logo à primeira distribuição de dividendos ou ao primeiro rendimento anual apurado na adega, embora os dividendos ou o rendimento respeitem a uma parte mais ou menos larga do ano, em que o direito do legatário ainda não exista.

Mas essa é a solução que a lei continua a considerar como correspondente à presuntiva vontade real do testador. E a solução vale, quer seja de anos, de meses ou de dias o período fixado pelo testador."[999]

> **Art. 1.927. Se o legado for de quantidades certas, em prestações periódicas, datará da morte do testador o primeiro período, e o legatário terá direito a cada prestação uma vez encetado cada um dos períodos sucessivos, ainda que venha a falecer antes do termo dele.**

2. O disposto no número anterior é aplicável ao legado de alimentos, mesmo que estes só venham a ser fixados depois da morte do testador.
3 .O legado só é exigível no termo do período correspondente, salvo se for a título de alimentos, pois, nesse caso, é devido a partir do início de cada período."

---
[999] PIRES DE LIMA e ANTUNES VARELA. Obra citada, p. 430.

Direito anterior – Art. 1.695 do Código Civil de 1916.

Art. 1.695. Se o legado for de quantidades certas, em prestações periódicas, datará da morte do testador o primeiro período, e o legatário terá direito a cada prestação, uma vez encetado cada um dos períodos sucessivos, ainda que antes do termo dele venha a falecer.

Direito comparado – No Código Civil português (art. 2.273) e no direito argentino (art. 3.793).

COMENTÁRIO

O legado de prestação periódica, conforme disposto no artigo antecedente, começa a correr da data da morte do testador. O artigo 1.927 determina o início do primeiro período, no caso de o testador não o ter fixado; ou seja, no princípio de cada período o legatário vivo e capaz adquire o direito à prestação por inteiro.

Assim, exemplificadamente: "O testador ordena ao herdeiro que dê a José R$ 500,00 todos os meses e morre no dia 10 de fevereiro. Neste mesmo dia José adquire o direito de haver a primeira prestação de R$ 500,00; em 10 de março, e todos os meses sucessivamente, em igual data, adquire o direito a igual quantia. Mas, se o legatário morre, por exemplo, em 9 de outubro, a mesada que devia ser paga a 10 deste mês não é devida aos herdeiros de José, precisamente porque, tendo morrido antes de iniciado o período, o legado desta mesada, assim como das sucessivas, se extinguiu definitivamente."[1000]

Na mesma linha de pensamento: se no dia 15 de fevereiro vem a morrer o legatário José, este adquiriu o direito à prestação, ou, no caso em tela, direito à mesada integral de R$ 500,00, cujo período começou no dia 9.

1000 CARVALHO SANTOS, J. M. de. Obra citada, vol. 23, p. 454.

A regra examinada aplica-se igualmente aos legados consistentes em renda vitalícia ou pensão periódica (art. 1.926), deixadas ou não a título de alimentos.

O que o artigo determina é que o legatário adquire o direito à totalidade de cada prestação, uma vez encetado cada um dos respectivos períodos.

Art. 1.928. Sendo periódicas as prestações, só no termo de cada período se poderão exigir.

Parágrafo único. Se as prestações forem deixadas a título de alimentos, pagar-se-ão no começo de cada período, sempre que outra coisa não tenha disposto o testador.

Direito anterior – Art. 1.696 do Código Civil de 1916.

Art. 1.696. Sendo periódicas as prestações, só no termo de cada período se poderão exigir.

Parágrafo único. Se, porém, forem deixadas a título de alimentos, pagar-se-ão no começo de cada período, sempre que o contrário não disponha o testador.

Direito comparado – No Código Civil português (art. 2.273).

COMENTÁRIO

Ainda uma vez o legislador repete a presunção do testador, considerando ser de maior conveniência para o onerado fazer o pagamento no vencimento do período, presunção que, de resto, é confirmada pelo princípio geral de direito, segundo o qual, na dúvida, se entende o termo aposto a favor do devedor.

Nada impede, porém, que o testador disponha contrariamente determinando que o legado seja exigível no começo do período ou no meio de seu curso. Assim, a título de exemplo, se o testador lega a **X** a quantia de R$ 500,00 por mês, a exigibilidade do pagamento pode ser fixada para o dia 1º de cada mês, assim como para o dia 5, ou 10, ou qualquer outro dia. Só no caso de falta de inequívoca e expressa declaração do testador é que prevalece a fixação mais favorável ao devedor, ou seja, o último dia do mês, e por isso é que a lei a estabeleceu aqui como norma supletiva da vontade do testador.

O parágrafo único abre exceção à regra geral, além da já mencionada, resultante da declaração expressa do testador, quanto às prestações periódicas deixadas a título de alimentos, já que a alimentação é de necessidade cotidiana, para a satisfação da qual mister se faz ter os meios necessários.

Art. 1.929. Se o legado consiste em coisa determinada pelo gênero, ao herdeiro tocará escolhê-la, guardado o meio-termo entre as congêneres da melhor e pior qualidade.

Direito anterior – Art. 1.697 do Código Civil de 1916.
Art. 1.697. Se o legado consiste em coisa determinada pelo gênero, ou pela espécie, ao herdeiro tocará escolhê-la, guardando, porém, o meio-termo entre as congêneres da melhor e pior qualidade.

Direito comparado – No Código Civil francês (art. 1.022)[1001] e no Código Civil português (art. 2.266).[1002]
No direito argentino (art. 3.756).

1001 *"Lorsque le legs sera d'une chose indéterminée, l'héritier ne sera pas obligé de la donner de la meilleure qualité, et il ne pourra l'offrir de la plus mauvaise."*
1002 *"Art. 2.266 (Cumprimento do legado de coisa genérica).*
1. Quando o legado for de coisa indeterminada pertencente a certo gênero, cabe a escolha dela a quem deve prestá-la, excepto se o testador tiver atribuído a escolha ao próprio legatário ou a terceiro.
2. No silêncio do testador, a escolha recairá sobre coisas existentes na herança, salvo se não se encontrar nenhuma do gênero considerado e o legado for válido nos termos do artigo 2.253; o legatário pode escolher a coisa melhor, a não ser que a escolha verse sobre coisas não existentes na herança.

COMENTÁRIO

Embora resgatando a ideia de o legado ser determinado, o que lhe garante validade no âmbito da sucessão testamentária, para que se cumpra é fundamental que se individualize a coisa que só foi determinada pelo gênero, ou pela espécie.

Disso se ocupa o artigo sob comento.

E a regra dominante é a mesma que informa as obrigações de gênero estipuladas mediante contrato, isto é, a escolha compete ao devedor; ao "herdeiro", diz a lei, mas em verdade está a se referir ao onerado, que poderá ser tanto o herdeiro quanto o legatário se ele for gravado com um legado dessa natureza.

Seguindo a sistemática das obrigações de dar coisa incerta (art. 244),[1003] o legislador limita o arbítrio ilimitado na escolha utilizando como parâmetro o critério do meio-termo, isto é, nem oferecer a coisa da pior qualidade, nem obrigado a entregar, no caso de lhe ser exigida, a coisa de melhor qualidade.

No mesmo sentido já se posicionara o Código Civil português de 1867, nos seus artigos 1.827 e 1.828. Na primeira das disposições se prescrevia que, quando o legado fosse de coisa indeterminada, compreendida entre outras da mesma espécie, pertenceria a escolha dela a quem devesse prestá-la, devendo a escolha ser regulada por *um termo médio*. E o artigo 1.812 completava aquele preceito, determinando que,

---

3. As regras dos artigos 400 e 542 são aplicáveis, com as necessárias adaptações, ao legado de coisa genérica, quando não estejam em oposição com o disposto nos números antecedentes."

1003 *"Art. 244. Nas coisas determinadas pelo gênero e pela quantidade, a escolha pertence ao devedor, se o contrário não resultar do título da obrigação; mas não poderá dar a coisa pior, nem será obrigado a prestar a melhor."*

no caso de a escolha ser atribuída ao legatário por disposição expressa do testador, escolheria o contemplado, entre as coisas da mesma espécie, *a que bem lhe parecesse*, e, se não houvesse coisa alguma da mesma espécie, caberia ao herdeiro escolher a coisa que houvesse de prestar, e que não seria nem da melhor nem da pior qualidade.

Agora, em disposição unitária (art. 2.266) e relativamente ao critério de escolha, "o fato essencial a ter em linha de conta é o de saber se há ou não na herança coisas do gênero a que o legado se refere. No caso afirmativo, o onerado a quem caiba o cumprimento do legado escolherá como entender; e, se a escolha, por determinação do testador, competir ao próprio legatário (credor), escolherá este a que melhor lhe aprouver. Não havendo coisas do gênero legado na herança, importa apurar se o legado é ou não válido (...) Ao regular agora a matéria, embora apurando a distinção básica entre gênero e espécie da coisa que deve ser prestada, o artigo 2.266 do novo Código manteve as duas ideias fundamentais que vêm da legislação anterior".[1004]

A mesma tendência encontrável na legislação estrangeira – quanto ao critério do meio-termo – é mantida pelo novo Código Civil brasileiro. E se o meio-termo é a regra, o legatário pode impugnar a escolha, se esta recair em coisa da pior qualidade, podendo recorrer ao Judiciário para compelir o devedor a fazer a escolha da qualidade média.

A escolha imposta ao devedor, no artigo 1.919, depende de condição, como se depreende da leitura do *caput* do dispositivo: "*Se o ...*" A *contrario sensu,* a escolha pode ser conferida ao legatário, situação na qual não mais prevalece a regra do artigo sob análise, mas, sim, o disposto no artigo 1.931. O testador poderá dispor diversamente, atri-

---

1004 PIRES DE LIMA e ANTUNES VARELA. Obra citada, p. 421.

buindo ao legatário ampla liberdade de escolher, podendo este escolher *a melhor coisa que houver na herança*. Nesse caso, prevalece a vontade do testador, não mais se aplicando o preceito do artigo 1.929.

Art. 1.930. O estabelecido no artigo antecedente será observado, quando a escolha for deixada a arbítrio de terceiro; e, se este não a quiser ou não a puder exercer, ao juiz competirá fazê-la, guardado o disposto na última parte do artigo antecedente.

Direito anterior – Art. 1.698 do Código Civil de 1916.
Art. 1.698. A mesma regra observar-se-á quando a escolha for deixada a arbítrio de terceiro; e, se este a não quiser, ou não puder exercer, ao juiz competirá fazê-la, guardando o disposto no artigo anterior, última parte.

Direito comparado – No Código Civil português (art. 2.266).

COMENTÁRIO

O disposto no artigo sob análise poderia ter sido, tranquilamente, inserido em inciso paralelo à disposição do artigo 1.929, a exemplo do recurso empregado pelo novo Código Civil português, que, em manifesta melhor técnica, englobou toda a matéria do legado de coisa determinada pelo gênero ou pela espécie em um só artigo. O legislador nacional perdeu excelente oportunidade de melhor sistematizar o tema e, certamente, viu-se compelido a reportar-se ao artigo antecedente ("... *o estabelecido no artigo antecedente... / ... guardado o disposto na última parte do artigo antecedente*").

Duas vezes, pois, teve o legislador de referir-se ao *artigo antecedente*, o que seria totalmente desnecessário se tivesse revisto o artigo em questão.

O testador pode – dentro da ideia da vontade soberana de disposição que domina o ambiente da sucessão testamentária – conferir a um terceiro a faculdade de escolher, desde que o faça de modo expresso. E esse terceiro, a quem foi confiada a escolha, terá os mesmos poderes que a lei confere ao devedor, ou seja, não tem arbítrio na escolha, já que não pode ser obrigado a escolher o melhor, assim como não pode optar pelo pior.

Ao terceiro – é o que a lei repete com ênfase – a margem de escolha também deve verificar-se no campo das coisas de valor médio.

Mas a lei prevê uma hipótese contrária à vontade do testador: o fato de o terceiro designado não querer ou não poder fazer a escolha. Nesse caso a escolha recairá sobre a pessoa do juiz do inventário ou da execução do testamento, que ficará obrigado a respeitar a mesma regra, a saber, a guardar o meio-termo entre as coisas de pior e da melhor qualidade.

Da mesma forma – embora o Código tenha sido omisso a respeito da hipótese – competirá ao juiz a escolha, quando o testador tiver designado diversas pessoas para fazê-la e estas não concordarem sobre o objeto a ser entregue como legado. Não seria possível – por não haver fundamento jurídico – obrigar o legatário a aceitar a coisa escolhida por um só, quando esta, por vontade do testador, deveria ser escolhida por todos.

Art. 1.931. Se a opção foi deixada ao legatário, este poderá escolher, do gênero determinado, a melhor coisa que houver na herança; e, se nesta não existir coisa de tal gênero, dar-lhe-á de outra congênere o herdeiro, observada a disposição na última parte do art. 1.929.

Direito anterior – Art. 1.699 do Código Civil de 1916.
Art. 1.699. Se a opção foi deixada ao legatário, este poderá escolher, do gênero, ou espécie, determinados, a melhor coisa, que houver na herança; e, se

nesta não existir coisa de tal espécie, dar-lhe-á de outra congênere o herdeiro, observada a disposição do art. 1.697, última parte.

Direito comparado – No Código Civil português (art. 2.266) e no direito argentino (art. 2.757).

COMENTÁRIO

O disposto no artigo sob comento reproduz, de certa forma, a previsão legal dos artigos antecedentes (por isso, repita-se, o legislador português absorveu toda a matéria em um só artigo, com três incisos). A novidade apresentada pela hipótese agora estampada é a necessidade de se distinguir entre a coisa encontrar-se ou não na herança.

Na hipótese de encontrar-se na herança, o legatário poderá escolher a melhor coisa que houver na herança, dentre as do gênero, ou espécie, determinados. E a razão é tão óbvia que desmerece maiores comentários: se o testador assim dispõe é porque revela, de modo inequívoco, querer que qualquer das coisas do seu patrimônio, que agrade ao legatário, lhe deve ser entregue.

Como a lei dispõe, expressamente, sobre a escolha *"da melhor coisa que houver na herança"*, abre ao legatário a possibilidade de escolher qualquer coisa do testador, embora em poder de outrem, mesmo que em depósito, locação, ou outro qualquer título. O legatário tem o direito de exigir que todas a coisas lhe sejam apresentadas, para decidir com conhecimento de causa. Logo, a escolha pressupõe multiplicidade de objetos.[1005]

1005 *"INVENTÁRIO – Cláusula testamentária: jóias – Legatária com direito de preferência na escolha.* Se a testadora entregou a escolha a uma das legatárias, foi porque quis aquinhoá-la com uma jóia de sua preferência, certamente a melhor ou a que ela escolhesse. Assim dispondo, estabeleceu uma diferença entre o seu legado e os das demais legatárias, que receberiam os

Assim, se das coisas pertencentes ao gênero, ou espécie legada, só existe uma no patrimônio do testador, não pode se aplicar o preceito do artigo sob comento, porque não se trata de obrigação de gênero, mas de coisa determinada. Esta única coisa será entregue pelo devedor ao legatário.

Na segunda hipótese, ou seja, se na herança não existir a coisa, o devedor é obrigado a adquiri-la, de qualidade média, não podendo, em tal caso, embora lhe pertença a escolha, exigir o legatário a melhor.

Art. 1.932. No legado alternativo, presume-se deixada ao herdeiro a opção.

Direito anterior – Art. 1.700 do Código Civil de 1916.
Art. 1.700. No legado alternativo, presume-se deixada ao herdeiro a opção.

Direito comparado – No Código Civil português (art. 2.267).[1006]
No direito argentino (art. 3.758) e no direito uruguaio (art. 922).

COMENTÁRIO

O dispositivo se ocupa, na realidade, das obrigações alternativas, guindadas ao terreno do direito sucessório. Nesse sentido é possível afirmar, com Bevilacqua, que a disposição é ociosa, "já que não muda a natureza da obrigação por ser sua causa o legado, e não o contrato".[1007]

---

seus valores iguais. Não há, assim, como se exigir da legatária à qual foi dada a preferência a reposição do que recebeu a mais, segundo a vontade da testadora. Por tais motivos, deu-se provimento ao recurso, para reformar o despacho. In: Rev. Trim. de Jur. dos Estados, vol. 5, pp. 313-314.

1006 *"Art. 2.267 (Cumprimento dos legados alternativos).*
 Os legados alternativos estão sujeitos ao regime, devidamente adaptado das obrigações alternativas."
1007 BEVILACQUA, C. *Código Civil dos Estados Unidos do Brasil*, vol. II, p. 892.

A hipótese sob comento refere-se ao legado que tem por objeto duas ou mais coisas deixadas disjuntivamente, de sorte que apenas uma delas deve ser legada. Daí a necessidade de opção, que pode ser atribuída pelo testador ao legatário, a terceiro, ou ao próprio herdeiro, ou devedor do legado. O artigo pressupõe a omissão da vontade do testador quanto ao direito de opção, presumindo a lei que, na hipótese de nada se ter esclarecido a respeito de a quem toca o direito de optar, deve ser deixada a opção ao herdeiro.

Na realidade – e, talvez, cioso de uma preocupação de coerência sistemática – a solução dada pelo Código é a mesma que o sistema codificado dá no caso da obrigação alternativa convencional, quando estabelece que a escolha pertencerá ao devedor, se não for expressamente conferida ao credor.

Vejamos o que dispõe o artigo 252 do novo Código Civil: *"Nas obrigações alternativas, a escolha cabe ao devedor, se outra coisa não se estipulou."*

Por isso, o novo Código Civil português, de forma precisa o objetiva, remete a matéria – acertadamente – ao regime das obrigações alternativas (art. 2267). "Havendo na Parte Geral do Direito das Obrigações a definição dum regime bastante complexo e criterioso (...) das obrigações com prestação alternativa e nenhuma razão existindo para não se estender aos legados alternativos, com as devidas adaptações, o regime específico das obrigações com prestação alternativa, o artigo 2.267 limitou-se, muito sóbria e prudentemente, a remeter essas disposições do regime geral do direito das obrigações, com os ajustamentos adequados, à regulamentação dos legados alternativos."[1008]

1008 PIRES de LIMA e ANTUNES VARELA. Obra citada, p. 422.

O mesmo poder-se-ia afirmar em relação à realidade brasileira. Isto é, ao onerado ou devedor, aplicam-se as regras firmadas quanto ao devedor de obrigações alternativas nos artigos 252 a 256, feitas e guardadas as devidas adaptações.

Evidentemente, o mesmo critério (anteriormente examinado) quanto ao não querer ou não poder optar aplica-se extensivamente à situação prevista pelo artigo sob análise; ou seja, aplica-se a regra firmada para os legados do gênero: ao juiz caberá optar.

Art. 1.933. Se o herdeiro ou legatário a quem couber a opção falecer antes de exercê-la, passará este poder aos seus herdeiros.

Direito anterior – Art. 1.701 do Código Civil de 1916.

Art. 1.701. Se o herdeiro, ou legatário, a quem couber a opção, falecer antes de exercê-la, passará este direito aos seus herdeiros.

Parágrafo único. Uma vez feita, porém, a opção é irrevogável.

Direito comparado – No Código Civil português (art. 2.268).[1009]

COMENTÁRIO

O Código Civil de 1916, no artigo 1.701, reproduziu, de certa forma, os princípios dominantes no antigo artigo 1830 do Código Civil português, de 1867, que dispunha efetivamente que, não podendo o herdeiro ou o legatário fazer a escolha, nos casos em que ela lhes é atribuída,

---

1009 *"Art. 2.268 (Transmissão do direito de escolha).*
Tanto no legado de coisa genérica como no legado alternativo, se a escolha pertencer ao sucessor onerado ou ao legatário, e um ou outro falecer sem a ter efectuado, transmite-se esse direito aos seus herdeiros."

passaria esse direito os seus herdeiros, mas que, uma vez efetuada, a escolha seria irrevogável.

A transmissão do direito de escolha aos sucessores do legatário se justificaria pela mesma razão que legitimava a sucessão no direito de aceitar ou repudiar a herança.

É a lógica que dominou o espírito do legislador de 1916 e, agora, o dispositivo reproduzido no artigo 1933: o direito de opção conferido ao herdeiro ou legatário é transmissível por herança, passa aos herdeiros de um ou outro, porque, não sendo inerente à pessoa do seu titular, pode perfeitamente transmitir-se aos seus sucessores universais. Nada obsta, entretanto, que o testador disponha em contrário, determinando ser pessoal a escolha ou opção. Nesse caso terá aplicação a regra do artigo em questão, prevalecendo a disposição testamentária.

De forma estranha e sem razão plausível, o novo dispositivo legislativo suprimiu o parágrafo único que dispunha sobre a irrevogabilidade da opção. E a irrevogabilidade é incontestável, uma vez que, feita a escolha, adquire o legatário ou o herdeiro (ou, excepcionalmente, o juiz) o direito de liberar-se da obrigação, que passou a ser de coisa determinada, e, pois, passível de entrega.

Art. 1.934. No silêncio do testamento, o cumprimento dos legados incumbe aos herdeiros e, não os havendo, aos legatários, na proporção do que herdaram.

Parágrafo único. O encargo estabelecido neste artigo, não havendo disposição testamentária em contrário, caberá ao herdeiro ou legatário, incumbido pelo testador da execução do legado; quando indicados mais de um, os onerados dividirão entre si o ônus, na proporção do que recebam da herança.

Direito anterior – Art. 1.702 do Código Civil de 1916.

Art. 1.702. Instituindo o testador mais de um herdeiro, sem designar os que hão de executar os legados, por estes responderão, proporcionalmente ao que herdarem, todos os herdeiros instituídos.

Direito comparado – No Código Civil francês (art. 1.017).[1010]
No direito argentino (art. 3.776).

COMENTÁRIO

O exame dos artigos anteriores e a análise das eventuais novas redações inseridas pelo legislador no novo Código Civil nos conduz à constatação que muito pouco se inovou em matéria de legados, reproduzindo-se o texto do Código Civil de 1916, com brevíssimas alterações de redação.

Com relação ao artigo 1.934, porém, vale a ressalva que o dispositivo não tem paralelo no direito positivo vigente "que determina uma extensão na lista dos que estão obrigados ao cumprimento dos legados, nela incluindo os próprios legatários, na proporção de suas respectivas deixas testamentárias."[1011]

O novo dispositivo é claro, os herdeiros e os legatários podem ser onerados por legados e, se o testador não determina a parte que onera a cada uma das pessoas a quem ordena o pagamento do legado, entende-se que distribuiu o encargo entre todos, proporcionalmente às vantagens recebidas ("... *na proporção do que herdaram*").

1010 *"Art. 1.017. Les héritiers du testateur, ou autres débiteurs d'un legs, seront personnellement tenus de l' acquitter, chacun au prorate de la parte et portion dont ils profiteront dans la succession.*
Ils en seront tenus hypothécairement pour le tout, jusqu'à concurrence de la valeur des immeubles de la succession dont ils seront détenteurs."
1011 CAHALI, F. J. e HIRONAKA, G. M. F. N. Obra citada, p. 429.

Se vários são os herdeiros – "... *quando indicados mais de um"* –, dispõe o parágrafo único, sem designação dos que hão de executar os legados (*"não havendo disposição testamentária em contrário"*), cada um deles fica obrigado a satisfazê-los na proporção da cota que lhe couber.

Se indicados mais de um, diz o texto legal, o ônus será dividido entre todos, na proporção do que receberam da herança.

Como, porém, o dispositivo refere-se à hipótese de *disposição testamentária em contrário,* o testador pode impor particularmente a um ou alguns dos herdeiros a obrigação de satisfazer o legado. Já era esse o princípio estampado no artigo 1.702, agora, repetido pelo texto do artigo 1.934.

Art. 1.935. Se algum legado consistir em coisa pertencente a herdeiro ou legatário (art. 1.913) só a ele incumbirá cumpri-lo, com regresso contra os co-herdeiros, pela cota de cada um, salvo se o contrário expressamente dispor o testador.

Direito anterior – Art. 1.704 do Código Civil de 1916.
Art. 1.704. Se algum legado consistir em coisa pertencente a herdeiro ou legatário (art. 1.679), só a ele incumbirá cumpri-lo, com regresso contra os co-herdeiros, pela cota de cada um, salvo se o contrário expressamente dispôs o testador.

Direito comparado – Sem disposição equivalente na legislação francesa. No Código Civil português de 1867, havia previsão semelhante no artigo 1.847.

COMENTÁRIO

O artigo faz expressa remissão ao disposto no artigo 1.913, ou seja, quando o herdeiro ou legatário não cumpre o legado de coisa de sua propriedade, entregando-a a outrem, entende-se que renunciou à herança, ou ao legado.

Mas diz, ainda, que *só a ele incumbirá cumpri-lo,* determinando que o valor da coisa não se subtrai ao valor da herança. O testador impõe ao herdeiro ou legatário entregar a própria coisa, restando-lhe apenas o direito de haver, em compensação do valor dela, a quantia correspondente em dinheiro, ou em outros bens, nos termos que o Código estabelece.

Assim, a) regresso contra os co-herdeiros: presume-se que, entregando a própria coisa, o herdeiro ou legatário devam ser compensados do desfalque que sofreram em seu patrimônio, garantindo-lhes a lei ação regressiva contra os co-herdeiros, para haver de cada um a sua respectiva cota, de acordo com a proporcionalidade estabelecida no artigo 1.934; b) disposição expressa em contrário do testador: não ocorrendo manifestação expressa da vontade do testador, em contrário, prevalece a regra firmada no artigo sob análise.

Art. 1.936. As despesas e os riscos da entrega do legado correm à conta do legatário, se não dispuser diversamente o testador.

Direito anterior – Art. 1.705 do Código Civil de 1916.
Art. 1.705. As despesas e os riscos da entrega do legado correm por conta do legatário, se não dispuser diversamente o testador.

Direito comparado – No Código Civil português (art. 2.275).[1012]
No direito argentino (art. 3.767).

1012 *"Art. 2.275 (Despesas com o cumprimento do legado).*
As despesas feitas com o cumprimento do legado ficam a cargo de quem deva satisfazê-lo."

COMENTÁRIO

O princípio segundo o qual os ônus devem recair sobre quem colhe as vantagens não é de aceitação pacífica no direito comparado. Exemplo disso é o direito francês que, no artigo 1.016, dispõe, exatamente, em sentido contrário.[1013]

O dispositivo legal afasta qualquer dúvida quanto à postura do legislador nacional: quem responde, de modo geral, pelo cumprimento dos legados é a herança, com todas as suas forças. Mas quem deve suportar as despesas e os riscos da entrega do legado é a pessoa que especificadamente deve satisfazê-lo e que tanto pode ser o conjunto dos herdeiros (já que a lei prevê disposição diversa do testador) como pode ser o próprio legatário.[1014]

As despesas a que alude o texto legal são todas aquelas que se fazem necessárias e não, certamente, as supérfluas. Assim, "se o herdeiro utiliza-se de um meio de transporte mais caro, sem necessidade, e sem anuência do legatário, quando outro mais barato e de tanta segurança existia, de modo a ser aproveitado com eficiência, certo o legatário poderá opor-se ao pagamento do excedente, verdadeiramente supérfluo".[1015]

Igualmente os riscos, dispõe o artigo em questão, isto é, os riscos oriundos tanto de caso fortuito quanto de força maior. Mas, se o obrigado responde pela entrega do legado, claro que responde igualmente pelos riscos ocorridos por culpa sua e ainda pelos de força maior, desde

---

1013 "*Art. 1.016. Les frais de la demande en délivrance seront à la charge de la succession, sans néanmoins qu'il puisse en résulter de réduction de la réserve légale.*"
1014 Ver, nesse sentido: *RT*, 152: 341; *RT*, 256: 213; *RT*, 111: 300; *RF*, 172: 326.
1015 CARVALHO SANTOS, J. M. Obra citada, p. 481.

que esteja em mora, salvo se provar que os mesmos ocorreriam ainda que a coisa fosse oportunamente entregue, como dispõe o artigo 399.[1016]

Considerando que correm por conta do legatário as despesas, é certo que o onerado pode exigir o pagamento prévio das despesas já desembolsadas, para que entregue o legado. E, implicitamente – como bem reconheceu Pontes –, a ele se reconhece o direito de retenção.[1017]

Art. 1.937. A coisa legada entregar-se-á, com seus acessórios, no lugar e estado em que se achava ao falecer o testador, passando ao legatário com todos os encargos que a onerarem.

Direito anterior – Art. 1.706 do Código Civil de 1916.

Art. 1.706. A coisa legada entregar-se-á, com os seus acessórios, no lugar e estado em que se achava ao falecer o testador, passando ao legatário com todos os encargos, que a onerarem.

Direito comparado – No Código Civil francês (art. 1.018)[1018] e no Código Civil português (art. 2.270).[1019]

COMENTÁRIO

Ainda uma vez o legislador reafirma o princípio geral segundo o qual o acessório segue o principal. Por acessórios entendem-se as

---

1016 "*Art. 399. O devedor em mora responde pela impossibilidade da prestação, embora essa impossibilidade resulte de caso fortuito ou de força maior, se estes ocorrerem durante o atraso; salvo se provar isenção de culpa, ou que o dano sobreviria ainda quando a obrigação fosse oportunamente desempenhada.*"
1017 PONTES DE MIRANDA, F. C. Obra citada, p. 301.
1018 "*Art. 1.018. La chose léguée sera délivrée avec les accessoires nécessaires, et dans l'état où elle se trouvera au jour du décès du donateur.*"
1019 "*Art. 2.270 (Entrega do legado).*
Na falta de declaração do testador sobre a entrega do legado, esta deve ser feita no lugar em que a coisa legada se encontrava ao tempo da morte do testador e no prazo de um ano a contar dessa data, salvo se por fato não imputável ao onerado se tornar impossível o cumprimento dentro desse prazo; se, porém, o legado consistir em dinheiro ou em coisa genérica que não exista na herança, a entrega deve ser feita no lugar onde se abrir a sucessão, dentro do mesmo prazo."

coisas sem as quais o objeto principal do legado não poderia servir ao seu uso ordinário, ou o legatário não poderia fazer valer o seu direito, tornando-se incompleto.

Tais são, por exemplo, os animais, que fazem parte de uma exploração agrícola, os instrumentos e pertences de uma fábrica, a biblioteca de um advogado em relação ao seu escritório de advocacia etc. As servidões, as hipotecas e outros ônus reais acompanham a coisa legada.[1020]

O acessório deixaria de ser devido no caso de vir a perecer a coisa principal legada? A resposta afirmativa se impõe, quando o perecimento do objeto principal verificar-se em vida do testador. Caso contrário, se o perecimento ocorreu após a morte do testador, o legatário pode reclamar o acessório, já que constitui uma parte do seu legado.

O legado é entregue no lugar designado, expressa ou tacitamente, pelo testador. Na falta de indicação, será entregue, com seus acessórios, no lugar e estado em que se achava ao falecer o testador.

Vale distinguir as hipóteses de acordo com a espécie de legado. Na primeira hipótese, ou seja, quando se tratar de legado de coisa e se esta abranger mais de um lugar, deve ser entregue onde estiver a maior parte, ou em todos lugares, até que se complete, de modo que, se da coisa a maior parte estiver no lugar **X** é aí que se reclamará.

Na segunda hipótese, no legado de gênero, ou quantidade, não se aplica a regra do art. 1.937, na parte que se refere ao lugar, pois, nesse caso, o legado solve-se no lugar em que legalmente se pede ao herdeiro.

1020 *"INVENTÁRIO – Testamento – Bem hipotecado – Transferência do ônus para bem de propriedade de outro legatário – Inadmissibilidade – Gravame que o acompanha na falta de liberação pelo testador. Aplicação dos arts. 849 a 851 e 1.706 do CC. A hipoteca acompanha o legado, não sendo admissível a transferência do ônus para outro bem de propriedade do testador, pois o legatário deve receber a coisa no estado em que se encontrar por ocasião do falecimento do testador"* (*RT*, 616: 50). Ver, ainda: *RT*, 417: 352. Wilson Bussada. *Dir. Suc. Int. pelos Trib.*, vol. II, p. 1.293.

Refere-se, ainda, o texto legal ao "estado" ("... *estado em que se achava ao falecer o testador...*"), porque somente na data do falecimento do testador é que as disposições testamentárias produzirão efeito, conferindo ao legatário o direito de exigir o legado. Até a data da abertura da sucessão a coisa pertence ao testador, que, na qualidade de proprietário do bem, dá-lhe a destinação que bem entender, podendo mudar a forma, acrescentar ou diminuir a substância. Nessa ótica, compete ao legatário suportar as alterações, ou deteriorações que possam ocorrer na coisa legada, seja em decorrência da vontade do testador, seja independente de sua vontade (caso fortuito).

Mas, assim como é obrigado a suportar os eventuais ônus, também é beneficiado com os acréscimos que se verificar por causas naturais, como, por exemplo, a ocorrência de aluvião, que vem aumentar o bem legado. Regra aplicável para toda coisa certa, determinada e individuada.

Se o testador é autônomo e soberano na destinação do seu patrimônio, não resta a menor dúvida que a modificação do bem legado, sem revogação do bem legado, implica entrega do mesmo no estado em que se encontra no momento da abertura da sucessão. Exemplificadamente, se o terreno, antes arrendado, se transformou em cultura de soja, vale o legado na sua nova conformação.

Igualmente, se o imóvel sofreu alterações – melhoramento ou embelezamento –, entregar-se-á com sua nova conformação. E, por extensão, eventuais construções feitas no terreno ou prédio legado entendem-se como integrante do principal.

Passando ao legatário com todos os encargos, dispõe a lei, em manifesta afirmação do princípio geral que a sucessão acarreta não só vantagem (ativo) mas, igualmente, comprometimento dos ônus (passivos representados pelos encargos). Mas não é só isso, é, também, a ideia, novamente, de que o acessório segue o principal.

Com efeito, os encargos a que se refere a lei são aqueles que gravam a própria coisa, como o penhor, a hipoteca, o usufruto, a servidão, e não, certamente, as obrigações pessoais do testador que, como já vimos, ainda que derivadas da coisa, ficam a cargo da herança.

Se o testador legou a coisa com encargo a onerá-la, presume-se que deixou o bem objeto de legado onerado, de forma que, ao legatário, caberá suportar o ônus. Assim, se o testador lega um prédio gravado de usufruto, uso ou habitação, cabe ao legatário suportá-los, de forma que não usufruirá a plena propriedade do imóvel. Se, porém, o encargo não é inerente à coisa legada, mas trata-se de um débito pessoal que diminui o patrimônio hereditário – *uti universitas* –, por ele não responderá o legatário, mas o herdeiro.

Art. 1.938. Nos legados com encargo, aplica-se ao legatário o disposto neste Código, quanto às doações de igual natureza.

Direito anterior – Art. 1.707 do Código Civil.

Art. 1.707. Ao legatário, nos legados com encargo, se aplica o disposto no art. 1.180.

Direito comparado – Sem previsão legal nas legislações francesa e portuguesa.

COMENTÁRIO

O dispositivo constante no Código Civil de 1916 reportava-se expressamente à matéria das doações (art. 1.180, atual art. 553), partindo do pressuposto que o legado é uma doação feita em testamento. Se está onerado com encargo, deve cumprir-se, como na doação, se for em benefício de terceiro, ou de interesse geral. Por isso o legislador de

1916 invocava o artigo 1.180 (atual art. 553) porque ali se dispõe que *"o donatário é obrigado a cumprir os encargos da doação, caso forem a benefício do doador, de terceiro, ou do interesse geral"*.

Da mesma forma como o donatário é obrigado a cumprir os encargos, na mesma obrigação incorre o legatário, aplicando-se, por analogia, o disposto no Código Civil quanto às doações.

Seção III
Da Caducidade dos Legados

Art. 1.939. Caducará o legado:

I – se, depois do testamento, o testador modificar a coisa legada, ao ponto de já não ter a forma nem lhe caber a denominação que possuía;

II – se o testador, por qualquer título, alienar no todo ou em parte a coisa legada; nesse caso, caducará até onde ela deixou de pertencer ao testador;

III – se a coisa perecer ou for evicta, vivo ou morto o testador, sem culpa do herdeiro ou legatário incumbido do seu cumprimento;

IV – se o legatário for excluído da sucessão, nos termos do art. 1.815;

V – se o legatário falecer antes do testador.

Direito anterior – Art. 1.708 do Código Civil de 1916.
Art. 1.708. Caducará o legado:
I – Se, depois do testamento, o testador modificar a coisa legada, ao ponto de já não ter a forma, nem lhe caber a denominação, que tinha.
II – Se o testador alienar, por qualquer título, no todo ou em parte, a coisa legada. Em tal caso, caducará o legado, até onde ela deixou de pertencer ao testador.

III – Se a coisa perecer, ou for evicta, vivo ou morto o testador, sem culpa do herdeiro.
IV – Se o legatário for excluído da sucessão nos termos do art. 1.595.
V – Se o legatário falecer antes do testador.

Direito comparado – No Código Civil francês (arts. 1.039-1.043)[1021] e no direito argentino (art. 3.803).

Leitura complementar:
BUFFELAN-LANORE, Y. *Essai sur la notion de caducité des actes juridiques em droit civil français* (Thèse). Paris, 1963; COLOMER, A. *La révocation tacite d'um testament olographe.* In: R. Défrenois, 1985, art. 33.507; SAVATIER, R. *De la destruction et de la lacération d'un testament olographe.* In: R. Défrenois, 1937, art. 24.979; SOUZA, Rabindranath Capelo de. *Lições de Direito das Sucessões.* Coimbra: Editora Coimbra, 2000; VOIRIN, P. *Evolution de la cause des libéralités postérieurement à la donnation ou au testament.* In: Études Henri Capitant. Paris, 1982; WAYMEL, J. P. *Les formes du testament olographe et le maintien de ces formes jusqu`au decès du testateur* (Thèse). Paris, 1963.

COMENTÁRIO

Caducar é perder a eficácia, decair, ficar sem efeito, inutilizar-se. Caducidade do legado é, pois, a inutilização do mesmo por moti-

---

[1021] "Art. 1.039. Toute disposition testamentaire sera caduque, se celui en faveur de qui elle est faite n'a pas survécu au testateur."
"Art. 1.040. Toute disposition testamentaire faite sous une condition dépendante d'un événement incertain et telle que, dans l'intentioin du testateur, cette disposition ne doive être ecécutée qu'autant que l'événement arrivera ou n'arrivera pas, sera caduque, si l'héritier institué ou légataire décède avant l'accomplissement de la condition."
"Art. 1.041. La condition qui, dans l'intention du testateur, ne fait que suspendre l'exécution de la disposition, n'empêchera pas l'héritier institué, ou le légataire, d'avoir un droit acquis et transmissible à ses héritiers."
"Art. 1.042. Le legs sera caduc, si la chose léguée a totalement péri pendant la vie du testateur. Il en sera de même, si elle a péri depuis sa mort, sans le fait et la faute de l'héritier, quoique celui-ci ait été mis en retard de la délivrer, lorsqu'elle eût également dû périr entre les mains du légataire."
"Art. 1.043. La disposition testamentaire sera caduque, lorsque l'héritier institué ou le légataire la répudiera, ou se trouvera incapable de la recueillir."

vo superveniente que lhe tire o efeito. Ocorre pela superveniência de fato, independente da vontade do testador.[1022] E nisto se distingue da revogação, da nulidade e da informação. Porque a revogação resulta da vontade expressa do testador, a nulidade pressupõe um vício de origem, quando da feitura do testamento, e a informação supõe a incompatibilidade intransponível entre o testamento posterior e o anterior.

Em ocorrendo caducidade, por qualquer dos motivos arrolados nos cinco incisos do artigo 1.939, volta o mesmo a compor o espólio aproveitando aos herdeiros instituídos e, na sua falta, aos legítimos, salvo o caso do direito de acrescer entre co-legatátios ou o de haver o testador previsto e regulado de outro modo a hipótese.

A primeira hipótese prevista no artigo 1.939 refere-se à transformação da coisa, de modo a perder a forma originária e comprometer a denominação que possuía. A modificação da coisa pode ocorrer em virtude de mistura, especificação, confusão, comissão ou adjunção.

E o texto legal, no primeiro inciso, se reporta a duas hipóteses: ou desaparece a forma que havia, ou se alterou de tal modo que não mais se possa indicar pelo nome que tinha.

A *contrario sensu*, se, com o nome que tinha, ainda se pode designar, não houve modificação suficiente a provocar caducidade. A mudança de forma pode resultar de outro aspecto, de outra cor, densidade ou figura. Se apenas se aumentou o objeto, em tamanho ou valor, ou tão-somente se diminuiu, sem se transformar, o legado persiste.

Mas, se a modificação implicou alteração da coisa a ponto de não mais poder ser identificada pela denominação original, caduca o legado.

1022 "*LEGADO – Desapropriação*. A desapropriação do objeto legado, após a morte do autor da herança, não acarreta a sua caducidade" (*RF*, 280: 261).

Por exemplo, com o ouro em barra, ou em pedaço, fizeram-se anéis, ou outras joias, como com o mármore bruto fez-se escada, mesa ou vasos.

A modificação pode ser parcial, sem que a coisa perca sua identificação. Nesse caso, há caducidade parcial, ou não há. "Por exemplo, o testador construiu edifício de apartamentos em parte do terreno, sendo a licença para a construção, ou o total das quotas dos condôminos, somente parte do terreno, ou construiu casa em parte dele; o testador outorgou direito de opção a alguém, mas propôs ação de resolução do contrato (se houve opção, e corre a ação de resolução, essa é que é objeto do legado)."[1023]

Se, porém, a coisa legada é de gênero ou espécie – lego a meu sobrinho dois cavalos de meu planeta – e, no momento da morte, não existem mais os cavalos indicados, o testador legou objeto genérico indeterminado; logo, o legado não caduca. Adquirir-se-á o que baste para o cumprimento do legado, ou se presta o valor para a aplicação.

Ainda vale ressaltar que, "se a transmissão da propriedade é condicional, resolutivamente, só a resolução extingue o direito do legatário. Nada tem isso com a caducidade, erro que alguns juristas cometem. Se suspensiva a condição, pode haver caducidade, porque qualquer ato do testador que anteceda à aquisição – se caducante – atinge o objeto. Não se confunda com o ato ou com os atos do beneficiado ou dono antes do implemento da condição".[1024]

Quando o legislador se refere à modificação, alienação e perecimento ou evicção da coisa (respectivamente os três primeiros incisos do art. 1.939), está visualizando legado de coisa determinada. É só em relação a coisas determinadas que se exige a subsistência, no caso: a) do

---

1023 PONTES DE MIRANDA, F. C. Obra citada, p. 326.
1024 PONTES DE MIRANDA, F. C. *Idem*, p. 327.

art. 1.939, I (forma, denominabilidade); b) do art. 1.939, II (propriedade do testador) e c) do art. 1.939, III (o não-perecimento e a não-evicção da coisa legada).

Quanto à alienação (art. 1.939, II), a lei dispõe que se o testador aliena o objeto, no todo ou em parte, caduca a disposição. A alienação pode ser a outrem, gratuita ou onerosamente. Caduca o legado até onde deixou de pertencer ao testador. Em sendo ao legatário, e gratuitamente, caduca o legado, por entender-se que o testador quis fazer uma doação. Como diz Pontes de Miranda: "Se o testador legou determinado bem e, em vida, doou ao legatário o mesmo bem, o que há de se entender é que o legado caducou: o testador apenas se adiantou na prestação."[1025] Se foi onerosamente, o art. 1.939, II, não se aplica. "Se a venda ou outro negócio jurídico oneroso foi ao legatário, é absurdo afirmar-se que se trata de liberalidade de objeto que já pertencia ao legatário. O legatário não adquire à data da disposição testamentária."[1026]

Não é causa de caducidade do legado a desapropriação.[1027] A alienação pode decorrer de estado de necessidade, inclusive execução por dívida do testador, como também pode ter por causa desapropriação por entidade estatal. Se o testador guardou o preço, ou mesmo parte dele, em separado, entende-se que ainda vigora o legado, ou, ao menos, parte dele.

O que a lei dispõe é sobre a necessidade da alienação, isto é, a tradição da propriedade mobiliária ou a transmissão da propriedade imobiliária. Logo, se o negócio de alienação foi nulo, por uma ou outra razão que não cabe invocar, a alienação não ocorreu e, pois, mantém-se ínte-

---

1025 PONTES DE MIRANDA, F. C. *Idem*, p. 331.
1026 PONTES DE MIRANDA, F. C. *Idem*, pp. 333-334.
1027 Ver nota de rodapé nº 825.

gro o legado. Se houve anulabilidade e ocorre a decretação da anulação, a eficácia da sentença é *ex tunc*, de modo que não houve alienação.

Se o testador, por qualquer motivo se desfez do bem, objeto do legado, se vendeu, doou ou trocou, mesmo que tivesse se socorrido de simulação, alienou e, certamente, o legado caduca.

No inciso III a lei se reporta à caducidade do legado em decorrência do perecimento ou da evicção da coisa.[1028] Melhora a redação do inciso III do artigo 1.708 do Código Civil de 1916, que só se referia à culpa do herdeiro, em manifesto erro e deficiência da lei, conforme já alertara Pontes de Miranda,[1029] referindo-se, agora, tanto à culpa do herdeiro quanto à do legatário, já que a este último também se aplica o disposto no inciso III do artigo 1.939.

O legado prevalece se o bem, embora perecido ou destruído em parte, ainda é utilizável. O mesmo princípio aplicável à alienação, em parte, é igualmente invocável quando se trata de perecimento parcial.

Ainda: se o bem legado tornou-se inalienável por dispositivo legal, ocorre a caducidade; se o bem legado e segurado pereceu, a quantia do

---

1028 "*Esboço de Partilha – Não impugnado – Possibilidade de apelar, mesmo com a concordância sobre o esboço feito. Legado* – *Caducidade, por efeito de evicção. Nulidade de escritura e improcedência da ação rescisória*" (BF, 19: 138).

1029 "*Só se refere a culpa do herdeiro. Ora, se do legado o incumbido é o legatário, também a ele se aplica o artigo 1.708, III. Aliás, se a coisa perece por culpa de outrem antes da morte do testador, cabe ação para haver o ressarcimento do dano causado e o legado pode persistir. É questão de interpretação da verba. O perecimento total da coisa legada antes da morte do testador poderia ter tido como causa de se considerar não feito o legado, porque o testador soube e não providenciou para a substituição do objeto da deixa. A mesma consideração não caberia em se tratando de perecer após a morte do testador. A lei brasileira chama a isso caducidade. Não é feliz: o legado existiu, foi; desde o dia da morte, pertence a coisa ao legatário; é sua; se perece por culpa do herdeiro, responde êsse. Portanto, num e noutro caso, não há caducidade: há, sim, perecimento da coisa que já é do legatário, a quem perece, por culpa do herdeiro, de terceiro, ou de caso fortuito. Disse terceiro, para bem frisar a cinca do Código Civil: não há caducidade do legado – o legado lá está, e, se pereceu por culpa de terceiro, o legatário tem ação para cobrar os danos que sofreu*" (F. C. Pontes de Miranda, obra citada, p. 337).

seguro não o substitui; se qualquer calamidade ou incêndio destruiu, por exemplo, a casa, ou o edifício, ou a instituição, persiste o legado quanto ao terreno; se o objeto do legado é alternativo e um dos bens perece, prevalece a deixa quanto ao bem remanescente, ou quanto aos bens restantes.

Ressalte-se que qualquer perecimento, no momento da morte do testador, ou depois, é alheio à caducidade, uma vez que o bem já era do legatário. E se houve ou não culpa do onerado pelo legado, herdeiro, outro legatário ou terceiro, há direito, pretensão e ação do legatário contra ele.

Quanto à evicção, duas são as razões que justificam a caducidade do legado: a) porque a evicção prova que o legado foi de coisa alheia (art. 1.912) e b) em sendo alheia a coisa, o legado esvazia-se, porque sem objeto. A caducidade se verifica em qualquer hipótese: quer o terceiro tenha agido contra o testador, quer tenha acionado o próprio legatário.

Igualmente a regra geral, relativa à parcialidade da modificação, da alienação ou do perecimento da coisa, aqui se aplica novamente: sendo parcial a evicção, permanece o legado quanto ao restante.

Vale, entretanto, arrolar as exceções à regra geral:

Assim, se a evicção se deu por culpa do sucessor que, por exemplo, retardou a entrega do bem, ou não forneceu os documentos indispensáveis à sua defesa, o legatário tem direito ao ressarcimento de perdas e danos; b) em sendo o legado alternativo (ou de coisa determinada pelo gênero, espécie ou quantidade), ocorrendo evicção quanto à coisa escolhida, cabe ao legatário escolher outra coisa, já que a entrega é considerada como não feita; c) devendo o legado adquirir-se de terceiro, este responde pela evicção perante o legatário, que fica sub-rogado nos direitos do adquirente; d) se a coisa indeterminada e evicta era do espólio, dali se mandará tirar o bem legado, e, caso não mais exista, do mesmo gênero, a liberalidade caduca; ou seja, o que o *de cujus* legou foi coisa determinada.

A caducidade prevista no inciso IV do artigo sob comento refere-se ao herdeiro ou legatário indigno (art. 1.815). Logo, caduca o legado, a requerimento do herdeiro, mediante sentença em ação ordinária, nos termos do art. 1.814: a) se o legatário houver sido autor, co-autor ou partícipe de homicídio doloso, ou tentativa deste, contra a pessoa de cuja sucessão se tratar, seu cônjuge, companheiro, ascendente ou descendente; b) se acusá-lo caluniosamente em juízo, ou incorrer em crime contra sua honra, ou de seu cônjuge ou companheiro; c) se, por violência ou meios fraudulentos, inibir ou obstar a que o testador dispusesse livremente de seus bens por ato de última vontade.[1030]

E, finalmente, o artigo se refere à pré-morte do legatário, no inciso V, caducando o legado se o legatário morrer antes do testador; porque se presume que a intenção do testador era beneficiar pessoalmente o legatário, já que a liberalidade – contrariamente à sucessão legítima, anteriormente apreciada – é sempre feita em benefício pessoal de uma determinada pessoa e em consideração a razões especiais ditadas pelo foro íntimo do *de cujus*.[1031]

1030 "*Ação ordinária de exclusão da sucessão, com base no art. 1.595, inc. I, do Código Civil.* A absolvição da acusada em virtude do reconhecimento da excludente de responsabilidade – doença mental, a gerar inimputabilidade absoluta – afasta a exclusão da legatária, embora autora do homicídio do testador. Não se pode reabrir o debate sobre o ato delituoso, quando declarado inimputável o réu (art. 22 do Cód. Penal), mediante sentença criminal que transitou em julgado" (JD: 98: 236).

1031 "**Arrolamento.** Sentença que homologou a partilha de 50% do imóvel. Pretensão no sentido de realizar-se ela sobre o total do imóvel, em razão de testamento. Impossibilidade. Beneficiária que faleceu antes do testador. Caducidade. Recurso improvido" (TJSP, Ap. nº 161.725-4/9-00, rel. Des. Antonio Carlos Mathias Coltro).

Assim, não há se invocar aqui a hipótese da representação. Em morrendo o beneficiado, nenhum direito será transmitido aos herdeiros do legatário, mesmo que sejam seus descendentes, salvo, evidentemente, no caso de substituição.[1032]

Sendo o legado condicional, fica sem efeito, desde que o legatário faleça antes de verificada a condição suspensiva, mesmo depois de verificado o óbito do testador.

Vale ainda lembrar que este motivo de caducidade se aplica também às pessoas jurídicas, que, embora não suscetíveis de morte, podem deixar de existir antes da morte do testador, e, pela mesma razão, o desaparecimento da pessoa jurídica se equiparando à morte da pessoa natural, a caducidade é aplicável à espécie.

Quanto à hipótese de comoriência (art. 8º), ou seja, se as mortes forem simultâneas – se o legatário morrer ao mesmo tempo que o testador –, caduca o legado. A presunção do art. 8º, porém, não poderá ser invocada como decisiva, impondo-se ao herdeiro ou outro interessado a prova decisiva no sentido de demonstrar a caducidade do legado.

Além dos casos arrolados no artigo sob comento, existem outros motivos que tornam igualmente caduco o legado; assim, quando o legatário não aceita o legado; quando a condição não se verifica ou, quando o legatário, no momento da abertura da sucessão, for incapaz de receber o legado; quando não há substituição, nem cabe direito de acrescer e o legatário renuncia; ou, quando não há substituição, nem cabe direito de acrescer, e a condição não se realiza.

1032 *"Herdeiros testamentários – Progenitor que veio a falecer ates do perecimento do testador – Contemplação dos vivos somente. O despacho agravado decidiu com acerto. Os recorrentes não são herdeiros legítimos e sim testamentários. Ocorre que seu progenitor veio a falecer antes do perecimento do testador. Aliás, este, no testamento, foi bem claro quanto ao seu propósito de contemplar aqueles que estivessem vivos ao tempo de seu falecimento, exclusivamente"* (Wilson Bussada, CC bras. Int. pelos Tribunais, vol. 5, tomo III, p. 322).

Art. 1.940. Se o legado for de duas ou mais coisas alternativamente, e algumas delas perecerem, subsistirá quanto às restantes; perecendo parte de uma, valerá, quanto ao seu remanescente, o legado.

Direito anterior – Art. 1.709 do Código Civil de 1916.
Art. 1.709. Se o legado for de duas ou mais coisas, alternativamente, e algumas delas perecerem, subsistirá quanto às restantes. Perecendo parte de uma, valerá, quanto ao seu remanescente, o legado.

Direito comparado – No Código Civil português (art. 2267).[1033]

COMENTÁRIO

De regra, os sistemas jurídicos não inserem o que se lê no artigo 1.940 do Código Civil brasileiro, porque a matéria é tratada exaustivamente no livro referente ao Direito das Obrigações. Prova disso é o Código Civil português que, no artigo 2.267, remete a matéria para o regime, *devidamente adaptado*, das obrigações alternativas.

Na realidade, não há, na hipótese prevista na primeira parte do artigo sob comento, caducidade do legado, mas mero efeito da obrigação alternativa.

A segunda procede, na medida em que pode configurar hipótese de caducidade.

Já havíamos examinado que, no perecimento de algumas coisas, subsiste o legado quanto às restantes e que, perecendo parte de uma, vale, quanto ao seu remanescente, o legado.

1033 "*Art. 2.267* (*Cumprimento dos legados alternativos*).
 Os legados alternativos estão sujeitos ao regime, devidamente adaptado, das obrigações alternativas."

Se perecerem todo os legados – sem culpa do onerado –, não subsiste o legado, salvo se couber ação contra o culpado e houver sub-rogação. Se perecerem todos, ou alguns, e foi culpado o onerado, sendo do legatário a opção, terá direito de exigir ou a prestação subsistente ou o valor da outra, com perdas e danos. Ainda, se por culpa do onerado, ambas as prestações se tornarem inexequíveis, poderá o legatário reclamar o valor de qualquer das duas, além da indenização pelas perdas e danos (cf. art. 255).

Resumindo: se culpado o onerado e a opção cabia ao legatário, pode o mesmo exigir o bem que subsiste ou o valor do que pereceu, mais as perdas e danos; se a escolha cabia ao onerado e foi culpado do perecimento de um dos bens, tem de prestar o outro; se a escolha cabia ao a onerado e todos os bens pereceram por sua culpa, o legatário tem direito ao valor do último bem que pereceu, mais as perdas e danos.

Em se tratando de perecimento, as hipóteses poderiam estar, perfeitamente, inseridas no inciso III do artigo antecedente.

CAPÍTULO VIII
DO DIREITO DE ACRESCER ENTRE HERDEIROS E LEGATÁRIOS

Art. 1.941. Quando vários herdeiros, pela mesma disposição testamentária, forem conjuntamente chamados à herança em quinhões não determinados, e qualquer deles não puder ou não quiser aceitá-la, a sua parte acrescerá à dos co-herdeiros, salvo o direito do substituto.

Direito anterior – Art. 1.710 do Código Civil de 1916.
Art. 1.710. Verifica-se o direito de acrescer entre co-herdeiros, quando estes, pela mesma disposição de um testamento, são conjuntamente chamados à herança em quinhões não determinados.

Direito comparado – No Código Civil francês (art. 786)[1034] e no Código Civil português (art. 2.301).[1035]
No direito argentino (arts. 3.812 e 3.813) e no direito uruguaio (arts. 1.045 a 1.047).

Leitura complementar:
ALMADA, Ney de Mello. *Sucessão testamentária*. 2. ed. São Paulo: Brasiliense, 1991; AREVALDO, Daniel P. "El principio de la igualdad en el

---

1034 *"Art. 786. La part du renonçant accroît à ses cohéritiers; s'il est seul, elle est dévolue au degré subséquent."*
1035 *"Art. 2.301 (Direito de acrescer entre herdeiros).*
1. Se dois ou mais herdeiros forem instituídos em partes iguais na totalidade ou numa quota-parte dos bens, seja ou não conjunta a instituição, e algum deles não puder ou não quiser aceitar a herança, acrescerá a sua parte à dos outros herdeiros instituídos na totalidade ou na quota.
2. Se forem desiguais as quotas dos herdeiros, a parte do que não pôde ou não quis aceitar é dividida pelos outros, respeitando-se a proporção entre eles."

derecho sucesoreo". *In: Rev. de Derecho y Ciências sociales.* Chile, n° 143: 146; BARTOLAN, Giuseppe. *Del diritto di acrescere.* 2. ed. Bologna: Licinio Capelli, 1932; BENAVENTE, Ramon Dominguez. "Del derecho de acrescer". *In: Rev. de Derecho y Ciências sociales.* Chile, 1958; COELHO, José Gabriel Pinto. "Contribuição para o estudo do direito de acrescer segundo o Código Civil português". *Sep. da Rev. Fac. de Dir. Univ. Lisboa.* Lisboa, 1940; COIMBRA, Armando Gonçalves. *O direito de acrescer no novo código Civil.* Coimbra: Almedina, 1974; D'AVANZO, Walter. "Il diritto di ascresicmento e la prescrizione estintiva del diritto di accetare l'ereditá o dichiedere il posseso del legato". *In Rivista di Diritto Civile.* Milano: Societá Editrica, ano XXVII, 1935; ESPIN, Diego. *Manual de Derecho Civil español,* vol. V, Successiones. Madrid: Revista de Derecho Privado, 1964; FALCÃO, Alcino Pinto. "Da inexistência do direito de acrescer entre herdeiros e legatários – proposta de alteração legislativa". *In: RDC,* 25: 22; GARCIA, Manuel Albadejo. *El derecho de acrescer em caso de institucion en partes desiguales* (Estúdios em homenage al Prof. Frederico de Castro). Madrid: Ed. Tecnos, vol. I, 1976; HEREDIA, Pablo B. de. "El derecho de acrescer". *In: Rev. de Derecho Privado.* Madrid, 1956; HEREDIA, Pablo B. "Natureza jurídica dela crescimento hereditário". *In: Rev. de Derecho Privado.* Madrid, 1955; LACAL, Carlos Lima. "O fenômeno do acrescer em sucessão testamentária". *In: Revista da Ordem dos Advogados.* Lisboa, 1956; MARTINS, Manuel da Costa. *Do direito de acrescer na sucessão legal.* Lisboa: AAFDL, 1991; PIRES DE LIMA, P. A. "O direito de acrescer em sucessão legítima". *In: Rev. Leg. Jur.,* ano 74, vol. 72; ROBBE, Ubaldo. *Il diritto de acrescimento e la sostituzione volgare nel diritto hereditario romano.* Milano: Giuffrè, 1953; SASTRE, Ramon Maria Roca. *Estudios de derecho privado.* II – Sucesiones. Madrid, 1958; SILVA, M. Gomes da. *Curso de Direito das Sucessões.* Lisboa, 1955; SCOGNAMIGLIO, Renato. *Il diritto de acrescimento nei negozi traivivi.* Milano: Giuffrè, 1953; TORRES, Antonio Luis Rivero. *Teoria general del derecho sucessoral.* Caracas: Universidad Crubal de Venezuela, 1981.

COMENTÁRIO

O Capítulo VIII (do Título III – Da sucessão testamentária), que se estende dos artigos 1.941 a 1.946, trata do chamado direito de acrescer.[1036]

O direito de acrescer é uma forma de vocação sucessória indireta, ou seja, uma espécie de chamamento à herança de alguém que, inicialmente, ou indiretamente, não era chamado a essa parte ou quota da herança e que só passa a sê-lo em virtude de alguma vicissitude ocorrida no momento posterior à abertura da sucessão.

O direito de acrescer beneficia tanto herdeiro quanto legatário com a parte que deveria pertencer ao co-herdeiro ou co-legatário, instituído conjuntamente, que não quer ou não pode herdar.

O acrescer se verifica, segundo Orlando Gomes,[1037] sempre na conjunção, que pode ser classificada em conjunção real, conjunção verbal ou conjunção mista.

A conjunção é real (*res tantum*) quando, por força de disposições testamentárias distintas, são instituídos herdeiros ou legatários para o recebimento da mesma herança ou do mesmo legado, consistente em coisa certa e determinada, ou indivisível, respectivamente, sem qualquer menção à quota-parte que a cada um deles tocará; é verbal (*verbis tantum*) quando, na mesma disposição testamentária, o testador institui dois ou mais herdeiros ou legatários, fixando a quota-parte a ser por eles recebida; e é mista (*re et verbis*) quando, na mesma disposição testamentária, o testador institui herdeiros ou legatários para recebimento,

---

[1036] Ver, nesse sentido: Alcino Pinto Falcão. "Da inexistência do direito de acrescer entre herdeiros e legatários – proposta de alteração legislativa", *RDC*, nº 25, pp. 22-53.
[1037] GOMES, Orlando. Obra citada, p. 149.

em conjunto, da mesma herança ou do mesmo legado, consistente em coisa certa e determinada, ou indivisível, sem fazer remissão à quota-parte que será recebida por cada um deles.

Essa classificação remonta ao direito romano, que distinguia três tipos de instituição conjunta aos quais denominava: *re et verbis* (identidade da coisa e inclusão na mesma cláusula), *res tantum* (identidade da coisa, mas inclusão em cláusulas distintas, embora no mesmo testamento) e *verbis tantum* (inclusão na mesma cláusula de beneficiários de bens diferentes).

Na ótica do legislador nacional o direito de acrescer só se verifica quando presente a conjunção real ou a conjunção mista, ambas referentes à falta de determinação, em disposição testamentária idêntica ou diversa, sobre a quota-parte que será atribuída a cada um dos herdeiros ou legatários.

Segundo Silvio Rodrigues, o direito de acrescer "teria por função evitar o fracionamento da propriedade, o que ocorreria pela junção das frações de um todo nas mãos de um dos sucessores beneficiados"; mas, como o próprio autor reconhece, tal argumento "não merece acatamento, (já que) não está provado que o fracionamento da propriedade, por força da sucessão hereditária, represente um inconveniente". Na verdade, o escopo do direito de acrescer atende ao "anseio de respeitar a vontade do testador, pois a finalidade do dispositivo é obedecer ao presumido intento do finado".[1038]

Várias teorias tentaram explicar o fundamento jurídico do direito de acrescer. A defendida por Brunetti (teoria da unidade do objeto) explica o acrescimento pelo fato de os sucessíveis serem chamados *in*

1038 RODRIGUES, Silvio. Obra citada, p. 165.

solidum à sucessão, *in totum* faltando um deles, os outros adquiririam por direito próprio a porção vaga. Pela teoria da unidade de designação (de Nicolò), o direito de acrescer se justificaria pela unidade de designação dos sucessíveis. Na falta de um deles, a parte faltosa acresceria, por isso, aos restantes. Outra teoria (da vontade da lei) funda o acrescer na vontade do legislador, e não na vontade do autor da sucessão. Mas, sem dúvida, a teoria mais pertinente à lei brasileira é a que pretende que o direito de acrescer se funda na vontade presumida do testador.[1039]

Nesse sentido, a doutrina de Dias Ferreira: "O direito de acrescer, que em Roma se explicava pela unidade da sucessão por não caberem na mesma herança herdeiros legítimos e herdeiros testamentários, visto não ser permitido morrer parte testado e parte intestado, tem no direito moderno por fundamento a vontade presumida do testador, que revelou mais afeto pelos herdeiros que instituiu que pelos parentes que preteriu."[1040]

É discutível o local onde se encontra inserida no Código Civil a matéria relativa ao direito de acrescer, porque, situando o acrescer no Livro III, faz pressupor que o instituto é típico da sucessão testamentária quando é certo que a figura é de aplicação genérica do Direito das Sucessões. Com efeito, o direito de acrescer ocorre também na sucessão legítima e, não sendo instituto de exclusiva incidência na sucessão testamentária, nada impediria que fosse incluído no Título I, Da sucessão em geral.

O acrescer "é fenômeno jurídico que ultrapassa o direito sucessório e que funciona, nomeadamente, embora com pressupostos específicos,

---

1039 Ver, nesse sentido, Ney de Mello Almada. *Sucessão testamentária*. 2. ed. São Paulo: Brasiliense, 1991, p. 198.
1040 DIAS FERREIRA. Obra citada, p. 383.

na preferência, nas doações entre vivos, na renda vitalícia, na acessão e no usufruto constituído não apenas por testamento, mas também por contrato".[1041]

No terreno sucessório, o instituto é apontado como uma forma de vocação indireta (anômala, para outros) e que vigora quer para a sucessão legal, quer para a sucessão testamentária, embora em termos amplos para os herdeiros e restritamente para os legatários, como examinaremos a seguir.

Sendo vários herdeiros instituídos em toda a herança ou numa quota dela, ou nomeados vários legatários do mesmo bem, se verificarem, em relação a um deles, certos requisitos comuns da vocação indireta, a sua parte acrescerá à dos demais.

"Dá-se o direito de acrescer", doutrina Pontes, "na herança e nos legados, quando, chamadas algumas pessoas a recolher, concorrentemente, e a partilhar entre si, coisas ou direitos, estatui a lei que, se uma delas falta, as outras os obtêm como se não houvesse existido a que faltou."[1042]

Ou, como quer Cunha Gonçalves, "direito de acrescer é o que têm os co-herdeiros de partilhar entre si o quinhão de um co-herdeiro ou o legado de um legatário que não quis ou não pôde recebê-lo".[1043]

Dos conceitos é possível se determinarem as condições necessárias e imprescindíveis à caracterização do instituto: a) instituição conjunta no mesmo bem – ou na mesma fração – sem que se determine a parte que cabe a cada um dos co-herdeiros; b) ausência de indicação do substituto do instituído conjuntamente.

1041 SOUSA, Rabindranath Capelo de. Obra citada, pp. 349-350.
1042 PONTES DE MIRANDA, F. C. Obra citada, vol. 57, p. 347.
1043 CUNHA GONÇALVES, L. *Tratado de Direito Civil*, vol. 10, p. 1.432.

Instituição conjunta: o direito de acrescer tem como fundamento a intenção de o testador beneficiar grupos distintos de pessoas, sem determinação da parte que compete a cada um deles. E, ainda, o direito de acrescer só pode ser exercido não havendo substituto ou herdeiro ou legatário que deixa de ser beneficiado, e não tendo sido dividido o benefício entre os co-instituídos. Por isso, a doutrina portuguesa nomeia a substituição vulgar, o direito de representação e o direito de transmissão, de requisitos negativos do direito de acrescer, porque sua ocorrência esvazia a possibilidade do instituto.[1044]

Quanto à instituição conjunta, leciona Arnoldo Wald, o "direito de acrescer só pode surgir quando, na mesma frase ou em frase distinta do mesmo testamento, o falecido atribui o mesmo bem ou a mesma fração de bens ou do patrimônio a diversas pessoas (v.g., 'lego minha biblioteca a Pedro' e, posteriormente, em outra cláusula testamentária, fica estabelecido que 'Paulo também receberá a minha biblioteca').

Se tratar de herdeiros e ficar determinado que Paulo e Pedro recebam conjuntamente 10% da herança, haverá uma instituição conjunta e direito de acrescer (...). Se, ao contrário, o testador, na mesma cláusula, atribui 10% da sua fortuna a Paulo e 10% a Pedro, não há instituição conjunta. A fração do patrimônio atribuída a ambos é equivalente, mas não é a mesma. Cada um deles recebe 10% e a exclusão de um não beneficia o outro, mas, sim, os herdeiros legítimos (art. 1.944)".[1045]

No mesmo exemplo acima citado, se, na disposição testamentária, o testador declarar que os bens passarão a Pedro e Paulo, em partes

---

1044 Ver, nesse sentido, Eduardo dos Santos, obra citada, p. 139; Luís A. Carvalho Fernandes, obra citada, pp. 197 a 200; Rabindranath Capelo de Sousa, obra citada, p. 351; José de Oliveira Ascensão, obra citada, nº 109, entre outros.
1045 WALD, Arnoldo. Obra citada, pp. 157-158.

iguais, não se trata mais de instituição conjunta, mas sim de uma atribuição de parte determinada a cada um dos herdeiros. Excluída está a conjunção, pois a referência à metade equivale a uma atribuição de 50% a cada um dos herdeiros.

Conforme o disposto no artigo 1.941, *"quando vários herdeiros ... forem conjuntamente chamados ... e qualquer deles não puder ou não quiser aceitá-la, a sua parte acrescerá à dos co-herdeiros..."*, a falta de um herdeiro instituído ou legatário nomeado é o primeiro pressuposto do direito de acrescer.

E a "falta" a que se refere o artigo sob análise ocorre quando um herdeiro não pode ou não quis aceitar a herança. *"Não puder..."* (por pré-morte, indignidade, deserdação, ausência etc.), *"... ou não quiser aceitá-la"* (por repúdio, por exemplo).

A lei é clara, *"quando vários herdeiros..."*, de forma que um segundo requisito é que hajam sido instituídos vários herdeiros ou nomeados vários legatários.

Existindo vários co-herdeiros ou co-legatários com direito de acrescer, a parte acrescida é dividida proporcionalmente aos respectivos quinhões hereditários. Se os herdeiros ou legatários forem instituídos em partes iguais,[1046] o acrescido é dividido em partes iguais por todos. Se forem instituídos em partes desiguais, o acrescido é dividido na proporção dos quinhões de cada um. Ou seja, a divisão é feita sempre na proporção das respectivas porções hereditárias.

1046 **"Direito de acrescer.** *O direito de acrescer, nas sucessões testamentárias, funda-se na presumida vontade do testador. A simples expressão 'em partes iguais' não exclui o acrescimento. A cláusula de indisponibilidade, adjecta à instituição de um dos herdeiros conjuntos, não impede o direito de acrescer dos supérstites. Quando dúvida haja sobre a interpretação do testamento, deve prevalecer a mais consentânea à vontade manifestada pelo testador"* (RF, 31: 129). Ver, ainda: RF, 35: 441.

A regra do artigo 1.941 é simplesmente dispositiva, de forma que o testador pode dispor de modo diferente, excluindo o acréscimo e dispondo que, na falta de algum herdeiro, a sua parte vá, por exemplo, aos herdeiros legítimos. Este pode ter o direito de acrescer, quando seja também testamentário. Nesse caso, o acrescimento só se dá em relação à quota disponível; a parte renunciada da legítima é outorgada aos co-herdeiros por direito próprio e não pelo de acrescer.[1047]

Art. 1.942. O direito de acrescer competirá aos co-legatários, quando nomeados conjuntamente a respeito de uma só coisa, determinada e certa, ou quando o objeto do legado não puder ser dividido sem risco de desvalorização.

Direito anterior – Art. 1.710, parágrafo único, do Código Civil de 1916.
Art. 1.710, parágrafo único. Aos co-legatários competirá este direito, quando nomeados conjuntamente a respeito de uma só coisa, determinada e certa, ou quando não se possa dividir o objeto legado, sem risco de se deteriorar.

Direito comparado – No Código Civil francês (arts. 1.044 e 1.045).[1048]

COMENTÁRIO

O nosso Código Civil distingue a herança e o legado, em relação ao direito de acrescer. Na herança, como vimos, o acréscimo resulta da

---

1047 MAXIMILIANO, Carlos. Obra citada, p. 467.
1048 *"Art. 1.044. Il y aura lieu à accroissement au profit des légataires, dans le cas où le legs sera fait à plusieurs conjointement.*
Le legs sera réputée fait conjointement, lorsqu'il le sera par une seule et même disposition, et que le testateur n'aura pas assigné la part de chacun des colégataires dans la chose léguée."
"Art. 1.045. Il sera encore réputé fait conjointement, quand une chose qui n'est pas susceptible d'être divisée sans détérioration, aura été donnée par le même acte à plusieurs personnes, même séparément."

reunião de três requisitos: 1) nomeação dos herdeiros na mesma cláusula testamentária para recolher o acervo hereditário ou porção dele; 2) incidência na mesma herança, já que a deixa deve compreender os mesmos bens ou a mesma porção de bens; 3) ausência de determinação das quotas de cada um, pois, se houver quinhão hereditário determinado, não se terá direito de acrescer entre os co-herdeiros, transmitindo-se aos herdeiros legítimos o quinhão vago do nomeado.[1049]

Nos legados, o direito de acrescer pressupõe identidade da coisa legada – *conjunctio re tantum* – quando a mesma consiste em coisa certa e determinada, ou quando o objeto do legado não se pode dividir, sem risco de se desvalorizar. Por exemplo, se o testador legar a três amigos a casa X sem designar a parte de cada um, sem especificar que quota é de cada um. Se um deles renunciar, falecer, for excluído da sucessão, ou se a condição sob a qual foi nomeado não se realizar, sua parte acrescerá a dos demais, salvo direito do substituto, à quota dos co-legatários que ficarão sujeitos às obrigações e encargos que oneravam a coisa.

Não é necessário que os legatários sejam nomeados na mesma cláusula. Mas, em havendo designação de partes, não se dará acrescimento. Assim, em deixa testamentária da seguinte ordem: "Deixo a Paulo e Mário tal casa de minha propriedade", a conjunção real determina o direito de acrescer. No exemplo, "deixo a Paulo a mesma casa legada a Mário", haverá direito de acrescer, não obstante a falta de con-

---

[1049] *"Testamento – Pensão e pecúlio previdenciário – Créditos legados sem observância da gradação dos dependentes prevista na legislação respectiva – Admissibilidade.* Benefícios que não constituem herança – Cláusula testamentária não impugnada – Necessidade de cumprimento das disposições de última vontade do testador. Ementa: Agravo. Pecúlio post mortem. Pensão e pecúlio não constituem herança e podem, livremente, independentemente de legislação previdenciária, ser objeto de legado. Não pode o juiz, diante de cláusula expressa de testamento, que não foi contestado, deixar de dar cumprimento às disposições de última vontade do defunto" (*RT*, 630: 171).

junção verbal. Na disposição testamentária: "Deixo a Paulo e Mário a minha fábrica de calçados", dividir a fábrica implicará desvalorização do bem; portanto, a parte do legatário, que faltar, acrescerá à do amigo. Se, porém, o testador designar, em qualquer desses casos, as partes de cada um dos legatários, desaparece o direito de acrescer, seja ou não conjunta a disposição.

Art. 1.943. Se um dos co-herdeiros ou co-legatários, nas condições do artigo antecedente, morrer antes do testador; se renunciar à herança ou legado, ou destes for excluído, e, se a condição sob a qual foi instituído não se verificar, acrescerá o seu quinhão, salvo o direito do substituto, à parte dos co-herdeiros ou co-legatários conjuntos.

Parágrafo único. Os co-herdeiros ou co-legatários, aos quais acresceu o quinhão daquele que não quis ou não pôde suceder, ficam sujeitos às obrigações ou encargos que a oneravam.

Direito anterior – Arts. 1.712 e 1.714 do Código Civil de 1916.

Art. 1.712. Se um dos herdeiros nomeados morrer antes do testador, renunciar à herança, ou dela for excluído, e bem assim se a condição, sob a qual foi instituído, não se verificar, acrescerá o seu quinhão, salvo o direito do substituto à parte dos co-herdeiros conjuntos (art. 1.710).

Art. 1.714. Os co-herdeiros, a quem acrescer o quinhão do que deixou de herdar, ficam sujeitos às obrigações e encargos, que o oneravam.

Direito comparado – No Código Civil português (arts. 1.852 e 1.855).[1050] No direito argentino (arts. 3.821 e 3.822) e no direito uruguaio (art. 1.045).

1050 *"Art. 1.855. Os herdeiros ou legatários que houverem o acrescido sucedem nos mesmos direitos e obrigações, de natureza não puramente pessoal, que caberiam àquele que não pôde ou não quis receber a deixa."*

COMENTÁRIO

As causas enumeradas pelo legislador – morrer, renunciar ou for excluído – são suficientes a gerar caducidade do direito do herdeiro, provocando o consequente acrescimento em favor dos demais herdeiros; mas, como bem salientou Maximiliano,[1051] não são taxativa, a incapacidade também seria justo motivo de acrescimento, afirmando o autor que "conclui-se do elemento histórico haver predominado o cuidado de evitar especificações que excluíssem as hipóteses não enumeradas. Logo, as constantes da letra do Código ali se não acham em caráter taxativo".

Se o testador indicou substituto ao herdeiro ou legatário, não há direito de acrescer: ao substituto tocará a parte vaga. Se não indicou substituto, a parte vaga acrescerá à dos demais co-herdeiros ou co-legatários conjuntos.

O acrescimento ocorre proporcionalmente ao primitivo quinhão de cada herdeiro: "Se um herda por cabeça e outro por estirpe, na mesma base é partilhada a cota que fica vaga."[1052]

Assim, na disposição testamentária em que o testador deixou uma sua fazenda a três amigos, João, Pedro e Paulo, e aos filhos de Mário, pré-morto Pedro, um terço de seu quinhão aumenta o de João; outro terço cabe a Paulo e o terço restante é subdividido entre a prole de Mário. Concluindo Maximiliano, "observa-se a mesma regra, embora algum beneficiado seja ao mesmo tempo herdeiro e legatário: tem direito a duplo acréscimo, quando resulta, na herança e no legado conjunto, uma cota vaga".[1053]

[1051] MAXIMILIANO, Carlos. Obra citada, p. 476.
[1052] MAXIMILIANO, C. *Idem*, p. 479.
[1053] MAXIMILIANO, C. *Idem, ibidem*.

Dispõe, ainda, o parágrafo único do artigo 1.943 (ex-artigo 1.714) que aqueles que se beneficiam com o recebimento da cota vaga ficam sujeitos aos encargos a ela inerentes. O direito de acrescer, com o preenchimento da cota vaga que o caracteriza, importa numa verdadeira substituição do herdeiro instituído ou do legatário nomeado pelo sucessor titular daquele direito e, por conseguinte, na transmissão da mesma posição jurídica ocupada pelo anterior titular. Ou seja, os encargos são inerentes à cota recolhida, porque quem obtém vantagens deve, igualmente, suportar os encargos daí decorrentes.

Ou, como já dissera Galvão Telles, em comentário ao Anteprojeto do Código Civil português, "tanto no direito de acrescer como nas substituições vulgares, (...) toma para todos os efeitos o substituto a posição do substituído nos direitos e encargos, salvo no que for puramente pessoal, pois não pode ser obrigado, por ex., o substituto que não é poeta a fazer uma ode que para o substituído era condição da instituição".[1054]

Em sendo os encargos inerentes à cota recolhida, não passam ao co-herdeiro os encargos de caráter personalíssimo e que respeite exclusivamente ao herdeiro que deixou de receber. Assim, na disposição "deixo os meus bens a Pedro e Paulo, ficando este obrigado a escrever a minha biografia, (é) evidente que Paulo, sendo um historiador, ou um biógrafo, e tendo falecido antes da abertura da sucessão, a Pedro não cabe o encargo, que tinha caráter personalíssimo. O mesmo lhe incumbiria, todavia, se tratasse de fornecer alimentos a um amigo ou parente do testador, pois não seria um dever vinculado a qualidades pessoais do herdeiro".[1055]

1054 PIRES DE LIMA e ANTUNES VARELA. Obra citada, p. 484.
1055 WALD, Arnoldo. Obra citada, p. 158.

Vale ressaltar que, a exemplo dos dois artigos antecedentes, o preceito do artigo 1.943 é dispositivo, assim como o do seu parágrafo único, de modo que o testador pode estabelecer solução diferente, exonerando, por exemplo, o beneficiário da caducidade de qualquer encargo.

Art. 1.944. Quando não se efetua o direito de acrescer, transmite-se aos herdeiros legítimos a quota vaga do nomeado.
Parágrafo único. Não existindo o direito de acrescer entre os co-legatários, a quota do que faltar acresce ao herdeiro ou ao legatário incumbido de satisfazer esse legado, ou a todos os herdeiros, na proporção dos seus quinhões, se o legado se deduziu na herança.

Direito anterior – Arts. 1.713 e 1.715 do Código Civil de 1916.
Art. 1.713. Quando se não efetua o direito de acrescer, nos termos do artigo antecedente, transmite-se aos herdeiros legítimos a cota vaga do nomeado.
Art. 1.715. Não existindo o direito de acrescer entre os co-legatários, a cota do que faltar acresce ao herdeiro, ou legatário, incumbido de satisfazer esse legado, ou a todos os herdeiros, em proporção dos seus quinhões, se o legado se deduziu da herança.

Direito comparado – No direito argentino (art. 3.820) e no direito uruguaio (art. 1.045).

COMENTÁRIO

O atual artigo 1.944 nada mais é do que a junção de dois dispositivos do Código Civil de 1916, a saber, os artigos 1.713 e 1.715. De importante restou o disposto no antigo artigo 1.715, já que a disposição do artigo 1.713 (atual *caput* do artigo 1.944) não tem a menor relevância na ordem sucessória brasileira e, de certa forma, é mesmo redundante, uma vez que não ocorrendo conjunção, acrescimento ou substituição, devolve-se ao herdeiro legítimo, porque prevalece a sucessão legítima sempre que não existe ou falha a testamentária.

A redundância do texto legal é notória se atentarmos ao disposto no artigo 1.788 que dispõe com todas as letras: "*Morrendo a pessoa sem testamento, transmite aos herdeiros legítimos; o mesmo ocorrerá quanto aos bens que não forem compreendidos no testamento; e subsiste a sucessão legítima se o testamento caducar, ou for julgado nulo.*"

O parágrafo único – que reproduz o antigo artigo 1.715 – estabelece que, quando o legado consistir em encargo imposto a um herdeiro ou legatário, e não existindo o direito de acrescer, a parte do que faltar permanece no patrimônio (*fica,* ressalta Pontes de Miranda) do herdeiro ou legatário responsável pelo seu cumprimento. Isto é, "se não houver direito de acrescer entre os co-legatários, o herdeiro ou legatário, incumbido de satisfazer o legado, está desobrigado em relação à parte do que faltar, e colherá, assim, o proveito que seria dos co-legatários, se houvesse entre eles o direito de acrescer".[1056]

Se o legado se deduziu da herança, dispõe a segunda parte do artigo sob comento, a parte do faltoso acresce a todos os herdeiros em proporção dos seus quinhões.

Exemplificando a hipótese, em analogia com o artigo 1.675 (atual 1.908), doutrina Pontes de Miranda: "... se o testador disse, lego a **A**, **B** e **C** a casa da rua **X**, que excluo da sucessão dos meus herdeiros instituídos, ainda que estes sejam os onerados, o bem legado não lhes passará, mas aos herdeiros legítimos. Certo, o simples fato de legar não exclui

---

1056 BEVILACQUA, Clovis. *Código Civil dos Estados Unidos do Brasil*, vol. II, p. 907.

o bem, para o sentido de se aplicar o art. 1.908, relativo à instituição *excepta de certa*; se legou sem excluir os herdeiros testamentários, não houve a espécie do art. 1.908, e então o art. 1.944 rege o aproveitamento. No art. 1.908, o testador, por uma negativa, optou pela sucessão legítima; aqui, no art. 1.944, não se deu tal decisão do disponente: nada disse e o art. 1.908, dispositivo, domina as relações entre os legatários e o herdeiro da herança."[1057]

Art. 1.945. Não pode o beneficiário do acréscimo repudiá-lo separadamente da herança ou legado que lhe caiba, salvo se o acréscimo comportar encargos especiais impostos pelo testador; nesse caso, uma vez repudiado, reverte o acréscimo para a pessoa a favor de quem os encargos foram instituídos.

Direito anterior – Sem dispositivo correspondente no Código Civil de 1916.

Direito comparado – No Código Civil português (art. 2.306).[1058]

COMENTÁRIO

Este artigo 1.945, que veda o repúdio do acréscimo, separadamente da herança ou legado, é um preceito novo, que não encontra antecedente expresso na legislação anterior. O novo texto legal traz previ-

---

1057 PONTES DE MIRANDA, F. C. Obra citada, § 5.753 e pp. 391-392.
1058 *"Art. 2306 (Aquisição da parte acrescida).*
A aquisição da parte acrescida dá-se por força da lei, sem necessidade de aceitação do beneficiário, que não pode repudiar separadamente essa parte; excepto quando sobre ela recaiam encargos especiais impostos pelo testador; neste caso, sendo objecto de repúdio, a porção acrescida reverte para a pessoa ou pessoas a favor de quem os encargos hajam sido constituídos."

são sem paralelo na legislação vigente, permitindo ao beneficiário não exercer o seu direito de acrescer, sem que haja necessidade de renunciar à herança ou ao legado, se o encargo comportar encargos especiais impostos pelo testador, caso em que, uma vez repudiado, reverte o acréscimo para a pessoa a favor de quem os encargos forem instituídos.

Tudo indica que o artigo em questão teve como parâmetro a legislação portuguesa, quer a estampada no Código Civil português de 1867, quer a atual, no seu artigo 2.306. Com efeito, o antigo artigo 1.856 do Código Civil de 1867 prescrevia que *"os herdeiros, a quem a dita porção acrescer, poderão repudiá-la, se ela tiver encargos especiais impostos pelo testador; mas, neste caso, a dita porção reverterá para a pessoa ou pessoas, a favor de quem os encargos houverem sido constituídos"*.

E foi, na verdade, o duplo efeito mais consentâneo com o pensamento da aquisição *ipsa vi legis* da porção acrescida que transitou para o artigo 2.306 do novo Código português.

No direito brasileiro, o duplo efeito é perfeitamente visível no artigo 1.945 que, num primeiro momento, determina a possibilidade de repúdio do acréscimo com seus limites e, num segundo momento, sobre o destino do acréscimo repudiado.

Mais: o artigo, na primeira parte, veda o repúdio ao acréscimo – *"Não pode o beneficiário do acréscimo repudiá-lo separadamente da herança ou legado que lhe caiba..."* – mas, em momento subsequente admite a possibilidade inicialmente vedada, *"salvo se o acréscimo comportar encargos especiais impostos pelo testador..."* Ou seja, em se materializando a ocorrência de acréscimo que comporte encargos especiais, pode haver repúdio.

A proposta legislativa é corajosa e contrária à tendência doutrinária nacional que, partindo do pressuposto segundo o qual aceitar a parte primitiva e repudiar a quota que vem em acrescimento seria dividir o indivisível, nunca admitiu renunciável o direito de acréscimo.

Nesse sentido, a doutrina de Pontes de Miranda: "Discute-se se é renunciável o direito de acréscimo, isto é, se quem aceitou a herança, ou o legado, pode, no momento em que, por falta de algum co-herdeiro, ou co-legatário, vai receber o acréscimo, renunciar. A resposta negativa é a única exata. Como fundamento para tal solução, alega-se que a deixa, pelo fato de ser conjunta a disposição, é uma só (...). Quem aceitou, aceitou o que lá está e o que advém, em consequência do que foi aceito."[1059]

Na mesma esteira do direito português, o legislador nacional, embora não se referindo especificamente à *aquisição por força da lei, sem necessidade de aceitação do beneficiário,* reafirma aquela ideia vinculando o acréscimo à aceitação da herança ou legado. Se o beneficiário não pode repudiar o acréscimo separadamente da herança ou legado é porque o mesmo faz parte da herança ou legado e, por isso mesmo, não pode haver repúdio separado, dado o comprometimento que ocorreria sobre o principal, no caso, a herança ou legado.

Tanto a herança quanto o legado precisam ser aceitos nos termos gerais. Mas, de imediato, o texto legal ressalva que o repúdio da parte acrescida só pode ocorrer se sobre ela recaírem encargos especiais impostos pelo testador. E, nesse caso, a parte acrescida repudiada reverterá para a pessoa ou pessoas em favor de quem o encargo tenha sido constituído.

O repúdio da parte acrescida resultará, via de regra – e aí se encontra a justificativa do dispositivo – do fato de ela constituir uma deixa

---

1059 PONTES DE MIRANDA, F. C. Obra citada, pp. 372-373.

danosa, desfavorável ao beneficiário, por não cobrir com o seu valor os encargos que pelo testador lhe foram impostos.

Se é, por exemplo, sobre a parte acrescida que recai, com encargo, um legado de alimentos, o repúdio dessa parte gera como efeito que ela reverterá para o titular desta prestação.

É que, no direito de acrescer, há "um verdadeiro direito que não é o simples direito hereditário com o conteúdo que originariamente apresenta, mas um direito novo, e que a lei atribui apenas a certos herdeiros, por entender que essa é a vontade do testador".[1060]

Essa noção de um direito novo, porém, precisa ser visualizada dentro de seus limites estruturais, uma vez que a ocorrência de um direito novo, no direito de acrescer, "não significa que a esse *novo* direito haja necessariamente de corresponder um novo *acto de aceitação* e possa corresponder sempre um acto de repúdio autônomo. Por um puro critério de ordem prática, a lei entende que a *parte acrescida* (correspondente a um direito *novo*) pode realmente ser objeto de um acto de *repúdio separado*, mas apenas quando sobre ela recaiam *encargos especiais* pelo testador".[1061]

Na realidade, o legislador nacional faz incidir cisão – por isso materializa a hipótese de repúdio separado – onde a doutrina nacional visualizava disposição conjunta (e com razão, ressalte-se, em decorrência da coerência do sistema).

Na segunda parte do artigo 1.946 prevê a possibilidade de reversão (... *reverte o acréscimo*) para a pessoa (ou pessoas) em favor de quem os encargos foram instituídos.

1060 PIRES DE LIMA. "O direito de acrescer em sucessão legítima". *In*: *Rev. Leg. Jur.*, ano 72, p. 391, *apud* Pires de Lima e Antunes Varela, obra citada, p. 482.
1061 PIRES DE LIMA e ANTUNES VARELA. Obra citada, p. 482.

Nesse sentido o exemplo de Ascensão:[1062] "*A* institui herdeiros *B* e *C*, ficando este último com o encargo de realizar determinada prestação em benefício de *D*. *C* repudia. A sua parte acresce à do co-herdeiro *B*, mas como sobre essa parte recaem encargos especiais impostos pelo testador *B*, por sua vez, também repudia. A porção acrescida reverte para *D* que, sendo beneficiário da contrapartida de um encargo, passa a ser beneficiário de porção que caberia àquele que ficara incumbido do cumprimento do encargo."

E concluem Pires de Lima e Antunes Varela: "Esta última atribuição – feita pela lei a *D*, beneficiário do encargo que nenhum dos herdeiros instituídos se dispôs a cumprir – nasce sem dúvida no *rescaldo do direito de acrescer* conferido a *B*. Mas a atribuição feita por lei a *D*, em si mesma considerada, não traduz nenhum direito de acrescer em relação ao benefício proveniente do encargo inicial. Não se trata de uma *quota* que acresça a outra *quota inicial*, com base na *vontade* conjectural do testador. Trata-se apenas de uma *quota* que a lei manda conceder *em lugar* de outra, mercê de uma razão *objectiva* de *justiça* ou de *equidade*, que nada tem a ver com o fenômeno específico do *direito de acrescer*".[1063]

E o exemplo citado pelos autores portugueses para concretizar melhor o pensamento esboçado pelo artigo sob comento: "Imaginem os que a tal prestação imposta ao herdeiro *C* em benefício de *D* (doente, incapacitado de trabalhar) é, como tantas vezes sucede, uma prestação de alimentos e que a herança de *A* se reduz praticamente a dois pequenos apartamentos. Sabendo que a fruição de qualquer dos apartamentos

---

1062 ASCENSÃO, José de Oliveira. Obra citada, p. 244.
1063 PIRES DE LIMA e ANTUNES VARELA. Obra citada, p. 482.

que lhe seja adjudicado mal daria para suportar o encargo, *C* repudia a herança; e, por análoga razão, *B* repudia de igual modo a parte acrescida à sua quota, após o repúdio de *C*."[1064]

O benefício que a lei concede a *D* nem chega a caracterizar um acrescimento em relação ao direito de crédito que o testamento lhe conferia sobre *C*. É antes um substituto desse crédito que a lei considera como o meio aconselhado pelas circunstâncias para realizar a atribuição que o testador lhe fez no testamento.

Art. 1.946. Legado um só usufruto conjuntamente a duas ou mais pessoas, a parte da que faltara cresce aos co-legatários.

Parágrafo único. Se não houver conjunção entre os co-legatários, ou se, apesar de conjuntos, só lhes foi legada certa parte do usufruto, consolidar-se-ão na propriedade as quotas dos que faltarem, à medida que eles forem faltando.

Direito anterior – Art. 1.716 do Código Civil de 1916.

Art. 1.716. Legado um só usufruto conjuntamente a duas ou mais pessoas, a parte da que faltar acresce aos co-legatários. Se, porém, não houve conjunção entre estes, ou se, apesar de conjuntos, só lhes foi legada certa parte do usufruto, as cotas dos que faltarem consolidar-se-ão na propriedade, à medida que eles forem faltando.

Direito comparado – No Código Civil português (art. 2.305).[1065]
No direito argentino (art. 3.818) e no direito uruguaio (art. 1.049).

1064 PIRES DE LIMA e ANTUNES VARELA. *Idem*, pp. 482-483.
1065 "*Art. 2.305* (*Direito de acrescer entre usufrutuários*). *É aplicável ao direito de acrescer entre usufrutuários o disposto nos artigos 1.442 e 2.302.*"

COMENTÁRIO

O novo dispositivo legal desdobra o antigo artigo 1.716 em dispositivo próprio (art. 1.946) e parágrafo único em melhor técnica legislativa que a empregada pelo legislador de 1916.

No tocante ao usufruto conjuntivo, os Códigos Civis assumem três atitudes diferentes: Na Itália, o Código Civil, no artigo 678,[1066] bem como o uruguaio (art. 1.049), alargou as regras jurídicas do acrescimento: *ainda quando faltem após a aceitação do legado.*

Na Espanha, o Código Civil – art. 987 –[1067] segue as regras jurídicas gerais, como ocorre no Brasil.

Na Argentina, o Código Civil – art. 3.818 –[1068] acolheu inteiramente o oposto: consolida-se na propriedade cada parte vaga. Mas a regra também é dispositiva (ver a segunda parte do artigo 3.818).

No Brasil a regra é de caráter dispositivo. O testador pode excluir ou alterar o acrescimento, como é a regra geral, em matéria de heranças e legados.

O artigo 1.946 trata do legado conjunto, mas em partes certas, contrariamente à disposição testamentária conjunta, na qual, na mesma

---

1066 *"Art. 678 (Accrescimento nel legato di usufruto).*
Quando a più persone è legato un usufrutto in modo che tra di loro vi sia il diritto di accrescimento, l'accrescimento ha luogo anche quando una di esse viene a mancare dopo conseguito il possesso della cosa su cui cade l'usufrutto.
Se non vi è diritto di accrescimento, la porzione del legatario mancante si consolida con la proprietà."

1067 *"Art. 987. El derecho de acrecer tendrá también lugar entre los legatarios y los usufructuarios en los términos establecidos para los herederos."*

1068 *"Art. 3.818. Cuando el legado de usufructo, hecho conjuntamente a dos individuos, ha sido aceptado por ellos, la porción del uno, que después ha quedado vacante por su muerte, no acrece al otro, sino que se consolida a la nuda propiedad, a menos que el testador, expresa o implicitamente, hubiese manifestado la intención de hacer gozar al sobreviviente de la integridad del usufructo."*

cláusula, os beneficiários são designados sem qualquer distribuição entre eles. A conjuntividade supõe quinhões não determinados.

Se o legado de usufruto foi feito conjuntamente a duas ou mais pessoas, a parte do beneficiado que falta acresce à do co-legatário ou dos co-legatários. O Código Civil foi explícito, evitando as dúvidas que ocorrem em outros sistemas jurídicos.

No caso de acrescimento por pré-morte do co-herdeiro ou do co-legatário, o outro usufrutuário (ou usufrutuários) recebe o que caberia ao beneficiado. No caso de renúncia, ou de não implemento da condição, a solução é a mesma.

Morto o usufrutuário, depois da abertura da sucessão, não ocorre acrescimento, a herança ou o legado não vai aos seus sucessores, como afirmado por Maximiliano,[1069] porque uma das causas de extinção do usufruto é a morte do usufrutuário (CC, art. 1.410, I). Pontes de Miranda[1070] já apontara o equívoco da doutrina esposada por Maximiliano.

Se houver conjunção entre os co-legatários, dispõe o parágrafo único, as cotas dos legatários que faltarem consolidar-se-ão nas mãos do seu proprietário, *à medida que eles forem faltando*.

É uma aplicação do "princípio da elasticidade da propriedade", como de forma expressiva sugeriu Arnoldo Wald a respeito da proposta legislativa. Ouçamos a doutrina do mestre: "A extinção do direito real sobre coisa alheia implica a ampliação do direito do nu-proprietário. Desaparecendo o usufruto, o titular do direito de propriedade, que era nu-proprietário, passa a ser proprietário pleno. Tem-se, pois, no caso, a conciliação de dois princípios – direito de acrescer e elasticidade da propriedade. Se tiver sido conjunta e sem especificação de quotas a ins-

---

1069 MAXIMILIANO, Carlos. Obra citada, p. 485.
1070 PONTES DE MIRANDA, F. C. Obra citada, p. 394.

tituição, a ausência de um legatário beneficia os outros. Se tiver havido instituição isolada ou especificação de quotas, a ausência do legatário de usufruto favorece o nu-proprietário."[1071]

Ou seja, o nu-proprietário vai gradativamente recebendo a integração do uso e gozo da coisa.

E o exemplo elucidativo de Arnoldo Wald: "O testador deu em legado um usufruto de um imóvel cuja nua-propriedade ficou pertencendo a **A**. Se o testador legou o usufruto do terreno a **B**, **C** e **D**, a ausência de um deles favorece os outros. Se legou a **B**, **C** e **D**, ficando o direito de utilizar e receber os rendimentos de um terço do terreno para cada um, a morte, ou exclusão, ou renúncia de um favorece **A**. Se os instituiu em cláusulas separadas – deixo a **B** o usufruto de um terço do meu terreno; deixo a **C** o usufruto de outro terço e a **D** o usufruto do terço remanescente – a ausência de um deles também consolida, em relação ao respectivo terço, a propriedade plena de **A**."[1072]

1071 WALD, Arnoldo. Obra citada, p. 159.
1072 WALD, Arnoldo. *Idem*, pp. 159-160.

CAPÍTULO IX
DAS SUBSTITUIÇÕES

Seção I
Da Substituição Vulgar e da Recíproca

Art. 1.947. O testador pode substituir outra pessoa ao herdeiro ou ao legatário nomeado, para o caso de um ou outro não querer ou não poder aceitar a herança ou o legado, presumindo-se que a substituição foi determinada para as duas alternativas, ainda que o testador só a uma se refira.

Direito anterior – Art. 1.729 do Código Civil de 1916.

Art. 1.729. O testador pode substituir outra pessoa ao herdeiro, ou legatário, nomeado para o caso de um ou outro não querer ou não poder aceitar a herança, ou o legado. Presume-se que a substituição foi determinada para as duas alternativas, ainda que o testador só a uma se refira.

Direito comparado – No Código Civil francês (art. 898)[1073] e no Código Civil português (art. 2.281).[1074] No direito argentino (arts. 3.724 e 3.725) e no direito uruguaio (arts. 858 e 859).

Leitura complementar:

ABREU, A. J. Teixeira. *Das substituições fideicomissárias*. Coimbra, 1894; AZEVEDO, Armando D. *O fideicomisso no direito pátrio*. São Paulo:

1073 *"Art. 898. La disposition par laquelle un tiers serait appelé à recueillir le don, l'hérédité ou le legs, dans le cas où le donataire, l'héritier institué ou le légataire, ne le recueillerait pas, ne sera pas regardée comme une substitution, et sera valable."*

1074 Art. 2.281 (Noção).
1. O testador pode substituir outra pessoa ao herdeiro instituído para o caso de este não poder ou não querer aceitar a herança: é o que se chama substituição directa.
2. Se o testador previr só um destes casos, entende-se ter querido abranger o outro, salvo declaração em contrário."

Saraiva, 1973; AZNAR, A. Domingo. *El fideicomisso y la sustación fideicomisaria*. Barcelona: Bosch, 1999; BARBOSA, Alirio Galina. *Das substituições fideicomissárias*. Lisboa, 1945; BOUVIER. *La jurisprudence et la prohibition des substitutions* (Thèse). Lyon, 1909; BUFFETEAU, P. "Réflexions sur les legs de resíduo". *In: R. D'fernois*, 1993, a. 35.626; CARBONNIER, Jean. "De la distinction de la substitution prohibée et du double legs permis en usufruit et en nue-propriété". *In: R. Défrenois*, 1946, a. 26.421; COELHO, Celso Barros. "Herdeiro fideicomissário". *In: Enciclopédia Saraiva do Direito*, vol. 41, pp. 98 e ss., DE PAGE et DEKKERS, René. *Traité élémentaire de droit belge*. Bruxelles: Bruylant, 1974; FREITAS, Douglas Phillips. e FROESCHLIN, Felipe. "Substituições". *In:* FREITAS, Douglas Phillips (Coord.). *Curso de Direito das Sucessões*. Florianópolis: Vox Legem, 2007, pp. 247-254; GAMA, Guilherme Calmon Nogueira da. "Substituições e fideicomisso". *In:* Giselda Hironaka e Rodrigo da Cunha Pereira (Coords.). *Direito das Sucessões*. Belo Horizonte: Del Rey, 2007, pp. 343-365; MAIA, Paulo Carneiro. *Substituição fideicomissária*. São Paulo: Revista dos Tribunais, 1967; OLIVEIRA, Conceição M. Tavares de. "Das substituições". *In:* Regina Ghiaroni (Coord.). *Direito das Sucessões*. Rio de Janeiro: Freitas Bastos, 2004, pp. 270-285; PEÑA, Frederico Puig. *Tratado de derecho civil español*. Sucesiones. Madrid: Ediciones Pirâmide, 1976; PETITJEAN, M. *Essai sur l'histoire des substitutions* (Thèse). Dijon, 1975; PINHEIRO, J. Duarte. *Legado em substituição da legítima*. Lisboa: Cosmos, 1996; PINTO FERREIRA. "Fideicomisso". *In: Enciclopédia Saraiva do Direito*, vol. 37, pp. 169 e ss.; SILVA, Gilberto Valente da. "Fideicomisso". *In: RT*, 471: 261 e ss.; TELLES, Galvão. *Direito de representação, substituição vulgar e direito de acrescer.* 1943; VERDIER, J.-M. *Les droits éventuels*. Paris: Editions Rousseau, 1955; WITZ, C. *La fiducie em droit civil français* (Thèse). Strasbourg: Econômica, 1981.

COMENTÁRIO

No dizer de Modestino, *"heredes aut instituti dicuntur aut substituti: instituti primo gradu, substituti secundo vel tertio"*. Isto é, os herdeiros dizem-se instituídos ou substitutos: os instituídos em primeiro grau, os substitutos em segundo ou terceiro. Na expressão de Modestino encontramos a ideia genérica de instituição e de substituição.[1075]

Substituição deriva, etimologicamente, de *sub+institutio*. Quer dizer, há substituição quando a instituição está subordinada à outra.

A figura da substituição hereditária apresenta várias modalidades: substituição vulgar, substituição recíproca, substituição fideicomissária, substituição compendiosa, cada uma com suas características e peculiaridades. É difícil estabelecer uma nota comum a todas elas. Segundo Diez Picazo, esse traço comum a todas as figuras apontadas seria o seguinte: "A substituição supõe sempre uma instituição de herdeiro (ou legatário) subordinada à instituição principal."[1076]

Talvez em razão desse traço comum às diversas espécies, o Código Civil tenha juntado, num só capítulo, dois institutos de natureza diversa e só semelhantes na aparência: a substituição vulgar e a fideicomissária. "Naquela há, realmente, *substituição* – uma pessoa fica no lugar que tocava à outra; nessa (fideicomissária) não: uma foi, ou é, até certo tempo, ou até certo fato, e depois outra lhe sucede na herança."[1077]

A substituição tem por fim a colocação de alguém no lugar daquele que teria sido herdeiro ou legatário. Na expressiva e sugestiva alusão de Pontes, "a figura etimológica é a de quem, caído, um, sob ele e no lugar dele, se ergue". Cai um herdeiro, que não pode ou não quis suceder, e se ergue, de imediato, a figura do substituto.

Substituição é, pois, a instituição da pessoa que receberá a herança, ou alíquota da mesma, se o herdeiro designado faltar.

1075 SANTOS, Eduardo dos. Obra citada, p. 126.
1076 PICAZO, Luiz Díez. *Lecciones de Derecho Civil. IV. Derecho de Sucessiones*. Universidade de Valência, Faculdade de Direito, 1967, p. 299.
1077 PONTES DE MIRANDA, F. C. Obra citada, vol. 58, p. 95.

A origem do instituto remonta ao direito romano, que construiu com todos os dados positivos a noção de substituição. "As substituições foram introduzidas no direito romano para que os testadores tivessem, mais facilmente, quem aceitasse as suas heranças, pois a falta de herdeiro era considerada uma ignomínia: *defunctorum interest ut habeant successores*. Mas o direito moderno, admitindo algumas substituições, não o fez sob o fundamento do direito romano: apenas prestou uma homenagem à vontade expressa do testador."[1078]

Do tronco romano o Brasil só conservou a vulgar e, modificada, a fideicomissária.

As Ordenações Afonsinas e Manuelinas não trataram das substituições. As Filipinas dedicaram-lhe o Título 87 do Livro IV, tirado do *Digesto*.

Dispunham as Ordenações Filipinas, Livro IV, Título 87: "Substituição é instituição de herdeiro feita pelo testador em segundo grau. E pode ser uma de cinco, que em Direito se chama vulgar, recíproca, pupilar, exemplar, compendiosa; as quais o Direito introduziu, para que os testadores tivessem mais facilmente quem aceitasse suas heranças."

Quanto à substituição vulgar, disse o Livro IV, Título 87, § 1º: "Substituição pode fazer qualquer testador ao herdeiro que instituir, e por esta razão se chama vulgar, e comumente se faz com esta forma: *Instituo a Pedro por meu herdeiro, e se não for meu herdeiro, seja meu herdeiro Paulo*. As quais palavras: *se Pedro não for meu herdeiro,* compreendem dois casos, por cada um dos quais pode acontecer que o dito Pedro não seja herdeiro: o primeiro, se o não quiser ser, o segundo, se

---

[1078] ITABAIANA DE OLIVEIRA, A. V. Obra citada, pp. 582-583. No mesmo sentido, Conceição M. Tavares de Oliveira . "Das substituições". *In:* Regina Ghiaroni (Coord.). *Direito das Sucessões*, p. 271 (Rio de Janeiro: Freitas Bastos, 2004).

não puder; e por qualquer deles que aconteça a Pedro, herdeiro instituído, não ser herdeiro, haverá lugar a substituição vulgar, e Pedro substituto haverá a herança do testador."

A pessoa que quer evitar morrer *ab intestato,* ou institui mais de um herdeiro ou formula a substituição. Ou seja, via substituição o testador garante a certeza de que a ausência de um ou outro herdeiro não prejudicará sua intenção de transmissão do bem. O termo diz bem – *substituir* – porque, literalmente, se institui sob o outro, para a falta do outro, em subordem.

Como a sucessão testamentária é *intuitu personae,* direito personalíssimo, não passa da pessoa do instituído. Ou seja, a pré-morte do herdeiro, ou do legatário, ao testador, faz caducar a disposição testamentária. A admissão da figura da substituição abranda, porém, o rigorismo do sistema sucessório brasileiro, o que levou Silvio Rodrigues a afirmar que "a substituição vulgar surge, portanto, como expediente para gratificar o substituto, se a gratificação não puder beneficiar o substituído".[1079]

Dispõe o artigo 1.947 que o testador pode substituir outra pessoa ao herdeiro ou legatário nomeado, para o caso de um ou outro *não querer ou não poder aceitar a herança ou o legado.*[1080]

"Atendendo especialmente não só à distância temporal que muitas vezes medeia entre a elaboração ou aprovação do testamento e a data da sua abertura, mas também à possibilidade de nesse intervalo de tempo sofrer alteração substancial a capacidade sucessória do chamado, há

1079 RODRIGUES, Silvio. Obra citada, p. 242.
1080 "Fideicomisso – Acordo entre fiduciário e fideicomissário – Transação. Interpretação restrita – Herança – Impossibilidade de aceitação parcial – Embargos recebidos em parte. O herdeiro substituto não é herdeiro do substituído. Nenhuma transmissão existe do fiduciário para o fideicomissário. Transação é obrigação que se interpreta restritivamente" (*RF*, 258: 262).

que considerar de igual modo – e o próprio testador o faz, compreensivelmente, a cada passo – a hipótese de o chamado, capaz de suceder à data em que o testamento é lavrado ou aprovado, não pode aceitar após a abertura da sucessão."[1081]

São precisamente esses dois tipos de situações que o artigo 1.947 prevê que o testador tenha ponderado, ao escolher os substitutos para recolherem os benefícios atribuídos aos primeiros instituídos, em lugar deles, para que o bem legado não retorne a compor a legítima dos herdeiros necessários.

Constituem casos de não poder aceitar o nomeado herdeiro ou legatário – *casus impotentiae* – de modo a surgir a prerrogativa do substituto: a) a morte do herdeiro ou legatário antes do testador; b) a incapacidade do instituído; c) a indignidade. Como exemplo dessa variante da substituição imaginemos a seguinte hipótese: o testador institui o irmão *B* como um de seus dois co-herdeiros, mas acrescentando que, no caso de *B não querer ou não poder* aceitar, deixa a quota dele a *D,* filho mais velho de um outro irmão (*C*).

Constituem caso de não querer aceitar o herdeiro ou legatário – *casus voluntatis*: a) o de simples renúncia; b) o de não querer o herdeiro ou legatário entregar coisa de sua propriedade a outrem, conforme ordenara o testador.

Ainda é possível a substituição após a morte do testador. Assim, a indignidade posterior necessariamente será julgada após a morte do testador. A renúncia da herança só se dá após a abertura da sucessão e, se morrer o chamado, pelos seus herdeiros. Igualmente no caso de condição suspensiva, a morte do beneficiado, depois da abertura da sucessão

---

1081 PIRES DE LIMA e ANTUNES VARELA. Obra citada, p. 442.

e antes de se realizar a condição, constitui caso típico de fundamento de substituição.

No *in fine* do artigo sob comento o legislador reafirma a regra tradicional segundo a qual a substituição embora feita genericamente entender-se-á prevendo ambas as hipóteses, ou para as duas alternativas, como dispõe o texto legal.

Ou seja, mesmo que o testador tenha se referido somente a uma das alternativas, a presunção é de que a substituição foi determinada para ambas, entendendo-se que a omitida se acha tacitamente incluída na vontade do testador. Ou, como bem acentuou Cunha Gonçalves, dentro das regras de interpretação, pode também dizer-se que o herdeiro, quando não quer aceitar, é porque não pode, embora por motivos de ordem moral; e, quando não pode, também não quer, como sucede com o pré-defunto, o demente, o proibido de suceder.[1082]

A substituição é vulgar quando o testador indica o substituto para ocupar o lugar do herdeiro ou legatário que, nomeado inicialmente, não quer ou não pode aceitar o que lhe é devido.

A substituição é recíproca quando o testador, "instituindo vários herdeiros ou legatários, declara-os substitutos uns dos outros, para a eventualidade de qualquer deles não poder ou não querer aceitar a herança ou o legado".[1083]

A substituição é fideicomissária quando o testador impõe a um terceiro (herdeiro ou legatário), chamado fiduciário, a obrigação de, por sua morte, a certo tempo ou sob certa condição, transmitir a outro (fideicomissário) a herança ou o legado.

1082 GONÇALVES, L. da C. Obra citada, nº 1.458.
1083 GAMA, Guilherme Calmon Nogueira da. "Substituições e fideicomisso". *In:* PEREIRA, Rodrigo da Cunha e HIRONAKA, Giselda (Coords.). *Direito das Sucessões.* Belo Horizonte: Del Rey, 2007, p. 351.

A substituição é compendiosa quando ocorre a concorrência da susbstituição vulgar e fideicomissária.

Art. 1.948. Também é lícito ao testador substituir muitas pessoas por uma só, ou vice-versa, e ainda substituir com reciprocidade ou sem ela.

Direito anterior – Art. 1.730 do Código Civil de 1916.
Art. 1.730. Também lhe é lícito substituir muitas pessoas a uma só, ou vice-versa, e ainda substituir com reciprocidade ou sem ela.

Direito comparado – No Código Civil português (arts. 2.282 e 2.283).[1084] No direito argentino (art. 3.726) e no direito uruguaio (arts. 860-862).

COMENTÁRIO

Em toda substituição há a ocorrência de duas figuras: "o instituído em primeiro lugar e o substituído, que se escreve para a deficiência daquele. As formas quantitativas de uma e de outra figura fazem variar a substituição: um a um, dois a um, um a dois, um para parte do quinhão de outro, e assim por diante".[1085]

A substituição vulgar pode apresentar várias formas. Os substitutos podem ser: um a um (a **A**, **B**; a **C** e **D**); por grupos (a **A**, – **B** e

---

1084 "*Art. 2.282 (Substituição plural).*
Podem substituir-se várias pessoas a uma só, ou uma só a várias."
"*Art. 2.283 (Substituição recíproca).*
1. O testador pode determinar que os co-herdeiros se substituam reciprocamente.
2. Em tais casos se os co-herdeiros tiverem sido instituídos em partes desiguais, respeitar-se-á, no silêncio do testador, a mesma proporção na substituição.
3. Mas, se à substituição não forem chamados todos os restantes instituídos, ou o for outra pessoa além deles, e nada se declarar sobre a proporção respectiva, o quinhão vago será repartido em partes iguais pelos substitutos."
1085 PONTES DE MIRANDA, F. C. Obra citada, vol. 58, p. 108.

C; a C, – B e D); para cada caso (se **A** recusar, **B**; se premorrer, **C**; se for excluído, **D**; se for incapaz, **E**); sucessivos (a **A, B**, e, se B também faltar, **C**); a grupos (a **A** e **B**, **C**; a **D** e **E**, **B**); recíproca (**A** e **B** a **C**, **C** e **A** a **B**, **C** e **B** a **A**).[1086]

O dispositivo cogita, em primeiro lugar, da substituição coletiva, ou seja, quando vários são os substitutos designados para o herdeiro, ou legatário, que não quis ou não pôde aceitar a herança, ou legado. Na hipótese sob comento, sendo um só o instituído e dois ou mais os substitutos, verificada a substituição, herdarão os substitutos em partes iguais, salvo se o testador tiver estabelecido partes desiguais.[1087]

Ou vice-versa, diz a lei, ou seja, o testador nomeia um ou vários herdeiros ou legatários, dando-lhes a todos um só substituto. O substituto herdará a totalidade dos bens, se todos os instituídos não aceitarem ou não puderem aceitar a herança; mas, se apenas um deles não aceitar, o substituto só herdará a parte do que faltou.

Na substituição recíproca, os co-herdeiros ou co-legatários são substituídos uns dos outros. A substituição recíproca pode ser geral ou particular. É geral, quando todos substituem ao herdeiro ou legatário que faltar; e é especial, quando uns herdeiros ou legatários determinados substituem outros determinados, e reciprocamente.

Se entre vários co-herdeiros ou co-legatários de partes iguais é ordenada substituição recíproca, cada um se entende substituído com

---

1086 PONTES DE MIRANDA, F. C. Obra citada, *ibidem*.
1087 "*Sucessão testamentária – Instituição de herdeiro universal pelo testador – Cláusula dispondo que, se o instituído não existisse por ocasião da abertura da sucessão, deveriam os bens ser deferidos sucessivamente a outras pessoas – Casos de substituição, e não de fideicomisso – Aplicação dos arts. 1.729 e 1.730 do Código Civil.* Designada uma pessoa para recolher a herança ou o legado, na falta de outra, não há falar em substituição fideicomissária, e sim vulgar. Consiste esta na designação da pessoa que deve ocupar o lugar do herdeiro ou legatário que não existe por ocasião da abertura da sucessão, não pode ou quer aceitar a herança ou o legado" (*RT*, 192: 246).

porções também iguais. Assim, exemplificadamente, se são instituídos herdeiros e substitutos reciprocamente Pedro, Paulo e Mário, e vem a faltar Pedro, a herança se divide em partes iguais entre os dois outros: Paulo e Mário, recebendo cada um deles dois sextos como instituído e um sexto como substituto. Ou, como já precisara Itabaiana de Oliveira,[1088] equivale a manutenção do *princípio da igualdade* também na parte atingida pela substituição.

No caso de substituição recíproca ordenada entre co-herdeiros em quinhões desiguais, a proporção fixada na cota referente à disposição presume-se repetida para a substituição. Assim, se forem nomeados herdeiros, **A**, com 1/6 da herança, **B**, com 2/6, e **C**, com 3/6, sendo substitutos entre si. Se **A** não aceitar a herança, sua cota será dividida entre **B** e **C**, na mesma proporção fixada na primeira disposição, isto é, **B** receberá duas partes dela e **C**, três.[1089] Equivale reconhecer – sempre na ótica de Itabaiana de Oliveira – o princípio da proporcionalidade.

Se, ainda exemplifica Itabaiana de Oliveira, com herdeiros ou legatários, instituídos em partes desiguais, for incluída mais alguma pessoa na substituição, o quinhão vago pertencerá em partes iguais aos substitutos. Por exemplo: se o testador institui seus herdeiros **A**, por 1/6 da herança, **B**, por 2/6, e **C**, por 3/6, dispondo que, na falta de um deles por premoriência, indignidade ou renúncia, nomeia **D** como herdeiro, juntamente com os demais. Dessa maneira, se **A** falecer, o seu quinhão será dividido em partes iguais por todos os outros herdeiros, inclusive **D**, que é um substituto vulgar e concorre com os substitutos recíprocos.[1090] Novamente aqui, o princípio da igualdade ressurge veemente.

1088 OLIVEIRA, Arthur Vasco Itabaiana de. Obra citada, p. 287.
1089 Exemplo colhido na obra de Itabaiana de Oliveira (obra citada), p. 587.
1090 ITABAIANA DE OLIVEIRA. Obra citada, p. 588.

Bem mais detalhista foi o legislador português que, no artigo 2.283, retomou a questão da substituição plural recíproca estabelecendo as três regras mais importantes do seu regime.

A primeira delas, contida no nº 1, "é a que afirma a legalidade da substituição recíproca entre os co-herdeiros instituídos, sem qualquer limitação quanto ao seu número.

Assim, se depois de instituir os dois cunhados (**A** e **B**) como seus *únicos herdeiros,* o testador pretendera cautelar a hipótese de um ou outro não poderem ou não quererem aceitar a herança, e não querer que, em tal caso, a quota do faltoso seja atribuída aos seus herdeiros legítimos, nada na lei obsta a que ele *validamente* acrescente à instituição dos dois cunhados a seguinte cláusula testamentária: "Se algum dos meus cunhados (**A** e **B**) não puder ou não quiser aceitar a herança, passará a sua quota para o outro."[1091]

A segunda regra inserida no artigo 2.283 do Código Civil português diz respeito à distribuição da quota vaga (da quota atribuída ao instituído que não pode ou não quer aceitar) pelos seus substituídos. No caso de os co-herdeiros terem sido instituídos *em partes desiguais,* determina o nº 2 do citado artigo respeitar-se, no silêncio do testador, a mesma proporção na substituição.

E, finalmente, a terceira situação diretamente prevista na disposição, no nº 3, é a de, na cláusula de substituição recíproca, não serem chamados todos os herdeiros instituídos, ou ser chamada outra pessoa além deles, sem nada se declarar sobre a proteção do seu chamamento.

"Nesse caso, determina o nº 3 que o quinhão vago será repartido em partes iguais pelos substitutos.

[1091] PIRES DE LIMA e ANTUNES VARELA. Obra citada, p. 446.

Suponhamos para exemplificar, que o testador, depois de instituir como herdeiros **A**, **B** e **C**, acrescenta que, na hipótese de **A** não poder ou não querer aceitar, será a sua quota devolvida a **B** e **C**, ou determina que, no caso de algum dos herdeiros instituídos não poder ou não querer aceitar a herança, será a quota dele atribuída aos restantes e ao seu sobrinho **D**.

Em qualquer desses casos, a quota do afastado será atribuída aos substitutos, como determina o nº 3 do artigo 2.283, em partes iguais, por nenhuma indicação haver do testador em sentido diferente."[1092]

Art. 1.949. O substituto fica sujeito à condição ou encargo imposto ao substituído, quando não for diversa a intenção manifestada pelo testador, ou não resultar outra coisa da natureza da condição ou do encargo.

Direito anterior – Art. 1.731 do Código Civil de 1916.
Art. 1.731. O substituto fica sujeito ao encargo ou condição impostos ao substituído, quando não for diversa a intenção manifestada pelo testador, ou não resultar outra coisa da natureza da condição, ou do encargo.

Direito comparado –No Código Civil português (art. 2.284).[1093]
No direito argentino (art. 3.729).

COMENTÁRIO

Nos termos do artigo 1.949 os chamados à substituição recebem a herança ou o legado com os mesmos encargos, exceto no que for pu-

---

1092 PIRES DE LIMA e ANTUNES VARELA. Obra citada, p. 448.
1093 *"Art. 2.284 (Direitos e obrigações dos substitutos).*
Os substitutos sucedem nos direitos e obrigações em que sucederiam os substituídos, excepto se outra for a vontade do testador."

ramente pessoal, com que os receberiam os herdeiros ou os legatários substituídos, salvo se outra for a intenção do testador. A presunção a dominar a matéria é a de que o testador não quis para o substituto condições mais favoráveis que as impostas ao substituído.

O substituto assume pois a posição anteriormente ocupada pelo herdeiro com as mesmas vantagens e os mesmos encargos do substituído, à exceção do que a este for puramente pessoal. A doutrina majoritária encara esse dispositivo como correspondente ao que na disposição paralela do artigo 1.943 define a posição jurídica do beneficiado pelo direito de acrescer. Com efeito, o dispositivo em questão resolve a questão de saber se a condição imposta na instituição deve julgar-se repetida na substituição, por não poder presumir-se que o testador quisesse favorecer mais o substituto do que o instituído, *si non fuerit evidens diversa voluntas,* porque em matéria de disposições testamentárias cede tudo à vontade do testador legalmente manifestada.

Assim, passa para o substituto o encargo imposto ao substituído de fornecer a alguém uma pensão vitalícia, mas, certamente, não passa o que é pessoal ao substituído. Todavia, como bem ressaltara Pontes de Miranda, se o encargo for pessoal, é possível passar ao substituto, mediante disposição expressa do testador; se este dispõe nesse sentido – *quando não for diversa a intenção manifestada pelo testador* –, o substituto tem de cumprir o encargo, pessoalmente, se lhe é possível; e por intermédio de outrem, do mesmo valor do substituído, se não lhe é possível fazê-lo pessoalmente.[1094]

O testador, dentro da ideia da vontade soberana que lhe é peculiar, pode modificar a situação do substituto, alterando a regra geral, que é

1094 PONTES DE MIRANDA, F. C. Obra citada, § 5.825.

meramente supletiva, para liberá-lo, no todo ou em parte, do encargo imposto ao substituído.

Se, ainda acrescenta o *in fine* do texto legal, a natureza da condição ou encargo não permite considerá-lo senão como respeitante à pessoa do instituído, não se transmite ao substituto. Assim, na disposição testamentária "instituo Pedro herdeiro de minha cota disponível, com a condição de pintar o meu retrato", a condição de pintar o retrato do testador é pessoal ao herdeiro, pintor, e, pois, não se transmite ao substituto.

Mas o testador pode determinar que, mesmo se tratando de encargo pessoal, o substituto fica a ele obrigado, de forma que deverá cumpri-lo. Se não puder fazer pessoalmente, cumprirá o encargo por intermédio de outrem. Nesse sentido, o exemplo elucidativo de Pontes de Miranda: "Se o instituído era pintor e a parte da herança lhe foi deixada com o *modus* de pintar o retrato da filha, nomeado substituto terceira pessoa, e a verba diz que 'esta terá os mesmos encargos', ou o substituto, sendo pintor, executará o quadro, ou, não no sendo, convidará pintor do mesmo valor que o outro."[1095]

Art. 1.950. Se, entre muitos co-herdeiros ou legatários, de partes desiguais, for estabelecida substituição recíproca, a proporção dos quinhões fixada na primeira disposição entender-se-á mantida na segunda; se, com as outras anteriormente nomeadas, for incluída mais alguma pessoa na substituição, o quinhão vago pertencerá em partes iguais aos substitutos.

Direito anterior – Art. 1.732 do Código Civil de 1916.
Art. 1.732. Se, entre muitos co-herdeiros ou legatários de partes desiguais, for estabelecida substituição recíproca, a proporção dos quinhões, fixada

---

1095 PONTES DE MIRANDA, F. C. Obra citada, vol. 58, p. 114.

na primeira disposição, entender-se-á mantida na segunda. Se, porém, com as outras anteriormente nomeadas, for incluída mais alguma pessoa na substituição, o quinhão vago pertencerá em partes iguais aos substitutos.

Direito comparado – No Código Civil português (art. 2.281). No direito argentino (art. 3.727) e no direito uruguaio (art. 862).

COMENTÁRIO

Se as partes forem desiguais, por exemplo, se a um dos institutos couber a metade da herança e aos outros, partes alíquotas da porção restante, faltando o primeiro, a cada um dos outros quanto caberá?

Duas soluções se apresentavam, nos informa Bevilacqua: a distribuição em partes iguais e a divisão proporcional aos quinhões. Acompanhando outras legislações, decidiu-se o Código Civil brasileiro pela segunda solução, que é a mais conforme à vontade presumida do testador. Quando, porém, com as outras anteriormente nomeadas, houver mais alguma pessoa na substituição, já não mais se pode aplicar essa norma, porque não poderá exprimir a vontade presumida do testador. Aumentando o número de substitutos, o testador, intencionalmente, desfez a divisão proporcional. O quinhão vago pertencerá, então, em partes iguais, aos substitutos.[1096]

Nesse sentido, merece transcrição o elucidativo exemplo colacionado, com clareza e precisão por Arnoldo Wald: "O testador deixou a seguinte cláusula: deixo os meus bens a Paulo, Pedro e Orlando, à proporção de 50% para o primeiro e 25% para cada um dos últimos, sendo que cada um dos herdeiros substituirá os outros ou cada um deles, no

---

1096 BEVILACQUA, Clovis. Obra citada, p. 939.

caso de não poder ou não querer aceitar a herança. No momento da abertura da sucessão Pedro faleceu, e a dúvida suscitada é saber se Paulo e Orlando devem substituir em igualdade de condições o pré-morto, ou devem manter as proporções da herança na substituição. O art. 1.732 (atual art. 1.950) do Código Civil fornece a seguinte solução: se todos os substitutos forem herdeiros ou legatários, substituirão na proporção de seus quinhões; e, se houver um dos substitutos que não for herdeiro ou legatário, substituirão em partes iguais. Voltando ao exemplo citado, Paulo receberá dois terços da quota de Pedro, e Orlando, um terço. O artigo está redigido do seguinte modo: 'Se, entre muitos co-herdeiros ou legatários de partes desiguais, for estabelecida substituição recíproca, a proporção dos quinhões, fixada na primeira disposição, entender-se-á mantida na segunda.' O artigo não está muito claro, pois a proporção estabelecida deve ser a existente entre os diversos quinhões e não entre os quinhões e o todo. Assim, no caso citado, como Paulo tem 50% e Orlando 25%, o primeiro tem o dobro do segundo, e a quota do substituído deverá ser dividida de modo que Paulo receba duas vezes o que couber a Orlando, ou seja, dois terços para o primeiro e um terço para o segundo. Quando a lei fala em proporções dos quinhões, poderia parecer que se trata da proporção em relação à totalidade do patrimônio. E, neste caso, não se encontraria solução possível, pois, na falta de um dos herdeiros – o substituído –, não se encontraria solução para a atribuição de sua quota se atribuísse a Paulo 50% da mesma e a Orlando 25%. Faltaria, ainda, um remanescente de 25% da quota, que não teria titular.

Se, ao contrário, há entre os substitutos, além de co-herdeiros ou legatários do bem em questão, estranhos, a quota do substituído divide-se igualmente entre os substitutos, por inexistir critério que permita saber qual a quota atribuída ao estranho.

No silêncio do testamento, presume-se que a divisão deva ser em partes iguais."[1097]

Nessa última hipótese é presumível a igualdade e não a proporcionalidade dos quinhões na porção vaga, dada a circunstância de aparecer substituto estranho, sem cota que possa servir de base para aquela proporção.

Maria Helena Diniz, com a didática que lhe é peculiar, exemplifica as hipóteses previstas no artigo sob comento, de forma impecável.

Assim diz a civilista paulista:

a) "se os herdeiros ou legatários forem instituídos em partes iguais, dever-se-á entender que os substitutos receberão partes iguais no quinhão vago. Por ex.: se o testador institui seus herdeiros **A**, **B**, **C** e **D** em partes idênticas, cada qual terá, então, uma quarta parte da herança, ordenando que sejam substitutos entre si; falecendo **B**, sua parte será subdividida igualmene entre **A**, **C** e **D**.

b) se os herdeiros ou legatários forem instituídos em partes desiguais, a proporção dos quinhões, fixada na primeira disposição, entender-se-á mantida na segunda. Por ex.: se forem nomeados herdeiros **A**, com 1/6 da herança, **B**, com 2/6, e **C**, com 3/6, sendo substitutos entre si. Se **A** não aceitar a herança, sua quota será dividida entre **B** e **C** na mesma proporção fixada na primeira disposição, isto é, **B** receberá duas partes dela e **C**, três.

c) se com os herdeiros ou legatários, instituídos em partes desiguais, for incluída mais alguma pessoa na substituição, o quinhão vago pertencerá em partes iguais aos substitutos. Por ex.: se o testador instituir seus herdeiros **A**, por 1/6 da herança, **B**, por 2/6, e **C**, por 3/6,

---

1097 WALD, Arnoldo. Obra citada, pp. 182-183.

dispondo que, na falta de um deles por premoriência, indignidade ou renúncia, nomeia **D** como herdeiro, juntamente com os demais. Dessa maneira, se **A** falecer, o seu quinhão será dividido em partes iguais por todos os outros herdeiros, inclusive **D**, que é um substituto vulgar e concorre com os substitutos recíprocos."[1098]

Seção II
Da Substituição Fideicomissária

Art. 1.951. Pode o testador instituir herdeiros ou legatários, estabelecendo que, por ocasião de sua morte, a herança ou o legado se transmita ao fiduciário, resolvendo-se o direito deste, por sua morte, a certo tempo ou sob certa condição, em favor de outrem, que se qualifica de fideicomissário.

Direito anterior – Art. 1.733 do Código Civil de 1916.

Art. 1.733. Pode também o testador instituir herdeiros ou legatários por meio de fideicomisso, impondo a um deles, o gravado ou fiduciário, a obrigação de, por sua morte, a certo tempo, ou sob certa condição, transmitir ao outro, que se qualifica de fideicomissário, a herança, ou o legado.

Direito comparado – O Código Civil francês proíbe a substituição fideicomissária (art. 896).[1099] No Código Civil português (art. 2.286).[1100] O direito argentino (art. 3.732) e o direito uruguaio (art. 865) repelem a substituição fideicomissária.

1098 DINIZ, Maria Helena. Obra citada, vol. 6, pp. 339-340.
1099 *"Art. 896. Les substitutions sont prohibées.*
Toute disposition par laquelle le donataire, l'héritier institué, ou le légataire, sera chargé de conserver et de rendre à un tiers, sera nulle, même à l'égard du donataire, de l'héritier institué, ou du légataire."
1100 *"Art. 2.286 (Substituição Fideicomissária – Noção).*
Diz-se substituição fideicomissária, ou fideicomisso, a disposição pela qual o testador impõe ao herdeiro instituído o encargo de conservar a herança, para que ela reverta, por sua morte, a favor de outrem; o herdeiro gravado com o encargo chama-se fiduciário, e fideicomissário o beneficiário da substituição."

COMENTÁRIO

Na crítica cáustica de Pontes de Miranda, o Código Civil brasileiro "encambulhou" (juntou, uniu, ligou) as substituições vulgares e os fideicomissos, coisas distintíssimas.[1101] No fideicomisso, a sucessividade nos bens é essencial. O fideicomissário não recolhe os bens no instante da abertura da sucessão. Na substituição, não há sucessividade temporal, e, sim, instituição de um, em vez de outro (*sub institutio*).

Na substituição vulgar, diferentemente do que ocorre com o fideicomisso, há apenas uma liberalidade. Em vez de **B**, *após* **A**, a substituição vulgar consiste em instituição de **A** ou **B**. Para o fideicomisso exige-se a ordem sucessiva, dupla disposição, duas liberalidades, duas heranças, ou dois legados. Se uma ocorre na falta de outra, não se dispôs duplamente, de modo que ou uma das pessoas herda ou herda a outra.

A vontade do testador, pela interpretação, é que decide quanto a se tratar de substituição ou de fideicomisso. E o exemplo de Pontes: "Deixo a **A** os bens **X**, sendo substituto **B**, constitui substituição. Se disser, recusando **A** os bens **X**, o prédio **D** passará de **C** a **A**, é que também aqui não houve outro intento que prever a substituição de **A**. Se disser, deixo a **A**, sendo substituto **B** aos 30 anos, é fideicomisso. Deixo a **A**, passando, por morte (ou em tal tempo, ou quando se der a condição tal) a **B**, é fideicomisso."[1102]

E a doutrina expressiva no sentido de delimitar, sem risco de equívoco, o divisor de águas entre as duas realidades: "O substituto é herdeiro do *de cujus*, e não do instituído; desde que se lhe dá entrada, *foi herdeiro desde a abertura da sucessão*: teve a saisina; tudo, em relação

---

1101 PONTES DE MIRANDA, F. C. Obra citada, p. 100.
1102 PONTES DE MIRANDA, F. C. Obra citada, p. 102.

ao instituído, *não foi,* ele é que é o herdeiro, e só ele o foi. Grande diferença quanto ao fideicomisso: neste, ambos são herdeiros *ao mesmo tempo;* a propriedade vai a um, *depois* a outro.

Sempre que o testador houver dito que o herdeiro *passará* a outrem, *restituirá* ou *entregará* mais tarde, deve-se entender que fideicomitiu, e não que substituiu. Salvo se há outros dados, que elidam esta presunção, como se constituir ordem de entregar coisa legada em certo tempo, ou sob certa condição."[1103]

Por isso, correta a definição de Carlos Maximiliano: "Fideicomisso é o instituto jurídico em virtude do qual se adquire o domínio com a inerente obrigação de conservar o recebido e, por morte, depois de certo tempo, ou sob determinada condição, transmitir a outra pessoa, física ou jurídica."[1104]

No direito romano, de onde se originou o instituto, o fideicomisso não tinha a feição que posteriormente veio a adquirir. Para os romanos era, a princípio, uma espécie de substituição a termo, conjugada com um mandato conferido ao testamenteiro, em geral pessoa de confiança (por isso chamada "fiduciária", ou seja, confiável) encarregada de transferir os bens do testador a uma pessoa legalmente incapaz de adquirir por testamento, como eram os estrangeiros, os celibatários e, em certos casos, as mulheres.

Na Idade Média, entretanto, o instituto encontrou ambiente fértil, já que se manifestou meio eficiente para manter o patrimônio familiar nas mãos de uma só pessoa, que, geralmente, era o filho primogênito. A ideia da nobreza de apanágio já encontrava nesse período histórico meios hábeis de se desenvolver e se impor por meio do fideicomisso.

1103 PONTES DE MIRANDA, F. C. *Idem, ibidem.*
1104 MAXIMILIANO, Carlos. Obra citada, vol. III, p. 75.

"No regime feudal", afirma Arnoldo Wald, "em que o fidalgo exercia o poder político sobre as terras que lhe pertenciam, confundindo-se o conceito de propriedade, oriundo do direito privado, e o de soberania, vindo do direito público, era natural que o fideicomisso tivesse sido considerado técnica aperfeiçoada para evitar a divisão do patrimônio familiar, assegurando à nobreza da época a sua manutenção no poder".[1105]

Da França, onde o instituto se revelou com maior intensidade, fazendo eco às prerrogativas feudais, o fideicomisso ganhou a península ibérica, tendo sido recepcionado em Portugal pelas Ordenações. Com o advento da Revolução Francesa e o predomínio do espírito comunitário igualitário, o instituto entrou em franco declínio. No Brasil, foi admitido pelo Código Civil de 1916, proibindo o texto codificado que o testador o estabelecesse em mais de um grau. Ou seja, não se admite o fideicomisso além do 2º grau (atual art. 1.959).

Na sua feição atual o fideicomisso pressupõe a existência de duas pessoas: o fiduciário, que recebe os bens gravados, ficando obrigado a não só conservá-los mas também restituí-los em determinada ocasião (morte, termo ou condição) a uma outra pessoa, o fideicomissário, que passará a ser o proprietário definitivo dos bens constantes da liberalidade.[1106]

Logo, são três as características constitutivas da substituição fideicomissária: a) a dupla vocação sucessória; b) a obrigação de conservar

---

1105 WALD, Arnoldo. *Direito Civil. Direito das Sucessões.* 14. ed. São Paulo: Saraiva, 2009, p. 277.
1106 "*1 – A substituição fideicomissária verifica-se quando o testador nomeia pessoa favorecida e também designa um substituto, a quem cabe recolher a herança ou legado, quando da morte do favorecido. 2 – Existe fideicomisso quando os avós-fideicomitentes nominam como fideicomissárias três filhas do filho-fiduciário, através de testamentos válidos. 3 – Se a morte do autor da herança ocorreu quando vigia o Código Civil de 1916, esta é a lei que rege a sucessão, não tendo aplicação a regra do art. 1.952 do CC, que restringe a cláusula de fideicomisso àqueles não concebidos ao tempo da morte do testador*" (TJRS, AI nº 70.015.005.341, rel. Des. Sérgio Fernando de Vaconcellos Chaves, j. em 02.08.2006).

e restituir os bens; c) a ordem sucessiva, isto é, a execução daquela obrigação ou da substituição fideicomissária deferida ao tempo da morte do fiduciário.

O primeiro requisito é a dupla disposição, ou seja, o testador faz duas disposições do mesmo bem, a duas pessoas diferentes, que recolhem sucessivamente a deixa, uma depois da outra. Fiduciário e fideicomissário são chamados sucessivamente. Os bens objeto do fideicomisso passam diretamente ao fiduciário (instituído), e indiretamente, isto é, por intermédio daquele, ao fideicomissário (ou substituto). "Os sujeitos do direito, no fideicomisso, aparecem sucessivamente, cada um a seu tempo, ou quando se exaure o termo respectivo ou se cumpre a condição a que estava subordinado."[1107]

O fiduciário tem propriedade resolúvel que se resolve nas mãos do fideicomissário (que tem um direito eventual) quando do advento da morte, termo ou condição, como afirma o artigo 1.951 do Código Civil.

O caráter mediato e indireto do fideicomisso não afeta o sujeito que opera a liberalidade, que é sempre o testador, que dispõe de seus bens, com absoluta soberania.[1108]

O segundo requisito necessário da substituição fideicomissária, a obrigação de conservar e restituir, está implícito na proibição de alienar,

---

1107 OROZIMBO NONATO. *Estudos sobre sucessão testamentária*, vol. II, p. 159.
1108 "*FIDEICOMISSO – Instituto que não pode servir para deserdação ou mera atribuição de usufruto ao herdeiro necessário para que a herança seja transmitida a terceiro – Legítima do herdeiro necessário que não é alcançada por ato de vontade do autor da herança – Interpretação do art. 1.733 do CC.* Ementa: Conforme interpretação do art. 1.733 do CC, o fideicomisso não pode servir para deserdação ou mera atribuição de usufruto ao herdeiro necessário para que a herança seja transmitida a terceiro, pois a instituição de herdeiro ou legatário é ato de vontade que não alcança a legítima do herdeiro necessário, cujo direito independe de ato de vontade do autor da herança" (*RT*, 789: 222). Ver, ainda: *RT*, 395: 405; *RT*, 305: 510; *RF*, 156: 247; *RF*, 128: 498; *RT*, 231: 260; *RT*, 231: 167; *RT*, 249: 201; *RT*, 245: 151; *RF,* 180: 204; *RT*, 265: 296; *RT*, 274: 875; *RT*, 603: 63; *RT*, 789: 350; *RT*, 680: 139; *RT*, 642: 176; *RT,* 691: 136.

uma vez que, conforme vimos, é titular da propriedade da herança ou do legado, mas propriedade restrita e resolúvel, pois deve conservá-la para a transmitir oportunamente ao fideicomissário. Trata-se de herdeiro ou legatário, mas sob a condição resolutiva de transmitir. Em assim sendo, se falecer antes de expirado o prazo determinado pelo testador, pré-morto, seu direito passa aos herdeiros com os mesmos ônus que incidiam sobre o bem, quando da abertura da sucessão, para se extinguir com o advento do termo resolutório.

Nenhuma dúvida existe quanto à obrigação do fiduciário conservar o bem recebido. Trata-se de dever inerente ao fideicomisso e que pesa sobre o fiduciário, ainda que a ele não se refira o testador.

Finalmente, o terceiro requisito da substituição fideicomissária, ou seja, ordem sucessiva, consiste em que o fiduciário é substituído pelo fideicomissário. "O fideicomisso supõe dois herdeiros: um de primeiro grau, que é o instituído, com o encargo de entregar a herança à pessoa designada; e outro, de segundo grau, que deve receber a herança do instituído ou de seus herdeiros."[1109] Ou, como afirmou Pontes, no fideicomisso há *dupla vocação testamentária*, sem se afastar a possível pluralidade de fideicomissários ("nomeio fiduciário **B** e fideicomissários **C** e **D**"), ou de fiduciários ("nomeio fiduciários **B** e **C** e fideicomissário **D**"), ou de fiduciários e de fideicomissários ("nomeio fiduciários **B** e **C** e fideicomissários **D** e **E**"). O que se veda é a sucessividade entre fideicomissários, porque isso faria o fideicomisso ser de grau proibido.[1110]

1109 FONSECA, Tito Prates da. *Sucessão testamentária*, p. 170.
1110 PONTES DE MIRANDA, F. C. Obra citada, p. 179.
 "*FIDEICOMISSO – Instituição além do segundo grau – Nulidade – Alienação de bens pelo fideicomissário – Validade – Ação de reivindicação improcedente – Apelação não provida. A mulher do testador sendo fiduciária e o filho, fideicomissário, este não é obrigado a transmitir os bens assim herdados, ao seu próprio filho, isto é, a neto do testador, pois que haveria três graus no fideicomisso, o que a lei proíbe*" (RT, 245: 151).

Nesse sentido, o artigo 2.287 do Código Civil português, que dispõe taxativamente: *"Pode haver um só ou vários fiduciários, assim como um ou vários fideicomissários."*

Ocorrendo esses três requisitos, materializou-se a substituição fideicomissária, independente dos termos empregados pelo testador, para determinar a obrigação da conservação e restituição dos bens.

Na qualidade de proprietário (embora propriedade resolúvel), o fiduciário não é um mero usufrutuário, mas verdadeiro proprietário, enquanto perdura o seu direito; por isso mesmo, pode administrar os bens com ampla liberdade, usar e gozar o bem recebido, desde que mantenha sua substância, pode dispor dos bens, como lhe convenha e até aliená-los, se não houver proibição expressa. Tratando-se, porém, de propriedade resolúvel, no momento de o fideicomissário receber os bens, o fiduciário deverá entregá-los na mesma situação em que se encontravam quando da abertura da sucessão.

A obrigação de conservar o bem compete ao fiduciário até o advento da morte, termo ou condição. "O adquirente, ou credor, despese das vantagens obtidas do fiduciário, que não podia vender ou ceder mais do que tinha – *nemo plus ad alium transferre potest quam ipse habet;* a propriedade e a posse atribuídas ao gravado findam com o advento do fideicomisso e quando se resolve o direito do outorgante resolvido fica também o do outorgado – *resoluto jure dantis, resolvitur et jus accipientis."*[1111]

Quanto ao fideicomissário, é herdeiro do testador, qualidade que existe desde o momento da abertura da sucessão. Ele tem um direito eventual hereditário e não apenas uma expectativa de direito.

1111 MAXIMILIANO, Carlos. Obra citada, vol. III, p. 83.

O fideicomisso pode ser instituído sobre toda a herança, sobre parte dela ou sobre bem determinado que nela exista. Quando incide sobre toda a herança, denomina-se universal; na duas últimas hipóteses, particular. Quaisquer bens podem ser objeto de fideicomisso, móveis e imóveis.

Art. 1.952. A substituição fideicomissária somente se permite em favor dos não concebidos ao tempo da morte do testador.
Parágrafo único. Se, ao tempo da morte do testador, já houver nascido o fideicomissário, adquirirá este a propriedade dos bens fideicometidos, convertendo-se em usufruto o direito do fiduciário.

Direito anterior – Artigo sem correspondência no Código Civil de 1916.

Direito comparado – Sem correspondência no direito comparado.

COMENTÁRIO

Uma das principais inovações que o Código realiza em matéria de substituição encontra-se no artigo 1.952, sem paralelo na legislação vigente, ao menos, em sede de "substituição", já que a possibilidade de a prole eventual adquirir por testamento já era prevista no artigo 1.718[1112] do Código Civil de 1916, repetida, agora, no artigo 1.799 do novo Código Civil. Aí se lê que, na sucessão testamentária, podem ainda ser

---

1112 *"Art. 1.718. São absolutamente incapazes de adquirir por testamento os indivíduos não concebidos até à morte do testador, salvo se a disposição deste se referir à prole eventual de pessoas por ele designadas e existentes ao abrir-se a sucessão."*

chamados a suceder: *"Os filhos, ainda não concebidos, de pessoas indicadas pelo testador, desde que vivas estas ao abrir-se a sucessão."*

Ou seja, a hipótese já havia sido prevista pelo novo texto legal; apenas a transposição da hipótese para o terreno das substituições é que, efetivamente, implica novidade.

Tanto é verdade o que se está afirmando que à hipótese já se referira Pontes no seu *Tratado*: "Quando o testador institui pessoa por ser concebida (art. 1.718) em fideicomisso e dá substituto, esse só sucede, *demonstrada a ineficácia da verba da instituição*, e.g., se a pessoa designada, cuja prole foi contemplada, já *morreu* ou *não pode* ter filhos."[1113]

No novo Código Civil a substituição fideicomissária – e aí reside a novidade do dispositivo – "apresenta-se como um recurso técnico-hábil para atender ao desejo do testador de instituir herdeiro não existente ao tempo da abertura da sucessão".[1114]

Pelo novo texto legal, artigo 1.952, a substituição fideicomissária só é admissível em favor dos não concebidos ao tempo da morte do testador, isto é, em favor de prole eventual da pessoa por ele indicada. O "somente" inserto na lei tem sua razão de ser; a lei restringe o fideicomisso a essa hipótese apenas, não se justificando como meio para atingir resultado que se poderia chegar mediante constituição de usufruto.

A própria lei, no parágrafo único, prevê a hipótese da conversão do fideicomisso em usufruto: se, ao tempo da abertura da sucessão, já houver nascido o fideicomissário, adquirirá este a propriedade dos bens fideicomitidos, convertendo-se em usufruto o direito do fiduciário.

1113 PONTES DE MIRANDA, F. C. Obra citada, vol. 58, p. 119.
1114 DINIZ, Maria Helena. *Curso de Direito Civil Brasileiro. 6º vol. Direito das Sucessões.* 16. ed. São Paulo: Saraiva, 2002, p. 269.

A dupla vocação a que se aludira na análise do artigo antecedente repete-se, aqui, ainda uma vez: o testador institui o fiduciário, que recebe a liberalidade com o encargo de transmiti-la ao fideicomissário, que, por não estar ainda concebido, terá uma mera expectativa de direito,[1115] pois a propriedade do bem fideicomitido só lhe será reconhecida após a morte do fiduciário, depois do adimplemento de certa condição ou de decorrido certo prazo.

Se, prevê o parágrafo único do artigo 1.952, ao tempo da abertura da sucessão, o fideicomissário houver nascido, este passará a ter a nua-propriedade e o fiduciário, o usufruto.

Com efeito, como agudamente apreciado por Guilherme Calmon Nogueira da Gama, a amplitude admitida pelo Código Civil de 1916 sofreu, agora, notável redução. Ou, como quer Gama, o instituto ressurge na atual proposta codificada, mas como nova roupagem, ou "novo perfil".

Assim, "o fideicomisso é instituição reservada apenas em favor dos não concebidos ao tempo da facção do testamento, não podendo mais ser mantido o entendimento anterior – relativo ao Código Civil de 1916 – no sentido da possibilidade de o fideicomisso ser instituído em favor de pessoa existente na época do testamento. Tal alteração legislativa (...) demonstra a adequação do instituto aos novos valores jurídicos e constitucionais, com a maior proteção aos interesses coletivos e familiares em detrimento do interesse do testador".[1116]

1115 *"Fideicomisso. Alienação por fiduciário do bem fideicometido. Admissibilidade. Desnecessidade da participação do fideicomissário no negócio jurídico. Existência para este de mera expectativa de direito, não podendo reivindicar enquanto não aberta a substituição. Ausência, ademais, de demonstração de fraude ou simulação na conduta do fiduciário. Recurso não provido"* (TJSP, *JTJ* 116/1).

1116 GAMA, Guilherme Calmon Nogueira da. Obra citada, p. 357. No mesmo sentido, Arnoldo Wald. *Direito Civil. Direito das Sucessões*, pp. 278-281; e sobre os antecedentes do trabalho da

Art. 1.953. O fiduciário tem a propriedade da herança ou legado, mas restrita e resolúvel.

Parágrafo único. O fiduciário é obrigado a proceder ao inventário dos bens gravados, e a prestar caução de restituí-los se o exigir o fideicomissário.

Direito anterior – Art. 1.734 do Código Civil de 1916.

Art. 1.734. O fiduciário tem a propriedade da herança ou legado, mas restrita e resolúvel.

Parágrafo único. É obrigado, porém, a proceder o inventário dos bens gravados, e, se lho exigir o fideicomissário, a prestar caução de restituí-los.

Direito comparado – Sem correspondência no direito comparado.

COMENTÁRIO

A propriedade do fiduciário, como já examinamos, é restrita e resolúvel, não porque lhe seja vedado alienar os bens, mas porque é temporária, porque está submetida à condição resolutiva, e, a todas as alienações que fizer, adere, necessariamente, a cláusula resolutiva, porque ninguém pode transferir mais direitos do que tem.

É a transposição da propriedade resolúvel ou revogável que, conforme conceito elaborado por Clovis, "é aquela que no próprio título de sua constituição encerra o princípio que a tem de extinguir, realizada a condição resolutória, ou vindo o termo extintivo, seja por força da declaração de vontade, seja por determinação da lei."[1117]

Comissão presidida por Miguel Reale, o artigo de Judith Martins Costa. "O novo Código Civil brasileiro: em busca da ética da situação". *In:* Judith Martins Costa e Gerson Luiz Carlos Branco. *Diretrizes teóricas do novo Código Civil brasileiro.* São Paulo: Saraiva, 2002, pp. 88-95.

1117 BEVILACQUA, C. Obra citada, vol. 3, p. 177.

No direito anterior ao Código Civil, a ideia dominante era a de que o fiduciário não podia dispor dos bens gravados, embora já houvesse corrente doutrinária sustentando que, se diferentemente não determinasse o testador, o fiduciário tinha direito de propriedade, embora restrito e resolúvel, que lhe permitia usar, gozar e dispor dos bens sob condição resolutiva. O Código Civil de 1916 seguiu essa última orientação colocando fim às vacilações doutrinárias.[1118]

Com o acréscimo do parágrafo único do, então, artigo 1.734, ficou mantido ao fiduciário o direito de alienar, sob condição resolutória, que adere ao seu direito, e impuseram-se-lhe a obrigação de proceder ao inventário dos bens gravados, e a de prestar caução, se esta lhe for exigida pelo fideicomissário.

Nada impede, porém, a que o testador faça inserir no testamento cláusula de inalienabilidade, situação em que o gravado não poderá alienar os bens que recebeu em fideicomisso. Nesse sentido a crítica procedente de Bevilacqua permanece atual; melhor seria que a lei estabelecesse a inalienabilidade como regra – já que o direito de propriedade é restrito e resolúvel –, deixando ao testador o direito de facultar a alienação sob condição resolutiva, precisamente porque a proibição de alinear melhor garante os direitos do fideicomissário.[1119]

1118 "*COMPRA e VENDA – Bem fideicomitido – Alienação por fiduciário – Sub-rogação do vínculo – Transmissão integral da propriedade – Nulidade da escritura – Ação reivindicatória ajuizada por fideicomissário – Procedência – Aplicação do art. 1.734 do Código Civil.*
COMPRA e VENDA – *Imóvel fideicomitido – Venda por fiduciário com autorização judicial – Sub-rogação de vínculo – Inexistência de consentimento de fideicomissário – Nulidade de venda integral da propriedade – Reivindicatória procedente – Aplicação do art. 1.734 do Código Civil.*
FIDEICOMISSO – *Sub-rogação de vínculo – Necessidade de autorização expressa do fideicomissário.*
O fiduciário só pode transmitir a propriedade restrita e resolúvel, sendo nula a transmissão integral por força do art. 1.734 do Código Civil. Para a sub-rogação do fideicomisso é necessária autorização expressa do fideicomissário" (*RT*, 226: 210-211).
1119 BEVILACQUA, C. *Idem*, vol. II, p. 945.

Muitas são as obrigações do fiduciário, embora o Código só se refira expressamente a duas delas.

A primeira obrigação do fiduciário consiste em administrar, cuidar e conservar o bem objeto da liberalidade exatamente porque tem a obrigação de restituir aquele bem, respondendo pelas deteriorações resultantes de sua culpa. Dessa obrigação resultam para o gravado outras obrigações derivadas, como as de fazer os reparos comuns, pagar impostos e juros das hipotecas e demais despesas a que está vinculado qualquer indivíduo beneficiado com os frutos e rendimentos de móveis ou imóveis.

O gravado está ainda obrigado a fazer inventário dos bens gravados porque o inventário é que servirá como fundamento a eventuais reclamações futuras do fideicomissário. É por meio do inventário, como bem acentuou Pontes, que se conhecerão as obrigações do fiduciário, salvo elementos supervenientes, cujo ônus da prova cabe ao fiduciário ou ao fideicomissário, conforme alegado por aquele ou por este.[1120]

O fiduciário não pode ficar isento da obrigação de proceder ao inventário dos bens gravados, nem mesmo por determinação do testador, por ser matéria de ordem pública. Nem mesmo o fideicomissário poderá dispensá-lo de tal obrigação, nem tampouco a sua oposição poderá ser obstáculo a que o fiduciário proceda ao inventário, a que por lei fica obrigado.

Se, após o encerramento do inventário, novos bens aparecem, ou se ocorrerem mudanças, deve o fiduciário fazer novo inventário, salvo se as alterações se referirem aos próprios bens e não ao seu número.

O fiduciário também está obrigado a dar caução sempre que lhe exigir o fideicomissário. A caução, doutrina Maximiliano, constitui pe-

---

1120 PONTES DE MIRANDA, F. C. Obra citada, § 5.836.

nhor especial; enquanto não se liquida o fideicomisso, nem cumpre satisfatoriamente o dever peremptório de entregar o recebido, os credores do fiduciário não podem lançar mão dela, nem sequer por dívidas do testador. Perdura até depois de vendido, cedido ou trocado o bem sujeito a fideicomisso, uma vez que a sua finalidade consiste exatamente em assegurar a restituição do mesmo, não obstante as alienações e onerações permitidas.[1121]

O que é preciso acentuar é que a caução não é obrigatória para o fiduciário, senão quando o fideicomissário a reclama – "... *se o exigir o fideicomissário*". Vale ressaltar: ainda assim se o testador não dispensou o fiduciário de prestá-la, situação na qual, em hipótese alguma, poderá o fideicomissário exigi-la. Nesse ponto, afirma Carvalho Santos,[1122] todos os comentadores do nosso Código são acordes.

Art. 1.954. Salvo disposição em contrário do testador, se o fiduciário renunciar à herança ou o legado, defere-se ao fideicomissário o poder de aceitar.

Direito anterior – Artigo sem correspondência no Código Civil de 1916.

Direito comparado – No Código Civil português (art. 2.293, III).[1123]

1121 MAXIMILIANO, C. Obra citada, vol. III, pp. 86-87.
1122 CARVALHO SANTOS, J. M. Obra citada, vol. 34, p. 200.
1123 *"Art. 2.293 (Devolução da herança ao fideicomissário).*
   3. Não podendo ou não querendo o fiduciário aceitar a herança, a substituição, no silêncio do testamento, converte-se de fideicomissário em directa, dando-se a devolução da herança a favor do fideicomissário, com efeito desde o óbito do testador."

COMENTÁRIO

Conforme se afirmou, ao examinar a resolubilidade da propriedade na substituição fideicomissária, a devolução da herança para o fideicomissário apenas se opera depois da morte do fiduciário. É esta a regra geral a dominar a matéria. O fideicomissário sucede ao testador e não o fiduciário, sendo assim em relação ao testador, e não perante o fiduciário, que se mede a capacidade sucessória do fideicomissário.

Mas ressalte-se, também, que o fideicomissário só é titular da herança depois do fiduciário que medeia a relação testador-fideicomissário. Ou seja, o fideicomissário é um sucessor do testador, mas é, ao mesmo tempo, um continuador do fiduciário, mercê da *ordo sucessivus* que caracteriza a substituição fideicomissária.

No caso de o fideicomissário não poder aceitar a herança (por pré-morte, por exemplo), a substituição caduca e a instituição se consolida nas mãos do fiduciário, desde a morte do testador.

"A mesma solução se aplica à hipótese de o fideicomissário não querer aceitar a herança, apesar de poder fazê-lo, donde implicitamente se depreende que é após a morte do fiduciário que o fideicomissário pode aceitar ou repudiar a herança, apesar de a sua vocação se encontrar pendente desde o momento da morte do testador (e não apenas desde a morte do fiduciário)."[1124]

Agora, em dispositivo não encontrável no Código Civil de 1916, o legislador prevê a hipótese de ser o fiduciário quem, após a abertura da sucessão, pode renunciá-la. Nesse caso, se contrariamente não dispôs o testador, a substituição fideicomissária converte-se imediatamente em substituição direta ou vulgar, dando-se, desde logo, o chamamento do

---
1124 PIRES DE LIMA e ANTUNES VARELA. Obra citada, p. 462.

fideicomissário, como verdadeiro substituto que se manifestará sobre a aceitação ou não da herança.[1125]

Art. 1.955. O fideicomissário pode renunciar à herança ou o legado, e, neste caso, o fideicomisso caduca, deixando de ser resolúvel a propriedade do fiduciário, se não houver disposição contrária do testador.

Direito anterior – Art. 1.735 do Código Civil de 1916.
Art. 1.735. O fideicomissário pode renunciar à herança, ou legado, e, neste caso, o fideicomisso caduca, ficando os bens propriedade pura do fiduciário, se não houver disposição contrária do testador.

Direito comparado – No Código Civil português (art. 2.293).[1126]

COMENTÁRIO

O que o texto legal visualiza é a hipótese de renúncia do fideicomissário com imediata repercussão na esfera do direito do fiduciário: integra-se o direito do fiduciário que, destarte, fica sendo proprietário definitivo.[1127]

1125 *"FIDEICOMISSO – Renúncia – Inalienabilidade. Somente quando não importe violação da vontade do testador ou prejuízo aos eventuais fideicomissários, é admissível a renúncia ao fideicomisso, para o efeito de passarem livres àqueles os bens objeto da instituição. Assim, não é dado ao fiduciário renunciar o seu direito, se o testador o onerou com a cláusula de inalienabilidade"* (RF, 142: 240); Ver, ainda: RF, 169: 232; RF, 137: 118; RF, 115: 116; e o Parecer "Renúncia de fideicomisso", inserta na Rev. de Dir. da Proc. Geral da Justiça do Estado do Rio de Janeiro, vol. 15, nº 15, pp. 157-164.

1126 *"Art. 2.293 (Devolução da herança ao fideicomissário).*
1. A herança devolve-se ao fideicomissário no momento da morte do fiduciário.
2. Se o fideicomissário não puder ou não quiser aceitar a herança, fica sem efeito a substituição, e a titularidade dos bens hereditários considera-se adquirida definitivamente pelo fiduciário desde a morte do testador."

1127 **"FIDEICOMISSO – Renúncia do fiduciário – Admissibilidade desde que com a aquiescência dos fideicomissários, conhecidos todos estes, impossível a superveniência de outros e ausente**

O fideicomissário, como bem ressaltou Pontes de Miranda, já herdou; o que lhe falta é a propriedade. O fideicomissário já sucedeu, o que ainda não se deu foi a transmissão da propriedade e da posse. Mas herdeiro ele é, desde a abertura da sucessão, apenas aguardando a transmissão da propriedade, quando do advento da condição ou termo.

Contrariamente ao afirmado por Bevilacqua, o Código diz em que tempo deve o fideicomissário exercer o direito de aceitação ou renúncia da herança, e o diz expressamente, no artigo 1.807,[1128] que, "sem distinguir qualquer disposição testamentária, nem espécie de sucessão, dá o prazo para que o beneficiado se pronuncie sob pena de se haver a herança por aceita".[1129]

E a leitura do artigo 1.955 é suficiente a confirmar o que aqui se afirmou. O anterior artigo 1.735 dizia que, tendo o fideicomissário renunciado, o fideicomisso caduca, "ficando os bens de propriedade pura

---

proibição por parte do testador – Acordo prevendo como compensação cessões de cotas das legítimas dos fideicomissários ao renunciante que não equivale à condição para a renúncia, vedada por lei – Desnecessidade de homologação judicial das renúncias e cessões, suficiente a formalização por termo – Inteligência e aplicação dos arts. 114, 1.581, 1.583 e 1.735 do CC.
A substituição fideicomissária não obriga aos beneficiários. Conforme dispõe o art. 1.735 do CC, o fideicomissário pode renunciar à herança, ou legado, e, neste caso, o fideicomisso caduca, ficando os bens propriedade pura do fiduciário, se não houver disposição contrária do testador. Em tal situação, o fiduciário pode igualmente renunciar. Doutrina e jurisprudência têm admitido tal renúncia desde que presentes os seguintes pressupostos: que se conheçam todos os fideicomissários; a aquiescência destes; a impossibilidade de superveniência de outros fideicomissários; a ausência de proibição por parte do testador. O acordo prevendo cessões de cotas das legítimas dos fideicomissários ao renunciante, como compensação, não equivale à condição para a renúncia, vedada por lei. Entende-se por condição a cláusula que subordina o efeito do ato jurídico a evento futuro e incerto (art. 114 do CC). Desnecessária, na hipótese, a homologação judicial das renúncias e cessões, cuja pertinência é restrita ao julgamento da subsequente partilha dos bens, suficiente a formalização por termo" (RT, 672: 103). Ver, ainda: RT, 606: 102; RF, 160: 261.

1128 "*Art. 1.807. O interessado em que o herdeiro declare se aceita, ou não, a herança poderá, 20 (vinte) dias após aberta a sucessão, requerer ao juiz prazo razoável, não maior de 30 (trinta) dias, para, nele, se pronunciar o herdeiro, sob pena de se haver a herança por aceita.*"
1129 PONTES DE MIRANDA, F. C. Obra citada, vol. 58, p. 204.

do fiduciário". E arremata Pontes: "Seria absurdo que se falasse em caducidade, ou em ineficacização de disposição testamentária, cujos efeitos já desapareceram. É preciso que ainda haja a propriedade fiduciária, para que, com a renúncia do fideicomissário, tal propriedade fiduciária se faça 'propriedade pura'."[1130] O novo texto legal suprimiu a alusão à "propriedade pura" do fiduciário, mas a ideia dominante é a mesma, prevalecendo a tese e a crítica contundentes de Pontes de Miranda.

E conclui o requintado jurista: "A renúncia pelo fideicomissário rege-se pelos mesmos princípios que a renúncia pelo fiduciário. Se já falta o fiduciário e passou o prazo para a renúncia pelo fideicomissário, de jeito nenhum se pode pensar em renúncia pelo fideicomissário. Se antes de extinguir-se o prazo, faleceu o fiduciário, o fideicomissário que aceita ou renuncia aceita ou renuncia a herança ou o legado já liberado da fiduciariedade.

Seria fora dos princípios exigir-se que o fideicomissário só pudesse renunciar quando ao fiduciário se extinguissem os direitos."[1131]

Sem razão Maximiliano ao falar em recusa ou renúncia da herança em favor de determinada pessoa.[1132] É erro grave, criticou com razão Pontes, já que "não há renúncia de herança em favor de alguém: ou se aceita, ou se renuncia".[1133]

A renúncia, pois, do fideicomissário torna caduco o fideicomisso, desaparecendo a substituição. E, nesse caso, se o testador não tiver disposto de outro modo, os bens ficam na propriedade do fiduciário, que deixa de ser resolúvel, ou passará aos seus herdeiros, se a substituição se abrir por sua morte.

1130 PONTES DE MIRANDA, F. C. *Idem, ibidem*.
1131 PONTES DE MIRANDA, F. C. *Idem*, p. 205.
1132 MAXIMILIANO, C. Obra citada, p. 73.
1133 PONTES DE MIRANDA, F. C. *Idem, ibidem*.

Art. 1.956. Se o fideicomissário aceitar a herança ou o legado, terá direito à parte que, ao fiduciário, em qualquer tempo acrescer.

Direito anterior – Art. 1.736 do Código Civil de 1916.
Art. 1.736. Se o fideicomissário aceitar a herança ou legado, terá direito à parte que, ao fiduciário, em qualquer tempo acrescer.

Direito comparado – Sem correspondência no direito francês e no direito português.

COMENTÁRIO

Já se afirmou, para espancar qualquer eventual dúvida, que o fideicomissário é herdeiro ou legatário, desde a abertura da sucessão. Em assim sendo, ele pode desde logo aceitar ou renunciar a herança ou legado, não dependendo de qualquer manifestação do fiduciário, ou da data da substituição, para pronunciar-se.

Isto quer dizer que, além de passar, desde logo, a ter a propriedade da herança ou legado, em virtude da renúncia do fiduciário, o fideicomissário terá, ainda, direito de acrescer, para o futuro, nas seguintes hipóteses:

a) a qualquer bem que advier ao fiduciário "pela pré-morte, renúncia ou indignidade de algum ou de todos os co-herdeiros (arts. 1.942 e 1.943). Se o fideicomisso for de legado, ao que acrescer ao fiduciário como legatário (art. 1.946); b) se o testador fez o fiduciário substituto de outro co-herdeiro, ou legatário, o fideicomissário terá direito, também, a essa parte; c) se o testador, com herdeiros legítimos, a um deles dá fideicomisso ("deixo a **B** o fideicomisso da quota do meu sobrinho mais velho", "deixo aos meus herdeiros legítimos, sendo fiduciário do mais moço **B**", ou se construtivos os fiduciários), o que advier em virtude dos arts. 1.906 e 1.944, entende-se devido ao fideicomissário; d) se o legado ou *modus* imposto ao fiduciário cai (por exemplo, parágrafo único do art. 1.944), aproveita isso ao fideicomissário."[1134]

Art. 1.957. Ao sobrevir a sucessão, o fideicomissário responde pelos encargos da herança que ainda restarem.

Direito anterior – Art. 1.737 do Código Civil de 1916.
Art. 1.737. O fideicomissário responde pelos encargos da herança que ainda restarem, quando vier à sucessão.

Direito comparado – Sem correspondência no direito francês e no direito português.

COMENTÁRIO

No fideicomisso a herança ou o legado transmitem-se ao fiduciário e fideicomissário, com as respectivas condições e encargos, dentro das forças da liberalidade.[1135] É consequência do princípio segundo o qual o herdeiro responde pelos encargos da herança, dentro das forças desta.

A regra é a de que os encargos devem ser satisfeitos integralmente pelo instituído em primeiro grau, ou seja, o fiduciário; mas, se por qualquer razão isso não tiver ocorrido no momento da substituição, o fideicomissário passa a responder pelos encargos ainda não satisfeitos.

1134 PONTES DE MIRANDA, F. C. Obra citada, p. 208.
1135 *"Obrigações e sucessões. Dívidas da herança e encargos do legado. Fideicomisso. Caução em locação – Arts. 928 e 1.737 – Recurso provido. A caução em dinheiro, dada pelo locatário a locador e posteriormente falecido, com a extinção da locação passa a ser dívida da herança, incumbindo a esta o ônus de sua devolução, e não ao legatário, que adquiriu a propriedade do imóvel locado sem o encargo expresso da restituição"* (*RSTJ*, 47: 338).

Embora pareça estranho, numa primeira abordagem, tal "transmissão" da responsabilidade originariamente cabível ao fiduciário, tal hipótese é plenamente sustentável e justificável, se considerarmos que o fideicomissário é também proprietário e possuidor da herança e, como tal, responde pelos encargos. "No momento em que se dê a transmissão automática ao fideicomissário, esse começa a responder como responderia, se ainda fosse proprietário e possuidor o fiduciário. São os encargos da herança, "que ainda restarem", como se diz no Código Civil."[1136]

Se a herança ou legados fideicomitidos foram entregues com encargos aos herdeiros, entende-se que tanto o fiduciário quanto o fideicomissário estão obrigados ao cumprimento dos encargos: o fiduciário, até acabar a fiduciariedade, e o fideicomissário, a partir disso. É o que dispõe o artigo sob comento.

"Ao fiduciário transferem-se os deveres e obrigações resultantes da administração regular, eficiente do fiduciário. *Aliter*, os que se originarem de gravames do bem, exceto se fora para garantir reconstrução necessária, ou medida que foi exigida, legalmente, por autoridade pública.

O seguro, ou qualquer indenização que se pagou ao fiduciário por perda, ou destruição, total ou parcial, do bem fideicomitido, insere-se no bem, de jeito que, ao ocorrer a titularidade do fideicomissário, tem ele direito e pretensão pelo que o fiduciário recebera."[1137]

Art. 1.958. Caduca o fideicomisso se o fideicomissário morrer antes do fiduciário, ou antes de realizar-se a condição

---

1136 PONTES DE MIRANDA, F. C. Obra citada, p. 210.
1137 PONTES DE MIRANDA, F. C. *Idem*, p. 211.

resolutória do direito deste último; nesse caso, a propriedade consolida-se no fiduciário, nos termos do art. 1.955.

Direito anterior – Art. 1.738 do Código Civil de 1916.

Art. 1.738. Caduca o fideicomisso, se o fideicomissário morrer antes do fiduciário, ou antes de realizar-se a condição resolutória do direito deste último. Neste caso, a propriedade consolida-se no fiduciário, nos termos do artigo 1.735.

Direito comparado – Sem correspondência no direito francês e no direito português.

COMENTÁRIO

Se o fideicomissário morre, renuncia à herança, ou é julgado indigno, caduca o fideicomisso, porque a extinção da pessoa jurídica, nomeada fideicomissária, acarreta caducidade.[1138] As hipóteses levantadas fazem integrar o fideicomisso no domínio do fiduciário, desaparecendo a obrigação de devolver a herança ou legado ao seu substituto. Deixa de haver substituição, reduzindo-se a sucessão a um só grau.[1139]

O direito do fideicomissário depende de uma condição suspensiva: estar vivo quando chegar o momento da substituição por morte do fiduciário ou por outro motivo previsto no testamento. Se morrer antes,

---

1138 "*A substituição fideicomissária caduca se o fideicomissário morrer antes dos fiduciários, caso em que a propriedade destes consolida-se, deixando, assim, de ser restrita e resolúvel (arts. 1.955 e 1.958 do CC/2002). Afastada a hipótese de sucessão por disposição de última vontade, oriunda do extinto fideicomisso, e, por consequência, consolidando-se a propriedade nas mãos dos fiduciários, o falecimento de um destes sem deixar testamento impõe estrita obediência aos critérios da sucessão legal, transmitindo-se a herança, desde logo, aos herdeiros legítimos, inexistindo herdeiros necessários*" (STJ, REsp. nº 820.814/SP, rel. Min. Nancy Andrighi, j. em 09.10.2007).

1139 "*FIDEICOMISSO – Morte dos fideicomissários – Caducidade – Consolidação no fiduciário – Inteligência do art. 1.738 do CC. Falecendo os fideicomissários, nada resta senão revertermos bens ao fiduciário, ou melhor, ter-se-á como extinta a sucessão por fideicomisso, liberada no que tange aos bens havidos na sucessão, por já não haver obrigatoriedade de os transmitir, por morte, a quem quer que seja*" (*RT*, 602: 89). Ver, ainda: *RT*, 554: 113; *RT*, 715: 138-139.

nada transmite *causa mortis*. Nesses casos, o fiduciário torna-se proprietário definitivo (proprietário "puro", na expressiva alusão do antigo art. 1.735 do Código Civil de 1916).

No caso de inocorrência da "condição resolutória" a razão é a mesma: se, antes de realizar-se a condição resolutória do direito do fiduciário, nada adquiriu o fideicomissário e se vem a falecer nesse período, nada pode transmitir aos seus herdeiros. Consolida-se a propriedade definitiva do fiduciário.

E se falecem no mesmo momento fiduciário e fideicomissário, depois da abertura da sucessão?, questiona Pontes; "o caso é de sucessão do fiduciário, que já era proprietário dos bens, quando faleceu. Ao fideicomissário extingue-se o direito expectativo, uma vez que, *ex hypothesi*, o fideicomisso era ligado à vida do fiduciário e, quando esse ocorreu, já também falecera o fideicomissário."[1140]

Art. 1.959. São nulos os fideicomissos além do segundo grau.

Direito Anterior – Art. 1.739 do Código Civil de 1916.
Art. 1.739. São nulos os fideicomissos além do segundo grau.

Direito comparado – No Código Civil português (art. 2.288).[1141]

COMENTÁRIO

Conforme ensinamento de Ascensão, "no século passado, por influência da preocupação liberal da liberdade dos bens, e para se obstar

---

1140 PONTES DE MIRANDA, *Idem*, p. 210.
1141 "*Art. 2.288 (Limite de validade).*
São nulas as substituições fideicomissárias em mais de um grau, ainda que a reversão da herança para o fideicomissário esteja subordinada a um acontecimento futuro e incerto."

a um domínio excessivamente longo da vontade de um sujeito sobre uma situação jurídica, foram proibidos os fideicomissos, bem como os vínculos, que destes eram jurídica e socialmente afins. Perante os inconvenientes de tão rígida disposição, a partir de 1930 (em Portugal) os fideicomissos voltaram a ser admitidos, mas num grau apenas. O art. 2.288 manteve este sistema, cominando de nulidade as substituições em mais de um grau".

Foi o sistema assumido pelo Código Civil brasileiro de 1916. O fideicomisso admite dois herdeiros: um de primeiro grau, que é o instituído, com o encargo de entregar a herança à pessoa designada no testamento – o fiduciário – e outro, do segundo grau, que é a pessoa indicada no testamento para receber a herança do instituído – o fideicomissário.[1142]

Assim, se o testador dispõe que os seus bens revertam a Mário e por morte deste a Pedro, temos uma substituição fideicomissária em grau perfeitamente válido. Se, porém, o testador dispuser, ainda, que os bens, à morte de Pedro, revertessem a Paulo, teríamos um segundo grau na substituição, proibido pela ordem sucessória nacional.

O segundo grau a que se refere o texto legal é o da instituição, equivalente ao primeiro grau da substituição. Daí decorrendo a conclusão: não vale a disposição por meio da qual o testador determina a que o fideicomissário entregue a terceiro o que receber do fiduciário.

1142 "Usufruto e fideicomisso – Doação com reserva de usufruto, imposição de cláusulas restritivas e obrigação de passar os bens a terceiro – Só é proibida a coexistência de cláusulas por se caracterizar usufruto sucessivo ou fideicomisso além do segundo grau – Aplicação do art. 1.676 do Código Civil. Não incide na proibição de instituir usufruto sucessivo, ou fideicomisso além do segundo grau, a doação feita com reserva de usufruto pelo doador, com a imposição de cláusulas restritivas da propriedade e com a obrigação de transmitir os bens aos sucessores do donatário" (*RT*, 167: 704).

Ou, como bem advertiu Maximiliano a respeito da matéria: "Refere-se a expressão do Código a segundo grau da instituição, que é primeiro da substituição; segundo da substituição seria terceiro da instituição. O sentido exato da regra positiva é este: são nulos os fideicomissos além do segundo grau da instituição. Não é lícito mandar o fideicomisso entregar a terceiro o que receber do fiduciário."[1143]

Se o testador determina que o fideicomissário entregue a terceiro o que recebeu do fiduciário, a disposição é nula, não prevalece e o terceiro nada poderá reclamar, nem mesmo por ocasião da morte do fideicomissário. A nulidade, porém, só alcança o fideicomisso além do segundo grau, ou seja, a disposição é perfeitamente válida quanto ao primeiro fideicomissário designado.

Art. 1.960. A nulidade da substituição ilegal não prejudica a instituição, que valerá sem o encargo resolutório.

Direito anterior – Art. 1.740 do Código Civil de 1916.

Art. 1.740. A nulidade da substituição ilegal não prejudica a instituição, que valerá sem o encargo resolutório.

Direito comparado – Sem correspondência no direito francês e no direito português.

COMENTÁRIO

O disposto no artigo 1.960 é ocioso se considerarmos o contido no artigo 1.959, com a agravante, já apontada por Bevilacqua, do emprego do adjetivo "ilegal", que causa perplexidade ao intérprete. "Por

---

1143 MAXIMILIANO, C. Obra citada, vol. III, p. 88.

substituição ilegal, devemos entender a substituição além do segundo grau, de que trata o artigo anterior."[1144]

O que o artigo repete e reafirma é o que já se havia comentado a respeito do artigo 1.959, ou seja, que será considerada como não escrita a cláusula que estende o fideicomisso além do segundo grau e que a ocorrência de tal cláusula não prejudicará a instituição, que valerá como instituição de um só grau. Resumindo: a nulidade do segundo fideicomisso não prejudicará a validade do primeiro.

Se, porém, por qualquer motivo, caducar o primeiro fideicomisso, quer pela renúncia do fiduciário, quer por haver ele morrido antes do testador, o primeiro fideicomissário passará a ser fiduciário, nada impedindo que aquele (anteriormente proibido de substituir) passe a figurar como primeiro, tornando-se perfeitamente válida a disposição. É a solução justa que resgata a intenção soberana do testador.

1144 BEVILACQUA, C. Obra citada, p. 951.

CAPÍTULO X
DA DESERDAÇÃO

Art. 1.961. Os herdeiros necessários podem ser privados de sua legítima, ou deserdados, em todos os casos em que podem ser excluídos da sucessão.

Direito anterior – Art. 1.741 do Código Civil de 1916.
Art. 1.741. Os herdeiros necessários podem ser privados de sua legítima, ou deserdados, em todos os casos em que podem ser excluídos da sucessão.

Direito comparado – No Código Civil português (art. 2.166).[1145]
No direito argentino (art. 3.744) e no direito uruguaio (art. 899).

Leitura complementar:
BARRÈRE, J. *L'exhérédation et le fondement du droit civil français* (Thèse). Toulouse, 1949; BUFFELAN-LANORE, Y. "L'autonomie de la volonté em matière d'exhérédation". *In: RTDCiv.*, 1966, pp. 456 e ss.; CORTE-REAL, Carlos Pamplona. "Curso de direito das sucessões". *In: Cadernos de C.T.F.* Lisboa, 1985; CRUZ, Branca Martins da. *Reflexões críticas sobre a indignidade e deserdação.* Coimbra: Almedina, 1986; FRANÇA, Rubens Limongi. "Deserdação". *In: Enciclopédia Saraiva do Direito*, vol. 24, pp. 162

1145 "*Art. 2.166 (Deserdação).*
1. O autor da sucessão pode em testamento, com expressa declaração da causa, deserdar o herdeiro legitimário, privando-o da legítima, quando se verifique alguma das seguintes ocorrências:
a) Ter sido o sucessível condenado por algum crime doloso cometido contra a pessoa, bem ou honra do autor da sucessão, ou do seu cônjuge, ou algum descendente, ascendente, adotante ou adotado, desde que ao crime corresponda pena superior a seis meses de prisão;
b) Ter sido o sucessível condenado por denúncia caluniosa ou falso testemunho contra as mesmas pessoas;
c) Ter o sucessível, sem justa causa, recusado ao autor da sucessão ou ao seu cônjuge os devidos alimentos.
2. O deserdado é equiparado ao indigno para todos os efeitos legais."

e ss.; GOMES, Orlando. *Questões de Direito Civil.* Rio de Janeiro: Forense, 1957; KUHN. *L'exhérédation en droit civil français* (Thèse). Strasbourg, 1943; LAMBERT, E. *De l'exhérédation et des legs faits au profit d'héritiers présomptifs* (Thèse). Paris, 1985; PONSARD, A. "Quelques remarques sur les clauses d´exhérédation". In: *Mélanges Voirin,* 1967.

COMENTÁRIO

O artigo 1.961, que admite a privação do direito à legítima por determinação da vontade do autor da herança, estabelece o regime da deserdação na sucessão testamentária. Da legítima não podem ser privados os herdeiros necessários, já que se trata de um direito sucessório atribuído por lei a determinadas pessoas, independentemente da vontade do testador, em atenção ao vínculo familiar que as une ao falecido. Entretanto, da legítima podem ser afastados esses herdeiros, por declaração expressa da vontade do testador, quando ocorrerem atos extremamente graves que justifiquem o afastamento daquela categoria de herdeiros.

A deserdação, segundo Cunha Gonçalves,[1146] tem duas acepções. Num sentido amplo, *lato sensu,* deserdação é o simples fato da exclusão de qualquer pessoa da sucessão legítima, total ou parcial, e até de uma parte dos direitos incluídos no conceito de propriedade.

Num sentido restrito e próprio, *stricto sensu,* que é o empregado pelo artigo 1.961, deserdação é o ato pelo qual o autor da herança priva um herdeiro legitimário da sua cota legitimária, punindo-o assim da sua ingratidão.

Historicamente a deserdação – *ex-heredatio* – origina-se no direito romano, sendo que os motivos que a autorizavam são encontráveis na

---

[1146] GONÇALVES, Cunha. Obra citada, vol. X, p. 188.

Novela 115, de Justiniano. No primitivo direito romano, leciona Eduardo dos Santos, "a liberdade de testar estava limitada pela regra *sui heredes instituiendi vel exheredandi,* isto é, o testador não podia fazer testamento válido se, tendo *sui heredes,* os não instituísse herdeiros ou os deserdasse. O direito pretoriano permitiu aos *liberi* que não houvessem sido instituídos ou deserdados em testamento a *bonorum possessio contra tabulas.* Depois, concedem-se aos *sui heredes* mal deserdados a *petitio hereditatis ab intestato.* Por fim, o direito justinianeu restringiu as causas de deserdação à conduta indigna do legitimário para com o autor da sucessão".[1147]

A deserdação é figura afim à indignidade, tanto é que o texto legal se reporta a *"todos os casos em que podem ser excluídos da sucessão".* Ou seja, persiste o instituto da indignidade sucessória como parâmetro geral de incapacidade sucessória.[1148]

Confrontando, porém, os pressupostos da indignidade – causa geral de incapacidade de suceder – (art. 1.814) com os requisitos exigidos para a deserdação, constata-se que o Código Civil é visivelmente mais severo para os efeitos da deserdação do que para o efeito da decretação da indignidade ou da incapacidade. Ou, como afirmou Ascensão, "as causas da deserdação são afinal mais vastas que as causas da indignidade".[1149] Prova disso é que o artigo 1.962 dispõe taxativamente: *"Além das causas mencionadas no art. 1.814, autorizam a deserdação..."*

O que a deserdação reafirma, e de forma veemente, é a primazia da vontade soberana do autor da herança que, em ocorrendo os pres-

---

1147 SANTOS, Eduardo dos. Obra citada, p. 106.
1148 Ver, na doutrina, os artigos de Arnoldo Wald. "Deserdação". *RT,* 547:11-15, e de Salomão de Araújo Cateb, "Indignidade e deserdação". *Rev. da Fac de Dir. Milton Campos,* vol. 1, pp. 243-252.
1149 ASCENSÃO, J. de O. Obra citada, p. 165.

supostos da deserdação, pode afastar um sucessível da herança.[1150] A deserdação tem de ser realizada pelo autor da sucessão, em testamento e com expressa declaração da causa. De onde podemos concluir que os requisitos formais da deserdação são que a deserdação há de ser feita em testamento; há de ser expressa a declaração da causa e há de fundar-se em algumas das causas expressamente previstas na lei.

Muitos autores, como o próprio Bevilacqua, se insurgiram contra a deserdação criticando sua inclusão em nosso Código Civil. Segundo Bevilacqua, o instituto é "odioso porque imprime a última vontade do indivíduo a forma hostil do castigo, a expressão da cólera; e inútil porque os efeitos legais da indignidade são suficientes para privar da herança os que, realmente, não a merecem".[1151]

O argumento da inutilidade não procede, uma vez que a indignidade, como vimos, é pedida por terceiros interessados na exclusão de um determinado herdeiro e obtida mediante sentença judicial, enquanto a deserdação é feita por testamento pelo próprio testador e com declaração de causa; logo, não há que se invocar eventual redundância dos institutos,

---

[1150] *"DESERDAÇÃO – Verba testamentária – Injúria grave – Ação declaratória proposta pelo deserdado contra os interessados na sua exclusão – Prova da veracidade da causa alegada pelo testador – Prerrogativa exclusiva dos herdeiros do deserdado, se os demais, do de cujus, não foram instituídos beneficiários – Inexistência, quanto a estes, de interesse econômico ou moral – Inteligência dos arts. 1.599 e 1.743, combinados, do Código Civil.*
TESTAMENTO – Exclusão de herdeiro e deserdação – Validade da cláusula – Se deve ser propugnada pelo testamenteiro na forma do art. 1.760 do Código Civil.
Não têm os herdeiros do *de cujus* interesse em provar a veracidade da causa da deserdação alegada por aquele em testamento, a menos que tenham sido instituídos beneficiários da cota deserdada. Nem há falar em interesse moral, pois é ao interesse econômico que a lei evidentemente se refere. Assim, somente aos herdeiros do deserdado é que compete, como interessados, na hipótese da inexistência daquele instituição, fazer a prova dos motivos da deserdação. Ao testamenteiro não compete propugnar, nessa qualidade, pela validade do testamento, visando à manutenção de deserdação de determinado herdeiro". *RT*, 185: 219. Ver, ainda: *RT*, 263:135; *RT*, 271:362; *RT*, 536:85; *RT*, 691:89; *RT*, 532:199; *RT*, 683:216; *RT*, 726:269; *RT*, 766:217.
[1151] BEVILACQUA, C. Obra citada, p. 953. No mesmo sentido, Orosimbo Nonato, obra citada, p. 144.

diversos e com escopos diferentes. Não há perfeito paralelismo entre as causas da indignidade e as causas da deserdação. As causas da deserdação representam um agravamento em relação às causas de indignidade.

Além do mais, o instituto não pode ser considerado odioso na medida em que jamais ocorre por puro arbítrio do testador. "Não se deve retirar a possibilidade de uma pessoa deserdar herdeiro seu. Pode haver necessidade e ser de inteira justiça que esta providência extrema tenha de ser tomada. Não se olvide que a privação da legítima só é possível se o acusado praticou algum ato ignóbil, previsto na lei como ensejador da medida."[1152]

Embora alguns países tenham rechaçado o instituto (Inglaterra, França, Bélgica, Itália), a deserdação é admitida em número considerável de países (Portugal, Espanha, Suíça, Áustria, Alemanha, Argentina, Uruguai, Paraguai, Peru, Chile, Colômbia, entre outros).

A deserdação é instituto da sucessão necessária e deserdáveis são os herdeiros necessários, ou reservatários. A deserdação, na sistemática sucessória brasileira, só atinge essa categoria de herdeiros, por isso se diz, e com razão, que ela corresponde à privação da legítima. É o que dispõe o artigo 1.961.

O primeiro pressuposto da deserdação é, obviamente, a existência de herdeiro necessário e que o mesmo sobreviva ao testador, ou melhor, que esteja vivo ao tempo da abertura da sucessão. E, ainda, que a vontade do testador venha expressamente manifestada no testamento válido, com indicação do motivo que a determinou.

A contrario sensu, não há que se falar em deserdação implícita, virtual ou tácita, mas, sim, resultar de disposição explícita, direta, clara e induvidosa.

1152 VELOSO, Zeno. Obra citada, p. 448.

O motivo da deserdação deve ser um dos arrolados em lei, a ele devendo se referir o testador e, pois, deve ser anterior ao ato de disposição de última vontade. Não é qualquer motivo que pode ser invocado para deserdar, mas tão-somente aqueles arrolados na lei, aqueles textualmente mencionados como geradores da deserdação. A enumeração é estrita e o rol *numerus clausus*.

Por isso, para evitar o livre-arbítrio, que desfiguraria o instituto, o legislador faz questão de ressalvar, no artigo 1.964: *"Somente com expressa declaração de causa pode a deserdação ser ordenada em testamento."*

Não basta, porém, a mera indicação da causa, é preciso, ainda, que, após a morte do testador, o herdeiro instituído, ou aquele a quem aproveita a deserdação, prove a veracidade da causa; alegada pelo testador, intentando-se a necessária ação judicial, cujo prazo de decadência é de quatro anos, contado da abertura da sucessão (art. 1.965, parágrafo único). Assim, para que a deserdação surta sua eficácia, é necessário que o herdeiro instituído, ou aquele a quem aproveita a deserdação, ingresse com a ação prevista no artigo 1.965, e prove o que ali se prevê, salvo se o deserdado adiantou-se, com ação de impugnação, ali já tendo alegado os motivos de seu insurgimento.

Não ocorrendo a ação prevista em lei, no prazo legal (art. 1.965, parágrafo único), "decai-se deste direito, e fica, aí sim, sem efeito a deserdação, incluindo-se o herdeiro necessário, a quem o testamento deserdara, na titularidade de sucessor do hereditando, como se o ato deserdativo não tivesse sido escrito na disposição de última vontade".[1153]

Como já ressaltara Ascensão, na sucessão legitimária "funcionam cumulativamente os institutos da deserdação e da indignidade, sendo este supletivo em relação àquele. (...) A deserdação é portanto também

---

1153 VELOSO, Z. Obra citada, p. 460.

uma indignidade, ou seja, uma ilegitimidade sucessória passiva, destinando-se a afastar um legitimário".[1154]

Como o deserdado é equiparado ao indigno, é possível concluir-se que também pode vir a ser reabilitado pelo autor da sucessão e que, também, os efeitos da deserdação são pessoais. Duas questões que têm gerado grande questionamento doutrinário e que nem sempre se pacificam no terreno da razoabilidade.

Com relação ao indigno o Código Civil resolveu expressamente a segunda questão dispondo que são pessoais os efeitos da exclusão (art. 1.816). Em assim sendo, os descendentes do herdeiro excluído sucedem como se ele morto fosse. Mas em matéria de deserdação não há preceito paralelo legitimando a questão de saber se os efeitos da deserdação são pessoais ou se estendem aos herdeiros do deserdado.

A esmagadora doutrina brasileira opinou pelos efeitos pessoais da deserdação, entendendo que como pena que é atinge tão-somente o herdeiro acusado, exclusivamente, não passando a seus descendentes. Nesse sentido, Itabaiana de Oliveira,[1155] Carlos Maximiliano,[1156] Pontes de Miranda,[1157] Orosimbo Nonato,[1158] Orlando Gomes,[1159] Caio Mário da Silva Pereira,[1160] Arnoldo Wald,[1161] Silvio Rodrigues,[1162] Maria Helena Diniz[1163] e Zeno Veloso,[1164] entre outros.

1154 ASCENSÃO, J. de O. Obra citada, p. 167.
1155 ITABAIANA DE OLIVEIRA. Obra citada, vol. II, p. 47.
1156 MAXIMILIANO, C. Obra citada, vol. III, p. 151.
1157 PONTES DE MIRANDA, F. C. Obra citada, vol. 58, p. 257.
1158 OROSIMBO NONATO. Obra citada, vol. II, p. 103.
1159 GOMES, Orlando. Obra citada, p. 252.
1160 PEREIRA, C. M. da. Obra citada, p. 238.
1161 WALD, Arnoldo. Obra citada, p. 179.
1162 RODRIGUES, Silvio. Obra citada, p. 242.
1163 DINIZ, M. H. Obra citada, vol. 6, p. 149.
1164 VELOSO, Z. Obra citada, p. 465.

É que a deserdação, sendo pena, seus efeitos são personalíssimos e, pois, não passam da pessoa do deserdado. O obséquio do artigo 1.816, que se refere especificamente à indignidade, "deve aplicar-se, por analogia patente e evidente, à deserdação. Entendemos, assim, que os descendentes do herdeiro deserdado sucedem, como se ele morto fosse".[1165]

É a aplicação do velho brocardo latino: *Nullum patris delictum innocenti filio poena est* (Nenhum delito do pai pode atribuir pena ao filho inocente).

Quanto à segunda questão, da possibilidade de reabilitação do deserdado pelo testador, também silenciou o novo Código Civil, mas, talvez, partindo da premissa que a questão, por analogia, encontra solução no já invocado artigo 1.818. Se a analogia entre os dois institutos é a regra, nada impede que se invoque a mesma analogia quando se trata de determinar efeitos paralelos entre as figuras citadas. Se o indigno pode ser perdoado, em testamento, ou em outro ato autêntico, com muito maior razão, a deserdação, que, sendo ordenada por manifestação de vontade do testador, admite retratação, até porque a revogabilidade é da essência e da natureza dos testamentos.

Ou, como bem apreciou Veloso, "... dada a identidade de situações, o art. 1.597 (atual 1.818) pode ser aplicado, por analogia. A deserdação pode ser revogada, por ato autêntico, ou testamento, e, no caso deste, por qualquer das formas testamentárias (...). Mas a remissão tem de ser inequívoca, expressa, possível, apenas, pelas formas solenes..."[1166]

Questão delicada e que merece análise é a de se saber com quem ficam os bens do *de cujus*, cujo testamento contém a cláusula deserdati-

---

1165 VELOSO, Z. *Idem, ibidem*.
1166 VELOSO, Z. *Idem*, pp. 485-486.

va, até que passe em julgamento a sentença que confirma a privação da herança do herdeiro necessário excluído ou lhe defere a sucessão.

A doutrina e a jurisprudência dominantes têm entendido que os bens devem ser deixados com o inventariante. Entretanto, se invocarmos os princípios gerais que caracterizam o sistema sucessório brasileiro, a postura assumida não resiste a uma melhor crítica, bastando se resgatar a regra estampada no artigo 1.784. Ao comentarmos aquele artigo, invocamos o princípio da *saisine* que, a exemplo do direito francês, domina a matéria sucessória brasileira, ou seja, aberta a sucessão, a herança transmite-se, desde logo, aos herdeiros legítimos e testamentários. Isto é, o herdeiro adquire a propriedade desde logo, quer seja ou não deserdado. Somente após a instauração da lide (art. 1.965) e tornando-se litigiosa a herança é que é possível nomear um depositário judicial, que terá a herança em sua custódia até o trânsito em julgado da sentença.

É a posição correta, ao menos, no plano da cientificidade e da coerência, que devem nortear a exegese equilibrada. Mas, talvez, no terreno prático, não seja a melhor solução, uma vez que a transferência imediata (em decorrência da *saisine*) pode acarretar comprometimento da cota dos demais, o que justifica a posição manifestável na doutrina e jurisprudência brasileiras; a atuação do inventariante minoraria os riscos apontados, só se concretizando a pretensão do deserdado após a sentença definitiva.

Se o testamento é nulo, a deserdação também o é. Sendo nula a deserdação, o deserdado deixa de sê-lo, mantendo sua posição de herdeiro necessário, já que todas as disposições que o testador fez tornam-se ineficazes.

Art. 1.962. Além das causas mencionadas no art. 1.814, autorizam a deserdação dos descendentes por seus ascendentes:

I – ofensa física;
II – injúria grave;
III – relações ilícitas com a madrasta ou com o padrasto;
IV – desamparo do ascendente em alienação mental ou grave enfermidade.

Direito anterior – Art. 1.744 do Código Civil de 1916.
Art. 1.744. Além das causas mencionadas no art. 1.595, autorizam a deserdação dos descendentes por seus ascendentes:
I – ofensa física;
II – injúria grave;
III – desonestidade da filha que vive na casa paterna;
IV – relações ilícitas com a madrasta, ou o padrasto;
V – desamparo do ascendente em alienação mental ou grave enfermidade.

Direito comparado – No Código Civil português (art. 2.166). No direito argentino (art. 3.747) e no direito uruguaio (art. 900).

COMENTÁRIO

Além das causas que autorizam a indignidade, arroladas no Código Civil, no artigo 1.814, e já examinadas em capítulo próprio, a deserdação do descendente pelo ascendente ocorre nos casos citados nos incisos I a IV do artigo 1.962, a saber, ofensa física, injúria grave, relações ilícitas com a madrasta ou com o padrasto e desamparo do ascendente em alienação mental ou grave enfermidade.

A ofensa física, leve ou grave, revela falta de afeto, de amor, de respeito e de gratidão para com o seu ascendente, justificando a deserdação. A cominação da pena civil independe de prévia decisão da justiça criminal. "Discutiu-se a necessidade de condenação penal para ser julgada a ação de deserdação nos casos de ofensas físicas, tendo a jurisprudência firmado o ponto de vista de ser dispensável a sentença criminal, podendo a matéria ser apreciada exclusivamente no juízo cível."[1167]

A injúria grave é figura complexa que tem encontrado na doutrina brasileira as mais diversas exegeses. Quanto à gravidade é questão que deve ser apreciada levando-se em consideração as circunstâncias de cada caso particular. Arnoldo Wald refere-se à doutrina de Orlando Gomes[1168] (que, em interessante parecer, distinguiu o conceito de injúria grave no direito penal e no direito civil, concluindo pela unidade de conceitos nos diversos ramos do Direito Civil) e Philadelpho Azevedo,[1169] rejeitando a identificação entre a injúria grave do direito de família e a do direito das sucessões, concluindo ser preciso reconhecer-se que, "as finalidades sendo diversas, os critérios aplicáveis devem ser diferentes".[1170]

A injúria grave pode se materializar tanto através da palavra falada quanto da escrita, dependendo da opinião, dos hábitos, valores e crenças sociais da pessoa atingida, variando conforme as circunstâncias, de onde se deva deixar ao prudente arbítrio judicial decidir se o fato constitui ou não injúria grave, intolerável e propositada que justifique a deserdação do ofensor.[1171]

1167 WALD, Arnoldo. Obra citada, p. 178.
1168 GOMES, Orlando. *Questões de Direito Civil*, pp. 112-113.
1169 AZEVEDO, Philadelpho. *Um Triênio de Judicatura*, vol. IV, pp. 57 e 62.
1170 WALD, Arnoldo. *Idem, ibidem*.
1171 *"Testamento – Deserdação – Nulidade – Afastamento do testador, por impacto emocional intenso* – Ausência de injúria grave – Legalidade da assembleia geral convocada – filhos que detinham o maior número de ações – Exercício regular de direito – Recurso provido. Para efeito de deserdação, a lei exige a ocorrência de injúria grave, vale dizer, injúria civil, em conceito mais amplo e abrangente do que a injúria conceituada penalmente" (Ap. Cível nº 204.435-1, Limeira, rel. Olavo Silveira, 29-4-1994).

Segundo Monteiro,[1172] a jurisprudência não tem considerado como injúria grave: a) pedido de interdição do testador, formulado pelo herdeiro (*RT,* 87:640, 331:129); b) uso regular de ação em que o autor venha a exceder-se, magoando o testador, ao articular fatos qualificativos do pedido; c) a circunstância do herdeiro ter-se insurgido contra doação efetuada pelo testador, propondo ação contra ele (*RT*, 160:717); d) se o herdeiro ofensor for de idade avançada, cego ou portador de alienação mental (*RT*, 108:238); e) o fato de o herdeiro haver requerido destituição do testador do cargo de inventariante (*RT*, 125:568).

As relações ilícitas com a madrasta ou o padrasto, por serem incestuosas e adúlteras, legitimam a deserdação e encontram nos impedimentos matrimoniais sua fonte mais veemente de repúdio. Embora não exista parentesco entre as categorias citadas pela lei, a afinidade é suficiente a justificar sanção arrolada, já que o vínculo da afinidade não se extingue nem com a dissolução do casamento que lhe deu origem (nesse sentido o disposto no artigo 1.595, § 2º). Tais relações, por questões éticas, são consideradas comprometedoras da respeitabilidade que deve dominar o ambiente familiar e conjugal, de forma que sua ocorrência legitima a deserdação.

O desamparo, em qualquer situação, de membro da família (e não só no caso de alienação mental ou grave enfermidade) revela, por parte do herdeiro, desafeição pelo testador, egoísmo, individualismo e falta de solidariedade humana, autorizando por isso a deserdação.[1173] Estranhável a forma reducionista empregada pelo legislador – só nos casos

---

1172 MONTEIRO, Washington de Barros. Obra citada, p. 243.
1173 *"Testamento – Público – Deserdação de filho – Desamparo de mãe enferma* – Exclusão da herança pretendida pelo pai – Inadmissibilidade – Alegação, ademais, não comprovada – Subsistência da sucessão legítima – Testamento anulado – Reconvenção procedente – Recurso não provido" (*JTJ* 231/172).

de alienação mental ou grave enfermidade – se considerarmos que todo o sistema brasileiro se alinhou em postura bem mais abrangente, quando tratou das obrigações de apoio e solidariedade em matéria familiar. Basta, para tanto, se considerar o disposto nos artigos, por exemplo, 1.694 (*"Podem os parentes, os cônjuges ou companheiros pedir uns aos outros os alimentos de que necessitem para viver de modo compatível com a sua condição social, inclusive para atender às necessidades de sua educação"*) e o artigo 1.696 (*"O direito à prestação de alimentos é recíproco entre pais e filhos, e extensivo a todos os ascendentes, recaindo a obrigação nos mais próximos em grau, uns em falta de outros"*).

Se a obrigação alimentar é recíproca entre pais e filhos e extensiva a todos os ascendentes, como dispõe a lei, é óbvio que o desamparo justificador da deserdação não poderia se limitar aos meros casos de alienação mental ou grave enfermidade, como dispõe, de forma reducionista, o artigo sob comento.

Art. 1.963. Além das causas enumeradas no art. 1.814, autorizam a deserdação dos ascendentes pelos descendentes:
I – ofensa física;
II – injúria grave;
III – relações ilícitas com a mulher ou companheiro do filho ou a do neto, ou com o marido ou companheiro da filha ou o da neta;
IV – desamparo do filho ou neto com deficiência mental ou grave enfermidade.

Direito anterior – Art. 1.745 do Código Civil de 1916.
Art. 1.745. Semelhantemente, além das causas enumeradas no art. 1.595, autorizam a deserdação dos ascendentes pelos descendentes:
I – ofensas físicas;

II – injúria grave;

III – relações ilícitas com a mulher do filho ou neto, ou com o marido da filha ou neta.

Direito comparado – No Código Civil português (art. 2.166). No direito argentino (art. 3.748) e no direito uruguaio (art. 901).

COMENTÁRIO

O artigo 1.963 limitou-se a repetir as causas arroladas no artigo antecedente com pequenas alterações decorrentes da espécie, ou seja, da deserdação dos ascendentes pelos descendentes.

Assim, no inciso III, o artigo reporta-se às relações ilícitas com a mulher ou companheira do filho ou a do neto, ou com o marido ou companheiro da filha ou o da neta. A novidade aqui é a inserção da palavra companheira e companheiro que, certamente, procura acompanhar a tendência já manifestável em sede constitucional, da inserção da união estável no rol maior das entidades familiares. Embora o esforço seja louvável, a redação não é das melhores e provoca uma estranha sensação de falta de precisão.

O que o texto pressupõe, diz Maximiliano, é "o comércio impuro consumado, cópula carnal; não basta a afeição tendente à ofensa da pudicícia, nem o galanteio, ou namoro".[1174] As relações ilícitas, que nosso legislador abomina, "são, sem dúvida, referentes à luxúria, concupiscência, lascívia, que entre pessoas ligadas por vínculos familiares tão íntimos demonstram a quebra dos mais elementares princípios de honradez, dignidade e respeito, baixando às raias do escandaloso incesto, desagregando o lar e a instituição familiar".[1175]

1174 MAXIMILIANO, C. Obra citada, vol. III, p. 157.
1175 VELOSO, Z. Obra citada, p. 479.

Quanto ao inciso IV, já nos manifestáramos em comentário ao artigo anterior, com as devidas críticas cabíveis à causa e que, certamente, valem analogicamente ao artigo sob comento.

Art. 1.964. Somente com expressa declaração de causa pode a deserdação ser ordenada em testamento.

Direito anterior – Art. 1.742 do Código Civil de 1916.

Art. 1.742. A deserdação só pode ser ordenada em testamento, com expressa declaração de causa.

Direito comparado – No Código Civil português (art. 2.166). No direito argentino (art. 3.745) e no direito uruguaio (art. 897).

COMENTÁRIO

A deserdação, conforme vimos, somente é admitida quando ordenada por testamento. "Só o testamento", doutrina Bevilacqua, "por ser ato mais solene e por exprimir a última vontade do indivíduo, está em condições de dar forma legal a um ato de tamanha gravidade, qual é a deserdação de um descendente ou ascendente, não tanto pela privação da herança, quanto pela publicidade de sua motivação e pelo escândalo que provoca".[1176]

"Com expressa declaração de causa", dispõe, ainda, o texto legal, ou seja, é indispensável a expressa declaração da causa da deserdação. Sem ela, a deserdação não produz nenhum efeito e nulo é o testamento quanto à disposição da legítima do herdeiro que se pretendeu deserdar.[1177]

1176 BEVILACQUA, C. Obra citada, p. 953.
1177 *"Testamento – Particular – Nulidade – Caracterização – Deserdação – Necessidade de expressa declaração da causa. Aplicação do art. 1.742 combinado com os artigos 1.595, 1.744 e 1.745, todos do Código Civil – Tipicidade fechada – Revogação de adoção – Impossibilidade*

Sem essa declaração, ou se a causa invocada não corresponder, exatamente, a alguma das mencionadas no Código Civil, arts. 1.962 e 1.963, será inoperante a deserdação, e o testamento será nulo quanto à porção da legítima.

Art. 1.965. Ao herdeiro instituído, ou àquele a quem aproveite a deserdação, incumbe provar a veracidade da causa alegada pelo testador.
Parágrafo único. O direito de provar a causa da deserdação extingue-se no prazo de quatro anos, a contar da data da abertura do testamento.

Direito anterior – Art. 1.743 do Código Civil de 1916.
Art. 1.743. Ao herdeiro instituído, ou àquele a quem aproveite a deserdação, incumbe provar a veracidade da causa alegada pelo testador.

Direito comparado – No direito argentino (art. 3.746) e no direito uruguaio (art. 898).

COMENTÁRIO

A regra é bastante clara e perceptível seu objetivo: para que a deserdação surta seus efeitos não basta que conste em testamento, com expressa declaração de causa; é preciso, ainda, "com a morte do autor

---

– Inteligência do art. 48 do Estatuto da Criança e do Adolescente – Escritura pública que teve por fim quitar direitos da concubina e ressalvar para o futuro a igualdade da legítima dos filhos havidos do concubinato – Hipótese do art. 1.776 do Código Civil – Não verificação – Teor da escritura que, ademais, não constitui causa para deserdar – Anulação de todo o testamento – Acerto – Único objetivo do testador era deserdar e dissolver a adoção – Recurso não provido" (TJSP, Ap. Cível nº 38.708-4, São José do Rio Preto, 7ª Câmara de Direito Privado, rel. Soares Lima, j. em 24-6-1998, v.u.).

da herança e abertura da sucessão, que o herdeiro instituído, ou aquele a quem aproveite a deserdação, prove a veracidade da causa alegada pelo testador, intentando-se a necessária ação judicial, cujo prazo de decadência é de quatro anos, contado da abertura da sucessão".[1178]

Não se provando a causa invocada para a deserdação, ao herdeiro necessário se defere a legítima, como se não tivesse ocorrido a deserdação invocada.[1179] Igual consequência ocorre se a ação cabível não é intentada pelos interessados no prazo decadencial de quatro anos.

1178 VELOSO, Z. Obra citada, p. 458.
1179 *"INVENTÁRIO – Deserdação – Causa. A causa da deserdação, que o testador invocou, tem de ser provada, em ação própria, pelo herdeiro instituído, ou por aquele a quem a deserdação aproveite, sob pena de nulidade da Instituição e da cláusula que prejudique a legítima do deserdado. O inventariante, posto que dativo, tem legitimidade para, em defesa do espólio, do qual não pode alguma parte ser atribuída a quem lhe não tenha direito, recorrer da decisão que mandou à herdeira interessada fazer prova, em ação própria, da causa da deserdação que lhe aproveita. O que não tem é razão. E não a tem, porque é clara a lei no exigir que o herdeiro instituído, ou aquele a que aproveite a deserdação, faça prova da causa invocada do testador, sob pena de nulidade da instituição e da cláusula que prejudique a legítima do deserdado – artigo 1.743 do Código Civil. Não há quem o negue: 'O interessado tem de provar a causa da deserdação. O testador apontou-a; talvez, até, houvesse indicado ou deixasse produzida a prova do que disse. Mas, se não a deixou, ou se alguém a impugnou, ao interessado dá-la* (sic)' *em juízo – Pontes de Miranda,* Tratado de Direito Privado. 2. ed. Rio de Janeiro: Borsoi, 1969, t. LVIII/259, § 5.846, n° 3. *No caso, nenhuma prova deixou-a o testador, porque a escritura de declaração, a que se reportou, prova apenas a declaração prestada, não os fatos declarados nela, os quais, se verdadeiros, não se deram na presença do escrivão – artigo 364 do Código de Processo Civil. Há, pois, de dá-la a herdeira que se beneficia"* (TJ-SP, Ac. unân. da 2ª Câm. de Direito Privado, de 19.02.2002, AI n° 205.486-4/6-00, rel. Des. Cezar Peluso). *In: Boletim COAD/ADV*, n° 19, pp. 298-299.

CAPÍTULO XI
DA REDUÇÃO DAS DISPOSIÇÕES TESTAMENTÁRIAS

Art. 1.966. O remanescente pertencerá aos herdeiros legítimos, quando o testador só em parte dispuser da quota hereditária disponível.

Direito anterior – Art. 1.726 do Código Civil de 1916.
Art. 1.726. Quando o testador só em parte dispuser da sua metade disponível, entender-se-á que instituiu os herdeiros legítimos no remanescente.

Direito comparado – No Código Civil português (art. 2.172)[1180] e no Código Civil francês (art. 926).[1181]

Leitura complementar:
BEAUBRUN, M. *L'ordre public successoral* (Thèse). Paris II, 1979; BOICHE. *L'objet du rapport et de la réduction des libéralités* (Thèse). Paris, 1974; CARNEIRO, José Gualberto Sá. "Lei reguladora das doações e sucessões". *In: RTP*, ano 90, 1972; CORTE-REAL, Pamplona. *Da imputação de liberalidades na sucessão legitimária*. Lisboa, 1989; GARCIA, Denise Schmitt Siqueira. "Redução das disposições testamentárias". *In:* FREITAS, Douglas Philipps (Coord.). *Curso de Direito das Sucessões*. Florianópolis: Vox Legem, 2007, pp. 255-263; GRIMALDI, Michel. *La nature juridique de l'institution*

1180 *"Art. 2.172 (Redução das disposições testamentárias).*
1. Se bastar a redução das disposições testamentárias, será feita proporcionalmente, tanto no caso de deixas a título de herança como a título de legado.
2. No caso, porém, de o testador ter declarado que determinadas disposições devem produzir efeito de preferência a outras, as primeiras só serão reduzidas se o valor integral das restantes não for suficiente para o preenchimento da legítima.
3. Gozam de igual preferência as deixas remuneratórias."

1181 *"Art. 926. Lorsque les dispositions testamentaires excéderont, soit la quotité disponible, soit la portion de cette quotité qui resterait après avoir déduit la valeur des donations entre vifs, la réduction sera faite au marc le franc, sans aucune distinction entre le legs universel et les legs particuliers."*

contractuelle (Thèse). Paris II, 1977; GROSLIÉRE, J. "L 'imputation, le rapport et la réduction des libéralités depuis la loi du 3 juillet 1971". *In:* Mélanges P. Hábraud, pp. 417 e ss.; LIMA, Fernando A. Pires de. "Doações feitas a herdeiros legitimários que repudiam a herança". *In: RLJ*, ano 72, n° 373; LIMA NETO, Eduardo da Silva. "Da redução das disposições testamentárias". *In:* Regina Ghiaroni (Coord.). *Direito das Sucessões*. Rio de Janeiro: Freitas Bastos, 2004, pp. 295-300; LOBO, Mário Tavarela. *Temas jurídicos – Discussões e soluções no novo Código Civil.* Coimbra, 1970; LOPES, Manuel Baptista. *Das doações.* Coimbra: Livraria Almedina, 1970; MARTY, G. "Observations sur la réduction em valeur". *In: Mélanges Ripert*, vol. 1, pp. 524 e ss.; MERGULHÃO, Rossana Teresa Curioni. "Disposições testamentárias. Redução das disposições testamentárias". *In:* Giselda Hironaka, Christiano Cassetari e Márcia Maria Menin. *Direito das Sucessões*. São Paulo: Revista dos Tribunais, 2008, pp. 166-169; PERNEY. *La nature juridique de la reserve héréditaire* (Thèse). Nice, 1976; SIMLER, P. *La nullité partielle* (Thèse). Strasbourg, L. G. D. J., 1969; VAREILLE, B. *Volonté, rapport et reduction* (Thèse). Toulouse, 1988.

COMENTÁRIO

No direito romano havia a regra – *Nemo pro parte testatus pro parte intestatus decedere potest*. Nas Ordenações Filipinas, Livro IV, Título 83, § 3°, e Título 96, pr., ainda se recorria ao sistema romano do "ninguém pode morrer parte testado e parte intestado".

O artigo 1.966 "é o *punctum dolens,* a superfície de contato. Não se sabe para onde pende. A que sucessão prefere. Diz que os herdeiros legítimos serão chamados; mas lança mão, para dizê-lo, de presunção: reputam-se instituídos".[1182]

O dispositivo não é mera reprodução do artigo 1.788 como poder-se-ia imaginar; é antes aplicação do princípio aí estabelecido. Naquele artigo é declarado que, "*morrendo a pessoa sem testamento, transmite*

1182 PONTES DE MIRANDA, F. C. Obra citada, vol. 58, p. 84.

a herança aos herdeiros legítimos; o mesmo ocorrerá quanto aos bens que não forem compreendidos no testamento..."; aqui o texto legal se refere ao caso em que o testador tem herdeiros necessários e refere-se à metade disponível, declarando que os mesmos entendem-se tacitamente instituídos no remanescente, quando o testador dispuser somente de parte da sua porção disponível.

Para que se aplique a regra jurídica do artigo 1.966 é preciso que concorram os seguintes elementos:

a) A existência de herdeiros necessários, porque só nesta hipótese existe metade disponível.[1183] Disponível é o todo e quando o testador só dispuser em parte da sua quota disponível o remanescente devolve-se aos herdeiros legítimos. O que evidencia a diferença da regra jurídica do artigo 1.788 e a do artigo 1.966.

b) A disposição em parte da metade testável (ou, se morreu com testamento, nada dispôs). Se dispôs de toda a metade, não há que se falar em devolução. Se morreu com testamento e nada dispôs quanto à metade disponível, aplica-se o artigo 1.966.

c) A ocorrência de herdeiros necessários ao tempo da morte do testador. "A finalidade da redução das disposições testamentárias", doutrinou Sebastião Amorim, "é a de resguardar os direitos dos herdeiros necessários, no tocante à legítima."[1184] Se não mais existirem, o resto da herança irá aos legítimos, conforme dispõe o artigo 1.788. Mas, como

---

1183 "*TESTAMENTO – Ato que excede a metade disponível – Redução proporcional das cotas do herdeiro ou dos herdeiros instituídos que se impõe, até onde baste, e, não bastando, redução também dos legados na proporção do seu valor.* No testamento que exceder a metade disponível, serão proporcionalmente reduzidas as cotas do herdeiro ou dos herdeiros instituídos, até onde baste, e, não bastando, reduzir-se-ão também os legados na proporção do seu valor" (*RT*, 793:354). Ver, ainda: *RT*, 779:296.

1184 AMORIM, Sebastião Luiz. *Código Civil Comentado*, vol. XIX. *Direito das Sucessões – Sucessão Testamentária (arts. 1.857 a 1.990)*. São Paulo: Atlas, 2004, p. 281.

ressalta Pontes de Miranda, em se tratando de instituição presumida, a vontade do testador pode se direcionar em outra solução: por exemplo, a verba "deixo a casa X a B, executará meu testamento A, único herdeiro necessário, na sua falta a mulher dele, ainda que não tenha filhos. Aí, essa mulher está numa substituição, aparentemente de testamenteiro, possivelmente de herdeira. Vivo A, receberá a quota necessária e o resíduo. Morto A, a interpretação dirá se a mulher sobrevivente herda como instituída do todo, excluída assim a aplicação do artigo (1.788), ou só o resíduo da metade então disponível, ou tudo, irá aos herdeiros legítimos, sendo a mulher simples testamenteira".

d) A existência de resíduo.

Se não há herdeiros necessários mas apenas legítimos, o princípio é o mesmo. Estes herdam o que não tiver sido liberalizado no testamento; mas, então, não haverá porção disponível.

Art. 1.967. As disposições que excederem a parte disponível reduzir-se-ão aos limites dela, de conformidade com o disposto nos parágrafos seguintes.

§ 1º Em se verificando excederem as disposições testamentárias a porção disponível, serão proporcionalmente reduzidas as quotas do herdeiro ou herdeiros instituídos, até onde baste, e, não bastando, também os legados, na proporção do seu valor.

§ 2º Se o testador, prevenindo o caso, dispuser que se inteirem, de preferência, certos herdeiros e legatários, a redução far-se-á nos outros quinhões ou legados, observando-se a seu respeito a ordem estabelecida no parágrafo antecedente.

Direito anterior – Art. 1.727 do Código Civil de 1916.

Art. 1.727. As disposições, que excederem a metade disponível, reduzir-se-ão aos limites dela, em conformidade com o disposto nos parágrafos seguintes.

§ 1º Em se verificando excederem as disposições testamentárias a porção disponível, serão proporcionalmente reduzidas as quotas do herdeiro ou herdeiros instituídos, até onde baste, e, não bastando, também os legados, na proporção do seu valor.

§ 2º Se o testador, prevenindo o caso, dispuser que se inteirem, de preferência, certos herdeiros e legatários, a redução far-se-á nos outros quinhões ou legados, observando-se, a seu respeito, a ordem estabelecida no parágrafo anterior.

Direito comparado – No Código Civil francês (art. 927).[1185] No direito argentino (art. 3.795) e no direito uruguaio (art. 940).

COMENTÁRIO

Ainda uma vez o texto legal impõe limitação quanto à disponibilidade do testador – metade disponível – quando há herdeiros necessários. Se, porém, não respeitar a imposição legal, o remédio são as reduções testamentárias que se farão até recomposição da legítima.

A ação visando à redução somente pode ser promovida pelos herdeiros necessários reservatários, ou pelas pessoas que por eles possam agir, como seus credores, o cessionário do seu direito e o seu herdeiro, se ele vem a falecer, após a abertura da sucessão, sem ter podido formular a sua reclamação.

Tal prerrogativa legal visa, exatamente, a reduzir o excesso de liberalidade segundo os critérios indicados nos parágrafos do artigo sob comento.

A redução só pode ser pleiteada após a abertura da sucessão, de modo a garantir ao herdeiro necessário o direito à legítima; primeiro,

---

1185 *"Art. 927. Néamoins dans tous les cas où le testateur aura expréssement déclaré qu'il entend que tel legs soit acquitté de préférence aux autres, cette préférence aura lieu; et les legs qui en sera l'objet ne sera réduit qu'autant que la valeur des autres ne remplirait pas la réserve légale."*

porque não havendo herança de pessoa viva, não poderia haver legítima, nem tampouco ação de redução visando a integrá-la; segundo, porque enquanto vivo o testador, o mesmo dispõe de seu patrimônio da forma que bem entender, não havendo qualquer legitimidade ao herdeiro necessário de impedir a prática de qualquer ato, por parte do testador.[1186]

A ação de redução só tem cabimento quando as doações ou disposições testamentárias excederem a quota disponível, prejudicando a legítima.[1187] Daí as consequências: a) a prova da ocorrência de excesso compete a quem a alega e, pois, deve ser oferecida pelo herdeiro necessário que pede a redução; b) o herdeiro reclamante não pode se insurgir contra os atos de liberalidade do testador, alegando que o mesmo dispôs de todos os bens imóveis, por exemplo, uma vez que tenha recebido ou garantido a sua legítima, já que, se tratando de uma quantidade e desde que esta não seja diminuída, não há redução a fazer.

No parágrafo primeiro, o legislador prevê a hipótese da redução proporcional nas quotas do herdeiro ou herdeiros instituídos, até onde

---

1186 "*DOAÇÃO – Ato realizado por pai a filho sem o consentimento de todos os descendentes – Validade – Hipótese que importa em adiantamento da legítima – Inteligência do art. 1.171 do CC – Inaplicabilidade do art. 1.132 do CC.*
Ementa: A doação efetivada pelos pais aos filhos sem o consentimento de todos os descendentes é válida, pois, nos termos do art. 1.171 do CC, considera-se a liberalidade como adiantamento da legítima, não se aplicando ao caso a regra inserta no art. 1.132 do mesmo diploma legal."
"*DOAÇÃO – Ato realizado por pais a filhos – Descendente prejudicado – Hipótese em que poderá pleitear a redução da liberalidade se esta for além da metade disponível.*
Ementa: O herdeiro necessário que se julgar prejudicado com a doação efetivada pelos ascendentes aos demais descendentes, sem o consentimento, poderá pleitear a redução da liberalidade, se a doação for além da metade disponível para garantir a intangibilidade de sua quota legitimária" (*RT*, 754:239). Ver, ainda: *RT*, 539:65

1187 "*Apelação Cível. Doação de ascendente a descendente. Ação de nulidade da escritura pública, em virtude do prejuízo sofrido pelos herdeiros necessários. Ao contrário do que ocorre com a compra e venda entre ascendentes e descendentes, a doação não é nula de per si. A nulidade do ato cinge-se à parcela que excede aquela que o doador, no momento da realização do ato, poderia dispor em testamento. Proteção da legítima através do instituto da redução. Recurso parcialmente provido*" (*TJPR – Ac. nº 14.513, Ap. Cível, Curitiba, 2ª Câmara Cível, rel. Des Sidney Mora, j. em 23-3-1998, v.u.).*

baste, e, não bastando, também os legados, na proporção do seu valor. Ou seja, não haverá redução, se as liberalidades couberem inteiras, na metade disponível. Se não couberem, sofre a redução o herdeiro instituído, até onde baste, ainda que nesta operação desapareça todo o benefício, que o testamento lhe prometia. Depois de esgotada a porção do herdeiro ou herdeiros é que, ainda insuficiente a quota disponível para o pagamento dos legados, se fará neste redução proporcional.

Segundo Pontes de Miranda,[1188] para que ocorra tal hipótese, cumpre que concorram as seguintes condições: a) a soma do disposto no testamento exceda a cota disponível; b) que as instituições sejam em cotas ou frações, pois, havendo herdeiro em porção qualitativa, o parágrafo primeiro não se lhe aplica; c) que não tenha havido vontade contrária do testador, ou distribuição que valha um querer contrário ao artigo 1.967.

A redução opera-se proporcionalmente na seguinte ordem: primeiro, reduzem-se os quinhões dos herdeiros instituídos e, se a quota permanece excedida, reduzem-se os legados. Estes não serão reduzidos enquanto não desaparecer toda a herança deixada pelo testador ao herdeiro dativo sem que a legítima ainda esteja integrada.

Entre herdeiros e legatários não há preferências. Nada influi, doutrina Maximiliano,[1189] "a ordem em que estejam nomeados no ato *causa mortis*, nem o fato de figurarem em cláusulas ou testamentos diversos, e válidos, não revogados implícita ou explicitamente: nem, tampouco, o objeto, a causa, a forma ou o fim da liberalidade. A data de qualquer das deixas é uma só – a do falecimento do disponente".

1188 PONTES DE MIRANDA, F. C. Obra citada, vol. 58, p. 89.
1189 MAXIMILIANO, C. Obra citada, p. 42.

Todas as disposições testamentárias são passíveis de redução, independente de qualquer declaração em contrário do testador, por não lhe ser lícito prejudicar, em hipótese alguma, a legítima do testador. "Indifere a forma de testamento, donde emanou o inoficiosidade, pois todos produzem o mesmo efeito jurídico (arts. 1.862 a 1.886)."[1190]

No parágrafo segundo o legislador prevê a hipótese de o testador estabelecer que se inteirem, de preferência, certos herdeiros e legatários, ocorrendo a redução em outros quinhões ou legados, observando-se a ordem estabelecida no parágrafo antecedente.

No caso vertente prevalece a vontade do testador, "justamente porque, ao estabelecer a ordem em que se deve verificar a redução no parágrafo anterior, o legislador pressupôs apenas que aquela fosse a vontade do testador, que, fazendo a liberalidade, a todos, nenhuma preferência tinha por nenhum. Quer dizer: havendo a explícita vontade do testador, manifestada no próprio testamento, não há razão para subsistir a presunção".[1191]

O evidente é que no parágrafo sob comento o legislador reconhece ao testador a absoluta liberdade de expressar sua vontade no sentido de que os últimos a sofrerem a redução sejam tais herdeiros, ou tais legatários, operando-se a redução, primeiramente nos quinhões dos herdeiros restantes e, se não bastar, nos legados dos outros legatários.

Art. 1.968. Quando consistir em prédio divisível o legado sujeito à redução, far-se-á dividindo-o proporcionalmente.

§ 1º Se não for possível a divisão, e o excesso do legado montar a mais de um quarto do prédio, o legatário deixará in-

---
1190 LIMA NETO, Eduardo da Silva. "Da redução das disposições testamentárias". *In:* Regina Ghiaroni (Coord.). *Direito das Sucessões*, p. 297 (Rio de Janeiro: Freitas Bastos, 2004).
1191 CARVALHO SANTOS, J. M. Obra citada, vol. 24, pp. 132-133.

teiro na herança o imóvel legado, ficando com o direito de pedir aos herdeiros o valor que couber na parte disponível; se o excesso não for de mais de um quarto, aos herdeiros fará tornar em dinheiro o legatário, que ficará com o prédio.

§ 2º Se o legatário for ao mesmo tempo herdeiro necessário, poderá inteirar sua legítima no mesmo imóvel, de preferência aos outros, sempre que ela e a parte subsistente do legado lhe absorverem o valor.

Direito anterior – Art. 1.728 do Código Civil de 1916.

Art. 1.728. Quando consistir em prédio divisível o legado sujeito à redução, far-se-á esta, dividindo-o proporcionalmente.

§ 1º Se não for possível a divisão, e o excesso do legado montar a mais de 1/4 (um quarto) do valor do prédio, o legatário deixará inteiro na herança o imóvel legado, ficando com o direito de pedir aos herdeiros o valor que couber na parte disponível; se o excesso não for de mais de 1/4 (um quarto), aos herdeiros fará tornar em dinheiro o legatário, que ficará com o prédio.

§ 2º Se o legatário for ao mesmo tempo herdeiro necessário, poderá inteirar sua legítima no mesmo imóvel, de preferência aos outros, sempre que ela e a parte subsistente do legado lhe absorverem o valor.

Direito comparado – Sem correspondência no direito comparado.

COMENTÁRIO

Se o legado sujeito à redução consistir em prédio divisível, far-se-á a redução dividindo-o proporcionalmente. É o que dispõe o texto legal sob análise. Se, porém, for impossível sua divisão, por se tratar de prédio indivisível, três hipóteses são apresentadas pelo artigo 1.968: a) se o excesso do legado for superior a um quarto do seu valor, o legatário deixará o imóvel aos herdeiros, recebendo o que lhe couber em dinheiro; b) se a diferença for inferior a um quarto do seu valor, ficará com o imóvel, pagando a diferença aos herdeiros; c) se o legatário for simultaneamente herdeiro, terá preferência para ficar com o imóvel, desde que, somados o legado e a herança, totalizem o valor do prédio.

Nesse sentido, o elucidativo exemplo de Monteiro: "O prédio vale R$ 1.000.000,00, a redução deve montar a R$ 400.000,00 e a legítima do herdeiro é de R$ 600.000,00. Somando esse último valor com a parte subsistente do legado, R$ 600.000,00 + R$ 600.000,00 = R$ 1.200.000,00, absorvido fica o valor de todo o prédio. O interessado receberá assim o imóvel, de preferência aos demais herdeiros, repondo apenas o excesso: R$ 1.200.000,00 – R$ 1.000.000,00 = R$ 200.000,00."[1192]

Caso a redução das disposições testamentárias seja insuficiente para integrar a quota reservatório do herdeiro necessário, proceder-se-á à redução das doações, uma vez que o artigo 549 dispõe: *"Nula é também a doação quanto à parte que exceder à de que o doador, no momento da liberalidade, poderia dispor em testamento."* Ou seja, as doações *inter vivos* também se sujeitam à redução na parte inoficiosa, isto é, naquela parte que exceder ao que o doador poderia dispor em testamento. O sistema jurídico brasileiro considerou inoficiosas as doações de bens superiores à metade disponível, calculada no momento em que a liberalidade foi feita, divergindo de outros sistemas que só determinam a legitimidade da doação inoficiosa no momento da abertura da sucessão. Ao contrário, por exemplo, do modelo francês, a lei brasileira manda avaliar a doação – art. 549 – em relação ao patrimônio do falecido na ocasião da doação. Dessa forma, feita a doação, imediatamente pode-se apurar se se trata de doação inoficiosa ou, ao contrário, legítima e perfeita.[1193]

1192 MONTEIRO, W. de B. Obra citada, p. 224.
1193 Ver, nesse sentido, parecer inserto na *Revista Forense* (323:139-146): "Do regime jurídico da doação de bens móveis feita por ascendente a descendente".

O escopo dominante em matéria de doações inoficiosas é evitar a burla da norma de direito sucessório que assegura aos herdeiros necessários a legítima. Sem aquela disposição, o testador poderia esvaziar toda a legítima pelo recurso das doações inoficiosas.

Como bem ressaltou Wald, o problema das doações inoficiosas gera duas ordens de indagações: a questão relativa às reduções – quanto ao excesso cuja devolução pode-se exigir – e a questão da imputação – já que, para se evitar qualquer eventual fraude, se deve considerar toda doação feita em vida como sendo um adiantamento sobre a parte disponível.

Dessa forma, se o testador doou em vida quantia igual ao valor do monte líquido ou da herança líquida, já esgotou a sua possibilidade de dispor, se tiver herdeiros necessários. Se doou mais ou menos do que deixou no momento da morte, variam as hipóteses. Assim, se doou menos, as liberalidades em favor de herdeiros não necessários ou de legatários poderão ser feitas até o limite em que as partes disponível e legítima se igualem; se doou mais, ressurge a incidência de redução das doações feitas se, na época em que se realizaram, corresponderam a mais da metade do seu patrimônio.

Nesse sentido os excelentes exemplos arrolados por Wald em relação às três hipóteses:

"*Primeiro caso* – **A** falece deixando uma herança líquida (descontadas as despesas de funeral) de R$ 2.000,00, tendo herdeiros necessários. Em vida, doou R$ 1.000,00 a pessoas que não eram herdeiros necessários. O monte líquido mais as doações importam em R$ 3.000,00. Poderia dispor da metade, ou seja, de R$ 1.500,00. Só se admite que o seu testamento seja executado se as liberalidades para herdeiros não necessários e legatários não forem superiores a R$ 500,00. Se o forem, haverá redução proporcional, para que fiquem neste limite.

Segundo caso – **A** falece com o mesmo patrimônio de R$ 2.000,00, mas em vida doou R$ 2.000,00 a terceiros. Esgotou-se a parte disponível e todos os bens transmitidos *mortis causa* passam a pertencer aos herdeiros legítimos.

Terceiro caso – **A** falece deixando bens no valor de R$ 2.000,00. Em vida, doou R$ 3.000,00. Deve-se, então, distinguir duas situações diferentes. Se, por ocasião da doação de R$ 3.000,00, o patrimônio de **A** era igual ou superior a R$ 6.000,00, incluindo-se, assim, a doação nos limites do disponível, não pode a mesma ser reduzida. Para fins de imputação, considerar-se-á esgotada a parte disponível, e os R$ 2.000,00 deverão ser divididos entre os herdeiros necessários. Se, ao contrário, quando fez a doação dos R$ 3.000,00, **A** tinha apenas um patrimônio de R$ 4.000,00, houve um excesso inoficioso de R$ 1.000,00 na doação, cujo limite máximo permitido seria de R$ 2.000,00. Cabe, pois, a redução das doações inoficiosas. Os herdeiros legítimos têm direito de receber o valor líquido do monte acrescido das doações inoficiosas feitas em vida a terceiros."[1194]

Quando as reduções efetuadas não integralizam a legítima, torna-se necessário reduzir as doações inoficiosas, começando pelas mais recentes e avançando em direção às mais antigas. Era a sistemática empregada pelas Ordenações Filipinas e ainda aplicável no sistema sucessório brasileiro.

Discutiu-se sobre a possibilidade do exercício da ação para a redução da doação inoficiosa em vida do doador, sendo que a maioria dos autores nacionais entendeu possível a ação em decorrência do estatuído no artigo 549.[1195] A ação só aproveitará ao herdeiro que a intentou; os

---

1194 WALD, Arnoldo. Obra citada, p. 174.
1195 Nesse sentido, Clovis Bevilacqua. *Código Civil Comentado*, vol. IV, p. 342; Hermenegildo de Barros, *in: Manual Lacerda*, vol. 18, pp. 63-64, e J. M. de Carvalho Santos. Obra citada, vol. 16,

demais, embora prejudicados, não sofrerão os seus efeitos. Logo, as liberalidades só serão reduzidas na proporção do que se insurgiu contra o excesso, presumindo-se que os silentes pretenderam respeitar as doações e disposições testamentárias feitas pelo testador.

Em regra, a ação de redução ocorre no processo de inventário, quando existe acordo entre os interessados, corrigindo-se na partilha a desigualdade da legítima. Se, porém, não houve acordo de vontades, o herdeiro necessário prejudicado poderá intentar ação ordinária com vistas à obtenção da quota inoficiosa testada em excesso.

Questão derradeira que tem gerado perplexidade é a de se saber se é lícito ao testador estabelecer o modo pelo qual devem ser feitas as reduções em relação às doações. Em outras palavras, é possível o testador determinar que, no caso de redução, se mantenham certas doações posteriores, em detrimento de anteriores? A negativa parece se impor pela simples razão de se tratar de situações de natureza diversa. "O testamento, antes da abertura da sucessão, não criou direito para qualquer dos herdeiros ou legatários. O mesmo não acontece em relação aos donatários cujo contrato foi perfeito. Por outro lado, dada a possibilidade de manter certas doações em prejuízo de outras, anteriores às primeiras, admitir-se-ia a revogação das doações pelo doador fora dos casos expressamente previstos em lei, porque nada impede que o doador faça nova doação superior à sua parte disponível, para, assim, revogar a anterior, por determinação expressa em seu testamento."[1196]

---

p. 403. Em sentido contrário, Carlos Maximiliano. Obra citada, vol. III, p. 39. A ação é divisível, podendo ser exercida por qualquer herdeiro em defesa de seus interesses e só beneficiando o autor. A jurisprudência brasileira também tem pendido favoravelmente quanto à admissibilidade da ação durante a vida do doador.

1196 WALD, Arnoldo. *Idem*, p. 175.

CAPÍTULO XII
DA REVOGAÇÃO DO TESTAMENTO

Art. 1.969. O testamento pode ser revogado pelo mesmo modo e forma como pode ser feito.

Direito anterior – Art. 1.746 do Código Civil de 1916.
Art. 1.746. O testamento pode ser revogado pelo mesmo modo e forma por que pode ser feito.

Direito comparado – No Código Civil francês (art. 1.035)[1197] e no Código Civil português (art. 2.312).[1198]
No direito argentino (art. 3.827) e no direito uruguaio (art. 999).

Leitura complementar:
ALLARA, Mário. *Principi di diritto testamentario*. Turim, 1957; CICU, Antonio. *Il testamento*. Milano: Giuffrè, 1945; CITATI, Guarnieri. "La reviviscenza delle disposizioni testamentaire revocate". *In*: *Rivista di Diritto Civile*, 1931, pp. 221 e ss.; CUNHA, Paulo. *Sucessão testamentária*. Lisboa, 1947; FERREIRA, Sérgio de Andréa. "Revogação de testamento por pessoa interditada". *In*: *RF*, 301:285; MADALENO, Rolf. "Testamentos inválidos e ineficazes: revogação, rompimento, caducidade, anulabilidade e nulidade". *In*: Giselda Hironaka e Rodrigo da Cunha Pereira (Coords.). *Direito das Sucessões*. 2. ed. Belo Horizonte: Del Rey, 2007, pp. 265-318; PEDRONI, Ana Lucia. "Rompimento do testamento". *In:* FREITAS, Douglas Phillips (Coord.). *Direito das Sucessões*. Florianópolis: Vox Legem, 2007, pp. 265-271; PINTO FERREIRA. "Revogação do testamento". *In*: *VOX*, 172: 1; RUGGIERO, Roberto. *Instituciones de derecho civil*. Madrid: Editorial Réus, 1955; VARELA, João de Mattos Antunes. *Ineficácia do testamento e vontade conjectural do testador.* Coimbra: Ed. Coimbra, 1950.

1197 *"Art. 1.035. Les testaments ne pourront être révoqués, en tout ou en partie, que par un testament postérieur, ou par un acte devant notaires portant déclaration du changement de volonté."*
1198 *"Art. 2.312 (Revogação expressa)."*

COMENTÁRIO

Conforme já examináramos, quando da análise do artigo 1.857, o testamento é ato essencialmente revogável. E do caráter de revogabilidade decorre a possibilidade de poder ser mudado ou mesmo anulado a qualquer tempo.[1199] Nem ao próprio testador se permite despojar o testamento. Sob esta ótica, seria nula a cláusula pela qual alguém renunciasse à faculdade de revogar o seu testamento. Como se lê no *Digesto*: *nemo eam sibi potest legem dicere, ut a priore et recedere nemon liceat*. "Qualquer cláusula que disponha ser irrevogável o testamento é completamente nula, de nenhum efeito jurídico, tendo-se como não escrita tal disposição."[1200]

Apenas limita a lei, a liberdade do testador impondo-lhe o recurso da revogação pelo mesmo modo e forma com que fez o testamento. Com isso o Código deixa claro que a revogação do testamento não pode ser feita por escritura pública, ou qualquer ato menos solene.[1201] Ou, como Rubiane de Lima apontou, "a revogação de um testamento não decorre

---

1199 *"TESTAMENTO – Revogação por escritura pública – Inadmissibilidade – Sentença confirmada – Inteligência do art. 1.746 do Código Civil. Segundo nosso Direito, o testamento não é revogável por uma escritura pública. O Direito anterior admitia essa forma simples de revogação. O Código Civil, porém, no art. 1.746, deixa claro que o testamento só se revoga por outro testamento, sem a obrigatoriedade do testamento revogador – que deve obedecer à mesma forma e aos mesmos requisitos que a lei impõe à feitura dos testamentos – instituir novos beneficiários"* (*RT*, 467:84). Ver, ainda: *JB*, 81: 79; *JB*, 81:97; *JB*, 81: 207; *JB*, 81:250; *JB*, 81:271; *RT*, 158:697.
1200 AMORIM, Sebastião Luiz. Obra citada, p. 295.
1201 *"TESTAMENTO PÚBLICO – Revogação do ato mediante manifestação posterior do testador por outras formas que não as ordinárias – Inadmissibilidade – Pretensão que para ser válida e produzir efeitos deve ser realizada pelo mesmo modo e forma em que se deu o testamento – Inteligência dos arts. 1.632 e 1.748 do CC – Voto vencido. Ementa da redação: A revogação do testamento público, que obedece às regras contidas no art. 1.632 do CC, para ser válida e produzir efeitos, deve ser realizada pelo mesmo modo e forma em que foi feito, não se admitindo manifestação posterior do testador por outras formas que não as ordinárias, segundo dispõe o art. 1.748 do CC [art. 1.969 do CC/2002]"* (*In*: *RT*, 799: 355).

das causas previstas em lei ou de vícios de vontade, mas exatamente da vontade do testador em alterar seu testamento antecedente, no todo ou em parte, e até pura e simplesmente torná-lo sem nenhum efeito".[1202]

A revogação tem de resultar, necessariamente, de um testamento,[1203] no que o nosso sistema diverge frontalmente da sistemática portuguesa. O Código Civil português (art. 2.312) manteve a solução do antigo artigo 1.755, no sentido de que, qualquer que seja a sua modalidade, o testamento pode ser expressamente revogado, no todo ou em parte, por uma dupla via: a) por outro testamento; b) por escritura pública.

O que não importa é a forma do testamento que revogue o anterior: assim, como já se manifestara Bevilacqua, o testamento marítimo pode revogar o público, o cerrado pode revogar o particular, e uns aos outros, indistintamente. No mesmo sentido o direito português, sendo "feita por testamento, não é necessário que a revogação seja efetuada em testamento da mesma modalidade. Um testamento público pode ser revogado expressamente por documento particular e vice-versa. Tal como o testamento comum pode ser total ou parcialmente revogado por testamento realizado sob qualquer das formas especiais, contanto que validamente celebrado, e do mesmo modo que o testamento realizado com forma especial pode ser expressamente revogado, no todo ou em parte, por um testamento comum, em qualquer das suas variantes que o testamento comum pode revestir".[1204]

1202 LIMA, Rubiane de. *Manual de Direito das Sucessões*. Curitiba: Juruá, 2003, p. 197.
1203 "*Ação declaratória de validade. Revogação de testamento. Testamento anterior não revogado pelo posterior, mediante cláusula expressa. Revogação tácita inocorrente, beneficiários e bens legados distintos. Incompatibilidade inexistente entre as disposições testamentárias, devendo prevalecer a vontade do testador. Subsistência do anterior testamento, não revogado por qualquer forma e sem incompatibilidade com o segundo. Ação procedente. Apelação desprovida*" (TJRS, 8ª C. Civ., AC 70014619456, rel. Des. Luiz Ari Azambuja Ramos, j. em 01.06.2006).
1204 PIRES DE LIMA e ANTUNES VARELA. Obra citada, p. 490.

Desde que a vontade do testador se expresse inequivocamente, em sentido diverso do manifestado no testamento anterior, fica este revogado.

Se, porém, o testador pretender fazer reviver o testamento revogado, só pode consegui-lo por meio de um novo testamento.

O direito brasileiro admite três formas de revogação de testamento: a expressa, a tácita e a presumida.

É expressa a revogação quando, em testamento posterior, o testador revoga total ou parcialmente as disposições de última vontade anteriormente feitas. O testamento revogatório pode ter outra forma que o revogado, mas para poder revogar o anterior deve preencher todos os requisitos legais.

A revogação é tácita quando da atitude do testador se depreende sua vontade de revogar disposições anteriores. Ocorre, por exemplo, quando o testador abre ou dilacera o testamento particular, ou manda outrem praticar esses atos (artigo 1.972), ou, ainda, quando, em novo testamento, estabelece normas sucessórias frontalmente em contradição com as contidas no testamento anterior.

Caberá ao intérprete examinar cada caso concreto para determinar se houve ou não contradição ou se as diversas disposições podem ser aplicadas de modo harmonioso. O esforço do juiz deve ser dirigido no sentido de ser assegurado o fiel cumprimento da vontade do falecido.[1205]

1205 *"A testadora, sem herdeiros necessários, deixou todos os seus bens para uma amiga. Porém a amiga faleceu antes da testadora, que, em seguida, outorgou poderes a advogado para proceder à transferência dos direitos previstos no testamento para as filhas da falecida. Sucede que a testadora faleceu logo em seguida e, aberto o inventário, o juiz converteu-o em herança jacente, nomeando Procurador do Município como curador dos bens. Continuando o julgamento, a Turma, por maioria, não conheceu do especial, ao fundamento de que não existia herdeira nomeada à época da abertura da sucessão (art. 1.717 do CC), o que torna ineficaz o testamento: as filhas da herdeira falecida só poderiam ser incluídas com a revogação parcial do testamento,*

A manifestação da vontade em documento posterior pode criar dificuldades técnicas que precisam ser sanadas por meio de exegese conciliadora. Assim, pode ocorrer que, num primeiro instrumento, o testador nomeou um herdeiro universal e determinou a entrega de certos legados e, no documento posterior, constituiu diversos herdeiros, sem se referir aos legados. "Atendendo ao princípio de que todas as disposições que não sejam manifestamente inconciliáveis devem ser harmonizadas, entende-se que, no silêncio do testador, os legados devem ser mantidos. A mesma solução seria acatada, embora houvesse divergências doutrinárias a respeito, se o testador, nomeando, num primeiro momento, diversos herdeiros e legatários, num segundo instituísse um único herdeiro universal, sem fazer referência aos legados."[1206]

Outro problema que pode ocorrer diz respeito à alteração de valores em documentos distintos, ou seja, num primeiro testamento o testador se refere a um valor determinado e no segundo documento refere-se a outro valor. A dúvida suscitada refere-se ao *quantum* do legado, ou melhor, o legatário tem direito somente ao primeiro valor aludido ou à soma dos dois valores citados? Tudo vai depender dos elementos constantes nos documentos e das circunstâncias especiais de cada caso. Mas, certamente, todo o esforço do juiz será canalizado no melhor resgate da intenção do testador.

Presumida diz-se a revogação (também denominada *rompimento* ou *ruptura* do testamento) quando, após a elaboração do testamento, ocorreu um fato em virtude do qual se presume uma modificação da declaração de última vontade do testador. A presunção pode ocorrer

---

feita obrigatoriamente por outro testamento e não por meio de procuração (art. 1.746 do CC)" (STJ, REsp. n° 147.959, rel. Min. Sálvio de Figueiredo Teixeira, j. em 14.12.2000).

1206 WALD, Arnoldo. Obra citada, p. 193.

quando sobrevém descendente sucessível ao testador, que não o conhecia no momento em que testou, ou quando existia herdeiro necessário sem que o testador o soubesse.[1207]

A presunção estabelecida é *juris tantum,* podendo o testador, no próprio instrumento, afastar as hipóteses de ruptura por fato superveniente.

Se o testador pensa erroneamente não ter descendentes e, posteriormente ao testamento, descobre-se a existência dos mesmos, há ruptura do testamento em virtude do erro em que incidiu o testador.

No caso, porém, de o testador, ciente da existência de herdeiros necessários, não os contemplar no testamento, o herdeiro necessário poderá exigir a redução das disposições testamentárias, a fim de lhe ser assegurada a sua legítima (desde que não tenha sido deserdado).

Se o testador já tinha descendentes e, após a lavratura do testamento, surgiram outros, não é caso de rompimento de testamento. O rompimento só ocorre quando inexistir qualquer descendente sucessível quando o falecido testou, ou quando a existência do descendente era desconhecida do testador. A partir da CF de 1988, entre os descendentes sucessíveis incluem-se todos os filhos, quer os nascidos de justas núpcias, quer não (art. 227, § 6º). No caso de reconhecimento forçado de filho, mediante investigação de paternidade, a hipótese do rompimento se aplica à hipótese, já que a Constituição proibiu tratamento discrimi-

---

1207 *"TESTAMENTO – Ruptura – Nascimento posterior de filho legítimo – Gravidez da mulher ignorada pelo testador – Revogação de pleno direito do ato de última vontade – Ineficácia que pode ser declarada nos próprios autos de inventário – Decisão confirmada – Embargos rejeitados – Inteligência e aplicação do art. 1.750 do Código Civil. Ocorrendo o nascimento de filho legítimo, posteriormente ao testamento, e sendo o fato desconhecido do testador, rompe-se o ato de última vontade, nos precisos termos do art. 1.750 do Código Civil. Em tais casos o testamento se torna ineficaz ope jure, dando-se a revogação de pleno direito, isto é, independentemente de qualquer pronunciamento judicial, podendo esse rompimento ser declarado nos próprios autos do inventário"* (RT, 352:107). Ver, ainda: RT, 344:144; RT, 548:194; RT, 760:330; RT, 534:64; RT, 639:71; RT, 695:176.

natório aos filhos. Ou seja, "a lei estabelece uma exceção em favor dos descendentes sucessíveis, da qual não se nota justificativa para excluir o filho reconhecido após ação judicial".[1208]

Art. 1.970. A revogação do testamento pode ser total ou parcial.

Parágrafo único. Se parcial, ou se o testamento posterior não contiver cláusula revogatória expressa, o anterior subsiste em tudo que não for contrário ao posterior.

Direito anterior – Art. 1.747 do Código Civil de 1916.
Art. 1.747. A revogação do testamento pode ser total ou parcial.
Parágrafo único. Se a revogação for parcial, ou se o testamento posterior não contiver cláusula revogatória expressa, o anterior subsiste em tudo que não for contrário ao posterior.

Direito comparado – No Código Civil francês (art. 1.036)[1209] e no Código Civil português (art. 2.313).[1210]
No direito uruguaio (art. 1.005).

COMENTÁRIO

Quando o legislador se reporta às duas hipóteses de revogação, total ou parcial, está confirmando o poder do testador que pode dispor,

---

1208 WALD, Arnoldo. Obra citada, p. 196.
1209 *"Art. 1.036. Les testaments postérieurs qui ne révoqueront pas d'une manière expresse les précédents, n'annuleront, dans ceux-ci, que celles des dispositions y contenues qui se trouveront incompatibles avec les nouvelles, ou qui seront contraires."*
1210 *"Art. 2.313 (Revogação tácita).*
1. O testamento posterior que não revogue expressamente o anterior revoga-lo-á apenas na parte em que for com ele incompatível.
2. Se aparecerem dois testamentos da mesma data, sem que seja possível determinar qual foi o posterior, e implicarem contradição, haver-se-ão por não escritas em ambos as disposições contraditórias."

no todo ou em parte, de seu patrimônio. Assim, ele pode alterar o anterior, para completá-lo ou para restringi-lo, pode revogá-lo completamente, criando novo testamento ou apenas determinadas cláusulas. É a noção de revogabilidade que é aqui resgatada em toda sua intensidade.

Quando a revogação é total não há maiores problemas quanto à determinação da vontade do testador que, certamente, manifesta-se, inequívoca. Quando, entretanto, sem mencionar que revoga as antigas disposições fizer novas que não correspondem, no todo ou em parte, às anteriores, a incompatibilidade produz revogação do testamento anteriormente feito. Logo, a revogação pode ocorrer mediante cláusula expressa, referente a todas ou a determinadas disposições, como também pode ocorrer pela simples incompatibilidade apresentada entre as disposições dos testamentos, prevalecendo o posterior sobre o anterior.[1211]

"Aplicam-se ao testamento", já doutrinara Bevilacqua, "os preceitos que regulam a revogação das leis, pois a fatura de um novo testamento, ainda sem ressalva do anterior, não revela uma vontade inteiramente oposta à que presidiu à formação do anterior. Se entre a disposição antecedente e a subsequente há incompatibilidade, é manifesta a intenção do testador de revogar a primeira; se as duas disposições se conciliam, executam-se conjuntamente, por acumulação ou por combinação. Tudo depende, pois, da vontade do testador, que o juiz inter-

---

1211 "*TESTAMENTO – Doação de cotas de sociedade por cotas de responsabilidade limitada – Cláusula constante de alteração contratual, posterior ao testamento – Eficácia e legitimidade – Revogação parcial do testamento – Não inclusão das cotas a favor da legatária – Apelação provida – Voto vencido. Indiscutível que o doador, quando da subscrição de alteração contratual, pretendeu excluir, como de fato excluiu, as cotas sociais da abrangência dos bens que seriam entregues à legatária. Clara intenção do testador e essa manifestação de vontade do de cujus, por posterior àquela do testamento, derrogou parcialmente este*" (*RT*, 690: 72). Ver, ainda: *RT*, 114:762.

pretará em cada caso particular, segundo o modo pelo qual se tenha ela manifestado."[1212]

A incompatibilidade é prova manifesta de que ocorreu revogação tácita do testamento ou da disposição testamentária, como a própria designação *tácita* desde logo sugere, ou seja, "é a que, não assentando no propósito diretamente manifestado pelo testador de eliminar o testamento ou a disposição testamentária anterior, resulta apenas da contradição ou incompatibilidade existente entre as duas declarações e da circunstância de uma delas ser de data posterior à outra".[1213]

Se houver incompatibilidade de se conciliarem os atos de última vontade, ocorrerá revogação. Mas se houver possibilidade de se conciliarem os atos serão considerados como uma só manifestação da vontade, não havendo revogação do anterior pelo subsequente, devendo o juiz dar-lhes cumprimento, respeitando a vontade do testador, podendo ambos coexistirem, desde que não se contradigam (como dispõe o parágrafo único do artigo sob comento).

A incompatibilidade de disposições pode ser material ou intencional. É material quando é fisicamente impossível executarem-se as novas e as velhas disposições; e é intencional quando, não sendo impossível cumprirem umas e outras disposições, do contexto do testamento se evidencia a intenção de o testador anular o anterior e dar efeito somente ao posterior.

Assim, quando o testador institui dois herdeiros na plena propriedade de uma só coisa, materializa-se a impossibilidade física de que ela pertença, ao mesmo tempo e por inteiro, a duas pessoas; da mesma forma, a instituição de herdeiro puro e simples no primeiro testamento e sob condição suspensiva no segundo.

1212 BEVILACQUA, C. *Código Civil dos Estados Unidos do Brasil,* vol. II, p. 960.
1213 PIRES DE LIMA e ANTUNES VARELA. Obra citada, p. 491.

Bem mais difícil se revela a solução quando ocorre incompatibilidade intencional, devendo as hipóteses serem examinadas caso a caso, de acordo com o conteúdo do testamento e as circunstâncias. Na dúvida, a tendência da jurisprudência tem pendido pela exclusão da revogação.

Art. 1.971. A revogação produzirá seus efeitos, ainda quando o testamento, que a encerra, vier a caducar por exclusão, incapacidade ou renúncia do herdeiro nele nomeado; não valerá, se o testamento revogatório for anulado por omissão ou infração de solenidades essenciais ou por vícios intrínsecos.

Direito anterior – Art. 1.748 do Código Civil de 1916.
Art. 1.748. A revogação produzirá seus efeitos, ainda quando o testamento que a encerra caduque por exclusão, incapacidade ou renúncia do herdeiro, nele nomeado; mas não valerá, se o testamento revogatório for anulado por omissão ou infração de solenidades essenciais, ou por vícios intrínsecos.

Direito comparado – No Código Civil francês (art. 1.037)[1214] e no Código Civil português (art. 2.314).[1215]
No direito argentino (art. 3.830) e no direito uruguaio (art. 1.002).

COMENTÁRIO

O artigo sob comento aprecia duas hipóteses em planos distintos: 1ª) se o testamento revogador caducar por exclusão ou renúncia do her-

---

1214 *"Art. 1.037. La révocation faite dans un testament postérieur aura tout son effet, quoique ce nouvel acte reste sans exécution par l'incapacité de l'héritier institué ou du légataire, ou par leur refus de recueillir."*

1215 *"Art. 2.314 (Revogação do testamento revogatório).*
1. A revogação expressa ou tácita produz o seu efeito, ainda que o testamento revogatório seja por sua vez revogado.
2. O testamento anterior recobra, todavia, a sua força, se o testador, revogando o posterior, declarar ser sua vontade que revivam as disposições do primeiro."

deiro nele nomeado, mantém-se válida a revogação; 2ª) se o testamento revogatório for anulado por omissão ou infração de solenidades essenciais ou por vícios intrínsecos, isso não ocorrerá; ou seja, nula será a revogação.

Ou, como já doutrinara Bevilacqua, em comentário ao disposto no artigo 1.748: "O testamento caduco é, originariamente, válido e, por isso, produz o seu natural efeito de revogar o anterior. Se, por ele, o testador manifestou, juridicamente, a sua vontade contrária à que anteriormente externara, esta não poderá subsistir, porque o testamento deve conter a manifestação da última vontade do disponente. A exclusão, a incapacidade e a renúncia do herdeiro nomeado no testamento posterior em nada influem para impedir que a vontade do testador, claramente, se manifeste em oposição ao que dispusera no anterior, que não poderá reviver. Assim, revogado o primeiro e caduco o último, serão chamados à sucessão os herdeiros legítimos."[1216]

Serão chamados os herdeiros legítimos, o que levou Wald a visualizar no texto legal a intenção de beneficiar os herdeiros legítimos: "Esta disposição visa a beneficiar os herdeiros legítimos em prejuízo dos testamentários, na hipótese de ter sido inequívoca a manifestação de vontade do falecido em revogar o testamento anterior, mesmo quando o novo, por qualquer motivo, não tenha sido exequível."[1217]

No mesmo sentido o direito português. Dispunha o antigo artigo 1.757 do Código Civil português, de 1867 (atual artigo 2.314), que a revogação produziria o seu efeito, ainda que o segundo testamento

---

1216 BEVILACQUA, C. Obra citada, p. 961.
1217 WALD, Arnoldo. Obra citada, p. 192.

caducasse pela incapacidade do herdeiro ou dos legatários novamente nomeados, ou pela renúncia daquele ou destes.[1218]

Isto queria significar que, "uma vez manifestada a intenção de revogar uma instituição de herdeiro ou uma nomeação de legatário feita anteriormente – chamando José a receber o que em testamento anterior atribuíra a Paulo –, não era o simples fato de o chamamento de José não surtir efeito, porque ele fosse declarado *incapaz* ou porque *repudiasse a liberalidade*, que ressuscitava o chamamento inicial de Paulo. A *revogação* do chamamento de Paulo tinha um alcance *afirmativo* – de exclusão da sua vocação – que não claudicava pelo simples fato da ineficácia da segunda vocação revogatória da primeira".[1219]

O novo artigo 2.314 do Código Civil português questiona o saber se a disposição revogada continua ou não revogada, no caso de a disposição revogatória vir a ser revogada.

[1218] Interessante e procedente indagação é invocada por Zeno Veloso quando questiona: "Que acontece se o testador revogar o testamento e, depois, revogar a revogação? Revive, automaticamente, o primeiro testamento? Na legislação estrangeira, há duas soluções: o art. 681 do Código Civil italiano regula a *"Revocazione della Revocazione"*, resolvendo que a revogação total ou parcial de um testamento pode ser, por sua vez, revogada, e, em tal caso, revigoram-se as disposições revogadas. Há um efeito repristinatório automático. A seu turno, o art. 2.314 do Código Civil português dispõe: 1. A revogação expressa ou tácita produz o seu efeito, ainda que o testamento revogatório seja por sua vez revogado. 2. O testamento anterior recobra, todavia, a sua força, se o testador, revogando o posterior, declarar ser sua vontade que revivam as disposições do primeiro. Não havendo norma expressa em nosso Código, penso que, havendo a revogação do testamento revogatório, o testamento anterior fica revigorado, se o testador manifestar a sua vontade neste sentido. E não há necessidade de ser reproduzido, inteiramente, o conteúdo do testamento antecedente; não é preciso que sejam repetidas, uma a uma, as suas cláusulas. Basta a declaração genérica – mas inequívoca – do testador. Aplica-se, entre nós, a doutrina dos mestres portugueses Pires de Lima e Antunes Varela (*Código Civil Anotado*, vol. VI, p. 492): 'Embora a revogação da disposição revogatória (o arrependimento da revogação) não baste para ressuscitar a disposição primitiva, também não é necessário ressuscitar o teor do antigo testamento, mediante a elaboração de novo testamento, para que as disposições anteriores recobrem a sua força. Nem oito, nem oitenta. Para tal, bastaria que, depois da revogação do primeiro testamento, o testador declarasse, em novo testamento, ser sua vontade repristinar o primeiro, sem necessidade de reproduzir textualmente o seu conteúdo'" (Zeno Veloso. Obra citada, p. 2.151).
[1219] CUNHA GONÇALVES, Luiz. Obra citada, vol. IX, p. 603.

Assim, a título de exemplo: "O testador, que instituíra como herdeiro Antonio, revoga essa disposição e chama Bernardo em seu lugar. Mas, logo a seguir, arrepende-se de ter chamado Bernardo e revoga a disposição a favor deste. Se nada mais acrescentar a esta cláusula revogatória, quer isto significar que a revogação da disposição a favor de Bernardo implica a ressurreição da primitiva instituição de Antonio? O artigo 2.314, nº 1, responde, em princípio, pela negativa, ao manter o efeito da revogação expressa, mesmo que a disposição revogatória seja por seu turno revogada. No caso figurado, em que o chamamento de Antonio foi revogado e substituído mais tarde pela vocação de Bernardo, mas também esta vem a ser pura e simplesmente revogada, não será naturalmente chamado, nem Bernardo, nem Antonio, mas os herdeiros legítimos do testador."[1220]

É a solução seguida pelo direito brasileiro no disposto no artigo 1.971.[1221]

Mas, se ao contrário, o segundo testamento não for válido, por não terem sido respeitadas as formalidades legais (segunda parte do artigo 1.971) ou por vícios intrínsecos, anulado o documento de última vontade, testamento não mais existe. A revogação nele contida é, pois, inoperante, já que a vontade do testador não se exprimiu eficazmente, para o fim de alterar a manifestação anterior, expressa na devida forma em testamento válido; é evidente que há razão suficiente e fundamental para não se aceitar a revogação, mantendo-se o testamento anterior.

1220 PIRES DE LIMA e ANTUNES VARELA. Obra citada, p. 493.
1221 *"INVENTÁRIO – TESTAMENTO – REQUISITOS – NULIDADE – CÓDIGO CIVIL, ARTS. 1.632 e 1.748. Nulidade de testamento por falta de formalidades legais. Falta de provas de irregularidades intrínsecas e extrínsecas. Aplicação do art. 1.748 do Código Civil. Prova testemunhal eficiente, no sentido de demonstrar as condições pessoais do testador para testar"* (*JB*, 81:177).

Art. 1.972. O testamento cerrado que o testador abrir ou dilacerar, ou for aberto ou dilacerado com seu consentimento, haver-se-á como revogado.

Direito anterior – Art. 1.749 do Código Civil de 1916.
Art. 1.749. O testamento cerrado que o testador abrir ou dilacerar, ou for aberto ou dilacerado com o seu consentimento, haver-se-á como revogado.

Direito comparado – No Código Civil português (art. 2.315).[1222]
No direito argentino (arts. 3.836 e 3.837).

COMENTÁRIO

Preliminarmente vale a crítica que Bevilacqua já fizera a respeito da expressão "testamento cerrado", empregada pelo legislador no *caput* do artigo sob comento. Não só o testamento cerrado se revoga pela forma de que se ocupa o texto mas, igualmente, o testamento particular também pode ser dilacerado ou aberto, não havendo razão para que se considere válido nessas condições.

Por isso o Projeto primitivo usava de uma fórmula geral: "*Considera-se também revogado o testamento que foi pelo testador, intencionalmente, riscado, cancelado ou rasgado.*" Perdeu a oportunidade, o novo Código Civil, de contornar o equívoco apontado, preferindo reproduzir a fórmula reducionista e, pois, equivocada.

1222 "*Art. 2.315 (Inutilização do testamento cerrado).*
1. Se o testamento cerrado aparecer dilacerado ou feito em pedaços, considerar-se-á revogado, excepto quando se prove que o facto foi praticado por pessoa diversa do testador ou que este não teve intenção de o revogar ou se encontrava privado do uso da razão.
2. Presume-se que o facto foi praticado por pessoa diversa do testador, se o testamento não se encontrava no espólio deste à data da sua morte.
3. A simples obliteração ou cancelamento do testamento, no todo ou em parte, ainda que com ressalva e assinatura, não é havida como revogação, desde que possa ler-se a primitiva disposição."

O testamento cerrado que aparece aberto perde a sua forma.

Se o próprio testador o abriu ou mandou abrir, revelou a vontade inequívoca de tirar todo o efeito ao testamento. Se não só abriu mas ainda o dilacerou, ou mandou dilacerar seu conteúdo, mais clara se manifesta sua intenção de revogá-lo.

Neste sentido, a doutrina de Rolf Madaleno: "É que a vulneração do testamento cerrado importa na sua revogação, por isso deve ser apresentado intacto para o juiz, que fará a sua abertura judicial, com posterior registro e arquivamento, para que seja cumprido se não lhe encontrar vício externo com evidências claras de ter sido violado, tornando-se nulo em seus efeitos e em seu propósito, pois que a simples abertura do testamento cerrado antes de sua apresentação judicial é suficiente para declarar sua revogação, se aberto ou dilacerado pelo testador ou com o seu consentimento, conforme dispõe o art. 1.972 do CC." [1223]

A abertura praticada por terceiro só provoca revogação tácita quando ordenada ou consentida pelo testador; se o ato foi praticado à revelia do testador, não há que se falar em revogação, o testamento prevalece. E, quando dilacerado, ainda subsiste, quando possível a leitura das disposições nele contidas.

No Código Civil português – art. 2.315 – se o testamento aparecer viciado em poder da pessoa a quem foi confiada a sua guarda, presume-se dela o viciamento, enquanto o contrário não se provar. No nº 2 do artigo 2.315 "presume-se, compreensivelmente, que a dilaceração ou a redução a pedaços do testamento cerrado foi praticada por pessoa diferente do testador, se o testamento se não encontrar no espólio do

---

[1223] MADALENO, Rolf. "Testamentos inválidos e ineficazes: revogação, rompimento, caducidade, anulabilidade e nulidade". *In*: Rodrigo da Cunha Pereira e Giselda Hironaka (Coords.) *Direito das Sucessões*. Belo Horizonte: Del Rey, 2007, p. 309.

testador à data da morte dele. A presunção da autoria do acto recairá normalmente – mas não necessariamente –, nesse caso, sobre a pessoa cujo cuidado ou guarda o testamento tenha ficado".[1224]

O nosso Código não estatuiu essa presunção, assim como também não estatuiu a presunção de que o testamento cerrado foi aberto ou dilacerado pelo testador.[1225] Essa última resulta, naturalmente, dos fatos e corresponde a uma mera suposição que poderá ser desfeita. Aquela já não se apresenta de forma tão natural, como poderia se supor, partindo-se do pressuposto que o depositário do testamento, sendo pessoa de confiança do testador e não tendo interesse em que a vontade deste deixe de ser cumprida, não iria agir com deslealdade, apresentando o testamento inutilizado. Por isso, o nosso Código, contrariamente ao estatuído no Código português, absteve-se de estabelecer regras de presunção, deixando ao juiz a livre apreciação dos fatos.

A prova de que a abertura ou dilaceração foi acidental ou de que foi obra de terceiro incumbe ao herdeiro ou legatário beneficiado no testamento. Se a abertura ou laceração se presume feita pelo testador, no propósito de revogar as disposições contidas nele, cabe ao interessado na sucessão testamentária elidir essa presunção, por qualquer dos meios admitidos em Direito.

1224 PIRES DE LIMA e ANTUNES VARELA. Obra citada, p. 496.
1225 *"TESTAMENTO CERRADO – Cédula econtrada aberta em poder do testador – Revogação presumida – Aplicação do art. 1.749 do Código Civil.* Até prova em contrário, presume-se revogado o testamento cerrado, cuja cédula foi encontrada aberta em poder do testador." RT, 143:657. Ver, ainda: Wilson Bussada, *Dir. Suc. Int. pelos Tribunais*, vol. I, p. 571.

CAPÍTULO XIII
Do Rompimento do Testamento

Art. 1.973. Sobrevindo descendente sucessível ao testador, que não o tinha ou não o conhecia quando testou, rompe-se o testamento em todas as suas disposições, se esse descendente sobreviver ao testador.

Direito anterior – Art. 1.750 do Código Civil de 1916.
Art. 1.750. Sobrevindo descendente sucessível ao testador, que o não tinha, ou não o conhecia, quando testou, rompe-se o testamento em todas as suas disposições, se esse descendente sobreviver ao testador.

Direito comparado – No Código Civil argentino (art. 3.175).

COMENTÁRIO

O rompimento do testamento – também tido na doutrina como revogação presumida ou legal – e sua inutilização por perda de validade ocorrem em razão da incidência de certos fatos previstos em lei. Em face do direito sucessório brasileiro não cabe indagar se é acertada ou não a doutrina da revogação presumida ou legal, pois o nosso Código Civil a acolhe, de forma expressa no texto citado.

As hipóteses de rompimento de testamento referem-se à superveniência de descendente sucessível do testador, quer porque não o tinha e nasceu depois, quer porque não conhecia sua existência e o reconheceu posteriormente, quer porque o adotou. Em qualquer das hipóteses apontadas o rompimento do testamento torná-lo-á integralmente ineficaz, nulificando-se as disposições de última vontade nele contidas. O rompimento é integral, isto é, tudo se destrói e restaura-se plenamente a sucessão legítima. Desaparece a sucessão testamentária e ressurge veemente a sucessão legítima.

A lei faz presumir que a superveniência de prole ou o conhecimento da existência de descendentes influi na materialização das disposições testamentárias. E esta presunção natural encontra justificativa na noção de dever do testador para com seus filhos e descendentes que o levaria a não beneficiar outros em detrimento e em prejuízo deles.[1226]

Sobrevindo descendente sucessível, diz a lei. É a primeira hipótese que faz romper o testamento e que abrange não somente o caso do nascimento do filho do testador, mas também as hipóteses de reconhecimento de filhos nascidos de relações extramatrimoniais e os adotivos. Ou seja, a condição essencial para que o testamento seja rompido legalmente é que ao tempo em que testou não tivesse filhos, nem "legítimos",[1227] nem "ilegítimos", nem adotivos.

O surgimento de um descendente muda a possibilidade de disposição do patrimônio do testador que, de absoluta, se torna relativa.[1228]

1226 *"Constitui condição estabelecida no art. 1.750 do Código Civil, para se romper o testamento, não possuir ou não conhecer o testador, ao tempo do ato de disposição, qualquer descendente sussessível, de sorte que se ele já tinha outros, como no caso dos autos, o surgimento de um novo herdeiro não torna inválido o testamento de bens integrantes da parte disponível para beneficiar o cônjuge"* (STJ, REsp. n° 539.605, rel. Min. Castro Filho, j. em 27.04.2004).
Ainda:
"Não se rompe o testamento se, do contexto, se conclui que o inventariante tinha conhecimento da existência de outras filhas e claramente pretendeu beneficiar aquela havida no casamento, limitando-se a contemplá-la com sua parte disponível. Deram provimento por maioria" (TJRS, AI n° 70.015.732.878, rel. Des. Luiz Felipe Brasil Santos, j. em 06.09.2006).
1227 A expressão filhos "legítimos" e "ilegítimos" foi aqui empregada com mero objetivo metodológico, para determinar as hipóteses de filhos nascidos do casamento e de relações extramatrimoniais, já que, desde a promulgação da Constituição de 1988, não há mais que se invocar qualquer categorização dos filhos, por inconstitucional (nesse sentido, o disposto no art. 227, § 6°).
1228 *"TESTAMENTO – Caducidade. Declaração pelo juiz nos autos de inventário. Admissibilidade. Superveniência de filho ao testador. Aplicação do art. 1.750 do CC. Se após a redação do*

Em outras palavras, o surgimento de descendentes ressuscita a noção da "legítima" que, conforme disposição legal, limita o poder de disponibilidade do testador. Ou, como Bevilacqua ressaltou: "Feito o testamento em ocasião, em que o testador podia dispor livremente do que era seu, se, depois, lhe sobrevém um descendente, ou vem a saber que existe algum, que supunha falecido, o estado de espírito sofre mudança radical, não pode ser o mesmo que era ao tempo da feitura do testamento, e este rompe-se, não podendo subsistir as liberalidades, quanto à legítima do descendente, nem quanto à porção disponível."[1229]

Mas se o testador se manifestou em sentido contrário, afirmando a permanência da disposição testamentária, mesmo que lhe sobrevenha algum descendente, não mais se aplica o disposto no citado artigo. Nesse sentido a doutrina de Rolf Madaleno: "Não deve ser aplicado, entretanto, o art. 1.793 do CC se o testador faz constar expressamente em seu testamento que continuará em vigor sua derradeira manifestação de vontade na hipótese de sobrevir-lhe algum descendente, porque estará então consignando a própria ressalva que retira a presunção contida no dispositivo citado. Com essa simples ressalva, o testador evita a ruptura do seu testamento pela superveniência eventual de algum herdeiro necessário surgido depois do seu testamento."[1230]

---

testamento sobrevém um filho ao testador, rompe-se o testamento, independentemente de ação própria, bastando decisão do juiz nos próprios autos de inventário" (*RT*, 639:71).

1229 BEVILACQUA, C. Obra citada, p. 964.
1230 MADALENO, Rolf. Obra citada, p. 313. No mesmo sentido a doutrina de Zeno Veloso: "A meu ver, tal disposição é válida. Se o testador prevê a superveniência de filho e refere que suas disposições patrimoniais acomodar-se-ão a essa circunstância eventual e futura, sobrevindo o descendente, o testamento não se rompe, justamente porque o testador previra e remediara o fato. Aplicam-se, nessa hipótese, não o art. 1.973, mas os arts. 1.967 e 1.975" (*Apud*: Sebastião Luiz Amorim. Obra citada, p. 309).

Relativamente aos adotivos, o princípio é o mesmo, uma vez que a adoção plena insere o adotado no ambiente familiar sem qualquer restrição, quer de ordem pessoal, quer de ordem patrimonial. Se, porém, se tratar de adoção simples (de maiores de 18 anos), a situação inverte-se, na medida em que esta (agora) excepcional forma de adotar não envolve as questões de ordem patrimonial. Como, porém, a adoção plena é a regra no Brasil, a partir do advento do Estatuto da Criança e do Adolescente (em 1990), não há mais que se estabelecer qualquer tratamento discriminatório em relação aos adotados. O que, de resto, já havia sido garantido, sem exceções, pelo texto constitucional de 1988.

A segunda hipótese prevista no artigo 1.973, "*... ou não o conhecia, quando testou*", só reafirma tudo quanto se disse com relação à superveniência de descendentes. Ainda aqui, é essencial que o testador, ao fazer o testamento, ignorasse a existência dos descendentes para que o testamento fique rompido.

Assim, se ao tempo de fazer o testamento o testador não tinha descendentes ou não os conhecia, o testamento rompe-se pela superveniência de descendentes ou pela existência constatada de tais parentes sucessíveis. Para o testamento ser revogado nas hipóteses apontadas é fundamental que o descendente superveniente ou ignorado sobreviva ao testador, ou deixe descendência que o represente.

A razão é óbvia e independe de maiores comentários: se, no momento da abertura da sucessão, já não existe o descendente, não se pode verificar conflito algum entre o direito deste e o da pessoa beneficiada no testamento. E, se não há conflito, não há razão para se invocar qualquer rompimento.

Art. 1.974. Rompe-se também o testamento feito na ignorância de existirem outros herdeiros necessários.

Direito anterior – Art. 1.751 do Código Civil de 1916.
Art. 1.751. Rompe-se, também, o testamento feito na ignorância de existirem outros herdeiros necessários.

Direito comparado – No Código Civil argentino (art. 3.715)

COMENTÁRIO

Rompe-se o testamento nas mesmas condições da revogação a que se refere o artigo anterior, isto é, de pleno direito, sem necessidade de qualquer procedimento judicial. Os *outros herdeiros necessários* são os ascendentes e o cônjuge sobrevivente (em decorrência do disposto no artigo 1.829). Como estes fatalmente existiram, ou ainda existem por ocasião da feitura do testamento, justitifica-se referir-se o Código, com relação a eles, somente à hipótese de o testador ignorar a sua existência, quando testou.

Art. 1.975. Não se rompe o testamento, se o testador dispuser da sua metade, não contemplando os herdeiros necessários de cuja existência saiba, ou quando os exclua dessa parte.

Direito anterior – Art. 1.752 do Código Civil de 1916.
Art. 1.752. Não se rompe, porém, o testamento, em que o testador dispuser da sua metade, não contemplando os herdeiros necessários, de cuja existência saiba, deserdando-os, nessa parte, sem menção de causa legal.

Direito comparado – No Código Civil francês (art. 926).[1231] No direito argentino (art. 3.795) e no direito uruguaio (art. 940).

1231 *"Art. 926. Lorsque les dispositions testamentaires excéderont, soit la quotité disponible, soit la portion de cette quotité qui resterait après avoir déduit la valeur des donations entre vifs, la réduction sera faite au marc le franc, sans aucune distinction entre les legs universels et les legs particuliers."*

COMENTÁRIO

O disposto no artigo 1.975 tem gerado grande polêmica nos meios doutrinários nacionais, o que é justificável, em parte, já que o texto legal assume posição diametralmente oposta, não somente ao contido no artigo 1.973, mas também em relação a artigos antecedentes do Código Civil que reafirmam, aqui e ali, a prioridade e privilégio dos herdeiros necessários em detrimento de todos os demais. Assim, a título de exemplo do que se está aqui afirmando, o artigo 1.789 (garantindo a legítima dos herdeiros necessários e limitando o poder de disposição do testador à metade da herança), o artigo 1.967 (afirmando que as disposições que excederem a parte disponível reduzir-se-ão aos limites dela, de conformidade com o disposto nos parágrafos 1º e 2º), o parágrafo único o artigo 1.965 (compelindo o testador a justificar as causas da deserdação, capazes de afastar o herdeiro necessário da legítima), o artigo 1.846 (reafirmando que pertence aos herdeiros necessários, de pleno direito, a metade dos bens da herança, constituindo a legítima), entre outros artigos do Código Civil. Ou seja, em diversas situações, em diversos momentos e em várias oportunidades, o legislador não se cansa de repetir – e o faz à exaustão – que a legítima é intangível e pertence de pleno direito aos herdeiros necessários. Por isso, com razão, Bevilacqua já denunciara a ociosidade do artigo sob comento. Ocioso e redundante, como acabamos de constatar.

O capítulo sob análise, ou seja, quando trata da matéria do rompimento do testamento, abre a matéria reafirmando – ainda uma vez – que a ocorrência de testamento, feito sem que o testador tenha ou conheça herdeiro necessário, rompe-se, quando o descendente sobreviver ao testador.

Até aí nenhuma novidade. Repete-se o que já vinha sendo afirmado ao longo do Livro das Sucessões. Mas, de modo abrupto e inesperado, no artigo 1.975, o legislador limita os direitos dos herdeiros necessários, a favor da vontade soberana do testador.

O testamento, na hipótese *sub judice,* pretere os herdeiros necessários. É o que dispõe a lei, e qualquer exegese tendente a resgatar a prioridade dos herdeiros necessários, em detrimento da vontade do testador, é insustentável, porque contrária ao texto legal, claro, preciso e objetivo. O que a lei contempla é isto: a disposição testamentária – leia-se, a vontade do testador – pretere os herdeiros necessários, não os contempla, não só na metade disponível como, também, na legítima.

A hipótese do artigo sob comento é diversa daquela constante no artigo 1.973. Naquele artigo o testador testa dispondo de seu patrimônio, e de forma integral (com comprometimento da legítima), porque **não tinha ou não sabia da existência de herdeiros necessários**, isto é, o legislador presume que, se o soubesse, não teria disposto daquela forma, e por isso, ato contínuo, impõe o rompimento do testamento (em favor dos herdeiros necessários), aqui, hipótese totalmente diversa, o testador sabe (... *não contemplando herdeiros necessários de cuja existência saiba...*) ou não quer contemplá-los (... *ou quando os exclua dessa parte*). Há ruptura do mesmo em virtude do erro em que incidiu o testador.

Na hipótese do artigo 1.975, não há incidência de presunção em favor dos herdeiros, porque o testador sabe da existência dos mesmos, mas, assim mesmo, não os quer contemplar. O que o texto legal diz, e com todas as letras, é que, ao dispor dessa forma o testador, não se rompe o testamento, porque ciente da existência dos herdeiros necessários, ou mesmo prevendo a possibilidade da existência ou superveniência de filhos, ainda assim dispõe soberanamente, de acordo com sua vontade, mesmo que ciente de que a forma escolhida implicará sacrifício dos direitos dos mesmos.

Ou, como afirmara Bevilacqua, a "situação não é a mesma do que, sabendo que tem herdeiros necessários, redige o seu testamento, como se os não tivesse. O que assim procede infringe conscientemente a lei, contra a qual ergue a sua vontade; e lei não lhe consente o excesso, mas lhe respeita o direito. Aquele a quem aparece descendência antes inexistente ou ignorada não violou lei alguma, dispondo da totalidade de seu patrimônio, usou de um direito reconhecido; as circunstâncias é que mudaram e, com elas, mudou o seu estado de espírito em relação ao destino de seus bens para depois de sua morte".[1232]

O testamento continua válido, apenas se sujeitando a ser modificado no que concerne à legítima dos herdeiros, reduzindo-se o que excede da metade disponível aos limites dela. É a postura serena adotada por Silvio Rodrigues,[1233] seguindo a tarefa de interpretar conjuntamente os artigos 1.750 e 1.752 do Código Civil (atuais arts. 1.973 e 1.975) e concluindo não se tratar de hipótese de rompimento de testamento se o testador sabia da existência de herdeiro necessário e, não obstante, deu destino diverso a seus bens, diferente daquele que a lei oferece para as sucessões *ab intestato*. Se, ao contrário, ao fazê-lo livremente, como podia, avançou na legítima deste herdeiro necessário, isto não é fundamento para o rompimento, senão, apenas, para a redução das liberalidades, para o efeito de resgatar, plenamente, a quota legalmente reservada. O excesso é resgatado e as disposições de última vontade acomodar-se-ão à quota disponível do testador.

1232 BEVILACQUA, C. Obra citada, p. 965.
1233 RODRIGUES, S. Obra citada, vol. VII, p. 224

Como disse Veloso, o desconhecimento, a ignorância ou não, do testador quanto à existência de descendente é que funciona como divisor de águas no deslinde da matéria sob apreciação. São esses elementos que determinarão se a solução jurídica será o rompimento do testamento ou a redução das disposições testamentárias.

"Tudo se resumirá numa questão de prova – às vezes árdua e dificílima –: apurar se o disponente, quando testou, *sabia ou não sabia* da existência do filho... Se não sabia, aplica-se o art. 1.750 do Código Civil (atual 1.973). O rompimento do testamento ocorre, inexoravelmente, *ope legis*. O testamento não se cumpre; e não se cumpre totalmente... Porém, se o testador, ao testar, sabia da existência do filho, e mesmo assim não o contempla, nem o menciona, não há como aplicar o art. 1.750 (1.973). Revogação ficta do testamento não haverá. Não é a hipótese legal. As razões do dispositivo que determina a rupção não se enquadram."[1234]

O testamento, também conclui Veloso, não se rompe, mas é inoficioso, podendo ser promovida a redução das liberalidades, nos termos do artigo 1.967 do Código Civil.

1234 VELOSO, Z. Obra citada, pp. 522-523.

CAPÍTULO XIV
Do Testamenteiro

Art. 1.976. O testador pode nomear um ou mais testamenteiros, conjuntos ou separados, para lhe darem cumprimento às disposições de última vontade.

Direito anterior – Art. 1.753 do Código Civil de 1916.
Art. 1.753. O testador pode nomear um ou mais testamenteiros, conjuntos ou separados, para lhe darem cumprimento às disposições de última vontade.

Direito comparado – No Código Civil francês (art. 1.025)[1235] e no Código Civil português (art. 2.320).[1236]
No direito argentino (art. 3.844) e no direito uruguaio (art. 964).

Leitura complementar:
ALVES, João Luis. *Comentários ao Código Civil brasileiro*, vol. 3, nº 1.291; BUNNANG, D. *De l'exécuteur testamentaire dans le droit anglais* (Thèse). Paris, 1930; CAILLEMER, R. *L'exécution testamentaire dans l'ancien droit* (Thèse). Lyon, 1900; DRAKIDIS, P. "De l'exécuteur testamentaire-légataire universel". In: *Mélanges Berthe de la Grassière*. Paris, 1967; FASSI, Santiago C. *Tratado de los testamentos*. Buenos Aires: Depalma, 1970; GUYOT. *L'exécuteur testamentaire dans la jurisprudence et la pratique notariale* (Thèse). Paris, 1913; GIRARDI, Maria Fernanda. "Testamenteiro". In: FREITAS, Douglas Phillips (Coord.). *Curso de Direito das Sucessões*. Florianópolis: Vox Legem, 2007, pp. 273-282; KICH, Bruno Canísio. *Testamentos e testamentaria*. São Paulo: Labor Juris, 2001; LIMA, Alcides de Mendonça. "A

1235 "*Art. 1.025. Le testateur pourra nommer un ou plusieurs exécuteurs testamentaires.*"
1236 "*Art. 2.320 (Noção).*
O testador pode nomear uma ou mais pessoas que fiquem encarregadas de vigiar o cumprimento do seu testamento ou de o executar, no todo ou em parte: é o que se chama testamentaria."

obrigação do testamenteiro de defender o testamento". *In*: *RF*, 98: 487; MAGUET, L. "L'exécuteur testamentaire". *In*: *JCP*, 1948, n° 1700; MANTEL, C. *Des exécuteurs testamentaires* (Thèse). Paris, 1901; MESSINEO, Francesco. *Contributo alla dottirna della escuzione testamentaria*. Roma: Angelo Signorelli, 1922; MILLE, J. *De l'exécuteur testamentaire en Angleterre et em France*. (Thèse). Aix, 1906; NECKER, A. *La mission de l'exécuteur testamentaire dans les successions internationales*. Genève, 1962; NONATO, Orosimbo. *Estudos sobre a sucessão civil testamentária*. Rio de Janeiro: Forense, 1957; PACHECO, José da Silva. *Inventários e partilhas na sucessão legítima e testamentária*. Rio de Janeiro: Forense, 1980; SCHREIBER. *L'exécution testamentaire em droit suisse*. Paris: Payot, 1940; TALAMANCA, Mário. *Successione testamentaria*. Bologna e Roma, 1965; VERDOT, R. "La délimitations des pouvoirs de l'exécuteur testamentaire". *In*: *Dalloz*, 1963, Chr. 75.

COMENTÁRIO

O capítulo XIV do Livro das Sucessões se ocupa da testamentaria, ou seja, do encargo complexo e importantíssimo da execução do testamento. É matéria que encontra tratamento similar no direito português (artigo já citado), no direito italiano (art. 700 do Código Civil italiano), no direito espanhol (art. 892), no direito alemão (§ 2.197 do BGB) e no direito francês, embora, neste último, "suas funções exatas são mal determinadas pelo Código Civil", como ressaltaram Flour e Souleau,[1237] porque a Revolução Francesa sempre encarou o instituto da testamentaria com profunda desconfiança.

Tudo indica que o instituto não era conhecido dos romanos, uma vez que o herdeiro, e não o testamenteiro, era o natural continuador da vontade do *pater familias* para depois de sua morte, não se justificando a interferência de um terceiro nos destinos do patrimônio familiar. "A

1237 FLOUR, Jacques e SOULEAU, Henri. *Les Successions*, p. 120.

concepção que a pureza e a rigidez de pensamento dos primitivos jurisconsultos romanos traçaram da figura do herdeiro como o continuador da personalidade daquele poderoso e onisciente soberano político-religioso, que era o *pater familias*, não se compadecia naturalmente com a ideia de que a execução das últimas disposições da vontade do *de cujus* pudesse ser confiada a outra entidade que não fosse o herdeiro do seu nome, de seu trono, da chefia da sua família."[1238]

E essa deve ter sido a regra durante muitos séculos, porque, comenta Dias Ferreira, "era mesmo incompatível a testamentaria com o sistema jurídico que só ao herdeiro dava a execução da vontade do testador".[1239] Mas acaba concluindo o autor português que "o profundo desgaste operado pelo tempo da evolução dos costumes e das concepções político-sociais das sociedades modernas, (...) a instituição da testamentaria nasceu decerto da pouca confiança que ao testador merecia o zelo dos herdeiros pelo cumprimento do testamento, especialmente com relação ao funeral e ao bem d'alma e à distribuição de esmolas, pois que nos antigos testamentos figurava sempre por muito o bem d'alma, resultado da fé nos primeiros séculos do cristianismo".[1240]

O desenvolvimento da testamentaria não remontaria ao direito romano, como se chegou a afirmar com plena convicção, mas se deveria ao direito costumeiro e, especialmente, ao direito canônico, este, na defesa e segurança dos legados pios. Desconhecido no direito romano clássico, o instituto teria se desenvolvido no período bizantino, para ganhar desenvolvimento e amplitude por influência do direito germânico e do canônico. É a versão histórica mais plausível, como compro-

---

1238 PIRES DE LIMA e ANTUNES VARELA. Obra citada, p. 502.
1239 DIAS FERREIRA, José. Obra citada, p. 406.
1240 PIRES DE LIMA e ANTUNES VARELA. *Idem*, p. 503.

varam as pesquisas de Caillemer, Aufroye Roguin (na França), tendo esse último estudioso concluído: "*La conclusion que nous émettrions est que l'éxécuteur testamentaire n'est nullement une création germanique, mais une invention de l'Église...*",[1241] Calogero Gangi (na Itália) e Mayns (na Alemanha), entre outros pesquisadores.

Dúvida nenhuma existe que, durante a Idade Média, o direito canônico disciplinou a testamentaria com o fito específico de assegurar a fiel execução de legados pios, que, se dependessem do cumprimento dos herdeiros, certamente não reverteriam ao "patrimônio de Pedro".

No mesmo sentido, concluindo os autores franceses: "*Ignoré à Rome ainsi que dans les lois barbares, ce personnage apparaît dans le droit coutumier. Sous l'influence de l'Église, la pratique des legs pieux se développe au Moyen Age et le testateur, désireux d'assurer de la sorte le salut de son âme, peut charger une personne de confiance d'exécuter ses dernières volontés.*"[1242] Também, confirmando a doutrina de Terré et Lequette, a posição de Grimaldi: "... a execução testamentária aparece e se desenvolve na Idade Média nos países de costume sob a influência da Igreja: os legados, pois, se multiplicam e o testador procura garantir que seus interesses espirituais não sejam desconhecidos pelos seus herdeiros, preocupados com seus próprios interesses temporais";[1243] e Malaurie et Aynès: "A instituição nasceu na Idade Média, particularmente

---

1241 ROGUIN. *Droit Civil Comparé. Les Successions,* vol. 4, pp. 180-181, *apud* Orosimbo Nonato, Obra citada, p. 285 (A conclusão que nós avançaríamos é de que o testamenteiro não é absolutamente uma criação germânica, mas uma invenção da Igreja).

1242 TERRÉ, François e LEQUETTE, Yves. Obra citada, p. 338. "Ignorado em Roma assim como pelas leis bárbaras, este personagem (o testamenteiro) aparece no direito costumeiro. Sob a influência da Igreja, a prática de legados pios se desenvolve na Idade Média, e o testador, desejoso de garantir dessa forma a salvação de sua alma, pode encarregar uma pessoa de confiança de executar suas últimas vontades" (Tradução do autor).

1243 GRIMALDI, Michel. Obra citada, vol. I, p. 367.

nos países de costume, da prática dos legados pios; que era geralmente conferida aos eclesiásticos (frequentemente, um esmoler) interessados na execução desses legados; o testamenteiro cumpria os legados pios, regulava o funeral, reparava os delitos e pagava as dívidas."[1244]

A conclusão dos autores, fazendo remontar ao direito canônico e à Igreja, é que a prática da testamentaria é procedente, bastando para tanto considerarmos a ocorrência da mesma prática na realidade brasileira, como nos informa a literatura especializada.

Assim, o testemunho de Sheila de Castro Faria: "Os testamentos eram abertos após o falecimento, sendo públicos. Por isto, certos procedimentos não eram ditos. Não houve um caso sequer de testador que tivesse reconhecido explicitamente ter agido mal. Alguns confiavam nas confissões aos padres, usando expressões como 'se dará quantia X ao padre fulano, que sabe o destino que lhe dará'. Outros deixavam 'cartas particulares' aos cuidados de pessoa predeterminada e estipulavam valores para cumprir determinações ali expressas. Mantinha-se, desta forma, a ignorância de condutas pouco recomendadas, ao mesmo tempo que se reparava a falta." E, mais adiante: "Testadores, de maneira geral, pretendiam que, no mínimo, suas últimas vontades fossem cumpridas. Para tanto, contavam com amparo da lei. Ao testador competia indicar testamenteiros em ordem de preferência. Estabeleciam, normalmente, três nomes: 'em primeiro lugar peço a ***, em segundo a *** e em terceiro a *** queiram, pelo amor de Deus, ser meus testamenteiros'. A escolha final competia ao juiz que poderia referendar, ou não, um nome. De maneira geral, cumpria-se a eleição do testador, desde que o indicado aceitasse o encargo. A partir daí deveriam ser realizadas as

---

1244 MALAURIE, Philippe e AYNÈS, Laurent. Obra citada, p. 290.

disposições, todas com recibos, e abria-se um processo de 'contas de testamento', quase todos muito volumosos e desenvolvidos por anos a fio, dependendo da complexidade das disposições, apesar de o testador sempre estabelecer um prazo de execução das últimas vontades. Para tanto, contavam com a fiscalização de juízes predeterminados pela Provedoria dos Defuntos, que muitas vezes se viam obrigados a estender os prazos."[1245]

O quadro magnificamente pintado pela sensível historiadora brasileira não só resgata a influência decisiva da Igreja nas disposições de última vontade, mas, de forma quase antecipatória, revela uma das piores mazelas dos testamentos nacionais: o descumprimento sistemático de prazos.

No mesmo sentido as conclusões da consagrada historiadora paulista Nizza da Silva: "Aliás, a prática de redigir testamentos estava muito espalhada nessa época (Brasil colonial)... Nestas disposições testamentárias encontramos duas classes de preocupações: em primeiro lugar, a expressão de uma religiosidade forte que coloca acima de tudo os cuidados com as almas, não só da testadora, mas de todos aqueles a quem ela estava ligada, inclusive os próprios escravos; em segundo lugar, o desejo de proteger os elementos mais desprotegidos da família, ou seja, os membros do sexo feminino, filhas, netas, sobrinhas."[1246]

Aqui, nos trópicos, como na Idade Média europeia, a preocupação com a alma faz parte dos testamentos e justifica a interferência de um terceiro, capaz de cumprir as disposições de última vontade do testador.

1245 FARIA, Sheila de Castro. *A Colônia em movimento*. Fortuna e família no cotidiano colonial, pp. 272-273.
1246 SILVA, Maria Beatriz Nizza da. *Vida privada e quotidiano no Brasil*. Na época de D. Maria e D. João VI, pp. 127, 130.

O texto, pois, do artigo sob comento não reflete nada mais do que nossa mais pura tradição colonial, no sentido de o testador nomear um ou mais testamenteiros, com o fito específico de que o mesmo lhe dê cumprimento às disposições de última vontade. E aqui já se define a missão do testamenteiro, depois de expressamente se reconhecer ao testador a faculdade de nomear uma ou mais pessoas incumbidas dessa tarefa específica, que é a de fazer cumprir o seu testamento, no todo ou em parte.[1247]

A nomeação de testamenteiro é uma faculdade do testador que, em regra, a exerce; no entanto, o silêncio do testador em nada prejudica a testamentaria, que será, então, exercida, naturalmente, por um dos cônjuges ou pelos herdeiros, conforme indica a lei (art. 1.984).

Embora a lei não indique a forma externa de nomeação do testamenteiro, as disposições de última vontade só podem se materializar em testamento ou codicilo. A nomeação, diz ainda a lei, pode recair em mais de uma pessoa. No nosso sistema colonial, a regra era nomear até três, de forma que a impossibilidade de atuação do primeiro criava a expectativa para o segundo e, assim, sucessivamente. O testador pode, porém, preferir que todos desempenhem conjuntamente o encargo da testamentaria. Como a nomeação recai em pessoa de confiança do testador, não cabe impugnar a escolha, por mais infeliz que pareça, desde que incidindo em pessoa capaz de exercer a função.[1248]

A capacidade do testamenteiro é avaliada no momento em que começa a exercer a função, devendo subsistir enquanto dura o encargo.

[1247] *"Testamenteiro. Nomeação de mais de um sem se declarar se conjuntos ou sucessivos – Desempenho do cargo apenas pelo primeiro – Aplicação do art. 1.753 do Código Civil.* Os testamenteiros nomeados, desde que o testador expressamente não declare que exercerão encargo conjunta ou solidariamente, devem servir na ordem de sua nomeação, excluindo o anterior, os posteriores, sucessivamente" (*RT*, 114: 751).

[1248] MAXIMILIANO, C. Obra citada, vol. III, pp. 196-197.

Logo, pode ser testamenteiro aquele que só adquiriu a capacidade depois da nomeação.

A função testamentária não constitui uma função pública, não é um *munus publico*, mas um cargo de ordem estritamente privada, um serviço de amigo, de caráter essencialmente facultativo, de forma que ninguém é obrigado a aceitá-la, tendo absoluta liberdade de escusar-se à testamentaria.

Segundo Tartuce e Simão, cinco seriam as funções básicas do testamenteiro:

"*1ª função – Requerer o registro do testamento*. Esse pedido de registro pode ser feito pelo próprio testamenteiro, por qualquer interessado ou pelo juiz, que poderá determiná-lo de ofício (art. 1.979 do CC);

2ª função – Cumprir as disposições testamentárias no prazo marcado pelo testador e prestar contas do que recebeu e despendeu, sendo responsável enquanto durar a execução do testamento (art. 1.980 do CC e art. 1.137, I, do CPC). Na realidade, o testamenteiro está na posse e administração de bens que não lhe pertencem ou que lhe pertencem apenas em parte, caso seja herdeiro ou legatário.

3ª função – Defender a validade do testamento, com ou sem ajuda do inventariante ou dos herdeiros instituídos (art. 1.981 do CC e art. 1.137, II, do CPC). Isso significa que na ação em que se discute a validade do testamento a citação do testamenteiro é obrigatória, sob pena de nulidade do processo.

4ª função – Requerer o inventário dos bens, caso esteja na posse da herança – testamentaria a título universal (art. 1.978 do CC).

5ª função – Cumprir as demais atribuições previstas no testamento pelo próprio testador, nos limites da lei (art. 1.982 do CC) *e as determinadas por lei* (art. 1.137 do CPC). Assim, cabe ao testamenteiro defender a posse dos bens da herança (art. 1.137, III, do CPC). Para tanto, pode se valer da legítima defesa da posse, do desforço pessoal ou das ações possessórias (art. 1.210 do CC)."[1249]

Art. 1.977. O testador pode conceder ao testamenteiro a posse e a administração da herança, ou de parte dela, não havendo cônjuge ou herdeiros necessários.
Parágrafo único. Qualquer herdeiro pode requerer partilha imediata, ou devolução da herança, habilitando o testamenteiro com os meios necessários para o cumprimento dos legados, ou dando caução de prestá-los.

Direito anterior – Art. 1.754 do Código Civil de 1916.
Art. 1.754. O testador pode, também, conceder ao testamenteiro a posse e a administração da herança, ou de parte dela, não havendo cônjuge ou herdeiros necessários.
Parágrafo único. Qualquer herdeiro pode, entretanto, requerer partilha imediata, ou devolução da herança, habilitando o testamenteiro com os meios necessários para o cumprimento dos legados, ou dando caução de prestá-los.

Direito comparado – No Código Civil francês (arts. 1.026 e 1.027)[1250] e no Código Civil português (art. 2.320). No direito argentino (art. 3.852) e no direito uruguaio (art. 968).

COMENTÁRIO

Para facilitar missão do testamenteiro, o testador pode lhe conceder a posse e administração da herança, atribuindo-lhe a função de

---

1249 TARTUCE, Flávio e SIMÃO, José Fernando. *Direito Civil – Direito das Sucessões (Série Concursos Públicos)*. São Paulo: Método, 2007, pp. 371-374;
1250 *"Art. 1.026. Il pourra leur donner la saisine du tout, ou seulement d'une partie de son mobilier; mais elle ne pourra durer au delà de l'an et jour à compter de son décès. S'il ne la leur a pas donné, ils ne pourront l'exiger."*
"Art.1.027. L'héritier pourra faire cesser la saisine, en ofrant de remettre aux exécuteurs testamentaires somme suffisante pour le payement des legs mobiliers, ou en justifiant de ce payement."

cabeça de casal, ou determinará parte do acervo hereditário, sobre a qual ele terá esses direitos. A faculdade de investir o testamenteiro na posse e administração dos bens da herança não é arbitrária e ilimitada, mas, ao contrário, está sujeita a restrições.

O testador não pode conceder tal poder a estranho, quando deixar cônjuge ou herdeiro necessário, porque a estes compete, em decorrência da lei (art. 1.984), a administração da herança, e contra disposição cogente não prevalece a vontade do indivíduo. O cônjuge, em primeiro lugar, e o herdeiro necessário, na falta dele. Somente na falta de um ou outro é que o testador tem a faculdade de conceder ao testamenteiro estranho a posse e a administração da herança.

O cônjuge ou herdeiro, que não tiverem a administração da herança, por exercê-la o testamenteiro, poderão fazer cessar a situação, requerendo: a) a partilha imediata; b) ou a entrega dos bens, a devolução da herança, habilitando o testamenteiro com os meios necessários para cumprimento dos legados, ou dando caução de prestá-los. É o que dispõe o parágrafo único do artigo sob comento. E a justificativa da regra, como já observara Rodrigues, é óbvia. "Se a posse da herança foi concedida ao testamenteiro, em detrimento do herdeiro, para facilitar àquele o cumprimento dos legados, a razão não mais incide quando o herdeiro fornece, ou garante fornecer, ao testamenteiro, os meios bastantes para pagar os legados. Isso ocorrendo, atende-se ao interesse dos herdeiros, que são os donos do espólio, deferindo-lhes a imediata partilha, ou a devolução dos bens, porque se assegurou aos testamenteiro os meios para desincumbir-se de sua tarefa."[1251]

1251 RODRIGUES, Silvio. Obra citada, p. 278.

E a doutrina sempre atual de Bevilacqua: "Se o herdeiro interessado na cessão da posse do testador não o habilita a cumprir os legados, ou não dá garantia de prestá-los, não pode ser procedente a sua intervenção, pois subsistem os fundamentos que autorizam a posse do testamenteiro. Satisfeita, porém, a missão do testamenteiro, o herdeiro pode, perfeitamente, pleitear a retirada do testamenteiro da posse dos bens da herança, para afastar uma situação que importa em diminuição dos direitos hereditários."[1252]

Afastado o testamenteiro, o herdeiro assume as funções do inventariante.

Art. 1.978. Tendo o testamenteiro a posse e a administração dos bens, incumbe-lhe requerer inventário e cumprir o testamento.

Direito anterior – Art. 1.755 do Código Civil de 1916.

Art. 1.755. Tendo o testamenteiro a posse e a administração dos bens, incumbe-lhe requerer inventário e cumprir o testamento.

Parágrafo único. Se lhe não competir a posse e a administração, assistir-lhe-á o direito a exigir dos herdeiros os meios de cumprir as disposições testamentárias; e, se os legatários o demandarem, poderá nomear à execução os bens da herança.

Direito comparado – No Código Civil francês (art. 1.031)[1253] e no Código Civil português (art. 2.325).[1254]

1252 BEVILACQUA, C. Obra citada, p. 972.
1253 *"Art. 1.031. Les exécuteurs testametaires feront opposer les scellés, s'il y a des héritiers mineurs, majeurs en tutelle ou absents.*
Ils veilleront à ce que le testament soit exécuté; et ils pourront, en cas de contestation sur son exécution, intervenir pour en soutenir la validité."
1254 *"Art. 2.325 (Atribuições do testamenteiro).*
O testamenteiro tem as atribuições que o testador lhe conferir, dentro dos limites da lei."

COMENTÁRIO

O artigo refere-se expressamente ao testamenteiro universal, ou seja, àquele que tem a posse e a administração da herança. Além da atribuição própria de seu cargo, compete-lhe velar pelo cumprimento das disposições testamentárias e requerer o inventário.[1255] Pode ainda, ouvido o herdeiro, requerer a venda de bens para satisfazer os encargos da herança, cobrar as dívidas do espólio, propor ações possessórias, sustentar a validade do testamento, podendo comparecer em juízo, isoladamente, como representante dos herdeiros e legatários.

Art. 1.979. O testamenteiro nomeado, ou qualquer parte interessada, pode requerer, assim como o juiz pode ordenar, de ofício, ao detentor do testamento, que o leve a registro.

Direito anterior – Art. 1.756 do Código Civil de 1916.

Art. 1.756. O testamenteiro nomeado, ou qualquer parte interessada, pode requerer, assim como o juiz pode ordenar, de ofício, ao detentor do testamento que o leve a registro.

Direito comparado – Sem correspondência no direito francês e no direito português.

COMENTÁRIO

Como o testamenteiro é o detentor do testamento, a ele compete levá-lo a registro. No caso de as disposições terem sido confiadas a

---

1255 *"TESTAMENTO – Ação de anulação proposta pelo testamenteiro – Permanência pretendida no cargo – Inadmissibilidade – Destituição mantida – Segurança denegada.* É dever do testamenteiro defender a validade do testamento. Se pretende invalidá-lo, não lhe é lícito continuar no cargo. Na espécie, recusou-se ele a assinar o termo de testamentaria e negou-se a cumprir as disposições do testamento, ajuizando ação para invalidá-lo. Claro, pois, que só poderia ser destituído" (*RT*, 583: 90).

outrem, o testamenteiro tem poder de requerer ao juiz que ordene ao detentor que o registre, quando este não o fez espontaneamente. O Código de Processo Civil, artigo 1.129 e parágrafo único, igualmente prescreve que *"o juiz, de ofício, ou a requerimento de qualquer interessado, ordenará ao detentor do testamento que o exiba em juízo para os fins legais, se ele, após a morte do testador, não se tiver antecipado em fazê-lo".* E ainda o parágrafo único: *"Não sendo cumprida a ordem, proceder-se-á à busca e apreensão do testamento, de conformidade com o disposto nos arts. 839 a 843."*

O registro dos testamentos efetua-se no juízo da execução. Quando o testamento é público, apresenta-se o traslado extraído das notas, onde foi lavrado. Sendo cerrado, será, primeiramente, aberto pelo juiz, que, em ato contínuo, mandará registrar, arquivar e cumprir, se não achar vício externo que o torne suspeito de falsidade ou nulidade. O particular, antes de registrado, será publicado em juízo, com citação dos herdeiros legítimos para a formalidade da confirmação, sem a qual não poderá ser executado.

O registro consiste na transcrição do testamento em livro próprio existente em cada cartório. Remetido em seguida à repartição fiscal, será inscrito no livro respectivo, devendo a inscrição ficar constando dos autos, mediante a declaração do representante do fisco.

Art. 1.980. O testamenteiro é obrigado a cumprir as disposições testamentárias, no prazo marcado pelo testador, e a dar contas do que recebeu e despendeu, subsistindo sua responsabilidade enquanto durar a execução do testamento.

Direito anterior – Art. 1.757 do Código Civil de 1916.
Art. 1.757. O testamenteiro é obrigado a cumprir as disposições testamentárias, no prazo marcado pelo testador, e a dar contas do que recebeu e despendeu, subsistindo sua responsabilidade enquanto durar a execução do testamento.

Direito comparado – No Código Civil francês (art. 1.031, 5ª al.)[1256] e no Código Civil português (art. 2.332).[1257] No direito argentino (arts. 3.868 e 3.869) e no direito uruguaio (arts. 992, 996 e 997).

COMENTÁRIO

Embora a função tradicional do testamenteiro seja a de vigiar ou fiscalizar o cumprimento do testamento (art. 1.976) e não a de executá-lo, a verdade é que, tendo ele a cada passo de lidar com dinheiro e outros valores da herança, sobretudo quando o testador lhe cometa atribuições de executor testamentário, a lei não vacilou em o submeter à regra clássica, no nosso direito civil, de que todo administrador de bens alheios deve, em princípio, prestar contas (o novo Código, erroneamente, preferiu a expressão *dar contas*).

Ao testador compete estabelecer o prazo dentro do qual as suas disposições devem ser cumpridas. Se não o fizer, a lei, supletivamente, fixa o prazo que, no Código novo, foi reduzido, de um ano para meio ano, ou seja, 180 dias (art. 1.983). O prazo conta-se da aceitação da testamentaria, mas, ocorrendo litígio sobre a herança, o prazo passa a fluir da sentença que puser fim ao feito. Como, porém, nem sempre é possível cumprir as disposições testamentárias no prazo previsto, a própria lei (parágrafo único do art. 1.983) previu a possibilidade de o juiz prorrogá-lo.

1256 *"Art. 1.031. Ils devront, à l'expiration de l'année du décès du testateur, rendre compte de leur gestion."*
1257 *"Art. 2.332 (Prestação de contas).*
  1. O testamenteiro é obrigado a prestar contas anualmente.
  2. Em caso de culpa, responde o testamenteiro perante os herdeiros e legatários pelos danos a que der causa."

A prestação judicial das contas é obrigação indeclinável do testamenteiro, da qual não pode eximi-lo o testador. "Acham-se todos os testamenteiros obrigados a prestar contas exatas da sua administração e de tudo que receberem e despenderem; a sua responsabilidade perdura até depois de cumprida a testamentaria, enquanto não são julgadas boas, definitivamente, as referidas contas.

A regra da lei é imperativa; insuscetível, pois, de ser ilidida por qualquer concessão, ou quitação prévia, do testador. Consideram-se *não escritas* a dispensa de prestar contas, outorgada pelo falecido ao testamenteiro, e a ordem de guardar para si o que faltar quando se proceder ao balanço geral da receita e despesa da testamentaria."[1258]

O testamenteiro não é obrigado a prestar contas antes de terminado o prazo legal do artigo 1.983, ou aquele fixado pelo testador, mas pode requerer que seja admitido a prestá-las, caso termine sua tarefa antes do termo fixado. Se incorrer em suspeição, pode ser obrigado, desde logo, a prestar contas, sem que se possa alegar o não-vencimento do prazo.

E se o testamenteiro morrer antes de cumprir o dever de prestar contas? Nesse caso a obrigação "incumbe aos seus herdeiros, os quais ficam até sujeitos, nos limites do seus quinhões sucessórios, a ressarcir perdas e danos causados pelo executor de última vontade".[1259]

A quem são prestadas as contas? "Aos herdeiros; se faleceu algum, aos respectivos sucessores; se há interessados menores ou interditos, aos pais, tutores ou curadores; aos legatários, quando o espólio é todo distribuído em legados; ao curador, em se tratando de herança vaga. A prestação efetua-se amigável ou judicialmente, e até perante árbitros escolhidos pelas partes; quando judicial – no juízo do inventário. Em sendo os interessados, todos, pessoas capazes de se obrigar, a quitação

---

1258 MAXIMILIANO, C. Obra citada, vol. III, p. 238.
1259 MAXIMILIANO, C. *Idem*, p. 239.

por eles dada, particularmente ou não, exonera de responsabilidade o testamenteiro."[1260]

Ou seja, a responsabilidade do testamenteiro não cessa antes da aprovação das contas.

Em geral, a prestação de contas efetua-se depois de transcorrido o prazo fixado pelo testador, ou pelo Código Civil, para ser cumprido o testamento. Em ocorrendo motivo justo para demora, retarda-se a prestação de contas; pode, porém, antecipar-se e realizar-se em qualquer tempo, quando o próprio testamenteiro a requer, ou, situação excepcional, mas não impossível, quando se torna suspeito ou negligente.

A responsabilidade do testamenteiro não cessa senão depois de julgadas boas as suas contas. Não há distinguir se o testamenteiro tem ou não a posse e a administração dos bens; a sua responsabilidade só se extingue após a prestação de contas, havendo fielmente desempenhado as atribuições do seu cargo.

Art. 1.981. Compete ao testamenteiro, com ou sem o concurso do inventariante e dos herdeiros instituídos, defender a validade do testamento.

Direito anterior – Art. 1.760 do Código Civil de 1.916.

Art. 1.760. Compete ao testamenteiro, com ou sem o concurso do inventariante e dos herdeiros instituídos, propugnar a validade do testamento.

Direito comparado – No Código Civil francês (art. 1.031) e no Código Civil português (art. 2.326).[1261] No direito argentino (art. 3.862) e no direito uruguaio (art. 985).

1260 MAXIMILIANO, C. *Idem, ibidem.*
1261 *"Art. 2.326 (Disposição supletiva).*
 Se o testador não especificar as atribuições do testamenteiro, competirá a este:

COMENTÁRIO

O legislador refere-se, de forma ampla, ao testamenteiro, de modo que o texto legal engloba tanto o testamenteiro universal quanto o particular como habilitados a defender a validade do testamento, contra quem o impugnar em juízo. Se o testamenteiro é universal, o que lhe garante a posse e a administração da herança, poderá agir isoladamente, independentemente da participação dos herdeiros instituídos. Em se tratando de testamenteiro particular, a quem o Código confere o mesmo direito, é útil a quem contestar a validade do testamento citar, além do testamenteiro particular, o inventariante e os herdeiros instituídos.

O Projeto Bevilacqua estatuía no artigo 1.919: *"Cumpre-lhe sustentar a validade do testamento, exclusivamente, se for inventariante, e conjuntamente com o inventariante, se outrem exercer este cargo."*[1262] A Comissão Revisora preferiu, em todas as hipóteses, quer se tratasse de testamenteiro universal, quer de particular, atribuir-lhe a autoridade para agir sozinho. Foi esta segunda tendência que prevaleceu.[1263]

Assim, o testamenteiro poderá figurar como autor ou réu, assistente ou oponente, apresentar-se em qualquer estado da causa, tanto na primeira como na segunda instância, intervir em quaisquer incidentes, como o de habilitação de herdeiros contra o disposto no testamento,

---

a) Cuidar do funeral do testador e pagar as despesas e sufrágios respectivos, conforme o que for estabelecido no testamento ou, se nada se estabelecer, consoante os usos da terra;
b) Vigiar a execução das disposições testamentárias e sustentar, se for necessário, a sua validade em juízo;
c) Exercer as funções de cabeça-de-casal, nos termos da alínea b) do nº 1 do artigo 2.080."

1262 Trabalhos da Câmara sobre o Projeto de Código Civil, vol. I, p. 155.
1263 *"Inventário. Representação do espólio – Ação de petição de herança – Desnecessidade de citação dos herdeiros e do testamenteiro, desde que o inventariante não seja dativo – Inteligência dos arts. 85 do CPC e 1.760 do Código Civil. Para a ação de petição de herança, basta a citação do inventariante, desde que não seja dativo, dispensando-se o chamamento em juízo do testamenteiro e dos herdeiros"* (RT, 177: 275).

recorrer da sentença de partilha contra a vontade do testador, podendo contratar advogado no desempenho dessa atribuição por conta do espólio.[1264]

Art. 1.982. Além das atribuições exaradas nos artigos antecedentes, terá o testamenteiro as que lhe conferir o testador, nos limites da lei.
  Direito anterior – Art. 1.761 do Código Civil de 1916.
  Art. 1.761. Além das atribuições exaradas nos artigos anteriores, terá o testamenteiro as que lhe conferir o testador, nos limites da lei.

  Direito comparado – No Código Civil português (art. 2.325).[1265] No direito argentino (art. 3.851) e no direito uruguaio, em sentido diverso (art. 987).

COMENTÁRIO

O testamenteiro, como executor da última vontade do testador, age conforme os poderes que lhe foram conferidos pelo *de cujus*, que pode, ainda, impor-lhe as obrigações que julgar necessárias para o bom desempenho de suas atribuições, mas, resgata o texto legal, nos limites da lei.

Como se trata de uma figura privativa da sucessão testamentária, a lei atribui ao testador a definição dos poderes que confia ao testamenteiro. Mas, evidentemente, a lei impõe limites às atribuições que o testador pode incluir no estatuto de cada testamenteiro, tendo em vista os direitos e as prerrogativas que a lei confere aos herdeiros legitimários e que se impõem ao próprio testador.

1264 MAXIMILIANO, C. Obra citada, pp. 215-216, e CUNHA GONÇALVES, obra citada, n° 1.483.
1265 "*Art. 2.325 (Atribuições do testamenteiro)*.
  O testamenteiro tem as atribuições que o testador lhe conferir, dentro dos limites da lei."

Assim, por exemplo, não é lícito, esclarece Maximiliano, cometer ao testamenteiro determinar a identidade do herdeiro ou legatário, indicado de modo incerto nos testamentos, ou fixar o montante de uma liberalidade ou as coisas que devam ser entregues aos sucessores universais ou singulares.[1266]

A existência dessa disposição, doutrinam Pires de Lima e Antunes Varela, é altamente significativa, por duas razões: "Por um lado, mantém-se a figura do testamenteiro, nos termos do artigo 2.320 (do Código Civil português), ao lado das categorias tradicionais dos herdeiros e dos legatários, como expressão da necessidade que muitos testadores sentem de confiar a execução das suas disposições mais íntimas a um círculo estreito e apertado de pessoas (os amigos confidentes; os *amigos do peito,* como pitoresca e sugestivamente se lhes chama no Brasil), distinto daquele para onde, por morte, transmitem os seus bens materiais (por via de regra, o seus familiares).

Por outro lado, não se traça um *modelo* ou *padrão rígido* das atribuições do testamenteiro e remete-se expressivamente para a vontade do *de cujus* a definição do seu estatuto, para assinalar o seu caráter casuístico ou concreto. Ele será talhado por cada testador à medida da colaboração de que cada um carece para a satisfação real das suas intenções materiais, morais e espirituais *post mortem.*"[1267]

Art. 1.983. Não concedendo o testador prazo maior, cumprirá o testamenteiro o testamento e prestará contas em cento e oitenta dias, contados da aceitação da testamentaria.

1266 MAXIMILIANO, C. Obra citada, p. 209.
1267 PIRES DE LIMA e ANTUNES VARELA. Obra citada, p. 508.

Parágrafo único. Pode esse prazo ser prorrogado se houver motivo suficiente.

Direito anterior – Art. 1.762 do Código Civil de 1916.

Art. 1.762. Não concedendo o testador prazo maior, cumprirá o testamenteiro o testamento e prestará contas no lapso de um ano, contado da aceitação da testamentaria.

Parágrafo único. Pode esse prazo prorrogar-se, porém, ocorrendo motivo cabal.

Direito comparado – No Código Civil francês (art. 1.031, inciso 4º)[1268] e no Código Civil português (artigo 2.332).[1269]

COMENTÁRIO

O prazo para cumprimento do testamento era, inicialmente, de um ano e um mês, contado do falecimento do testador. No Código Civil foi reduzido para um ano e, agora, passa a ser seis meses, ou seja, cento e oitenta dias, o que revela a irresistível tendência de diminuição dos prazos civis, em decorrência da cada vez maior brevidade das relações humanas.

A determinação do prazo, reafirma o texto legal, continua sendo atribuição do testador, que, quando nada dispõe, abre espaço para a intervenção supletiva da lei. Se a lei, agora, reduz pela metade o prazo anteriormente determinado, é para incitar o testamenteiro a executar o testamento em breve lapso temporal (180 dias) evitando que os testamenteiros sejam negligentes, quer em relação aos herdeiros, quer em relação aos terceiros interessados no cumprimento das disposições testamentárias.

1268 *"Art. 1.031. Ils devront, à l'expiration de l'année du décès du testateur, rendre compte de leur gestion."*
1269 *"Art. 2.332 (Prestação de contas).*
   1. O testamenteiro é obrigado a prestar contas anualmente."

O prazo de meio ano parece razoável e suficiente para o cumprimento do testamento. O prazo passa a correr da data da aceitação do cargo, sendo evidente que não flui enquanto pende litígio sobre a herança, e não haja, em relação à demanda, sentença definitiva passada em julgado. Como bem frisou Maximiliano, tal litígio só tem efeito de interromper o curso do prazo em relação a atos que dependam da validade ou nulidade dos testamentos, como a entrega de legados contestados; não obsta, pois, o exercício para outros fins, que começa desde a abertura do testamento, como cuidar dos funerais do testador, sustentar a validade do testamento, entre outros.[1270]

O prazo pode ser prorrogado, dispõe o parágrafo único, quando ocorrer "motivo suficiente". A apreciação dos motivos suficientes invocados pelo testamenteiro caberá ao juiz que, ou acatará os motivos, prorrogando o prazo, ou não os aceitará, compelindo o testamenteiro a cumprir o testamento no prazo previsto.

Art. 1.984. Na falta de testamenteiro nomeado pelo testador, a execução testamentária compete a um dos cônjuges, e, em falta destes, ao herdeiro nomeado pelo juiz.

Direito anterior – Art. 1.763 do Código Civil de 1916.

Art. 1.763. Na falta de testamenteiro nomeado pelo testador, a execução testamentária compete ao cabeça-de-casal e, em falta deste, ao herdeiro nomeado pelo juiz.

Direito comparado – No direito argentino (art. 3.867) e no direito uruguaio (art. 965).

1270 MAXIMILIANO, C. Obra citada, p. 237, e CUNHA GONÇALVES, obra citada, nº 1.486.

COMENTÁRIO

Ao testador compete o direito de nomear o executor do seu testamento, por isso, cabe-lhe designar o testamenteiro.[1271] Se, porém, ele não o faz, ou se a pessoa nomeada não pode ou não quer assumir o encargo, a execução testamentária competirá a um dos cônjuges e, na falta de um deles, ao herdeiro nomeado pelo juiz.

O novo texto legal substitui a expressão de cabeça-de-casal pela expressão "cônjuges", resgatando o princípio da igualdade constitucional (art. 226, § 5º) que passa a dominar a matéria de direitos e obrigações oriundos da sociedade conjugal.

Quanto à intervenção do juiz, na designação do testamenteiro e do inventariante, assim comentou Bevilacqua: "O juiz só tem a faculdade de nomear inventariante, na falta de cônjuge sobrevivente, de co-herdeiro idôneo, e de testamenteiro nomeado pelo testador, porque essas pessoas são chamadas por lei para administrar a herança até a partilha. Nomeará testamenteiro, na falta do nomeado pelo testador, seja porque não possa ou não queira aceitar a incumbência, seja porque tenha sido removido. Mas não basta que falte o testamenteiro nomeado, é, ainda, necessário que não haja cabeça-de-casal (agora, cônjuge) porque, havendo, será este o executor do testamento. A escolha do juiz deverá recair em algum herdeiro."[1272]

1271 *"Nomeação de inventariante. Ordem legal. Art. 990 do CPC. Nomeação de testamenteiro. Impossibilidade. Herdeiros testamentários, maiores e capazes. Preferência. Para efeitos de nomeação de inventariante, os herdeiros testamentários são equiparados aos herdeiros necessários e legítimos. Os herdeiros testamentários, maiores e capazes, preferem ao testamenteiro na ordem para nomeação de inventariante. Existindo herdeiros maiores e capazes, viola o inciso III do art. 990 do CPC, a nomeação de testamenteiro, como inventariante. Recurso especial conhecido e provido"* (STJ, 3ª T., REsp. nº 658.831/RS, rel. Min. Nancy Andrighi, j. em 15.12.2005).
1272 BEVILACQUA, C. Obra citada, p. 980.

No seio da Comissão Revisora do Código Civil de 1916 ocorreram opiniões divergentes quanto à preferência do cônjuge sobrevivente e dos herdeiros, entendendo uns que, em falta de testamenteiro instituído, a investidura caberia ao herdeiro, e outros, que preferiam o cônjuge sobrevivente. Foi esta segunda tendência que vingou determinando o conteúdo do artigo 1.763 e que ficou mantida no atual artigo 1.984.

Na falta de um dos cônjuges, a nomeação do juiz deverá recair sobre algum herdeiro. Mas a lei silencia diante da hipótese de não haver herdeiros, propondo Maximiliano[1273] que, se a herança tiver sido toda distribuída em legados, deve ser nomeado o legatário melhor aquinhoado, ou o mais idôneo. Não justificou como determinar o mais idôneo, o que fragiliza a hipótese, dado o excesso de subjetividade. Talvez a melhor solução recairia sobre o legatário melhor aquinhoado, porque aí incide a presunção de, tendo sido melhor aquinhoado, era pessoa de maior amizade e confiança do testador.

Mas ainda restaria a questão quando a nomeação não pode recair nem nos herdeiros, nem nos legatários, por serem, por exemplo, pessoas incapazes. Nesse caso extremo, a solução encontra-se na própria lei que, ao referir-se à nomeação pelo juiz, sugere que a nomeação recaia em terceiro, à escolha do juiz.

Art. 1.985. O encargo da testamentaria não se transmite aos herdeiros do testamenteiro, nem é delegável; mas o testamenteiro pode fazer-se representar em juízo e fora dele, mediante mandatário com poderes especiais.

Direito anterior – Art. 1.764 do Código Civil de 1916.

1273 MAXIMILIANO, C. Obra citada, p. 200.

Art. 1.764. O encargo da testamentaria não se transmite aos herdeiros do testamenteiro, nem é delegável. Mas o testamenteiro pode fazer-se representar em juízo e fora dele, mediante procurador, com poderes especiais.

Direito comparado – No Código Civil francês (art. 1.032)[1274] e no Código Civil português (art. 2.334).[1275]
No direito argentino (art. 3.855) e no direito uruguaio (arts. 970 e 971).

COMENTÁRIO

O artigo sob comento manteve o mesmo princípio da intransmissibilidade do cargo, já estampado no anterior artigo 1.764 do Código Civil de 1916, conservando, inclusive, a norma da impossibilidade da delegação (... *nem é delegável*), estabelecendo, ainda uma vez, os limites da condenação da delegação.

A ideia da não-transmissão da testamentaria encontra justificação na noção de fidúcia que domina a instituição. Se o testamenteiro é pessoa de confiança do testador, é pessoa por ele escolhida para velar pelo cumprimento de suas disposições de última vontade, "as atribuições do testamenteiro são, por isso, personalíssimas, isto é, não se transmitem aos herdeiros nem podem ser delegadas. A delegação importaria em faltar o nomeado à confiança do testador. A transmissão seria um desvirtuamento dessa vontade".[1276] No mesmo sentido José Tavares: "A razão desta intransmissibilidade está no carácter acentuadamente pessoal do cargo, ou seja, na base da confiança especial em que assenta a incumbência, seja da vigilância ou fiscalização do cumprimento do

---

1274 *"Art. 1.032. Les pouvoirs de l'exécuteur testamentaire ne passeront point à ses héritiers."*
1275 *"Art. 2.334 (Intransmissibilidade).*
 A testamentaria não é transmissível, em vida ou por morte, nem é delegável, bem que possa o testamenteiro servir-se de auxiliares na execução do cargo, nos mesmos termos em que o procurador o pode fazer."
1276 BEVILACQUA, C. Obra citada, p. 981.

testamento, seja da execução das disposições de última vontade, e ainda no respeito que à lei merecia essa relação de confiança pessoal."[1277]

O escopo do dispositivo é tão-somente impedir que o testamenteiro se desincumba dos compromissos que lhe foram impostos pelo testador, transferindo para outrem o voto de confiança que o *de cujus* lhe concedeu. "Mas isto não obsta a que o testamenteiro chame a colaborar consigo as pessoas necessárias à concretização material do seu plano de fiscalização do cumprimento do testamento (... *mas o testamenteiro pode fazer-se representar em juízo e fora dele*) ou do seu programa de ação na execução que lhe foi confiada de algumas disposições testamentárias."[1278]

Pode o testamenteiro fazer-se representar em juízo ou fora dele, mediante procurador com poderes especiais, subsistindo, como é óbvio, a sua responsabilidade direta e pessoal pelos atos do procurador.

Diferente da rigidez da solução consagrada no artigo comentado é a maior fluidez da orientação traçada no artigo 700, III, do Código Civil italiano, segundo o qual o testador pode autorizar o executor testamentário a nomear um substituto de si mesmo, quando ele não possa continuar o desempenho do cargo. Assim dispõe e lei italiana: "*Il testatore può autorizzare l'esecutore testamentario a sostituire altri a se stesso, qualora egli non possa continuare nell'ufficio.*"

O Código Civil alemão vai adiante na flexibilidade da delegação permitindo, no § 2.199, ao testador: a) autorizar o testamenteiro a nomear um ou mais co-executores do testamento; b) facultar ao testamenteiro a designação de um continuador do seu desempenho do cargo; c) a designação do co-executor ou do continuador do testamenteiro far-se-á através de declaração autenticada prestada perante o tribunal da abertura da herança.

1277 TAVARES, José. *Sucessões e Direito sucessório*, nº 163, p. 662.
1278 PIRES DE LIMA e ANTUNES VARELA. Obra citada, p. 519.

Art. 1.986. Havendo simultaneamente mais de um testamenteiro, que tenha aceitado o cargo, poderá cada qual exercê-lo, em falta dos outros; mas todos ficam solidariamente obrigados a dar conta dos bens que lhes forem confiados, salvo se cada um tiver, pelo testamento, funções distintas, e a elas se limitar.

Direito anterior – Art. 1.765 do Código Civil de 1916.
Art. 1.765. Havendo, simultaneamente, mais de um testamenteiro, que tenha aceitado o cargo, poderá cada qual exercê-lo, em falta dos outros. Mas todos ficam solidariamente obrigados a dar contas dos bens que lhes forem confiados, salvo se cada um tiver, pelo testamento, funções distintas, e a classe limitar.

Direito comparado – No Código Civil francês (art. 1.033)[1279] e no Código Civil português (art. 2.329).[1280]
No direito argentino (arts. 3.870 e 3.871) e no direito uruguaio (arts. 972 e 973).

COMENTÁRIO

A ideia básica do artigo 1.986 é a de consagrar, a exemplo do que ocorria no anterior artigo 1.765 do Código Civil de 1916, a responsabilidade solidária dos testamenteiros aceitantes (... *ficam solidariamente responsáveis*) a dar conta dos bens que lhes foram confiados. A hipótese

---

[1279] "*Art. 1.033. S'il y a plusieurs exécuteurs testamentaires qui ont accepté, un seul pourra agir au défaut des autres; et ils seront solidairement responsables du compte du mobilier qui leur a été confié, à moins que le testateur n'ait divisé leurs fonctions, et que chacun d'eux ne se soit renfermé dans celle qui lui était attribuée.*"
[1280] "*Art. 2.329 (Pluralidade de testamenteiros).*
1. Sendo vários os testamenteiros, consideram-se todos nomeados conjuntamente, salvo se outra coisa tiver sido disposta pelo testador.
2. Caducando por qualquer causa a testamentaria em relação a algum dos nomeados, continuam os restantes no exercício das respectivas funções.
3. Sendo os testamenteiros nomeados sucessivamente, cada um deles só é chamado a aceitar ou recusar o cargo na falta do anterior."

decorre de situações de fato capazes de gerarem a necessidade de dois ou mais testamenteiros: "... pode em muitos desses casos acontecer que o testador queira afectar alguns dos bens a certa finalidade e outros a finalidade diferente. E umas vezes porque os herdeiros, a quem ele não quer afastar da herança, já são idosos, doentes ou indolentes, outras vezes porque se trata de afectação dos bens a fins de utilidade pública a que os herdeiros se presume não serem sensíveis, é natural que o testador se socorra dos colaboradores que lhe deem maior confiança na realização das suas últimas vontades."[1281]

O artigo prevê duas hipóteses que precisam ser devidamente consideradas para evitar confusão na extensão da responsabilidade: se o testador, ao designar mais de um testamenteiro, indicou a ordem em que devem atender suas prerrogativas, cada um é chamado na falta do que lhe antecede na designação. Ou seja, a ocorrência do primeiro exclui a atuação do segundo e assim por diante. Ou, ainda, a atuação do primeiro exclui a participação dos posteriormente enumerados.

Se, ao contrário, o testador não estabeleceu a ordem em que devem servir os diversos testamenteiros nomeados, entende-se que os indicou simultaneamente na testamentaria.[1282] Ou seja, todos respondem, ao mesmo tempo, pelo cumprimento das disposições de última vontade. Encarregados simultaneamente da testamentaria, exercem-na conjuntamente, prevalecendo o voto da maioria e decidindo o juiz no caso de empate. Nesse sentido, a doutrina de Bevilacqua: "Havendo empate,

---

1281 PIRES DE LIMA e ANTUNES VARELA. Obra citada, p. 513.
1282 *"Testamenteiro – Nomeação de dois sem escala de precedência – Exercício simultâneo do cargo – Destituição implícita do segundo, mandando o juiz que ele servisse na falta do primeiro – Inadmissibilidade – Reforma do julgado.* Tendo testador nomeado testamenteiros sem ordem de precedência no exercício do encargo, devem ambos servir simultaneamente, não sendo possível admitir-se uma presunção de sucessividade" (RT, 183: 296).

decidirá o herdeiro ou o juiz, se o herdeiro se excusar. Mas para que haja solidariedade é indispensável: a) que os testamenteiros sejam simultâneos, isto é, não devendo um assumir as funções somente na falta de outro, segundo a ordem que tiver estabelecido o testador; b) e sem discriminação de funções."[1283]

Havendo discriminação de funções (... *salvo se cada um tiver, pelo testamento, funções distintas, e a elas se limitar*), cada um dos testamenteiros se limitará às incumbências que lhe forem confiadas; mas, se intervierem nas funções dos outros, serão com eles solidariamente responsáveis.

Art. 1.987. Salvo disposição testamentária em contrário, o testamenteiro, que não seja herdeiro ou legatário, terá direito a um prêmio, que, se o testador não o houver fixado, será de um a cinco por cento, arbitrado pelo juiz, sobre a herança líquida, conforme a importância dela e maior ou menor dificuldade na execução do testamento.

Parágrafo único. O prêmio arbitrado será pago à conta da parte disponível, quando houver herdeiro necessário.

Direito anterior – Art. 1.766 do Código Civil de 1916.

Art. 1.766. Quando o testamenteiro não for herdeiro, nem legatário, terá direito a um prêmio, que, se o testador o não houver taxado, será de um a cinco por cento, arbitrado pelo juiz, sobre toda a herança líquida, conforme a importância dela, e a maior ou menor dificuldade na execução do testamento (arts. 1.759 e 1.768).

Parágrafo único. Este prêmio deduzir-se-á somente da metade disponível, quando houver herdeiro necessário.

1283 BEVILACQUA, C. Obra citada, p. 983.

Direito comparado – No Código Civil português (art. 2.333)[1284] a testamentaria é gratuita. No direito argentino (arts. 2.872 e 2.873) e no direito uruguaio (art. 991).

COMENTÁRIO

No Código Civil brasileiro, a testamentaria é função remunerada (assim como na legislação alemã, na suíça, na argentina, uruguaia, peruana, mexicana, boliviana, entre outras) e não um cargo meramente honorífico, de natureza gratuita (como ocorre em Portugal, na França, na Espanha, que declaram gratuito o encargo de testamenteiro), embora admitam os legados como meio de compensação dos trabalhos decorrentes da testamentaria.

O prêmio, ou remuneração, é denominado no Brasil *vintena*,[1285] que, não taxado pelo testador, será arbitrado pelo juiz, conforme a importância da herança e a maior ou menor dificuldade na execução do testamento. O parâmetro estabelecido pela lei medeia entre o máximo e o mínimo de um a cinco por cento. Dentro desses dois extremos fica

---

1284 *"Art. 2.333 (Remuneração).*
1. O cargo de testamenteiro é gratuito, excepto se lhe for assinada pelo testador alguma retribuição.
2. O testamenteiro não tem direito à retribuição assinada, ainda que atribuída sob a forma de legado, se não aceitar a testamentaria ou for dela removido; se a testamentaria caducar por qualquer outra causa, cabe-lhe apenas uma parte da retribuição proporcional ao tempo em que exerceu as funções."

1285 *"Decisão que indeferiu o pagamento de honorários em compensação pelo trabalho realizado pela inventariante. Não há base legal para remunerar-se o inventariante, que é pessoa responsável pela administração dos bens do espólio, sendo o seu representante legal. A inventariança não se confunde com a testamentaria, que é função, em princípio, remunerada, desde que o testamenteiro não seja herdeiro ou legatário. Aplicação do art. 1.987 do Código Civil. Decisão monocrática, com fulcro no art. 557,* caput, *do CPC, negando seguimento ao recurso"* (TJRJ, 15ª C.Civ., AI nº 2008.002.02179, rel. Des. Celso Ferreira Filho, j. em 28.01.2008).

o arbítrio do juiz fixar o prêmio que lhe parecer razoável ao testamenteiro.[1286]

Quanto ao herdeiro e legatário, não há que se falar em vintena, porque nas liberalidades com que os gratifica o testador já tiveram a compensação do serviço que prestaram.

No caso de o testador ter deixado diversos testamenteiros conjuntos, cabendo a todos, simultaneamente, o exercício da testamentaria, o prêmio arbitrado pelo juiz será dividido entre todos, bem como o legado remuneratório. No caso de legado, se algum dos testamenteiros faltar, a sua cota acrescerá a dos demais.

O prêmio arbitrado pelo juiz é calculado sobre toda a herança líquida, dispõe o texto legal, isto é, depois de deduzidas as dívidas do falecido, as despesas com funeral e as do inventário. Tratando-se de sucessão, em parte legítima e em parte testamentária "por ter o *de cujus* usado do seu direito de disposição *mortis causa*, somente sobre a parte contemplada no testamento deve ser calculado o prêmio. Havendo herdeiros necessários, o testador não poderá fazer liberalidades, que excedam a metade de seus bens, e, consequentemente, o prêmio também há de ficar incluído nessa porção disponível, ainda quando o testador

---

1286 "*INVENTÁRIO – Arrolamento – Vintena do testamenteiro – Arbitramento pelo juiz não questionado – Prêmio que recai sobre a herança líquida da qual faz parte o direito cedido – Encargo a ser suportado pelos herdeiros e cessionários – Inteligência dos arts. 1.137, III, e 1.138, § 1º, do CPC*. O testamenteiro tem direito a um prêmio que, se o testador não o houver fixado, o juiz o arbitrará, levando em conta o valor da herança e o trabalho de execução do testamento (art. 1.138 do CPC). A lei determina que a vintena recaia sobre a herança líquida (§ 1º do artigo acima citado) da qual faz parte o direito cedido. Portanto, existindo encargo a ser solvido, cujo arbitramento não foi questionado, devendo a vintena ser suportada pelo espólio, é óbvio que o encargo deverá ser suportado pelos herdeiros e cessionários, cumprindo ao testamenteiro a defesa da posse dos bens da herança (art. 1.137, III, do CPC)" (*RT*, 711: 97). Ver, ainda: *RT*, 533: 93; *RT*, 664: 142.

a tenha esgotado ou excedido. Assim deve ser entendido o parágrafo único do art. 1.987".[1287]

Art. 1.988. O herdeiro ou o legatário nomeado testamenteiro poderá preferir o prêmio à herança ou ao legado.

Direito anterior – Art. 1.767 do Código Civil de 1916.
Art. 1.767. O testamenteiro, que for legatário, poderá preferir o prêmio ao legado.

Direito comparado – Sem equivalência nos Códigos citados.

COMENTÁRIO

Enquanto o artigo 1.767 referia-se, de forma reducionista, ao prêmio do legatário, o novo Código Civil, no artigo sob comento, refere-se, indistintamente, ao herdeiro e ao legatário nomeado testamenteiro que poderá preferir o prêmio à herança ou ao legado. Ou seja, o que o legislador visualiza é o direito de opção, atribuído a ambas as classes, que poderão optar pelo prêmio, em detrimento da herança (no caso de herdeiro nomeado) ou ao legado (no caso de legatário indicado).

Não havendo o testador revestido de caráter de remuneração o legado ou a herança, declaradamente, presume-se, ainda assim, que o legado ou a herança correspondem à retribuição do serviço da testamentaria. Mas, nesse caso o testamenteiro (quer se trate de herdeiro, quer de legatário) tem liberdade de preferir o prêmio ao legado ou à herança, requerendo ao juiz que lhe arbitre a vintena.

1287 BEVILACQUA, C. Obra citada, p. 986.

Entendia Bevilacqua que o herdeiro encarregado da testamentaria não podia exercer essa opção, porque a herança não é remuneratória e o herdeiro representa o testador, cuja vontade foi incumbido de executar. Não foi esse o entendimento assumido pela nova legislação que estende o direito de opção tanto ao legatário quanto ao herdeiro.

Art. 1.989. Reverterá à herança o prêmio que o testamenteiro perder, por ser removido ou por não ter cumprido o testamento.

Direito anterior – Art. 1.768 do Código Civil de 1916.
Art. 1.768. Reverterá à herança o prêmio, que o testamenteiro perder, por ser removido, ou não ter cumprido o testamento (arts. 1.759 e 1.766).

Direito comparado – No direito uruguaio (art. 989).

COMENTÁRIO

O testamenteiro perde o direito à vintena quando é removido e quando não cumpre o testamento. Nesse caso, dispõe o texto legal, o prêmio reverterá à herança. A vintena que reverte à herança só pode ser a estabelecida pelo testador, porque a arbitrada pelo juiz não chega a fixar-se, quando o testamenteiro perdeu o direito a ela.

O testamenteiro é removido quando faz despesas ilegais, ou não conformes ao testamento; quando é negligente ou prevaricador; quando não ultima, por culpa sua, o inventário no prazo que lhe for marcado.

O prêmio reverte à herança porque o valor que devia ser destacado para recompensa do testamenteiro toma outro destino. Sendo o prêmio arbitrado pelo juiz, não há se falar em reversão, já que inexiste bens separados para o pagamento do testamenteiro.

No caso de o testamenteiro ser removido e substituído por outro, terá o substituto direito ao prêmio pelo trabalho prestado.

Art. 1.990. Se o testador tiver distribuído toda a herança em legados, exercerá o testamenteiro as funções de inventariante.

Direito anterior – Art. 1.769 do Código Civil de 1916.
Art. 1.769. Se o testador tiver distribuído toda a herança em legados, o testamenteiro exercerá as funções de cabeça-de-casal.

Direito comparado – No direito argentino (art. 3.854).

COMENTÁRIO

O artigo 1.984 prevê a hipótese de não ter o testador nomeado testamenteiro ou de faltar o nomeado e dispõe que a execução testamentária competirá a um dos cônjuges, e, na falta destes, ao herdeiro nomeado pelo juiz. A disposição do artigo sob comento refere-se à situação diferente: confere as funções de inventariante ao testamenteiro, quer tenha sido nomeado pelo testador, quer pelo juiz.

A hipótese só se concretizará no mundo da testamentaria, quando inexistir cônjuge sobrevivente ou herdeiro necessário, porque, havendo um ou outro, ao que existir caberá, por direito, a posse e a administração da herança, ainda que o testador distribua todo seu patrimônio, ou a sua porção disponível, em legados, ou como entender.

Distribuída toda a herança em legados e incorrendo as classes de herdeiros nominados, a função de inventariante compete ao testamenteiro que, não tendo sido nomeado pelo testador, o será pelo juiz.

TÍTULO IV
DO INVENTÁRIO E DA PARTILHA

CAPÍTULO I
Do Inventário

Art. 1.991. Desde a assinatura do compromisso até a homologação da partilha, a administração da herança será exercida pelo inventariante.

Direito anterior – Sem correspondência no Código Civil de 1916.

Direito comparado – Sem correspondência nas legislações citadas.

Leitura complementar:
AFORNALLI, Maria Cecília Naressi Munhoz. "Inventário por escritura pública". *In:* Ana Carolina Brochado Teixeira e Gustavo Pereira Leite Ribeiro (Coords.). *Manual de Direito das Famílias e das Sucessões*. Belo Horizonte: Del Rey. Mandamentos, 2008, pp. 749-775; ANDRADE, Paulo Roberto. "A taxa judiciária nos procedimentos de inventário e partilha". *In:* IASP, 54: 12-15; CAHALI, Francisco José. "Inventário, Partilha, Separação e Divórcio consular: análise primeira de sua viabilidade à luz da Lei nº 11.441/2007". *In: RT*, 865: 11-19; CARVALHO, Afrânio de. "Reflexos do inventário e partilha no registro". *In: RDI*, 23:33; CARVALHO, Leonel Pinto de. "Arrolamento". *In: RBDP*, 21: 61; CARVALHO, Milton Paulo de. "Notas sobre a contenciosidade no processo de inventário". *In: RP*, 38: 192; CHAVES, Antonio. "Lei determinadora do foro competente para o inventário e partilha dos bens imóveis deixados no Brasil por estrangeiro falecido no exterior". *In: RFDUSP*, 55: 241; COSTA, Rui Matta. "Da partilha que preteriu herdeiro". *In:* RBDP, 24: 49; D´AMBROSIO, Maria José Silva. *Natureza jurídica do inventário. In: RP*, 40:290; DELHAY. *La nature juridique de l'indivision. Contribution*

à l'étude des rapports de l'indivision avec les notions de société civile et de personne morale (Thèse). Paris, 1968; DIDONET NETO, João. "A adjudicação em inventário de bem indivisível". *In: RJ*, 19: 38; DOMINGUES, Adélia A. "Poderes do inventariante perante as instituições financeiras". *In: Tribuna do Direito*, 34: 32; ERICEIRA, João Batista. "Direito hereditário". *In: RF*, 285: 482; FRISCHMANN, Gerson. *Comentários ao Código de Processo Civil: dos procedimentos especiais* (arts. 982 a 1.102c). São Paulo: Revista dos Tribunais, 2000; GOMES, Orlando. "Partilha sucessiva e sobrepartilha por subtração do bem". *In:* Gomes. *Inéditos*, p. 343; GOULART, Fernanda Sell do Souto. "Inventário e partilha". *In:* FREITAS, Douglas Phillips (Coord.). *Curso de Direito das Sucessões*. Florianópolis: Vox Legem, 2007, pp. 285-298; GHIARONI, Regina. "Do inventário e da partilha". *In:* Regina Ghiaroni (Coord.). *Direito das Sucessões*. Rio de Janeiro: Freitas Bastos, 2004, pp. 319-320; HENRI, L. C. "Le regime de l'acte de notoriété dans la jurisprudence recente". *In: R. Défrenois*, 1994, 11; LEBRET. *La notion de l'indivision em droit français actuel* (Thèse). Caen, 1922; MORAES, Michelle Patrick Fonseca de. "Inventário e partilha no novo Código Civil Brasileiro". *In: Estudos em homenagem a Miguel Reale*, p. 1.457; OLIVEIRA, Euclides Benedito e AMORIM, Sebastião Luiz. "A simplificação dos inventários". *In: RJ*, 96: 393; POVOA, João Alberto Diniz S. "Questões sobre o inventário e partilha no direito português". *In: RCDUFU*, 13:283; RODRIGUES, Tatiana Antunes Valente. "Do inventário". *In:* Giselda Hironaka, Christiano Cassetari, Márcia Maria Menin (Coords.). *Direito das Sucessões*. São Paulo: Revista dos Tribunais, 2008, pp. 242-250; ROUX. *La liquidation des successions* (68^è. Congrès des notaires de France). Vittel, 1971, pp. 67-75; SANTOS, Ernane Fidélis dos. "Questões sobre o inventário e partilha". *In: RCDUFU*, 8:17; SARAIVA, Gastão Grosse. "Inventário e arrolamento". *In: RT*, 304: 23; SARAIVA, Gastão Grosse. "A indivisibilidade da herança". *In: RT*, 208: 27; SIESSE. *Contribution à l'étude de la communauté d'héritier em droit comparé*. (Thèse), 1922; SOUZA, Wilson Alves de. "Procedimentos especiais: aspectos básicos da consignação em pagamento, possessórias, nunciação de obra nova e do inventário e da partilha". *In: CJ*, 39: 337; STARLING, Leão Vieira. *Inventários e Partilhas*. 5. ed., São Paulo: Saraiva, 1957; TEIXEIRA, Sálvio de Figueiredo. *Código de Processo Civil Anotado*. São Paulo: Saraiva, 1992; THEODORO JR., Humberto. "Partilha: nulidade, anulabilidade e rescindibilidade". *In: RJMn*, 32:13 e *RCJ*, 4:127;

VALLADÃO, Haroldo. "Unidade ou pluralidade da sucessão e do inventário e partilha, no direito internacional privado". *In: RT*, 204:3; VALLEJOS, Alancardino. "Inventariante e remoção *ex officio*". *In: Ajuris*, 37:64.

COMENTÁRIO

O novo Código Civil não inovou em matéria de inventário e a expectativa de reforma era legítima se considerarmos a superposição do tema no Código Civil e no Código de Processo Civil, gerando duplicação de perspectivas em assunto que estava a exigir unidade. Nesse sentido a crítica procedente de Amorim e Oliveira: "Persistem no Projeto (arts. 1.991 e ss.), à moda do Código atual, disposições várias sobre o inventário (...) muitas já constam, por serem tipicamente processuais, do Código de Processo Civil, onde melhor caberia o trato da matéria em sua integralidade, evitando dispersão legislativa e dificuldades de confronto entre normas repetidas num e noutro dos Códigos",[1288] e de Cahali e Hironaka: "Além de mal colocado o dispositivo, pela própria sistemática adotada no projeto, a regra não traduz qualquer inovação, pois assim já é em razão das normas processuais pertinentes à matéria."[1289]

Lamentavelmente, como se constata, a inovação esperada não ocorreu, limitando-se o legislador a reproduzir o esquema constante do Código Civil de 1916.[1290] Porém, a promulgação da Lei nº 11.441, de 4 de janeiro de 2007, deu novo alento à matéria favorecendo a concreti-

---

1288 AMORIM, Sebastião e OLIVEIRA, Euclides de. Obra citada, p. 367.
1289 CAHALI, Francisco José e HIRONAKA, Maria F. N. Obra citada, p. 499.
1290 Examinar a seguinte doutrina: Sebastião Luiz Amorim, "A sociedade de fato ante o processo de inventário", *RT*, 563:265-266; Paulo Penteado de Faria e Silva, "Alienação de bens do espólio e transação em juízo ou fora dele", *RT*, 545:35-40; Gil Trota Telles, "Arrolamento em razão do valor dos bens", *RT*, 537:16-28.

zação dos inventários e partilhas extrajudiciais, conforme se examinará abaixo.

Com a abertura da sucessão instaura-se entre os herdeiros um verdadeiro condomínio sucessório, um estado de comunhão, relativamente aos bens do acervo hereditário, que só cessará com a partilha. A tão-só constatação dessa realidade é suficiente a revelar a importância capital do processo de inventário que tende a pôr fim à situação de indivisão do espólio, oposta à sistemática nacional, veementemente contrária à ideia de indivisibilidade da propriedade, porque fonte de litígio e permanente tensão. Ou, como quer Itabaiana de Oliveira, porque ninguém pode ser obrigado a "permanecer em estado de indivisão, porque esta, além de repugnar ao princípio da justiça, é antieconômica e atentatória da harmonia social (...) o inventário e a partilha individualizam o direito de domínio, desembaraçam as transações de ordem civil, impedem as discórdias e dificultam os litígios".[1291]

O que o inventário quer não é dar nem tirar de ninguém, mas sim atribuir a cada um o que lhe pertence. O que o inventário persegue é o relacionar, o descrever minuciosamente e o avaliar os bens do *auctor successionis*, para possibilitar que se reparta com igualdade o acervo entre os herdeiros.[1292] Somente com o inventário se torna factível a efetiva aquisição da herança pelos sucessores, na proporção de suas quotas hereditárias. E a partilha é o momento derradeiro da situação de indivisão que se transmuda em concreta divisão.

1291 ITABAIANA DE OLIVEIRA, A. V. Obra citada, vol. III, pp. 775-776. No mesmo sentido, Bevilacqua, "Este estado de comunhão é provisório, porque constitui exceção no estado normal da propriedade, que é o individual. A comunhão estorva a circulação das riquezas, a exploração e o melhoramento dos bens, e é, também, uma fonte de discórdias" (obra citada, p. 991).

1292 Dispunha, nesse sentido, o artigo 1.771 do Código Civil de 1916: "*No inventário, serão descritos, com individuação e clareza, todos os bens da herança, assim como os alheios nela encontrados.*"

Por isso, o artigo 1.991 reporta-se ao momento inicial de indivisão – assinatura do compromisso pelo inventariante, até a total divisão do acervo hereditário – homologação da partilha. Entre esses dois momentos capitais se estende o direito dos herdeiros que, paulatinamente, passa de mera expectativa de direito em direito concreto, de quotas ideais em quotas reais.[1293]

Inventário, em sentido lato, é a relação e descrição dos bens pertencentes a qualquer pessoa e, em sentido restrito, é o processo no qual se fazem a descrição, a avaliação e a partilha dos bens do defunto entre seus herdeiros. É nesse segundo sentido que nos interessa o fenômeno do inventário.[1294]

No direito sucessório reveste-se de transcendental importância, na medida em que sem inventário seria impossível proceder-se à partilha *aequa, vera et integra*.

O inventário é processo judicial de caráter contencioso, em que são interessados o cônjuge sobrevivente, ou o companheiro, primeiramente, herdeiros legítimos e testamentários, o Ministério Público (quando houver testamento, incapazes ou ausentes), a Fazenda Pública, credores e outras pessoas jurídicas e naturais que tenham interesse no espólio.

1293 "*INVENTÁRIO – Partilha – Plano apresentado por herdeiros maiores e capazes – Impossibilidade de ser recusado pelo juiz por ser considerado incerto – Inteligência e aplicação do art. 1.031 do CPC*. Agravo de Instrumento. Plano de partilha considerado incerto pelo juiz. Herdeiros maiores e capazes. Recurso provido. O Plano de partilha apresentado por herdeiros maiores e capazes não pode ser recusado pelo juiz (art. 1.031 do CPC)". *RT*, 676:158. Ver, ainda: *RT*, 713:101; *RT*, 712:154; *RT*, 772:232; *RT*, 662:84; *RT*, 562:95; *RT*, 746:347; *RT*, 756:321; *RT*, 576:181; *RT*, 632:95; *RT*, 714:116; *RT*, 761:380; *RT*, 761:290; *RT*, 570:100-101; *RT*, 777:266; *RT*, 688:138; *RT*, 709:206; *RT*, 716:160; *RT*, 779:292; *RT*, 532:103; *RT*, 532:91; *RT*, 550:98; *RT*, 536:104; *RT*, 540:181; *RT*, 540:106; *RT*, 541:129; *RT*, 534:77; *RT*, 639:79; *RT*, 752:167; *RT*, 734:257; *RT*, 768:366; *RT*, 646:75; *RT*, 649:57; *RT*, 650:92; *RT*, 604:47; *RT*, 587:106; *RT*, 587:76; *RT*, 584:278; *RT*, 584:210; *RT*, 583:240-241; *RT*, 581:217; *RT*, 593:192; *RT*, 578:116; *RT*, 598:82.
1294 STARLING, Leão Vieira. *Inventários e Partilhas*. 5. ed. São Paulo: Saraiva, 1957, p. 25.

Conforme dispõem os artigos 982 a 1.036 do Código de Processo Civil (com as alterações ocorridas pela Lei nº 7.019, de 31.08.1982), três são os ritos distintos de inventário: a) o inventário tradicional e solene, de aplicação residual (arts. 982 a 1.030 do CPC); b) o inventário pelo rito do arrolamento sumário (art. 1.031 do CPC), quando todos os herdeiros forem maiores e capazes; c) o inventário pelo rito de arrolamento (art. 1.036 do CPC), quando os bens do espólio são de valor igual ou superior a 2.000 ORTNs.

Embora o processo de inventário seja composto de diversas fases, o texto legal só considerou a inicial (nomeação do inventariante, com o devido compromisso) e a final (homologação da partilha ou auto de adjudicação) para caracterizar a administração exercida pelo inventariante.

O inventariante é a pessoa responsável pela administração dos bens do espólio, sendo o seu representante legal.[1295] Quem exerce esse *munus* são pessoas capazes e que não tenham interesses contrários aos do espólio. O Código de Processo Civil estabelece, no artigo 990, a or-

---

1295 "*INVENTÁRIO – Recurso – Irresignação manejada pelo inventariante, em nome próprio, na defesa de interesses do espólio – Inadmissibilidade – Inexistência de substituição processual.* Ementa Oficial: Processual civil – Recurso de agravo contra decisão terminativa, em agravo de instrumento, pelo qual se negara seguimento àquele recurso por não ter o recorrente legitimidade, na qualidade de terceiro interessado – Ex-inventariante dativo do espólio da genitora das recorridas – Para ingressar com recurso instrumentado contra decisão pela qual fora destituído de tal encargo e substituído por terceiro. Não sendo o agravante parte nação originária, nem tampouco tendo interesse jurídico relevante no deslinde da controvérsia – uma vez que as determinações contidas na decisão que originou o agravo de instrumento não lhe causam, nem mesmo de modo reflexo, qualquer gravame – não há como ser considerado legítimo para o manejo do recurso instrumentado. A legislação processual em vigor não confere ao inventariante legitimidade para ingressar, em nome próprio, com recurso na defesa dos interesses do espólio, já que, em tais casos, o próprio espólio é que deve figurar como recorrente, representado por seu inventariante, uma vez que este não é substituto processual daquele – Recurso de agravo ao qual se nega provimento. Decisão unânime" (*In: RT*, 872: 351).

dem de preferência das pessoas que podem ser nomeadas para o cargo. Assim:

I – o cônjuge sobrevivente (ou o companheiro);[1296]

II – o herdeiro que se achar na posse e administração do espólio, se não houver cônjuge sobrevivente (ou companheiro) ou este não puder ser nomeado;

III – qualquer herdeiro, nenhum estando na posse e administração do espólio;

IV – o testamenteiro, se lhe foi confiada a administração do espólio ou toda a herança estiver distribuída em legados;

V – o inventariante judicial, se houver;

VI – pessoa estranha idônea, onde não houver inventariante judicial.

Intimado da nomeação, o inventariante prestará compromisso de bem e fielmente desempenhar o seu cargo, no prazo de 5 (cinco) dias, nos termos do parágrafo único do artigo 990 do Código de Processo Civil.

A Lei nº 7.019, já citada, alterou a redação do artigo 1.032 do CPC, procurando simplificar o processamento de inventários sob o rito de arrolamento, eliminando a necessidade de o inventariante assinar termo de compromisso, estando ele investido no cargo apenas com a nomeação. Nesse caso, o compromisso defluirá da própria investidura, desde que aceita.

Homologada a partilha, fracionam-se os bens finalizando-se o inventário. Encerra-se a administração da herança pelo inventariante.

1296 Embora o CPC não se refira ao companheiro, o artigo exige releitura de acordo com os princípios constitucionais e, se a união estável foi guindada à categoria de entidade familiar, não há nenhuma dúvida de que o companheiro está inserido no rol do artigo 990 do CPC.

Do inventário e da partilha extrajudiciais – (Comentários à Lei nº 11.441, de 04 de janeiro de 2007).

A) Considerações preliminares

A Lei nº 11.441 é uma norma de origem federal, de natureza procedimental ou "processual", que se originou de intensos debates no Congresso Nacional, com vistas a simplificar a processo de inventário, quase sempre longo, demorado e tormentoso.

O Projeto de Lei nº 4.725, de 2004, que originou a Lei nº 11.411, apresenta, na sua Exposição de Motivos, os princípios e finalidades perseguidos pelo Poder Executivo e merecem ser transcritos para se avaliar e determinar o escopo da nova proposta legislativa.

Assim, os principais objetivos da proposta poderiam ser reduzidos em sete grandes linhas de mudanças, a saber:

a) a lei busca uma simplificação de procedimentos, por isso é possível afirmar a sua natureza procedimental, não alterando o direito material. O escopo final da nova proposta é simplificar o processo de inventário, reconhecidamente complexo, lento e oneroso;

b) trata-se de uma via alternativa para os procedimentos de separação, divórcio, inventário e partilha, quando as partes, maiores e capazes, estão consentes, isto é, a via judicial continua possível, nada impedindo o recurso à via judicial. Nesse sentido, é possível falar-se em uma "opção" criada pelo legislador; as partes optam pela via judicial, ou pela via administrativa;

c) maior racionalidade e celeridade, resultante do procedimento notarial, mais apropriado quando as partes estão de acordo a respeito da matéria, resguardando um efeito "residual" para o procedimento judicial, quando há litígio. Nesse sentido é possível afirmar que a celeridade fica garantida em duas vias: o procedimento consensual é mais rápido e o procedimento litigioso, pela via judicial, também deverá sê-lo, vez que as causas consensuais não aumentarão o volume processual, atualmente excessivo. O que a nova Lei pretende é desonerar o Poder Judiciário, minimizando os inventários e partilhas judiciais, normalmente caracterizados por um procedimento "pesado".[1297]

d) priorizar ao Poder Judiciário a jurisdição contenciosa, espaço natural de sua atuação, canalizando para agentes do Poder Público (leia-se, atividade cartorial) a atividade consensual. Nesse sentido, é possível afirmar, com Zeno Veloso, que a nova Lei é de extrema importância, na medida em que "faculta aos interessados adotar um procedimento abreviado, simplificando, fora do Poder Judiciário, sem burocracia, sem intermináveis idas e vindas";[1298]

e) desafogar o Poder Judiciário, já que todos os diagnósticos confirmam uma sobrecarga de causas, com tendência a crescimento e à inequívoca e manifesta intenção do Poder Público de não mais destinar recursos para melhor aparelhar o Judiciário, em face da demanda crescente de causas;

f) facilitar a vida do cidadão, já que o procedimento notarial, além de mais célere, envolve uma menor burocracia;

g) desonerar o cidadão, com a previsão de gratuidade para os atos de separação e divórcio e com tabelas de emolumentos notariais mais baratas do que as atuais tabelas de custas (dos serviços forenses ou taxa judiciária) em vigor na maioria dos Estados para os atos de inventário

---

1297 Os doutrinadores franceses, com razão, se referem aos inventários e partilhas judiciais, como uma *procédure lourde* (procedimento pesado) em decorrência do rigorismo formal e da complexidade processual. Ver, nesse sentido, Michel GRIMALDI. *Droit Civil – Successions*. Paris: Litec, 1996, p. 782.

1298 VELOSO, Zeno. *Lei nº 11.411, de 04.01.2007 – Aspectos práticos da separação, divórcio, inventário e partilha consensuais*. Pará: ANOREG, 2008, p. 6.

e partilha. Resgate-se, entretanto, nesste particular, que a pretendida gratuidade, desejada pela Resolução CNJ 35,[1299] quanto às escrituras de inventário e partilha, não se materializou em face da nova redação dada ao parágrafo 3º do art. 1.124-A[1300] do Código de Processo Civil que se restringe às escrituras públicas de separação e divórcio consensuais, "sem previsão específica para as escrituras de inventário e outros atos".[1301]

A análise dos objetivos perseguidos pela nova Lei é suficiente a determinar a extraordinária importância e os avanços notáveis que introduziu, especialmente, na matéria sucessória, que é, aqui, objeto de nossa investigação e análise. "Os benefícios desta nova Lei nº 11.441/2007", afirma Karin Rosa, "já são proclamados em coro pelos seus comentadores (juristas, magistrados, advogados, notários etc.), na medida em que facilita extremamente o procedimento para os atos nela previstos, ao mesmo tempo em que, de forma promissora, alivia a carga do Judiciário já tão abarrotado com diversas pendências em deficiente estrutura, permitindo-lhe deixar de lado providências meramente homologatórias (e eminentemente administrativas, como são aquelas previstas na nor-

---

1299 O CNJ – Conselho Nacional de Justiça interviu na aplicação da Lei nº 11.441/2007 e editou a Resolução nº 35, de 24 de abril de 2007 – de leitura obrigatória para quem pretende conhecer o alcance da nova legislação em vigor – que pacificou a matéria, superando as dificuldades decorrentes da descoincidência entre os provimentos estaduais. De fato, a Resolução disciplina os serviços notariais por meio de orientações de natureza normativa que complementam os diversos aspectos práticos da Lei nº 11.411/07.

1300 *"Art. 1.124-A. A separação consensual e o divórcio consensual, não havendo filhos menores ou incapazes do casal e observados os requisitos legais quanto aos prazos, poderão ser realizados por escritura pública, da qual constarão as disposições relativas à descrição e à partilha dos bens comuns e à pensão alimentícia e, ainda, ao acordo quanto à retomada pelo cônjuge de seu nome de solteiro ou à manutenção do nome adotado quando se deu o casamento.*

*§ 3º. A escritura e demais atos notariais **serão gratuitos** àqueles que se declararem pobres sob as penas da lei"* (grifamos).

1301 Nesse sentido, Sebastião AMORIM e Euclides de OLIVEIRA. *Inventários e Partilhas – Direitos das Sucessões – Teoria e Prática*. 21. ed. rev. e atual., p. 401.

ma), para dedicar-se com maior maestria à solução célere e justa de processos litigiosos que inevitavelmente lhe são apresentados."[1302]

Ainda que a nova Lei tenha gerado perplexidade no mundo jurídico brasileiro, pautado pelo excesso do formalismo e do rigorismo procedimental, a partilha extrajudicial, ou administrativa, já é conhecida, há bastante tempo, pelo direito comparado, demonstrando sua eficácia e validade, quando o acordo é a tônica determinadora de uma postura unânime tendente à composição.

Assim, o *Code Civil* prevê, no seu art. 819: *"Si tous les héritiers sont présents et capables, le partage peut être fait dans la forme et par tel acte que les parties jugent convenables"* (Se todos os herdeiros estão presentes e são capazes, a partilha pode ser feita na forma e pelo ato que as partes julgam conveniente) (De acordo com a Lei nº 85-1371, de 23 de dezembro de 1985, que entrou em vigor em 1º de julho de 1986).

Merece transcrição a postura da doutrina francesa sobre o inventário e partilha judiciais. Assim, diz Malaurie e Aynès: *"Le Code prévoit deux formes pour le partage. D'une part (art. 819), le partage amiable, si tout le monde est d'accord. D'autre part (art. 820), le partage judiciaire, à ce point complexe et formaliste qu'il est la bête noire des praticiens; la pratique et la loi s'efforcent de l'éviter et il n'intervient que lorsqu'il y a a une discorde entre les parties."*[1303] A expressão *inter-*

1302 ROSA, Karin Regina Rick. *Adequada atribuição de competência aos notários. In:* Francisco José Cahali, Antonio Herance Neto, Karin Regina Rick Rosa e Paulo Roberto Gaiger Ferreira. *Escrituras Públicas – Separação, Divórcio, Inventário e Partilha Consensuais.* São Paulo: RT, 2007, p. 54.
1303 O Código prevê duas formas de partilha. De um lado (art. 819), a partilha amigável, se todo mundo está de acordo. De outro (art. 820), a partilha judicial, neste ponto, complexa e formalista, tal qual a *besta negra* dos advogados; a prática e a lei se esforçam de evitá-la e elas só intervêm quando há uma discórdia entre as partes (tradução livre do autor) (*Apud*: Philippe Malaurie et Laurent Aynès. *Droit Civil – Les Successions – Les Libéralités,* p. 488.

vient empregada pelos autores (*besta negra*) revela o quanto a partilha judicial é evitada e temida pelos operadores do Direito.

No mesmo sentido, a doutrina de Grimaldi: "*La longueur, l'onérosité et les aléas du partage judiciaire peuvent inspirer aux co-partageants le regret de s'être aventures dans cette voie. Ainsi, la loi leur permet-elle de l'abandonner à tout moment pour procéder à un partage de tel manière qu'ils aviseront (art. 985 do CPC francês). L'hypothèse est d'autant plus plausible que la progression de la procédure peut faire disparaître les points litigieux (estimation, composition des lots) et inciter certains à rabattre leurs prétentions.*"[1304]

A doutrina francesa é unânime em afirmar a preferência da partilha extrajudicial à judicial, com base no consensualismo, cujo Código Civil faz expressa menção (art. 819). A partilha amigável resulta de uma convenção concluída pelas partes, com base no acordo. Nenhuma condição de forma é exigida para sua validade: submetidos ao princípio do consensualismo, a partilha se materializa unicamente pela troca de consentimentos.

É esse modelo que serve de paradigma à proposta brasileira, como examinaremos em seguida.

Na mesma linha de pensamento se direciona a legislação portuguesa quando, no art. 2.102, 1, assim dispõe: "A partilha pode fazer-se extrajudicialmente, quando houver acordo de todos os interessados, ou por inventário judicial nos termos prescritos na lei de processo."

1304 GRIMALDI, Michel. Obra citada, p. 787. Tradução livre do autor: "A demora, a onerosidade e os azares da partilha judicial podem inspirar, junto aos co-partilhadores, o arrependimento de terem se aventurado nessa via. Assim, a lei lhes permite abandonar, a qualquer momento (a via judicial) para proceder a uma partilha 'da maneira que eles decidirem' (art. 985 do CPC francês). A hipótese é tanto mais plausível que a progressão do procedimento pode fazer desaparecer os pontos litigiosos (estimativa, composição dos lotes) como pode conduzir alguns (herdeiros) a diminuir suas pretensões."

E a doutrina especializada: "Há, por um lado, o *inventário extrajudicial,* quando *todos* os ineteressados estão de acordo e a lei se não opõe à sua realização (art. 2.101, 1). O acordo unânime de *todos* os interessados para que possa realizar-se a partilha *extrajudicial* está em perfeita coerência com o princípio do art. 2.101, ditado por sua vez pela reconhecida hostilidade da lei aos regimes da *contitularidade* de direitos. E há, por outro lado, o inventário judicial, subordinado ao formalismo prescrito na lei de processo, quando não exista acordo de todos os interessados (para a realização da partilha extrajudicial) ou quando a lei o exija, mercê do *dever de tutela* especial dos direitos de algum ou alguns deles."[1305] Ainda: "A partilha extrajudicial supõe o acordo de todos os interessados (art. 2.102/1). Se faltar o acordo de algum deles, terá de se recorrer ao inventário judicial para se sair da indivisão."[1306] E a doutrina de Diogo Leite de Campos: "A partilha pode fazer-se judicial ou extrajudicialmente (art. 2.102). A partilha extrajudicial é feita se houver acordo entre os interessados, e nos termos deste acordo, embora tenha de revestir a forma de escritura pública, se da herança fizerem parte coisas imóveis. A partilha judicial realiza-se em processo de inventário, quer facultativo, quer obrigatório."[1307]

Na mesma esteira dos direitos invocados, o Código Civil espanhol, no art. 1.058 permite que a partilha da herança seja feita extrajudicialmente, se os herdeiros forem maiores, tiverem a livre administração de seus bens e houver acordo unânime de todos eles.

O Código Civil suíço, no art. 607, 2, estabelece o princípio da liberalidade da convenção em matéria de partilha. Postura igualmente assumida pelo Código Civil alemão (BGB) no art. 2.048 e também pelo

---

1305 PIRES DE LIMA e ANTUNES VARELA. *Código Civil Anotado,* vol. VI, p. 166.
1306 ASCENSÃO, José de Oliveira. *Direito Civil – Sucessões,* p. 541.
1307 CAMPOS, Diogo Leite de. *Lições de Direito de Família e das Sucessões,* p. 587.

Código Civil italiano, que, no art. 733, II, os dois últimos dispondo que o testador pode determinar a realização da partilha segundo o critério de um terceiro.

Na América latina, o Código Civil argentino (reformado pela Lei nº 17.711/68) admite a partilha extrajudicial ou privada, que pode ser feita pelos herdeiros presentes e capazes, desde que haja acordo entre eles. No mesmo sentido, o art. 2.530 do Código Civil paraguaio e o art. 853 do Código Civil peruano.

Como se depreende da leitura proposta pela legislação comparada, a aceitação do inventário e partilha extrajudiciais é matéria enfrentada há mais de duas décadas, com ampla aceitação pela doutrina e jurisprudência.

Da análise do direito comparado decorrem princípios que passaram a informar a postura do legislador pátrio, a saber: a necessidade do acordo unânime, a maioridade das partes, a inocorrência de testamento e a necessidade de escritura pública.

Conforme disposto na lei brasileira, somente se permite a celebração da escritura de inventário e partilha se:

– a) as partes forem todas maiores e capazes;
– b) houver acordo de partilha;
– c) a presença do advogado para assistir às partes;
– d) a inocorrência de testamento.[1308]

B) Procedimento judicial x procedimento notarial

A Lei nº 11.441/07 alterou os artigos 982, 983 e 1.031 do Código de Processo Civil, com o escopo de facilitar a realização do inventário por escritura pública independente de homologação judicial. Conforme

---

1308 No mesmo sentido, a doutrina de Sebastião Amorim e Euclides de Oliveira. Obra citada, p. 394.

se viu, houve uma migração, desejada pelo legislador, da matéria, originariamente, de competência processual, para a competência administrativa (nitidamente notarial).

Por isso se afirmou a natureza procedimental da nova legislação, ou, como bem doutrinou Paulo Roberto Ferreira, "é evidente que este outro procedimento não tem as características ou tampouco segue os princípios do direito processual civil. Para aplicação desta lei, é necessário seguir o procedimento notarial, em nada similar ao procedimento judicial".[1309]

A Lei nº 11.441/07 é composta de cinco artigos, sendo quatro de cunho normativo (arts. 1º, 2º, 3º e 5º) e apenas um (art. 4º) de cunho formalista, aduzindo a *vacatio legis* e informando a data de entrada em vigor da nova Lei (5 de janeiro de 2007).

Uma leitura superficial dos artigos elencados na nova Lei "pode transmitir a impressão de que as mudanças não foram de grande expressão. O exame mais atento das novas regras, entretanto, revela uma série de aspectos significativos que merece destaque para a devida aplicação".[1310]

A nova redação dada ao art. 982 do CPC admite o inventário e partilha por escritura pública, por notário, quando as partes forem capazes e concordes. O citado artigo indica a escritura pública como título hábil para o registro imobiliário, mas a leitura do art. 982 deve ser feita em exegese extensiva; claro está que a escritura pública também é instrumento hábil para outros bens (móveis, semoventes). O que o legislador quis dizer é que a escritura pública é título hábil para registro. Assim, no caso de ser partilhado um automóvel, a escritura pública deverá ser

---

1309 FERREIRA, Paulo Roberto Gaiger. "Procedimento judicial e procedimento notarial". *In:* Francisco José Cahali e outros. Obra citada, p. 15.
1310 ROSA, Karin Regina Rick. "Adequada atribuição de competência aos notários". *In:* Francisco José Cahali e outros. Obra citada, p. 49.

levada a registro no DETRAN, para se materializar a transferência da titularidade.[1311] Alteram-se os prazos de abertura e encerramento do inventário (art. 983), com possibilidade de serem prorrogados, revogado o seu parágrafo único. A Lei nº 11.441/07 alterou e atualizou a redação do art. 1.031 do CPC,[1312] substituindo a referência ao art. 1.773 (CC/1916) pelo art. 2.013 do atual Código Civil, que dispõe sobre a escritura de partilha amigável ("...*homologada de plano pelo juiz, mediante a prova da quitação dos tributos relativos aos bens do espólio e às suas rendas...*"); a modificação refere-se à uma espécie de inventário (arrolamento sumário previsto no art. 1.031 do CPC) quando o autor da herança não deixou testamento e os herdeiros são capazes e concordes; permanecem, pois, as duas formas de inventário simplificado, a saber, o arrolamento sumário (art. 1.031 do CPC) e o arrolamento comum (art. 1.036 do CPC), sem imposição do rito extrajudicial, como corretamente ressaltaram Amorim e Oliveira: "... ainda que não haja testamento, e mesmo que todas as partes concordem com os termos da partilha, poderá ser adotado o rito judicial, a critério ou por conveniência dos interessados."[1313]

1311 Dispõe o art 3º da Resolução nº 35 do Conselho Nacional de Justiça, nos seguintes termos: "*As escrituras públicas de inventário e partilha, separação e divórcio consensuais não dependem de homologação judicial e são títulos hábeis para o registro civil e o registro imobiliário, para a transferência de bens e direitos, bem como para a promoção de todos os atos necessários à materialização das transferências de bens e levantamento de valores (DETRAN, Junta Comercial, Registro Civil de Pessoas Jurídicas, instituições financeiras, companhias telefônicas etc.)*

1312 "*Art. 1.031. a partilha amigável, celebrada entre partes capazes, nos termos do* art. 1.773 do Código Civil, *será homologada de plano pelo juiz, mediante a prova de quitação dos tributos relativos aos bens do espólio e às suas rendas, com observância dos arts. 1.032 a 1.035 desta lei*" (grifamos) (antiga redação).
"*Art. 1.031. A partilha amigável, celebrada entre as partes capazes, nos termos do* art. 2.015 da Lei nº 10.406, de 10 de janeiro de 2002, *será homologada de plano pelo juiz, mediante a prova da quitação dos tributos relativos aos bens do espólio e às suas rendas, com observância dos arts. 1.032 a 1.035 desta Lei*" (grifamos) (atual redação)

1313 AMORIM, Sebastião e OLIVEIRA, Euclides de. Obra citada, p. 387.

Ou seja, a leitura dos artigos invocados e a análise dos efeitos no terreno sucessório revelam e irradiam, como em gradações cromáticas, a extensão das modificações tanto no ambiente do mero inventário quanto na partilha.

C) Algumas questões controvertidas

A entrada em vigor da Lei nº 11.441/2007 gerou grande controvérsia no meio jurídico nacional, quer em decorrência do ineditismo da nova Lei, quer pela profunda alteração que provocou no tradicional procedimento judicial dos inventários e partilhas, quer pelas próprias lacunas deixadas pelo legislador ordinário acerca de questões essenciais ao andamento dos inventários e partilhas extrajudiciais.

Em parte, a situação de perplexidade foi minorada pela Resolução nº 35 (de 24.04.2007) exarada pelo Conselho Nacional de Justiça, mas o fundamental, como bem ressaltado por Parodi e Santos, quanto à interpretação e aplicação da Lei, é a postura dos operadores do direito, que, na ótica das autoras citadas, deve ser praticada "... de maneira ampla. Precisiosismos que remetem à sua interpretação estritamente gramatical, ou literal, colocarão a perder o bom trabalho do legislador, relegando ao ostracismo um diploma inovador".[1314]

C.1.) Procedimento extrajudicial: obrigatório ou facultativo?

Talvez, a primeira questão que se impõe ao estudioso da nova matéria diga respeito à obrigatoriedade ou facultatividade do procedimento extrajudicial, já que, com a publicação da nova Lei, o legislador brasileiro criou dois caminhos de opção aos casais separandos ou aos herdeiros.

1314 PARODI, Ana Cecília e SANTOS, Clarice Ribeiro dos. *Inventário e Rompimento conjugal por escritura.* Campinas: Russel Editores, 2007, p. 148.

Por isso, para evitar eventuais dúvidas quanto à aplicação da nova Lei, cabe a questão inicial sobre a materialização do procedimento: é obrigatório ou facultativo?

Resgate-se, *ab initio*, que a Lei nº 11.441/2007 integra o que se denominou "pacote" do "Pacto de Estado em favor de um Judiciário mais rápido e republicano", firmado entre os representantes dos Poderes Legislativo, Executivo e Judiciário. É que a demora na prestação jurisdicional sempre afligiu todos os operadores do direito e sempre foi alvo de críticas dos processualistas nacionais. As finalidades do "Pacto", dentre outras, foi criar, discutir e efetivar propostas e traçar diretrizes destinadas à melhoria da prestação jurisdicional.

Logo, ao contrário do afirmado por alguns autores, a nova proposta não gerou o temido efeito da "desjudicialização", como poder-se-ia inferir da leitura dos artigos acima invocados. Ou, como bem lembrado por Ezequiel Morais, em rigoroso estudo sobre a matéria: "Não houve Desjudicialização' na Lei nº 11.441 (...) porque não foi retirada a jurisdição dos órgãos estatais integrantes do Poder Judiciário. O que fez-se foi estender – e não extirpar – a jurisdição voluntária ou contenciosa à esfera administrativa, aos órgãos não judiciários e ao particular (...) Então, o legislador (...) facultou ao particular o acesso ao Poder Judiciário ou aos órgãos administrativos nos casos de que trata a Lei nº 11.441/2007."[1315]

No mesmo sentido, a doutrina de Nogueira da Gama, ao afirmar que: "... é facultativa a via administrativa do inventário e da partilha, o que significa afirmar que, mesmo não havendo testamento, tampouco

---

1315 MORAIS, Ezequiel. "O procedimento extrajudicial previsto na Lei nº 11.441/2007, para as hipóteses de que trata, é obrigatório ou facultativo? Poderão ou deverão?" *In:* Antonio Carlos Mathias Coltro e Mário Luiz Delgado. *Separação, Divórcio, Partilhas e Inventários Extrajudiciais (Questionamentos sobre a Lei nº 11.441/2007)*. São Paulo: Método, 2007, p. 26.

interessado incapaz, e ainda que haja consenso entre todos os interessados, poderá ser instaurado inventário judicial, sem se optar pelo inventário administrativo, previsto na 2ª parte do *caput* do art. 982, na sua nova redação."[1316] Ou seja, a proposta do legislador, em face da nova lei, é opcional, as partes podendo optar quer pela via judicial, quer pela extrajudicial.

E, ainda, o mesmo autor, concluindo seu pensamento: "Se é certo que a Lei nº 11.441/2007 veio para atender aos reclamos de parte da doutrina quanto à desnecessidade do inventário judicial nos casos de consenso sobre o inventário e a partilha, não havendo testamento nem incapaz, não menos correto é considerar que pode ser mais conveniente às partes interessadas que haja maior cuidado e zelo nos atos relacionados ao inventário e partilha, daí a possibilidade de opção pela via judicial."[1317]

Se é opcional, conforme se viu, o distribuidor judicial não pode se negar a distribuir a ação judicial de inventário quando as partes são capazes e concordes, alegando que o inventário deva ser feito, obrigatoriamente, por escritura pública. Tal postura nega peremptoriamente a possibilidade de opção desejada pelo autor da nova Lei.

A hipótese (baseada na realidade) já foi apontada por Christiano Cassetari, que discorda desse posicionamento criticável, por duas razões; "primeiro", diz o autor citado, "porque seria inconstitucional impedir que os jurisdicionados possam se socorrer do Poder Judiciário

---

1316 GAMA, Guilherme Calmon Nogueira da. "É possível, com a vigência da Lei nº 11.441/2007, a adjudicação ser feita por escritura pública?" *In:* Antonio Carlos Mathias Coltro e Mário Luiz Delgado. Obra citada, p. 305.
1317 GAMA, G. C. N. da. *Idem, ibidem.* Igual postura assumida por Silvio Venosa: "O inventário tem plenas possibilidades de realizar-se sem intervenção judicial, quando de acordo todos os herdeiros maiores e capazes. Tecnicamente, porém, nada impede que a lei autorize o procedimento particular." *Direito Civil – Direito das Sucessões*, p. 83.

para a solução de um conflito, em razão da Constituição Federal estabelecer uma garantia fundamental, no art. 5º, ao estabelecer no inciso XXXV que *a lei não excluirá da apreciação do Poder Judiciário lesão ou ameaça a direito.*

Um segundo argumento seria de que o legislador tomou o cuidado de incluir no art. 982 do Código de Processo Civil que *o inventário* **poderá** *ser feito por escritura pública* (...) a aplicação da lei em comento é facultativa, em razão da possibilidade de lavrar escrituras de separação, divórcio, inventário e partilha, não impedir que os atos sejam também feitos judicialmente".[1318]

Deve-se ter sempre presente que o dispositivo legal foi suficientemente claro no emprego do verbo "poder" ("... *poderá fazer-se o inventário e a partilha por escritura pública...*"), criando aos herdeiros a possibilidade de promover, fora do âmbito judicial, por escritura pública, o inventário e as respectivas partilhas dos bens.

"Observa-se", disse Morais, "que a intenção do legislador ao criar a norma em foco foi procurar outros caminhos, sem obstaculizar aquele de outrora, qual seja, o Judiciário".[1319]

As próprias palavras empregadas pelo legislador, como bem apontado por Morais, "estão longe de ensejar em equívoco e em obrigatoriedade, tais como: 'poderá', 'podem', 'poderão', 'possibilidade', 'permitir', 'faculte', 'faculdade' etc. Resta indubitável e inquestionável a opção legislativa de dotar a norma de facultatividade – e não de obrigatoriedade".[1320]

1318 CASSETARI, Christiano. *Separação, Divórcio e Inventário por Escritura Pública (Teoria e Prática)*. São Paulo: Método, 2007, p. 60.
1319 MORAIS, Ezequiel. *Idem*, p. 28.
1320 MORAIS, Ezequiel. *Idem*, p. 32.

No mesmo sentido, a doutrina de Tartuce e Simão: "Note-se que em sendo as partes capazes e inexistindo testamento, **poderão** os herdeiros optar pelo inventário extrajudicial. Não se trata de forma obrigatória, mas sim facultativa. Caso prefiram o inventário judicial ao extrajudicial, **poderão** os herdeiros dele se utilizar seguindo todas as normas do CPC..."[1321] (grifamos).

C.2) Competência territorial

Dúvida inexiste quanto à submissão do inventário judicial a regras de competência estabelecidas no art. 96 do Código de Processo Civil, conforme anteriormente examinado. A regra geral a dominar o cenário sucessório pende sempre na mesma direção: o foro do domicílio do autor da herança é o competente para o inventário e a partilha.

Mas a Lei nº 11.441/07 não fez menção a regramentos de ordem de competência territorial para a escrituração dos inventários. Qual seria, então, o foro competente para proceder aos inventários e partilhas extrajudiciais? Por certo, não mais se aplica a regra do art. 96 do CPC, vez que "o ordenamento jurídico brasileiro promove uma distinção de regramento para a competência judicial e administrativa e, por esta mesma razão, é lícito às partes inventariarem a transmissão de bens *causa mortis*, em qualquer lugar que lhes interessar, ainda que diverso do último domicílio do autor da herança e da situação dos bens".[1322]

É que, tratando-se de prática extrajudicial, com emprego da escritura pública para promover o inventário e partilha, não mais se aplicam

---

1321 TARTUCE, Flávio e SIMÃO, José Fernando. *Direito Civil – Direito das Sucessões (Série Concursos)*. São Paulo: Método, 2007, p. 388.
1322 PARODI, Ana Cecília e SANTOS, Clarice Ribeiro dos. Obra citada, p. 127.

as regras de competência das leis processuais, mas a norma do art. 8º da Lei nº 8.935/1994[1323] (Lei dos Cartórios).

Segundo Veloso, a Lei dos Cartórios (Lei dos Notários e dos Registradores) é uma lei especial sobre o tema que "consagra o princípio da plena liberdade das partes na escolha do tabelião, embora seja proibido que este pratique atos de seu ofício fora do Município para o qual recebeu delegação (...) portanto, independentemente do domicílio do *de cujus*, ou da situação dos bens hereditários, ou do lugar em que ocorreu o óbito, ou do domicílio das partes, os interessados podem escolher o notário de qualquer domicílio para redigir a escritura pública de inventário e partilha".[1324]

Neste sentido a disposição constante no art. 1º da Resolução nº 35/2007: *"Para a lavratura dos atos notariais de que trata a Lei nº 11.441/07 é livre a escolha do tabelião de notas, não se aplicando as regras de competência do Código de Processo Civil."*

Igualmente, a Lei nº 8.935/94 estabelece, em dois artigos, a competência do notário para prática dos atos. O art. 8º garante ao outorgante a liberdade de escolha do tabelião de notas, independentemente do domicílio das partes ou do lugar de situação dos bens objeto do ato ou negócio. O art. 9º faz ressalva em relação à territorialidade, vedando a prática de atos pelo notário fora do Município para o qual recebeu a delegação.

Esse é o entendimento adotado nos Estados em que houve manifestação da Corregedoria Geral da Justiça sobre o assunto.[1325]

1323 *"Art. 8º. É livre a escolha do tabelião de notas, qualquer que seja o domicílio das partes ou o lugar de situação dos bens objeto do ato ou negócio."*
1324 VELOSO, Zeno. Obra citada, p. 25.
1325 Assim para citar os exemplos da região sul do Brasil:
Provimento nº 4/2007 da Corregedoria Geral da Justiça do Rio Grande do Sul: "619-J. As partes poderão escolher livremente o tabelionato para a lavratura da escritura de inventário, partilha

Conforme se constata, a escolha do notário está legalmente permitida, ainda que, como bem alertado por Karin Rosa, essa possa não ser uma boa opção para as escrituras tratadas nessa Lei. Exemplificando sua crítica, a autora prevê que "... a liberdade tal qual enunciada pode ensejar o inventário e a partilha em um notário por alguns herdeiros, quando, em outro município (quem sabe do autor da herança), esteja em discussão ação de investigação de paternidade, reconhecimento de união estável ou mesmo inventário judicial requerido pela afirmada companheira-viúva".[1326]

Com razão o alerta cauteloso da autora, que aponta, como solução mais adequada, "que seja colhido, no corpo da escritura, a declaração expressa dos outorgantes, sob as penas da lei, de que desconhecem a existência de outros herdeiros, de companheiro(a) viúvo(a) do falecido, ou de ações de reconhecimento de união estável ou investigação de paternidade".[1327]

---

    ou adjudicação, separação, divórcio e de restabelecimento da sociedade conjugal, independentemente do domicílio dos interessados ou do lugar de situação dos bens objeto do ato" (artigo acrescentado à CNNR).
    Circular nº 1/2007 da Corregedoria Geral da Justiça de Santa Catarina: "1. As escrituras públicas de inventário e partilha, de separação e de divórcio – bem como, por extensão, de sobrepartilha e de restabelecimento de sociedade conjugal – poderão ser lavradas por qualquer tabelião ou escrivão de paz, independentemente do domicílio ou do local do óbito do autor da herança e da residência dos separandos ou divorciandos."
    Corregedoria Geral da Justiça do Paraná. Provimento nº 110/2007: "11.11.1. É livre a escolha do tabelião de notas para a lavratura dos atos previstos nesta Seção, independentemente do domicílio ou do local do óbito do autor da herança, da localização dos bens que a compõe, da residência e do local dos bens dos cônjuges."
    Conclusões do Grupo de Estudos instituídos pela Portaria nº 1/2007 da Corregedoria Geral da Justiça de São Paulo: "1.4. Para lavratura dos atos notariais de que trata a Lei nº 11.441/2007 (art. 8º da Lei nº 8.935/94) é livre a escolha do tabelião de notas, não se aplicando as regras de competência do Código de Processo Civil."

1326 ROSA, Karin Regina Rick. Obra citada, p. 59.
1327 ROSA, Karin Regina Rick. Obra citada, p. 60.

De qualquer maneira, se os demais herdeiros reconhecerem a existência de companheiro(a), este fará parte da escritura pública de inventário, preservando a sua meação e o quinhão hereditário que, eventualmente, lhe caiba. Assim dispõe o art. 18 da Resolução nº 35/2007: *"O(a) companheiro(a) que tenha direito à sucessão é parte, observada a necessidade de ação judicial se o autor da herança não deixar outro sucessor e não houver consenso de todos os herdeiros, inclusive quanto ao reconhecimento da união estável."* Logo, não havendo consenso dos demais herdeiros, tornar-se-á necessário o recurso ao Poder Judiciário para que se proceda ao seu reconhecimento.

Também Amorim e Oliveira visualizam desvantagens no novo procedimento pela via administrativa, quando ocorrer interesses de terceiros (credores): "Mas também haverá certo risco para os interesses de terceiros, especialmente credores, por não disporem de meios para uma pronta apuração de escrituras celebradas em cartórios de outra comarcas."[1328]

Nunca devemos perder de vista o escopo da nova Lei: criar um mecanismo mais célere e simplificado, diminuindo o sofrimento humano de forma a encerrar as complexas decisões patrimoniais. Quando todos os herdeiros são maiores – e devidamente informados pelo advogado, no que implicaria uma ação judicial de reconhecimento de união estável –, o consenso se materializa com mais facilidade. Quando, porém, os interesses econômicos em jogo são de maior monta, diminui a possibilidade de solução do partilhamento pela via administrativa. Os atuais procedimentos de ADR – Resolução Alternativa de Disputas – e suas espécies mais conhecidas, mediação, arbitragem e conciliação,

---

1328 AMORIM, Sebastião e OLIVEIRA, Euclides de. Obra citada, p. 391. Para contornar (ou minorar) a desvantagem, os autores recomendam a "criação de um Registro Central de Inventários, para concentrar dados e informações dos atos notariais lavrados, prevenir duplicidade de escrituras e facilitar buscas" (*Idem ibidem*).

têm se revelado um recurso válido na solução amigável de litígios, em oposição à clássica solução contenciosa. A mediação nos processos de família, como já tivemos oportunidade de constatar,[1329] propõe a composição, o acordo, em oposição à proposta jurisdicional, tradicionalmente adversarial e conflitiva.

Ou, como resgataram Parodi e Santos, em oportuna consideração, "... grande parcela da angústia processual era provocada pela distância entre a parte e o andamento dos autos, vez que toda concentração dos atos era feita na pessoa do Advogado. Na via administrativa, as partes ficam bem conectadas com todos os procedimentos.[1330] Isto é, as partes não são meros espectadores do desenrolar do processo, mas, ao contrário, são autores e atores no encaminhamento das soluções.

A nova Lei é, por certo, de um ineditismo perturbador (especialmente se raciocinarmos em ótica tradicional), mas, certamente, encontrará nos operadores do direito propostas e soluções tendentes a resgatar, de forma ampla e grande, os objetivos maiores de sua válida intenção.

C.3) Escritura pública e inocorrência de testamento

Conforme vimos, um dos pressupostos de aplicação da nova Lei é a inocorrência de testamento, o que, de resto, vem expressamente estabelecido na Lei nº 11.441/07, quando, no art. 1º, alterou a redação do art. 982, que passou a viger com a seguinte redação: "*Havendo testamento ou interessado incapaz, **proceder-se-á ao inventário judicial**; se todos forem capazes e concordes, poderá fazer-se o inventário e a partilha por escritura pública, a qual constituirá título hábil para o registro*

[1329] Ver, neste sentido, nosso estudo, "A mediação nos processos de família ou, um meio de reduzir o litígio em favor do consenso". In: Eduardo de Oliveira Leite (Coord.). Coleção – Grandes Temas da Atualidade, vol. 7 – Mediação, arbitragem e conciliação. Rio de Janeiro: Forense, 2008, pp. 105-141.

[1330] PARODI, Ana Cecília e SANTOS, Clarice Ribeiro dos. Obra citada, p. 180.

imobiliário" (grifamos). Ou seja, o legislador criou duas possibilidades de inventário, havendo testamento, mediante inventário judicial, e, *a contrario sensu,* não havendo inventário, mediante escritura pública.

Isto é, o recurso ao expediente extrajudicial só é possível se o *de cujus* não deixou testamento. "Não importa a forma do testamento – ordinário ou especial – ou da natureza das disposições testamentárias, ou de o testamento já ter sido registrado ou confirmado em juízo e com o 'cumpra-se' do juiz (...) Dada a expressão vedação legal, não há como fugir à conclusão de que a existência do testamento impede a utilização da partilha extrajudicial."[1331]

Mas, dispõe a segunda parte do artigo invocado, se todos os herdeiros forem capazes, poderão fazer partilha amigável, por escritura pública, de acordo com o disposto no art. 2.015 do CC, *mesmo que o autor da herança tenha deixado testamento*, apenas dependendo, nesse caso, da homologação pelo juiz.

É que o art. 1.031 do Código de Processo Civil, com a redação dada pelo art. 2º da Lei nº 11.411/07, admite a partilha extrajudicial, contanto que homologada pelo juiz. A sistemática do direito sucessório brasileiro sempre admitiu três hipóteses de realização de partilha amigável, que são: por termo nos autos de inventário, por instrumento particular e por escritura pública.

Assim, o que a lei prevê é a possibilidade de a escritura pública ser submetida à homologação judicial, quando todos os herdeiros forem capazes e houver testamento. E a escritura pública prevista na Lei nº 11.411/07 "tem igual estatura, idêntica importância e o mesmo efeito da sentença judicial (...) a escritura pública é dotada de eficácia plena, para tudo que se refira à partilha".[1332] A realidade anterior à vigência da lei já

1331 VELOSO, Zeno. Obra citada, pp. 23-24.
1332 VELOSO, Zeno. *Idem*, p. 35.

pendia nessa direção, uma vez que ao notário era facultado lavrar escrituras públicas de partilha (independentemente da ocorrência ou não de testamento), devendo as partes submetê-las à homologação pelo juiz.

Ou, como bem salientou Karin Rosa, "se antes da vigência da lei era possível a prática de ato notarial, não há razão para sustentar que desde o dia 5 de janeiro de 2007 não é mais possível a realização de inventário e partilha por escritura pública quando houver testamento, devendo ficar a ressalva que, nesses casos, a escritura precisa ser homologada judicialmente".[1333]

Com efeito, como doutrinou Euclides de Oliveira, o art. 1º da Lei nº 11.441/2007, ao dar nova redação ao art. 982 do CPC, "contém duas disposições separadas por ponto e vírgula: primeiro, mantém o inventário judicial *'havendo testamento ou interessado incapaz'*; depois, abre exceção para a hipótese de serem todos *'capazes e concordes'*, proclamando que poderão fazer o inventário e a partilha por escritura pública, *'a qual constituirá título hábil para o registro imobiliário'*. Nada fala sobre homologação judicial. Sucede que o art. 2º da nova Lei, ao modificar o art. 1.031 do CPC, que cuida do arrolamento sumário, diz que a partilha amigável, celebrada por partes capazes, nos termos do art. 2.015 do CC, será *'homologada de plano pelo juiz'*. Então, nesses termos, seria necessária a homologação de todas as partilhas amigáveis celebradas por pessoas capazes e concordes? Não. O art. 1.031 do CPC precisava ser reparado e por isso a nova redação, mas apenas para substituir a antiga referência ao art. 1.773 do CC revogado, pondo, em seu lugar, o art. 2.015 do atual CC, que cuida da partilha amigável".[1334]

1333 ROSA, Karin Regina Rick. Obra citada, p. 61.
1334 Mensagem eletrônica enviada por Euclides de Oliveira aos autores Flávio Tartuce e José Fernando Simão, em 19 de janeiro de 2007. *Apud*: Flávio Tartuce e José Fernando Simão. "A teor da nova redação do art. 1.031 do CPC, dada pela Lei nº 11.441/2007, continua sendo necessária a homologação judicial de todos os inventários e partilhas?" *In:* Antonio Carlos Mathias Coltro

Na realidade, como bem ressaltaram Cahali e Rosa, "nada mudou em relação às possíveis formas de partilha amigável. A mesmo poderá ocorrer por termo nos autos de inventário, por escrito particular ou, ainda, por escritura pública".[1335]

E no caso de o *de cujus* ter morrido sem testamento, mas ter deixado um codicilo, pergunta Zeno Veloso: seria possível a partilha extrajudicial por escritura pública? O civilista não vacila em responder afirmativamente, socorrendo-se da doutrina de Juliana Bonates.[1336] Não é, porém, esse o entendimento de Nogueira da Gama.[1337]

---

e Mário Luiz Delgado. Obra citada, p. 315. Complementa, ainda, Euclides de Oliveira: "O procedimento judicial, para tais casos, permanece, mas fica reservado aos casos de exigência dessa via, quando haja testamento, ou quando as partes optem pela abertura do inventário em Juízo. Por outras palavras, mantém-se o art. 1.031 do CPC, com arrolamento sumário pela via judicial, mas só para as hipóteses em que seja necessária essa forma procedimental ou que essa seja escolhida pelas partes. Nos outros casos, quando não haja testamento e as partes maiores e capazes optem pela via administrativa, será bastante a escritura pública, como título hábil para o registro imobiliário, nos precisos termos da nova redação dada pelo art. 1º da nova Lei ao art. 982 do CPC. Não fosse assim, e teríamos retornado à estaca zero, do sistema legal anterior, que sempre admitiu partilhas amigáveis por escritura pública nos inventários e arrolamentos sob homologação judicial. E a lei, nessa absurda situação, somente teria inovado com relação aos processos de separação e divórcio consensuais, fazendo tábula rasa da extensão ao inventário e partilha, constante da própria ementa que explicita o objetivo da norma inovadora. Anoto que os notários já estão praticando escrituras de inventário e partilha com plenos efeitos, independente de homologação judicial, e sem maiores questionamentos a esse respeito" (*Idem, ibidem*).

1335 CAHALI, Francisco José e ROSA, Karin Regina Rick. Obra citada, p. 94.
1336 BONATES, Juliana da Fonseca. *Há hipóteses em que pode ser feita partilha extrajudicial mesmo havendo testamento? Pode haver partilha extrajudicial amigável de apenas alguns bens, dividindo-se litigiosamente o restante? Pode haver partilha extrajudicial quando existir dúvida quanto à dualidade de herdeiro? Subsiste a partilha amigável judicial? Ainda será possível a partilha extrajudicial se algum dos herdeiros falecer antes de ultimada? Qual o prazo para a lavratura da partilha extrajudicial? Qual o prazo para anular a partilha extrajudicial? In:* Antonio Carlos Mathias Coltro e Mário Luiz Delgado (Coords.). *Separação, divórcio, partilhas e inventários extrajudiciais*. São Paulo: Método, 2007, p. 318.
1337 "A referência ao termo 'testamento' no art. 982 do CPC deve ser entendida de maneira restritiva à cédula testamentária, não abrangendo o codicilo, pois este somente admite a instituição de legados de pequena monta, não permitindo a instituição de heranças". *In:* Guilherme Calmon Nogueira da Gama. Obra citada, p. 305.

Questão procedente é invocada por Cahali e Rosa ao procurarem saber se só a existência do testamento pode obstar a via administrativa, ou se outras hipóteses também podem impedir o recurso àquela via. Exemplificando: "Verificado o rompimento, a caducidade ou a revogação do testamento, mesmo assim seria imprescindível o procedimento judicial?"[1338]

Os autores respondem afirmativamente à questão, argumentando, com acerto, que, "existindo o instrumento de testamento, a sua verificação é de competência exclusiva do Poder Judiciário, inclusive com previsão expressa relativa ao respectivo registro (...) a análise das formalidades e conteúdo dos testamentos (...) foge da atribuição conferida pela Lei nº 11.441 ao notário".[1339]

É que a via administrativa pressupõe a execução do inventário e da partilha que não apresentem questionamento formal do conteúdo, sempre da competência do Poder Judiciário. Mas, como informam os autores citados, se já houve prévio pronunciamento judicial invalidando o testamento em processo próprio, a sentença retira do mundo jurídico o testamento, abrindo-se novamente a legitimidade da atuação da via administrativa. *Ad cautelam,* os detalhes da situação anteriormente ocorrida deverão constar da escritura de inventário e partilha, sempre na perspectiva de anular eventuais futuros problemas.

Como alertara Hamilton de Moraes e Barros, ao se referir ao antigo art. 982 do CPC, "nos inventários e partilha consequente, porque se trata da liquidação do patrimônio de um indivíduo morto, estão em con-

---

1338 CAHALI, Francisco José e ROSA, Karin Regina Rick. "Requisitos e procedimento para lavratura da escritura pública de inventário e partilha". *In:* Francisco José Cahali e outros. *Escrituras Públicas – Separação, Divórcio, Inventário e Partilhas Consensuais.* São Paulo: RT, 2007, p. 76.
1339 CAHALI, F. J. e ROSA, K. R. R. *Idem, ibidem.*

fronto vários interesses: o dos herdeiros, o dos legatários, o do cônjuge meeiro, o dos credores do morto, do herdeiro, do legatário e do meeiro, e a Fazenda Pública".[1340]

C.4) Da presença obrigatória do advogado e da gratuidade do ato notarial

O parágrafo único do art. 982, com a nova redação dada pela Lei nº 11.441/07, dispõe expressamente sobre a atuação do advogado na escritura pública de inventário e partilha, nos seguintes termos: *"Parágrafo único. O tabelião somente lavrará a escritura pública se todas as partes interessadas estiverem assistidas por advogado comum ou advogados de cada uma delas, cuja qualificação e assinatura constarão do ato notarial"* (Disposição idêntica é encontrável no art. 1.124, § 2º, do CPC).

No mesmo sentido dispõe o art. 8º da Resolução nº 35/2007: *"É necessária a presença do advogado, dispensada a procuração, ou do defensor público, na lavratura das escrituras decorrentes da Lei nº 11.441/07, nelas constando seu nome e registro na OAB."*

E, ainda, o disposto no art. 9º da mesma Resolução: *"É vedada ao tabelião a indicação de advogado às partes, que deverão comparecer para o ato notarial*[1341]*acompanhadas de profissional de sua confiança. Se as partes não dispuserem de condições econômicas para contratar advogado, o tabelião deverá recomendar-lhes a Defensoria Pública, onde houver, ou, na sua falta, a Seccional da Ordem dos Advogados do Brasil."*

Não poderia ser outra a posição da legislação nacional, vez que o art. 133 da Constituição Federal dispõe sobre a atuação indispensável

---

1340 MORAES e BARROS, Hamilton. *Comentários ao Código de Processo Civil*. Rio de Janeiro: Forense, 1977, vol. IX, p. 190.
1341 CAHALI, F. J. e ROSA, K. R. R. *Idem*, pp. 74-75.

do advogado na administração da justiça. Assim: *"O advogado é indispensável à administração da justiça, sendo inviolável por seus atos e manifestação no exercício da profissão, nos limites da lei."*

Da análise dos artigos arrolados decorrem diversos efeitos que merecem ser considerados. Em primeiro lugar, quando a lei fala em *"qualificação e assinatura"* do(s) advogado(s), está se referindo a um requisito obrigatório, de modo que a sua inobservância acarreta nulidade do instrumento, por desrespeito à solenidade exigida.

A conferir, a doutrina de Cahali e Rosa, "a solenidade formal integra a forma, e, quando esta se exigir e não for observada, igualmente se estará diante de ato jurídico nulo. Assim, a presença do advogado na lavratura do ato, a sua qualificação e assinatura são essenciais para cumprimento da solenidade e da forma prescrita." Posição igualmente assumida por Maria Clara Falavigna,[1342] para quem a razão da obrigatoriedade estaria no art. 1º, I, do Estatuto da OAB (Lei nº 8.906, de 04.07.1994).[1343]

Ato contínuo, a lei cria uma opção às partes, que poderão contratar um só advogado, para defender o interesse de todos os herdeiros (advogado comum), ou cada qual poderá comparecer acompanhado de

---

1342 FALAVIGNA. Maria Clara Osuna Diaz. "A presença do advogado é obrigatória para a prática de todos os atos previstos na Lei nº 11.441/2007? Quais as consequências da não intervenção do advogado?" *In:* Antonio Carlos Mathias Coltro e Mario Luiz Delgado. Obra citada, p. 231.

1343 Maria Clara Osuna Diaz Falavigna se reporta (e critica) a matéria publicada no jornal *O Estado de São Paulo* (10.02.2007) cujo trecho reproduzimos a seguir: "Todavia, por causa das pressões corporativas dos setores que vivem à custa de liturgias e rituais desnecessários, a Lei nº 11.441 ficou com dois vícios cartoriais que comprometem em parte seu objetivo. O primeiro vício é a obrigação imposta às partes de contratar um advogado para referendar aquilo que elas decidiram de comum acordo. A medida foi defendida com unhas e dentes pela OAB, sob a justificativa de que os advogados impedirão que uma parte engane a outra. Mas, se não há necessidade de audiência, não há divergências entre as partes e, muitas vezes, não existe nem mesmo bens, qual a necessidade da intermediação de um advogado? A obrigatoriedade de se contratar serviços indesejados e desnecessários é um dos expedientes que a OAB desenvolveu para tentar ampliar o mercado de trabalho de seus filiados..." (Obra citada, p. 231).

seu advogado. A prerrogativa não é novidade na lei sob comento, já que, em matéria de dissolução da sociedade conjugal (separação amigável), a legislação brasileira já previra a hipótese. É que, se o consenso é a base do procedimento administrativo, inexiste necessidade de atuação de diversos advogados. Mas, se o conflito de interesses se instalou entre os herdeiros, a lei faculta o recurso a advogado individual para cada parte.

Mas na hipótese de o escrivão lavrar a escritura pública sem a assistência exigida pela lei? pergunta Maria Clara Falavigna. Vale a indagação para se determinar se o ato é inexistente ou nulo, ou anulável. Para a autora citada o ato praticado é nulo, "visto que foi ignorada uma solenidade essencial não podendo produzir direitos. Tem eficácia *ex tunc* e, sendo matéria de ordem pública, pode ser reconhecido *ex officio*, independentemente de provocação, seja pelo interessado ou outra pessoa qualquer, inclusive o membro do Ministério Público – art. 168 do CC, exceção feita aos que agiram por má-fé. As ações não estão sujeitas a prazo de prescrição e decadência e o ato não pode ser ratificado – art. 169 do CC".[1344]

Dúvida pode gerar o disposto no art. 8º da Resolução nº 35, ao se referir à *"dispensa da procuração"*, que precisa ser encarada em hipóteses diferentes; a) se o ato notarial é praticado na presença dos herdeiros e do advogado assistente, a apresentação do instrumento de procuração torna-se desnecessária, porque não se configura a representação; b) mas, se os herdeiros não estavam presentes no momento da realização do ato notarial, terão que estar representados por alguém (advogado ou terceiro), sendo que, em ambos os casos, o representante deverá estar munido de procuração.

1344 FALAVIGNA, Maria Clara Osuna Diaz. *Idem*, p. 237.

Finalmente, refere-se à Resolução nº 35, no art. 9º, sobre a hipótese da gratuidade do ato notarial, quando as partes se declararem pobres (igual previsão no art. 1.124, § 3º, do CPC, com a redação dada pela Lei nº 11.441/2007).[1345]

Como o *caput* do art. 1.124 do CPC trata tão-somente da separação consensual e do divórcio consensual, uma exegese mais restritiva poderia visualizar, aí, a ocorrência de uma regra só aplicável àquelas hipóteses e não aos inventários e partilhas. Não parece ser essa a melhor interpretação, aplicando-se a gratuidade a todas as hipóteses previstas pela Lei nº 11.441/2007.

Assim doutrina Veloso a respeito da temática: "... não é este o espírito da lei, e deve ser dada ao preceito uma interpretação extensiva que, como o nome indica, nas hipóteses em que isto for pertinente, conveniente e justo, dilata-se, estica-se o sentido da regra jurídica, verificando-se que o legislador disse menos do que pretendia (*minus dixit quam voluit*) e o alcance da lei vai além de suas palavras (...) Assim, a gratuidade prevista no art. 1.124 do CPC, numa visão sistemática, se estende às escrituras de inventário e partilha; e não só às escrituras e demais atos notariais, como, também, aos atos registrais. Seria patético que o pobre ficasse dispensado de pagar a escritura e tivesse de pagar o registro imobiliário."[1346] Em igual sentido a doutrina de Maria Luiza Cruz: "... obviamente é de se aplicar a boa hermenêutica, aplicando a gratuidade também no procedimento notarial do inventário e partilha."[1347]

1345 "*Art. 1.124. A separação consensual e o divórcio consensual, não havendo filhos...*
§ *3º A escritura e demais atos notariais serão gratuitos àqueles que se declararem pobres sob as penas da lei.*"
1346 VELOSO, Zeno. *Idem*, p. 34.
1347 CRUZ, Maria Luiza Póvoa. *Separação, divórcio e inventário por via administrativa*. Belo Horizonte: Del Rey, 2008, p. 17.

Com absoluta razão o comentário do civilista que ainda revela acendrado humanismo. Na mesma vertente de exegese a doutrina de Fernanda Tartuce: "Merece destaque o fato de que não houve a mesma menção entre os dispositivos que versam sobre o inventário e a partilha de bens, razão pela qual, em um primeiro momento, o intérprete pode crer que não se aplica em tais casos a gratuidade, ainda que haja pobreza na situação do titular da relação jurídica sucessória (...) Parece-nos que também nas hipóteses de inventário e partilha pode ser solicitada e deferida, uma vez verificada seus requisitos, a concessão da gratuidade, tal como se verifica, aliás, nos processos judiciais."[1348]

Socorrendo-se da doutrina de Christiano Chaves de Faria, Maria Clara Falavigna infere que "bastará a alegação (das partes ou de seu advogado) de falta de recursos financeiros[1349] para que as partes obtenham a gratuidade cartorária, não sendo possível ao tabelião exigir prova de fato".[1350]

E se o tabelião se negar a lavrar a escritura em virtude da suposta falta de prova sobre a pobreza? Responde Faria: há a possibilidade de três soluções ao impasse:

"a) impetração de *mandado de segurança*;

[1348] TARTUCE, Fernanda. "Cabe pedido de assistência judiciária gratuita nos procedimentos extrajudiciais previstos na Lei nº 11.441/2007? Qual o alcance do benefício de gratuidade estabelecido no § 3º do art. 1.124-A do CPC?" *In:* Antonio Carlos Mathias Coltro e Mário Luiz Delgado. Obra citada, pp. 104-105.

[1349] *Agravo regimental. Assistência judiciária. Declaração de pobreza. Ônus da prova. Para o benefício de assistência judiciária basta requerimento em que a parte afirme a sua pobreza, somente sendo afastada por prova inequívoca em contrário a cargo do impugnante* (AgRg nº 50009905/RJ, rel. Min. Humberto Gomes de Barros, 3ª Turma, 29.11.2006, *DJ* de 11.12.2006)."

[1350] FARIA, Christiano Chaves de. "A desnecessidade de procedimento judicial para as ações de separação e divórcio consensuais e a nova sistemática da Lei nº 11.441/2007: o bem vencendo o mal". Disponível em *www.juspodium.com.br*. Acesso em 10.01.2007, *Apud*: Maria Clara O. D. Falavigna. Obra citada, p. 107.

b) manejo de *procedimento administrativo de dúvida (dúvida inversa* – que, admitida jurisprudencialmente, é promovida pelo particular interessado no registro, exortando o juiz a retificar eventual exigência indevida pelo tabelião ou oficial do registro);

c) reclamação funcional à Corregedoria Geral da Justiça, para a adoção de providências administrativas, relativas ao servidor, e o pronto restabelecimento da ordem jurídica."[1351]

Ou seja, a doutrina unânime não vacila em afirmar que, ainda que a gratuidade só tenha sido contemplada expressamente no contexto das separações e divórcios, pode ser concedida também nas hipóteses de inventários e partilhas contempladas na Lei sob comento, atendendo assim ao comando constitucional sobre a assistência jurídica integral. Resgate-se, por derradeiro, que a gratuidade da assistência judiciária em escritura pública não isenta o herdeiro, que dela se socorreu, do recolhimento de imposto de transmissão e nem do registro que tem legislação própria (art. 192 do CTN).

C.5) Necessidade de inventariante

Ainda que o procedimento seja administrativo, é essencial a atuação do inventariante no procedimento. Como o inventário e a partilha são feitos na escritura pública, dispensando maiores formalismos, a não ser as providências registrais para dar eficácia à escritura, há quem defenda a inexistência de inventariante na via extrajudicial.

Nos casos comuns de partilha, a nomeação de inventariante é irrelevante, já que o ato se aperfeiçoa com a escritura de transmissão dos bens do autor da herança. Mas a necessidade de nomeação de inven-

---

1351 FARIA, Christiano Chaves de. *Site* citado acima. *Apud*: Fernanda Tartuce. Obra citada, pp. 107-108.

tariante pode ocorrer para a prática de atos, não só em nome do espólio, mas representando todos os interessados. Nesse caso, pode ocorrer a nomeação de um interessado (art. 990 do CPC) para representar os demais, na posição de inventariante. Assim o inventariante pode atuar em situações que exijam atividades externas à escritura, como levantar numerário em conta bancária; assinar em favor do comprador a escritura definitiva de compra e venda de um bem que o *de cujus,* em vida, prometeu vender; recebimento ou outorga de escritura em nome do espólio; transferir bens em órgãos públicos etc.

O compromisso do inventariante, na via extrajudicial, é prestado no mesmo ato de escrituração do inventário. Enquanto na via judicial o inventariante dispõe de um prazo de 20 (vinte) dias, contado da data em que prestou compromisso (art. 993 do CPC), para fazer as primeiras declarações no processo de inventário, na via extrajudicial, as declarações são prestadas no mesmo ato.

"Note-se", resgatam Parodi e Santos, "que não se trata de subtração de procedimentos; porém, na via administrativa, as partes participam diretamente da confecção do ato notarial, fazendo-se presentes ao ato, declaram diretamente ao tabelião e ao Advogado suas vontades, realizando seus acordos e fazendo com que sejam formalizados nas notas do Tabelião. Aqui as partes gerenciam o ato jurídico diretamente".[1352]

A indicação do inventariante é facultativa, não obrigatória, embora o art. 11 da Resolução nº 35/2007 refira-se à obrigatoriedade na nomeação de interessado, na escritura pública de inventário e partilha, para representar o espólio.[1353] Dispõe o mesmo artigo que a nomeação do

---

1352 PARODI, A. C. e SANTOS, C. R. dos. Obra citada, p. 193.
1353 *"Art. 11. É obrigatória a nomeação de interessado, na escritura pública de inventário e partilha, para representar o espólio, com poderes de inventariante, no cumprimento de obrigações ativas ou passivas pendentes, sem necessidade de seguir a ordem prevista no art. 990 do Código de Processo Civil."*

inventariante não precisa seguir, rigorosamente, a ordem apresentada no art. 990 do Código de Processo Civil.

Embora o entendimento majoritário da doutrina penda no sentido de que o art. 990 do CPC define uma ordem que deve ser respeitada pelo juiz, presumindo-se que as pessoas constantes do dispositivo são, pela ordem, as mais indicadas para assumir a incumbência, já há posição do Superior Tribunal de Justiça em sentido contrário àquela ordem.[1354]

Tartuce e Simão[1355] invocam mais duas questões a respeito da norma do art. 990 do CPC. A primeira é saber se a ordem do dispositivo pode ser quebrada por força de testamento que nomeia o inventariante. Respondem os autores citados: "Entendemos que a previsão de cláusula que nomeia inventariante não obsta que o juiz siga a ordem do art. 990 do CPC, pois o mesmo deve ser analisado de acordo com o caso concreto. Pode-se até defender que o dispositivo constitui um preceito de ordem pública, que não pode ser contrariado pela última disposição de vontade do morto. De qualquer forma, vale repetir que a ordem não é absoluta, mesmo sendo a norma cogente."[1356]

A segunda seria saber se a companheira também pode ser nomeada como inventariante, já que o inciso I do art. 990 do CPC apenas menciona expressamente o cônjuge sobrevivente. "Por óbvio que a resposta

---

1354 *"Inventário. Nomeação de inventariante. Alegação de ofensa ao art. 990 do Código de Processo Civil. Impugnação formulada por um dos herdeiros do de cujus à pessoa nomeada, cessionária de direitos hereditários e dele credor por vultosa soma. Matéria fático-probatória. Recurso especial inadmissível – A ordem prevista no art. 990 do CPC não é absoluta, podendo ser alterada em situação de fato excepcional – em sede de recurso especial não se reexamina matéria fático-probatória. Incidência da Súmula nº 7 – STJ. Recurso especial não conhecido"* (STJ, REsp. nº 402.891-RJ, 200200013491, 608057 Recurso Especial, j. em 01.03.2005, 4ª Turma, rel. Min. Barros Monteiro, Sucessivos: REsp. nº 422.081-M 2002/0034112-0, j. em 17.03.2005, *DJ* de 02.05.2005, p. 354; REsp. nº 407.952-ES 2002/0009525-7, j. em 17.03.2005, *DJ* de 02.05.2005, p. 354, *DJ* de 02.05.2005, p. 353).
1355 TARTUCE, Flávio e SIMÃO, José Fernando. Obra citada, p. 393.
1356 TARTUCE, F. e SIMÃO, J. F. *Idem, ibidem.*

é positiva, sendo certo que a norma do CPC é desatualizada, anterior ao reconhecimento da união estável como entidade familiar, constante do art. 226, § 3º, da CF/1988."[1357]

C.6) O herdeiro único e a adjudicação

A partilha, como a própria palavra sugere, implica sempre a existência de mais de um herdeiro; caso contrário, não se materializaria, já que a mesma implica divisão decorrente da pluralidade de herdeiros. Partilhar é dividir, por isso, a partilha pressupõe a existência de várias pessoas interessadas em um conjunto de bens.

Mas não havendo vários herdeiros, mas apenas um, haverá adjudicação dos bens deixados pelo falecido ao único herdeiro, legítimo ou testamentário, não mais se justificando a partilha, pois não haverá divisão da herança entre os herdeiros.[1358]

Estranhamente a nova Lei silenciou sobre a adjudicação dos bens do acervo hereditário em favor do único herdeiro, omissão que não passou despercebida por Nogueira da Gama, bem como a possibilidade do inventário extrajudicial com a consequente adjudicação do patrimônio em seu favor.

1357 TARTUCE, F. e SIMÃO, J. F. *Idem, ibidem*. Nesse sentido, cumpre transcrever a jurisprudência arrolada pelos autores citados: "*Inventário – Companheira do de cujus que pretende nomeação como inventariante – Inteligência do art.990, inciso I, do CPC – Observados § 3º do art. 226 da CF e arts. 1.790 e 1.797 do Código Civil – Recurso provido* (TJSP, AgIn nº 378.513-4/9-SP, 5ª Câm. de Dir. Privado, rel. Francisco Casconi, j. em 27.07.2005, v.u.)

1358 Há mesmo jurisprudência mais liberal entendendo que, "*mesmo que exista **mais de um herdeiro**, é possível homologar escritura pública de **adjudicação**. O parágrafo único do art. 1.031 do CPC deve ser interpretado de forma extensiva. A hipótese de incidência substancial do parágrafo único do art. 1.031 do CPC, aquilo que constitui a sua razão de ser, é a inexistência de controvérsia a respeito do destino que os herdeiros desejam dar à herança, pouco importando quantos eles sejam*" (RJTJERGS, 249:209).

O único herdeiro a que estamos nos referindo é, obrigatoriamente, herdeiro legítimo, já que, havendo testamento, torna-se inválida a faculdade prevista na segunda parte do art. 982, *caput*, do CPC.

Nogueira da Gama afirma ser perfeitamente possível e razoável que sejam feitos o inventário e a adjudicação por escritura pública: "... a adjudicação poderá também ser feita por escritura pública desde que na sucessão aberta em razão da morte do autor da herança somente haja um único herdeiro, sendo ele sucessor na sucessão legítima, não sendo possível admitir a adjudicação nos casos de herdeiro único testamentário ou de legatário como destinatário do único bem deixado pelo falecido."[1359]

Antes do advento da Lei nº 11.441/2007 não era possível o inventário administrativo e, por isso mesmo, a adjudicação dependia do inventário judicial (ainda que sob o rito de arrolamento), mas com o advento da nova Lei é plenamente possível que ambos os recursos (inventário e adjudicação) se façam por escritura pública.

Assim, conclui Nogueira da Gama, "devem ser considerados requisitos para o inventário e adjudicação administrativos os seguintes: a) plena capacidade do herdeiro legítimo único – eis que não serão cabíveis em havendo testamento (daí a exclusão do legatário e do herdeiro testamentário); b) ausência de qualquer outro interessado (herdeiro, meeiro ou credor do falecido) e de litígio com terceiro sobre o acervo hereditário; c) inexistência de testamento; d) presença de advogado; e) observância da forma pública (art. 215 do Código Civil de 2002)".[1360]

1359 GAMA, G. C. N. da. Obra citada, p. 307.
1360 GAMA, G. C. N. da. *Idem*, p. 308.

C.7) Inventário negativo

O inventário negativo, vale a ressalva preliminar, não foi previsto pela legislação brasileira[1361] e encerra, no seu bojo, uma contradição; já que inventariar é arrolar, pressupõe, pois, uma ação positiva, que se contrapõe ao termo "negativo". O escopo do inventário é sempre positivo, vez que indica bens a serem partilhados. Em boa lógica, pois, nunca poderia ser negativo.

Mas, como ressalvou Veloso, "introduziu-se em nosso direito, por uma praxe jurídica há longo tempo estabelecida, para atender a necessidades práticas (...) faz parte do costume jurídico (...) no inventário negativo não se vão arrolar bens se, justamente, não há bens. Não se inventaria o nada".[1362]

Fica, então, a questão: quais seriam as necessidades práticas capazes de justificar tal praxe brasileira? Responde-nos a questão Arnoldo Wald: "Em certas ocasiões, não deixando o falecido bens, o cônjuge sobrevivente pode interessar-se em fazer um inventário negativo, a fim de provar que nenhum bem herdou.[1363] Alguns juristas aconselham seja feito tal inventário na ausência de bens, a fim de evitar que o cônjuge sobrevivente, casando-se novamente, tenha de estabelecer o regime de

---

[1361] Segundo Orlando de Souza, "o inventário negativo, modo judicial de origem antiquíssima, admitido pelos praxistas e juízes para provar a inexistência de bens do extinto casal, ainda hoje tem praxe no foro. Autores dos mais conceituados admitem a existência do inventário negativo e reconhecem sua utilidade em muitos casos; embora outros não o aceitem ante o silêncio do Código de Processo e também por não entenderem inventário sem descrição de bens" (*Inventários e Partilhas*, p. 25).

[1362] VELOSO, Zeno. Obra citada, p. 33.

[1363] "*Inventário negativo. Inexistência de bens a partilhar. Possibilidade jurídica. Inexistindo bens a partilhar ao tempo da abertura da sucessão do cônjuge virago, ainda que esta tenha sido posterior à do cônjuge varão, na qual não constou o falecimento da esposa, ocorrido em data anterior à dele, é possível ser intentado o pedido de inventário negativo, para retificação do formal de partilha expedido, cujos bens são os mesmos quando do falecimento da varoa*" (TJMG, Proc. 1.0470.05.023825-7/001, rel. Des. Antonio Hélio Silva, j. em 16.05.2206).

separação de bens, nos termos dos arts. 1.641 e 1.523, I, ambos do Código Civil de 2002."[1364] Isto é, seu escopo é exatamente comprovar a inexistência de bens a inventariar.

Segundo Dyonizio da Gama, citado por Orlando de Souza, "o inventário negativo se torna, em certos casos, de suma importância, constituindo mesmo uma necessidade imperiosa, pois evita a imposição de certas penas com que o Código Civil castiga a infração de algumas disposições, entre as quais as constantes dos artigos 225, 226, 228, 238, § 1º, e 1.587".[1365]

Como se percebe, a prática encontra sua justificativa na cautela assumida pela pessoa que se socorre do inventário negativo para evitar problemas futuros decorrentes da cogência estipulada pela ordem civil brasileira em matéria de regime de bens.

Zeno Veloso também faz menção à hipótese: "O fato concreto que mais justifica o inventário negativo é a necessidade de viúvos ou viúvas, que têm filhos do extinto casal, e querem casar-se novamente, sem que incida o regime obrigatório da separação de bens (Código Civil, art. 1.523, I, c/c art. 1.641,I)."[1366]

Outra hipótese justificadora do recurso ao inventário negativo decorreria "... do caso de falecido que tenha credores, a fim de ficar comprovado que aquele não tinha efetivamente como cumprir com o pagamento de suas prestações".[1367] Ou, como exemplificou Veloso, outro caso seria o do herdeiro "que promove inventário negativo para mostrar

---

[1364] WALD, Arnoldo. Obra citada, p. 322.
[1365] SOUZA, Orlando. *Inventários e Partilhas*. Rio de Janeiro: Forense, 1978, p. 26.
[1366] VELOSO, Zeno. *Idem*, p. 34.
[1367] WALD, Arnoldo. *Idem, ibidem*.

que o *de cujus* não deixou patrimônio para garantir o pagamento de suas dívidas".[1368]

Tanto um quanto outro autor, embora reconhecendo a omissão legislativa sobre a *praxis* adotada pela sociedade brasileira, reconhecem que a Lei nº 11.441/2007 admite a feitura do inventário negativo por escritura pública, observados os requisitos da citada Lei. Em igual sentido a doutrina de Maria Luiza Cruz: "O inventário negatório tem característica de jurisdição voluntária e poderá ser feito por escritura pública, caso seja do interesse das partes."[1369]

Não parece razoável que o legislador "tivesse a intenção de excluir do inventário extrajudicial a adjudicação de bens ao herdeiro único. Afinal, permitiu que se fizesse o ato mais complexo, a partilha, que pressupõe a existência de dois ou mais interessados na herança," concluindo o autor no sentido de que "... não há dúvidas sobre a possibilidade de se realizar um inventário com adjudicação de bens ao seu único herdeiro por meio de escritura pública".[1370]

Conforme já se afirmara anteriormente, o intérprete e os aplicadores do direito devem encarar a nova Lei com largueza de perspectiva e dentro da ótica perseguida pelo legislador, que continua sendo a solução das questões de família e sucessões sem conflito e sem a intervenção do Poder Judiciário, prestigiando a função social e a autonomia das partes. Ou como concluiu Maria Luiza Cruz, "... as indagações, as ditas omissões, lacunas da nova lei, não precisam ser mencionadas expressamente

---

1368 VELOSO, Zeno. *Idem, ibidem.*
1369 CRUZ, Maria Luiza Póvoa. *Idem*, p. 96.
1370 DINAMARCO, Rodrigo Valverde. "O único herdeiro na Lei nº 11.441/07". *In:* Ruy Rebello Pinho (Coord.). *Separação, Divórcio e Inventário em Cartório (Aspectos jurídicos e práticos da nova Lei nº 11.441/07)*. São Paulo: Quartier Latin, 2008, pp. 160-161.

no novo texto legal, uma vez que as respostas o legislador já as conhece no Direito de Família e Direito Sucessório".[1371]

Por certo, poder-se-ia, ainda invocar um rol de outras questões controvertidas e geradoras de dúvida, o que deixamos de fazer, limitando-nos àquelas mais prementes e de maior indagação, já materializadas na análise dos estudiosos e dos operadores do direito. Claro está que o aporte dos advogados e tabeliães, de um lado, e a boa vontade e razoabilidade dos magistrados, de outro, garantirão plenamente os objetivos perseguidos pelo novo texto legal.

1371 CRUZ, M. L. P. *Idem*, p. 102.

CAPÍTULO II
Dos Sonegados

Art. 1.992. O herdeiro que sonegar bens da herança, não os descrevendo no inventário quando estejam em seu poder, ou, com o seu conhecimento, no de outrem, ou que os omitir na colação, a que os deva levar, ou que deixar de restituí-los, perderá o direito que sobre eles lhe caiba.

Direito anterior – Art. 1.780 do Código Civil de 1916.
Art. 1.780. O herdeiro que sonegar bens da herança, não os descrevendo no inventário, quando estejam em seu poder, ou, com ciência sua, no de outrem, ou que os omitir na colação, a que os deva levar, ou o que deixar de restituí-los, perderá o direito que sobre eles lhe caiba.

Direito comparado – No Código Civil francês (art. 792)[1372] e no Código Civil português (art. 2.096).[1373] No direito argentino (arts. 3.331 e 3.405).

Leitura complementar:
BENJÓ, Isaac. "Ação de sonegados, nulidade relativa. Prescrição". *In: RDPGJ* do Rio de Janeiro, vol. 15, pp. 113-122; BLAISE, H. *La formation au XIXème. Siècle de la jurisprudence sur les donations déguisées.* Paris: Dalloz, 1965; CÂMARA, Maria Beatriz Perez. "Dos sonegados". *In:* GHIARONI, Regina. *Direito das Sucessões.* Rio de Janeiro: Livraria Freitas Bastos, 2004, pp. 321-328; CARDOSO, João Lopes. *Partilhas judiciais.* Coimbra, 1990/1991;

1372 *"Art. 792. Les héritiers qui auraient diverti ou recélé des effets d'une succession, sont déchus de la faculté d'y renoncer: ils demeurent héritiers purs et simples, nonobstant leur renonciation, sans pouvoir prétendre aucune part dans les objets divertis ou recélés."*
1373 *"Art. 2.096 (Sonegação de bens).*
1. O herdeiro que sonegar bens da herança, ocultando dolosamente a sua existência, seja ou não cabeça-de-casal, perde em benefício dos co-herdeiros o direito que possa ter a qualquer parte dos bens sonegados, além de incorrer nas mais sanções que forem aplicáveis.
2. O que sonegar bens da herança é considerado mero detentor desses bens."

FERNANDES, Milton. "Promessa de venda e sonegação em inventário". *In* Revista *OAB/DF*, 8:155; MELO, Luiz Pereira de. "Dos sonegados". *In: RDC*, 12:21-24; MELO, Luiz Pereira. "Herança (sonegação de bens)". *In: Enciclopédia Saraiva do direito*, vol. 41, pp. 8-12; OLIVEIRA, Alexandre Miranda. "Da colação e sonegados". *In:* Ana Carolina Brochado Teixeira e Gustavo Pereira Leite Ribeiro. *Manual de Direito das Famílias e das Sucessões*. Belo Horizonte: Del Rey/Mandamentos, 2008, pp. 777-793; OLIVEIRA, Euclides de. "Colação e sonegados". *In:* Giselda Hironaka e Rodrigo da Cunha Pereira (Coords.). *Direito das Sucessões*. Belo Horizonte: Del Rey, 2007, pp. 381-398; RITA, Pedro. *Estudos de Direito*. Lisboa, s/d; SOUZA, Orlando. *Inventários e Partilhas*. São Paulo: Sugestões Literárias, 1971.

COMENTÁRIO

"Sonegado", diz Maximiliano, "é tudo aquilo que deveria entrar em partilha, porém foi ciente e conscientemente omitido na descrição dos bens pelo inventariante, não restituído pelo mesmo ou por sucessor universal, ou doado a herdeiro e não trazido à colação pelo beneficiado com a liberalidade".[1374] Ou, como informa Pontes de Miranda, a palavra vem de *sub negare.* "Quem sonega nega por baixo, disfarçadamente, dissimuladamente."[1375]

É a reprodução dos itens constantes no artigo 1992, em forma de conceituação; com efeito, o artigo refere-se à não-descrição dos bens no inventário, à omissão na colação, à não-inserção dos bens e à não-restituição. Em suma, é toda e qualquer manobra tendente a alterar o perfil correto dos bens partilháveis e que, por isso mesmo, a lei não só fulmina com especial penalidade, mas, ainda, encara a omissão, ou não-restituição, como ato de má-fé.

1374 MAXIMILIANO, C. Obra citada, p. 372.
1375 PONTES DE MIRANDA, Francisco Cavalcanti. *Tratado das Ações*. São Paulo: Revista dos Tribunais, 1972, vol. III, p. 115.

A origem do instituto remonta ao direito romano, já que, naquele direito, era punido com a perda do benefício de se abster – *facultas abstinendi* – o herdeiro que desviasse coisas da sucessão – *si aliquid ex haereditate amoverit*. "A faculdade de que era privado o faltoso consistia em repelir a qualidade de sucessor e assim livrar-se de pagar as dívidas de espólio onerado de encargos. Restringia-se, entretanto, aos chamados herdeiros seus e necessários – *heredes sui et necessaris* – portanto, a estes também se limitava o alcance da penalidade, a qual não recaía sobre a maioria dos sucessores, embora incorressem em culpa igual os herdeiros externos – *haeredes extranei* – e mesmo para os herdeiros *seus e necessários* cominavam a perda do direito que porventura tivessem sobre o objeto da fraude, castigo instituído pelas Ordenações Filipinas e mantido pelo Código brasileiro."[1376]

A feição atual dos sonegados, em Portugal e no Brasil, encontra nas Ordenações (Livro 1º, Título 88, § 9º) sua fonte mais imediata, assim concebida: "E o pai, ou mãe, ou qualquer outra pessoa, que por mandado da Justiça fizer inventário, e nele sonegar e encobrir alguma coisa, assim móvel, como de raiz, que fosse do defunto ao tempo de seu falecimento, perderá para os menores tudo aquilo que sonegar. E não haverá parte alguma (se a tiver) do que sonegar, e mais pagará em dobro para os menores a valia das coisas, que assim sonegar, e não puser no inventário, posto que nas ditas coisas, que assim sonegou, não tenha parte alguma. E além disso haverá a pena de perjuro."

Embora o texto das Ordenações se referisse expressamente ao inventário em que houvesse interessados menores, acabou prevalecendo a opinião generalizadora evitando as fraudes tendentes a iludir a regra

---

1376 MAXIMILIANO, C. Obra citada, *ibidem*.

concernente à igualdade nas partilhas, e mesmo antes de revogadas as Ordenações o entendimento dominante pendia no sentido de estender a sanção de sonegados, quando fossem todos os sucessores maiores e capazes.

Na noção de sonegados, como se depreende da leitura da lei, reúnem-se elementos de fato com elementos de direito. É da ocorrência de dois elementos que decorre a pena de sonegados: um elemento *objetivo* – a ocultação dos bens em si – e outro *subjetivo* – o ato malicioso de ocultar o bem, com a intenção de prejudicar.

O que o artigo procura sancionar é o fenômeno da ocultação de bens, que pressupõe um fato negativo – a omissão de uma declaração (*... não os descrevendo no inventário..., ou que os omitir na colação...*) – cumulado com um fato jurídico de caráter positivo, o dever de declarar por parte do omitente (*... não os descrevendo quando estejam em seu poder, ou, com o seu conhecimento, no de outrem...*). Na díade *dever declarar* x *não os declarar* se materializa, num primeiro momento, a ideia de sonegados, o fenômeno da ocultação.

O segundo aspecto a ser levado em consideração, na apreciação do conceito legal de sonegação de bens da herança, é a de que só há efetiva sonegação quando a omissão (ou ocultação) seja dolosa.[1377] Ou seja, a intenção maliciosa de burlar a lei e fraudar a expectativa dos demais herdeiros, omitindo ou ocultando a realidade do espólio.[1378]

1377 Ver, nesse sentido, o artigo de Luiz Pereira de Melo, "Dos sonegados", *in RDC*, vol. 12, pp. 21-24. E, ainda, o parecer de Simão Isac Benjó. "Ação de sonegados. Nulidade relativa. Prescrição", *in RDPGJ* do Rio de Janeiro, vol. 15, nº 15, pp. 113-122.

1378 "***SONEGADOS – Declaração de bens – Omissão quanto a direito de crédito do de cujus – Sonegação caracterizada – Caracterização – Necessidade pretendida de que o sonegador negue a restituição dos bens – Inexistência – Simples verificação decorrente da não-descrição, estando os mesmos em seu poder, ou no de outrem, mas com ciência sua – Ação procedente.*** *Para que tenha cabimento a ação de sonegados não é preciso que o sonegador negue*

A noção, certamente, engloba tanto as manobras ativas (sugestões ou artifícios), com vistas a ludibriar a expectativa dos demais herdeiros, quanto ao exato perfil da relação de bens, como a atitude passiva, da dissimulação, do erro, capaz de alterar a percepção dos herdeiros em relação ao que está efetivamente ocorrendo.

A doutrina portuguesa chega mesmo a estender a noção de dolo direto na sonegação de bens da herança ao dolo indireto e mesmo eventual, sempre com o escopo de responsabilizar ao máximo a conduta maliciosa do herdeiro que frustra a expectativa dos restantes herdeiros: "Por outro lado, interessa ter presente que, de acordo com a escala valorativa das condutas humanas próprias do direito, à figura do dolo directo (violação directa, consciente ou intencional da norma) se equiparam as situações afins do dolo indirecto e do chamado dolo eventual. São de tal monta os interesses gerais subjacentes ao acerto ou veracidade da relação de bens, no inventário aberto em todo o país, que nenhuma razão existe para estreitar neste setor o conceito de dolo aplicável às declarações dos herdeiros sobre a constituição ou composição da herança."[1379]

A propósito, sobre o tema, já se manifestara Bevilacqua: "Não exige o Código que a ocultação seja dolosa, porque a sonegação, segundo o conceito deste artigo, pressupõe o dolo. A intenção maliciosa é elemento constitutivo dessa modalidade de subtração do alheio. Difere, as-

---

a restituição dos bens; é bastante que não os descreva, estando em seu poder, ou mesmo no de outrem, mas com ciência sua. Pratica sonegação o inventariante que voluntariamente deixa de declarar no inventário as dívidas ativas do espólio, na conformidade do respectivo título, como determina o art. 471, § 1º, do CPC" (*RT*, 324:123). Ver, ainda: *RT*, 582:51; *RF*, 274:187; *RT*, 554:78; *RT*, 533:79; *RT*, 704:111; *RT*, 589:109; *RT*, 577:297.

1379 PIRES DE LIMA e ANTUNES VARELA. Obra citada, p. 157.

sim, o conceito atual do que do mesmo fato nos dava o direito anterior, que exigia a prova de má-fé."[1380]

Assim sendo, toda e qualquer subtração, ou omissão, ou ocultação é, *motu proprio,* dolosa. Ou seja, para se aplicarem as penas de sonegados, não é necessário prova especial referente ao dolo. É também a conclusão de Maximiliano: "Basta resultar dos fatos da causa e do conjunto das circunstâncias envolventes do mesmo a malícia de quem oculta ou deixa de mencionar bens do espólio, o desvio propositado para prejudicar sucessores do falecido (...). Do simples fato de ocultar um objeto ou valor, ou subtraí-lo à partilha, ressalta a malícia – *dolus pro facto est* – neste caso, incumbe ao faltoso provar a boa-fé."[1381] Mas essa posição, ressalte-se, não é pacífica entre os civilistas pátrios.

Assim, para uma primeira corrente (Euclides de Oliveira e Sebastião Amorim, Maria Helena Diniz, Zeno Veloso, entre outros), há necessidade da prova do dolo por quem alega a ocultação. Enquanto outros (Silvio de Salvo Venosa) entendem que, provado o elemento objetivo por parte do autor da herança, cabe ao réu provar que a omissão não se deu por dolo.

1380 BEVILACQUA, C. Obra citada, p. 1007.
1381 MAXIMILIANO, C. Obra citada, p. 377.
"*SONEGADOS – Pena – Aplicação – Necessidade de prova, pelo autor, do comportamento fraudulento do sucessor ou cabeça-de-casal e da propriedade do de cujus – Requisitos inexistentes na espécie – Ação improcedente. Para que se aplique a pena de sonegados é imprescindível que o comportamento do sucessor ou cabeça-de-casal seja inspirado pela fraude, pela determinação consciente de subtrair à partilha bem que se sabe pertencer ao monte. E é ao reclamante que incumbe o ônus da prova do intuito fraudulento, assim como o direito de propriedade do de cujus sobre o objeto da sonegação*" (*RT*, 396:141).
"*SONEGADOS – Inventário – Ação improcedente – Simples omissão da declaração de determinado bem – Acordo nesse sentido entre viúvo-meeiro e o único herdeiro – Aquisição dependendo de regularização – Caso de sobrepartilha, uma vez legalizada a compra – Embargos rejeitados. A simples omissão, feita com a anuência do único herdeiro, na descrição de determinado bem a ser inventariado, cuja aquisição dependia de regularização, não enseja a aplicação da pena de sonegados ao viúvo inventariante*" (*RT*, 302:503).

Se toda sonegação pressupõe o dolo, como bem afirmou Bevilacqua, se toda ocultação é maliciosa, cabe aos autores, no curso do inventário, convocar o faltoso a descrever, ou trazer à colação, certo bem (ou conjunto de bens) sob pena de sonegado; se o herdeiro deixar de atender, se silencia, ou se recusa, fica evidente a malícia.[1382]

A intimação, a interpelação ou o protesto manifestados no próprio inventário são aconselháveis; porém, não são indispensáveis, o que reafirma, ainda uma vez, a noção de presunção de dolo referida por Bevilacqua. Impõe-se a pena, desde que haja ocultação. Quando alguém informa onde está um bem do acervo e o inventariante persiste em não descrevê-lo, evidenciada se torna a malícia. Da mesma forma patenteia-se a malícia quando, por exemplo, o herdeiro tiver recebido doação do falecido e, apesar de provado o fato, nega-se a conferir, ou afirma que não lhe deram coisa alguma.

Diversas são as hipóteses que materializam a ocorrência de sonegação. Assim, quando os bens se acham em poder do cabeça-de-casal que não os descreve; quando guardados por outrem e ciente o inventariante de onde se encontram, não os inclui no inventário; quando o sucessor universal recebeu em vida do testador uma doação ou dádiva e não a traz à colação; quando o inventariante, ou herdeiro, deixa de restituir coisas ou valores de que se apossou ou que lhe foram entregues, pertencentes ao acervo; a falsificação de escrita, para diminuir o ativo; a ocultação de créditos e aquisições; a alienação fictícia de bens pertencentes ao inventariado; a não-declaração sobre compra fraudu-

---

1382 "*INVENTÁRIO – Sonegação – Ação contra co-herdeiro que recebeu dinheiro para adquirir imóvel – Meio processual idôneo – Recurso provido.* A recusa do co-herdeiro de conferir doação em dinheiro no inventário do de cujus doador autoriza a ação de sonegados" (RT, 431:101).

lenta efetuada por terceiro; a simulação de dívida do herdeiro para com o espólio; o extraviar, propositadamente, de títulos de propriedade ou de dívida; a utilização, diretamente ou por meio de interposta pessoa, de um crédito inexistente ou falso, contra a sucessão, a fim de baixar o monte-mor ou prejudicar herdeiro ou credor, entre outras.

A variedade de hipóteses, coligidas na jurisprudência nacional, revela a multifacetária malícia humana, capaz de se socorrer de todos os expedientes para obter vantagens, ainda que, notoriamente, ilícitas.

As disposições referentes aos sonegados impõem-se, já para assegurar aos herdeiros a integridade dos seus direitos sobre a massa sucessória, já aos credores, o privilégio de se pagarem com o produto da venda de coisas do espólio.

É raríssimo, afirma a doutrina dominante, aplicarem-se as penas civis por meio de sonegados. Em regra, os interessados argúem, no próprio inventário, a falta de certos bens, que deveriam ser descritos; o responsável pelo destino dos mesmos apresenta-os e justifica-se, ou demonstra, de plano, a improcedência da reclamação, cessando o debate. Quando, porém, a justificativa é improcedente ou insuficiente, desencadeia-se a sonegação. E a pena civil – seja a remoção, seja a perda do direito ao bem sonegado – é imposta, por sentença, ao responsável pela sonegação.

Somente com o trânsito em julgado da sentença o inventariante será destituído do cargo e o herdeiro perderá o bem. Na primeira hipótese, o inventariante perderá, também, o direito à vintena.[1383]

1383 "*Na ação de sonegados, é possível o julgamento com a determinação de colação dos bens ditos sonegados, ainda que sem a cominação da pena de sonegados, não constituindo tal fato em julgamento* extra *ou* ultra petita. *Os herdeiros do* de cujus *têm legitimidade passiva para figurar na ação de sonegados, uma vez que citado o inventariante do espólio, que os representa. Inexistindo nos autos prova de que os bens doados pelo* de cujus *a cada um dos seus filhos*

Art. 1.993. Além da pena cominada no artigo antecedente, se o sonegador for o próprio inventariante, remover-se-á, em se provando a sonegação, ou negando ele a existência dos bens, quando indicados.

Direito anterior – Art. 1.781 do Código Civil de 1916.
Art. 1.781. Além da pena cominada no artigo antecedente, se o sonegador for o próprio inventariante, remover-se-á, em se provando a sonegação, ou negando ele a existência dos bens, quando indicados.

Direito comparado – A mesma legislação indicada para o artigo antecedente.

COMENTÁRIO

Se o sonegador for herdeiro, legítimo ou testamentário, a pena será a perda do direito sobre o bem sonegado, que será devidamente restituído ao espólio e partilhado entre os outros co-herdeiros, como se o sonegador nunca tivesse existido; "despem-no até mesmo de qualquer prerrogativa resultante de anterior doação, assim como da de filho ou neto do inventariado, porém só em relação ao objeto da fraude".[1384] Decai, pois, do direito que tinha, não só na qualidade de herdeiro, mas, igualmente, como donatário ou legatário.

Se o sonegador for o inventariante, herdeiro do autor da herança, a sanção incidirá sobre sua pessoa duplamente: perda dos direitos sobre

---

legítimos exceda o valor da metade disponível correspondente à legítima, impõe-se a colação tão-somente, para saber-se o seu valor, a ser deduzido, e para verificar-se se ele corresponde à legítima ou se existe excesso a ser partilhado.
Não tendo sido prestadas as últimas declarações do inventariante, bem como não se sabendo o valor dos bens doados, a serem trazidos à colação, e nem se ele excede o da metade dos bens do doador, não há que se impor a pena de sonegados, prevista no art. 1.780 do Código Civil" (*JM*, 111:125; *RJ*, 170:75)

1384 MAXIMILIANO, C. Obra citada, p. 382.

os bens sonegados e remoção do cargo. Mas se, ao contrário, o inventariante não for sucessor do *de cujus,* incorrerá apenas na destituição do cargo, já que, em não sendo herdeiro, não poderá perder o direito sobre os bens do espólio

O rigor com que a lei trata o inventariante é justificável, pois, sonegando bens da herança, não só frustra a expectativa dos que nele confiaram, mas deixa de desempenhar, com zelo e probidade, o compromisso que, solenemente, havia assumido. Provando-se a sonegação, será destituído do cargo, com remoção que pode ser feita no próprio processo de inventário (desde que provada a sonegação com documento), já que se trata de ato de jurisdição administrativa. Entretanto, a perda do quinhão do objeto sonegado, que deveria caber ao herdeiro ou inventariante, só poderá ser imposta em ação ordinária.[1385]

Nesse sentido, o disposto no artigo 995, VI, do Código de Processo Civil: *"O inventariante será removido: se sonegar, ocultar ou desviar bens do espólio."* Além das causas enumeradas no artigo 995, outras podem ocorrer, motivadoras do afastamento e substituição do inventariante. A jurisprudência tem mesmo entendido que a enumeração do artigo 995 não é exaustiva.[1386]

Requerida a remoção, "o inventariante será intimado para defender-se e produzir provas, no prazo de 5 (cinco) dias, correndo o incidente de remoção em apenso ao processo principal. Decorrido o prazo, com

---

[1385] "*INVENTÁRIO – Inventariante – Sonegação de bens – Quando se configura – Pena – Hipótese em que é inaplicável – Recurso provido em parte. O inventariante, de regra, só pode ser arguido de sonegação depois de negada a existência de outros bens nas declarações finais, mas, se removido da função, configura-se a sonegação pela formal negação da existência do bem ou da propriedade do espólio sobre ele, assim excluídos aqueles constantes de sua declaração inicial ou judicialmente reconhecidos como de outrem. A pena de sonegados só é inaplicável a quem não revista a qualidade de herdeiro, legítimo ou testamentário. A condenação honorária incide no percentual sobre o valor da condenação*" (RT, 544:203).

[1386] Nesse sentido, RTJ, 94/378 e RP, 25/318.

defesa ou sem ela, o juiz decidirá. Se remover o inventariante, deverá nomear outro, observando a ordem mencionada no artigo 990 do Código de Processo Civil (arts. 996, parágrafo único, e 997 do CPC)".[1387]

Se o sonegador for testamenteiro, além de ser destituído da testamentaria, perderá o direito à vintena (art. 1.140 do CPC) e também será removido do cargo de inventariante.

Art. 1.994. A pena de sonegados só se pode requerer e impor em ação movida pelos herdeiros ou pelos credores da herança.

Parágrafo único. A sentença que se proferir na ação de sonegados, movida por qualquer dos herdeiros ou credores, aproveita aos demais interessados.

Direito anterior – Art. 1.782 do Código Civil de 1916.
Art. 1.782. A pena de sonegados só se pode requerer e impor em ação ordinária, movida pelos herdeiros, ou pelos credores da herança.
Parágrafo único. A sentença que se proferir na ação de sonegados, movida por qualquer dos herdeiros, ou credores, aproveita aos demais interessados.

Direito comparado – A mesma legislação indicada no comentário ao artigo 1.992.

COMENTÁRIO

A pena de sonegados de que aqui se cogita "é a perda de direito que teria o sonegador sobre os bens que dolosamente ocultou, ou não restituiu".[1388]

1387 AMORIM, S. e OLIVEIRA, E. de. Obra citada, p. 211.
1388 BEVILACQUA, C. Obra citada, p. 1.009.

A pena de sonegados só se pode requerer e impor em ação ordinária, movida pelos herdeiros legítimos ou testamentários, ou pelos credores da herança, contra o inventariante que, dolosamente, não deu a inventário bens da herança, ou contra o herdeiro, que omitiu na colação, a que os devia levar, ou deixou de os restituir, a fim de ser condenado a restituí-los com seus rendimentos, perdendo o direito que sobre eles tinha.[1389] O prazo prescricional, para propositura da ação, é de 10 anos (art. 205 do CC, com a redação dada pela Lei nº 2.437/55) e a ação ajuizar-se-á no foro do inventário.

A sonegação de bens não anula, nem rescinde a partilha; corrigem-se na sobrepartilha, como dispõe o artigo 2.022 do novo Código Civil. Na expressiva alusão de Clóvis do Couto e Silva,[1390] a ação de sonegados é "oblíqua", no sentido de que o autor não pede para si mesmo, mas para que seja o bem partilhado entre os co-herdeiros, com exceção de quem sonegou.

A ação de sonegação, diz Pontes de Miranda, é ação constitutiva, com eficácia mediata de declaração e eficácia de executividade. "Não é preciso, portanto, propor-se ação executiva de sentença. A constitutividade atinge o sonegador. A executividade apanha o bem sonegado ou os bens sonegados (...) Quando o Código Civil, no parágrafo único diz que (...) não redige regra de extensão da eficácia da sentença (...): a regra jurídica apenas explicita a eficácia própria da ação constitutiva."[1391]

1389 *"INVENTÁRIO – Sonegação de direitos de promitente comprador – Ação ajuizada por sucessor de herdeiro testamentário – Recurso provido para o seu prosseguimento. A ação de sonegados pode ser proposta tanto pelo herdeiro legítimo como pelo testamentário"* (*RF*, 269:215). Ver, ainda: *RF*, 320:161.
1390 COUTO E SILVA, Clóvis do. *Comentários ao Código de Processo Civil*. São Paulo: Revista dos Tribunais, 1977, vol. 11, t. 1, p. 354.
1391 PONTES DE MIRANDA, F. C. Obra citada, vol. 60, p. 278.

Art. 1.995. Se não se restituírem os bens sonegados, por já não os ter o sonegador em seu poder, pagará ele a importância dos valores que ocultou, mais as perdas e danos.

Direito anterior – Art. 1.783 do Código Civil de 1916.

Art. 1.783. Se não se restituírem os bens sonegados, por já os não ter o sonegador em seu poder, pagará ele a importância dos valores, que ocultou, mais as perdas e danos.

Direito comparado – Sem correspondência no direito comparado.

COMENTÁRIO

Se a ação for julgada procedente, os bens sonegados devem ser restituídos ao espólio, mas, se isto não for possível, ou porque já foram alienados ou porque já não mais existem por culpa do sonegador; como o juiz não tem o poder, na ação de sonegados, de declarar a nulidade da alienação feita pelo sonegador, ordenará o pagamento da importância correspondente ao valor da coisa, mais perdas e danos. Ou seja, a penalidade não se esgota na mera devolução do valor do bem sonegado mas ainda é acrescida das perdas e danos.[1392]

Com o trânsito em julgado da sentença que condenou o sonegador, abrem-se-lhe duas vias: ou restitui o bem *in natura*, ou, se não mais o tiver, em dinheiro. Se causou perdas e danos, mesmo se *in natura* a restituição, tem de prestar perdas e danos, aplicando-se as regras gerais da responsabilidade civil (arts. 186 e 927).

1392 "***SONEGADOS** – Ocultação dolosa de bens pelo herdeiro inventariante – Sua sujeição a perdas e danos. Bem assim a perder os que omitira – Recurso desprovido*. Se a prova convence que a omissão de declaração de bens é ocultação dolosa do inventariante herdeiro, sujeita-se este à reparação de perdas e danos, e perda de direito sobre os bens omitidos" (*RT*, 465:199). Ver, ainda: *RT*, 777:251.

A restituição há de ser feita, afirma Pontes de Miranda, ainda que a sentença tenha decidido que não houve má-fé (e.g., que o herdeiro não sabia que o bem ou os bens eram da herança).[1393]

Art. 1.996. Só se pode arguir de sonegação o inventariante depois de encerrada a descrição dos bens, com a declaração, por ele feita, de não existirem outros por inventariar e partir, assim como arguir o herdeiro, depois de declarar-se no inventário que não os possui.

Direito anterior – Art. 1.784 do Código Civil de 1916.

Art. 1.784. Só se pode arguir de sonegação o inventariante depois de encerrada a descrição dos bens, com a declaração por ele feita, de não existirem outros por inventariar e partir, e o herdeiro, depois de declarar no inventário que os não possui.

Direito comparado – Sem correspondência no direito comparado.

COMENTÁRIO

A sonegação só se materializa depois de encerrada a descrição dos bens, porque é a partir desse momento que se pode constatar se os bens a serem relacionados não foram mencionados na descrição do inventário, assim como aqueles que o herdeiro alega não possuir se se encontram efetivamente na sua posse.[1394]

O texto legal se refere expressamente ao encerramento da descrição dos bens, como momento caracterizador da sonegação, partindo

---

1393 PONTES DE MIRANDA, F. C. Obra citada, vol. 60, p. 280.
1394 "I – A ação de sonegados deve ser intentada após as últimas declarações prestadas no inventário, no sentido de não haver mais bens a inventariar. II – Sem haver a declaração, no inventário, de não haver outros bens a inventariar, falta à ação de sonegados uma das condições, o interesse processual, em face da desnecessidade de utilização do procedimento" (STJ, REsp. nº 265.859, rel. Min. Sálvio de Figueiredo Teixeira, j. em 20.03.2003) (*RT*, 816:180).

do pressuposto que, se o demandado é o inventariante, o demandante refere-se ao encerramento da descrição dos bens, apontando o bem que entende ter sido sonegado, ou de que não constam os bens que entende terem sido sonegados. A primeira parte do artigo segue o que estatui o art. 994 do CPC.

Melhor seria que o legislador tivesse se reportado às últimas declarações, uma vez que nesse momento se completa a descrição dos bens. Com efeito, depois de feitas as primeiras declarações e avaliados os bens, o inventariante ainda dispõe de um momento derradeiro para as últimas declarações, podendo aí fazer adições ou emendas às declarações já prestadas. Na realidade, o termo de últimas declarações é que encerra a descrição dos bens, pois nele é que o inventariante declara que não existem outros bens a descrever. E conclui Carvalho Santos: "Melhor caracteriza-se a sonegação, porque, do termo de últimas declarações, têm vista os interessados, os quais naturalmente reclamarão contra qualquer omissão dos bens que notarem, devendo o inventariante fornecer as necessárias explicações, já dando a descrever os bens reclamados, já declarando a razão pela qual não os dá, ou por não existirem, ou por qualquer outro motivo."[1395]

Nesse sentido já se manifestara Bevilacqua, mas "o inventariante ainda comete sonegação de restituir bens dos que se acham sob sua administração, e o momento dessa restituição é o da conclusão da partilha. Nesse caso, somente depois de ultimada a partilha pode o inventariante ser arguido de sonegador. Antes desse momento não pode ser coagido a entregar os bens a herdeiros ou legatários, e a sua posse é consequência da administração, que lhe compete. Por essa consideração, melhor fora

---

[1395] CARVALHO SANTOS, J. M. Obra citada, vol. 25, p. 16.

dizer, como o *Projeto Primitivo*, que a arguição de sonegado somente depois de encerrado o inventário pode ser feita, porque até então podem ser corrigidas as omissões voluntárias, ou não, do inventariante".[1396]

Se o demandado é o herdeiro, a má-fé se concretiza no momento em que declara não ter recebido bens, que deva colacionar, ou não possuir os que por qualquer causa se acham em seu poder. Por isso, é aconselhável a interpelação se o herdeiro não se manifestou.

O herdeiro inventariante somente pode ser arguido de sonegação após ter se encerrado a descrição dos bens, com a declaração de que não há outros bens para inventariar. A declaração é, pois, pressuposto necessário do encerramento.[1397]

1396 BEVILACQUA, C. Obra citada, p. 1.010.
1397 "*INVENTÁRIO – Prestação de contas pelo inventariante – Ocultação de bens do inventariado ou os frutos recebidos após a abertura da sucessão – Ação própria, diferente da prestação de contas de caráter administrativo – Economia processual – Propositura perante o Juízo do feito do inventário –Admissibilidade – Agravo de instrumento improvido*. Admissível a prestação de contas, mesmo que muito após o término do feito administrativo do inventário, desde que ao fundamento de sonegação ou ocultação de bens pelo inventariante" (*RT*, 684:82). Ver, ainda: *RT*, 645:208; *RF*, 276:152; *RT*, 756:347.

CAPÍTULO III
Do Pagamento das Dívidas

Art. 1.997. A herança responde pelo pagamento das dívidas do falecido; mas, feita a partilha, só respondem, cada qual em proporção da parte que na herança lhe coube.

§ 1º Quando, antes da partilha, for requerido no inventário o pagamento de dívidas constantes de documentos, revestidos de formalidades legais, constituindo prova bastante da obrigação, e houver impugnação, que não se funde na alegação de pagamento, acompanhada de prova valiosa, o juiz mandará reservar, em poder do inventariante, bens suficientes para a solução do débito, sobre os quais venha a recair oportunamente a execução.

§ 2º No caso previsto no parágrafo antecedente, o credor será obrigado a iniciar a ação de cobrança no prazo de trinta dias, sob pena de se tornar sem nenhum efeito a providência indicada.

Direito anterior – Art. 1.796 do Código Civil de 1916.

Art. 1.796. A herança responde pelo pagamento das dívidas do falecido; mas, feita a partilha, só respondem os herdeiros, cada qual em proporção da parte, que na herança lhes coube.

§ 1º Quando, antes da partilha, for requerido no inventário o pagamento de dívidas constantes de documentos, revestidos de formalidades legais, constituindo prova bastante da obrigação, e houver impugnação, que não se funde na alegação de pagamento, acompanhada de prova valiosa, o juiz mandará reservar, em poder do inventariante, bens suficientes para solução do débito, sobre os quais venha a recair oportunamente a execução.

§ 2º No caso figurado no parágrafo anterior, o credor será obrigado a iniciar a ação de cobrança dentro no prazo de 30 (trinta) dias, sob pena de se tornar de nenhum efeito a providência indicada.

Direito comparado – No Código Civil francês (arts. 870 e 871)[1398] e no Código Civil português (artigos 2.097 e 2.098).[1399] No direito argentino (art. 3.490) e no direito uruguaio (art. 1.168).

Leitura complementar:
BLONDEL. *La transmission à cause de mort des droits extra-patrimoniaux et des droits patrimoniaux à caractere personnel* (Thèse). Paris, 1969; DAGOT. "Retouches 1980 au droit des partages successoraux". *In*: *JCP*, 1980, I, 3000, nos 59-65; GORÉ, M. *L'administration des successions em droit international privé français* (Thèse). Paris II, 1994; HOUDART. *De la division de plein droit des dettes héréditaires* (Thèse). Paris, 1909; LEQUETTE, Y. *Le privilège de la séparation des patrimoines à l'épreuve de l'article 815-817*. Rt. À Weil. Paris: Dalloz-Litec, 1983; LIMA, Alcides de Mendonça. "Reserva de bens em inventário – Extensão aos rendimentos". *In*: *RT*, 552: 43-45; LOPES DA COSTA, Alfredo de Araújo. *Da responsabilidade do herdeiro*. São Paulo: Saraiva, 1928; PACHECO, José da Silva. *Inventários e partilhas na sucessão legítima e testamentária*. 14. ed., Rio de Janeiro: Forense, 2000; PASTORIS. *Du príncipe de la transmission des dettes héréditaires em droit français* (Thèse). Aix, 1986; PERCEROU, J. "La liquidation du passif héréditaire em droit français". *In*: *RTDC*, 1905, pp. 535 e ss.; RANOUIL. *La subrogation réelle em droit civil français* (Thèse). Paris II, 1985; RETIF. *De l'obligation illimitée des héritiers et légataires aux dettes de successioin* (Thèse). Paris, 1905; STOE-

---

1398 "*Art. 870. Les cohéritiers contribuent entre eux au payement des dettes et charges de la succession, chacun dans la proportion de ce qu'il y prend.*
Art. 871. Le légataire à titre universel contribue avec les héritiers, au prorata de son émolument; mais le légataire particulier n'est pas tenu des dettes et charges, sauf toutefois l'action hypothécaire sur l'immeuble légué."

1399 "*Art. 2.097 (Responsabilidade da herança indivisa).*
Os bens da herança indivisa respondem colectivamente pela satisfação dos respectivos encargos.
Art. 2.098 (Pagamento dos encargos após a partilha).
1. Efectuada a partilha, cada herdeiro só responde pelos encargos em proporção da quota que lhe tenha cabido na herança.
2. Podem, todavia, os herdeiros deliberar que o pagamento se faça à custa de dinheiro ou outros bens separados para esse efeito, ou que fique a cargo de algum ou alguns deles.
3. A deliberação obriga os credores e os legatários; mas, se uns ou outros não puderem ser pagos integralmente nos sobreditos termos, têm recurso contra os outros bens ou contra os outros herdeiros, nos termos gerais."

ANOVICI. *Étude sur le principe de l'obligation personnelle de l'héritier aux dettes de la succession* (Thése). Paris, 1910; VINCENT. *La répartition entre les héritiers des crénaces et des dettes de la succession* (Thèse). Paris, 1931.

COMENTÁRIO

De acordo com a teoria da *continuação da pessoa,* a pessoa do herdeiro substitui a do *de cujus* em todas as relações jurídicas das quais ele era titular. O patrimônio do defunto não conserva, além da morte, nenhuma individualidade, ele se confunde com o do herdeiro. Do ponto de vista do passivo, tudo ocorre como se as dívidas do defunto tivessem sido, desde a origem, também dívidas do herdeiro. A obrigação *ultra vires* e a ausência de regulamentação do passivo sucessório conduzem a uma conclusão inquestionável: se o defunto era responsável sem limites, da mesma forma também o era o herdeiro. Na medida em que nenhuma regra imperativa regia a ordem e o modo de pagamento das dívidas do *de cujus,* a obrigação permanecia igual após sua morte.

De acordo, porém, com a teoria da *sucessão dos bens*, o herdeiro recolhe os bens do *de cujus* como uma massa que conserva sua individualidade e não se confunde com o seu patrimônio pessoal. Se existem dívidas, é somente porque, nessa massa, ativo e passivo estão ligados. E ele só responde pelo passivo na medida em que há ativo; e a autonomia favorece a organização de uma liquidação coletiva e obrigatória.

É o que trata o Capítulo III do Título IV do novo Código Civil.

Continuação da pessoa ou sucessão dos bens, esse é o dilema que se pôs à apreciação do legislador. Tudo indica que o sistema brasileiro, em oposição ao francês (nitidamente favorável à teoria da continuação da pessoa), se inclinou a favor da teoria da sucessão dos bens, não de forma dominante, mas com os temperamentos exigíveis pela matéria e ditados pela razoabilidade e bom senso que devem nortear as questões da responsabilidade sucessória.

Onde há dívidas, há responsabilidade solidária dos herdeiros. Só se pode falar em bens da herança, aqueles que sobram, depois de deduzido do espólio aquilo que a outrem pertence, *deducto aere alieno*. Ou seja, antes que se proceda à distribuição da herança, conforme a lei ou a vontade do autor da herança, atende-se ao pagamento das dívidas.

A herança responde pelo pagamento das dívidas do falecido; esse é o princípio maior que domina todo o capítulo sob análise. A partir daí, o que há é mero detalhamento da forma como vai se operacionalizar o princípio maior.

A divisão das dívidas hereditárias só pode, evidentemente, ser invocada no caso de pluralidade de herdeiros; se só existe um herdeiro, ele é o responsável exclusivo de todo o passivo sucessório. Se existem diversos herdeiros, as dívidas às quais o defunto estava obrigado são divididas de pleno direito e, certamente, nunca fizeram parte da indivisão. A divisão entre os co-herdeiros se faz *pro rata* em relação às suas cotas hereditárias, quer se trate da pretensão de credores contra cada um dos herdeiros, quer se trate da repartição definitiva da dívida entre todos os herdeiros.

Como Flour e Souleau já haviam afirmado, referindo-se ao sistema francês da obrigação *ultra vires*: "*A obrigação* ultra vires *já é uma carga demais pesada, que faz recair sobre os herdeiros o risco de insolvência do defunto. Ela tornar-se-ia excessiva se ainda se acrescentasse a solidariedade; pois cada herdeiro suportaria então, e além disso, o risco da insolvência de seus co-herdeiros. Como equidade, a divisão das dívidas forma um contrapeso à obrigação* ultra vires."[1400]

[1400] FLOUR, J. e SOULEAU, H. *Les Successions*, p. 192.

O desaparecimento da obrigação *ultra vires,* isto é, além das forças do monte, provocou, naturalmente, a divisão das dívidas.

É esta a tendência que se impôs, desde o início, na sistemática do direito sucessório nacional: o credor do *de cujus,* ou credores, devem dividir seu crédito proporcionalmente ao número de co-herdeiros; cada herdeiro só pode ser responsabilizado no montante de sua cota hereditária. Ou, como dispõe claramente o texto legal francês, *"les héritiers ne sont tenus de la dette que pour les parts dont ils sont saisis"*[1401] (os herdeiros só são responsáveis pela dívida no montante da parte que lhes toca na herança).

Não importa a qualidade em que o herdeiro sucede o *de cujus.* A responsabilidade é de todos, legítimos ou instituídos, necessários ou facultativos, simples ou condicionais, todos respondem pelas obrigações que lhes foram transmitidas *causa mortis.*

O patrimônio do devedor é a garantia comum dos credores. A morte não altera o direito destes, pelo qual responde a herança, como um devedor solidário. "Enquanto a sucessão forma uma entidade indivisa, respondem pela totalidade da dívida os herdeiros do devedor solidário, porque à dívida por inteiro era obrigado o autor da herança, e porque a ação, nesse caso, se dirige, não contra os herdeiros, mas contra a sucessão."[1402]

Aberta a sucessão, aos herdeiros se transmite, com a herança, as obrigações do falecido. Mas os herdeiros só respondem pelas dívidas e obrigações dentro das forças da herança e preexistentes ao falecimento

---

1401 *"Art. 1.220. L'obligation qui est susceptible de division, droit être exécutée entre le créancier et le débiter comme si elle était indivisible. La divisibilité n'a d'application qu'à l'égard de leurs héritiers, qui ne peuvent demander la dette ou qui ne sont tenus de la payer que pour les parts dont ils sont saisis ou dont ils sont tenus comme représentant le créancier ou le débiteur."*

1402 DIAS FERREIRA, J. Obra citada, e MAXIMILIANO, C. Obra citada, p. 336.

do *de cujus*.¹⁴⁰³ Esse é o sistema adotado pela doutrina e legislação nacionais, onde não se faz necessária a declaração de aceite da herança a benefício de inventário, porque não tem lugar nele a responsabilidade *ultra vires hereditatis*. O preceito francês de incluir sempre no quinhão do devedor a dívida toda redunda em prejuízo dos credores desse; por isso, Teixeira de Freitas preferiu rateá-la entre os herdeiros, proporcionalmente às respectivas cotas.

"*A herança responde pelo pagamento das dívidas do falecido*", dispõe o *caput* do artigo 1.997; mas, dispõe a segunda parte: "*Feita a partilha, só respondem os herdeiros, cada qual em proporção da parte que na herança lhe coube.*" Ou seja, o artigo prevê dois momentos, um anterior à partilha e outro posterior à mesma.¹⁴⁰⁴

Isto é, antes da partilha, da abertura da sucessão até a partilha, "são os bens constitutivos da herança que, no seu conjunto, respondem pelo verdadeiro *passivo* da herança, formado, por seu turno, quer pelas dívidas do *de cujus*, inerentes ao patrimônio hereditário, quer pelos legados, nascidos das derradeiras liberalidades do testador à custa do mesmo patrimônio".¹⁴⁰⁵

1403 "**Transmissão de obrigação preexistente causa mortis.** *Apenas a obrigação que preexiste ao falecimento se transmite, porquanto esse dispositivo fala em dívida do falecido. Apenas as dívidas contraídas pelo falecido em vida são transmitidas ao herdeiro, não se podendo falar da transferência de obrigação em tese*" (STJ, 4ª T., REsp. nº 60.636, rel. Min. Ruy Rosado de Aguiar, m.v., 03.02.2000) (*Apud*: NERY JUNIOR, N. e NERY, R. M. de A. Obra citada, p. 1222).

1404 "**INVENTÁRIO – Habilitação de crédito – Dívida do de cujus confessada em documento, anexada pelos credores – Ausência de contestação, pelos herdeiros, da veracidade deste – Admissibilidade de apreciação no juízo do inventário.** *Se a dívida do falecido encontra-se demonstrada por documento e os seus herdeiros não contestam sua veracidade, é incontroverso que a sua apreciação impõe-se no juízo de inventário*" (*RT*, 724:401). Ver, ainda: *RT*, 729:231; *RT*, 733:361; *RT*, 671:121; *RT*, 673:58; *RT*, 556:247; *RT*, 539:238; *RT*, 539:151; *RT*, 539:99; *RT*, 542:69; *RF*, 293:252; *RT*, 324:185; *RT*, 577:119; *RT*, 643:191; *RF*, 354:284; *RT*, 697:153; *RT*, 634:210; *RT*, 570:219; *RT*, 577:119; *RT*, 717:133; *RT*, 699:52; *RT*, 729:233; *RT*, 606:175; *RT*, 786:336; *RT*, 785:349; *RT*, 602:284.

1405 PIRES DE LIMA e ANTUNES VARELA. Obra citada, p. 159.

Efetuada a partilha, a responsabilidade dos herdeiros processa-se em termos radicalmente diferentes, na medida em que à noção de conjunto surge a ideia de proporcionalidade de partes que a cada herdeiro coube na herança. Feita a partilha, "o panorama jurídico da responsabilidade pelos encargos dela (nomeadamente, quanto aos antigos débitos do *de cujus*) sofre uma alteração substancial, embora sem nunca esquecer a raiz da proveniência dessas dívidas.

Enquanto a herança se manteve no estado de indivisão, porque nenhum dos herdeiros tinha ainda *direitos* sobre bens *certos e determinados*, todos os bens hereditários respondiam *coletivamente*; a partir da *divisão* da herança, passa a responder cada herdeiro, individualmente, pela satisfação de cada dívida da herança (ou de cada encargo dela), mas apenas em proporção da quota que lhe coube na partilha (dentro, por conseguinte, das forças dos bens que especificadamente recebeu da herança...).[1406]

O que a lei quer deixar claro é que, a partir da partilha, se define a responsabilidade individual de cada herdeiro, na proporção de sua cota hereditária. Ou, como já dissera Bevilacqua, de forma expressiva: "Embora no patrimônio do herdeiro se encontre o seu direito hereditário, e este se concretize na porção de bens herdados, as dívidas do falecido não pesam senão sobre os bens que ele deixa e transmite. A responsabilidade do herdeiro mede-se pela quantidade hereditária, que lhe foi entregue."[1407]

No mesmo sentido já se posicionara Galvão Telles[1408] ao expor, didaticamente, que, enquanto a herança se mantém indivisa, nenhum herdeiro tem ainda direito sobre bens certos e determinados, e por isso

---

[1406] PIRES DE LIMA e ANTUNES VARELA. *Idem*, pp. 160-161.
[1407] BEVILACQUA, C. Obra citada, p. 1.031
[1408] GALVÃO TELLES, Inocêncio. *Sucessões – Parte Geral*. Coimbra: Coimbra Editora, 2004, p. 108.

todos os bens da herança respondem coletivamente pelos respectivos encargos (dívidas do *de cujus* e legados); uma vez porém realizada a partilha, o panorama sofre alteração radical, porque cada herdeiro passa a responder individualmente pelos encargos, na proporção da sua quota hereditária e por força dos bens que especificamente lhe tiverem tocado em preenchimento dessa quota.

Ademais, através da doutrina, reafirma-se o princípio dominante na doutrina nacional, de que a responsabilidade do herdeiro não é *ultra vires hereditatis*.

Nada impede, porém, que o testador determine que um só herdeiro resgate o passivo, assim como pode especificar, das obrigações por ele contraídas, a que cabe a cada um dos herdeiros cumprir. Sendo o preceito meramente dispositivo, não há nenhum óbice à inserção de disposição dessa natureza.[1409]

No parágrafo primeiro a lei dispõe sobre a possibilidade de os credores, no curso do inventário, requererem o pagamento das dívidas, desde que seus créditos constem de documentos revestidos de formalidades legais, constituindo prova bastante da obrigação.

Os herdeiros poderão se opor ao pagamento, desde que tenham razão suficiente, mas, se a impugnação tiver qualquer outro fundamento, que não a alegação baseada em prova valiosa de já ter sido solvida a dívida, o juiz mandará reservar, em poder do inventariante, bens suficientes para a solução do débito.[1410] Se esse for verdadeiro, o credor

---

1409 MAXIMILIANO, C. Obra citada, p. 343.
1410 "*INVENTÁRIO – Concubinato – Dissolução – Execução – Reserva de bens. A reserva de bens em inventário só pode ser concedida a herdeiro excluído e somente até decisão do litígio a respeito. No inventário, a concubina é mera interveniente e, por isso, não tem direito à reserva de bens no inventário do companheiro falecido, nem mesmo de requerer sua paralisação até decisão da ação ordinária, seja com base no art. 1.001, seja com base no art. 1.018 do CPC. Se a ação ordinária de dissolução de sociedade de fato já se encontra definitivamente julgada*

proporá a sua ação, e, munido da sentença, fará recair a penhora sobre os bens separados.

A reserva dos bens, como garantia da satisfação do débito, quando venha o credor a obter sentença favorável contra o espólio, atua também como elemento de pressão contra eventual manobra dos herdeiros contra a pretensão dos credores. "Não há interesse da parte do herdeiro em se opor ao pagamento de uma dívida verdadeira, fundada em título legítimo, porque os bens necessários para o pagamento dessa dívida ficam reservados à espera da decisão final, e como esta será, forçosamente, contra a herança, melhor será fazer, desde logo, justiça ao credor."[1411]

Se a dívida não estiver suficientemente documentada, não pode ser atendida em inventário. A questão irá debater-se nas vias ordinárias, perante o juiz competente. Terminado o pleito, duas hipóteses podem ocorrer: se o credor vencer, encontrará com que se pagar; se decair da ação, os bens reservados voltam a compor o espólio, ou seja, serão objeto de nova partilha entre os herdeiros.

Mais uma vez o nosso legislador, de maneira explícita, privilegiou o interesse dos terceiros (no caso, credores) em detrimento do interesse dos particulares (dos herdeiros).[1412]

---

em favor da concubina, cabe-lhe executar o julgado com base no título judicial; e, aí, havendo prova da dilapidação dos bens do espólio, pode ela pedir a reserva de bens para garantir a execução do julgado. O que não se pode tolerar é que, embora vencedora na ação, permaneça indefinidamente inerte, cabendo, então, à viúva meeira e/ou herdeiros legítimos executar aquele julgado." RF, 319:163. Ver, ainda: *RT, 654:79; RT, 722:311; RT, 747:209; RT, 755:344; RT, 755:209; RT, 751:350; RT, 695:152; RT, 697:77; RT, 568:53; RT, 565:93; RT, 632:101; RT, 559:214; RT, 677:183; Boletim COAD – ADV, nº 16, Em. 101256.*
Na doutrina, examinar os artigos de Alcides de Mendonça Lima, "Reserva de Bens em Inventário – Extensão aos Rendimentos". *In RT*, 552:43-45;

1411 BEVILACQUA, C. Obra citada, pp. 1.031-1.032.
1412 "**Fideicomisso. Caução em locação.** *A caução em dinheiro, dada pelo locatário a locador posteriormente falecido, com a extinção da locação passa a ser dívida da herança, incumbindo a este o ônus de sua devolução, e não ao legatário, que adquiriu a propriedade do imóvel loca-*

Para gozar a vantagem concedida ao credor quanto à separação de bens para o pagamento da obrigação fundada em título bastante da dívida, deverá o mesmo exercer a prerrogativa no prazo de trinta dias, mediante o desencadeamento da ação competente.

O prazo de trinta dias (§ 2º do art. 1.997) conta-se da data do despacho que ordenou a separação dos bens, e a reserva só poderá ser requerida antes da partilha, porque, uma vez ultimada esta, sem a reserva, cada herdeiro recebe a sua cota e só responde pelas obrigações da herança na proporção da parte que lhe coube.

Se não exercer a prerrogativa concedida em lei, dentro do prazo legal, não se reservarão bens para o seu pagamento e, apesar da força do seu título, ficará equiparado aos credores detentores de direito duvidoso, os quais, ao terminarem a demanda, poderão ver frustradas suas expectativas, por nada mais encontrar em poder dos herdeiros, em decorrência da partilha e do natural uso que cada herdeiro faz do seu quinhão.

Art. 1.998. As despesas funerárias, haja ou não herdeiros legítimos, sairão do monte da herança; mas as de sufrágio por alma do falecido só obrigarão a herança quando ordenadas em testamento ou codicilo.

Direito anterior – Art. 1.797 do Código Civil de 1916.

Art. 1.797. As despesas funerárias, haja ou não herdeiros legítimos, sairão do monte da herança. Mas as de sufrágios por alma do finado só obrigarão a herança quando ordenadas em testamento ou codicilo.

Direito comparado – Sem correspondência no direito comparado.

---

do sem o encargo expresso da restituição" (STJ, 4ª T, REsp. nº 26871-RJ, rel. Min. Sálvio de Figueiredo Teixeira, v.u., j. em 17.11.1992, *DJU* de 14.12.1992, p. 23.972; *JSTJ* 44/200; *RSTJ* 47/337) (*Apud*: NERY JUNIOR, N. e NERY, R. M. A. Obra citada, p. 1.222).

COMENTÁRIO

As despesas funerárias a que se refere o artigo sob comento são as determinadas pela morte: caixão, enterro, encomendação, transporte, sepultura, enfim, correspondem às despesas de inumação do corpo, feitas de acordo com a condição do falecido e o costume do lugar.[1413]

Saem do monte da herança, dispõe o texto legal, e, pois, considerando-as despesas privilegiadas; só depois de pagas e deduzidas do passivo da herança é que se procede à partilha. O Código se refere ao "monte da herança", isto é, são deduzidas do conjunto de bens deixados pelo *de cujus*; a lei está a se referir ao monte-mor, que difere do monte partível, que é o acervo de bens, já deduzidas as dívidas e as despesas do funeral.

A segunda parte do artigo pode causar espécie pela sua aparente vetustez, já que, atualmente, não são mais comuns as missas em sufrágio da alma do falecido. Mas foram a regra em todo transcorrer da história da família brasileira. Assim, informa-nos Faria, era praxe, no Brasil colonial, os testadores estabelecerem sufrágios pela alma, e a historiadora constatou mesmo "o pedido de negociantes para realizar missas pelas almas dos que com ele tiveram qualquer negócio e que,

---

1413 "*INVENTÁRIO – Dívidas do de cujus e despesas funerárias – Dedução do monte da herança, constituído de bens imóveis – Admissibilidade para efeito de pagamento do imposto de transmissão* causa mortis. *Inteligência do art. 1.797 do CC. Ementa: Imposto de transmissão* causa mortis. *Dívidas do* de cujus. *Despesas funerárias. Dedução do monte da herança. Pedido de reconsideração. Suspensão do prazo de recurso. Se o pedido de reconsideração da decisão atacada integra o agravo de instrumento, correspondendo a uma súplica de reforma em plano de juízo de retratação, ínsito ao recurso, não há falar-se em inviabilidade do apelo. As dívidas do* de cujus, *bem como as despesas com seu sepultamento, devem ser apuradas, impondo-se a dedução das mesmas do monte da herança, para efeito de pagamento do imposto de transmissão* causa mortis" (*RT*, 602:206). Ver, ainda: *RT*, 676:98; *RT*, 622:231; *RT*, 463:82; *RT*, 326:365; *RT*, 325:248-249; *RT*, 318:435-436; *RT*, 308:353.

inadvertidamente, foram por eles prejudicados (...) Muitos o faziam por 'atacado', tentando resolver possíveis pendências sem muito detalhamento, como fez Manoel Francisco Póvoa, em 1762, estando certo de que suas faltas, se as houvesse, estariam inscritas em algum lugar, já que declarou:

"(...) que no dia seguinte depois do meu falecimento se mandarão dizer 70 missas por atenção de quem pertencer porque como tenho lidado com dinheiros alheios e pagamento de trabalhadores não sei se prejudiquei aos ditos trabalhadores ou aos donos das obras, por isso mando se digam missas logo porque se não dever nada senão por minha alma e se dever sejam logo satisfeitas (test. 35).

Manoel Póvoa deixou o julgamento sobre se as missas seriam para quem havia prejudicado ou para a sua própria alma, por conta de algo ou alguém de fora do mundo material. Havia, portanto, a certeza de que, caso não houvesse falta a reparar, as missas valeriam para salvação de sua própria alma".[1414]

O exemplo coletado pela historiadora retrata bem o quadro religioso dominante no Brasil: a ideia da salvação da própria alma era preocupação dos brasileiros e atingia amplas camadas populares, desde as mais singelas até as mais abastadas.

No mesmo sentido conclui Silva: "Isto explica-se pelo fato de ser o testamento muito importante, não apenas para a instituição dos herdeiros e distribuição dos legados, mas também para as disposições quanto ao funeral e cuidados com a alma mediante a celebração de missas."[1415]

Embora os costumes tenham mudado e a dificuldade econômica não mais favoreça esse tipo de investimento, para depois da morte, o

---

1414 FARIA, Sheila de Castro. Obra citada, p. 272.
1415 SILVA, Maria Beatriz Nizza da. Obra citada, p. 128.

culto e as convicções religiosas podem garantir a mantença da praxe, o que é visível no Brasil interiorano. A obrigação pelas despesas, nesse caso, só existe se ordenada em testamento ou codicilo. Se inexistirem nos documentos citados, correrá por conta de quem a ordenar. A regra respeita a liberdade de cultos, como bem avaliou Bevilacqua, e atribui a cada um a responsabilidade de seus atos.

Art. 1.999. Sempre que houver ação regressiva de uns contra outros herdeiros, a parte do co-herdeiro insolvente dividir-se-á entre os demais.

Direito anterior – Art. 1.798 do Código Civil de 1916.

Art. 1.798. Sempre que houver ação regressiva de uns contra outros co-herdeiros, a parte do co-herdeiro insolvente dividir-se-á em proporção entre os demais.

Direito comparado – No Código Civil francês (arts. 875 e 876)[1416] e no Código Civil português (art. 2.098).

COMENTÁRIO

A ação regressiva de uns herdeiros contra os demais ocorre, quase sempre, na hipótese de dívida indivisível, material ou juridicamente. Mas pode também se materializar em outras circunstâncias. Assim,

---

1416 *"Art. 875. Le cohéritier ou successeur à titre universel, qui, par l'effet de l'hypothèque, a payé au delà de sa part de la dette commune, n'a de recours contre les autres cohéritiers ou successeurs à titre universel, que pour la part que chacun d'eux doit personnellement en supporter, même dans le cas où le cohéritier qui a payé la dette se serait fait sobroger aux droits des créanciers; sans préjudice néanmoins des droits d'un cohéritier qui, par l'effet du bénéfice d'inventaire, aurait conservé la faculté de réclamer le payement de as créance personnelle, comme tout autre créancier."*

"Art. 876. En cas d'insolvabilité d'un des cohéritiers ou successeurs à titre universel, sa part dans la dette hypothécairee est répartie sur tous les autres, au marc le franc."

quando na partilha lhe cabe um imóvel gravado de ônus real, sem que tenha sido deduzido o valor do encargo; ou, quando, em contrato, o *de cujus* estipulou ficar algum sucessor responsável pelo pagamento de um débito; ou, ainda, quando, por conveniência de todos, o herdeiro paga dívida do espólio.

Em todos os casos, cada qual responderá na proporção da cota que lhe couber na herança.

No primeiro caso, da indivisibilidade da dívida, mesmo que o herdeiro, em decorrência da partilha, só responda na proporção da parte que lhe coube, está obrigado, em virtude da natureza da dívida, a pagá-la, integralmente; mas ficará sub-rogado no direito do credor, para reaver dos outros co-herdeiros a parte que a cada um tocar na divisão do débito pago.

No caso de imóvel gravado de ônus real, de uma hipoteca, por exemplo, e se o mesmo não for liberado, antes da partilha e tiver entrado no quinhão de um dos herdeiros, sem que se tenha deduzido o valor do encargo, pode ocorrer que o herdeiro venha a pagar mais do que lhe competia na dívida comum. Nesse caso, terá direito de regresso contra os outros na proporção das respectivas cotas hereditárias.

Se, ainda no estado de indivisão dos bens hereditários, um herdeiro, por conveniência dos demais, paga dívida do espólio, os outros respondem pelas partes que lhes tocarem.

Em todos os casos, se um dos co-herdeiros é insolvente, rateia-se a parte que deveria ratear entre os demais, incluindo-se no rateio o herdeiro que pagou.

Mas, como asseverou Maximiliano, "quando a insolvência é posterior ao pagamento efetuado por um herdeiro, este perde o direito de reaver dos outros a parte do impossibilitado de fazer face às suas obrigações, desde que se prove ter havido negligência ou retardamento na cobrança",[1417] deixando perder-se por sua culpa a garantia que aquele ainda poderia prestar, pela sua cota no débito.

Art. 2.000. Os legatários e credores da herança podem exigir que do patrimônio do falecido se discrimine o do herdeiro, e, em concurso com os credores deste, ser-lhes-ão preferidos no pagamento.

Direito anterior – Art. 1.799 do Código Civil de 1916.
Art. 1.799. Os legatários e credores da herança podem exigir que do patrimônio do falecido se discrimine o do herdeiro, e, em concurso com os credores deste, ser-lhes-ão preferidos no pagamento.

Direito comparado – No Código Civil francês (art. 878).[1418]

COMENTÁRIO

A sucessão hereditária estabelece confusão entre o patrimônio do *de cujus* e o do herdeiro, ficando difícil determinar qual a parte exequível pelos credores da herança e qual a parte em que deve recair a penhora dos credores do herdeiro. A confusão pode trazer prejuízo tanto aos credores do *de cujus* (que não devem e não podem ficar em pior situação, pela morte do devedor) quanto aos legatários. A ambos o Código Civil permite usar o benefício da *separatio bonorum* instituído pelo direito romano.

A separação dos patrimônios remonta ao direito romano, onde o pretor concedia a *separatio bonorum*, incidente da *bonorum venditio*,

---

1417 MAXIMILIANO, C. Obra citada, vol. 25, p. 61.
1418 "*Art. 878. Ils peuvent demander, dans tous les cas, et contre tout créancier, la séparation du patrimoine du défunt d'avec le patrimoine de l'héritier.*"

aos credores da herança, para muni-los de uma providência tendente a impedir que fossem lesados pelos credores pessoais dos herdeiros: na venda dos bens separavam-se as duas porções do respectivo preço, uma correspondente aos bens do acervo e outra relativa aos bens próprios do herdeiro; os credores de uma não se pagavam pela outra.

Desde a vigência do direito pretoriano se entendeu que a separação "pode ser requerida e deve ser concedida, ainda que se não demonstre haver ou perigo na demora, ou probabilidade de não-pagamento, ou insolvência de herdeiro; dá-se até no caso de ser reconhecidamente solvente o sucessor universal; é, sempre, direito do credor não atendido reclamar e obter a separação".[1419]

A separação se obtém mediante simples requerimento do credor da herança ou legatário fundamentado em prova concludente. Não é preciso prova líquida: basta o *fumus boni iuris*.

Os credores da herança não precisam agir coletivamente; qualquer um pode recorrer isoladamente ao expediente, e a separação se opera em favor dele. Mas, se se verificar que a herança é insuficiente para satisfazer todas as dívidas, abre-se concurso entre todos. Nesse concurso poderão tomar parte também os credores do herdeiro que só recolherão as sobras, já que a herança só existe depois de deduzido o passivo, e o que restar do patrimônio do *de cujus*, depois de pagas as dívidas por ele deixadas, é que entrará para o patrimônio do herdeiro e irá constituir a garantia de seus credores.[1420]

1419 MAXIMILIANO, C. Obra citada, p. 360. No mesmo sentido, Clovis Bevilacqua: "Este benefício é útil somente quando o herdeiro é insolvente, mas não é necessário que a insolvência do herdeiro seja conhecida ou declarada para que os credores do *de cujus* possam pedir a separação dos patrimônios. A lei não exige essa condição, e consente no benefício, ainda quando se ignore a existência de credores do herdeiro" (obra citada, p. 360).
1420 BEVILACQUA, C. Obra citada, p. 1.036.

Quanto aos credores do herdeiro, não assiste o direito de invocar a separação, porque o herdeiro não responde pelos encargos da herança além das forças desta (art. 1.792); e, "não havendo herança lucrativa, senão depois de deduzidas as dívidas, a situação do credor do herdeiro, que melhora, quando a sucessão é vantajosa, não pode piorar, quando nenhum benefício econômico trouxer".[1421]

Também aos legatários alcança o benefício da separação, podendo exigir a discriminação dos patrimônios sempre que a confusão lhes for ruinosa. Com a abertura da sucessão o legatário adquire a propriedade da coisa legada, mas, como esta se acha na posse do herdeiro, a lei concede ao legatário o benefício da separação, para melhor assegurar o pagamento do legado.

Em se tratando de legatário de coisa certa, não há se falar em discriminação de patrimônios, porque, na qualidade de herdeiros, podem impedir a alienação do bem e reivindicá-lo se, porventura, for alienado.

Art. 2.001. Se o herdeiro for devedor ao espólio, sua dívida será partilhada igualmente entre todos, salvo se a maioria consentir que o débito seja imputado inteiramente no quinhão do devedor.

Direito anterior – Art. 1.800 do Código Civil de 1916.

Art. 1.800. Se o herdeiro for devedor ao espólio, sua dívida será partilhada igualmente entre todos, salvo se a maioria consentir que o débito seja imputado inteiramente no quinhão do devedor.

Direito comparado – Sem correspondência no direito comparado.

[1421] BEVILACQUA, C. *Idem, ibidem.*

COMENTÁRIO

A regra, contrária aos princípios do direito sucessório brasileiro, encontra justificativa e legitimidade nos argumentos apresentados pela Comissão do Senado: "Imputar toda a dívida no quinhão hereditário do devedor pode importar prejuízo aos co-herdeiros, se aquele é abonado e solvente, e o acervo dividendo composto de objetos de pouco valor. Nesse caso, poder-se-ia dizer que o devedor recebe seu quinhão em dinheiro e os co-herdeiros em coisas de valor muito inferior (...) a Comissão entendeu que a solução mais acertada seria a divisão da dívida por todos os herdeiros, traga o devedor, ou não, bens à colação, circunstância que não deve influir. Mas, como podem ocorrer hipóteses, que não são previstas, e convenha dar um certo elastério à ação dos interessados, que são os melhores juízes, foi resolvido que, por solicitação do devedor e aquiescência dos co-herdeiros, a solução pudesse ser outra, de acordo com as circunstâncias."[1422]

Bevilacqua criticou a posição assumida pelo legislador nesse dispositivo. Segundo o civilista, a Comissão do Senado deixou-se impressionar por alguns fatos ocorridos e não atendeu, de preferência, aos princípios. "Imputar a dívida no quinhão hereditário do devedor pode importar, sem dúvida, prejuízo aos co-herdeiros, quando o devedor for abonado; mas, se, ao contrário, for insolvente, detrimentos para os seus consortes será a partilha de sua dívida. E o interesse do insolvente será, precisamente, esse de repartir com os outros o seu débito, e receber quaisquer bens da herança, em concorrência com os co-herdeiros."[1423]

1422 *Anais do Senado*, 1912, V, p. 119.
1423 BEVILACQUA, C. Obra citada, pp. 1.038-1.039.

Na ótica de Bevilacqua, a solução verdadeira deverá ser o pagamento da dívida como se fazia no direito romano. Como, porém, o herdeiro devedor tem direito à sua quota hereditária, compensam-se, em quanto equivalerem, o passivo com o ativo, o dever e o haver.[1424] Com isso, evitar-se-iam possíveis fraudes. E, conclui Bevilacqua, "o preceito do artigo não evita esse inconveniente, porquanto a dívida do herdeiro somente se imputará, inteiramente, no seu quinhão, se a maioria *consentir*, isto é, se atender à solicitação do devedor, se concordar com a proposta que este fizer, o que, naturalmente, não acontecerá no caso da fraude imaginária".[1425]

Certamente, a deliberação pela maioria pode ser contrária à vontade do devedor. Se os outros herdeiros entendem que o devedor é insolvente, o que lhes cabe é imputar, por maioria, ao quinhão do devedor o que ele deve; porém, sem a maioria, tal solução é contra a lei. Na interpretação do artigo sob comento, o que se há de exigir, para a imputação, é a deliberação da maioria.

1424 *"Partilha de débito de herdeiro. Como proceder-se quando a dívida não é reconhecida e constante de letra prescrita. Aplicação do art. 1.800 do Código Civil.* Não pode ser imputado no quinhão de herdeiro devedor alegado débito seu para com o espólio, constante de letra já prescrita e impugnado pelo devedor, máxime se foram as partes remetidas anteriormente para os meios ordinários e do despacho não houve nenhum recurso" (*RT*, 158:211).
1425 BEVILACQUA, C. Obra citada, p. 1.039.

CAPÍTULO IV
Da Colação

Art. 2.002. Os descendentes que concorrerem à sucessão do ascendente comum são obrigados, para igualar as legítimas, a conferir o valor das doações que dele em vida receberam, sob pena de sonegação.

Parágrafo único. Para cálculo da legítima, o valor dos bens conferidos será computado na parte indisponível, sem aumentar a disponível.

Direito anterior – Art. 1.786 do Código Civil.

Art. 1.786. Os descendentes, que concorrerem à sucessão do ascendente comum, são obrigados a conferir as doações e os dotes que dele em vida receberam.

Direito comparado – No Código Civil francês (art. 843)[1426] e no Código Civil português (art. 2.104).[1427] No direito argentino (art. 3.477) e no direito uruguaio (artigo 2.100).

Leitura complementar:

ANDREOLI, Giuseppe. *Contributo allá teoria della collazione – delle donazioni*. Milano: Giuffrè, 1942; BLÁZQUEZ. *Colación de los descendien-*

[1426] "*Art. 843. Tout héritier, même bénéficiaire, venant à une succession, doit rapporter à ses cohéritiers tout ce qu'il a reçu du défunt, par donations entre vifs, directement ou indirectement: il ne peut retenir les dons à lui faits par le défunt, à moins qu'ils ne lui aient été faits expressément par préciput et hors part, ou avec dispense du rapport.*

Les legs faits à un héritier sont réputés faits par préciput et hors part, à moins que le testateur n'ait exprimé la volonté contraire, auquel cas le légataire ne peut réclamer son legs qu'en moins prenant."

[1427] "*Art. 2.104 (Noção).*

1. Os descendentes que pretendem entrar na sucessão dos ascendentes devem restituir à massa da herança, para igualação da partilha, os bens ou valores que lhes foram doados por este: esta restituição tem o nome de colação.

2. São havidas como doação, para efeitos de colação, as despesas referidas no artigo 2.110."

tes. Madrid: Edisofer, 1996; BLONDEL. *La transmission à cause de mort des droits extra-patrimoniaux et des droits patrimoniaux à caractere personnel* (Thèse). Paris, 1969; D`ABREU, Carvalho. "A colação e redução das doações em substância ou valor". *In*: *Revista de Justiça*, nº 149, ano 7, Lisboa, 1922; FACHIN, Luiz Edson e PIANOWSKI, Carlos Eduardo. "Sucesão Hereditária e Colação: novo Código Civil e velhas polêmicas". *In*: *Revista do IAP*, nº 35, 2007, pp. 539-555; FERREIRA, Nelson Pinto. *Da colação*. Dissertação de Mestrado, PUC/SP, 1999; FERREIRA, Nelson Pinto. *Da colação no direito civil brasileiro e no direito civil comparado*. São Paulo: Juarez de Oliveira, 2002; FERREIRA, Sérgio de Andréa. "Colação de bens doados" (Parecer). *In*: *RDPGJ* do Rio de Janeiro, nº 15, vol. 15, pp. 164-169; FORCHIELI, Paolo. *La collazione*. Padova: Cedam, 1958; FRANÇA, Rubens Limongi. "Colação de bens doados". *In*: *RT*, 516: 25; GORÉ, M. *L'administration des successions em droit international privé français* (Thèse). Paris II, 1994; HOUDART. *De la division de plein droit des dettes héréditaires* (Thèse). Paris, 1909; LEQUETTE, Y. *Le privilège de la séparation des patrimoines à l'épreuve de l'article 815-817*. Rt. A. Weill, Paris: Dalloz-Litec, 1983; LEITE, Jorge. *A colação*. Coimbra, 1972; LIMA, Alcides de Mendonça. "Reserva de bens em inventário – Extensão aos rendimentos". *In*: *RT*, 552: 43; LIMA, Flávio Pereira. "Colação e questão jurídica do critério avaliativo dos bens e frutos colacionáveis". *In*: Maria Helena Diniz (Coord.). *Atualidades Jurídicas*, vol. 2, p. 157. São Paulo: Saraiva, 2000; LOPES DA COSTA, Alfredo de Araújo. *Da responsabilidade do herdeiro*. São Paulo: Saraiva, 1928; LOS MOZOS, José Luis de. *La colación*. Madrid, 1965; LUCIO, Álvaro José Laborinho. *Do fundamento e da dispensa da colação* (Tese). Coimbra, 1967; MAIA, Mucio de Campos. "Apontamentos sobre colação". *In*: *RF*, 197: 33; MALHEIROS FILHO, Fernando. "Negócios jurídicos entre pais e filhos". *In*: *COAD/ADV*, nº 3/2002, pp. 7-17; MARTORELL. *La collatio emancipati*. Madrid, 1997; MORAES, Walter. "Colação" (verbete). *In*: *Enciclopédia Saraiva do direito*, vol. 16, p. 78; MORATO, Francisco. "Da colação". *In*: *RDPriv*. 3:215; OLIVEIRA, Wilson. *Inventários e Partilhas*. Rio de Janeiro: Borsoi, 1957; PASTORIS. *Du principe de la transmission des dettes héréditaires em droit français* (Thèse). Aix, 1986; PERCEROU, J. "La liquidation du passif héréditaire em droit français". *In*: *RTDC*, 1905, p. 535 e ss.; RAMIREZ, P. N. Correia. *O cônjuge sobrevivo e o instituto da colação*. Coimbra: Almedina, 1997; RANOUIL. *La subrogation réelle em droit civil français* (Thèse). Paris II, 1985; RIGUEIRA, Jayme. "Da doação e das colações no direito brasileiro". *In*: *RJTAM*, 31: 57-65; ROSAS, R. "Colação, valor dos bens doados; art. 1.792 do Código Civil (1916)". *In*: *RT*, 415:22; VINCENT. *La répartition entre les héritiers des créances et des dettes de la succession* (Thèse). Paris, 1931; VISALLI, Nicolò. *La collazione*. Padova: Cedam, 1988.

COMENTÁRIO

A colação (*rapport*, dos franceses; *collazione*, dos italianos; *colación*, dos espanhóis; *Ausgleichung*, dos alemães) é o ato de reunir ao monte partível quaisquer liberalidades recebidas do *de cujus*, pelo herdeiro descendente, antes da abertura da sucessão. A origem do vocábulo remonta ao direito romano; provém do termo latino – *collatio*, oriundo por sua vez, do supino – *collatum*, do verbo *conferre*, o qual significa, em português, *conferir*, ajuntar, reunir, trazer juntamente.

Por isso se empregam como equivalentes as duas expressões *conferir* e *trazer à colação*. Colação e conferência são uma e a mesma coisa em Direito das Sucessões. Colacionar e conferir, colação e conferência são termos sinônimos.

Quando a lei fala em conferentes está a referir-se aos sucessores legitimários que têm de fazer colação de bens, que têm de conferir bens ou valores.

O instituto da colação, de origem romana, passou ao direito visigótico, deste passou ao direito francês, e, através do direito português, passou ao direito pátrio.

Em Roma a colação chamava-se, originariamente, *collatio bonorum vel emancipati*. Segundo o direito patriarcal, informa-nos Santos,[1428]

1428 SANTOS, Eduardo dos. Obra citada, pp. 239-243.

o filho emancipado tornava-se *paterfamilias,* desligando-se inteiramente da família de origem. Desse modo, perdia os eventuais direitos que tinha sobre os bens do seu *paterfamilias*. A família fundava-se unicamente na unidade de direção. Era agnatícia. Com o decurso dos tempos, as concepções evoluíram e a família romana, de agnatícia, tornou-se cognatícia, assentando, assim, em laços de sangue.

O direito pretoriano acompanhou a evolução e temperou o rigor do *ius civile* e chamou os filhos *in potestate patria* e os *emancipati*, conjuntamente, à *bonorum possessio ab intestato* e à *bonorum possessio contra tabulas* (testamento).

Mas, como observa Santos, este progresso, justo e equitativo relativamente ao regime sucessório das Doze Tábuas, deparou-se com uma dificuldade. Efetivamente, os *emancipati* podiam adquirir bens e constituir o seu patrimônio próprio, enquanto os seus irmãos *in potestate* não podiam adquirir senão para o *pater*. E concorrendo uns e outros, conjuntamente, à sucessão do *pater*, gerava-se uma situação injusta para os filhos *in potestate*.

Diante da hipótese concreta que precisava ser contornada, para se resgatar o justo, o pretor corrigiu esta nova anomalia através da *collatio bonorum vel emancipati*, em virtude da qual o filho emancipado devia conferir (*conferre*) todos os bens que tivesse adquirido desde a sua emancipação até a morte do *pater*, sempre que concorresse à herança com outros herdeiros não emancipados.

Dominava, no novo instituto, a ideia de evitar um prejuízo, este que sofreriam os filhos não emancipados em proveito dos emancipados. Assim se explica que não fossem obrigados à colação os que renunciassem à sucessão, nem os instituídos em testamento. No primeiro caso, é manifesto que não havia prejuízo algum; no segundo, o prejuízo causado pelo instituído não se devia ao fato de ele ser emancipado, mas tãosomente por o testador o chamar à herança. Podia o chamar ou outro, ou mesmo um estranho.

Mais tarde, estendeu-se o referido dever à filha, no tocante ao dote havido de progenitor; resultou, assim, a *collatio dotis* (colação de dote). Com efeito, a filha casada, que estava sujeita à *potestas* do falecido pai e não do marido, recebia um dote, que se tornava seguramente propriedade deste. A mulher podia exigir a restituição do dote, em certas condições, com a dissolução do casamento. E, sendo ela casada, *sine manu*, podia concorrer à sucessão do pai.

Não tardou muito e o princípio das *collationes bonorum et dotis* começou a transmudar-se. Uma lei do Imperador Leão, promulgada em 472, aboliu a colação dos bens dos emancipados e a substituiu pela de todas as liberalidades feitas em vida pelos pais a qualquer filho, quer estivesse sob a *manus*, quer não; logo, a nova providência abrangia toda a prole, os *sui* e os *sui juris* ou *emancipati*: era a *collatio descendentium* (colação dos descendentes). Assim sendo, os filhos de ambos o sexos, emancipados ou não, eram obrigados a conferir o dote ou doação *ante nuptias* que tivessem recebido, e bem assim as filhas e os filhos emancipados quanto aos bens adquiridos de seus ascendentes ao tempo da emancipação ou depois dela.

Finalmente, Justiniano, por meio da Novela 18, estendeu o dever de conferir até à sucessão testamentária, excetuando, porém, do alcance da norma positiva o filho a quem o genitor explicitamente liberasse daquela obrigação. A prole traria ao acervo hereditário só os bens profetícios (recebidos do pai), ficando, pois, excluídos da partilha os adventícios (bens, ou dote, recebidos de estranhos).

Desse modo, desapareceu a desigualdade entre emancipados e filhos *in potestate* que existia na antiga *collatio emancipati*.

Estavam sujeitos à colação o dote, as doações *ante nuptias* ou *propter nuptias*, as doações *ad emendam militiam*. As demais doações, chamadas *simplices*, não eram, em geral, colacionáveis. A colação podia fazer-se *in natura* ou em valor. Esta foi a *collatio descendentium*.

Na França, informa-nos Demolombe,[1429] toda a matéria de colação baseava-se, antigamente, sobre duas regras: *a regra da colação* e a *regra da incompatibilidade das qualidades de herdeiro e legatário*. A primeira entrara nos costumes gauleses a partir do direito romano. A segunda tinha origem nacional e era essencialmente consuetudinária.

A *regra da colação* era relativa às doações entre vivos e, em geral, se aplicava apenas à linha reta descendente. Pelo contrário, a *regra da incompatibilidade das qualidades de herdeiro e legatário* era aplicável em ambas as linhas e a todos os herdeiros, sem distinção, fossem descendentes, ascendentes ou colaterais.

A tendência do direito francês para conservar a igualdade dos herdeiros era um meio de manter a paz e a concórdia entre as famílias e prevenir os ódios a que dariam origem as vantagens concedidas apenas a alguns.

O costume da *igualdade perfeita* (que não dispensa da colação nem mesmo o herdeiro renunciante) foi consagrado pela Lei de 17 *Nivôse*, do ano II, mas logo foi abolido no ano VIII, pela Lei de 4 de *Germinal*, que adotou o sistema do *precípuo*. E foi esse o sistema adotado pelos redatores do *Code Civil*.

E, ainda nos informa Santos, o fundamento da colação é, no Código napoleônico, a vontade presumida do defunto de não ter querido que o sucessível, a quem fez uma liberalidade, a cumulasse com o seu

---

1429 DEMOLOMBE. *Traité des Successions*, tomo IV, p. 161.

quinhão hereditário. Por outras palavras: presume-se que o *de cujus* não quis romper a igualdade entre os sucessíveis.

No antigo direito português, a colação, segundo Coelho da Rocha,[1430] tinha lugar entre os filhos e demais descendentes, tal como no direito romano, e aplicava-se às liberalidades *inter vivos* e não às testamentarias. No Código Civil de 1867, o artigo 2.098 definia a colação como: *"Diz-se colação a restituição que os herdeiros legitimários, que pretendem entrar na sucessão, devem fazer à massa da herança, dos valores que lhes houvessem sido doados pelo autor dela, para o cálculo da metade e igualação da partilha."*

No Código Civil português vigente, a colação sofreu alguma evolução. O artigo 2.104 dispõe que: *"Os descendentes que pretendam entrar na sucessão do ascendente devem restituir à massa da herança, para igualação da partilha, os bens ou valores que lhes foram doados por este: esta restituição tem o nome de colação."*

A locução *para igualação da partilha* deve ser entendida no sentido que lhe atribuía o direito romano, no sentido de igualação referida à vocação sucessória dos descendentes e à repartição proporcional do patrimônio hereditário segundo as regras da sucessão legitimária, e não de uma igualação efetiva dos quinhões.

A lei vigente no Brasil não impõe o dever de colação a todos os sucessores necessários; restringe-o aos filhos, netos (os netos devem colacionar, quando representarem seus pais, na herança do avô, o mesmo que seus pais teriam de conferir), bisnetos etc. O preceito compulsório aplica-se a quaisquer descendentes que sejam herdeiros legítimos e nesse caráter concorram à sucessão de ascendente comum e tem como

---

1430 Citado por A. de Abranches Ferrão. *Das doações segundo o Código Civil Português*, vol. II, pp. 141-142. *Apud* Eduardo dos Santos. Obra citada, p. 244.

escopo, na mesma esteira do direito português, a igualação da legítima dos herdeiros. Por isso, o artigo 1.785 dispunha, de forma concisa e lapidar, "a *colação tem por fim igualar a legítima dos herdeiros. Os bens conferidos não aumentam a metade disponível*".

Quanto aos descendentes, vale lembrar que os filhos sempre terão o dever de colacionar[1431] (*"Os descendentes que concorrerem à sucessão do ascendente comum são* **obrigados** *a conferir o valor das doações..."*, dispõe taxativamente o *caput* do art. 2002); já quanto aos netos, como bem ressaltado por Tartuce e Simão, a matéria merece ponderação.

A questão é analisada pelo dois civilistas, que passamos a transcrever:

Se os netos receberam a herança *por representação,* "colacionam o que seus pais colacionariam, ou seja, os bens que seu pai (pré-morto) recebeu diretamente por doação do avô, mesmo que o bem não mais exista (...) (da mesma forma) se os netos receberam a herança por *direito próprio,* devem colacionar os bens que eles mesmo receberam por doação de seu avô".[1432]

Como corretamente noticiam os autores citados, o art. 2002 tem de ser interpretado juntamente com o art. 2009, que acaba "quebrando" com a regra pela qual a colação é pessoal. Com efeito, "quando os netos, representando os seus pais, sucederem aos avós, serão obrigados a

---

1431 "*SUCESSÃO – Colação – Pedido formulado por herdeiro legítimo nascido posteriormente a doações que o* **de cujus** *formalizou a outros filhos como adiantamento da legítima – Admissibilidade – Conferência que está subordinada aos fatos presentes na abertura da sucessão – Inteligência dos arts. 4º, 1.718, 1.721, 1.727 e 1.785 do CC. Ementa Oficial: A colação que é obrigatória para igualar as legítimas dos herdeiros está subordinada aos fatos presentes na abertura da sucessão, pouco importando que o herdeiro legítimo que requer a conferência tenha nascido posteriormente às doações que o* de cujus *formalizou a outros filhos como adiantamento*" (*In: RT*, 799: 224-225).

1432 TARTUCE, Flávio e SIMÃO, José Fernando. Obra citada, p. 413.

trazer à colação, ainda que não o hajam herdado, o que os pais teriam de conferir. O dispositivo, assim, acaba transferindo o dever aos herdeiros daquele que deveria colacionar..."[1433]

Merece transcrição – pelo valor teórico e, especialmente, didático, o quadro apresentado por Tartuce e Simão:

Partes na doação	Quem recebeu a herança do avô?	Devem os netos colacionar?
Doação feita pelo avô ao pai	Os netos em representação ao pai pré-morto	**Sim**. Se o seu pai vivo fosse, deveria colacionar; então, os netos, como representantes, devem colacionar.
Doação feita diretamente pelo avô aos netos	Os netos, por direito próprio, e não houve representação	**Sim**. Os netos deverão colacionar os bens que receberam.
Doação feita diretamente pelo avô aos netos	O pai, pois está vivo no momento da sucessão do avô	**Não**. Os netos não devem colacionar, pois não são herdeiros de seu avô (são descendentes de 2º grau).
Doação feita diretamente pelo avô aos netos	Os netos em representação ao pai pré-morto	**Não**. Os netos não devem colacionar os bens, pois, na sucessão, estão representando seu pai falecido.

Nem todos os herdeiros legitimários são obrigados à colação, mas apenas os descendentes, e, por isso mesmo, as liberalidades com que os favoreceram os ascendentes em vida[1434] presumem-se adiantamento da

---

1433 TARTUCE, Flávio e SIMÃO, José Fernando. *Idem, ibidem.*
1434 "*DOAÇÃO – Fraude ou simulação – Inocorrência – Ato feito em adiantamento da legítima, com reserva de usufruto, de ascendente para descendentes, regularmente inscrito no registro imobiliário – Dispensabilidade do assentimento dos demais descendentes não contemplados, inclusive futuros – Donatários que terão de levar à colação o bem doado, por ocasião do inventário do ascendente – Inteligência do art. 2.002 do CC/2002.*

legítima. "O que foi doado, ou dado em qualquer ato de liberalidade, ao herdeiro necessário descendente entende-se que o foi em adiantamento da quota necessária (...) O que o ascendente atribuíra, em vida, ao herdeiro tem de ser levado à herança comum."[1435]

A nova disposição legal – artigo 2.002 – não só obriga o descendente que concorre à sucessão do ascendente a conferir o valor das doações, para igualar as legítimas, mas ainda invoca a hipótese de sonegação, quando inocorrer a colação.[1436] De forma mais veemente, invoca-se o instituto.[1437]

Ementa Oficial:
Inexistindo a posse mansa, pacífica e ininterrupta não há se falar em usucapião, ainda mais se a aquisição do bem se deu por ato de mera liberalidade do doador. Não é carecedor de ação aquele que pretende anular doação de imóvel feita por genitor para filhos do primeiro casamento. O ato jurídico é por usa essência a manifestação de vontade que, exercida em sua autonomia, consolida relações de ordem jurídica e produz os efeitos conforme a norma legal atinente à espécie; assim, caso surja em sua formação conflito entre a vontade e a sua declaração, há de sobreviver aquela por ser o elemento fundamental do ato jurídico. Não configura a existência de fraude, e muito menos de simulação, a doação feita em adiantamento da legítima, com reserva de usufruto, de ascendentes a descendente, regularmente inscrita no registro imobiliário, dispensando-se o assentimento dos demais descendentes, inclusive futuros, uma vez que o donatário terá de levar à colação o bem doado, por ocasião do inventário do ascendente, consoante determina o art. 2.002 do novo CC, que reproduz os arts. 1.785 e 1.786 do revogado CC/1916. A simples defesa de entendido direito não configura litigância de má-fé. Recurso conhecido e não provido" (*In: RT*, 870: 306).

1435 PONTES DE MIRANDA, F. C. Obra citada, vol. 55, p. 316.
1436 "*[...] Todo ato de liberalidade, inclusive doação, feito a descendente e/ou herdeiro necessário nada mais é que adiantamento da legítima, impondo, portanto, o dever de trazer à colação, sendo irrelevante a condição dos demais herdeiros: se supervenientes ao ato de liberalidade, se irmãos germanos ou unilaterais*" (STJ, REsp. nº 730.483, rel. Min. Nancy Andrighi, j. em 03.05.2005).
1437 "***INVENTÁRIO** – Doação – Colação. Tratando-se de liberalidade recebida antes da abertura da sucessão, pouco importa que a doação tenha sido feita antes da concepção do agravado. O propósito do legislador ao instituir a colação foi igualar as legítimas dos herdeiros como prescrito no art. 1.785 do Código Civil.*" *RF*, 344:345. Ver, ainda: *RT*, 615:50; *RT*, 620:44; *RT*, 727:288; *RT*, 761:352; *RT*, 636:163; *RT*, 566:218; *RT*, 563:79; *RT*, 561:75; *RT*, 537:87; *RT*, 555:95; *RT*, 543:223; *RT*, 485:60; *RT*, 469:64; *RT*, 464:217; *RT*, 375:106.
Na doutrina, examinar os seguintes artigos: Fernando Malheiros Filho, "Negócios jurídicos entre pais e filhos". *Coad/ADV*, nº 3/2002, pp. 7-17; Roberto Rosas, "Colação – Valor dos

A hipótese agora resgatada em disposição normativa nos remete à doutrina de Pontes, que, já no *Tratado*, se referia (e realçava) a questão do lucro e a distinção (agora resgatada no parágrafo único) da parte indisponível e da disponível. "O que se colaciona não é o bem. É o lucro, o valor. Há *collatio lucri*. Tem-se de distinguir da operação ou das operações aritméticas da colação pelo herdeiro legítimo descendente o que ele, ou outrem, recebeu acima do que perfaz a metade necessária, ou acima da própria metade disponível."[1438]

O que a colação persegue, seu escopo precípuo, é fazer respeitada a metade indisponível (*"Para cálculo da legítima"*, diz a lei, *"o valor dos bens conferidos será computado na parte indisponível..."*). "Uma vez que há o princípio dispositivo do adiantamento das legítimas necessárias dos descendentes, o que se tem por fito é a igualização das legítimas necessárias; mas, se houve total afastamento do princípio do adiantamento, a igualização tem de ser feita a despeito da falta de dever de colação, no tocante à indisponibilidade."[1439]

A doação ao descendente será considerada inoficiosa quando for superior a sua parte legítima, mas a parte disponível. A invalidade não é total, afirma Venosa,[1440] só no que suplantar esse cálculo aritmético. E conclui exemplificando o civilista paulista, via hipótese da existência de dois filhos: "A doação foi feita quando o patrimônio do doador era

---

bens doados". *RT*, 415:22-24; Francisco Morato, "Da Colação". *Rev. de Dir. Privado*, nº 3, pp. 215-222; Francisco César Pinheiro Rodrigues, "Uma interpretação do art. 1.788 do CC". *RT*, 713:80-84; Jayme Rigueira, "Da doação e das colações no direito brasileiro". *RJTAM*, nº 31, pp. 57-65; Sérgio de Andréa Ferreira, "Colação de bens doados" (Parecer). *RDPGJ do Rio de Janeiro*, nº 15, vol. 15, pp. 164-169; Rubens Limongi França, "Colação de bens doados" (Parecer). *RT*, 516:25-31.

1438 PONTES DE MIRANDA, F. C. *Idem, ibidem.*
1439 PONTES DE MIRANDA, F. C. *Idem*, p. 318.
1440 VENOSA, Silvio de Salvo. Obra citada, p. 283.

de 2.000. O valor da doação foi de 1.600. Há uma parte inoficiosa. Isso porque, quando da doação, o titular do patrimônio tinha como sua parte disponível o valor de 1.000 (a metade do acervo). A outra metade de 1.000 constituía a legítima dos dois filhos, cabendo 500 para cada um. A doação avançou em 100 da legítima do filho não donatário, porque o valor da mesma não poderia ultrapassar 1.500. A inoficiosidade refere-se, portanto, ao valor de 100, que deve ser reposto pelo herdeiro-donatário."[1441]

Nesse sentido a expressiva doutrina de Pires de Lima e Antunes Varela, a respeito das doações feitas por um genitor a um filho, em detrimento do outro: "Se o pai, de cuja herança se trata, houver tido dois ou mais filhos e tiver feito doações apenas a um ou alguns deles, presume a lei, em princípio, que a essa desigual atribuição de benefícios em vida não corresponde um amor paternal diferente de filho para filho, mas apenas a ocorrência de circunstâncias ou carências da vida diferentes de uns para os outros.

Quando assim sucede, a lei pressupõe, por conseguinte, que o pai ou a mãe, ao doarem quaisquer bens ou valores a um de dois ou mais filhos, em vez de o quererem distinguir dos outros, quiseram apenas, pressionados pelas necessidades pessoais e especiais da vida dele, fazer-lhe uma espécie de *adiantamento* por conta da *quota* hereditária que, em regime de igualdade, projetam deixar a todos os filhos."[1442]

No direito brasileiro a colação tem por pressupostos: 1º) a sucessão legítima. Não há colação na sucessão testamentária porque, como o objetivo da colação é igualar a legítima dos descendentes e estando esta fora do poder de disposição do testador, é na sucessão legítima

---
1441 VENOSA, Silvio de Salvo. Obra citada, p. 283.
1442 PIRES DE LIMA e ANTUNES VARELA. Obra citada, p. 173.

que se há de colacionar ou conferir a liberalidade dos ascendentes; 2º) a existência de co-herdeiros necessários, descendentes. Se houve apenas um descendente, não há que se falar em colação, já que não há que se estabelecer qualquer igualdade. Também não há colação quando os legitimários são ascendentes; 3º) a ocorrência de uma liberalidade em vida, doação ou dote (não basta que aproveite ao filho indiretamente a liberalidade feita a outrem, salvo se o terceiro é pessoa interposta). As expressões doações ou dotes devem ser entendidas com certa amplitude, de forma a abrangerem todas as liberalidades com que o *de cujus* tenha, direta ou indiretamente, gratificado o herdeiro. Assim, as quantias com que o pai solveu, gratuitamente, as dívidas do filho devem ser computadas também na sua legítima.

Nem os ascendentes nem os colaterais estão obrigados à colação, logo, não a podem reclamar. O mesmo ocorre com os estranhos, pois, naturalmente, são sucessores instituídos. Em qualquer desses casos, ainda que a liberalidade exceda, em valor, a cota disponível, não se dá conferência, porém, simples redução.

Art. 2.003. A colação tem por fim igualar, na proporção estabelecida neste Código, as legítimas dos descendentes e do cônjuge sobrevivente, obrigando também os donatários que, ao tempo do falecimento do doador, já não possuírem os bens doados.

Parágrafo único. Se, computados os valores das doações feitas em adiantamento de legítima, não houve no acervo bens suficientes para igualar as legítimas dos descendentes e do cônjuge, os bens assim doados serão conferidos em espécie, ou, quando deles já não disponha o donatário, pelo seu valor ao tempo da liberalidade.

Direito anterior – Arts. 1.785 e 1.787 do Código Civil de 1916.

Art. 1.785. A colação tem por fim igualar as legítimas dos herdeiros. Os bens conferidos não aumentam a metade disponível (arts. 1.721 e 1.722).

Art. 1.787. No caso do artigo antecedente, se ao tempo do falecimento do doador, os donatários já não possuírem os bens doados, trarão à colação o seu valor.

Direito comparado – No Código Civil francês (art. 860)[1443] e no Código Civil português (art. 2.109).[1444] No direito argentino (art. 3.476) e no direito uruguaio (art. 1.108).

COMENTÁRIO

Contrariamente ao estabelecido no artigo 1.785 do Código Civil de 1916, que se reportava, sucintamente, à igualação da legítima dos herdeiros, o novo Código Civil referiu-se à igualação das legítimas dos descendentes e do cônjuge sobrevivente, obrigando também os donatários à colação. Na realidade trata de dois aspectos o dispositivo: um, referente à legítima dos herdeiros (descendentes e cônjuge sobrevivente),

---

[1443] "*Art. 860. Le rapport est dû de la valeur du bien donné à l'époque du partage, d'après son état à l'époque de la donation.*
Si le bien a été aliéné avant le partage, on tiendra compte de la valeur qu'il avait à l'époque de l'aliénation et, sin un nouveau bien a été subrogé au bien aliéné, de la valeur de ce nouveau bien à l'époque du partage.
Le tout sauf stipulation contraire dans l'acte de donation.
S'il résulte d'une telle stipulation que la valeur sujette à rapport est inférieure à la valeur du bien déterminé selon les règles d'évaluation prévues par l'article 922 ci-dessous, cette différence fome une avantage indirect acquis au donataire par préciput et hors part."

[1444] "*Art. 2.109 (Valor dos bens doados).*
1. O valor dos bens doados é o que eles tiveram à data da abertura da sucessão.
Se tiverem sido doados os bens que o donatário consumiu, alienou ou onerou, ou que perecerem por sua culpa, atende-se ao valor que esses bens teriam na data da abertura da sucessão, se não fossem consumidos, alienados ou onerados, ou não tivessem perecido.
2. A doação em dinheiro, bem como os encargos em dinheiro que a oneraram e foram cumpridos pelo donatário, são atualizados nos termos do artigo 551."

e, outro, dilargando a obrigação de não só os descendentes conferirem (artigo 2.002) mas também os donatários. Três ordens, ou categorias de herdeiros, são invocadas no artigo sob comento, alargando a disposição sucinta do artigo anterior.

O parágrafo único, retomando, parcialmente, o disposto no artigo 1.787 do Código Civil de 1916, reforça a ideia da necessidade de se igualarem as legítimas dos herdeiros e do cônjuge sobrevivente, ainda que onerando o donatário, conferindo-se os bens doados em espécie ou imputando-lhes o valor ao tempo da liberalidade, quando inexistentes. Nosso ordenamento jurídico adotou o sistema da *colação em substância,* isto é, a mesma coisa doada em adiantamento da legítima ao descendente ou ao cônjuge deve ser trazida à colação.

A questão que se impõe aqui é a de saber se o cônjuge sobrevivente deverá colacionar os bens que lhe foram doados pelo *de cujus,* uma vez que o Código Civil silenciou sobre a questão de ser o cônjuge herdeiro obrigado ou não a colacionar, se recebeu alguma liberalidade do falecido. Mas não é só: diante da leitura do texto dos artigos 2002 e 2003 ressalta veemente uma contradição normativa, de resto, aumentada, se atentarmos ao disposto no art. 544 do Código Civil, quando estabelece que "a *doação de ascendentes a descendentes, ou de um cônjuge a outro, importa adiantamento, do que lhes cabe por herança*".

Ora, o artigo 2.002 dispõe que os *descendentes* são obrigados, para igualar as legítimas, *a conferir o valor das doações,* que dele em vida receberam, e o artigo 2.003 dispõe que a colação tem por fim igualar as legítimas dos *descendentes* e do *cônjuge sobrevivente.* Ou seja, o artigo 2.002 refere-se tão-somente aos descendentes, mas no artigo subsequente reporta-se ao cônjuge sobrevivente, resgatando a ideia da necessidade de conferência das liberalidades feitas também ao cônjuge sobrevivente e que por disposição legal (art. 544) são consideradas *adiantamento*.[1445]

A impressão inicial, dada pela lei civil, é a de que apenas os descendentes e o donatário deveriam colacionar. O cônjuge sobrevivente teria o direito de exigir a conferência das liberalidades para resguardar a sua quota legitimária, mas, tal como o ascendente, não estaria compelido a conferir o valor da doação[1446] recebida em vida pelo *de cujus*.

Entretanto, se atentarmos ao disposto no já citado artigo 544 do Código Civil, a exegese pende, necessariamente, em direção oposta: se estão obrigados a conferir os que receberam adiantamento da legítima, tanto o descendente quanto o cônjuge sobrevivente, por força dos artigos 544, 2.002 e 2.003, são obrigados a colacionar o valor da doação.

Com efeito, conforme procedentemente apontado por Diniz,[1447] há aqui "um defeito de técnica legislativa e uma contradição normativa entre os arts. 2.002, 2.003 e 544", concluindo a civilista paulista que

---

1445 *INVENTÁRIO – Colação – Obrigação do beneficiado de trazer ao monte os bens ou o seu valor para igualdade das legítimas – Inteligência do art. 1.785 do Código Civil.*
Imposto de transmissão de propriedade **causa mortis** *– Cálculo – Existência de bens trazidos à colação em inventário – Critério para o pagamento do imposto.*
A colação tem por fim igualar as legítimas dos herdeiros. Os descendentes, que concorrerem à sucessão dos ascendentes comuns, são obrigados a conferir as doações e os dotes, que deles receberam em vida. Somente será trazido à colação o valor dos bens se os donatários não possuírem, por ocasião da sucessão, os bens doados. Dessa forma, os bens devem voltar ao monte para serem avaliados, e partilhados, com igualdade entre os herdeiros, como se não houvesse a doação. O cálculo do imposto causa mortis *deve, pela mesma forma, ser feito normalmente, nada interessando o pagamento do imposto* inter vivos *pago, anteriormente, pela doação" (RT,* 313:521). *Ver, ainda: RT,* 562:199; *RT,* 321:349; *RT,* 562:201; *RT,* 734:461; *RT,* 677:218; *RT,* 310:525; *RT,* 445:69.
1446 *"Doações inoficiosas. Doação antenupcial e testamento. Violação da legítima. A parte inoficiosa, porque excedente da disponível, tem-se como nula a título de violação da legítima dos herdeiros necessários, por isso cabível é trazer à colação todos os bens da doação antenupcial e do testamento, para efeito do cálculo do que fica como liberalidade (disponível) e do que vai para o acervo partilhável (para os herdeiros necessários)"* (STJ, 3ª T., REsp. nº 5.325-SP, rel. Min Waldemar Zweiter, v.u., j. em 20.11.1990, *DJU* de 10.12.1990, p. 14.807).
1447 DINIZ, Maria Helena. Obra citada, p. 326.

sempre haverá colação quando houver adiantamento da legítima. É a correta interpretação dos artigos sob análise, e de acordo com o sistema sucessório brasileiro.[1448]

Entende, porém, parte da doutrina que, devido ao impasse gerado pelo texto dos artigos 2.002 e 2.003, a obrigação de colacionar, decorrente da vontade presumida do autor da herança de dispensar igual tratamento aos descendentes, cabe só a estes, dispensando-se os ascendentes e o cônjuge sobrevivente, que, para resguardar a sua legítima, poderão pleitear simples redução. E, se ao tempo da morte do doador, os donatários não mais possuírem os bens doados, trarão à colação o seu valor (art. 2.003, *in fine*).

É que – como afirmam alguns estudiosos[1449] da matéria – o direito brasileiro adotou o sistema da colação em substância, pois o Código de Processo Civil, artigo 1.014, prescreve que *"o herdeiro obrigado à colação conferirá por termo nos autos os bens que recebeu, ou, se já os não possuir, trar-lhes-á o valor"*.

Na realidade, o impasse decorrente de duas correntes antagônicas já era perceptível na vigência do Código Civil de 1916, em relação aos artigos 1.787 e 1.792, pois, enquanto o primeiro artigo só admitia a colação do valor quando o herdeiro não mais possuísse os bens, o ar-

---

[1448] *"Inventário. Doações de imóveis, que beneficiaram apenas dois, dos três herdeiros existentes. Doações que abrangem a quase totalidade dos bens do autor da herança e são notoriamente inoficiosas. Inexistência de dispensa, no contrato ou em testamento posterior, dos donatários trazerem à colação. Colação que, em princípio, se faz pelo valor dos bens doados. Elementos dos autos que demonstram a insuficiência de outros bens do espólio para igualarem as legítimas. Enquadramento da hipótese no parágrafo único do art. 2.003 do Código Civil. Colação a ser conferida em espécie, com retorno dos bens ao acervo hereditário. Recurso provido"* (TJSP, Ap. nº 530.150.4/9-00, rel. Des. Francisco Loureiro, j. em 08.11.2007).

[1449] Nesse sentido, Clovis Bevilacqua. *Comentários ao Código Civil*, p. 214; Washington de Barros Monteiro. Obra citada, p. 310; Arnoldo Wald. Obra citada, p. 209; Jefferson Daibert. *Direito das Sucessões*, p. 349, entre outros.

tigo 1.792 esclarecia que os bens doados seriam conferidos pelo valor constante do instrumento de doação ou por estimação feita na época. Diante da inegável contradição, a melhor exegese pendia no sentido da complementação dos dois textos legais, ou seja, a regra geral é a integração dos bens no acervo hereditário, mas, no caso de alienação daqueles bens doados, invoca-se a avaliação, esclarecendo a lei que a avaliação será feita de acordo com o valor que tinham, na época em que foram doados (hoje, artigo 2.003, parágrafo único).

A conferência dos bens em substância atende mais ao espírito de justiça, "pois, em fase de inflação galopante,[1450] o valor em dinheiro dos bens avaliados no passado nem sempre representa a vantagem patrimonial existente no momento da abertura da sucessão, desatendendo-se, assim, ao princípio da igualdade dominante no direito sucessório".[1451]

Enquanto alguns sistemas legislativos optaram pela colação em natureza, ou seja, pela trazida ao acervo dos bens em substância, outras se contentam com o cálculo do valor dos mesmos. Em nosso direito a colação real em substância é a regra, constituindo exceção a colação ideal (trazer à colação o seu valor), que apenas ocorre quando os donatários já não mais possuírem os bens doados.

Art. 2.004. O valor da colação dos bens doados será aquele, certo ou estimativo, que lhes atribuir o ato de liberalidade.

1450 "*Colação. Finalidade. Legítima. Conferência do bem doado. Correção monetária.* O instituto da colação tem por objetivo igualar a legítima, trazendo à partilha os bens ausentes ao acervo. Curial dizer-se que, em ciclo inflacionário, na conferência, se o bem doado já fora vendido antes da abertura da sucessão, seu valor há de ser atualizado na data desta, eis que a correção monetária tem por objeto precípuo elevar o valor nominal da moeda ao seu nível real" (STJ, 3ª T., REsp. nº 10.428-SP, rel. Min Waldemar Zweiter, v.u., j. em 09.12.1991, *DJ* de 17.02.1992, p. 1373; *RT* 683/185) (*Apud*: NERY JUNIOR, N. e NERY, R. M. de A. Obra citada, p. 1.224).
1451 WALD, Arnoldo. Obra citada, p. 209.

§ 1º Se do ato de doação não constar valor certo, nem houver estimação feita naquela época, os bens serão conferidos na partilha pelo que então se calcular valessem ao tempo da liberalidade.

§ 2º Só o valor dos bens doados entrará em colação; não assim o das benfeitorias acrescidas, as quais pertencerão ao herdeiro donatário, correndo também à conta deste os rendimentos ou lucros, assim como os danos e as perdas que eles sofrerem.

Direito anterior – Art. 1.792 do Código Civil de 1.916.

Art. 1.792. Os bens doados, ou dotados, imóveis, ou móveis, serão conferidos pelo valor certo, ou pela estimação que deles houver sido feita na data da doação.

§ 1º Se do ato de doação, ou do dote, não constar valor certo, nem houver estimação feita naquela época, os bens serão conferidos na partilha pelo que então se calcular valessem ao tempo daqueles atos.

§ 2º Só o valor dos bens doados ou dotados entrará em colação; não assim o das benfeitorias acrescidas, as quais pertencerão ao herdeiro donatário, correndo também por conta deste os danos e perdas, que eles sofrerem.

Direito comparado – No Código Civil francês (arts. 858 a 864) e no Código Civil português (art. 2.109). No direito argentino (art. 3.477) e no direito uruguaio (artigos 1.108 a 1.112).

COMENTÁRIO

De acordo com o estabelecido no *caput* do artigo sob comento, o *valor* da colação é o que lhe for atribuído no ato de liberalidade e, na falta desse *valor*, os bens doados serão *avaliados* com base no que *valiam* ao tempo da liberalidade.[1452]

1452 "*Os bens trazidos à colação, para efeito de acertamento das legítimas, devem ser avaliados com base no valor que possuírem à época da abertura da sucessão, conforme o disposto no art. 1.014, parágrafo único, do CPC, dispositivo esse que corresponde à norma vigente à época*

A noção de *valor* ressurge veemente em todos os momentos de apreciação da colação, ressaltando a importância de que aquilo que vai à colação é o valor, e não o bem. No momento da abertura da sucessão cada herdeiro tem o dever de comunicar quais os valores dos bens que tem de colacionar.[1453]

O princípio, sempre dominante na doutrina brasileira, era o de que os bens doados, ou objeto de outra liberalidade, tinham de ser colacionados com o valor que era o deles na data do ato jurídico gratuito. E o *caput* do antigo artigo 1.792 reafirmava aquele princípio inquestionável: o valor do bem é aquele, em princípio, que consta do ato de atribuição gratuita. "Se o herdeiro favorecido", dizia Pontes, "em vida do *de cujus* recebera mais do que corresponderia ao seu quinhão no momento da morte do *de cujus*, porém dentro do que o *de cujus*, naquele momento, lhe poderia atribuir, na partilha, o excesso é dividido por todos os descendentes".[1454]

No mesmo sentido a doutrina clássica de Bevilacqua: "Embora a colação deva, ordinariamente, fazer-se em substância, o valor dado será não o que os bens tiverem na época do falecimento do *de cujus*, porém o que tinham ao tempo em que foi feita a liberalidade."[1455]

---

da abertura das sucessões examinadas nos presentes autos" (STJ, REsp. nº 595.742, rel. Min. Nancy Andrighi, j. em 06.11.2003).

1453 "**COLAÇÃO – Valor do bem doado à época da abertura da sucessão, não o constante de antiga doação, para o fim de ser colacionado – Inexistência de ofensa à lei ou de dissídio pretoriano – Pretendida extensão de avaliação a prédio construído no terreno doado, prédio que teria sido construído pelo herdeiro – Questão de fato insuscetível de apreciação na instância extraordinária e inexistência de pré-questionamento – Recursos extraordinários não conhecidos.** Os bens doados trazidos à colação devem ser estimados tendo em vista a realidade atual" (*RT*, 480:225). Ver, ainda: *RT*, 685:185; *RT*, 580:221; *RT*, 720:109; *RT*, 540:102; *RT*, 550:79.

1454 PONTES de MIRANDA, F. C. Obra citada, p. 361.

1455 BEVILACQUA, C. Obra citada, p. 1.025.

O Código, atendendo ao preceito determinador do valor dos bens, preferia atender à diminuição efetivamente sofrida pelo patrimônio do doador, em lugar de orientar-se pelo valor ao tempo da abertura da sucessão.

Ainda assim, reconhecia Bevilacqua que, se as doações dos pais aos filhos importavam adiantamento das legítimas (art. 549), "e estas são quotas hereditárias, seria mais natural apreciar o valor dos bens colacionados, ao tempo da abertura da sucessão; mas o Código preferiu atender à diminuição efetivamente sofrida pelo patrimônio do doador, com o fato da doação".[1456]

E daí, certamente, se faziam as ilações dos parágrafos 1º e 2º do artigo 1.792. Ou seja, se do ato de doação não constasse valor certo, nem houvesse estimação feita na época do ato, calcular-se-ia o valor que os bens deviam ter a esse tempo. Da mesma forma – e na mesma linha de raciocínio – o valor das benfeitorias acrescidas não entravam na colação, assim como também corriam por conta do donatário os danos e perdas que eles sofriam.

É que, sendo o valor dos bens trazidos à colação o da época em que se efetuou a liberalidade, não entravam no cômputo das benfeitorias acrescidas,[1457] que pertenciam ao donatário, nem este estava obrigado a dar conta dos frutos percebidos antes e depois da abertura da sucessão. Também não tinha que atender às deteriorações, bem como às perdas. Se a coisa perecesse, sem culpa do donatário, sofria ele as

---

1456 BEVILACQUA, C. *Idem, ibidem.*
1457 "*Inventário. Colação. Valor das benfeitorias acrescidas sobre o bem pertencente ao herdeiro donatário; frutos e rendimentos dos bens doados que não podem ser trazidos à colação. Inteligência do § 2º do art. 2.004 do Código Civil. Decisão mantida. Recurso improvido*" (TJSP, AI nº 496.348.4/6-00, rel. Des. Octavio Helene, j. em 25.09.2007).

consequências, da mesma forma, como se o perecimento resultasse de ato seu intencional.

Mas o preço ao tempo da doação pode não ser justo ao tempo da abertura da sucessão. Especialmente em país de tradição inflacionária, como é o caso do Brasil. E, ainda, se tratando de adiantamento da legítima, mais justo e lógico seria apreciação do valor dos bens colacionados ao tempo da abertura da sucessão, já que compõem a herança os bens que existirem no momento da morte do *de cujus*, isto é, no momento da abertura da sucessão, e não o momento do ato de liberalidade.

Nesse sentido o disposto no artigo 2.109 do Código Civil português: "*O valor dos bens doados é o que eles tiverem à data da abertura da sucessão.*"

Além do mais, como oportunamente se referiu Diniz, a respeito da matéria, "há a questão da atualização ou correção monetária do valor dos bens colacionados desde a data da doação até o óbito, não determinada pelo Código Civil, mas que, em época inflacionária, é imprescindível, diante do princípio da igualdade da legítima e do objetivo da colação de evitar desfalque na quota legitimária, que deve ser por igual deferida".[1458]

Também sobre a matéria já se manifestara Orlando Gomes, nos seguintes termos: "Códigos modernos prescrevem critérios diversos, determinando que o valor dos bens doados é o que eles tiverem à data da abertura da sucessão. Levam-se em conta, assim, as variações ocorridas no valor dos bens entre o momento da doação e o da morte do doador, mas somente as que não resultarem de melhoramentos feitos pelo donatário. Do mesmo modo não se atende à desvalorização pro-

---

1458 DINIZ, M. H. Obra citada, p. 330.

veniente de deterioração imputável ao mesmo donatário. É manifesta a superioridade desse critério, atenta à circunstância de que a variação de valor verifica-se, geralmente, em todos os bens, não apenas no que foi objeto da doação."[1459]

Com o advento, porém, do novo Código de Processo Civil, pôs-se termo a uma polêmica que se arrastava desde a promulgação do Código Civil. De acordo com o disposto no parágrafo único do artigo 1.014 do CPC, "os bens que devem ser conferidos na partilha, assim como as cessões e benfeitorias que o donatário fez, *calcular-se-ão pelo valor que tiverem ao tempo da abertura da sucessão*" (grifamos).

A partir de então, avaliam-se todos os bens, em conjunto, na data da abertura da sucessão, garantindo-se igualdade na partilha. A ideia que, naturalmente, decorria do texto legal do Código Civil de 1916 e que atendia aos ditames do processo inflacionário era a de que o valor do bem sofresse a avaliação da época da liberalidade, sendo, daí para a frente, devidamente corrigido. Com a inflação que sucedeu à vigência do Código, alguma forma de correção monetária deveria ser feita, sob pena de se tornar ineficaz a norma. E o recurso encontrado pelos aplicadores da lei foi a atualização do valor do bem doado.[1460]

O enunciado 119 da I Jornada do STJ sugeriu uma proposta partilhada em duas hipóteses: a) quando o bem doado não mais pertence ao patrimônio do donatário e b) quando o bem ainda integra seu patrimônio. Assim: "Para evitar o enriquecimento sem causa, a colação será efetuada com base no valor da época da doação, nos termos do CC 2004

1459 GOMES, O. Obra citada, p. 272.
1460 "Em ciclo inflacionário, na conferência, se o bem doado já fora vendido antes da abertura da sucessão, seu valor há de ser atualizado na data desta" (*RSTJ* 37/405).
"O princípio da igualdade da partilha conduz à avaliação contemporânea de todos os bens, especialmente em face da inflação existente no país" (*RTJ* 110/1.162).

caput, exclusivamente na hipótese em que o bem doado não mais pertença ao patrimônio do donatário. Se, ao contrário, o bem ainda integrar seu patrimônio, a colação se fará com base no valor do bem na época da abertura da sucessão, nos termos do CPC 1.014, de modo a preservar a quantia que efetivamente integrará a legítima quando esta se constitui, ou seja, na data do óbito (resultado da interpretação sistemática do CC 2004 e §§, juntamente com os CC 884 e 1.832).[1461]

Para colocar ponto final na celeuma – entre o valor do bem à data da liberação ou à data da abertura da sucessão – o legislador processual posicionou-se, de forma definitiva, no artigo 1.014, "derrogando inclusive o art. 1.792 que no *caput* mandava que a colação se fizesse pelo valor certo ou pela estimação que desses bens tiver sido feita na data da doação. (...) Passa a ser irrelevante, com o estatuto processual, saber se a conferência é feita em valor, ou em substância. O que importa na lei vigente é o valor dos bens conferidos. (...) O que importa é um critério uniforme para não desequilibrar a partilha, alcançado agora pela lei processual".[1462] "Derrogação", diz Venosa, embora Moraes e Barros refira-se à verdadeira revogação: "Ressalte-se, por fim, que o parágrafo único deste artigo 1.014, dentro da escorreita competência legislativa, revogou o artigo 1.792 do Código Civil (...) Mudou, assim, de orientação a legislação brasileira. (...) A moeda de tudo que diga respeito à colação é a do tempo da abertura da sucessão."[1463]

[1461] Enunciado nº 119, aprovado na *I Jornada de Direito Civil*, promovida pelo Centro de Estudos Judiciários do Conselho da Justiça Federal, no Superior Tribunal de Justiça, no período de 11 a 13.09.2002.
[1462] VENOSA, S. de S. Obra citada, p. 284.
[1463] BARROS, Hamilton de Moraes e. *Comentários ao Código de Processo Civil*. Rio de Janeiro: Forense, 1977, vol. IX, pp. 286-287.

Como o artigo 1.014 se refere ao prazo do artigo 1.000 ("*No prazo estabelecido no artigo 1.000, o herdeiro obrigado à colação conferirá por termo nos autos os bens que recebeu, ou, se já os não possuir, trar-lhes-á o valor*") e o parágrafo único deste artigo estipula que os bens devem ser conferidos na partilha, a colação será conferida, quando da manifestação dos interessados, após as primeiras declarações, isto é, no prazo do artigo 1.000, calculando-se os bens que devem ser conferidos, assim como as acessões e benfeitorias, pelo valor que tiverem ao tempo da abertura da sucessão.[1464]

Com a derrogação do artigo 1.792, pelo dispositivo do Código de Processo Civil (parágrafo único do art. 1.014), perdeu a oportunidade o novo Código Civil de adaptar a matéria à tendência atual, sendo criticável a repetição pura e simples do *caput* do artigo 1.792, como se nada tivesse ocorrido nos últimos anos. Melhor seria que se tivesse referido à matéria, no, agora, artigo 2.004, nos seguintes termos:

"O valor da colação dos bens doados será aquele atribuído à data da abertura da sucessão."

Vale salientar que, de acordo com o disposto no artigo 1.015 do Código de Processo Civil,[1465] ainda que tenha renunciado à herança, não se exime o herdeiro de repor a parte inoficiosa, com relação às liberalidades que houver do doador. Permite, ainda, o parágrafo 1º do citado artigo que o donatário escolha, dos bens doados, tantos quantos bastem

---

1464 "*INVENTÁRIO – Colação de bens por herdeiro – Valor – Data de abertura da sucessão – Importâncias em dinheiro – Correção monetária – Agravo improcedente – Aplicação do art. 1.014 do CPC.* O art. 1.014, parágrafo único, do CPC, revogou o art. 1.792 do CC. Os bens doados, quando trazidos à colação, devem ser valorizados com base na realidade contemporânea" (RT, 550:79).

1465 "Art. 1.015. O herdeiro que renunciou à herança ou que dela foi excluído não se exime, pelo fato da renúncia ou da exclusão, de conferir, para o efeito de repor a parte inoficiosa, as liberalidades que houver do doador."

para perfazer a legítima, e a metade disponível, entrando na partilha o excedente, para ser dividido entre os demais herdeiros.

E o parágrafo 2º refere-se à doação inoficiosa de doação que recai sobre bem imóvel e que, não comportando divisão cômoda, o juiz determinará que sobre ela se proceda entre os herdeiros à licitação; o donatário poderá concorrer na licitação e, em igualdade de condições, preferirá aos herdeiros.

Art. 2.005. São dispensadas da colação as doações que o doador determinar que saiam da parte disponível, contanto que não a excedam, computado o seu valor ao tempo da doação.

Parágrafo único. Presume-se imputada na parte disponível a liberalidade feita a descendente que, ao tempo do ato, não seria chamado à sucessão na qualidade de herdeiro necessário.

Direito anterior – Art. 1.788 do Código Civil de 1916.

Art. 1.788. São dispensados da colação os dotes ou as doações que o doador determinar que saiam de sua metade, contanto que não a excedam, computado o seu valor ao tempo da doação.

Direito comparado – No Código Civil francês (arts. 843 e 844)[1466] e no Código Civil português (art. 2.113).[1467]

1466 *"Art. 843 (L. 24 mars 1.898) Tout héritier, même bénéficiaire, venant à une succession, doit rapporter à ses cohéritiers tout ce qu'il a reçu du défunt, par donations entre vifs, directement ou indirectement: il ne peut retenir les dons à lui faits par le défunt, à moins qu'il ne lui aient été faits expressément par préciput et hors part, ou avec dispense du rapport.*
Le legs fait à un héritier sont réputés faits par préciput et hors part, à moins que le testateur n'ait exprimé la volonté contraire, auquel cas le légataire ne peut réclamer son legs qu'en moins prenant."
"Art. 844 (L. nº 71-523 du 3 juillet 1971) Les dons faits par préciput ou avec dispense de rapport ne peuvent être retenus ni les legs réclamés par l'héritier venant à partage que jusqu'à concurrence de la quotité disponible: l'excédent est sujet à réduction."

1467 *"Art. 2.113 (Dispensa da colação).*
1. A colação pode ser dispensada pelo doador no ato da doação ou posteriormente.

COMENTÁRIO

Conforme dispõe o artigo em questão, são dispensadas da colação as doações que o doador estabelecer que saiam de sua metade, contanto que não passem desse valor, computando-se este ao tempo da doação. Contrariamente ao disposto no anterior artigo 1.788 do Código Civil de 1916, o legislador silenciou sobre os dotes, por se tratar de hipótese não mais compatível com a realidade brasileira atual. E inseriu o parágrafo único, alargando o campo de aplicação da presunção de dispensa da colação.

A dispensa da colação já havia sido prevista pelo direito romano mediante declaração expressa do testador: *Cessat collatio si parens hoc in ducti expressium*.

A determinação do testador, nesse sentido, deve ser expressa, embora inexista forma sacramental, bastando a manifestação inequívoca do doador de dispensar o donatário da colação. Como afirmara Carlos Maximiliano, "a dispensa da colação há de ser expressa. Não basta a presumida, nem a virtual".[1468]

Em vez de referir-se à "sua metade", como fazia o Código de 1916, o novo Código Civil, de maneira mais precisa, referiu-se à "parte disponível", deixando aí, subentendida, a ideia de quota disponível, em oposição à legítima.

A liberalidade dispensada de vir à colação é considerada aquela parte disponível que, por estar fora da legítima, é passível de doação,

---

2. Se a doação tiver sido acompanhada de alguma formalidade externa, só pela forma, ou por testamento, pode ser dispensada a colação.
3. A colação presume-se sempre dispensada nas doações manuais e nas doações remuneratórias."

1468 MAXIMILIANO, C. Obra citada, vol. III, p. 409.

sem comprometimento da cota necessária, pertencente aos legitimários. O testador tem absoluta liberdade quanto à disposição de sua metade e tem direito de deixá-la a quem bem entender. Só não pode prejudicar a legítima dos descendentes.[1469]

O *de cujus* dispõe livremente de seu patrimônio, determinando que a liberalidade saia de sua metade. Ocorrendo a hipótese, e verificado que a doação não excede a metade disponível, não há colação. "Se, porém, a liberalidade exceder à porção disponível do *de cujus*, o excesso se colacionará, para que não haja desigualdade das legítimas. (...) o gratificado confere a liberalidade, a fim de se verificar se ela pode conter-se na porção disponível e na legítima. Se absorver a metade disponível e, ainda, exceder à legítima, sofrerá redução, repondo o donatário o excesso para obter-se perfeita igualdade das legítimas."[1470]

O legislador alarga, agora, no parágrafo único, a incidência de imputação na parte disponível à liberalidade feita ao descendente que, ao tempo do ato, não seria chamado à sucessão na qualidade de herdeiro necessário.[1471] Embora de aplicação restritíssima a hipótese aqui prevista, pode se manifestar útil em situações excepcionais previstas pelo

---

1469 "*DOAÇÃO – Parte disponível – Escritura – Falta de dispensa de colação – Irrelevância – Inteligência do art. 1.788 do CC*. *A cláusula de que a doação sairá da parte disponível dos bens dos doadores torna desnecessária a expressa menção à dispensa da conferência, em face do disposto no art. 1.788 do CC*" (*RT*, 598:214). Ver, ainda: *RT*, 732:234; *RT*, 619:95; *RT*, 613:186; *RT*, 634:70.

1470 BEVILACQUA, C. Obra citada, p. 1.017

1471 "*Simulação. Doações transmudadas em empréstimos. Notas promissórias. Simulação entre mãe e filha*. *Ação de anulação intentada pelo filho e irmão, sob o fundamento de prejuízo na legítima. Simulação configurada em instrumento público de quitação das cambiais e de retificação de declarações de bens para efeito de imposto de renda. Simulação, porém, inocente, não determinante do desfazimento. Legítima que, ao tempo das doações, não foi reduzida, pois até a metade disponível da donatária. Parecer jurídico neste sentido, baseado em levantamento de auditoria contábil. Autor que, à época das doações, administrava os bens da donatária e não ignorava qual era a metade disponível. Colação afastada em testamento da autora da herança. Recurso desprovido*" (TJSP, Ap. nº 7.065.259-8, rel. Des. Cerqueira Leite, j. em 28.02.2007).

atual dispositivo legal. O que o texto legal permite é a possibilidade de o doador ser dispensado da colação da doação que sai de sua meação disponível, desde que não a exceda, computado seu valor ao tempo da doação. Dispensa que só poderá materializar-se se feita expressamente no testamento ou no título constitutivo da liberalidade.

O descendente que recebeu do ascendente, conforme vimos, recebe a título de adiantamento da legítima. Assim sendo, as doações feitas pelo ascendente a um dos filhos devem ser colacionadas, devendo examinar-se casuisticamente a hipótese concreta, já que essa pode ser uma forma de burlar a garantia da legítima dos demais herdeiros. Assim, se um pai dá determinado valor a um filho para que adquira um bem imóvel, deve ser trazido à colação o valor atualizado e não o imóvel comprado.

Da mesma forma, constitui fraude, ato abusivo, o fato de um pai transmitir bens a um ou mais filhos sob a forma societária. Dizem Amorim e Oliveira[1472] que constitui ato abusivo a constituição de sociedade com atribuição de cotas ou ações em favor de herdeiros sem o efetivo ingresso de capital por parte deles. E apresentam os autores citados a seguinte hipótese: "O pai constitui uma sociedade comercial com dois dos seus três filhos, e somente ele faz aportes reais ao patrimônio da entidade. Manifesto será o prejuízo do herdeiro excluído, quando da participação na herança do genitor, pois receberá apenas seu quinhão proporcional, enquanto os demais filhos acumularão seus quinhões hereditários com as cotas antes auferidas na sociedade aparente. Será cabível, em tais circunstâncias, desconsiderar a personalidade jurídica da sociedade, para que se reintegre o herdeiro prejudicado na plenitude dos seus direitos legitimários na herança."[1473]

1472 AMORIM, S. e OLIVEIRA, E. de. Obra citada, p. 235.
1473 Ver, nesse sentido, o trabalho de Rolf Madaleno, "A *disregard* na sucessão legítima" (*RT* 753:741 e *Rev. Juris Síntese* 18/6-8) e, ainda, Rubens Requião (Verbete – "Abuso de direito e

Art. 2.006. A dispensa da colação pode ser outorgada pelo doador em testamento, ou no próprio título de liberalidade.

Direito anterior – Artigo 1.789 do Código Civil de 1916.
Art. 1.789. A dispensa de colação pode ser outorgada pelo doador, ou dotador, em testamento, ou no próprio título da liberalidade.

Direito comparado – No Código Civil francês (art. 919).[1474] No direito argentino (art. 3.848) e no direito uruguaio (art. 1.101).

COMENTÁRIO

Já afirmamos, na análise do artigo antecedente, que a dispensa da colação deve ser expressa e constar do próprio título da liberalidade ou do testamento. Não vale, pois, a inserida em escritura posterior, ou declarada oralmente, nem tampouco há dispensas virtuais, ou dispensas presumidas, como permite o Código Civil suíço.

O dispositivo refere-se ao testamento ou ao título de liberalidade. Do próprio título, porque a dispensa importa inclusão da liberalidade na parte disponível,[1475] apreciada no momento da abertura da sucessão;

---

fraude através da personalidade jurídica *disregard doctrine*", *Enciclopédia Saraiva do Direito*, vol. 2, pp. 59-60).

1474 "*Art. 919 (L. 24 mars 1898)*
La quotité disponible pourra être donnée en tout ou en partie, sit par acte entre vifs, soit par testament, aux enfants ou autres successibles du donateur, sans être sujette au rapport par le donataire ou le légataire venant à la succession, pourvu qu'en ce qui touche les dons la disposition ait été faite expressément à titre de préciput et hors part.
La déclaration que le don est à titre de préciput et hors part pourra être faite, soit par l'acte qui contiendra la disposition, soit postérieurement dans la forme des disposistions entre vifs ou testamentaires."
1475 "*[...] A dispensa do dever de colação só se opera por expressa e formal manifestação do doador, determinando que a doação ou ato de liberalidade recaia sobre a parcela disponível de seu patrimônio*" (STJ, REsp. nº 730.483, rel. Min. Nancy Andrighi, j. em 03.05.2005).

de testamento, porque ao testador é lícito deixar a sua metade, a quem escolher e pelo modo que preferir.[1476]

A dispensa tem de abranger todas as doações, não procedendo a doutrina que entende haver dispensa virtual nas doações manuais. Entretanto, não se conferem, certamente, as doações verbais de pouco valor. Já o precisara Maximiliano, para quem só escapam ao rigor do princípio garantidor da igualdade entre os herdeiros "os dons costumeiros, presentes, vulgares e ocasionais de ascendente a descendente (por motivo de Natal, aniversário, casamento ou formatura, por exemplo)".[1477]

> Art. 2.007. São sujeitas à redução as doações em que se apurar excesso quanto ao que o doador poderia dispor, no momento da liberalidade.
> § 1º O excesso será apurado com base no valor que os bens doados tinham, no momento da liberalidade.
> § 2º A redução da liberalidade far-se-á pela restituição ao monte do excesso assim apurado; a restituição será em espécie, ou, se não mais existir o bem em poder do donatário, em dinheiro, segundo o seu valor ao tempo da abertura da sucessão, observadas, no que forem aplicáveis, as regras deste Código sobre a redução das disposições testamentárias.
> § 3º Sujeita-se à redução, nos termos do parágrafo antecedente, a parte da doação feita a herdeiros necessários que exceder a legítima e mais a quota disponível.

[1476] *SUCESSÃO – Colação – Dispensa – Disposição a respeito não no próprio título da liberalidade, mas em outro posterior – Carência do valor – Inteligência do art. 1.789 do Código Civil. A dispensa de colação só vale quando consta do próprio título da liberalidade e não de outro posterior."*
[1477] MAXIMILIANO, C. Obra citada, p. 419.

§ 4º **Sendo várias as doações a herdeiros necessários feitas em diferentes datas, serão elas reduzidas a partir da última, até a eliminação do excesso.**

Direito anterior – Art. 1.790, parágrafo único do Código Civil de 1916.
Art. 1.790. (...)
Parágrafo único. Considera-se inoficiosa a parte da doação, ou do dote, que exceder a legítima e mais a meta de disponível.

Direito comparado – No Código Civil francês (art. 845).[1478]

COMENTÁRIO

Dispõe o artigo 1.015 do Código de Processo Civil que o herdeiro que renunciou à herança ou o que dela foi excluído não está isento de conferir, para repor a parte inoficiosa, as liberalidades que houver do doador. É a transposição do antigo artigo 1.790 do Código Civil para o ambiente do Código de Processo Civil.

E os parágrafos únicos do artigo 1.015 do CPC determinam a conduta do donatário que poderá ou escolher dos bens doados, tantos quantos bastarem para perfazer a legítima e a metade disponível, entrando na partilha o excedente para ser dividido entre os demais herdeiros (CPC, art. 1.015, § 1º), ou, segunda hipótese, se a parte inoficiosa, isto é, a que exceder a legítima e mais a metade disponível (art. 2.007), recair sobre bem imóvel que não comporte divisão cômoda, proceder-se-á à licitação entre os herdeiros, tendo o donatário preferência em igualdade de condições (CPC, art. 1.015, § 2º).

1478 *"Art. 845. L'héritier qui renonce à la succession, peut cependant retenir le don entre vifs, ou réclamer le legs à lui fait, jusqu'à concurrence de la portion disponible."*

Dessa forma, como doutrina Monteiro,[1479] os bens colacionados serão imputados de preferência no quinhão do herdeiro colacionante, desde que não vulnerado o princípio da igualdade da partilha.

No mesmo sentido conclui Barros: "Realizando-se a colação em substância, isto é, repondo o herdeiro donatário ou dotado os mesmos bens que antes recebera, devolvidos agora para o fim específico de serem partilhados, o bom é que continue a ser observada a prática de serem lançados tais bens no quinhão do colacionante, pois que isso evitaria o problema de se avaliarem, também, as benfeitorias, bem como o de realizar-se a classificação delas, para que os demais herdeiros as indenizem, quando tais bens não fiquem com os colacionantes. A comodidade é, também, outra qualidade da partilha e a norma deste § 1º atende a isso."[1480]

E é essa mesma razão de equidade e de comodidade que inspira e justifica o parágrafo 2º do mesmo artigo do CPC, quando dispõe que o juiz deve determinar a licitação entre os herdeiros sobre o imóvel em que recaia à parte inoficiosa, não cabendo tal imóvel em nenhum quinhão, nem comportando divisão cômoda. "É claro que o donatário, como qualquer outro herdeiro, poderá concorrer à licitação. Em amor à comodidade e à equidade, dá-lhe a lei preferência sobre os demais herdeiros, em igualdade de condições."[1481]

A não ser no caso previsto no artigo 2.005 do Código Civil, tem o herdeiro de colacionar os bens que lhe foram doados. Ou seja, além de igualar as legítimas, a colação tem o escopo de fundamentar a reposição da parte inoficiosa, então definida no parágrafo único do artigo 1.790

1479 MONTEIRO, W. de B. Obra citada, p. 315.
1480 BARROS, H. de M. e. Obra citada, p. 289.
1481 BARROS, H. de M. e. *Idem, ibidem.*

do Código Civil, como a parte da doação que exceder a legítima e mais a parte disponível, ou seja, a porção de que poderia livremente dispor o autor da herança.

De forma mais técnica e objetiva o atual *caput* do artigo 2.007 preferiu referir-se à redução das doações em que se apurar excesso quanto ao que poderia dispor o doador, no momento da liberalidade.

Ainda uma vez reporta-se o legislador pátrio a um dos preceitos dominantes da partilha, que manda seja observada entre os herdeiros a maior igualdade possível.[1482]

Nos parágrafos subsequentes (1º a 4º), o artigo nada mais faz do que resgatar os princípios da redução das disposições testamentárias adaptando-os à matéria das colações de doações.

Assim, repete o princípio já estampado no artigo 2.002 da obrigatoriedade, para igualar as legítimas a conferir o valor das doações que dele em vida receberam, "*no momento da liberalidade*".

No parágrafo 2º, o legislador prevê duas hipóteses de redução: em espécie (restituindo-se ao monte o excesso apurado) ou em dinheiro (se não mais existir o bem doado em poder do donatário), segundo o seu valor ao tempo da abertura da sucessão, aplicando-se à hipótese as regras do Código Civil (arts. 1.966-1.968) sobre a redução das disposições testamentárias.

[1482] "*DOAÇÃO – Ato inoficioso – Caracterização – Doação a descendente de parte que ultrapassa o que o doador poderia dispor em testamento no momento da liberalidade – Inadmissibilidade, pois reduz a massa patrimonial hereditária que na sucessão seria compartilhada por todos os herdeiros.* Ementa: *A doação a descendente, naquilo que ultrapassa a parte de que poderia o doador dispor em testamento, no momento da liberalidade, contendo cláusula que exime os donatários de trazerem os bens à colação, é de ser qualificada inoficiosa e, portanto, nula, pois reduz a massa patrimonial hereditária que viria, na abertura da sucessão, a ser compartilhada por igual entre todos os herdeiros*" (*RT*, 761:191). Ver, ainda: *RT*, 587:105; *RT*, 561:104; *RT*, 684:70; *RT*, 683:72; *RT*, 559:78.

O parágrafo 3º que se refere à doação feita a herdeiros necessários revela-se desnecessário no contexto, no mínimo, em matéria de colações e de acordo com o *in fine* do artigo antecedente ("*... observadas, no que forem aplicáveis, as regras deste Código sobre a redução das disposições testamentárias*"), já que a hipótese, guardadas as diferenças aplicáveis à espécie, já havia sido prevista no § 2º do artigo 1.968. Bastaria, pois, o legislador limitar-se à remissão às normas do Código Civil aplicáveis em matéria de redução de disposições testamentárias.[1483]

Finalmente, no § 4º, o legislador desce à minúcia casuística prevendo doações a herdeiros necessários, feitas em diferentes datas, e prevendo a redução a partir da última, até a eliminação do excesso. A solução, estranhável, na medida em que prevê uma redução progressiva, nega também o princípio dominante em que, independente das datas, todas as colações são feitas no momento da abertura.

Art. 2.008. Aquele que renunciou à herança, ou dela foi excluído, deve, não obstante, conferir as doações recebidas, para o fim de repor o que exceder o disponível.

Direito anterior – Art. 1.790 do Código Civil de 1916.

Art. 1.790. O que renunciou à herança, ou dela foi excluído, deve, não obstante, conferir as doações recebidas, para o fim de repor a parte inoficiosa.

Parágrafo único. Considera-se inoficiosa a parte da doação, ou do dote, que exceder a legítima e mais a metade disponível.

Direito comparado – No Código Civil francês (art. 845).

1483 "*Colação. Controvérsia no que se refere aos frutos dos imóveis trazidos à colação. Doações que, mediante simples cálculo aritmético, estouram a parte disponível do doador. Incidência do disposto no art. 2.007 do Código Civil, que determina a restituição* in natura *dos bens objeto de doação inoficiosa. Renda que não será levada à partilha, mas constitui patrimônio dos herdeiros, porque são frutos colhidos após a morte do autor da herança. Inteligência dos arts. 2.004 e 2.007 do Código Civil. Recurso parcialmente provido*" (TJSP, AI nº 512.509.4/6-00, rel. Des. Francisco Loureiro, j. em 27.09.2007).

COMENTÁRIO

Equiparando o renunciante ao indigno (o que da herança foi excluído), o Código Civil retoma o princípio da igualdade das legítimas, exigindo que o herdeiro confira a doação recebida, ainda que a ela renuncie, pois a liberalidade pode ser de tal monta que absorva a porção disponível do doador e mais a parte, que ao descendente deveria caber como legítima. Para evitar tal ocorrência, o texto legal impõe a colação, pois sem a conferência ficariam desfalcadas as legítimas dos demais herdeiros e o favorecido, renunciando a herança, já teria garantida, via doação recebida e não colacionada, porção maior na legítima do que os demais.

Da mesma forma, o texto legal alcança o indigno que, ainda não sendo considerado herdeiro (já que o indigno é tido como se jamais tivesse existido – art. 1.816), terá de conferir a liberalidade, a fim de repor o que exceder da porção disponível e da legítima.

Em ambas as hipóteses, embora os bens que são objeto de doação anterior não façam parte da herança, são colacionados para, com esse expediente, possibilitar a igualação das legítimas (art. 2.003).

Conforme aponta Hamilton de Moraes e Barros, interessante discussão se travou no plano do direito material a respeito do herdeiro excluído da herança e da obrigação de repor apenas a parte inoficiosa.

João Luiz Alves, depois de expor o problema, pondera: "Se pode guardar bens que valham a legítima, mais a porção disponível, é claro que não perde a legítima, o que quer dizer que não é excluído. Há, pois, contradição nos termos. Assim, o que o herdeiro excluído pode guardar é a doação que não exceda a quota disponível, e nunca a que abranja a legítima, à qual não tem direito, e que deve reverter aos outros herdeiros. Se a colação é obrigatória, para igualar as legítimas (art. 2.003); se à legítima não tem direito o excluído (art. 1.814), como poderia ele reter bens doados, que valham a legítima, mais a metade disponível? Seria dar-lhe uma posição mais favorável que a dos herdeiros não excluídos. Não seria justo, nem estaria de acordo com a razão e os efeitos da exclusão estabelecidos pelo Código."[1484]

Em defesa do Código Civil posicionam-se Bevilacqua, nos seus *Comentários* ao artigo 1.790, e Itabaiana de Oliveira, no seu *Tratado de Direito das Sucessões*.

Segundo Itabaiana de Oliveira, "o herdeiro pode renunciar à herança, ou dela ser excluído por indignidade, sem que por isso perca o direito à doação anterior, porque os bens que a constituem *não fazem parte da herança*" (grifamos); contudo, continua o civilista, "o herdeiro renunciante, ou o excluído, não pode guardar os bens doados para ficar com o melhor quinhão, prejudicando assim os demais herdeiros; deve conferi-los, salvo quando dispensado da colação, a fim de repor a parte inoficiosa, isto é, a parte que exceder a legítima e mais a metade disponível".[1485] E, mais adiante, "ao que o herdeiro *renuncia* é a *herança*, e é *dela* que o herdeiro é *excluído*; o herdeiro não *renuncia à doação*, e nem *desta* é ele *excluído*, porque a doação não faz parte da herança (...) pelo Código Civil, porém, o excluído só restitui a parte *inoficiosa*, isto é, a que exceder a legítima e mais a metade disponível, podendo, portanto, guardar a que couber na legítima e na quota disponível".[1486]

No mesmo sentido a doutrina de Bevilacqua que invoca razões em que a lei se funda para equiparar intencionalmente o excluído ao renunciante: "a) a liberalidade feita ao herdeiro presuntivo, que depois se tornou indigno de suceder, produziu os seus efeitos em vida do doador; e o

---

1484 ALVES, João Luiz. *Código Civil Anotado*, p. 1.309. No mesmo sentido a doutrina de Astolpho Rezende, em *Inventários e Partilhas*, pp. 388 e ss., do *Manual* da Coleção Paulo Lacerda.
1485 OLIVEIRA, I. de. Obra citada, p. 828.
1486 OLIVEIRA, I. de. *Idem*, p. 829.

indigno, excluído da herança, que o Código equipara ao morto, é um estranho à sucessão como o que renuncia; (...) b) o conceito da inoficiosidade é que não é idêntico ao do direito pátrio; a indignidade e a renúncia são identificadas em face da obrigação de conferir as liberalidades; c) a colação é estabelecida para os descendentes, que concorrem à sucessão do ascendente comum, declara o art. 2.002. O indigno não concorre, é estranho à sucessão (...) mas o direito à legítima é sagrado para os que concorrem à sucessão. A lei não permite que sejam desfalcadas as legítimas dos herdeiros necessários. E, como para os descendentes havia maiores possibilidades de serem desfalcados por meio de doações ou dotes, instituiu a colação. Por essa mesma razão, para garantia das legítimas, força o renunciante e o indigno à conferência das liberalidades, que o *de cujus* lhes tenha feito."[1487]

Como a doação inoficiosa ofende o direito à legítima, que aos outros herdeiros compete, o renunciante ou o indigno devem oferecer os bens havidos do *de cujus*, a fim de serem reduzidos, na hipótese de seu valor exceder à soma da legítima, com a metade da cota disponível do espólio.[1488]

Art. 2.009. Quando os netos, representando os seus pais, sucederem aos avós, serão obrigados a trazer à colação, ainda que não o hajam herdado, o que os pais teriam de conferir.

Direito anterior – Art. 1.791 do Código Civil de 1916.

1487 BEVILACQUA, C. Obra citada, pp. 1.020-1.021.
1488 MAXIMILIANO, C. Obra citada, p. 401. O autor ainda se refere à impropriedade tecnológica do Código Civil, nos seguintes termos: "O Código Civil chama a isto *conferir*, incidindo em impropriedade tecnológica. Em verdade, conferir é somar ao acervo líquido, a fim de partilhar; não é podar o demasiado."

Art. 1.791. Quando os netos, representando os seus pais, sucederem aos avós, serão obrigados a trazer à colação, ainda que o não hajam herdado, o que os pais teriam de conferir.

Direito comparado – No Código Civil francês (art. 848, 2ª parte)[1489] e no Código Civil português (artigo 2.105).[1490] No direito argentino (art. 3.482) e no direito uruguaio (art. 1.103, última parte).

COMENTÁRIO

A disposição revela-se desnecessária, uma vez que, em capítulo anterior (Capítulo III – Do direito de representação), o legislador dispôs minuciosamente sobre a representação; não, sem antes, afirmar, no artigo introdutório daquela matéria (art. 1.851), que o direito de representação dá-se *"quando a lei chama certos parentes do falecido a suceder em todos os direitos, em que ele sucederia, se vivo fosse"*. Mas, não satisfeito com a abrangência do dispositivo, ainda reafirma que *"o direito de representação dá-se na linha reta descendente..."* (art. 1.852). Logo, dúvida nenhuma pode existir quanto à responsabilidade do herdeiro representante trazer à colação os bens herdados por representação.

Em outras palavras, os netos, representando seus pais, na sucessão do avô, estão obrigados a trazer à colação os bens herdados por direito

---

[1489] "*Art. 848. Pareillement, le fils venant de son chef à la succession du donateur, n'est pas tenu de rapporter le don fait à son père, même quand il aurait accepté la succession de cleui-ci; mais si le fils ne vient que par représentation, il doit rapporter ce qui avait été donné à son père, même dans le cas où il aurait répudié sa succession.*"

[1490] "*Art. 2.105 (Descendentes sujeitos à colação).*
Só estão sujeitos à colação os descendentes que eram à data da doação presuntivos herdeiros legitimários do doador."
A doutrina deste artigo 2.105 corresponde de algum modo ao disposto no artigo 2.100 do Código Civil português de 1867, segundo o qual *"quando os netos sucederem aos avós, representando seus pais, trarão à colação tudo aquilo que os ditos seus pais devessem conferir, ainda que o não hajam herdado".*

de representação. Porque, na qualidade de descendentes (linha reta, diz o artigo 1.852) vindos à sucessão, como representantes do pai, terão de trazer à colação a liberalidade que recebeu o representado, com as ressalvas que já apontáramos na análise do art. 2.002.

E, "porque é em nome do representado que o herdeiro, neste caso, colaciona, pouco importa que ele não tenha sido beneficiado com a liberalidade. Ainda quando tenha renunciado à herança paterna, o neto que concorre à herança do avô, por direito de representação, é obrigado a trazer à colação o que os pais teriam de trazer".[1491]

Na realidade, o que aqui ocorre é uma mera transferência de obrigação, dos pais para os filhos, dos pais – que não mais existem – para os filhos que, vivos, os representam e, por isso mesmo, devem colacionar "em nome" do pai.

Se o neto recebeu alguma liberalidade do avô, deve trazê-la à colação, quando ao mesmo suceder, quer por direito próprio, quer representando o pai. É a solução natural, porque como representante que é também é herdeiro e, pois, é obrigado a colacionar, porque é herdeiro na linha descendente.

Art. 2.010. Não virão à colação os gastos ordinários do ascendente com o descendente, enquanto menor, na sua educação, estudos, sustento, vestuário, tratamento nas enfermidades, enxoval, assim como as despesas de casamento, ou as feitas no interesse de sua defesa em processo-crime.

Direito anterior – Art. 1.793 do Código Civil de 1916.
Art. 1.793. Não virão também à colação os gastos ordinários do ascendente com o descendente, enquanto menor, na sua educação, estudos, sustento,

---

1491 BEVILACQUA, C. Obra citada, p. 1.022.

vestuário, tratamento nas enfermidades, enxoval e despesas de casamento e livramento em processo-crime, de que tenha sido absolvido.

Direito comparado. No Código Civil francês (art. 852)[1492] e no Código Civil português (art. 2.110).[1493] No direito argentino (art. 3.480) e no direito uruguaio (art. 1.106).

COMENTÁRIO

Não vem à colação os gastos normais com a educação e os alimentos (abrangendo a expressão tudo quanto respeita à sustentação, vestuário, instrução e educação dos filhos) do filho menor, assim como as despesas com o tratamento nas enfermidades, o enxoval e as despesas de casamento, porque representam uma obrigação dos pais em relação aos filhos (art. 1.568),[1494] mas, também, porque referem-se à "compreensível e louvável assistência material dos ascendentes nos *atos maiores* dos seus descendentes (...) Todas estas despesas, embora só dentro dos limites flexíveis adequados, estão isentas de colação".[1495]

Esses gastos ordinários não constituem doação, nem liberalidade, porque não aumentam o patrimônio dos filhos e, como vimos, porque essas despesas correspondem ao cumprimento de obrigação natural imposta pelo direito aos pais.

1492 "*Art. 852. Les frais de nourriture, d'entretien, d'éducation, d'apprentissage, les frais ordinaires d'équipement, ceux des noces et présents d'usage, ne doivent pas être rapportés.*"
1493 "*Art. 2.110 (Despesas sujeitas e não sujeitas à colação).*
  1. Está sujeito à colação tudo quanto o falecido tiver dispendido gratuitamente em proveito dos descendentes.
  2. Exceptuam-se as despesas com o casamento, alimentos, estabelecimento e colocação dos descendentes, na medida em que se harmonizem com os usos e com a condição social e econômica do falecido."
1494 "*Art. 1.568. Os cônjuges são obrigados a concorrer, na proporção de seu bens e dos rendimentos do trabalho, para o sustento da família e da educação dos filhos, qualquer que seja o regime patrimonial.*"
1495 PIRES DE LIMA e ANTUNES VARELA. Obra citada, p. 184.

Gastos ordinários, diz Bevilacqua, são os que se costumam fazer, nos casos referidos no artigo, em congruência com a posição social e as possibilidades econômicas do ascendente. Havendo excesso, ou considerável diminuição do patrimônio do ascendente, perdem o caráter de ordinários e devem ser colacionados.

O artigo 2.010 repete a fórmula do artigo 1.793 quando se refere às despesas em favor dos menores, porque, atingindo a maioridade, ou emancipando-se, "a pessoa vive por si, tem a sua economia à parte, e o que lhe der o ascendente para estudos, roupa ou outro fim semelhante, será uma doação, e não mais o cumprimento de um dever jurídico".[1496]

Aqui, o parâmetro determinado da linha limítrofe entre despesas normais e extravagantes deve ser procurado através do *justo limite*, "assim estabelecido, no âmbito da colação; quanto aos *deveres morais* de assistência material familiar – isentos da obrigação de *conferir* apenas na medida de sua conformidade com os usos e a condição social e econômica do doador –, obriga a rever, à luz das realidades contemporâneas e das novas concepções de vida, o *critério de justiça* que vinha da legislação anterior.

Hoje em dia, há realmente que distinguir, dentro das despesas com o casamento, o estabelecimento, a colocação dos descendentes e até com o combate médico a certas enfermidades, como a toxicodependência entre o máximo exigível correspondente aos usos, ao padrão de vida, à condição social e econômica dos ascendentes e a parte excedente, porque a primeira é isenta de colação, enquanto a segunda cabe na obrigação de conferir".[1497]

1496 BEVILACQUA, C. Obra citada, p. 1.027.
1497 PIRES DE LIMA e ANTUNES VARELA. Obra citada, p. 185.

À guisa de exemplo, uma coisa são os pais fazerem gastos para enfrentamento de uma doença infantil, outra é gastar fortunas com a recuperação de filho viciado. A primeira hipótese é natural decorrência da condição infantil; a segunda é fruto de vício, ao qual não são responsáveis os demais herdeiros, sob risco de se favorecer aquele, em detrimento destes. É o justo limite e o critério de justiça que devem ser invocados em cada caso, de forma a não se favorecer as condutas imorais (ou anormais) em detrimento dos que se organizaram dentro dos parâmetros da moralidade, ou, como já invocara Bevilacqua, de acordo com os costumes e pelos preceitos da ética.

Quanto à pensão alimentícia, alimentos propriamente ditos, vale a ressalva que, sendo prestados a descendentes maiores, em decorrência de efetiva e comprovada necessidade (arts. 1.695 e 1.696),[1498] não constituem liberalidade e, por conseguinte, não se submetem à colação.

Art. 2.011. As doações remuneratórias de serviços feitos ao ascendente também não estão sujeitas à colação.

Direito anterior – Art. 1.794 do Código Civil de 1916.

Art. 1.794. As doações remuneratórias de serviços feitos ao ascendente também não estão sujeitas à colação.

Direito comparado – No Código Civil português (art. 2.113).[1499]

1498 *"Art. 1.695. São devidos os alimentos quando quem os pretende não tem bens suficientes, nem pode prover, pelo seu trabalho, à própria mantença, e aquele, de quem se reclamam, pode fornecê-los sem desfalque do necessário ao seu sustento."*
"Art. 1.696. O direito à prestação de alimentos é recíproco entre pais e filhos, e extensivo a todos os ascendentes, recaindo a obrigação nos mais próximos em grau, uns em falta dos outros."

1499 *"Art. 2.113 (Dispensa da colação).*
1. A colação pode ser dispensada pelo doador no ato da doação ou posteriormente.
2. Se a doação tiver sido acompanhada de alguma formalidade externa, só pela mesma forma, ou por testamento, pode ser dispensada a colação.
3. A colação presume-se sempre dispensada nas doações manuais e nas doações remuneratórias."

COMENTÁRIO

As doações remuneratórias, como a própria palavra indica, não constituem liberalidades, mas sim modo de recompensar serviços, para os quais não se convencionou preço ou salário, ou a que não se deseja dar o pagamento comum. Correspondem sim a uma forma de recompensa, que é arbitrada pelo sujeito que obteve vantagem em contraprestação de um serviço feito.

Quem faz uma doação remuneratória a um descendente "não a realiza, de fato, por via de regra, dada a sua finalidade especial, com o propósito de forçar o donatário a imputar na sua quota hereditária o valor do donativo que recebeu",[1500] e, por isso, não há que se falar em obrigação de colacioná-la.[1501]

Art. 2.012. Sendo feita a doação por ambos os cônjuges, no inventário de cada um se conferirá por metade.

Direito anterior – Art. 1.795 do Código Civil de 1916.
Art. 1.795. Sendo feita a doação por ambos os cônjuges, no inventário de cada um se conferirá por metade.

Direito comparado – No Código Civil português (art. 2.117).[1502]

1500 PIRES DE LIMA e ANTUNES VARELA. Obra citada, p. 189.
1501 "*INVENTÁRIO – Colação – Bens móveis de pequeno valor – Aplicação dos arts. 1.168 e 1.794 do CC*. Não estão sujeitos à colação os bens móveis de pequeno valor doados pela mãe à filha como recompensa por carinhos e desvelos recebidos" (*RF*, 271:184).
1502 "*Art. 2.117 (Doação de bens comuns).*
1. Sendo a doação de bens comuns feita por ambos os cônjuges, conferir-se-á a metade por morte de cada um deles.
2. O valor de cada uma das metades é o que ela tiver ao tempo da abertura da sucessão respectiva."

COMENTÁRIO

Se a doação, conforme visto até agora, tiver sido feita por um só dos cônjuges, só no seu inventário é que se deve conferir a doação. Mas, no caso de liberalidade materializada por ambos os cônjuges, no inventário de cada um se conferirá por metade, como consequência de que, sendo comum a dívida, cada um dos cônjuges doou a metade.[1503]

O artigo 2.012 regula o regime da colação, na hipótese especial de a doação ao ascendente ter por objeto bens comuns e ter sido feita por ambos os cônjuges, ascendentes do donatário. Embora a doação nasça de um ato único, o artigo manda que a obrigação de conferir seja feita *"pela metade"*, porque a presumida antecipação da cota hereditária se refere a duas cotas distintas, a do marido e a da mulher, meações distintas e, pois, heranças diferentes.

Como a hipótese prevista "é a de a doação ter por objetos bens comuns ao casal ('... *doação por ambos os cônjuges...*'), em rigoroso sentido técnico-matrimonial, e não a de bens pertencentes a ambos os cônjuges em regime de simples compropriedade, nenhuma surpresa pode causar o fato de o Código (...) ter mantido o mesmo traçado esquemático da solução (...) o acerto de contas a que a obrigação de conferir dá margem se processa com a morte de cada um dos cônjuges e, por conseguinte, em dois momentos distintos e sobre processos sucessórios diferentes".[1504]

Presume-se que cada um dos doadores efetuou a liberalidade meio a meio.

1503 "*INVENTÁRIO – Colação – Bens doados em vida por casal – Mulher do* de cujus *ainda viva – Conferência por metade – Irrelevância de ter o cônjuge supérstite se reservado apenas o usufruto destes bens*. Ementa: *Colação pressupõe inventário, que, por sua vez, pressupõe o óbito do inventariado. Por isso, manda a lei (CC, art. 1.795) que, feita a doação por ambos os cônjuges, no inventário de cada um se conferirá por metade. Agravo desprovido*" (*RT*, 552:175). Ver, ainda: *RT*, 697:154.
1504 PIRES DE LIMA e ANTUNES VARELA. Obra citada, p. 192.

CAPÍTULO V
DA PARTILHA[1505]

Art. 2.013. O herdeiro pode sempre requerer a partilha, ainda que o testador o proíba, cabendo igual faculdade aos seus cessionários e credores.

Direito anterior – Art. 1.772 do Código Civil de 1916.

Art. 1.772. O herdeiro pode requerer a partilha, embora lhe seja defeso pelo testador.

§ 1º Podem-na requerer também os cessionários e credores do herdeiro.

§ 2º Não obsta à partilha o estar um ou mais herdeiros na posse de certos bens do espólio, salvo se da morte do proprietário houver decorrido 20 (vinte) anos.

Direito comparado – No Código Civil francês (art. 815)[1506] e no Código Civil português (art. 2101).[1507] No direito argentino (arts. 3.452 a 3.461) e no direito uruguaio (arts. 1.115 a 1.124).

1505 Para a análise da partilha administrativa (ou extrajudicial) prevista na Lei nº 11.441, de 04 de janeiro de 2007, reportar-se ao art. 1.991 (*supra*).

1506 "*Art. 815. (L. nº 76-1286, du 31 décembre 1976)*
Nul ne peut être contraint à demeurer dans l'indivision et le partage peut être toujours provoqué, à moins qu'il n'y ait été sursis par jugement ou convention" (*L. nº 78-627 du 10 juin 1978*).
"*A la demande d'un indivisaire, le tribunal peut surseoir au partage pour deux années au plus si sa réalisation immédiate risque de porter atteinte à la valeur des biens individus (L. nº 80-502, du 4 juillet 1980) ou si l'un des indivisaires ne peut s'installer sur une exploitation agricole dépendant de la succession qu'à l'expiration de ce délai. Ce sursis peut s'appliquer à l'ensemble des biens indivis ou à certains d'entre eux seulement.*"

1507 "*Art. 2101 (Direito de exigir partilha).*
1. Qualquer co-herdeiro ou o cônjuge meeiro tem o direito de exigir partilha quando lhe aprouver.
2. Não pode renunciar-se ao direito de partilhar, mas pode convencionar-se que patrimônio se conserve indiviso por certo prazo, que não exceda cinco anos; é lícito renovar este prazo, uma ou mais vezes, por nova convenção."

Leitura complementar:
BARREIROS, J. Antonio. "A partilha em vida no código Civil". *In: R.O.A.*, ano 37, p. 585; CAMPOS, Antonio Macedo de. *Inventários e Partilhas*. São Paulo, 1984; CARDOSO, José Antonio Lopes. *Partilhas Judiciais*. Coimbra: Livraria Almedina, 1979; CATALA, P. *Les règlements successoraux depuis les reformes de 1938 et l'instabilité économique* (Thèse). Paris, 1954; CORTE-REAL, Pamplona. "A partilha em vida". *In: Cadernos C.T.F.* Lisboa, 1986; FORNACIARI FILHO, Clito. "Partilha judicial: via processual à desconstituição". *In: RT*, 551: 54; FRANÇA, Rubens Limongi. "Interpretação de testamento e de contrato social. Nulidade de partilha e cessação do mandato". *In: RDC*, 38: 186; GUAGLIANONE, Aquiles. *Sobre los efectos de la partición hereditária*. Buenos aires: Abeledo Perrot, 1959; GOMES, Orlando. "Partilha sucessiva e sobrepartilha por subtração de bem". *In: Gomes: Inéditos*, p. 343; JOB, João A. Leivas. *Da nulidade da partilha*. São Paulo: Saraiva, 1986; LASALA, José Perez. *Acciones judiciales del derecho sucessório*. Buenos Aires: Librarius, 1992; LEVENHAGEN. *Código Civil*, vol. 6. São Paulo: Atlas, 1992; LIMA, Ruy Cirne. "Laudêmio e partilha em vida". *In: RDC*, 29: 183; MACHADO, A. Souza. *O contrato de partilha em vida*. Lisboa, 1987; MARNIERRE, E. S. de la. "De la date d´évaluation des beins dans les partages". *In: Daloz*, 1967, Chron. 227; MEDINA, Llewellyn. *Concubinato*. "Esforço comum: requisito exigido pela Súmula 390 do STF para a partilha do patrimônio ameachado em sociedade de fato". *In: RDC*, 31:142; OLIVEIRA, Euclides de e AMORIM, Sebastião. *Inventários e Partilhas* – Direito das Sucessões – Teoria e Prática. 21. ed., rev. e atual. São Paulo: LEUD, 2008; PACHECO, José da Silva. *Inventários e Partilhas*. Rio de Janeiro; Forense, 1994; PINTO FERREIRA. *Inventário, partilha e ações de herança*. São Paulo: Saraiva, 1992; RADOUANT. "De l´estimation des biens compris dans le partage". *In: RTDC*, 1925: 541; RODRIGUES, Silvio. "Partilhas" (verbete). *In:* Enciclopédia Saraiva de Direito, vol. 57, p. 208; STABILE FILHO, José. *A enfiteuse e o laudêmio*. *In: RDC*, 48: 76; SOUZA, Orlando de. *Inventários e Partilhas*. Rio de Janeiro: Forense, 1978; THEODORO JR., Humberto. "Partilha, nulidade, anulabilidade e rescindibilidade". *In:* Revista de Processo, 45: 218; VALADÃO, Haroldo. "Unidade ou pluralidade da sucessão e do inventário e partilha no direito internacional privado". *In: RT*, 830: 717); WALD, Arnoldo. "O regime jurídico da partilha em vida" (Parecer). *In: RT*, 622: 7.

COMENTÁRIO

Partilha é a divisão do espólio entre os sucessores do falecido. No sentido estrito do Direito das Sucessões, "é a operação processual pela qual a herança passa do estado de comunhão *pro indiviso*, estabelecido pela morte e pela transmissão por força da lei, ao estado de quotas completamente separadas, ou ao estado de comunhão *pro indiviso*, ou *pro diviso*, por força da sentença".[1508]

Aberta a sucessão, os herdeiros se acham na situação de condôminos, aos quais é lícito exigir, a todo tempo, a divisão da coisa comum (art. 1.320). Na abertura da sucessão, os herdeiros encontram-se numa situação de condomínio sucessório e, por isso, nada mais são do que titulares de uma cota ideal sobre o espólio. É pela partilha que as cotas ideais se tornam reais, concretizam-se, realizando o fim último do processo de inventário: atribuir a cada herdeiro seu quinhão real.[1509]

Por isso, há autores que definem a partilha como a operação jurídica por meio da qual se confere uma cota exclusiva e concreta aos que possuem em comum uma sucessão e na mesma têm apenas uma cota ideal.[1510]

A abertura da sucessão gera a comunhão que é transitória, breve, efêmera; por isso mesmo, a lei impõe prazos para a abertura e para o encerramento do inventário. A partilha não constitui, pois, ato translativo de domínio atributivo de propriedade; considera-se meramente declara-

---

1508 PONTES DE MIRANDA, F. C. Obra citada, vol. 60, p. 223.
1509 "*SUBSTITUIÇÃO PROCESSUAL – PARTILHA. Com o advento da partilha cessa comunhão hereditária, desaparecendo a figura do espólio, que será substituída pelo herdeiro a quem coube o direito ou a coisa objeto da causa*" (*RF*, 282:266). Ver, ainda: *RT*, 643:67; *RT*, 759:231.
1510 VITTORE e VITALI, Enrico. *Delle Successioni Testamenterie e Legittime*, vol. VI, nº 514.

tivo;[1511] o domínio é transmitido ao herdeiro e ao legatário no momento em que se abre a sucessão, e só em consequência da morte do *de cujus*, muito antes, portanto, de se efetuar a divisão do acervo.

Os herdeiros, depois de inventariados os bens, pagos os impostos, são livres para exigir o fim do estado de comunhão, para pôr termo à indivisão, embora possam permanecer em estado de indivisão, tal como aquele em que se achavam, mas, agora, *inter vivos*.[1512]

Com efeito, aquilo que no processo de inventário era expectativa ganha, aqui, efetiva realidade. O esboço torna-se definitivamente delineado; o projeto ganha forma e volume delineados.

"O legatário pode exigir que se lhe preste o legado. O herdeiro, que se faça a partilha, mesmo se cláusula testamentária, que seria nula, lhe tentasse retirar tal direito. Podem também requerer a entrega do legado cessionários e credores do legatário, salvo se gravado de inalienabilidade. Credores não podem exigir que se lhe preste legado gravado com cláusula de impenhorabilidade. Dá-se o mesmo com cessionários e credores de herdeiros."[1513]

É o que dispõe o artigo 2.013, que, de forma sucinta, reproduziu o disposto no anterior artigo 1.772 do Código Civil de 1916.

Legitimados ativos para propor a partilha são os herdeiros necessários, simplesmente legítimos, ou testamentários. Os legatários não

---

1511 ASCENSÃO, José de Oliveira. Obra citada. Não é o entendimento do sensível civilista português, para quem "a partilha não é um acto meramente declarativo de um direito preexistente, pois que, após ela, o direito de cada co-herdeiro não fica inalterado; nem um acto atributivo de um direito aos bens, pois o beneficiado já o tinha. Cremos que a partilha é um acto modificativo – altera situações jurídicas preexistentes (...) é um acto modificativo, visto que o objecto e o conteúdo dos direitos preexistentes são alterados. Isso implica a cessação do estado de indivisão, extinguindo-se a possibilidade de actuação colectiva sobre aquela massa de situações jurídicas" (obra citada, pp. 558-559).
1512 Ver os artigos de Arnoldo Wald, "O regime jurídico da partilha em vida", *RT*, 622:7-15; de Clito Fornaciari Junior, "Partilha Judicial – Via processual à desconstituição", *RT*, 551:54-60.
1513 PONTES DE MIRANDA, F. C. *Idem*, p. 224.

têm esse poder, mas podem pedir o legado, porque só se parte o que é comum. Em havendo dúvida sobre a titularidade do herdeiro, incumbe-lhe provar que o é.

Igualmente são legitimados ativos à exigência da partilha, cessionários, adquirentes dos quinhões, ou de bens inclusos em quinhão. Se houve, porém, designação de bens pelo *de cujus*, têm eles de ser descritos e postos no quinhão, para o que é indispensável à partilha.

Quanto aos credores dos herdeiros, ou dos cessionários, ou dos adquirentes, têm eles a legitimação ativa, porque é preciso que se saiba qual o montante que cabe aos outorgantes, que são devedores.

A origem da partilha remonta ao direito romano. Reclamavam-na, outrora, mediante a propositura das ações de divisão – *actio familiae erciscundae*.

O direito brasileiro, oriundo das Ordenações e das fontes romanas, permitia ao testador impor a indivisão por tempo determinado.

O Código Civil, entretanto, em termos peremptórios, negou ao disponenente autoridade para retardar a partilha. Na França, a princípio, admitiam a condição de não dividir durante cinco anos, no máximo; prevaleceu, depois, a doutrina contrária; só por meio de uma convenção julgam admissível manter em comum o acervo por um lustro, ou prazo menor. Nesse sentido, o princípio geral estampado no artigo 815 do *Code Civil*: "*Nul ne peut être contraint à demeurer dans l'indivision et le partage peut toujours être provoqué...*" (Ninguém pode ser constrangido a permanecer na indivisão e a partilha pode sempre ser provocada).

O legislador brasileiro optou – ou preferiu trasladar, quase *ipsis litteris*, como afirma Maximiliano –[1514] o preceito italiano do artigo 713: "*I coeredi possono sempre domandare la divisione*" – (O co-herdeiro

---

1514 MAXIMILIANO, C. Obra citada, p. 301.

pode sempre pedir a divisão). Foi este o princípio vigorante no direito brasileiro, estampado no artigo 2.013 do novo Código Civil, ou seja: "*O herdeiro pode sempre requerer a partilha, ainda que o testador o proíba...*" É a ideia dominante entre os doutrinadores brasileiros: todos opinam que ao testador falece autoridade para proibir a partilha imediata ou adiá-la por tempo determinado.

O dispositivo legal retrata fielmente a reconhecida hostilidade à comunhão ou continuidade de direitos: "Pelos graves inconvenientes econômicos e sociais que ela arrasta consigo, é que qualquer dos co-herdeiros ou o próprio cônjuge meeiro pode impor a partilha ou divisão a todos os demais, mesmo que eles constituam a maioria. E por isso mesmo o pedido de partilha se há de considerar como deduzido contra a coletividade dos co-herdeiros (em regime de litisconsórcio necessário) e não apenas contra os co-herdeiros *uti singuli* (...) quer isto dizer que a herança só se manterá indivisa quando, findo o prazo máximo legalmente prescrito para a indivisão e convencionalmente estabelecido por todos os interessados, não surja uma única voz, entre todos os interessados, a requerer a partilha."[1515]

Qualquer herdeiro pode requerer a partilha, ainda que o testador tenha disposto em contrário. Mesmo os herdeiros que não se interessarem pela divisão serão atingidos por ela, porque o interesse de fazer desaparecer a situação temporária de condomínio sucessório é de ordem pública.

Art. 2.014. Pode o testador indicar os bens e valores que devem compor os quinhões hereditários, deliberando ele pró-

---
1515 PIRES DE LIMA e ANTUNES VARELA. Obra citada, p. 165.

prio a partilha, que prevalecerá, salvo se o valor dos bens não corresponder às quotas estabelecidas.

Direito anterior – Artigo sem correspondência no Código Civil de 1916.

Direito comparado – Artigo sem correspondência no direito comparado.

COMENTÁRIO

O dispositivo sob comento não encontra correspondência no Código Civil de 1916 e só encontra legitimidade na irresistível tendência do legislador brasileiro de priorizar a autonomia da vontade, que domina soberana o ambiente das disposições testamentárias. Com efeito, o fundamento da faculdade de testar encontra-se na liberdade que cada pessoa física deve ter de dispor livremente de seu patrimônio, como de tomar outras decisões de caráter não-patrimonial destinadas a produzir efeitos para depois de sua morte.

É o princípio da autonomia da vontade que ressurge aqui, soberano, e que, para alguns sistemas, era absoluto (o testador podia dispor livremente de todos seus bens), e, para outros, devia ser relativo (na concepção germânica os bens pertencem à família, e o chefe apenas detém sua posse).

O sistema brasileiro – como afirmamos ao examinar o artigo 1.857 do Código Civil – se alinhou à concepção germânica reafirmando o princípio que somente após respeitada a legítima vigora em toda sua plenitude o princípio da autonomia da vontade.

O que o artigo prevê, e de forma inédita, é a hipótese de o próprio testador indicar os bens e valores que devem compor os quinhões hereditários,[1516] deliberando sobre a partilha, facilitando enormemente a fase

---

1516 *"Testamento. Declaração destinando o testador um imóvel para cada um dos filhos. Testamento, partilha e não legados. Alienação de um dos imóveis pelo testador. Pedido de anulação, sob*

de liquidação do inventário, quando a proposta do testador corresponde à justa e equitativa divisão dos quinhões. Por isso, a ressalva do *in fine* do artigo sob análise: "... *salvo se o valor dos bens não corresponder às quotas estabelecidas.*"

Uma vez julgada a partilha, o direito de cada um dos herdeiros fica circunscrito aos bens do seu quinhão, conforme determina o artigo 2.023, do Código Civil. A lei, quando há julgamento, procura garantir o direito dos herdeiros, circunscrevendo-os à parte que lhe couber na divisão dos bens. Aqui, contrariamente, a lei não interfere e é a vontade do testador que se manifesta determinando a parte que cabe a cada herdeiro, na divisão dos bens, pressupondo o legislador que, ninguém melhor que o testador para propor divisão legítima e razoável.

Mas, para não se afastar da coerência e razoabilidade exigida pelo sistema, o legislador limita a liberdade e a autonomia do testador impondo restrições à sua manifestação de vontade, quando os valores dos quinhões hereditários não correspondem às quotas hereditárias.

Fica nítida, na nova proposta, a intenção do legislador em facilitar o processo de partilhamento dos bens, limitando a atuação do julgador que, nesse caso, restringe-se à mera homologação da vontade manifestada pelo testador.

Resta saber se, num país de forte tradição judiciária, a nova proposta encontrará eco na dinâmica social brasileira, habituada a eleger o Poder Judiciário como árbitro final de suas decisões mais cruciais.

o fundamento de caducidade do testamento. Descabimento. Testamento válido. Rompimento do testamento, outrossim, sem amparo na lei. Afirmação de prejuízo da legítima do herdeiro cujo apartamento foi alienado. Questão a ser dirimida no processo de inventário, após avaliação dos bens. Disposição testamentária que permite alcançar a vontade do testador nesse sentido. Acórdão que, por maioria de votos, dá provimento à apelação e julga improcedente a ação anulatória mantido. Embargos infringentes rejeitados" (TJSP, Embargos Infringentes nº 142.131.4/0-01, Rel. Des. João Carlos Saletti, j. em 12.12.2006).

Art. 2.015. Se os herdeiros forem capazes, poderão fazer partilha amigável, por escritura pública, termo nos autos de inventário, ou escrito particular, homologado pelo juiz.

Direito anterior – Art. 1.773 do Código Civil de 1916.

Art. 1.773. Se os herdeiros forem maiores e capazes, poderão fazer partilha amigável, por escritura pública, termo nos autos do inventário, ou escrito particular, homologado pelo juiz.

Direito comparado – No Código Civil francês (art. 819)[1517] e no Código Civil português (art. 2102).[1518] No direito argentino (art. 3.462) e no direito uruguaio (artigos 1.127 e 1.128).

COMENTÁRIO

Na sistemática do direito brasileiro duas são as espécies de partilha admitidas em nosso direito sucessório: amigável, quando promovida de comum acordo entre os herdeiros capazes (o anterior artigo 1.773 referia-se a herdeiros maiores e capazes, em nítida e criticável redundância), ou judicial, quando realizada por decisão judicial quanto à divisão, quando os herdeiros forem incapazes, ou inexistindo composição entre os mesmos (artigo 2.016).

A partilha amigável pode ser promovida tanto no processo de inventário quanto no arrolamento[1519] e valerá como uma convenção entre

---

1517 *"Art. 819. Si tous les héritiers sont présentes et capables, le partage peut être fait dans la forme et partel acte que les parties jugent convenables."*
1518 *"Art. 2.102 (Forma).*
1. A partilha pode fazer-se extrajudicialmente, quando houver acordo de todos os interessados, ou por inventário judicial nos termos prescritos na lei de processo.
2. Procede-se ainda ao inventário judicial quando o Ministério Público o requeira, por entender que o interesse do incapaz a quem a herança é deferida implica aceitação beneficiária, e ainda nos casos em que algum dos herdeiros não possa, por motivo de ausência em parte incerta ou de incapacidade de facto permanente, outorgar em partilha extrajudicial."
1519 *"ARROLAMENTO – Citação – Herdeiro que não figurou na inicial – Inadmissibilidade – Preliminar de nulidade do processo acolhida – Aplicação dos arts. 999 e 1.031 do CPC. São*

os herdeiros. É necessário que todos os herdeiros sejam maiores e acordes nos termos em que se faz a partilha. O voto da maioria é insuficiente para validar a partilha amigável que, para vingar, exige a unanimidade dos interessados.

A partilha é um ato grave na medida em que provoca a transformação dos direitos daqueles que participam e a perda dos direitos na indivisão. Ainda que não seja translativa, a partilha tem a mesma importância prática que uma alienação; ela impõe, em princípio, a capacidade de disposição dos co-herdeiros.

O princípio que domina a partilha amigável é o consensualismo. E os três modos em que se pode efetuar a partilha amigável se reportam ao consenso dos interessados: por escritura pública, termo nos autos do inventário, ou escrito particular, sendo que todas as hipóteses dependem da homologação judicial.

Conforme anteriormente examinado (art. 1.991), o art. 1.031 do CPC trata do arrolamento sumário, que não deve ser confundido com o disposto no art. 982, segunda parte, do CPC, isto do inventário e partilha por escritura pública, que tem validade e eficácia próprias, não dependendo de homologação judicial.

O art. 1.031 do CPC refere-se à partilha amigável quando todos os herdeiros são capazes, feita por escritura pública, termo nos autos do in-

---

pressupostos essenciais do arrolamento a capacidade e o consenso de todos os herdeiros. A falta de citação de um deles inquina de nulidade todo o processo. Ementa: Arrolamento. Falta de consenso dos herdeiros. Nulidade. Para que seja admitida esta forma de inventário, imprescindível é que todos os herdeiros sejam capazes e acordes. Herdeiro não figurante na inicial, só citado depois de encerrado o arrolamento e após o esboço de partilha que se lhe seguiu. Ainda que admitido se tenha processado como inventário, e não sendo como arrolamento, a citação do herdeiro era de rigor (art. 999 do CPC). Nulidade do processo" (RT, 607:167). Ver, ainda: RT, 554:104; RT, 544:103; RT, 724:322; RT, 638:75; RT, 590:85; RT, 562:224; RT, 559:110; RT, 609:158; RT, 777:260; RT, 781:243; RT, 606:106; RT, 697:144; RT, 739:209; RT, 718:266; RT, 740:397; RT, 618:65.

ventário, ou escrito particular, sendo que essa partilha amigável depende da homologação de plano pelo juiz. Conforme, igualmente, vimos, a ocorrência de testamento inviabiliza a utilização da partilha amigável, que independe de homologação judicial (art. 982, 2ª parte, do CPC), ou quando os interessados optaram por requerer a inventário judicial.

Cumpridas as formalidades legais e demais pendências prévias à partilha (pagamento de impostos), a proposta será homologada[1520] judicialmente através de sentença a ser proferida, encerrando-se o inventário. A homologação é elemento fundamental para que se possa verificar se houve observância das formalidades legais.

A partilha amigável ainda admite, por sua vez, duas subespécies: a partilha amigável por ato *inter vivos* e a partilha amigável *post mortem*.

A partilha em vida (ou por ato *inter vivos*) é a feita pelo autor da herança, como declaração de vontade, por escritura ou testamento, determinando a divisão dos seus bens, desde que não prejudique a legítima dos herdeiros necessários (art. 2.018). Como se trata de ato privativo do titular dos bens, a partilha em vida não pode ser feita por eventuais herdeiros, uma vez que a lei (art. 1.089 do CC/1916) e a doutrina brasileiras sempre se manifestaram contrárias à ideia de que pudesse ser objeto de contrato a herança de pessoa viva.

Em alentado parecer[1521] Arnoldo Wald, socorrendo-se de robusta citação doutrinária e jurisprudencial, conclui que os bens assim parti-

---

1520 "*INVENTÁRIO – Partilha – Plano apresentado por herdeiros maiores e capazes – Impossibilidade de ser recusado pelo juiz por ser considerado incerto – Inteligência e aplicação do art. 1.031 do CPC. Agravo de Instrumento. Plano de partilha considerado incerto pelo juiz. Herdeiros maiores e capazes. Recurso provido. O plano de partilha apresentado por herdeiros maiores e capazes não pode ser recusado pelo juiz (art. 1.031 do CPC).*" (*RT*, 676:158). Ver, ainda: *RT*, 603:112; *RT*, 600:192; *RT*, 539:83; *RT*, 673:144; *RF*, 282:299; *RF*, 286:275 e 310; *RT*, 639:67; *RT*, 749:399.

1521 WALD, Arnoldo. "O regime jurídico da partilha em vida" *In*: *RT*, 622:7-14. "A partilha em vida não se confunde com a doação. Sendo uma divisão de bens que obedece às mesmas normas que

lhados não estão sujeitos a inventário, "pois a partilha em vida é inventário antecipado" e, por isso mesmo, não devem ser trazidos à colação no momento da morte do hereditando, podendo ocorrer, quando muito, a redução dos quinhões no caso de não ter sido atendida a legítima de algum herdeiro".

A partilha amigável *post mortem* ocorre no curso do inventário ou do arrolamento, podendo ser feita por escritura pública, termo nos autos, ou escrito particular, homologado pelo juiz, conforme dispõe o artigo 2.015 do novo Código Civil.

Conforme doutrina de Amorim e Oliveira,[1522] é possível a instituição de usufruto em partilha amigável, inclusive por termo nos autos: "O usufruto é destacável da nua-propriedade, como direito autônomo. Tanto a viúva-meeira como os herdeiros possuem partes ideais no todo. Portanto, nada obsta a que se concretizem essas partes pela forma avençada na partilha."[1523]

Como atribuição de partes ideais, a partilha que concretiza usufruto e nua-propriedade não implica doação. "Em recente acórdão do STJ", informam os autores citados, "expressou o mesmo entendimento,

---

a partilha *post mortem*, os bens em virtude dela transferidos aos herdeiros não constituem uma antecipação da legítima. Inaplicabilidade do art. 1.171 do CC. À partilha em vida. No caso, a metade disponível se calcula considerando-se o valor dos bens na data da partilha, e não no momento da abertura da sucessão. Feita a partilha em vida e não havendo bens posteriormente adquiridos pelo *de cujus*, não é caso de abertura de inventário. A discussão da validade da partilha deve ocorrer em ação própria". "No caso que vulgarmente denominam doação-partilha não existe dádiva, porém *inventário antecipado em vida*; não se dá colação; rescinde-se ou corrige-se a partilha, quando ilegal ou errada" (Carlos Maximiliano, *Direito das Sucessões*, 4. ed., vol. III/23, Rio, Freitas Bastos, 1958, nº 1.179). "A partilha em vida do *de cujus* tem de respeitar os quinhões necessários. O patrimônio, de que se hão de calcular, é o do momento em que se lavra a partilha em vida" (Pontes de Miranda, *Tratado de Direito Privado*, 4. ed., São Paulo, *RT*, 1983, t. 60/251, § 5.993-2)

1522 AMORIM, Sebastião e OLIVEIRA, Euclides de. Obra citada, p. 289.
1523 *RT*, 606:106.

apreciando caso de arrolamento em que a viúva-meeira e herdeiros efetuaram partilha amigável, pelo qual cada filho receberia parte ideal dos imóveis deixados pelo *de cujus,* enquanto a viúva receberia apenas o usufruto vitalício dos mesmos".[1524]

Indeferido o pedido pelo juiz *a quo*, a matéria foi objeto de apreciação em sede de recurso especial, em extenso voto do relator, Min. Sálvio de Figueiredo Teixeira, que concluiu não haver "vedação jurídica em se efetivar a renúncia *in favorem* e em se instituir usufruto nos autos de arrolamento, o que se justifica até mesmo para evitar as infindáveis discussões que surgem na partilha dos bens". Quanto à possibilidade do usufruto nos autos de inventário, assim se manifestou o relator: "Partindo da validade da renúncia, os bens passam incontinenti ao domínio dos herdeiros, que já haviam recebido a cota do pai quando de sua morte, pelo *droit de saisine.* Sendo, portanto, proprietários, não subsiste qualquer empecilho para gravarem os bens com usufruto vitalício em favor de sua mãe, assinalando que a escritura pública exigida resta substituída pelo termo nos autos, o qual, como se viu, dá segurança e formalidade ao ato."[1525]

Art. 2.016. Será sempre judicial a partilha, se os herdeiros divergirem, assim como se algum deles for incapaz.

Direito anterior – Art. 1.774 do Código Civil de 1916.
Art. 1.774. Será sempre judicial a partilha, se os herdeiros divergirem, assim como se algum deles for menor, ou incapaz.

1524 AMORIM, S. e OLIVEIRA, E. de. *Idem*, p. 290.
1525 REsp. nº 88.681 – 96/0010531-6-SP, 4ª T., v.u., j. em 30.04.1998 – *Apud* Sebastião Amorim e Euclides de Oliveira, obra citada, p. 290.

Direito comparado – No Código Civil francês (arts. 817, 823 e 838)[1526] e no Código Civil português (artigo 2.102). No direito argentino (art. 2.465) e no direito uruguaio (arts. 1.130 e 1.132).

COMENTÁRIO

Se os herdeiros divergirem entre si ou sendo qualquer deles incapaz, a partilha judicial é obrigatória, sendo a divisão determinada pelo juiz, observando quanto aos bens a compor cada quinhão, o seu respectivo valor, natureza e quantidade, objetivando atingir a maior igualdade possível entre os sucessores, respeitada a proporcionalidade das cotas.[1527]

Nesse sentido vale invocar os preceitos do Código de Processo Civil revogado que dispunha sobre as regras a serem observadas na partilha e cujo conteúdo continua válido como critério para a divisão. Assim: "1 – Maior igualdade possível, seja quanto ao valor, seja quanto

---

1526 *"Art. 817 (L. 19 juin 1939).*
L'action en partage, à l'égard des cohéritiers mineurs ou majeurs en tutelle, peut être exercée par leurs tuteurs spécialement autorisés par un conseil de famille. À l'égard des cohéritiers absents, l'action appartient aux parents envoyées en possession".
"Art. 823. Si l'un des cohéritiers refuse de consentir au partage, ou s'il s'élève des contestations soit sur le mode d'y procéder, soit sur la manière de le terminer, le tribunal prononce comme en matière sommaire, ou comme, s'il y a lieu, pour le opérations de partage, un des juges, sur le rapport duquel il décide les contestations".
"Art. 838 (L. n° 64-1230 du 14 déc. 1964).
Si tous les cohéritiers ne sont pas présents, le partage doit être fait en justice, suivant les règles des articles 819 à 837.
Il en est de même s'il y a parmi eux des mineurs non émancipés ou de majeurs en tutelle, sous réserve de l'article 466.
S'il y a a plusieurs mineurs, il peut leur être donné à chacun un tuteur spécial en particulier."

1527 *"INVENTÁRIO – Interesse de incapaz – Partilha – Homologação – Falta de intervenção do Ministério Público – Nulidade – Aplicação do art. 82, I, c/c o art. 83, I, do CPC.* Havendo interesse de incapaz não pode subsistir sentença homologatória de partilha quando não ouvido, na oportunidade, o representante do Ministério Público. A sanção é nulidade do ato." *RT*, 577:121. Ver, ainda: *RT*, 640:171; *RF*, 303:177; *RF*, 300:215.

à natureza e qualidade dos bens; 2 – Prevenção de litígios futuros; 3 – Maior comodidade dos co-herdeiros."[1528] Ou seja, além do equilíbrio dos bens que compõem o quinhão, a divisão deve também atender à melhor acomodação dos interesses e direitos dos herdeiros.

Ou, como doutrinou Maximiliano, "boa é a partilha quando os quinhões de herdeiro do mesmo grau mais ou menos se equiparam, não apenas quanto ao valor, mas também relativamente ao gênero, espécie e qualidade dos bens, recebendo cada um parte em móveis, imóveis e semoventes, coisas certas e duvidosas ou litigiosas, direitos e créditos, repartidos o bom e o ruim, conciliando-se interesses, compensando-se as diferenças irremovíveis, atendendo-se à comodidade das partes e curando de não deixar semente ou causa de desavenças a questões futuras".[1529]

O melhor critério continua sendo o bom senso e a razoabilidade, com vistas a evitar (ou minorar) sempre atritos, demandas e dissensões.

Orlando de Souza, citando Itabaiana de Oliveira, assim se refere à noção de igualdade na partilha: "A igualdade nas partilhas não assenta em que todos os herdeiros tirem uma parte aritmética e ideal em cada uma das propriedades da herança, pois, assim, o juiz, no pressuposto de ter desfeito o extinto litígio, criaria ou aumentaria a comunhão, que é a *discordiarum nutrix*. São justamente esses os ensinamentos de Menezes (obra cit., § 82 e nota), Velasco (obra cit., cap. 22, 19) e Ramalho ("Inst. Orf.", nota 885). Ainda na lição de Ramalho, não é completa a partilha em que todos os herdeiros levam uma quota-parte em cada uma das propriedades da herança; porque, sendo assim feita, fica tudo

---

1528 Conforme, nesse sentido, Silvio Rodrigues, obra citada, p. 249 (discorrendo sobre as regras processuais revogadas e ressaltando a permanência dos princípios nelas contidas), Sebastião Amorim e Euclides de Oliveira, obra citada, p. 291, e Hamilton de Moraes e Barros, obra citada, p. 247.
1529 MAXIMILIANO, C. Obra citada, pp. 326-327.

indiviso, como estava, produzindo inquietações entre os herdeiros no uso comum; aconselhando (nota 87) que se deve dar aos órfãos, de preferência, bens de raiz, e dentre estes os mais rendosos e os que mais dificilmente se deteriorem".[1530]

O juiz competente para presidir a partilha é o do domicílio do *de cujus*, ainda quando os bens hereditários se encontrem dispersos em circunscrições judiciárias diversas.

Nos casos em que a partilha pode ser amigável, o inventário poderá deixar de ser judicial.[1531] O Código Civil, exigindo a partilha judicial quando os herdeiros divergirem ou forem incapazes, permite que, nos outros casos, tanto a partilha quanto o inventário se façam extrajudicialmente.[1532]

Art. 2.017. No partilhar dos bens, observar-se-á, quanto ao seu valor, natureza e qualidade, a maior igualdade possível.

Direito anterior – Art. 1.775 do Código Civil de 1916.

Art. 1.775. No partilhar dos bens, observar-se-á, quanto ao seu valor, natureza e qualidade, a maior igualdade possível.

Direito comparado – No Código Civil francês (art. 832).[1533] No direito uruguaio (art. 1.141).

1530 SOUZA, Orlando de. *Inventários e Partilhas*, Rio de Janeiro, Forense, 1978, p. 177.
1531 *"É nula a homologação de partilha amigável quando há herdeiro incapaz e quando a partilha gera prejuízo ao herdeiro menor. Inteligência do art. 2.016 do CCB (correspondente ao art. 1.774 do CC/1916). Os apelados agiram na direção de uma solução afrontosa ao direito, que acabou por causar dano material e moral à autora. E tais danos, a serem apurados em liquidação de sentença, devem ser indenizados"* (TJRS, Ap. nº 70.013.587.209, rel. Des. Rui Portanova, j. em 27.04.2006).
1532 BEVILACQUA, C. Obra citada, p. 999.
1533 *"Art. 832 (Décr.-L. 17 juin 1938).*
Dans la formation et la composition des lots, on doit éviter de morceler les héritages et de diviser les exploitations.

COMENTÁRIO

Conforme examinamos, a igualdade é princípio fundamental da partilha entre herdeiros legítimos. Na sucessão testamentária prevalece a vontade do testador, expressa no testamento, mas, se o testamento silencia quanto à atribuição de bens aos herdeiros, vigora a regra da igualdade.[1534] A igualdade a que o artigo manda obedecer – *"maior igualdade possível"* – é a que for possível, de acordo com a doutrina de Pontes de Miranda: "A igualdade 'maior possível' é a igualdade que não prejudica a algum dos herdeiros; é a igualdade que sirva, e não que dessirva; é igualdade que atenda às circunstâncias e aos bens do monte, e não igualdade cega; é a igualdade que respeita as regras que recomendam não se fragmentar demasiado a propriedade, nem se darem dois bens em comum a dois herdeiros, se melhor seria dar um a um herdeiro e outro a outro."[1535]

A igualdade recomendada pelo Código encontra, na proposta formulada por Pereira de Carvalho, a sua expressão mais intensa: "As qualidades essenciais de uma boa partilha são as seguintes: 1º, observar-se a maior igualdade que for possível; 2º, consultar-se a comodidade dos

> *Dans la mesure où le morcellement des héritages et la division des exploitations peuvent être évités, chaque lot doit, autant que possible, être composé, soit en totalité, soi en partie, de meubles ou d'immeubles, de droits ou de créances de valeur équivalente."*

[1534] *"PARTILHA – Igualdade – Imóveis urbanos e rural – Meeiro – Herdeiro – Condomínio. A igualdade na partilha dos bens, recomendada pelo art. 1.775 do CC, não importa, necessariamente, em atribuir a cada um dos herdeiros parte igual em cada um dos bens do acervo hereditário. A prevenção de litígios futuros e a maior comodidade dos herdeiros são normas que o juiz deverá levar em conta. A igualdade no valor não poderá sofrer qualquer restrição; entretanto, a igualdade na qualidade e na quantidade deve ser guardada dentro das possibilidades..."* (RF, 274:227). Ver, ainda: RT, 765:214; RT, 642:121; RT, 556:88; RT, 684:138; RT, 730:191; RT, 590:235; RT, 565:218;

[1535] PONTES DE MIRANDA, F. C. *Comentários ao Código de Processo Civil.* Rio de Janeiro: Forense, 1977, t. 14, p. 230.

herdeiros; 3º, evitarem-se litígios futuros. A igualdade não se desempenha, dando a cada co-herdeiro uma parte igual na herança, em atenção ao valor dado aos bens de que a mesma se compõe, mas sim dando-lhe uma parte igual no móvel, na raiz, no bom, no mau, no certo e no duvidoso, porque de outra sorte haverá uma igualdade aparente e uma desigualdade real..."[1536]

A fonte do princípio da igualdade remonta ao direito romano. A igualdade que se invoca é a equidade romana, que, na *actio familiae erciscundae*, o Imperador Filipo tinha por ponto certo de direito: os bens dos pais intestados devem dividir-se com igual direito, em porções viris entre os filhos e as filhas, *inter filios ac filias bona intestatorum parentium pro virilibus portionibus aequo iure dividi oportere explorati iuris est.* (L. 11, C., *familiae erciscundae,* e, 36).

No Código Civil a regra só se refere à partilha de bens da sucessão legítima. Na sucessão testamentária é a vontade do testador que prevalece, mesmo que desconsidere a igualdade aqui invocada.[1537]

Vale ressaltar que a comodidade encontra limites. Assim, a igualdade quanto ao valor dos quinhões é absoluta; isto é, não se pode, por comodidade, atenuar. Quanto ao valor dos bens, à natureza e à qualidade dos bens, não; é relativa, no sentido de ser atendida, se possível.[1538]

1536 PEREIRA DE CARVALHO, José. *Primeiras linhas sobre o Processo Orphanologico*, § 104. No mesmo sentido, Itabaiana de Oliveira, obra citada, § 853.

1537 "*INVENTÁRIO – Partilha – Agravo de Instrumento – Interposição contra decisão que determinou a avaliação de bens e nomeou perito – Admissibilidade – Divergência dos herdeiros quanto à partilha e o valor dos bens – Avaliação que possibilitará uma partilha adequada do patrimônio – Inteligência do art. 2.017 do CC/2002.* Ementa Oficial: *Agravo de Instrumento – Inventário – Partilha de bens – Preliminares afastadas – Decisão que determinou a avaliação de bens e nomeou perito – Admissibilidade – Configurada a divergência dos herdeiros quanto à partilha e ao valor dos bens – Avaliação possibilitará uma partilha adequada do patrimônio – Obediência ao princípio da igualdade previsto no art. 2.017 do CC – Partilha deve apresentar o melhor critério de divisão o que implica a prévia avaliação dos bens – Preliminares rejeitadas – Recurso improvido*" (*In:* RT, 862: 231).

1538 PONTES DE MIRANDA, F. C. Obra citada, vol. 60, p. 247.

Art. 2.018. É válida a partilha feita por ascendente, por ato entre vivos ou de última vontade, contanto que não prejudique a legítima dos herdeiros necessários.

Direito anterior – Art. 1.776 do Código Civil de 1916.

Art. 1.776. É válida a partilha feita pelo pai, por ato entre vivos ou de última vontade, contanto que não prejudique a legítima dos herdeiros necessários.

Direito comparado – No Código Civil francês (artigos 1.075 a 1.080).[1539] No direito argentino (arts. 3.514 e seguintes) e no direito uruguaio (art. 2.123).

COMENTÁRIO

A possibilidade da partilha em vida não entrou pacificamente em nosso direito codificado. Contra ela se insurgiu Bevilacqua, seu mais ardente opositor, e que a considerava "planta exótica, apesar da tradição romana, que, provavelmente, não medrará".[1540] Mas medrou. Para Bevilacqua duas eram as razões da sua crítica contra a hipótese; primeiro, a fonte de infinitos questionamentos que gera a hipótese ("... é uma fonte fecunda de questões"), mas, talvez, o que mais o impressionava era a possibilidade de ingratidão oriunda pelo adiantamento da legítima ("... os filhos aquinhoados em vida, muitas vezes, mostram-se ingratos e deixam o pai em completo abandono").

Apesar das críticas e da manifesta desconfiança em relação à hipótese, a partilha em vida foi admitida pelo nosso Código. Boa ou má, é

1539 *"Art. 1.075. Les père et mère et autres acendants peuvent faire, entre leurs enfants et descendants, la distribution et le partage de leurs biens.*
Cet acte peut se faire sous forme de donation-partage ou de testament-partage. Il est soumis aux formalités, conditions et règles prescrites pour les donations entre vifs dans le premier cas et des testaments dans le second, sous réserve de l'application des dispositions qui suivent."

1540 BEVILACQUA, C. Obra citada, p. 1.001.

lei, devendo ser apreciada tanto no terreno legal quanto no doutrinário. E, nesse último, a produção nacional sempre deu mostras de tranquila aceitação do que parecia a Bevilacqua "exotismo". Não o é, e os exemplos colhidos na vida prática revelam a validade de um recurso que tem dado mostras de sua utilidade e oportunidade.

Contrariamente ao afirmado por Bevilacqua, a partilha em vida não é doação, nem testamento, ainda que o autor da herança possa lançar mão dessas formas para exteriorizar a sua vontade.[1541]

Maximiliano já rebatera a improcedência da analogia ao referir-se à partilha em vida, como um negócio jurídico *sui generis,* ressaltando com sua natural segurança que, "no caso que vulgarmente denominam doação-partilha, não existe dádiva, porém inventário antecipado em vida; não se dá colação; rescinde-se ou corrige-se a partilha, quando ilegal ou errada".[1542]

Também Rodrigues compartilha do mesmo entendimento ao afirmar que partilha em vida não se confunde com a doação: "Realmente, nada impede que, por instrumento autêntico, ainda que sem formalidade de testamento, o pai determine a maneira como deverá ser feita a partilha do seu patrimônio, ordenando, por ex., que os imóveis deverão caber às filhas e os móveis e efeitos comerciais aos filhos varões. Essa solução é inconveniente, mas parece-me ser abraçada pelo art. 1.776 do CC."[1543]

1541 "*INVENTÁRIO – Colação de bens – Providência injustificada se houve partilha em vida com distribuição equânime dos bens entre os herdeiros – Desnecessidade de expressa dispensa da colação pelo doador, o ato da liberalidade – Inteligência e aplicação do art. 1.776 do CC.* Havendo partilha em vida e distribuição equânime dos bens entre os herdeiros (CC, art. 1.776), não se justifica a colação, ainda que faltando a dispensa expressa, pelo doador, no ato da liberalidade" (*RT*, 662:83). Ver, ainda: *RF*, 314:95.
1542 MAXIMILIANO, C. Obra citada, p. 23.
1543 RODRIGUES, S. "Partilha", *in*: *Enciclopédia Saraiva de Direito*, vol. 57, p. 208.

É de Rodrigues o esclarecimento que a tendência de vislumbrar na partilha em vida uma doação decorre do direito francês porque o *Code Civil,* além de admitir a partilha em vida (art. 1.075), declara que essas partilhas obedecerão às formalidades dos testamentos e das doações (... *Cet acte peut se faire sous forme de donation-partage ou de testament-partage...*"). Não é, porém, o caso do direito nacional, que não contém regra semelhante.

Além dessa consideração, a própria lei francesa foi modificada pela legislação de 1938 que caracterizou a partilha em vida como constituindo uma verdadeira divisão de bens, afastando-a, assim, do regime das doações.

Com efeito, o artigo 1.078[1544] (com a nova redação de 1938) e o artigo 1.079 distinguiram a partilha em vida da doação, considerando que constitui, antes de tudo, uma partilha, embora se enquadre, pela sua finalidade, no campo das liberalidades.

Da comparação entre o direito francês e o brasileiro, Wald faz a seguinte ilação concludente: "Se no Direito francês, que manda aplicar à partilha em vida as normas sobre doações e que as enquadra, juntamente com as sucessões, como forma de aquisição não contratuais da propriedade, o entendimento dominante é no sentido de não se considerar os quinhões de cada herdeiro na partilha em vida, como adiantamento da legítima; com muito mais razão aplica-se a tese no Direito brasileiro, não havendo qualquer norma específica neste sentido. Por este motivo, a doutrina brasileira sempre fez a adequada distinção entre

---

1544 *"Art. 1.078. Non obstant les règles applicables aux donations entre vifs, les biens donnés seront, sauf convention contraire, évalués au jour de la donation-partage pour l'imputation et le calcul de la réserve, à condition que tous les enfants vivants ou représentés au décès de l'ascendant aient reçu un lot dans le partage anticipé et l'aient expréssement accepté, et qu'il n'ait pas été prévu de réserve d'usufruit portant sur une somme d'argent."*

a *partilha em vida* e a *doação*, reconhecendo que a primeira deveria abranger todos os herdeiros necessários, mas poderia também incluir a utilização da cota disponível, não se lhe aplicando, de modo algum, o art. 1.711 do CC, pois a intenção, no caso, é de uma partilha definitiva, com reconhecimento de direitos atribuídos a terceiros, não constituindo um adiantamento da legítima, pelo fato de, em tese, abranger todos os bens a serem distribuídos, excluindo qualquer outra partilha na qual a matéria viesse a ser discutida. Sendo a partilha em vida exaustiva, descabe qualquer outra e a própria abertura do inventário. As eventuais lesões de direito deverão ser apreciadas em ações próprias de redução, anulação ou nulidade."[1545]

E esta distinção – entre o regime das doações e da partilha – foi o adotado pela doutrina nacional dominante.[1546]

Dúvida, pois, não há de que a partilha em vida não se confunde com a doação. A doutrina atual é mansa e pacífica nesse sentido, apesar das vacilações iniciais que cercaram a complexa matéria. Talvez o próprio prestígio de Bevilacqua e sua já apontada reticência quanto à aceitação da hipótese em nosso meio jurídico tenham contribuído à desconfiança que cercou o dispositivo legal, desde a época de sua promulgação.

Ressalta o *in fine* do citado artigo 2.108: "... *contanto que não prejudique a legítima dos herdeiros necessários.*" Ou seja, a partilha feita pelo ascendente terá que respeitar a legítima dos herdeiros necessários. E a restrição feita pelo dispositivo revela-se ociosa se considerarmos outros dispositivos do Código, no mesmo sentido. O artigo 2.018 estabelece uma única restrição ao arbítrio do autor da herança quando se

---

[1545] WALD, Arnoldo. "O regime jurídico da partilha em vida". *In*: *RT*, 622:10.
[1546] Nesse sentido, Pontes de Miranda, obra citada, p. 257; Orlando Gomes, obra citada, pp. 326-327; Caio Mario da Silva Pereira, obra citada, p. 480, entre outros.

dispõe a partilhar em vida os seus bens: o respeito à legítima dos herdeiros necessários, que não pode ser reduzida. "Por essa razão", conclui Wald, no seu memorável parecer, "observado esse limite, o autor da herança pode fazer a divisão do modo que lhe parecer mais justo, distribuindo os bens entre o seus herdeiros em quinhões iguais ou desiguais, quer sob o aspecto da qualidade ou da quantidade".[1547]

No mesmo sentido já se manifestara Maximiliano: "A distribuição dos próprios haveres por meio de um ato entre vivos deve efetuar-se de modo que não prejudique a legítima dos herdeiros necessários. Em sendo, entretanto, postergado este preceito, não advém nulidade; reduzem os quinhões excessivos, de modo que os sucessores forçados obtenham, pelo menos, a reserva integral."[1548]

Art. 2.019. Os bens insuscetíveis de divisão cômoda, que não couberem na meação do cônjuge sobrevivente ou no quinhão de um só herdeiro, serão vendidos judicialmente, partilhando-se o valor apurado, a não ser que haja acordo para serem adjudicados a todos.

§ 1º Não se fará a venda judicial se o cônjuge sobrevivente ou um ou mais herdeiros requererem lhes seja adjudicado o bem, repondo aos outros, em dinheiro, a diferença, após avaliação atualizada.

§ 2º Se a adjudicação for requerida por mais de um herdeiro, observar-se-á o processo de licitação.

Direito anterior – Art. 1.777 do Código Civil de 1916.

Art. 1.777. O imóvel que não couber no quinhão de um só herdeiro, ou não admitir divisão cômoda, será vendido em hasta pública, dividindo-se-lhe o

---

1547 WALD, Arnoldo. O mesmo Parecer, *RT*, 622:13.
1548 MAXIMILIANO, C. Obra citada, pp. 315-316.

preço, exceto se um ou mais herdeiros requererem lhe seja adjudicado, repondo aos outros, em dinheiro, o que sobrar.

Direito comparado – No Código Civil francês (art. 827).[1549] No direito uruguaio (art. 1.137).

COMENTÁRIO

O artigo sob comento sinaliza outro parâmetro a prevalecer na divisão, estabelecendo a legislação civil que, se um bem imóvel não couber no quinhão de um só herdeiro, ou não admitir divisão cômoda, deverá ser vendido judicialmente, partilhando-se o valor apurado, salvo se um ou mais herdeiros requererem lhes seja adjudicado, hipótese em que restituem aos outros, em dinheiro, a diferença entre o bem e o respectivo quinhão.

O escopo do dispositivo é solucionar a dificuldade que surge na partilha, quando o móvel não cabe no quinhão de um só herdeiro, ou não admite divisão cômoda.[1550]

Nesse caso, duas são as hipóteses previstas pelo legislador: ou vende-se o bem (que não admite divisão cômoda), dividindo-se o valor obtido entre os co-herdeiros, ou adjudica-se a todos, quando houver acordo nesse sentido. Venda e adjudicação, entre esses dois polos, gravita a hipótese do artigo 2.109, que ganha, no novo Código Civil, dois

---

1549 "*Art. 827* (*Décr.-L. 17 juin 1938*).
  Si les immeubles ne peuvent être commodément partagés ou attribués dans les conditions prévues par le présent code, il doit être procédé à la vente par licitation devant le tribunal.
  Cependant les parties, si elles sont toutes majeures peuvent consentir que la licitation soit faite devant un notaire, sur le choix duquel elles s'accordent."

1550 "**INVENTÁRIO – Cessionário de herança – Bens sem divisão cômoda – Pedido de adjudicação e reposição – Aplicação do art. 1.777 do CC – Agravo provido.** O cessionário da herança tem os mesmos direitos que o herdeiro e pode pedir adjudicação de bens, de acordo com o art. 1.777 do CC" (*RT*, 548:91).

novos parágrafos, de forma mais técnica, do que a redação constante no anterior artigo 1.777.

Na primeira hipótese, a licitação é a venda em hasta pública do imóvel insuscetível de divisão cômoda. Na venda judicial, o bem pode ser vendido mesmo a estranho; se os herdeiros não quiserem ver o bem passar às mãos de estranho, têm a faculdade, também restrita da licitação, de fazer adjudicar o imóvel.

Se o bem não cabe na parte do cônjuge sobrevivente, nem no quinhão de um só herdeiro, diversas hipóteses se abrem, para resgatar a divisão cômoda: "a) os interessados (dois ou mais) preferem ficar com ele (não importa ao juiz qual o fim: arrendá-los, dá-los em administração, ou possuí-los em comum); ou b) um só, dois, ou mais interessados (cujas partes, somadas, não abrangem o valor do bem) requerem que lhes seja adjudicado, repondo, em dinheiro, a diferença; ou c) serão vendidos na forma das vendas judiciais. É óbvio que, se só um quer ficar com o bem, ainda que não caiba no seu quinhão, deve o juiz deferir-lhe o pedido de adjudicação."[1551]

Logo, a venda judicial não ocorrerá se algum dos herdeiros usar do direito de se fazer adjudicar o bem insuscetível de divisão cômoda. É o que dispõe o parágrafo primeiro do artigo sob análise ("*Não se fará a venda, ... se um ou mais herdeiros requererem lhe seja adjudicado o bem...*").

A adjudicação é uma prerrogativa do herdeiro e não está sujeita à aprovação dos demais: ocorridas as circunstâncias que a legitimam, deferir-se-á o requerimento do herdeiro interessado na adjudicação.

1551 PONTES DE MIRANDA, F. C. Obra citada, vol. 60, p. 259.

A dificuldade surge quando se apresenta mais de um herdeiro a pretender, cada qual, a adjudicação. Nesse caso, dispõe o parágrafo segundo, observar-se-á o processo de licitação.

Com ela, "cortam-se as dificuldades que surgem ao pedirem adjudicação do bem dois ou mais interessados".[1552]

Art. 2.020. Os herdeiros em posse dos bens da herança, o cônjuge sobrevivente e o inventariante são obrigados a trazer ao acervo os frutos que perceberam, desde a abertura da sucessão; têm direito ao reembolso das despesas necessárias e úteis que fizeram, e respondem pelo dano a que, por dolo ou culpa, deram causa.

Direito anterior – Art. 1.778 do Código Civil de 1916.

Art. 1.778. Os herdeiros em posse dos bens da herança, o cabeça-de-casal e o inventariante são obrigados a trazer ao acervo os frutos que, desde a abertura da sucessão, perceberam, têm direito ao reembolso das despesas necessárias e úteis que fizeram, e respondem pelo dano a que, por dolo ou culpa, deram causa.

Direito comparado. Sem correspondência no direito comparado.

COMENTÁRIO

A obrigação aqui imposta, como bem ressaltou Bevilacqua, é uma aplicação do direito comum que representa uma consequência do direito de propriedade, transmitido a todos os herdeiros do *de cujus*, assim que se verifique o seu falecimento. É uma decorrência natural do estado de indivisão, e consequente condomínio, que passa a viger entre

---

1552 PONTES DE MIRANDA, F. C. *Idem*, p. 262.

todos os herdeiros, desde a abertura da sucessão. Se a propriedade lhes é transmitida (art. 1.784), com ela se lhes deferem os frutos e rendimentos da propriedade comum.[1553]

Mas, diz a lei, essa propriedade fica sujeita aos limites naturais do exercício do direito de propriedade que, no direito sucessório, implica "*... trazer ao acervo os frutos que perceberam...*", ter direito "*... ao reembolso das despesas necessárias e úteis que fizeram*" e "*responder pelo dano a que, por dolo ou culpa, deram causa*".

A descrição dos frutos é fundamental, porque a percepção dos mesmos acarretou vantagens que devem ser descritas no inventário,[1554] para evitar vantagens em detrimento de outros herdeiros. "Quem está com os frutos da herança tem de comunicá-los ao inventariante, ou aos herdeiros, e ao cônjuge. A descrição há de ser feita. Não se há de demorar a partilha pelo fato de se saber que há frutos e não foram entregues, nem descritos. Passam a ser inventariados e partilhados em aditamento."[1555]

1553 "*INVESTIGAÇÃO DE PATERNIDADE – Ação cumulada com nulidade de partilha e petição de herança – Procedência – Execução de sentença – Liquidação por artigos. O condomínio incidente que se estabelece com a abertura da sucessão afasta, em princípio, a possibilidade de invocar o herdeiro direto à percepção dos frutos além daqueles que a seu quinhão correspondem. Por princípio do Direito das Sucessões, o herdeiro em posse dos bens da herança não pode fazer seus os frutos percebidos, sob a alegação de boa-fé. Tem aplicação o art. 1.778 do CC. Prevalecem as perdas e danos fixados de acordo com laudo pericial que levou em conta lucros que normalmente auferiria o herdeiro se seu quinhão lhe houvesse sido regularmente entregue. Arbitrados os honorários do perito e do assistente técnico em quantia certa, não pode o juiz modificar a sentença de ofício, para fixá-los à base de ORTN*" (RT, 560:186).

1554 "*INVENTÁRIO – Arrolamento de bens – Prestação de contas – Legatária e companheira sobrevivente que deve trazer ao acervo os frutos percebidos por aluguel de imóvel inventariado – Imóvel comum à ex-cônjuge e demais herdeiras – Circunstância em que direito real de habitação não se confunde com o usufruto e não abrange a percepção de aluguéis – Inteligência do art. 2.020 do CC/2002. Ementa Oficial: Arrolamento – Legatária e companheira sobrevivente na posse de imóvel comum à ex-cônjuge e demais herdeiras – Dever de trazer ao acervo os frutos percebidos (art. 2.020 do CC) – Direito real de habitação que não se confunde com o usufruto e não abrange a percepção de aluguéis – Determinação de prestar contas mantida. Recurso desprovido*" (In: RT, 871: 220).

1555 PONTES DE MIRANDA, F. C. Obra citada, vol. 60, p. 267.

Igualmente, desde a abertura da sucessão, têm direito ao reembolso das despesas necessárias e úteis que fizeram, de forma a se evitar eventuais enriquecimentos ilícitos, ou locupletamento com bens alheios, que repudiam às noções mais elementares de nosso sistema civil. E, por fim, respondem pelo dano a que, por dolo ou culpa, deram causa. O dano é imputado a quem lhe deu origem, dele não se eximindo os herdeiros em posse dos bens da herança.

Art. 2.021. Quando parte da herança consistir em bens remotos do lugar do inventário, litigiosos ou de liquidação morosa ou difícil, poderá proceder-se, no prazo legal, à partilha dos outros, reservando-se aqueles para uma ou mais sobrepartilhas, sob a guarda e a administração do mesmo ou diverso inventariante, e consentimento da maioria dos herdeiros.
Art. 2.022. Ficam sujeitos à sobrepartilha os bens sonegados e quaisquer outros bens da herança de que se tiver ciência após a partilha.

Direito anterior – Art. 1.779 do Código Civil de 1916.
Art. 1.779. Quando parte da herança consistir em bens remotos do lugar do inventário, litigiosos, ou de liquidação morosa, ou difícil, poderá proceder-se, no prazo legal, à partilha dos outros, reservando-se aqueles para uma ou mais sobrepartilhas, sob a guarda e administração do mesmo, ou diverso inventariante, a aprazimento da maioria dos herdeiros.

Também ficam sujeitos à sobrepartilha os sonegados e quaisquer outros bens da herança que se descobrirem depois da partilha.

Direito comparado – No Código Civil português (art. 2122).[1556]

1556 *"Artigo 2.122 (Partilha adicional).*
A omissão de bens da herança não determina a nulidade da partilha, mas apenas a partilha adicional dos bens omitidos."

COMENTÁRIO

O objetivo da primeira parte do artigo é pôr fim ao estado de comunhão, de modo a que cada herdeiro possa gerir o que lhe pertence, quando a herança consistir em bens remotos, litigiosos ou de liquidação morosa ou difícil. Como essas situações retardam o partilhamento no prazo legal, é forçoso esperar que se verifiquem e apurem. Mas a demora não deve impedir a partilha do líquido.

Quanto aos bens sonegados e os que se descobrirem depois da partilha, constituem um novo acervo de bens que deixou de ser inventariado e partilhado com os outros. E, como a partilha já se encerrou, faz-se a distribuição deles em sobrepartilha.[1557]

A sobrepartilha é outra ação de inventário e partilha no mesmo processo, e tem como escopo fundamental pôr termo, o mais breve possível, à indivisão, atendendo-se à realidade dos fatos que, no artigo sob comento, são de cinco naturezas.

A remoticidade do bem atrasa o processo de partilhamento, por isso mesmo, até que se localize o bem, como dissera Teixeira de Freitas (Consolidação das Leis Civis, art. 1.777): "A partilha do líquido não se deve demorar por causa do ilíquido." Se houver bens no estrangeiro, nem por isso o autor da herança estará liberado do arrolamento dos bens.[1558]

1557 "*PARTILHA – Inclusão de direitos hereditários cedidos por instrumento particular – Inadmissibilidade – Necessidade de instrumento público – Imóvel deixado para sobrepartilha – Remessa das partes para as vias ordinárias – Voto vencido*. Não tendo a promessa particular de cessação de direitos hereditários sido seguida de cessão definitiva por escritura pública e tendo os cedentes declarado não mais pretender cumpri-la, devem as partes ser remetidas aos meios ordinários, levando-se o bem, oportunamente, à sobrepartilha" (*RT*, 560:97). Ver, ainda: *RT*, 719:105; *RT*, 568:73.

1558 "*SUCESSÃO – Partilha – Arrolamento de bens – Autora da herança que possui bens no Brasil e no exterior – Consideração do valor do patrimônio alienígena para cômputo da legítima das herdeiras necessárias – Admissibilidade – Inexistência de violação ao art. 89, II, do*

A litispendência torna litigioso o bem. "O ser litigioso não impede que o bem seja objeto de negócio jurídico por uma das partes, nem exclui a cessibilidade da ação exercitada; apenas afasta tais negócios jurídicos quanto à eficácia da futura sentença na demanda pendente."[1559]

Os bens de liquidação morosa ou difícil também podem demorar do líquido pelo fato de existir algo de ilíquido. "Tão pouco se há de sobrestar a partilha, ou de se deixar para sobrepartilha, o valor que pode ser, desde já, reajustado, ou receber correção monetária."[1560]

Em artigo isolado – 2.022 – o legislador se referiu aos bens sonegados assim como àqueles descobertos após a partilha.

Quanto aos primeiros, se a sonegação se deu, a medida cabível é a sobrepartilha; se a partilha foi feita com dolo, ou outro vício, cabe ação de anulação.

Se após a partilha foram descobertos bens que se sabia serem elementos da herança, "a solução da sobrepartilha é a única, salvo se tais bens entram em algum legado".[1561]

CPC. *Ementa Oficial: Se a autora da herança possui bens no Brasil e no exterior, na partilha realizada segundo o direito brasileiro será força considerar o valor do patrimônio alienígena para cômputo da legítima das herdeiras necessárias, sem que isto implique violação do art. 89, II, do CPC" (In: RT,* 836: 170).

1559 PONTES DE MIRANDA, F. C. Obra citada, vol. 60, p. 270.
1560 PONTES DE MIRANDA, F. C. *Idem*, p. 271.
1561 PONTES DE MIRANDA, F. C. *Idem, ibidem*.

CAPÍTULO VI
Da Garantia dos Quinhões Hereditários

Art. 2.023. Julgada a partilha, fica o direito de cada um dos herdeiros circunscrito aos bens do seu quinhão.

Direito anterior – Art. 1.801 do Código Civil de 1916.

Art. 1.801. Julgada a partilha, fica o direito de cada um dos herdeiros circunscrito aos bens do seu quinhão.

Direito comparado – No Código Civil francês (art. 883).[1562] No direito argentino (art. 3.503) e no direito uruguaio (art. 1.151).

Leitura complementar:
BOYER, L. *La notion de transaction: contribution à l'étude des notions de cause et d'acte declarative* (Thèse). Toulouse, 1959; ESTEVES, Laucy. "Da garantia dos quinhões hereditários". *In*: GHIARONI, Regina (Coord.). *Direito das Sucessões*. Rio de Janeiro: Freitas Bastos, 2004, pp. 36-365; MERLE, R. *Contribution à la théorie de l'acte déclaratif* (Thèse). Toulouse, 1949; VINCENT, J. "Les propriétés collectives, les indivisions et l'effet declarative du partage". *In*: *Revue crit. lég. et de jur.*, 1932: 284; VOUIN, R.. *L'erreur, cause de nulité des partages selon loa jurisprudence récente*. R. Défrénois, 1949, a. 26754; WAHL. *Les variations de la jurisprudence sur les différentes questions relatives à l'effet déclaratif du partage*. Livre du centenaire du Code Civil, t. 1, p. 443.

COMENTÁRIO

Aberta a sucessão e instaurado o processo de inventário, os herdeiros passam a ser condôminos do espólio. A transitoriedade do inventário, que se encerra com a partilha, cria um período de indivisão

---

[1562] "*L'inégalité des lots en nature se compense par un retour soit en rente, soit en argent.*"

patrimonial. Durante a fase do inventário cada herdeiro é apenas e tão-somente titular de um direito indivisível, que não pode se exercer sobre nenhuma parte determinada do espólio. É a partilha que vem pôr termo a essa comunhão, determinando as cotas reais de cada proprietário.

Ou, como doutrinou Bevilacqua, "... proferida a sentença que julga a partilha cessa o estado de comunhão, em que se achavam os herdeiros, consenhores e compossuidores dos bens da herança, e cada um é investido na propriedade e, na posse da porção que lhe toca, se considera como tendo sido proprietário exclusivo dessa porção, desde o momento em que se abriu a sucessão. O estado de indivisão, que medeia entre a morte do *de cujus* e, a sentença, que julga a partilha, é, apenas, um período transitório, de verificação, em que os interessados aguardam a entrega de seus títulos".[1563]

A partilha, conforme afirmáramos anteriormente, não é atributiva da propriedade, mas meramente declarativa, uma vez que, encerrando-se a comunhão e fechando-se a situação de indivisão, determina-se a cota de cada herdeiro. Já o afirmava expressamente o artigo 631 do Código Civil de 1916.[1564]

Daí resulta que os atos de disposição porventura praticados pelo herdeiro condômino, isto é, pelo herdeiro, antes da partilha, "adquirem validade, se tiverem por objeto esses mesmos bens, e ficam sem valor se recaírem sobre bens incluídos na porção de outro co-herdeiro. Ainda mais: o quinhão de cada um não responde pelas dívidas pessoais do outro consorte".[1565]

1563 BEVILACQUA, C. Obra citada, p. 1.040.
1564 "*Art. 631 (do CC de 1916).*
A divisão entre condôminos é simplesmente declaratória e não atributiva da propriedade. Essa poderá, entretanto, ser julgada preliminarmente no mesmo processo."
1565 BEVILACQUA, C. *Idem, ibidem.*

Na qualidade de condômino do patrimônio do *de cujus* até efetuar-se a partilha, a cada herdeiro assiste um direito indivisível que não se exerce em relação à parte determinada do espólio, mas, em relação a todo espólio. Como, porém, a partilha só tem efeito declararativo, as alienações e outros atos de disposição praticados pelos herdeiros prevalecem em parte, ficando dependentes da divisão, à qual se atribui, na espécie, efeito resolutivo. Se algum dos co-herdeiros, por qualquer motivo, for tolhido, após a partilha, "de tornar efetivo, ou de conservar o domínio e posse de algum bem componente de sua cota sucessória, atribui-se o direito de ser indenizado pelos outros: tal é a *garantia dos quinhões hereditários*.[1566]

Encerrado o inventário e proferida a sentença de partilha, cessa o estado transitório de comunhão, ficando cada herdeiro investido no seu quinhão, considerando-se como tendo sido proprietário exclusivo da porção a ele atribuída desde a abertura da sucessão. Para justificar esse pensamento o doutrinador nacional socorreu-se de uma ficção legal: julgada a partilha, supõe-se que cada proprietário nada adquiriu de seus co-herdeiros, e foi senhor, desde a devolução da herança, do quinhão, que lhe coube.

A sentença tem força executória contra o inventariante, os herdeiros e terceiros que intervieram no inventário. Por isso que põem termo à indivisão e circunscrevem o direito de cada um dos herdeiros aos bens do seu quinhão, devem ser transcritas no registro de imóveis.

Art. 2.024. Os co-herdeiros são reciprocamente obrigados a indenizar-se no caso de evicção dos bens aquinhoados.

1566 MAXIMILIANO, C. Obra citada, p. 439.

Direito anterior – Art. 1.802 do Código Civil de 1916.

Art. 1.802. Os co-herdeiros são reciprocamente obrigados a indenizar-se, no caso de evicção, dos bens aquinhoados.

Direito comparado – No Código Civil francês (art. 884, II parte).[1567] No direito argentino (art. 3.505) e no direito uruguaio (art. 1.152).

COMENTÁRIO

No caso de evicção dos bens aquinhoados, ficam os herdeiros reciprocamente obrigados a indenizar uns aos outros. Evicção, na definição de Dias Ferreira, é o "abandono forçado a que é condenado, em todo ou em parte, o adquirente de uma coisa".[1568] Diziam os romanos: *Evincere est aliquid vincendo auferre* (Praticar evicção é arrebatar vitoriosamente alguma coisa). A evicção pode ser total ou parcial, repercutindo com igual proporção sobre a responsabilidade dos co-herdeiros.

No Projeto de Bevilacqua o artigo 1.965 assim estipulava: "*Os herdeiros respondem entre si pelas perturbações e evicções que qualquer deles sofrer nos bens do seu quinhão hereditário.*"[1569] A proposta de Bevilacqua inclinava-se no mesmo sentido do *Code Civil*, artigo 884, mas a Comissão Revisora preferiu a redação do artigo 1.259 do Código Civil português, que assim dispunha: "*Os co-herdeiros são reciprocamente obrigados a indenizar-se, em caso de evicção, dos objetos repartidos.*" Adaptada a forma portuguesa, resultou a regra vigente no Brasil (art. 1.802, atual art. 2.024).

1567 "*Art. 884. Les cohéritiers demeurent respectivemnt garants, les uns envers les autres, des troubles et évictions seulement qui procèdent d'une cause antérieure au partage.*
La garantie n'a pas lieu, si l'espèce d'éviction soufferte a été exceptée par une clause particulière et expresse de l'acte de partage; elle cesse, si c'est par sa faute que le cohéritier souffre l'éviction."
1568 DIAS FEREIRA, J. Obra citada, vol. II, Comentários ao art. 1.046.
1569 *Trabalhos da Câmara sobre o Projeto de Código Civil*, vol. I, p. 158.

O co-herdeiro prejudicado em decorrência da evicção[1570] que recaia sobre os bens de sua cota tem direito de reclamar dos demais a indenização do prejuízo sofrido, que é suportado igualmente por todos, exatamente porque, até a partilha, o estado de indivisão e a situação condominial gera responsabilidade solidária.

Se o fundamento do longo processo de inventário é exatamente o estabelecimento da igualdade de cotas, inadmissível torna-se a hipótese que, na partilha, aquela igualdade seja comprometida pela evicção. Se o bem recebido pelo herdeiro não pertence à herança, em decorrência da evicção sofrida, aquele princípio foi violado, impondo-se, como consequência, o restabelecimento da igualdade, mediante contribuição dos demais herdeiros, proporcionalmente ao que receberam.

A garantia dos quinhões é devida sempre, pouco importando se a partilha é amigável, se foi feita em vida ou se é judicial. Tendo ocorrido a perda do bem antes da partilha, cabe a respectiva indenização calculando-se o valor do bem evicto, ao tempo da sentença que julgou a partilha, atendendo-se, assim, à igualdade que deve existir no momento da partilha.

O valor da indenização "é dividido entre todos os co-herdeiros, em virtude da universalidade; incluído o evicto. Sempre em proporção aos respectivos quinhões".[1571]

1570 *"Perda não judicial. Para exercício do direito que da evicção resulta ao adquirente, não é exigível prévia sentença judicial, bastando que fique ele privado do bem por ato de autoridade administrativa"* (STJ, 4ª T., REsp. nº 259.726-RJ, rel. Min. Jorge Scartezzini, v.u., j. em 03.08.2004, *DJU* de 27.09.2004, p. 361). No mesmo sentido: STJ, 3ª T., REsp. nº 129.427-MG, rel. Min. Carlos Alberto Menezes Direito, v.u., j. em 12.05.1998, *DJU* de 15.06.1998, p. 116; STJ, 4ª T., REsp. nº 19.391-SP, rel. Min. Barros Monteiro, v.u., j. em 29.11.1994; *RSTJ*, 74:219) (*Apud*: NERY JUNIOR, N. e NERY, R. M. de A. Obra citada, p. 1.232).

1571 PONTES DE MIRANDA, F. C. Obra citada, vol. 60, p. 328.

Art. 2.025. Cessa a obrigação mútua estabelecida no artigo antecedente, havendo convenção em contrário, e bem assim dando-se a evicção por culpa do evicto, ou por fato posterior à partilha.

Direito anterior – Art. 1.803 do Código Civil de 1916.
Art. 1.803. Cessa essa obrigação mútua, havendo convenção em contrário, e bem assim dando-se a evicção por culpa do evicto, ou por fato posterior à partilha.

Direito comparado – No Código Civil francês (art. 1.804). No direito argentino (art. 3.511) e no direito uruguaio (arts. 1.153 e 1.154).

COMENTÁRIO

Pode ocorrer *convenção* entre os co-herdeiros, relativamente à responsabilidade dos demais, quando há conhecimento do que ocorreu com o bem ou com os bens expostos à evicção. A responsabilidade pela evicção pode ser excluída por cláusula expressa em contrário. O *Code Civil* e o Código Civil italiano exigem cláusula particular e expressa; o nosso, porém, que seguiu a tendência portuguesa, como vimos, é menos rigoroso.

O herdeiro ou herdeiros em cujo quinhão se incluem os bens suscetíveis de evicção assumem o risco. Não importa, afirma Pontes de Miranda, se, "com essa assunção, receberam o bem ou os bens com valor menor do que aquele que seria se não houvesse a probabilidade de dano".[1572] Cessa a obrigação mútua, havendo convenção em contrário, reza o texto do artigo 2.025.

1572 PONTES DE MIRANDA, F. C. *Idem*, p. 329.

Acrescentando o *in fine* do artigo sob comento que, se a evicção ocorreu por culpa do evicto, ou por fato posterior à partilha, não há que se falar em responsabilidade para a indenização. É o ato de omissão do herdeiro e a ocorrência de fato gerador posterior à partilha que gera a evicção.

Assim, a título de exemplo, se o herdeiro foi desapossado do imóvel que lhe coube na partilha, podendo opor em sua defesa a usucapião já consumada antes da partilha, nada tem que reclamar dos demais co-herdeiros.

Nos casos de evicção devem todos os demais co-herdeiros ser chamados à autoria, para que fique bem claro que, se o evicto sucumbiu, não foi por culpa sua, e que a evicção se deu por causa anterior à partilha. Na realidade, instaura-se um litisconsórcio necessário. Nesse sentido, a lição sempre pertinente de Pontes de Miranda: "Se bem que tenha havido a partilha e o bem esteja no patrimônio do herdeiro, e não mais no patrimônio comum, a situação jurídica em que se põe o herdeiro demandado em ação de evicção é *oriunda* do tempo em que havia ou o patrimônio do *de cujus* ou o dos co-herdeiros. Há o interesse dos outros herdeiros em que se faça a defesa, porque a eles a sentença vai atingir. Há litisconsórcio necessário e têm de ser citados todos aqueles contra os quais, em caso de sentença favorável ao autor, iria a ação regressiva. Uma das conseqüências é ter o co-herdeiro que pode sofrer a evicção de chamar os outros à ação que contra ele foi proposta."[1573]

Art. 2.026. O evicto será indenizado pelos co-herdeiros na proporção de suas quotas hereditárias, mas, se algum deles se achar insolvente, responderão os demais na mesma proporção,

---

1573 PONTES DE MIRANDA, F. C. *Idem*, p. 328.

pela parte desse, menos a quota que corresponderia ao indenizado.

Direito anterior – Art. 1.804 do Código Civil de 1916.

Art. 1.804. O evicto será indenizado pelos co-herdeiros na proporção de suas quotas hereditárias; mas, se algum deles se achar insolvente, responderão os demais, na mesma proporção, pela parte desse, menos a quota que corresponderia ao indenizado.

Direito comparado – No Código Civil francês (art. 885).[1574] No direito argentino (art. 3.508) e no direito uruguaio (art. 1.055).

COMENTÁRIO

Ainda uma vez o legislador resgata o princípio da proporcionalidade que informa a matéria. O evicto será indenizado pelos co-herdeiros na proporção de suas quotas hereditárias, ou seja, cada um dos co-herdeiros sofrerá proporcional redução na sua cota, de maneira a compor o prejuízo resultante da evicção ao herdeiro evicto; restabelece-se a igualdade perseguida pela partilha.

A indenização é paga em dinheiro; não se procede à nova partilha, nem se dá ao evicto novo bem. "Quem ficou sem o bem também sofre, mas os demais estavam beneficiados com o cômputo do valor do bem evicto, ou dos bens evictos, porque tudo se calculou como se o bem ou os bens não pudessem ser atingidos pela evicção."[1575]

Na indenização, o herdeiro evicto suporta, proporcionalmente, a repercussão sofrida no acervo pelo desfalque consequente à evicção.[1576]

1574 "*Art. 885. Chacun des cohéritiers est personnellement obligé, en proportion de sa part héréditatire, d'indemniser son cohéritier de la perte que celui a causé à l'éviction.*
Si l'un des cohéritiers se trouve insolvable, la portion dont il est tenu doit être également répartie entre la garantie et tous les cohéritiers solvables".
1575 PONTES DE MIRANDA, F. C. Obra citada, p. 330.
1576 Nesse sentido, Clovis Bevilacqua, obra citada, p. 1.046; Carlos Maximiliano, obra citada, pp. 443-444; Astolfo Rezende, obra citada, nº 299.

A indenização, levando-se em consideração o valor do bem ao tempo da partilha consumada, atende ao prejuízo efetivamente sofrido pelo herdeiro na partilha. Logo, o herdeiro evicto não tem o direito de exigir dos demais herdeiros indenização pelo prejuízo relativo ao custo das benfeitorias por ele feitas no imóvel evicto.

Na segunda parte do citado artigo o legislador refere-se à insolvência, obrigando todos os co-herdeiros a responder pela mesma, na proporção de suas quotas. "*De iure condendo*, com razão, porque seria o mesmo dizer-se que todos, inclusive o evicto, prestassem pelo insolvente. A solução é a mesma que estabelece o pagamento por todos, inclusive o evicto. Ele pagaria a si mesmo."[1577]

Se a situação, até a partilha, é condominial, a insolvência de um aumenta a responsabilidade dos demais na indenização a prestar-se ao evicto. Não fica, porém, exonerado de indenizar, porque os que pagam conservam ação contra ele, podendo compeli-lo à satisfação de seu débito no rateio quando melhores de fortuna. "É sem qualquer relevância indagar-se se a insolvência do co-herdeiro ocorreu antes ou depois de ser pedida a indenização. Seja como for, se o co-herdeiro, que se teve por insolvente, adquire meios, tem de prestar aquilo que os co-herdeiros prestaram por ele. Há direito, pretensão e ação deles para a reposição."[1578]

Efetua-se o que Maximiliano chamou, sugestivamente, de "rateio suplementar", pagando cada qual, na proporção do respectivo quinhão, a parte que lhe couber na divisão, entre todos, da quota que ao insolvente incumbia pagar.

1577 PONTES DE MIRANDA, F. C. Obra citada, p. 328.
1578 PONTES DE MIRANDA, F. C. *Idem, ibidem.*

CAPÍTULO VII
Da Anulação da Partilha

Art. 2.027. A partilha, uma vez feita e julgada, só é anulável pelos vícios e defeitos que invalidam, em geral, os negócios jurídicos.

Parágrafo único. Extingue-se em 1 (um) ano o direito de anular a partilha.

Direito anterior – Art. 1.805 do Código Civil de 1916.

Art. 1.805. A partilha, uma vez feita e julgada, só é anulável pelos vícios e defeitos que invalidam, em geral, os atos jurídicos (art. 178, § 6º, nº V).

Direito comparado – No Código Civil francês (arts. 887 a 892).[1579] No direito uruguaio (arts. 1.159 a 1.167).

Leitura complementar:
BARROS, Hamilton de Moraes e. *Comentários ao Código de Processo Civil*, vol. IX. Rio de Janeiro: Forense, 1974; CABRILLAC, M. "L´erreur dans le partage". *In: RTD civil*, 1955: 39; CAMPOS, Antonio Macedo de. *Direito das Sucessões*. São Paulo: Sugestões Literárias, 1970; CARPENTER, Luiz F. *Da Prescrição*. Rio de Janeiro: Editora Nacional, 1958; COSTA, Rui da Matta. "Da partilha que preteriu herdeiro". *In: RBDP*, 24: 49; DAGOT, M. "L´homologation des partages intéressant um incapable". *In JCP*, 74, I, 2612; JOB, João Alberto Leivas. *Da nulidade da partilha*. São Paulo: Saraiva, 1986; MARNIERRE, E. Salle de la. *De la date d`évaluation des biens dans le partage*. D. 1967, 227; MAZEAUD, A. *Le partage partiel* (Thèse). Paris II, 1983; MASSIP, J. *Conséquences de l´instabilité monétaire em matière de re-*

[1579] *"Art. 887. Les partages peuvent être rescindés pour cause de violence ou de dol.*
Il peut aussi y avoir lieu à réscision, lorsqu'un des cohéritiers établit, à son préjudice, une lésion de plus du quart. La simple omission d'un objet de la succession ne donne pas ouverture à l'action en rescision, mais seulement à un supplément à l'acte de partage."

gimes matrimoniaux, de successions et de libéralités (Thèse). Toulouse, 1951; NEVOT. *La notion d'opération de partage* (Thèse). Paris II, 1979; PASSOS, José Joaquim Calmon de. "Nulidade, anulabilidade e rescindibilidade da partilha". *In: ADV*, abr./88, p. 17; PATARIN, J. *Le pouvoir des juges de statuer em fonction des intérêts en présence dans les règlements de succession. In:* Mélanges Voirin, 1966, p. 618; SAVATIER, R. *Rédaction des promesses d'attribution et sauvegarde de la sécurité et de l'égalité des copartageants.* Défrénois, 1962, art. 28.221; SILVA, Carlos Medeiros. "Filiação legítima: presunção legal; nulidade de partilha". *In: RF*, 633-634: 108; THEODORO JUNIOR, Humberto. "Partilha: nulidade, anulabilidade e rescindibilidade". *In: RJMn*, 32:13; TRINDADE, Fernando Casses. "Da nulidade da partilha ou a aplicação dos métodos histórico e fenomenológico ao estudo do direito". *In: AMJ*, 115: 75.

COMENTÁRIO

A exegese deste artigo tem gerado acirradas discussões e sofrido as maiores dificuldades. Desde a errada terminologia até a interpretação que melhor atenda a *mens legis* do artigo sob comento.

Há equívoco na terminologia, porque o anterior artigo 1.805 fazia remissão ao artigo 178, § 6º, nº V, que afirmava prescrever em um ano: "A ação de nulidade da partilha; contado o prazo da data em que a sentença de partilha passou em julgado." Terminologia errada, "porque, no artigo 1.805, se fala de ser 'anulável', em vez de se dizer ser 'inválida', isto é, nula ou anulável, e no art. 178, § 6º, V, de 'ação de nulidade de partilha', em vez de 'ação de anulação de partilha'. Ora, a ação de nulidade da partilha é imprescritível, a ação de anulabilidade é que prescreve".[1580]

O primeiro aspecto a ser considerado, como agudamente frisou Pontes de Miranda, é o relativo à existência da partilha, isto é, à nulida-

---

1580 PONTES DE MIRANDA, F. C. Obra citada, p. 345.

de, ou à rescindibilidade. Admitido que existe, tem-se de saber se não é nula, ou se o é, depois, se não é nula, tem-se de saber se é anulável.

A questão fundamental, como bem frisaram Amorim e Oliveira,[1581] é que, preliminarmente, se verifique se a partilha foi judicial (decretada por sentença, em provimento jurisdicional), ou se foi promovida amigavelmente (limitando-se a sentença à homologação da vontade das partes).

Se a partilha foi judicial, com decisão de mérito quanto à divisão do espólio e admissão de herdeiro, a questão radica de ótica estritamente do direito substantivo, subordinando-se, como todas as sentenças transitadas em julgado, à ação rescisória, de acordo com a legislação processual (*RTJ*, 113:273; *RJTJESP*, 70:124; 73:116; *RT*, 721:99, 600:212).

Se amigável a partilha, a sentença reveste-se de caráter meramente homologatório, sem conteúdo decisório, e, pois, não se subordina à invalidação via ação rescisória. Ressurge, veemente, a indagação do ato jurídico praticado pelos interessados. Nesse contexto a sentença poderá ser vulnerada através de ação anulatória ou declaratória de nulidade, conforme o vício do ato jurídico que a partilha proposta contém.

Em se tratando de defeito previsto no art. 166 do Código Civil, por exemplo, incapacidade absoluta, a partilha será nula, e como tal pode ser invalidado o ato jurídico através de ação declaratória de nulidade, considerando Pontes de Miranda, nesse caso, imprescritível a ação, embora deva ser levada em consideração também a prescrição vintenária[1582] como regra para a provocação do Judiciário pelo interessado.

1581 AMORIM, S. e OLIVEIRA, E. de. Obra citada, pp. 296-300. Na mesma direção, a doutrina de Francisco José Cahali e Giselda Maria Fernandes Novaes Hironaka, obra citada, pp. 552-555.
1582 *"Apelação – Não conhecimento – Inexistência de pedido de reforma de decisão – Inteligência do art. 514, III, do CPC.*
Prescrição – Inocorrência – Inventário – Partilha – Ação de anulação – Demanda proposta por quem não foi parte nos autos do inventário – Lapso prescricional que é vintenário.

Se, porém, verificar-se defeito no ato jurídico de natureza relativa, constante no artigo 171 do Código Civil, a partilha será anulável, e a invalidação deve ser promovida através de ação anulatória, com prazo prescricional de 1 (um) ano, contado nos termos do disposto no parágrafo único do artigo 1.029 do CPC.[1583]

> *Legitimidade ad causam – Partilha – Ação de anulação – Demanda proposta por herdeiro testamentário universal – Admissibilidade – Partilha acoimada de nula, ilegal e ilícita, que lhe trouxe prejuízos gritantes, evidentes e diretos.*
> *Partilha – Ação de anulação – Morte superveniente de herdeira da autora da herança, que deixou dois herdeiros, sendo um deles interditado – Ausência de procuração dos herdeiros e falta de intervenção do Ministério Público – Nulidade absoluta e insanável caracterizada.*
> *Litigância de má-fé – Ocorrência – Recorrente que altera a verdade dos fatos, advoga contra texto expresso da lei, opõe resistência injustificada ao andamento do processo, procede com deslealdade, formula pretensões e alega defesa, ciente de que são destituídas de fundamento – Imposição de multa de 20% sobre o valor atualizado da causa, em favor do apelado, que se impõe – Inteligência do art. 35 do CPC.*
> *Ementa Oficial: Oposição – Apelação – Inexistência de pedido de reforma da decisão na apelação do opoente, em desatenção ao inc. III do art. 514 do CPC. Recurso não conhecido.*
> *Prescrição – Inocorrência – ação de anulação de partilha intentada por quem não foi parte no inventário – É vintenário o prazo para demandar a anulação da partilha. Preliminares rejeitadas. Sentença mantida. Recuso não provido.*
> *Interesse de agir – Anulação de partilha – Manifesta a legitimidade ativa de herdeiro testamentário universal em ação anulatória de partilha acoimada de nula, ilegal e ilícita, da qual lhe repercutiram prejuízos gritantes, evidentes e diretos. Preliminar corretamente afastada pela r. sentença. Recurso não provido.*
> *Anulação de partilha – Morte superveniente de herdeira da autora da herança, deixando dois herdeiros (um deles interditado). Ausência de procuração dos herdeiros e falta de intervenção do Ministério Público Estadual (Curadoria de Incapazes). Nulidade absoluta e insanável. Sentença equivocada neste particular, sem reflexo na conclusão pela procedência do pedido, acolhido sob fundamento diverso.*
> *Litigância de má-fé – Recorrente que altera a verdade dos fatos, advoga contra texto expresso da lei, opõe resistência injustificada ao andamento do processo, procede com deslealdade, formula pretensões e alega defesa ciente de que são destituídas de fundamento. Imposição de multa de 20% sobre o valor atualizado da causa, em favor do apelado (CPC, art. 35). Expedição de cópias ao Ministério Público Estadual, à Corregedoria Geral de Justiça e à Ordem dos Advogados do Brasil para apuração de infrações funcionais, penais, éticas e disciplinares"* (*In: RT*, 867: 173-174).

1583 *"PARTILHA – Ação de anulação – Prescrição – Meação indevida à viúva, que era apenas usufrutuária dos bens – Prazo prescricional de um ano contado do trânsito em julgado da sentença – Inteligência do art. 178, § 6º, V, do CC. Prescreve em um ano, nos termos do art. 178, § 6º, V, do CC, a ação para anular a partilha, anotado do trânsito em julgado da sentença,*

Paralelamente, e considerando que ninguém pode ser prejudicado se não participou do processo de inventário, cuja sentença é *res inter alios acta*, o herdeiro preterido na partilha pode promover ação declaratória de nulidade da partilha, ou de petição de herança, quer tenha ocorrido a partilha judicial, quer amigável. E o prazo prescricional, nesse caso, é de 20 (vinte) anos, sustentando-se em alguns julgados a necessidade de cumulação do pedido de petição de herança com nulidade da partilha, embora outros entendam que a procedência da petição de herança implica, automaticamente, invalidação da sentença que pôs fim ao inventário.

Em síntese:[1584]

a) para a ação anulatória de partilha (quando houver sentença meramente homologatória em partilha amigável), o prazo é de 1 (um) ano (art. 1.029 do CPC);

b) para a ação rescisória (quando a decisão for dada por sentença em partilha judicial), o prazo é de 2 (dois) anos (arts. 1.030 e 495 do CPC);

c) para terceiros, que não participaram direta ou indiretamente do processo em que houve partilha, o prazo é de 20 (vinte) anos, cabendo ao interessado, nesse caso, promover ação de nulidade de partilha cumulada com petição de herança.

---

quando a mesma, ainda que realizada de forma amigável, lavrada em instrumento público, reduzida a termo nos autos de inventário e homologada por juiz, tenha atribuído meação indevida à viúva, que era apenas usufrutuária dos bens indicados e partilhados." *RT*, 745:212. Ver, ainda: *RT*, 713:189; *RT*, 707:131; *RT*, 740:395; *RT*, 747:235; *RT*, 746:343; *RT*, 735:372; *RT*, 689:154; *RT*, 566:174; *RT*, 567:235; *RT*, 569:55; *RT*, 573:251; *RT*, 631:199; *RT*, 590:231; *RT*, 562:187; *RT*, 760:232; *RF*, 339:281; *RT*, 543:211; *RT*, 554:96; *RT*, 550:58; *RT*, 555:178; *RT*, 531:182; *RT*, 750:267; *RT*, 541:298; *RT*, 546:104; *RT*, 707:45; *RT*, 711:163; *RT*, 585:158; *RT*, 584:66; *RT*, 583:200; *RT*, 581:214; *RT*, 593:234.

1584 AMORIM, S. e OLIVEIRA, E. de. Obra citada, p. 299.

Concluindo os citados autores: "Uma vez anulado o ato, restituem-se as partes ao estado em que antes dele se encontravam, e, não sendo possível restituí-las, serão indenizadas com o equivalente, conforme preceitua o artigo 182 do Código Civil."[1585]

Curitiba, verão de 2009

1585 AMORIM, S. e OLIVEIRA, E. de. *Idem*, p. 300.

ÍNDICE ONOMÁSTICO

(Os números referem-se às páginas.)

A

ABRÃO, Fábio Simões – 4
ABREU, A. J. Teixeira – 690
AFORNALLI, Maria Cecília N. Munhoz – 821
AGUIAR, Rui Rosado de – 63, 108, 349, 394, 445, 450, 885
ALBUQUERQUE FILHO, Carlos Cavalcanti – 124
ALENCAR, Ana Valderez – 258, 265
ALLARA, Mário – 763
ALMADA, Ney de Mello – 4, 240, 666, 670
ALMEIDA, Francisco de Paula Lacerda de – 4, 101
ALMEIDA, José Luiz Gavião de – 32, 66, 68, 69, 93, 103, 121, 176
ALMEIDA, Silmara Juny de Abreu Chinelato e – 125, 127, 130
ALVARENGA, Gil Costa – 70
ALVES, João Luiz – 616, 788, 935
ALVES, Joaquim Augusto Ferreira – 376
ALVES, Jones Figueiredo – 4, 72, 79, 81, 184, 324, 328, 340
ALVES, José Carlos Moreira – 80, 88, 195, 229, 240, 259
ALVIM, Agostinho – 355
AMIN, Andréa Rodrigues – 346, 349, 350
AMORIM, Luiz Sebastião – 100, 107, 108, 138, 148, 226, 227, 247, 326, 332, 752, 764, 781, 822, 823, 830, 834, 836, 844, 874, 927, 945, 955, 956, 958, 985, 987, 988
AMORÓS, Cirilo Genovês – 193
ANCEL, B. – 410
ANDRADE, Guido Antonio – 70
ANDRADE, Herondes João – 153
ANDRADE, Manuel de – 529, 591
ANDRADE, Paulo Roberto – 821
ANDREOLI, Giuseppe – 899
ANDRIGHI, Nancy – 809, 908, 918, 928
ANTONINI, Mauro – 46, 110, 209
ANTPACK, Eduardo – 410
ARANGIO-RUIZ, Vincenzo – 325
ARAUJO, Luciano Vieira – 80, 103, 108
ARAUJO JÚNIOR, João Batista – 278
AREVALDO, Daniel P. – 666
ARIÈS, Philippe – 410
ARMANDO, J. Netto – 70
ASCENSÃO, José de Oliveira – 3, 15, 17, 109, 156, 158, 159, 164, 188, 193, 253, 268, 269, 271, 284, 285, 289, 300, 332, 334, 389, 392, 393, 431, 459, 465, 537, 542, 544, 551, 575, 598, 672, 685, 735, 739, 833, 947
ASCOLI – 355
ASSUMPÇÃO, Luiz Roberto de – 376
ASSUNÇÃO, Alexandre Guedes Alco-

forado – 275
ATTALI, J. – 4
AUBERTIN, J. – 226
AUBRY et RAU – 4, 392
AUDOIN, N. E. – 591
AZEVEDO FILHO, Ferry de – 258, 265
AZEVEDO JUNIOR, José Osório de – 81
AZEVEDO, Álvaro Villaça – 4, 240
AZEVEDO, Antonio Junqueira de – 8, 258, 265
AZEVEDO, Armando D. – 690
AZEVEDO, Manoel Ubaldino – 410, 425
AZEVEDO, Philadelpho – 743
AZNAR, A. Domingo – 691
AZZARITI, Giuseppe – 4, 410, 459

B

BALMASEDA, O. – 227
BAPTISTA, Silvio Neves – 402
BARASSI, Lodovico – 625
BARBERO, Omar U. – 4
BARBOSA, Águida Arruda – 258
BARBOSA, Alísio Galina – 691
BARBOSA, Moreira – 58
BARBOSA FILHO, Marcelo Fortes – 193
BARBOZA, Heloisa Helena – 125, 258
BAREA, Juan B. Bordano – 529
BARREIRA, Dolor Uchoa – 201, 355
BARREIRA, Wagner – 4, 26, 227, 240 244, 246, 376, 387
BARREIROS, J. Antonio – 945
BARRÈRE, J. – 591, 733
BARROS, Flávio Augusto Monteiro de – 193

BARROS, Hamilton Moraes e – 850, 922, 931, 983
BARROS, Hermenegildo de – 163, 355, 371, 761
BARROS, Humberto Gomes de – 172, 179, 854
BARROS, Maurício F. – 227
BARROS, Monteiro – 108, 857, 978
BARTOLAN, Giuseppe – 667
BASTOS, Jacinto Fernandes Rodrigo – 625
BATALHA, Wilson de Souza Campos – 35
BEAUBRUN, M. – 750
BEGALLI, Paulo Antonio – 376, 405
BENAVENTE, Ramon Dominguez – 667
BENJO, Isaac Simão – 420, 864, 867
BERMUDES, Sérgio – 376
BERNET-GRAVEREAUX, Christiane – 54
BESNIER, Roberto – 355
BETTI, Emilio – 529
BEVILACQUA, Clóvis – 4, 18, 26, 34, 40, 42, 47, 85, 94, 110, 145, 146, 150, 154, 163, 179, 190, 265, 317, 331, 347, 406, 436, 462, 474, 481, 520, 525, 553, 581, 594, 605, 610, 627, 643, 680, 704, 717, 718, 732, 736, 747, 761, 771, 773, 781, 786, 798, 809, 811, 815, 818, 869, 874, 879, 886, 888, 895, 896, 897, 898, 915, 918, 919, 926, 936, 938, 940, 959, 962, 975, 981
BIONDI, Biondo – 376, 392
BITTAR, Carlos Alberto – 258
BLAISE, H. – 864
BLÁZQUEZ – 899
BLONDEL – 881, 900
BOBBIO, Norberto – 280

BOECKEL, Fabrício Dani – 411
BOICHE – 750
BONATES, Juliana de Fonseca – 848
BONFANTI, Pietro – 241
BORDA, Guilhermo – 411, 444
BORGES, Janice Silveira – 125
BORGES, José Antonio Baia – 211
BORGHI, Hélio – 4, 153, 258, 265
BOUVIER – 691
BOYER, L. – 974
BRANDELLI, Leonardo – 411
BRITO, Rodrigo Toscano de – 81
BUFELAN-LANORE, Y. – 656, 733
BUFFETEAU, P. – 691
BUNNANG, D. – 788
BUSSADA, Wilson – 199, 600, 622, 626, 633, 652, 663, 778

C

CABRILLAC, M. – 983
CAHALI, Francisco José; HERANCE NETO, Antonio; ROSA, Karin Regina Rick e FERREIRA, Paulo Roberto – 831, 835, 848, 849, 850
CAHALI, Francisco José – 402, 821
CAHALI, Francisco José e HIRONAKA, Giselda – 18, 96, 174, 292, 293, 328, 339, 366, 644, 985
CAILLEMER, R. – 788
CALLIOLI, Eugenio Carlos – 529, 586
CÂMARA, José Gomes Bezerrra e BARROS, Jair – 18
CÂMARA, Maria Beatriz Perez – 864
CAMBI, Accácio – 73, 245
CAMPOS, Antonio Macedo – 497, 945, 983
CAMPOS, Diogo Leite de – 625, 833

CANIZZO, Marco – 376
CANOTILHO, J. J. Gomes – 57
CAPITANT, Henri – 7
CARBONNIER, Jean – 312, 411, 691
CARDOSO, João Antonio Lopes – 81, 118, 125, 139, 945
CARDOSO, João Lopes – 864
CARNEIRO, Athos – 108
CARNEIRO, José Gualberto Sá – 750
CARNEIRO, Paulo Cezar Pinheiro – 81, 113, 114, 116
CARPENTER, Luiz F. – 983
CARVALHO, Afrânio de – 821
CARVALHO, José Pereira de – 961
CARVALHO, Leonel Pinto de – 821
CARVALHO, Luis Paulo Vieira de – 125, 258
CARVALHO, Milton Paulo de – 821
CARVALHO JUNIOR, Pedro Lino de – 325
CARVALHO NETO, Ignácio de – 153
CARVALHO SANTOS, J. M. de – 18, 91, 92, 214, 223, 367, 371, 471, 566, 577, 589, 600, 608, 635, 650, 720, 757, 761, 823, 878
CASCONI, Francisco – 858
CASSETARI, Christiano – 840
CASTRO FILHO, José Olympio de – 227, 290, 780
CATALA, P. – 945
CATEB, Salomão de Araújo – 4, 193, 735
CAZELLES – 625
CERQUEIRA LEITE – 926
CESAR, Celso Laet de Toledo – 107, 468
CHAMPEAUX, E. – 4, 11
CHAVES, Antonio – 4, 70, 227, 325, 404, 821

CHAVES, Sérgio Fernando de Vasconcelos – 546, 710
CHEVALIER, J. – 227
CHEVRIER, G. – 11
CICCU, Antonio – 4, 335, 389, 763
CITATI, Guarnieri – 763
CLAUX, P. J. – 4, 625
CLOSTRE, A. – 411
COELHO, Celso Barros – 691
COELHO, Francisco Manoel Pereira – 25, 125, 171
COELHO, José Gabriel Pinto – 667
COELHO DA ROCHA – 411, 453
COIMBRA, Armando Gonçalves – 667
COLOMER, A. – 411, 656
COLTRO, Antonio Carlos Mathias – 662
COLTRO, Antonio Carlos Mathias e DELGADO, Mário Luiz – 258, 838, 839, 848, 851, 854
CONCEIÇÃO, Antonio Henrique Santos – 258
COPELLO, Héctor Roberto Goyena – 497
CORNU, Gerard – 7
CORREA, Oscar – 428
CORTE-REAL, Carlos Pamplona – 125, 131, 355, 733, 750, 945
COSTA, Déborah R. Lambach Ferreira de – 227
COSTA, Dilvanir José da – 4, 70
COSTA, Judith-Martins – 717
COSTA, Rui Matta – 821, 983
COSTA E SILVA, Martha Heloisa Winkler – 325
COSTALUNGA, Karine – 258
COUTO, Sérgio, Rolf Madaleno e MILHORANZA, Mariângela – 258
COUTO E SILVA, Clóvis do – 875
COVIELLO, Incola – 4, 591

CRÉMIEUX, B. – 241
CRISCUOLI, Giovanni – 376
CRUZ, Branca Martins da – 193, 733
CRUZ, Maria Luiza Povoa – 853, 863
CUJAS – 11
CUNHA, Paulo – 4, 763
CUNHA, Peixoto – 107, 468
CUNHA, Ribas – 280
CUNHA GONÇALVES, Luis da – 391, 394, 671, 696, 734, 774, 805, 808
CZAJKOWSKI, Rainer – 59, 64, 123

D

D'ABREU, Carvalho – 900
D'AMBROSIO, Maria José Silva – 821
D'AVANZO, Walter – 667
D'ORS, A. – 4
DAGOT, V. M. – 325, 881, 983
DAIBERT, Jefferson – 915
DANELUZZI, Maria Helena Marques Braceiro – 275, 278
DE PAGE et DEKKERS, René – 691
DEDA, Oscar de Oliveira – 61
DEL MORAL, Dominguez F. – 529
DELGADO, Mário Luiz – 4, 78, 79, 81, 184, 325, 328, 340
DELHAY – 821
DEMOLOMBE – 8, 904
DIAS, Maria Berenice – 4
DIAS TRINDADE – 29
DIDONET NETO, João – 822
DINAMARCO, Rodrigo Valverde – 862
DINIZ, Maria Helena – 4, 91, 94, 98, 99, 102, 154, 177, 209, 324, 326, 328, 473, 474, 529, 533, 591, 707, 715, 739, 914, 920
DIREITO, Carlos Alberto Menezes – 20, 978

DOMINGUES, Adélia A. – 822
DOWER, Nelson G. Brasil – 376
DRAKIDIS, P. – 788
DREIFUSS-NETTER, Frédérique – 153
DRUMOND, Márcia Paes Barreto Pizarro – 376
DUBARLE, R. – 591
DUFOUR, A. – 11
DUPEYROUX, J. J. – 411
DURNERIN – 25
DUSI – 227

E

ENNECERUS, KIPP e WOLF – 11, 469
ESCOBAR, Maria José Mena-Bernal – 193
ESPIN, Diego – 667
ESTEVES, Lucy – 974

F

FABRÍCIO, Adroaldo Furtado – 70, 84
FACHIN, Luiz Edson – 325
FACHIN, Luiz Edson e PIANOWSKI, Carlos Eduardo – 900
FALAVIGNA, Maria Clara Osuna Diaz – 259, 851, 852, 854
FALCÃO, Alcino Pinto – 153, 667, 668
FARIA, Christiano Chaves de – 854, 855
FARIA, Mario Roberto Carvalho de – 5, 15
FARIA, Sheila de Castro – 376, 489, 793, 891
FARIAS, Cristiano Chaves de – 81, 125, 325
FASSI, Santiago – 376, 788

FERNANDES, A. de Magalhães – 5
FERNANDES, José – 173
FERNANDES, Luis A. Carvalho – 131, 132, 141, 191, 355, 672
FERNANDEZ, Luis Valterra – 193
FERNANDEZ, Milton – 865
FERRÃO, A. de Abranches – 905
FERRARA, Luigi Cariota – 625
FERREIRA, Alves – 425
FERREIRA, José Dias – 408, 670, 790, 884, 977
FERREIRA, José do Vale – 70
FERREIRA, Nelson Pinto – 900
FERREIRA, Paulo Roberto Gaiger – 835
FERREIRA, Sérgio de Andréa – 402, 407, 763, 900, 909
FERREIRA FILHO, Celso – 816
FERREIRA PINTO, Fernando Brandão – 5, 28, 156, 159, 162, 243
FERRER, Francisco A. M. – 376, 529
FIDA, Orlando, Edson F. Cardoso e ALBUQUERQUE, J. B. Torres de – 325
FIUZA, Ricardo – 82
FLORIANO, Raul – 441
FLOUR, Jacques et SOULEAU, Henri – 47, 357, 789, 883
FONSECA, Sérgio Roxa de – 259, 265
FONSECA, Tito Prates – 376, 712
FONTANELLA, Patrícia – 5
FONTES DE ALENCAR – 108
FORCHIELI, Paolo – 900
FORNACIARI FILHO, Clito – 945, 947
FRANÇA, Adiel da Silva – 198, 208
FRANÇA, Pitão – 54
FREITAS, Douglas Phillips – 5, 154, 194, 25, 356, 402, 487, 497, 691
FRICEIRA, João Batista – 822
FRIGINI, Ronaldo – 58

FRISCHMANN, Gerson – 822
FUGIE, Erica Harumi – 153
FURTADO, Marcos Medeiros – 529, 586

G

GAGLIANO, Pablo Stolze – 5
GAMA, Afonso Dyonisio – 411, 425
GAMA, Guilherme Calmon Nogueira de – 66, 125, 259, 291, 294, 691, 696, 716, 839
GAMA, Ricardo Rodrigues – 153
GANDINI, João Agnaldo Donizeti – 259
GANGI – 376, 591
GANTILLON, P. – 227
GARCIA, Denise Schmitt Siqueira – 259, 750
GARCIA, Manoel Albadejo – 667
GARCIA, Mario Túlio Murano – 193, 217
GARCIA VIEIRA – 182
GATTI, Hugo E. – 193
GEFFRIAN – 402
GHIARONI, Regina – 346, 396, 398, 483, 822, 864, 974
GIAMPICCOLO – 529
GIL, Félix Hernández – 193
GIL, Otto Eduardo Vizeu – 66
GIORGIS, José Carlos Teixeira – 200, 325, 340, 350, 411
GIRARD, P. F. – 5
GIRARDI, Maria Fernanda – 788
GIULIANI, Giuseppe – 591
GLANZ, Semy – 56
GODBOUT, J. et CAILLÉ, A. – 411
GODINHO, Bernardino – 593
GOMES, Alexandre Gir – 5

GOMES, Orlando – 91, 94, 123, 208, 213, 267, 291, 338, 347, 425, 462, 470, 471, 476, 593, 668, 734, 739, 743, 822, 921, 945, 965
GONÇALVES, Carlos Roberto – 91, 98, 115, 259, 294
GONDIM, Regina Bottentuit – 411
GONTIJO, Segismundo – 66
GORÉ, M. – 881, 900
GOZZO, Débora – 5, 98, 241, 259, 277
GRELON, V. B. – 411
GRIMALDI, Michel – 5, 14, 54, 131, 240, 443, 470, 471, 486, 750, 791, 829, 832
GROENINGA, Gisele Câmara – 258
GROSLIÈRE, J. – 751
GUAGLIONE, Aquiles – 154, 945
GUEIROL LEITE – 479
GUIHO, P. – 591
GUILHERME, Luiz Fernando do Vale de Almeida – 326
GUIMARÃES, M. N. Lobato – 402
GUIMARÃES, Mário – 236
GUINCHARD, S. – 326, 411
GUYENOT, V. J. – 411
GUYOT – 788

H

HAMEL – 411
HELENE, Octavio – 919
HENRI, L. C. – 822
HEREDIA, Pablo B. de – 667
HERMES, Lima – 107
HÉRON, J. – 411
HIRONAKA, Giselda – 81, 254, 260
HIRONAKA, Giselda e PEREIRA, Rodrigo da Cunha – 325, 355, 402, 691, 696, 865

HOUDART – 881, 900

I

ITABAIANA DE OLIVEIRA, Arthur Vasco – 7, 27, 101, 167, 319, 348, 349, 413, 436, 471, 527, 550, 551, 693, 699, 739, 824, 935, 961
INOCÊNCIO, Antonio Ferreira – 81

J

JACOB, Christiane Bassi – 259
JEANTET, C. – 326
JEREZ, L. Y. Gutierez – 591
JOB, João A. Leivas – 945, 983
JÖLD, Carlos – 625
JOSSERAND, Louis – 194, 376, 391
JUNQUEIRA, Gabriel J. P. – 154

K

KICH, Bruno Canísio – 788
KNIGHT, Derek – 411, 430
KUHN – 734
KYRIAKOS, Norma – 5

L

LACAL, Carlos Lima – 667
LAGASTRA, Caetano – 432
LAMBERT, E. – 591, 734
LAPUENTE, Sérgio Cámar – 194
LASALA, José Perez – 945
LEBRET – 822

LÉGIER, V. G. – 411
LEGROS – 529, 591
LEITÃO DE ABREU – 152
LEITE, Eduardo de Oliveira – 5, 55, 56, 58, 125, 127, 134, 136, 141, 259, 269, 274, 279, 316, 404, 845
LEITE, Gisele – 208
LEITE, Jorge – 900
LEMAIRE, A. – 32
LENZ, Eduardo Thompson Flores – 468, 473
LEQUETTE, Y. – 881, 900
LEROUX, E. – 241
LEVENHAGEN, Antonio – 81, 94, 945
LEVY, Jean Philippe – 5
LIMA, Alcides de Mendonça – 259, 265, 788, 881, 888, 900
LIMA, Domingos Sávio Brandão – 127, 591
LIMA, Fernando A. Pires – 751
LIMA, Flávio Pereira – 900
LIMA, Leopoldo César de Miranda – 227
LIMA, Rubiane de – 765
LIMA, Ruy Cirne – 945
LIMA JR., Bruno de Mendonça – 411, 423
LIMA NETO, Eduardo da Silva – 751, 757
LIMONGI FRANÇA, Rubens – 5, 16, 153, 376, 382, 487, 591, 733, 900, 909, 945
LOBO, Maria Tavarela – 751
LOPES, Manuel Tavarela Baptista – 751
LOPES, Miguel Maria de Serpa – 81, 94
LOPES DA COSTA, Alfredo de Araújo – 881, 900
LOS MOZOS, José Luis de – 900
LOUREIRO, Francisco – 915, 933

LOUSSOUARN, Yvon et BOUREL – 26
LUCIO, Álvaro José Laborinho – 900
LUNARDI, Fabrício Castagna – 259

M

MACHADO, A. Souza – 945
MACUF, Carlos Alberto Dabus – 326
MADALENO, Rolf – 326, 333, 763, 777, 781, 927
MAGALHÃES, Jutahy – 82
MAGALHÃES, Rui Ribeiro de – 154
MAIA, Mucio de Campos – 900
MAIA, Paulo Carneiro – 691
MAIA DA CUNHA – 237, 274
MALAURIE, Philippe et AYNÈS, Laurent – 47, 53, 94, 131, 356, 443, 468, 469, 471, 481, 482, 486, 792, 831
MALHEIROS FILHO, Fernando – 259, 287, 900, 908
MARCHI, Eduardo César Silveira e Vita – 376
MARINHO, Lindolpho Morais – 369
MARNIERRE, E. S. de la – 945, 983
MARQUES, Mario Gomes – 259, 265
MARTINS, Manuel da Costa – 667
MARTINS, Olívio A. O. – 154
MARTORELL – 900
MARTY, G. – 751
MASSIP, J. – 983
MATTOS, Walmir – 70
MAXIMILIANO, Carlos – 198, 201, 202, 203, 204, 205, 220, 224, 280, 318, 326, 371, 372, 374, 406, 413, 415, 462, 471, 495, 498, 516, 527, 538, 557, 560, 589, 612, 621, 674, 677, 688, 709, 713, 720, 724, 731, 739,
746, 756, 762, 794, 802, 803, 805, 806, 808, 810, 865, 866, 869, 872, 884, 887, 894, 895, 925, 929, 936, 948, 955, 958, 963, 966, 976, 981
MAZEAUD, Henri et LEON, Jean – 5, 983
MAZZILLI, Hugo Nigro – 259, 265
MEAU-LATOUR, H. – 411
MEDINA, Llewellyn – 945
MELLO, Henrique Ferraz – 5
MELLO, Marcos Bernando de – 411
MELO, Luiz Pereira – 865, 867
MÉMETEAU – 125
MENDES, Gilmar Ferreira e MARTINS, Ives G. da Silva – 260
MENDES, João Castro – 356
MENGONI, Luigi – 529
MERGULHÃO, Rossana Tereza Curioni – 751
MERLO, Fábio Bauab – 154
MERRE, R. – 974
MIGUEL, Frederico de Ávila – 259
MIRANDA, Décio – 107
MODESTO, Paulo Eduardo G. – 529, 537
MOELLER, Oscarlino – 16
MONTEIRO, Gisele Aparecida – 591
MONTEIRO, Washington de Barros – 17, 91, 94, 324, 365, 473, 744, 759, 915, 931
MORAES, Antão – 340
MORAES, Michelle Patrick Fonseca de – 822
MORAES, Walter – 194, 241, 356, 900
MORAIS, Ezequiel – 838, 840
MORATO, Francisco – 900, 909
MOTA FILHO, Cândido – 107
MOTA PINTO – 529
MOURA, Gilberto de Souza – 427

MUNIZ, M. C. Nunez – 591

N

NADER, Paulo – 73
NAVARES, Ana Luiza Maia – 260
NAZO, Georgetti N. – 5, 26
NAZZARI, Muriel – 376
NERSON, Roger – 127
NERY JUNIOR, Nelson e NERY, Rosa Maria de Andrade – 5, 20, 26, 62, 63, 69, 83, 86, 151, 152, 166, 172, 180, 187, 230, 260, 277, 391, 394, 445, 885, 889, 916, 978
NEVOT – 984
NICOLA, Gustavo René – 5, 260
NIGUEIRA FILHO, Waldemar – 422
NOGUEIRA, Claudia de Almeida – 81
NONATO, Orozimbo – 356, 388, 406, 423, 425, 711, 736, 739
NORDI, Laerti – 67
NUNES, Pedro – 84

O

OUFELLA, Josiane Machiavelli – 154, 356
OLIVEIRA, Alexandre Miranda – 865
OLIVEIRA, Basílio de – 65, 66
OLIVEIRA, Conceição M. Tavares de – 691, 693
OLIVEIRA, Euclides Benedito de – 5, 100, 107, 108, 138, 148, 226, 227, 260, 326, 332, 822, 823, 830, 834, 836, 844, 847, 848, 865, 874, 927, 945, 955, 956, 958, 985, 987, 988
OLIVEIRA, Guilherme de – 394, 402

OLIVEIRA, Wilson – 900
OLIVEIRA FILHO, Cândido – 523
OLIVEIRA FILHO, João de – 70
OPPO, Giorgio – 125
OURLIAC, Paul et MALAFOSSE, J. de – 5, 11

P

PACHECO, José da Silva – 5, 81, 881, 945
PACIFICI-MAZZONI – 356
PADOVINI, Fábio – 5
PARGENDLER, Ari – 19, 62, 166, 230, 237
PARIZATTO, João Roberto – 65
PARODI, Ana Cecília e SANTO, Clarice Ribeiro dos – 837, 841, 845, 856
PASSARINHO JUNIOR, Aldir – 99, 416
PASSOS, José Joaquim Calmon de – 984
PASTORIS – 881, 900
PATARO, Oswaldo – 127
PATHARIN, J. – 984
PEDRONI, Ana Lucia – 591, 763
PEDROTTI, Irineu Antonio – 66
PELUSO, Cezar – 5, 46, 66, 110, 749
PEÑA, Frederico Ping – 691
PERCEROU, J. – 881, 900
PEREIRA, Caio Mário da Silva – 94, 98, 199, 207, 241, 256, 288, 398, 425, 471, 474, 502, 739, 965
PEREIRA, Daniel Guimarães – 531
PEREIRA, Milton Luiz – 29
PEREIRA, Rodrigo da Cunha – 81, 124
PEREIRA COELHO, F. M. – 131, 139, 356
PERNEY – 326, 751
PESSINI, Léo – 202

PESSOA, Claudia Grieco Tabosa – 65
PETOT, P. – 32
PETITJEAN, H. – 411, 691
PICAZO, Luis Diaz – 5, 692
PINHEIRO, J. Duarte – 691
PINHO, Ruy Rebello – 862
PINTO, Antonio Joaquim Gouvêa – 356
PINTO, Fernando Brandão Ferreira – 118, 326
PINTO, Teresa Arruda Alvim – 56
PINTO FERREIRA, B. F. – 383, 386, 691, 763, 945
PIRES DE LIMA e ANTUNES VARELA – 81, 95, 96, 131, 141, 160, 161, 166, 171, 176, 185, 186, 189, 190, 206, 223, 228, 253, 255, 286, 298, 308, 337, 343, 408, 418, 459, 504, 510, 545, 547, 570, 574, 602, 603, 607, 611, 614, 630, 634, 639, 644, 667, 678, 684, 685, 686, 695, 700, 701, 721, 765, 771, 775, 778, 790, 806, 812, 814, 833, 868, 885, 886, 910, 939, 940, 942, 943, 949
PITÃO, J. França – 326
PLAÑILO – 381
POLACO, Vittorio – 471
PONSARD, André – 194, 411, 734
PONTES DE MIRANDA, F. C. – 9, 19, 20, 22, 23, 84, 244, 245, 249, 251, 342, 357, 359, 361, 362, 365, 369, 388, 437, 439, 442, 444, 448, 454, 462, 467, 471, 491, 493, 494, 503, 530, 531, 534, 540, 543, 554, 556, 562, 565, 566, 571, 578, 580, 582, 583, 587, 588, 589, 594, 597, 615, 616, 619, 620, 621, 623, 629, 932, 651, 658, 659, 660, 671, 681, 683, 688, 692, 697, 698, 702, 703, 708, 709, 715, 719, 723, 724, 726, 727, 729, 739, 751, 756, 865, 875, 877, 908, 909, 918, 946, 947, 955, 960, 961, 965, 968, 969, 970, 979, 978, 979, 980, 981, 982, 984
PORTANOVA, Rui – 959
PORTO, Mário Moacyr – 5, 16, 217, 219, 241, 244, 248
PORTO, Sérgio Gilberto – 591
POTHIER – 625
POVOA, João Alberto Diniz S. – 822
PRADO, Maria Isabel do – 5
PRATES, Lincoln – 326
PRATS, Celso Afonso Garreta – 326
PROENÇA, José João Gonçalves de – 326
PRUNES, Lourenço Mário – 84

Q

QUEIROGA, Antonio Elias de – 81, 260

R

RADOVANT – 945
RAMIREZ, P. N. Correia – 900
RAMON, Francisco Bonet – 411, 444
RAMOS, Glauco Gumerato – 376
RAMOS, Luiz Ari Azambuja – 765
RANOVIL – 881, 900
RAU, Mário – 273
REALE, Miguel – 259, 260, 267, 268, 273, 276, 277, 326
REBELO HORTA – 451
REBORA, Juan Carlos – 5
RECHSTEINER, Beat Walter – 376, 382
REQUIÃO, Rubens – 927
RETIF – 881

REZENDE, Astolfo – 981
RIBEIRO, Gustavo Pereira Leite – 125
RICCI – 139
RIGUEIRA, Jayme – 900, 909
RIPERT, G. – 411
RITA, Pedro – 865
RIZZARDO, Arnaldo – 65, 194, 241, 217
ROBBE, Ubaldo – 667
ROCHA, César Asfor – 114, 123, 146, 391, 427
ROCHA, João Augusto Fleury de – 227
ROCHA, Maria Isabel de Matos – 5, 16
RODRIGUES, Eduardo – 107, 147
RODRIGUES, Francisco César Pinheiro – 909
RODRIGUES, Lia Pallazzo – 260
RODRIGUES, Paulo Pereira e BENJÓ, Simão Isaac – 412, 423
RODRIGUES, Silvio – 91, 94, 99, 155, 169, 218, 219, 233, 288, 341, 473, 669, 694, 739, 786, 797, 945, 958, 963
RODRIGUES, Tatiana Antunes Valente – 822
RODRIGUES DE CARVALHO – 367
RODRIGUES JUNIOR, Walsir Edson – 125
ROGUIN – 791
ROQUE, Sebastião José – 5
ROQUEBERT, Pierre – 529
ROSA, Karin Regina Rick – 831, 835, 843, 847, 848, 849, 850
ROSAS, Roberto – 150, 908
ROSENVALD, Nelson – 125
ROSSEL e MENTHA – 472
ROUX – 822
RUGGIERO, Roberto – 763
RUSCHEL, Ricardo Raupp – 369

S

SÁ, F. A. Cunha – 402
SAENZ, E. Castro – 227
SALETTI, João Carlos – 951
SALIS, Lino – 194
SALLES ROSSI – 348
SALLES, Paulo Alcides Amaral – 5, 16
SALVAGE, J. – 125
SALVESTRONI, Umberto – 194
SAMARA, Eni de Mesquita – 376
SAMPAIO, José Celso de Camargo – 260, 265
SANTOS, Eduardo dos – 5, 24, 31, 89, 131, 137, 139, 672, 692, 735, 901, 905
SANTOS, Ernane Fidélis dos – 822
SANTOS, Luiz Felipe Brasil – 197, 485, 490, 780
SANTOS, Ulderico Pires dos – 60, 62
SANTOS JUNIOR, Carlos Rafael dos – 82
SANTOS MARTINS – 139
SARAIVA, Gastão Grosse – 227, 822
SARAIVA, Heleno Tregnano – 127
SARMENTO FILHO, Eduardo Sócrates Castanheiro – 81
SASTRE, Raymon Maria Roca – 667
SAVATIER, René – 656, 984
SCARTEZZINI, Jorge – 978
SCHIEFLER, Rui Carlos Kolb – 194
SCOGNAMIGLIO, Renato – 667
SIDNEY MORA – 755
SIESSE – 822
SILVA, Antonio Hélio – 860
SILVA, Carlos Alberto da – 497
SILVA, Carlos Medeiros – 984
SILVA, Espinosa Gomes da – 5, 131, 225
SILVA, Gilberto Valente da – 691
SILVA, M. Gomes da – 667

SILVA, Maria Beatriz Nizza da – 376, 377, 378, 379, 380, 488, 793, 891
SILVA, Paulo Penteado de Faria e – 823
SILVA, Regina Beatriz Tavares da – 5
SILVA RICO – 100
SILVEIRA, José Néri da – 220
SILVÉRIO RIBEIRO – 489
SIMÃO, José Fernando – 260
SIMLER, P. – 402, 751
SIMON – 402
SION – 591
SIQUEIRA, Flávio Augusto Maretti, S. – 278
SOARES LIMA – 748
SOUM, H. – 592
SOUZA, Ivone M. C. Coelho de – 5, 260
SOUZA, José Ulpiano Pinto de – 326
SOUZA, Maria Faria de – 5
SOUZA, Orlando de – 497, 860, 861, 865, 945, 959
SOUZA, Rabindranath Capelo de – 125, 131, 156, 334, 625, 656, 671
SOUZA, Wilson Alves de – 822
SPONHOLZ, Otto – 198, 212, 213
STABILE FILHO, José – 945
STARLING, Leão Vieira – 822, 825
STEFANO, Zulema Anacleto de – 326
STOE-ANOVICI – 882
SURGIK, Aloísio – 376, 382
SWENSON, Walter Cruz – 70

T

TARTUCE, Fernanda – 854, 855
TARTUCE, Flávio e CASTILHO, Ricardo – 258
TARTUCE, Flávio e SIMÃO, José Fernando – 796, 841, 847, 857, 858, 906, 907

TASCH, Arno Gaspar – 377
TAVARES, José – 125, 139, 812
TEIXEIRA, Ana Carolina Brochado – 125
TEIXEIRA, Ana Carolina Brochado e RIBEIRO, Gustavo Pereira Leite – 821, 865
TEIXEIRA, Sálvio de Figueiredo – 20, 26, 83, 86, 107, 108, 119, 147, 241, 244, 394, 767, 822, 877, 889
TEIXEIRA, Silvia Maria Benedetti – 412
TEIXEIRA DE FREITAS – 9
TELLES, Gil Trota – 823
TELLES, Inocêncio Galvão – 125, 241, 356, 691, 886
TEPEDINO, Gustavo – 70, 260, 292
TERRÉ, François et LEQUETTE, Yves – 5, 14, 48, 131, 417, 443, 470, 471, 486, 791
THEMISTOCLES CAVALCANTI – 596
THEODORO JÚNIOR, Humberto – 5, 123, 241, 244, 822, 945, 984
THOMAZ JR., Dimas Borelli – 487, 488
TIMBAL, P. – 412
TOLEDO JÚNIOR, Galdino – 187
TORRES, Antonio Luis Rivero – 667
TORRES, Eliseu Gomes – 200
TRABUCHI – 356
TRINDADE, Fernando Casses – 984
TRINDADE, José Ataídes Siqueira – 185
TRIPOLI, César – 263
TUSA, Gabriele – 260

V

VAN-MAU, V. – 412
VALLADÃO, Haroldo – 823, 845
VALLEJOS, Alexandrino – 823

VAREILLE, B. – 326, 751
VARELA, João de Mattos Antunes – 763
VELOSO, Zeno – 59, 65, 260, 265, 341, 377, 386, 399, 400, 426, 428, 429, 433, 434, 439, 444, 451, 452, 458, 462, 463, 466, 473, 477, 479, 480, 482, 484, 487, 491, 492, 495, 499, 506, 507, 518, 524, 528, 543, 545, 548, 549, 737, 738, 739, 740, 746, 749, 774, 781, 787, 829, 842, 846, 853, 860, 861, 862
VENOSA, Sílvio de Salvo – 4, 63, 64, 72, 94, 98, 166, 201, 209, 241, 277, 299, 339, 344, 347, 350, 377, 386, 402, 839, 909, 910, 922
VERDIER, J.-M. – 691
VERWILGEN, Michel – 530
VIANA, Marco Aurélio de Sá – 81, 91, 106, 241, 471
VIANNA, Martha H. Winckler da Costa e Silva – 530, 586
VIEGAS, João Francisco Moreira – 260, 265
VIEIRA, Lacyr de Aguilar – 81, 96
VIGNEAU, V. D. – 125, 142
VILLA, Ana Paula – 530, 542
VILLELA, Ana Maria – 227
VINCENT – 882, 901, 974
VIOLANTE, Carlos Alberto – 227
VISALLI, Nicolo – 901
VITTORE e VITALI, Enrico – 946
VIVÊS, H. – 592
VOIRIN, P. – 656
VOUIN, R. – 974

W

WAHL – 974
WALD, Arnoldo – 5, 29, 150, 152, 178, 260, 265, 365, 390, 412, 423, 425, 441, 446, 672, 678, 689, 706, 710, 735, 739, 743, 761, 762, 767, 773, 861, 915, 916, 945, 947, 954, 965, 966
WAYMEL, J. P. – 656
WEILL, A. – 14
WELTER, Belmiro Pedro – 5
WITZ, C. – 691

Z

ZACCARIA, Alessio – 5
ZANONI, Eduardo – 5
ZATTAR, Ângelo – 248
ZINI, Mario Antonio – 81
ZULIANI, Enio Santarelli – 290
ZVEITER, Waldemar – 164, 914, 916

ÍNDICE ALFABÉTICO-REMISSIVO
(Os números referem-se às páginas.)

A

Abertura da sucessão
– ausência (declaração/efeitos) – 14, 15
– condomínio (ou indivisibilidade sucessória) – 19, 82, 84, 85
– lugar da – 24
– *locum successionis* – 25
– objetivo da (interno e internacional) – 25, 26, 27
– domicílio do *de cujus* – 25, 27
– domicílio (regra geral) – 28
– domicílio (exceções) – 28
– pluralidade de domicílios – 29
– ausência de – 28
– lei vigente – 34, 35
– data da – 86

Anulação da partilha
– equívoco na terminologia – 984
– efeitos da partilha amigável e judicial na – 985
– diferença entre nulidade e anulabilidade – 985, 986

C

Capacidade de testar
– dos maiores de 16 anos (crítica) – 404, 405
– no Código Civil português – 403
– na velhice – 406, 407
– incapacidade superveniente – 407, 408, 409

Cessão de direitos hereditários
– origem do instituto – 94, 95, 96
– forma de – 97, 99, 100
– cessão e condomínio – 98, 105, 106, 111
– objeto da – 103
– direito de preferência – 107, 108, 109, 110
– efeitos da – 101
– cessão e substituição – 101
– cessão e direito de acrescer – 101, 102

Codicilos
– noção de – 488
– origem histórica – 488
– origem no direito brasileiro – 488, 489
– forma dos – 489, 490
– requisitos essenciais – 490, 491
– autonomia dos codicilos face ao testamento – 492
– nomeação de testamenteiro e – 492, 493
– revogação dos – 494, 495
– cerrados e cosidos – 495, 496

Colação
– conceito de – 901
– noção de – 901

– origem histórica – 805, 901, 902, 903, 904
– obrigação dos descendentes de colacionar – 905, 906, 907, 908, 914, 915, 916
– escopo da – 909, 910, 912, 913, 914
– pressupostos da – 910, 911
– determinação do valor da – 917, 918, 919, 920, 921, 922, 923
– dispensa da – 925, 926, 927, 928, 929
– redução das doações na – 930, 931, 932, 933
– renúncia e – 934, 935, 936
– obrigação dos netos – 937, 938
– inocorrência de – 939, 940, 941
– doações remuneratórias e – 941
– doação dos cônjuges e – 943

Companheiro(a)
– sucessão do – 5, 79
– concorrência do – 60
– aquisição onerosa do patrimônio – 62, 69
– diferença entre companheiros e cônjuges – 62, 63
– diferença entre companheiros e concubinos – 64, 65, 66
– concorrendo com os filhos comuns – 70, 71, 72, 73
– concorrendo com os filhos do autor da herança – 74, 75
– concorrendo com parentes sucessíveis – 75, 76, 77
– enquanto administrador provisório da herança – 121, 122

Comoriência
– noção de – 16
– presunção de – 16
– sistemas de determinação de – 17
– exemplo de – 17

D

Deserdação
– noção de – 734
– acepções da palavra – 734
– origem do instituto – 734, 735
– diferença entre indignidade e – 735
– crítica à – 736, 737
– pressupostos da – 737, 738
– efeitos da – 739, 740
– reabilitação do deserdado – 740
– causas da – 742, 743, 744, 745, 746
– declaração da causa na – 747, 748
– prova da veracidade da causa invocada – 748, 749

Direito de acrescer
– noção de – 668
– origem histórica – 669
– caducidade como fato gerador do – 677, 678
– fundamento do – 669, 670, 671
– condições caracterizadoras do instituto – 671, 672
– nomeação conjunta de herdeiros ou legatários – 673, 675, 676
– destinação da quota vaga face à inocorrência do – 679, 680, 681
– repúdio do legado no caso de encargo especial – 681, 682, 683, 684, 685
– no legado de usufruto conjunto – 687, 688, 689

Direito de representação
– e ficção jurídica (noção de) – 356, 357
– efeitos do – 358
– origem do – 358, 359
– diferença entre representação e substituição – 359, 360, 361
– na linha descendente – 362, 363
– dos filhos adotivos – 363, 364, 365, 366

- na linha ascendente – 367
- na linha colateral – 368, 369
- direitos e deveres do representante – 371, 372
- e renúncia da herança – 373

Disposições testamentárias
- nulidade das – 150, 553, 554, 555
- nulidade decorrente da simulação – 150
- nulidade decorrente de interposta pessoa – 150, 152
- nulidade decorrente no erro de designação de pessoa – 568, 569, 570, 571
- presunção *iuri et de iure* da fraude – 150
- da ocorrência de termo ou condição nas – 530, 531, 532
- da ocorrência de encargo nas – 533, 534
- inadmissibilidade da indicação de tempo nas – 535, 536
- o papel da vontade do testador nas – 537-548
- posturas adotadas pelo legislador português na exegese da vontade do testador nas – 545, 546, 547, 548
- regras de interpretação adotadas pelo CC brasileiro – 549, 550, 551
- pessoa incerta nas – 555, 556, 557, 560, 562
- objeto da liberalidade nas – 557, 558
- em favor dos pobres e estabelecimentos de caridade – 565, 566, 567
- regras de interpretação das – 571
- nomeação de dois ou mais herdeiros sem discriminação da cota – 572, 573
- nomeação de herdeiro individual e coletivamente – 573, 574
- determinação de cotas com remanescente – 575, 576
- determinação de uns quinhões e indeterminação de outros – 576, 577
- destinação dos bens remanescentes – 578
- erro nas – 579, 580
- dolo nas – 581, 582
- coação nas – 582, 583
- ineficácia das – 584
- cláusulas restritivas nas – 585, 586, 587, 588, 589

Doações
- *inter vivos* – 46
- *mortis causa* – 46
- inoficiosa – 46

E

Excluídos da sucessão
- indignidade (noção de) – 194, 195
- indignidade (natureza jurídica) – 195
- indignidade e deserdação (diferenças) – 196, 197
- motivos ensejadores da indignidade – 197
- o homicídio como causa da indignidade – 197, 198, 199, 201
- independência da responsabilidade civil e penal – 199, 200, 201
- a acusação caluniosa ou crime contra a honra como causa de indignidade – 202, 203
- ausência de liberdade e indignidade – 204
- prazo prescricional e indignidade – 205, 206
- pessoas legitimadas a invocar a exclu-

são – 207
– legitimidade de o MP invocar a indignidade – 208, 209, 210
– efeitos da indignidade – 211, 212, 213, 214
– efeitos dos atos praticados pelo indigno antes da exclusão – 216
– reabilitação do indigno (fundamento) – 222
– reabilitação do indigno (meios de) – 223, 224, 225

F

Filhos
– categorização dos – 43
– incestuosos – 43, 44
– adulterinos – 43, 44
– naturais – 43
– legítimos – 43
– ilegítimos – 43
– adotivos – 44

G

Garantia dos quinhões hereditários
– condomínio sucessório e – 975
– obrigação solidária e evicção – 977, 978
– desaparecimento da solidariedade em caso de convenção – 979, 980
– indenização do evicto – 981, 982

H

Herança
– administração da – 117
– forças do monte (*ultra vires hereditatis*) – 88
– aceitação "a benefício de inventário" – 89, 90, 91
– aceitação pura e simples – 89, 90
– efeitos da aceitação da – 91, 92
– aceitação da (noção) – 154
– aceitação da (origem do instituto) – 154, 155
– características da aceitação e da renúncia – 156
– sistemas de aquisição sucessória da – 157
– sistema de aquisição adotado pela lei brasileira – 158
– renúncia da (noção) – 159, 165
– aceitação (formas de) – 161
– aceitação tácita da – 162
– aceitação expressa da – 161
– aceitação presumida da – 168, 169
– atos que não implicam aceitação da – 162, 163
– repúdio (renúncia) tácito – 164
– renúncia (forma de) – 165, 166
– outorga uxória na renúncia da – 167
– impossibilidade da aceitação ou renúncia em parte, a termo ou sob condição – 170, 171, 172
– renúncia abdicativa – 172
– renúncia translativa – 172, 173
– dupla vocação sucessória – 173, 174
– transmissão do direito de aceitar ou renunciar a – 175, 176
– diferença entre transmissão e representação – 176
– aceitação e renúncia em acervos distintos – 177, 178
– direito de acrescer na renúncia da – 179

– herdeiro renunciante e inocorrência de representação – 181, 182
– efeitos da renúncia da – 181, 182, 183
– irrevogabilidade da aceitação e da renúncia – 184, 185, 186
– renúncia e interesse dos credores – 186, 188, 189, 190, 191
Herança jacente (e vacante)
– noção de – 228
– origem do instituto – 229
– arrecadação e administração da – 230, 231
– herança vacante (noção de) – 233, 236, 237, 238
– credores e "forças do monte" – 234
– renúncia em bloco e vacância – 239
Herdeiros
– legítimos – 39, 329, 330
– necessários – 42
– cônjuge sobrevivente – 45
– reservatários – 47
– aparente – 217, 218, 219, 220, 254, 255
– testamentários – 330
– facultativos – 330
Herdeiros necessários
– proposta do CC/1916 e do atual Código Civil – 327
– posição dos companheiros – 327, 328, 329
– direito à legítima – 331
– fundamento da legítima – 333
– conceito de legítima – 334
– cálculo da legítima – 335, 336, 337
– clausulação da legítima – 338-351
– críticas à clausulação (fundamentos) – 338, 339, 340, 341, 342
– noção de "justa causa" – 341
– inalienabilidade – 343, 344, 345

– incomunicabilidade – 346
– impenhorabilidade – 347
– conversão dos bens da legítima (impossibilidade) – 347
– sub-rogação dos bens da legítima – 348, 349, 350
– aditamento da "justa causa" nos testamentos anteriores ao novo Código Civil – 351, 352
– herdando a dois títulos (universal e singular) – 353
– exclusão dos colaterais – 354

I

Inventário e Partilha
– prazo – 111, 112, 114, 115
– inventariante – 113, 826
– crítica à superposição da matéria no Código de Processo Civil – 823
– condomínio sucessório no – 824
– noção de – 825
– conceito de – 825
– ordem de preferência dos inventariantes – 827
Inventário e Partilhas extrajudiciais
– objetivos da nova Lei (n° 11.441/2007) – 828, 829, 830
– no direito comparado – 831, 832, 833, 834
– procedimento judicial X procedimento notarial – 835, 836
– procedimento extrajudicial: obrigatório ou facultativo – 837, 838, 839, 840, 841
– competência territorial – 841, 842, 843, 844, 845
– escritura pública e inocorrência de

testamento – 845, 846, 847, 848, 849
– da presença obrigatória do advogado e da gratuidade do ato notarial – 850, 851, 852, 853, 854, 855
– necessidade de inventariante – 855, 856, 857
– herdeiro único e adjudicação – 858, 859
– inventário negativo – 860, 861, 862, 863

L

Legados (espécies)
– noção de – 592
– origem histórica – 593
– acepções da palavra – 594
– ineficácia do legado de coisa certa – 595, 596
– renúncia dos – 597, 598
– da validade dos – 599, 600
– de coisa genérica – 601, 602, 603
– de coisa singularizada – 605, 606
– de coisa localizada – 607, 608
– de crédito ou de quitação de dívida – 609, 610, 611, 612
– e compensação de dívidas – 613, 614, 615, 616
– de alimentos – 617, 618, 619, 620
– de usufruto – 620, 621
– acessórios e benfeitorias nos – 622, 623

Legados (efeitos e pagamento)
– da transmissão dos – 626, 627
– sob condição suspensiva – 627, 628
– efeitos dos – 629, 630
– o "direito de pedir" em legados sob litígio – 631

– em dinheiro – 632
– de renda vitalícia ou pensão periódica – 634
– de quantidades certas – 635
– de prestações periódicas – 636, 637
– de coisa determinada – 638, 639
– da escolha dos – 640, 641
– alternativos – 643, 644
– falecimento do legatário anterior à escolha – 645, 646
– cumprimento dos – 647, 648
– ação regressiva do legatário contra os co-herdeiros – 648, 649
– despesas e riscos com a entrega dos – 650, 651
– encargos dos – 651, 652, 653, 654, 655

Legados (caducidade)
– noção de caducidade dos – 656, 657
– em decorrência da transformação da coisa – 657, 658
– em decorrência da alienação – 659
– em decorrência do perecimento ou evicção – 660, 661, 662
– em decorrência da exclusão por indignidade – 662
– em decorrência da morte do legatário – 662
– outros casos de caducidade dos – 663
– de coisas alternativas – 664, 665

Leis (e decretos)
– Lei nº 6.015 (de 31.12.1973) – 15
– Lei de Introdução ao Código Civil brasileiro – 26, 34
– Lei nº 9.047 (de 18.05.1995) – 26
– Lei nº 883 (de 21.10.1949) – 43
– ECA (Lei nº 8.069, de 13.07.1990) – 44, 45, 365
– Lei nº 1.839 (Lei Feliciano Pena) (de

31.12.1907) – 45, 264
– Lei nº 8.971 (de 29.12.1994) – 56, 63, 67, 72, 329
– Lei nº 9.278 (de 10.05.1996) – 57, 63, 64, 67
– Lei nº 8.049 (de 20.06.1990) – 237
– Lei nº 9.461 (de 15.07.1946) – 313
– Decreto–lei nº 6.777 (de 08.08.1944) – 349
– Lei nº 11.441 (de 04.01.2007) – 823, 834, 835, 836, 837, 838, 839, 841, 842, 845, 846, 850, 853, 862
– Lei nº 7.019 (de 31.08.1982) – 826, 827
– Lei nº 8.935 (Lei dos Cartórios) – 842
– Lei nº 8.906 (de 04.07.1994) (OAB) – 851

M

– mão morta (direito de) – 12
– mão morta (origem do instituto) – 12, 13

O

Ordem de vocação hereditária
– conceito de – 261
– origem da – 261, 262, 263
– no direito brasileiro – 263, 264
– alterações no Código Civil atual – 265
– dos descendentes – 265
– dos ascendentes – 266, 305, 306, 307, 308, 309
– do cônjuge sobrevivente – 266, 267, 268, 269, 310

– dos colaterais – 312, 313, 316-322
– do Estado – 323, 324
– exceção decorrente da comunhão universal de bens – 269, 270, 271
– exceção decorrente da separação de bens – 272, 273, 274, 275
– abrangência da noção de separação de bens – 276–280
– exceção decorrente da comunhão parcial de bens – 281, 282, 283
– concorrência do cônjuge sobrevivente com os demais herdeiros – 284, 285, 286
– e separação judicial – 284, 287, 288
– e direito real de habitação – 290, 291
– e usufruto vidual – 292
– e direito dos companheiros – 292, 293, 294, 295
– reserva ao cônjuge sobrevivente em concorrência com descendentes – 296 – 300
– direito de representação na – 302, 303, 304
– direito de representação dos sobrinhos – 314, 315

P

Pagamento das dívidas
– existência de dívidas e – 882, 883, 884, 885
– responsabilidade solidária dos herdeiros – 886, 887, 888
– despesas funerárias e – 890, 891
– ação regressiva contra herdeiro insolvente – 892, 893
– direito de preferência dos credores – 894, 895, 896

– imputação da dívida no quinhão hereditário do devedor – 897, 898
Partilha
– conceito de – 946
– condomínio sucessório na – 946
– legitimidade para propor a – 947, 948, 949
– princípio da autonomia da vontade na – 950, 951
– amigável – 952, 953
– amigável por ato *inter vivos* – 954
– amigável *post mortem* – 954, 955
– judicial – 957, 958, 959
– princípios norteadores da – 960, 961
– em vida – 962, 963
– diferença entre doação e – 963, 964, 965, 966
– bens insuscetíveis de divisão cômoda – 967, 968, 969
– colação dos frutos e direito ao reembolso das despesas necessárias – 969, 970
– bens remotos ou de liquidação morosa – 972, 973
Petição de herança
– objetivo da – 242, 243
– noção de – 242
– conceito de – 243, 244
– origem do instituto – 244
– legitimidade processual ativa para invocar a – 245, 246, 249
– legitimidade passiva na ação de – 246, 247
– bens que podem ser objeto da – 247
– restituição dos bens ao acervo – 250
– responsabilidade do possuidor (de boa ou má-fé) – 251, 253
– herdeiro aparente da – 254, 255
– prescritibilidade da – 255, 256

R

Reserva
– noção de – 45
– conceito de – 47
– direito comparado – 47
– origem do instituto – 48-51
– fundamento – 51
– função – 52
Redução das disposições testamentárias
– origem histórica – 751
– requisitos da – 752, 753
– hipótese de incidência da – 754, 755, 756, 757
– prédio divisível e – 758-762
Revogação do testamento
– modalidades de – 764, 765
– formas de – 766, 767, 768
– total ou parcial – 769, 770, 771
– efeitos da – 772, 773, 773, 774
– cerrado (e/ou particular) – 776, 777, 778
Rompimento do testamento
– noção de – 779
– hipóteses de – 779, 780, 781, 782
– ignorância da existência de outros herdeiros – 783-787

S

Saisine (Princípio da)
– noção do instituto – 9
– origem do instituto – 9, 10, 11, 12, 13
– consequências da – 19, 20, 21, 22, 23
Sonegados
– conceito de – 865, 867
– origem histórica – 866
– elemento objetivo e subjetivo dos – 867

– noção de – 868
– dolo e – 869, 870
– hipótese de ocorrência dos – 870, 8711
– inventariante sonegador – 872, 873
– pena de – 874, 875
– responsabilidade do sonegador – 876, 877, 878, 879

Substituições (das)
– noção de – 691, 692
– modalidades das – 692, 696
– finalidade das – 692
– origem histórica – 693
– vulgar – 697
– recíproca – 698, 699, 700, 704, 705, 706
– condição ou encargo imposto ao substituto – 702, 703
– fideicomissária – 708
– diferença entre fideicomisso e – 708, 709
– características (ou requisitos) da substituição fideicomissária – 710, 711, 712, 713
– substituição fideicomissária e herdeiros não concebidos – 715, 716
– fiduciário e propriedade resolúvel – 717, 718, 719, 720
– renúncia do fiduciário – 721, 722
– caducidade do fideicomisso – 722, 723, 724, 728, 729
– direito de acrescer no fideicomisso – 725
– obrigação do fideicomissário pelos encargos da herança – 726, 727
– nulidade dos fideicomissos – 729, 730
– nulidade da substituição e encargo resolutório – 731, 732

Sucessão
– acepções (ou significados) da palavra – 6, 7
– *de cujus* (significado da palavra) – 6
– conceito subjetivo de – 7
– legítima – 31, 32
– testamentária – 31, 32, 36
– *ab intestato* – 33, 38
– residual – 33
– a título universal – 41
– a título singular – 41
– características da sucessão legítima – 53

Sucessão testamentária
– no Brasil (origem do instituto) – 371-383
– fundamento da – 381
– etimologia da palavra "testamento" – 382
– definição de testamento – 384, 385, 386
– características do testamento – 386-397
– reconhecimento da filiação em testamento – 393, 394, 395
– impugnação do testamento (prazo quinquenal) – 397-400

T

Testamenteiro
– origem histórica – 789, 790, 791
– evolução do instituto na sociedade brasileira – 792, 793, 794
– capacidade do – 794
– função do – 795
– concessão da posse e administração ao – 797, 798, 799

- registro do testamento pelo – 799, 800
- cumprimento das disposições testamentárias pelo – 801, 802, 803
- competência do – 804, 805, 806
- prazo de cumprimento do testamento – 807, 808
- competência do cônjuge e do herdeiro nomeado – 809, 810
- intransmissibilidade do cargo – 811, 812
- simultâneos – 813, 814, 815
- prêmio ao – 816, 817, 818, 819
- e inventariante – 820

Testamento
- nuncupativo – 414
- nulo – 40
- anulável – 40
- ineficaz – 40
- caducidade do – 40
- princípio da liberdade limitada de testar – 46, 331, 332, 334, 381
- formas ordinárias de – 413
- formas especiais de – 413, 497, 498, 499
- elementos externos do – 412
- espécies de – 413
- origem histórica – 413
- conjuntivo (ou de mão comum) – 415, 416, 417

Testamento público
- principais alterações – 419, 420, 421, 422
- testemunhas – 423, 427, 428
- aposição da data e local da lavratura – 424, 425, 426
- requisitos essenciais – 428
- emprego de minutas, notas ou apontamentos – 429, 430
- do analfabeto – 432, 433

- assinatura "a rogo" – 433, 434
- do surdo – 435, 436, 437
- do cego – 436, 438, 439

Testamento cerrado
- origem histórica – 442
- objetivo do – 442
- vantagens e inconvenientes do – 443, 446
- no direito comparado – 443, 444, 447, 448
- cédula testamentária – 445, 446, 448
- auto de aprovação – 448, 450, 451, 452
- testemunhas – 449
- "a rogo" – 452, 453
- em língua nacional e estrangeira – 454
- pessoas impedidas de fazer – 455
- pessoas capacitadas a fazer – 456, 457
- registro do – 457, 458, 459, 460
- abertura ou dilaceração – 461
- conversão em testamento particular – 462, 463, 464

Testamento particular
- noção de – 465
- origem histórica – 465, 466
- críticas ao – 466, 467
- vantagens e inconvenientes do – 468
- emprego de processo mecânico – 468-473
- formalidades do – 474, 475
- requisitos de validade do – 476, 477
- confirmação do – 478, 479, 480
- aposição da data no – 481, 482
- confirmação (excepcional) do – 482, 483, 484
- emprego de língua estrangeira no – 485, 486

Testamento marítimo
- quem dele pode se servir – 502

– requisitos essenciais – 503, 504, 507
– proibições aplicáveis ao – 504
– crítica ao – 505, 506, 507
– formalidades do – 510
– caducidade do – 512, 513, 514
– perda da validade do – 514, 515
Testamento aeronáutico
– quem dele pode se servir – 509
– formalidades do – 509, 510
– caducidade do – 512, 513, 514
Testamento militar
– origem histórica – 516, 517, 518
– formas do – 519
– requisitos e formalidades – 521, 522
– caducidade do – 523, 524
– nuncupativo – 525, 526, 527, 528

V

Vocação hereditária
– nascituros (ou pessoas já concebidas) – 126, 127, 130, 131
– nascidos (ou já concebidos) – 127, 130, 132, 133
– não concebidos (ou prole eventual) – 128, 132, 133
– pessoas jurídicas (fundações, associações, sociedades) – 131, 142, 143
– filhos decorrentes de procriações artificiais – 134, 141
– inseminação artificial homóloga – 135, 137
– inseminação artificial heteróloga – 135
– embriões excedentários – 135
– hipóteses de exegese conciliadora – 135, 136
– prazo de reserva dos bens hereditários – 137, 138
– soluções ao partilhamento da herança – 139, 140
– inseminação *post mortem* – 142
– incapacidade testamentária passiva (noção de) – 145-148

RIO DE JANEIRO: Travessa do Ouvidor, 11 – Centro – Rio de Janeiro – RJ – CEP 20040-040 – Tel.: (0XX21) 3543-0770 – Fax: (0XX21) 3543-0896 – *e-mail:* forense@grupogen.com.br
SÃO PAULO (Filial): Rua Dona Brígida, 701 – Vila Mariana – São Paulo – SP – CEP 04111-181 – Tel.: (0XX11) 5080-0770 – Fax: (0XX11) 5080-0714 – 5080-0775 – *e-mails:* vendasp@forense.com.br – forensesp@forense.com.br
Ribeirão Preto: Tel.: (0XX16) 8126-6889 – *e-mail:* wayne.henrique@grupogen.com.br – Wayne Henrique Chichitosti Pedrucci (Representante)
RECIFE: Tels.: (0XX81) 3243-3213 – 8885-5521 – 8793-5290 *e-mails:* a.carvalho@grupogen.com.br – j.carvalho@grupogen.com.br – Adriana Campos de Carvalho e Jardel Vieira de Carvalho (Representantes)
CURITIBA: Tel.: (0XX41) 8442-4723 – *e-mail:* thaisa.bronze@grupogen.com.br – Thaisa Pfeiffer (Representante)
PORTO ALEGRE: Tel.: (0XX51) 9977-3072 – *e-mail:* fernanda.trettin@grupogen.com.br – Fernanda Ornel Trettin (Representante)
BELO HORIZONTE (Filial): Av. Pasteur, 89 – lojas 11 a 14 – Bairro Santa Efigênia Belo Horizonte – MG – CEP 30150-290 – Tel.: (0XX31) 3213-7474 – *e-mail:* filialmg@grupogen.com.br
Belo Horizonte: Tels.: (0XX31) 3213-4055 – 9141-9972 – *e-mail:* p.ornelas@grupogen.com.br – Pedro Paulo Rodrigues Ornelas (Representante)
SALVADOR: Tels.: (0XX71) 3345-7893 – 9988-0246 – *e-mail:* verissimo.junior@grupogen.com.br – Veríssimo Caldeira Brito Júnior (Representante)
FORTALEZA: Tel.: (0XX85) 8786-2624 – *e-mail:* savio.junior@grupogen.com.br – Sávio Parente de Azevedo Junior (Representante)
FLORIANÓPOLIS: Tel.: (0XX48) 9997-8484 – *e-mail:* iris.silva@grupogen.com.br – Iris Cristiane Gomes da Silva (Representante)

Endereço na Internet: http://www.forense.com.br